200% 활용법!

교재 MP3
(학습용/문제별 복습용/
고사장 소음 버전)

**온라인
실전모의고사
1회분**

**JLPT N1 필수
단어·문형 암기장**
(PDF+MP3)

어휘 암기 퀴즈
(PDF)

청해 받아쓰기
(PDF+MP3)

[이용 방법]
해커스일본어 사이트(japan.Hackers.com) 접속 후 로그인 ▶
상단의 [교재/MP3 → MP3/자료]를 클릭하세요.

해커스일본어
사이트 바로 가기 ▶

해커스일본어 인강 30% 할인쿠폰

CB5D-5K5A-K664-B000 * 쿠폰 유효기간: 쿠폰 등록 후 30일

[이용 방법]
해커스일본어 사이트(japan.Hackers.com) 접속 후 로그인 ▶
메인 우측 하단 [쿠폰&수강권 등록]에서 쿠폰번호 등록 후 강의 결제 시 사용 가능

* 본 쿠폰은 1회에 한해 등록 가능합니다.
* 이 외 쿠폰과 관련된 문의는 해커스 고객센터(02-537-5000)로 연락 바랍니다.

쿠폰 바로
등록하기 ▶

JLPT N1 합격 목표를 적어보자!

• 나의 다짐

한번에 합격하자!

• JLPT N1 합격 달성 ________년 ______월

• JLPT N1 목표 점수 _______점 / 180점

교재 p.20~21에 있는 **학습플랜을 활용하여**
매일매일 정해진 분량의 학습량으로 **JLPT N1을 준비**해보세요.

해커스 JLPT N1 한 권으로 합격

일본어능력시험

기본서

해커스 어학연구소

JLPT 최신 출제 경향을 철저히 분석·반영한 「해커스 JLPT N1 한 권으로 합격」 교재를 내면서

"해석은 되는데 왜 답은 모르겠지? 공부를 해도 실력이 느는 것 같지 않고…"

"해설은 어디에 있는 거야? 공부하기 불편해"

"외워야 할 어휘/문형이 왜 이렇게 많아… 외우기만 하다 끝나겠네"

학습하면서 느꼈던 이러한 고민들을 한번에 해결해 드리겠습니다.

대부분의 학습자들이 JLPT 최고 난이도인 N1 학습에 막연한 두려움과 어려움을 호소합니다. 이런 학습자들의 불안을 해소하고, 어려움을 해결하고자 해커스 JLPT 연구소가 수 년간의 시험 분석을 통해 최신 출제 경향을 철저하게 반영한 **「해커스 JLPT N1 한 권으로 합격」**을 드디어 출간하게 되었습니다.

해커스 JLPT 연구소는 학습자들이 단 한 권으로 JLPT N1 시험을 충분히 대비하고, 한 번에 합격하는데 도움을 드리고자 노력하였습니다. 또한, 기존 교재의 불편함과 부족한 점을 보완하여 학습자들이 일본어를 충실히 학습하고, 앞으로 일본에 진출하여 보다 일본을 잘 이해하고 소통할 수 있는 튼튼한 발판이 될 수 있도록 정성을 다하였습니다.

최신 출제 경향을 반영하여 확실한 합격 전략을 제시하는 교재!

수개월 또는 수년간의 일본어 학습으로 일본어를 어느 정도 할 수 있는데 시험은 너무 어렵게 느껴지는 N1 학습자분들이 시험에 쉽게 합격하기 위해서는, 최신 출제 경향을 파악하고 각 문제 유형별 전략을 확실하게 몸에 익히는 것이 매우 중요합니다. 이를 위해, 해커스의 JLPT 전문 연구원들은 최신 출제 경향을 심도 있게 분석하여 교재 전반에 걸쳐 합격을 위한 전략을 철저하게 반영하였습니다.

혼자서도 충분히 공부할 수 있는 상세한 해설이 있는 교재!

학습을 할 때 가장 중요한 것은 해설입니다. 정답이 왜 정답인지, 오답은 왜 오답인지 정확히 이해하면서 공부를 해야 실력이 차곡차곡 쌓입니다. **「해커스 JLPT N1 한 권으로 합격」**은 모든 문제에 대한 해석, 해설, 어휘 정리를 교재 안에 수록하여 시험에 보다 철저히 대비할 수 있게 하였습니다.

듣기 실력을 극대화 시키는 입체적 MP3 구성!

본 교재는 청해 과목의 각 테스트를 한 번에 듣고 푸는 MP3와 잘 들리지 않는 문제만을 골라서 학습할 수 있는 문제별 분할 MP3를 모두 제공하고 있습니다. 따라서 학습자들은 원하는 테스트와 문제를 손쉽게 찾아 듣고 학습할 수 있으며, "해커스 MP3 플레이어" 어플을 사용하면 1.05~2.0배속까지 원하는 배속으로 들을 수 있어 자신의 실력에 맞춰 효과적으로 듣기 실력을 향상시킬 수 있도록 하였습니다.

「해커스 JLPT N1 한 권으로 합격」으로 꼭! 합격하시기를 기원하며, 일본어 실력 향상은 물론, 더 큰 목표와 꿈을 이뤄나가시기를 바랍니다.

CONTENTS

「해커스 JLPT N1 한 권으로 합격」이 제시하는 JLPT 합격 비법! 6 | JLPT 소개 10 | JLPT N1 소개 14 |
JLPT N1 과목별 학습 및 시험 전략 16 | 학습 플랜 20

언어지식 문자·어휘

문제 1 한자 읽기 24
문제 2 문맥규정 50
문제 3 유의 표현 80
문제 4 용법 98

언어지식 문법

N1 필수 문법 126
01 조사
02 부사
03 접속사
04 경어표현
05 명사 뒤에 접속하는 문형
06 동사 뒤에 접속하는 문형
07 명사와 동사 모두에 접속하는 문형
08 여러 품사 뒤에 접속하는 문형

문제 5 문법형식 판단 212
문제 6 문장 만들기 226
문제 7 글의 문법 240

독해

문제 8 내용이해(단문) 258
문제 9·10 내용이해(중문·장문) 276
문제 11 통합이해 306
문제 12 주장이해(장문) 320
문제 13 정보검색 334

청해

문제 1 과제 이해 348
문제 2 포인트 이해 360
문제 3 개요 이해 372
문제 4 즉시 응답 378
문제 5 통합 이해 382

실전모의고사 [별책]

실전모의고사 1 2
실전모의고사 2 56
실전모의고사 3 108

정답 및 해설 161
답안지 작성법 3

해설집 [별책]

JLPT N1 필수 단어 • 문형 암기장 [별책] [PDF]

교재 MP3/고사장 MP3 /단어 • 문형 암기장 MP3

모든 MP3는 해커스 일본어 사이트(japan.Hackers.com)에서 무료로 다운받으실 수 있습니다.

「해커스 JLPT N1 한 권으로 합격」이 제시하는

JLPT 합격 비법!

01. JLPT N1 최신 출제 경향 및 문제 풀이 전략을 철저히 익힌다!

문제별 핵심 전략 파악하기!

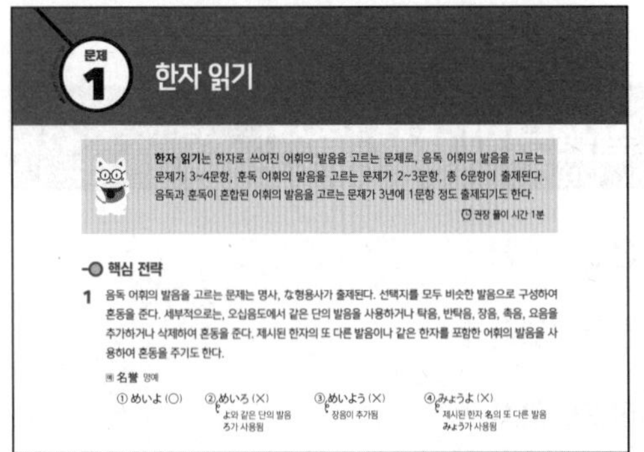

문제 1 한자 읽기

한자 읽기는 한자로 쓰여진 어휘의 발음을 고르는 문제로, 음독 어휘의 발음을 고르는 문제가 3~4문항, 훈독 어휘의 발음을 고르는 문제가 2~3문항, 총 6문항이 출제된다. 음독과 훈독이 혼합된 어휘의 발음을 고르는 문제가 3년에 1문항 정도 출제되기도 한다.

권장 풀이 시간 1분

핵심 전략

1 음독 어휘의 발음을 고르는 문제는 명사, な형용사가 출제된다. 선택지를 모두 비슷한 발음으로 구성하여 혼동을 준다. 세부적으로는, 오십음도에서 같은 단의 발음을 사용하거나 탁음, 반탁음, 장음, 촉음, 요음을 추가하거나 삭제하여 혼동을 준다. 제시된 한자의 또 다른 발음이나 같은 한자를 포함한 어휘의 발음을 사용하여 혼동을 주기도 한다.

예 名誉 명예

① めいよ (○) ② めいろ (X) ③ めいよう (X) ④ みょうよ (X)

よ와 같은 단의 발음 ろ가 사용됨 / 장음이 추가됨 / 제시된 한자 名의 또 다른 발음 みょう가 사용됨

JLPT N1 최신 출제 경향을 문제별로 철저하게 분석하여 핵심 전략을 정리하였습니다.

문제 풀이 Step 익히기!

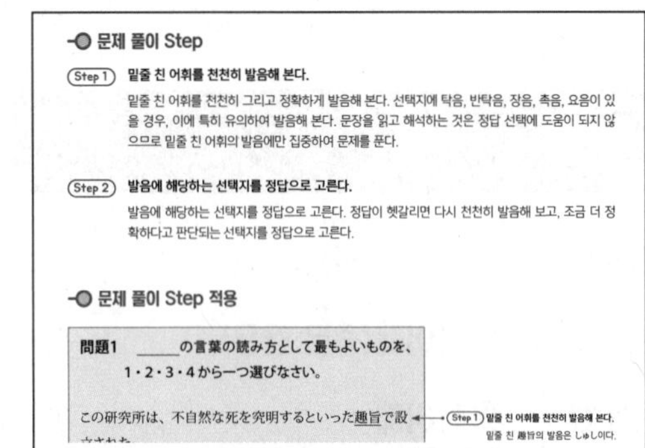

문제 풀이 Step

(Step 1) **밑줄 친 어휘를 천천히 발음해 본다.**

밑줄 친 어휘를 천천히 그리고 정확하게 발음해 본다. 선택지에 탁음, 반탁음, 장음, 촉음, 요음이 있을 경우, 이에 특히 유의하여 발음해 본다. 문장을 읽고 해석하는 것은 정답 선택에 도움이 되지 않으므로 밑줄 친 어휘의 발음에만 집중하여 문제를 푼다.

(Step 2) **발음에 해당하는 선택지를 정답으로 고른다.**

발음에 해당하는 선택지를 정답으로 고른다. 정답이 헷갈리면 다시 천천히 발음해 보고, 조금 더 정확하다고 판단되는 선택지를 정답으로 고른다.

문제 풀이 Step 적용

問題1 ＿＿＿の言葉の読み方として最もよいものを、1・2・3・4から一つ選びなさい。

この研究所は、不自然な死を究明するといった趣旨で設

(Step 1) 밑줄 친 어휘를 천천히 발음해 본다. 밑줄 친 趣旨의 발음은 しゅし이다.

각 문제별로 가장 효과적인 문제 풀이 전략을 수록하였습니다. 실제 시험장에서 적용 가능한 Step별 문제 풀이 전략을 익힘으로써 실전에 보다 효과적으로 대비할 수 있습니다.

문제 풀이 Step 적용으로 전략 습득하기!

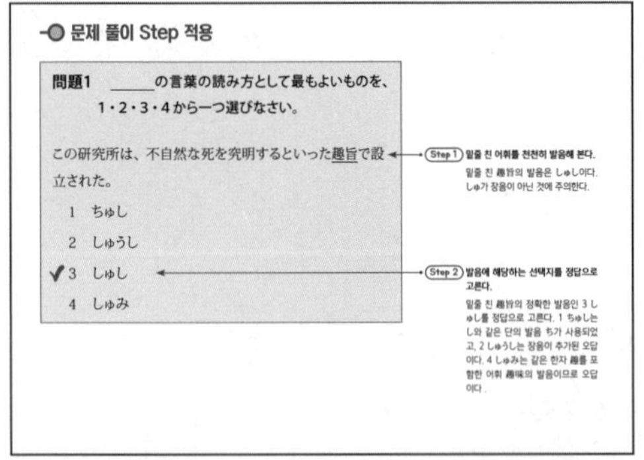

문제 풀이 Step 적용

問題1 ＿＿＿の言葉の読み方として最もよいものを、1・2・3・4から一つ選びなさい。

この研究所は、不自然な死を究明するといった趣旨で設立された。

1 ちゅし
2 しゅうし
✔3 しゅし
4 しゅみ

(Step 1) 밑줄 친 어휘를 천천히 발음해 본다. 밑줄 친 趣旨의 발음은 しゅし이다. しゅ가 장음이 아닌 것에 주의한다.

(Step 2) 발음에 해당하는 선택지를 정답으로 고른다. 밑줄 친 趣旨의 정확한 발음인 3 しゅし를 정답으로 고른다. 1 ちゅし는 し와 같은 단의 발음 ち가 사용되었고, 2 しゅうし는 장음이 추가된 오답이다. 4 しゅみ는 같은 한자 趣를 포함한 어휘 趣味의 발음이므로 오답이다.

학습한 핵심 전략과 문제 풀이 Step을 문제별 대표 유형에 적용해 풀어봄으로써 더욱 철저히 체득할 수 있도록 하였습니다.

실력 다지기로 문제 풀이 실력 향상하기!

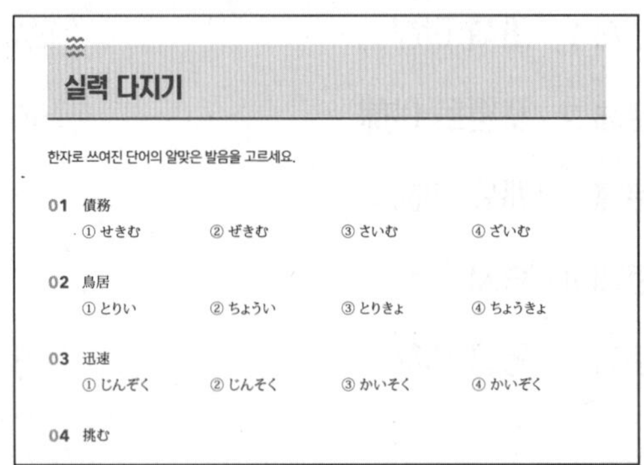

실력 다지기

한자로 쓰여진 단어의 알맞은 발음을 고르세요.

01 債務
① せきむ ② ぜきむ ③ さいむ ④ ざいむ

02 鳥居
① とりい ② ちょうい ③ とりきょ ④ ちょうきょ

03 迅速
① じんぞく ② じんそく ③ かいそく ④ かいぞく

04 挑む

앞서 학습한 핵심 전략과 문제 풀이 Step을 곧바로 적용할 수 있도록, 실전 문제보다 비교적 간단한 형태로 만들어진 다수의 문제를 제공하여, 문제 풀이 실력을 충분히 다지고 향상시키도록 하였습니다.

02. 기본기와 실전 감각을 동시에 쌓는다!

핵심 표현 및 필수 어휘 암기하기!

핵심 표현 및 필수 어휘

유료 MP3 바로듣기

■ 모양이 비슷한 한자를 포함한 음독 명사 ◀)) 문제1 한자읽기_핵심표현 및 필수어휘01.mp3

* '00는 기출연도입니다.

為 [い]	行為	こうい	행위	遺 [い]	遺跡	いせき	유적
偽 [ぎ]	偽造	ぎぞう	위조	遣 [けん]	派遣	はけん	파견
因 [いん]	要因	よういん	요인	往 [おう]	往診	おうしん	왕진
困 [こん]	貧困	ひんこん	빈곤	住 [じゅう]	居住	きょじゅう	거주
慨 [がい]	憤慨	ふんがい	분개	官 [かん]	器官	きかん	기관
既 [き]	既婚	きこん	기혼	宮 [きゅう]	宮殿	きゅうでん	궁전
刊 [かん]	創刊	そうかん	창간	還 [かん]	返還	へんかん	반환
刑 [けい]	刑罰	けいばつ	형벌	遷 [せん]	変遷 '15	へんせん	변천

출제 경향과 핵심 전략을 바탕으로 철저하게 문제 풀이에 필요한 어휘만 암기 포인트 별로 정리하여 수록하였습니다. 또한 2010년부터 현재까지 기출된 어휘에는 연도를 표시하여 보다 집중적으로 암기할 수 있도록 하였습니다.

* 교재에 수록된 모든 단어의 한자 및 히라가나 표기는 JLPT N1 출제 경향에 따른 것입니다.

N1 필수 문법으로 일본어 실력 극대화하기!

N1 필수 문법

01 조사

다음 ( )에 들어갈 알맞은 것을 고르세요.

この件は時間（　）あれば、私一人でもなんとか解決できると思います。

이 건은 시간 ( ) 있으면, 저 혼자서도 어떻게든 해결할 수 있다고 생각합니다.

1 こそ 이야말로　2 さえ 만　3 でも 이라도　4 ばかり 뿐

정답 : 2

학습목표

[문제5 문법형식 판단]에서는 괄호에 들어갈 적절한 조사를 고르는 문제가 출제되며, 조사의 여러가지 뜻을 잘 알고 있어야 문맥에 맞는 올바른 해석을 할 수 있다. N1에서 자주 나오는 조사들의 의미를 예문과 함께 암기하자.

1. 조사의 역할

주로 명사와 결합하여 명사를 주어나 목적어로 만들어주고, 한정, 강조, 조건 등의 일정한 의미를 덧붙여주는 역할을 한다.

문법 문제를 푸는데 필요한 기능어 리스트는 물론, N1 필수 문형, 자주 출제되는 N2 문형까지 수록하여 학습자들의 합격 및 고득점 달성을 도와줍니다.

실전 테스트로 합격 실력 굳히기!

실전 테스트 1　해커스 JLPT N1 한 권으로 합격

問題1　＿＿＿の言葉の読み方として最もよいものを、1・2・3・4から一つ選びなさい。

1　世界の平和は万人に共通する願いだ。

1 まんじん　2 ばんびと　3 ばんにん　4 まんびと

2　夏の暑さでごみ捨て場から悪臭が漂っている。

1 さまよって　2 さえぎって　3 ただよって　4 へだたって

3　夫の昇進が決まったので家でお祝いした。

1 しょうじん　2 しょしん　3 しょじん　4 しょうしん

출제 경향을 바탕으로 실제 문제와 동일하게 구성된 여러 회차의 실전테스트를 풀어봄으로써, 앞서 학습한 내용을 적용하고 실력을 키우면서 각 문제의 학습을 마무리하도록 하였습니다.

실전모의고사 4회분으로 실전 감각 극대화 하기!

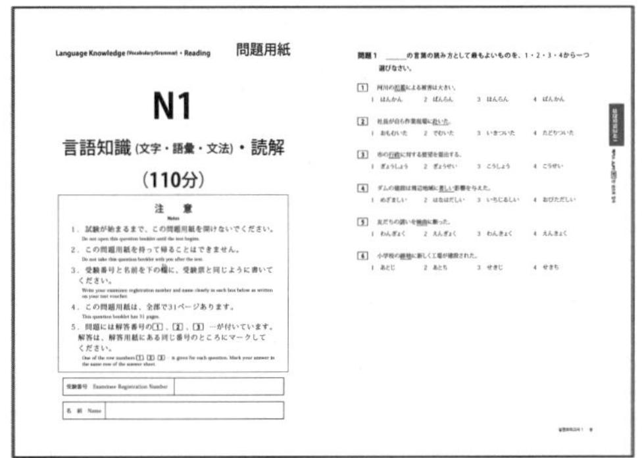
問題用紙

N1

言語知識（文字・語彙・文法）・読解

（110分）

교재 수록 3회분 + 온라인 제공 1회분, 총 4회분의 실전모의고사를 통해 실전 감각을 극대화하면서, 자신의 실력도 확인해 볼 수 있습니다. 이로써 학습자들은 실제 시험장에서도 당황하지 않고 마음껏 실력을 발휘할 수 있습니다.

「해커스 JLPT N1 한 권으로 합격」이 제시하는
JLPT 합격 비법!

03. 상세한 해설로 문제 풀이 실력을 극대화한다!

실제 시험장에서 바로 적용 가능한 문제 풀이 해설

세미나의 발표 당일, 아침부터 현기증이 심해서 ★일어서려고 해도 일어설 수 없었기 때문에, 다음 주 예정이었던 다나카 씨에게 차례를 바꿔 받았다.

1 아침부터　　2 일어서려고 해도
3 현기증이 심해서　　4 일어설 수 없었기 때문에

해설 2의 ようにも는 4의 ない와 함께 쓰여 문형 ようにも～ない(~하려고 해도 ~할 수 없다)가 되므로 먼저 2 立とうにも 4 立てなかったので(일어서려고 해도 일어설 수 없었기 때문에)로 연결할 수 있다. 이것을 나머지 선택지와 함께 문맥에 맞게 배열하면 1 朝から 3 めまいがひどくて 2 立とうにも 4 立てなかったので(아침부터 현기증이 심해서 일어서려고 해도 일어설 수 없었기 때문에)가 되면서 전

가장 효과적으로 문제를 풀 수 있는 문제 풀이 Step을 기반으로 하여 실제 시험장에서 바로 적용 가능한 문제 풀이 해설을 수록하였습니다.

정답뿐만 아니라 오답에 대한 설명까지 포함한 해설

2 정부는 장시간 노동을 없애기 위해, 새로운 대책을 마련하기도 했다.
3 다음 달 설명회를 할 예정이기 때문에, 100명 수용 가능한 회장을 마련해 두었다.
4 대학에 다니면서, 스스로 유학 비용을 마련하는 데에 굉장히 고생했다.

해설 工面(마련)은 미리 준비하여 갖추는 것을 나타내는 경우에 사용하며, 특히 돈과 관련하여 사용한다. 제시어가 명사이므로 먼저 각 선택지에서 밑줄 앞의 표현과 함께 읽어본다. 4의 留学の費用を工面する(유학 비용을 마련하는)에서 올바르게 사용되었으므로 4가 정답이다. 참고로, 1은 用意(ようい, 준비), 2는 工夫(くふう, 궁리), 3은 確保(かくほ, 확보)를 사용하는 것이 올바른 문장이다.

정답뿐만 아니라 오답에 대한 설명까지 상세하게 수록하여 학습자들이 왜 오답인지를 충분히 이해할 수 있도록 하였습니다.

일본어 문장 구조의 이해를 돕는 해석

46

불안에 마음이 지배되어, 주의를 돌리려고 해도 더욱 불안이 증대되어 버리는 것 같은 때에는, 떠오르는 한 불안한 것을 모두 써 보면 좋다. 쓰는 것이 끝나면, 그것을 시간적 거리가 가까운 순으로 다시 나열해본다. 그러면 신기하게도, 그 단계에서 마음이 조금 온화해지고 있는 것을 알아차린다. 중요한 것은 객관적인 척도로 마음 속 불안을 다시 평가하는 것으로, 이때 심각도라는 주관적인 척도를 사용해서 나열해봐도, 그다지 효과는 얻을 수 없다.

필자의 생각과 맞는 것은 어느 것인가?
1 불안할 때는, 그것에 의식을 집중시키면 좋다.
2 불안한 것은 별로 심각하지 않다고 생각하는 편이 좋다.

자연스럽지만 직역에 가까운 해석을 수록하여 해석을 통해서도 일본어 문장의 구조를 이해할 수 있도록 하였습니다.

사전이 필요 없는 어휘 정리

어휘 不安 ふあん 명 불안　支配 しはい 명 지배
気をそらす きをそらす 주의를 돌리다　余計に よけいに 부 더욱
増大 ぞうだい 명 증대　思い浮かぶ おもいうかぶ 동 떠오르다
～限り ～かぎり ~하는 한　書き出す かきだす 동 쓰다, 적다
距離 きょり 명 거리　並べ直す ならべなおす 다시 나열하다
不思議だ ふしぎだ な형 신기하다, 이상하다　段階 だんかい 명 단계
穏やかだ おだやかだ な형 온화하다
気がつく きがつく 알아차리다, 깨닫다
重要だ じゅうようだ な형 중요하다
客観的だ きゃっかんてきだ な형 객관적이다　ものさし 명 척도, 기준

지문, 스크립트에 사용된 거의 모든 어휘 및 문형을 상세히 정리하여 따로 사전을 찾을 필요 없이 바로바로 학습할 수 있습니다.

04. 해커스만의 노하우가 담긴 학습자료를 활용한다!

JLPT N1 필수 단어 · 문형 암기장 & MP3

1日 | 문자·어휘

☑ 잘 외워지지 않는 단어는 박스에 체크하여 복습하세요.

한자 읽기

[모양이 비슷한 한자를 포함한 음독 명사]

□ 行為	행위	□ 語句
□ 偽造	위조	□ 均衡
□ 遺跡	유적	□ 衝撃
□ 派遣	파견	□ 事項
□ 要因	요인	□ 山頂
□ 貧困	빈곤	□ 拘束
□ 往診	왕진	□ 介抱
□ 居住	거주	□ 債務 '19
□ 憤慨	분개	□ 責務
□ 既婚	기혼	□ 福祉
□ 器官	기관	□ 出社
□ 宮殿	궁전	□ 近視
		□ 祝賀
		□ 施設

23日 | N1 필수 문형

☑ 잘 외워지지 않는 단어는 박스에 체크하여 복습하세요.

명사 뒤에 접속하는 문형

□ ～あっての ～가 있어야 성립하는, ～가 아니고서야 불가능한	経営者は従業員あっての会社であることを 경영자는 종업원이 있어야 성립하는 회사인 것을 잊어서는
□ ～いかん ～나름	プロジェクトが成功するかどうかは君の努力 프로젝트가 성공할지 어떨지는 너의 노력 나름이다.
□ ～いかんで／～いかんによって ～여하로 / ～여하에 따라	工事の進行状況のいかんでは日程を調整 공사의 진행 상황 여하로는 일정을 조정할 필요가 생긴다.
□ ～いかんによらず／～いかんにかかわらず／～いかんを問わず ～여하에 상관없이, ～여하를 불문하고	理由のいかんによらず、試験期間中は入室 이유 여하에 상관없이, 시험기간 중에는 입실이 금지되어
□ ～かたがた ～을 겸해서, ～하는 김에	本日はごあいさつかたがた、お伺いいたし 오늘은 인사를 겸해서, 찾아뵈었습니다.
～ずくめ	黒ずくめの男が現場周辺をうろついていた

N1 합격을 위해 꼭 학습해야 하는 필수 어휘와 문형을 30일 동안 체계적으로 학습할 수 있도록 구성하였습니다. 해커스일본어(japan.Hackers.com)에서 PDF로도 내려받을 수 있으며, 무료로 제공하는 MP3와 함께 학습하면 더욱 효과적으로 어휘와 문형을 암기할 수 있습니다.

학습용 MP3 & 복습용 MP3 & 고사장 MP3

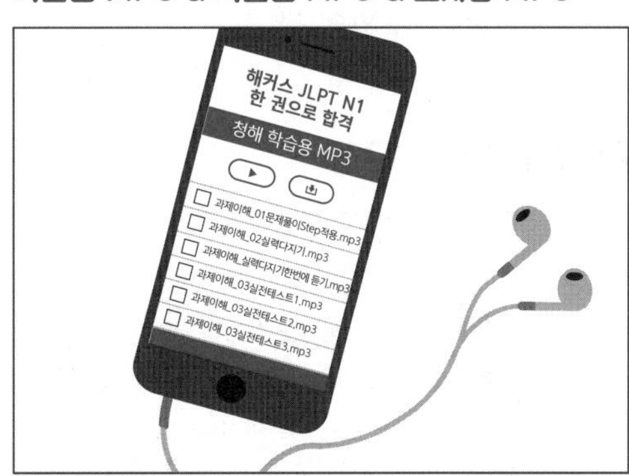

청해 과목의 모든 문제 풀이를 위한 MP3뿐만 아니라, 원하는 문제만 반복하여 들을 수 있는 문제별 분할 MP3, 실제 시험장의 감각을 익힐 수 있는 고사장 버전 MP3까지 제공하여 청해 실력을 더욱 극대화할 수 있도록 하였습니다. 모든 MP3는 "해커스 MP3 플레이어" 어플로 1.05~2.0배속까지 원하는 배속으로 들을 수 있습니다.

어휘 암기 퀴즈 PDF

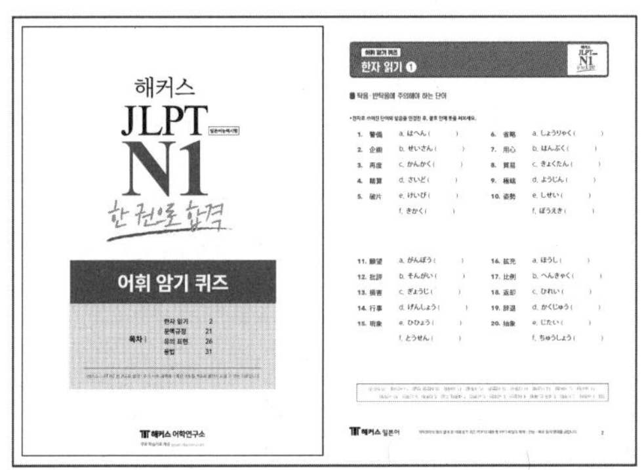

어휘 암기 퀴즈 PDF를 통해 어휘를 잘 암기했는지 스스로 확인해볼 수 있도록 하였습니다.

청해 받아쓰기 PDF

문제 풀이에 핵심이 되는 키워드를 집중적으로 듣고 받아쓰는 연습을 하면서 직청직해 실력을 키울 수 있도록 하였습니다.

JLPT 소개

JLPT 란?

Japanese-Language Proficiency Test의 앞 글자를 딴 것으로, 일본어를 모국어로 하지 않는 사람의 일본어 능력을 측정하여 인정하는 시험이며, 일본국제교류기금이 보증하고 일본 외무성이 후견인으로서 국제적으로 인정되며 평생 유효한 자격입니다. 아울러 JLPT는 일본 문부과학성 국비 유학생 선발 기준이 되며, 대학 입학, 각급 업체 및 기관의 채용 승진 등 다양한 곳에 활용할 수 있습니다.

JLPT 급수 구성

	JLPT 등급	인정 수준
어려움 ↑	**N1**	폭넓은 화제에 대해 쓰인 신문의 논설, 평론 등 논리적으로 복잡한 글이나 추상적인 글을 읽고 구성이나 내용, 흐름을 이해할 수 있으며, 자연스러운 속도의 뉴스, 강의 등을 듣고 논리 구성을 이해하거나 요지를 파악할 수 있다.
	N2	폭넓은 화제에 대해 쓰인 신문이나 잡지의 기사, 해설, 평론 등 논지가 명쾌한 글을 읽고 이해할 수 있으며, 자연스러움에 가까운 속도의 뉴스, 강의 등을 듣고 흐름이나 내용, 요지를 파악할 수 있다.
	N3	일상적인 화제에 대해 쓰인 구체적인 내용의 글을 읽고 이해할 수 있으며, 조금 난이도가 있는 글도 다른 표현이 주어지면 요지를 이해할 수 있다. 제법 자연스러움에 가까운 속도의 회화를 듣고 구체적인 내용이나 등장인물의 관계를 거의 이해할 수 있다.
	N4	기본적인 어휘나 한자를 사용해 쓰인 일상생활 속 화제의 글을 읽고 이해할 수 있으며, 천천히 말하면 내용을 거의 이해할 수 있다.
↓ 쉬움	**N5**	히라가나나 가타카나, 일상생활에서 쓰이는 기본적인 한자로 쓰인 정형화된 어구나 글을 읽고 이해할 수 있으며, 교실이나 주변 등 일상생활에서 자주 마주치는 장면에서 천천히 말하면 필요한 정보를 듣고 이해할 수 있다.

시험 과목과 시험 시간

급수	1교시		휴식	2교시
N1	언어지식(문자·어휘·문법)·독해 110분		20분	청해 60분 *시험은 55분간 진행
N2	언어지식(문자·어휘·문법)·독해 105분			청해 55분
N3	언어지식(문자·어휘) 30분	언어지식(문법)·독해 70분		청해 45분
N4	언어지식(문자·어휘) 25분	언어지식(문법)·독해 55분		청해 35분
N5	언어지식(문자·어휘) 20분	언어지식(문법)·독해 40분		청해 30분

* N1은 2022년 제2회(12월 시험)부터 청해 과목의 문항 수가 줄어, 시험 시간이 65분에서 60분으로 변경되었습니다.

합격 기준

레벨	합격점 / 만점	과목별 과락 기준점 / 만점		
		언어지식(문자·어휘·문법)	독해	청해
N1	100점 / 180점	19점 / 60점	19점 / 60점	19점 / 60점
N2	90점 / 180점	19점 / 60점	19점 / 60점	19점 / 60점
N3	95점 / 180점	19점 / 60점	19점 / 60점	19점 / 60점
N4	90점 / 180점	38점 / 120점		19점 / 60점
N5	80점 / 180점	38점 / 120점		19점 / 60점

* JLPT는 합격점 이상 득점하면 합격하며, 한 과목이라도 과락 기준점 미만으로 득점하면 불합격됩니다.

JLPT 소개

JLPT 문제 구성

* 문항 수는 시험마다 1~4문항 씩 달라질 수 있습니다.

과목		문제	문항 수				
		급수	N1*	N2	N3	N4	N5
언어지식	문자·어휘	한자 읽기	6	5	8	7	7
		표기	-	5	6	5	5
		단어형성	-	5	-	-	-
		문맥규정	7	7	11	8	6
		유의 표현	6	5	5	4	3
		용법	6	5	5	4	-
		합계	25	32	35	28	21
	문법	문법형식 판단	10	12	13	13	9
		문장 만들기	5	5	5	4	4
		글의 문법	5	5	5	4	4
		합계	20	22	23	21	17
독해		내용이해(단문)	4	5	4	3	2
		내용이해(중문)	9	9	6	3	2
		내용이해(장문)	4	-	4	-	-
		통합이해	2	2	-	-	-
		주장이해(장문)	4	3	-	-	-
		정보검색	2	2	2	2	1
		합계	25	21	16	8	5
청해		과제 이해	5	5	6	8	7
		포인트 이해	6	6	6	7	6
		개요 이해	5	5	3	-	-
		발화 표현	-	-	4	5	5
		즉시 응답	11	12	9	8	6
		통합 이해	3	4	-	-	-
		합계	30	32	28	28	24
총 문항수			100	107	102	85	67

* N1은 2022년 제2회(12월 시험)부터 청해 과목의 문항 수가, 과제 이해 6문항→5문항, 포인트 이해 7문항→6문항, 개요 이해 6문항→5문항, 즉시 응답 14문항→11문항, 통합 이해 4문항→3문항, 총 30문항으로 줄고, 시험 시간이 60분으로 변경되었습니다.

JLPT 시험 접수부터 성적 확인까지

1. JLPT 시험 접수, 시험일, 시험 결과 조회 일정

	시험 접수	시험	시험 결과 조회
해당연도 1회	4월 초	7월 첫 번째 일요일	8월 말
해당연도 2회	9월 초	12월 첫 번째 일요일	1월 말

* 일반 접수 기간이 끝난 뒤, 약 일주일 동안의 추가 접수 기간이 있습니다.
정확한 시험 일정은 JLPT 한국 홈페이지 (http://jlpt.or.kr)에서 확인 가능합니다.

2. JLPT 시험 접수 방법

(1) 인터넷 접수
JLPT 한국 홈페이지(http://jlpt.or.kr)에서 [인터넷 접수]로 접수합니다.
접수 과정 : [인터넷 접수] > [로그인] > [사진 등록] > [개인정보 등록] > [급수 선택] > [시험장 선택] > [결제]

(2) 우편 접수 *시험장 선택 불가
구비 서류를 등기우편으로 발송하여 접수합니다.
구비 서류 : 수험 원서(홈페이지 다운로드), 증명사진 1매(뒷면에 이름, 생년월일, 휴대 전화 번호 기재), 수험료(우체국 통상환)
보낼 곳 : [서울권역] (03060) 서울시 종로구 율곡로53, 해영빌딩 1007호 JLPT일본어능력시험
[부산권역] (48792) 부산광역시 동구 중앙대로 319, 1501호(초량동, 부산YMCA) (사) 부산한일문화교류협회
[제주권역] (63219) 제주특별자치도 제주시 청사로 1길 18-4 제주상공회의소 JLPT사무국

3. JLPT 시험 준비물

수험표

규정 신분증
(주민등록증, 운전면허증, 여권 등)

필기구
(연필이나 샤프, 지우개)

시계

4. JLPT 결과 확인

(1) 결과 조회
1회 시험은 8월 말, 2회 시험은 1월 말에 JLPT 한국 홈페이지(http://jlpt.or.kr)에서 조회 가능합니다.

(2) 결과표 수령 방법
JLPT 결과표는 1회 시험은 9월 말, 2회 시험은 2월 말에 접수 시 기재한 주소로 발송됩니다.
합격자 : 일본어능력인정서, 일본어능력시험 인정결과 및 성적에 관한 증명서 발송
불합격자 : 일본어능력시험 인정결과 및 성적에 관한 증명서만 발송

(3) 자격 유효 기간
유효기간이 없는 평생 자격이지만, 기관 등에서는 보통 2년 이내 성적을 요구하므로 주의하세요.

JLPT N1 소개

JLPT N1 시험 구성 및 시험 시간

입실		13:10 까지
1교시	언어지식(문자·어휘)	13:30~15:20 (110분)
	언어지식(문법)	
	독해	
휴식		15:20~15:40
2교시	청해	15:40~16:40 (60분) *시험은 55분간 진행

* 시험 입실시간은 13시 10분까지이며, 13시 30분 이후에는 휴식시간까지 퇴실할 수 없습니다.
* 답안지는 1교시 답안지와 2교시 답안지를 함께 나누어 주며, 2교시 답안지는 본인이 보관하다 2교시에 꺼내서 사용합니다.
* 언어지식과 독해는 함께 치러지며 문제지와 답안지가 함께 있으므로 자신 있는 과목을 먼저 해도 괜찮습니다.
* 청해는 별도의 마킹 시간이 없으므로, 한 개의 문항을 풀 때마다 바로바로 마킹해야 합니다.
* 2022년 제2회(12월 시험)부터 시험 시간이 65분에서 60분으로 변경되었습니다.

시험 결과

* JLPT 에 합격하면, 「일본어능력인정서」와 「일본어능력시험 인정결과 및 성적에 관한 증명서」를 받을 수 있으며, 불합격할 경우, 「일본어능력시험 인정결과 및 성적에 관한 증명서」만 수령하게 됩니다.
* 「일본어능력시험 인정결과 및 성적에 관한 증명서」에는 과목별 점수와 총점, 백분율, 문자·어휘·문법 과목의 정답률을 알 수 있는 참고정보가 표기되어 있어, 자신의 실력이 어느 정도인지 알 수 있습니다.

<인정결과 및 성적에 관한 증명서>

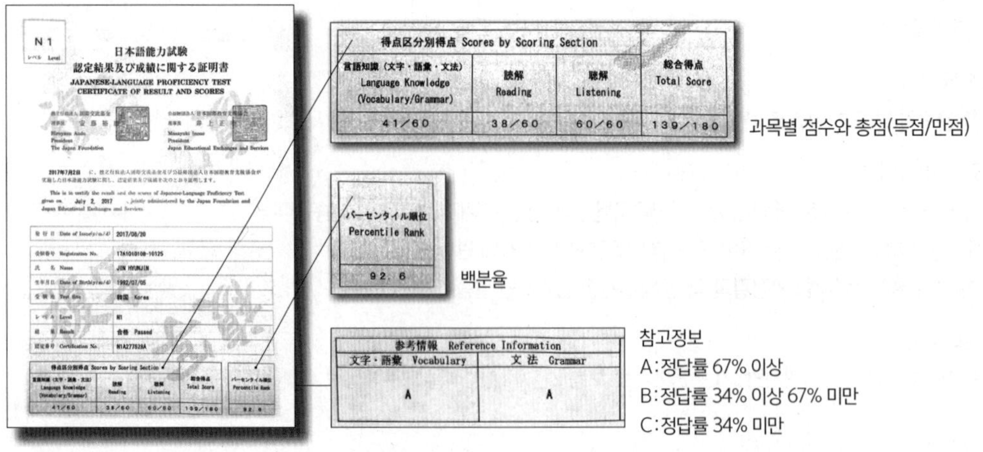

N1
日本語能力試験
認定結果及び成績に関する証明書
JAPANESE-LANGUAGE PROFICIENCY TEST
CERTIFICATE OF RESULT AND SCORES

得点区分別得点 Scores by Scoring Section			総合得点 Total Score
言語知識（文字・語彙・文法） Language Knowledge (Vocabulary/Grammar)	読解 Reading	聴解 Listening	
41／60	38／60	60／60	139／180

パーセンタイル順位 Percentile Rank
92.6

参考情報 Reference Information	
文字・語彙 Vocabulary	文法 Grammar
A	A

학습자들이 궁금해 하는 JLPT N1 관련 질문 BEST 5

01. N2에 비해 N1 난이도 차이가 큰가요?

JLPT N1은 어휘나 문형의 수준, 지문의 흐름 등에서 난이도가 높은 편입니다.

JLPT N1은 다른 급수에 비해 훨씬 지엽적인 의미의 단어와 문형, 추상적인 내용의 지문이 출제되기 때문에 어렵습니다. 이에, 「해커스 JLPT N1 한 권으로 합격」에서는 출제 경향을 정확하게 분석하여 핵심 전략과 문제 풀이 Step을 수록하고, 문제 풀이 Step 적용, 실력 다지기, 실전 테스트, 실전모의고사로 이어지는 체계적인 학습 구성을 통해 JLPT N1을 쉽고, 효율적이고, 확실하게 준비하여 한 번에 합격할 수 있도록 하였습니다. 또한, 해석, 해설, 어휘 정리까지 상세한 해설을 수록하여 더욱 탄탄한 학습을 할 수 있습니다.

02. N1 한자들은 아무리 해도 외워지지가 않아요. 이런 한자 다 외워야 할까요?

한자보다는 N1 필수 어휘를 암기하는 것이 합격에 더 도움이 됩니다.

시험에서 한자 각각의 발음을 묻는 문제나 한자를 직접 손으로 써야 하는 문제는 출제되지 않기 때문에 한자의 음독, 훈독, 쓰는 법까지 모두 학습하기 보다는 N1 필수 어휘의 발음과 뜻을 확실히 학습하는 것이 중요합니다. 「해커스 JLPT N1 한 권으로 합격」에서는 어휘 암기에만 집중할 수 있도록 문자·어휘 각 문제별 전략에 맞는 어휘를 카테고리 별로 정리하여 수록하였으며, 별책 부록 「JLPT N1 필수 단어·문형 암기장」을 가지고 언제 어디서든 들고 다시면서 학습할 수 있도록 하였습니다.

03. 비슷비슷하게 생긴 문형들의 뉘앙스 차이가 어려운데 어떻게 해야 하나요?

JLPT N1에 출제되는 문형의 의미와 접속형태를 예문과 함께 학습해야 합니다.

비슷비슷하게 생긴 문형들의 차이를 알기 위해서는 반드시 예문을 보면서 문형의 의미와 접속형태를 학습해야 합니다. 「해커스 JLPT N1 한 권으로 합격」에서는 JLPT N1에서 출제되는 기능어는 물론 N1 필수 문형, N1에 자주 출제되는 N2 수준의 문형을 모두 수록하였으며, 특히 문형은 모든 접속형태에 대한 예문을 함께 수록하여 어떠한 상황에서 어떻게 쓰이는지 확실히 학습할 수 있도록 하였습니다.

04. 독해 지문 원래 이렇게 추상적인가요? 지문을 읽어도 풀기가 어려워요.

JLPT N1 독해에서는 다소 어려운 내용이 출제되지만 지문과 문제의 특성을 파악하면 정답을 선택할 수 있습니다.

JLPT N1의 독해에서는 인문, 사회, 과학기술과 관련된 다양한 내용의 지문이 출제되며, 선택지도 지문에 사용된 어휘나 표현 그대로 사용되지 않기 때문에 어렵다고 느낄 수 있습니다. 그러나, 지문의 내용이 어렵더라도 한 단락 한 단락의 내용을 정확히 해석해 나간다면 어렵지 않게 정답을 선택할 수 있습니다. 「해커스 JLPT N1 한 권으로 합격」에서는 이러한 독해의 특성을 충분히 체득할 수 있도록 '실력 다지기'와 여러 회차의 '실전 테스트'를 수록하였습니다.

05. 일드나 애니메이션을 보는 것은 청해 공부에 도움이 안 되는 것 같아요. 어떡하죠?

JLPT N1 청해의 문제별 출제 유형과 문제 풀이 전략을 집중적으로 학습해야 합니다.

일본 드라마나 애니메이션으로 일본어 듣기에 익숙해졌더라도, JLPT는 출제되는 내용과 문제 유형이 특정되어 있기 때문에, JLPT 청해 출제 유형을 집중적으로 학습해야 합격에 도움이 됩니다. 「해커스 JLPT N1 한 권으로 합격」은 출제 경향을 철저하게 분석하여 출제 경향과 핵심 전략 그리고 문제 풀이 Step을 제시해 두었습니다.

JLPT N1 과목별 학습 및 시험 전략

언어지식 문자·어휘

1. 문제 유형

문제		문항 수	문항 번호	유형
문제 1	한자 읽기	6	1번~6번	한자로 쓰인 어휘의 올바른 발음을 고를 수 있는지 묻는 문제이다.
문제 2	문맥규정	7	7번~13번	문맥에 맞는 알맞은 의미의 어휘를 고를 수 있는지 묻는 문제이다.
문제 3	유의 표현	6	14번~19번	밑줄 친 어휘나 표현과 의미상 가까운 어휘 또는 표현을 고를 수 있는지 묻는 문제이다.
문제 4	용법	6	20번~25번	제시어의 용법이 올바르게 사용된 문장을 고를 수 있는지 묻는 문제이다.

* 실제 시험에서는 1~2개의 문항 수의 변동이 있을 수 있습니다.

2. 학습 방법

> 어휘의 정확한 '발음'과 '한자'에 주의하여 암기한다.

일본어는 탁음, 반탁음, 요음, 촉음, 장음 등 발음의 활용이 많고, 하나의 한자에 여러 개의 음독, 여러 개의 훈독이 있는 경우도 있기 때문에 어휘를 학습할 때에는 정확한 발음을 함께 암기합니다. 또한, 일본어에 사용되는 수 많은 한자들 중에는 모양이 비슷한 한자도 많아서 헷갈리기 쉬우므로, 부수, 획, 한자의 전체적인 모양에 주의하여 암기합니다.

> 비슷한 의미의 어휘는 용법에 주의하며 함께 암기한다.

'유쾌한 사람'과 '재미있는 사람'은 비슷한 의미이지만 표현은 다릅니다. 이러한 동의어나 비슷한 표현은 한데 모아서 외워야 빠르고 효율적으로 암기할 수 있고 오래 기억할 수 있습니다. 또한, '연장'과 '증가'는 모두 '늘어남'을 의미하지만 '회의가 1시간 증가되었다'는 '증가'의 용법이 잘못된 문장입니다. 이렇게 의미가 비슷한 어휘는 용법에 주의하여 암기해야 합니다.

3. 시험 전략

> 밑줄 친 부분 또는 괄호 앞뒤만 보고 빠르게 정답을 고른다.

문자·어휘는 문장 전체를 읽고 문제를 풀 필요가 없습니다. 밑줄 친 부분 또는 괄호 주변만 보고 올바른 발음이나 문맥에 맞는 어휘를 고릅니다. 문자·어휘 전체 문제를 10분 내외로 풀어 시간이 오래 걸리는 독해 문제를 풀 시간을 확보할 수 있도록 합니다.

언어지식 문법

1. 문제 유형

문제		문항 수	문항 번호	유형
문제 5	문법형식 판단	10	26번~35번	문맥에 맞는 문법형식을 고를 수 있는지 묻는 문제이다.
문제 6	문장 만들기	5	36번~40번	4개의 선택지를 의미가 통하도록 배열할 수 있는지 묻는 문제이다.
문제 7	글의 문법	5	41번~45번	지문의 빈칸에 들어갈 알맞은 내용을 고를 수 있는지 묻는 문제이다.

* 실제 시험에서는 1~2개의 문항 수의 변동이 있을 수 있습니다.

2. 학습 방법

> 조사, 부사, 접속사와 같은 기능어의 의미와 용법을 확실하게 암기한다.
문맥에 맞는 조사, 부사, 접속사를 고르는 문제가 출제되는 것은 물론, 문장을 해석하거나 문맥을 파악하는데 기능어는 매우 중요한 역할을 하므로, 각종 기능어의 의미와 용법을 예문을 보면서 확실하게 암기하도록 합니다.

> N1 필수 문형의 의미와 접속 형태, 용법을 확실하게 암기한다.
문법 과목의 문제들은 대부분 문형과 관련된 문제가 출제됩니다. 문형을 알아야 해석이 쉽고, 올바른 문장을 만들 수 있습니다. 또한 접속 형태를 보고 오답을 먼저 소거할 수도 있으므로, 문형의 의미와 용법, 접속 형태를 예문과 함께 확실하게 암기하도록 합니다. N1에서는 N2 수준의 문형도 자주 출제되므로, N2 빈출 문형도 확실하게 학습하도록 합니다.

3. 시험 전략

> 선택지는 각 문법 사항을 끊어가며 정확하게 해석한다.
문법 문제의 선택지는 단순히 문형으로만 구성되는 경우도 있지만, 기능어나 수수표현, 수동·사역·사역수동 표현, 경어 표현 등 몇 개의 문법 사항들이 조합을 바꿔가며 구성되는 경우도 많습니다. 선택지에 사용된 각 문법 사항들을 하나씩 끊어가며 정확하게 해석하고 문맥에 맞는 표현을 고를 수 있도록 합니다.

JLPT N1 과목별 학습 및 시험 전략

■ 독해

1. 문제 유형

문제		문항 수	문항 번호	유형
문제 8	내용이해(단문)	4	46번~49번	다양한 주제의 에세이와 실용문을 읽고 필자의 주장, 글의 내용 등을 이해했는지 묻는 문제이다.
문제 9	내용이해(중문)	9	50번~58번	다양한 주제의 지문을 읽고, 지문 전체 또는 부분에서 필자의 생각, 글의 세부 내용을 이해했는지 묻는 문제이다.
문제 10	내용이해(장문)	4	59번~62번	
문제 11	통합이해	2	63번~64번	동일한 주제의 두 지문을 읽고, 관점이나 견해를 비교할 수 있는지 묻는 문제이다.
문제 12	주장이해(장문)	4	65번~68번	다양한 주제의 지문을 읽고, 지문 전체 또는 부분에서 필자의 생각, 글의 세부 내용을 이해했는지 묻는 문제이다.
문제 13	정보검색	2	69번~70번	광고, 팸플릿, 정보지 등을 보고 필요한 부분의 정보만 찾아 조건에 맞는 행동이나 선택지를 묻는 문제이다.

* 실제 시험에서는 1~2개의 문항 수의 변동이 있을 수 있습니다.

2. 학습 방법

> 인문, 사회, 과학기술 분야의 다양한 소재의 글을 읽고 어휘를 학습한다.

독해 지문은 인문, 사회, 과학기술 등 다양한 분야의 단행본, 칼럼, 신문 기사에서 발췌한 지문이 출제됩니다. 따라서 평소에 다양한 소재의 글을 많이 읽고, 별책 부록으로 제공되는 「JLPT N1 필수 단어·문형 암기장」에 정리된 각 주제별 고난도 어휘를 학습하는 것이 중요합니다.

> 접속사를 꾸준히 학습하고 문말표현에 유의하여 해석한다.

접속사 뒤에 필자가 진짜 말하고자 하는 내용이 이어지는 경우가 많으며, 문말표현을 제대로 해석해야 문맥을 정확하게 파악하고 정답을 고를 수 있습니다. 따라서, 접속사에는 무엇이 있고 어떤 때 쓰이는지를 학습하고, 지문에서 접속사가 어디에 있는지 찾는 연습을 꾸준히 해야 합니다. 또한 지문을 읽을 때 항상 문말표현에 유의해서 해석합니다.

3. 시험 전략

> 한 단락씩 읽고 문제를 풀며 지문을 여러 번 읽지 않도록 한다.

지문의 내용을 이해하거나 기억하지 못해 여러 번 읽게 되면 시간이 부족해져 모든 문제를 풀 수 없게 됩니다. 지문이 아무리 길고 추상적이라도, 대체로 하나의 단락에 관련된 하나의 문제가 출제되므로, 한 단락의 주요 내용을 파악하며 읽고 한 문제 풀고, 다음 한 단락의 주요 내용을 파악하며 읽고 한 문제 푸는 방식으로 문제를 풀 수 있도록 합니다.

청해

1. 문제 유형

문제		문항 수	문항 번호	유형
문제 1	과제 이해	5	1번~5번	대화를 듣고 대화가 끝난 뒤 해야 하는 과제가 무엇인지 묻는 문제이다.
문제 2	포인트 이해	6	1번~6번	두 사람의 대화 또는 한 사람의 말을 듣고 질문에서 제시한 포인트를 찾을 수 있는지 묻는 문제이다.
문제 3	개요 이해	5	1번~5번	두 사람의 대화 또는 한 사람의 말을 듣고 주제나 개요를 파악할 수 있는지 묻는 문제이다.
문제 4	즉시 응답	11	1번~11번	질문을 듣고 적절한 응답을 고를 수 있는지 묻는 문제이다.
문제 5	통합 이해	3	1번~2번	복수의 정보를 듣고 통합하여 하나의 결론을 고를 수 있는지 묻는 문제이다.

* 2022년 제2회(12월 시험)부터 청해 과목의 문항 수가, 과제 이해 6문항→5문항, 포인트 이해 7문항→6문항, 개요 이해 6문항→5문항, 즉시 응답 14문항→11문항, 통합 이해 4문항→3문항, 총 30문항으로 줄고, 시험 시간이 60분으로 변경되었습니다.

2. 학습 방법

> 메모하며 듣는 연습을 한다.

청해는 대화 마지막에 말을 바꾸거나 대화 중간에 정답에 대한 힌트가 있는 경우가 많고, 질문과 선택지가 문제지에 제시되어 있지 않은 문제 유형도 있어 대화의 내용을 잘 기억했다가 정답을 골라야 합니다. 때문에, 대화를 들으면서 핵심이 되는 키워드를 재빨리 적거나, 대화의 흐름을 들리는 대로 일본어 또는 한국어로 메모하는 연습을 꾸준히 해야 합니다.

> 경제·경영, 학문·연구, 정책·복지 등 다양한 주제의 어휘를 학습한다.

JLPT N1 청해에서는 다양한 장소에서 다양한 직업군을 가진 전문가들이 말하는 비교적 전문적인 내용의 대화 또는 설명이 출제됩니다. 별책 부록으로 제공되는 「JLPT N1 필수 단어·문형 암기장」에 정리된 청해에서 자주 출제되는 각 주제별 고난도 어휘를 학습하고 더욱 빠르고 정확하게 대화의 내용을 들을 수 있도록 준비합니다.

3. 시험 전략

> 적극적으로 메모하고 바로 바로 마킹한다.

청해는 혼동을 주는 함정이 많고, 선택지가 문제지에 없기 때문에 들리는 내용을 적극적으로 메모하면서 대화나 설명의 흐름을 파악해야 합니다. 또한, 별도의 마킹 시간이 없기 때문에 정답이라고 생각되는 선택지가 있다면 바로 바로 마킹을 하고 다음 문제를 들을 준비를 해야 당황하지 않고 모든 문제를 풀 수 있습니다.

학습 플랜

시험 접수 끝! 합격을 향한 3개월 학습 플랜

* 4월~6월 또는 9월~11월, 3개월간 사용하여 7월과 12월 시험에 대비하는 학습 플랜입니다.
* 「JLPT N1 필수 단어·문형 암기장」으로 필수 단어 및 문형 암기 → 과목별 집중 학습 → 실전모의고사의 순서로 학습합니다.

	1일	2일	3일	4일	5일	6일
1주	□__월__일	□__월__일	□__월__일	□__월__일	□__월__일	□__월__일
	[암기장] 단어 1~2일	[암기장] 단어 3~4일	[암기장] 단어 5~6일	[암기장] 단어 7~8일	[암기장] 단어 9~10일	[암기장] 단어 11~12일
2주	□__월__일	□__월__일	□__월__일	□__월__일	□__월__일	□__월__일
	[암기장] 단어 13~14일	[암기장] 단어 15~16일	[암기장] 단어 17~18일	[암기장] 단어 19~20일	[암기장] 단어 21~22일	[암기장] 문형 23~24일
3주	□__월__일	□__월__일	□__월__일	□__월__일	□__월__일	□__월__일
	[암기장] 단어 25~26일	[암기장] 단어 27~28일	[암기장] 단어 29~30일	[암기장] 전체 복습	[문자·어휘] 문제1	[문자·어휘] 문제1-암기 위주
4주	□__월__일	□__월__일	□__월__일	□__월__일	□__월__일	□__월__일
	[문자·어휘] 문제2	[문자·어휘] 문제2-암기 위주	[문자·어휘] 문제3	[문자·어휘] 문제3-암기 위주	[문자·어휘] 문제4	[문자·어휘] 문제4-암기 위주
5주	□__월__일	□__월__일	□__월__일	□__월__일	□__월__일	□__월__일
	[필수 문법] 01~03	[필수 문법] 05	[필수 문법] 05	[필수 문법] 06	[필수 문법] 06	[필수 문법] 07
6주	□__월__일	□__월__일	□__월__일	□__월__일	□__월__일	□__월__일
	[필수 문법] 08	[필수 문법] 08	[문자·어휘] 핵심 표현 복습	[문자·어휘] 핵심 표현 복습	[N1 필수 문법] 전체 복습	[문법] 문제5
7주	□__월__일	□__월__일	□__월__일	□__월__일	□__월__일	□__월__일
	[문법] 문제5	[문법] 문제6	[문법] 문제6	[문법] 문제7	[문법] 문제7	[문법] 전체 복습
	[청해 문제1] 실력 다지기 음원만 듣기			[청해 문제2] 실력 다지기 음원만 듣기		
8주	□__월__일	□__월__일	□__월__일	□__월__일	□__월__일	□__월__일
	[독해] 문제8	[독해] 문제8	[독해] 문제9·10	[독해] 문제9·10	[독해] 문제11	[독해] 문제11
	[청해 문제3] 실력 다지기 음원만 듣기			[청해 문제4] 실력 다지기 음원만 듣기		
9주	□__월__일	□__월__일	□__월__일	□__월__일	□__월__일	□__월__일
	[독해] 문제12	[독해] 문제12	[독해] 문제13	[독해] 문제13	[독해] 전체 복습	[청해] 문제1
	[청해 문제5] 실력 다지기 음원만 듣기			-	[문자·어휘 핵심 표현] 문제1	

10주	□__월__일	□__월__일	□__월__일	□__월__일	□__월__일	□__월__일
	[청해] 문제1	[청해] 문제2	[청해] 문제2	[청해] 문제3	[청해] 문제3	[청해] 문제4
	[문자·어휘 핵심 표현] 문제2		[문자·어휘 핵심 표현] 문제3		[문자·어휘 핵심 표현] 문제4	
11주	□__월__일	□__월__일	□__월__일	□__월__일	□__월__일	□__월__일
	[청해] 문제4	[청해] 문제5	[청해] 문제5	[청해] 전체 복습	[실전모의고사] 1 풀기	[실전모의고사] 1 복습
	[필수문법] 01	[필수문법] 02	[필수문법] 03	[필수문법] 04	[필수문법] 05	[필수문법] 06
12주	□__월__일	□__월__일	□__월__일	□__월__일	□__월__일	□__월__일
	[실전모의고사] 2 풀기	[실전모의고사] 2 복습	[실전모의고사] 3 풀기	[실전모의고사] 3 복습	[실전모의고사] 온라인 풀기	[실전모의고사] 온라인 복습
	[필수문법] 07	[필수문법] 08	[문자·어휘] 전체 복습	[문법] 전체 복습	[독해] 전체 복습	[청해] 전체 복습

* 6개월 동안 학습하고자 하는 경우에는 1일 분량을 2일에 나누어 꼼꼼히 학습하세요.

벌써 수험표가? 아직 늦지 않았다! 1개월 학습 플랜

* 매년 시험 직전 6월과 11월에 1개월동안 집중적으로 학습하는 학습 플랜입니다.

	1일	2일	3일	4일	5일	6일
1주	□__월__일	□__월__일	□__월__일	□__월__일	□__월__일	□__월__일
	[문자·어휘] 문제1	[문자·어휘] 문제2	[문자·어휘] 문제3	[문자·어휘] 문제4	[N1 필수 문법] 01~04	[N1 필수 문법] 05~06
2주	□__월__일	□__월__일	□__월__일	□__월__일	□__월__일	□__월__일
	[N3필수문법] 07~08	[문법] 문제5	[문법] 문제6	[문법] 문제7	[청해] 문제1	[청해] 문제2
3주	□__월__일	□__월__일	□__월__일	□__월__일	□__월__일	□__월__일
	[청해] 문제3	[청해] 문제4	[청해] 문제5	[독해] 문제8	[독해] 문제9·10	[독해] 문제11
	[문자·어휘] 문제1	[문자·어휘] 문제2	[문자·어휘] 문제3	[문자·어휘] 문제4	[N1 필수 문법] 01~04	[N1 필수 문법] 05~06
4주	□__월__일	□__월__일	□__월__일	□__월__일	□__월__일	□__월__일
	[독해] 문제12	[독해] 문제13	[실전모의고사] 1	[실전모의고사] 2	[실전모의고사] 3	[실전모의고사] 1-3 복습
	N1 필수 문법 07~08	[청해] 문제1	[청해] 문제2	[청해] 문제3	[청해] 문제4	[청해] 문제5

* 별책으로 제공되는 「JLPT N1 필수 단어・문형 암기장」은, 3주 동안 매일 2일 분량을 음원과 함께 학습하고, 마지막 주에는 하루에 5일 분량씩 잘 외워지지 않은 단어와 문형 위주로 학습합니다.

암기한 어휘를
퀴즈로 확인하려면?

해커스일본어 (japan.Hackers.com)

해커스 JLPT N1 한 권으로 합격

문자·어휘

문제 1 한자 읽기

문제 2 문맥규정

문제 3 유의 표현

문제 4 용법

한자 읽기

한자 읽기는 한자로 쓰여진 어휘의 발음을 고르는 문제로, 음독 어휘의 발음을 고르는 문제가 3~4문항, 훈독 어휘의 발음을 고르는 문제가 2~3문항, 총 6문항이 출제된다. 음독과 훈독이 혼합된 어휘의 발음을 고르는 문제가 3년에 1문항 정도 출제되기도 한다.

권장 풀이 시간 1분

핵심 전략

1 음독 어휘의 발음을 고르는 문제는 명사, な형용사가 출제된다. 선택지를 모두 비슷한 발음으로 구성하여 혼동을 준다. 세부적으로는, 오십음도에서 같은 단의 발음을 사용하거나 탁음, 반탁음, 장음, 촉음, 요음을 추가하거나 삭제하여 혼동을 준다. 제시된 한자의 또 다른 발음이나 같은 한자를 포함한 어휘의 발음을 사용하여 혼동을 주기도 한다.

예 名誉 명예

① めいよ (○)
② めいろ (X) — よ와 같은 단의 발음 ろ가 사용됨
③ めいよう (X) — 장음이 추가됨
④ みょうよ (X) — 제시된 한자 名의 또 다른 발음 みょう가 사용됨

2 훈독 어휘의 발음을 고르는 문제는 명사, 동사, い・な형용사가 출제된다. 주로 선택지가 모두 문맥에 어울리는 어휘의 발음으로 구성되므로 문장을 해석하며 풀지 않도록 주의해야 한다. 명사의 경우, 제시된 한자의 또 다른 발음을 사용하여 혼동을 주기도 한다.

예 研究に<u>励む</u>環境 연구에 <u>힘쓰는</u> 환경

① はげむ (○)
② いどむ (X) — 문맥에 어울리는 다른 어휘 挑む(도전하다)의 발음
③ のぞむ (X) — 문맥에 어울리는 다른 어휘 臨む(당면하다)의 발음
④ とむ (X) — 문맥에 어울리는 다른 어휘 富む(풍부하다)의 발음

3 음독과 훈독이 혼합된 어휘의 발음을 고르는 문제는 명사가 출제된다. 선택지를 두 개씩 서로 비슷한 발음으로 구성하여 혼동을 준다. 세부적으로는, 제시어에 포함된 두 한자를 모두 음독으로 발음한 것, 모두 훈독으로 발음한 것, 음독과 훈독을 반대로 발음한 것으로 혼동을 준다.

예 本筋 본론

① ほんすじ (○) — 本筋는 本을 음독 ほん, 筋를 훈독 すじ로 발음함
② ほんきん (X) — 모두 음독으로 발음함
③ もとすじ (X) — 모두 훈독으로 발음함
④ もときん (X) — 음독과 훈독을 반대로 발음함

4 음독 어휘 문제로 자주 출제되는 명사를 모양이 비슷한 한자를 포함한 어휘, 같은 한자를 포함한 어휘끼리 묶어 발음을 정확히 암기한다. 발음에 탁음, 반탁음, 장음, 촉음, 요음이 포함되어 있으면 입으로 소리를 내면서 정확히 암기해야 한다. 훈독 어휘 문제로 자주 출제되는 명사, 동사, 형용사를 발음에 유의하여 꼼꼼히 학습한다.

문제 풀이 Step

Step 1 **밑줄 친 어휘를 천천히 발음해 본다.**

밑줄 친 어휘를 천천히 그리고 정확하게 발음해 본다. 선택지에 탁음, 반탁음, 장음, 촉음, 요음이 있을 경우, 이에 특히 유의하여 발음해 본다. 문장을 읽고 해석하는 것은 정답 선택에 도움이 되지 않으므로 밑줄 친 어휘의 발음에만 집중하여 문제를 푼다.

Step 2 **발음에 해당하는 선택지를 정답으로 고른다.**

발음에 해당하는 선택지를 정답으로 고른다. 정답이 헷갈리면 다시 천천히 발음해 보고, 조금 더 정확하다고 판단되는 선택지를 정답으로 고른다.

문제 풀이 Step 적용

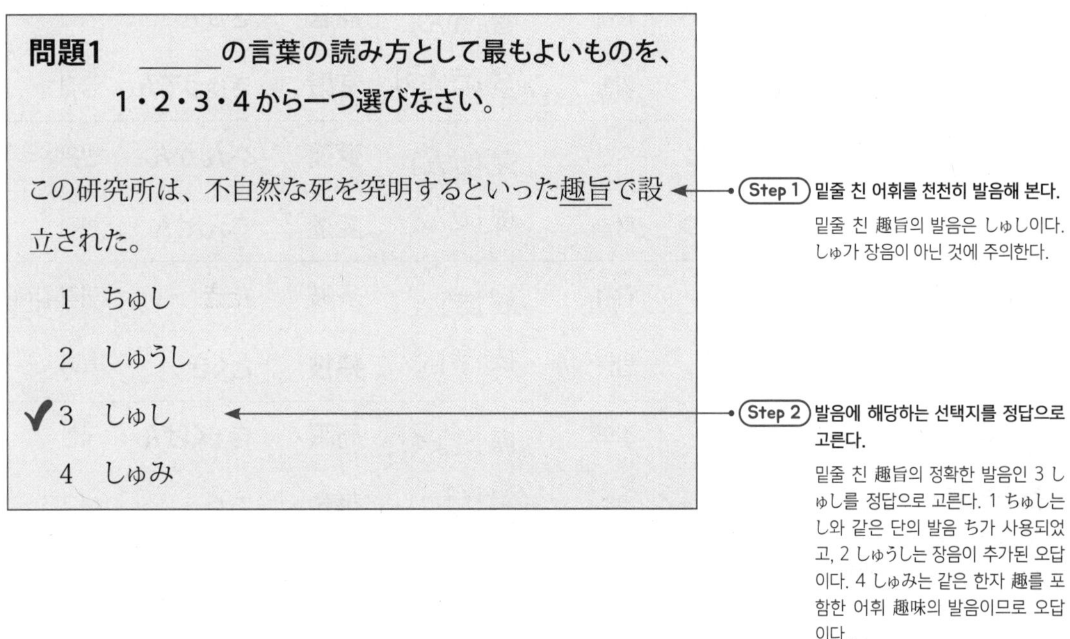

問題1　＿＿＿の言葉の読み方として最もよいものを、1・2・3・4から一つ選びなさい。

この研究所は、不自然な死を究明するといった<u>趣旨</u>で設立された。

1 ちゅし
2 しゅうし
✔3 しゅし
4 しゅみ

Step 1 밑줄 친 어휘를 천천히 발음해 본다.
밑줄 친 趣旨의 발음은 しゅし이다. しゅ가 장음이 아닌 것에 주의한다.
Step 2 발음에 해당하는 선택지를 정답으로 고른다.
밑줄 친 趣旨의 정확한 발음인 3 しゅし를 정답으로 고른다. 1 ちゅし는 し와 같은 단의 발음 ち가 사용되었고, 2 しゅうし는 장음이 추가된 오답이다. 4 しゅみ는 같은 한자 趣를 포함한 어휘 趣味의 발음이므로 오답이다.

문제 1 ＿＿＿의 말의 읽는 법으로 가장 알맞은 것을, 1・2・3・4에서 하나 고르세요.

이 연구소는, 부자연스러운 죽음을 구명한다는 <u>취지</u>로 설립되었다.

어휘 研究所 けんきゅうじょ 명 연구소　不自然だ ふしぜんだ な형 부자연스럽다　死 し 명 죽음　究明 きゅうめい 명 구명　趣旨 しゅし 명 취지　設立 せつりつ 명 설립

핵심 표현 및 필수 어휘

무료 MP3 바로듣기

모양이 비슷한 한자를 포함한 음독 명사

문제1 한자읽기_핵심표현 및 필수어휘01.mp3

※ '00는 기출연도입니다.

한자	어휘	읽기	뜻	한자	어휘	읽기	뜻
為 [い]	行為	こうい	행위	遺 [い]	遺跡	いせき	유적
偽 [ぎ]	偽造	ぎぞう	위조	遣 [けん]	派遣	はけん	파견
因 [いん]	要因	よういん	요인	往 [おう]	往診	おうしん	왕진
困 [こん]	貧困	ひんこん	빈곤	住 [じゅう]	居住	きょじゅう	거주
慨 [がい]	憤慨	ふんがい	분개	官 [かん]	器官	きかん	기관
既 [き]	既婚	きこん	기혼	宮 [きゅう]	宮殿	きゅうでん	궁전
刊 [かん]	創刊	そうかん	창간	還 [かん]	返還	へんかん	반환
刑 [けい]	刑罰	けいばつ	형벌	遷 [せん]	変遷'15	へんせん	변천
監 [かん]	監視	かんし	감시	岐 [き]	多岐'16	たき	여러 갈래
濫 [らん]	氾濫	はんらん	범람	技 [ぎ]	特技	とくぎ	특기
疑 [ぎ]	質疑	しつぎ	질의	局 [きょく]	局限	きょくげん	국한
凝 [ぎょう]	凝縮'14	ぎょうしゅく	응축	句 [く]	語句	ごく	어구
衡 [こう]	均衡	きんこう	균형	項 [こう]	事項	じこう	사항
衝 [しょう]	衝撃	しょうげき	충격	頂 [ちょう]	山頂	さんちょう	산꼭대기
拘 [こう]	拘束	こうそく	구속	債 [さい]	債務'19	さいむ	채무
抱 [ほう]	介抱	かいほう	간호, 돌봄	責 [せき]	責務	せきむ	책무
祉 [し]	福祉	ふくし	복지	視 [し]	近視	きんし	근시
社 [しゃ]	出社	しゅっしゃ	출근	祝 [しゅく]	祝賀	しゅくが	축하
施 [し]	施設	しせつ	시설	斜 [しゃ]	傾斜'17	けいしゃ	경사
旋 [せん]	斡旋	あっせん	알선	除 [じょ]	排除	はいじょ	배제

한자 읽기에 자주 나오는 어휘를 꼭 암기하자!

※ '00는 기출연도입니다.

借 [しゃく]	拝借	はいしゃく	빌려 씀의 겸사말	殖 [しょく]	繁殖['19]	はんしょく	번식
措 [そ]	措置['20]	そち	조치	直 [ちょく]	直面	ちょくめん	직면
心 [しん]	心情	しんじょう	심정	石 [せき]	化石	かせき	화석
忍 [にん]	忍耐['18]	にんたい	인내	拓 [たく]	開拓['17]	かいたく	개척
嘆 [たん]	驚嘆['18]	きょうたん	경탄	陳 [ちん]	陳列['16]	ちんれつ	진열
難 [なん]	非難	ひなん	비난	練 [れん]	未練	みれん	미련
追 [つい]	追跡	ついせき	추적	督 [とく]	督促['14]	とくそく	독촉
迫 [はく]	迫害	はくがい	박해	目 [もく]	目録	もくろく	목록
把 [は]	把握['13]	はあく	파악	避 [ひ]	避難	ひなん	피난
肥 [ひ]	肥料	ひりょう	비료	辟 [へき]	辟易	へきえき	물러남

확인 문제 한자로 쓰여진 단어의 알맞은 발음을 고르세요.

01	遺跡	ⓐ けんせき	ⓑ いせき	05	傾斜	ⓐ けいしゃ	ⓑ けいじょ
02	多岐	ⓐ たき	ⓑ たぎ	06	心情	ⓐ にんじょう	ⓑ しんじょう
03	凝縮	ⓐ ぎょうしゅく	ⓑ ぎしゅく	07	非難	ⓐ ひなん	ⓑ ひたん
04	均衡	ⓐ きんしょう	ⓑ きんこう	08	辟易	ⓐ へきえき	ⓑ ひえき

정답: 01 ⓑ 02 ⓐ 03 ⓐ 04 ⓑ 05 ⓐ 06 ⓑ 07 ⓐ 08 ⓐ

같은 한자를 포함한 음독 명사

문제1 한자읽기_핵심표현 및 필수어휘02.mp3

※ '00는 기출연도입니다.

改 [かい]	改革 '12	かいかく	개혁	改修	かいしゅう	개수, 개보수
	改訂	かいてい	개정	改良	かいりょう	개량
概 [がい]	概説	がいせつ	개설, 개론	概念	がいねん	개념
	概要	がいよう	개요	概略 '14	がいりゃく	개략
観 [かん]	外観	がいかん	외관	主観	しゅかん	주관
議 [ぎ]	決議	けつぎ	결의	抗議	こうぎ	항의
	審議	しんぎ	심의	討議	とうぎ	토의
菌 [きん]	細菌	さいきん	세균	殺菌 '17	さっきん	살균
告 [こく]	勧告	かんこく	권고	申告	しんこく	신고
	忠告	ちゅうこく	충고	布告	ふこく	포고
視 [し]	視覚	しかく	시각	視察	しさつ	시찰
	視点	してん	시점	視野	しや	시야
自 [じ]	自覚	じかく	자각	自己	じこ	자기, 자신
	自粛 '18	じしゅく	자숙	自立	じりつ	자립
収 [しゅう]	収益	しゅうえき	수익	収支	しゅうし	수지
	収集	しゅうしゅう	수집	収容 '20	しゅうよう	수용
進 [しん]	昇進	しょうしん	승진	推進	すいしん	추진
	促進	そくしん	촉진	躍進 '14	やくしん	약진
性 [せい]	個性	こせい	개성	知性	ちせい	지성
	適性	てきせい	적성	慢性	まんせい	만성

※ '00는 기출연도입니다.

破 [は]	破壊	はかい	파괴	破棄	はき	파기
	破損'15	はそん	파손	破裂	はれつ	파열
望 [ぼう]	志望	しぼう	지망	待望	たいぼう	대망
	要望	ようぼう	요망	欲望	よくぼう	욕망
明 [めい]	釈明'11	しゃくめい	해명, 석명	声明	せいめい	성명
約 [やく]	契約'10	けいやく	계약	倹約	けんやく	검약
	条約	じょうやく	조약	制約	せいやく	제약
融 [ゆう]	融資	ゆうし	융자	融通	ゆうずう	융통
覧 [らん]	閲覧'11	えつらん	열람	観覧	かんらん	관람
利 [り]	利益'11	りえき	이익	利子	りし	이자
	利潤	りじゅん	이윤	利息	りそく	이자
理 [り]	推理'10	すいり	추리	論理	ろんり	논리
歴 [れき]	学歴	がくれき	학력	履歴'19	りれき	이력
和 [わ]	緩和'13	かんわ	완화	中和	ちゅうわ	중화
	調和	ちょうわ	조화	飽和	ほうわ	포화

확인 문제 한자로 쓰여진 단어의 알맞은 발음을 고르세요.

01 概略 ⓐ がいりゃく ⓑ がいねん
02 審議 ⓐ しんぎ ⓑ とうぎ
03 自粛 ⓐ じかく ⓑ じしゅく
04 慢性 ⓐ まんせい ⓑ てきせい
05 待望 ⓐ しぼう ⓑ たいぼう
06 制約 ⓐ せいやく ⓑ じょうやく
07 利息 ⓐ りそく ⓑ りえき
08 推理 ⓐ ろんり ⓑ すいり

정답: 01 ⓐ 02 ⓐ 03 ⓑ 04 ⓐ 05 ⓑ 06 ⓐ 07 ⓐ 08 ⓑ

장음에 주의해야 할 음독 명사

◀)) 문제1 한자읽기_핵심표현 및 필수어휘03.mp3

※ '00는 기출연도입니다.

きょ・きょう	隠居	いんきょ	은거	拒否	きょひ	거부
	驚異	きょうい	경이	強硬	きょうこう	강경
	享受	きょうじゅ	향수, 향유	妥協	だきょう	타협
	反響	はんきょう	반향	不況	ふきょう	불황
ぐ・ぐう	愚痴	ぐち	푸념	境遇	きょうぐう	경우, 처지
こ・こう	回顧'18	かいこ	회고	孤立	こりつ	고립
	貢献'19	こうけん	공헌	控除	こうじょ	공제
	洪水	こうずい	홍수	荒廃	こうはい	황폐
しゅ・しゅう (じゅ・じゅう)	趣旨'13	しゅし	취지	群集'12	ぐんしゅう	군집
	執着'19	しゅうちゃく	집착	報酬	ほうしゅう	보수
	樹木'16	じゅもく	수목	真珠	しんじゅ	진주
	従来	じゅうらい	종래	操縦	そうじゅう	조종
しょ・しょう (じょ・じょう)	処置	しょち	처치	庶民	しょみん	서민
	干渉'20	かんしょう	간섭	承諾'15	しょうだく	승낙
	奨励	しょうれい	장려	訴訟	そしょう	소송
	賠償	ばいしょう	배상	負傷	ふしょう	부상
	秩序	ちつじょ	질서	免除	めんじょ	면제
	譲歩	じょうほ	양보	白状	はくじょう	자백
そ・そう	過疎	かそ	과소	阻止	そし	저지
	捜索	そうさく	수색	喪失	そうしつ	상실
	騒動	そうどう	소동	伴奏'10	ばんそう	반주

※ '00는 기출연도입니다.

ちょ・ちょう	貯蓄	ちょちく	저축	誇張	こちょう	과장
	調印	ちょういん	조인	聴講	ちょうこう	청강
と・とう	嫉妬	しっと	질투	沸騰	ふっとう	끓어오름
ふ・ふう	配布	はいふ	배포	腐敗	ふはい	부패
	浮力	ふりょく	부력	風土	ふうど	풍토
ほ・ほう (ぼ・ぼう)	捕獲	ほかく	포획	崩壊	ほうかい	붕괴
	放棄	ほうき	포기	褒美	ほうび	상, 포상
	分母	ぶんぼ	분모	紡績	ぼうせき	방적
よ・よう	関与	かんよ	관여	需要['13]	じゅよう	수요
	動揺	どうよう	동요	扶養	ふよう	부양
りょ・りょう	考慮['11]	こうりょ	고려	丘陵['18]	きゅうりょう	구릉
	診療	しんりょう	진료	了承['17]	りょうしょう	승낙, 납득
ろ・ろう	経路	けいろ	경로	過労	かろう	과로
	披露['19]	ひろう	피로	浪費	ろうひ	낭비

확인 문제 한자로 쓰여진 단어의 알맞은 발음을 고르세요.

01	妥協	ⓐ だきょう	ⓑ だきょ	**05**	崩壊	ⓐ ほかい	ⓑ ほうかい
02	貢献	ⓐ こうけん	ⓑ こけん	**06**	関与	ⓐ かんよ	ⓑ かんよう
03	奨励	ⓐ しょれい	ⓑ しょうれい	**07**	丘陵	ⓐ きゅりょう	ⓑ きゅうりょう
04	伴奏	ⓐ ばんそ	ⓑ ばんそう	**08**	浪費	ⓐ ろうひ	ⓑ ろひ

정답: 01 ⓐ 02 ⓐ 03 ⓑ 04 ⓑ 05 ⓑ 06 ⓐ 07 ⓑ 08 ⓐ

발음이 2개 이상인 한자를 포함한 음독 명사

문제1 한자읽기_핵심표현 및 필수어휘04.mp3

※ '00는 기출연도입니다.

한자	단어	읽기	뜻	한자	단어	읽기	뜻
悪 [あく] [お]	改悪	かいあく	개악	家 [か] [け]	家畜	かちく	가축
	嫌悪感'18	けんおかん	혐오감		家来	けらい	하인
下 [か] [げ]	目下	もっか	지금, 당장	画 [が] [かく]	版画	はんが	판화
	下痢	げり	설사		区画	くかく	구획
合 [がっ] [ごう]	合併'12	がっぺい	합병	元 [がん] [げん]	元年	がんねん	원년, 1년
	合成	ごうせい	합성		元素	げんそ	원소
拠 [きょ] [こ]	根拠'11	こんきょ	근거	興 [きょう] [こう]	余興	よきょう	여흥
	証拠	しょうこ	증거		興奮'15	こうふん	흥분
行 [ぎょう] [こう]	行政	ぎょうせい	행정		振興'20	しんこう	진흥
	遂行'14	すいこう	수행		復興'17	ふっこう	부흥
工 [く] [こう]	細工	さいく	세공	言 [げん] [ごん]	断言	だんげん	단언
	加工	かこう	가공		無言	むごん	무언
作 [さ] [さく]	作用	さよう	작용	仕 [し] [じ]	奉仕	ほうし	봉사
	耕作	こうさく	경작		給仕	きゅうじ	급사
治 [じ] [ち]	退治	たいじ	퇴치	日 [じつ] [にち]	期日	きじつ	기일
	統治	とうち	통치		日夜'13	にちや	밤낮
修 [しゅ] [しゅう]	修行	しゅぎょう	수행	中 [じゅう] [ちゅう]	心中	しんじゅう	동반자살
	修飾	しゅうしょく	수식		中枢'14	ちゅうすう	중추
緒 [しょ] [ちょ]	由緒'12	ゆいしょ	유서	生 [しょう] [せい]	生涯	しょうがい	생애
	情緒	じょうちょ	정서		生計	せいけい	생계

※ '00는 기출연도입니다.

한자	어휘	읽기	뜻	한자	어휘	읽기	뜻
装 [しょう] [そう]	衣装	いしょう	의상	盛 [じょう] [せい]	繁盛['10]	はんじょう	번성
	装備	そうび	장비		全盛	ぜんせい	전성
定 [じょう] [てい]	案の定	あんのじょう	예상대로	心 [しん] [じん]	内心	ないしん	내심
	鑑定['16]	かんてい	감정		肝心['11]	かんじん	중요
人 [じん] [にん]	人脈['16]	じんみゃく	인맥	代 [たい] [だい]	交代	こうたい	교대
	万人	ばんにん	만인		世代	せだい	세대
体 [たい] [てい]	体格	たいかく	체격	暴 [ばく] [ぼう]	暴露['17]	ばくろ	폭로
	体裁	ていさい	외관, 체재		暴力	ぼうりょく	폭력
発 [はつ] [ほつ]	発掘	はっくつ	발굴	微 [び] [み]	微笑	びしょう	미소
	発作	ほっさ	발작		微塵	みじん	미세먼지
封 [ふう] [ほう]	封鎖	ふうさ	봉쇄	模 [ぼ] [も]	規模	きぼ	규모
	封建	ほうけん	봉건		模範	もはん	모범
目 [ぼく] [もく]	面目	めんぼく	면목	名 [みょう] [めい]	本名	ほんみょう	본명
	着目	ちゃくもく	착안		名誉['12]	めいよ	명예

확인 문제 한자로 쓰여진 단어의 알맞은 발음을 고르세요.

01 版画 ⓐ はんが ⓑ はんかく

02 復興 ⓐ ふっこう ⓑ ふっきょう

03 退治 ⓐ たいち ⓑ たいじ

04 中枢 ⓐ ちゅうすう ⓑ じゅうすう

05 繁盛 ⓐ はんじょう ⓑ はんせい

06 交代 ⓐ こうだい ⓑ こうたい

07 微塵 ⓐ びじん ⓑ みじん

08 本名 ⓐ ほんみょう ⓑ ほんめい

정답: 01 ⓐ 02 ⓐ 03 ⓑ 04 ⓐ 05 ⓐ 06 ⓑ 07 ⓑ 08 ⓐ

반탁음 · 촉음에 주의해야 할 음독 명사

🔊 문제1 한자읽기_핵심표현 및 필수어휘05.mp3

※ '00는 기출연도입니다.

富 [ふ] [ぷ]	富豪	ふごう	부호	付 [ふ] [ぷ]	交付	こうふ	교부
	貧富'13	ひんぷ	빈부		添付'15	てんぷ	첨부
服 [ふく] [ぷく]	克服'19	こくふく	극복	方 [ほう] [ぽう]	他方	たほう	다른 방향
	軍服	ぐんぷく	군복		遠方	えんぽう	먼 곳
決 [けっ] [けつ]	決算	けっさん	결산	結 [けっ] [けつ]	結束	けっそく	결속
	決断	けつだん	결단		結合	けつごう	결합
錯 [さっ] [さく]	錯覚	さっかく	착각	実 [じっ] [じつ]	実践	じっせん	실천
	錯誤	さくご	착오		実情	じつじょう	실정
出 [しゅっ] [しゅつ]	出費	しゅっぴ	지출, 출비	接 [せっ] [せつ]	接触	せっしょく	접촉
	出現	しゅつげん	출현		接続	せつぞく	접속
設 [せっ] [せつ]	設置	せっち	설치	鉄 [てっ] [てつ]	鉄鋼	てっこう	철강, 강철
	設立	せつりつ	설립		鉄棒	てつぼう	철봉
特 [とっ] [とく]	特権	とっけん	특권	熱 [ねっ] [ねつ]	熱湯	ねっとう	열탕
	特産	とくさん	특산		熱意	ねつい	열의
必 [ひっ] [ひつ]	必修	ひっしゅう	필수	密 [みっ] [みつ]	密集	みっしゅう	밀집
	必然	ひつぜん	필연		密度	みつど	밀도

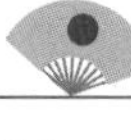

한자 읽기에 자주 출제되는 음독 な형용사

🔊 문제1 한자읽기_핵심표현 및 필수어휘06.mp3

※ '00는 기출연도입니다.

婉曲だ	えんきょくだ	완곡하다	画一的だ '15	かくいつてきだ	획일적이다
肝心だ	かんじんだ	중요하다	寛容だ	かんようだ	관용하다
華奢だ	きゃしゃだ	날씬하다	窮屈だ	きゅうくつだ	갑갑하다
顕著だ '16	けんちょだ	현저하다	厳正だ '14	げんせいだ	엄정하다
高尚だ	こうしょうだ	고상하다	巧妙だ '13 '20	こうみょうだ	교묘하다
豪快だ '18	ごうかいだ	호쾌하다	克明だ '12	こくめいだ	극명하다
滑稽だ	こっけいだ	우스꽝스럽다	柔軟だ	じゅうなんだ	유연하다
迅速だ	じんそくだ	신속하다	精巧だ	せいこうだ	정교하다
素朴だ	そぼくだ	소박하다	著名だ	ちょめいだ	저명하다
薄弱だ	はくじゃくだ	박약하다	漠然だ '11	ばくぜんだ	막연하다
不振だ	ふしんだ	부진하다	無難だ	ぶなんだ	무난하다
無礼だ	ぶれいだ	무례하다	膨大だ '18	ぼうだいだ	방대하다
無口だ	むくちだ	말이 없다	明白だ	めいはくだ	명백하다
猛烈だ '19	もうれつだ	맹렬하다	勇敢だ	ゆうかんだ	용감하다

확인 문제 한자로 쓰여진 단어의 알맞은 발음을 고르세요.

01 貧富 ⓐ ひんぶ ⓑ ひんぷ

02 錯覚 ⓐ さくがく ⓑ さっかく

03 接続 ⓐ せつぞく ⓑ せっそく

04 熱湯 ⓐ ねつどう ⓑ ねっとう

05 寛容だ ⓐ がんようだ ⓑ かんようだ

06 顕著だ ⓐ けんちょだ ⓑ げんちょうだ

07 無難だ ⓐ むなんだ ⓑ ぶなんだ

08 猛烈だ ⓐ もうねつだ ⓑ もうれつだ

정답: 01 ⓑ 02 ⓑ 03 ⓐ 04 ⓑ 05 ⓑ 06 ⓐ 07 ⓑ 08 ⓑ

한자 읽기에 자주 출제되는 훈독 명사

🔊 문제1 한자읽기_핵심표현 및 필수어휘07.mp3

※ '00는 기출연도입니다.

間柄	あいだがら	사람 사이, 관계	有様	ありさま	모양, 상태
家出	いえで	가출	憤り '13	いきどおり	분개, 분노
憩い '13	いこい	휴식	偽り '18	いつわり	거짓, 인위
内訳	うちわけ	내역	腕前	うでまえ	솜씨, 역량
獲物	えもの	사냥감, 전리품	大筋	おおすじ	줄거리, 요점
片言	かたこと	서투른 말씨	傍ら	かたわら	곁, 옆
構え	かまえ	구조, 태세	兆し '11	きざし	징조, 조짐
首輪	くびわ	목걸이	心得	こころえ	마음가짐, 소양
事柄	ことがら	만사, 일	寒気	さむけ	한기, 오한
下心	したごころ	속마음, 음모	下火	したび	한고비 지남
建前	たてまえ	표면, 인사치레	溜り	たまり	굄, 대기실
弛み	たるみ	느슨함, 해이	手数	てかず	수단
手際 '12	てぎわ	솜씨	手元	てもと	수중
年頃	としごろ	나이, 적령기	鳥居	とりい	신사의 기둥문
中程	なかほど	중간, 절반	西日	にしび	석양, 저녁 해
音色	ねいろ	음색	初耳	はつみみ	처음 듣는 일
浜辺	はまべ	해변	人影	ひとかげ	사람 그림자
一筋	ひとすじ	외골수	人目	ひとめ	남의 눈
真心	まごころ	진심	真ん前	まんまえ	직전, 바로 앞
巡り '17	めぐり	순회, 순환	枠 '12	わく	틀
詫び	わび	사죄, 사과	割当	わりあて	할당, 분담

한자 읽기에 자주 출제되는 음독과 훈독이 혼합된 명사

문제1 한자읽기_핵심표현 및 필수어휘08.mp3

※ '00는 기출연도입니다.

赤字	あかじ	적자	当て字	あてじ	취음자
跡地 '13	あとち	철거지	油絵	あぶらえ	유화
縁側	えんがわ	툇마루	株式	かぶしき	주식
心地	ここち	기분, 마음	指図 '17	さしず	지시, 지휘
桟橋	さんばし	부두	仕組	しくみ	구조, 짜임
下地	したじ	밑바탕, 소질	地元	じもと	연고지
相場 '16	そうば	시세	手錠	てじょう	수갑
手本	てほん	본보기, 모범	控室	ひかえしつ	대기실
人気	ひとけ	인기척	人質	ひとじち	인질
本筋 '10	ほんすじ	본론	本音	ほんね	속마음
本場	ほんば	본고장	水気	みずけ	수분, 물기
喪服	もふく	상복	役場	やくば	관공서, 사무소

확인 문제 한자로 쓰여진 단어의 알맞은 발음을 고르세요.

01 憤り	ⓐ いきどおり	ⓑ いつわり	
02 兆し	ⓐ きざし	ⓑ のがし	
03 音色	ⓐ おといろ	ⓑ ねいろ	
04 割当	ⓐ わりあた	ⓑ わりあて	
05 株式	ⓐ かぶしき	ⓑ しゅしき	
06 控室	ⓐ こうしつ	ⓑ ひかえしつ	
07 本筋	ⓐ ほんすじ	ⓑ ほんきん	
08 役場	ⓐ やくば	ⓑ えきじょう	

정답: 01 ⓐ 02 ⓐ 03 ⓑ 04 ⓑ 05 ⓐ 06 ⓑ 07 ⓐ 08 ⓐ

한자 읽기에 자주 출제되는 동사 ①

🔊 문제1 한자읽기_핵심표현 및 필수어휘09.mp3

※ '00는 기출연도입니다.

~う	潤う '10	うるおう	축축해지다	襲う	おそう	덮치다
	庇う	かばう	감싸다, 비호하다	慕う '15	したう	연모하다
	漂う '14	ただよう	감돌다, 표류하다	繕う	つくろう	고치다, 수선하다
	担う	になう	짊어지다	賄う	まかなう	공급하다, 조달하다
~える	怯える	おびえる	무서워하다	栄える	さかえる	번영하다
	蓄える '16	たくわえる	대비하다, 저장하다	仕える	つかえる	시중들다, 봉사하다
	唱える '15	となえる	외치다, 소리치다	映える '19	はえる	빛나다, 돋보이다
~く	欺く	あざむく	속이다, 깔보다	赴く	おもむく	향하다
	裁く	さばく	심판하다	背く	そむく	등지다
	呟く	つぶやく	중얼거리다	貫く '13	つらぬく	관통하다, 꿰뚫다
~ぐ	仰ぐ	あおぐ	우러러보다	凌ぐ	しのぐ	참고 견디다
	接ぐ	つぐ	접목하다	剥ぐ	はぐ	벗기다, 박탈하다
~ける	砕ける '19	くだける	부서지다, 깨지다	賭ける	かける	걸다, 내기를 하다
~す	促す '20	うながす	재촉하다	潤す '17	うるおす	적시다
	侵す	おかす	침범하다	覆す '12	くつがえす	뒤집다
	壊す '10	こわす	부수다	託す '17	たくす	위탁하다
	施す	ほどこす	베풀다	催す	もよおす	개최하다

※ '00는 기출연도입니다.

～する	値する '15	あたいする	가치가 있다, 상당하다	踏襲する '12	とうしゅうする	답습하다
～びる	帯びる	おびる	머금다, 띠다	綻びる	ほころびる	풀리다, 터지다
～みる	顧みる	かえりみる	돌이켜보다	滲みる	しみる	스며들다, 배다
～める	戒める '18	いましめる	훈계하다, 제지하다	極める '10	きわめる	다하다, 다다르다
	締める '10	しめる	죄다, 조르다	揉める	もめる	옥신각신하다

확인 문제 한자로 쓰여진 단어의 알맞은 발음을 고르세요.

01	**潤う**	ⓐ うるおう	ⓑ おそう	**05**	**蓄える**	ⓐ たくわえる	ⓑ つかえる
02	**欺く**	ⓐ つらぬく	ⓑ あざむく	**06**	**凌ぐ**	ⓐ つぐ	ⓑ しのぐ
03	**覆す**	ⓐ ほどこす	ⓑ くつがえす	**07**	**賭ける**	ⓐ かける	ⓑ くだける
04	**綻びる**	ⓐ ほころびる	ⓑ おびる	**08**	**戒める**	ⓐ いましめる	ⓑ きわめる

정답: 01 ⓐ 02 ⓑ 03 ⓑ 04 ⓐ 05 ⓐ 06 ⓑ 07 ⓐ 08 ⓐ

한자 읽기에 자주 출제되는 동사 ②

문제1 한자읽기_핵심표현 및 필수어휘10.mp3

※ '00는 기출연도입니다.

～やす	肥やす	こやす	살찌우다	費やす '12	ついやす	소비하다, 쓰다
～らす	凝らす	こらす	한곳에 집중시키다, 엉기게 하다	逸らす	そらす	딴 데로 돌리다, 피하다
～る	怠る '17 '20	おこたる	게으름 피우다, 태만하다	偏る '16	かたよる	치우치다
	遮る '11	さえぎる	차단하다, 방해하다	障る	さわる	방해되다, 지장이 있다
	奉る	たてまつる	바치다, 드리다	辿る	たどる	더듬어가다, (줄거리를) 더듬다
	賜る	たまわる	(윗사람에게) 받다, 내려 주시다	募る '18	つのる	격화하다, 모으다
	滞る '18	とどこおる	막히다, 정체하다	詰る	なじる	따지다, 힐책하다
	鈍る '11	にぶる	둔해지다	練る '10	ねる	(계획을) 다듬다, (실을) 누이다
	粘る '20	ねばる	달라붙다	罵る	ののしる	매도하다
	諮る	はかる	의견을 묻다, 상의하다	耽る	ふける	열중하다, 골몰하다
	葬る	ほうむる	매장하다	蘇る '17	よみがえる	되살아나다
～れる	廃れる '16	すたれる	쇠퇴하다	擦れる	すれる	스치다, 닿다
	捩れる	ねじれる	비틀어지다	逃れる '11	のがれる	달아나다, 피하다
	腫れる	はれる	붓다	免れる	まぬかれる	모면하다, 피하다

~む	挑む	いどむ	도전하다	否む['14]	いなむ	거절하다
	霞む	かすむ	희미해지다	拒む['14]	こばむ	거절하다
	臨む['14]	のぞむ	임하다	励む['15]	はげむ	힘쓰다
	阻む['17]	はばむ	방해하다, 저지하다	緩む	ゆるむ	풀어지다, 느슨해지다

확인 문제 한자로 쓰여진 단어의 알맞은 발음을 고르세요.

01	諮る	ⓐ はかる	ⓑ ふける	05	募る	ⓐ つのる	ⓑ ねる
02	奉る	ⓐ とどこおる	ⓑ たてまつる	06	捩れる	ⓐ すれる	ⓑ ねじれる
03	肥やす	ⓐ ついやす	ⓑ こやす	07	免れる	ⓐ まぬかれる	ⓑ のがれる
04	逸らす	ⓐ そらす	ⓑ こらす	08	緩む	ⓐ ゆるむ	ⓑ かすむ

정답: 01 ⓐ 02 ⓑ 03 ⓑ 04 ⓐ 05 ⓐ 06 ⓑ 07 ⓐ 08 ⓐ

한자 읽기에 자주 출제되는 い·な형용사

🔊 문제1 한자읽기_핵심표현 및 필수어휘11.mp3

※ '00는 기출연도입니다.

~い	淡い '15	あわい	연하다	潔い '19	いさぎよい	깨끗하다
	賢い '16	かしこい	현명하다	心強い	こころづよい	든든하다
	快い	こころよい	호의적이다, 상쾌하다	渋い	しぶい	떫다
	狡い	ずるい	교활하다	怠い	だるい	나른하다
	尊い	とうとい	소중하다	名高い	なだかい	유명하다
	生臭い	なまぐさい	비린내 나다	儚い	はかない	덧없다
	醜い	みにくい	추하다, 흉하다	脆い	もろい	무르다, 여리다
~しい	著しい	いちじるしい	현저하다	卑しい	いやしい	천하다
	鬱陶しい	うっとうしい	음울하다	仰々しい	ぎょうぎょうしい	과장되다
	険しい	けわしい	험하다	清々しい	すがすがしい	상쾌하다
	騒々しい	そうぞうしい	시끌벅적하다	逞しい	たくましい	늠름하다
	乏しい	とぼしい	부족하다	馬鹿馬鹿しい	ばかばかしい	어처구니없다
	華々しい '10	はなばなしい	화려하다	久しい	ひさしい	오래되다
	相応しい	ふさわしい	어울리다	空しい	むなしい	허무하다
~たい	煙たい	けむたい	(연기가) 맵다	平たい	ひらたい	평평하다
~ましい	勇ましい	いさましい	용감하다	羨ましい	うらやましい	부럽다
	好ましい	このましい	호감이다, 바람직하다	望ましい	のぞましい	바람직하다
~やすい	崩れやすい '19	くずれやすい	부서지기 쉽다	割れやすい	われやすい	깨지기 쉽다

※ '00는 기출연도입니다.

～よい	心地よい'12	ここちよい	상쾌하다	見目よい	みめよい	잘생기다
～かだ	厳かだ	おごそかだ	엄숙하다	愚かだ'13	おろかだ	어리석다
	疎かだ	おろそかだ	소홀하다	微かだ	かすかだ	희미하다
	遥かだ	はるかだ	아득하다	密かだ	ひそかだ	은밀하다
～だ	粋だ	いきだ	멋있다	大柄だ	おおがらだ	(몸집이) 크다
	月並だ	つきなみだ	평범하다	手薄だ'10	てうすだ	허술하다
	手軽だ	てがるだ	간편하다	手頃だ	てごろだ	적당하다
	手近だ	てぢかだ	가깝다, 흔하다	稀だ	まれだ	드물다
	身近だ	みぢかだ	일상적이다	欲深だ	よくふかだ	욕심이 많다
～やかだ	鮮やかだ	あざやかだ	선명하다	穏やかだ	おだやかだ	온화하다
	細やかだ	こまやかだ	상세하다	淑やかだ	しとやかだ	정숙하다
	健やかだ'14	すこやかだ	건강하다	和やかだ	なごやかだ	부드럽다
	華やかだ'16	はなやかだ	화려하다	緩やかだ	ゆるやかだ	완만하다
～らかだ	清らかだ	きよらかだ	깨끗하다	滑らかだ	なめらかだ	매끄럽다

확인 문제 한자로 쓰여진 단어의 알맞은 발음을 고르세요.

01	潔い	ⓐ はかない	ⓑ いさぎよい	05	愚かだ	ⓐ おろかだ	ⓑ ひそかだ
02	怠い	ⓐ しぶい	ⓑ だるい	06	月並だ	ⓐ てごろだ	ⓑ つきなみだ
03	乏しい	ⓐ とぼしい	ⓑ ひさしい	07	淑やかだ	ⓐ しとやかだ	ⓑ ゆるやかだ
04	平たい	ⓐ ひらたい	ⓑ けむたい	08	健やかだ	ⓐ はなやかだ	ⓑ すこやかだ

정답: 01 ⓑ 02 ⓑ 03 ⓐ 04 ⓐ 05 ⓐ 06 ⓑ 07 ⓐ 08 ⓑ

실력 다지기

한자로 쓰여진 단어의 알맞은 발음을 고르세요.

01 債務

① せきむ　② ぜきむ　③ さいむ　④ ざいむ

02 鳥居

① とりい　② ちょうい　③ とりきょ　④ ちょうきょ

03 迅速

① じんぞく　② じんそく　③ かいそく　④ かいぞく

04 挑む

① いさむ　② うとむ　③ ゆがむ　④ いどむ

05 勧告

① しんこく　② かんこく　③ ふこく　④ ちゅうこく

06 心地よい

① ここちよい　② いさぎよい　③ こころよい　④ みめよい

07 高尚

① こうこう　② こうごう　③ こうしょう　④ こうじょう

08 手薄だ

① てぢかだ　② てがるだ　③ てごろだ　④ てうすだ

09 報酬

① ほうしゅう　② ほしゅう　③ ほうしゅ　④ ほしゅ

10 相場

① あいじょう　② そうじょう　③ あいば　④ そうば

11 鉄棒

① てつぽう　② てっぽう　③ てつぼう　④ てっぼう

12 巡り

① まわり　② めぐり　③ まがり　④ うつり

13 明白

① みょうはく　② みょうばく　③ めいはく　④ めいばく

14 廃れる

① あきれる　② うすれる　③ くずれる　④ すたれる

15 既婚

① きこん　② きっこん　③ ぎこん　④ きゅうこん

16 空しい

① とぼしい　② むなしい　③ うらめしい　④ もどかしい

17 画一的

① がくいつてき　② かくいつてき　③ がくいちてき　④ かくいちてき

18 鮮やかだ

① さわやかだ　② はなやかだ　③ すがやかだ　④ あざやかだ

19 耕作

① こうさく　② こうさ　③ ごうさく　④ ごうさ

20 手本

① しゅほん　② しゅもと　③ てほん　④ てもと

정답 해설집 p.4

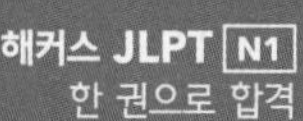

실전 테스트 1

해커스 JLPT N1 한 권으로 합격

問題1　＿＿＿の言葉の読み方として最もよいものを、1・2・3・4から一つ選びなさい。

1　世界の平和は万人に共通する願いだ。

1　まんじん　　2　ばんびと　　3　ばんにん　　4　まんびと

2　夏の暑さでごみ捨て場から悪臭が漂っている。

1　さまよって　　2　さえぎって　　3　ただよって　　4　へだたって

3　夫の昇進が決まったので家でお祝いした。

1　しょうじん　　2　しょしん　　3　しょじん　　4　しょうしん

4　状況に応じた柔軟な対応が求められる。

1　にゅうなん　　2　じゅうなん　　3　にゅなん　　4　じゅなん

5　彼は自分の誤りをすぐ認める潔い人だ。

1　いさぎよい　　2　いさましい　　3　かしこい　　4　すがすがしい

6　風邪を引いたのか、寒気が止まらない。

1　さむけ　　2　かんけ　　3　さむき　　4　かんき

정답 해설집 p.4

실전 테스트 2

해커스 JLPT N1 한 권으로 합격

問題1 ＿＿＿の言葉の読み方として最もよいものを、1・2・3・4から一つ選びなさい。

1 事態の改善のために必要な<u>措置</u>をとった。

1 しょち　2 しょうち　3 そち　4 そうち

2 <u>和やか</u>な雰囲気の中で、世紀の首脳会談は無事終わった。

1 にぎやか　2 おだやか　3 さわやか　4 なごやか

3 彼は欠点をわざと<u>誇張</u>して話すところがある。

1 こしょう　2 こちょう　3 こうしょう　4 こうちょう

4 栄養バランスが<u>偏って</u>しまうと体に影響を及ぼしかねない。

1 そこなって　2 にぶって　3 かたよって　4 おこたって

5 ここの書店は海外の<u>著名</u>な作家の本も扱っている。

1 ちょめい　2 しょめい　3 しょみょう　4 ちょみょう

6 数十年に一度の大規模な<u>洪水</u>が発生した。

1 きょうずい　2 こうずい　3 こうすい　4 きょうすい

정답 해설집 p.4

실전 테스트 3

해커스 JLPT N1 한 권으로 합격

問題1　＿＿＿の言葉の読み方として最もよいものを、1・2・3・4から一つ選びなさい。

1　パーティーの誘いに対し、快い返事をもらった。

1　きよい　　2　こころよい　　3　いさぎよい　　4　すがすがしい

2　鈴木(すずき)さんは銀行を相手に訴訟を起こした。

1　しょしょう　　2　そしょう　　3　しょじょう　　4　そじょう

3　いつでも遊びに来てねという台詞は建前にすぎない。

1　けんぜん　　2　けんまえ　　3　たてぜん　　4　たてまえ

4　人の目を気にして体裁を取り繕う。

1　ていさい　　2　たいさい　　3　ていざい　　4　たいざい

5　山下(やました)さんは小柄で華奢な女性だ。

1　きしゃ　　2　きじゃ　　3　きゃしゃ　　4　きゃじゃ

6　彼は自分は動かず、人に指図ばかりしている。

1　しず　　2　しと　　3　さしず　　4　さしと

정답 해설집 p.5

실전 테스트 4

해커스 JLPT N1 한 권으로 합격

問題1 ＿＿＿の言葉の読み方として最もよいものを、1・2・3・4から一つ選びなさい。

1 資料をメールに<u>添付</u>して送った。

1 てんぷ　2 てんふ　3 そうぷ　4 そうふ

2 請求金額の詳細な<u>内訳</u>を見れば、無駄な支出が多いことがわかる。

1 うちやく　2 ないやく　3 ないわけ　4 うちわけ

3 弟は年に数回、原因不明の<u>発作</u>を起こします。

1 はっさ　2 ほっさ　3 はっさく　4 ほっさく

4 そこは<u>厳か</u>な雰囲気に包まれていた。

1 のどか　2 おだやか　3 おごそか　4 なごやか

5 この番組では、大学教授が子どもの<u>素朴</u>な疑問にお答えします。

1 すもく　2 そぼく　3 すぼく　4 そもく

6 このシェフは海外で10年間の<u>修行</u>を積んだそうだ。

1 しゅぎょう　2 しゅこう　3 しゅうぎょう　4 しゅうこう

문자·어휘 문제 1 한자 읽기 해커스 JLPT N1 한 권으로 합격

정답 해설집 p.5

문맥규정

문맥규정은 제시된 문장의 괄호에 들어갈 알맞은 어휘를 고르는 문제로, 총 7문항이 출제된다. 주로 문맥에 알맞은 명사, 동사, 형용사, 부사를 고르는 문제가 출제되며, 문맥에 알맞은 파생어를 완성하는 적절한 접두어나 접미어를 고르는 문제도 출제된다.

권장 풀이 시간 2분 20초

핵심 전략

1 명사, 동사, 형용사, 부사를 고르는 문제는 괄호 앞 또는 뒤의 어휘나 구와 함께 쓰여 자연스러운 문맥을 만드는 어휘를 정답으로 고른다. 오답 선택지는 의미가 비슷한 어휘로 구성되므로 각 선택지의 의미를 정확하게 파악하고 문제를 풀어야 한다.

예 豊富(ほうふ)な（　　　）をもつ上司(じょうし) 풍부한 (　　)을 가진 상사

① 経歴(けいれき) 경력 (◯)　　② 経緯(けいい) 경위 (✕)

예 水滴(すいてき)を（　　　）ように加工(かこう)された素材(そざい) 물방울을 (　　)도록 가공된 소재

① 弾(はじ)く 튕기 (◯)　　② 放(ほう)る 던지 (✕)

예 今(いま)のところ、セミナーは（　　　）進(すす)んでいる 지금으로서는, 세미나는 (　　) 진행되고 있다

① 円滑(えんかつ)に 원활하게 (◯)　　② 滑(なめ)らかに 매끄럽게 (✕)

예 石(いし)でも入(はい)っているのか、（　　　）と重(おも)いですね 돌이라도 들어있는지, 꽤나 (　　) 무겁네요

① ずっしり 묵직하게 (◯)　　② ぎっしり 가득 (✕)

2 접두어나 접미어를 고르는 문제는 괄호 앞 또는 뒤의 명사와 함께 쓰여 문맥에 알맞은 파생어를 만들어내는 선택지를 정답으로 고른다.

예 起業(きぎょう)したいと打(う)ち明(あ)けたが、親(おや)に（　　　）反対(はんたい)された

사업을 일으키고 싶다고 털어놨지만, 부모님께 (　　) 반대 당했다

① 猛(もう) 맹 (◯)　　② 真(ま) 참 (✕)

3 괄호 앞 또는 뒤의 어휘나 구만 보았을 때 정답의 후보가 두 개 이상인 경우에는, 문장 전체를 읽고 문맥에 알맞은 선택지를 정답으로 고른다.

4 시험에 자주 출제되는 어휘의 뜻을, 앞이나 뒤에서 자주 같이 사용되는 표현들과 함께 구문으로 정확하게 학습한다.

문제 풀이 Step

Step 1 **선택지를 읽고 품사와 의미를 파악한다.**

선택지의 품사를 파악하고, 각 선택지의 의미를 문제지에 살짝 적어둔다.

Step 2 **괄호 앞뒤의 표현 또는 문장 전체를 읽고 문맥상 가장 알맞은 의미의 선택지를 정답으로 고른다.**

품사에 따라 괄호 앞 또는 뒤의 어휘나 구와 함께 쓰여 자연스러운 문맥을 만드는 선택지를 정답으로 고르거나, 올바른 파생어를 만드는 선택지를 정답으로 고른다. 정답 후보가 두 개 이상 있을 경우에는, 문장 전체를 읽고 문맥상 가장 잘 어울리는 의미의 선택지를 정답으로 고른다.

문제 풀이 Step 적용

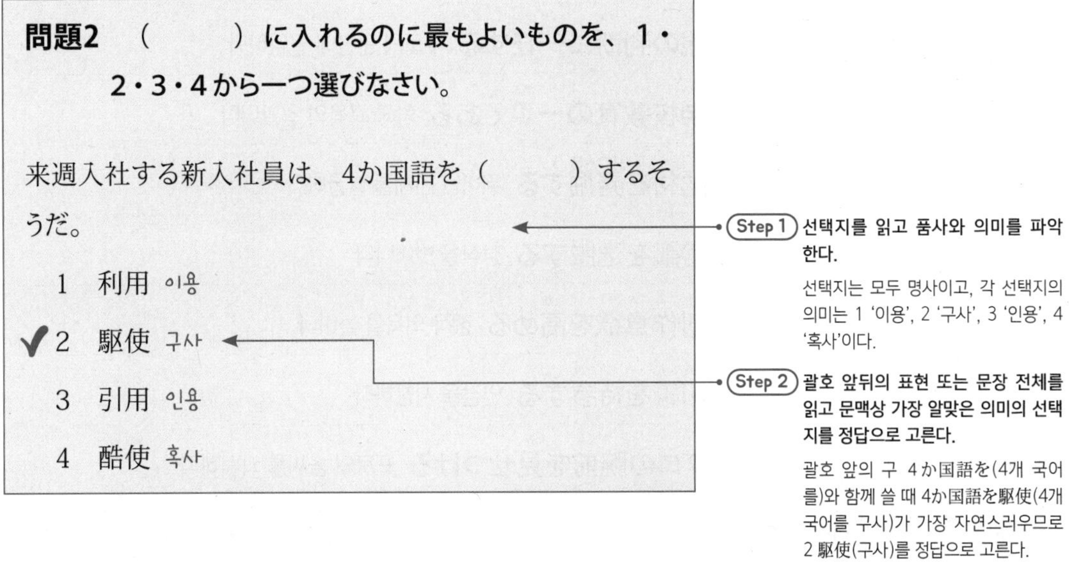

問題2 （　　　）に入れるのに最もよいものを、1・2・3・4から一つ選びなさい。

来週入社する新入社員は、4か国語を（　　　）するそうだ。

1 利用 이용
✓2 駆使 구사
3 引用 인용
4 酷使 혹사

Step 1 선택지를 읽고 품사와 의미를 파악한다.

선택지는 모두 명사이고, 각 선택지의 의미는 1 '이용', 2 '구사', 3 '인용', 4 '혹사'이다.

Step 2 괄호 앞뒤의 표현 또는 문장 전체를 읽고 문맥상 가장 알맞은 의미의 선택지를 정답으로 고른다.

괄호 앞의 구 4か国語を(4개 국어를)와 함께 쓸 때 4か国語を駆使(4개 국어를 구사)가 가장 자연스러우므로 2 駆使(구사)를 정답으로 고른다.

1은 サービスを利用する(서비스를 이용하다), 3은 名言を引用する(명언을 인용하다), 4는 体を酷使する(몸을 혹사시키다)로 자주 쓰인다.

문제2 (　　) 에 들어갈 가장 알맞은 것을, 1・2・3・4에서 하나 고르세요.

다음 주에 입사하는 신입사원은, 4개 국어를 (　　) 한다고 한다.

1 이용	**2 구사**
3 인용	4 혹사

어휘 入社 にゅうしゃ 명 입사　新入社員 しんにゅうしゃいん 명 신입사원　国語 こくご 명 국어　駆使 くし 명 구사　引用 いんよう 명 인용　酷使 こくし 명 혹사

핵심 표현 및 필수 어휘

무료 MP3 바로듣기

문맥규정에 자주 출제되는 명사 ①

문제2 문맥규정_핵심표현 및 필수어휘01.mp3

※ '00는 기출연도입니다.

어휘	뜻	예문
愛着(あいちゃく) '16	애착	街(まち)に愛着(あいちゃく)を持(も)つ 동네에 애착을 가지다
跡継(あとつぎ)	후계자	息子(むすこ)を跡継(あとつぎ)にする 아들을 후계자로 하다
育成(いくせい)	육성	優秀(ゆうしゅう)な人材(じんざい)を育成(いくせい)する 우수한 인재를 육성하다
異色(いしょく) '14	이색	異色(いしょく)の経歴(けいれき)の持(も)ち主(ぬし)だ 이색 경력의 소유자다
一任(いちにん) '13	일임	親(おや)の判断(はんだん)に一任(いちにん)する 부모의 판단에 일임하다
一環(いっかん) '17	일환	学校教育(がっこうきょういく)の一環(いっかん)である 학교 교육의 일환이다
逸材(いつざい) '11	뛰어난 인재, 일재	逸材(いつざい)を発掘(はっくつ)する 뛰어난 인재를 발굴하다
逸脱(いつだつ) '17	벗어남, 일탈	常識(じょうしき)を逸脱(いつだつ)する 상식을 벗어나다
意欲(いよく)	의욕	創作(そうさく)意欲(いよく)を高(たか)める 창작 의욕을 높이다
印鑑(いんかん)	인감	印鑑(いんかん)を持参(じさん)する 인감을 지참하다
腕前(うでまえ) '13	솜씨	プロの腕前(うでまえ)を見(み)せつける 프로의 솜씨를 과시하다
大筋(おおすじ) '12	요지, 대략	彼(かれ)の話(はなし)と大筋(おおすじ)で一致(いっち)する 그의 이야기와 요지가 일치하다
解除(かいじょ) '18	해제	契約(けいやく)を解除(かいじょ)する 계약을 해제하다
会心(かいしん) '11	회심, 마음에 듦	会心(かいしん)の出来(でき)の作品(さくひん)だ 회심의 만듦새의 작품이다
改訂版(かいていばん) '12	개정판	昨年出版(さくねんしゅっぱん)した本(ほん)の改訂版(かいていばん)だ 작년에 출판한 책의 개정판이다
稼動(かどう) '15	가동	エアコンが稼動(かどう)している 에어컨이 가동되고 있다
完結(かんけつ) '10	완결	物語(ものがたり)が完結(かんけつ)する 이야기가 완결되다
気掛(きが)かり '19	걱정, 마음에 걸림	明日(あした)の天気(てんき)が気掛(きが)かりだ 내일의 날씨가 걱정이다
基盤(きばん) '16	기반	生活(せいかつ)の基盤(きばん)を固(かた)める 생활의 기반을 다지다
起伏(きふく) '15	기복	感情(かんじょう)の起伏(きふく)が激(はげ)しい 감정의 기복이 격렬하다

※ '00는 기출연도입니다.

給食(きゅうしょく)	급식	給食の時間になる 급식 시간이 되다
寄与(きよ) '12	기여	事業の発展に寄与する 사업 발전에 기여하다
起用(きよう) '18	기용	代理人を起用する 대리인을 기용하다
教訓(きょうくん) '16	교훈	失敗から教訓を得る 실패로부터 교훈을 얻다
強制(きょうせい) '15	강제	労働を強制する 노동을 강제하다
行政(ぎょうせい)	행정	公正な行政を行う 공정한 행정을 시행하다
禁物(きんもつ) '19	금물	油断は禁物である 방심은 금물이다
経費(けいひ)	경비	経費を負担する 경비를 부담하다
経歴(けいれき) '17	경력	経歴を偽る 경력을 속이다
結束(けっそく) '10	결속	チームが結束する 팀이 결속하다
言及(げんきゅう) '18	언급	環境問題に言及する 환경문제를 언급하다
合意(ごうい) '15	합의	国民の合意を得る 국민의 합의를 얻다
再建(さいけん)	재건	会社を再建する 회사를 재건하다
在庫(ざいこ) '18	재고	商品の在庫が切れる 상품의 재고가 떨어지다
財政(ざいせい)	재정	財政を圧迫する 재정을 압박하다

확인 문제 괄호에 들어갈 알맞은 것을 고르세요.

01 部活動は学校教育の(　　)である。　ⓐ 一任　ⓑ 一環

02 完成に1年かけた作品は(　　)の出来だ。　ⓐ 逸材　ⓑ 会心

03 交渉には代理人を(　　)してもかまいません。　ⓐ 起用　ⓑ 寄与

04 国民の(　　)を得て、ついに法案が実施された。　ⓐ 結束　ⓑ 合意

정답: 01 ⓑ 02 ⓑ 03 ⓐ 04 ⓑ

■ 문맥규정에 자주 출제되는 명사 ②

◀)) 문제2 문맥규정_핵심표현 및 필수어휘02.mp3

※ '00는 기출연도입니다.

어휘	뜻	예문
差額(さがく)	차액	差額(さがく)を支払(しはら)う 차액을 지불하다
残高(ざんだか)	잔고	残高(ざんだか)を確認(かくにん)する 잔고를 확인하다
支持(しじ)	지지	市長(しちょう)を支持(しじ)する 시장을 지지하다
支障(ししょう) '14	지장	生活(せいかつ)に支障(ししょう)が出(で)る 생활에 지장이 생기다
実情(じつじょう) '11	실정	現地(げんち)の実情(じつじょう)を調(しら)べる 현지의 실정을 조사하다
遮断(しゃだん) '18	차단	カーテンで光(ひかり)を遮断(しゃだん)する 커튼으로 빛을 차단하다
従事(じゅうじ) '19	종사	ボランティア活動(かつどう)に従事(じゅうじ)する 자원봉사 활동에 종사하다
修復(しゅうふく) '11	수복, 복원	隣国(りんごく)との関係(かんけい)を修復(しゅうふく)する 이웃 나라와의 관계를 수복하다
推移(すいい) '19	추이	人口(じんこう)の推移(すいい)を調(しら)べる 인구의 추이를 조사하다
態勢(たいせい)	태세	受(う)け入(い)れ態勢(たいせい)を整(ととの)える 받아들일 태세를 정비하다
妥協(だきょう) '12	타협	一切(いっさい)の妥協(だきょう)を許(ゆる)さない 일절 타협을 허락하지 않다
打診(だしん) '17	제안, 타진	転勤(てんきん)の打診(だしん)を受(う)ける 전근 제안을 받다
抽選(ちゅうせん)	추첨	抽選(ちゅうせん)を行(おこな)う 추첨을 행하다
沈黙(ちんもく)	침묵	沈黙(ちんもく)を破(やぶ)る 침묵을 깨다
強(つよ)み '11	강점	自分(じぶん)の強(つよ)みを活(い)かす 자신의 강점을 살리다
手順(てじゅん)	수순	手順(てじゅん)に従(したが)う 수순에 따르다
撤去(てっきょ) '20	철거	このアパートは来年(らいねん)撤去(てっきょ)する 이 아파트는 내년에 철거한다
投入(とうにゅう)	투입	資金(しきん)を投入(とうにゅう)する 자금을 투입하다
荷(に) '13	짐	肩(かた)の荷(に)を降(お)ろす 어깨의 짐을 내리다
念願(ねんがん) '10 '17	염원	念願(ねんがん)の一人(ひとり)暮(ぐ)らしをする 염원인 자취를 하다

문맥규정에 자주 나오는 어휘를 꼭 암기하자!

※ '00는 기출연도입니다.

어휘	읽기	뜻	예문
念頭'13	ねんとう	염두	目標を念頭に置く 목표를 염두에 두다
背景'10	はいけい	배경	桜を背景に写真を撮る 벚꽃을 배경으로 사진을 찍다
抜粋'11	ばっすい	발췌	本の一部を抜粋する 책의 일부를 발췌하다
非'17	ひ	잘못	自分の非を認める 자신의 잘못을 인정하다
人出'12	ひとで	인파	大変な人出が予想される 엄청난 인파가 예상되다
表明'19	ひょうめい	표명	支持を表明する 지지를 표명하다
不備'11	ふび	미비, 불비	書類の不備を見つける 서류의 미비를 발견하다
並行'11	へいこう	병행	部活と就活を並行する 동아리 활동과 취직 활동을 병행하다
防火	ぼうか	방화	お店の防火対策を立てる 가게의 방화 대책을 세우다
本音'10	ほんね	본심	正直に本音を言う 정직하게 본심을 말하다
味覚	みかく	미각	秋の味覚を味わう 가을의 미각을 맛보다
滅亡	めつぼう	멸망	人類が滅亡する 인류가 멸망하다
面会	めんかい	면회	病院に面会に行く 병원에 면회하러 가다
予断'14	よだん	예측, 예단	予断を許さない状態である 예측을 불허하는 상태이다
流出'16	りゅうしゅつ	유출	個人情報が流出する 개인 정보가 유출되다

확인 문제 괄호에 들어갈 알맞은 것을 고르세요.

01 救急患者の受け入れ（　　）は整った。　ⓐ 態勢　ⓑ 念頭

02 姉はボランティア活動に（　　）している。　ⓐ 投入　ⓑ 従事

03 彼は自分の（　　）を認めて謝罪した。　ⓐ 非　ⓑ 荷

04 人口の（　　）を調べてグラフ化した。　ⓐ 推移　ⓑ 背景

정답: 01 ⓐ 02 ⓑ 03 ⓐ 04 ⓐ

문맥규정에 자주 출제되는 가타카나어 ①

🔊 문제2 문맥규정_핵심표현 및 필수어휘03.mp3

※ '00는 기출연도입니다.

アクセル	액셀	アクセルを踏(ふ)む 액셀을 밟다
アルコール	알코올	アルコールで消毒(しょうどく)する 알코올로 소독하다
アンケート	앙케트	街(まち)でアンケートをとる 거리에서 앙케트를 하다
インターフォン	인터폰	インターフォンが鳴(な)る 인터폰이 울리다
ウエイト['14]	중점, 무게	守備(しゅび)にウエイトを置(お)く 수비에 중점을 두다
オリエンテーション	오리엔테이션	オリエンテーションに参加(さんか)する 오리엔테이션에 참가하다
オンライン	온라인	オンライン学習(がくしゅう)をする 온라인 학습을 하다
カット	커트	髪(かみ)の毛(け)をカットする 머리카락을 커트하다
カルテ	진료 기록	医者(いしゃ)がカルテを確認(かくにん)する 의사가 진료 기록을 확인하다
カンニング	커닝	試験中(しけんちゅう)にカンニングをする 시험 중에 커닝을 하다
キャッチ	캐치	ボールをキャッチする 공을 캐치하다
キャリア['10]	커리어	10年(ねん)のキャリアを積(つ)む 10년의 커리어를 쌓다
クイズ	퀴즈	クイズを出(だ)す 퀴즈를 내다
コメント	코멘트	本(ほん)の感想(かんそう)をコメントする 책의 감상을 코멘트하다
コンパス	컴퍼스	コンパスを使(つか)って円(えん)を描(か)く 컴퍼스를 사용해서 원을 그리다
シェア['17]	셰어	アパートをシェアする 아파트를 셰어하다
システム	시스템	独自(どくじ)のシステムを作(つく)る 독자적인 시스템을 만들다
シックだ	세련되다	大人(おとな)っぽいシックなデザインだ 어른스러운 세련된 디자인이다
ジャンプ	점프	思(おも)い切(き)りジャンプする 힘껏 점프하다
ジャンル	장르	好(す)きな映画(えいが)のジャンルを聞(き)く 좋아하는 영화의 장르를 묻다

※ '00는 기출연도입니다.

ショー	쇼	イルカショーを見(み)る 돌고래 쇼를 보다
ストック'11	재고	ストックの確保(かくほ)をする 재고 확보를 하다
ストライキ	동맹 파업	ストライキを行(おこな)う 동맹 파업을 행하다
ストレス	스트레스	ストレスがたまる 스트레스가 쌓이다
セレモニー	식전, 의식	セレモニーが開(ひら)かれる 식전이 열리다
センサー'19	센서	温度(おんど)センサーを使用(しよう)する 온도 센서를 사용하다
センス'16	센스	言葉(ことば)のセンスがある人(ひと)だ 말의 센스가 있는 사람이다
タイトル	타이틀	本(ほん)のタイトルが気(き)になる 책의 타이틀이 신경 쓰이다
タイマー	타이머	タイマーをセットする 타이머를 세팅하다
タイミング	타이밍	タイミングを合(あ)わせる 타이밍을 맞추다
タイム	시간, 타임	タイムを計測(けいそく)する 시간을 계측하다
タイムリーだ	때에 알맞다	タイムリーなニュースだ 때에 알맞은 뉴스다
ダウン	다운	イメージがダウンする 이미지가 다운되다
チームワーク	팀워크	チームワークを発揮(はっき)する 팀워크를 발휘하다
チャイム	벨, 차임	チャイムが鳴(な)る 벨이 울리다

확인 문제 괄호에 들어갈 알맞은 것을 고르세요.

01	本(ほん)の感想(かんそう)の（　　）を求(もと)められた。	ⓐ コンパス	ⓑ コメント
02	試験中(しけんちゅう)に（　　）をするなんて信(しん)じられない。	ⓐ カンニング	ⓑ キャッチ
03	好(す)きな映画(えいが)の（　　）はコメディです。	ⓐ センス	ⓑ ジャンル
04	この製品(せいひん)には温度(おんど)（　　）が使用(しよう)されている。	ⓐ センサー	ⓑ タイム

정답: 01 ⓑ 02 ⓐ 03 ⓑ 04 ⓐ

문맥규정에 자주 출제되는 가타카나어 ②

🔊 문제2 문맥규정_핵심표현 및 필수어휘04.mp3

※ '00는 기출연도입니다.

단어	뜻	예문
データ	데이터	データを入力する 데이터를 입력하다
デザイン	디자인	流行りのデザインにする 유행하는 디자인으로 하다
ニュアンス'11	뉘앙스	微妙なニュアンスの違い 미묘한 뉘앙스의 차이
ノウハウ'16	노하우	仕事のノウハウを身につける 일의 노하우를 체득하다
ノルマ'14	기준량, 노르마	販売のノルマを達成する 판매 기준량을 달성하다
ハードル'12	장애물, 허들	大きなハードルを乗り越える 큰 장애물을 극복하다
パジャマ	파자마	パジャマを着る 파자마를 입다
バッジ	배지	胸にバッジをつける 가슴에 배지를 달다
ハンガー	행거	ハンガーに服をかける 행거에 옷을 걸다
パンク	펑크	車のタイヤがパンクする 자동차 타이어가 펑크나다
ビジネス	비즈니스	新しいビジネスを起こす 새로운 비즈니스를 일으키다
ファイル	파일	添付ファイルを開く 첨부 파일을 열다
ファン	팬	歌手のファンになる 가수의 팬이 되다
フィルター	필터	エアコンのフィルターを交換する 에어컨 필터를 교환하다
ブザー	버저	防犯ブザーが鳴る 방범 버저가 울리다
フロント	프론트	ホテルのフロントに行く 호텔 프론트에 가다
ベース	베이스	白をベースにした部屋にする 흰색을 베이스로 한 방으로 하다
ベストセラー	베스트셀러	この本はベストセラーだ 이 책은 베스트셀러이다
ホール	홀	市民ホールに人が集まる 시민 홀에 사람이 모이다
ポジション	포지션	自分のポジションを守る 자신의 포지션을 지키다

※ '00는 기출연도입니다.

マーク	마크	車に初心者マークを付ける 자동차에 초보자 마크를 붙이다
マッサージ	마사지	マッサージを受ける 마사지를 받다
メーカー	메이커	車のメーカーで有名だ 자동차 메이커로 유명하다
メッセージ	메시지	音声メッセージを残す 음성 메시지를 남기다
メディア'15	미디어	メディアの影響力を感じる 미디어의 영향력을 느끼다
メロディー	멜로디	曲のメロディーがいい 곡의 멜로디가 좋다
ラベル	라벨	容器のラベルをはがす 용기의 라벨을 떼어내다
リスク'18	리스크, 위험	けがのリスクを負う 부상의 리스크를 지다
リストアップ'12	리스트업	参加者をリストアップする 참가자를 리스트업하다
レイアウト'18	배열, 레이아웃	写真のレイアウトを考える 사진의 배열을 생각하다
レッスン	레슨	ダンスのレッスンを受ける 댄스 레슨을 받다
レンジ	레인지	レンジで温める 레인지로 데우다
レントゲン	뢴트겐	病院でレントゲンを撮る 병원에서 뢴트겐을 찍다
ロープウェイ	로프 웨이, 케이블카	ロープウェイに乗る 로프 웨이를 타다
ロマンチックだ	로맨틱하다	ロマンチックな雰囲気 로맨틱한 분위기

확인 문제 괄호에 들어갈 알맞은 것을 고르세요.

01 どうにか自分の(　　)を守りたい。　ⓐ ポジション　ⓑ リストアップ

02 上司に一から仕事の(　　)を教わった。　ⓐ ノウハウ　ⓑ ハードル

03 容器の(　　)をはがしてから捨ててください。　ⓐ リスク　ⓑ ラベル

04 エアコンの(　　)を定期的に交換する。　ⓐ パンク　ⓑ フィルター

정답: 01 ⓐ 02 ⓐ 03 ⓑ 04 ⓑ

문맥규정에 자주 출제되는 동사 ①

🔊 문제2 문맥규정_핵심표현 및 필수어휘05.mp3

※ '00는 기출연도입니다.

단어	뜻	예문
危(あや)ぶむ '19 '20	걱정하다	将来(しょうらい)を危(あや)ぶむ 장래를 걱정하다
誤(あやま)る	잘못하다	判断(はんだん)を誤(あやま)る 판단을 잘못하다
荒(あ)らす	황폐하게 하다	畑(はたけ)を荒(あ)らす 밭을 황폐하게 하다
言(い)い張(は)る '12	우겨대다	知(し)らないと言(い)い張(は)る 모른다고 우겨대다
傷(いた)める	다치다, 상하다	足(あし)を傷(いた)める 다리를 다치다
一掃(いっそう)する '16	일소하다	暗(くら)いイメージを一掃(いっそう)する 어두운 이미지를 일소하다
営(いとな)む	경영하다, 영위하다	飲食店(いんしょくてん)を営(いとな)む 음식점을 경영하다
受(う)け継(つ)ぐ	계승하다	伝統(でんとう)を受(う)け継(つ)ぐ 전통을 계승하다
受(う)け止(と)める	받아들이다, 받아내다	事実(じじつ)を受(う)け止(と)める 사실을 받아들이다
埋(う)まる	묻히다	土(つち)の中(なか)に埋(う)まる 흙 속에 묻히다
追(お)い込(こ)む	몰아넣다	倒産(とうさん)に追(お)い込(こ)む 도산에 몰아넣다
及(およ)ぼす '10	미치다	健康(けんこう)に影響(えいきょう)を及(およ)ぼす 건강에 영향을 미치다
該当(がいとう)する '15	해당하다	すべての条件(じょうけん)に該当(がいとう)する 모든 조건에 해당하다
書(か)き取(と)る	받아쓰다	電話(でんわ)の内容(ないよう)を書(か)き取(と)る 전화 내용을 받아쓰다
駆(か)けつける '18	달려가다	試合(しあい)の応援(おうえん)に駆(か)けつける 시합을 응원하러 달려가다
可決(かけつ)する '14	가결하다	年金改正法案(ねんきんかいせいほうあん)を可決(かけつ)する 연금 개정 법안을 가결하다
加工(かこう)する '12	가공하다	木(き)の表面(ひょうめん)を加工(かこう)する 나무의 표면을 가공하다
究明(きゅうめい)する '12	구명하다	事故(じこ)の原因(げんいん)を究明(きゅうめい)する 사고의 원인을 구명하다
切(き)り出(だ)す '16	(말을) 꺼내다	結婚(けっこん)の話(はなし)を切(き)り出(だ)す 결혼 이야기를 꺼내다
食(く)い止(と)める '14	막다	被害(ひがい)を最小限(さいしょうげん)に食(く)い止(と)める 피해를 최소한으로 막다

※ '00는 기출연도입니다.

駆使(くし)する '14	구사하다	最新(さいしん)の技術(ぎじゅつ)を駆使(くし)する 최신 기술을 구사하다
捧(ささ)げる	바치다	祈(いの)りを捧(ささ)げる 기도를 바치다
悟(さと)る	깨닫다	質問(しつもん)の意味(いみ)を悟(さと)る 질문의 의미를 깨닫다
障(さわ)る '13	거슬리다	彼女(かのじょ)の態度(たいど)が気(き)に障(さわ)る 그녀의 태도가 비위에 거슬리다
沈(しず)める	가라앉히다	海(うみ)に沈(しず)める 바다에 가라앉히다
染(し)みる '16	스미다	優(やさ)しさが身(み)に染(し)みる 상냥함이 몸에 스미다
染(そ)まる	물들다	赤一色(あかいっしょく)に染(そ)まる 빨강 일색으로 물들다
絶(た)える	끊기다	争(あらそ)いが絶(た)えない 다툼이 끊기지 않는다
たたえる '17	칭송하다	功績(こうせき)をたたえる 공적을 칭송하다
立(た)ち寄(よ)る	들르다	コンビニに立(た)ち寄(よ)る 편의점에 들르다
脱(だっ)する	벗어나다	危機(きき)を脱(だっ)する 위기를 벗어나다
立(た)て替(か)える '13	대신 지불하다	費用(ひよう)を立(た)て替(か)える 비용을 대신 지불하다
たどる '14	(줄거리를) 더듬다	記憶(きおく)をたどる 기억을 더듬다
ためらう '13	망설이다	口(くち)にすることをためらう 입에 담는 것을 망설이다
直面(ちょくめん)する '15	직면하다	新(あたら)しい問題(もんだい)に直面(ちょくめん)する 새로운 문제에 직면하다

확인 문제 괄호에 들어갈 알맞은 것을 고르세요.

01 多(おお)くの卒業生(そつぎょうせい)が母校(ぼこう)の試合(しあい)の応援(おうえん)に (　　)。　ⓐ 駆けつけた　ⓑ 受け継いだ

02 事故(じこ)の原因(げんいん)を (　　) ため、検証(けんしょう)に励(はげ)むまでだ。　ⓐ 該当する　ⓑ 究明する

03 社長(しゃちょう)が今回(こんかい)の功績(こうせき)を (　　) くれた。　ⓐ ためらって　ⓑ たたえて

04 周(まわ)りの方々(かたがた)の優(やさ)しさが身(み)に (　　)。　ⓐ 染まる　ⓑ 染みる

정답: 01 ⓐ 02 ⓑ 03 ⓑ 04 ⓑ

문맥규정에 자주 출제되는 동사 ②

🔊 문제2 문맥규정_핵심표현 및 필수어휘06.mp3

※ '00는 기출연도입니다.

단어	뜻	예문
尽(つ)くす '16	다하다	患者(かんじゃ)のために最善(さいぜん)を尽(つ)くす 환자를 위해 최선을 다하다
遠(とお)ざかる	멀어지다	後(うし)ろ姿(すがた)が次第(しだい)に遠(とお)ざかる 뒷모습이 점점 멀어지다
とぎれる	끊어지다	通信(つうしん)がとぎれる 통신이 끊어지다
整(ととの)える	가다듬다	息(いき)を整(ととの)える 숨을 가다듬다
取(と)り組(く)む	맞붙다	真剣(しんけん)に取(と)り組(く)む 진지하게 맞붙다
取(と)り調(しら)べる	취조하다	警察(けいさつ)が犯人(はんにん)を取(と)り調(しら)べる 경찰이 범인을 취조하다
取(と)り除(のぞ)く	제거하다	原因(げんいん)を取(と)り除(のぞ)く 원인을 제거하다
取(と)り戻(もど)す '15	되찾다	冷静(れいせい)さを取(と)り戻(もど)す 냉정함을 되찾다
なだめる '18	달래다	怒(おこ)っている相手(あいて)をなだめる 화난 상대를 달래다
にじむ '19	번지다	包帯(ほうたい)に血(ち)がにじむ 붕대에 피가 번지다
担(にな)う '13	짊어지다	重要(じゅうよう)な役割(やくわり)を担(にな)う 중요한 역할을 짊어지다
練(ね)る '13	다듬다	今後(こんご)の対策(たいさく)を練(ね)る 이후의 대책을 다듬다
飲(の)み込(こ)む	삼키다	つばを飲(の)み込(こ)む 침을 삼키다
化(ば)ける	둔갑하다	きつねが人間(にんげん)に化(ば)ける 여우가 인간으로 둔갑하다
弾(はじ)く '17	튕기다	水(みず)を弾(はじ)く服(ふく) 물을 튕기는 옷
弾(はず)む '11	들뜨다, 튀다	会話(かいわ)が弾(はず)む 대화가 들뜨다
フォローする '10	보조하다	後輩(こうはい)の仕事(しごと)をフォローする 후배의 일을 보조하다
振(ふ)り返(かえ)る	되돌아보다	過去(かこ)を振(ふ)り返(かえ)る 과거를 되돌아보다
報(ほう)じる '10	보도하다	事件(じけん)の内容(ないよう)を報(ほう)じる 사건의 내용을 보도하다
任(まか)す	맡기다	倉庫(そうこ)の管理(かんり)を任(まか)す 창고 관리를 맡기다

※ '00는 기출연도입니다.

紛れる '15	뒤섞이다	人込みに紛れる 인파에 뒤섞이다
見かける '16	우연히 보다	変わった車を見かける 이상한 자동차를 우연히 보다
満たす	채우다	お腹を満たす 배를 채우다
乱れる	흐트러지다	生活リズムが乱れる 생활 리듬이 흐트러지다
見逃す	놓치다	サインを見逃す 사인을 놓치다
面する	면하다	大通りに面する 큰길에 면하다
申し出る	자청하다	援助を申し出る 원조를 자청하다
催す '12	개최하다	お祝いのパーティーを催す 축하 파티를 개최하다
和らぐ '12	완화되다	痛みが和らぐ 통증이 완화되다
揺らぐ '14	흔들리다	気持ちが揺らぐ 마음이 흔들리다
要する	요하다	時間を要する 시간을 요하다
避ける	피하다	攻撃を避ける 공격을 피하다
読み上げる	낭독하다	声に出して読み上げる 소리를 내어 낭독하다
蘇る '17	되살아나다	青春の思い出が蘇る 청춘의 추억이 되살아나다
寄り掛かる	기대다	壁に寄り掛かる 벽에 기대다

확인 문제 괄호에 들어갈 알맞은 것을 고르세요.

01 メディアは痛ましい事件の内容を（　　）。　ⓐ 面した　ⓑ 報じた

02 包帯に血が（　　）ほど出血がひどい。　ⓐ にじむ　ⓑ とぎれる

03 彼は何事にも真剣に（　　）姿勢が素晴らしい。　ⓐ 取り組む　ⓑ 取り戻す

04 気持ちが（　　）ときこそ初心に帰るべきだ。　ⓐ 和らぐ　ⓑ 揺らぐ

정답: 01 ⓑ 02 ⓐ 03 ⓐ 04 ⓑ

문맥규정에 자주 출제되는 い·な형용사 ①

🔊 문제2 문맥규정_핵심표현 및 필수어휘07.mp3

※ '00는 기출연도입니다.

단어	뜻	예문
荒(あら)っぽい	거칠다	運転(うんてん)が荒(あら)っぽい 운전이 거칠다
おびただしい'14	엄청나다	おびただしい数(かず)のメールが届(とど)いた 엄청난 수의 이메일이 도착했다
くすぐったい	간지럽다	鼻(はな)がくすぐったい 코가 간지럽다
ここちよい'19	상쾌하다	ここちよい風(かぜ)が吹(ふ)く 상쾌한 바람이 불다
心細(こころぼそ)い'14	불안하다	一人旅(ひとりたび)は心細(こころぼそ)い 혼자서 하는 여행은 불안하다
すさまじい'15	무섭다	すさまじい勢(いきお)いで走(はし)り出(だ)す 무서운 기세로 달리기 시작하다
悩(なや)ましい	고민스럽다	悩(なや)ましい問題(もんだい)に直面(ちょくめん)する 고민스러운 문제에 직면하다
眠(ねむ)たい	졸리다	疲(つか)れて眠(ねむ)たくなる 피곤해서 졸리게 되다
幅広(はばひろ)い'15	폭넓다	幅広(はばひろ)い分野(ぶんや)で活躍(かつやく)する 폭넓은 분야에서 활약하다
紛(まぎ)らわしい'12	헷갈리다	紛(まぎ)らわしい言(い)い方(かた)をする 헷갈리는 말투를 쓰다
あべこべだ	뒤바뀌다	立場(たちば)があべこべだ 입장이 뒤바뀌었다
空(うつ)ろだ	공허하다	空(うつ)ろな目(め)をしている 공허한 눈을 하고 있다
円滑(えんかつ)だ'10'20	원활하다	工事(こうじ)が円滑(えんかつ)に進(すす)む 공사가 원활하게 진행되다
おおまかだ	대략적이다	おおまかな手順(てじゅん)を話(はな)す 대략적인 절차를 말하다
おおらかだ'15	너글너글하다	おおらかで優(やさ)しい性格(せいかく)だ 너글너글하고 상냥한 성격이다
頑固(がんこ)だ	끈질기다	頑固(がんこ)な汚(よご)れを落(お)とす 끈질긴 얼룩을 지우다
完璧(かんぺき)だ	완벽하다	歌詞(かし)を完璧(かんぺき)に覚(おぼ)える 가사를 완벽하게 외우다
気軽(きがる)だ	부담 없다	このスポーツは気軽(きがる)に楽(たの)しめる 이 스포츠는 부담 없이 즐길 수 있다
強硬(きょうこう)だ'13	강경하다	強硬(きょうこう)な姿勢(しせい)をとる 강경한 자세를 취하다

※ '00는 기출연도입니다.

어휘	뜻	예문
堅実だ(けんじつ) '18	견실하다	堅実で質素な生活をする 견실하고 검소한 생활을 하다
厳密だ(げんみつ)	엄밀하다	厳密に決定する 엄밀히 결정하다
賢明だ(けんめい)	현명하다	賢明な選択をする 현명한 선택을 하다
孤独だ(こどく)	고독하다	孤独な日々を過ごす 고독한 나날을 보내다
固有だ(こゆう)	고유하다	この島の固有な生物だ 이 섬의 고유한 생물이다
コンスタントだ '17	일정하다	コンスタントにテレビ出演する 일정하게 TV 출연을 하다
早急だ(さっきゅう)／早急だ(そうきゅう)	조급하다	早急な対応を求める 조급한 대응을 요구하다
神聖だ(しんせい)	신성하다	神聖な場所で祈る 신성한 장소에서 기도하다
正常だ(せいじょう)	정상이다	体の機能を正常に保つ 몸의 기능을 정상으로 유지하다
盛大だ(せいだい) '18	성대하다	パレードを盛大に行う 퍼레이드를 성대하게 행하다
静的だ(せいてき)	정적이다	静的な瞬間を大事にする 정적인 순간을 소중히 하다
精力的だ(せいりょくてき) '19	활기차다	精力的に取材活動をする 활기차게 취재 활동을 하다
絶大だ(ぜつだい) '14	절대적이다	絶大な人気を誇る 절대적인 인기를 자랑하다

확인 문제 괄호에 들어갈 알맞은 것을 고르세요.

01 部屋にほこりが多いからか、鼻が(　　)。 ⓐ くすぐったい ⓑ ここちよい

02 (　　)数のメールがたまっている。 ⓐ 紛らわしい ⓑ おびただしい

03 ビルの建設工事は日程通り(　　)進んだ。 ⓐ 円滑に ⓑ 気軽に

04 彼らは10年前(　　)人気を誇った歌手だ。 ⓐ 盛大な ⓑ 絶大な

정답: 01 ⓐ 02 ⓑ 03 ⓐ 04 ⓑ

문맥규정에 자주 출제되는 い·な형용사 ②

문제2 문맥규정_핵심표현 및 필수어휘08.mp3

※ '00는 기출연도입니다.

어휘	뜻	예문
善良だ (ぜんりょう)	선량하다	善良な市民を表彰する 선량한 시민을 표창하다
壮大だ (そうだい) '19 '20	장대하다	壮大な夢を語る 장대한 꿈을 이야기하다
対等だ (たいとう)	대등하다	対等な関係を維持する 대등한 관계를 유지하다
多角的だ (たかくてき) '18	다각적이다	多角的にアプローチする 다각적으로 접근하다
多忙だ (たぼう)	바쁘다, 다망하다	多忙な毎日を送る 바쁜 매일을 보내다
知的だ (ちてき)	지적이다	知的な印象である 지적인 인상이다
つぶらだ	동글동글하다	つぶらな瞳で見つめる 동글동글한 눈동자로 바라보다
同等だ (どうとう)	동등하다	同等な価値を持つ 동등한 가치를 지니다
特有だ (とくゆう)	특유이다	特有な臭いがする 특유의 냄새가 나다
鈍感だ (どんかん)	둔감하다	人の気持ちに鈍感な人だ 타인의 기분에 둔감한 사람이다
貧弱だ (ひんじゃく)	빈약하다	貧弱な制度を改善する 빈약한 제도를 개선하다
頻繁だ (ひんぱん) '16	빈번하다	地震が頻繁に起きる 지진이 빈번하게 일어나다
貧乏だ (びんぼう)	가난하다	貧乏な暮らしをする 가난한 생활을 하다
不順だ (ふじゅん)	불순하다	不順な天候が続く 불순한 날씨가 이어지다
不調だ (ふちょう)	상태가 나쁘다	不調なときは誰にでもある 상태가 나쁠 때는 누구에게나 있다
不明だ (ふめい)	불명하다	不明な点を明らかにする 불명한 점을 명확히 하다
不良だ (ふりょう)	불량하다	形が不良なものを除く 모양이 불량한 것을 제외하다
へとへとだ '16	기진맥진하다	寝不足でへとへとだ 수면 부족으로 기진맥진하다
まちまちだ '17	가지각색이다	国によってまちまちな対応をする 나라에 따라 가지각색인 대응을 하다

※ '00는 기출연도입니다.

無意味だ	무의미하다	無意味な行動をとる 무의미한 행동을 취하다
無効だ	무효하다	契約が無効になる 계약이 무효하게 되다
無邪気だ	천진난만하다	無邪気な笑顔だった 천진난만한 웃는 얼굴이었다
無知だ	무지하다	無知な人間である 무지한 인간이다
無茶だ	터무니없다	無茶なお願いをする 터무니없는 부탁을 하다
無謀だ '11	무모하다	無謀な挑戦をする 무모한 도전을 하다
無用だ	필요 없다	無用な心配はしない 필요 없는 걱정은 하지 않는다
綿密だ '10	면밀하다	綿密に計画を練る 면밀하게 계획을 다듬다
有益だ	유익하다	有益な情報を得る 유익한 정보를 얻다
有望だ	유망하다	将来が有望な人材だ 장래가 유망한 인재이다
有力だ	유력하다	有力な候補になる 유력한 후보가 되다
良好だ	양호하다	良好な関係を保つ 양호한 관계를 유지하다
良質だ	양질이다	良質な素材を使う 양질인 소재를 사용하다

확인 문제 괄호에 들어갈 알맞은 것을 고르세요.

01 彼は（　　）挑戦を繰り返し、成功を掴んだ。　ⓐ 無用な　ⓑ 無謀な

02 この会社には（　　）人材が集まっている。　ⓐ 良質な　ⓑ 有望な

03 6月に入り（　　）天候が続いている。　ⓐ 不順な　ⓑ 不調な

04 田中さんは人の気持ちに（　　）人だ。　ⓐ 鈍感な　ⓑ 同等な

정답: 01 ⓑ 02 ⓑ 03 ⓐ 04 ⓐ

문맥규정에 자주 출제되는 부사 ① 🔊 문제2 문맥규정_핵심표현 및 필수어휘09.mp3

※ '00는 기출연도입니다. 

ありのまま	있는 그대로	ありのまま話す 있는 그대로 이야기하다
幾多	수많음	幾多の試練を乗り越える 수많은 시련을 극복하다
いとも '17	매우	いとも簡単に言う 매우 간단하게 말하다
うずうず '20	근질근질	話題の動画が見たくてうずうずする 화제인 동영상이 보고 싶어 근질근질하다
うんざり	지긋지긋하다	長話にうんざりする 긴 이야기에 지긋지긋하다
大方	대부분	仕事を大方かたづける 일을 대부분 정리하다
がっくり	맥없이	がっくりと肩を落とす 맥없이 어깨를 떨어뜨리다
がっしり	딱 벌어짐	がっしりとした体格だ 딱 벌어진 체격이다
がっちり	빈틈없이, 튼튼히	警備をがっちり固める 경비를 빈틈없이 단단히 하다
がらりと '18	싹	印象ががらりと変わる 인상이 싹 바뀌다
きちっと	어김없이, 깔끔히	時間通りにきちっと集まる 시간대로 어김없이 모이다
きっかり	정확히	10時きっかりに始める 10시 정확하게 시작하다
きっちり	꽉	窓をきっちり閉める 창문을 꽉 닫다
きっぱり	딱 잘라	誘いをきっぱり断る 권유를 딱 잘라 거절하다
急遽 '12	급히	急遽出張することになる 급히 출장가게 되다
くっきり	뚜렷하게	足跡がくっきりと残る 발자국이 뚜렷하게 남다
ぐっと	힘껏, 훨씬	両手でぐっと押す 양손으로 힘껏 밀다
くよくよ '15	끙끙	くよくよ悩む必要はない 끙끙 고민할 필요는 없다
げっそり	홀쭉히	げっそりと痩せる 홀쭉히 마르다

※ '00는 기출연도입니다.

公然	공연히	公然と無視する 공연히 무시하다
さっと	휙	さっと身を隠す 휙 몸을 감추다
しいて'15	억지로, 굳이	しいて言う必要はない 억지로 말할 필요는 없다
じっくり	차분하게	じっくり眺める 차분하게 바라보다
じめじめ'13	축축	地下は暗くてじめじめしている 지하는 어둡고 축축하다
ずっしり'19	묵직이	ずっしりと重いかばん 묵직이 무거운 가방
ずらっと	줄줄이, 죽	商品がずらっと並ぶ 상품이 줄줄이 진열되다
ずるずる	질질	かばんをずるずると引きずる 가방을 질질 끌다
すんなり'16	수월히	すんなり納得してくれる 수월히 납득해 주다
整然と	정연하게	整然としたホテルの一室 정연한 호텔의 한 방
せかせか'18	부산하게	せかせかと動き回る 부산하게 움직이며 돌아다니다
そわそわ'13	안절부절	そわそわして落ち着かない 안절부절해서 안정되지 않는다
大概	대개	休日は大概家にいる 휴일은 대개 집에 있다

확인 문제 괄호에 들어갈 알맞은 것을 고르세요.

01 (　　) 悩んで泣いている場合ではない。　ⓐ くよくよ　ⓑ じめじめ

02 誘いを (　　) 断ることも大切だ。　ⓐ きっぱり　ⓑ くっきり

03 彼はいつも (　　) と動き回っている。　ⓐ がらりと　ⓑ せかせか

04 休日は (　　) 家で本を読んでいる。　ⓐ 大方　ⓑ 大概

정답: 01 ⓐ 02 ⓐ 03 ⓑ 04 ⓑ

문맥규정에 자주 출제되는 부사 ②

🔊 문제2 문맥규정_핵심표현 및 필수어휘10.mp3

※ '00는 기출연도입니다.

だぶだぶ	헐렁헐렁	だぶだぶの制服(せいふく)を着(き)る 헐렁헐렁한 교복을 입다
断然(だんぜん)	단연	新品(しんぴん)より断然(だんぜん)安(やす)い 신품보다 단연 싸다
ちやほや	애지중지	周(まわ)りにちやほやされる 주변에게 애지중지되다
ちらっと	흘끗	外(そと)がちらっと見(み)える 밖이 흘끗 보이다
つくづく	곰곰이	進路(しんろ)についてつくづく考(かんが)える 진로에 대해 곰곰이 생각하다
てきぱき['14]	척척	てきぱきと動(うご)く 척척 움직이다
てっきり	영락없이	てっきり本当(ほんとう)だと思(おも)う 영락없이 진짜라고 생각하다
堂々(どうどう)	당당	堂々(どうどう)とした態度(たいど)をとる 당당한 태도를 취하다
とりわけ['13]	특히	とりわけ重要(じゅうよう)な情報(じょうほう)を集(あつ)める 특히 중요한 정보를 모으다
長々(ながなが)	장황하게	つまらないことを長々(ながなが)と話(はな)す 하찮은 것을 장황하게 이야기하다
なにより	가장 좋음	なによりの証拠(しょうこ)だった 가장 좋은 증거였다
日夜(にちや)	밤낮으로	日夜(にちや)練習(れんしゅう)に励(はげ)む 밤낮으로 연습에 힘쓰다
はらはら	조마조마	見(み)ていてはらはらする 보고 있으니 조마조마하다
ひしひしと['19]	절실히, 절절히	熱意(ねつい)がひしひしと伝(つた)わる 열의가 절실히 전해진다
びっしょり	흠뻑	雨(あめ)でびっしょり濡(ぬ)れる 비로 흠뻑 젖다
ひょっとして	어쩌면	ひょっとして嘘(うそ)かもしれない 어쩌면 거짓말일지도 모른다
ぶかぶか	헐렁헐렁	ぶかぶかの靴(くつ)をはく 헐렁헐렁한 신발을 신다
ふらふら	휘청휘청	街(まち)をふらふらとさまよう 동네를 휘청휘청 헤매다
ぶらぶら	어슬렁어슬렁	近所(きんじょ)をぶらぶらする 근처를 어슬렁어슬렁하다
ぺこぺこ	굽실굽실	ぺこぺこ頭(あたま)を下(さ)げる 굽실굽실 머리를 숙이다

※ '00는 기출연도입니다.

ほっと	한숨 (돌리다)	発表(はっぴょう)が終(お)わってほっとした 발표가 끝나서 한숨 돌렸다
ぼつぼつ	여기저기	ぼつぼつと穴(あな)が開(あ)いている 여기저기 구멍이 나 있다
まことに	참으로	まことに美(うつく)しい 참으로 아름답다
まさしく	틀림없이	まさしく本物(ほんもの)だ 틀림없이 진품이다
みっしり '20	잔뜩, 충분히	箱(はこ)にみっしりお菓子(かし)が詰(つ)まっている 상자에 잔뜩 과자가 차있다
無性(むしょう)に '13	까닭 없이	無性(むしょう)に腹(はら)が立(た)つ 까닭 없이 화가 난다
無論(むろん)	물론	無論(むろん)例外(れいがい)はある 물론 예외는 있다
もしかして	혹시	もしかして風邪(かぜ)? 혹시 감기?
もっぱら '17	한결같이, 온통	もっぱらの噂(うわさ)だ 한결같은 소문이다
やんわり '10	부드럽게	やんわりと断(ことわ)る 부드럽게 거절하다
歴然(れきぜん)と '19	분명하게	違(ちが)いは歴然(れきぜん)としている 차이는 분명하다

확인 문제 괄호에 들어갈 알맞은 것을 고르세요.

		ⓐ	ⓑ
01	カーテンの隙間(すきま)から外(そと)の様子(ようす)が(　　)見(み)えた。	ⓐ ちらっと	ⓑ てっきり
02	彼(かれ)の教育(きょういく)に対(たい)する熱意(ねつい)が(　　)伝(つた)わってきた。	ⓐ はらはら	ⓑ ひしひしと
03	両者(りょうしゃ)の実力(じつりょく)の違(ちが)いは(　　)している。	ⓐ 堂々と	ⓑ 歴然と
04	子(こ)どもが(　　)の靴(くつ)を履(は)いて歩(ある)いている。	ⓐ ぶかぶか	ⓑ ぶらぶら

정답: 01 ⓐ 02 ⓑ 03 ⓑ 04 ⓐ

문맥규정에 자주 출제되는 파생어

◀)) 문제2 문맥규정_핵심표현 및 필수어휘11.mp3

※ '00는 기출연도입니다.

접사	어휘	뜻	예문
片(かた)～	片手間(かたてま)	짬	仕事(しごと)の片手間(かたてま)に小説(しょうせつ)を書(か)く 일하는 짬짬이 소설을 쓰다
超(ちょう)～	超高速(ちょうこうそく)	초고속	超高速(ちょうこうそく)で回転(かいてん)する 초고속으로 회전하다
	超満員(ちょうまんいん)	초만원	超満員(ちょうまんいん)の電車(でんしゃ) 초만원인 전철
当(とう)～	当病院(とうびょういん)	이 병원	当病院(とうびょういん)のご案内(あんない) 이 병원의 안내
	当(とう)ホテル['10]	이 호텔	当(とう)ホテルの魅力(みりょく) 이 호텔의 매력
被(ひ)～	被選挙権(ひせんきょけん)	피선거권	被選挙権(ひせんきょけん)を与(あた)えられる 피선거권을 부여받다
猛(もう)～	猛反対(もうはんたい)['11]	맹반대	結婚(けっこん)に猛反対(もうはんたい)する 결혼에 맹반대하다
	猛練習(もうれんしゅう)	맹연습	猛練習(もうれんしゅう)を重(かさ)ねる 맹연습을 거듭하다
～街(がい)	温泉街(おんせんがい)	온천가	歴史(れきし)ある温泉街(おんせんがい) 역사 있는 온천가
	住宅街(じゅうたくがい)	주택가	閑静(かんせい)な住宅街(じゅうたくがい) 한적한 주택가
～掛(か)け	三人掛(さんにんが)け	3인이 앉음	三人掛(さんにんが)けのいす 3인이 앉는 의자
～観(かん)	価値観(かちかん)	가치관	価値観(かちかん)の相違(そうい) 가치관의 차이
	職業観(しょくぎょうかん)	직업관	日本人(にほんじん)の職業観(しょくぎょうかん) 일본인의 직업관
～系(けい)	外資系(がいしけい)	외자계	外資系(がいしけい)の企業(きぎょう) 외자계 기업
	生態系(せいたいけい)	생태계	生態系(せいたいけい)に影響(えいきょう)を与(あた)える 생태계에 영향을 주다
～圏(けん)	英語圏(えいごけん)	영어권	英語圏(えいごけん)の国(くに) 영어권인 나라
	首都圏(しゅとけん)	수도권	首都圏(しゅとけん)の高速道路(こうそくどうろ) 수도권의 고속도로
～症(しょう)	依存症(いぞんしょう)	의존증	アルコール依存症(いぞんしょう)になる 알코올 의존증이 되다
	恐怖症(きょうふしょう)	공포증	高所恐怖症(こうしょきょうふしょう) 고소공포증
～証(しょう)	許可証(きょかしょう)	허가증	立入許可証(たちいりきょかしょう)を見(み)せる 출입 허가증을 보이다
	保険証(ほけんしょう)	보험증	保険証(ほけんしょう)を持(も)ち歩(ある)く 보험증을 가지고 다니다

※ '00는 기출연도입니다.

～上	経験上	경험상	経験上知っていること 경험상 알고 있는 것
	歴史上'10	역사상	歴史上の人物 역사상의 인물
～制	定額制	정액제	定額制の料金プラン 정액제 요금 플랜
～帯	価格帯	가격대	価格帯を低く設定する 가격대를 낮게 설정하다
	時間帯	시간대	人の多い時間帯 사람이 많은 시간대
～派	実力派	실력파	実力派のアーティスト 실력파 아티스트
	少数派	소수파	少数派の意見 소수파의 의견
～増し	日増し	날이 갈수록 더함	日増しに寒くなる 날이 갈수록 추워지다
～まみれ	汗まみれ	땀투성이	全身が汗まみれになる 전신이 땀투성이가 되다
	ほこりまみれ'11	먼지투성이	ほこりまみれのいす 먼지투성이 의자
～味	現実味	현실성	現実味を帯びる 현실성을 띠다
	真実味	진실성	話に真実味がある 이야기에 진실성이 있다
～網	情報網	정보망	独自の情報網を持つ 독자적인 정보망을 갖다

확인 문제 괄호에 들어갈 알맞은 것을 고르세요.

01 大会で優勝するため (　　) 練習を重ねた。　ⓐ 超　ⓑ 猛

02 首都 (　　) の高速道路で事故が起きた。　ⓐ 圏　ⓑ 帯

03 少数 (　　) の意見に耳を傾けよう。　ⓐ 制　ⓑ 派

04 歴史 (　　) の人物について調べた。　ⓐ 上　ⓑ 系

정답: 01 ⓑ 02 ⓐ 03 ⓑ 04 ⓐ

실력 다지기

괄호에 들어갈 가장 알맞은 것을 고르세요.

01 急患に備えて受け入れ（　　　）を整えた。

① 意欲　② 腕前　③ 態勢　④ 結束

02 研究のために莫大な資金を（　　　）した。

① 育成　② 投入　③ 稼働　④ 寄与

03 犯人の陳述は彼の話と（　　　）で一致する。

① 背景　② 推移　③ 軌道　④ 大筋

04 ドアを開けた瞬間に（　　　）見えた。

① ちらっと　② ずっしりと　③ ひしひしと　④ がっしりと

05 いつも結婚の話を（　　　）から困る。

① 言い張る　② 切り出す　③ 取り調べる　④ 読み上げる

06 一人で（　　　）悩んでも仕方がない。

① くよくよ　② じめじめ　③ ずるずる　④ だぶだぶ

07 悲しい後ろ姿が次第に（　　　）いく。

① 怠って　② 避けて　③ くじけて　④ 遠ざかって

08 両手が使えないのに鼻が（　　　）たまらない。

① おびただしくて　② ここちよくて　③ くすぐったくて　④ すさまじくて

09 彼女は自分の（　　　）を守るため必死に動いた。

① フロント　② ポジション　③ ラベル　④ シェア

10 ワールドカップのために（　　　）練習を重ねてきた。

① 超　② 片　③ 猛　④ 当

11 市の（　　）を公正に行うことで市民は安心して暮らすことができる。

① 行政　② 発足　③ 交錯　④ 審議

12 映画の内容は悪くなかったが、疲れて（　　）なった。

① 悩ましく　② 紛らわしく　③ 潔く　④ 眠たく

13 （　　）の出来の作品が作れて満足した。

① 愛着　② 支持　③ 本音　④ 会心

14 有名な週刊誌がその事件の内容を（　　）。

① 脱した　② 面した　③ 報じた　④ 要した

15 その山は（　　）に乗って頂上まで行ける。

① ロープウェイ　② アクセル　③ メーカー　④ フィルター

16 手軽にお腹を（　　）ことができる食品が人気だ。

① 埋まる　② 満たす　③ 担う　④ 染みる

17 事故の原因を（　　）ことが何より先だ。

① 没頭する　② 究明する　③ 加味する　④ 打開する

18 契約を結ぶために（　　）を持参する必要がある。

① 課題　② 人手　③ 目安　④ 印鑑

19 隙間風が入ってくると思いきや、窓が（　　）閉まっていなかった。

① きっちり　② がっくり　③ きっぱり　④ げっそり

20 激しい運動で全身が汗（　　）になった。

① かけ　② まし　③ まみれ　④ あわせ

정답 해설집 p.6

실전 테스트 1

해커스 JLPT N1 한 권으로 합격

問題2 （　　　）に入れるのに最もよいものを、1・2・3・4から一つ選びなさい。

7 犯人は自分が置かれた状況を（　　　）のか、それ以上抵抗しなかった。

1 悟った　　2 捉えた　　3 貫いた　　4 抱いた

8 私たちはこの一年間、新しい薬を開発するため（　　　）研究に励んできた。

1 終日（しゅうじつ）　　2 今更（いまさら）　　3 日夜（にちや）　　4 急遽（きゅうきょ）

9 この作業は危険なので、決められた（　　　）通りに行わなければならない。

1 配列　　2 過程　　3 手順　　4 道筋

10 髪を肩まで切った彼女は（　　　）印象が変わっていた。

1 がらりと　　2 きらりと　　3 すらりと　　4 ふわりと

11 心身ともに健康な生活を（　　　）には、毎日の運動がかかせない。

1 育む　　2 要する　　3 勤める　　4 営む

12 さらなる社会の高齢化に備え、一人暮らしの高齢者の（　　　）を調査した。

1 状態　　2 実情　　3 様子　　4 事柄

13 練習で腰を（　　　）、試合に出場できなくなった。

1 危めて　　2 崩して　　3 害して　　4 傷めて

정답 해설집 p.8

실전 테스트 2

問題2 （　　　）に入れるのに最もよいものを、1・2・3・4から一つ選びなさい。

7 理想とは違い、暮らしのために働くという職業（　　　）を持つ人がほとんどである。

1 論　　2 派　　3 視　　4 観

8 西の空は夕日で真っ赤に（　　　）いた。

1 染まって　　2 にじんで　　3 塗って　　4 いろどって

9 教師の役割は生徒の学習に対する（　　　）を高めることだ。

1 意地　　2 意思　　3 意欲　　4 意図

10 冬は空気が乾燥するため、今以上に（　　　）の呼びかけを強化していく予定だ。

1 防火　　2 避難　　3 災害　　4 緊急

11 あの選手は長身でスピードも兼ね備えており、平成最後の（　　　）と言われている。

1 巨匠　　2 逸材　　3 名家　　4 玄人

12 このパーティーへの参加は（　　　）ではない。

1 強行（きょうこう）　　2 強豪（きょうごう）　　3 強制（きょうせい）　　4 強要（きょうよう）

13 ひと昔前は農業に生活の（　　　）を置いていた。

1 基礎　　2 基本　　3 基盤　　4 基準

정답 해설집 p.9

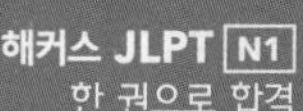

실전 테스트 3

해커스 JLPT N1 한 권으로 합격

問題2　（　　　）に入れるのに最もよいものを、1・2・3・4から一つ選びなさい。

7　祖父の病状は未だ（　　　）を許さない状況です。

1　予断　　2　予備　　3　猶予　　4　予兆

8　彼の考えを（　　　）受け入れることができない。

1　しんみり　　2　ぼんやり　　3　すんなり　　4　じんわり

9　姉は疲れていたのか、バスの窓に（　　　）眠ってしまった。

1　差し掛かって　　2　寄り掛かって　　3　突っ掛かって　　4　伸し掛かって

10　後継者を（　　　）することも会社においては重要な課題です。

1　栽培　　2　促進　　3　扶養　　4　育成

11　彼女は貧しい人々のために生涯を（　　　）人です。

1　捧(ささ)げた　　2　仕(つか)えた　　3　投(とう)じた　　4　納(おさ)めた

12　今回の旅行の目的は秋の（　　　）を満喫することです。

1　後味　　2　加味　　3　味覚　　4　味見

13　この病院ではインターネットで診察の予約をする（　　　）を導入している。

1　メカニズム　　2　カリキュラム　　3　ノウハウ　　4　システム

정답 해설집 p.11

실전 테스트 4

해커스 JLPT N1
한 권으로 합격

問題2　(　　　) に入れるのに最もよいものを、1・2・3・4から一つ選びなさい。

7　喉まで出かかった怒りの言葉を (　　　)、冷静になろうと努めた。

1　飲み込み　　2　噛みしめ　　3　押し返し　　4　受け止め

8　地震で崩壊した住宅を (　　　) するには、それなりの時間が必要となる。

1　新築　　2　改装　　3　再建　　4　設計

9　何百本もの木々が (　　　) 立ち並んでいる様は圧巻だ。

1　漠然(ばくぜん)と　　2　断然(だんぜん)と　　3　公然(こうぜん)と　　4　整然(せいぜん)と

10　今回開発された新素材は (　　　) 分野からの注目を集めている。

1　手広い　　2　根深い　　3　幅広い　　4　奥深い

11　大学時代の友人に彼の結婚式への参加を (　　　) された。

1　援助　　2　打診　　3　促進　　4　奨励

12　カラスがごみを (　　　) ないように対策をとったが効果はなかったようだ。

1　騒が　　2　乱さ　　3　壊さ　　4　荒らさ

13　田中(たなか)さんは相手が気を悪くしないように (　　　) 注意するのが上手だ。

1　ふんわり　　2　ぴったり　　3　やんわり　　4　しっとり

정답 해설집 p.12

문제 3 유의 표현

유의 표현은 제시된 문장에서 밑줄 친 단어나 구와 의미적으로 가까운 표현을 고르는 문제로, 총 6문항이 출제된다. 밑줄 친 단어의 동의어나 뜻을 풀어 쓴 선택지를 고르는 문제가 4~6문항으로 주로 출제되고, 간혹 밑줄 친 구의 유의 표현을 고르는 문제가 2문항 정도 출제된다.

권장 풀이 시간 2분

핵심 전략

1 밑줄 친 부분이 단어인 경우, 동의어를 정답으로 고른다. 밑줄 친 부분이 단어인데 선택지의 길이가 길면, 단어의 뜻을 올바르게 풀어 쓴 선택지를 정답으로 고른다.

예 この問題を解決するためには、手がかりがもっと必要だ 이 문제를 해결하기 위해서는, 단서가 더 필요하다

① ヒント 힌트 (○)　② レッスン 레슨 (X)

예 政治家の不用意な発言が話題になることがある 정치인의 부주의한 발언이 화제가 되는 일이 있다

① 注意の足りない 주의가 부족한 (○)　② 想像もつかない 상상도 못할 (X)

밑줄 친 단어 不用意な(부주의한)의 뜻을 풀어 쓴 말이다

2 밑줄 친 부분이 구인 경우, 밑줄 친 부분과 교체하여도 문장의 의미가 바뀌지 않는 선택지를 정답으로 고른다.

예 新商品の開発ははかどっています 신상품 개발은 순조롭게 되어가고 있습니다

① 順調に進んでいます 순조롭게 진행되고 있습니다 (○)　②意外と難しいです 의외로 어렵습니다 (X)

3 모든 선택지는 밑줄 부분에 대입했을 때 문맥이 통한다. 따라서 선택지를 밑줄 부분에 대입하지 말고, 오로지 밑줄 친 부분과 의미가 같거나 비슷한 선택지를 정답으로 고른다.

예 その子はとまどっているようには見えなかった 그 아이는 망설이고 있는 것처럼 보이지는 않았다

① 困って 곤란해하고 (○)　② 苦しんで 괴로워하고 (X)

③ 怖がって 무서워하고 (X)　④ 悲しんで 슬퍼하고 (X)

4 시험에 자주 출제되는 각 품사별 단어·구를 동의어 또는 비슷한 의미의 단어·구와 함께 꼼꼼히 학습한다.

문제 풀이 Step

Step 1 **밑줄 친 단어나 구를 읽고 의미를 파악한다.**

문장의 밑줄 친 부분을 읽고 그 의미를 파악한다. 이때 문장 전체를 읽고 해석하지 않아도 된다.

Step 2 **선택지를 읽고 밑줄 친 부분과 의미가 같거나 비슷한 선택지를 정답으로 고른다.**

선택지를 읽으며 문장의 밑줄 친 부분과 의미가 같거나 가장 비슷한 선택지를 정답으로 고른다. 밑줄 친 부분과 동일한 의미의 선택지가 없어 정답 선택이 어려우면, 전체 문장을 읽고 밑줄 부분과 교체하여도 문장의 의미가 바뀌지 않는 선택지를 정답으로 고른다.

문제 풀이 Step 적용

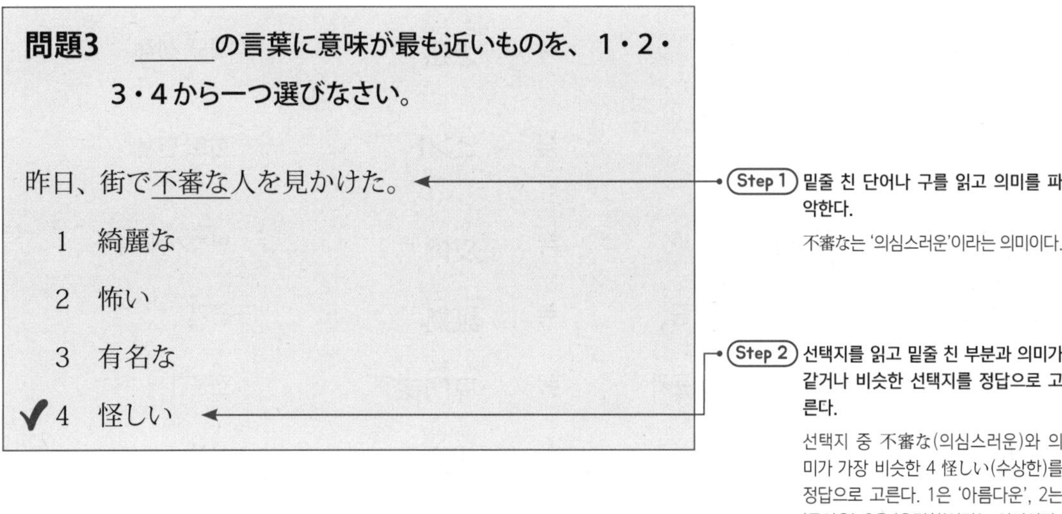

問題3 ＿＿＿の言葉に意味が最も近いものを、1・2・3・4から一つ選びなさい。

昨日、街で不審な人を見かけた。

1 綺麗な

2 怖い

3 有名な

✔4 怪しい

Step 1 **밑줄 친 단어나 구를 읽고 의미를 파악한다.**

不審な는 '의심스러운'이라는 의미이다.

Step 2 **선택지를 읽고 밑줄 친 부분과 의미가 같거나 비슷한 선택지를 정답으로 고른다.**

선택지 중 不審な(의심스러운)와 의미가 가장 비슷한 4 怪しい(수상한)를 정답으로 고른다. 1은 '아름다운', 2는 '무서운', 3은 '유명한'이라는 의미이다.

문제3 ＿＿＿의 말에 의미가 가장 가까운 것을, 1・2・3・4에서 하나 고르세요.

어제, 거리에서 의심스러운 사람을 언뜻 봤다.

1 아름다운　　2 무서운

3 유명한　　**4 수상한**

어휘 街 まち 명 거리　不審だ ふしんだ な형 의심스럽다　見かける みかける 동 언뜻 보다　綺麗だ きれいだ な형 아름답다
怖い こわい い형 무섭다　有名だ ゆうめいだ な형 유명하다　怪しい あやしい い형 수상하다

핵심 표현 및 필수 어휘

유의 표현에 자주 출제되는 명사

문제3 유의표현_핵심표현 및 필수어휘01.mp3

※ '00는 기출연도입니다.

アマチュア	아마추어	≒	素人(しろうと)	초보자
ありきたり '11	흔히 있음	≒	平凡(へいぼん) '11	평범
いいわけ	변명	≒	弁解(べんかい)	변명
意気込み(いきごみ) '16	기세, 패기	≒	意欲(いよく) '16	의욕
意図(いと)	의도	≒	思惑(おもわく)	의도, 생각
糸口(いとぐち) '15 手がかり(てがかり) '11	실마리, 단서 단서	≒	ヒント '11 '15	힌트, 단서
嫌味(いやみ) '10	비꼼	≒	皮肉(ひにく) '10	빈정거림, 야유
裏づけ(うらづけ) '13	뒷받침, 뒷보증	≒	証拠(しょうこ) '13	증거
エキスパート '20	엑스퍼트, 전문가	≒	専門家(せんもんか) '20	전문가
架空(かくう) '20	가공	≒	想像(そうぞう) '20	상상
格差(かくさ)	격차	≒	ずれ	차이
気掛かり(きがかり) '14	근심, 걱정	≒	心配(しんぱい) '14	걱정
クレーム '15	클레임, 불만	≒	苦情(くじょう) '15	불평, 불만
コントラスト '11	대비, 대조	≒	対比(たいひ) '11	대비
細菌(さいきん)	세균	≒	ウイルス	바이러스
雑踏(ざっとう) '13	혼잡, 붐빔	≒	人込み(ひとごみ) '13	붐빔
しきたり	관습, 관례	≒	風習(ふうしゅう)	풍습
自尊心(じそんしん) '16	자존심	≒	プライド '16	프라이드, 자존심
助言(じょげん) '15	조언	≒	アドバイス '15	어드바이스, 충고

※ '00는 기출연도입니다.

ショック	쇼크, 충격	≒	衝撃(しょうげき)	충격
スケール['12]	스케일, 규모	≒	規模(きぼ)['12]	규모
スペース	공간, 스페이스	≒	空(あ)き	빈 공간
先方(せんぽう)['12]	상대방	≒	相手(あいて)['12]	상대방
ソース	소스, 근거	≒	出所(でどころ)	출처
つかの間(ま)['18]	순간, 잠깐	≒	短(みじか)い間(あいだ)['18]	짧은 사이
手立(てだ)て['18]	수단, 순서	≒	方法(ほうほう)['18]	방법
念願(ねんがん)	염원	≒	憧(あこが)れ	동경
バックアップ['13]	백업, 보조	≒	支援(しえん)['13]	지원
抱負(ほうふ)['17]	포부	≒	決意(けつい)['17]	결의
脈絡(みゃくらく)['19]	맥락	≒	つながり['19]	연관
めいめい['18]	각자, 각기	≒	一人一人(ひとりひとり)['18]	한사람 한사람
メカニズム['13]	메커니즘, 구조	≒	仕組(しく)み['13]	구조, 짜임
めど	전망, 목표	≒	見通(みとお)し	전망
ゆとり['17]	여유	≒	余裕(よゆう)['17]	여유

확인 문제 주어진 단어와 의미가 가까운 것을 고르세요.

01 メカニズム	ⓐ めど	ⓑ 仕組み	
02 糸口	ⓐ ヒント	ⓑ ケース	
03 先方	ⓐ 相手	ⓑ 素人	
04 手立て	ⓐ 主導	ⓑ 方法	
05 自尊心	ⓐ プライド	ⓑ ショック	
06 雑踏	ⓐ 人込み	ⓑ 状況	
07 抱負	ⓐ 決意	ⓑ 脈絡	
08 ゆとり	ⓐ 支援	ⓑ 余裕	

정답: 01 ⓑ 02 ⓐ 03 ⓐ 04 ⓑ 05 ⓐ 06 ⓐ 07 ⓐ 08 ⓑ

유의 표현에 자주 출제되는 동사

문제3 유의표현_핵심표현 및 필수어휘02.mp3

※ '00는 기출연도입니다.

표현	의미		유의 표현	의미
あきらめる '12	포기하다	≒	断念(だんねん)する '12	단념하다
ありふれる '15	넘쳐흐르다	≒	平凡(へいぼん)だ '15	평범하다
案(あん)じる	걱정하다	≒	危惧(きぐ)する	우려하다
安堵(あんど)する '16	안도하다	≒	ほっとする '16	안심하다
打(う)ち切(き)る	중지하다	≒	中断(ちゅうだん)する	중단하다
打(う)ち込(こ)む '19	몰두하다	≒	熱中(ねっちゅう)する '19	열중하다
うろたえる '15	당황하다	≒	慌(あわ)てる '15	당황하다
上回(うわまわ)る	상회하다	≒	オーバーする	오버하다
押(お)し切(き)る	무릅쓰다	≒	強行(きょうこう)する	강행하다
おびえる '16	무서워하다	≒	怖(こわ)がる '16	무서워하다
お詫(わ)びする '16	사과하다	≒	謝(あやま)る '16	사과하다
回想(かいそう)する '14	회상하다	≒	思(おも)い返(かえ)す '14	다시 생각하다
凝視(ぎょうし)する '20	응시하다	≒	じっと見(み)る '20	지그시 보다
吟味(ぎんみ)する '19	살펴보다, 음미하다	≒	検討(けんとう)する '19	검토하다
誇張(こちょう)する '15	과장하다	≒	大(おお)げさだ '15	과장하다
さしかかる	다다르다, 접어들다	≒	到達(とうたつ)する	도달하다
錯覚(さっかく)する '15	착각하다	≒	勘違(かんちが)いする '15	잘못 생각하다
仕上(しあ)がる '15	완성되다	≒	完成(かんせい)する '15	완성되다
しくじる '18	실패하다, 실수하다	≒	失敗(しっぱい)する '18	실패하다
照会(しょうかい)する '17	조회하다	≒	問(と)い合(あ)わせる '17	문의하다
せかす '13	재촉하다	≒	急(いそ)がせる '13	서둘게 하다

※ '00는 기출연도입니다.

撤回(てっかい)する '17	철회하다	≒	取(と)り消(け)す '17	취소하다
手分(てわ)けする '14	분담하다	≒	分担(ぶんたん)する '14	분담하다
とがめる	책망하다, 타박하다	≒	追及(ついきゅう)する	추궁하다
とまどう '16	망설이다, 당황하다	≒	困(こま)る '16	곤란하다
なじむ '10	익숙해지다	≒	慣(な)れる '10	익숙해지다
抜(ぬ)け出(だ)す	빠져나가다	≒	脱(だっ)する	벗어나다
ばらまく	뿌리다	≒	配布(はいふ)する	배포하다
張(は)り合(あ)う '10 '17	겨루다	≒	競争(きょうそう)する '10 競(きそ)い合(あ)う '17	경쟁하다 경쟁하다
弁解(べんかい)する '15	변명하다	≒	言(い)い訳(わけ)する '15	변명하다
妨害(ぼうがい)する '18	방해하다	≒	邪魔(じゃま)する '18	방해하다
まっとうする '19	완수하다	≒	完了(かんりょう)する '19	완료하다
見合(みあ)わせる '10	미루다, 보류하다	≒	中止(ちゅうし)する '10	중지하다
もくろむ '11	계획하다, 꾀하다	≒	計画(けいかく)する '11	계획하다
落胆(らくたん)する '11	낙담하다	≒	がっかりする '11	실망하다

확인 문제 주어진 단어와 의미가 가까운 것을 고르세요.

01	吟味する	ⓐ 検討する	ⓑ 中止する	05	しくじる	ⓐ 落胆する	ⓑ 失敗する
02	弁解する	ⓐ 言い訳する	ⓑ 邪魔する	06	回想する	ⓐ 思い返す	ⓑ 配布する
03	もくろむ	ⓐ 計画する	ⓑ 競争する	07	おびえる	ⓐ 怖がる	ⓑ 困る
04	まっとうする	ⓐ 追及する	ⓑ 完了する	08	ありふれる	ⓐ 大げさだ	ⓑ 平凡だ

정답: 01 ⓐ 02 ⓐ 03 ⓐ 04 ⓑ 05 ⓑ 06 ⓐ 07 ⓐ 08 ⓑ

유의 표현에 자주 출제되는 い·な형용사

🔊 문제3 유의표현_핵심표현 및 필수어휘03.mp3

※ '00는 기출연도입니다.

あさましい	비열하다, 딱하다	≒	見苦(みぐる)しい	보기 흉하다
おっかない	무섭다, 두렵다	≒	凄(すさ)まじい	무섭다, 무시무시하다
すがすがしい '12	상쾌하다	≒	さわやかだ '12	상쾌하다
すばしこい	재빠르다	≒	機敏(きびん)だ	기민하다
そっけない	무정하다, 인정없다	≒	ドライだ	드라이하다
情(なさ)け深(ぶか)い	인정이 많다	≒	寛大(かんだい)だ	관대하다
粘(ねば)り強(づよ)い '17	끈질기다	≒	あきらめない '17	포기하지 않다
珍(めずら)しい '19	드물다, 희귀하다	≒	異例(いれい)だ '19	이례적이다
あやふやだ	애매하다	≒	不明瞭(ふめいりょう)だ	불명료하다
エレガントだ '18	우아하다, 고상하다	≒	上品(じょうひん)だ '18	고상하다, 품위있다
おっくうだ '12	귀찮다			
厄介(やっかい)だ '14	귀찮다	≒	面倒(めんどう)だ '10 '12 '14 '16	귀찮다
煩(わずら)わしい '10 '16	번거롭다			
格段(かくだん)だ '14	현격하다	≒	大幅(おおはば)だ '14	대폭적이다
かたくなだ '17	완고하다	≒	頑固(がんこ)だ '17	완고하다
画期的(かっきてき)だ '11	획기적이다	≒	今(いま)までにない 新(あたら)しい '11	지금까지 없는 새로운
簡素(かんそ)だ '12	간소하다	≒	シンプルだ '12	심플하다
几帳面(きちょうめん)だ	꼼꼼하다, 고지식하다	≒	誠実(せいじつ)だ	성실하다
些細(ささい)な '16	사소한, 세세한	≒	小(ちい)さな '16	작은
シビアだ '11	엄격하다	≒	厳(きび)しい '11	엄격하다

※ '00는 기출연도입니다.

ストレートだ['14]	직접적이다	≒	率直(そっちょく)だ['14]	솔직하다
ぞんざいだ	소홀하다, 난폭하다	≒	粗末(そまつ)だ	허술하다, 함부로 하다
端的(たんてき)だ['16]	단적이다	≒	明白(めいはく)だ['16]	명백하다
丹念(たんねん)だ['10]	정성스럽다	≒	じっくりと['10]	정성껏, 차분히
ひそかだ['12]	은밀하다	≒	こっそり['12]	몰래
敏感(びんかん)だ	민감하다	≒	神経質(しんけいしつ)だ センシティブだ	신경질적이다 센시티브하다
ふいだ['15]	뜻밖이다	≒	突然(とつぜん)['15]	돌연
不審(ふしん)だ['19]	의심스럽다	≒	怪(あや)しい['19]	수상하다
不用意(ふようい)だ['14]	조심성이 없다	≒	不注意(ふちゅうい)だ['14]	부주의하다
まばらだ['10]	듬성듬성하다	≒	少(すく)ない['10]	적다
ルーズだ['10'19]	루스하다	≒	だらしない['10'19]	칠칠치 못하다

확인 문제 주어진 단어와 의미가 가까운 것을 고르세요.

01	**そっけない**	ⓐ シビアだ	ⓑ ドライだ
02	**粘り強い**	ⓐ あきらめない	ⓑ だらしない
03	**煩わしい**	ⓐ 寛大だ	ⓑ 面倒だ
04	**格段だ**	ⓐ 大幅だ	ⓑ 明白だ
05	**簡素だ**	ⓐ シンプルだ	ⓑ ルーズだ
06	**丹念に**	ⓐ こっそり	ⓑ じっくりと
07	**ふいに**	ⓐ 突然	ⓑ ひそかに
08	**まばらだ**	ⓐ 厳しい	ⓑ 少ない

정답: 01 ⓑ 02 ⓐ 03 ⓑ 04 ⓐ 05 ⓐ 06 ⓑ 07 ⓐ 08 ⓑ

유의 표현에 자주 출제되는 부사

문제3 유의표현_핵심표현 및 필수어휘04.mp3

※ '00는 기출연도입니다.

표현	뜻		유의 표현	뜻
敢(あ)えて	억지로, 결코	≒	強(し)いて	억지로, 구태여
あっさり	간단하게, 담박하게	≒	難(なん)なく	어려움 없이
予(あらかじ)め'13	미리	≒	事前(じぜん)に'13	사전에
ありありと'18	역력히	≒	はっきり'18	확실히
案(あん)の定(じょう)'14	예상대로	≒	やはり'14	역시
いいかげん	꽤, 상당히	≒	相当(そうとう)	상당히
いたって'14	매우, 극히	≒	非常(ひじょう)に'14	매우, 몹시
未(いま)だ	아직	≒	相(あい)も変(か)わらず	여전히, 변함없이
うすうす'17	희미하게, 어렴풋이	≒	なんとなく'17	왠지 모르게
おおむね'13	대체로, 대개	≒	だいたい'13	대체로
自(おの)ずから	저절로, 스스로	≒	独(ひと)りでに	저절로, 자연히
自(おの)ずと'12	저절로	≒	自然(しぜん)に'12	자연히
かねがね'16'20	전부터, 미리	≒	以前(いぜん)から'16'20	이전부터
かろうじて'16	겨우, 간신히	≒	何(なん)とか'16	어떻게든, 간신히
極力(きょくりょく)'11'19	극력, 있는 힘을 다해	≒	できる限(かぎ)り'11 できるだけ'19	가능한 한 될 수 있는 한
極(きわ)めて	극히	≒	この上(うえ)なく	더할 나위 없이
ことごとく'13	전부, 모두	≒	すべて'13	전부, 모두
殊(こと)に	특히	≒	一際(ひときわ) 格別(かくべつ)	유독 각별

※ '00는 기출연도입니다.

しきりに '12	자꾸만, 자주	≒	何度も(なんど) '12 しょっちゅう	몇 번이나 자주, 종종
若干(じゃっかん) '17	약간	≒	わずかに '17	겨우, 간신히
即座に(そくざ)	즉시	≒	またたく間に(ま)	눈 깜짝할 사이에
努めて(つと)	애써, 가능한 한	≒	懸命に(けんめい)	애써, 열심히
つぶさに '19	자세히	≒	詳細に(しょうさい) '19	상세히
当面(とうめん) '12 '20	당분간	≒	しばらく '12 '20	잠깐
突如(とつじょ)	돌연, 갑자기	≒	不意に(ふい)	느닷없이, 갑자기
漠然と(ばくぜん)	막연히	≒	ぼんやり	어렴풋이, 아련히
ひたすら	오로지, 그저	≒	無心で(むじん)	아무 생각 없이, 순진하게
まして	하물며, 더구나	≒	当然(とうぜん)	당연
丸々(まるまる)	전부, 온통	≒	そっくりそのまま	전부, 고스란히
やたら	함부로, 몹시	≒	無闇に(むやみ)	함부로, 무모하게
歴然と(れきぜん) '11	분명히	≒	はっきり '11	명확히

확인 문제 주어진 단어와 의미가 가까운 것을 고르세요.

01 つぶさに	ⓐ 詳細に	ⓑ 懸命に	
02 漠然と	ⓐ しょっちゅう	ⓑ ぼんやり	
03 やたら	ⓐ 無闇に	ⓑ 非常に	
04 当面	ⓐ だいたい	ⓑ しばらく	
05 予め	ⓐ 事前に	ⓑ ふいに	
06 ありありと	ⓐ はっきり	ⓑ すべて	
07 自ずと	ⓐ 何とか	ⓑ 自然に	
08 かねがね	ⓐ 以前から	ⓑ この上なく	

정답: 01 ⓐ 02 ⓑ 03 ⓐ 04 ⓑ 05 ⓐ 06 ⓐ 07 ⓑ 08 ⓐ

유의 표현에 자주 출제되는 구

🔊 문제3 유의표현_핵심표현 및 필수어휘05.mp3

※ '00는 기출연도입니다.

意外(いがい)につまらない '11	의외로 재미없다	≒	あっけない '11	싱겁다, 맥없다
一度(いちど)に大勢(おおぜい)来(く)る '15	한번에 많이 오다	≒	殺到(さっとう)する '15	쇄도하다
異例(いれい)の '19	이례의	≒	珍(めずら)しい '19	드문
薄(うす)く切(き)る '18	얇게 자르다	≒	スライスする '18	슬라이스하다, 저미다
嬉(うれ)しい知(し)らせ '10	기쁜 소식	≒	朗報(ろうほう) '10	낭보
お手上(てあ)げだ '14	손들었다	≒	どうしようもない '14	어쩔 수 없다
詳(くわ)しく丁寧(ていねい)に '18	자세하고 정성스럽게	≒	克明(こくめい)に '18	극명하게
故意(こい)に '16	고의로	≒	わざと '16 わざわざ	일부러 일부러
小型(こがた)の '19	소형인	≒	コンパクトな '19	컴팩트한
細(こま)かく丁寧(ていねい)に '17	상세하고 정성스럽게	≒	入念(にゅうねん)に '17	유념하여
これまで '13	지금까지	≒	従来(じゅうらい) '13	종래
刺激(しげき)を受(う)ける '12	자극을 받다	≒	触発(しょくはつ)される '12	촉발되다
順調(じゅんちょう)に進(すす)む '10	순조롭게 나아가다	≒	はかどる '10	일이 순조롭게 되다
すべがない '13	방법이 없다	≒	方法(ほうほう)がない '13	방법이 없다
大体同(だいたいおな)じだ '15	대체로 같다	≒	互角(ごかく)だ '15	호각이다
小(ちい)さな声(こえ)で言(い)う '19	작은 소리로 말하다	≒	つぶやく '19	속삭이다
できるだけはやく '18	가능한 한 빨리	≒	すみやかに '18	재빠르게
とても驚(おどろ)く '13	매우 놀라다	≒	仰天(ぎょうてん)する '13	기겁하다
どんよりした天気(てんき) '10	찌푸린 날씨	≒	曇(くも)っていて暗(くら)い '10	흐리고 어둡다

※ '00는 기출연도입니다.

なかなかしようとしない '18	좀처럼 하려고 하지 않다	≒	しぶっている '18	꺼리다, 주저하다
にわかには '11	갑자기는	≒	すぐには '11	바로는
熱心(ねっしん)に取(と)り組(く)む '14	열심히 몰두하다	≒	打(う)ち込(こ)む '14	몰두하다
漠然(ばくぜん)としている '18	막연해 하고 있다	≒	ぼんやりしている '18	멍해 있다
ばててしまう '19	지쳐버리다	≒	疲(つか)れてしまう '19	지쳐버리다
不安(ふあん)なところ '17	불안한 점	≒	難点(なんてん) '17	어려운 점, 난점
便利(べんり)で役(やく)に立(た)っている '11	편리하고 도움이 되고 있다	≒	重宝(ちょうほう)している '11	편리해서 자주 사용하고 있다
ほかと比(くら)べてとくにいい '13	다른 것과 비교해 특히 좋다	≒	抜群(ばつぐん)だ '13	발군이다
ぼやいている '20	투덜대고 있다	≒	愚痴(ぐち)を言(い)っている '20	푸념을 말하고 있다
むっとする '17	불끈하다, 발끈하다	≒	怒(おこ)ったようだ '17	화가 난 것 같다
無償(むしょう)で '14	무상으로	≒	ただで '14	그냥
やむを得(え)ず '10	어쩔 수 없이	≒	仕方(しかた)なく '10	어쩔 수 없이
悪(わる)く言(い)われる '12	나쁜 말을 듣다	≒	けなされる '12	욕먹다

확인 문제 주어진 구와 의미가 가까운 것을 고르세요.

01	お手上げだ	ⓐ 抜群だ	ⓑ どうしようもない
02	便利で役に立っている	ⓐ 重宝している	ⓑ 打ち込んでいる
03	一度に大勢来る	ⓐ 殺到する	ⓑ 触発される
04	なかなかしようとしない	ⓐ ぼんやりしている	ⓑ しぶっている

정답: 01 ⓑ 02 ⓐ 03 ⓐ 04 ⓑ

실력 다지기

주어진 단어나 구와 의미가 가장 가까운 것을 고르세요.

01 気掛かり

① 心配　② 手掛かり　③ 心当たり　④ 心得

02 吟味する

① 朗読する　② 検討する　③ 調理する　④ 視察する

03 情け深い

① 凄まじい　② 尊い　③ 婉曲だ　④ 寛大だ

04 自ずから

① ひたすら　② 特別に　③ 独りでに　④ しきりに

05 アマチュア

① 職人　② 知識人　③ 素人　④ 若者

06 当面

① しばらく　② 難なく　③ まして　④ 何とか

07 つかの間

① 寒い間　② 続ける間　③ 働く間　④ 短い間

08 お手上げだ

① やってはならない　② どうしようもない

③ うまくいかない　④ 余裕がない

09 異例の

① 月並みな　② 大柄な　③ 著しい　④ 珍しい

10 小さな声で言う

① おもむく　② たくわえる　③ つぶやく　④ つくろう

11 念願

① 憧れ　② 唱え　③ 背き　④ 呟き

12 抜け出す

① 圧する　② 脱する　③ 察する　④ 服する

13 几帳面だ

① 有望だ　② 無邪気だ　③ 誠実だ　④ 欲深だ

14 突如

① 無性に　② 不意に　③ 整然と　④ 一挙に

15 メカニズム

① 様相　② 処置　③ 規則　④ 仕組み

16 あきらめずに

① 粘り強く　② 我慢強く　③ 力強く　④ 根強く

17 無償で

① 久々に　② 簡単に　③ ただで　④ いい加減に

18 どんよりした天気

① 風が強い　② 霧が立っている

③ 雪が積もっている　④ 曇っていて暗い

19 不安なところ

① 赤点　② 難点　③ 悪運　④ 不意

20 嬉しい知らせ

① 朗報　② 遺言　③ 告発　④ 豪語

정답 해설집 p.13

실전 테스트 1

問題3　＿＿＿の言葉に意味が最も近いものを、1・2・3・4から一つ選びなさい。

14　セールが告知されている紙をばらまいた。

1　印刷した　　2　配布した　　3　廃棄した　　4　発注した

15　欠点を敢えて言うなら値段が高いところだと思う。

1　改めて　　2　ずばり　　3　ついでに　　4　強いて

16　田中さんは突然脈絡のない話を始めた。

1　つながり　　2　筋道　　3　まとまり　　4　目的

17　昔はよく友だちと張り合っていた。

1　通じ合って　　2　言い合って　　3　競い合って　　4　解け合って

18　トラブルは極力避けるようにしています。

1　可能であれば　　2　できる限り　　3　ある程度　　4　どうにか

19　確認は細かく丁寧に行ってください。

1　入念に　　2　迅速に　　3　内密に　　4　簡潔に

정답 해설집 p.14

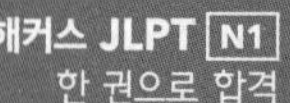

실전 테스트 2

해커스 JLPT N1 한 권으로 합격

問題3　＿＿＿の言葉に意味が最も近いものを、1・2・3・4から一つ選びなさい。

14　彼は話を打ち切ろうとした。

1　整理しよう　　2　中断しよう　　3　展開しよう　　4　続行しよう

15　舞台を設置するスペースを確保してください。

1　人手　　2　予算　　3　空き　　4　期間

16　その日にあった些細な出来事を日記に残している。

1　嫌な　　2　小さな　　3　重要な　　4　うれしい

17　一年間の業務停止の命令を撤回した。

1　拒否した　　2　遵守した　　3　下した　　4　取り消した

18　母にお気に入りの洋服を悪く言われた。

1　けなされた　　2　禁じられた　　3　処分された　　4　裁断された

19　父が俳優だったなんてにわかには信じられない。

1　ふつうは　　2　どうしても　　3　すぐには　　4　やはり

정답 해설집 p.14

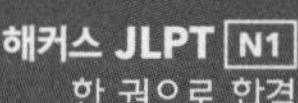

실전 테스트 3

問題3　＿＿＿の言葉に意味が最も近いものを、1・2・3・4から一つ選びなさい。

14　部長は部下の数々の不正をとがめた。

1　告発した　2　追及した　3　食い止めた　4　見逃した

15　この地下で大規模な集会がひそかに行われているとの情報を得た。

1　ときおり　2　こっそり　3　頻繁に　4　まさに

16　昨日、お客様からクレームを受けた。

1　苦情　2　助言　3　質問　4　要望

17　山本（やまもと）さんは何かを錯覚しているに違いない。

1　思い悩んで　2　危惧して　3　勘違いして　4　自覚して

18　外国語学習において、本の音読は極めて有効な方法だと言える。

1　それなりに　2　確かに　3　この上なく　4　思いのほか

19　あの事態を防ぐすべがなかった。

1　つもりがなかった　2　必要がなかった

3　理由がなかった　4　方法がなかった

정답 해설집 p.15

실전 테스트 4

해커스 JLPT N1
한 권으로 합격

問題3 ＿＿＿の言葉に意味が最も近いものを、1・2・3・4から一つ選びなさい。

14 人生の大事な局面に差し掛かった。

1 遭遇した　2 立ち向かった　3 到達した　4 臨んだ

15 景気回復のめどについて、議論を繰り広げた。

1 兆し　2 可能性　3 背景　4 見通し

16 高橋（たかはし）さんは昔から時間にルーズな人だ。

1 うるさい　2 正確な　3 無関心な　4 だらしない

17 そのグラフには現状が端的に現れていた。

1 明白に　2 詳細に　3 大まかに　4 意外に

18 数々の素晴らしい作品に刺激を受け、創作活動を再開した。

1 触発され　2 誘惑され　3 魅せられ　4 恵まれ

19 彼は彼女の言葉を聞くなり、むっとした表情をした。

1 嬉しそうな　2 悲しそうな　3 怒ったような　4 驚いたような

정답 해설집 p.16

문제 4

용법

용법은 제시어가 올바르게 사용된 문장을 고르는 문제로, 총 6문항이 출제된다. 제시어는 명사, 동사, 형용사, 부사가 골고루 출제된다.

권장 풀이 시간 4분

핵심 전략

1 제시어가 명사나 동사인 경우에는 제시어 앞의 표현에 유의하여 문맥상 제시어가 올바르게 사용된 문장을 정답으로 고른다.

예 心当たり 짚이는 데, 짐작 가는 것

① 犯人に心当たりがある人を探している。범인에게 짚이는 데가 있는 사람을 찾고 있다. (◯)

心当たり는 어떤 대상을 어림짐작하는 경우에 사용한다

② 2年間は勉強に没頭する心当たりができている。2년간은 공부에 몰두할 짚이는 데가 되어 있다. (✕)

예 かばう 감싸다, 두둔하다

① 先輩は私のミスをかばってくれた。선배는 내 실수를 감싸주었다. (◯)

かばう는 누군가의 잘못을 두둔하는 경우에 사용한다

② 捨てられている猫をうちでかばうことにした。버려져 있는 고양이를 집에서 감싸기로 했다. (✕)

2 제시어가 형용사인 경우에는 제시어의 앞뒤 표현에 유의하고, 부사인 경우에는 제시어 뒤의 표현이나 문장 전체의 문맥에 유의하여 문맥상 제시어가 올바르게 사용된 문장을 정답으로 고른다.

예 目覚ましい 놀랍다

① プロ野球で外国人選手の活躍が目覚ましい。프로야구에서 외국인 선수의 활약이 놀랍다. (◯)

目覚ましい는 어떤 대상이 훌륭한 것을 나타내는 경우에 사용한다

② 目覚ましい日差しのせいで、とても眩しい。놀라운 햇살 때문에, 매우 눈부시다. (✕)

예 もはや 어느새

① 高校を卒業してもはや10年になる。고등학교를 졸업한지 어느새 10년이 된다. (◯)

もはや는 알지 못하는 사이에 일이 진행되고 있는 경우에 사용한다

② 家に帰ったら、もはや家族は食事をしていた。집에 돌아갔더니, 어느새 가족은 식사를 하고 있었다. (✕)

3 시험에 자주 출제되는 품사별 어휘를, 자주 사용되는 구문과 함께 학습한다.

문제 풀이 Step

Step 1 **제시어를 읽고 품사와 의미를 파악한다.**

제시어를 읽고 품사와 의미를 파악한다. 이때 문제지에 제시어의 의미를 살짝 적어둔다.

Step 2 **밑줄 친 부분과 앞뒤 표현 또는 문장 전체를 읽고 제시어가 올바르게 사용된 문장을 정답으로 고른다.**

제시어 품사에 따라 밑줄 부분을 앞 또는 뒤의 표현과 함께 읽거나 문장 전체를 읽고, 문맥이 가장 자연스러운 문장을 정답으로 고른다. 선택지를 읽으면서 확실히 오답인 것은 ×, 헷갈리는 것은 △, 확실히 정답인 것은 ○로 표시하고, ○로 표시한 선택지가 있다면 바로 정답으로 고른다.

문제 풀이 Step 적용

問題4　次の言葉の使い方として最もよいものを、1・2・3・4から一つ選びなさい。

配属 배속

✔ 1 内定が決まったが、まだどの部署に配属されるかは分からない。o

2 彼は去年まで政府に配属している機関で働いていた。x

3 現在、高橋(たかはし)選手は、外国の有名サッカーチームに配属している。x

4 この土地は所有者のない不動産として、国庫に配属されたそうだ。x

Step 1 제시어를 읽고 품사와 의미를 파악한다.

명사 配属(배속)는 특정 부서나 부문에 배치시켜 소속되는 경우에 사용한다.

Step 2 밑줄 친 부분과 앞뒤 표현 또는 문장 전체를 읽고 제시어가 올바르게 사용된 문장을 정답으로 고른다.

제시어가 명사이므로 우선 밑줄 앞의 어휘나 구와 함께 읽는다. 1의 '어느 부서에 배속'이라는 문맥이 가장 자연스러우므로 정답으로 고른다. 2는 '정부에 배속', 3은 '유명 축구 팀에 배속'이라는 어색한 문맥이므로 오답이다. 4의 '국고에 배속' 역시 어색한 문맥이므로 오답이다.

문제4 다음 말의 사용법으로 가장 알맞은 것을, 1・2・3・4에서 하나 고르세요.

배속

1 내정이 결정됐지만, 아직 어느 부서에 배속될지는 모른다.
2 그는 작년까지 정부에 배속되어 있는 기관에서 일했었다.
3 현재, 다카하시 선수는, 외국의 유명 축구팀에 배속되어 있다.
4 이 토지는 소유자가 없는 부동산으로서, 국고에 배속되었다고 한다.

어휘 配属 はいぞく 명 배속　内定 ないてい 명 내정　部署 ぶしょ 명 부서　政府 せいふ 명 정부　機関 きかん 명 기관　現在 げんざい 명 현재　選手 せんしゅ 명 선수　サッカーチーム 명 축구팀　土地 とち 명 토지　所有者 しょゆうしゃ 명 소유자　不動産 ふどうさん 명 부동산　国庫 こっこ 명 국고

핵심 표현 및 필수 어휘

용법에 자주 출제되는 명사 ①

🔊 문제4 용법_핵심표현 및 필수어휘01.mp3

※ '00는 기출연도입니다.

어휘	뜻	예문
安静(あんせい) '15	안정	心(こころ)の安静(あんせい)を保(たも)つ 마음의 안정을 유지하다
意地(いじ) '10	고집, 오기	意地(いじ)を張(は)り続(つづ)ける 고집을 계속 부리다
一変(いっぺん)	일변	難(むずか)しい状況(じょうきょう)が一変(いっぺん)する 어려운 상황이 일변하다
内訳(うちわけ) '16	내역	出張費(しゅっちょうひ)の内訳(うちわけ)を出(だ)す 출장비 내역을 제출하다
解明(かいめい) '19	해명	謎(なぞ)を解明(かいめい)する 수수께끼를 해명하다
拡散(かくさん)	확산	空気中(くうきちゅう)に拡散(かくさん)する 공기중에 확산되다
合致(がっち) '13	일치, 합치	顧客(こきゃく)のニーズに合致(がっち)する 고객의 니즈에 일치하다
加味(かみ) '13	가미	あらゆる情報(じょうほう)を加味(かみ)する 온갖 정보를 가미하다
還元(かんげん) '16	환원	社会(しゃかい)に利益(りえき)を還元(かんげん)する 사회에 이익을 환원하다
慣行(かんこう)	관행	この件(けん)は慣行(かんこう)に従(したが)うべきだ 이 건은 관행을 따라야 한다
貫禄(かんろく)	관록	ベテランの貫禄(かんろく)を見(み)せる 베테랑의 관록을 보이다
規制(きせい) '16	규제	輸出(ゆしゅつ)を規制(きせい)する 수출을 규제하다
基調(きちょう) '18	기조	店内(てんない)は白(しろ)を基調(きちょう)とした 가게 내부는 하얀색을 기조로 했다
軌道(きどう) '15	궤도	事業(じぎょう)が軌道(きどう)に乗(の)る 사업이 궤도에 오르다
逆転(ぎゃくてん)	역전	立場(たちば)が逆転(ぎゃくてん)する 입장이 역전되다
拠点(きょてん) '17	거점	会社(かいしゃ)は東京(とうきょう)に拠点(きょてん)を置(お)く 회사는 도쿄에 거점을 둔다
口出(くちだ)し '13	말참견	他人(たにん)の子育(こそだ)てに口出(くちだ)しする 타인의 육아에 말참견을 하다
工面(くめん) '14	마련함, 변통	お金(かね)を工面(くめん)する 돈을 마련하다
経緯(けいい) '16 '20	경위	事故(じこ)の経緯(けいい)を説明(せつめい)する 사고의 경위를 설명하다
気配(けはい) '13	기색	人(ひと)の気配(けはい)を感(かん)じる 사람의 기색을 느끼다
交錯(こうさく) '18	교착, 뒤얽힘	いろんな思(おも)いが交錯(こうさく)する 다양한 생각이 교착하다

※ '00는 기출연도입니다.

어휘	뜻	예문
互角(ごかく) '19	호각	互角に戦う 호각으로 싸우다
心当たり(こころあたり) '18	짐작 가는 곳	原因に心当たりはない 원인으로 짐작 가는 곳이 없다
心構え(こころがまえ) '14	마음가짐	プロの俳優としての心構えを持つ 프로 배우로서의 마음가짐을 갖다
こつ	요령	運転のこつをつかむ 운전의 요령을 터득하다
災害(さいがい)	재해	災害が発生する 재해가 발생하다
作動(さどう) '18	작동	安全装置が作動する 안전 장치가 작동하다
色彩(しきさい)	색채	鮮やかな色彩である 선명한 색채이다
辞退(じたい)	사양, 사퇴	委員会への出席を辞退する 위원회 출석을 사양하다
失脚(しっきゃく) '20	실각	あの大臣は賄賂をもらって失脚した 그 장관은 뇌물을 받아 실각했다
辞任(じにん) '15	사임	社長を辞任する 사장을 사임하다
重複(じゅうふく)／重複(ちょうふく) '17	중복	話の内容が一部重複する 이야기 내용이 일부 중복되다
昇進(しょうしん) '17	승진	来月課長に昇進する 다음 달 과장으로 승진하다
処置(しょち) '13	처치, 조치	応急処置を行う 응급 처치를 행하다
仕業(しわざ) '12	소행	これは犯人の仕業だ 이것은 범인의 소행이다
審議(しんぎ)	심의	法案を審議する 법안을 심의하다

확인 문제 주어진 단어의 사용법으로 적절한 것을 고르세요.

01 気配　ⓐ 背後に人の気配を感じて振り返った。　ⓑ その件に関しては全く気配がない。

02 重複　ⓐ 再度、法案を重複することになった。　ⓑ 話の内容が重複することを避ける。

03 内訳　ⓐ 至急、出張費の内訳を出してください。　ⓑ 謎の内訳にはもう少し時間が必要だ。

04 経緯　ⓐ 全ての犯行はカラスの経緯だった。　ⓑ 警察署で事故の経緯を説明した。

정답: 01 ⓐ 02 ⓑ 03 ⓐ 04 ⓑ

문자 · 어휘 | 문제 4 용법 | 해커스 JLPT N1 한 권으로 합격

■ 용법에 자주 출제되는 명사 ②

🔊 문제4 용법_핵심표현 및 필수어휘02.mp3

※ '00는 기출연도입니다.

명사	뜻	예문	해석
親善(しんぜん)	친선	親善大使(しんぜんたいし)として活動(かつどう)する	친선 대사로서 활동하다
制裁(せいさい)	제재	経済制裁(けいざいせいさい)を加(くわ)える	경제 제재를 가하다
総合(そうごう) '15	종합	総合病院(そうごうびょういん)で受診(じゅしん)する	종합 병원에서 진찰을 받다
打開(だかい) '13	타개	危機的(ききてき)な状況(じょうきょう)を打開(だかい)する	위기적인 상황을 타개하다
調達(ちょうたつ) '10	조달	食料(しょくりょう)を調達(ちょうたつ)する	식량을 조달하다
提起(ていき) '17	제기	新(あたら)しい課題(かだい)を提起(ていき)する	새로운 과제를 제기하다
入手(にゅうしゅ) '16	입수	大事(だいじ)な情報(じょうほう)を入手(にゅうしゅ)する	중요한 정보를 입수하다
配属(はいぞく) '18	배속	他(ほか)の支店(してん)に配属(はいぞく)される	다른 지점에 배속되다
配布(はいふ) '11 '17	배부	パンフレットを配布(はいふ)する	팸플릿을 배부하다
発散(はっさん) '12	발산	たまったストレスを発散(はっさん)する	쌓인 스트레스를 발산하다
抜粋(ばっすい) '18	발췌	歌(うた)の歌詞(かし)を抜粋(ばっすい)する	노래 가사를 발췌하다
繁盛(はんじょう) '19	번성	お店(みせ)が繁盛(はんじょう)する	가게가 번성하다
人手(ひとで) '15	일손	人手(ひとで)が足(た)りない	일손이 부족하다
拍子(ひょうし) '13	박자	拍子(ひょうし)に合(あ)わせて踊(おど)る	박자에 맞춰 춤추다
復旧(ふっきゅう) '14	복구	電車(でんしゃ)の復旧作業(ふっきゅうさぎょう)が遅(おく)れる	전철 복구 작업이 늦어지다
赴任(ふにん) '11	부임	海外(かいがい)に赴任(ふにん)する	해외로 부임하다
不服(ふふく) '11	이의, 불복	不服(ふふく)を申(もう)し立(た)てる	이의를 주장하다
ブランク '12	공백 기간	5年(ねん)のブランクがある	5년의 공백 기간이 있다
分裂(ぶんれつ)	분열	国(くに)が東西(とうざい)に分裂(ぶんれつ)する	나라가 동서로 분열되다
便宜(べんぎ)	편의	便宜(べんぎ)を図(はか)る	편의를 꾀하다

※ '00는 기출연도입니다.

어휘	의미	예문
発足(ほっそく) '10'17	발족	委員会(いいんかい)が発足(ほっそく)する 위원회가 발족되다
没頭(ぼっとう) '15	몰두	仕事(しごと)に没頭(ぼっとう)する 일에 몰두하다
真(ま)っ先(さき) '17	가장 먼저	真(ま)っ先(さき)に頭(あたま)に浮(う)かぶ 가장 먼저 머리에 떠오르다
満喫(まんきつ) '10	만끽	久(ひさ)しぶりの旅行(りょこう)を満喫(まんきつ)する 오랜만의 여행을 만끽하다
見込(みこ)み '12	가망	回復(かいふく)の見込(みこ)みがない 회복의 가망이 없다
密集(みっしゅう) '10	밀집	住宅(じゅうたく)が密集(みっしゅう)している 주택이 밀집되어 있다
目先(めさき) '10	눈앞	目先(めさき)の利益(りえき)にとらわれる 눈앞의 이익에 사로잡히다
目安(めやす) '19	기준, 목표	判断(はんだん)の目安(めやす)にする 판단의 기준으로 하다
面識(めんしき) '18	면식	会長(かいちょう)と面識(めんしき)がある 회장과 면식이 있다
免除(めんじょ) '12	면제	授業料(じゅぎょうりょう)を免除(めんじょ)してもらう 수업료를 면제해 받다
優位(ゆうい) '13	우위	誰(だれ)より優位(ゆうい)に立(た)つ 누구보다 우위에 서다
ゆとり '11	여유	心(こころ)にゆとりをもつ 마음에 여유를 가지다
様相(ようそう) '19	양상	厳(きび)しい様相(ようそう)を示(しめ)す 심한 양상을 보이다
要望(ようぼう) '19	요망	要望(ようぼう)を受(う)け入(い)れる 요망을 받아들이다
連携(れんけい) '11	연계	市民団体(しみんだんたい)と連携(れんけい)する 시민 단체와 연계하다

확인 문제 주어진 단어의 사용법으로 적절한 것을 고르세요.

01 真っ先
ⓐ 彼(かれ)の顔(かお)が真っ先に頭(あたま)に浮(う)かんだ。
ⓑ 誰(だれ)より真っ先に立(た)ちたいという願望(がんぼう)が強(つよ)い。

02 提起
ⓐ 新(あたら)しく提起された課題(かだい)を話(はな)し合(あ)う。
ⓑ 状況(じょうきょう)を提起するための策(さく)を練(ね)る。

03 配布
ⓐ 今年度(こんねんど)の新入社員(しんにゅうしゃいん)の配布が決(き)まった。
ⓑ 新(あたら)しく開(ひら)かれるイベントのパンフレットを配布した。

04 目安
ⓐ 目安の利益(りえき)ではなく、未来(みらい)に投資(とうし)するべきだ。
ⓑ 営業利益(えいぎょうりえき)を経営上(けいえいじょう)の判断(はんだん)の目安にする。

정답: 01 ⓐ 02 ⓐ 03 ⓑ 04 ⓑ

용법에 자주 출제되는 동사 ①

문제4 용법_핵심표현 및 필수어휘03.mp3

※ '00는 기출연도입니다. 

あざわらう	비웃다	人(ひと)の失敗(しっぱい)をあざわらう 타인의 실패를 비웃다
焦(あせ)る	서두르다, 안달하다	時間(じかん)を見(み)て焦(あせ)る 시간을 보고 서두르다
当(あ)てはめる '13	맞추다	基準(きじゅん)に当(あ)てはめる 기준에 맞추다
操(あやつ)る	구사하다, 다루다	三(さん)か国語(こくご)を操(あやつ)る 3개 국어를 구사하다
打(う)ち明(あ)ける	털어놓다	秘密(ひみつ)を打(う)ち明(あ)ける 비밀을 털어놓다
うなだれる '17	고개를 떨구다	がっくりとうなだれる 맥없이 고개를 떨구다
怠(おこた)る '12 '20	소홀히 하다	発表(はっぴょう)の準備(じゅんび)を怠(おこた)る 발표 준비를 소홀히 하다
帯(お)びる '15	띠다	現実味(げんじつみ)を帯(お)びる 현실성을 띠다
思(おも)い詰(つ)める '15	골똘히 생각하다	一人(ひとり)で思(おも)い詰(つ)める 혼자서 골똘히 생각하다
折(お)り返(かえ)す	되돌아가다	中間地点(ちゅうかんちてん)で折(お)り返(かえ)す 중간 지점에서 되돌아가다
抱(かか)え込(こ)む '14	끌어안다	頭(あたま)を抱(かか)え込(こ)む 머리를 끌어안다
かさばる '18	부피가 커지다	荷物(にもつ)がかさばる 짐이 부피가 커지다
かなう '11	이루어지다	長年(ながねん)の夢(ゆめ)がかなう 긴 세월의 꿈이 이루어지다
かばう '13	감싸다	部下(ぶか)のミスをかばう 부하의 실수를 감싸다
かぶれる	(피부에) 독이 오르다	肌(はだ)がかぶれる 피부에 독이 오르다
食(く)い違(ちが)う '16	어긋나다	両者(りょうしゃ)の意見(いけん)が食(く)い違(ちが)う 양자의 의견이 어긋나다
くじける '19	약해지다, 꺾이다	気持(きも)ちがくじける 마음이 약해지다
覆(くつがえ)す '19	뒤집다	常識(じょうしき)を覆(くつがえ)す 상식을 뒤집다
組(く)み込(こ)む	편성하다	スケジュールに組(く)み込(こ)む 스케줄에 편성하다
心掛(こころが)ける	유념하다	睡眠(すいみん)を十分(じゅうぶん)取(と)るよう心掛(こころが)ける 수면을 충분히 취하도록 유념하다

※ '00는 기출연도입니다.

단어	의미	예문	해석
試みる	시도하다, 시험하다	新しい方法で試みてみる	새로운 방법으로 시도해보다
籠もる	틀어박히다	部屋に籠もる	방에 틀어박히다
凝らす	집중하다	目を凝らす	눈을 집중하다
裂ける	찢어지다	衣服が裂ける	옷이 찢어지다
授ける	전수하다	知恵を授ける	지혜를 전수하다
察する '16	헤아리다	事情を察する	사정을 헤아리다
裁く	심판하다	犯罪を裁く	범죄를 심판하다
仕上げる	완성하다	作品を仕上げる	작품을 완성하다
仕掛ける	걸다	けんかを仕掛ける	싸움을 걸다
しがみつく '14	매달리다	腕にしがみつく	팔에 매달리다
称する	칭하다	専門家と称する	전문가라고 칭하다
退く '16	물러나다	現役を退く	현역을 물러나다
制する	지배하다	レースを制する	레이스를 지배하다
損なう '14	해치다	健康を損なう	건강을 해치다
備え付ける '18	갖추다	装置を備え付ける	장치를 갖추다

확인 문제 주어진 단어의 사용법으로 적절한 것을 고르세요.

01 かさばる　ⓐ かさばったストレスが爆発した。　ⓑ 荷物がかさばってかばんに入らない。

02 くじける　ⓐ 気持ちがくじけそうなときこそ笑顔を作る。　ⓑ 彼女は試験に落ちてくじけている。

03 察する　ⓐ 何も言わなくても事情を察してくれた。　ⓑ 前大会の優勝者が今回の大会も察した。

04 退く　ⓐ 健康管理を退き、体調を崩した。　ⓑ 現役を退いても、野球は続けたい。

정답: 01 ⓑ 02 ⓐ 03 ⓐ 04 ⓑ

용법에 자주 출제되는 동사 ②

문제4 용법_핵심표현 및 필수어휘04.mp3

※ '00는 기출연도입니다.

反(そ)る	휘다	本(ほん)の表紙(ひょうし)が反(そ)る 책 표지가 휘다
携(たずさ)わる '14	종사하다	ゲームの開発(かいはつ)に携(たずさ)わる 게임 개발에 종사하다
断(た)つ	끊다	協力関係(きょうりょくかんけい)を断(た)つ 협력 관계를 끊다
立(た)て替(か)える	대신 지불하다	代金(だいきん)を立(た)て替(か)える 대금을 대신 지불하다
手掛(てが)ける	직접 하다	設計(せっけい)を手掛(てが)ける 설계를 직접 하다
出(で)くわす	맞닥뜨리다	危険(きけん)な場面(ばめん)に出(で)くわす 위험한 상황에 맞닥뜨리다
遂(と)げる '17	이루다	急速(きゅうそく)な発展(はってん)を遂(と)げる 급속한 발전을 이루다
取(と)り締(し)まる	단속하다	違反(いはん)を取(と)り締(し)まる 위반을 단속하다
取(と)り次(つ)ぐ	(전화를) 연결하다, 전하다	電話(でんわ)を取(と)り次(つ)ぐ 전화를 연결하다
取(と)り寄(よ)せる	들여오다	海外(かいがい)から取(と)り寄(よ)せる 해외에서 들여오다
投(な)げ出(だ)す	포기하다, 내던지다	途中(とちゅう)で投(な)げ出(だ)す 도중에 포기하다
懐(なつ)く	따르다	犬(いぬ)が懐(なつ)く 개가 따르다
賑(にぎ)わう '10	북적거리다	観光客(かんこうきゃく)で賑(にぎ)わう 관광객으로 북적거리다
乗(の)っ取(と)る	납치하다	船(ふね)を乗(の)っ取(と)る 배를 납치하다
乗(の)り出(だ)す '18	착수하다	ホテルの経営(けいえい)に乗(の)り出(だ)す 호텔 경영에 착수하다
はがす '14	벗겨내다	机(つくえ)のシールをはがす 책상의 스티커를 벗겨내다
励(はげ)ます	격려하다	挑戦(ちょうせん)する仲間(なかま)を励(はげ)ます 도전하는 동료를 격려하다
弾(はず)む	들뜨다	楽(たの)しみで心(こころ)が弾(はず)む 기대로 마음이 들뜨다
腫(は)れる	붓다	目(め)の周(まわ)りが腫(は)れる 눈 주위가 붓다
引(ひ)きずる	질질 끌다	足(あし)を引(ひ)きずる 다리를 질질 끌다

용법에 자주 나오는 어휘를 꼭 암기하자!

※ '00는 기출연도입니다.

引き取る	떠맡다	猫を引き取る 고양이를 떠맡다
秘める'12	간직하다	想い出を胸に秘める 추억을 가슴에 간직하다
冷やかす	놀리다, 값만 물어 보다	カップルを冷やかす 커플을 놀리다
踏み込む	발을 들여놓다	未知の領域に踏み込む 미지의 영역에 발을 들여놓다
隔たる	(세월이) 지나다	年月が隔たる 세월이 지나다
経る	거치다	長い過程を経る 긴 과정을 거치다
解ける'11	풀리다	くつのひもが解ける 신발 끈이 풀리다
滅びる'17	멸망하다	国が滅びる 나라가 멸망하다
交える'19	섞다	身振りを交えて話す 몸짓을 섞어서 이야기하다
見失う'11	잃다, 놓치다	目標を見失う 목표를 잃다
見落とす'10'17	못 보고 지나치다	証拠を見落とす 증거를 못 보고 지나치다
見渡す	둘러보다	教室を見渡す 교실을 둘러보다
呼び止める	불러 세우다	生徒を呼び止める 학생을 불러 세우다
割り込む	끼어들다	列に割り込む 줄에 끼어들다

확인 문제 주어진 단어의 사용법으로 적절한 것을 고르세요.

01 滅びる　ⓐ ローマ帝国が滅びた理由を探った。　ⓑ 彼の冗談でクラス全体の緊張が滅びた。

02 遂げる　ⓐ 先生が遂げた研究は高い評価を得た。　ⓑ 中国はここ数年で急速な発展を遂げた。

03 見落とす　ⓐ 警察は重要な証拠を見落としていた。　ⓑ 犯人を尾行していたが見落としてしまった。

04 乗り出す　ⓐ 副業としてホテルの経営にまで乗り出した。　ⓑ 知らぬ間にアカウントが乗り出されていた。

정답: 01 ⓐ 02 ⓑ 03 ⓐ 04 ⓐ

용법에 자주 출제되는 い·な형용사 ①

문제4 용법_핵심표현 및 필수어휘05.mp3

※ '00는 기출연도입니다.

あくどい	악랄하다	あくどい手段(しゅだん)でだます 악랄한 수단으로 속이다
潔(いさぎよ)い '10	깨끗하다	負(ま)けを潔(いさぎよ)く認(みと)める 패배를 깨끗하게 인정하다
おびただしい	엄청나다	おびただしい数(かず)のクレームがある 엄청난 수의 클레임이 있다
きまりわるい	면목이 안 서다	失敗(しっぱい)してきまりわるい 실패해서 면목이 안 선다
しぶとい '18	끈질기다	しぶとく生(い)き残(のこ)る 끈질기게 살아남다
素早(すばや)い '16	재빠르다	素早(すばや)い動(うご)きだった 재빠른 움직임이었다
耐(た)えがたい '14	참기 어렵다	耐(た)えがたい苦痛(くつう)である 참기 어려운 고통이다
たやすい '16	쉽다	たやすく想像(そうぞう)できる 쉽게 상상할 수 있다
馴(な)れ馴(な)れしい	스스럼없다	馴(な)れ馴(な)れしい態度(たいど)を取(と)る 스스럼없는 태도를 취하다
はなはだしい '15	심하다, 대단하다	はなはだしい誤解(ごかい)をする 심한 오해를 하다
ほほえましい '19	흐뭇하다	ほほえましい光景(こうけい)を見(み)る 흐뭇한 광경을 보다
みすぼらしい	초라하다	みすぼらしい服装(ふくそう)をしている 초라한 복장을 하고 있다
満(み)たない '12	차지 않다	水準(すいじゅん)に満(み)たない 수준에 차지 않다
目覚(めざ)ましい '11	눈부시다	目覚(めざ)ましい成長(せいちょう)を遂(と)げる 눈부신 성장을 이루다
安静(あんせい)だ	안정되다	病院(びょういん)で安静(あんせい)に過(す)ごす 병원에서 안정되게 지내다
一様(いちよう)だ	똑같다	みんな一様(いちよう)に驚(おどろ)く 모두 똑같이 놀라다
一律(いちりつ)だ '14	일률적이다	法(ほう)で一律(いちりつ)に定(さだ)める 법으로 일률적으로 정하다
裏腹(うらはら)だ '14	정반대이다	言葉(ことば)とは裏腹(うらはら)に明(あか)るい表情(ひょうじょう)をする 말과는 정반대로 밝은 표정을 하다
円滑(えんかつ)だ '13 '20	원활하다	円滑(えんかつ)なコミュニケーションをする 원활한 커뮤니케이션을 하다

※ '00는 기출연도입니다.

어휘	뜻	예문
円満だ (えんまん)	원만하다	円満に解決する 원만하게 해결하다
おおげさだ	과장되다	おおげさに反応する 과장되게 반응하다
温和だ (おんわ)	온화하다	誠実で温和な人柄である 성실하고 온화한 인품이다
過密だ (かみつ) '16	과밀하다	過密なスケジュールだ 과밀한 스케줄이다
簡易だ (かんい)	간단하다	簡易な手続きだけだ 간단한 절차뿐이다
簡潔だ (かんけつ)	간결하다	簡潔にまとめる 간결하게 정리하다
頑丈だ (がんじょう)	튼튼하다	頑丈な建物に避難する 튼튼한 건물로 피난하다
閑静だ (かんせい) '16	한적하다	閑静な住宅街である 한적한 주택가이다
簡素だ (かんそ) '19	간소하다	身内だけの簡素な結婚式にする 친척만 있는 간소한 결혼식으로 하다
強烈だ (きょうれつ)	강렬하다	強烈な印象を残す 강렬한 인상을 남기다
緊密だ (きんみつ) '17	긴밀하다	緊密に連絡を取り合う 긴밀하게 연락을 갖다
軽快だ (けいかい)	경쾌하다	軽快なリズムで踊る 경쾌한 리듬으로 춤추다
軽率だ (けいそつ)	경솔하다	軽率な行動をとる 경솔한 행동을 취하다
健在だ (けんざい)	건재하다	両親は健在だ 부모님은 건재하다

확인 문제 주어진 단어의 사용법으로 적절한 것을 고르세요.

01 たやすい ⓐ 彼の行動はたやすく想像できる。 ⓑ たやすい動きで相手を翻弄した。

02 閑静だ ⓐ 贅沢せず閑静な生活を送っている。 ⓑ 閑静な住宅街の一軒家に住んでいる。

03 緊密だ ⓐ そんなに緊密に連絡を取る必要はない。 ⓑ 緊密な日程のせいで寝る暇もない。

04 一律だ ⓐ 皆一律に悲しげな表情をしていた。 ⓑ 支給額は一律に定められている。

정답: 01 ⓐ 02 ⓑ 03 ⓐ 04 ⓑ

용법에 자주 출제되는 い·な형용사 ②

◀)) 문제4 용법_핵심표현 및 필수어휘06.mp3

※ '00는 기출연도입니다.

단어	뜻	예문	해석
健全(けんぜん)だ	건전하다	健全(けんぜん)な経営(けいえい)を目指(めざ)す	건전한 경영을 지향하다
広大(こうだい)だ['12]	광대하다	広大(こうだい)な大地(だいち)に立(た)つ	광대한 대지에 서다
細心(さいしん)だ['10]	세심하다	細心(さいしん)に行動(こうどう)する	세심하게 행동하다
残酷(ざんこく)だ	잔혹하다	残酷(ざんこく)な事件(じけん)が起(お)こる	잔혹한 사건이 일어나다
自在(じざい)だ	자유자재이다, 마음대로이다	自在(じざい)にコントロールする	자유자재로 컨트롤하다
質素(しっそ)だ['11]	검소하다	質素(しっそ)な身(み)なりの人(ひと)だ	검소한 옷차림의 사람이다
しなやかだ	유연하다	しなやかな筋肉(きんにく)である	유연한 근육이다
誠実(せいじつ)だ	성실하다	誠実(せいじつ)な対応(たいおう)をする	성실한 대응을 하다
正当(せいとう)だ	정당하다	正当(せいとう)な理由(りゆう)を主張(しゅちょう)する	정당한 이유를 주장하다
精密(せいみつ)だ	정밀하다	精密(せいみつ)な検査(けんさ)を行(おこな)う	정밀한 검사를 행하다
切実(せつじつ)だ	절실하다	切実(せつじつ)な願(ねが)いをする	절실한 기원을 하다
怠慢(たいまん)だ	태만하다	怠慢(たいまん)な行政(ぎょうせい)をする	태만한 행정을 하다
巧(たく)みだ['18]	솜씨 좋다, 교묘하다	機能(きのう)を巧(たく)みに利用(りよう)する	기능을 솜씨 좋게 이용하다
単調(たんちょう)だ	단조롭다	単調(たんちょう)で退屈(たいくつ)な日常(にちじょう)である	단조롭고 지루한 일상이다
のどかだ	한가롭다, 화창하다	のどかな田園風景(でんえんふうけい)だ	한가로운 전원 풍경이다
煩雑(はんざつ)だ['13]	번잡하다	煩雑(はんざつ)な手続(てつづ)きをする	번잡한 수속을 하다
半端(はんぱ)だ	어중간하다	半端(はんぱ)な量(りょう)ではない	어중간한 양이 아니다
ひたむきだ['19]	한 가지에만 전력을 다하다	ひたむきな姿(すがた)に感動(かんどう)する	한 가지에만 전력을 다하는 모습에 감동하다

※ '00는 기출연도입니다.

不審だ（ふしん）	의심스럽다	不審な点が多い 의심스러운 점이 많다
ふんだんだ	충분하다	食材をふんだんに使用する 식재료를 충분하게 사용하다
まちまちだ'11	가지각색이다	箱の大きさがまちまちだ 상자의 크기가 가지각색이다
未開だ（みかい）	미개하다	未開な土地で暮らす 미개한 토지에서 살다
無造作だ（むぞうさ）'12	아무렇게나 하다	本が無造作に置かれている 책이 아무렇게나 놓여 있다
無念だ（むねん）	분하다, 원통하다	無念な気持ちが残る 분한 마음이 남다
無能だ（むのう）	무능하다	無能な上司がいる 무능한 상사가 있다
無闇だ（むやみ）	터무니없다, 함부로 하다	無闇な計画を立てる 터무니없는 계획을 세우다
明朗だ（めいろう）	명랑하다, 공정하다	謙虚で明朗な印象だった 겸허하고 명랑한 인상이었다
有数だ（ゆうすう）'12	유수하다	日本で有数な専門家に頼む 일본에서 유수한 전문가에게 맡기다
優勢だ（ゆうせい）	우세하다, 우위이다	優勢な立場にいる 우세한 입장에 있다
冷酷だ（れいこく）	냉혹하다	冷酷な判断を下す 냉혹한 판단을 내리다
冷淡だ（れいたん）	냉담하다	冷淡な態度をとる 냉담한 태도를 취하다
露骨だ（ろこつ）	노골적이다	露骨に嫌な顔をする 노골적으로 싫은 얼굴을 하다

확인 문제 주어진 단어의 사용법으로 적절한 것을 고르세요.

01	冷酷だ	ⓐ 冷酷な判断を下すしかない状況だった。	ⓑ 父はもともと人付き合いに冷酷な人だ。
02	巧みだ	ⓐ 巧みな検査によって病気が発覚した。	ⓑ パソコンの新機能を巧みに利用する。
03	ひたむきだ	ⓐ 練習にひたむきな彼女たちの姿に感動した。	ⓑ ひたむきで温和な人柄の人と結婚したい。
04	まちまちだ	ⓐ 箱の色だけでなく大きさもまちまちだ。	ⓑ 体にいい栄養素がまちまちに含まれている。

정답: 01 ⓐ 02 ⓑ 03 ⓐ 04 ⓐ

용법에 자주 출제되는 부사

문제4 용법_핵심표현 및 필수어휘07.mp3

※ '00는 기출연도입니다.

いかにも	정말로	いかにも怪(あや)しい男(おとこ)だった 정말로 수상한 남자였다
依然(いぜん)として	여전히	失業率(しつぎょうりつ)は依然(いぜん)として高(たか)い 실업률은 여전히 높다
一概(いちがい)に	일괄적으로	一概(いちがい)に言(い)えない 일괄적으로 말할 수 없다
一挙(いっきょ)に	일거에	悩(なや)みを一挙(いっきょ)に解決(かいけつ)する 고민을 일거에 해결하다
いっそ	차라리	いっそ寝(ね)ないほうがましだ 차라리 자지 않는 편이 낫다
今更(いまさら) '15	이제 와서	今更(いまさら)謝(あやま)っても遅(おそ)い 이제 와서 사과해도 늦다
いやに	이상하게, 묘하게	いやに静(しず)かな夜(よる)である 이상하게 조용한 밤이다
遅(おそ)くとも	늦어도	遅(おそ)くとも明日(あした)届(とど)く 늦어도 내일 도착한다
おどおど	주저주저	人前(ひとまえ)でおどおどする 다른 사람 앞에서 주저주저하다
くまなく '15	구석구석	くまなく探(さが)す 구석구석 찾다
煌々(こうこう)と	반짝반짝	星(ほし)が煌々(こうこう)と輝(かがや)く 별이 반짝반짝 빛난다
さぞ	필시	さぞ辛(つら)いにちがいない 필시 괴로움에 틀림 없다
さほど	그다지	さほど気(き)にならない 그다지 신경 쓰이지 않는다
さも	자못	さも当然(とうぜん)のように言(い)う 자못 당연하다는 듯이 말한다
終始(しゅうし)	시종	終始(しゅうし)笑顔(えがお)で接(せっ)する 시종 웃는 얼굴로 접대하다
実(じつ)に '20	실로, 참으로	実(じつ)に目覚(めざ)ましい成長(せいちょう)ぶりだ 실로 눈부신 성장세이다
ずばり	거침없이	本音(ほんね)をずばり言(い)う 본심을 거침없이 말하다
総(そう)じて '12	대체로	評価(ひょうか)が総(そう)じて高(たか)い 평가가 대체로 높다
てんで	전혀	てんで見当(けんとう)がつかない 전혀 짐작이 가지 않는다
到底(とうてい)	도저히	到底(とうてい)理解(りかい)できない 도저히 이해할 수 없다

※ '00는 기출연도입니다.

どうやら	아무래도	どうやら眠っているようだ 아무래도 잠들어 있는 것 같다
とかく	이것저것	とかくするうちに一年が過ぎる 이것저것 하는 사이에 1년이 지난다
とっくに '11	훨씬 이전에	仕事はとっくに終えた 일은 훨씬 이전에 끝냈다
とっさに	순간적으로	とっさに嘘をつく 순간적으로 거짓말을 하다
なおさら	한층 더	なおさら必要に感じる 한층 더 필요하게 느끼다
何だか	어쩐지	何だか落ち着かない 어쩐지 안정되지 않는다
何なりと	무엇이든	何なりとお申し付けください 무엇이든지 분부해 주세요
甚だ	몹시, 매우	甚だ疑わしい 몹시 의심스럽다
人一倍 '14	남보다 갑절	人一倍努力をする 남보다 갑절 노력을 하다
ひとまず '10	일단	ひとまず安心する 일단 안심하다
めきめき '10	무럭무럭	めきめきと力をつける 무럭무럭 실력을 기르다
もはや '15 '20	이제는, 어느새	もはや常識が通用しない 이제는 상식이 통용되지 않는다
もろに	정면으로	車ともろにぶつかる 차와 정면으로 부딪히다
やけに	무척, 유난히	外がやけに静かだ 밖이 무척 조용하다
余程	상당히, 꽤	余程怖かった様子だ 상당히 무서웠던 모양이다

확인 문제 주어진 단어의 사용법으로 적절한 것을 고르세요.

01 もはや ⓐ 彼女はもはや読んでいた本を閉じた。 ⓑ もはや10年前の常識が通用しない。

02 めきめき ⓐ 努力を続け、めきめきと力をつけていった。 ⓑ めきめきして落ち着かない様子だ。

03 くまなく ⓐ 部屋をくまなく探したが、財布はなかった。 ⓑ くまなく丁寧な対応で感じがいい店員だった。

04 いっそ ⓐ こんな時間ならいっそ寝ない方がましだ。 ⓑ 彼は東北育ちだからか寒さにいっそ強い。

정답: 01 ⓑ 02 ⓐ 03 ⓐ 04 ⓐ

실력 다지기

주어진 단어의 사용법으로 적절한 것을 고르세요.

01 抜粋

① 複数の歌の歌詞を抜粋して面白い曲を作った。

② 彼女に抜粋された人はみんな有名なモデルになる。

02 軽率

① 顔が知られている人にしては、あまりにも軽率な行動をとった。

② 楽器の中でも軽率な音がするドラムが好みだ。

03 還元

① この製品は小さくても、空気を還元させる機能は優れている。

② 国や自治体から支援を受けたので、社会に利益を還元することは当然だ。

04 免除

① その警察官を免除するべきだという国民の声があがっている。

② 前年度の成績がよかったため、今学期の授業料を免除してもらった。

05 総じて

① 評価が総じて高いので、肯定的に検討してもらえるはずだ。

② 政府の指示に従わず、国民の健康を危うくする行為は総じて許せない。

06 隔たる

① 夏は注意を隔たって熱中症になることがないように気を使うべきだ。

② 年月が隔たり、すでに顔や名前を思い出せなくなった。

07 目安

① 財産ではなく、その人の人脈を目安に近づいたそうだ。

② 健康を保つため、毎日30分を目安に運動をしている。

08 馴れ馴れしい

① 彼は初対面の人に対しても馴れ馴れしい態度を取る。

② 広告ではこの薬さえ飲めばいつまでも馴れ馴れしくいられるという。

09 裂ける

① ただ黙っていては、誤解が裂けないので勇気を出した。

② 人込みの中でとっておきの衣服が裂けてしまった。

10 立て替える

① 大きい絵を買って、インテリアとしてわざと壁に立て替えておいた。

② 手元に現金がなかったので、友達に参加費を立て替えてもらった。

11 調達

① 貧困な暮らしのため、食料を調達することすらろくにできない。

② 海外進出のために、消費者の認識に関して調達している。

12 切実

① 今年こそ受験に合格できますようにと、切実に願った。

② 切実な対策を立てるため、連日会議が行われている。

정답 해설집 p.17

問題4　次の言葉の使い方として最もよいものを、1・2・3・4から一つ選びなさい。

20　工面

1　会社設立以来、従業員が倍増したので新しい事務所を工面した。

2　政府は長時間労働をなくすため、新しい対策を工面することにした。

3　来月説明会を行う予定なので、100人収容可能な会場を工面しておいた。

4　大学に通いつつ、自分で留学の費用を工面するのにひどく苦労した。

21　災害

1　野生動物に農作物を全て食い荒らされ大きな災害を受けた。

2　他人に災害を及ぼすような行動は慎まなければならない。

3　いつ災害が発生するかわからないので、日頃から防災セットを準備している。

4　薬の災害でかえって症状がひどくなる場合もあり得る。

22　合致

1　希望の条件にぴったり合致する物件がいくつもあるため悩んでいる。

2　旅行当日に駅前で合致してから、ガイドに旅程(りょてい)の詳しい説明を受けた。

3　夫婦の収入を合致しても申し込みの要件には満たなかった。

4　大手企業と合致する分野での事業の拡大を見送ることにした。

23　無闇

1　駅前の美容院は無闇なヘアスタイルを演出することが得意である。

2　その女優は無闇な笑顔で中年男性の心を捕らえている。

3　その政治家は人々の誤解を招く無闇な発言をしたことを謝罪した。

4　週末にお見合いが予定されているので、無闇な色の洋服を購入した。

24 取り締まる

1 睡眠時間を適切に<u>取り締まる</u>ことは健康維持において欠かせません。

2 警察は事故を減らすことを目的として交通違反を<u>取り締まって</u>いる。

3 鈴木(すずき)さんは1年間、部員を<u>取り締まる</u>リーダーとしての役割を果たした。

4 この店では他ではなかなか手に入らない貴重な輸入品を<u>取り締まって</u>いる。

25 自在

1 子どもの常識にとらわれない<u>自在</u>な発想は、ときに大人をびっくりさせる。

2 一人の<u>自在</u>な行動が周囲の人々に多大な迷惑を与える可能性がある。

3 その職人はガラスを<u>自在</u>に操り、機械では作りだせない芸術を生み出す。

4 結婚してからというもの、<u>自在</u>に使えるお金が極端に減ってしまった。

정답 해설집 p.18

問題4　次の言葉の使い方として最もよいものを、1・2・3・4から一つ選びなさい。

20　審議

1　警察には犯人と直接審議する特別な訓練を受けた警察官がいる。

2　議会では先月から来年の予算に関する法案を何度も審議している。

3　事前の説明もなく突然水道料金が値上げされ、住民たちは市に審議した。

4　気になる症状があれば、かかりつけの医師に審議するようにしている。

21　ブランク

1　妊婦を機に休職し育児に専念していたためブランクがある。

2　福祉施設にブランクで大金を寄付する人が後を絶ちません。

3　カーテンのブランクから幼い子どもが顔をのぞかせこちらを見ていた。

4　家の中の無駄なブランクを有効に活用して新たな収納場所を確保した。

22　制する

1　この店では店内の混雑を防ぐため、一度に入店できる人数を制している。

2　山田(やまだ)さんは物事に優先順位をつけながら上手に時間を制している。

3　この度の選挙では新人の候補者が過半数を制して当選を果たした。

4　最新の技術が搭載されている車は急な発進による衝突を制します。

23　素早い

1　兄は父に叱られ落ち込んでいたかと思うと、素早く元気を取り戻した。

2　日本にあるそのジェットコースターは世界一素早いことで有名だ。

3　彼女の演技には観客たちを素早く引きつける魅力がある。

4　スポーツには目の前のことに瞬時に対応する素早い判断力が必要だ。

24 かぶれる

1 この時期は空気がかぶれやすいので、加湿器(かしつき)が手放せない。

2 昨日夕飯を食べ過ぎたために消化不良で胃がかぶれている。

3 知人にもらった化粧品を使い始めたところ、肌がかぶれてしまった。

4 私の帽子と全く同じ帽子を人気俳優がかぶれていて嬉しくなった。

25 辞退

1 念願であった代表に選ばれたが、健康状態を理由にやむなく辞退した。

2 期限内に所得を証明する書類が提出されない場合、申請が辞退されることがあります。

3 わが社は業績の悪化を理由に海外支店を辞退すると発表した。

4 娘は夏休みが明けてから学校への登校を辞退し続けている。

정답 해설집 p.20

問題4　次の言葉の使い方として最もよいものを、1・2・3・4から一つ選びなさい。

20　円滑

1　昨夜の雨で地面が円滑になっているので気を付けてください。

2　木村(きむら)さんの円滑な進行のおかげで会議が早く終わった。

3　仲の良い両親は誰が見ても円滑な夫婦である。

4　キムさんは日本に10年も滞在しているので、円滑な日本語を話します。

21　満たない

1　参加者が10名に満たない場合は講座の開催を延期いたします。

2　脳内の酸素が満たないと集中力の低下につながることがわかっている。

3　家を建てたとき、予算を満たないようにと様々な工夫を重ねました。

4　お互いが歩み寄ろうとしなければ、その溝はずっと満たないだろう。

22　称する

1　その業者が野菜の産地を称して販売していた事実が明るみに出た。

2　彼が私の耳にしたことはすべて紛れもない真実であると称した。

3　口ばかりで行動に移そうとしない人に夢を称する資格はない。

4　学生時代には社会勉強と称して様々なアルバイトをしていました。

23　色彩

1　雨が降ったあとの街並みも普段とは異なる色彩があって心地よい。

2　海外からの観光客が増え、徐々に市場に色彩が戻ってきた。

3　この画家の絵は色彩が鮮やかで、見る人を惹(ひ)きつけてやまない。

4　幼い頃から書籍と触れ合うことは、豊かな色彩を育むことに繋がる。

24 仕上げる

1 母にひどく叱られ、安易な気持ちでいたずらを仕上げたことを後悔した。

2 締め切りに間に合わせるために一睡もせずに徹夜で原稿を仕上げた。

3 大会記録を半世紀ぶりに更新するという歴史的な偉業を仕上げた。

4 体調を崩したために、旅行を早めに仕上げて家で休むことにした。

25 分裂

1 世界は本来一つの大陸で、それが分裂して現在の形になったとされている。

2 洗剤には汚れを分裂して落としやすくする働きを持つ酵素(こうそ)が含まれている。

3 親から相続した土地を姉妹で平等に分裂して所有することにした。

4 ごみをきちんと分裂することは、結果的にごみを減らすことに繋がります。

정답 해설집 p.22

실전 테스트 4

問題4　次の言葉の使い方として最もよいものを、1・2・3・4から一つ選びなさい。

20　簡易

1　十分に準備することなく、簡易に転職しようとするのは非常に危険だ。

2　彼らの表情を見ただけで何が起こったのかが簡易に想像できました。

3　飾り気のない簡易な生活は意外にも人の心を豊かにしてくれます。

4　免税の申請が簡易な手続きに変更となったことで利便性が増した。

21　見込み

1　取引先にお詫びのメールをするときは、見込みがないように何度も確認するべきだ。

2　医療の進歩により、以前なら治る見込みのなかった病でも助かるようになった。

3　引っ越しの際は複数の業者で見込みを取ってから金額を比較すると良い。

4　道に迷ってしまい、どの方角へ進めば良いかさっぱり見込みがつかない。

22　冷やかす

1　父に日頃の行いについて、頭を冷やかしてよく考えろと言われてしまった。

2　困難に立ち向かう私を冷やかすかのように、さらなる試練が押し寄せてきた。

3　友だちは何も買うつもりもなく、ただ冷やかしに店をのぞきに来たのだった。

4　熱い飲み物は苦手なので、いつも冷やかしてから飲むようにしている。

23　解明

1　登山の際は万が一に備え、身元が解明しやすいよう身分証を持参する。

2　その研究所は台風発生のメカニズムを解明したことを発表した。

3　明白な証拠があるので、あなたの行為は解明の余地がありません。

4　印刷の技術が解明されたことによって、本の普及が盛んになった。

24 制裁

1 その国の政府は他国へ経済的な<u>制裁</u>を加えることも検討しているらしい。

2 学校は複数回におよんで校則を破った学生の<u>制裁</u>を決定した。

3 理不尽な理由で解雇された元従業員が企業を相手に<u>制裁</u>を起こした。

4 SNSの利用年齢に<u>制裁</u>を設ける必要性を主張する声が上がっている。

25 やけに

1 子どもの言うことを<u>やけに</u>否定せず、時には尊重してあげることも大切だ。

2 手紙を書く機会が以前と比べると<u>やけに</u>減ってしまったように思います。

3 今日は<u>やけに</u>かばんが重いと思ったら、辞書が入ったままだった。

4 久しぶりに訪れた地元は昔と比べて<u>やけに</u>変わっていた。

정답 해설집 p.23

혼자 하기 어렵고
막막할 땐?

해커스일본어 (japan.Hackers.com)

해커스 JLPT N1 한 권으로 합격

문법

N1 필수 문법

01 조사
02 부사
03 접속사
04 경어표현
05 명사 뒤에 접속하는 문형
06 동사 뒤에 접속하는 문형
07 명사와 동사 모두에 접속하는 문형
08 여러 품사 뒤에 접속하는 문형

문제 5 문법형식 판단

문제 6 문장 만들기

문제 7 글의 문법

N1 필수 문법

01 조사

다음 ( )에 들어갈 알맞은 것을 고르세요.

この件は時間 ( ) あれば、私一人でもなんとか解決できると思います。

이 건은 시간 ( ) 있으면, 저 혼자서도 어떻게든 해결할 수 있다고 생각합니다.

1 こそ 이야말로　2 さえ 만　3 でも 이라도　4 ばかり 뿐

정답 : 2

학습목표

[문제5 문법형식 판단]에서는 괄호에 들어갈 적절한 조사를 고르는 문제가 출제되며, 조사의 여러가지 뜻을 잘 알고 있어야 문맥에 맞는 올바른 해석을 할 수 있다. N1에서 자주 나오는 조사들의 의미를 예문과 함께 암기하자.

1. 조사의 역할

주로 명사와 결합하여 명사를 주어나 목적어로 만들어주고, 한정, 강조, 조건 등의 일정한 의미를 덧붙여주는 역할을 한다.

[주어] それは姉**が**撮った写真だ。그것은 언니가 찍은 사진이다.

[목적어] 親友に手紙**を**送った。친구에게 편지를 보냈다.

[한정] テストで満点をとったのは私**だけ**だった。시험에서 만점을 받은 것은 나뿐이었다.

[강조] エレベーターの修理に2時間**も**かかった。엘리베이터 수리에 2시간이나 걸렸다.

[조건] ドアを閉める**と**、自動で鍵がかかります。문을 닫으면, 자동으로 열쇠가 잠깁니다.

2. N1 필수 조사

から 1. ~에서 2. ~로부터 3. ~때문에	1. 自宅**から**職場まではバスに乗れば30分もかからない。 자택에서 직장까지는 버스를 타면 30분도 걸리지 않는다. 2. 日本の年中行事の多くが中国**から**由来したものだ。 일본의 연중행사의 대부분이 중국으로부터 유래한 것이다. 3. 友人に誘われた**から**、読書会に参加することにした。 친구에게 권유 받았기 때문에, 독서회에 참가하기로 했다.
くらい／ぐらい ~정도, ~쯤, ~만큼	ちょっと叱られた**くらい**で落ち込みすぎですよ。 조금 혼난 정도로 너무 침울해졌어요.

조사 / 의미	예문
こそ 1. ~야말로 2. ~이기 때문에, ~이기에	1. 1か月以上費やしてきた大作を今日**こそ**完成させる。 1개월 이상 소비한 대작을 오늘이야말로 완성시킨다. 2. 貧乏だったから**こそ**社会的弱者の気持ちが分かる。 빈곤했기 때문에 사회적 약자의 마음을 이해할 수 있다.
さえ 1. ~만(한정) 2. ~조차(정도)	1. 人間は水**さえ**あれば、少なくとも2週間は生きられる。 인간은 물만 있으면, 적어도 2주간은 살 수 있다. 2. ひらがな**さえ**書けないのに漢字の勉強を始めるの? 히라가나조차 쓸 수 없는데 한자 공부를 시작하는 거야?
しか ~밖에	やるべきことはやったから、後は運に任せる**しか**ない。 해야만 하는 일은 했으니까, 다음은 운에 맡기는 수밖에 없다.
すら ~조차	私の田舎は地下鉄どころか電車**すら**走っていない。 나의 고향은 지하철은커녕 전철조차 달리지 않는다.
だけ 1. ~만, ~뿐, ~밖에(한정) 2. ~만큼, ~까지(정도)	1. 私が買いたかった商品**だけ**売り切れだった。 내가 사고 싶었던 상품만 품절이었다. 2. 革の財布は使えば使った**だけ**味が出るものだ。 가죽 지갑은 사용하면 사용한 만큼 맛이 나는 법이다.
ては 1. ~하면, ~해서는(가정) 2. ~하고(반복)	1. 見知らぬ人に簡単についていって**は**いけない。 낯선 사람을 쉽게 따라가면 안 된다. 2. 休日は食べ**ては**寝て、食べ**ては**寝ての繰り返しだ。 휴일은 먹고 자고, 먹고 자는 반복이다.

확인 문제 괄호에 들어갈 알맞은 조사를 고르세요.

01 ひらがな（　）書けないのに漢字の勉強を始めるの?　ⓐ だけ　ⓑ さえ

02 やるべきことはやったから、後は運に任せる（　）ない。　ⓐ から　ⓑ しか

03 日本の年中行事の多くが中国（　）由来したものだ。　ⓐ こそ　ⓑ から

04 ちょっと叱られた（　）で落ち込みすぎですよ。　ⓐ くらい　ⓑ しか

05 貧乏だったから（　）社会的弱者の気持ちが分かる。　ⓐ こそ　ⓑ だけ

정답 : 01 ⓑ　02 ⓑ　03 ⓑ　04 ⓐ　05 ⓐ

ても 1. ~해도, ~하더라도(조건) 2. ~해도(허용)	1. 雨が降って**ても**、イベントは予定通り開催される。 비가 내려도, 이벤트는 예정대로 개최된다. 2. 試験を解き終わった人から帰宅して**ても**構いません。 시험을 다 푼 사람부터 귀가해도 상관없습니다.
でも 1. ~라도(정도) 2. ~라도(제안·의지·희망·추측)	1. 研究者になって少し**でも**多くの人の役に立ちたい。 연구자가 되어 조금이라도 많은 사람의 도움이 되고 싶다. 2. 健康のために一緒にジョギング**でも**どうですか。 건강을 위해 함께 조깅이라도 어떻습니까?
と 1. ~라고(내용 제시) 2. ~으로(상태 변화) 3. ~하면(조건) 4. ~까지도(범위)	1. 父と母の娘に生まれて本当に幸せだ**と**思う。 아빠와 엄마의 딸로 태어나서 정말로 행복하다고 생각한다. 2. 酸性雨によって緑だった葉は黄色へ**と**変化した。 산성비에 의해 녹색이었던 잎은 노란색으로 변화했다. 3. 4月に入る**と**、神社の桜が一斉に咲き始める。 4월에 들면, 신사의 벚꽃이 일제히 피기 시작한다. 4. 子どもの夜泣きがひどくて一時間**と**寝られなかった。 아이가 밤중에 우는 것이 심해서 1시간까지도 잘 수 없었다.
とか ~라든가	鉄分ならレバー**とか**ほうれん草に多く含まれているよ。 철분이라면 간이라든가 시금치에 많이 포함되어 있어.
とも ~라고도	賛成**とも**反対**とも**とれる曖昧な言い方は避けるべきだ。 찬성이라고도 반대라고도 할 수 있는 애매한 말투는 피해야 한다.
なんか ~따위, ~같은 것	擦り傷**なんか**放っておけば、そのうち治るって。 찰과상 따위 내버려두면, 때가 되면 나아.
なんて 1. ~따위 2. ~하다니, ~이라니	1. いじめ**なんて**この世からなくなればいいのに。 괴롭힘 따위 이 세상에서 없어지면 좋을 텐데. 2. 宇宙旅行が現実化する**なんて**想像もできなかった。 우주여행이 현실화되다니 상상도 할 수 없었다.
に 1. ~에(방향) 2. ~하러(목적)	1. 黒のスーツに身を包み、企業の説明会**に**向かった。 검은색 슈트에 몸을 감싸고, 기업 설명회에 향했다. 2. 売り上げを伸ばすため、市場の調査**に**行く。 매상을 늘리기 위해, 시장 조사하러 간다.
のみ ~뿐, ~만	申し訳ありませんが、残っているのはMサイズ**のみ**です。 죄송합니다만, 남아 있는 것은 M사이즈 뿐입니다.

ばかり 1. ~정도, ~가량(한정) 2. ~뿐, ~만(강조)	1. 疲(つか)れていたので、1時間(じかん)**ばかり**仮眠(かみん)をとった。 피곤했기 때문에, 1시간 정도 선잠을 잤다. 2. 年齢(ねんれい)にこだわるのは東(ひがし)アジアの国(くに)**ばかり**だ。 연령에 구애되는 것은 동아시아 나라뿐이다.
ほど ~정도	彼(かれ)**ほど**の実力(じつりょく)なら金(きん)メダルだって夢(ゆめ)じゃないはずだ。 그 정도의 실력이라면 금메달이라도 꿈은 아닐 것이다.
まで 1. ~까지(지점) 2. ~까지(정도)	1. 東京(とうきょう)から大阪(おおさか)**まで**新幹線(しんかんせん)で2時間(じかん)ほどです。 도쿄에서 오사카까지 신칸센으로 2시간 정도입니다. 2. 医療技術(いりょうぎじゅつ)には患者(かんじゃ)の心(こころ)**まで**ケアできる力(ちから)はない。 의료기술에는 환자의 마음까지 케어할 수 있는 힘은 없다.
も 1. ~나, ~이나(강조) 2. ~도(정도)	1. 目標(もくひょう)の貯金額(ちょきんがく)までまだ20万円(まんえん)**も**不足(ふそく)している。 목표 저금액까지 아직 20만 엔이나 부족하다. 2. 子(こ)どもじゃあるまいし、そんなこと**も**理解(りかい)できないの? 아이도 아니고, 그런 것도 이해 못 해?

확인 문제 괄호에 들어갈 알맞은 조사를 고르세요.

01 宇宙旅行(うちゅうりょこう)が現実化(げんじつか)する（　）想像(そうぞう)もできなかった。 ⓐ なんか ⓑ なんて

02 4月(がつ)に入(はい)る（　）、神社(じんじゃ)の桜(さくら)が一斉(いっせい)に咲(さ)き始(はじ)める。 ⓐ と ⓑ も

03 試験(しけん)を解(と)き終(お)わった人(ひと)から帰宅(きたく)し（　）構(かま)いません。 ⓐ ては ⓑ ても

04 年齢(ねんれい)にこだわるのは東(ひがし)アジアの国(くに)（　）だ。 ⓐ ばかり ⓑ ほど

05 鉄分(てつぶん)ならレバー（　）ほうれん草(そう)に多(おお)く含(ふく)まれているよ。 ⓐ とか ⓑ とも

정답 : 01 ⓑ 02 ⓐ 03 ⓑ 04 ⓐ 05 ⓐ

N1 필수 문법

02 부사

다음 (　　)에 들어갈 알맞은 것을 고르세요.

両親は（　　）期待していないと言っていたが、それは嘘に決まっている。

부모님은 (　　) 기대하고 있지 않다고 말했지만, 그건 당연히 거짓말이다.

1 たいして　2 つい　3 どうやら　4 まして
그다지　무심코　아무래도　하물며

정답 : 1

학습목표

[문제5 문법형식 판단]과 [문제7 글의 문법]에서는 괄호나 빈칸에 들어갈 적절한 부사를 고르는 문제가 출제되며, [문제6 문장 만들기]와 [문제7 글의 문법]에서 문맥을 파악하는 데 많은 도움이 되므로, N1에서 자주 나오는 부사들의 의미를 예문과 함께 암기하자.

1. 부사의 역할

부사는 주로 동사, 형용사를 수식하고, 다른 부사나 문장 전체를 수식하기도 하면서 피수식어의 의미를 구체적으로 나타낸다.

[동사 수식]　公演は**とっくに終わっていた**。 공연은 훨씬 전에 끝나 있었다.
(とっくに: 부사)

[형용사 수식]　今年の夏まつりは例年に比べて**一段と賑やかだった**。 올해 여름 축제는 예년에 비해 훨씬 활기찼다.
(一段と: 부사)

[부사 수식]　ロープを**さらにしっかりと**結び付ける。 로프를 거듭 꽉 묶는다.
(さらに: 부사)

[문장 전체]　**果たしてあの実験は成功するだろうか**。 과연 저 실험은 성공할 것인가?
(果たして: 부사)

2. N1 필수 부사

あらかじめ 미리, 사전에	会議の前に**あらかじめ**資料に目を通しておいた。 회의 전에 미리 자료를 훑어봐 두었다.
あるいは 어쩌면, 혹	**あるいは**原因が他にもあるのかもしれない。 어쩌면 원인이 그 밖에도 있는 것일지도 모른다.
いきなり 갑자기	生徒が**いきなり**学校をやめると言い出した。 학생이 갑자기 학교를 그만두겠다고 말했다.
いくら 아무리	**いくら**親しいと言っても、礼儀は守ってほしいものだ。 아무리 친하다고 해도, 예의는 지키길 바란다.

いずれ 머지않아, 어차피	**いずれ**結婚するのだから、早いうちに親に紹介しよう。 머지않아 결혼하기 때문에, 빠른 시일에 부모님에게 소개하자.
一段と 한층, 더욱, 훨씬	大会を目前に控え、チームは**一段と**団結したようだ。 대회를 목전에 앞두고, 팀은 한층 단결한 것 같다.
一向に ~ない 전혀 ~않다	薬を飲んでも、症状は**一向に**よくなら**ない**。 약을 먹어도, 증상은 전혀 좋아지지 않는다.
一切 ~ない 일절 ~않다	彼は冷淡な男で、情というものは**一切**存在し**ない**。 그는 냉담한 남자로, 정이라는 것은 일절 존재하지 않는다.
今に 이제 곧, 머지않아	日本の福祉を守ってきた年金制度は**今に**崩壊する。 일본의 복지를 지켜온 연금 제도는 이제 곧 붕괴된다.
おそらく 아마, 필시, 어쩌면	この渋滞は**おそらく**3キロは続いているだろう。 이 정체는 아마 3킬로는 이어지고 있을 것이다.
かえって 오히려, 반대로	新しい経済政策は**かえって**国民の生活を圧迫した。 새로운 경제 정책은 오히려 국민의 생활을 압박했다.
かつ 동시에, 또한	この仕事は迅速**かつ**的確な判断が重要とされる。 이 일은 신속 동시에 정확한 판단이 중요하게 여겨진다.
かつて 이전에, 옛날에	**かつて**賑わいを見せた商店街も今ではその面影もない。 이전에 번영을 보였던 상점가도 지금은 그 모습도 없다.
必ずしも ~ない 반드시 ~인 것은 아니다	天気予報が**必ずしも**当たるとは限ら**ない**。 일기예보가 반드시 맞는다고는 할 수 없다.

확인 문제 괄호에 들어갈 알맞은 부사를 고르세요.

01 新しい経済政策は（　　）国民の生活を圧迫した。　ⓐ かえって　ⓑ かつて

02 大会を目前に控え、チームは（　　）団結したようだ。　ⓐ 一向に　ⓑ 一段と

03 この渋滞は（　　）3キロは続いているだろう。　ⓐ あるいは　ⓑ おそらく

04 会議の前に（　　）資料に目を通しておいた。　ⓐ あらかじめ　ⓑ いずれ

05 天気予報が（　　）当たるとは限らない。　ⓐ 一切　ⓑ 必ずしも

정답 : 01 ⓐ　02 ⓑ　03 ⓑ　04 ⓐ　05 ⓑ

仮(かり)に 가령, 만일	**仮(かり)に**提案(ていあん)が通(とお)っても、予算(よさん)の調整(ちょうせい)に難航(なんこう)するだろう。 가령 제안이 통과돼도, 예산의 조정에 난항을 겪을 것이다.
くれぐれも 부디, 제발	**くれぐれも**失礼(しつれい)のないように対応(たいおう)してください。 부디 실례가 없도록 대응해 주세요.
さぞ 아마, 필시, 얼마나, 오죽	父(ちち)も初孫(はつまご)が生(う)まれ、**さぞ**、うれしいに違(ちが)いない。 아버지도 첫 손자가 태어나, 아마, 기쁠 것임에 틀림없다.
ざっと 대충, 대강	**ざっと**数(かぞ)えて50人(にん)を超(こ)える人々(ひとびと)が広場(ひろば)に集合(しゅうごう)した。 대충 세서 50명을 넘는 사람들이 광장에 집합했다.
さらに 거듭, 다시금	詐欺(さぎ)の被害者(ひがいしゃ)は**さらに**２名追加(めいついか)され、８名(めい)にのぼった。 사기 피해자는 거듭 2명 추가되어, 8명에 달했다.
次第(しだい)に 서서히, 차츰	受験(じゅけん)に対(たい)する不安(ふあん)は**次第(しだい)に**大(おお)きくなっていった。 수험에 대한 불안은 서서히 커져갔다.
しばしば 자주, 여러 차례	これは熱帯地域(ねったいちいき)で**しばしば**見(み)られる現象(げんしょう)だ。 이것은 열대지역에서 자주 보이는 현상이다.
しみじみ 절실히	学生時代(がくせいじだい)の写真(しゃしん)を見(み)て、**しみじみ**思(おも)い出(で)に浸(ひた)った。 학생 시절의 사진을 보고, 절실히 추억에 잠겼다.
徐々(じょじょ)に 서서히, 조금씩	今(いま)は目(め)にみえなくても、**徐々(じょじょ)に**効果(こうか)が表(あらわ)れるはずだ。 지금은 눈에 보이지 않아도, 서서히 효과가 나타날 것이다.
せいぜい 기껏, 고작	いくら高(たか)いと言(い)っても、**せいぜい**１万円(まんえん)くらいだろう。 아무리 비싸다고 해도, 기껏 1만 엔 정도일 것이다.
せっかく 모처럼	**せっかく**東京(とうきょう)まで来(き)たのに、そのお店(みせ)は閉(し)まっていた。 모처럼 도쿄까지 왔는데, 그 가게는 닫혀 있었다.
そう～ない 그렇게 ~않다	自動運転(じどううんてん)が実用化(じつようか)されるまで、**そう**遠(とお)くは**ない**。 자동운전이 실용화되기까지, 그렇게 멀지는 않다.
そのうち 머지않아, 가까운 시일 내에, 조만간	**そのうち**、組織(そしき)のもくろみが暴(あば)かれるだろう。 머지않아, 조직의 계획이 폭로될 것이다.
それほど～ない 그 정도로 ~않다	心理学(しんりがく)の講義(こうぎ)の課題(かだい)は**それほど**難(むずか)しく**なかった**。 심리학 강의의 과제는 그 정도로 어렵지 않았다.
たいして～ない 그다지 ~않다	このワインは値段(ねだん)のわりに**たいして**おいしく**ない**。 이 와인은 가격에 비해서 그다지 맛있지 않다.

直ちに 즉시, 곧, 당장	警察は通報を受け、**直ちに**現場に向かった。 경찰은 신고를 받고, 즉시 현장으로 향했다.
たとえ 설령	**たとえ**入賞できなくても、努力したことに悔いはない。 설령 입상할 수 없어도, 노력한 것에 후회는 없다.
例えば 예를 들면	家事、**例えば**、掃除や洗濯などは分担したい。 가사, 예를 들면, 청소나 세탁 등은 분담하고 싶다.
ちっとも 조금도, 전연	遅刻しておいて、**ちっとも**反省していない様子だ。 지각해 놓고, 조금도 반성하고 있지 않은 모습이다.
つい 무심코, 그만	その言葉に**つい**、感情的になってしまった。 그 말에 무심코, 감정적이 되어 버렸다.
つまり 즉, 결국	**つまり**、理不尽な要請に応じろということですか。 즉, 부당한 요청에 응하라는 것입니까?
どうか 아무쪼록, 부디	**どうか**、これ以上災害が起こりませんように。 아무쪼록, 이 이상 재해가 일어나지 않기를.
当然 당연	治る可能性があるなら、**当然**手術を受けるべきだ。 나을 가능성이 있다면, 당연 수술을 받아야 한다.
どうやら 아무래도, 어쩐지	**どうやら**、機械が動かないのはエンジンのせいらしい。 아무래도, 기계가 움직이지 않는 것은 엔진 탓이라고 한다.
とっくに 훨씬 전에	いつの間にか原稿の締め切りを**とっくに**過ぎていた。 어느샌가 원고의 마감을 훨씬 전에 지나 있었다.

확인 문제 괄호에 들어갈 알맞은 부사를 고르세요.

01 (　) 入賞できなくても、努力したことに悔いはない。　ⓐ たとえ　ⓑ 例えば

02 (　)、これ以上災害が起こりませんように。　ⓐ さぞ　ⓑ どうか

03 これは熱帯地域で (　) 見られる現象だ。　ⓐ しばしば　ⓑ しみじみ

04 警察は通報を受け、(　) 現場に向かった。　ⓐ 直ちに　ⓑ とっくに

05 詐欺の被害者は (　) 2名追加され、8名にのぼった。　ⓐ さらに　ⓑ 徐々に

정답 : 01 ⓐ 02 ⓑ 03 ⓐ 04 ⓐ 05 ⓐ

ともかく 어쨌든, 여하튼	人命のためにも、今は**ともかく**救急車を呼ぶのが先だ。 인명을 위해서도, 지금은 어쨌든 구급차를 부르는 것이 먼저다.
とりわけ 특히, 유난히	毎日暇というわけじゃないが今日は**とりわけ**忙しいな。 매일 한가한 것은 아니지만 오늘은 특히 바쁘네.
なぜか 왠지	悲しくもないのに、**なぜか**突然涙が溢れた。 슬프지도 않은데, 왠지 돌연 눈물이 넘쳐흘렀다.
何も 특별히, 굳이	気がかりなのは**何も**学費だけではない。 걱정인 것은 특별히 학비만은 아니다.
何とか 어떻게든	**何とか**期日までに商品を納入しなければならない。 어떻게든 기일까지 상품을 납입하지 않으면 안 된다.
なんら 조금도, 하등	顧客に訴えられたとしても、**なんら**不思議はない。 고객에게 고소당했다고 해도, 조금도 이상한 점은 없다.
果たして 과연	親の過保護は**果たして**子どもを幸せにするのだろうか。 부모의 과보호는 과연 아이를 행복하게 하는 것일까.
まさか 설마	**まさか**こんな結末が待っているなんて思いもしなかった。 설마 이런 결말이 기다리고 있다니 생각도 하지 않았다.
まさに 확실히, 정말로	森選手は**まさに**日本の柔道界を引っ張る逸材である。 모리 선수는 확실히 일본의 유도계를 끌고 가는 뛰어난 인재이다.
まさしく 틀림없이, 확실히	人気俳優に似ていると思ったら**まさしく**その彼だった。 인기 배우와 닮았다고 생각했더니 틀림없이 그였다.
まして 하물며, 더구나	本人**まして**、家族にも病気について告知しにくい。 본인 하물며, 가족에게도 병에 대해서 고지하기 어렵다.
まず ~ない 거의 ~않다	あの大企業が倒産することは**まず**考えられ**ない**。 그 대기업이 도산하는 것은 거의 생각할 수 없다.
ますます 점점 더, 더욱더	地方の若者離れは**ますます**深刻化している。 지방의 젊은이 이탈은 점점 더 심각화되고 있다.
全く~ない 전혀 ~않다	副作用の影響が懸念されたが**全く**問題**なかった**。 부작용의 영향이 걱정되었지만 전혀 문제없었다.
まもなく 곧	福岡行きの列車は**まもなく**発車いたします。 후쿠오카행 열차는 곧 발차합니다.

まるで ~ない 전혀 ~않다	50年前のソウルからは、**まるで**想像でき**ない**姿だ。 50년 전의 서울에서는, 전혀 상상할 수 없는 모습이다.
万一 만일	**万一**、何かありましたら、こちらにご連絡ください。 만일, 뭔가 있으시면, 이쪽으로 연락 주세요.
見る見る 순식간에	棚に並べられた商品は**見る見る**消えていった。 선반에 진열된 상품은 순식간에 사라져 갔다.
むしろ 오히려, 차라리	今回の失敗は**むしろ**成長に繋がるいい機会だった。 이번의 실패는 오히려 성장으로 이어지는 좋은 기회였다.
めったに ~ない 좀처럼 ~않다	先生はおおらかな人柄で、**めったに**怒ら**ない**。 선생님은 너글너글한 인품으로, 좀처럼 화내지 않는다.
もしかしたら 어쩌면	**もしかしたら**、株価が暴落するかもしれない。 어쩌면, 주가가 폭락할지도 모른다.
もしも 만약, 혹시	**もしも**長い休みが取れたら、温泉でゆっくりしたい。 만약 긴 휴가를 쓸 수 있으면, 온천에서 느긋하게 지내고 싶다.
もともと 원래	**もともと**、大学を卒業したら田舎に戻るつもりだった。 원래, 대학을 졸업하면 고향에 돌아갈 생각이었다.
やがて 이윽고, 머지않아	サナギは厳しい冬を越え、**やがて**美しい蝶になる。 번데기는 가혹한 겨울을 지나, 이윽고 아름다운 나비가 된다.
ろくに ~ない 제대로 ~않다	**ろくに**調べもし**ない**で、決めつけるなんておかしい。 제대로 조사도 하지 않고, 단정 짓다니 이상하다.

확인 문제 괄호에 들어갈 알맞은 부사를 고르세요.

01	(　　) 期日までに商品を納入しなければならない。	ⓐ 何も	ⓑ 何とか
02	(　　)、株価が暴落するかもしれない。	ⓐ もしも	ⓑ もしかしたら
03	副作用の影響が懸念されたが (　　) 問題なかった。	ⓐ ろくに	ⓑ 全く
04	親の過保護は (　　) 子どもを幸せにするのだろうか。	ⓐ 見る見る	ⓑ 果たして
05	サナギは厳しい冬を越え、(　　) 美しい蝶になる。	ⓐ やがて	ⓑ まして

정답 : 01 ⓑ 02 ⓑ 03 ⓑ 04 ⓑ 05 ⓐ

N1 필수 문법

03 접속사

다음 [　] 에 들어갈 알맞은 것을 고르세요.

木村さんは渋滞のため少し遅れると連絡がありました。[　]、1時間も遅れるなんて、彼にしては珍しいですね。

기무라 씨는 정체로 인해 조금 늦는다고 연락이 있었습니다. [　], 1시간이나 늦다니, 그로서는 드문 일이네요.

1 すると 그랬더니　　2 もしくは 또는　　3 それにしても 그렇다 해도　　4 すなわち 곧

정답 : 3

학습목표

[문제5 문법형식 판단]과 [문제7 글의 문법]에서는 괄호나 빈칸에 들어갈 적절한 접속사를 고르는 문제가 출제된다. 또한, 독해 지문을 이해할 때도 접속사가 중요하므로, N1에서 자주 나오는 접속사를 예문과 함께 꼼꼼히 학습하자.

1. 접속사의 역할

접속사는 단어나 문장끼리의 순접, 병렬, 선택, 역접, 전환, 환언, 첨가, 보충 등의 의미관계를 나타낸다.

2. N1 필수 접속사와 종류

(1) 순접

したがって 따라서, 그러므로	運転手の呼気からアルコールが検出された。**したがって**、この事故の過失は全て運転手側にある。 운전수의 날숨에서 알코올이 검출되었다. 따라서, 이 사고의 과실은 전부 운전수 측에 있다.
すると 그랬더니, 그러자	ボールを塩酸に入れた。**すると**、ボールはまたたく間に溶けていった。 공을 염산에 넣었다. 그랬더니, 공은 순식간에 녹아갔다.
そこで 그래서, 그런 까닭으로	いろいろ試してみたが人手不足は改善されない。**そこで**、機械の力を借りることにした。 여러 가지 시도해 봤지만 일손 부족은 개선되지 않는다. 그래서, 기계의 힘을 빌리기로 했다.
それで 그래서, 그러므로	一人で練習しても上達しなかった。**それで**、料理教室に通い始めた。 혼자서 연습해도 숙달되지 않았다. 그래서, 요리 교실에 다니기 시작했다.
それなら 그렇다면, 그러면	自然が豊かな場所で癒されたいって言っていたよね。**それなら**、北欧がおすすめだよ。 자연이 풍부한 장소에서 치유받고 싶다고 말했었지. 그렇다면, 북유럽이 추천이야.

それゆえ 그러므로, 그런 까닭에	彼女は優しくて気配り上手だ。**それゆえ**、他人の目を気にして、疲れてしまうのだろう。 그녀는 다정하고 배려가 능숙하다. 그러므로, 타인의 눈을 신경 써서, 지쳐버리는 것일 것이다.
よって 따라서, 그러므로	賛成多数です。**よって**、教育制度における提案が承認されました。 찬성 다수입니다. 따라서, 교육 제도의 제안이 승인되었습니다.

(2) 병렬, 선택

あるいは 또는, 혹은	このまま病院で治療を受けるべきか。**あるいは**、訪問看護のサービスを利用するべきか悩んでいる。 이대로 병원에서 치료를 받아야 할지. 또는, 방문 간호 서비스를 이용해야 할지 고민하고 있다.
そして 그리고	彼は栄養士免許を持っている。**そして**、調理師免許も持っている。 그는 영양사 면허를 가지고 있다. 그리고, 조리사 면허도 가지고 있다.
それとも 그렇지 않으면, 아니면	夕飯は外食にしようか？**それとも**、うちで簡単に済ませる？ 저녁밥은 외식으로 할까? 그렇지 않으면, 집에서 간단하게 때울래?
もしくは 또는, 혹은	レポートですが、歴史上の人物について書いてください。**もしくは**歴史上の出来事でも構いません。 리포트입니다만, 역사상의 인물에 대해 써주세요. 또는 역사상의 사건이라도 상관없습니다.

확인 문제 괄호에 들어갈 알맞은 접속사를 고르세요.

01 彼女は優しくて気配り上手だ。(　　)、他人の目を気にして、疲れてしまうのだろう。 ⓐ もしくは ⓑ それゆえ

02 ボールを塩酸に入れた。(　　)、ボールはまたたく間に溶けていった。 ⓐ すると ⓑ それで

03 賛成多数です。(　　)、教育制度における提案が承認されました。 ⓐ よって ⓑ すると

04 彼は栄養士免許を持っている。(　　)、調理師免許も持っている。 ⓐ そして ⓑ それとも

05 自然が豊かな場所で癒されたいって言っていたよね。(　　)、北欧がおすすめだよ。 ⓐ あるいは ⓑ それなら

정답 : 01 ⓑ 02 ⓐ 03 ⓐ 04 ⓐ 05 ⓑ

(3) 역접

けれども 그렇지만, 하지만	日韓両政府の関係は悪化する一方だ。**けれども、**いつか良い友好関係が築けると信じている。 한일 양정부의 관계는 악화되기만 한다. 그렇지만, 언젠가 좋은 우호 관계를 쌓을 수 있다고 믿고 있다.
そのくせ 그런데도, 그럼에도 불구하고	田中課長は他人のミスに厳しい。**そのくせ、**自分のミスには寛容だ。 다나카 과장은 타인의 실수에 엄하다. 그런데도, 자신의 실수에는 관대하다.
それでも 그래도, 그런데도	この点差では逆転が難しいことは分かっている。**それでも、**最後まで諦めてはいけない。 이 점수 차로는 역전이 어려운 것은 알고 있다. 그래도, 마지막까지 포기해서는 안 된다.
それなのに 그런데도, 그럼에도 불구하고	毎日一生懸命働いている。**それなのに、**給料は入社当時のままだ。 매일 열심히 일하고 있다. 그런데도, 급료는 입사 당시 그대로다.
だが 그러나, 그렇지만	電車の運行再開を待っていた。**だが、**1時間経っても復旧しなかった。 전철의 운행 재개를 기다리고 있었다. 그러나, 1시간 지나도 복구되지 않았다.
ところが 그런데, 그러나	偶然、高校時代の友人に再会した。**ところが、**彼は私のことを覚えてはいなかった。 우연히, 고교 시절의 친구와 재회했다. 그런데, 그는 나를 기억하고 있지 않았다.
とはいえ 그렇다고는 하나	彼は東京大学に落ちたらしい。**とはいえ、**早稲田大学に合格したのだから大したものだ。 그는 도쿄 대학에 떨어진 것 같다. 그렇다고는 하나, 와세다 대학에 합격했기 때문에 대단하다.

(4) 전환, 환언

一方 한편	高齢者の人口は増え続けている。**一方、**出生率は低下している。 고령자 인구는 계속 늘고 있다. 한편, 출생률은 저하되고 있다.
さて 그런데, 그건 그렇고	故障の問題点は明らかになった。**さて、**何から始めたらいいものか。 고장의 문제점은 분명해졌다. 그런데, 무엇부터 시작하면 좋은 것일까.
すなわち 곧, 즉, 이를테면	人生はゴールを目指して少しずつ前進するものだ。**すなわち、**長いマラソンのようなものである。 인생은 목표를 향해 조금씩 전진하는 것이다. 곧, 긴 마라톤과 같은 것이다.
ときに 그런데	ご無沙汰しております。**ときに、**前回お話した件なんですが、ご検討いただけましたか。 잘 지내셨습니까? 그런데, 저번에 말씀드린 건입니다만, 검토해 주셨습니까?

ところで 그런데, 그건 그렇고	キムさんは本当に日本語が上手ですね。**ところで**、茶道を習ったことがありますか。 김 씨는 정말로 일본어가 능숙하네요. 그런데, 다도를 배운 적이 있습니까?
なぜなら 왜냐하면	私は将来京都に住みたい。**なぜなら**、都市の便利さと自然の美しさの両方を兼ね備えているところだからだ。 나는 장래에 교토에 살고 싶다. 왜냐하면, 도시의 편리함과 자연의 아름다움 양쪽을 겸비하고 있는 곳이기 때문이다.

확인 문제 괄호에 들어갈 알맞은 접속사를 고르세요.

01 偶然、高校時代の友人に再会した。(　　)、彼は私のことを覚えてはいなかった。

ⓐ ところで　　ⓑ ところが

02 日韓両政府の関係は悪化する一方だ。(　　)、いつか良い友好関係が築けると信じている。

ⓐ けれども　　ⓑ なぜなら

03 田中課長は他人のミスに厳しい。(　　)、自分のミスには寛容だ。

ⓐ すなわち　　ⓑ そのくせ

04 電車の運行再開を待っていた。(　　)、1時間経っても復旧しなかった。

ⓐ さて　　ⓑ だが

05 ご無沙汰しております。(　　)、前回お話した件なんですが、ご検討いただけましたか。

ⓐ ときに　　ⓑ とはいえ

정답 : 01 ⓑ 02 ⓐ 03 ⓑ 04 ⓑ 05 ⓐ

(5) 첨가, 보충

표현	예문
しかも 게다가, 그 위에	セール期間中は全品半額だ。**しかも**、今日はセール価格からさらに２割も値引きされる。 세일 기간 중에는 전품목이 반값이다. 게다가, 오늘은 세일 가격에서 다시 2할이나 할인된다.
その上 더구나, 게다가	部長は頭が良くて美人だ。**その上**、仕事も早く、非の打ち所がない。 부장님은 머리가 좋고 미인이다. 더구나, 일도 빠르고, 탓할 데가 없다.
それどころか 그렇기는커녕, 그건 고사하고	留学に対して緊張は全くありません。**それどころか**、期待のほうが大きいです。 유학에 대해서 긴장은 전혀 없습니다. 그렇기는커녕, 기대 쪽이 큽니다.
それに 게다가	リンゴは栄養価が高い果物だ。**それに**、食物繊維もふんだんに含まれていて、腸の動きを活性化する。 사과는 영양가가 높은 과일이다. 게다가, 식물 섬유도 많이 포함되어 있어, 장의 움직임을 활성화한다.
それにしても 그렇다 해도	時代の変化は本当に速い。**それにしても**、今日の科学の進歩には驚くばかりだ。 시대의 변화는 정말로 빠르다. 그렇다 해도, 오늘날의 과학의 진보에는 놀랄 뿐이다.
ただ 다만, 단	今回の事件は事故ということで片付けられた。**ただ**、一つ気になることがある。 이번 사건은 사고라는 것으로 정리되었다. 다만, 하나 신경 쓰이는 것이 있다.
とはいうものの 그렇다 하더라도, 그렇지만	メディアでは景気が回復していると報じられている。**とはいうものの**、実感している国民はほとんどいない。 미디어에서는 경기가 회복되고 있다고 보도되고 있다. 그렇다 하더라도, 실감하고 있는 국민은 거의 없다.
なお 덧붙여서 말하면, 또한	試験は７月４日です。**なお**、出席率が８割に満たない学生は試験自体が受けられませんので注意してください。 시험은 7월 4일입니다. 덧붙여서 말하면, 출석률이 8할이 안 되는 학생은 시험 자체를 볼 수 없기 때문에 주의해 주세요.
もっとも 그렇다고는 하지만, 다만	両親には感謝してもしきれない。**もっとも**、そのありがたみに気づいたのは一人暮らしを始めてからだ。 부모님에게는 아무리 감사해도 모자라다. 그렇다고는 하지만, 그 감사함을 알아차린 것은 혼자서 살기 시작하고 나서다.
ただし 단, 다만	年齢制限はありません。**ただし**、小さなお子様は保護者の方と一緒にご乗車ください。 연령 제한은 없습니다. 단, 어린 자녀분은 보호자 분과 함께 승차해 주세요.
ちなみに 덧붙여 말하면	木村さんは先月、結婚しました。**ちなみに**、私は独身です。 기무라 씨는 저번 달, 결혼했습니다. 덧붙여 말하면, 저는 독신입니다.

また 또한, 또	この料理は素材の味が楽しめる。**また**、ワサビをつけると味が一層引き立つ。 이 요리는 재료의 맛을 즐길 수 있다. 또한, 고추냉이를 곁들이면 맛이 한층 돋보인다.

확인 문제 괄호에 들어갈 알맞은 접속사를 고르세요.

01 リンゴは栄養価が高い果物だ。(　　)、食物繊維もふんだんに含まれていて、腸の動きを活性化する。

ⓐ ただし　　ⓑ それに

02 木村さんは先月、結婚しました。(　　)、私は独身です。

ⓐ しかも　　ⓑ ちなみに

03 留学に対して緊張は全くありません。(　　)、期待のほうが大きいです。

ⓐ とはいうものの　　ⓑ それどころか

04 試験は7月4日です。(　　)、出席率が8割に満たない学生は試験自体が受けられませんので注意してください。

ⓐ なお　　ⓑ その上

05 この料理は素材の味が楽しめる。(　　)、ワサビをつけると味が 一層引き立つ。

ⓐ また　　ⓑ ただ

정답 : 01 ⓑ 02 ⓑ 03 ⓑ 04 ⓐ 05 ⓐ

N1 필수 문법

04 경어표현

다음 ( )에 들어갈 알맞은 것을 고르세요.

A：こちらはプロジェクトの提案書(ていあんしょ)です。ご検討(けんとう)よろしくお願(ねが)いいたします。

이쪽은 프로젝트 제안서입니다. 검토를 잘 부탁드립니다.

B：はい。では、（　　）、お返事(へんじ)いたします。

네. 그럼, ( ), 답신 드리겠습니다.

1 お目(め)にかけるうちに　보여드리는 동안에
2 見(み)ていただくうちに　봐 주시는 동안에
3 ご覧(らん)に入(い)れたうえで　보여드린 뒤에
4 拝見(はいけん)したうえで　본 뒤에

정답 : 4

학습목표

[문제5 문법형식 판단]의 괄호에 들어갈 적절한 문형을 고르는 문제에서 선택지에 문형과 함께 경어표현이 사용되는 경우가 있다. 또한, 경어표현은 문법 문제뿐만 아니라 독해와 청해에서도 자주 나오는 표현이므로, 일본어에는 어떤 경어들이 있는지 꼼꼼히 학습하자.

1. 존경어는 윗사람이 하는 행위를 높이는 말이다.

만드는 방법	예문
お + 동사 ます형 + になる ~하십니다	田中(たなか)さん、先生(せんせい)が**お見(み)えになり**ました。 다나카 씨, 선생님께서 오셨습니다.
お + 동사 ます형 + ください ~해 주세요	ご案内(あんない)するまで、控(ひか)え室(しつ)で少々(しょうしょう)**お待(ま)ちください**。 안내하기 전까지, 대기실에서 잠시 기다려 주세요.
~てくださる ~해 주시다	インタビューに**応(おう)じてくださり**、本当(ほんとう)にありがとうございます。 인터뷰에 응해 주셔서, 정말로 감사합니다.
~させてくださる ~하게 해 주시다	説明会(せつめいかい)を**開催(かいさい)させてくださる**ようにお願(ねが)いした。 설명회를 개최하게 해 주시도록 부탁드렸다.

2. 겸양 표현은 자신이 하는 행위를 낮춰 상대를 높이는 말이다

만드는 방법	예문
お/ご + 동사 ます형 + する (いたす) ~하겠다	お客様(きゃくさま)、お荷物(にもつ)はロビーで**お預(あず)かりいたします**。 손님, 짐은 로비에서 맡겠습니다.
~ていただく ~해 주시다, ~해 받다	依頼人(いらいにん)に**喜(よろこ)んでいただけた**ようで、ほっとした。 의뢰인이 기뻐해 주신 것 같아서, 안심했다.
~させていただく ~하겠다	この案(あん)に関(かん)しては、もう一度(いちど)、内部(ないぶ)で**検討(けんとう)させていただきます**。 이 안에 관해서는, 한 번 더, 내부에서 검토하겠습니다.

3. 특수 경어표현

일반동사	존경표현	겸양표현
会(あ)う 만나다	お会(あ)いになる 만나시다	お目(め)にかかる 뵙다
いる 있다	いらっしゃる / おいでになる 계시다	おる 있다
行(い)く 가다	いらっしゃる / おいでになる 가시다	参(まい)る 가다
来(く)る 오다	いらっしゃる / おいでになる / お越(こ)しになる 오시다	参(まい)る 오다
言(い)う 말하다	おっしゃる 말씀하시다	申(もう)し上(あ)げる / 申(もう)す 말씀드리다
聞(き)く 듣다, 묻다	お聞(き)きになる 들으시다	伺(うかが)う 듣다, 여쭙다
聞(き)かせる 들려주다	-	お耳(みみ)に入(い)れる 들려드리다
見(み)る 보다	ご覧(らん)になる 보시다	拝見(はいけん)する 보다
見(み)せる 보여주다	-	お目(め)にかける / ご覧(らん)に入(い)れる 보여드리다
知(し)っている 알고 있다	ご存(ぞん)じだ 알고 계시다	存(ぞん)じている 알고 있다
する 하다	なさる 하시다	いたす 하다
訪(たず)ねる 방문하다	お越(こ)しになる 오시다	伺(うかが)う / お邪魔(じゃま)する 찾아뵙다
食(た)べる 먹다 / 飲(の)む 마시다	召(め)し上(あ)がる 드시다	いただく 먹다
引(ひ)き受(う)ける 받다	-	承(うけたまわ)る 받들다
分(わ)かる 이해하다	-	承知(しょうち)する / かしこまる 알다

확인 문제 괄호에 들어갈 알맞은 표현을 고르세요.

01 先生(せんせい)の作品(さくひん)を（　　）が、とても素晴(すば)らしいものだった。　ⓐ ご覧になった　ⓑ 拝見した

02 どうぞ料理(りょうり)が冷(さ)めないうちに（　　）ください。　ⓐ 召し上がって　ⓑ いただいて

03 案件(あんけん)の返事(へんじ)を（　　）ために、取引先(とりひきさき)に足(あし)を運(はこ)んだ。　ⓐ お聞きになる　ⓑ 伺う

04 事故(じこ)の経緯(けいい)は先(さき)ほど私(わたし)が説明(せつめい)（　　）通(とお)りです。　ⓐ なさった　ⓑ いたした

05 （　　）とは思(おも)いますが、こちらは鈴木議員(すずきぎいん)です。　ⓐ ご存じだ　ⓑ 存じている

정답 : 01 ⓑ　02 ⓐ　03 ⓑ　04 ⓑ　05 ⓐ

N1 필수 문법

05 명사 뒤에 접속하는 문형

다음 (　　)에 들어갈 알맞은 것을 고르세요.

健康診断（　　）、食生活を見直すことにした。

건강진단 (　　), 식생활을 돌아보기로 했다.

1 を境に　　2 の極み　　3 を踏まえ　　4 のごとき
을 계기로　　의 극치　　에 입각하여　　와 같은

정답 : 1

학습목표

명사 뒤에 접속하는 문형은 [문제5 문법형식 판단]에서 명사 뒤에 접속하는 문형들만으로 선택지가 구성되어 출제되는 경우가 많다. N2 수준의 문형도 자주 출제되므로, 각 문형의 의미에 특히 유의하여 예문과 함께 꼼꼼히 학습하자.

01 ～あっての ~가 있어야 성립하는, ~가 아니고서는 불가능한

접속　명사 + あっての

예문　経営者は従業員**あっての**会社であることを忘れてはいけない。
경영자는 종업원이 있어야 성립하는 회사인 것을 잊어서는 안 된다.

02 ～いかん ~나름

접속　명사 + いかん

예문　プロジェクトが成功するかどうかは君の努力**いかん**だ。
프로젝트가 성공할지 어떨지는 너의 노력 나름이다.

03 ～いかんで／～いかんによって ~여하로 / ~여하에 따라

접속　명사(の) + いかんで／いかんによって

예문　工事の進行状況の**いかんで**は日程を調整する必要が出てくる。
공사의 진행 상황 여하로는 일정을 조정할 필요가 생긴다.

04 ～いかんによらず／～いかんにかかわらず／～いかんを問わず ~여하에 상관없이, ~여하를 불문하고

접속　명사(の) + いかんによらず／いかんにかかわらず／いかんを問わず

예문　理由の**いかんによらず**、試験期間中は入室が禁止されています。
이유 여하에 상관없이, 시험기간 중에는 입실이 금지되어 있습니다.

05 ~かたがた ~을 겸해서, ~하는 김에

접속 명사 + かたがた

예문 本日はごあいさつ**かたがた**、お伺いいたしました。
오늘은 인사를 겸해서, 찾아뵈었습니다.

06 ~から …にかけて ~부터 …에 걸쳐

빈출 N2 문형

접속 명사 + から + 명사 + にかけて

예문 稲の収穫は９月**から**10月**にかけて**行われる。
벼의 수확은 9월부터 10월에 걸쳐 행해진다.

07 ~からいうと／~からいえば／~からいったら ~에서 보면, ~으로 보아

빈출 N2 문형

접속 명사 + からいうと／からいえば／からいったら

예문 衛生面**からいうと**、ふきんは布製よりも使い捨てのものが良い。
위생면에서 보면, 행주는 면으로 만들어진 것보다도 일회용인 것이 좋다.

08 ~からいって ~로 판단하면

빈출 N2 문형

접속 명사 + からいって

예문 患者さんの年齢**からいって**、手術に耐え抜く体力はないだろう。
환자의 연령으로 판단하면, 수술을 참고 견뎌 낼 체력은 없을 것이다.

확인 문제 괄호에 들어갈 알맞은 문형을 고르세요.

01	本日はごあいさつ（　　）、お伺いいたしました。	ⓐ いかんで	ⓑ かたがた
02	患者さんの年齢（　　）、手術に耐え抜く体力はないだろう。	ⓐ からいって	ⓑ いかんを問わず
03	稲の収穫は９月から10月（　　）行われる。	ⓐ にかけて	ⓑ からいえば
04	衛生面（　　）、ふきんは布製よりも使い捨てのものが良い。	ⓐ いかんによって	ⓑ からいうと
05	経営者は従業員（　　）会社であることを忘れてはいけない。	ⓐ あっての	ⓑ いかん

정답 : 01 ⓑ 02 ⓐ 03 ⓐ 04 ⓑ 05 ⓐ

09 ~からして ~로 볼 때 빈출 N2 문형

접속 명사 + からして

예문 このドラマは俳優陣の顔ぶれ**からして**、高視聴率は間違いない。
이 드라마는 배우진의 멤버로 볼 때, 높은 시청률은 틀림없다.

10 ~からすると/~からすれば ~입장에서 보면 빈출 N2 문형

접속 명사 + からすると/からすれば

예문 外国人**からすると**、銭湯はとても不思議な文化のようだ。
외국인 입장에서 보면, 대중목욕탕은 매우 이상한 문화인 것 같다.

11 ~次第だ ~에 달렸다 빈출 N2 문형

접속 명사 + 次第だ

예문 志望校に合格できるかどうかは君の努力**次第だ**。
지망 학교에 합격할 수 있을지 어떨지는 너의 노력에 달렸다.

12 ~ずくめ ~일색, ~뿐

접속 명사 + ずくめ

예문 黒**ずくめ**の男が現場周辺をうろついていたそうだ。
검은색 일색인 남자가 현장 주변을 서성대고 있었다고 한다.

13 ~たりとも ~도, ~라고 할지라도

접속 명사 + たりとも

예문 決勝戦は1秒**たりとも**目が離せない緊迫した状況が続いている。
결승전은 1초도 눈을 뗄 수 없는 긴박한 상황이 이어지고 있다.

14 ~たる ~한, ~된

접속 명사 + たる

예문 彼女の表情からは確固**たる**自信が感じられた。
그녀의 표정에서는 확고한 자신이 느껴졌다.

15 ～だろうが、…だろうが／～だろうと、…だろうと ~이든, …이든

접속 명사 + だろうが、명사 + だろうが／명사 + だろうと、명사 + だろうと

예문 バスだろうが、電車だろうが目的地までかかる時間に違いはない。
버스든, 전철이든 목적지까지 걸리는 시간에 차이는 없다.

16 ～であれ …であれ ~이든 …이든

접속 명사 + であれ + 명사 + であれ

예문 正社員であれ、契約社員であれ、責任感を持って働くべきだ。
정사원이든, 계약 사원이든, 책임감을 가지고 일해야 한다.

17 ～でしかない ~에 불과하다

빈출 N2 문형

접속 명사 + でしかない

예문 民間企業への支援給付金は一時的な応急処置でしかない。
민간기업에의 지원급부금은 일시적인 응급처치에 불과하다.

18 ～でなくてなんだろう ~가 아니라 무엇이란 말인가?

접속 명사 + でなくてなんだろう

예문 この心が温かく、満たされる感覚が幸せでなくてなんだろう。
이 마음이 따뜻하고, 충족되는 감각이 행복이 아니라 무엇이란 말인가?

확인 문제 괄호에 들어갈 알맞은 문형을 고르세요.

01 外国人（　　）、銭湯はとても不思議な文化のようだ。 ⓐ からすると ⓑ からして

02 黒（　　）の男が現場周辺をうろついていたそうだ。 ⓐ ずくめ ⓑ たりとも

03 正社員（　　）、契約社員（　　）、責任感を持って働くべきだ。 ⓐ たる ⓑ であれ

04 このドラマは俳優陣の顔ぶれ（　　）、高視聴率は間違いない。 ⓐ たりとも ⓑ からして

05 この心が温かく、満たされる感覚が幸せ（　　）。 ⓐ でしかない ⓑ でなくてなんだろう

정답 : 01 ⓐ 02 ⓐ 03 ⓑ 04 ⓑ 05 ⓑ

19 ~と相まって ~와 맞물려, ~와 겹쳐

접속 명사 + と相まって

예문 白を基調とした店内は日差し**と相まって**いっそう明るく見える。
흰색을 기조로 한 가게 내부는 햇살과 맞물려 한층 밝게 보인다.

20 ~といい …といい ~든 …든, ~로 보나 …로 보나

접속 명사 + といい + 명사 + といい

예문 部長**といい**、課長**といい**、すばらしい上司に恵まれている。
부장이든, 과장이든, 훌륭한 상사가 풍족하다.

21 ~というと／~といえば ~라고 하면, ~로 말하자면

빈출 N2 문형

접속 명사 + というと／といえば

예문 秋**というと**、松茸がスーパーの棚に並ぶシーズンだろう。
가을이라고 하면, 송이버섯이 슈퍼의 선반에 진열되는 시즌일 것이다.

22 ~といわず …といわず ~며 …며 할 것 없이

접속 명사 + といわず + 명사 + といわず

예문 書道**といわず**、バレエ**といわず**、姉の趣味は多岐に渡る。
서도며, 발레며 할 것 없이, 언니의 취미는 여러 갈래에 걸친다.

23 ~ときたら ~로 말할 것 같으면

접속 명사 + ときたら

예문 政府**ときたら**、さらに消費税を増税するつもりだ。
정부로 말할 것 같으면, 다시 소비세를 증세할 작정이다.

24 ~として ~라고 하여, ~하고 생각하여

접속 명사(だ) + として

예문 それが真実だ**として**、得をする人は誰もいないはずだ。
그것이 진실이라고 하여, 득을 보는 사람은 아무도 없을 것이다.

25 ～とでもいうべき／～ともいうべき ~라고 할 만한

접속 명사 + とでもいうべき／ともいうべき

예문 人生の汚点**とでもいうべき**失態をおかしてしまった。
인생의 오점이라고 할 만한 실수를 저질러 버렸다.

26 ～なくして(は) ~없이(는)

접속 명사 + なくして(は)

예문 市民の協力**なくしては**安全な町づくりは実現しない。
시민의 협력 없이는 안전한 마을 만들기는 실현되지 않는다.

27 ～なしに ~없이

접속 명사 + なしに

예문 画期的なアイディア**なしに**、他社と勝負するのは難しそうだ。
획기적인 아이디어 없이, 타사와 승부하는 것은 어려울 것 같다.

28 ～ならでは (과연) ~다운, ~가 아니고는 안 되는

접속 명사 + ならでは

예문 河原で鍋を囲む芋煮会は山形県**ならでは**の名物行事だ。
강가의 모래밭에서 냄비를 둘러싸고 감자 요리를 끓여먹는 모임은 야마가타현다운 명물 행사이다.

확인 문제 괄호에 들어갈 알맞은 문형을 고르세요.

01 それが真実だ（　　）得をする人は誰もいないはずだ。 ⓐ として ⓑ ときたら

02 部長（　　）、課長（　　）、すばらしい上司に恵まれている。 ⓐ といい ⓑ であれ

03 市民の協力（　　）安全な町づくりは実現しない。 ⓐ ならでは ⓑ なくしては

04 白を基調とした店内は日差し（　　）いっそう明るく見える。 ⓐ と相まって ⓑ として

05 秋（　　）、松茸がスーパーの棚に並ぶシーズンだろう。 ⓐ だろうと ⓑ というと

정답 : 01 ⓐ 02 ⓐ 03 ⓑ 04 ⓐ 05 ⓑ

29 ~にあって(は) ~에 있어서(는), ~에서(는)

접속 명사 + にあって(は)

예문 高齢化社会(こうれいかしゃかい)にあって、介護保険制度(かいごほけんせいど)の見直(みなお)しが求(もと)められる。

고령화 사회에 있어서, 간호 보험 제도의 재검토가 요구된다.

30 ~にあるまじき ~로서 해서는 안 될

접속 명사 + にあるまじき

예문 彼(かれ)は指導者(しどうしゃ)にあるまじき発言(はつげん)をし、辞職(じしょく)に追(お)い込(こ)まれた。

그는 지도자로서 해서는 안 될 발언을 하여, 사직에 몰렸다.

31 ~に言(い)わせれば／~に言(い)わせると ~가 말하기로는, ~의 의견으로는

접속 명사 + に言わせれば／に言わせると

예문 専門家(せんもんか)に言(い)わせれば、自分(じぶん)に自信(じしん)がない人間(にんげん)ほど嫉妬深(しっとぶか)いらしい。

전문가가 말하기로는, 자신에게 자신감이 없는 인간일수록 질투가 심하다고 한다.

32 ~に応(おう)じて ~에 맞춰, ~에 적합하게

빈출 N2 문형

접속 명사 + に応じて

예문 接客業(せっきゃくぎょう)では状況(じょうきょう)に応(おう)じて、柔軟(じゅうなん)に対応(たいおう)することが求(もと)められる。

접객업에서는 상황에 맞춰, 유연하게 대응하는 것이 요구된다.

33 ~にかかっている ~에 달려 있다

접속 명사 + にかかっている

예문 昇進(しょうしん)できるかは今回(こんかい)のプロジェクトにかかっている。

승진할 수 있을지는 이번 프로젝트에 달려 있다.

34 ~にかかわらず ~에 관계없이

빈출 N2 문형

접속 명사 + にかかわらず

예문 リスクの有無(うむ)にかかわらず、ロケットの開発事業(かいはつじぎょう)は続行(ぞっこう)すべきだ。

리스크의 유무에 관계없이, 로켓 개발 사업은 속행해야 한다.

35 ~にかかわる ~와 관련된, ~와 직결된

접속 명사 + にかかわる

예문 投手にとって肩の負傷は選手生命**にかかわる**一大事だ。
투수에게 있어서 어깨의 부상은 선수 생명과 관련된 중대사이다.

36 ~に限ったことではない ~에 국한된 것은 아니다

접속 명사 + に限ったことではない

예문 待機児童の問題は首都圏**に限ったことではない**という。
대기 아동의 문제는 수도권에 국한된 것은 아니라고 한다.

37 ~に限って／~に限らず ~에 한해서 / ~뿐 아니라 빈출 N2 문형

접속 명사 + に限って／に限らず

예문 毎日折りたたみ傘を持ち歩くのに今日**に限って**家に置き忘れた。
매일 접이식 우산을 가지고 다니는데 오늘에 한해서 집에 깜빡 두고 왔다.

38 ~にかけて ~에 관한 한, ~에 있어서는 빈출 N2 문형

접속 명사 + にかけて

예문 昆虫の生態**にかけて**彼より詳しいものはいません。
곤충의 생태에 관한 한 그보다 정통한 사람은 없습니다.

확인 문제 괄호에 들어갈 알맞은 문형을 고르세요.

01 昇進できるかは今回のプロジェクト（　　）。 ⓐ でしかない ⓑ にかかっている

02 高齢化社会（　　）、介護保険制度の見直しが求められる。 ⓐ にあって ⓑ に応じて

03 専門家に（　　）、自分に自信がない人間ほど嫉妬深いらしい。 ⓐ 言わせれば ⓑ かかわらず

04 彼は指導者（　　）発言をし、辞職に追い込まれた。 ⓐ にあるまじき ⓑ ならではの

05 昆虫の生態（　　）彼より詳しいものはいません。 ⓐ に限って ⓑ にかけて

정답 : 01 ⓑ 02 ⓐ 03 ⓐ 04 ⓐ 05 ⓑ

39 ~にかこつけて ~을 구실로, ~을 핑계로

접속 명사 + にかこつけて

예문 社長は出張**にかこつけて**、経費を好き勝手に使い込んでいた。
사장은 출장을 구실로, 경비를 자기 좋을 대로 사사로이 쓰고 있었다.

40 ~にかたくない ~하기 어렵지 않다, 간단히 ~할 수 있다

접속 명사 + にかたくない

예문 子どもを一人で育てるシングルマザーの苦労は想像**にかたくない**。
아이를 혼자서 키우는 싱글맘의 고생은 상상하기 어렵지 않다.

41 ~にかまけて ~에 매달려서, ~에 얽매여서

접속 명사 + にかまけて

예문 忙しさ**にかまけて**家庭を顧みない夫には何度も失望させられた。
바쁨에 매달려서 가정을 돌보지 않는 남편에게는 몇 번이나 실망했다.

42 ~に応えて ~에 부응하여 빈출 N2 문형

접속 명사 + に応えて

예문 市民の要望**に応えて**、来月から移動図書館が運営される。
시민의 요망에 부응하여, 다음 달부터 이동 도서관이 운영된다.

43 ~にしたら/~にすれば ~로서는, ~입장에서는 빈출 N2 문형

접속 명사 + にしたら/にすれば

예문 森選手**にしたら**、同じポジションの新人の活躍は面白くないだろう。
모리 선수로서는, 같은 포지션인 신인의 활약은 즐겁지 않을 것이다.

44 ~にして ~가 되어서야

접속 명사 + にして

예문 彼は60歳**にして**、国内最高峰のコンテストで新人賞を獲得した。
그는 60세가 되어서야, 국내 최고봉의 콘테스트에서 신인상을 획득했다.

45 ~にしてみれば ~입장에서 보면, ~입장에서

접속 명사 + にしてみれば

예문 ペット**にしてみれば**洋服を着せられるなんて迷惑なことである。
애완동물 입장에서 보면 옷을 입혀지는 것 따위 성가신 일이다.

46 ~にしろ／~にせよ ~라 하더라도, ~한다 해도 빈출 N2 문형

접속 명사 + にしろ／にせよ

예문 どんな結果**にしろ**、努力してきたことに後悔はない。
어떤 결과라 하더라도, 노력해 온 것에 후회는 없다.

47 ~に即して ~에 따라(서)

접속 명사 + に即して

예문 作者の実体験**に即して**書かれた小説はベストセラーになった。
작자의 실제 체험에 따라 쓰인 소설은 베스트셀러가 되었다.

48 ~に沿って／~に沿い ~을 따라서(적합하게), ~을 따라서(평행하게) 빈출 N2 문형

접속 명사 + に沿って／に沿い

예문 ガイドライン**に沿って**、試験問題を作成しなければならない。
가이드라인을 따라서, 시험 문제를 작성하지 않으면 안 된다.

확인 문제 괄호에 들어갈 알맞은 문형을 고르세요.

01 社長は出張（　　）、経費を好き勝手に使い込んでいた。 ⓐ にかこつけて ⓑ にかけて
02 森選手（　　）同じポジションの新人の活躍は面白くないだろう。 ⓐ にして ⓑ にしたら
03 ガイドライン（　　）、試験問題を作成しなければならない。 ⓐ に沿って ⓑ に応えて
04 子どもを一人で育てるシングルマザーの苦労は想像（　　）。 ⓐ でしかない ⓑ にかたくない
05 忙しさ（　　）家庭を顧みない夫には何度も失望させられた。 ⓐ にかまけて ⓑ にしてみれば

정답 : 01 ⓐ 02 ⓑ 03 ⓐ 04 ⓑ 05 ⓐ

49 ~にとどまらず ~에 그치지 않고

접속 명사 + にとどまらず

예문 ガンは肺(はい)にとどまらず、脳(のう)にまで転移(てんい)していた。
암은 폐에 그치지 않고, 뇌에까지 전이되어 있었다.

50 ~にひきかえ ~에 비해, ~와 대조적으로

접속 명사 + にひきかえ

예문 友人(ゆうじん)が多(おお)く社交的(しゃこうてき)な兄(あに)にひきかえ、私(わたし)は内向的(ないこうてき)な性格(せいかく)だ。
친구가 많고 사교적인 형에 비해, 나는 내향적인 성격이다.

51 ~に他(ほか)ならない 다름 아닌 ~이다, 바로 ~이다 빈출 N2 문형

접속 명사 + に他ならない

예문 自分(じぶん)の都合(つごう)で相手(あいて)を振(ふ)り回(まわ)すなんて理不尽(りふじん)に他(ほか)ならない。
자신의 사정으로 상대를 농락하다니 다름 아닌 불합리이다.

52 ~に基(もと)づき／~に基(もと)づいて ~에 근거해서, ~에 기초해서 빈출 N2 문형

접속 명사 + に基づき／に基づいて

예문 前会長(ぜんかいちょう)には規定(きてい)に基(もと)づき、厳正(げんせい)な処分(しょぶん)が下(くだ)されました。
전 회장에게는 규정에 근거해서, 엄정한 처분이 내려졌습니다.

53 ~にもまして ~보다 더

접속 명사(であるの) + にもまして

예문 例年(れいねん)にもまして、今年(ことし)の桃(もも)はサイズも大(おお)きく、糖度(とうど)も高(たか)い。
예년보다 더, 올해의 복숭아는 사이즈도 크고, 당도도 높다.

54 ~にわたって／~にわたり ~에 걸쳐서 빈출 N2 문형

접속 명사 + にわたって／にわたり

예문 この店(みせ)は江戸時代(えどじだい)から400年(ねん)にわたって続(つづ)く老舗中(しにせちゅう)の老舗(しにせ)だそうだ。
이 가게는 에도시대부터 400년에 걸쳐서 계속되는 노포 중의 노포라고 한다.

55 ~抜きで ~빼고

빈출 N2 문형

접속 명사 + 抜きで

예문 冗談抜きで、結婚について真剣に考えてもらえませんか。
농담 빼고, 결혼에 대해서 진지하게 생각해 줄 수 없을까요?

56 ~の至り 지극히 ~함

접속 명사 + の至り

예문 若気の至りだったとはいえ、今思えば恥ずかしいことばかりだ。
지극히 젊은 기세였다고는 하나, 지금 생각하면 부끄러운 일 뿐이다.

57 ~の極み ~의 극치, ~하기 그지없음

접속 명사 + の極み

예문 露天風呂に浸かりながら富士山を眺められるなんて贅沢の極みだ。
노천탕에 잠기면서 후지산을 바라볼 수 있다니 사치의 극치이다.

58 ~のごとく/~のごとき ~처럼, ~와 같이 / ~와 같은

접속 명사 + のごとく/のごとき

예문 寛人という名は字のごとく寛大な人になれという想いから名付けた。
히로토라는 이름은 글자처럼 관대한 사람이 되라는 마음에서 이름 붙였다.

확인 문제 괄호에 들어갈 알맞은 문형을 고르세요.

01 若気（　）だったとはいえ、今思えば恥ずかしいことばかりだ。 ⓐ の極み ⓑ の至り

02 前会長には規定（　）、厳正な処分が下されました。 ⓐ に基づき ⓑ に即して

03 例年（　）、今年の桃はサイズも大きく、糖度も高い。 ⓐ にせよ ⓑ にもまして

04 自分の都合で相手を振り回すなんて理不尽（　）。 ⓐ にかたくない ⓑ に他ならない

05 この店は江戸時代から400年（　）続く老舗中の老舗だそうだ。 ⓐ にわたって ⓑ にとどまらず

정답 : 01 ⓑ 02 ⓐ 03 ⓑ 04 ⓑ 05 ⓐ

59 ～のことだから ~이니까
빈출 N2 문형

접속 명사 + のことだから

예문 佐藤さん**のことだから**、きっと今日も待ち合わせに遅れて来るよ。
사토 씨니까, 분명 오늘도 약속에 늦게 올 거야.

60 ～のもと(で／に) ~아래에, ~하에
빈출 N2 문형

접속 명사 + のもと(で／に)

예문 私たち人間は貧富の差はあっても法**のもとに**平等です。
우리들 인간은 빈부의 차는 있어도 법 아래에 평등합니다.

61 ～のゆえに ~때문에

접속 명사 + のゆえに

예문 自動掃除機はその利便性**のゆえに**主婦層から人気を集めている。
자동 청소기는 그 편의성 때문에 주부층으로부터 인기를 모으고 있다.

62 ～ならいざしらず／～はいざしらず ~라면 몰라도

접속 명사 + ならいざしらず／はいざしらず

예문 本革**ならいざしらず**、人工皮革にそんな値段は出せない。
진짜 가죽이라면 몰라도, 인공 피혁에 그런 가격은 지불할 수 없다.

63 ～はおろか ~은 말할 것도 없고, ~은커녕, ~은 물론이고

접속 명사 + はおろか

예문 世界史**はおろか**日本の歴史についても詳しく知らない。
세계사는 말할 것도 없고 일본의 역사에 대해서도 자세히 모른다.

64 ～はさておき／～はさておいて ~은 제쳐두고, ~은 접어두고

접속 명사 + はさておき／はさておいて

예문 高圧的な態度**はさておき**、彼女の演技力は文句のつけようがない。
고압적인 태도는 제쳐두고, 그녀의 연기는 불만을 말할 수 없다.

65 ~はともかく(として) ~은 차치하고, ~은 어찌됐든

빈출 N2 문형

접속 명사 + はともかく(として)

예문 **他人はともかく**、家族だけには私の夢を応援してほしい。
타인은 차치하고, 가족에게만은 나의 꿈을 응원받고 싶다.

66 ~までして ~까지 해서

접속 명사 + までして

예문 **借金までして**始めた事業が軌道に乗り、借金返済のめどが立った。
빚을 지면서까지 해서 시작한 사업이 궤도에 올라, 빚 변제의 목표가 섰다.

67 ~まみれ ~투성이, ~범벅

접속 명사 + まみれ

예문 **泥まみれ**で遊ぶ息子の姿が愛おしくて仕方ないという様子だ。
흙투성이로 노는 아들의 모습이 사랑스러워서 어쩔 수 없다는 모습이다.

68 ~めく ~다워지다

접속 명사 + めく

예문 気温も上がり、色とりどりの花が咲き始めいよいよ**春めいて**きた。
기온도 오르고, 가지각색의 꽃이 피기 시작해 드디어 봄 다워졌다.

확인 문제 괄호에 들어갈 알맞은 문형을 고르세요.

01	自動掃除機はその利便性（　　）主婦層から人気を集めている。	ⓐ のゆえに	ⓑ のもとに
02	高圧的な態度（　　）、彼女の演技力は文句のつけようがない。	ⓐ はさておき	ⓑ はいざしらず
03	泥（　　）で遊ぶ息子の姿が愛おしくて仕方ないという様子だ。	ⓐ ずくめ	ⓑ まみれ
04	借金（　　）始めた事業が軌道に乗り、借金返済のめどが立った。	ⓐ 抜きで	ⓑ までして
05	他人（　　）、家族だけには私の夢を応援してほしい。	ⓐ はおろか	ⓑ はともかく

정답 : 01 ⓐ 02 ⓐ 03 ⓑ 04 ⓑ 05 ⓑ

69 **～も顧みず** ～도 돌보지 않고, ～도 돌아보지 않고

접속 명사 + も顧みず

예문 家庭**も顧みず**、全てを仕事に捧げてきたことを後悔している。
가정도 돌보지 않고, 전부를 일에 바쳐 온 것을 후회하고 있다.

70 **～もさることながら** ～도 그러하지만

접속 명사 + さることながら

예문 あの店の料理は味**もさることながら**、見た目も美しいそうだ。
저 가게의 요리는 맛도 그러하지만, 겉보기도 아름답다고 한다.

71 **～を …に控えて** ～을 …로 앞두고

접속 명사 + を + 명사 + に控えて

예문 試合**を**明日**に控えて**、弟は一日中落ち着かない様子だ。
시합을 내일로 앞두고, 남동생은 하루종일 안절부절 못하는 모습이다.

72 **～をおいて** ～을 제외하고

접속 명사 + をおいて

예문 木村次長の後任は林さん**をおいて**、ほかにはいないだろう。
기무라 차장의 후임은 하야시 씨를 제외하고, 그밖에는 없을 것이다.

73 **～を限りに** ～을 끝으로

접속 명사 + を限りに

예문 今日**を限りに**長年吸ってきたタバコを絶つつもりだ。
오늘을 끝으로 긴 세월 피워온 담배를 끊을 생각이다.

74 **～を皮切りに／～を振り出しに** ～을 시작으로

접속 명사 + を皮切りに／を振り出しに

예문 1. 店舗の縮小**を皮切りに**本社でも多くの社員が解雇された。
점포 축소를 시작으로 본사에서도 많은 사원이 해고되었다.

2. ロンドン**を振り出しに**6月から世界ツアーを開催する。
런던을 시작으로 6월부터 세계 투어를 개최한다.

75 ～を禁じ得ない ～을 금할 수 없다

접속 명사 + を禁じ得ない

예문 突然の首相の辞任表明には驚き**を禁じ得ない**。
갑작스러운 수상의 사임 표명에는 놀라움을 금할 수 없다.

76 ～を込めて ～을 담아서

빈출 N2 문형

접속 명사 + を込めて

예문 感謝の気持ち**を込めて**、父の日にネクタイを贈りました。
감사의 마음을 담아서, 아버지의 날에 넥타이를 선물했습니다.

77 ～を境に ～을 계기로, ～을 경계로, ～을 분기점으로

접속 명사 + を境に

예문 一人暮らし**を境に**、料理を始めることにした。
독신 생활을 계기로, 요리를 시작하기로 했다.

78 ～を問わず ～을 불문하고

빈출 N2 문형

접속 명사 + を問わず

예문 俳句コンテストは年齢や性別**を問わず**、誰でも参加できます。
하이쿠 콘테스트는 연령과 성별을 불문하고, 누구라도 참가할 수 있습니다.

확인 문제 괄호에 들어갈 알맞은 문형을 고르세요.

		ⓐ	ⓑ
01	一人暮らし（　）、料理を始めることにした。	ⓐ を境に	ⓑ を限りに
02	試合を明日（　）、弟は一日中落ち着かない様子だ。	ⓐ に沿って	ⓑ に控えて
03	今日（　）長年吸ってきたタバコを絶つつもりだ。	ⓐ を境に	ⓑ を限りに
04	突然の首相の辞任表明には驚き（　）。	ⓐ を禁じ得ない	ⓑ にかたくない
05	俳句コンテストは年齢や性別（　）、誰でも参加できます。	ⓐ を問わず	ⓑ を込めて

정답 : 01 ⓐ 02 ⓑ 03 ⓑ 04 ⓐ 05 ⓐ

79 ～を除いて ~을 제외하고(는)

빈출 N2 문형

접속 명사 + を除いて

예문 一部企業を除いて、多くの企業が不況に苦しんでいるようだ。

일부 기업을 제외하고, 많은 기업이 불황에 시달리고 있는 것 같다.

80 ～をはじめ／～をはじめとして ~을 비롯하여

빈출 N2 문형

접속 명사 + をはじめ／をはじめとして

예문 今学期は音声学をはじめ言語学に関する講義を主に受けたい。

이번 학기는 음성학을 비롯하여 언어학에 관한 강의를 주로 받고 싶다.

81 ～を踏まえ ~을 토대로, ~에 입각하여

접속 명사 + を踏まえ

예문 筆者の考えを踏まえ、森林伐採について600字以内で論じなさい。

필자의 생각을 토대로, 삼림 벌채에 대해서 600자 이내로 논하시오.

82 ～を経て ~을 거쳐

접속 명사 + を経て

예문 新入社員は3か月の研修を経て、それぞれの部署に配属される。

신입사원은 3개월의 연수를 거쳐, 각각의 부서에 배속된다.

83 ～をもちまして／～をもって／～をもってすれば ~로써, ~으로

접속 명사 + をもちまして／をもって／をもってすれば

예문 今年度をもちまして、配信サービスを終了いたします。

금년도로써, 전송 서비스를 종료합니다.

84 ～をものともせずに ~에도 아랑곳하지 않고, ~을 대수롭지 않게 여기고

접속 명사 + をものともせずに

예문 彼はプレッシャーをものともせずに、自己ベストを更新した。

그는 정신적 압박에도 아랑곳하지 않고, 자신의 베스트를 갱신했다.

85 ~を余儀なくされる 어쩔 수 없이 ~하게 되다

접속 명사 + を余儀なくされる

예문 両足を骨折し、車いす生活を余儀なくされた。
양발을 골절하여, 어쩔 수 없이 휠체어 생활을 하게 되었다.

86 ~をよそに ~을 아랑곳하지 않고

접속 명사 + をよそに

예문 周囲の反対をよそに、離婚に向けての準備を急いだ。
주위의 반대를 아랑곳하지 않고, 이혼을 향한 준비를 서둘렀다.

87 ひとり ~のみならず 단지 ~뿐만 아니라

접속 ひとり + 명사 + のみならず

예문 貧困はひとり個人のみならず社会全体で取り組む問題だ。
빈곤은 단지 개인뿐만 아니라 사회 전체가 대처할 문제이다.

확인 문제 괄호에 들어갈 알맞은 문형을 고르세요.

01 筆者の考え（　　）、森林伐採について600字以内で論じなさい。 ⓐ を経て ⓑ を踏まえ

02 貧困はひとり個人（　　）社会全体で取り組む問題だ。 ⓐ のみならず ⓑ をものともせずに

03 一部企業（　　）、多くの企業が不況に苦しんでいるようだ。 ⓐ を除いて ⓑ を問わず

04 今学期は音声学（　　）言語学に関する講義を主に受けたい。 ⓐ をもちまして ⓑ をはじめ

05 周囲の反対を（　　）、離婚に向けての準備を急いだ。 ⓐ をよそに ⓑ をもって

정답 : 01 ⓑ 02 ⓐ 03 ⓐ 04 ⓑ 05 ⓐ

N1 필수 문법

06 동사 뒤에 접속하는 문형

다음 (　　)에 들어갈 알맞은 것을 고르세요.

希望の大学に進学するため、受験勉強がどんなに辛くても（　　）と決心した。

희망 대학에 진학하기 위해, 수험 공부가 아무리 힘들어도 (　　)고 결심했다.

1 諦めてはばからない　　2 諦めても始まらない　　3 諦めはしない　　4 諦めればきりがない
거리낌없이 포기한다　　포기해도 소용없다　　포기하지는 않겠다　　포기하면 끝이 없다

정답 : 3

학습목표

동사 뒤에 접속하는 문형은 주로 [문제5 문법형식 판단]과 [문제7 글의 문법]에서 적절한 문형을 고르는 문제 또는 문형에 접속하는 적절한 동사의 활용을 고르는 문제로 출제된다. N2 수준의 문형도 자주 출제되므로, 각 문형의 의미와 접속형태를 예문과 함께 꼼꼼히 학습하자.

01 ～たが最後 ~했다 하면

접속　동사 た형 + たが最後

예문　うっかり削除し**たが最後**、ファイルの復元は不可能だ。
무심코 삭제했다 하면, 파일의 복원은 불가능하다.

02 ～たきり ~한 채

빈출 N2 문형

접속　동사 た형 + たきり

예문　彼とは学生時代にけんかし**たきり**、一度も会っていない。
그와는 학생시절에 싸운 채, 한 번도 만나지 않았다.

03 ～たところで ~한다 해도, ~한들, ~해 보았자

접속　동사 た형 + たところで

예문　今さら彼女に告白し**たところで**、迷惑がられるだけだ。
이제 와서 그녀에게 고백한다 해도, 성가셔 할 뿐이다.

04 ～ところに (막) ~하는 참에

접속　1. 동사 た형 + たところに　　2. 동사 て형 + ているところに

예문　1. 夕飯を作ろうとし**たところ**に、ちょうどお誘いの電話をもらった。
저녁밥을 만들려고 하는 참에, 마침 권유 전화를 받았다.

2. 噂話をし**ているところに**、話の主役が現れた。
소문 이야기를 하고 있는 참에, 이야기의 주역이 나타났다.

05 ~てからでないと／~てからでなければ ~하고 나서가 아니면

빈출 N2 문형

접속　동사 て형 + てからでないと／てからでなければ

예문　初級(しょきゅう)に合格(ごうかく)してからでないと、中級(ちゅうきゅう)クラスは受講(じゅこう)できません。
초급을 합격하고 나서가 아니면, 중급 클래스는 수강할 수 없습니다.

06 ~てからというもの(は) ~하고부터는, ~한 후 줄곧

접속　동사 て형 + てからというもの(は)

예문　SNSが普及(ふきゅう)してからというもの、誰(だれ)もが情報(じょうほう)の発信者(はっしんしゃ)になった。
SNS가 보급되고부터는, 누구나가 정보의 발신자가 되었다.

07 ~てのこと ~기 때문

접속　동사 て형 + てのこと

예문　国家試験(こっかしけん)に合格(ごうかく)できたのは先生(せんせい)のご指導(しどう)があってのことです。
국가시험에 합격할 수 있었던 것은 선생님의 지도가 있었기 때문입니다.

08 ~てはならない ~해서는 안 된다

빈출 N2 문형

접속　동사 て형 + てはならない

예문　人(ひと)は見(み)た目(め)が9割(わり)というが、外見(がいけん)で人(ひと)を判断(はんだん)してはならない。
사람은 겉모습이 90%라고 하지만, 외관으로 사람을 판단해서는 안 된다.

확인 문제 괄호에 들어갈 알맞은 문형을 고르세요.

01 初級(しょきゅう)に合格(ごうかく)して（　）、中級(ちゅうきゅう)クラスは受講(じゅこう)できません。　ⓐ からでないと　ⓑ からというもの

02 うっかり削除(さくじょ)（　）、ファイルの復元(ふくげん)は不可能(ふかのう)だ。　ⓐ したが最後　ⓑ したきり

03 噂話(うわさばなし)を（　）、話(はなし)の主役(しゅやく)が現(あらわ)れた。　ⓐ したところで　ⓑ しているところに

04 人(ひと)は見(み)た目(め)が9割(わり)というが、外見(がいけん)で人(ひと)を判断(はんだん)（　）。　ⓐ してのことだ　ⓑ してはならない

05 彼(かれ)とは学生時代(がくせいじだい)にけんか（　）、一度(いちど)も会(あ)っていない。　ⓐ したところに　ⓑ したきり

정답 : 01 ⓐ 02 ⓐ 03 ⓑ 04 ⓑ 05 ⓑ

09 **～てはばからない** 거리낌 없이 ~하다

접속　동사 て형 + てはばからない

예문　被告人は無実を主張して**てはばからなかった**。
피고인은 억울함을 거리낌 없이 주장했다.

10 **～てばかりいる** ~하고만 있다

접속　동사 て형 + てばかりいる

예문　娘は不登校になってから、部屋に引きこもっ**てばかりいる**。
딸은 등교 거부가 된 뒤로, 방에 틀어박혀만 있다.

11 **～てまで** ~해서까지

접속　동사 て형 + てまで

예문　行列に並ん**でまで**ラーメンを食べたがる人の気持ちが分からない。
행렬에 줄서서까지 라멘을 먹고 싶어 하는 사람의 마음을 이해할 수 없다.

12 **～てみせる** ~하고야 말겠다, 반드시 ~하겠다

접속　동사 て형 + てみせる

예문　オリンピックで優勝して、歴史に名を刻ん**でみせる**。
올림픽에서 우승해서, 역사에 이름을 새기고야 말겠다.

13 **～ても始まらない** ~해도 소용없다, ~해도 어쩔 수가 없다, ~해도 의미가 없다

접속　동사 て형 + ても始まらない

예문　不満を言ってい**ても始まらない**から、まずは行動に移そう。
불만을 말하고 있어도 소용없으니까, 우선은 행동으로 옮기자.

14 **～てやまない** ~해 마지않다

접속　동사 て형 + てやまない

예문　祖母は天国にいる愛犬を未だに愛し**てやまない**ようです。
할머니는 천국에 있는 애견을 아직도 사랑해 마지않는 것 같습니다.

15 ～上は ~이상에는

빈출 N2 문형

접속 1. 동사 사전형 + 上は 2. 동사 た형 + た上は

예문 1. エースとして期待される**上は**、怪我を押してでも試合に出たい。
에이스로서 기대받는 이상에는, 부상을 무릅쓰고라도 시합에 나가고 싶다.

2. 自分で決断して上京した**上は**、弱音を吐くわけにはいかない。
스스로 결단해서 상경한 이상에는, 우는소리를 할 수는 없다.

16 ～か ～ないかのうちに ~하자마자, ~함과 거의 동시에

빈출 N2 문형

접속 1. 동사 사전형 + か + 동사 ない형 + ないかのうちに
2. 동사 た형 + たか + 동사 ない형 + ないかのうちに

예문 1. 映画が始まる**か**始まら**ないかのうちに**眠りについてしまった。
영화가 시작되자마자 잠들어 버렸다.

2. 飛行機が着陸した**か**し**ないかのうちに**乗客は席を立ち始めた。
비행기가 착륙하자마자 승객은 자리를 뜨기 시작했다.

17 ～限り／～ない限り ~하는 한 / ~하지 않는 한

빈출 N2 문형

접속 1. 동사 사전형 + 限り／동사 ない형 + ない限り 2. 동사 た형 + た限り
3. 동사 て형 + ている限り

예문 1. 紛争が終わら**ない限り**、国民に幸せが訪れることはないだろう。
분쟁이 끝나지 않는 한, 국민에게 행복이 찾아오는 일은 없을 것이다.

2. 私が聞い**た限り**では、複合施設の開業は延期になるそうです。
제가 들은 한으로는, 복합시설의 개업은 연기된다고 합니다.

3. 事件の証人として、知っ**ている限り**のことをお話しください。
사건의 증인으로서, 알고 있는 한의 사실을 이야기해 주세요.

확인 문제 괄호에 들어갈 알맞은 문형을 고르세요.

01	不満を言って（　　）から、まずは行動に移そう。	ⓐ いても始まらない	ⓑ いてはばからない
02	オリンピックで優勝して、歴史に名を（　　）。	ⓐ 刻んでやまない	ⓑ 刻んでみせる
03	映画が始まるか始まらない（　　）眠りについてしまった。	ⓐ 限り	ⓑ かのうちに
04	自分で決断して上京（　　）、弱音を吐くわけにはいかない。	ⓐ してまで	ⓑ した上は
05	娘は不登校になってから、部屋に引きこもって（　　）。	ⓐ ばかりいる	ⓑ はならない

정답 : 01 ⓐ 02 ⓑ 03 ⓑ 04 ⓑ 05 ⓐ

18 ～かのようだ／～かのような (마치) ~인 듯하다 / (마치) ~인 듯한

빈출 N2 문형

접속　동사 사전형 + かのようだ／かのような

예문　部長は上の空で、ここが会社であることを忘れているかのようだ。
부장은 건성으로, 여기가 회사인 것을 잊고 있는 듯하다.

19 ～が早いか ~하자마자, ~하기가 무섭게

접속　동사 사전형 + が早いか

예문　電車のドアが開くが早いか、一目散にトイレに駆け出した。
전철의 문이 열리자마자, 쏜살같이 화장실로 뛰기 시작했다.

20 ～くらいなら ~정도라면

접속　동사 사전형 + くらいなら

예문　不幸な境遇を同情されるくらいなら、馬鹿にされたほうがマシだ。
불행한 처지를 동정받을 정도라면, 바보 취급 당하는 편이 낫다.

21 ～ことなく ~하지 않고

빈출 N2 문형

접속　동사 사전형 + ことなく

예문　携帯の地図のおかげで、迷うことなく目的地に到着できました。
휴대전화의 지도 덕분에, 헤매지 않고 목적지에 도착할 수 있었습니다.

22 ～ことなしに ~하지 않고

접속　동사 사전형 + ことなしに

예문　情熱を絶やすことなしに、長年再生医療の研究に励んでいます。
정열을 끊어지게 하지 않고, 긴 세월 재생 의료 연구에 힘쓰고 있습니다.

23 ～始末だ ~지경이다, ~모양이다, ~꼬락서니이다

접속　동사 사전형 + 始末だ

예문　無理なスケジュールのせいで、残業を強いられる始末だ。
무리한 스케줄 탓에, 잔업을 강요당할 지경이다.

24 ~そばから ~하는 족족, ~하자마자

접속 1. 동사 사전형 + そばから 2. 동사 た형 + たそばから

예문 1. 部屋を片づける**そばから**子どもにおもちゃを散らかされる。
방을 정리하는 족족 아이가 장난감을 어지른다.

2. 忠告され**たそばから**、ふざけて怪我を負ってしまいました。
충고 받자마자, 까불어서 부상을 입어버렸습니다.

25 ~だけのことだ ~하면 되는 일이다, ~일 뿐이다

접속 동사 사전형 + だけのことだ

예문 相手に信頼してもらえないなら、何度でも誠意を見せる**だけのことだ**。
상대가 신뢰해 줄 수 없다면, 몇 번이라도 성의를 보이면 되는 일이다.

26 ~ところだった (하마터면) ~할 뻔했다

접속 동사 사전형 + ところだった

예문 株式の半数を所有され、会社ごと乗っ取られる**ところだった**。
주식의 반수를 소유당해, 회사째 빼앗길 뻔했다.

27 ~ともなく/~ともなしに 문득, 특별히 ~하려는 생각 없이, 흘깃

접속 동사 사전형 + ともなく/ともなしに

예문 彼は今でも事故のことを考える**ともなく**考えてしまうという。
그는 지금도 사고에 대한 것을 문득 생각해버린다고 한다.

확인 문제 괄호에 들어갈 알맞은 문형을 고르세요.

01 無理なスケジュールのせいで、残業を強いられる（　　）。 ⓐ 始末だ ⓑ だけのことだ

02 情熱を絶やす（　　）、長年再生医療の研究に励んでいます。 ⓐ ことなしに ⓑ ともなしに

03 部長は上の空で、ここが会社であることを忘れている（　　）。 ⓐ ところだった ⓑ かのようだ

04 彼は今でも事故のことを考える（　　）考えてしまうという。 ⓐ ともなく ⓑ ことなく

05 電車のドアが開く（　　）、一目散にトイレに駆け出した。 ⓐ くらいなら ⓑ が早いか

정답 : 01 ⓐ 02 ⓐ 03 ⓑ 04 ⓐ 05 ⓑ

28 **~なり** ~하자마자

접속 동사 사전형 + なり

예문 夫はよほど疲れていたのか帰宅する**なり**、ベッドに倒れ込んだ。
남편은 상당히 피곤했던 것인지 귀가하자마자, 침대에 쓰러졌다.

29 **~につけ** ~할 때마다 빈출 N2 문형

접속 동사 사전형 + につけ

예문 その音楽を聞く**につけ**、部活に打ち込んだ日々を思い出すそうだ。
그 음악을 들을 때마다, 부 활동에 열중한 나날을 회상한다고 한다.

30 **~にはあたらない** ~할 필요는 없다

접속 동사 사전형 + にはあたらない

예문 もともと赤字続きだから、倒産しても驚く**にはあたらない**よ。
원래부터 적자가 계속되고 있으니까, 도산해도 놀랄 필요는 없어.

31 **~べからず／~べからざる** ~하지 마시오 / ~해서는 안 될

접속 동사 사전형 + べからず／べからざる

예문 成功を収めたいのであれば、目先の利益を考える**べからず**。
성공을 얻고 싶은 것이라면, 눈앞의 이익을 생각하지 마시오.

32 **~べく** ~하기 위해

접속 동사 사전형 + べく

예문 平凡な日常を打開する**べく**、生け花教室に通うことにしました。
평범한 일상을 타개하기 위해, 꽃꽂이 교실에 다니기로 했습니다.

33 **~べくして ~た** ~할 만해서 ~한

접속 동사 사전형 + べくして + 동사 た형 + た

예문 中村先生の受賞は功績から見ても得る**べくして**得**た**賞である。
나카무라 선생님의 수상은 공적으로 봐도 얻을 만해서 얻은 상이다.

34 ~べくもない ~할 수도 없다

접속 동사 사전형 + べくもない

예문 スウェーデンの充実した福祉制度は日本とは比べる**べくもない**。
스웨덴의 충실한 복지 제도는 일본과는 비교할 수도 없다.

35 ~ほどの …ではない ~할 정도의 …는 아니다

접속 동사 사전형 + ほどの + 명사 + ではない

예문 遠足を中止する**ほどの**大雨**ではない**と思います。
소풍을 중지할 정도의 큰비는 아니라고 생각합니다.

36 ~まで(のこと)だ ~하면 그만이다, ~할 뿐이다

접속 1. 동사 사전형 + まで(のこと)だ 2. 동사 た형 + たまで(のこと)だ

예문 1. 話し合いで解決できないなら、法廷で争う**までだ**。
교섭으로 해결할 수 없다면, 법정에서 다투면 그만이다.

2. 私は部長がおっしゃった通りに行動した**までのことだ**です。
저는 부장님이 말씀하신 대로 행동했을 뿐입니다.

37 ~まで(のことで)もない ~할 필요도 없다

접속 동사 사전형 + まで(のことで)もない

예문 忙しいんだから、言う**までもない**ことをいちいち説明させるな。
바쁘니까, 말할 필요도 없는 것을 하나하나 설명하게 하지 마.

확인 문제 괄호에 들어갈 알맞은 문형을 고르세요.

01 中村先生の受賞は功績から見ても得る（　）得た賞である。 ⓐ べくして ⓑ ほどの

02 その音楽を聞く（　）、部活に打ち込んだ日々を思い出すそうだ。 ⓐ べく ⓑ につけ

03 成功を収めたいのであれば、目先の利益を考える（　）。 ⓐ べからず ⓑ にはあたらない

04 忙しいんだから、言う（　）ことをいちいち説明させるな。 ⓐ なり ⓑ までもない

05 スウェーデンの充実した福祉制度は日本とは比べる（　）。 ⓐ べくもない ⓑ だけのことだ

정답 : 01 ⓐ 02 ⓑ 03 ⓐ 04 ⓑ 05 ⓐ

38 **~ものではない** ~하는 게 아니다

빈출 N2 문형

접속　동사 사전형 + ものではない

예문　価値観は人それぞれであり、他人に押し付ける**ものではない**。
가치관은 사람 제각각으로, 타인에게 강요하는 게 아니다.

39 **~や否や** ~하자마자

접속　동사 사전형 + や否や

예문　主役が現れる**や否や**、割れんばかりの歓声が巻き起こった。
주역이 나타나자마자, 깨질 듯한 환성이 일어났다.

40 **~よりほかない** ~하는 수밖에 없다

접속　동사 사전형 + よりほかない

예문　かわいい娘の願いなら、叶えてあげる**よりほかない**だろう。
귀여운 딸의 바람이라면, 이루어주는 수밖에 없을 것이다.

41 **~わけにはいかない** ~할 수는 없다

빈출 N2 문형

접속　동사 사전형 + わけにはいかない

예문　人手不足で会社が大変なときに私が休む**わけにはいかない**。
일손 부족으로 회사가 큰일일 때 내가 쉴 수는 없다.

42 **~うる／~える** ~할 수 있다

접속　동사 ます형 + うる／える

예문　ストレスは精神面だけではなく、体の不調の原因にもなり**うる**。
스트레스는 정신면뿐만 아니라, 몸 상태가 나쁜 것의 원인도 될 수 있다.

43 **~かけの／~かける** ~하다 만 / ~하다 말다, ~할 뻔하다

빈출 N2 문형

접속　동사 ます형 + かけの／かける

예문　誰かの飲み**かけの**コーヒーが机の上に置いてあった。
누군가의 마시다 만 커피가 책상 위에 놓여 있었다.

44 ~がたい ~하기 어렵다 빈출 N2 문형

접속 동사 ます형 + がたい

예문 彼は無口で何を考えているか分からないし、近寄りがたい存在だ。
그는 과묵해서 무엇을 생각하고 있는지 알 수 없고, 다가가기 어려운 존재다.

45 ~かねる ~하기 곤란하다, ~하기 어렵다 빈출 N2 문형

접속 동사 ます형 + かねる

예문 申し訳ありませんが、そのようなご質問にはお答えしかねます。
죄송합니다만, 그런 질문에는 대답하기 곤란합니다.

46 ~切る 끝까지 ~하다, 다 ~하다 빈출 N2 문형

접속 동사 ます형 + 切る

예문 足が動かないくらいフラフラだったが、何とか走り切った。
다리가 움직이지 않을 정도로 후들후들했지만, 어떻게든 끝까지 달렸다.

47 ~次第 ~하는 대로 빈출 N2 문형

접속 동사 ます형 + 次第

예문 商品の在庫が確認でき次第、こちらからご連絡いたします。
상품의 재고가 확인되는 대로, 이쪽에서 연락드리겠습니다.

확인 문제 괄호에 들어갈 알맞은 문형을 고르세요.

01 人手不足で会社が大変なときに私が休む（　）。 ⓐ よりほかかない ⓑ わけにはいかない

02 誰かの飲み（　）コーヒーが机の上に置いてあった。 ⓐ かけの ⓑ きりの

03 ストレスは精神面だけではなく、体の不調の原因にも（　）。 ⓐ なりがたい ⓑ なりうる

04 申し訳ありませんが、そのようなご質問にはお答え（　）。 ⓐ しかねます ⓑ し切る

05 商品の在庫が確認でき（　）、こちらからご連絡いたします。 ⓐ 次第 ⓑ える

정답 : 01 ⓑ 02 ⓐ 03 ⓑ 04 ⓐ 05 ⓐ

48 ~そびれる ~하지 못하고 말다, ~에 실패하다

접속 동사 ます형 + そびれる

예문 頼まれていた伝言を伝え**そびれて**しまいました。
부탁받았던 전언을 전하지 못하고 말았습니다.

49 ~つ …つ ~하기도 하고 …하기도 하고, ~하거니 …하거니

접속 동사 ます형 + つ + 동사 ます형 + つ

예문 展望台に登ったのに、雲で富士山が見え**つ**隠れ**つ**している。
전망대에 올라갔는데, 구름 때문에 후지산이 보이기도 하고 숨기도 한다.

50 ~っこない ~할 리 없다, 절대로 ~않다 빈출 N2 문형

접속 동사 ます형 + っこない

예문 会議まで入っているし、今日中に書類をまとめられ**っこない**。
회의까지 들어가 있어서, 오늘 중으로 서류를 정리할 수 있을 리 없다.

51 ~つつ ~하면서, ~하면서도 빈출 N2 문형

접속 동사 ます형 + つつ

예문 健康に良くないとは思い**つつ**、ついお酒を飲んでしまう。
건강에 좋지 않다고는 생각하면서, 그만 술을 마셔 버린다.

52 ~つつある ~하고 있다 빈출 N2 문형

접속 동사 ます형 + つつある

예문 高齢者による超高齢者の介護が社会問題化し**つつある**そうだ。
고령자에 의한 초고령자의 간호가 사회문제화되고 있다고 한다.

53 ~はしない ~하지는 않겠다

접속 동사 ます형 + はしない

예문 夫婦関係は破綻しているが、子どもが成人するまで別れ**はしない**。
부부관계는 파탄해 있지만, 아이가 성인이 될 때까지 헤어지지는 않겠다.

54 ~もしない ~하지도 않다

접속　동사 ます형 + もしない

예문　自分で調べ**もしない**で、人に頼ろうとするのはやめましょう。
스스로 조사하지도 않고, 다른 사람에게 의지하려고 하는 것은 그만둡시다.

55 ~ようがない／~ようもない ~할 수가 없다 / ~할 수도 없다 빈출 N2 문형

접속　동사 ます형 + ようがない／ようもない

예문　聞く耳を持とうともしないのだから、説明し**ようがない**よ。
상대가 하는 말을 들으려고도 하지 않으니까, 설명할 수가 없어.

56 ~ようによっては／~ようでは ~하기에 따라서는

접속　동사 ます형 + ようによっては／ようでは

예문　不幸だって考え**ようによっては**、人生の教訓になるはずです。
불행도 또한 생각하기에 따라서는, 인생의 교훈이 될 것입니다.

57 ~ざるを得ない ~하지 않을 수 없다 빈출 N2 문형

접속　동사 ない형 + ざるを得ない

예문　化石燃料が底をついたら、自然エネルギーに頼ら**ざるを得ない**。
화석연료가 바닥이 나면, 자연 에너지에 의존하지 않을 수 없다.

확인 문제 괄호에 들어갈 알맞은 문형을 고르세요.

01	自分で調べ（　　）で、人に頼ろうとするのはやめましょう。	ⓐ もしない	ⓑ はしない
02	頼まれていた伝言を伝え（　　）しまいました。	ⓐ つつあって	ⓑ そびれて
03	健康に良くないとは思い（　　）、ついお酒を飲んでしまう。	ⓐ つつ	ⓑ ようでは
04	聞く耳を持とうともしないのだから、説明（　　）よ。	ⓐ しっこない	ⓑ しようがない
05	不幸だって考え（　　）、人生の教訓になるはずです。	ⓐ ようによっては	ⓑ 次第

정답 : 01 ⓐ 02 ⓑ 03 ⓐ 04 ⓑ 05 ⓐ

58 ～ずじまいだ ~하지 못하고 끝나다

접속 동사 ない형 + ずじまいだ

예문 せっかく出張で韓国に来たのに、観光地は巡れずじまいだ。
모처럼 출장으로 한국에 왔는데, 관광지는 돌지 못하고 끝났다.

59 ～ずにはいられない／～ないではいられない ~하지 않을 수 없다 빈출 N2 문형

접속 동사 ない형 + ずにはいられない／ないではいられない

예문 こんな絶景を目の前にしたら、興奮せずにはいられないだろう。
이런 절경을 눈앞에 두면, 흥분하지 않을 수 없을 것이다.

60 ～ずにはおかない／～ないではおかない ~하게 한다

접속 동사 ない형 + ずにはおかない／ないではおかない

예문 彼のいい加減な接客は客に不信感を与えずにはおかない。
그의 엉성한 접객은 손님에게 불신감을 주게 한다.

61 ～ずにはすまない／～ないではすまない ~하지 않을 수 없다, ~해야만 한다

접속 동사 ない형 + ずにはすまない／ないではすまない

예문 先生の家宝である花瓶を割ってしまい、弁償せずにはすみません。
선생님의 가보인 꽃병을 깨버려, 변상하지 않을 수 없습니다.

62 ～ずにすむ／～ないですむ／～なくてすむ ~하지 않고 끝나다

접속 동사 ない형 + ずにすむ／ないですむ／なくてすむ

예문 関東地方に地震が直撃したが、大きな被害が出ずにすんだ。
관동 지방에 지진이 직격했지만, 큰 피해가 나오지 않고 끝났다.

63 ～ないこともない ~하지 않는 것도 아니다, ~하기도 하다

접속 동사 ない형 + ないこともない

예문 魚特有の生臭さがひどいが、焼けば食べられないこともない。
물고기 특유의 비린내가 심하지만, 구우면 먹을 수 없는 것도 아니다.

64 ~ないまでも ~하지는 않더라도, ~까지는 아니더라도

접속 동사 ない형 + ないまでも

예문 **死に至らないまでも**、脳に麻痺が残る可能性があると言われた。
죽음에 이르지는 않더라도, 뇌에 마비가 남을 가능성이 있다고 들었다.

65 ~ないものでもない ~하지 않는 것도 아니다, ~못할 것도 없다

접속 동사 ない형 + ないものでもない

예문 気持ちは**分からないものでもない**が、ここは組織に従うべきだ。
마음은 모르는 것도 아니지만, 여기는 조직에 따라야 한다.

66 ~んがため ~하기 위해

접속 동사 ない형 + んがため

예문 医者になる夢を**叶えんがため**、今は睡眠を削ってでも勉学に励む。
의사가 되는 꿈을 이루기 위해, 지금은 수면을 줄여서라도 면학에 힘쓴다.

67 ~んばかり ~라고 할 듯이

접속 동사 ない형 + んばかり

예문 地球が限界だと**言わんばかり**に各地で異常気象が起きている。
지구가 한계라고 말할 듯이 각지에서 이상기상이 일어나고 있다.

확인 문제 괄호에 들어갈 알맞은 문형을 고르세요.

01	地球が限界だと（　　）各地で異常気象が見られる。	ⓐ 言わないまでも	ⓑ 言わんばかりに
02	関東地方に地震が直撃したが、大きな被害が（　　）。	ⓐ 出ずにすんだ	ⓑ 出ずにはいられなかった
03	医者になる夢を（　　）、今は睡眠を削ってでも勉学に励む。	ⓐ 叶えんがため	ⓑ 叶えんばかりに
04	彼のいい加減な接客は客に不信感を与え（　　）。	ⓐ ずにはおかない	ⓑ ずにすむ
05	魚特有の生臭さがひどいが、焼けば食べ（　　）。	ⓐ なくてすむ	ⓑ られないこともない

정답 : 01 ⓑ 02 ⓐ 03 ⓐ 04 ⓐ 05 ⓑ

68 ～ばきりがない ~하면 끝이 없다

접속 동사 가정형 + ばきりがない

예문 今回の試合の反省点を挙げればきりがありません。

이번 시합의 반성점을 들자면 끝이 없습니다.

69 ～ばそれまでだ ~하면 그것으로 끝이다

접속 동사 가정형 + ばそれまでだ

예문 証拠が見つからないため、無罪を主張されればそれまでです。

증거가 발견되지 않기 때문에, 무죄를 주장 당하면 그것으로 끝입니다.

70 ～ようが／～ようと (설령) ~할지라도

접속 동사 의지형 + ようが／ようと

예문 政権が変わろうが、我々の生活に変化があるわけではない。

정권이 바뀔지라도, 우리들의 생활에 변화가 있는 것은 아니다.

71 ～ようが ～まいが／～ようと ～まいと ~하든 ~하지 않든

접속 동사 의지형 + ようが + 동사 사전형 + まいが／동사 의지형 + ようと + 동사 사전형 + まいと

예문 私が投票しようがしまいが、結果は変わらないだろう。

내가 투표하든 하지 않든, 결과는 바뀌지 않을 것이다.

72 ～ようにも ～ない ~하려고 해도 ~할 수 없다

접속 동사 의지형 + ようにも + 동사 가능형의 ない형 + ない

예문 家に携帯電話を置き忘れ、友人に連絡を取ろうにも取れなかった。

집에 휴대전화를 두고 와서, 친구에게 연락을 취하려고 해도 취할 수 없었다.

73 ～ようものなら ~했다가는 빈출 N2 문형

접속 동사 의지형 + ようものなら

예문 記念日を忘れようものなら、妻に何を言われるか分からない。

기념일을 잊어버렸다가는, 아내에게 뭐라고 들을지 모른다.

74 ~以上(は) ~하는 이상(은)

빈출 N2 문형

접속 동사 보통형 + 以上(は)

예문 韓国語を習得した**以上**、韓国語を使う仕事に就きたい。
한국어를 습득한 이상, 한국어를 사용하는 일을 하고 싶다.

75 ~からには ~하는 이상에는

빈출 N2 문형

접속 동사 보통형 + からには

예문 支店長に抜擢された**からには**、必ず結果を出さなければいけない。
지점장으로 발탁된 이상에는, 반드시 결과를 내지 않으면 안 된다.

76 ~まい ~하지 않겠다, ~하지 않을 것이다

빈출 N2 문형

접속 동사 보통형 + まい

예문 失敗する**まい**と気負うと、力が入ってうまくいかないことが多い。
실패하지 않겠다고 기를 쓰면, 힘이 들어가서 잘되지 않는 경우가 많다.

확인 문제 괄호에 들어갈 알맞은 문형을 고르세요.

01 失敗（　　）と気負うと、力が入ってうまくいかないことが多い。 ⓐ するまい ⓑ しようものなら

02 支店長に抜擢された（　　）、必ず結果を出さなければいけない。 ⓐ からには ⓑ ところで

03 韓国語を習得した（　　）、韓国語を使う仕事に就きたい。 ⓐ ところを ⓑ 以上

04 今回の試合の反省点を挙げれ（　　）。 ⓐ ばそれまでです ⓑ ばきりがありません

05 政権が（　　）、我々の生活に変化があるわけではない。 ⓐ 変わろうと ⓑ 変わらんばかり

정답 : 01 ⓐ 02 ⓐ 03 ⓑ 04 ⓑ 05 ⓐ

N1 필수 문법

07 명사와 동사 모두에 접속하는 문형

다음 (　　)에 들어갈 알맞은 것을 고르세요.

彼は会社で働く（　　）、退勤後には大学院で勉強をしている。

그는 회사에서 일하는 (　　), 퇴근 후에는 대학원에서 공부를 하고 있다.

1 かたわら　　2 手前　　3 にあたり　　4 たびに
한편으로　　체면상　　즈음하여　　때마다

정답 : 1

학습목표

명사와 동사 모두에 접속하는 문형은 주로 [문제5 문법형식 판단]과 [문제7 글의 문법]에서 적절한 문형을 고르는 문제로 출제된다. N2 수준의 문형도 자주 출제되므로, 각 문형의 의미를 예문과 함께 꼼꼼히 학습하자.

01 ～あげく ~끝에

빈출 N2 문형

접속　1. 명사の + あげく　　2. 동사 た형 + たあげく

예문　1. 3年間の浪人生活の**あげく**、結局医学部を諦めた。
3년간의 재수생 생활 끝에, 결국 의학부를 포기했다.

2. 何を買うか2時間も迷っ**たあげく**、結局何も買わずに店を出た。
무엇을 살지 2시간이나 망설인 끝에, 결국 아무것도 사지 않고 가게를 나왔다.

02 ～あまり(に) ~나머지

빈출 N2 문형

접속　1. 명사の + あまり(に)　　2. 동사 사전형 + あまり(に)

예문　1. お化け屋敷に入ったものの、恐怖の**あまり**腰を抜かしてしまった。
귀신의 집에 들어갔지만, 두려운 나머지 기겁해 버렸다.

2. 兄は急いで食べる**あまりに**餅を喉に詰まらせたようだ。
형은 서둘러서 먹은 나머지 떡이 목에 막힌 것 같다.

03 ～以来 ~이래

접속　1. 명사 + 以来　　2. 동사 て형 + て以来

예문　1. 鈴木選手**以来**の大物ルーキーの入団で地元は大盛り上がりだ。
스즈키 선수 이래의 거물 루키의 입단으로 그 고장은 흥이 올랐다.

2. 新婚旅行でハワイに行っ**て以来**、海外には一度も行っていない。
신혼여행으로 하와이에 간 이래, 해외에는 한 번도 가지 않았다.

04 ～上で ～후에

빈출 N2 문형

접속 1. 명사の + 上で　　2. 동사 た형 + た上で

예문 1. 話し合いの上で、彼女の処分を決定しようと思います。
의논 후에, 그녀의 처분을 결정하려고 생각합니다.

2. 取り扱い説明書をよくお読みになった上で、ご使用ください。
취급 설명서를 잘 읽으신 후에, 사용해 주세요.

05 ～おそれがある ～우려가 있다

빈출 N2 문형

접속 1. 명사の + おそれがある　　2. 동사 사전형 + おそれがある

예문 1. 絶滅のおそれがある野生生物は約１万種にものぼるといいます。
멸종할 우려가 있는 야생 생물은 약 1만 종에 이른다고 합니다.

2. 劣化した電気製品を使用し続けると発火するおそれがあるそうだ。
성능이 떨어진 전기제품을 계속 사용하면 발화할 우려가 있다고 한다.

확인 문제 괄호에 들어갈 알맞은 문형을 고르세요.

01 ３年間の浪人生活の（　　）、結局医学部を諦めた。　ⓐ あげく　ⓑ あまり

02 取り扱い説明書をよくお読みに（　　）、ご使用ください。　ⓐ なって以来　ⓑ なった上で

03 兄は急いで食べる（　　）餅を喉に詰まらせたようだ。　ⓐ あまりに　ⓑ おそれがあり

04 新婚旅行でハワイに（　　）、海外には一度も行っていない。　ⓐ 行って以来　ⓑ 行ったあげく

05 絶滅の（　　）野生生物は約１万種にものぼるといいます。　ⓐ あげく　ⓑ おそれがある

정답 : 01 ⓐ 02 ⓑ 03 ⓐ 04 ⓐ 05 ⓑ

06 ~かいもなく ~보람도 없이

접속 1. 명사の + かいもなく 2. 동사 た형 + たかいもなく

예문 1. 徹夜(てつや)の**かいもなく**、3つの教科(きょうか)で赤点(あかてん)をとってしまった。
철야한 보람도 없이, 3개의 교과에서 낙제점을 받아버렸다.

2. 車(くるま)を5時間(じかん)走(はし)らせ**たかいもなく**、結局(けっきょく)夕日(ゆうひ)は見(み)られなかった。
자동차를 5시간 달려온 보람도 없이, 결국 노을은 볼 수 없었다.

07 ~限(かぎ)り 최대한~, 극도로~, 모두~, 전부~

접속 1. 명사の + 限り 2. 동사 사전형 + 限り

예문 1. 必死(ひっし)でプレーする選手(せんしゅ)たちに力(ちから)の**限(かぎ)り**、声援(せいえん)を送(おく)った。
필사적으로 플레이하는 선수들에게 최대한의 힘으로, 성원을 보냈다.

2. 就職面接(しゅうしょくめんせつ)に向(む)け、考(かんが)えられる**限(かぎ)り**の質問(しつもん)と応答(おうとう)を準備(じゅんび)するべきだ。
취직 면접을 맞아, 생각할 수 있는 최대한의 질문과 응답을 준비해야 한다.

08 ~かたわら ~한편으로

접속 1. 명사の + かたわら 2. 동사 사전형 + かたわら

예문 1. 井上(いのうえ)さんは育児(いくじ)の**かたわら**大学院(だいがくいん)に通(かよ)っているそうだ。
이노우에 씨는 육아하는 한편으로 대학원에 다니고 있다고 한다.

2. 和食(わしょく)レストランを営(いとな)む**かたわら**、料理教室(りょうりきょうしつ)も開(ひら)いている。
일식 레스토랑을 경영하는 한편으로, 요리교실도 열고 있다.

09 ~がてら ~겸해서, ~하는 김에

접속 1. 명사 + がてら 2. 동사 ます형 + がてら

예문 1. ドライブ**がてら**、新(あたら)しく郊外(こうがい)にできたカフェに行(い)くつもりだ。
드라이브 겸해서, 새롭게 교외에 생긴 카페에 갈 작정이다.

2. 出張(しゅっちょう)で北海道(ほっかいどう)に行(い)き**がてら**、観光(かんこう)も楽(たの)しんだ。
출장으로 홋카이도에 가는 김에, 관광도 즐겼다.

10 ~きらいがある ~하는 경향이 있다

접속 1. 명사の + きらいがある　　2. 동사 사전형 + きらいがある

예문 1. 疲れやストレスがたまると情緒不安定の**きらいがある**。
피로와 스트레스가 쌓이면 정서가 불안정한 경향이 있다.

2. 彼女は学歴で人を判断する**きらいがある**ようです。
그녀는 학력으로 사람을 판단하는 경향이 있는 것 같습니다.

11 ~こととて ~라서, ~이므로, ~인 만큼

접속 1. 명사の + こととて　　2. 동사 보통형 + こととて

예문 1. ここに住んでいたのは数十年前の**こととて**、ほとんど記憶にない。
이곳에 살고 있었던 것은 수십 년 전이라서, 거의 기억에 없다.

2. 子どもがやった**こととて**、大目に見てやってください。
아이가 한 것인 만큼, 관대하게 봐 주세요.

12 ~でもあるまいし／~じゃあるまいし ~도 아니고

접속 1. 명사 + でもあるまいし／じゃあるまいし　　2. 동사 사전형の／ん + でもあるまいし／じゃあるまいし

예문 1. 新人**でもあるまいし**、会議くらい仕切れないようじゃ困るよ。
신인도 아니고, 회의 정도 적절히 처리할 수 없어서는 곤란해.

2. 嫌いで注意するん**じゃあるまいし**、助言として受け入れなって。
싫어서 주의하는 것도 아니고, 조언으로서 받아들이라고.

확인 문제 괄호에 들어갈 알맞은 문형을 고르세요.

		ⓐ	ⓑ
01	ドライブ（　　）、新しく郊外にできたカフェに行くつもりだ。	ⓐ かたわら	ⓑ がてら
02	就職面接に向け、考えらえる（　　）の質問と応答を準備するべきだ。	ⓐ 限り	ⓑ こととて
03	彼女は学歴で人を判断する（　　）ようです。	ⓐ きらいがある	ⓑ かいもない
04	和食レストランを営む（　　）、料理教室も開いている。	ⓐ かたわら	ⓑ 限り
05	徹夜の（　　）、3つの教科で赤点をとってしまった。	ⓐ じゃあるまいし	ⓑ かいもなく

정답 : 01 ⓑ 02 ⓐ 03 ⓐ 04 ⓐ 05 ⓑ

13 ～すえに ～끝에

빈출 N2 문형

접속 1. 명사の + すえに　　2. 동사 た형 + たすえに

예문 1. 度重なる改良の**すえに**、ついに満足がいく製品が完成した。
거듭되는 개량 끝에, 드디어 만족이 되는 제품이 완성되었다.

2. あらゆる面から検討した**すえに**、当社のIT業界への参入が決まった。
모든 면에서 검토한 끝에, 당사의 IT 업계로의 진출이 결정되었다.

14 ～たびに ～때마다

빈출 N2 문형

접속 1. 명사の + たびに　　2. 동사 사전형 + たびに

예문 1. 長期休暇の**たびに**友人と海外旅行に行くのが唯一の楽しみだ。
장기 휴가 때마다 친구와 해외여행을 가는 것이 유일한 즐거움이다.

2. 帰省する**たびに**老いていく両親の姿を見ると胸が痛む。
귀성할 때마다 늙어 가는 부모님의 모습을 보면 마음이 아프다.

15 ～手前 ～체면상, ~해 놓았으니

접속 1. 명사の + 手前　　2. 동사 사전형 + 手前
3. 동사 た형 + た手前　　4. 동사 て형 + ている手前

예문 1. 子どもの**手前**、運動会ではどうしてもかっこいい姿を見せたい。
아이의 체면상, 운동회에서는 무슨 일이 있어도 멋있는 모습을 보이고 싶다.

2. 会社の代表としてプレゼンする**手前**、失敗は許されない。
회사의 대표로서 프레젠테이션을 하는 체면상, 실패는 허용되지 않는다.

3. 試験で満点を取ると宣言した**手前**、後戻りはできないようだ。
시험에서 만점을 받겠다고 선언한 체면상, 되돌아갈 수는 없는 것 같다.

4. 美容室で働い**ている手前**、髪には人一倍気を使っています。
미용실에서 일하고 있는 체면상, 머리카락에는 남보다 배로 신경을 쓰고 있습니다.

16 ～とあって／～とあっては ～이라서

접속 1. 명사 + とあって／とあっては　　2. 동사 보통형 + とあって／とあっては

예문 1. 高級旅館**とあって**、顧客の要望に合わせたサービスが受けられる。
고급 여관이라서, 고객의 요망에 맞춘 서비스를 받을 수 있다.

2. 前回の優勝者を負かした**とあって**、彼は世間から注目を浴びた。
전번의 우승자를 이겨서, 그는 세간으로부터 주목을 받았다.

17 ~というところだ／~といったところだ 대략 ~정도이다, 잘해야 ~정도이다

접속 1. 명사 + というところだ／といったところだ 2. 동사 사전형 + というところだ／といったところだ

예문 1. スカイビルの建築工事が完了するまで残り１年**というところだ**。
스카이 빌딩의 건축 공사가 완료되기까지 나머지 기한은 대략 1년 정도이다.

2. 夏休みの予定といっても劇場で公演を見る**といったところです**。
여름휴가의 예정이라고 해도 잘해야 극장에서 공연을 보는 정도입니다.

18 ~どころではない ~할 수 있는 상황이 아니다, ~은커녕

접속 1. 명사 + どころではない 2. 동사 て형 + ているどころではない

예문 1. 仕事が忙しくて、結婚準備**どころではない**のが実情だ。
일이 바빠서, 결혼 준비를 할 수 있는 상황이 아닌 것이 실정이다.

2. この緊急事態に冗談を言って**いるどころではありません**。
이 긴급 사태에 농담을 하고 있을 상황이 아닙니다.

19 ~とともに ~와 함께

빈출 N2 문형

접속 1. 명사 + とともに 2. 동사 사전형 + とともに

예문 1. 時代の流れ**とともに**人々の生活はますます便利になった。
시대의 흐름과 함께 사람들의 생활은 점점 편리해졌다.

2. 会長は不正について謝罪を述べる**とともに**深々と頭を下げた。
회장은 부정에 대해 사죄를 말함과 함께 깊이 머리를 숙였다.

확인 문제 괄호에 들어갈 알맞은 문형을 고르세요.

01 帰省する（　　）老いていく両親の姿を見ると胸が痛む。 ⓐ すえに ⓑ たびに

02 前回の優勝者を負かした（　　）、彼は世間から注目を浴びた。 ⓐ 手前 ⓑ とあって

03 この緊急事態に冗談を言っている（　　）。 ⓐ どころではありません ⓑ というところです

04 時代の流れ（　　）人々の生活はますます便利になった。 ⓐ とあっては ⓑ とともに

05 あらゆる面から検討した（　　）、当社のIT業界への参入が決まった。 ⓐ すえに ⓑ 手前

정답 : 01 ⓑ 02 ⓑ 03 ⓐ 04 ⓑ 05 ⓐ

20 ～ともなれば／～ともなると ~가 되면, ~정도가 되면

접속 1. 명사 + ともなれば／ともなると 2. 동사 보통형 + ともなれば／ともなると

예문 1. 7月(がつ)**ともなれば**、裏山(うらやま)でセミたちが鳴(な)き始(はじ)めるといいます。

7월이 되면, 뒷산에서 매미들이 울기 시작한다고 합니다.

2. JLPTを受(う)ける**ともなると**、4か月前(げつまえ)から勉強(べんきょう)し始(はじ)めないといけない。

JLPT를 칠 정도가 되면, 4개월 전부터 공부하기 시작하지 않으면 안 된다.

21 ～ながらに／～ながらの ~하면서, ~인 채로 / ~하면서의, ~인 채로의

접속 1. 명사 + ながらに／ながらの 2. 동사 ます형 + ながらに／ながらの

예문 1. 祖父(そふ)は戦争(せんそう)について涙(なみだ)**ながらに**語(かた)ってくれた。

조부는 전쟁에 대해서 눈물을 흘리면서 말해 주었다.

2. 彼女(かのじょ)の生(う)まれ**ながらの**才能(さいのう)には努力(どりょく)では対抗(たいこう)できない。

그녀의 태어나면서의 재능에는 노력으로는 대항할 수 없다.

22 ～なり …なり ~든지 …든지

접속 1. 명사 + なり + 명사 + なり 2. 동사 사전형 + なり + 동사 사전형 + なり

예문 1. 山(やま)**なり**、海(うみ)**なり**、家族(かぞく)で出(で)かけられるならどこでもいいです。

산이든지, 바다든지, 가족이서 외출할 수 있다면 어디라도 좋습니다.

2. キャベツは炒(いた)める**なり**、煮(に)る**なり**、家庭料理(かていりょうり)に重宝(ちょうほう)される食材(しょくざい)だ。

양배추는 볶든지, 삶든지, 가정 요리에 유용한 식재료이다.

23 ～にあたって／～にあたり ~에 즈음하여 빈출 N2 문형

접속 1. 명사 + にあたって／にあたり 2. 동사 사전형 + にあたって／にあたり

예문 1. 就職(しゅうしょく)**にあたって**、髪(かみ)を切(き)り新(あたら)しいスーツを買(か)った。

취직에 즈음하여, 머리를 자르고 새로운 양복을 샀다.

2. 検査(けんさ)を受(う)ける**にあたり**、当日(とうじつ)は飲食(いんしょく)をお控(ひか)えください。

검사를 받을 즈음하여, 당일은 먹고 마시는 것을 삼가 주세요.

24 ～に至るまで／～に至って／～に至る ~에 이르기까지 / ~에 이르러 / ~에 이르다

접속 1. 명사 + に至るまで／に至って／に至る 2. 동사 보통형 + に至るまで／に至って／に至る

예문 1. 大事故から奇跡の回復**に至るまで**の経緯を書籍化した。
큰 사고에서 기적의 회복에 이르기까지의 경위를 서적화했다.

2. 留学する**に至って**、いくつかの書類の手続きが必要となります。
유학하기에 이르러, 몇 개인가의 서류 수속이 필요해집니다.

25 ～に先立ち／～に先立って ~에 앞서

빈출 N2 문형

접속 1. 명사 + に先立ち／に先立って 2. 동사 사전형 + に先立ち／に先立って

예문 1. 舞台の公演**に先立ち**、制作発表会が開かれました。
무대의 공연에 앞서, 제작 발표회가 열렸습니다.

2. 親善試合が始まる**に先立って**、両国の国歌が演奏された。
친선경기가 시작하기에 앞서, 양국의 국가가 연주되었다.

26 ～にたえない 1. 매우 ~하다 2. (차마) ~할 수 없다

접속 1. 명사 + にたえない 2. 동사 사전형 + にたえない

예문 1. 交番にお財布を届けてくださり、感謝**にたえません**。
파출소에 지갑을 전해 주셔서, 매우 감사합니다.

2. 好きな芸能人について検索すると、聞く**にたえない**噂ばかりだった。
좋아하는 연예인에 대해서 검색하자, 차마 들을 수 없는 소문뿐이었다.

확인 문제 괄호에 들어갈 알맞은 문형을 고르세요.

01 祖父は戦争について涙（　）語ってくれた。 ⓐ なり ⓑ ながらに

02 就職（　）、髪を切り新しいスーツを買った。 ⓐ ともなって ⓑ にあたって

03 JLPTを受ける（　）、4か月前から勉強し始めないといけない。 ⓐ ともなると ⓑ に至って

04 留学する（　）、いくつかの書類の手続きが必要となります。 ⓐ に至って ⓑ ともなれば

05 親善試合が始まる（　）、両国の国歌が演奏された。 ⓐ に先立って ⓑ にたえなくて

정답 : 01 ⓑ 02 ⓑ 03 ⓐ 04 ⓐ 05 ⓐ

27 ~にたえる ~만하다

접속 1. 명사 + にたえる 2. 동사 사전형 + にたえる

예문 1. デザインを重視したものより実用**にたえる**製品が欲しい。
디자인을 중시한 것보다 실용될 만한 제품을 원한다.

2. 最近のアニメは大人でも見る**にたえる**作品が多いそうだ。
최근의 애니메이션은 어른이라도 볼 만한 작품이 많다고 한다.

28 ~に足る ~에 충분하다

접속 1. 명사 + に足る 2. 동사 사전형 + に足る

예문 1. 今回の結果は満足**に足る**ものではなかった。
이번의 결과는 만족하기에 충분한 것이 아니었다.

2. 大事な裁判だから信頼する**に足る**人に弁護を任せるべきだ。
중요한 재판이니까 신뢰하기에 충분한 사람에게 변호를 맡겨야 한다.

29 ~にともない／~にともなって ~에 따라

빈출 N2 문형

접속 1. 명사 + にともない／にともなって 2. 동사 보통형の + にともない／にともなって

예문 1. スマートフォンの普及**にともなって**、サービスは多様化した。
스마트폰의 보급에 따라, 서비스는 다양화했다.

2. 子どもが生まれるの**にともない**、引っ越しすることにした。
아이가 태어남에 따라, 이사하기로 했다.

30 ~には及ばない ~할 것까지는 없다, ~할 필요는 없다, ~에 못 미치다

접속 1. 명사 + には及ばない 2. 동사 사전형 + には及ばない

예문 1. あくまで当然のことをしたまでですので、お礼**には及びません**。
어디까지나 당연한 것을 했을 뿐이기 때문에, 감사 인사할 것까지는 없습니다.

2. 簡単な説明だけですので、お越しいただく**には及びません**。
간단한 설명뿐이기 때문에, 와 주실 것까지는 없습니다.

31 ～も同然だ／～も同然の ~나 다름없다 / ~나 다름없는

접속 1. 명사 + も同然だ／も同然の　　2. 동사 た형 + たも同然だ／たも同然の

예문 1. 木村さんはギターが上手で、その腕前はプロも**同然だ**という。
기무라 씨는 기타가 능숙해서, 그 실력은 프로나 다름없다고 한다.

2. この時点で過半数を超えたなら、彼の当選が決定した**も同然だ**。
이 시점에서 과반수를 넘었다면, 그의 당선이 결정된 것이나 다름없다.

32 ～を契機に／～を機に ~을 계기로(해서), ~을 기회로

접속 1. 명사 + を契機に／を機に　　2. 동사 보통형の + を契機に／を機に

예문 1. 彼のゴール**を契機に**、チームは活気を取り戻したようだ。
그의 골을 계기로, 팀은 활기를 되찾은 것 같다.

2. 公金の横領が発覚したの**を機に**、政界の不正が次々に公になった。
공금의 횡령이 발각된 것을 계기로, 정계의 부정이 잇달아 공개되었다.

확인 문제 괄호에 들어갈 알맞은 문형을 고르세요.

01	彼のゴール（　　）、チームは活気を取り戻したようだ。	ⓐ を契機に	ⓑ も同然の
02	スマートフォンの普及（　　）、サービスは多様化した。	ⓐ に足って	ⓑ にともなって
03	最近のアニメは大人でも見る（　　）作品が多いそうだ。	ⓐ にたえる	ⓑ に至る
04	簡単な説明だけですので、お越しいただく（　　）。	ⓐ にたえません	ⓑ には及びません
05	木村さんはギターが上手で、その腕前はプロ（　　）という。	ⓐ も同然だ	ⓑ にあたる

정답 : 01 ⓐ 02 ⓑ 03 ⓐ 04 ⓑ 05 ⓐ

N1 필수 문법

08 여러 품사 뒤에 접속하는 문형

다음 (　　)에 들어갈 알맞은 것을 고르세요.

料理が得意 (　　)、客にふるまうとなるとどうしても緊張してしまう。

요리를 잘한다 (　　), 손님에게 대접하게 되면 아무래도 긴장해 버린다.

1 ことだし	2 とあれば	3 とはいえ	4 なりに
기도 하니까	면	고는 해도	나름대로

정답 : 3

학습목표

여러 품사 뒤에 접속하는 문형은 문법 문제 전반에 걸쳐 출제되며, 가장 많이 사용되는 문형이다. N2 수준의 문형도 자주 출제되므로, 각 문형들의 의미를 접속형태에 유의하여 예문과 함께 꼼꼼히 학습하자.

※ 접속형태 중 보통형이란 명사, な형용사, い형용사, 동사의 사전형, ない형, た형, なかった형의 활용 형태를 말한다.
단, 명사와 な형용사는 사전형이 아닌 명사 + だ, な형용사 어간 + だ로 접속한다.

01 ~上(に) ~인 데다가

빈출 N2 문형

접속
1. 명사である + 上(に)
2. な형용사 어간な + 上(に)
3. い형용사 보통형 + 上(に)
4. 동사 보통형 + 上(に)

예문
1. お金持ちである**上に**顔までいいとは、世の中不公平ではないか。
   부자인 데다가 얼굴까지 멋있다니, 세상 불공평하지 않은가?
2. 救急隊員の的確な**上に**迅速な対応には本当に感謝しております。
   구급대원의 정확한 데다가 신속한 대응에는 정말로 감사하고 있습니다.
3. 既存のモデルより機能性が高い**上に**デザインもかわいい。
   기존의 모델보다 기능성이 높은 데다가 디자인도 귀엽다.
4. 取引先から契約を切られた**上に**、銀行からも支援を打ち切られた。
   거래처로부터 계약이 끊긴 데다가, 은행으로부터도 지원이 중지되었다.

02 ~うちに ~인 동안에, ~하는 사이에

접속
1. 명사の + うちに
2. な형용사 어간な + うちに
3. い형용사 사전형 + うちに
4. 동사 사전형 + うちに

예문
1. 学生の**うちに**やりたいことは全てやっておいたほうがいいよ。
   학생인 동안에 하고 싶은 것은 전부 해 두는 편이 좋아.
2. 紅葉がきれいな**うちに**登山に行きませんか。
   단풍이 예쁜 동안에 등산을 가지 않을래요?
3. どうぞ温かい**うちに**お召し上がりください。
   부디 따뜻한 동안에 드셔 주세요.
4. 子どもが寝ている**うちに**家事を済ませなくてはならない。
   아이가 자고 있는 동안에 집안일을 끝내지 않으면 안 된다.

03 ~か否か ~인지 아닌지

접속 1. 명사(である／なの) + か否か　2. な형용사 어간(である／なの) + か否か
3. い형용사 보통형(の) + か否か　4. 동사 사전형 + か否か

예문 1. 証言が事実**か否か**本当のところは当事者しか知りません。
증언이 사실인지 아닌지 진실은 당사자밖에 모릅니다.

2. 下した判断が賢明**か否か**分からないが、他に方法がなかった。
내린 판단이 현명한지 아닌지 모르지만, 달리 방법이 없었다.

3. 問題の答えが正しい**か否か**確認しなければならない。
문제의 답이 옳은지 아닌지 확인하지 않으면 안 된다.

4. ２回戦に進出できる**か否か**後半戦の戦術にかかっているようだ。
2회전에 진출할 수 있을지 아닌지 후반전의 전술에 걸려있는 것 같다.

04 ~からといって ~라고 해서

빈출 N2 문형

접속 1. 명사だ + からといって　2. な형용사 어간だ + からといって
3. い형용사 보통형 + からといって　4. 동사 보통형 + からといって

예문 1. 大手企業だ**からといって**、倒産しないとは限らないそうだ。
대기업이라고 해서, 도산하지 않는다고는 할 수 없다고 한다.

2. いくら辛いものが好きだ**からといって**、食べ過ぎは体に良くない。
아무리 매운 것이 좋다고 해서, 지나치게 먹는 것은 몸에 좋지 않다.

3. 寒い**からといって**、家にばかりいないでたまには出かけたら?
춥다고 해서, 집에만 있지 말고 가끔은 외출하면?

4. 洗剤が値上げした**からといって**、買わないわけにはいかない。
세제가 가격 인상되었다고 해서, 사지 않을 수는 없다.

확인 문제 괄호에 들어갈 알맞은 문형을 고르세요.

01 既存のモデルより機能性が高い（　　）デザインもかわいい。　ⓐ 上に　ⓑ うちに

02 紅葉がきれいな（　　）登山に行きませんか。　ⓐ 上に　ⓑ うちに

03 大手企業だ（　　）、倒産しないとは限らないそうだ。　ⓐ か否か　ⓑ からといって

04 ２回戦に進出できる（　　）後半戦の戦術にかかっているようだ。　ⓐ か否か　ⓑ からといって

정답 : 01 ⓐ 02 ⓑ 03 ⓑ 04 ⓐ

05 ~極まる/~極まりない ~하기 그지없다

접속 1. な형용사 어간(なこと) + 極まる/極まりない　　2. い형용사 사전형こと + 極まる/極まりない

예문 1. あおり運転は卑劣で大事故にも繋がる危険**極まりない**行為だ。
난폭운전은 비열하고 큰 사고로도 이어지는 위험하기 그지없는 행위이다.

2. 親しくもないのにお土産をねだるなんて厚かましいこと**極まる**。
친하지도 않은데 선물을 조르다니 뻔뻔스럽기 그지없다.

06 ~こそ …が ~는 …지만

빈출 N2 문형

접속 1. 명사 + こそ…が　　2. な형용사 어간で + こそ…が
3. 동사 ます형 + こそ…が

예문 1. 目標売上**こそ**達成できなかったが、先月の２倍の数値を記録した。
목표 매상은 달성할 수 없었지만, 지난달의 2배의 수치를 기록했다.

2. 彼の企画は画期的で**こそ**あるが、商品化は難しいだろう。
그의 기획은 획기적이기는 하지만, 상품화는 어려울 것이다.

3. 映画に出演していたので誰か分かり**こそ**するが、名前までは知らない。
영화에 출연했었기 때문에 누군지 알기는 하지만, 이름까지는 모른다.

07 ~ことか ~란 말인가, ~던가

빈출 N2 문형

접속 1. な형용사 어간な/である + ことか　　2. い형용사 보통형 + ことか
3. 동사 보통형 + ことか

예문 1. 道で拾った宝くじが当たるとは、なんて幸運な**ことか**。
길에서 주운 복권이 당첨되다니, 얼마나 행운이란 말인가.

2. 長年の研究の成果が評価されて、どんなにうれしかった**ことか**。
긴 세월의 연구 성과가 평가받아, 얼마나 기뻤던가.

3. 連絡しても電話に出ないから、どれだけ心配した**ことか**。
연락해도 전화를 받지 않으니까, 얼마나 걱정했던가.

08 ～ことだし ~이니, ~이기도 하니까

접속 1. 명사である + ことだし　　2. な형용사 어간な／である + ことだし
3. い형용사 보통형 + ことだし　　4. 동사 보통형 + ことだし

예문 1. 久々の連休である**ことだし**、家族で遠出したい。
오래간만의 연휴이니, 가족이서 멀리 여행하고 싶다.

2. 昇進は濃厚な**ことだし**、早めの祝賀会でも開きましょうか。
승진은 가능성이 높으니, 일찌감치 축하회라도 열까요?

3. 参加人数が少ない**ことだし**、セミナーは延期してもよさそうだ。
참가 인원수가 적으니, 세미나는 연기해도 좋을 것 같다.

4. 新薬を処方した**ことだし**、来週には症状が治まるだろう。
신약을 처방했으니, 다음 주에는 증상이 안정될 것이다.

09 ～ことに／～ことには ~하게도

빈출 N2 문형

접속 1. な형용사 어간な + ことに／ことには　　2. い형용사 사전형 + ことに／ことには
3. 동사 た형 + たことに／たことには

예문 1. 不思議な**ことに**、凶器からは犯人の指紋が検出されなかった。
이상하게도, 흉기에서는 범인의 지문이 검출되지 않았다.

2. おもしろい**ことに**、昆虫をえさにする植物がいるらしい。
재미있게도, 곤충을 먹이로 하는 식물이 있는 것 같다.

3. 困った**ことに**、来月から地方に転勤だと言われた。
곤란하게도, 다음 달부터 지방으로 전근이라고 들었다.

확인 문제 괄호에 들어갈 알맞은 문형을 고르세요.

		ⓐ	ⓑ
01	困った（　）、来月から地方に転勤だと言われた。	ⓐ ことだし	ⓑ ことに
02	昇進は濃厚な（　）、早めの祝賀会でも開きましょうか。	ⓐ ことだし	ⓑ うちに
03	親しくもないのにお土産をねだるなんて厚かましい（　）。	ⓐ ことか	ⓑ こと極まる
04	道で拾った宝くじが当たるとは、なんて幸運な（　）。	ⓐ ことか	ⓑ こと極まる

정답 : 01 ⓑ 02 ⓐ 03 ⓑ 04 ⓐ

10 ~だけあって／~だけのことはある ~인 만큼의 가치가 있어 / ~인 만큼의 가치가 있다

접속 1. 명사 + だけあって／だけのことはある
2. な형용사 어간な + だけあって／だけのことはある
3. い형용사 보통형 + だけあって／だけのことはある
4. 동사 보통형 + だけあって／だけのことはある

예문 1. 今年は猛暑**だけあって**、エアコンの売り上げが絶好調だ。
올해는 폭염인 만큼의 가치가 있어, 에어컨의 매상이 절정이다.

2. このブランドの限定モデルは貴重な**だけあって**、高値で売買されている。
이 브랜드의 한정 모델은 귀중한 만큼의 가치가 있어, 고가에 판매되고 있다.

3. 全ての投手の癖が分かるなんて野球に詳しい**だけのことはある**。
모든 투수의 버릇을 알다니 야구에 정통한 만큼의 가치가 있다.

4. 林さんの決断力は最年少で部長に任命された**だけのことはある**。
하야시 씨의 판단력은 최연소로 부장에 임명된 만큼의 가치가 있다.

11 ~だけましだ ~만으로도 다행이다

접속 1. 명사である + だけましだ
2. な형용사 어간な／である + だけましだ
3. い형용사 보통형 + だけましだ
4. 동사 보통형 + だけましだ

예문 1. 胎児への影響が心配だが、感染力が弱い細菌である**だけましだ**。
태아로의 영향이 걱정이지만, 감염력이 약한 세균인 것만으로도 다행이다.

2. 要求は多いけれども、指示が具体的な**だけましである**。
요구는 많지만, 지시가 구체적인 것만으로도 다행이다.

3. 以前の仕事より給料は低いが、福利厚生が手厚い**だけましです**。
이전의 일보다 급료는 낮지만, 복리후생이 융숭한 것만으로도 다행입니다.

4. 空がどんよりしていて残念だけど、雨が降らない**だけましだ**よ。
하늘이 어두침침해서 아쉽지만, 비가 내리지 않는 것만으로도 다행이야.

12 ~てしかるべきだ ~해 마땅하다

접속 1. い형용사 て형 + てしかるべきだ
2. 동사 て형 + てしかるべきだ

예문 1. 人間はわがままな生き物だから、欲深く**てしかるべきだ**。
인간은 제멋대로인 생물이니까, 탐욕스러워 마땅하다.

2. 企業秘密を流出させたのだから、批難され**てしかるべきだ**と思う。
기업 비밀을 유출시킨 것이니까, 비난 당해 마땅하다고 생각한다.

13 ～てたまらない ～해서 견딜 수 없다

빈출 N2 문형

접속 1. な형용사 어간 + でたまらない　　2. い형용사 て형 + てたまらない

예문 1. 愛犬は私たち家族が好きで好き**でたまらない**ようだ。

애견은 우리들 가족이 너무 좋아서 견딜 수 없는 것 같다.

2. 最近、保険の勧誘がしつこく**てたまらない**。

최근, 보험 권유가 집요해서 견딜 수 없다.

14 ～てならない ～해서 견딜 수 없다

빈출 N2 문형

접속 1. な형용사 어간 + でならない　　2. い형용사 て형 + てならない
3. 동사 て형 + てならない

예문 1. 就職先が決まるかどうか、不安**でなりません**。

취직처가 정해질지 어떨지, 불안해서 견딜 수 없습니다.

2. 最後のレースで転んでしまったのが、悔しく**てならない**ようだ。

마지막 레이스에서 넘어져 버린 것이, 분해서 견딜 수 없는 것 같다.

3. 授業中にもかかわらず、弟の病状が気になっ**てならない**。

수업 중임에도 불구하고, 남동생의 병세가 걱정되어서 견딜 수 없다.

확인 문제 괄호에 들어갈 알맞은 문형을 고르세요.

01	林さんの決断力は最年少で部長に任命された（　）。	ⓐ だけのことはある	ⓑ だけましだ
02	以前の仕事より給料は低いが、福利厚生が手厚い（　）。	ⓐ こと極まる	ⓑ だけましだ
03	企業秘密を流出させたのだから、批難され（　）と思う。	ⓐ てしかるべきだ	ⓑ てたまらない
04	就職先が決まるかどうか、不安（　）。	ⓐ なだけのことはある	ⓑ でなりません

정답 : 01 ⓐ　02 ⓑ　03 ⓐ　04 ⓑ

15 ~てはかなわない／~てはやりきれない ~해서는 견딜 수 없다, ~해서는 곤란하다

접속 1. 명사 + ではかなわない／ではやりきれない
2. な형용사 어간 + ではかなわない／ではやりきれない
3. い형용사 て형 + てはかなわない／てはやりきれない
4. 동사 て형 + てはかなわない／てはやりきれない

예문 1. 心を込めて育てた稲が台風で全滅**ではやりきれない**だろう。
마음을 담아서 키운 벼가 태풍으로 전멸해서는 견딜 수 없을 것이다.

2. 穏和なのはいいが、嫌味に気づかないほど鈍感**ではかなわない**。
온화한 것은 좋지만, 싫은 소리를 알아차리지 못할 만큼 둔감해서는 곤란하다.

3. 日曜の朝だというのに、こう工事音がうるさく**てはかなわない**。
일요일 아침이라고 하는데, 이렇게 공사 소리가 시끄러워서는 견딜 수 없다.

4. 目先の利益だけを見て、補助金を打ち切られ**てはやりきれない**。
눈앞의 이익만을 보고, 보조금이 끊겨서는 곤란하다.

16 ~ではないか ~이지 않은가?

접속 1. 명사 + ではないか
2. な형용사 어간 + ではないか
3. い형용사 보통형 + ではないか
4. 동사 보통형 + ではないか

예문 1. 教師が生徒につけたあだ名がいじめの発端**ではないか**。
교사가 학생에게 붙인 별명이 괴롭힘의 발단이지 않은가?

2. 素人の救急処置よりも救急車を呼ぶ方が妥当**ではないか**。
초심자의 구급처치보다도 구급차를 부르는 편이 타당하지 않은가?

3. 頂上までもうすぐなのに、引き返すなんて情けない**ではないか**。
정상까지 이제 곧인데, 되돌아가다니 한심스럽지 않은가?

4. 自分の失敗を棚に上げて、部下に責任を押し付ける**ではないか**。
자신의 실패를 모르는 체하고, 부하에게 책임을 뒤집어 씌우지 않는가?

17 ~ても差し支えない ~해도 괜찮다, ~해도 문제없다

접속 1. 명사 + でも差し支えない
2. な형용사 어간 + でも差し支えない
3. い형용사 て형 + ても差し支えない
4. 동사 て형 + ても差し支えない

예문 1. 今回の裁判に参加するのは代理人**でも差し支えありません**か。
이번 재판에 참가하는 것은 대리인이어도 괜찮습니까?

2. おおまか**でも差し支えなければ**、見積もりをお出しいたします。
대략적이라도 괜찮다면, 견적을 내겠습니다.

3. 古く**ても差し支えなければ**、こちらの物件がおすすめです。
오래되어도 괜찮다면, 이쪽의 물건이 추천입니다.

4. 彼を日本映画界の宝と呼ん**でも差し支えない**だろう。
그를 일본 영화계의 보물이라고 불러도 괜찮을 것이다.

18 ~てもともとだ ~해도 본전치기다

접속 1. な형용사 어간 + でもともとだ　　2. 동사 て형 + てもともとだ

예문 1. だめ**でもともとで**も、作成した企画案を部長に見せてみたら?
안되어 본전치기여도, 작성한 기획안을 부장에게 보여주면 어때?

2. 難関校だから落ち**てもともとだ**と思っていたよ。
입학하기 어려운 학교이기 때문에 떨어져도 본전치기라고 생각하고 있었어.

19 ~とあれば ~라면

접속 1. 명사 + とあれば　　2. な형용사 어간 + とあれば
3. い형용사 보통형 + とあれば　　4. 동사 보통형 + とあれば

예문 1. 父は可愛い孫の頼み**とあれば**、何でも言う事を聞いてしまう。
아버지는 귀여운 손자의 부탁이라면, 무엇이든 말하는 것을 들어줘 버린다.

2. 助けが必要**とあれば**、いつでも声をおかけください。
도움이 필요하다면, 언제라도 말을 걸어 주세요.

3. 美人でスタイルがいい**とあれば**、性格に難点があるはずだ。
미인이고 스타일이 좋다면, 성격에 나쁜 점이 있을 것이다.

4. 式典に首相が出席する**とあれば**、厳重な警備が求められるだろう。
식전에 수상이 출석한다면, 엄중한 경비가 요구될 것이다.

확인 문제 괄호에 들어갈 알맞은 문형을 고르세요.

01 難関校だから落ち（　　）と思っていたよ。　ⓐ てもともとだ　ⓑ てならない

02 日曜の朝だというのに、こう工事音がうるさく（　　）。　ⓐ ても差し支えない　ⓑ てはかなわない

03 おおまか（　　）、見積もりをお出しいたします。　ⓐ とあれば　ⓑ でも差し支えなければ

04 教師が生徒につけたあだ名がいじめの発端（　　）。　ⓐ ではやりきれない　ⓑ ではないか

정답 : 01 ⓐ 02 ⓑ 03 ⓑ 04 ⓑ

20 ～というものだ／～ってもんだ ~라는 것이다

빈출 N2 문형

접속 1. 명사 + というものだ／ってもんだ
2. な형용사 어간 + というものだ／ってもんだ
3. い형용사 보통형 + というものだ／ってもんだ
4. 동사 보통형 + というものだ／ってもんだ

예문 1. 相手の立場に立って考えることが配慮**というものです**。
상대방의 입장에 서서 생각하는 것이 배려라는 것입니다.
2. 高い学費を払いながらバイトに時間を費すなんて無駄**というものだ**。
비싼 학비를 내면서 아르바이트에 시간을 소비하다니 쓸데없는 것이다.
3. こんな重大な任務は入ったばかりの新人には重い**ってもんだ**。
이런 중대한 임무는 막 들어온 신입에게는 무거운 것이다.
4. 政治の世界に足を踏み入れたら、誰もが総理を目指す**ってもんだ**。
정치의 세계에 발을 들여 놓으면, 누구나가 총리를 노리는 것이다.

21 ～といえども ~라고 할지라도

접속 1. 명사(だ) + といえども 2. な형용사 보통형 + といえども
3. い형용사 보통형 + といえども 4. 동사 보통형 + といえども

예문 1. 同じ警察官**といえども**、部署によって業務が大きく異なる。
같은 경찰관이라고 할지라도, 부서에 따라 업무가 크게 다르다.
2. 交渉が順調だ**といえども**、最後まで気を緩めてはいけない。
교섭이 순조롭다고 할지라도, 마지막까지 긴장을 풀면 안 된다.
3. 医療の進歩が著しい**といえども**、まだまだ治せない病気が多い。
의료의 진보가 현저하다고 할지라도, 아직 고칠 수 없는 병이 많다.
4. 最高裁に上告した**といえども**、判決が覆るとは考えられない。
최고 재판소에 상고했다고 할지라도, 판결이 뒤집어질 거라고는 생각할 수 없다.

22 ～といったらない／～といったらありゃしない 정말이지 ~하다, ~하기 짝이 없다, ~는 이루 말할 수 없다

접속 1. 명사 + といったらない／といったらありゃしない
2. い형용사 사전형 + といったらない／といったらありゃしない

예문 1. 毎年夏の暑さには苦しめられるが、今年の猛暑**といったらない**。
매년 여름의 더위에는 고통받지만, 올해 정말이지 심한 더위이다.
2. 沈黙が流れる教室の雰囲気は重々しい**といったらありゃしない**。
침묵이 흐르는 교실의 분위기는 침울하기 짝이 없다.

23 ～といっても …ない ～라고 해도 …아니다

접속 1. 명사 + といっても…ない
2. な형용사 어간 + といっても…ない
3. い형용사 보통형 + といっても…ない
4. 동사 보통형 + といっても…ない

예문 1. 知り合い**といっても**、何度か顔を合わせたことしか**ない**です。
지인이라고 해도, 몇 번인가 얼굴을 마주한 적밖에 없습니다.

2. クラシックが好き**といっても**、そんなに詳しいわけでは**ない**。
클래식을 좋아한다고 해도, 그렇게 정통한 것은 아니다.

3. 経済成長が著しい**といっても**、アメリカは超えられ**ない**だろう。
경제성장이 뚜렷하다고 해도, 미국은 넘을 수 없을 것이다.

4. 幼稚園に息子を預ける**といっても**、いつ入所できるか分から**ない**。
유치원에 아들을 맡긴다고 해도, 언제 입소할 수 있을지 모른다.

24 ～(か)と思いきや ～라고 생각했더니

접속 1. 명사 + (か)と思いきや
2. な형용사 어간 + (か)と思いきや
3. い형용사 보통형 + (か)と思いきや
4. 동사 보통형 + (か)と思いきや

예문 1. 猫同士のけんか**かと思いきや**、ただじゃれ合っているだけのようだ。
고양이끼리의 싸움인가라고 생각했더니, 단지 서로 장난치고 있을 뿐인 것 같다.

2. 入選は確実**と思いきや**、またしても賞を逃してしまった。
입선은 확실하다고 생각했더니, 또다시 상을 놓치고 말았다.

3. ケーキがしょっぱい**と思いきや**、砂糖と塩を入れ間違えたらしい。
케이크가 짜다고 생각했더니, 설탕과 소금을 잘못 넣은 것 같다.

4. 品種の改良は難航する**かと思いきや**、スムーズに進んだ。
품종 개량은 난항일 거라고 생각했더니, 원활하게 진행되었다.

확인 문제 괄호에 들어갈 알맞은 문형을 고르세요.

01 毎年夏の暑さには苦しめられるが、今年の猛暑（　　）。 ⓐ というものではない ⓑ といったらない

02 高い学費を払いながらバイトに時間を費すなんて無駄（　　）。 ⓐ というものだ ⓑ でもともとだ

03 品種の改良は難航する（　　）、スムーズに進んだ。 ⓐ といえども ⓑ かと思いきや

04 経済成長が著しい（　　）、アメリカは超えられないだろう。 ⓐ とあれば ⓑ といっても

정답 : 01 ⓑ 02 ⓐ 03 ⓑ 04 ⓑ

25 **~どころか** ~는커녕

빈출 N2 문형

접속 1. 명사(な) + どころか　　2. な형용사 어간(な) + どころか
3. い형용사 사전형 + どころか　　4. 동사 사전형 + どころか

예문 1. 息子は数学**どころか**、算数の問題すらろくに解けないようだ。
아들은 수학은커녕, 산수 문제조차 제대로 풀 수 없는 것 같다.

2. 一つのミスも許さない彼はおおらか**どころか**、極度の神経質だ。
하나의 실수도 허용하지 않는 그는 너글너글하기는커녕, 극도로 신경질적이다.

3. ソウルは北海道より暖かい**どころか**、むしろ寒いらしい。
서울은 홋카이도보다 따뜻하기는커녕, 오히려 춥다고 한다.

4. 予想と反し、天候は回復する**どころか**、風まで激しく吹きだした。
예상과 반해, 날씨는 회복되기는커녕, 바람까지 심하게 불기 시작했다.

26 **~ところを** ~인 와중에, ~한데도

접속 1. 명사の + ところを　　2. な형용사 어간な + ところを
3. い형용사 보통형 + ところを　　4. 동사 보통형 + ところを

예문 1. お急ぎの**ところを**申し訳ありませんが、アンケートにご協力ください。
급하신 와중에 죄송합니다만, 앙케트에 협력해 주십시오.

2. 彼は危険な**ところを**何度も助けてくれた私のヒーローだ。
그는 위험한 와중에 몇 번이나 도와준 나의 히어로다.

3. 本日はお足元の悪い**ところを**お越しいただきありがとうございます。
오늘은 악천후인 와중에 와 주셔서 감사합니다.

4. 話している**ところを**悪いんだけど、企画書のコピーお願いできる?
이야기 하고 있는 와중에 미안하지만, 기획서 복사 부탁 가능할까?

27 **~としても** ~라고 할지라도

빈출 N2 문형

접속 1. 명사(だ) + としても　　2. な형용사 어간(だ) + としても
3. い형용사 보통형 + としても　　4. 동사 보통형 + としても

예문 1. いくらお金持ちだ**としても**、彼と結婚することは決してない。
아무리 부자라고 할지라도, 그와 결혼하는 일은 결코 없다.

2. その挑戦が無謀だ**としても**、まずはやってみるべきだ。
그 도전이 무모하다고 할지라도, 우선은 해봐야 한다.

3. いくら品質が良い**としても**、服にそんな金額は出せません。
아무리 품질이 좋다고 할지라도, 옷에 그런 금액은 지불할 수 없습니다.

4. 今から講義に参加した**としても**、出席扱いにはならないだろう。
지금부터 강의에 참가했다고 할지라도, 출석 취급은 되지 않을 것이다.

28 ~とはいえ ~라고는 해도

접속 1. 명사(だ) + とはいえ　　2. な형용사 어간(だ) + とはいえ
3. い형용사 보통형 + とはいえ　　4. 동사 보통형 + とはいえ

예문 1. 日本だ**とはいえ**、暗い夜道を一人で歩くのは危険だ。
일본이라고는 해도, 어두운 밤길을 혼자서 걷는 것은 위험하다.

2. トリックが巧妙だ**とはいえ**、集中すれば必ず見破れるはずだ。
트릭이 교묘하다고는 해도, 집중하면 반드시 간파할 수 있을 것이다.

3. 郵便局は寮から遠い**とはいえ**、車で行けば10分の距離ですよ。
우체국은 기숙사에서 멀다고는 해도, 차로 가면 10분 거리예요.

4. 退院した**とはいえ**、まだ無理は禁物だと担当医に言われた。
퇴원했다고는 해도, 아직 무리는 금물이라고 담당의에게 들었다.

29 ~とばかりに ~라는 듯이

접속 1. 명사 + とばかりに　　2. な형용사 보통형 + とばかりに
3. い형용사 보통형 + とばかりに　　4. 동사 보통형, 명령형 + とばかりに

예문 1. 偶然彼女に遭遇し、絶好な機会**とばかりに**デートに誘った。
우연히 그녀를 조우해, 절호의 기회라는 듯이 데이트를 신청했다.

2. 審判の判定に不服だ**とばかりに**ファンからはブーイングが起こった。
심판의 판정에 불복이라는 듯이 팬으로부터는 야유가 일어났다.

3. ソファに横になっていたら、だらしない**とばかりに**母に尻を叩かれた。
소파에 누워있었더니, 칠칠치 못하다는 듯이 엄마에게 엉덩이를 맞았다.

4. 正論を主張したつもりだが、口を慎め**とばかりに**鋭い視線を浴びた。
정론을 주장한 셈이었지만, 입조심하라는 듯이 날카로운 시선을 받았다.

확인 문제 괄호에 들어갈 알맞은 문형을 고르세요.

01 日本だ（　　）、暗い夜道を一人で歩くのは危険だ。　ⓐ とばかりに　ⓑ とはいえ

02 話している（　　）悪いんだけど、企画書のコピーお願いできる？　ⓐ ところを　ⓑ ことに

03 ソウルは北海道より暖かい（　　）、むしろ寒いらしい。　ⓐ どころか　ⓑ といえども

04 その挑戦が無謀だ（　　）、まずはやってみるべきだ。　ⓐ としても　ⓑ とばかりに

정답 : 01 ⓑ 02 ⓐ 03 ⓐ 04 ⓐ

30 ~とみえる ~인 것 같다, ~인 것처럼 보이다

접속 1. 명사(だ) + とみえる　2. な형용사 어간(だ) + とみえる
3. い형용사 보통형 + とみえる　4. 동사 보통형 + とみえる

예문
1. 同僚(どうりょう)が弁当(べんとう)を持(も)ってきた。奥(おく)さんの手作(てづく)り**とみえる**。
동료가 도시락을 가지고 왔다. 부인이 손수 만든 것 같다.
2. お歯黒(はぐろ)について様々(さまざま)な説(せつ)があるが、日本古来説(にほんこらいせつ)が有力(ゆうりょく)だ**とみえる**。
오하구로에 대해서 다양한 설이 있지만, 일본 고래설이 유력한 것 같다.
3. 電話(でんわ)を返(かえ)さないのを見(み)ると、彼女(かのじょ)は今忙(いまいそが)しい**とみえる**。
전화를 주지 않는 것을 보면, 그녀는 지금 바쁜 것 같다.
4. 雲一(くもひと)つない快晴(かいせい)だ。台風(たいふう)は夜中(よなか)のうちに過(す)ぎ去(さ)った**とみえる**。
구름 하나 없는 쾌청한 날씨다. 태풍은 한밤중 사이에 지나간 것 같다.

31 ~ないことには ~않으면, ~아니고는

빈출 N2 문형

접속 1. 명사で + ないことには　2. な형용사 어간で + ないことには
3. い형용사 ない형 + ないことには　4. 동사 ない형 + ないことには

예문
1. 形(かたち)はブランド品(ひん)と同(おな)じだが、本物(ほんもの)で**ないことには**何(なん)の価値(かち)もない。
형태는 브랜드 물건과 같지만, 진짜가 아니고는 아무 가치도 없다.
2. 造(つく)りが頑丈(がんじょう)で**ないことには**、地震(じしん)の衝撃(しょうげき)に耐(た)えられない。
만듦새가 단단하지 않으면, 지진의 충격에 버틸 수 없다.
3. 冷(つめ)たく**ないことには**、白(しろ)ワイン本来(ほんらい)の旨味(うまみ)が楽(たの)しめないという。
차갑지 않으면, 화이트 와인 본래의 맛을 즐길 수 없다고 한다.
4. 薬(くすり)の安全性(あんぜんせい)が証明(しょうめい)され**ないことには**、実用化(じつようか)することはできない。
약의 안전성이 증명되지 않으면, 실용화하는 것은 불가능하다.

32 ~ないとも限(かぎ)らない (어쩌면) ~지도 모른다

접속 1. 명사 で/では/じゃ + ないとも限らない　2. な형용사 어간 で/では/じゃ + ないとも限らない
3. い형용사 ない형 + ないとも限らない　4. 동사 ない형 + ないとも限らない

예문
1. 証人(しょうにん)として呼(よ)ばれた女性(じょせい)の発言(はつげん)が真実(しんじつ)じゃ**ないとも限(かぎ)らない**よ。
증인으로서 불려진 여성의 발언이 진실일지도 몰라.
2. 昨夜(さくや)に行(おこな)われた取(と)り引(ひ)きが不正(ふせい)では**ないとも限(かぎ)りません**。
어젯밤 행해진 거래가 부정일지도 모릅니다.
3. 発注(はっちゅう)を受(う)けた個数(こすう)と納品(のうひん)した個数(こすう)が等(ひと)しく**ないとも限(かぎ)らない**。
발주를 받은 개수와 납품한 개수가 같을지도 모른다.
4. 津波(つなみ)による二次災害(にじさいがい)が起(お)こら**ないとも限(かぎ)りません**。
쓰나미에 의한 2차 재해가 일어날지도 모릅니다.

33 ～ながら(も／に) ~이지만, ~임에도 불구하고

접속 1. 명사 + ながら(も／に) 2. な형용사 어간 + ながら(も／に)
3. い형용사 사전형 + ながら(も／に) 4. 동사 ます형 + ながら(も／に)

예문 1. 回転寿司**ながらも**、味は老舗の高級寿司店に劣らないそうだ。
회전스시임에도 불구하고, 맛은 역사가 오랜 가게의 고급 스시점에 뒤지지 않는다고 한다.

2. ソン選手は小柄**ながら**巧みなドリブルで相手を翻弄した。
손 선수는 몸집이 작지만 정교한 드리블로 상대를 농락했다.

3. 態度はそっけない**ながらも**兄の優しい言葉には何度も救われた。
태도는 쌀쌀맞지만 형의 다정한 말에는 몇 번이나 구원받았다.

4. 旅番組を見ていると、家にい**ながら**旅行している気分が味わえる。
여행 방송을 보고 있으면, 집에 있음에도 불구하고 여행하고 있는 기분을 맛볼 수 있다.

34 ～ならまだしも／～ならともかく ~라면 몰라도

접속 1. 명사 + ならまだしも／ならともかく 2. な형용사 어간 + ならまだしも／ならともかく
3. い형용사 보통형 + ならまだしも／ならともかく 4. 동사 보통형 + ならまだしも／ならともかく

예문 1. 新卒**ならまだしも**、既卒での採用は狭き門だと言われている。
신졸이라면 몰라도, 이미 학교를 졸업한 사람의 채용은 좁은 문이라고 일컬어지고 있다.

2. 早急**ならともかく**、残業してまで終わらせる仕事だろうか。
매우 급하다면 몰라도, 잔업 해서까지 끝마칠 일인가?

3. 山道が険しい**ならまだしも**、こんなところでねんざするなんて。
산길이 험하다면 몰라도, 이런 곳에서 염좌라니.

4. 連絡がある**ならともかく**、無断で欠勤するとは常識がない。
연락이 있다면 몰라도, 무단으로 결근하다니 상식이 없다.

확인 문제 괄호에 들어갈 알맞은 문형을 고르세요.

01 電話を返さないのを見ると、彼女は今忙しい（　　）。 ⓐ ことか ⓑ とみえる

02 早急（　　）、残業してまで終わらせる仕事だろうか。 ⓐ ならともかく ⓑ ないことには

03 津波による二次災害が起こらない（　　）。 ⓐ とも限りません ⓑ といったらありません

04 冷たく（　　）、白ワイン本来の旨味が楽しめないという。 ⓐ ないことには ⓑ ないならまだしも

정답 : 01 ⓑ 02 ⓐ 03 ⓐ 04 ⓐ

35 ~なりに/~なりの ~나름대로 / ~나름의

접속 1. 명사 + なりに/なりの 2. な형용사 어간 + なりに/なりの
3. い형용사 사전형 + なりに/なりの 4. 동사 보통형 + なりに/なりの

예문 1. 私**なりに**老後の過ごし方について考えてみました。
저 나름대로 노후를 보내는 방법에 대해서 생각해 보았습니다.

2. 一人暮らしを始めて自由は自由**なりの**大変さがあることを知った。
혼자 살기 시작하고 자유는 자유 나름의 힘듦이 있는 것을 알았다.

3. 実際に商品を使ってみれば、安い**なりの**理由が分かるはずです。
실제로 상품을 사용해 보면, 싼 나름의 이유를 알 수 있을 것입니다.

4. 諦めるのではなく、できない**なりに**努力することが大切だという。
포기하는 것이 아니라, 할 수 없는 나름대로 노력하는 것이 중요하다고 한다.

36 ~に限る ~하는 것이 제일이다, ~이 최고다

접속 1. 명사 + に限る 2. な형용사 어간なの + に限る
3. い형용사 보통형の + に限る 4. 동사 사전형 + に限る

예문 1. おじは会う度ラーメンは札幌の味噌ラーメン**に限る**と言っている。
삼촌은 만날 때마다 라면은 삿포로의 된장 라면이 제일이라고 말하고 있다.

2. 質がいいものを長く愛用したいから、洋服はシンプルなの**に限る**。
질이 좋은 것을 오래 애용하고 싶기 때문에, 옷은 심플한 것이 제일이다.

3. 一日の疲れをとるためには、お風呂は熱いの**に限ります**。
하루의 피로를 풀기 위해서는, 목욕은 뜨거운 것이 최고입니다.

4. テレビで見るのもいいが、野球はやはり球場で観戦する**に限る**。
텔레비전으로 보는 것도 좋지만, 야구는 역시 구장에서 관전하는 것이 최고다.

37 ~に越したことはない ~이 가장 좋다, ~이 최고다, ~에 비할 바가 없다

접속 1. 명사である + に越したことはない 2. な형용사 어간(である) + に越したことはない
3. い형용사 사전형 + に越したことはない 4. 동사 사전형 + に越したことはない

예문 1. 少々高くてもカメラは高画質である**に越したことはない**そうだ。
조금 비싸도 카메라는 고화질인 것이 가장 좋다고 한다.

2. この年齢になり、体が丈夫である**に越したことはない**と思う。
이 연령이 되어, 몸이 튼튼한 것이 최고라고 생각한다.

3. 外見がいい**に越したことはない**が、人間は中身が第一だ。
외견이 좋은 것에 비할 바가 없지만, 인간은 알맹이가 가장 중요하다.

4. 育児はお金がかかるから、今から貯金する**に越したことはない**よ。
육아는 돈이 들기 때문에, 지금부터 저금하는 것이 가장 좋아.

38 ～にしたところで／～としたって ~라고 한들, ~해 봤자

접속 1. 명사(である) + にしたところで／としたって
2. な형용사 어간(である) + にしたところで／としたって
3. い형용사 보통형 + にしたところで／としたって
4. 동사 보통형 + にしたところで／としたって

예문 1. 木村(きむら)さん**にしたところで**こんな問題(もんだい)に巻(ま)き込(こ)まれては迷惑(めいわく)だよ。
기무라 씨라고 한들 이런 문제에 휘말려서는 민폐야.

2. CO 2の削減基準(さくげんきじゅん)を明確(めいかく)**にしたところで**、効果(こうか)が現(あらわ)れるわけではない。
CO2 삭감 기준을 명확하게 한들, 효과가 나타나는 것은 아니다.

3. ずうずうしい**としたって**、列(れつ)に割(わ)り込(こ)むなんて信(しん)じられない。
뻔뻔하다고 해 봤자, 줄에 끼어들다니 믿을 수 없다.

4. 議員(ぎいん)の不祥事(ふしょうじ)を報(ほう)じる**としたって**、権力(けんりょく)に潰(つぶ)されるだけです。
의원의 불상사를 보도해 봤자, 권력에 짓눌러질 뿐입니다.

39 ～にしても ~라 할지라도, ~라고 해도

접속 1. 명사(である) + にしても 2. い형용사 보통형 + にしても
3. 동사 보통형 + にしても

예문 1. 警察(けいさつ)**にしても**、もう少(すこ)し慎重(しんちょう)に捜査(そうさ)を進(すす)めるべきだった。
경찰이라 할지라도, 조금 더 신중하게 수사를 진행해야 했다.

2. 知識(ちしき)が幅広(はばひろ)い**にしても**、専門性(せんもんせい)がなければ意味(いみ)がありません。
지식이 폭넓다 할지라도, 전문성이 없으면 의미가 없습니다.

3. 別(わか)れを告(つ)げる**にしても**、言(い)い方(かた)というものがあるだろう。
이별을 고한다 할지라도, 말투라는 것이 있을 것이다.

확인 문제 괄호에 들어갈 알맞은 문형을 고르세요.

01 私(わたし)（　　）老後(ろうご)の過(す)ごし方(かた)について考(かんが)えてみました。 ⓐ なりに ⓑ ながらも

02 テレビで見(み)るのもいいが、野球(やきゅう)はやはり球場(きゅうじょう)で観戦(かんせん)する（　　）。 ⓐ というものだ ⓑ に限る

03 知識(ちしき)が幅広(はばひろ)い（　　）、専門性(せんもんせい)がなければ意味(いみ)がありません。 ⓐ にしたところで ⓑ にしても

04 育児(いくじ)はお金(かね)がかかるから、今(いま)から貯金(ちょきん)する（　　）よ。 ⓐ に限らない ⓑ に越したことはない

정답 : 01 ⓐ 02 ⓑ 03 ⓑ 04 ⓑ

40 ~にすぎない ~에 지나지 않는다, ~일 뿐이다, ~에 불과하다

빈출 N2 문형

접속 1. 명사 + にすぎない　　2. な형용사 어간 + にすぎない
3. い형용사 보통형 + にすぎない　　4. 동사 보통형 + にすぎない

예문
1. 部長と林さんが付き合っているなんてただの噂話**にすぎない**って。
부장과 하야시 씨가 사귀고 있다는 건 그저 소문에 지나지 않대.
2. レントゲンの発明は放電実験の過程から生まれた偶然**にすぎない**。
뢴트겐 발명은 방전 실험 과정에서 생겨난 우연에 지나지 않는다.
3. 桜が雨に打たれ、散っていく姿ははかない**にすぎない**。
벚꽃이 비를 맞아, 져가는 모습은 허무할 뿐이다.
4. 先生も冗談で言った**にすぎない**から、気にしなくていいよ 。
선생님도 농담으로 말했을 뿐이니까, 신경 쓰지 않아도 돼.

41 ~に相違ない ~임에 틀림없다

빈출 N2 문형

접속 1. 명사 + に相違ない　　2. な형용사 어간 + に相違ない
3. い형용사 보통형 + に相違ない　　4. 동사 보통형 + に相違ない

예문
1. ゲリラ豪雨などの異常気象も地球温暖化の影響**に相違ない**。
게릴라 호우 등의 이상기상도 지구 온난화의 영향임에 틀림없다.
2. 与党が分裂したため、野党の勝利は確実**に相違ありません**。
여당이 분열했기 때문에, 야당의 승리는 확실함에 틀림없습니다.
3. 予算を考えると、企画の運営は厳しい**に相違ない**ようだ。
예산을 생각하면, 기획의 운영은 어려움에 틀림없는 것 같다.
4. 悪気がないとはいえ、その発言は人を侮辱する**に相違ありません**。
악의가 없다고 해도, 그 발언은 사람을 모욕하는 것임에 틀림없습니다.

42 ~に対する/~に対して ~에 대한 / ~에 대해

빈출 N2 문형

접속 1. 명사 + に対する/に対して　　2. な형용사 어간なの + に対する/に対して
3. い형용사 사전형の + に対する/に対して　　4. 동사 보통형の + に対する/に対して

예문
1. 障がい者**に対する**誤解された認識を改めていきたいです。
장애인에 대한 오해가 있는 인식을 고쳐가고 싶습니다.
2. ストーリーが単調なの**に対して**、読者は不満がないのだろうか。
스토리가 단조로운 것에 대해, 독자는 불만이 없는 것일까?
3. 妹 の態度がよそよそしいの**に対して**、違和感を抱いた。
여동생의 태도가 데면데면한 것에 대해, 위화감을 품었다.
4. 田舎で暮らすの**に対する**憧れはどんどん膨らむばかりだ。
시골에서 사는 것에 대한 동경은 점점 부풀어오를 뿐이다.

43 ~にもかかわらず ~임에도 불구하고 빈출 N2 문형

접속 1. 명사 + にもかかわらず
2. な형용사 어간である + にもかかわらず
3. い형용사 보통형 + にもかかわらず
4. 동사 보통형 + にもかかわらず

예문 1. オープン前**にもかかわらず**、お店には長蛇の列ができています。
오픈 전임에도 불구하고, 가게에는 긴 줄이 생겨 있습니다.

2. 多忙である**にもかかわらず**、彼女はヨガとピアノを習っているらしい。
매우 바쁨에도 불구하고, 그녀는 요가와 피아노를 배우고 있다고 한다.

3. 外が騒がしい**にもかかわらず**、彼は練習に没頭していた。
밖이 시끄러움에도 불구하고, 그는 연습에 몰두하고 있었다.

4. 後悔すると分かっている**にもかかわらず**、歌手になる夢を捨てた。
후회할 거라고 알고 있음에도 불구하고, 가수가 되는 꿈을 버렸다.

44 ~にもほどがある ~에도 정도가 있다

접속 1. 명사 + にもほどがある
2. な형용사 어간 + にもほどがある
3. い형용사 사전형 + にもほどがある
4. 동사 사전형 + にもほどがある

예문 1. 任された仕事を途中で投げ出すとは無責任**にもほどがある**。
맡겨진 일을 도중에 내던지다니 무책임에도 정도가 있다.

2. 愛する我が子の誕生日会とはいえ、盛大**にもほどがあります**。
사랑하는 나의 아이의 생일 파티라고 해도, 성대함에도 정도가 있습니다.

3. お年寄りを狙った詐欺を図ろうなんてあくどい**にもほどがある**。
어르신을 노린 사기를 도모하다니 악랄함에도 정도가 있다.

4. 耳が悪いのは分かるけど、聞き返す**にもほどがある**ってもんだよ。
귀가 안 좋은 것은 알지만, 다시 묻는 것에도 정도가 있다는 거야.

확인 문제 괄호에 들어갈 알맞은 문형을 고르세요.

01 ゲリラ豪雨などの異常気象も地球温暖化の影響（　　）。 ⓐ に相違ない ⓑ にもほどがある
02 桜が雨に打たれ、散っていく姿ははかない（　　）。 ⓐ にすぎない ⓑ に越したことはない
03 妹の態度がよそよそしいの（　　）、違和感を抱いた。 ⓐ に対して ⓑ にもかかわらず
04 後悔すると分かっている（　　）、歌手になる夢を捨てた。 ⓐ のに対して ⓑ にもかかわらず

정답 : 01 ⓐ 02 ⓐ 03 ⓐ 04 ⓑ

문법 | 필수 문법 | 해커스 JLPT N1 한 권으로 합격

45 ~のではないか ~가 아닐까, ~가 아닌가

접속 1. 명사な + のではないか　2. な형용사 어간な + のではないか
3. い형용사 보통형 + のではないか　4. 동사 보통형 + のではないか

예문 1. 心を許せる人がいないこと、それが本当の孤独な**のではないか**。
마음을 허락할 수 있는 사람이 없는 것, 그것이 진정한 고독이 아닐까.

2. 食料自給率を4割に引き上げようとは、無謀な**のではないか**。
식량자급률을 4할로 끌어올리자는 건, 무모한 것이 아닌가.

3. この画家の名前も知らないなんて、教養が乏しい**のではないか**。
이 화가의 이름도 모르다니, 교양이 부족한 것이 아닐까.

4. 他社の買収が弊社に多大なる損害をもたらす**のではないか**心配だ。
타사 매수가 우리 회사에 매우 많은 손해를 가져오는 것이 아닌가 걱정이다.

46 ~のなんのって 매우 ~해서, 매우 ~하다

접속 1. な형용사 보통형 + のなんのって　2. い형용사 보통형 + のなんのって
3. 동사 보통형 + のなんのって

예문 1. 夜景がきれいな**のなんのって**、本当に感動しました。
야경이 매우 예뻐서, 정말 감동했습니다.

2. 今年は梅雨が長引いて蒸し暑い**のなんのって**我慢できない。
올해는 장마가 길어지고 찌는 듯이 더워서 참을 수 없다.

3. 彼女はよく食べる**のなんのって**。ご飯を2杯もおかわりした。
그녀는 매우 잘 먹는다. 밥을 2그릇이나 리필했다.

47 ~のみならず ~뿐만 아니라

빈출 N2 문형

접속 1. 명사 + のみならず　2. な형용사 어간で + のみならず
3. い형용사 사전형 + のみならず　4. 동사 보통형 + のみならず

예문 1. 日本**のみならず**、他の先進国でも少子化が問題視されています。
일본뿐만 아니라, 다른 선진국에서도 저출산화가 문제시되고 있습니다.

2. 電子レンジは手軽で**のみならず**、子どもでも安全に使える。
전자레인지는 손쉬울 뿐만 아니라, 아이라도 안전하게 쓸 수 있다.

3. 彼女の残した業績は輝かしい**のみならず**、国民の力にもなった。
그녀가 남긴 업적은 눈부실 뿐만 아니라, 국민의 힘도 되었다.

4. 洪水で橋が崩壊した**のみならず**、被害は周りの住宅にも及んだ。
홍수로 다리가 붕괴되었을 뿐만 아니라, 피해는 주변의 주택에도 미쳤다.

48 ~のをいいことに ~을 구실로, ~을 기회로

접속 1. 명사な／である + のをいいことに　2. な형용사 어간な／である + のをいいことに
3. い형용사 보통형 + のをいいことに　4. 동사 보통형 + のをいいことに

예문 1. 客な**のをいいことに**傲慢な態度をとる人たちがいる。
손님인 것을 구실로 오만한 태도를 취하는 사람들이 있다.

2. 寛容である**のをいいことに**皆彼女に雑用を押し付ける。
관대한 것을 구실로 모두 그녀에게 잡일을 떠넘긴다.

3. 乗客が少ない**のをいいことに**荷物で席を占領している。
승객이 적은 것을 구실로 짐이 자리를 점령하고 있다.

4. 彼は電車が混んでいる**のをいいことに**痴漢を繰り返した。
그는 전철이 붐비는 것을 구실로 치한을 반복했다.

49 ~ばかりに ~바람에, ~탓에

빈출 N2 문형

접속 1. い형용사 보통형 + ばかりに　2. 동사 た형 + たばかりに

예문 1. 奥さんの料理がおいしい**ばかりに**、つい食べ過ぎてしまうという。
사모님의 요리가 맛있는 바람에, 그만 과식해버린다고 한다.

2. 契約終了前に解約した**ばかりに**、違約金を払うことになった。
계약 종료 전에 해약한 바람에, 위약금을 지불하게 되었다.

확인 문제 괄호에 들어갈 알맞은 문형을 고르세요.

01 彼女はよく食べる（　　）。ご飯を２杯もおかわりした。　ⓐ のなんのって　ⓑ のをいいことに

02 彼女の残した業績は輝かしい（　　）、国民の力にもなった。　ⓐ のみならず　ⓑ ばかりに

03 食料自給率を４割に引き上げようとは、無謀な（　　）。　ⓐ のに限る　ⓑ のではないか

04 契約終了前に解約した（　　）、違約金を払うことになった。　ⓐ ばかりに　ⓑ のなんのって

정답 : 01 ⓑ 02 ⓐ 03 ⓑ 04 ⓐ

50 ~ばこそ ~이기에, ~이므로

접속 1. 명사であれ + ばこそ　2. な형용사 어간であれ + ばこそ
3. い형용사 가정형 + ばこそ　4. 동사 가정형 + ばこそ

예문 1. 大人であれ**ばこそ**、ささいな幸せに気づきにくい。
어른이기에, 소소한 행복을 알아차리기 어렵다.

2. 夫婦の仲が円満であれ**ばこそ**、子どもは素直に育つんです。
부부의 사이가 원만하기에, 아이는 순수하게 자라는 것입니다.

3. 緩いカーブが多けれ**ばこそ**、事故が起きやすいそうだ。
완만한 커브가 많기에, 사고가 일어나기 쉽다고 한다.

4. 天才と呼ばれれ**ばこそ**、他人に弱みを見せられないものです。
천재라고 불리기에, 타인에게 약점을 보일 수 없는 법입니다.

51 ~べきだ／~べきではない ~해야 한다 / ~해서는 안 된다　빈출 N2 문형

접속 1. 명사である + べきだ／べきではない　2. な형용사 어간である + べきだ／べきではない
3. い형용사 어간くある + べきだ／べきではない　4. 동사 사전형 + べきだ／べきではない

예문 1. どんなときでも教師は生徒の手本である**べきだ**と思う。
어떤 때라도 교사는 학생의 모범이어야 한다고 생각한다.

2. 非常事態が発生したときこそ、冷静である**べき**です。
비상사태가 발생했을 때야말로, 냉정해야 합니다.

3. 伝統を守るのはいいが、考え方は固くある**べきではない**。
전통을 지키는 것은 좋지만, 사고방식은 딱딱해서는 안 된다.

4. 科学技術は武力として利用される**べきではありません**。
과학 기술은 무력으로써 이용되어서는 안 됩니다.

52 ~もかまわず ~도 개의치 않고, ~도 신경 쓰지 않고　빈출 N2 문형

접속 1. 명사 + もかまわず　2. な형용사 어간な／である + の + もかまわず
3. い형용사 보통형の + もかまわず　4. 동사 보통형の + もかまわず

예문 1. 他人の目**もかまわず**、意見を言える者がうらやましい。
타인의 눈도 개의치 않고, 의견을 말할 수 있는 사람이 부럽다.

2. ぶかぶかなの**もかまわず**、そのセーターがお気に入りのようだ。
헐렁헐렁한 것도 개의치 않고, 그 스웨터가 맘에 든 것 같다.

3. 教室が騒がしいの**もかまわず**、彼女は読書に没頭していた。
교실이 시끌벅적한 것도 개의치 않고, 그녀는 독서에 몰두하고 있었다.

4. 批判が集まっているの**もかまわず**、市長は条例を取り下げなかった。
비판이 모이고 있는 것도 개의치 않고, 시장은 조례를 취하하지 않았다.

53 ～ものだ ~인 법이다

빈출 N2 문형

접속 1. な형용사 어간な + ものだ　2. い형용사 사전형 + ものだ
3. 동사 보통형 + ものだ

예문 1. 歳をとると、新しいことに挑戦するのがおっくうな**ものだ**。
나이를 먹으면, 새로운 것에 도전하는 것이 귀찮은 법이다.

2. 次々に新しい芸人が出てきて、芸能界の移り変わりは速い**ものだ**。
잇달아 새로운 예능인이 나와서, 연예계의 변천은 빠른 법이다.

3. 母語とは違い、外国語は使わないと忘れる**ものだ**と言われている。
모국어와는 다르게, 외국어는 사용하지 않으면 잊어버리는 법이라고 일컬어진다.

54 ～ものだから ~라서, ~이기 때문에

접속 1. 명사な + ものだから　2. な형용사 어간な + ものだから
3. い형용사 보통형 + ものだから　4. 동사 보통형 + ものだから

예문 1. まだ学生な**ものだから**、贅沢する金銭的な余裕はありません。
아직 학생이라서, 사치할 금전적인 여유는 없습니다.

2. 几帳面な**ものだから**、確認を二度しないと気が済まない。
꼼꼼하기 때문에, 확인을 두 번 하지 않으면 성에 차지 않는다.

3. 幸せは何気ない**ものだから**、失ってからじゃないと気づきにくい。
행복은 아무렇지 않은 것이기 때문에, 잃어버리고 나서가 아니면 알아채기 어렵다.

4. 部長が機嫌を損ねた**ものだから**、会議の雰囲気は最悪だった。
부장의 기분을 상하게 했기 때문에, 회의 분위기는 최악이었다.

확인 문제 괄호에 들어갈 알맞은 문형을 고르세요.

01 非常事態が発生したときこそ、冷静である（　）。　ⓐ べきだ　ⓑ ものだ

02 緩いカーブが（　）、事故が起きやすいそうだ。　ⓐ 多いのをいいことに　ⓑ 多ければこそ

03 ぶかぶかなの（　）、そのセーターがお気に入りのようだ。　ⓐ ものだから　ⓑ もかまわず

04 部長が機嫌を損ねた（　）、会議の雰囲気は最悪だった。　ⓐ ものだから　ⓑ だけあって

정답 : 01 ⓐ 02 ⓑ 03 ⓑ 04 ⓐ

55 ~ものの ~기는 하나, ~기는 하지만

빈출 N2 문형

접속 1. 명사である + ものの　2. な형용사 어간な + ものの
3. い형용사 사전형 + ものの　4. 동사 보통형 + ものの

예문
1. 近代的(きんだいてき)な外装(がいそう)である**ものの**、中(なか)はバリアフリーになっています。
근대적인 외장이기는 하나, 속은 배리어 프리로 되어 있습니다.
2. 容姿(ようし)は平凡(へいぼん)な**ものの**、愉快(ゆかい)な性格(せいかく)からか女性(じょせい)に人気(にんき)があるようだ。
겉모습은 평범하기는 하나, 유쾌한 성격 때문인지 여성에게 인기가 있는 것 같다.
3. 映画(えいが)の内容(ないよう)は切(せつ)ない**ものの**、映像(えいぞう)には温(あたた)かみがあった。
영화의 내용은 애달프기는 하지만, 영상에는 따뜻함이 있었다.
4. 父(ちち)は姉(あね)を心配(しんぱい)している**ものの**、決(けっ)して態度(たいど)に出(だ)さないから不思議(ふしぎ)だ。
아빠는 언니를 걱정하고 있기는 하지만, 결코 태도로 드러내지 않으니까 이상하다.

56 ~ものを ~일 텐데, ~인데

접속 1. な형용사 보통형 + ものを　2. い형용사 보통형 + ものを
3. 동사 보통형 + ものを

예문
1. 本当(ほんとう)は繊細(せんさい)な**ものを**、どうして君(きみ)は強(つよ)がってしまうのか。
사실은 섬세할 텐데, 어째서 자네는 강한 체 해버리는 건가.
2. すぐに謝罪(しゃざい)すればよかった**ものを**、本当(ほんとう)に頑固(がんこ)なもんだ。
바로 사죄하면 좋았을 텐데, 정말로 완고하다.
3. 言(い)ってくれればお弁当(べんとう)を準備(じゅんび)してあげた**ものを**。
말해줬으면 도시락을 준비해줬을 텐데.

57 ~もんか／~ものか ~할까 보냐, ~하나 봐라

빈출 N2 문형

접속 1. な형용사 어간な + もんか／ものか　2. い형용사 사전형 + もんか／ものか
3. 동사 사전형 + もんか／ものか

예문
1. 被災地(ひさいち)を復興(ふっこう)させることがそんなに安易(あんい)な**もんか**。
재해 피해 지역을 부흥 시키는 것이 그렇게 손쉬울까 보냐.
2. 動物園(どうぶつえん)の飼育係(しいくがかり)が鳥(とり)の生態(せいたい)にまで詳(くわ)しい**ものか**。
동물원 사육 담당이 새의 생태까지 잘 알까 보냐.
3. 謝金(しゃきん)もろくに出(で)ないのに、審査員(しんさいん)なんて引(ひ)き受(う)ける**もんか**。
사례금도 제대로 나오지 않는데, 심사원 따위 떠맡을까 보냐.

58 ～わけでもない／～わけではない ~인 것은 아니다

빈출 N2 문형

접속
1. 명사な／である + わけでもない／わけではない
2. な형용사 어간な + わけでもない／わけではない
3. い형용사 보통형 + わけでもない／わけではない
4. 동사 보통형 + わけでもない／わけではない

예문
1. 今日の試合は調子がよかったが、絶好調である**わけでもない**。
   오늘의 시합은 순조로웠지만, 더할 나위 없이 호조인 것은 아니다.
2. 歌は下手だが、音楽が嫌いな**わけではない**そうだ。
   노래는 서툴지만, 음악을 싫어하는 것은 아니라고 한다.
3. 家族と離れて暮らしているが、寂しい**わけでもない**ようだ。
   가족과 떨어져서 생활하고 있지만, 외로운 것은 아닌 것 같다.
4. 法廷で有罪にならなかったが、罪から逃げられる**わけではない**。
   법정에서 유죄가 되지 않았지만, 죄에서 도망칠 수 있는 것은 아니다.

59 たとえ ～ても 설령 ~라고 해도

빈출 N2 문형

접속
1. たとえ + 명사 + でも
2. たとえ + な형용사 어간 + でも
3. たとえ + い형용사 て형 + ても
4. たとえ + 동사 て형 + ても

예문
1. **たとえ**それがこの国の風習**でも**、私にはなかなか受け入れ難い。
   설령 그것이 이 나라의 풍습이라고 해도, 나에게는 좀처럼 받아들이기 어렵다.
2. **たとえ**実力の差が圧倒的**でも**、戦ってみないと結果は分からない。
   설령 실력의 차가 압도적이라고 해도, 싸워보지 않으면 결과는 모른다.
3. **たとえ**どんなにつらく**ても**、子どもの前では常に笑顔でいたい。
   설령 아무리 힘들다고 해도, 아이 앞에서는 항상 웃는 얼굴로 있고 싶다.
4. **たとえ**最低賃金を引き上げ**ても**、貧困問題の解決にはならない。
   설령 최저 임금을 끌어올린다고 해도, 빈곤 문제의 해결은 되지 않는다.

확인 문제 괄호에 들어갈 알맞은 문형을 고르세요.

01 被災地を復興させることがそんなに安易な（　　）。 ⓐ もんか ⓑ ものだ

02 言ってくれればお弁当を準備してあげた（　　）。 ⓐ ものを ⓑ ものか

03 近代的な外装である（　　）、中はバリアフリーになっています。 ⓐ べき ⓑ ものの

04 家族と離れて暮らしているが、寂しい（　　）ようだ。 ⓐ わけでもない ⓑ にすぎない

정답 : 01 ⓐ 02 ⓐ 03 ⓑ 04 ⓐ

문제 5

문법형식 판단

문법형식 판단은 서술문 또는 대화문의 괄호 안에 들어갈 문맥에 맞는 문법형식을 고르는 문제로, 총 10문항이 출제된다. 적절한 문형을 고르는 문제가 6~8문항 출제되고, 동사나 형용사의 올바른 활용형을 고르는 문제, 적절한 조사, 부사, 접속사를 고르는 문제가 1~2문항씩 출제된다.

핵심 전략

1 적절한 문형을 고르는 문제는 선택지가 모두 단순 문형이거나, 수동·사역·사역수동 표현, 수수 표현, 경어 표현 등 여러 문법 사항이 혼합된 형태로 구성된다. 선택지가 모두 단순 문형이면 괄호 앞과 올바르게 접속되면서 문맥에 맞는 문형을 정답으로 선택하고, 여러 문법 사항이 혼합된 경우는 각 문법 사항을 끊어가면서 꼼꼼히 해석하여 문맥에 맞는 선택지를 정답으로 고른다.

예 この小説(しょうせつ)は弁護士(べんごし)が自分(じぶん)の経験(けいけん)に（　　）書(か)いたものだ。
이 소설은 변호사가 자신의 경험에 (　　) 쓴 것이다.

① 即(そく)して 입각하여 (○)　② 至(いた)って 이르러 (×)　③ 経(へ)て 거쳐 (×)

② 괄호 앞 조사 に에는 접속할 수 있지만, 문맥에 맞지 않는 문형이다.
③ 괄호 앞 조사 に에 접속할 수 없는 문형이다.

예 状況(じょうきょう)を（　　）、適切(てきせつ)な対応(たいおう)をすることができなかった。
상황을 (　　), 적절한 대응을 하는 것이 불가능했다.

① 知(し)らせて / いただいた / にもかかわらず 알려 / 주셨 / 음에도 불구하고 (○)
② 知(し)られて / しまった / からには 알려져 / 버린 / 이상에는 (×)

2 동사나 형용사의 올바른 활용형을 고르는 문제는 괄호 뒤의 문형에 접속하는 선택지를 정답으로 고른다.

예 難(むずか)しい技(わざ)でも、練習(れんしゅう)さえすれば（　　）ものでもない。 어려운 기술이어도 연습만 하면 (　　) 것도 없다.

① できない 못할 (○)　② できた 할 수 있었을 (×)

3 적절한 조사, 부사, 접속사를 고르는 문제는 조사·부사·접속사의 대표적인 뜻 외에 다른 뜻도 고려하여 문맥에 맞는 의미의 선택지를 정답으로 고른다.

예 無罪(むざい)を主張(しゅちょう)したが、結局有罪(けっきょくゆうざい)（　　）宣告(せんこく)された。 무죄를 주장했으나, 결국 유죄 (　　) 선고되었다.

① と 로 (○)　② に 에 (×)

이 문장에서 と는 대표적인 뜻인 '~와'가 아니라, 내용을 가리키는 '~로'라는 뜻으로 사용되었다.

4 선택지는 모두 문법상 올바른 표현이므로, 반드시 괄호 앞뒤의 문법 사항과 문맥을 파악한 후 문제를 풀어야 한다. N1 필수 문법에서 조사, 부사, 접속사의 다양한 용법, 문형의 뜻과 접속 형태를 특히 더 꼼꼼히 학습한다.

문제 풀이 Step

Step 1 **선택지를 읽고 각 선택지의 의미와 무엇을 고르는 문제인지 파악한다.**

선택지를 읽고 각각의 의미를 확인하며, 적절한 문형, 동사나 형용사의 올바른 활용형, 적절한 조사나 부사나 접속사 중 무엇을 골라야 하는지 파악한다.

Step 2 **서술문 또는 대화문을 읽고 괄호 앞뒤의 문법 사항과 문맥에 맞는 선택지를 정답으로 고른다.**

서술문 또는 대화문을 읽고, 괄호 앞뒤의 단어나 조사, 문형과의 접속이 올바르면서 문맥에 맞는 선택지를 정답으로 고른다.

문제 풀이 Step 적용

問題5　次の文の（　　　）に入れるのに最もよいものを、1・2・3・4から一つ選びなさい。

村田(むらた)「コンセプト変更の経緯、課長に理解してもらえた?」
宮部(みやべ)「ううん。ちゃんと話すら聞いてもらえなくて、（　　　）。」

1　説得されるところだったよ
2　説得されはしないよ
✔3　説得しようがなかったよ
4　説得するしかないよ

Step 1 **선택지를 읽고 각 선택지의 의미와 무엇을 고르는 문제인지 파악한다.**

각 선택지는 1 '설득될 뻔했어', 2 '설득되지는 않아', 3 '설득할 수가 없었어', 4 '설득할 수밖에 없어'라는 의미이며, 적절한 문형을 고르는 문제이다.

Step 2 **서술문 또는 대화문을 읽고 괄호 앞뒤의 문법 사항과 문맥에 맞는 선택지를 정답으로 고른다.**

괄호 앞의 대화 내용을 보았을 때, 과장님이 자신의 이야기를 잘 들어주지 않았다는 문맥이다. 따라서 3 説得しようがなかったよ(설득할 수가 없었어)를 정답으로 고른다.

문제5 다음 문장의 (　　　)에 들어갈 가장 알맞은 것을, 1・2・3・4에서 하나 고르세요.

무라타: 콘셉트 변경의 경위, 과장님이 이해해 주셨어?
미야베: 아니. 제대로 이야기조차 들어주지 않아서, (　　　).

1 설득될 뻔했어　　2 설득되지는 않아
3 설득할 수가 없었어　　4 설득할 수밖에 없어

어휘 コンセプト 명 콘셉트　変更 へんこう 명 변경　経緯 けいい 명 경위　ちゃんと 부 제대로　説得 せっとく 명 설득
～ところだった ~할 뻔했다　～はしない ~하지는 않는다　～ようがない ~할 수가 없다　～しかない ~수밖에 없다

실력 다지기

괄호에 들어갈 알맞은 표현을 고르세요.

01 あの政治家の発言は人種差別（　　　）とられるものだ。

① とも　　② さえ

02 子の幸せは（　　　）親の幸せだというが全くその通りだと思う。

① そのうえ　　② すなわち

03 このプロジェクトが（　　　）ものなら、部長に何を言われるかわからない。

① 失敗する　　② 失敗しよう

04 彼のアイディアは（　　　）あまり、多くの人から支持を得られなかった。

① 斬新な　　② 斬新に

05 高橋さん（　　　）なんのあいさつもなしに会社を辞めたらしい。

① ともなると　　② ときたら

06 彼女は３回目のオリンピック出場（　　　）初の金メダルを獲得した。

① にして　　② として

07 A「新入社員、仕事に積極的なのはいいけど、少し生意気だと思わない？」
B「そう？ 自分の意見を主張できる（　　　）、この会社ではやっていけないよ。」

① くらいじゃないと　　② ところを見ると

08 日差しで輝く沖縄の海は、この世のもの（　　　）。

① とは思えないものだった　　② とは限らないものだった

09 A「この案を通したいとおっしゃるのなら、課長がご自身で部長を（　　　）。」
B「私から部長に話してみるよ。」

① 説得いたすよりほかありません　　② 説得なさるよりほかありません

10 体調管理ができていないと（　　　）、いくら気をつけていても風邪をひくことはある。

① 言われればそれまでだが　　② 言わせればそれまでだが

11 実力と世間の評判から考えると、彼が今大会で賞をもらっても（　　　）。

① 驚くほどのことではないだろう　　② 驚いてばかりいるだろう

12 A「さっきから遠くを見つめているようだけど、どうしたの。」

B「彼女に別れを（　　　）、何をしても楽しさが感じられないんだ。」

① 告げられたものの　　② 告げられてからというもの

13 A「有名な教授の講演だけあって、すごい数の人ですね。」

B「そうですね。ざっと見て、500人（　　　）。」

① といったところでしょうね　　② とでもいうべきですね

14 A「先生、授業を（　　　）どうもありがとうございました。大変ためになりました。」

B「いえ、私の授業でよければいつでも見学に来てください。」

① 見学していただき　　② 見学させてくださり

정답 해설집 p.26

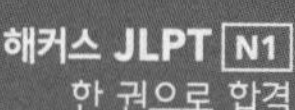

실전 테스트 1

問題5　次の文の（　　　）に入れるのに最もよいものを、1・2・3・4から一つ選びなさい。

26　最近人気の若手アイドルは歌のうまさや外見のよさ（　　　）、俳優としての演技力も高く、多くの世代から人気を集めている。

1　もさることながら　　2　をおいて
3　はおろか　　4　のゆえに

27　お茶の産地は生活習慣病の発生率が低い。日常的にお茶をよく飲む地域であることから、お茶には病気を予防する効果が（　　　）。

1　あるといったところだ　　2　あるに越したことはない
3　あるなんてあんまりだ　　4　あるものと思われる

28　できれば子どもに受験はさせたくないが、よい環境で教育を受けさせたいと思っている。しかし、私立の中学、高校（　　　）学費はばかにならない。

1　ともなると　　2　だとしたら　　3　だとすると　　4　ともなしに

29　創立20周年の記念式典には遠方からも大勢のお客様に（　　　）、大変盛大なものとなった。

1　参り　　2　お越しいただき
3　ご来社になり　　4　お伺いし

30　（学校で）
竹田（たけだ）「昨日、レポートの間違いを先生に指摘されていたね。」
木村（きむら）「うん、今さら（　　　）ところで評価は変わらないだろうけれど、一応再提出してみようと思っているんだ。」

1　直す　　2　直さない　　3　直した　　4　直させる

31 毎年、遠くに住む母からたくさんの洋服が送られてくる。あまり好みじゃないけれど、捨てる（　　　）捨てられず、困っている。

1　と　　2　が　　3　に　　4　し

32 （企業ホームページの「採用情報」で）

ご応募いただいた書類は（　　　）、原則として返却いたしません。あらかじめご了承ください。

1　結果からいって　　2　結果に照らして

3　結果をものともせず　　4　結果のいかんにかかわらず

33 田中（たなか）「今度のマラソン大会、コースがなかなか厳しいらしいね。」

佐藤（さとう）「なだらかに見えて上り坂は実際走ると結構きついんだって。でも、初めてのところは（　　　）わからないね。」

1　走ってみないと　　2　走りっこないし

3　走らないまでも　　4　走るとはいえ

34 学生が（　　　）理由として、主に「経済的理由」と「病気・けが」が挙げられる。

1　休学をひかえる　　2　休学を余儀なくされる

3　休学を契機にする　　4　休学をはじめとする

35 （会社で）

吉田（よしだ）「部長、私の部下の契約書のミスの件では、本当に申し訳ありませんでした。もう一度、私から強く注意しておきますから。」

部長「いやいや、先方にはきちんとご理解いただいたから、そこまで（　　　）よ。」

1　責められざるを得ない　　2　責められはしない

3　責めるにはあたらない　　4　責めずにはすまない

정답 해설집 p.27

실전 테스트 2

問題5　次の文の（　　　）に入れるのに最もよいものを、1・2・3・4から一つ選びなさい。

26　子供は、勉強で一度つまずいてしまうと、その後その科目が苦手になってしまうことが多い。（　　　）数学においては、授業に全くついていけなくなることも少なくない。

1　ともかく　　2　とりわけ　　3　すなわち　　4　もっとも

27　姉はニュースキャスターとして働く（　　　）、子育てをテーマにした講演会など、イベント活動を行っている。

1　までもなく　　2　そばから　　3　かたわら　　4　ともなしに

28　（ニュース番組のインタビューで）
記者「ひどい事故でしたね。」
住民「ここは、交通量が多いわりに信号もないですし、（　　　）起きたようなものですよ。」

1　起こるべくして　　2　起こそうと思いきや
3　起こるとばかりに　　4　起こそうとも

29　大企業で、顧客データが不正に持ち出されたことが明らかになった。流出範囲が広いことから、役員は（　　　）。

1　辞任するとは思わないだろう　　2　辞任せずにはすまないだろう
3　辞任せずじまいだろう　　4　辞任するに値しないだろう

30　約束の時間に遅れそうだ。しかし、携帯電話を家に忘れてきてしまったので連絡（　　　）。

1　してばかりいられない　　2　するまでに至らない
3　させても始まらない　　4　しようにもできない

31 在学中、田中(たなか)先生には大変お世話になった。その後、先生は大学を退職され、ご実家で家業を（　　　）と聞いた。

1　手伝ってさしあげる　　2　お手伝いいたしかねる
3　手伝ってくださる　　4　手伝っておいでになる

32 夕食の献立が気に入らないらしい。口に（　　　）までも、息子のぶすっとした表情でそれはすぐにわかった。

1　出さない　　2　出した　　3　出す　　4　出そう

33 娘「なんで私だけ就職が決まらないんだろう。何がいけないのかなあ。」
母「一人で（　　　）先に進まないでしょ。キャリア支援の先生に相談してみたら？」

1　悩んでからでないと　　2　悩まないことには
3　悩んではじめて　　4　悩んでばかりいても

34 （会社で）
佐藤(さとう)「名簿を見たら、元の場所に戻しておいてください。個人情報が含まれていますから、（　　　）には要注意ですよ。」
山田(やまだ)「すみません、気をつけます。」

1　置きかけ　　2　置きたて　　3　置きっぱなし　　4　置き忘れ

35 積雪の予報が出た。一晩で1メートルも（　　　）から、今のうちに買い出しに行って来よう。

1　積もられてはかなわない　　2　積もらせてもしかたがない
3　積もられても差し支えない　　4　積もらずにはすまない

문법 | 문제 5 문법형식 판단 | 해커스 JLPT N1 한 권으로 합격

정답 해설집 p.29

실전 테스트 3

問題5　次の文の（　　　）に入れるのに最もよいものを、1・2・3・4から一つ選びなさい。

26　この薬の重大な副作用は人の命（　　　）ことだから、国の問題として真剣に考えるべきだ。

1　にまつわる　　2　にかかわる　　3　に即した　　4　にあたる

27　父は、一度口にしたことは、どんな困難があろうと、必ず最後までやり遂げる人だ。私はそんな父を尊敬（　　　）。

1　してやまない　　2　せずにはおかない
3　するに忍びない　　4　しないではすまない

28　怪しげなその男は、警官の姿を（　　　）なり車に乗り込み、どこかへ走り去ってしまった。

1　見た　　2　見て　　3　見る　　4　見よう

29　新機能が注目されていたこともあり、この会社の新製品は（　　　）、あっという間に完売してしまった。

1　発売されるや否や　　2　発売されてからというもの
3　発売するとなると　　4　発売するかたわら

30　講義室が広くて後ろの席は先生から（　　　）、講義を聞かずにおしゃべりばかりしている学生がいたので、他の学生の迷惑になると思い、注意した。

1　見えないことをふまえ　　2　見えないのをいいことに
3　見えたところで　　4　見えるくらいなら

31 この商品開発チームは、商品知識が豊富で発想力のある人ばかりだが、チームリーダーにふさわしい人は、彼（　　　）ほかにはいないと思う。

1　ならでは　　2　に限らず　　3　をおいて　　4　をよそに

32 息子「お父さん、病院に行ったらお酒を控えるようにって医者に言われたらしいよ。」
母　「そうなのよ。大好きなお酒が飲めないのはつらいでしょうけど、健康のために（　　　）。」

1　我慢させるわけにはいかないよね　　2　我慢させるに堪えないよね
3　我慢してもらうにすぎないよね　　4　我慢してもらうしかないよね

33 中村(なかむら)「この間の試験、やっぱりだめだったよ。論述試験って自分の考えをどうまとめればいいかわからなくて、いつも困っちゃうよ。」
吉田(よしだ)「私も。でも、難しくても合格している人がいるんだよね。（　　　）頑張るしかないよ。」

1　あるいは　　2　すなわち　　3　ともかく　　4　すると

34 山本(やまもと)「原田(はらだ)先輩、今日はわざわざ私たちのイベントに来ていただき、ありがとうございました。こちら、アンケートですが、よかったものを三つ選んでください。理由も（　　　）と助かるんですが。」
原田(はらだ)「うん、いいよ。」

1　書いていただける　　2　書いてしまわれる
3　書いておいでになる　　4　書いて差し上げる

35 体にいいから、毎日歩くようにしているという話をよく聞く。しかし、本当に健康への効果を期待するなら、ただ（　　　）だろう。歩く距離や歩き方に注意する必要があるからだ。

1　歩けばいいといっても過言ではない　　2　歩くに越したことはない
3　歩けばいいというものではない　　4　歩こうにも歩けない

정답 해설집 p.31

실전 테스트 4

問題5　次の文の（　　　）に入れるのに最もよいものを、1・2・3・4から一つ選びなさい。

26　千人を超える応募者の中から厳正な書類審査（　　　）、30人が最終選考に進んだ。

1　を通じて　　2　を経て　　3　にあたって　　4　にいたって

27　連絡事項を聞き（　　　）のか、彼女は上履き(うわばき)が必要なことを知らなかった。

1　かねた　　2　えない　　3　そびれた　　4　もしない

28　子どもたちはおもちゃで遊ぶ（　　　）遊んで、散らかしたまま外に出ていった。

1　とも　　2　しか　　3　まで　　4　だけ

29　友人夫婦の仲の良さを見ると寂しさを感じるときもあるが、毎日誰かと一緒にいて干渉（　　　）くらいなら、一生独身でいるほうがましだ。

1　される　　2　された　　3　させられる　　4　させられた

30　震度５を記録する地震が関東地方を直撃した。強い揺れは収まったが、大きな余震が発生（　　　）決して油断してはならない。

1　するに限るから　　2　するとは限らないから

3　しないに限るから　　4　しないとも限らないから

31　（インタビューで）

聞き手「このお店は完全予約制で政治家や有名人でも特別扱いしないことで有名ですよね。ですが、アメリカの大統領がご来店を（　　　）、さすがに悩まれたと思うんですが。」

店長「はい、政界の方々からも直々にお願いされましたが、やっぱり自分のポリシーを変えることはどうしてもできませんでした。」

1　お望みになったとあれば　　2　お望みになったが最後

3　お望みいたしたとあれば　　4　お望みいたしたが最後

32 お腹が空いている（　　　）、ただ目の前に食べ物があるとどうしても手が伸びてしまう。

1　わけがないでも　　　2　わけでもないが

3　でもないわけが　　　4　がないわけでも

33 医者「手術によって後遺症が（　　　）、現時点ではこれ以外に最善な策はありません。」

患者「そうですか。もう少し考えさせてください。」

1　残るおそれがあるものの　　　2　残らないですむものの

3　残るおそれがあることで　　　4　残らないですむことで

34 A「面接試験の結果について問い合わせが殺到しているんですが、どうしたらいいですか。」

B「毎年そのような質問が多くて、回答は控えるようにしているんです。一人一人に理由を（　　　）。」

1　申さなければなりませんか　　　2　おっしゃるものではないでしょうか

3　申していればきりがありません　　　4　おっしゃっていてもしようがありません

35 木村「課長、納期まであと１週間だというのにこんなときにコーヒーですか。」

課長「緊急事態で呑気に（　　　）、少し心に余裕を持たないと社員全員が倒れてしまうよ。」

1　しているからといって　　　2　しているにしたところで

3　しているというものではなく　　　4　しているどころではないとはいえ

정답 해설집 p.33

실전 테스트 5

問題5　次の文の（　　　）に入れるのに最もよいものを、1・2・3・4から一つ選びなさい。

26　最近のアニメは社会問題を反映させた内容のものもあり、大人でも見るに（　　　）ものが多い。

1　たる　　2　たえる　　3　たりない　　4　たえない

27　地域住民のボランティアによる「緑のおじさん・おばさん」活動は子どもたちの登下校の安全を（　　　）べく始まった取り組みだ。

1　守る　　2　守り　　3　守ら　　4　守って

28　このアトラクションには身長制限がございません。（　　　）、5才未満のお子さんは必ず保護者と一緒にご乗車ください。

1　あるいは　　2　それゆえ　　3　ただし　　4　ところで

29　社会学を専攻しているが、研究内容には脳科学の観点からの考察も必要だった。そのため、佐藤(さとう)教授の研究室に（　　　）、特別に授業を聴講させてほしいと頼んだ。

1　伺って　　2　いらっしゃって　　3　お越しになって　　4　お目にかけて

30　（街頭インタビューで）

聞き手「先月起こった悲惨(ひさん)な事件により少年法の改正を求める声がありますが、その件について意見を聞かせてもらえますか。」

市民　「そうですね。もちろん未成年と成年で年齢による精神の成熟さに多少違いはあるでしょう。しかし、罪を犯したのだから大人と同じ法で裁かれて（　　　）と思います。」

1　やまない　　2　たまらない　　3　もともとだ　　4　しかるべきだ

31 普段はあまり感情的になったりはしないが、兄弟（　　　）犬の出産に立ち会ったときは涙が止まらなかった。

1　に至るまでの　　2　なりの　　3　も同然の　　4　がてらの

32 平野(ひらの)「どうしよう。今日まで提出しなくちゃいけない課題、すっかり忘れてた。」
高橋(たかはし)「教授に（　　　）はしないだろうけど、成績にどう響くか心配だね。」

1　怒られず　　2　怒り　　3　怒らず　　4　怒られ

33 数年前の私にはマンションなんて手の届かない存在だったが、もう少し貯金を続ければ（　　　）。

1　買えることはいなめないようだ　　2　買わなくてはならないだろう
3　買えないものでもないようだ　　4　買うまでのことでもないだろう

34 A「無人農業機械の走行実験、成功に（　　　）、残念でしたね。ターンの際に5センチ以上のズレが生じてしまいました。」
B「たった5センチでも利用者の方々にとっては大きな差ですから、もう少し改善しなければいけませんね。」

1　終わると思いきや　　2　終わらせるか否か
3　終わらせるや否や　　4　終わると思ったのか

35 安藤(あんどう)「生(い)け花(ばな)教室っていうと、先生の指示通りにしないといけないってイメージだけど、実際どう?」
土屋(つちや)「私の通っているところの先生は重要なポイントとかは教えてくれるかな。でも、ある程度は（　　　）。」

1　自由にしていらっしゃると思う　　2　自由にさせていただくつもり
3　自由にさせてもらっているよ　　4　自由にしてあげてもいいよ

정답 해설집 p.36

문제 6 문장 만들기

문장 만들기는 4개의 선택지를 전체 문맥에 맞게 올바른 순서로 배열한 뒤 ★이 있는 빈칸에 들어갈 선택지를 고르는 문제로, 총 5문항이 출제된다. ★은 주로 세 번째 빈칸에 위치하며, 2회에 1문항 정도는 다른 위치로 출제되기도 한다.

핵심 전략

1 각 선택지들의 의미를 토대로 문맥이 통하도록 배열해본다. 의미만으로 배열이 가능하더라도 빈칸 앞뒤 문맥과는 맞지 않을 수 있으므로, 배열을 마친 후에는 반드시 빈칸 앞뒤를 포함하여 문장 전체의 문맥이 적절한지를 확인해야 한다.

예 提出(ていしゅつ)ボタンを ＿＿ ＿＿ ★ ＿＿ しまった。
제출 버튼을 ＿＿ ＿＿ ★ ＿＿ 버렸다.

① その瞬間(しゅんかん) 그 순간　② クリックした 클릭했다　③ 気(き)づいて 알아채　④ 間違(まちが)いに 실수에

→ 提出(ていしゅつ)ボタンを ②クリックした ①その瞬間(しゅんかん) ★④間違(まちが)いに ③気(き)づいて しまった。(○)
제출 버튼을 클릭한 그 순간 ★실수를 알아채 버렸다.

→ 提出(ていしゅつ)ボタンを ④間違(まちが)いに ③気(き)づいて ①その瞬間(しゅんかん) ②クリックした しまった。(×)
제출 버튼을 실수를 알아채 그 순간 클릭했다 버렸다.

2 선택지의 의미만으로 배열하기 어려운 경우, 먼저 빈칸 앞뒤의 문맥을 파악한 후 문장 전체의 문맥에 맞게 선택지를 배열한다.

예 ① では 이어서는　② なら 이라면　③ もの 것　④ の 인

→ お土産(みやげ)を買(か)うなら、この地域(ちいき) ②なら ①では ★④の ③もの を買(か)いたいと思(おも)っている。
여행 선물을 산다면, 이 지역이 아니 고는 ★없는 것 을 사고 싶다고 생각하고 있다.

3 선택지를 배열할 때, 동사, 형용사의 활용이나 문형이 연결되는 선택지를 먼저 배열하면 나머지 선택지를 좀 더 쉽게 배열할 수 있다.

예 ① ともかく 차치하고　② 基本的(きほんてき)なインタビューも 기본적인 인터뷰도　③ 記事(きじ)の作成(さくせい)は 기사 작성은　④ 進(すす)められないなんて 진행할 수 없다니

→ ③記事(きじ)の作成(さくせい)は ①ともかく ★②基本的(きほんてき)なインタビューも ④進(すす)められないなんて
～はともかく는 '~은 차치하고'라는 의미의 문형으로, 명사에 접속한다.
기사 작성은 차치하고 ★기본적인 인터뷰도 진행할 수 없다니

4 문형으로 연결되는 선택지를 빠르게 찾기 위해, N1 필수 문법에서 문형의 접속 형태와 의미를 특히 더 꼼꼼히 학습한다.

문제 풀이 Step

Step 1 선택지를 읽고 의미를 파악한다.

선택지를 읽고 의미를 파악한다. 선택지의 길이가 길어 내용이 잘 파악되지 않는 경우, 옆에 한국어 해석을 살짝 적어둔다.

Step 2 파악한 의미와 알고 있는 문형을 토대로 선택지를 배열하고, 전체 문맥과 어울리는지 확인한다.

각 선택지의 의미와 빈칸 앞뒤를 읽고 문맥에 맞게 선택지를 배열한다. 선택지 배열을 마친 후에는 반드시 문장 전체의 문맥이 적절한지를 확인한다.

Step 3 배열한 선택지의 번호를 각 빈칸 위에 적고, ★이 있는 빈칸의 선택지를 정답으로 고른다.

배열한 선택지 번호를 각 빈칸 위에 순서대로 적고, ★이 있는 빈칸에 해당하는 선택지 번호를 정답으로 고른다.

문제 풀이 Step 적용

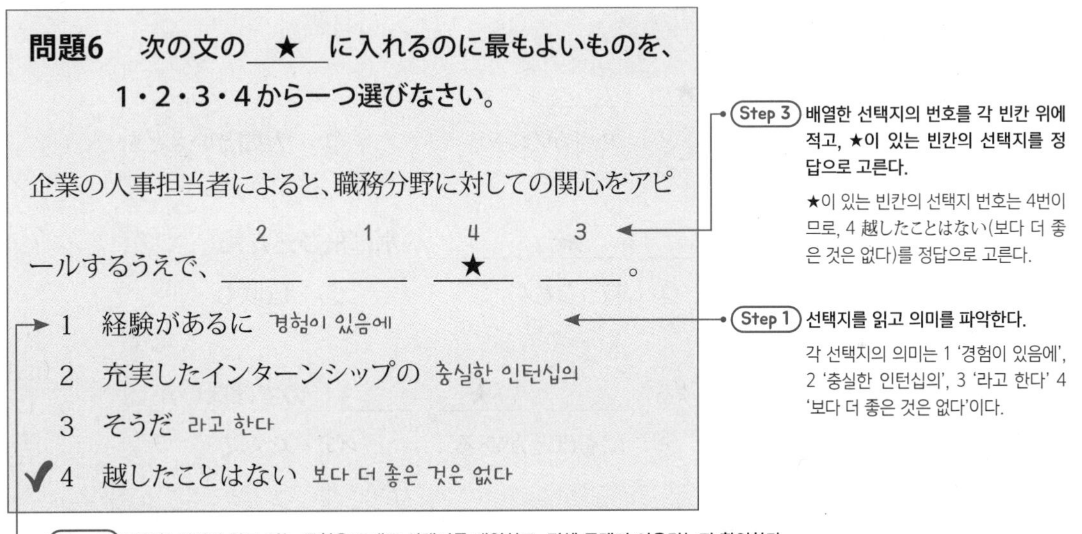

問題6　次の文の ＿★＿ に入れるのに最もよいものを、1・2・3・4から一つ選びなさい。

企業の人事担当者によると、職務分野に対しての関心をアピールするうえで、 ＿2＿ ＿1＿ ＿★4＿ ＿3＿。

1 経験があるに 경험이 있음에

2 充実したインターンシップの 충실한 인턴십의

3 そうだ 라고 한다

✔4 越したことはない 보다 더 좋은 것은 없다

Step 3 배열한 선택지의 번호를 각 빈칸 위에 적고, ★이 있는 빈칸의 선택지를 정답으로 고른다.
★이 있는 빈칸의 선택지 번호는 4번이므로, 4 越したことはない(보다 더 좋은 것은 없다)를 정답으로 고른다.
Step 1 선택지를 읽고 의미를 파악한다.
각 선택지의 의미는 1 '경험이 있음에', 2 '충실한 인턴십의', 3 '라고 한다' 4 '보다 더 좋은 것은 없다'이다.

Step 2 파악한 의미와 알고 있는 문형을 토대로 선택지를 배열하고, 전체 문맥과 어울리는지 확인한다.

4 越したことはない는 조사 に와 함께 쓰이므로 먼저 1 経験があるに 4 越したことはない(경험이 있는 것보다 더 좋은 것은 없다)로 연결할 수 있다. 이것을 나머지 선택지와 함께 배열하면 2 充実したインターンシップの 1 経験があるに 4 越したことはない 3 そうだ(충실한 인턴십 경험이 있는 것보다 더 좋은 것은 없다고 한다)가 된다. 전체 문맥은 '기업의 인사 담당자에 의하면, 직무분야에 대한 관심을 어필하는 데 있어서, 충실한 인턴십 경험이 있는 것 보다 더 좋은 것은 없다 고 한다'이므로 자연스럽다.

문제6 다음 문장의 ＿★＿ 에 들어갈 가장 알맞은 것을, 1・2・3・4에서 하나 고르세요.

기업의 인사 담당자에 의하면, 직무분야에 대한 관심을 어필하는 데 있어서, ＿＿ ＿＿ ＿★＿ ＿＿.

1 경험이 있음에　　2 충실한 인턴십의

3 라고 한다　　**4 보다 더 좋은 것은 없다**

어휘 企業 きぎょう 명 기업　人事 じんじ 명 인사　担当者 たんとうしゃ 명 담당자　～によると ~에 의하면
職務分野 しょくむぶんや 명 직무분야　～に対して ～にたいして ~에 대해서　関心 かんしん 명 관심　アピール 명 어필
～うえで ~하는 데 있어서　充実 じゅうじつ 명 충실　インターンシップ 명 인턴십
～に越したことはない ～にこしたことはない ~보다 더 좋은 것은 없다

실력 다지기

★의 위치에 들어갈 선택지를 고르세요.

01 毎日残業 ＿＿＿ ＿★＿ ＿＿＿ 与えられた仕事はきちんとこなすべきだ。

① しろと　② 言わないが　③ までは

02 彼は起業家出身のせいか ＿＿＿ ＿★＿ ＿＿＿ 全くなっていない。

① たる　② 心構えが　③ 政治家

03 彼女の引退公演に集まった ＿＿＿ ＿★＿ ＿＿＿ そうだ。

① にのぼる　② 人々は　③ 二万人

04 いくら完璧な ＿＿＿ ＿★＿ ＿＿＿。

① 人はいない　② 欠点がない　③ 人間といえども

05 兄は溺れている少年を ＿＿＿ ＿★＿ ＿＿＿ 水に飛び込んだ。

① 顧みず　② 救うため　③ 危険も

06 自分のミスを他人に押し付ける ＿＿＿ ＿★＿ ＿＿＿ のではないか。

① 理不尽　② にもほどがある　③ なんて

07 ＿＿＿ ＿★＿ ＿＿＿ 事実にかわりはない。

① 人を傷つけた　② なかろうと　③ それが故意で

08 部長の歌は音程のずれが ＿＿＿ ＿★＿ ＿＿＿ ものだった。

① 聞く　② ひどく　③ にたえない

09 彼女は ＿＿＿ ＿★＿ ＿＿＿ 幼少時代を病院で過ごした。

① 病気で　② を余儀なくされ　③ 入院生活

10 その男は警官と ＿＿＿ ＿＿＿ ＿★＿ 走り出した。

① 勢いよく　② 目が合う　③ なり

11 図書館で電話している若者に ＿＿＿ ＿★＿ ＿＿＿ 視線が向けられた。

① 鋭い　② うるさい　③ とばかりに

12 結局、彼女に ＿＿＿ ＿★＿ ＿＿＿ 和解できずにいる。

① そびれて　② 謝り　③ しまい

13 先週からの ＿＿＿ ＿★＿ ＿＿＿ ついに体調を崩してしまった。

① とあいまって　② ストレス　③ 疲労が

14 課長は人によって態度が ＿＿＿ ＿★＿ ＿＿＿。

① きらいが　② 変わる　③ あるようだ

15 深刻化する少子高齢化社会は ＿＿＿ ＿★＿ ＿＿＿ ことではない。

① に限った　② なにも　③ 日本

16 積み重なった借金 ＿＿＿ ＿★＿ ＿＿＿ 自己破産せざるを得なかった。

① に　② ゆえ　③ の

17 親しい間柄 ＿＿＿ ＿★＿ ＿＿＿ 礼儀を守るべきだ。

① こそ　② である　③ から

18 不景気で契約社員 ＿＿＿ ＿★＿ ＿＿＿ 首を切られる始末だ。

① 正社員　② はおろか　③ まで

19 ＿＿＿ ＿★＿ ＿＿＿ のが彼女だった。

① 信頼に足る　② 紹介された　③ 人物という

20 何度実験に失敗しても成功するまで挑む ＿★＿ ＿＿＿ ＿＿＿ だ。

① の　② だけ　③ こと

정답 해설집 p.38

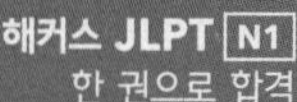

실전 테스트 1

問題6　次の文の__★__に入る最もよいものを、1・2・3・4から一つ選びなさい。

（問題例）

あそこで _____ _____ __★__ _____ は山田（やまだ）さんです。

1　テレビ　　2　人　　3　見ている　　4　を

（解答のしかた）

1. 正しい文はこうです。

あそこで _____ _____ __★__ _____ は山田（やまだ）さんです。
　　1 テレビ　4 を　3 見ている　2 人

2. __★__に入る番号を解答用紙にマークします。

（解答用紙）

（例（れい））	①　②　●　④

36　会社の経営が厳しいといううわさが社内に広がっている。確かに厳しい状況だが、_____ _____ __★__ _____、まずはできる限りの対策を考えるのが先だ。

1　倒産すると　　2　でもあるまいし　　3　わけ　　4　決まった

37　ここ数年衰退の一途だった駅前商店街が復活した。大型店の進出やインターネット販売の普及を _____ _____ __★__ _____ 一丸となって地道に努力し続けた結果だ。

1　取り戻したいという　　2　昔のような活気を
3　ものともせず　　4　店主たちが

38 入学式や桜など日本の春を連想させるものはさまざまだが、町で見かける ＿＿＿ ＿＿＿ ＿★＿ ＿＿＿ 光景だと思う。

1 新入社員の姿も　　2 ともいうべき

3 黒いスーツを着た　　4 春の象徴

39 彼が展覧会に出した絵画は、それまでの作風とは比べ物にならないほど色彩が豊かで、それを ＿＿＿ ＿＿＿ ＿★＿ ＿＿＿。

1 いったら　　2 驚きと　　3 なかった　　4 見たときの

40 ＿＿＿ ＿＿＿ ＿★＿ ＿＿＿、確認は必要ないと思っていたが、念のため確認したところ絶対にしたくないと言われ戸惑っている。

1 反応　　2 からすれば

3 お願いした時の　　4 来年度の役員を

문법

문제 6 문장 만들기

해커스 JLPT N1 한 권으로 합격

정답 해설집 p.40

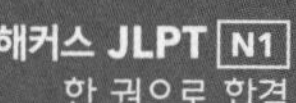

실전 테스트 2

問題6　次の文の ＿★＿ に入る最もよいものを、1・2・3・4から一つ選びなさい。

（問題例）

あそこで ＿＿ ＿＿ ＿★＿ ＿＿ は山田（やまだ）さんです。

1　テレビ　　2　人　　3　見ている　　4　を

（解答のしかた）

1．正しい文はこうです。

あそこで ＿＿ ＿＿ ＿★＿ ＿＿ は山田（やまだ）さんです。
1 テレビ　4 を　3 見ている　2 人

2．＿★＿ に入る番号を解答用紙にマークします。

（解答用紙）　（例（れい））　①　②　●　④

36　何度も修正させられたあげく、早急に別の案を出せと言われたそうだが、優秀な彼に ＿★＿ ＿＿ ＿＿ ＿＿ 新しい案が出せるものではないだろう。

1　急に　　2　した　　3　そんなに　　4　ところで

37　先日見た映画は、最初から最後までスピード感のあるストーリーで ＿＿ ＿＿ ＿＿ ＿★＿ おもしろさだった。

1　という　　2　まさしく　　3　目が離せない　　4　一瞬たりとも

38 今回新設された部署に異動した場合は、＿＿＿ ＿＿＿ ＿★＿ ＿＿＿ を受けなければならないことになっている。

1 のいかんを問わず　　2 研修

3 知識や経験　　4 まず

39 なんとか期日に間に合いそうだというところで失敗をして、現場の方々に ＿＿＿ ＿＿＿ ＿★＿ ＿＿＿。

1 かけてしまったからには　　2 ではすまない

3 多大な迷惑を　　4 謝りに行かない

40 愛犬を亡くした彼女の ＿＿＿ ＿＿＿ ＿★＿ ＿＿＿ ものだったが、友人から子犬を譲り受け、今では元の明るい彼女に戻った。

1 見るにたえない　　2 ほどの

3 様子は　　4 悲しむ

문법

문제 6 문장 만들기

해커스 JLPT N1 한 권으로 합격

정답 해설집 p.41

실전 테스트 3

問題6　次の文の＿★＿に入る最もよいものを、1・2・3・4から一つ選びなさい。

(問題例)

あそこで ＿＿ ＿＿ ＿★＿ ＿＿ は山田(やまだ)さんです。

1 テレビ　　2 人　　3 見ている　　4 を

(解答のしかた)

1. 正しい文はこうです。

あそこで ＿＿ ＿＿ ＿★＿ ＿＿ は山田(やまだ)さんです。
　　1 テレビ　4 を　3 見ている　2 人

2. ＿★＿に入る番号を解答用紙にマークします。

(解答用紙)

(例(れい))	① ② ● ④

36　これまで人事の担当者として何人もの新入研修をしてきたが、＿＿ ＿＿ ＿★＿ ＿＿ ので今後の活躍に期待が膨らむ。

1 といっても　　2 優秀な人材はいない
3 過言ではない　　4 彼ほど

37　昨日帰ってきたばかりだし、今週中に ＿＿ ＿＿ ＿★＿ ＿＿ 仕事が立て込んでいるため、早めに片付けておこうと思う。

1 来週は来週で　　2 出張報告を
3 というわけではないが　　4 仕上げなければならない

38 中学生のとき立候補して学級委員をしていたが、参加すべき会議への出席を忘れてしまったことで ＿＿＿ ＿＿＿ ＿★＿ ＿＿＿ あると、担任の先生から注意を受けた。

1 が　　2 にも　　3 無責任　　4 ほど

39 当社では、まず履歴書や職務経歴書でその人の仕事の能力を測り、次に面接で仕事に対するやる気や ＿＿＿ ＿＿＿ ＿★＿ ＿＿＿ という方法で、社員を選んでいます。

1 人物であるかどうかを　　2 に足る

3 判断する　　4 信頼する

40 ゼミの発表の当日、 ＿＿＿ ＿＿＿ ＿★＿ ＿＿＿、次の週の予定だった田中(たなか)さんに順番を代わってもらった。

1 朝から　　2 立とうにも

3 めまいがひどくて　　4 立てなかったので

문법 | 문제 6 문장 만들기

해커스 JLPT N1 한 권으로 합격

정답 해설집 p.42

실전 테스트 4

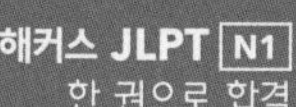

問題6　次の文の＿★＿に入る最もよいものを、1・2・3・4から一つ選びなさい。

（問題例）

あそこで ＿＿＿ ＿＿＿ ＿★＿ ＿＿＿ は山田（やまだ）さんです。

1　テレビ　　2　人　　3　見ている　　4　を

（解答のしかた）

1．正しい文はこうです。

あそこで ＿＿＿ ＿＿＿ ＿★＿ ＿＿＿ は山田（やまだ）さんです。 1　テレビ　4　を　3　見ている　2　人

2．＿★＿に入る番号を解答用紙にマークします。

（解答用紙）

（例（れい））	①　②　●　④

36　新型モデルをどうしても手に入れたくて、契約期間終了前に携帯を ＿＿＿ ＿＿＿ ＿★＿ ＿＿＿ 2万円も払う羽目になった。

1　しまった　　2　ばかりに　　3　違約金として　　4　解約して

37　小学校の同級生だと名乗る人物が ＿＿＿ ＿＿＿ ＿★＿ ＿＿＿ 思い出せない。そんな友人がいた気もするしいなかった気もする。

1　のこととて　　2　はっきり　　3　40年前　　4　現れたが

38 飽きるまで同じ物を食べ続けるというように、普段から ＿＿＿ ＿＿＿ ＿★＿ ＿＿＿ うつ病になりやすい。

1 固執する　2 人は　3 気質のある　4 何かに

39 他人と話すことが苦手だったが、＿＿＿ ＿＿＿ ＿★＿ ＿＿＿ ようになった。

1 雑談を楽しめる　2 読書を始めたことで

3 話題に困ることなく　4 教養が身につき

40 いくら温厚な上司でもミスをしたにもかかわらず、反省するどころか責任を他の人に押し付けようとする彼の ＿＿＿ ＿＿＿ ＿★＿ ＿＿＿ ようだ。

1 怒りを　2 態度に

3 いられなかった　4 感じずには

정답 해설집 p.43

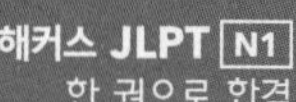

실전 테스트 5

問題6　次の文の＿★＿に入る最もよいものを、1・2・3・4から一つ選びなさい。

（問題例）

あそこで ＿＿ ＿＿ ＿★＿ ＿＿ は山田(やまだ)さんです。

1　テレビ　　2　人　　3　見ている　　4　を

（解答のしかた）

1．正しい文はこうです。

あそこで ＿＿ ＿＿ ＿★＿ ＿＿ は山田(やまだ)さんです。
1 テレビ　4 を　3 見ている　2 人

2．＿★＿に入る番号を解答用紙にマークします。

（解答用紙）

（例(れい)）	①　②　●　④

36　多くの人たちが ＿★＿ ＿＿ ＿＿ ＿＿ 最後にもう一度思い出を作ろうと訪れた。

1　入園者が激減した　　2　聞きつけ

3　不況の影響を受けて　　4　遊園地の閉園のお知らせを

37　＿＿ ＿＿ ＿★＿ ＿＿ その見た目からか、なぜかずる賢いイメージを持たれがちです。

1　人間の５歳児に　　2　知能が発達している

3　相当するほど　　4　カラスは

38 20年前に母が着ていた ＿＿＿ ＿＿＿ ＿＿＿ ＿★＿ であろう。

1 周期があるから　　2 ファッションの流行に

3 時代を感じさせないのは　　4 洋服を着ても

39 トイレの使い方などは私たちの常識 ＿＿＿ ＿＿＿ ＿★＿ ＿＿＿ と思うだろうが、文化が違う留学生にはきちんと話しておかなければならない。

1 では　　2 でもない　　3 までのこと　　4 説明する

40 幼いころから航空業界に憧れていた。意気込んで履歴書を送ったが、書類審査 ＿＿＿ ＿＿＿ ＿★＿ ＿＿＿ ができなくて落胆した。

1 こと　　2 さえ　　3 も　　4 通過する

문법

문제 6 문장 만들기

해커스 JLPT N1 한 권으로 합격

정답 해설집 p.44

문제 7 글의 문법

글의 문법은 700자 내외의 지문을 읽고 내용의 흐름상 빈칸에 들어갈 알맞은 표현을 고르는 문제로, 지문 1개와 관련 문제 4~5문항이 출제된다. 적절한 문형을 고르는 문제가 3문항 정도 출제되고, 적절한 부사, 접속사, 지시어를 고르는 문제, 적절한 단어, 문장을 고르는 문제가 각각 1문항 정도씩 출제된다.

핵심 전략

1 적절한 문형을 고르는 문제는 선택지로 제시된 각 문형의 뜻을 정확히 해석하여 빈칸 앞뒤 문맥에 알맞은 것을 정답으로 고른다. 선택지에 수동·사역·사역수동 표현이 혼합되어 있으면, 빈칸 주변에서 행위의 주체나 대상을 파악하여 이에 알맞은 선택지를 정답으로 고른다.

예 弟は話題の映画について、映像美に［　　］、内容はありきたりなものだったと言っていた。
남동생은 화제의 영화에 대해서, 영상미에 ［　　］, 내용은 평범한 것이었다고 말했다.

① 圧倒されたものの 압도되었기는 하나 (○)　　② 圧倒させたとあれば 압도시켰다고 한다면 (X)
대상이 弟(남동생)이므로, 수동 표현이 포함된 선택지를 골라야 한다

2 적절한 부사, 접속사, 지시어를 고르는 문제는 빈칸 앞뒤의 문장이나 단락의 내용을 자연스럽게 연결해주는 선택지를 정답으로 고른다.

예 日本に住み始めた当初は、言葉もよく通じず、とても心細かった。［　　］時、リオさんが先に話しかけてくれたのだ。
일본에 살기 시작한 당초는, 말도 잘 통하지 않아, 몹시 외로웠다. ［　　］ 때, 리오 씨가 먼저 말을 걸어준 것이다.

① そんな 그럴 (○)　　② こんな 이럴 (X)

3 적절한 단어, 문장을 고르는 문제는 빈칸 앞 또는 뒤에 언급된 내용을 바탕으로 빈칸이 가리키는 것을 파악하여 알맞은 선택지를 정답으로 고른다.

예 営業マンの仕事は、「説得」を抜きにしては語れない。［　　］に興味を持たせ、購入につながるように説得し続ける。
영업맨의 일은, '설득'을 빼고서는 말할 수 없다. ［　　］에 흥미를 갖게 해, 구입으로 이어지도록 계속 설득한다.

① 商品 상품 (○)　　② 営業 영업 (X)

4 지문의 전체적인 내용을 이해해야 정답을 고를 수 있으므로, 지문을 처음부터 꼼꼼히 읽는다. 빈칸이 나오면 해당 번호의 선택지를 읽고, 의미를 파악하여 지문 내용의 흐름상 알맞은 선택지를 정답으로 고른다.

5 N1 필수 문법에서 조사, 부사, 접속사, 문형의 의미와 용법을 특히 더 꼼꼼히 학습한다.

문제 풀이 Step

Step 1 지문을 처음부터 꼼꼼히 읽고 해석하며 내용을 파악한다.

지문을 처음부터 꼼꼼히 읽고 해석하다가, 빈칸이 나오면 빈칸 앞뒤의 문장이나 단락의 내용 흐름에 특히 더 유의해서 정확히 해석하고 내용을 파악한다.

문맥 「喫煙は個人の自由」という考えに反対はしない。だが、マナーを守らず、他人に被害を与えるのであれば、問題と[　　]。

だが는 역접을 나타내는 접속사이므로, 상반되는 내용이 올 것임을 알 수 있음.

'흡연은 개인의 자유'라는 생각에 반대하지는 않는다. 하지만, 매너를 지키지 않아, 타인에게 피해를 준다고 한다면, 문제라고 [　　].

Step 2 빈칸에 해당하는 선택지를 읽고 각 선택지의 의미와 무엇을 고르는 문제인지를 파악한다.

빈칸이 나오면, 해당하는 번호의 선택지를 읽고 의미를 확인한다. 적절한 문형, 부사, 접속사, 지시어, 단어, 문장 중 무엇을 골라야 하는지 파악한다.

선택지
1 言うだけのことだ 말할 뿐이다
2 言うだけましだ 말하는 것만으로도 다행이다
3 言わざるを得ない 말하지 않을 수 없다
4 言うわけではない 말하는 것은 아니다

적절한 문형을 고르는 문제

Step 3 빈칸 앞뒤 문맥이나 단락의 내용에 알맞은 선택지를 정답으로 고른다.

빈칸 앞뒤 문맥이나 단락의 내용에 유의하여 빈칸에 들어갈 가장 알맞은 선택지를 정답으로 고른다.

선택지
1 言うだけのことだ 말할 뿐이다
2 言うだけましだ 말하는 것만으로도 다행이다
✔ 3 言わざるを得ない 말하지 않을 수 없다
4 言うわけではない 말하는 것은 아니다

※ 위의 문제 풀이 Step을 5개의 빈칸을 모두 채울 때까지 반복한다.

문제 풀이 Step 적용

問題7　次の文章を読んで、文章全体の趣旨を踏まえて、 41 の中に入る最もよいものを、1・2・3・4から一つ選びなさい。

性格診断テスト

「性格診断テスト」というものが近頃流行っている。数十個の質問に答えると、自分の性格タイプを診断してくれるというテストだ。いくつかの種類があり、私もそのうちの一つをやってみた。その結果には、なるほど、と頷(うなず)ける説明もあったが、そうでないものもあった。あたりまえである。この世に存在する何十億の個性を、たった数タイプで 41 。

だが、インターネット上に投稿されているコメントを見ると、診断結果を重く受け止めすぎる人もいるようだ。自分に対してはもちろん、他人の性格まで決めつけてしまっているものまであった。一度試してみるのはいいが、その結果にとらわれてはいけない。一種の娯楽程度に考え、実際の人との付き合いの中で自分を理解していくべきではないだろうか。

Step 1 지문을 처음부터 꼼꼼히 읽고 해석하며 내용을 파악한다.

Step 3 빈칸 앞뒤 문맥이나 단락의 내용에 알맞은 선택지를 정답으로 고른다.

41

✓ 1　分けられるわけがない

2　分けても差し支えない

3　分けられないものでもない

4　分けるおそれがある

Step 2 빈칸에 해당하는 선택지를 읽고 각 선택지의 의미와 무엇을 고르는 문제인지를 파악한다.

Step1 빈칸이 있는 단락은 필자가 성격 진단 테스트를 해보았는데, 결과를 보니 맞는 설명도, 맞지 않는 설명도 있었다는 문맥이다. 빈칸 앞부분에서 この世に存在する何十億の個性(이 세상에 존재하는 몇십억 개의 개성)라고 언급하였으므로, 수많은 개성을 몇 가지의 타입으로 나눌 수 없음을 파악한다.

Step2 각 선택지는 1 '나눌 수 있을 리가 없다', 2 '나눠도 괜찮다', 3 '나누지 못하는 것도 아니다', 4 '나눌 우려가 있다'라는 의미이며, 적절한 문형을 고르는 문제이다.

Step3 빈칸 앞뒤 내용의 흐름상 가장 알맞은 내용인 1 分けられるわけがない(나눌 수 있을 리가 없다)를 정답으로 고른다.

문제7 다음 글을 읽고, 문장 전체의 취지를 근거로 하여, [41]의 안에 들어갈 가장 알맞은 것을, 1・2・3・4에서 하나 고르세요.

성격 진단 테스트

'성격 진단 테스트'라는 것이 최근 유행하고 있다. 수십 개의 질문에 답하면, 자신의 성격 타입을 진단해준다는 테스트이다. 몇 가지인가 종류가 있어, 나도 그중 하나를 해보았다. 그 결과에는, 과연, 하고 끄덕이게 되는 설명도 있었지만, 그렇지 않은 것도 있었다. 당연하다. 이 세상에 존재하는 몇십억 개의 개성을, 겨우 몇 타입으로 [41].

하지만, 인터넷상에 투고되어 있는 댓글을 보면, 진단 결과를 너무 심각하게 받아들이는 사람도 있는 듯하다. 자신에 대해서는 물론, 타인의 성격까지 단정해 버리고 있는 것까지 있었다. 한 번 시도해보는 것은 좋지만, 그 결과에 얽매이면 안 된다. 일종의 오락 정도로 생각하고, 실제 사람과의 관계 안에서 자신을 이해해가야 하는 것이 아닐까.

[41]

1 나눌 수 있을 리가 없다
2 나눠도 괜찮다
3 나누지 못하는 것도 아니다
4 나눌 우려가 있다

어휘 性格 せいかく 명 성격　診断 しんだん 명 진단　近頃 ちかごろ 명 최근　流行る はやる 동 유행하다
種類 しゅるい 명 종류　結果 けっか 명 결과　頷く うなずく 동 끄덕이다　あたりまえだ な형 당연하다　世 よ 명 세상
存在 そんざい 명 존재　個性 こせい 명 개성　たった 부 겨우　だが 접 하지만　インターネット上 インターネットじょう 인터넷상
投稿 とうこう 명 투고　コメント 명 댓글, 코멘트　受け止める うけとめる 동 받아들이다　～に対して ～にたいして ~에 대해서
他人 たにん 명 타인　決めつける きめつける 동 단정하다　試す ためす 동 시도하다　とらわれる 동 얽매이다　一種 いっしゅ 명 일종
娯楽 ごらく 명 오락　程度 ていど 명 정도　付き合い つきあい 명 관계, 교제　理解 りかい 명 이해　～べきだ ~해야 한다
～わけがない ~리가 없다　～ても差し支えない ～てもさしつかえない ~해도 괜찮다　～ないものでもない ~하지 않는 것도 아니다
～おそれがある ~우려가 있다

실력 다지기

글 전체의 취지를 근거로 하여, 괄호에 들어갈 알맞은 표현를 고르세요.

(1)

「早起きは三文の徳」ということわざや世界有数の企業の経営者たちが朝型人間ということもあり、 01 自分の生活を朝型にシフトしようとする人が多いようだ。確かに、早く起きると、その分活動時間が増え、趣味や仕事に余裕を持って取り組むことができる。しかし、必ずしもこれが全ての人に有意義に 02 。実は朝型であるか、夜型であるかは遺伝子によって決まっていて、夜に活動能率が上がる夜型人間が早朝に作業しても能率を下げるだけなのである。それに無理に生活リズムを 03 、かえって体調を崩すこともある。より良い生活を送るためには、まずは自分の体質を知るところから始めていかなければならない。

01

① どうやら

② むしろ

02

① 働くに違いない

② 働くとは限らない

03

① 変えようとすると

② 変えさせようとしたら

(2)

年間100冊を超える本を読む私だが、学生時代は本が嫌いで仕方なかった。自ら手にとったことなんてほとんど **04** 。面白さがわからなかったことも理由の一つだが、読書家の両親から何かあるたびに読書を強要されていたため、反抗心から読書に対して否定的な感情を抱いていた。

05 私も社会人になり、忙しい日々の合間に何か趣味を持ちたいと考えたとき、ふと浮かんだのが読書だった。あれだけ毛嫌い(けぎらい)していた本は面白く、すぐに本の世界に **06** 。不思議なものだが、どれだけ強要されても読まなかった本を今は自分の意志で読んでいる。結局、強要とは無意味なもので、何かを選択するのに重要なのは自分の意志なのだ。

04

① なかったんじゃないだろうか

② なかったわけではないはずだ

05

① あんな

② そんな

06

① 魅了させつつあった

② 魅了されていった

정답 해설집 p.45

問題7　次の文章を読んで、文章全体の趣旨を踏まえて、 41 から 45 の中に入る最もよいものを、1・2・3・4から一つ選びなさい。

計算式からみえる解決の方法

「人間関係がうまくいかない」「難しい仕事を任されている」「健康上の問題がある」など悩み事は絶えないものだ。人によって差はあるにしても、誰もがなんとか問題を解決しようと努力するだろう。

そのような問題解決において、注目すべきなのは結果だろうか。それとも 41 過程だろうか。

例えば、ここに「2＋3＝□」という問題がある。2と3を足すといくつになるかという問題で、小学校の算数の授業で学ぶ計算式だ。これに対して、「□+□=5」という問題がある。これも小学生が学ぶ計算式だ。この場合、それぞれの□に当てはまる数字は一つとは限らず、何通りか 42 。

近年、教育の現場ではこの計算式のように、子供の想像力や視点に着目した問い方が増えている。つまり、答えが正しいことよりも、答えを求める過程を大切にする方向に教育が変化してきていると言える。これは計算の問題にとどまらない。全ての学習において、どれだけの知識を持っているかを問うよりも、深く考え、自分なりの答えを出すような 43 ようになったのだ。

計算式の例からもわかるように、答えが一つでもそこに至る方法はいろいろある。答えよりも、答えにたどり着くまでに何をどう考えたかということのほうが重要だと考えるべきだろう。 44 身近に起こる問題を考えてみても、考えたり行動したりしないことには答えは見つからないからである。

このような経験を積み重ね、それを仕事や生活にも適用することができれば、今まで経験したことのない問題に直面したときにも、解決するための方法を自分で見つけて乗り越えることができる 45 。

41

1 解決に至るまでの　　2 解決をめぐる

3 解決しつつある　　4 解決するとは限らない

42

1 考える　　2 考えられる

3 考えさせる　　4 考えさせられる

43

1 問題を教えることができる　　2 問題だけを解く

3 問題が避けられる　　4 問題がよく見られる

44

1 つまり　　2 まさに

3 なぜなら　　4 それゆえ

45

1 はずがない　　2 わけにはいかない

3 ものではない　　4 のではないか

정답 해설집 p.46

問題7 次の文章を読んで、文章全体の趣旨を踏まえて、41 から 45 の中に入る最もよいものを、1・2・3・4から一つ選びなさい。

絵から学ぶ歴史

私は美術館に行くのが好きだ。

美術館では、彫刻や工芸、書道など様々な種類の芸術に触れることができる。しかし、何といっても絵画が一番だ。中でも歴史的な絵画は、描かれている人、風景、自然、街なみや生き物を見て、どんな世界だったのだろうかと思いをめぐらせながら、何時間でも 41 。今では決して体験することのできない世界を見せてくれるもの、それが歴史的絵画なのだ。

博物館の動物や植物の標本や古代の陶器などももちろん、絵画と同じように歴史を感じることができる。 42 、私にとって、絵画は別格(べっかく)(注1)なのだ。なぜならそこには、作者がその時代にその場所で見て聞いて感じたものがそのまま現れているからだ。絵画を見ていると、まるで自分がその世界に溶け込んでしまった 43 。

そして、もうひとつ私の心をつかんで離さないものは、絵画がこの場に存在するという奇跡(注2)だ。何十年、何百年の時を経て、捨てられたり、忘れられたり、持ち主の手を離れたりしながらも生き延びてきたものが今、自分の目の前に存在する。

便利になった情報社会においては、どんな歴史も芸術作品もインターネットで調べればすぐに情報として得ることができる。パソコンのスクリーンを通して作品を見ていると、もう美術館になど足を 44 のではないかとさえ思ってしまうだろう。

しかし、絵画の前に立って、あふれ出る音、におい、感情を想像してみる。絵画が、見ることのできない過去と私をつないでくれるのだ。絵画 45 魅力と言えるだろう。美術館に足を向けて過去に戻ってみる。そんな休日の過ごし方や旅の仕方があってもいいのではないだろうか。

（注１）別格（べっかく）：特別な扱いをすること

（注２）奇跡：常識では考えられないような、不思議な出来事

41

1　見てしかるべきだ　　2　見るだけのことだ

3　見るものだ　　4　見ていられる

42

1　それどころか　　2　だからこそ

3　だが　　4　すなわち

43

1　かのように感じる　　2　ように思うほかない

3　ものと思われる　　4　のではあるまいか

44

1　運ばなくてもいい　　2　運びようがない

3　運ばれそうにない　　4　運ばせなくてもいい

45

1　ずくめの　　2　でしかない

3　ならではの　　4　にたりない

정답 해설집 p.48

問題7 次の文章を読んで、文章全体の趣旨を踏まえて、41 から 45 の中に入る最もよいものを、1・2・3・4から一つ選びなさい。

無駄の価値

つい最近のことだが、出かける時に携帯をうっかり家に忘れてしまった。普段なら、取りに戻るところだ。しかし、その日は映画をみる予定で時間が 41 、そのまま出かけてしまおうと、電車に乗り込んだ。そして運が悪いことに、電車が遅れていることを知ると、何時に目的の駅に着くのか心配になってきた。

携帯があればほんの数分で調べられることなのにと思いながら、勇気を出してとなりの優しそうな学生にきいてみた。42 知らない誰かに話しかけるなんて久しぶりだった。

そのあとも無事映画館に着いたものの、チケットは事前にオンラインで買ったので携帯の中だと思い出した。43 、家に戻ることもできず、忙しそうなスタッフに声をかけると、丁寧に対応してくれた。スタッフと話している最中に同じようにオンラインチケットを忘れた人に声をかけられて、一緒に説明を聞きながら、お互いに映画が見られることにほっとし、映画までの時間を雑談して過ごした。

帰りの電車で今日をふり返ってみると、なんと心配の多い一日だったかと思うと同時に、今日は色々な人と話したとおどろく。

普段、知らない人と話す機会はどのくらいあるだろう。携帯があればすぐ手に入る情報も、自分で探したり人に頼ったりすると、なんと時間と労力が 44 。しかし、意外にも楽しんでいる自分がいたのだ。

昔は町にもっと言葉があふれていたはずだ。ますます便利になっていく時代の流れの中で僕はこの無駄に、時間と労力を使うことの価値を 45 。不便さが教えてくれた新しい発見だ。ふと、そんなことを考えた週末だった。

41

1　気になるからには　　2　気になるのではあるまいし

3　気になった手前　　4　気になったものだから

42

1　こんな季節に　　2　こんな時間に

3　こんな風に　　4　こんな日に

43

1　一方　　2　もしくは

3　とはいえ　　4　したがって

44

1　かかるそうだ　　2　かからないではすまない

3　かからないはずがない　　4　かかることか

45

1　覚えさせていた　　2　忘れかけていた

3　覚えているのに相違ない　　4　忘れられたとは言えない

정답 해설집 p.49

실전 테스트 4

問題7　次の文章を読んで、文章全体の趣旨を踏まえて、［41］から［45］の中に入る最もよいものを、1・2・3・4から一つ選びなさい。

小説の実写化

小説として世に出された作品が度々ドラマで実写化される。それに対し、小説愛読者からは「いくら頑張っても原作［41］」「原作を台無しにしないでほしい」という批判が必ず聴かれる。少し前まで私もそのうちの一人だった。

私は昔から映し出される情報が全ての映像よりも、自分の想像力で登場人物を具体化し、舞台の背景やストーリーを広げられる小説に魅力を感じていた。そんな私にとって実写化はおもしろくないものだった。

自分の作品が壊された気分になるとでも言ったらいいのだろうか。「小説を書いたのは筆者なのに何を偉そうに」と思う人もいるだろう。［42-a］、その作品に読者の想像と理解が重なりあって完成するのが小説で、読者にとってそれが最高の形なのだから、実写化されたドラマには失望を［42-b］。

数年前ではドラマを制作する側も原作ファンからの批判を恐れ、出演者に旬の俳優を起用したり、原作を忠実に再現しようとしたりする傾向があった。そのため、読者は自分の傑作とはかけ離れた形で熟知した内容を［43］のだからいい気はしなかった。

しかし、最近［44］もこれに対応しようとしているようだ。原作にはない人物をキーパーソン(注1)として登場させ、ドラマオリジナルの内容を盛り込み、原作との差別化を図っている。そのおかげで原作と比較するように見ていた読者も新しい作品とまではいかないが、ストーリーの展開に注目し、その先を予想しながら楽しめるようになったのだ。

今では私も大好きな作品が実写化されると聞いても、否定的な考えが浮かばなくなった。原作は原作、ドラマはドラマと個々に捉えることは両者を［45］。大好きな作品がどう描かれるかドラマを堪能(たんのう)(注2)するのである。

（注１）キーパーソン ： 大事な役割を果たす人

（注２）堪能（たんのう）する ： 心ゆくまで楽しむ、満喫する

41

1 には及ばない　　2 にかかせない

3 に相違ない　　4 にすぎない

42

1 a ところが ／ b 感じるものである

2 a それでも ／ b 感じざるを得ない

3 a しかも ／ b 感じようがない

4 a その上 ／ b 感じずにすむ

43

1 変えられる　　2 変えさせられる

3 見せる　　4 見せられる

44

1 実写化　　2 原作

3 制作側　　4 読者

45

1 比べるというものではない　　2 比べるようになるはずだ

3 比べずじまいだった　　4 比べずにはおかないだろう

정답 해설집 p.51

問題7　次の文章を読んで、文章全体の趣旨を踏まえて、41 から 45 の中に入る最もよいものを、1・2・3・4から一つ選びなさい。

家事代行サービスという選択肢

歩ける距離でも早く帰宅するためにタクシーを利用することもあるし、疲労を言い訳にスーパーのお惣菜(そうざい)(注1)で夕食を済ませることもある。ずっと気を張っていては長い人生を 41 。

それなのに、家事となるとどうして 42 人の力を借りるのをためらってしまうのだろうか。頼ってしまえば、今までよりも有意義な生活を送れるのは間違いない。それを邪魔する理由は大きく分けて二つだろう。一つは他人からの視線、もう一つは他人を家に入れることだ。

同僚から家事代行サービスを利用していると聞いたとき、なんとも贅沢な人だなと思うと同時に、 43 自分の身の回りのこともできないだらしない(注2)人なのではないかとも思ってしまった。そのような視線を向けられるのが嫌なのだ。

また、知人でもなく友人でもない全くの他人を家にあがらせるのも怖い。それにいくらプロだと言っても散らかった部屋を見せることは弱みを見られるようで恥ずかしい。

とはいうものの、働き方改革やワークライフバランスが注目される中、家事代行サービスは自分の生活を豊かにするための選択肢の一つとして身近なものになっているのも事実である。タクシーに乗ったり、お惣菜(そうざい)を買ったりすることと同じで贅沢でもなんでもないのだ。

他人の目を気にせず、人に素直に頼ることができ、余裕を持って働いている同僚を見ると、正直 44 。疲れた体で帰宅し、たまった洗い物を見ると、何とも言えない絶望感に毎日襲われるからだ。

まずは同僚に相談してみよう。同僚からの紹介であれば、不安も少しは解消できるはずだ。安心して家を 45 。

（注１）スーパーのお惣菜（そうざい）：スーパーで売られているおかず

（注２）だらしない：きちんとしていない

41

1　やっていくべきだ　　　2　やっていってみせる

3　やっていくだけましだ　　　4　やっていけっこない

42

1　それにも　　　2　あのように

3　こんなにも　　　4　ここから

43

1　ろくに　　　2　まるで

3　いっこうに　　　4　かならずしも

44

1　うらやましいもんか　　　2　うらやましくてたまらない

3　うらやましいのではないか　　　4　うらやましくてはならない

45

1　任せられるに越したことはない　　　2　任せてもいいのでしょうか

3　任せても差し支えないようだ　　　4　任せられるまいと思った

정답 해설집 p.53

혼자 하기 어렵고
막막할 땐?

문제 8 내용이해(단문)

문제 9·10 내용이해(중문 · 장문)

문제 11 통합이해

문제 12 주장이해(장문)

문제 13 정보검색

내용이해(단문)

내용이해(단문)은 220자 내외의 지문을 읽고 질문에 올바른 내용을 고르는 문제이다. 지문 4개와 관련 문제 1문항씩, 총 4문항이 출제되며, 지문의 난이도가 어려운 경우, 지문 3개와 3문항이 출제되기도 한다. 인문, 사회, 과학기술 분야의 다양한 주제의 에세이 3개와 공지, 안내 등의 실용문 0~1개가 출제된다.

핵심 전략

1 에세이는 특정한 형식 없이 필자의 생각이나 주장을 담은 글이며, 따라서 필자의 생각이나 주장을 묻는 문제가 출제된다. 정답의 단서가 주로 언급되는 지문의 중후반부를 특히 더 주의 깊게 읽고 내용을 정확하게 파악한다. 세로로 쓰여진 지문이 1개 출제되는 경우도 있는데, 오른쪽에서 왼쪽으로 읽는 것에 주의한다.

예 **筆者の考えに合うのはどれか。** 필자의 생각과 맞는 것은 어느 것인가?

筆者は思春期をどのように考えているか。 필자는 사춘기를 어떻게 생각하고 있는가?

2 실용문은 공지글, 안내문 등의 형식을 가지고 어떠한 정보를 전달하는 글이며, 따라서 전달하고자 하는 내용이나 목적을 묻는 문제가 출제된다. 글 전체의 맥락을 파악하거나, 각 선택지의 내용을 지문의 내용과 대조하여 일치하는 선택지를 정답으로 고른다.

예 **講堂の利用について、このお知らせは何を知らせているか。**
강당의 이용에 대해, 이 공지는 무엇을 알리고 있는가?

3 정답 선택지는 지문에 서술된 표현을 그대로 사용하지 않고, 동의어나 비슷한 의미의 문장으로 바꾸어 제시된다. 따라서 지문과 선택지를 꼼꼼히 읽고 정확히 해석하는 것이 중요하다.

예 단서 **長所を伸ばすためには、まず自分の短所は何かという観点から長所を見つける必要がある。**
장점을 기르기 위해서는, 우선 자신의 단점이 무엇인가라는 관점에서 장점을 찾을 필요가 있다.

정답 **自分の「短所」が分からなければ、「長所」は生かせない。**
자신의 '단점'을 알지 못하면, '장점'을 살릴 수 없다.

4 지문을 읽을 때에는, 한 번 읽을 때 꼼꼼히 읽고 정확하게 해석해야 한다. 그렇지 않으면 지문의 내용이 너무 추상적이라 정답 선택이 어려워지고, 그 결과 지문을 여러 번 읽게 되어 문제 풀이 시간을 허비하게 된다.

5 언어, 예술·문학, 역사·민속, 교통, 경제·경영, 주거, 환경, 요리·음식 등과 같은 인문, 사회, 과학기술 분야의 비교적 난이도가 높은 주제의 지문이 출제되므로, N1 필수 단어·문형 암기장(p.34~39)을 활용하여 관련된 어휘를 꼼꼼히 학습해둔다.

문제 풀이 Step

Step 1 **질문을 읽고 무엇에 관해 묻고 있는지 파악한다.**

먼저 질문을 읽고, 무엇에 대해 묻고 있는지, 지문에서 어떤 내용을 찾아야 하는지 파악한다. 이때, 선택지들은 그 내용이 비슷비슷하여 오히려 혼동을 줄 수 있으므로 읽지 않도록 한다.

질문 筆者は香水についてどう考えているか。 필자는 향수에 대해 어떻게 생각하고 있는가?

Step 2 **질문을 염두에 두며 지문을 처음부터 꼼꼼히 읽고 정확히 해석하면서 내용을 파악한다.**

질문이 묻는 내용을 염두에 두며 지문을 처음부터 꼼꼼히 읽고 정확히 해석하면서 전체적인 내용과 흐름을 파악한다. 에세이는 중후반부를 특히 주의 깊게 읽으며 질문에서 묻는 필자의 생각이 무엇인지를 중점으로 파악하고, 실용문은 지문 전체를 주의 깊게 읽고 질문에서 묻는 내용에 대한 전달 사항을 파악한다.

지문 道を歩いていると、香水の強い香りに眉をひそめることがある。嗅覚(きゅうかく)は人間が持っている感覚の中で一番古い感覚である。人間は嗅覚(きゅうかく)で最初に状況を認識し、それが思考にも影響する。美味しいそうな匂いがするとお腹がすいたり、いい匂いがすると好感を持ったりする。つまり、適当な香水の使用で、他人によりよい印象を与え、記憶にも長く残るのである。

길을 걷고 있으면, 향수의 강한 향기에 눈살을 찌푸리는 일이 있다. 후각은 인간이 가지고 있는 감각 중에서 가장 오래된 감각이다. 인간은 후각으로 처음 상황을 인식하고, 그것이 사고에도 영향을 미친다. 맛있을 것 같은 냄새가 나면 배가 고파지거나, 좋은 냄새가 나면 호감을 가지거나 한다. 즉, 적당한 향수의 사용으로, 타인에게 보다 좋은 인상을 주고, 기억에도 오래 남는 것이다.

Step 3 **질문과 선택지를 읽고 지문의 내용과 일치하는 선택지를 정답으로 고른다.**

질문을 다시 한 번 읽고 선택지를 하나씩 꼼꼼히 해석하여 지문의 내용과 일치하는 것을 정답으로 고른다. 이때 일치하지 않는 내용의 선택지는 X표를 하여 소거해 나간다.

질문 筆者は香水についてどう考えているか。 필자는 향수에 대해 어떻게 생각하고 있는가?

선택지 ✔ 1 香水を使うことで、他の人に見られる自分の印象が変わる。
향수를 쓰는 것으로, 다른 사람에게 보이는 자신의 인상이 바뀐다.

2 他の人に強烈な印象を残すために、香水を多めにつけるべきだ。
다른 사람에게 강렬한 인상을 남기기 위해서, 향수를 많이 뿌려야 한다.

문제 풀이 Step 적용

問題8　次の文章を読んで、後の問いに対する答えとして最もよいものを、1・2・3・4から一つ選びなさい。

子どもを過保護（かほご）する親が増えた気がする。何か口を出したくなる気持ちも分かるが、それは子どもの「考える力」を奪っているのと同じことである。子どもの「考える力」は子ども自身が一人で考えるときに育（はぐく）まれるのだ。

成長期に考える時間を十分に与えられなかった子どもは社会に出て、困難や問題にぶつかっても、自分では問題を解決できない大人になってしまう。反対に「考える力」を身に着けた子どもはどんな環境であっても、直面した問題にきちんと対応することができる。子どもの成長には「考える力」が不可欠なのである。

Step 2 질문을 염두에 두며 지문을 처음부터 꼼꼼히 읽고 정확히 해석하면서 내용을 파악한다.

筆者が言う「考える力」とは何か。

Step 1 질문을 읽고 무엇에 관해 묻고 있는지 파악한다.

1　問題が難しくても、きちんと考えて自分で解こうとする力

2　問題がどんな環境にあっても、十分に考えて対応する力

✔3　問題に直面したときに、自分自身で考えて解決する力

4　問題にぶつかったときに、自ら考えられる子どもを育てる力

Step 3 질문과 선택지를 읽고 지문의 내용과 일치하는 선택지를 정답으로 고른다.

Step1 에세이 지문으로, 필자가 考える力(생각하는 힘)에 대해 뭐라고 서술하고 있는지를 생각하며 지문을 읽는다.

Step2 필자는 과보호로 인하여 아이들이 생각할 기회를 빼앗긴 것에 대한 문제점을 서술하면서 후반부에서 「考える力」を身に着けた子どもはどんな環境であっても、直面した問題にきちんと対応することができる('생각하는 힘'을 몸에 익힌 아이는 어떤 환경에서도, 직면한 문제에 제대로 대응할 수 있다)라고 서술하고 있다.

Step3 필자는 '생각하는 힘'을 몸에 익히면 직면한 문제에 제대로 대응할 수 있다고 생각하고 있으므로, 3 問題に直面したときに、自分自身で考えて解決する力(문제에 직면했을 때, 자기 스스로 생각해서 해결하는 힘)를 정답으로 고른다.

문제8 다음 글을 읽고, 뒤의 물음에 대한 답으로 가장 알맞은 것을, 1・2・3・4에서 하나 고르세요.

아이를 과보호하는 부모가 늘어난 기분이 든다. 무언가 참견하고 싶어지는 마음은 알지만, 그것은 아이의 '생각하는 힘'을 빼앗고 있는 것과 같은 것이다. 아이의 '생각하는 힘'은 아이 자신이 혼자서 생각할 때 길러지는 것이다.

성장기에 생각하는 시간이 충분히 주어지지 않은 아이는 사회에 나가서, 곤란이나 문제에 부딪혀도, 스스로는 문제를 해결할 수 없는 어른이 되어버린다. 반대로 '생각하는 힘'을 몸에 익힌 아이는 어떤 환경에서도, 직면한 문제에 제대로 대응할 수 있다. 아이의 성장에는 '생각하는 힘'이 불가결한 것이다.

필자가 말하는 '생각하는 힘'이란 무엇인가?

1 문제가 어려워도, 제대로 생각해서 스스로 풀려고 하는 힘
2 문제가 어떤 환경에 있어도, 충분히 생각해서 대응하는 힘
3 문제에 직면했을 때, 자기 스스로 생각해서 해결하는 힘
4 문제에 부딪혔을 때, 스스로 생각할 수 있는 아이를 키우는 힘

어휘 過保護 かほご 명 과보호　気がする きがする 기분이 들다　口を出す くちをだす 참견하다　奪う うばう 동 빼앗다
自身 じしん 명 자신, 스스로　育む はぐくむ 동 기르다　成長期 せいちょうき 명 성장기　与える あたえる 동 주다
困難 こんなん 명 곤란　ぶつかる 동 부딪히다　解決 かいけつ 명 해결　反対だ はんたいだ な형 반대다
身に着ける みにつける 몸에 익히다　環境 かんきょう 명 환경　直面 ちょくめん 명 직면　きちんと 부 제대로
対応 たいおう 명 대응　～ことができる ~할 수 있다　不可欠だ ふかけつだ な형 불가결하다　解く とく 동 풀다
自分自身で じぶんじしんで 자기 스스로

실력 다지기

질문에 대한 답으로 적절한 것을 고르세요.

01

若者の語彙力を下げている原因の一つが若者言葉「やばい」である。元々は否定的な意味を表すものだったが、今では肯定的な意味でも用いられている。しかし、その歴史は意外にも古く、江戸時代にまでさかのぼる。現在、問題視される言葉が400年前にも使われていたとはなんとも滑稽(こっけい)なものだ。

筆者の考えに合うのはどれか。

① 元々の言葉の意味を理解せずに、使用し続けるのはよくないことだ。

② 歴史ある言葉が若者言葉として、問題になるのはおもしろいことだ。

02

万引きは貧しさから手が出るものだと考えられがちだが、そうとは限らない。驚くことに経済大国日本は有数の万引き大国だ。これには幸福度が関係し、自分で心を満たせない人が犯す悲しい犯罪なのだ。経済が豊かになっても人の心が豊かでなければいくらでも犯罪が発生する恐れがある。

筆者は万引きについてどのように考えているか。

① 生活が豊かでも心が満たされていないと万引きに繋がる。

② 自分の心を満たすための万引きであっても許されるべきではない。

03

日差しが強い日は日焼け止めをこまめに塗り直すが、曇りの日にはケアを怠ってしまうという人が多いのではないだろうか。実は曇りの日の紫外線量は快晴の日の約8割ほどと大差がない。また、雲の隙間(すきま)から光が出ていると、快晴の日よりも紫外線の量が増加するため油断は大敵だ。

この文章で筆者が述べていることは何か。

① 曇っている日はケアを怠ってもかまわない。

② 曇っている日こそ紫外線により注意すべきだ。

04

私たちはなにかと型に分類することが好きなようで、時には血液型診断のような型の特徴に無理矢理自分を当てはめようとします。きっと社会という集団の中で自分や相手の属性を確認して安心感を得たいのでしょう。そのため根拠などは追及する必要がないのです。

この文章で筆者が述べていることは何か。

① 人は不安を取り除くために自分や相手を型にはめようとする。

② 人は安心感を得るために自分や相手の性質を理解しようとする。

05

交通規制のお知らせ

山西(やまにし)花火大会の開催に伴い、山西(やまにし)中央道路の交通規制を実施いたします。花火大会当日の午後４時から10時まで救急車などを除き、車両(しゃりょう)の進入を禁止します。周辺道路の渋滞が予想されますので、お車での移動はお控えください。ご理解・ご協力をお願いいたします。

交通規制について、このお知らせは何を知らせているか。

① 規制される時間帯はどんな場合であっても、中央道路に車が進入できないこと

② 車の通行禁止によって、中央道路だけではなく周りの道路も混雑すること

06

郵送による明細書について

紙の使用量を削減するため、2021年1月より紙のご利用代金明細書を有料化することになりました。発行手数料はお客様のご負担となりますので、お了承ください。なお、かねてより移行をお願い申し上げていたWeb明細書は無料でご利用になれますので、この機会にぜひご登録ください。

紙の明細書について、このお知らせは何を知らせているか。

① 紙の明細書のサービスは継続して利用できるが、手数料を払わなければいけないこと

② 紙の明細書のサービスが2021年には廃止され、Web明細書のみ利用できること

정답 해설집 p.55

問題 8　次の(1)から(4)の文章を読んで、後の問いに対する答えとして最もよいものを、1・2・3・4から一つ選びなさい。

(1)

不安に心が支配されて、気をそらそうとしても余計に不安が増大してしまうような時には、思い浮かぶ限りの不安なことを全て書き出してみるとよい。書き出しが終わったら、それを時間的距離が近い順に並べ直してみる。すると不思議なことに、その段階で心が少し穏やかになっていることに気がつく。重要なのは客観的なものさしで心の中の不安を評価し直すことで、この時に深刻度といった主観的なものさしを使って並べてみても、あまり効果は得られない。

46　筆者の考えに合うのはどれか。

1　不安なときは、そのことに意識を集中させるといい。

2　不安なことはあまり深刻ではないと考えたほうがいい。

3　不安と向き合うときは、客観的になるといい。

4　不安を減らすには自分だけの基準を持つほうがいい。

(2)

以下は、記者が書いたコラムである。

日本の寿司屋では近年、メニューに深海魚が含まれていることが少なくない。深海魚が寿司屋に出回るようになった理由の一つに、地球環境の変化があげられている。水温の変化などにより従来寿司屋で提供されていた魚の漁獲量が減少しているのだ。そのため、価格が上昇し、深海魚がその代わりとして利用されるようになったと聞く。しかしなにより、従来の魚と味や食感が似ていることが、ここまで受け入れられている理由だ。安価な深海魚も多く、店側にとっては救世主（注）とも呼べる存在になりそうだ。

（注）救世主（きゅうせいしゅ）：ここでは店の営業を助けてくれるもの

47 この文章で筆者が述べていることは何か。

1 従来の魚が寿司屋で扱われなくなったのは、深海魚が安く買えるからだ。

2 従来の魚の漁獲量が減ったのは、深海魚が食品として出回ったからだ。

3 深海魚が寿司屋で扱われているのは、従来の魚と味が似ているからだ。

4 深海魚の漁獲量が減っているのは、味よりも値段が重視されているからだ。

정답 해설집 p.56

(3)

以下は、マンションの管理人が居住者に配ったお知らせである。

　マンション正面玄関からご入館の際には、現在カードキーをご使用いただいておりますが、以前から磁気不良が原因で利用できないというご指摘がありました。

　そのため、入館方法をカードキーの利用から暗証番号の入力に変更いたします。

　現在のカードキーのご利用は5月末までとなり、6月1日からは暗証番号を入力しての入館となります。

　なお、4月10日以降5月末までは番号入力による入館とカードキーによる入館の、どちらも可能です。暗証番号は管理室にてご登録ください。

　[管理室　平日8:00～17:00、土日10:00～16:00]

さくらマンション管理室

48　マンションの入館方法について、このお知らせの内容と合っているものはどれか。

1　カードキーが使えない人は、5月末までは暗証番号の入力でマンションに入れること

2　6月以降は、事前に登録した暗証番号を入力しないとマンションに入れなくなること

3　暗証番号の入力でマンションに入るためには、番号を毎月変更する必要があること

4　暗証番号の登録をすれば、5月末以降もカードキーでマンションに入れること

(4)

一般的にインフルエンザにはＡ型とＢ型があり、いずれも流行する条件として低温、低湿度であることがあげられます。インフルエンザは冬の病気だと考えられがちですが、全く違う気候の東南アジアや夏の日本でも流行することがあります。東南アジアで流行するインフルエンザはＡ型であることが多いです。しかし日本の夏季に流行するものはＢ型がほとんどであることがわかっています。基本的な対策は冬に流行するものと同じで、流行前に予防接種を受けることが大切だと言えるでしょう。

49 インフルエンザについて筆者はどう述べているか。

1 Ａ型インフルエンザは東南アジアのみで流行するので心配ない。

2 1年を通して日本で流行するのはＢ型インフルエンザである。

3 暑い地域に流行するインフルエンザはＡ型なので日本でも注意が必要だ。

4 日本では夏にＢ型インフルエンザが流行するので、事前に予防するべきだ。

정답 해설집 p.57

問題 8　次の(1)から(4)の文章を読んで、後の問いに対する答えとして最もよいものを、1・2・3・4から一つ選びなさい。

(1)

年功序列(ねんこうじょれつ)(注)は昔のことになり、成果主義の現代社会では、人々は多忙を極め、健康を損なう人が後を絶たない。そんな中、皿や器を自ら制作する陶芸が人気を呼んでいる。黙々と土を練り一心に陶芸に打ち込んでいると、子供の頃のように楽しく無邪気な心が蘇り、ストレスが軽減していく。失敗を繰り返しながらも、ついに完成した花器(かき)に花を生けた瞬間、大地に咲いた花のように自然と一体化した自分を感じ、生き生きとした本来の自分を取り戻せるのだ。

(注) 年功序列(ねんこうじょれつ)：会社の中で年齢に応じて昇進すること

46　この文章で筆者が述べていることは何か。

1　自然と一体化することによって、ストレスが解消できる。
2　陶芸に集中し癒されることによって、ストレスが解消できる。
3　子供の時の気持ちを思い出せば、ストレスが解消できる。
4　生け花をすれば失敗したことを忘れ、ストレスが解消できる。

(2)

海外の有名な博物館で、日本の漫画の展覧会が催された。漫画をきっかけに日本と日本語に興味を持つ人が増加しているのはうれしい限りだが、なぜこれほど、世界中で漫画が受け入れられているのだろうか。それは、漫画には絵と文字で伝えるメッセージ性があり、人権から気候変動に至るまでの複雑な問題を分かり易く描き、共感を呼ぶ力があるからだ。漫画は娯楽という枠を超えて、今や媒体としての役割に成長していると言えよう。

47 筆者の考えに合うのはどれか。

1 日本語に興味を持つ人の増加により、難しい問題を扱う漫画が認められつつある。

2 日本に興味を持つ人が増え、漫画が世界中でメディアとして認められつつある。

3 漫画の持つメッセージ性を使い、日本の様々な問題を世界中に伝えられる。

4 漫画の持つ文字と絵の表現力のおかげで、国境を越えてメッセージが伝えられる。

정답 해설집 p.58

(3)

以下は、ある店のホームページに掲載されたお知らせである。

番号：3121

登録：2021.06.01

この度、当店では新しくスマホのアプリによる電子ポイントカードをご用意いたしました。従来のカード型ポイントカードからのポイント移行も承っておりますので、この機会にぜひご登録ください。

また、当店発行の商品券ですが、誠に勝手ながら今月末で発行を廃止し、ご利用は8月31日をもって終了とさせていただきます。今月から7月までに商品券をご利用いただいた場合に限り、新規電子ポイントカードに通常の２倍のポイントを還元させていただきますので、こちらもあわせてご利用ください。

48 ポイントカードについて、このお知らせは何を知らせているか。

1 カード型ポイントカードと商品券が8月31日で使えなくなること

2 電子ポイントカードを作ると、買った金額の5%がポイントになること

3 7月までに商品券を使うと、普段より多くのポイントがもらえること

4 カード型ポイントカードと電子ポイントカードのポイントが交換できること

(4)

移動時間を有効に使いたいという思いは、交通手段の発達によって生まれた悩みの一つです。人類は長い間、遠くへ移動する方法の開発という課題に取り組んできましたが、その課題がほぼ解決した現在、今度は移動の間に何もしないことをどうにか解決しようと、電車では、皆競うようにスマートフォンで何かをしています。

移動こそが目的なのだから、何もしなくたって全く構わないはずなのに、人間とはなんと真面目でおかしな生き物なのでしょうか。

49 筆者は人間をどのようにとらえているか。

1 解決する必要がない課題を自ら生み出し、それを解決しようとする。

2 課題に取り組む姿勢は真面目で、常に誰かと競争しようとする。

3 移動時間は好きに使ってよいはずなのに、仕事をこなそうとする。

4 移動時間ですら、多くの課題に同時に取り組もうとする。

정답 해설집 p.59

실전 테스트 3

해커스 JLPT N1
한 권으로 합격

問題 8　次の(1)から(4)の文章を読んで、後の問いに対する答えとして最もよいものを、1・2・3・4から一つ選びなさい。

(1)

他人に助言する時、相手を責めるように欠点ばかりを指摘する人は少なくないが、状況を改善するための効果的な助言がしたいのであれば、相手を尊重し、その人が新しい行動を起こせるように導くことを意識するべきだ。重要なのは、困っている人がそのことについてみずから積極的に考えることができるような言葉をかけることである。一方で、どうすれば良いかを具体的に助言しすぎるのも、相手を尊重していないという点では欠点の指摘とあまり変わらないので、注意が必要だ。

46　助言の仕方について、筆者の考えに合うものはどれか。

1　効果的な助言とは、相手を責めないように気をつけてするものだ。
2　効果的な助言とは、相手が自分で考えて行動できるように促すものだ。
3　助言するときには、解決方法については一言も言わないことが重要だ。
4　助言するときには、相手を尊重しつつ、具体的な内容で話すことが重要だ。

(2)

以下は、ある電機メーカーからのメールである。

あて先：abc345@main.co.jp

件名：テレビのご交換対応について

当社が2018年に製造し、2018年から2020年にかけて販売したテレビの一部に、電源が入らなくなるトラブルが発生することが明らかになりました。

ご交換の対応をとらせていただきますので、対象のテレビをご使用のお客様は「お客様窓口」までお電話をお願い致します。

お電話の前に、テレビの裏にある製造番号が18から始まることをご確認ください。18以外から始まる製品は、上の期間に購入したものであってもご交換の対象ではありません。

---

47 テレビの交換について、このメールは何を知らせているか。

1 2018年から2020年の間にテレビを購入した人は、テレビを交換してもらえること

2 テレビの電源が入らなくなった人は、「お客様窓口」に電話すれば交換してもらえること

3 製造番号が交換対象のテレビは、電話をすれば交換してもらえること

4 製造番号が交換対象でも、電源が入らないテレビでなければ交換できないこと

정답 해설집 p.60

(3)

以下は、新聞の投書欄に掲載された文章である。

「丁寧な暮らし」に明確な定義はありませんが、保存食を作ったり、洋服を手作りしたりなど、時間に追われることなく、家事にひと手間かけた生活を指すことが多いようです。

「丁寧な暮らし」は女性向け雑誌で頻繁に取り上げられるテーマです。しかし、家事と仕事の両方に追われている現在の多くの女性たちにとって、それは憧れでしかありません。実際に「丁寧な暮らし」をしようとする人が増えているわけではなく、夢の生活の一つの形として語られているに過ぎないのです。

48 筆者の考えに合うのはどれか。

1 食事作りに時間をかけた生活こそが、「丁寧な暮らし」である。

2 「丁寧な暮らし」は現実的ではないが、多くの女性が憧れる生活スタイルである。

3 仕事をしていない女性たちが、「丁寧な暮らし」を支持している。

4 「丁寧な暮らし」の実現は難しいが、実践したいと思う人は増加している。

(4)

私は若い頃、いつでも強くありたいと願っていた。強いといっても、けんかが強いとか権力があるというようなことではなく、どんな困難なことが起ころうとも、決して諦(あきら)めずに努力を続けられる強さを持つことに憧れていたのだ。だから、スポーツに打ち込んでいた学生時代は、切磋琢磨(せっさたくま)する(注)自分を強い人間だと思ったこともあった。しかし、大きな病気をしたことをきっかけに、支えてくれる人と環境があればこそ、人は努力できるのだということに気がついたのである。

（注）切磋琢磨(せっさたくま)する：真剣に努力する

49 筆者の考えに合うものはどれか。

1 努力を続ける強さは、周囲の支えで成り立っている。

2 病気を乗り越える強さは、身近な人の手助けで成り立っている。

3 スポーツに取り組んできた人には、病気を乗り越える強さがある。

4 努力し続ける人には、周囲の環境をコントロールする強さがある。

정답 해설집 p.61

내용이해(중문·장문)

내용이해(중문)은 570자, **내용이해(장문)**은 900자 내외의 지문을 읽고 질문에 올바른 내용 고르는 문제이다. 중문은 지문 3~4개와 관련 문제 2~3문항씩, 총 8~9문항이 출제되고, 장문은 지문 1개와 관련 문제 3~4문항이 출제된다. 인문, 사회, 과학기술 분야의 다양한 주제의 에세이 및 설명문이 출제되며, 필자의 생각이나 세부내용을 묻는 문제가 출제된다.

핵심 전략

1 대체로 지문의 내용 순서대로 문제가 출제되므로, 지문을 처음부터 단락별로 꼼꼼히 해석하면서 한 단락 읽고 문제 풀고, 다음 한 단락 읽고 문제를 푸는 방식으로 모든 문제를 풀어나간다.

2 질문에 밑줄이 있는 경우, 밑줄이 있는 단락에서 관련된 설명을 찾아 내용이 일치하는 선택지를 정답으로 고른다. 밑줄이 있는 단락만으로 정답 선택이 어려운 경우, 앞뒤 단락의 내용도 함께 고려하여 정답을 고른다.

예 そういう運命とはどんな運命か。 그런 운명이란 어떤 운명인가?

3 각 지문의 마지막 문제는 주로 필자가 글을 통해 말하고 싶은 생각이나 주장을 묻는다. 따라서 지문의 마지막 단락을 특히 꼼꼼히 읽고 필자의 생각과 일치하는 것을 정답으로 고른다.

예 この文章で筆者が最も伝えたいことは何か。 이 글에서 필자가 가장 전달하고 싶은 것은 무엇인가?

4 정답 선택지는 지문에 서술된 표현을 그대로 사용하지 않고, 동의어나 비슷한 의미의 문장으로 바꾸어 제시된다. 따라서 지문과 선택지를 꼼꼼히 읽고 정확히 해석하는 것이 중요하다.

예 질문 筆者はなぜ注意されたのか。 필자는 왜 주의 받았는가?

단서 この前、ストレスは体に様々なダメージを与えるから、いつもストレスを受けないように注意していると言ったら、友達に怒られたことがある。ストレスを管理するという考え方がむしろストレスを大きくするということだった。確かにストレスの悪影響を知ってから、もっとストレスがたまるような気がする。

일전에, 스트레스는 몸에 여러 가지 피해를 주기 때문에, 항상 스트레스를 받지 않도록 주의하고 있다고 말했더니, 친구에게 혼났던 적이 있다. 스트레스를 관리한다는 생각이 오히려 스트레스를 크게 한다는 것이었다. 확실히 스트레스의 악영향을 알고 나서, 더욱 스트레스가 쌓이는 것 같은 느낌이 든다.

정답 気をつけていたことがむしろ悪影響を与えていたから

조심하고 있던 것이 오히려 악영향을 주고 있었기 때문에

5 심리, 예술·문학, 취미, 국제·외교, 구직·근로, 제조·기술, 건강 등과 같은 인문, 사회, 과학기술 분야의 비교적 난이도가 높은 주제의 에세이 및 설명문이 출제되므로, N1 필수 단어·문형 암기장(p.34~39)을 활용하여 관련된 어휘를 꼼꼼히 학습해둔다.

문제 풀이 Step

※ 아래의 문제 풀이 Step을 각 문제에 적용하여 지문의 흐름에 따라 차례대로 문제를 푼다.

Step 1 **질문을 읽고 무엇을 묻는지 파악한다.**

질문을 읽고, 무엇을 묻고 있는지, 또는 지문에서 확인해야 하는 내용이 무엇인지를 파악한다. 질문을 통해 지문이 어떤 내용인지도 미리 예상할 수 있다.

질문 筆者によると、月の大きな役割とは何か。 필자에 의하면, 달의 큰 역할이란 무엇인가?

Step 2 **하나의 단락을 꼼꼼히 읽고 정확히 해석하면서 내용을 파악한다.**

질문이 묻는 내용을 염두에 두며 하나의 단락을 꼼꼼히 읽고 정확히 해석하면서 단락의 핵심 내용과 흐름을 파악한다.

지문 太陽がなくなると周りは闇に覆(おお)われ、日常生活ができなくなってしまうでしょう。では、月が消えてしまったとしたらどうでしょう。月は夜の間、明かりを照らすだけだと考えがちですが、月が少し傾いている地球の赤道傾斜角(せきどうけいしゃかく)を安定的に維持させているから、そのおかげで私たちは毎年四つの特色のある季節を送ることができます。このように月は実はとても大きな役割を担っています。

태양이 없어지면 주변은 어둠에 싸여, 일상생활이 불가능해져 버리겠죠. 그렇다면, 달이 사라져버렸다고 하면 어떨까요? 달은 밤 동안, 빛을 밝혀줄 뿐이라고 생각하기 쉽습니다만, 달이 약간 기울어져있는 지구의 적도경사각을 안정적으로 유지시키고 있기 때문에, 그 덕분에 우리는 매년 네 개의 특색 있는 계절을 보낼 수 있습니다. 이렇게 달은 실은 매우 큰 역할을 짊어지고 있습니다.

Step 3 **선택지를 읽고 단락의 내용과 일치하는 선택지를 정답으로 고른다.**

각 선택지를 하나씩 꼼꼼히 읽고 단락의 내용과 일치하는 것을 정답으로 고른다.

질문 筆者によると、月の大きな役割とは何か。 필자에 의하면, 달의 큰 역할이란 무엇인가?

선택지

1 人々に昼と夜ともに明るい生活を提供する。
사람들에게 낮과 밤 모두 밝은 생활을 제공한다.

✔ 2 人々に四季がある暮らしをを提供する。
사람들에게 사계절이 있는 삶을 제공한다.

문제 풀이 Step 적용

問題9　次の文章を読んで、後の問いに対する答えとして最もよいものを、1・2・3・4から一つ選びなさい。

世の中にはいいことばかり起こる運がいい人と不幸が続く運が悪い人がいる。一見(いっけん)、非科学的なように思えるが、脳科学の世界では両者には決定的な違いがあるとされている。いいことが起きる確率や不幸に遭遇(そうぐう)した回数の違いを示しているのではない。日常で起こった出来事をどのように脳が捉えるかという差である。つまり、運がいい、悪いと判断するのは自分次第なのである。

例えば、仕事で大きな失敗を犯してしまったとしよう。もちろん、多くの人が落胆して自信を失ってしまうだろう。しかし、運がいい人はそこで終わらない。「失敗から新たなことを学べた。また頑張ろう」とポジティブに物事を捉えることができる。成功を収めた運動選手が「あの失敗があったからこそ、今の自分がある」と話すように、運がいい人はそこからまた出発する。運がいい人はどんな出来事においても、負(ふ)の感情のままで終わらせないのである。

Step 2 하나의 단락을 꼼꼼히 읽고 정확히 해석하면서 내용을 파악한다.

負(ふ)の感情のままで終わらせないとはどういう意味か。

Step 1 질문을 읽고 무엇을 묻는지 파악한다.

1　悪いことが起こっても、最後は自分で運がいいか悪いか判断すること

2　悪いことが起こっても、自分は運が悪いから仕方ないと思い込むこと

3　どんなことが起こっても、自信をなくして、落ち込んでしまわないこと

✔4　どんなことが起こっても、肯定的に受け取り、前向きに考えること

Step 3 선택지를 읽고 단락의 내용과 일치하는 선택지를 정답으로 고른다.

Step1 밑줄 친 負の感情のままで終わらせない(부정적인 감정인 채로 끝내지 않는)가 어떤 의미인지 묻고 있다.

Step2 밑줄이 있는 두 번째 단락에서 필자는 運がいい人はそこで終わらない。「失敗から新たなことを学べた。また頑張ろう」とポジティブに物事を捉えることができる(운이 좋은 사람은 거기서 끝나지 않는다. '실패로부터 새로운 것을 배울 수 있었다. 다시 힘내자'라고 긍정적으로 만사를 인식할 수 있다)라고 하고, 운이 좋은 사람은 어떤 일이 일어나도 부정적인 감정으로 끝내지 않는다고 서술하고 있다.

Step3 필자는 부정적인 감정으로 끝내지 않는 운이 좋은 사람들은 어떤 일이 일어나도 긍정적으로 만사를 인식하고 있다고 서술하고 있으므로, 4 どんなことが起こっても、肯定的に受け取り、前向きに考えること(어떤 일이 일어나도, 긍정적으로 받아들이고, 발전적으로 생각하는 것)를 정답으로 고른다.

문제9 다음 글을 읽고, 뒤의 물음에 대한 답으로 가장 알맞은 것을, 1・2・3・4에서 하나 고르세요.

세상에는 좋은 일만 일어나는 운이 좋은 사람과 불행이 계속되는 운이 나쁜 사람이 있다. 언뜻 보기에, 비과학적인 것처럼 생각되지만, 뇌과학의 세계에서는 두 사람에게는 결정적인 차이가 있다고 여겨지고 있다. 좋은 일이 일어나는 확률이나 불행에 조우한 횟수의 차이를 가리키고 있는 것이 아니다. 일상에서 일어난 일을 어떻게 뇌가 인식하는가라는 차이이다. 즉, 운이 좋다, 나쁘다고 판단하는 것은 자기 나름인 것이다.

예를 들어, 일에서 큰 실패를 범해버렸다고 하자. 물론, 많은 사람이 낙담해서 자신감을 잃어버릴 것이다. 하지만, 운이 좋은 사람은 거기서 끝나지 않는다. '실패로부터 새로운 것을 배울 수 있었다. 다시 힘내자'라고 긍정적으로 만사를 인식할 수 있다. 성공을 거둔 운동 선수가 '그 실패가 있었기 때문에, 지금의 내가 있다'고 말하는 것처럼, 운이 좋은 사람은 거기서 다시 출발한다. 운이 좋은 사람은 어떤 일에 있어서도, 부정적인 감정인 채로 끝내지 않는 것이다.

부정적인 감정인 채로 끝내지 않는이란 어떤 의미인가?

1 나쁜 일이 일어나도, 마지막에는 스스로 운이 좋은지 나쁜지 판단하는 것
2 나쁜 일이 일어나도, 자신은 운이 나쁘니까 어쩔 수 없다고 마음먹는 것
3 어떤 일이 일어나도, 자신감을 잃고, 침울해져 버리지 않는 것
4 어떤 일이 일어나도, 긍정적으로 받아들이고, 발전적으로 생각하는 것

어휘 世の中 よのなか 명 세상　起こる おこる 동 일어나다　運 うん 명 운　不幸 ふこう 명 불행　一見 いっけん 부 언뜻 보기에
非科学的だ ひかがくてきだ な형 비과학적이다　思える おもえる 동 생각되다　脳科学 のうかがく 명 뇌과학
両者 りょうしゃ 명 두 사람, 양자　決定的だ けっていてきだ な형 결정적이다　違い ちがい 명 차이　~とされる ~라고 여겨지다
確率 かくりつ 명 확률　遭遇 そうぐう 명 조우　回数 かいすう 명 횟수　示す しめす 동 가리키다　日常 にちじょう 명 일상
出来事 できごと 명 일, 사건　捉える とらえる 동 인식하다, 파악하다　つまり 접 즉　判断 はんだん 명 판단
~次第 ~しだい ~나름　犯す おかす 동 범하다, 저지르다　落胆 らくたん 명 낙담　自信 じしん 명 자신(감)　失う うしなう 동 잃다
新ただ あらただ な형 새롭다　学ぶ まなぶ 동 배우다　ポジティブだ な형 긍정적이다　物事 ものごと 명 만사, 일
~ことができる ~할 수 있다　成功 せいこう 명 성공　収める おさめる 동 거두다　~からこそ ~기 때문에　~において ~에 있어서
負 ふ 명 부정적임　感情 かんじょう 명 감정　仕方ない しかたない い형 어쩔 수 없다　思い込む おもいこむ 동 마음먹다, 결심하다
落ち込む おちこむ 동 침울해지다　肯定的だ こうていてきだ な형 긍정적이다　受け取る うけとる 동 받아들이다
前向き まえむき 명 발전적, 긍정적

실력 다지기

질문에 대한 답으로 적절한 것을 고르세요.

01

　大昔、衣服は外部から身体を守る保護的役割であったが、近代化につれて流行を楽しむ娯楽、そして現在、多様化を経て個性を表現するツールの役割を果たすまでになった。それを知ってか知らずか、他人の衣服について平気で悪く言う人たちがいる。悪く言うのは人の意見や価値観を真(ま)っ向(こう)に切り捨てることと同じことだ。

筆者は他人の衣服を悪く言う行為についてどのように考えているか。

① 人の価値観を批判しているのと同じだ。

② 人の価値観を衣服で判断するのと同じだ。

02

　女性の社会進出を推進する一方で、障害となっているのが子どもを預けるための保育施設の不足だ。入所できない待機児童の数は1万人を超える。状況がなかなか改善されないことに対し、施設を増設しろ、保育士を確保しろといった声があるが、目に見える単純な対策では補えない。問題の奥に潜(ひそ)む保育士の雇用環境の改善から急ぐべきである。

筆者は待機児童の問題についてどのように考えているか。

① 問題を解決するために保育施設や保育士を増やすことから改善しなくてはいけない。

② 問題を解決するために保育士の労働環境を見直すことから進めなくてはいけない。

03

　「絶対触らないで!」「開けちゃダメ!」と言われるとつい触ってみたくなるし、開けてみたくなる。行動を禁止されるとかえって衝動に駆られ、反対の行動に走ろうとする人間の心理が働くのだ。これをカリギュラ効果という。もちろんその根本には好奇心だけでなく、自由を規制されたことによる反発心も同時に存在する。

カリギュラ効果とはどのようなものか。

① 行動を規制された反動で、規制されたことをやりたくなる心理現象

② 自由を奪われた怒りから、突発的な行動をとりたくなる心理現象

04

言語を学習する際、母語で直訳しようとしてはいけない。ニュアンスまで理解する必要がある。アジア圏(けん)でよく聞かれる「ごはん、食べた?」という社交辞令(じれい)のような挨拶も国が変わればデートの誘いにも捉えられる。また、ある単語が許容する範囲も言語によって様々だ。日本語の「恥ずかしい」が韓国語では４つの語の意味にあたる。結局、単純に置き換えただけでは使い分けができないのだ。

ニュアンスまで理解する必要があるのはなぜか。

① 学習言語を母語に置き換えようとすると誤解が生じるから

② 言語圏で許容された範囲の単語を使い分けなくてはいけないから

05

ドラマやスポーツの式典などもあいまって障がい者への関心が高まりつつある。何ができないのか、どのような補助が必要なのかメディアの中の具体的な彼らの言葉はお互いの理解に繋がる。そして、そこには強さが感じられた。障がい者は一般的に社会的弱者として扱われるが、様々な困難を克服(こくふく)し、自分の弱さを包み隠さない彼らは社会的弱者とはほど遠い存在だ。

障がい者について、筆者が最も言いたいことは何か。

① 障がい者を深く理解することで、彼らは社会的弱者ではなくなる。

② 身体的に不便なことはあるが、精神的には誰よりも強い人たちだ。

06

最近、科学技術の進歩には改めて驚かされた。今まで通っていた英会話教室はネットの講義で代用でき、仕事だって遠隔(えんかく)サービスを利用すれば、家にいても会社のパソコンにログインできる。会議もテレビ電話で問題なく済む。感心してばかりはいられない。10年後、職場でロボットが働くことはないとしても、社員数が削減されることは十分あり得るだろう。

筆者がこの文章で最も言いたいことは何か。

① 技術の進歩には驚くことが多く、将来ロボットに職を奪われる可能性がある。

② 技術の進歩には感心することが多く、ロボットと共に働く時代が来るはずだ。

정답 해설집 p.62

실전 테스트 1

問題9　次の(1)から(3)の文章を読んで、後の問いに対する答えとして最もよいものを、1・2・3・4から一つ選びなさい。

(1)

世界的な環境問題への対応の一つとして、自動車の技術分野においても、電動化など新たな領域への挑戦が加速している。従来のエンジン（内燃エンジン）と電気による動力を組み合わせたハイブリッドカーや電気のみで動く自動車の開発はますます進み、販売数を伸ばしていくことは確実だろう。欧州各国ではガソリンを搭載（とうさい）(注)した自動車の販売を禁止しようという動きも見られる。自動車の動力源とエネルギー源が多様化する中、これまで主流であった内燃エンジンだけを搭載（とうさい）したガソリン車は、①新たな動力源にその地位を脅かされている。

将来的には電気自動車が主流となり、従来の内燃エンジンに未来はないとよく言われるが、その一方で、内燃エンジンと電気の両方を動力源とするハイブリッドカーがガソリン車に代わり売れ続けるだろうという予測がある。②電気だけに頼ることはないというわけだ。

そこで期待されるのは、環境への負荷（ふか）を今より軽減させた新たな内燃エンジンである。動力源が大きく変遷する中、2014年に国内の大手メーカーは企業の垣根を越えて、自動車用の内燃エンジンを研究する組合「AICE」を発足した。興味深いことに、「AICE」は、2050年には電気自動車と同様、内燃エンジンのCO2排出量を2010年と比較し90％削減するという目標値を挙げた。つまりこれは、内燃エンジンは消滅するのではなく、今後も有望な動力源の一つとして飛躍的な成果を上げるべく研究開発が推進されるということを示唆している。

（注）搭載（とうさい）する：ここでは、装備すること

50 ①新たな動力源にその地位を脅かされているとあるが、なぜか。

1 ガソリン車は電気自動車の登場によって、価値がなくなったから

2 電気によって動く自動車のほうがガソリン車より速く走れるから

3 他の動力によって動く自動車の販売数が伸びる見込みがあるから

4 環境問題を解決するため、ガソリン車の販売が禁止されたから

51 ②電気だけに頼ることはないとあるが、この考えのもとになっているものはどれか。

1 予測によると、全ての自動車が電動化されるわけではない。

2 予測によると、ガソリン車は今後も売れ続ける。

3 予測によると、ハイブリッドカーの台数は減少していく。

4 予測によると、自動車のエネルギー源はさらに多様化する。

52 この文章で筆者が言いたいことは何か。

1 内燃エンジンは、CO2排出量が電気自動車と比較して非常に多いため、今後消滅するだろう。

2 内燃エンジンは、今後も安全性や環境保護の面でも劣ることない動力源であり続けるだろう。

3 内燃エンジンはCO2の排出量削減の目標値に届くまで研究開発をやめることはできないだろう。

4 内燃エンジンはCO2の排出量が少ない環境に優しい動力源へと開発が進められるだろう。

정답 해설집 p.63

(2)

知り合いに私の故郷の鉄道駅のことを話したら、「それ、鹿児島本線(かごしまほんせん)(注1)ですよね」と言われたことがある。無名の小さな駅なのに常識だと言わんばかりの口ぶりで、あの駅は支線(しせん)(注2)ではなく本線だったのかと生まれて初めて認識した。知り合いはいわゆる「鉄道おたく」だったのだ。

「おたく」は元々アニメやゲーム、漫画などの熱狂的なファン、中でもやや偏った愛好者の呼称で、始めはかなり蔑視(べっし)(注3)の意味も含んでいた。しかし、今では広く一般的な趣味を持つ人や芸能人のファンにも使われている。ちょっと好きだったり詳しかったりすると「おたく」を自称する人も多く、歴史おたく、野球おたく、家電おたく等あらゆる分野に存在するようになり、その意味も軽くなった。今や得意気に「私おたくなんです」と言う人が大勢いるが、その分野に異常なほど詳しいのかと思うとそうでもなく、がっかりすることもあるくらいだ。

しかし、私は人の話を聞くのが好きなせいもあり、基本的に熱心に話す様を好ましいと思う。楽しさや情熱は伝染するらしく、こちらは知識がなく固有名詞や独特の比喩(ひゆ)の意味がさっぱり分からなくても妙に感心したり興奮したりする。他人からは無駄と思われ、あきれるほどの時間を費やした故の言葉には、面白さと同時に重みすら感じることもあるのだ。

（注１）鹿児島本線(かごしまほんせん)：鉄道の路線の名称

（注２）支線(しせん)：鉄道の本線から分かれた線

（注３）蔑視(べっし)：下に見て、ばかにすること

53 常識だと言わんばかりとあるが、知人は何を常識のように話したのか。

1　話題に出てきた駅が鹿児島本線の駅であること

2　有名でないと思っていた駅が、実は有名であること

3　小さい駅でも、鉄道おたくなら誰でも知っていること

4　故郷の駅のことは、その地域の人なら名前がわかること

54 現在、「おたく」という言葉はどのように使われるようになったか。

1　一般的な趣味を持つ人や芸能人のファンに使われていて、熱心さが以前より強くなった。

2　以前より広い範囲で使われていて、好きだというだけで自称する人も多くなった。

3　多くの分野で使われていて、それが好きな人全員を「おたく」と呼ぶようになった。

4　あまり詳しくない人でも、その分野が得意であれば「おたく」と呼ぶようになった。

55 人の話を聞くことについて、筆者はどのように考えているか。

1　好きなことについての話を聞いていると、知らないことがたくさん出てくる。

2　好きなことについて説明してくれるのは、あきれるほど時間がかかる。

3　好きなことについては、誰が話したとしても楽しさや情熱が伝わるものだ。

4　好きなことについて時間を費やした人の話は、面白いし重みを感じる。

정답 해설집 p.65

(3)

週末に見た映画は、思いのほかいい内容だった。郵便ポストに2年の時を越え手紙が届く話だ。

海辺(うみべ)の一軒家を引っ越すことになった女性が、もし自分宛ての手紙が来たら新しい住所へ送ってくださいと次に住む人へ手紙を書き、家のポストに入れて出て行った。その後、手紙を見た男性は<u>疑問を抱いた</u>。この家は自ら設計と建設にたずさわり建てた念願のマイホームであった。気になった男性が記された住所に行ってみると、そこにはまだ建設中の建物があった。このあたりからじわじわと主人公の二人も観客も、二人がいる世界は２年違うことに気付くのである。彼は２年先の未来から手紙を受け取ったのだ。

不思議なポストを使って手紙を交換するうちに二人は互いに好意を抱き、会いたいと思うようになる。そして３日後、といっても男性にとっては２年と３日後、会う約束をするという、よくあるタイムスリップ物だ。この場合、手紙のタイムスリップだが、２年の差であればどうにかして会えそうなところがこの話の魅力だろう。

この類の話は都合がよすぎて白ける(注1)ことも多いが、本作品には惹き込まれ(ひこ)(注2)、不意に、しばらく連絡していない古い友人へ手紙を出したい気持ちになった。できればつまらぬことで衝突した２年前の友に届くといいが、現実はそうはいかない。時を経た今、不思議なポストの魔法に背中を押され、会いたいと素直に書こう。

（注１）白ける：興味・関心がなくなる

（注２）惹き込まれる(ひこ)：心を強く引き寄せられる

56 疑問を抱いたとあるが、男性はどうして疑問を抱いたのか。

1 自分より先に住んでいた人はいるはずがないから

2 送り先の住所にまだ建物があるはずがないから

3 ２年前の手紙が自分に届くはずがないから

4 女性からの手紙が違う世界から来るはずがないから

57 筆者によると、この映画の魅力はどこにあるか。

1 会えないはずの２人の手紙がタイムスリップした点

2 よくある話で、２人が会えることが想像できる点

3 会いたいと思ったらいつでも会えると思える点

4 ２年という差なら、努力すれば会えると思える点

58 筆者はなぜ友人に手紙を出そうと思ったのか。

1 ２年前に事故に遭った友人に会いたいと思ったから

2 ２年前にけんか別れした友人に会いたいと思ったから

3 友人のことをつまらないと思って連絡していなかったから

4 友人とどうにかして会って、素直な気持ちを伝えたいから

정답 해설집 p.66

問題10　次の文章を読んで、後の問いに対する答えとして最もよいものを、1・2・3・4から一つ選びなさい。

サクサクサク、土を砕く快い音を聞きながら畑の草を取ることが最近の日課になっている。訳あって一時的に休職しているため、両親の家庭菜園を手伝うのが唯一の労働だ。家庭菜園といっても結構広い、テニスコート一面ほどはある畑なのだが、全くの素人である私ができることといったら雑草を取り除くくらいで、畑に通っては毎日２時間ほど草取りに精(せい)(注1)を出している。四月初旬、両親はこれから夏野菜を育てるために、畑を耕したり苗を植えたりするらしい。しかし、今のところ私は<u>この単純作業</u>①に夢中になっている。

心を病んだ人が農作業によって徐々に回復する話をよく聞くが、実際分かる気がする。畑の空気、土のにおい、土に触ること、太陽の光を浴びること。何よりも人に気を使わなくていい、それだけでも充分だ。心身にとって自然と触れ合うことは極めて上等な栄養だと実感する。そのうえ、雑草を取り除いているとその際限のなさがむしろ気持ちよくて、やめられなくなる。取っても取っても終わらないのだが、一種の爽快感をいつも味わっている。草は次々に生えてくるので一週間前にきれいにした場所もすぐに新しい芽が見え始める。根こそぎ(注2)取ってやろうと思っても、草の根は文字通り縦横無尽(じゅうおうむじん)(注3)に広がっていてまず不可能だ。とにかく何をもってしても完璧(かんぺき)にすることは不可能なのだ。はじめから負(ま)け戦(いくさ)、そのことが心を軽くするのではないだろうか。どうやっても完璧(かんぺき)にはできない、無理だと分かっているからかえってすがすがしい。

自分も他人も、人は完璧(かんぺき)ではない。そして人も世も自然同様、予測がつかず、不条理に満ちていてどこかであきらめや折り合いが必要なのだが、なかなか上手くできないことも多い。それを敗北と捉(とら)えると辛くなるだろうが、はじめから勝負ですらないと畑に茂る雑草を抜きながら体感しているようだ。だからといって投げ出したい気持ちにはならず、むしろ意欲がわいてくる。無力と意欲とひとときの達成感、そして飽くなき繰り返しは生きていることそのものじゃないかと嬉しくなる。自分自身の無力を知り、謙虚な気持ちで目の前の現実に立ち向かう、畑の淡々とした、だが悠々たる時間は巧みに心身を調整してくれるのだろう。人間関係で挫折(ざせつ)し、仕事を休んで休息しているつもりが実は<u>無気力に近かった</u>②のだとあらためて気付いた。

栽培や収穫にはまた違った面白さがあるだろうと思いつつも、今は雑草の根に付いた土をできるだけきれいに落としながら、これまでより少しは寛容な人間になれるだろうかと考えている。

（注１）精(せい)を出す：熱心に励む

（注２）根こそぎ：根から全部

（注３）縦横無尽(じゅうおうむじん)に：あちこち自由に

59 ①この単純作業とは何か。

1　両親のために広い家庭菜園を作ること

2　家庭菜園に生えている雑草を取り除くこと

3　毎日２時間かけて両親の畑に通うこと

4　夏野菜を育てる両親の手伝いをすること

60 筆者によると、農作業はなぜ心の病気を回復させるのか。

1　農作業で自然に触れている間、人と会う必要がなくなるから

2　農作業は自然を相手にし、他の人のことを気にしなくて済むから

3　農作業は完璧(かんぺき)にすることができないとあきらめ、心が軽くなるから

4　農作業は素人には難しいとわかっているので、気楽にできるから

61 ②無気力に近かったとあるが、筆者のこの状況と合うものはどれか。

1　世の中の不合理とうまく付き合うことができず、辛いことが多くて心が病んでいた。

2　自分が他の人に勝てることがないと思い、最初から人生を投げ出していた。

3　人間関係で傷つき、目の前にある現実に立ち向かう力をなくしていた。

4　他の人とうまく付き合えないことで、他人を許すこともできなくなっていた。

62 この文章で筆者が述べていることは何か。

1　無理だとわかっていることを続けると、すがすがしい気持ちになるので続けたい。

2　無力な自分でも、同じことを繰り返し行うことで、様々なおもしろさに気付くことができる。

3　今までの自分を変えるために行った草取りで、心身を調整することができた。

4　世の中の予測がつかず不合理なことに対しても、謙虚に立ち向かいたい。

정답 해설집 p.67

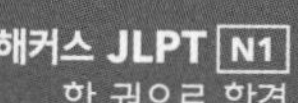

실전 테스트 2

問題9　次の(1)から(3)の文章を読んで、後の問いに対する答えとして最もよいものを、1・2・3・4から一つ選びなさい。

(1)

若者にはすっかり浸透した、消せるボールペン。ペンに付いている消去用ゴムで擦ると即座に筆跡が消えるという、画期的な製品である。このおかげで<u>誤字を二重線で訂正する必要もなくなった</u>①。

さて、通常なら二度と消えないインクの筆跡。これを見事に消す技術は一体どこに備わっているのか。その答えは、特殊なインクにあった。このインクは「熱消去性インク」と呼ばれ、擦ることで発生する熱でインクの色が消えるのである。

当初開発したのは、黒い文字に摩擦熱を加えることで色がカラフルに変化するというボールペンだった。しかし売り上げは芳(かんば)しくなかったそうだ。新たな開発に乗り出したきっかけは、ヨーロッパからの「『ある色から別の色へ』ではなく、『ある色から透明に』することはできないか?」という声であった。ボールペンは鉛筆と違い、容易に消せないことが利点なので、これは<u>全く別のコンセプト(注1)</u>②である。フランスで試験販売をしたところ、大ヒット商品となった。

それでも当初、消去用ゴムで筆跡を擦る際は力を要し、消した跡が微妙に残ってノートが汚れるといった批判も聞かれた。しかし、現在これは軽く擦るだけできれいに筆跡が消えるように改良されている。

文具メーカーは常に消費者の要求を満たすべく、巧みな技術を尽くし製品の改良を重ねているのだ。また、機能面だけでなくインテリアにもなり得る斬新なデザインの製品も存在し、私たちの生活を便利で彩りあるものにしてくれている。このように、幾重(いくえ)(注2)もの改良を経て作り出された文房具は、今後も生活を支えてくれるに違いない。

(注1) コンセプト：考え方、概念

(注2) 幾重(いくえ)もの：ひたすら繰り返すこと

50 ①誤字を二重線で訂正する必要もなくなったとあるが、なぜか。

1　インクの筆跡を消すことができるようになったから

2　ボールペンで消すという行為が一般的になったから

3　ゴムで押さえると文字が消えるという機能ができたから

4　文字を消すためのペンが売り出しされたから

51 ②全く別のコンセプトとあるが、どのような点が違うのか。

1　熱を使って、ボールペンの文字を消すという考え

2　ボールペンの文字を別の色に変化させるという考え

3　ボールペンで書いたものを透明にするという考え

4　ヨーロッパで売れるボールペンを開発するという考え

52 この文章で筆者が最も言いたいことは何か。

1　文具メーカーは、利益のために常に新しい技術を研究、開発し、製品の改良を重ねている。

2　文具メーカーは、常により使いやすい商品の開発を進め、私たちの生活をより豊かにしてくれている。

3　文房具はインテリアの要素も兼ね備えるようになり、もはや文房具の領域を超えようとしている。

4　文房具は、私たちの生活の不快さを解消するために、改良され続けている。

정답 해설집 p.69

(2)

私の息子が通う公立中学校で「改革」が行われた。

日本の公立中学といえば、全員が同質であることを目指すような、子供達の平均化を求める教育が行われがちである。しかし、本来、学校というものは、社会でよりよく生きていけるよう、自立した大人に育てることが大切であり、従順な大人を作るための場所ではない。改革に取り組んだ校長先生がそのようにおっしゃっていた。

その取り組みの例として、校則の改定がある。スカートの長さは何センチ、冬でもマフラーの使用禁止など、私が子供のときにも納得できない校則はあったし、今でもある。しかし、息子の学校では、そんな校則を子供達が改定してしまったそうだ。長く続いてきた校則を、である。子供達が、納得できない校則に対して変える必要性を示し、各々が意見を出し合い、話し合いを重ねた結果だと聞いた。当事者である子供達が自発的に行動し、自ら決める事こそが重要なのだと、先生方も誇らしげであった。

私達は我慢してしまった。我慢することも大人への第一歩だという先生の言葉を信じるふりをし、自分をごまかしてしまった。しかし、息子達の世代が大人になったときには、おかしいことはおかしいと、声を上げることをためらわないような社会が来るだろう。彼らならきっとそうするだろう。「改革」の成果が見られるのは、10年後、あるいは20年後だろうか。

53 全員が同質であることとあるが、何が同質なのか。

1 教師達の教育のしかた

2 子供達の考え方や行動

3 自立できるようにする方法

4 校則を守ろうとする意識

54 筆者によると、校則の改定はなぜ行われたか。

1 昔作られたもので、古くなったから

2 学校が納得できない校則が多くあったから

3 子供達が自分の意見通りの校則にしたかったから

4 変える必要性があると子供達が考えたから

55 息子の学校の「改革」について、筆者はどのように考えているか。

1 当事者の問題は当事者だけで解決すべきだと教えることができている。

2 自分達の問題に対し、意見を言ってもいいと教えることができている。

3 興味があることに対し、それぞれが意見を出して話し合うことができている。

4 教育改革の成果はすぐには出ないが、我慢しない大人を作ることができている。

정답 해설집 p.70

(3)

出版社から戻ってきた自分の原稿を見たときに、編集者が勝手に句読点(注1)を一つとったり、付け加えたりしていたら書いた本人はすぐに気付くし、みるみる妙な気持ち、いや正直にいえば不快になる。たかが句読点一つと思うかもしれないが、文章は呼吸のようなものでどんなに短い文章でもその人独自の調子があり、自然に息をしているところを急に邪魔されると一瞬はっとするのだ。

無論(注2)、原稿に手を入れることは編集者の仕事の一つだとわかってはいる。しかし、事実や言葉の明らかな間違い以外の修正は、文章を書く人なら、大抵の人は程度の差はあれ気分を害するのではないだろうか。腹が立ち、その後少し冷静になり、納得する、という過程を繰り返すものだが、納得できずに異議を申し立てる人もいるだろう。

すべての創作物はその人の生理、身体、情緒、経験、つまりその人自身から生み出される。子供の下手な作文も先生には評価や手を加えることはできてもその子のようには書けないものだし、同僚が作った統計表は数字以外自分が作成する体裁とは違うはずだ。そこに外から手を出す行為は、より良くするという目的の為であっても、大胆なことだと心得るべきではないだろうか。

（注１）句読点：「。」「、」など　文の切れ目に入れる符号

（注２）無論：もちろん

56 不快になるのはなぜか。

1 自分の書いた文章のリズムが変えられてしまうから
2 自分の気持ちと異なるものが、文章の中に出てくるから
3 自分の文章の生き生きした感じが消えてしまうから
4 自分の短い文章の中に、驚くような修正がされるから

57 筆者の考えでは、何をするのが編集者の仕事なのか。

1 作者の書いた原稿を出版社のものにすること
2 作者を納得させ、原稿を書き直させること
3 原稿の中の明確な誤りのみを修正すること
4 誤りや句読点(くとうてん)など様々な個所を修正すること

58 他人の創作物を修正することについて、筆者はどのように考えているか。

1 他人の創作物を直すのは失礼で、作った人の悪口を言うかのような行いだ。
2 他人の創作物を修正するときは、作者の気持ちに十分に気を配るべきだ。
3 全ての創作物は作者独自のものなので、他人が手を加えるのは思い切った行為だ。
4 全ての創作物はその人しか作れないものなので、修正するときには勇気が必要だ。

정답 해설집 p.71

問題10　次の文章を読んで、後の問いに対する答えとして最もよいものを、1・2・3・4から一つ選びなさい。

子供の時、家で飼っていた犬は一度も鳴かなかった。五番目の家族だからゴンと名付けたその犬はコンクールで表彰されたこともあるほど見た目も良く優秀だったが、何かのストレスで心を病んでしまい引き取り手がないまま、家に来た時は既に大人になっていた。子犬が欲しかった僕たち兄弟は少しがっかりしたが、それ以上に困惑したのは誰にも全くなついてくれないことだった。心を開かないとはこのことかと思うほど徹底して人間を怖がっていた。だから、最初の頃は散歩に連れ出すのも一苦労で、まず小屋から出てこない、ひもも付けられない、やっと付けて連れ出した時は、まるで嫌がるのを無理強いしているようで悲しい気持ちになったものだ。食事も、どんなに呼んでも小屋から顔を出さないので仕方なく置いておくと食べてはいる、という状態だった。

なでるなんて夢のまた夢と思いながら、怖がらせないよう必要以上には構わず、それでも毎日接していると、雪解け(注1)は２、３年経った頃からやってきた。始めはすんなり小屋から出てきただけでも感動し、自分が呼んだら出てきた、触っても大丈夫だった等々兄と競っては盛り上がっていた。ついに僕の手から好物のチーズを食べてくれた時はとても誇らしく(注2)、初めて本物の信頼を得たように感じた。ゆっくりと恐る恐るではあったが確実に心を許してくれるようになり、遠慮がちに体を寄せてきたり、出掛ける時は尾を垂らしてションボリするなどの感情も見せるので皆でいちいち喜んだものだ。晩年は脚が悪くなりヨタヨタしながらも、散歩となるとうれしそうにはしゃぐ姿が本当にかわいかった。

今こんなことを思い出すのは、仕事でなかなかこちらを信用してくれない依頼人の説得に困難を極めているからだと分かっている。子供の時の、しかも動物相手の成功体験がそのまま通用するとは思わないし、気長に待てないのも現実だが、誠実に接するしか方法はない。弁護士への警戒心を解くのは真に(注3)難しい。

ゴンは次第になついてくれたと信じたいが、たまに寝言で声を出す以外ついに鳴いたことはなかった。そのうちワンワンという声が聞けるだろうというのは僕の勝手な期待で、雪解けの下にさらに宝物が見つかると思ったわけだが、両親と兄は鳴かないことをさほど気にしてないようだった。必死になりすぎないよう、あくまでも相手の意思を尊重しなければならない。信頼以上に大切なことはないのだと、ゴンが僕の手からそっとチーズを食べてくれた時の感触が、教えてくれる。

(注1) 雪解け(ゆきど)：ここでは両者間の緊張がゆるみ、友好の空気が生まれること

(注2) 誇らしい：誇りに思って、人に自慢したい気持ち

(注3) 真に(しん)：本当に

59 犬が全くなつかなかった理由は何か。

1 長い間、引き取る人がいなかったから

2 強いストレスがあり、人を怖がっていたから

3 家に来たときは成犬だったから

4 外に出るのを非常に嫌がっていたから

60 子供のころの筆者が、犬の信頼を得るために行ったことは何か。

1 嫌がる犬を連れ出して、毎日一緒に散歩に行くようにした。

2 必要以上になでて怖がらせないように、体を寄せるようにした。

3 毎日接していたが、怖がらせないように構うのは必要最低限にした。

4 必死にならないように気を付けて、ゆっくり待つことにした。

61 こんなこととはどういうことか。

1 最初は人を怖がっていた犬が、だんだんと心を許してくれるようになったこと

2 犬が年を取ったときには、足が悪くなって歩くことができなくなっていたこと

3 子供の時に飼っていた犬が、なかなか声を出して鳴かなかったこと

4 心を開かなかった犬から本当の信頼を得た時に、とても誇らしく感じたこと

62 筆者の考えに合うのはどれか。

1 人から信頼されるようになるには、誠実に接するよりほかはない。

2 相手の意思を尊重し続ければ、必ず信頼を得られるに違いない。

3 子供のころの成功体験は、弁護士として仕事をする時に役立っている。

4 相手が人でも犬でも、信頼を得ることが人生で一番大切なことである。

정답 해설집 p.72

問題９　次の(1)から(3)の文章を読んで、後の問いに対する答えとして最もよいものを、１・２・３・４から一つ選びなさい。

(1)

地球及び宇宙の観測と、宇宙環境を利用した研究や実験を行うことを目的とした巨大な有人施設、それが国際宇宙ステーションだ。そこには、宇宙実験や課題の解決に努める優秀な乗組員たちが滞在しており、彼らの実験からもたらされた新たな科学技術は、地上の生活や産業に役立てられている。

国際宇宙ステーションは、地上から約400kmの上空をなんと時速約27,700km、秒速に換算すると約7.7kmで飛行し、地球を約90分で1周、1日で約16周もしている。乗組員たちの滞在中、気圧、酸素・二酸化炭素の濃度、水などは、環境制御・生命維持システムによって制御・管理される。そしてこれらのシステムの多くを、アメリカ、ロシアのそれぞれが開発及び提供しており、非常時には相互利用することがあるそうだ。中でも、生命維持に必須である水や排泄に関してはこの体制が欠かせない。

しかし、想定をはるかに超える事態が起こることもある。2019年のある日、ロシア側アメリカ側、両方のトイレが機能停止した。米国側のトイレは故障表示が消えず、ロシア側のトイレは浄化槽が満タンのため使用不可。ブザー音が鳴りやまず、両方とも使えない状況に陥った。乗組員たちは復旧作業に翻弄(ほんろう)(注)されたが、不具合が解決されるまで一晩中、誰も取り乱すことなくトイレのない状態で辛抱したそうだ。

死と隣り合わせの状況で、非常事態を乗り切る彼らの姿から学ぶものは多い。私たちの見上げる空の先には、国境を越えて団結することであらゆる任務を遂行する国際宇宙ステーションの乗組員たちがいるということを、時には思い出してみるのも悪くないだろう。

（注）翻弄(ほんろう)される：ここでは、対応に追われる

50 国際宇宙ステーションでは、何のために実験などを行っているのか。

1 宇宙空間で使える新しい科学技術を開発するため

2 人間の社会で活用できる新しい科学技術を探すため

3 宇宙空間で使われる技術が地上で使えるか調べるため

4 宇宙環境を利用した研究から生活に役立つものを選ぶため

51 非常時には相互利用することがあるとあるが、どのように利用するのか。

1 アメリカのシステムが作動しない場合は、ロシアのシステムを一時的に使用することがある。

2 アメリカが開発したシステムを使ってロシアのシステムを再開発することがある。

3 トラブルに備え、一定期間、それぞれのシステムを交互に利用することがある。

4 生命維持システムに限って、お互いのシステムを順番に利用することがある。

52 この文章で筆者が言いたいことは何か。

1 アメリカとロシア両国の環境制御・生命維持システムなしでは、決して任務を遂行することはできない。

2 国籍の異なる乗組員たちが一つの課題に立ち向かう姿勢から、多くのことが学べる。

3 国際宇宙ステーションの乗組員たちはとても優秀なので、非常事態も見事に解決することができる。

4 死と隣り合わせの状況下において、団結力なしではどのような問題も解決できない。

정답 해설집 p.74

(2)

20年ほど前、ある国で滞在ビザの延長手続きをした。役所の仕事なので何もかもルール通りで、誰が申請しても同じくらいの日数を待たされるものだし、手数料ももちろん一定だと思っていたら、特急料金と快速料金と普通料金があると告げられた。普通料金が何日かかるのかは忘れてしまったが、特急料金を払えば即日発行すると言われ、お札を何枚か追加して待つことにした。帰国後にその話を同僚達にしたところ、「お金がある人が優遇（ゆうぐう）（注）されるなんて」という意見の中、一人だけ①「それはいい」と言った人がいた。「融通が利くってことでしょ」と。

人にはそれぞれ事情がある。どうしてもその日のうちにビザが必要な人がいるかもしれない。それが人生を左右しかねない理由だったらどうだろう。一律のルールで全ての人を縛り付けるより、基準となるルールがあるかたわらで、②緩やかに運用する体制があるほうが、生きやすい社会なのではないかというのが、その人の意見だった。

私は万人（ばんにん）に同じルールを適用するほうが公平だと思っていた。だからこそ、その時の彼女の発言は衝撃だったのだ。法の下の平等のように、誰もが同じ立場であるべきだという考えがある反面、誰に対しても同じ規則を使うがゆえ非人道的なことも起こり得る。物事は一面だけを見ては決められないものである。

（注）優遇（ゆうぐう）する：他の人より大切にもてなす

53 ①「それはいい」とあるが、何がいいのか。

1 役所によって手数料が違うこと

2 ビザが即日発行されたこと

3 お金がある人が優遇されること

4 お金を払えば融通が利くこと

54 ②緩やかに運用する体制とあるが、ここではどのような意味で使われているか。

1 ルールに反することでも、お金がある人には融通が利くようにする。

2 ルールはあるが、場合によっては個人の事情に合わせて変えることができる。

3 誰に対しても平等に対応するために、場合によってはルールを変えることができる。

4 誰に対してもルールは厳しくせず、ルールと違う対応もできるようにする。

55 ルールについて、筆者はどのように考えているか。

1 誰に対しても一律のルールを適用することは、いい面も悪い面もある。

2 ルールの適用は公平にすべきだが、その運用はルールを使う人に任されるべきだ。

3 誰もが平等であるためには、全ての人が同じルールを守る必要はない。

4 非人道的なルールを使わないように、物事を決めるときはよく考えるべきだ。

정답 해설집 p.75

(3)

しなければいけないとわかっていることに、なかなか取り掛かれない。そんな経験がない人はおそらく皆無(注1)だろう。これは生活や社会のあらゆる場面で見られることだが、多くはさほど大きな問題にはならない。しかし、先延ばしにしたという事実は人の心に影響を与え、何度か繰り返しているうちに、それがだんだん習慣化されてしまうことがわかっている。

行動を先延ばしにしたことで事態の悪化が予想される場合はさらに厄介で、遅らせれば遅らせるほど、不安が増大する。そして、より一層着手することを難しいと感じるようになり、難しいからこそすぐにはできないのだと自分を納得させてしまうことすらある。そこで、「事態の悪化と不安の増大」という悪循環を断ち切るには、とにかくすぐにでも、物事に取り掛かるしかない。難しく思えて始めることが困難な場合は、すべきことを細分化(注2)し、いくつかの作業に分けることが有用(注3)だと言われている。大きな山のように感じていた物事を、単純で、すぐに行動できて、完了できる作業にするのである。少しずつでも確実に進めることができれば、こっちのものだ。

取り掛かる前の物事は非常に困難に思え、また、実行したところであまり達成感は得られないように思えるものだ。それでもやり始めてみると、大きく見えていた物事が細分化されたことによって困難さが低下し、始める前に思っていた以上の達成感を感じるはずだ。小さな満足を積み重ねることは、実行を確実なものにするだけでなく、先延ばしを克服することにつながるのだ。

（注１）皆無：全くいない

（注２）細分化する：細かく分ける

（注３）有用：役に立つ

56 習慣化されてしまうとあるが、何が習慣化されるのか。

1 しなければいけないことをしなくても、全く問題視しないこと

2 しなければいけないことだからと、人に強要すること

3 しなければいけないと理解しているが、すぐには始めないこと

4 しなければいけないことをせず、人に頼ること

57 筆者によると、どのようにすれば行動に取り掛かれるか。

1 すぐに行動できるような小さい作業からする。

2 しなければいけないことを小さな作業に分ける。

3 単純に考えて、すぐに行動するようにする。

4 終わらせることができる作業だけを最初に進める。

58 この文章で筆者が最も言いたいことは何か。

1 物事に取り掛かる前に作業を細かく分割すると、間違わずに行うことができるだろう。

2 物事を速やかに処理するのは難しいが、満足感があれば、先延ばしをしなくなるだろう。

3 物事を確実に進めるためには、先延ばしをせずにすぐに始めたほうがいいだろう。

4 物事を確実に行うことによって達成感を得られると、先延ばしをしなくなるだろう。

정답 해설집 p.76

問題10 次の文章を読んで、後の問いに対する答えとして最もよいものを、1・2・3・4から一つ選びなさい。

本音と建前、どちらを優先すべきか悩ましいことがよくあります。

毎年春先に、数回お隣のおばあさんから沢山の山菜(注1)をいただくのですが、それはおばあさんの大好物らしく、ご自分で摘んでこられるのです。とても気の良い方で私と親しくしてくださり、おばあさんの故郷の話など聞くのも好きなのですが、実は私は山菜が苦手で毎回食べるのに苦労します。とても全部は食べきれなくて人にあげようと思っても山菜は苦手と言われることが多く、結局ほとんどうちで食べることになります。常々(つねづね)できるだけ正直でいようと心掛けているものの、意に添わない、ちょっと困るようなものをいただいたときは、やはり<u>本音よりも建前を優先</u>①し、喜んで受け取ります。食べ物はできるだけ粗末にしたくないですが、そのうち傷んで食べられなくなると申し訳ないと思いながらも気が楽になり、次はせめてそんなに沢山は食べられませんと言おうと決心しては挫(くじ)ける(注2)の繰り返しです。

そんな曖昧な気持ちが続く中、「功利主義論」という、私の心情とは正反対のようなタイトルの書物に救われました。「功利主義論」とは、功利すなわち利益になるかどうかを最重要に考える論理です。最大多数の人にとって何が一番有益かを考え、人間関係における真実の重要さを説いています。嘘は私たちが交す言葉を不安定にし、相手の信頼を損なってしまい、よって人間関係が弱く壊れやすいものとなり社会の幸福を脅かすことになると言います。信頼は社会において幸福を作り出す一つの要素であるから、真実を伝えることは有益であり、嘘は無益ということになります。

全くその通りだと思うと同時に、しかし例外があり、誰かを守るため、不愉快な思いをさせないための嘘は重要だという論説に深く賛同しました。個人の幸福と集団的幸福との隔たりを埋めることが人間の目的であると考え社会全体の善を追求する著者にとって、<u>この例外</u>②は最大多数の幸福に貢献することになるからです。この幸福のための有益な行動は少なからず経験から生まれるものでしょう。

迷いは消えました。息子さん夫婦と同居するおばあさんは、優しい息子が休日に車で連れて行ってくれる特別な場所で大好きな山菜を山ほど摘み、私にもどっさりと分けてくださるのです。私もよく手作りのジャムなど差し上げたりするので、いわばお互いさまの好意でありましょう。少々困っても、たとえ食べきれなくても、ありがたく受け取るのは有益な「嘘」なのです。彼女はきっと私より熟練の功利主義者に違いありません。

（注1）山菜：山に生えている、食用になる植物
（注2）挫(くじ)ける：弱気になる、意欲を失う

59 ①本音よりも建前を優先とはどういうことか。

1 相手を喜ばせようと、いつも正直でいること
2 自分より、困っている相手の気持ちを考えること
3 はっきり要らないと言わず、うれしいふりをすること
4 困るようなことは、自分から喜んで受け入れること

60 筆者の気持ちと「功利主義論」はどのように違っているのか。

1 筆者が相手の気持ちを優先するのに対し、「功利主義論」は利益になることを優先する。
2 筆者がどうふるまうべきか迷っているのに対し、「功利主義論」は利益になることをまず重要視する。
3 筆者が建前を大切にするのに対し、「功利主義論」は真実を伝えることこそが有益だとする。
4 筆者が嘘を言わないようにしているのに対し、「功利主義論」は嘘を言うことも重要だと述べている。

61 ②この例外とは何を指すか。

1 誰かを守るためや気分を悪くさせないための嘘は大切だということ
2 個人の幸福と集団的幸福との隔たりを小さくするために行動すること
3 社会全体の幸福を追求するためなら、どんな嘘をついてもいいということ
4 真実のみを伝えるだけでなく、嘘も一緒に伝えるようにすること

62 「嘘」について、筆者の考えに合うのはどれか。

1 嘘は信頼をなくし社会を不安定にするが、無益だとは言い難い。
2 社会全体が幸福になるための嘘は、人々の経験から生まれた。
3 人間関係をよくするため、お互いに嘘をついていることもある。
4 相手に嫌な思いをさせないための嘘は、人々を幸福にする。

정답 해설집 p.77

통합이해

통합이해는 320자 내외의 A와 B, 두 개의 지문을 읽고 내용을 비교·통합하여 질문에 올바른 내용을 고르는 문제이다. 주제가 같은 두 개의 지문이 한번에 제시되고 관련 문제 2문항이 출제된다. 지문은 일상적으로 접할 수 있는 사회적 이슈에 대한 견해를 밝히는 에세이가 출제된다.

핵심 전략

1 A와 B 두 지문은 동일한 주제에 대해 비슷하거나 상반된 견해를 주장하거나 각자 다른 관점에서 서술한다. 따라서, A→B 순서로 지문을 읽되, 두 지문의 견해 및 관점에서 어떤 공통점이 있는지 또는 어떤 차이점이 있는지를 꼼꼼히 확인하는 것이 중요하다.

예 A : 재충전을 위해서는 휴게시간에 혼자 있을 필요가 있다
B : 휴게시간은 동료와의 커뮤니케이션을 취할 좋은 기회이다
→ "휴게시간을 보내는 방법"을 주제로 A와 B 지문이 상반된 견해를 주장

예 A : 원자력 발전의 확대는 방사능 유출 등의 큰 위험을 초래할 수 있다
B : 원자력 발전이 늘고 있는 가운데, 친환경 에너지 개발도 서둘러야 한다
→ "원자력 발전"을 주제로 A와 B 지문이 각자 다른 관점에서 서술

2 지문을 읽기 전에 질문의 について(~에 대해) 앞에 언급된 내용을 먼저 확인하면 A, B 두 지문의 내용 비교 및 정답 선택이 훨씬 수월해진다.

예 **車社会**(くるましゃかい)について、AとBはどのように述(の)べているか。
자동차 사회에 대해, A와 B는 어떻게 서술하고 있는가?

예 **生産年齢人口が減少し続けていることについて**(せいさんねんれいじんこう・げんしょう・つづ)、AとBの観点(かんてん)はどのようなものか。
생산 연령 인구가 계속 감소하고 있는 것에 대해, A와 B의 관점은 어떤 것인가?

3 정답 선택지는 지문에 서술된 표현을 그대로 사용하지 않고, 동의어나 비슷한 의미의 문장으로 바꾸어 제시된다. 또한 오답 선택지는 A와 B의 견해를 반대로 제시하거나, 두 지문 중 하나의 지문에만 해당하는 내용 또는 어느 쪽에도 해당하지 않는 내용으로 구성하여 혼동을 준다. 따라서 두 지문의 내용과 각 선택지를 정확히 해석하여 일치 여부를 판단하고 정답을 고른다.

4 언어, 역사·민속, 정치·정책, 가정·육아 등과 같은 인문, 사회 분야의 비교적 난이도가 높은 주제의 지문이 출제되므로, N1 필수 단어·문형 암기장(p.34~39)을 활용하여 관련된 어휘를 꼼꼼히 학습해둔다.

문제 풀이 Step

Step 1 **2개 문항의 질문을 모두 읽고 두 지문의 어떤 내용을 비교해야 하는지 파악하고 핵심 어구에 표시한다.**

두 개의 질문을 읽고, 무엇에 대해 묻고 있는지, 지문에서 비교해야 하는 내용이 무엇인지를 파악한다. 질문의 について(~에 대해) 앞 부분을 핵심 어구로 표시한다.

질문 家庭での教育について、AとBはどのように述べているか。
가정에서의 교육에 대해, A와 B는 어떻게 서술하고 있는가?

Step 2 **A→B 순서로 지문을 꼼꼼히 읽고 해석하며 핵심 어구와 관련된 내용을 파악한다.**

A지문을 읽을 때 핵심 어구와 관련된 내용이 나오면 주변 내용을 특히 주의 깊게 읽으면서 지문의 내용을 파악한다. 그 다음 B지문을 읽을 때도 똑같이 핵심 어구와 관련된 내용이 나오면 주의 깊게 읽고 지문의 내용을 파악한다. 이때 A지문에서 언급된 내용과의 공통점, 차이점이 무엇인지 생각하면서 읽는다.

A지문 子どもは社会の一番小さい単位である家庭で親と一緒に時間を過ごしながら心身を成長させます。そのため、子どもたちが家庭内で基本的な言語やコミュニケーションを十分に身につけないまま、より大きな社会である学校に送り込まれたら、子どもの情緒が大きく不安定になる恐れがあります。
아이들은 사회의 가장 작은 단위인 가정에서 부모와 함께 시간을 보내면서 심신을 성장시킵니다. 그렇기 때문에, 아이들이 가정 내에서 기본적인 언어나 커뮤니케이션을 충분히 체득하지 못한 채로, 더 큰 사회인 학교로 보내어지면, 아이들의 정서가 크게 불안정해질 우려가 있습니다.

B지문 「家庭教育が重要」ということは親なら誰でも分かっているはずですが、最近は夫婦ともに働く家庭が多くなり、昔に比べて家族みんなで食事をする機会さえ少なくなってきました。家庭内の親の役割だけを強調するのではなく、家庭教育がおろそかになるしかない子育てを取り巻く状況を考える必要があります。
'가정교육이 중요'라는 것은 부모라면 누구나 알고 있겠지만, 최근에는 부부가 함께 일을 하는 가정이 많아져, 옛날에 비해 가족이 함께 식사할 기회조차 적어졌습니다. 가정 내 부모의 역할만을 강조할 것이 아니라, 가정교육이 소홀해질 수밖에 없는 육아를 둘러싼 상황을 생각할 필요가 있습니다.

Step 3 **각 선택지를 하나씩 꼼꼼히 읽고 해석하여 지문의 내용과 일치하는 선택지를 정답으로 고른다.**

선택지 ✔ 1 Aは家庭教育が不足すると子供たちが不安定になると述べ、Bは家庭教育ができない状況が問題だと述べている。
A는 가정교육이 부족하면 아이들이 불안정해진다고 하고, B는 가정교육을 할 수 없는 상황이 문제라고 하고 있다.

2 Aはコミュニケーション能力を学校で教育するべきだと述べ、Bは親にだけ子育てを任せてはいけないと述べている。
A는 커뮤니케이션 능력을 학교에서 교육해야만 한다고 하고, B는 부모에게만 육아를 맡겨서는 안 된다고 하고 있다.

문제 풀이 Step 적용

問題11　次のAとBの文章を読んで、後の問いに対する答えとして最もよいものを、1・2・3・4から一つ選びなさい。

A

近年、症状が軽く自分で歩けるにもかかわらず、救急車を無料のタクシー代わりに利用したり、待ち時間を経ずに診察してもらうことを目的に救急車を呼ぶなど、**身勝手な理由で**救急車を利用する患者が増えています。昨年は、このような患者からの要請が増加したこともあり、救急車の出動件数が650万件を超えました。このままでは今後、このような身勝手な患者からの要請がさらに増えることが予想されます。

B

軽症患者の救急車利用の増加にともない、救急車の有料化を進めるべきだと考えます。一秒一刻(いちびょういっこく)を争う患者が救急車の到着を待っている間に軽症者に救急車を利用されては、救急車の存在意義がなくなってしまいます。もちろん、救急車の有料化を行うことによって、常識にかける理由で救急車を呼ぶ人が完全にいなくなるとは思いません。しかし、このまま何もせずに放っておくよりは効果があるのではないでしょうか。

Step 2 A→B 순서로 지문을 꼼꼼히 읽고 해석하며 핵심 어구와 관련된 내용을 파악한다.

救急車の利用について、AとBはどのように述べているか。

Step 1 2개 문항의 질문을 모두 읽고 두 지문의 어떤 내용을 비교해야 하는지 파악하고 핵심 어구에 표시한다.

1　Aは軽症患者は救急車を利用するべきでないと述べ、Bは身勝手な理由で救急車を要請する患者がいると述べている。

2　Aは救急車を利用すれば患者は待たずに診療を受けられると述べ、Bは軽症患者が救急車を利用するときお金を払うべきだと述べている。

✔ 3　Aは救急車を要請する軽症患者が増え続けていると述べ、Bは救急車を要請する際は料金を払わせるべきだと述べている。

4　Aは不必要な要請のせいで救急車の出動件数が増えたと述べ、Bは救急車を有料化することで身勝手な要請がなくなると述べている。

Step 3 각 선택지를 하나씩 꼼꼼히 읽고 해석하여 지문의 내용과 일치하는 선택지를 정답으로 고른다.

Step1 救急車の利用(구급차의 이용)에 대해 묻고 있으므로, 救急車の利用를 핵심 어구로 표시한다.

Step2 A는 지문 중반부에서 身勝手な理由で救急車を利用する患者が増えています(염치없는 이유로 구급차를 이용하는 환자가 늘고 있습니다)라고 서술하고 있고, B는 지문 초반부에서 軽症患者の救急車利用の増加にともない、救急車の有料化を進めるべきだと考えます(경증환자의 구급차 이용 증가에 따라, 구급차의 유료화를 추진해야 한다고 생각합니다)라고 서술하고 있다.

Step3 3 Aは救急車を要請する軽症患者が増え続けていると述べ、Bは救急車を要請する際は料金を払わせるべきだと述べている(A는 구급차를 요청하는 경증환자가 계속 늘어나고 있다고 하고, B는 구급차를 요청할 때는 요금을 지불시켜야 한다고 하고 있다)를 정답으로 고른다.

문제11 다음 A와 B의 글을 읽고, 뒤의 물음에 대한 답으로 가장 알맞은 것을, 1・2・3・4에서 하나 고르세요.

A

최근, 증상이 가볍고 스스로 걸을 수 있음에도 불구하고, 구급차를 무료인 택시 대용으로 이용하거나, 기다리는 시간을 거치지 않고 진찰받는 것을 목적으로 구급차를 부르는 등, 염치없는 이유로 구급차를 이용하는 환자가 늘고 있습니다. 작년에는, 이러한 환자로부터의 요청이 증가한 일도 있어서, 구급차 출동 건수가 650만 건을 넘었습니다. 이대로는 앞으로, 이러한 염치없는 환자로부터의 요청이 더욱 증가할 것이 예상됩니다.

B

경증환자의 구급차 이용 증가에 따라, 구급차의 유료화를 추진해야 한다고 생각합니다. 1분 1초를 다투는 환자가 구급차의 도착을 기다리는 동안에 경증자에게 구급차가 이용되어서는, 구급차의 존재의의가 없어져 버립니다. 물론, 구급차의 유료화를 시행하는 것에 의해, 상식이 없는 이유로 구급차를 부르는 사람이 완전히 없어진다고는 생각하지 않습니다. 하지만, 이대로 아무것도 하지 않고 방치해두는 것보다는 효과가 있지 않을까요.

구급차의 이용에 대해, A와 B는 어떻게 서술하고 있는가?

1 A는 경증환자는 구급차를 이용해서는 안 된다고 하고, B는 염치없는 이유로 구급차를 요청하는 환자가 있다고 하고 있다.
2 A는 구급차를 이용하면 환자는 기다리지 않고 진료를 받을 수 있다고 하고, B는 경증환자가 구급차를 이용할 때 돈을 지불해야 한다고 하고 있다.
3 A는 구급차를 요청하는 경증환자가 계속 늘어나고 있다고 하고, B는 구급차를 요청할 때는 요금을 지불시켜야 한다고 하고 있다.
4 A는 불필요한 요청 때문에 구급차 출동 건수가 늘어났다고 하고, B는 구급차를 유료화하는 것으로 염치없는 요청이 없어진다고 하고 있다.

어휘 近年 きんねん 명 최근　症状 しょうじょう 명 증상　～にもかかわらず ~에도 불구하고　救急車 きゅうきゅうしゃ 명 구급차
無料 むりょう 명 무료　待ち時間 まちじかん 기다리는 시간　経る へる 동 거치다, 지나다　診察 しんさつ 명 진찰
目的 もくてき 명 목적　身勝手だ みがってだ な형 염치없다, 제멋대로이다　患者 かんじゃ 명 환자　要請 ようせい 명 요청
増加 ぞうか 명 증가　～こともある ~하는 일도 있다　出動 しゅつどう 명 출동　件数 けんすう 명 건수
超える こえる 동 넘다, 초과하다　今後 こんご 명 앞으로　さらに 부 더욱　予想 よそう 명 예상　～にともない ~에 따라
有料化 ゆうりょうか 명 유료화　一秒一刻を争う いちびょういっこくをあらそう 1분 1초를 다투다　到着 とうちゃく 명 도착
軽症者 けいしょうしゃ 명 경증자　存在意義 そんざいいぎ 명 존재의의　常識にかける じょうしきにかける 상식이 없는
完全だ かんぜんだ な형 완전하다　放っておく ほうっておく 방치해두다　効果 こうか 명 효과　診療 しんりょう 명 진료
料金 りょうきん 명 요금　不必要だ ふひつようだ な형 불필요하다

실력 다지기

질문에 대한 답으로 적절한 것을 고르세요.

01 A

ニュース番組を見ていて、出演者の外来語の多用には嫌気がさした。「コンテクスト」「ロジック」などの外来語を当たり前のように使用するのだ。「コンテクスト」は文脈(ぶんみゃく)、「ロジック」は論理であり、わざわざ外来語に言い換えるほどのものだろうか。日本語の乱れとまでは言わないが、過度の外来語の使用には疑問を感じる。そもそもニュース番組は人々に情報を伝えるものなのに、伝える気さえあるのか分からない。

B

外来語の過度の使用が問題視されているが、言語は時代によって変化するもので新しい言葉が使用されるのはごく自然なことだ。「リスク」や「モチベーション」など数十年前まで使用されなかった言葉が今では日本語として定着している。もちろん情報を伝えるニュース番組や新聞などでは誰もが理解できるよう注意すべきだと思うが、家族や友人との日常的な会話においてお互い理解できるのであれば使用しても問題ないのではないか。

過度な外来語の使用について、AとBはどのように述べているか。

① Aは不必要な外来語の使用は避けるべきだと述べ、Bは時代の変化にともなった言語の変化は当たり前のことだと述べている。

② Aは外来語の多用は情報を伝わりにくくすると述べ、Bは情報さえ伝わればどんな場合でも外来語を使用してもかまわないと述べている。

02 A

> 貧困というと個々に原因があるかのように取り扱われるが、これは個人ではどうしようもない社会全体の問題である。生まれながらにして貧しい家庭環境にあった、ある日突然災害に見舞われ一文無しになったなど状況は様々だが、一度貧困に陥(おちい)るとそこから抜け出すのは困難だ。貧困は負の連鎖でもあるのだ。政府は生活保護制度を充実させ、経済的支援はもちろん長い目で見た雇用支援にも力を入れなくてはならない。

B

> 自己責任という言葉があるように自分の努力でなんとでも状況を変えることはできる。生活保護制度がある現代では貧困層であっても努力を続ければ貧困から脱出できるはずだ。人生は自分が頑張った分だけ自分に見返りがあるものだ。幼少期に貧しい暮らしを余儀なくされた子供が一つの発明で億万長者に登り詰めたり、芸能人になって成功したりする例だっていくらでもある。結局は自分の努力次第なのである。

貧困について、AとBはどのように述べているか。

① Aは貧困は社会で解決すべき大きな問題であると述べ、Bは努力さえすれば貧困層でも貧しい生活から抜け出すことができると述べている。

② Aは貧困は一度陥ると連鎖を繰り返すものであると述べ、Bは幼少期に貧困に苦労した子供の方が成功を収めることが多いと述べている。

정답 해설집 p.79

03 A

基本的な生命の人権における死の在り方について様々な見解がある。スイスなどのいくつかの欧米諸国ではすでに安楽死が容認されていて、特定の条件さえ満たせば死の要求が許諾される。スイスでは国内だけでなく国外居住者の安楽死も認めていて、海を渡るものも少なくないという。その数は国内外合わせ年間1000人を超える。死を希望する理由として大病を患い、肉体的精神的苦痛から解放されたいというものがほとんだそうだ。

B

回復の見込みのない患者が耐え難い苦痛と共に生きていくというのは大変過酷なことである。その中には安楽死を望む声も聴かれる。生命を粗末にするなという意見も分からないでもないが、何の生き甲斐もなく医療の力で生かされている患者たちを見ると胸が痛む。生き地獄と表現するものもいる。我々に治療の選択肢があるように、このような患者たちのためにも安楽死がその一つに入ってもいいのではないだろうか。

安楽死について、AとBの観点はどのようなものか。

① Aは安楽死の増加の原因を指摘し、Bは安楽死が生命を粗末に扱う行為だと批判している。

② Aは安楽死の現状を具体的に提示し、Bは安楽死を選択肢として考えようと提案している。

04 A

長時間労働が異常だと気づき始めた今、充実した生活を営むためにはライフワークバランスを見直す必要がある。ライフワークバランスは生活と仕事の時間の比率だと誤解されがちだが、正しくは生活と仕事の調和を意味する。つまり、生活の質が上がることにより仕事を効率的にこなせるようになり、さらに私生活に使える有意義な時間が増えるという循環型(じゅんかんがた)相乗効果のことである。これには個人差があり、自分に適した働き方を見つけることが大切だ。

B

仕事人間の私にとってライフワークバランスは邪魔でしかない。その考え方自体は悪くないが、その概念が誤解を呼び、上司から仕事が終わったなら定時であがれと強制退勤を強いられることが問題だ。特にこれといった趣味がなく、仕事で成果をあげることぐらいでしか充実感を得られない私はただ楽しみが奪われたも同然だ。次々と働き方改革が実施されているが、働きたい人は働き、そうでない人は休めばいい。個人にあった働き方をさせてほしい。

働き方について、AとBの観点はどのようなものか。

① Aは問題解決のためにライフワークバランスを推進し、Bは働き方改革の問題点について指摘している。

② Aはライフワークバランスの追求を批判し、Bは個人にあった働き方を推進している。

정답 해설집 p.80

실전 테스트 1

問題11　次のAとBの文章を読んで、後の問いに対する答えとして最もよいものを、1・2・3・4から一つ選びなさい。

A

日本人は古代から、異国の制度や技術を学ぶために苦労して海を渡った。それは未知のものに出会うための「旅」であった。旅の形は時代とともに変遷を遂げ、その目的は多様化し、世界中の移動は容易になった。テレビやインターネットで様々な情報が得られる現在、なぜ人は旅をするのだろうか。

人にはゆりかご(注1)のような安心感に包まれていたいという退行(たいこう)願望(注2)と、保護された環境から羽ばたきたいという成長願望がある。確かにインターネットで情報や知識を得ることでも成長できる。しかし、旅に出て壮大な景色を体で感じ、見知らぬ人と心を通わせ、新しい経験をすることで、自身の成長を感じ、生きている喜びが心の底から湧いてくる。そんな感動を味わったことがある人も多いのではないだろうか。その感動が忘れられず人はまた旅に出かけるのだ。

B

昔の旅といえば、列車の時刻表と地図を肌身離さず持ち歩いたものだった。現代は携帯電話さえあれば、宿泊先の予約もでき、旅先でも迷わず目的地にたどり着けるようになったが、それでも、旅というものは、しばしば迷い、そのたびに決断を求められるものだ。それはまるで人生のようだ。

人生には幾つかの分かれ道がある。前途に壁が立ちはだかり途方に暮れてしまうことがある。そんなとき、ふらりと旅に出る。すると、様々な場面に遭い、選択や判断を迫られることの繰り返しだ。しかし、未知の土地で自ら判断し充実した旅をやり遂げれば、その経験が自ずと大切な人生の道の選択にも生かされる。旅は人生の道案内にもなり得るのだ。

（注１）ゆりかご：赤ちゃんを寝かせておくかご

（注２）退行（たいこう）：以前の状態に戻ること、ここでは子どもの状態に戻ること

63 旅の移り変わりについて、ＡとＢはどのように述べているか。

1　ＡもＢも、昔の旅は容易ではなかったが、今は手軽にできるようになったと述べている。

2　ＡもＢも、昔の旅より今の方が容易になったが、今もインターネット無しでは大変だと述べている。

3　Ａは昔の旅は留学のためにしかできなかったと述べ、Ｂは昔の旅は情緒があってよかったと述べている。

4　Ａは昔の旅の移動は大変だったと述べ、Ｂは現代では携帯電話があるため移動の時間が短くなったと述べている。

64 旅行の良い点について、ＡとＢはどのように述べているか。

1　Ａは欲望を満たすことができると述べ、Ｂは未知のものに出会えられると述べている。

2　Ａは安心感を持つことができると述べ、Ｂは人間関係を豊かにすることができると述べている。

3　Ａはメディア同様に様々な情報を得られると述べ、Ｂは世界中の人と繋がりを作れると述べている。

4　Ａは新たな体験を通して成長できると述べ、Ｂは人生に役立つ経験ができると述べている。

정답 해설집 p.81

問題11　次のAとBの文章を読んで、後の問いに対する答えとして最もよいものを、1・2・3・4から一つ選びなさい。

A

　数十年、いや数年前までアニメの世界でのみ可能だと思われた自動運転車だが、ついに公道上での実用化に成功した。世界各国で快適な生活、安全性の向上、経済の活性化を目的に始められたその技術開発の歴史は100年にも及び、まさに技術者たちの努力の結晶と言える。

　そんな自動運転車だが、社会問題にもなっている高齢者運転手の事故防止の新たな解決策として期待を集めている。高齢者の運転免許更新に合格した人、田舎で自動車がどうしても手放せない人でも、自動でブレーキが利く車であれば高齢者も安心して運転できるはずだ。今すぐにとは言えないが、自動運転車の普及がこの問題の解決に大きく貢献することは間違いないだろう。

B

　様々なメーカーでより精度の高い自動運転車を開発しようと企業競争が過熱している。現段階で商品化されている車は完全な全自動とまではいかず、ドライバーとシステムの共存といった形だ。それでも、高齢者や障害者など運転に不安を抱える人たちの支えになることは言うまでもない。

　利点ばかり取り上げられる自動運転技術だが、問題点がないわけではない。そのうちの一つが自動運転車が事故を起こした場合の責任の所在だ。現在はシステムからの運転交代要請後はドライバー、予測できない不具合が生じた場合はメーカーの責任となっている。しかし、事故直前に急な要請があってもドライバーが瞬時に対応できるとは限らない。それをドライバーに全責任があると判断するのもおかしな話だ。この基準が明確にならないことには、普及は難しいだろう。

63 自動運転車について、AとBの観点はどのようなものか。

1 Aは自動運転車の開発に至った経緯を説明し、Bは自動運転車の開発をめぐる企業の争いを批判している。

2 Aは自動運転車が社会の未来に役立つことを示唆し、Bは自動運転車が克服すべき課題を提示している。

3 Aは高齢者運転手の自動運転車の利用を推進し、Bは自動運転車による事故の危険性を喚起している。

4 Aは自動運転車の実用化の可能性を提示し、Bは自動運転車が社会にもたらす影響を懸念している。

64 自動運転車の普及について、AとBはどのように述べているか。

1 Aは多くの高齢者が利用するようになれば普及すると述べ、Bは技術の精度が高まらないことには普及の可能性がないと述べている。

2 Aは交通の安全を守るために早く普及されるべきだと述べ、Bは普及が進めば社会問題の解決策として期待されると述べている。

3 Aは普及により高齢者ドライバーの事故が減少すると述べ、Bは事故の責任問題を見直すことが普及に繋がると述べている。

4 Aは安全性が明確になるまでは普及されるべきではないと述べ、Bは普及のために事故の責任は企業が負うべきだと述べている。

정답 해설집 p.83

실전 테스트 3

問題11　次のAとBの文章を読んで、後の問いに対する答えとして最もよいものを、1・2・3・4から一つ選びなさい。

A

日本人は学校で長年英語を学んでいるにもかかわらず、英語が話せないという指摘をよく聞く。日本にはかつて外国との貿易を禁止してきた島国ならではの歴史があり、異国の人との交流に大きな壁を感じてしまう国民性があったことは確かだ。学校教育でも、今まで話すことに重きを置かなかった。お互いを理解し生きていかざるを得なかった大陸続きの諸外国とは環境が異なっていたのだ。

しかし今や、物流も人の流れもグローバル化無しでは語れない時代になっている。これからは、日本にも他の文化と共存する環境が必要だ。そしてようやく日本でも、小学校での英語教育が始まった。外国語教育は０歳から６歳ごろに始めるのが理想的であるという研究結果もあり、まだ十分とは言い難い。それでも、少しでも早く英語の環境を整えれば、日本人の英語のコミュニケーション能力は向上するはずだ。

B

日本人がいつまでも英語を使いこなせないのは、文法と読解問題中心の時代遅れの入学試験が原因にほかならない。受験勉強中心の学校教育が続く限り、使える英語は身に付かない。その上、他人との調和を尊(とうと)ぶ(注)日本社会では協調性が求められ、そのことも自分の意見を言いにくくさせている。どう話すかではなくて何を話すかが重要であり、それが求められる社会こそが言語能力を育てる基盤である。

今日、情報技術の発達がさらに進み、世界との距離がますます近くなったことで、意見を発信しやすくなってきている。これからは、日本人も自分の意見を持ち、それを発信するための英語学習を無我夢中で継続する力さえあれば、必ず実践的な語学力が身に付けられると思う。

（注）尊ぶ（とうと）：大切にする

63 日本の英語教育について、AとBはどのように述べているか。

1 AもBも今まで英会話教育を重要視していなかったと述べている。

2 AもBも今まで読み書きを大切にしてきた点がいいと述べている。

3 Aは小学校からの開始が望ましいと述べ、Bは意見を言える環境が大切だと述べている。

4 Aは教師の専門性が必要だと述べ、Bは英語教育のあり方を見直すべきだと述べている。

64 日本人の英語習得について、AとBの観点はどのようなものか。

1 Aは英語習得における学習方法を指摘し、Bは英語習得ができない理由を説明している。

2 Aは幼少期からの英語習得を推進し、Bは日本社会と英語習得の関係性を論じている。

3 Aは英語習得を押し付ける教育機関を批判し、Bは英語習得のために留学を推進している。

4 Aは英語習得での意思疎通の重要性を主張し、Bは幼少期からの英語習得の問題点を提起している。

정답 해설집 p.84

주장이해(장문)

주장이해(장문)은 1100자 내외의 지문을 읽고 질문에 올바른 내용을 고르는 문제이다. 지문 1개와 관련 문제 3~4문항이 출제된다. 인문, 사회, 과학기술 분야의 다양한 주제의 에세이가 출제되며, 필자의 생각이나 세부내용을 묻는 문제가 출제된다.

핵심 전략

1 대체로 지문의 내용 순서대로 문제가 출제되므로, 지문을 처음부터 단락별로 꼼꼼히 해석하면서 한 단락 읽고 문제 풀고, 다음 한 단락 읽고 문제를 푸는 방식으로 모든 문제를 풀어나간다.

2 질문에 밑줄이 있는 경우, 밑줄이 있는 단락에서 관련된 설명을 찾아 내용이 일치하는 선택지를 정답으로 고른다. 밑줄이 있는 단락만으로 정답 선택이 어려운 경우, 앞뒤 단락의 내용도 함께 고려하여 정답을 고른다.

예 **地理的な空白があったとはどういうことか。** 지리적 공백이 있었다란 무슨 말인가?

3 마지막 문제는 주로 필자가 글을 통해 말하고 싶은 생각이나 주장을 묻는다. 따라서 지문의 마지막 단락을 특히 꼼꼼히 읽고 필자의 생각과 일치하는 것을 정답으로 고른다.

예 **この文章で筆者が述べていることはどれか。** 이 글에서 필자가 말하고 있는 것은 어느 것인가?

4 정답 선택지는 지문에 서술된 표현을 그대로 사용하지 않고, 동의어나 비슷한 의미의 문장으로 바꾸어 제시된다. 따라서 지문과 선택지를 꼼꼼히 읽고 정확히 해석하는 것이 중요하다.

예 질문 **筆者は自分の村で暮らす人々がどんな方法を持っていると述べているか。**
필자는, 자신의 마을에 사는 사람들이 어떤 방법을 가지고 있다고 서술하고 있는가?

단서 **私は小さな漁村で生まれ育ったが、村人たちはみんな、自分なりの海を予測する方法を持って生きている。村人の80%が海での仕事に従事していて、毎日の海の状況が予測できない人は大きな危険に直面する恐れがあるからだ。**
나는 작은 어촌 마을에서 태어나 자랐는데, 마을 사람들은 모두, 자기 나름의 바다를 예측하는 방법을 가지고 살아가고 있다. 마을 사람들의 80%가 바다에서의 일에 종사하고 있어, 매일의 바다의 상황을 예측하지 못하는 사람은 큰 위험에 맞닥뜨릴 우려가 있기 때문이다.

정답 **安全に海と共に生きるための方法**
안전하게 바다와 함께 살아가기 위한 방법

5 건축, 교육, 경제·경영, 구직·근로, 환경, 건강 등과 같은 인문, 사회, 과학기술 분야의 비교적 난이도가 높은 주제의 에세이가 출제되므로, N1 필수 단어·문형 암기장(p.34~39)을 활용하여 관련된 어휘를 꼼꼼히 학습해둔다.

문제 풀이 Step

※ 아래의 문제 풀이 Step을 각 문제에 적용하여 지문의 흐름에 따라 차례대로 문제를 푼다.

Step 1 **질문을 읽고 무엇을 묻는지 파악한다.**

질문을 읽고 무엇을 묻고 있는지, 또는 지문에서 확인해야 하는 내용이 무엇인지를 파악한다. 질문을 통해 지문이 어떤 내용인지도 미리 예상할 수 있다.

질문 筆者は、AIによって社会がどうなったと述べているか。

필자는, AI로 인해 사회가 어떻게 되었다고 서술하고 있는가?

Step 2 **하나의 단락을 꼼꼼히 읽고 정확히 해석하면서 내용을 파악한다.**

질문이 묻는 내용을 염두에 두며 하나의 단락을 꼼꼼히 읽고 정확히 해석하면서 단락의 핵심 내용과 흐름을 파악한다.

지문 今後の経済状況を分析するとき、AIが広く使われている。AIは過去の数多くのデータや数値に基づいているため、人が予測するよりも客観的である。しかし、人から遠いAIの出現により、新たなリスクを把握することが難しくなってきた。昔は人間が自分の考え、現在の世論などを全般的に考慮し、その中でまた別の危険を発見することができたからである。これは経済に限らず、AIはあらゆる分野で社会全般を変えつつある。

앞으로의 경제 상황을 분석할 때, AI가 널리 사용되고 있다. AI는 과거의 수많은 데이터와 수치를 바탕으로 하기 때문에, 사람이 예측하는 것보다 객관적이다. 하지만, 사람에게서 먼 AI의 출현에 의해, 새로운 리스크를 파악하는 것이 어려워졌다. 옛날에는 인간이 자신의 생각, 현재의 여론 등을 전반적으로 고려하고, 그 속에서 또 다른 위험을 발견할 수 있었기 때문이다. 이것은 경제에 한정되지 않고, AI는 여러 분야에서 사회 전반을 바꾸어가고 있다.

Step 3 **선택지를 읽고 단락의 내용과 일치하는 선택지를 정답으로 고른다.**

각 선택지를 하나씩 꼼꼼히 읽고 단락의 내용과 일치하는 것을 정답으로 고른다.

질문 筆者は、AIによって社会がどうなったと述べているか。

필자는, AI로 인해 사회가 어떻게 되었다고 서술하고 있는가?

선택지

1 情報が多すぎて世論を把握するのが難しくなった。
정보가 너무 많아 여론을 파악하기 어려워졌다.

✔ 2 以前経験したこと以外のリスクが把握しにくくなった。
이전에 경험한 것 이외의 리스크를 파악하기 어려워졌다.

문제 풀이 Step 적용

問題12　次の文章を読んで、後の問いに対する答えとして最もよいものを、1・2・3・4から一つ選びなさい。

日本では集団に合わせることや輪を乱(みだ)さないことが美徳(びとく)とされる。これは初等教育ですでに協調性を養うための教育が取り入れられていることからも見てとれる。協調とは相手を配慮したり、互いに助け合ったりすることであり、様々な人々が集(つど)う社会ではこれが重要視される。

しかし、日本社会ではこの協調性がしばしば同調性と混同され使用される。同調とは集団の大多数と同じ行動や態度をとることで、集団の様子を伺い、その動きに流動的に従うことを意味する。一見すると協調性の一種に見えなくもないが、大きく異なるのは同調性が集団の大多数に反する行動をとるものを尊重しないという点である。日本では、協調性と同調性を同義に捉える傾向があるため、集団と異なる行動や意見を持つものを異質な存在であると人々は認識する。

少数派の人たちはこのような誤った認識のせいで、集団の輪を乱(みだ)す邪魔者(じゃまもの)とされがちだ。けれども、誰一人として同じ人間が存在しないように、人それぞれ考え方が異なるのは当然のことである。日本社会が美徳(びとく)としているのは協調性ではなく同調性だ。私たちはその当然性さえも認められない社会が異質であることを早く認識し、個性が尊重される真の協調性が豊かな社会を目指すべきである。

Step 2 하나의 단락을 꼼꼼히 읽고 정확히 해석하면서 내용을 파악한다.

日本社会について、筆者はどのように述べているか。

Step 1 질문을 읽고 무엇을 묻는지 파악한다.

1　社会生活において協調性が不可欠であるため、社会全体で教育を行うべきだ。

2　集団の大多数に同調することが重要視され、まとまりが強い社会になるべきだ。

3　協調性や同調性を必ずしも必要だと考えず、個性を尊重した豊かな社会にするべきだ。

✔4　本来の協調性の意味を理解し、集団に従うことを良いこととする社会を変えるべきだ。

Step 3 선택지를 읽고 단락의 내용과 일치하는 선택지를 정답으로 고른다.

Step1 日本社会(일본 사회)를 필자가 어떻게 생각하고 있는지 묻고 있다.

Step2 필자는 마지막 단락에서 私たちはその当然性さえも認められない社会が異質であることを早く認識し、個性が尊重される真の協調性が豊かな社会を目指すべきである(우리들은 그 당연성 조차도 인정할 수 없는 사회가 이질적이라는 것을 빨리 인식하고, 개성이 존중되는 참다운 협조성이 풍부한 사회를 목표로 해야 한다)라고 서술하고 있다.

Step3 필자는 협조성과 동일시 된 동조성이 잘못된 것임을 인식하고 참다운 협조성이 무엇인지 이해해야 한다고 서술하고 있으므로, 4 本来の協調性の意味を理解し、集団に従うことを良いこととする社会を変えるべきだ(본래의 협조성의 의미를 이해하고, 집단에 따르는 것을 좋은 것으로 여기는 사회를 바꿔야 한다)를 정답으로 고른다.

문제12 다음 글을 읽고, 뒤의 물음에 대한 답으로 가장 알맞은 것을, 1・2・3・4에서 하나 고르세요.

일본에서는 집단에 맞추는 것이나 틀을 흐트러트리지 않는 것이 미덕이라고 여겨진다. 이것은 초등교육에서 이미 협조성을 기르기 위한 교육이 도입되어 있는 것에서도 알아챌 수 있다. 협조란 상대방을 배려하거나, 서로 돕거나 하는 것으로, 다양한 사람들이 모이는 사회에서는 이것이 중요시된다.

하지만, 일본 사회에서는 이 협조성이 자주 동조성과 혼동되어 사용된다. 동조란 집단의 대다수와 같은 행동이나 태도를 취하는 것으로, 집단의 양상을 살피고, 그 움직임에 유동적으로 따르는 것을 의미한다. 얼핏 보면 협조성의 한 종류로 보이기도 하지만, 크게 다른 것은 동조성이 집단의 대다수에 반하는 행동을 취하는 자를 존중하지 않는다는 점이다. 일본에서는, 협조성과 동조성을 같은 뜻으로 인식하는 경향이 있기 때문에, 집단과 다른 행동이나 의견을 가지는 자를 이질적인 존재라고 사람들은 인식한다.

소수파인 사람들은 이러한 잘못된 인식 탓에, 집단의 틀을 흐트러트리는 방해자로 여겨지기 쉽다. 하지만, 누구 한 사람도 같은 인간이 존재하지 않는 것처럼, 사람 각각 사고방식이 다른 것은 당연한 것이다. 일본 사회가 미덕으로 하고 있는 것은 협조성이 아닌 동조성이다. 우리들은 그 당연성 조차도 인정할 수 없는 사회가 이질적이라는 것을 빨리 인식하고, 개성이 존중되는 참다운 협조성이 풍부한 사회를 목표로 해야 한다.

일본 사회에 대해, 필자는 어떻게 서술하고 있는가?

1 사회생활에 있어서 협조성이 불가결하기 때문에, 사회 전체에 교육을 시행해야 한다.
2 집단의 대다수에 동조하는 것이 중요시 되어, 결착이 강한 사회가 되어야 한다.
3 협조성이나 동조성을 반드시 필요하다고 생각하지 않고, 개성을 존중한 풍부한 사회로 해야 한다.
4 본래의 협조성의 의미를 이해하고, 집단에 따르는 것을 좋은 것으로 여기는 사회를 바꿔야 한다.

어휘 集団 しゅうだん 명 집단　輪 わ 명 틀, 테두리, 바퀴　乱す みだす 동 흐트러트리다, 어지르다　美徳 びとく 명 미덕
初等教育 しょとうきょういく 명 초등교육　すでに 부 이미　協調性 きょうちょうせい 명 협조성　養う やしなう 동 기르다, 양육하다
取り入れる とりいれる 동 도입하다　見てとる みてとる 동 알아채다, 간파하다　相手 あいて 명 상대방　配慮 はいりょ 명 배려
互いに たがいに 부 서로　助け合う たすけあう 동 서로 돕다　様々だ さまざまだ な형 다양하다　人々 ひとびと 명 사람들
集う つどう 동 모이다　重要視 じゅうようし 명 중요시　しばしば 부 자주　同調性 どうちょうせい 명 동조성　混同 こんどう 명 혼동
使用 しよう 명 사용　大多数 だいたすう 명 대다수　行動 こうどう 명 행동　態度 たいど 명 태도　様子 ようす 명 양상, 모습
伺う うかがう 동 살피다　動き うごき 명 움직임　流動的だ りゅうどうてきだ な형 유동적이다　従う したがう 동 따르다
一見すると いっけんすると 얼핏 보면　一種 いっしゅ 명 한 종류　～なくもない ~하지 않는 것도 아니다　異なる ことなる 동 다르다
～に反する ～にはんする ~에 반하다　尊重 そんちょう 명 존중　同義 どうぎ 명 같은 뜻, 동의　捉える とらえる 동 인식하다, 파악하다
傾向 けいこう 명 경향　異質だ いしつだ な형 이질적이다　存在 そんざい 명 존재　認識 にんしき 명 인식
少数派 しょうすうは 명 소수파　誤る あやまる 동 잘못되다　邪魔者 じゃまもの 명 방해자, 방해하는 사람　～がちだ ~하기 쉽다
人間 にんげん 명 인간　それぞれ 부 각각　考え方 かんがえかた 명 사고방식　当然だ とうぜんだ な형 당연하다
当然性 とうぜんせい 명 당연성　個性 こせい 명 개성　真 しん 명 참다움, 진실　豊かだ ゆたかだ な형 풍부하다
目指す めざす 동 목표로 하다　社会生活 しゃかいせいかつ 명 사회생활　不可欠だ ふかけつだ な형 불가결하다
全体 ぜんたい 명 전체　まとまり 명 결착　必ずしも かならずしも 부 반드시　本来 ほんらい 부 본래　理解 りかい 명 이해

실력 다지기

질문에 대한 답으로 적절한 것을 고르세요.

01

空間デザイナーという職業を聞いたことはあるだろうか。飲食店や商業施設、住宅などを顧客のニーズに合わせ、あらゆる空間の内装デザインや装飾を担当する。空間設計というと間取りを思い浮かべがちだが、壁紙やカーテン、家具などの手配も彼らの仕事だ。それらを用いて、空間を彩るのである。

この仕事は個人の身勝手な価値観では成り立たない。顧客との打ち合わせを重ね、彼らの頭の中にある抽象的なイメージを知識と培(つちか)った経験によって具体的な形にする。あくまで始まりは顧客であり、そこから脱線することは許されない。

空間デザイナーの仕事について、筆者はどのように述べているか。

① 顧客の要望を理解し、インテリアで空間を演出する

② 自分の価値観をもとに、顧客に合った建物の内装を設計する

02

日本のゴミの埋立地(うめたてち)はあと20年後には満杯になると言われている。「ゴミの量を減らそう」「リサイクルをしよう」という声掛けにどこか現実味がなく、自分とはかけ離れた世界のことのようであったが、問題は限界に迫っていた。こうした危機的状況の中、企業の環境保全における取り組みが目立つ。

食品業界では包装を極力(きょくりょく)減らそうとする傾向が強く、つい最近では包装ラベルがない飲料商品まで登場した。これは環境に優しいだけでなく、エコ疲れした客層からも好評だった。多くの家事をこなす主婦にとって、分別のためにペットボトルのラベルをはがす作業はひと手間なのだ。

この文章で、筆者は包装ラベルのない商品が好評だった理由が何だと述べているか。

① 限界に迫った生活ごみの量を画期的に減らしてくれる商品だったから

② 環境を考えた商品であり、家の仕事を減らしてくれる商品だったから

03

私たちの暮らしには様々な色が溢れている。視覚の判断材料と考えられている色彩だが、意外なことに私たちは色から多くの影響を受けている。緑色を見るとリラックスした気持ちになるのは副交感神経が刺激されるためであり、鮮やかな赤は交感神経に働き、血圧をあげるという。色は私たちの心理、身体を動かす力を持っているのだ。

このような原理は広告やインターネットサイトなど人々の心に働きかける媒体(ばいたい)にも利用される。例えば、購買を目的とした広告であれば、人になんらかの行動を起こさせる赤を用いることが効果的だ。

このような原理とは、どのようなものか。

① 色が人の心や体になんらかの刺激を与えること

② 媒体の目的に合わせて色を効果的に使うこと

04

物心(ものごころ)がつく頃には母から「あなたはやればできる子なのよ」と呪文をかけられていた。母が自分に期待してくれているのは嬉しかったが、成長と共にそれは重圧(じゅうあつ)へと変わっていった。それは社会人になってからも同じで、できることが当たり前の自分であることに気を張ってばかりだった。

その言葉がただの励ましだったことに気づいたのは私が母になってからだった。鉄棒を苦手とする娘にあの呪文が出かかった。そこには期待なんて気持ちは全くなく、すぐに諦めることを身に付けないでほしいという親心だけだった。でも、その言葉を娘には発しないと私は固く誓った。

呪文をかけられていたとは、どういう意味か。

① 母の言葉が重荷になり、できないと言えない自分に苦しんでいた。

② 母の期待が嬉しかったが、期待が膨らむほど負担を感じていた。

정답 해설집 p.85

05

年金制度への不安からか、今は20代から貯金にいそしむ時代らしい。そのためか節約術が書かれた本や節約情報についてのサイトやSNSが人気を集めている。そんな中、目に留まったのが「手取り16万円で100万円貯める方法」というブログだった。都内で一人暮らし、さらには貯金までと信じられなかったが、節約のために工夫をこらす姿は感心せざるを得なかった。しかし、それと同時にある考えが浮かんだ。節約はいいことだ。だが、低賃金であるがために節約を強いられていることになんの不満もないのだろうか。まずは安心して生きていけない社会に声をあげるべきではないか。

この文章で筆者が最も言いたいことは何か。

① 節約することもいいが、不安定な社会を疑問視するべきである。

② 不安定な社会であるほど、一生懸命生き抜く方法を探さなければならない。

06

農業人口は30年前に比べるとその半分に減少した。それと共に農業に携わる人々の年齢も高齢化し、重労働である農作業を考えると、今後、農業人口はますます減ることが考えられる。これでは日本の農業は衰退(すいたい)していく一方だ。

政府は若者に農業に興味を持ってもらおうと対策を練るものの、結果はいまひとつだ。そこで注目されるのが無人の農業機械だ。衛星測位システムから送られる信号を利用して、人の代わりに機械に働いてもらおうというものだ。実用まではもう少し時間がかかるが、救世主(きゅうせいしゅ)になることは間違いないだろう。

この文章で筆者が最も言いたいことは何か。

① 農業人口を増やすために政府は効果的な改善策を考えるべきである。

② 日本の農業を守るために科学技術の力を借りる必要がある。

정답 해설집 p.87

일본어도 역시,
1위 해커스

japan.Hackers.com

실전 테스트 1

問題12　次の文章を読んで、後の問いに対する答えとして最もよいものを、1・2・3・4から一つ選びなさい。

病気知らずの病院嫌い、予防注射や健康診断すら苦手な私だったが、突如予期せぬ病になり、2か月近く入院することになった。ベッドに横たわる毎日、同じ病室の患者の話し声や気配、その他様々な雑音をさえぎろうと、私はイヤホンでよくクラシック音楽を聴いていた。

普段はあまり聴かないのだが、この時は日常よく聴くロックやポップスよりも断然モーツァルト(注1)を好んで選んだ。繰り返し聴いていると、昔、教科書で読んだモーツァルトについての有名な評論文の一節が度々頭に浮かんだ。「かなしさは疾走する」という言葉だ。弱った身体で漠然(注2)とした不安と恐れを抱えていたとき、私はかなしかったのだろうか。評論の正確に意味するところは分からないが、かなしさは生きることそのものだと思えば、私がモーツァルトの音楽に共鳴していたのは間違いない。

共鳴とは物理学的には共振、つまり同じ振動数を持つ物体AとBがある場合、Aの振動はBに伝わりBも同じように振動するということらしい。音楽に限らず、優れた芸術はすべてこのような共鳴を起こすのだと思う。私がモーツァルトの音楽に感じたように、多くの人に愛される芸術は振動数が広範囲の個体に一致するのだろう。何かに共鳴することとは一緒になって動くということであれば、弱っていた私の細胞はまず音楽に力を得て再び動き出したと言える。

人間は本来孤独なものだから、生きることは本質的にかなしい。そのかなしさと同じ鼓動を持ち、ぴったりと寄り添ってくれる何かが見つかれば孤独はいくぶんか緩和される。また一人より連れのある方が、人はその持てる力を引き出せるだろう。共鳴はそのように生きる力を呼び起こし動かす大きな励ましになる。そのことを、私は自身の身体が回復していく中で実感していた。もちろん共鳴を引き起こすものは芸術に限らないだろう。何気ない一言でも道端の草花でも空気がきれいだとか何でもいい。受け取る側の用意があれば、あらゆるものから共鳴を受けることができそうだ。

始めはおそらく全身で拒絶していた入院生活だが、慣れてきて医者を信頼し、看護師たちの働きに感謝し、親しみを覚え、他の入院患者の動向に興味を持つようになると、私は次第にイヤホンを外すことが多くなった。音楽はいつでも聴けると思い、最初は雑音だと避けていた病院内のあらゆる物音や動きを感知しようとしていたのだろう。看護師さんが私の名を呼ぶ声や、食事や清掃や採血にすら共鳴し力を得ていたように思う。幸い薬が効き無事に退院できた後、自宅で、大音量でモーツァルトをかけ、自分への快復祝いとした。聴きながら、病気になって以来初めて涙が出た。共鳴は生きる力になった。

（注1）モーツァルト：18世紀古典派音楽を代表する音楽家

（注2）漠然とした：ぼんやりとしてはっきりしない

65 よくクラシック音楽を聴いていたとあるが、なぜか。

1 よく聴くロックやポップスよりも好きになったから

2 病気になり、不安と恐れを感じたくなかったから

3 病院内のいろいろな雑音を聞きたくなかったから

4 普段と違う状況になり、かなしさを感じていたから

66 優れた芸術について、筆者はどのように述べているか。

1 優れた芸術は、多くの人に共鳴を与えるものである。

2 優れた芸術は、振動と共鳴から作られるものである。

3 優れた芸術は、特に弱っている人に必要なものである。

4 優れた芸術は、多くの人に振動を伝えることがある。

67 筆者によると、共鳴を起こすものとはどのようなものか。

1 非常に日常的な、身近にあるもの

2 芸術作品に限らない、あらゆるもの

3 人に生きる力を与える全てのもの

4 感知しようと思ったときに周りにあるもの

68 この文章で筆者が述べていることはどれか。

1 音楽を聴くのを止め、病院内の雑音と共鳴したら、苦手な病院が好きになった。

2 他の人からの物音や誰かの動きを感じようとしたら、病気も快復した。

3 自分の周りの様々なことに共鳴することで、生きる力を得ることができた。

4 音楽や寄り添う人の声が共鳴して、かなしい入院生活を励ましてくれた。

정답 해설집 p.88

실전 테스트 2

問題12　次の文章を読んで、後の問いに対する答えとして最もよいものを、1・2・3・4から一つ選びなさい。

「地方自治は民主主義の学校」という言葉がある。イギリスの法律学者であり、かつ政治家でもあったブライスの言葉である。子供達が学校で政治について学ぶときに必ず出てくるものなので、記憶している人も多いだろう。地方自治体とは、地方単位での政治を国から認められている団体であり、地方自治とは、いわば地方の政治のことだ。国の政治より住民の声を反映させやすく、住民によるチェック機能もあるゆえ、民主主義とは何かを学ぶのに理想的な形だとされ、前述の言葉となった。

さて、2019年に東京都江戸川区(えどがわく)という自治体で選挙が行われ、インド出身の男性が議員になった。江戸川区(えどがわく)というところはインド系の人々が日本で一番多く住んでいる町だが、その区でインド人の町「リトル・インディア」を作ろうという計画が持ち上がったことがある。彼は、この計画はインド系住民を特別視したもので、日本人と区別するようなやり方は行政の在り方として違うのではないかと考えた。それが、彼が議員に立候補したきっかけだという。議員として活動をしていると、「君は外国人住民に関する提案だけすればいいのでは」と言われることもあるらしい。しかし、彼は外国出身の議員である前に、その地域の一住民なのである。自分が住んでいる町を、誰もが住みやすく、快適に暮らせる幸せな町にしたい。そこに国籍は関係ないのだ。彼は、自分の周りの人々の意見をくみ上げ、議論の場に持って行くのが自分の仕事であり、決してインド系住民だけの代表ではないと述べている。

外国出身というマイノリティー(注)グループに属しつつ、議員活動をしているのは彼だけではない。また、マイノリティーであるのは何も外国人だけではない。全ての人が異なる考えを持っているのだから、全ての人が少数派であると言っても過言ではない。Aという問題には賛成するが、Bという問題には反対である人、その逆の人、どちらにも賛成、どちらにも反対の人。人の意見は様々だ。世の中のあらゆる事象について、考えがすっかり一致する人などいないはずだ。

そんな中、少数派の意見をくみ上げ、反映させるには、国という組織は巨大すぎる。どうしても多数決での判断となり、小さい声は無視されがちなのだ。しかし、地方自治体はその規模の小ささが武器だ。地方自治体では問題が発生した場合に早急な改革が可能であり、それを可能にしているのは実は住民の声なのである。地方が変われば、国も変わる。誰もが幸せに暮らせる世の中を作ろうとするのが政治であるならば、少数派の意見を切り捨てることなど一切あってはならない。

（注）マイノリティー：少数派

65 地方自治が民主主義の学校と言われるのは、なぜか。

1 地方の政治の民主主義とは何かということを学校で必ず学ぶから
2 住民に政治を行う権利が与えられているため、政治がしやすいから
3 住民の意見を取り入れやすく、住民による監視システムも設けられているから
4 国の政治より住民の声が届きやすく、常に理想的な政治が行われるから

66 インド出身の男性議員について、筆者はどのように述べているか。

1 インド系の人々が多い町なので、彼はインド系住民を代表したいと考えた。
2 彼が議員に立候補したことで、インド系住民が特別視されかねなかった。
3 彼が議員になったのは、全ての人が住みやすい町にしたいからだ。
4 インド系の住民の意見を聞いて議会に提出するのが行政の在り方と考えた。

67 マイノリティーについて、筆者はどのように述べているか。

1 意見が一致する人を、マイノリティーグループの中から探すのは難しい。
2 意見が完全に同じだという人はいないのだから、誰もがマイノリティーだ。
3 マイノリティーの意見を大切にすることこそ、民主主義のあるべき姿だ。
4 マイノリティーの意見を地方の政治に反映することは不可能に近い。

68 政治の在り方について、筆者が言いたいことは何か。

1 地方自治は国の政治より素早い改革が必要なので、少数派の意見を大切にすることが重要だ。
2 全ての人が異なる考えを持っているので、全ての意見を反映させようと努力することが重要だ。
3 地方自治は住民の意見を反映させやすいので、住民の意見を議会に出すことが重要だ。
4 誰もが住みやすい世の中にするためには、少数派の意見を大切にすることが重要だ。

정답 해설집 p.89

실전 테스트 3

問題12　次の文章を読んで、後の問いに対する答えとして最もよいものを、1・2・3・4から一つ選びなさい。

日本では1年間に生まれる子供の数が非常に速いペースで減少している。日本政府は少子化対策を喫緊（きっきん）(注1)の課題の一つだと捉えているが、人口が減ることは日本にとってどのような問題となるのだろうか。

一番の問題は労働力の減少である。働く人の数が減ることにより、企業が必要とする労働力を確保できず、企業活動が縮小。それにより人々の収入も減少し、物も売れなくなるという経済全体の落ち込みが予想される。また、労働で得られた収入の一部は所得税という税金で国に還元され、それを元に私達の生活に必要なインフラが整備され続けているのだが、この国の税金収入が減ることで国や自治体によるインフラ整備が停滞し、社会そのものに大きな影響が出てしまうだろう。ほかにも、若い世代が高齢者を支えるという年金制度の崩壊や、高齢者が増えることによる社会保障費用の増大が懸念（けねん）(注2)されている。

政府は近年、子育て世帯への「経済的な支援の拡充」をすることで、少子化を止めようとしている。出産を諦める理由の中で、子育てにかかる経済的な負担が大きいことをあげる人が多いためだ。すでに子育てをしている人々へのサポートを行うことは、子育て世帯には歓迎される政策であろう。しかし、これで少子化が止められると考えるのは無理があると思う。

実は、結婚している夫婦の子供の数は30年前とほぼ同じだという統計がある。つまり、結婚すれば子供は30年前と同様に生まれているのだ。一方、50歳までに一度も結婚したことがない人の割合を示す生涯未婚率は1995年から年々上昇を続け、現在では男性の4人に1人、女性の6人に1人が結婚をしないまま、年を取っていることが明らかになっている。このことから、問題にすべきなのは少子化ではなくむしろ未婚化であると言えよう。結婚しない理由はいろいろある。結婚に踏み切れるだけの収入が得られていないことや雇用が不安定であること、女性の社会進出が進み、女性が男性に頼ることなく生活ができるようになったこと、一人暮らしに不自由を感じることがなくなったことなどが挙げられる。若い世代を対象に婚活(注3)支援をしている自治体もあるが、そもそも結婚する年齢の人々がすでに少子化で少なくなっている世代のため、結婚する人を増やしても少子化を止めることはできない。このままでは、効果的な対策がみつからないまま、日本社会全体が縮小していくように思われる。

残念ながら、今後も日本の少子化は解消されないだろう。労働力不足などの経済的な問題は別の面から対策を打つべきだ。日本という国が今後どのような道を選ぶべきなのか、早急に考える必要がある。

（注１）喫緊：急いでしなければいけない重要なこと
（注２）懸念する：心配する
（注３）婚活：結婚相手を探す活動

65 大きな影響として筆者が挙げているのはどれか。
1 働く人が少なくなること
2 経済状況が悪くなること
3 インフラ整備が止まること
4 年金が使えなくなること

66 子育て世帯への経済的支援について、筆者はどのように述べているか。
1 政府が経済的な支援を行えば、出産する人が増える。
2 政府の支援はすでに子供を育てている人だけが対象である。
3 子育てには多くのお金が必要なので、とてもいい政策である。
4 子育てに対する支援を増やしても、少子化は止められない。

67 筆者は、日本社会の本当の問題は何だと述べているか。
1 結婚を諦める人が非常に増えたため、子供の数がどんどん減ること
2 出産を諦める人が非常に増えたため、出産率が下がり続けること
3 結婚する人が増加したにもかかわらず、子供の数は横ばいであること
4 結婚する人が減少したにもかかわらず、出産率は変わりないこと

68 この文章で筆者が最も言いたいことは何か。
1 今後は少子化対策より未婚化対策に力を入れて、結婚する人を増やすべきだ。
2 今後も少子化対策はうまくいかないので、そこから生じる問題について考えるべきだ。
3 現在の様々な問題は少子化のせいではないので、別の対策を考えるべきだ。
4 現在の少子化対策では効果がないので、別の対策を考えるべきだ。

정답 해설집 p.91

정보검색

정보검색은 어떤 상황이나 조건에 일치하는 것을 고르는 문제 2문항과 관련 지문 1개가 출제된다. 제시된 상황에 따라 해야 할 행동을 고르는 문제, 제시된 모든 조건에 부합하는 선택지를 고르는 문제가 출제된다. 지문은 작품 모집 공고, 서비스 이용 안내 등 일상에서 자주 볼 수 있는 실용문이 출제된다.

핵심 전략

1 제시된 상황에 따라 해야 할 행동을 고르는 문제는, 질문을 잘 읽고 질문 속 상황에 해당하는 내용을 지문에서 찾아 일치하는 내용의 선택지를 정답으로 고른다.

예 合格したかどうかを知るには、花子さんはどうしたらよいか。

합격했는지 어떤지를 알기 위해서는, 하나코 씨는 어떻게 하면 좋은가?

→ 지문에서 합격 발표와 관련된 부분을 읽고 일치하는 선택지를 정답으로 고른다.

2 제시된 모든 조건에 부합하는 선택지를 고르는 문제는, 질문을 잘 읽고 질문 속 조건들에 해당하는 정보를 지문에서 찾아 모든 조건을 만족시키는 선택지를 정답으로 고른다.

예 タイさんは 2 年前に日本に来て、大学院で法学の修士課程に在籍している留学生である。学校に新しい奨学金制度ができてタイさんも申請しようとしている。申請できる奨学金はどれか。

타이 씨는 2년 전에 일본에 와서, 대학원에서 법학 석사 과정에 재적하고 있는 유학생이다. 학교에 새로운 장학금 제도가 생겨 타이 씨도 신청하려고 하고 있다. 신청할 수 있는 장학금은 어느 것인가?

→ 지문에서 장학금 신청 기준 부분을 읽고 타이 씨의 모든 조건에 부합하는 선택지를 정답으로 고른다..

3 정답을 확정할 수 있는 중요한 단서가 지문의 "注意" 또는 "※", "•" 표시 다음에 자주 언급되므로, 지문을 읽을 때 참고 사항이나 주의 사항을 설명하는 부분이 있다면 꼼꼼히 확인한다.

4 지문은 교육, 취미, 구직·근로, 요리·음식 등을 주제로 이용 안내, 공지·모집, 시간표·요금표 등의 실용문이 출제되므로, N1 필수 단어·문형 암기장(p.34~39)을 활용하여 관련 어휘를 꼼꼼히 학습해둔다.

문제 풀이 Step

Step 1 **질문을 읽고 상황이나 조건을 파악하고 표시한다.**

첫 번째 문항의 질문을 읽고, 무엇을 묻는 문제인지 파악한 뒤에 제시된 상황 또는 조건에 표시해둔다.

질문　佐藤さんは今日まで留学関連の書類を送らなければならないが、郵便局に行く時間がないため、コンビニの受付サービスか集荷サービスを利用しようと思っている。佐藤さんが注意しなければならないことはどれか。

사토 씨는 오늘까지 유학 관련 서류를 보내야 하는데, 우체국에 갈 시간이 없어, 편의점 접수 서비스나 집하 서비스를 이용하려고 한다. 사토 씨가 주의해야 할 점은 어느 것인가?

Step 2 **지문을 읽으며 질문에 표시해둔 상황이나 조건과 관련된 내용을 모두 찾아 표시해둔다.**

지문을 천천히 읽으면서 지문에 표시해둔 상황이나 조건과 관련된 내용을 모두 찾아 표시해둔다. 질문이 상황에 따라 해야 할 행동을 고르는 문제이면 상황과 관련된 안내나 지시 사항에 표시해두고, 모든 조건에 부합하는 선택지를 고르는 문제이면 조건에 해당하는 항목들에 표시해둔다.

지문

【コンビニ受付サービス】 郵便局に行かなくても、近くのコンビニで発送受付ができるサービスです。
・**注意**：一部の店舗ではサービスを行っておりません。店舗でサービスが可能か確認してください。
当日発送は手数料（500円）がかかります。

【集荷サービス】 職員が依頼された時間に直接お宅に伺い、配達物を回収するサービスです。
・**注意**：回収予定時間には必ずその場所にいらしてください。
午後1時以前に回収された配達物は当日配送できます。

【편의점 접수 서비스】 우체국에 가지 않아도, 가까운 편의점에서 발송 접수를 할 수 있는 서비스입니다.
・주의：일부 점포에서는 서비스를 하고 있지 않습니다. 점포에서 서비스가 가능한지 확인해주세요.
당일 발송은 수수료(500엔)가 듭니다.

【집하 서비스】 직원이 의뢰한 시간에 직접 댁에 방문하여, 배달물을 회수하는 서비스입니다.
・주의：회수 예정 시간에는 반드시 그 장소에 계셔 주세요.
오후 1시 이전에 회수된 배달물은 당일 배송 가능합니다.

Step 3 **선택지를 읽고 지문에 표시한 내용과 일치하는 것을 정답으로 고른다.**

선택지를 읽고, 질문이 상황에 따라 해야 할 행동을 고르는 문제이면 표시해둔 안내나 지시 사항과 일치하는 것을 정답으로 고르고, 모든 조건에 부합하는 선택지를 고르는 문제이면 표시해둔 항목 중 모든 조건에 해당하는 것을 정답으로 고른다.

선택지　1 一番近いコンビニで、午前中に発送手続きをする。
가장 가까운 편의점에서, 오전 중에 발송 수속을 한다.

✔ 2 午前11時に自宅に訪問した職員に書類を手渡す。
오전 11시에 자택으로 방문한 직원에게 서류를 전달한다.

※ 두 번째 문항도 위의 Step을 반복하여 푼다.

문제 풀이 Step 적용

問題13　以下は製菓会社が主催する作品の募集の案内である。下の問いに対する答えとして最もよいものを、1・2・3・4から一つ選びなさい。

山田さんに青木製菓からの当選メールが届いたが、記入されている住所は山田さんの住所ではなかった。山田さんはどうしたらよいか。

Step 1 질문을 읽고 상황이나 조건을 파악하고 표시한다.

1　10月中旬までにメールで正しい住所を伝える。

2　11月末までにメールで正しい住所を伝える。

3　10月中旬までに電話をして、正しい住所を伝える。

✔4　11月末までに電話をして、正しい住所を伝える。

Step 3 선택지를 읽고 지문에 표시한 내용과 일치하는 것을 정답으로 고른다.

5・7・5で伝える俳句コンテスト

— 思い出を俳句にのせて —

青木製菓では令和元年10月１日（木）～10月31日（日）まで俳句を募集しております。テーマはチョコレートと私の思い出です。

●応募方法

下記の本社の俳句コンテスト係りのメールアドレスにメールでお送りください。その際にお名前、生年月日、住所、電話番号も忘れずにご記入お願いします。

●結果発表

入賞者は11月11日（水）に本社のホームページ上で発表されます。入賞者及び抽選当選者にはメールで結果が送られます。

※ 賞品は郵送いたしますので、メールに記載されている住所に誤りがありましたら、11月末までに下記の電話番号にご連絡お願いいたします。

Step 2 지문을 읽으며 질문에 표시해 둔 상황이나 조건과 관련된 내용을 모두 찾아 표시해둔다.

青木製菓俳句コンテスト係り

TEL：0120-58-XXXX　　mail：aokicompany@com.jp

Step1 야마다 씨가 해야 할 행동을 고르는 문제이다. 질문에서 제시된 상황은 다음과 같다.

(1) 이메일에 기입된 주소가 야마다 씨의 주소가 아님

Step2 지문에서 기재된 주소가 잘못된 경우를 안내하는 부분을 보면, 記載されている住所に誤りがありましたら、11月末までに下記の電話番号にご連絡お願いいたします(기재되어 있는 주소에 오류가 있다면, 11월 말까지 아래 적힌 전화번호로 연락 부탁드립니다)라고 언급하고 있다.

Step3 주소에 오류가 있을 때는 11월 말까지 전화를 하면 되므로, 4 11月末までに電話をして、正しい住所を伝える(11월 말까지 전화를 해서, 올바른 주소를 전달한다)를 정답으로 고른다.

문제13 아래는 제과 회사가 주최하는 작품 모집 안내이다. 아래의 물음에 대한 답으로 가장 알맞은 것을, 1・2・3・4에서 하나 고르세요.

야마다 씨에게 아오키 제과로부터의 당선 이메일이 도착했는데, 기입되어 있는 주소는 야마다 씨의 주소가 아니었다. 야마다 씨는 어떻게 하면 좋은가?

1 10월 중순까지 이메일로 올바른 주소를 전달한다.
2 11월 말까지 이메일로 올바른 주소를 전달한다.
3 10월 중순까지 전화를 해서, 올바른 주소를 전달한다.
4 11월 말까지 전화를 해서, 올바른 주소를 전달한다.

5・7・5로 전하는 하이쿠 콘테스트
-추억을 하이쿠에 싣고-

아오키 제과에서는 레이와 1년 10월 1일(목)~10월 31일(일)까지 하이쿠를 모집하고 있습니다. 테마는 초콜릿과 나의 추억입니다.

● 응모 방법
아래 적힌 본사의 하이쿠 콘테스트 담당의 이메일 주소에 이메일로 보내주세요. 그때 성함, 생년월일, 주소, 전화번호도 잊지 말고 기입 부탁드립니다.

● 결과 발표
입상자는 11월 11일(수)에 본사 홈페이지상에서 발표됩니다. 입상자 및 추첨 당선자에게는 이메일로 결과가 보내집니다.
※ 상품은 우편 발송하므로, 이메일에 기재되어 있는 주소에 오류가 있다면, 11월 말까지 아래 적힌 전화번호로 연락 부탁드립니다.

아오키 제과 하이쿠 콘테스트 담당
Tel : 0120-58-XXXX　　mail : aokicompany@com.jp

어휘 製菓 せいか 명 제과　主催 しゅさい 명 주최　作品 さくひん 명 작품　募集 ぼしゅう 명 모집　当選 とうせん 명 당선
メール 명 이메일, 메일　届く とどく 동 도착하다, 닿다　記入 きにゅう 명 기입　中旬 ちゅうじゅん 명 중순　末 まつ 명 말
俳句 はいく 명 하이쿠, 일본 특유의 짧은 시　コンテスト 명 콘테스트　思い出 おもいで 명 추억　のせる 동 싣다
令和 れいわ 명 레이와, 일본의 연호　元年 がんねん 명 1년, 원년　テーマ 명 테마　チョコレート 명 초콜릿　応募 おうぼ 명 응모
方法 ほうほう 명 방법　下記 かき 명 아래에 적은, 하기　本社 ほんしゃ 명 본사　係り かかり 명 담당　メールアドレス 명 이메일 주소
生年月日 せいねんがっぴ 명 생년월일　電話番号 でんわばんごう 명 전화번호　忘れる わすれる 동 잊다　結果 けっか 명 결과
発表 はっぴょう 명 발표　入賞者 にゅうしょうしゃ 명 입상자　ホームページ 명 홈페이지　及び および 접 및
抽選 ちゅうせん 명 추첨　当選者 とうせんしゃ 명 당선자, 당첨자　賞品 しょうひん 명 상품　郵送 ゆうそう 명 우편 발송, 우송
記載 きさい 명 기재　誤り あやまり 명 오류, 잘못

실력 다지기

다음 질문에 맞는 것을 고르세요.

01 木村さんは留学を考えているが、希望する留学先は木村さんが通う大学の協定校には入っていなかった。木村さんが留学する方法は次のうちどれか。

① 学校で留学先の入学許可書を申し込み、1年間無料で行く。

② 希望する留学先から入学許可書を直接もらい、1年間私費で行く。

● 単位認定留学 ●

休学せずに留学できるプランです。留学先で取得した単位は本学で認定可能です。

プラン	期間	留学先の授業料	留学先
交換留学	1年	本人負担なし	協定校のみ
私費留学	1年	全額負担	協定校以外の大学

（注意）

1. 原則として留学期間中も本学に授業料を納めなくてはいけません。
2. 希望する留学先が本学の協定校にない場合は、まず留学先の概要が書かれた資料を提示してください。本学の審査を経て、留学先として認められた場合のみ単位認定留学が可能です。また、留学先の入学許可書も必要となりますが、そちらにつきましては本学は一切介入できません。本人が直接申請する形になります。

02 大森さんは施設で面会をし、週末新しい家族となる犬を引き渡してもらえることになった。犬を受け取るにあたって、大森さんがしなければいけないことは次のうちどれか。

① 施設で誓約書を書き、4万円の費用を支払う。

② 自宅で誓約書にハンコを押し、10万円と一緒に送る。

>> かわいいわんちゃんたちの里親募集 <<

私たちは人間の身勝手な事情で捨てられ、処分執行予定の犬たちを保護し、彼らに新しい家族を探す活動を行っています。まずは、面会が必要となりますので、下の番号にお電話をかけていただき、事前に申請していただきますようお願いいたします。

―注意事項―

・引き渡しはこちらの施設で行います。また、その際に傷を負った犬たちが再び悲しい思いをしないよう誓約書を取り交わしていただきます。印鑑が必要となりますので、必ずお持ちください。

・譲渡にあたり1頭につき4万円の費用をいただいております。保護してから皆様に譲渡するまでに1頭約10万円ほど費用がかかっています。皆様からの資金が次の一頭を救う支援になります。

NPO法人　ドッグサポート　TEL0298 - 0000 - XXXX

03 竹田さんは仕事が忙しくて掃除する時間が取れないため、家事代行サービスを頼もうと考えている。特に苦手なキッチン掃除と夏から秋にかけて涼しくなってきたので衣替えをお願いしたい。竹田さんが申し込むコースはどれか。

① お好みスポットコース
② 水回り集中コース

ー家事代行サービスー

家事だってプロに任せよう!お気軽にお問い合わせください!

コース名	コースの説明	時　間	料　金
基本お掃除コース	居間、台所、トイレなどお家全体を掃除いたします。基本的な掃き掃除や拭き掃除が主ですので、重点的なお掃除を希望される方にはおすすめできません。	3時間	7,500円
お好みスポットコース	お客様が希望したところを優先的に時間内できれいにいたします。エアコンの掃除や洋服の整理まで何でも担当いたします。	2時間	5,000円
水回り集中コース	お風呂場、台所、トイレなど普段、手入れが難しいところを丁寧に掃除いたします。	2時間	6,500円

※ 延長料金は1時間1,500円です。

04 鈴木さんは映画コンテストの観光地部門に作品を応募したい。鈴木さんが応募できる作品は次のうちどれか。

① 公式ホームページにある施設の写真と自分が撮った映像を組み合わせた動画
② 有名な神社とその周りにある複数の飲食店を紹介した動画

観光映像コンテスト

日本を世界へ、世界を日本へ!180秒の映像でその魅力を伝えよう!

｜参加者｜誰でも参加可能です!年齢、国籍は問いません。

｜募集部門｜ ① 世界遺産部門:世界各国の世界遺産の中から一つ選択し、その魅力を世界の皆さんに伝えてください。
② 観光地部門:全国各地の観光地の中から一つ選択し、映像を見て海外からの観光客が増えるような映像を制作してください。

｜募集作品｜ 日本をPRする映像作品を募集しています。映像の時間は3分以内でお願いします。
その際、著作権には十分に注意していただきますようお願い申し上げます。
インターネットに既存する写真や映像などはくれぐれもご使用をお控えください。
作品にはご自身で撮影したもののみご使用してください。

｜締め切り｜ 9月30日(金)午後5時まで

정답 해설집 p.93

실전 테스트 1

問題13　右のページは、転職者向けの求人情報である。下の問いに対する答えとして最もよいものを、1・2・3・4から一つ選びなさい。

69　以前、営業スタッフとして勤務していた吉田さん32歳は、転職先を探している。持っている資格は普通自動車運転免許のみである。次は雇用形態にはこだわらず月収が25万円以上の仕事に応募するつもりである。吉田さんが応募できる会社は次のうちどれか。

1　未経験者でも応募できる丸一食品と、資格を満たしているサンコー建設

2　年齢条件を満たしている大北電機と、資格を満たしているサンコー建設

3　未経験者でも応募できる丸一食品と、優遇の条件を満たしている南森鉄工所

4　未経験者でも応募できる南森鉄工所と、未経験者を優遇するJOP保険会社

70　以前、ゲーム開発会社で開発スタッフとして勤務していた佐々木さん27歳は、転職先を探している。佐々木さんは、四年制大学の工学部情報工学科を卒業し、月収30万円以上で正社員なら職種にはこだわらないが、責任ある仕事を任せてもらえる会社に応募したい。佐々木さんの希望に合う会社の説明として、正しいものはどれか。

1　日南電鉄は、必要な資格の条件を満たしており、仕事でリーダーシップが発揮できる。

2　南森鉄工所は、学歴、年齢の条件を満たしており、責任のある仕事を任せてもらえる。

3　大北電機は、学歴、年齢、求められる人物像の条件を満たしており、経験を生かせる。

4　MS情報サービスは、年齢、卒業学科の条件を満たしており、まじめな仕事が評価される。

ジョブリサーチ　求人情報

(2月　転職者向け)

会社名 配属	雇用形態	条件／必要資格など	収入／求める人物像など
丸一食品 製品管理スタッフ	正社員	未経験者歓迎	月収28万～。チームワークを大切にしている会社です。
大北電機 開発スタッフ	正社員	大学卒業、28歳～35歳までの製品開発経験者	月収35万～。責任感の強い方を希望
日南電鉄 経理課長補佐	正社員	大学卒業、～40歳までの経理経験者	月収40万～。リーダーシップのある方募集
大阪百貨店 販売スタッフ	正社員	販売経験者または リーダー経験者	月収35万～。アパレルに興味のある方大歓迎
ミドリ薬局 販売スタッフ	正社員	販売経験者または商品管理経験者	月収40万～。明るく接客の好きな方、長く続けられる方募集
サンコー建設 建設作業員	契約社員	普通自動車運転免許 必須	月収25万～。責任を持って働ける方募集
三星製薬 研究スタッフ	正社員	大学卒業、～35歳までの薬剤師国家資格保有者	月収35万～。薬剤師国家資格を生かすチャンスです。
南森鉄工所 営業スタッフ	正社員	大学卒業、～28歳まで、未経験者歓迎、営業経験者優遇	月収31万～。取引先の営業をお任せします。
MS情報サービス エンジニア	正社員	28歳～、情報系学科卒業またはシステムエンジニア経験者	月収32万～。コツコツ真面目に働ける方募集
AKK警備保障 警備スタッフ	アルバイト	深夜働ける方、 学生歓迎	時給2,000円。春休みを使った短期バイトも可。
JOP保険会社 受付スタッフ	契約社員	未経験者歓迎 事務経験者優遇	月収30万～。先輩社員が丁寧にサポートしてくれます。
都観光 接客スタッフ	正社員	25～48歳までの TOEIC780点以上取得者	月収24万～。観光経験者歓迎。若手社員のサポートもお願いします。
エース進学塾 非常勤講師	アルバイト	四年制大学理系学部在学生または卒業生	時給1,800円前後。中学生に分かりやすく数学・理科の解説ができる方募集

정답 해설집 p.95

실전 테스트 2

問題13　右のページは、星光大学の奨学金案内である。下の問いに対する答えとして最もよいものを、1・2・3・4から一つ選びなさい。

69　由美(ゆみ)さんは、4月に星光大学の文学部に入学予定である。自分が申請できる奨学金を調べているが、今回募集する奨学金のうち、由美(ゆみ)さんが申請できる奨学金は次のうちどれか。

1　星光大学奨学金

2　星光大学奨学金と優秀学生奨学金

3　星光大学奨学金と未来奨学金

4　未来奨学金と研究者育成奨学金

70　ウォンさんは星光大学理学部の2年生である。「理学会奨学金」を申請しようと考えているが、3月12日から4月5日まで国へ帰る予定である。ウォンさんが最も早く奨学金の申請書を入手できる日と、その入手方法について、合っているのは、次のどれか。

1　3月10日に、学生証と印鑑を持って奨学金窓口へ行く。

2　3月10日に、ウェブシステムからダウンロードする。

3　3月15日に、郵送で国に取り寄せる。

4　4月6日に、大学構内の奨学金窓口で受け取る。

星光大学　春の奨学金案内

○　今回募集する奨学金一覧

奨学金		申請書ダウンロード	申請できる学部
星光大学奨学金	貸与型	可	全学部
理学会奨学金	貸与型	不可	理学部
優秀学生奨学金	給与型	不可	全学部
未来奨学金	給与型	可	法学部・文学部
研究者育成奨学金	給与型	可	全学部

○　奨学金の種類

奨学金には、貸与型・給与型があります。貸与型は、将来返済が必要です。給与型は、返済の必要はありません。

○　奨学金の対象

- 学部、学年によって申請できる奨学金が異なります。
- 「優秀学生奨学金」は在校生が対象です。4月に入学する新1年生は申請ができません。
- 「研究者育成奨学金」の対象は、大学院に進学希望の4年生のみです。

○　申請の手続き

申請期間は、申請書配布開始日から4月30日までです。申請手続きは、本人が、記入済みの申請書及びその他の必要書類を、奨学金窓口に持参して行います。その際、学生証と印鑑が必要です。

- 申請書：一部を除き、学生専用ウェブシステムからダウンロードできます。配布期間は3月10日から4月10日です。各奨学金の対応状況は、上記の奨学金一覧に示してあります。入学前の新1年生及びウェブシステムに対応していない奨学金の申請を希望する学生は、奨学金窓口で入手してください。配布期間は3月15日から4月10日です。
- その他の必要書類：次ページ以降の各奨学金の募集要項をよく読み、必要な書類を準備してください。不備があると、理由のいかんに関わらず申請を受け付けられませんので、注意してください。

注意）年度内に申請できるのは、各型につき1つのみです。

■　奨学金窓口（星光大学事務棟1階）

開所時間　9:00～17:00　3月10日から4月30日までは土日も含め毎日開所します。

정답 해설집 p.97

실전 테스트 3

問題13　右のページは、劇場のホームページに書かれた「月花劇場友の会」の案内である。下の問いに対する答えとして最もよいものを、1・2・3・4から一つ選びなさい。

69　ラオさんは日本で演劇の歴史を学んでいる大学生で友の会への入会を考えている。インターネットから申し込める会員がいいと思っているが、会員になった場合何ができるか。

1　劇場で行う全ての公演をいつでも1割引きで見ることができる。

2　毎月定期的に開かれるトークショーに参加することができる。

3　劇場内の店で買い物をする時に、割引サービスを受けることができる。

4　インターネットで購入したチケットを自宅まで送ってもらうことができる。

70　佐藤(さとう)さんは演劇が好きな高校生で友の会に入会したいと思っている。学生なのでクレジットカードは持っていないが、銀行口座は持っている。「月花劇場 友の会」に入会する場合、佐藤(さとう)さんはどうしたらいいか。

1　一般会員になり、年会費3,000円を引き落としで支払う。

2　一般会員になり、年会費2,500円を事務局の窓口で支払う。

3　ネット会員になり、年会費2,000円を引き落としで支払う。

4　ネット会員になり、年会費1,500円を事務局の窓口で支払う。

月花劇場 友の会

月花劇場 友の会は、演劇を心から愛する方々のための会員組織です。

☞ **特典**

1. 友の会だけの先行販売
   一般前売りに先がけて、チケット先行販売を実施します。
   先行販売は、1公演につき2枚まで10%引きいたします。
   公演情報誌を年6回、ご自宅にお届けいたします。(一般会員のみ)
2. イベントへのご招待
   会員向けの、出演者によるトークショーにご参加いただけます。(不定期開催)
3. 施設のご利用優待
   月花劇場内売店で販売している書籍を10%引き、その他の商品を5%引きにいたします。

☞ **会員種別**

※高校生以下の会員は年会費が500円引きになります。

	一般会員	ネット会員
友の会年会費	3,000円	2,000円
チケット購入方法	電話 または インターネット	インターネット
チケット	ご自宅に郵送 劇場内自動発券機	コンビニで発券 劇場内自動発券機

☞ **ご入会の手続き**

- 一般会員:インターネットまたは入会申込書でお手続きが可能です。入会申込書は劇場内に設置しております。また、友の会事務局にお電話いただければ郵送もいたします。会費はクレジットカード、銀行振込、もしくは事務局での現金支払いができます。
- ネット会員:インターネットからのみの手続きです。会費はクレジットカードもしくは銀行振込でお支払いができます。

※ 会員証カードがお手元に届き次第、チケット先行販売等の友の会サービスをご利用いただけます。

お問い合わせ:月花劇場 友の会事務局

TEL:042-987-6532 (10:00〜18:00　火曜定休)

정답 해설집 p.98

받아쓰기로
청해 점수 올리려면?

해커스일본어 (japan.Hackers.com)

문제 1 과제 이해

문제 2 포인트 이해

문제 3 개요 이해

문제 4 즉시 응답

문제 5 통합 이해

문제 1 과제 이해

무료 MP3 바로듣기

과제 이해는 특정 이슈에 대한 두 사람의 대화를 듣고, 대화가 끝난 뒤 남자 또는 여자가 해야 할 일을 고르는 문제로, 총 5문항이 출제된다. 대화는 주로 업무를 지시하거나, 조언 및 자문을 구하거나, 방법을 묻는 내용이며, 대화가 끝난 뒤 가장 먼저 해야 할 일을 고르는 문제와 앞으로 해야 할 일을 고르는 문제가 출제된다.

핵심 전략

1 대화가 시작되기 전에 대화의 상황과 질문을 먼저 들려주므로 이때 대화의 장소와 이슈, 대화자의 신분이나 직업, 남자와 여자 중 누가 해야 할 일인지 등 문제의 포인트를 파악해 두어야 한다.

예 食品会社(しょくひんがいしゃ)で男(おとこ)の人(ひと)と部長(ぶちょう)が企画書(きかくしょ)について話(はな)しています。男(おとこ)の人(ひと)はこのあとまず何(なに)をしますか。
식품회사에서 남자와 부장이 기획서에 대해서 이야기하고 있습니다. 남자는 이 다음에 우선 무엇을 합니까?

2 대화가 끝난 뒤 가장 먼저 해야 할 일을 고르는 문제는, 대화를 들을 때 とりあえず(우선), その前に(그 전에), 先に(먼저), ~てから(~하고 나서)와 같이 시간이나 날짜, 순서를 정해주는 표현에 특히 유의하여 과제의 순서를 파악한다. 대화 후반에서 자주 결정을 번복하므로, 섣불리 판단하지 않고 끝까지 들은 후에, 가장 먼저 하기로 한 과제를 정답으로 고른다.

예 職員(しょくいん)はこのあとまず何(なに)をしますか。 직원은 이 다음에 우선 무엇을 합니까?
女(おんな)の人(ひと)はまず何(なに)をしなければなりませんか。 여자는 우선 무엇을 해야 합니까?
男(おとこ)の学生(がくせい)はこのあとすぐ何(なに)をしなければなりませんか。 남학생은 이 다음에 바로 무엇을 해야 합니까?

3 앞으로 해야 할 일을 고르는 문제는, 대화를 들을 때 それより(그것보다), ~た方がいい(~하는 편이 좋다)와 같이 과제의 중요도를 나타내는 표현이나, やってみる(해보겠다)와 같이 과제의 실행 여부를 결정하는 표현에 특히 유의하여 과제의 수행 여부를 파악한다. 대화 중 여러 과제들이 언급되므로, 이미 한 일인지, 하지 않아도 되는 일인지, 앞으로 해야 할 일인지를 구별하며 듣고 최종적으로 하기로 한 과제를 정답으로 고른다.

예 男(おとこ)の店員(てんいん)はこのあと何(なに)をしますか。 남자 점원은 이 다음에 무엇을 합니까?
社員(しゃいん)は次(つぎ)の年(とし)の新入社員研修(しんにゅうしゃいんけんしゅう)のスケジュールをどのように再編成(さいへんせい)しますか。
사원은 다음 해의 신입 사원 연수 스케줄을 어떻게 재편성 합니까?

4 경영·실무, 학문·연구와 관련된 대화가 자주 출제되므로, N1 필수 단어·문형 암기장을 활용하여 관련된 어휘를 꼼꼼히 학습해둔다. 특히 실무와 관련된 문제는, 회사뿐만이 아니라 시청, 옷 가게, 레스토랑 등의 다양한 직장을 배경으로 출제되는 경향이 있다.

문제 풀이 Step

Step 1 **음성을 듣기 전, 선택지를 빠르게 읽고 대화에서 언급될 과제들을 미리 확인한다.**

음성을 듣기 전에 선택지를 빠르게 읽어서 과제의 종류를 미리 파악하고, 대화가 이루어지는 장소나 대화자의 직업 및 신분을 미리 예상한다. 선택지의 순서와 대화에서 언급되는 과제의 순서가 일치하지는 않으므로 주의한다.

선택지 1 受(う)け取(と)った荷物(にもつ)を整理(せいり)する 받은 짐을 정리한다

2 商品(しょうひん)の在庫(ざいこ)を確認(かくにん)する 상품의 재고를 확인한다

→ '가게'에서 '직원'이 말할 것으로 예상한다.

Step 2 **상황 설명과 질문을 들을 때 문제의 포인트를 파악하고, 대화를 들을 때 과제의 순서나 수행 여부를 파악한다.**

상황 설명과 질문을 들을 때, 대화의 장소와 이슈, 대화자의 신분 및 직업, 대화자 중 누가 해야 할 일인지 등 문제의 포인트를 파악한다. 대화를 들을 때, 대화가 끝난 뒤 가장 먼저 해야 할 일을 고르는 문제는 과제의 순서를 파악하고, 앞으로 해야 할 일을 고르는 문제는 과제의 수행 여부를 파악한다. 대화를 들을 때는 이미 했거나 바로 하지 않아도 되는 과제를 언급한 선택지에는 X표를 한다. 단, 대화 마지막에 번복하는 경우가 있으므로, 끝까지 듣고 정답을 고른다.

상황설명 運動着(うんどうぎ)の店(みせ)で店長(てんちょう)と女(おんな)の店員(てんいん)が話(はな)しています。

운동복 가게에서 점장과 여자 점원이 이야기하고 있습니다.

질 문 女(おんな)の店員(てんいん)はまず何(なに)をしますか。 여자 점원은 우선 무엇을 합니까?

과 제 M：今(いま)忙(いそが)しくないから、田中(たなか)さんは倉庫(そうこ)に行(い)って、商品(しょうひん)の在庫(ざいこ)を確認(かくにん)してくれる? セール対象品(たいしょうひん)だけね。

지금 바쁘지 않으니까, 다나카 씨는 창고에 가서, 상품 재고를 확인해 줄래? 세일 대상품만.

F：はい、わかりました。 네, 알겠습니다.

→ 섣불리 정답이라고 생각하지 않도록 주의한다.

M：あ、もうこんな時間(じかん)か。3時(じ)に宅配便(たくはいびん)で荷物(にもつ)が届(とど)く予定(よてい)だから、それを先(さき)に整理(せいり)してから在庫(ざいこ)の確認(かくにん)をしよう。

→ 선택지 2번에 X표를 한다. 순서를 정해주는 표현인 '~てから(~하고 나서)'에 유의한다.

아, 벌써 이런 시간인가. 3시에 택배로 짐이 도착할 예정이니까, 그걸 먼저 정리하고 나서 재고 확인을 하자.

Step 3 **질문을 다시 들을 때 대화가 끝난 뒤 가장 먼저 하기로 언급된 과제나, 대화에서 하기로 한 과제를 정답으로 고른다.**

질문을 다시 들을 때 대화에서 가장 먼저 하기로 언급된 과제나, 최종적으로 하기로 언급된 과제를 정답으로 고른다.

선택지 ✔ 1 受(う)け取(と)った荷物(にもつ)を整理(せいり)する 받은 짐을 정리한다 O

2 商品(しょうひん)の在庫(ざいこ)を確認(かくにん)する 상품의 재고를 확인한다 X

문제 풀이 Step 적용

문제1 과제이해_01문제풀이Step 적용.mp3

[문제지]

問題1では、まず質問を聞いてください。それから話を聞いて、問題用紙の１から４の中から、最もよいものを一つ選んでください。

1 研究テーマを深める x

✔2 主張の文章を書き直す o

3 詳しい例を入れる x

4 全体を簡潔にまとめる x

Step 1 음성을 듣기 전, 선택지를 빠르게 읽고 대화에서 언급될 과제들을 미리 확인한다.

[음성]

大学で男の学生と先生が話しています。男の学生はこのあとまず何をしなければなりませんか。

M：先生、この間提出したレポート、ご確認いただけましたでしょうか。

F：ええ、[1]興味深い研究テーマを選びましたね。読みごたえがありました。

M：そうですか、ありがとうございます。

F：はい。特に[3]例として挙げている内容について具体的かつ細かく書かれていて、その説明もわかりやすかったです。頑張りましたね。

M：ありがとうございます。

F：ただ、[2]主張部分に少し曖昧な表現が使われていたので、そこが少し残念だったなと。その部分を補う必要がありますね。

M：はい。

F：そこを修正したうえで、[4]最後に全体をもう少し短くまとめることができると、さらに良くなりそうです。

M：わかりました。では、すぐ修正します。

男の学生はこのあとまず何をしなければなりませんか。

Step 2 상황 설명과 질문을 들을 때 문제의 포인트를 파악하고, 대화를 들을 때 과제의 순서나 수행 여부를 파악한다.

Step 3 질문을 다시 들을 때 대화가 끝난 뒤 가장 먼저 하기로 언급된 과제나, 대화에서 하기로 한 과제를 정답으로 고른다.

Step1 1 '연구 테마를 깊게 하기', 2 '주장하는 문장을 다시 쓰기', 3 '자세한 예를 넣기', 4 '전체를 간결하게 정리하기'에 관한 내용이 대화에서 언급될 것임을 예상한다.

Step2 상황 설명과 질문을 듣고, 대학에서 남학생과 선생님이 대화를 나누는 것과, 남학생이 가장 먼저 해야 할 일을 묻는 문제임을 파악한다. 연구 테마는 이미 흥미 깊은 것으로 골랐고, 예가 구체적이면서 꼼꼼하다고 했으므로, 1과 3은 할 필요가 없는 과제로 X표를 한다. 전체를 짧게 정리하는 것은 마지막이라고 언급되었으므로 수정 순서는 주장하는 문장 수정 → 전체를 짧게 정리하기가 되어 4에 ×표를 한다.

Step3 남학생이 가장 먼저 해야 할 일을 고르는 문제이고, 선생님이 主張部分に少し曖昧な表現が使われていたので、そこが少し残念だったなと(주장 부분에 조금 애매한 표현이 사용되어 있어서, 거기가 조금 유감스러웠어요)라고 했으므로, 2 主張の文章を書き直す(주장하는 문장을 다시 쓴다)를 정답으로 고른다.

[문제지]

문제1에서는, 우선 질문을 들어주세요. 그리고 나서 이야기를 듣고, 문제 용지의 1에서 4 중에, 가장 알맞은 것을 하나 골라주세요.

1 연구 테마를 깊게 한다
2 주장하는 문장을 다시 쓴다
3 자세한 예를 넣는다
4 전체를 간결하게 정리한다

[음성]

대학에서 남학생과 선생님이 이야기하고 있습니다. 남학생은 이 다음에 우선 무엇을 해야 합니까?

M : 선생님, 요전 제출한 레포트, 확인하셨나요?
F : 네, [1]흥미 깊은 연구 테마를 골랐네요. 읽는 재미가 있었어요.
M : 그렇습니까, 감사합니다.
F : 네. 특히 [3]예로 들고 있는 내용에 대해 구체적이면서 꼼꼼하게 쓰여 있어서, 그 설명도 알기 쉬웠어요. 노력했군요.
M : 감사합니다.
F : 다만, [2]주장 부분에 조금 애매한 표현이 사용되어 있어서, 거기가 조금 유감스러웠어요. 그 부분을 보충할 필요가 있겠네요.
M : 네.
F : 거길 수정한 후에, [4]마지막으로 전체를 조금 더 짧게 정리하는 것이 가능하다면, 더욱 좋아질 것 같네요.
M : 알겠습니다. 그럼, 바로 수정하겠습니다.

남학생은 이 다음에 우선 무엇을 해야 합니까?

어휘 提出 ていしゅつ 명 제출　確認 かくにん 명 확인　興味深い きょうみぶかい い형 흥미 깊다　テーマ 명 테마
読みごたえ よみごたえ 읽는 재미, 읽는 맛　内容 ないよう 명 내용　具体的だ ぐたいてきだ な형 구체적이다　主張 しゅちょう 명 주장
部分 ぶぶん 명 부분　曖昧だ あいまいだ な형 애매하다　表現 ひょうげん 명 표현　補う おぎなう 동 보충하다
修正 しゅうせい 명 수정　全体 ぜんたい 명 전체　まとめる 동 정리하다

실력 다지기

🔊 문제1 과제이해_02실력다지기.mp3

대화를 듣고 앞으로 해야 할 일을 고르세요.

01 ① 留学(りゅうがく)のプログラムに申請(しんせい)する

② 必要(ひつよう)な書類(しょるい)を準備(じゅんび)する

02 ① 駅前(えきまえ)でチラシを配(くば)る

② アンケートの結果(けっか)をまとめる

03 ① 息子(むすこ)に進学(しんがく)を勧(すす)める

② 息子(むすこ)の相談(そうだん)にのる

04 ① 商品(しょうひん)の値段(ねだん)を下(さ)げる

② SNSを利用(りよう)して宣伝(せんでん)する

05 ① マンガの原稿(げんこう)のデータCD

② マンガの原稿(げんこう)のコピー

06 ① 小説(しょうせつ)をフランス語(ご)に訳(やく)す

② 妹(いもうと)に絵本(えほん)を借(か)りる

07 ① 売(う)り上(あ)げのグラフを見(み)やすく示(しめ)す

② 売(う)り上(あ)げのグラフを去年(きょねん)のものにする

08 ① 本(ほん)の在庫(ざいこ)を確認(かくにん)する

② 本(ほん)を棚(たな)に並(なら)べる

09 ① 料理(りょうり)に使(つか)う玉(たま)ねぎを切(き)る

② 肉(にく)の脂身(あぶらみ)部分(ぶぶん)を取(と)り除(のぞ)く

10 ① 口紅(くちべに)の大(おお)きさを変(か)える

② 口紅(くちべに)の色(いろ)の種類(しゅるい)を増(ふ)やす

정답 해설집 p.100

문제1 과제이해_03실전테스트 1.mp3

무료 MP3 바로듣기

問題1

問題１では、まず質問を聞いてください。それから話を聞いて、問題用紙の１から４の中から、最もよいものを一つ選んでください。

1番

1 歓迎会の店を決める

2 新入生に日時の連絡をする

3 連絡先がわからない人を調べる

4 会費を払っていない２年生に連絡する

2番

1 レジで支払いをする

2 お届け用紙に記入する

3 送料を確認する

4 ポイントカードを作る

3番

1 郵便番号を記入する

2 指定日時を記入する

3 切手を購入する

4 切手で料金を払う

4番

1 別のデザインを考える

2 企画書に書いた価格を見直す

3 新しいバッテリーを探す

4 軽いレンズを探す

5番

1 十分な睡眠をとる

2 食生活を改善する

3 いろいろな検査を受ける

4 カウンセリングを受ける

정답 해설집 p.104

실전 테스트 2

해커스 JLPT N1 한 권으로 합격

문제1 과제이해_03실전테스트 2.mp3

무료 MP3 바로듣기

問題1

問題１では、まず質問を聞いてください。それから話を聞いて、問題用紙の１から４の中から、最もよいものを一つ選んでください。

1番

1　次の駅で降りる

2　終点の駅で降りる

3　すぐバスに乗り換える

4　地下鉄に乗り換える

2番

1　生地を見て試着する

2　スーツの形を決める

3　サンプルを選ぶ

4　試着室へ行く

3番

1　マニュアル作りを手伝う

2　売上データをまとめる

3　ミーティングの資料を印刷する

4　進行状況を報告する

4番

1　招待者リストを作成する

2　先輩に招待者リストの送付を依頼する

3　花屋にいつまで休業するか確認する

4　花屋に注文の電話をかける

5番

1　小鳥の飼い方の本を読む

2　小鳥を検査に連れて行く

3　小鳥の飼育に必要なものを買う

4　小鳥専門の病院を調べる

정답 해설집 p.108

실전 테스트 3

🔊 문제1 과제이해_03실전테스트 3.mp3

무료 MP3 바로듣기

問題1

問題１では、まず質問を聞いてください。それから話を聞いて、問題用紙の１から４の中から、最もよいものを一つ選んでください。

1番

1　秋のクラスの開講日を変更する

2　秋のクラスの開講日を確認する

3　写真を送ってもらえるようにメールする

4　いろいろな人がいるクラスの写真を撮る

2番

1　今のアルバイトの人に紹介してもらう

2　広告会社に求人広告を頼む

3　食事付きのアルバイトにする

4　インターネットに情報を出す

3番

1　アンケート結果を分析する

2　商品開発部に連絡をする

3　パッケージデザインを見直す

4　駅前の広場の使用許可を申請する

4番

1　課長のスケジュールを確認する

2　課長に電話で、会議への出席を依頼する

3　会議で話す内容を課長に説明する

4　会議の資料を共有フォルダに保存する

5番

1　文字数を減らす

2　箇条書きにする

3　数値を入れる

4　グラフを入れる

정답 해설집 p.112

포인트 이해

무료 MP3 바로듣기

포인트 이해는 두 사람의 대화나, 한 사람이 하는 말을 듣고 화자의 생각이나 의견을 고르는 문제로, 총 6문항이 출제된다. 두 사람의 대화는 TV나 라디오 방송, 회사, 가게, 학교 등 다양한 장소를 배경으로 하고, 한 사람이 하는 말은 주로 TV나 라디오 방송을 배경으로 한다.

핵심 전략

1 대화나 한 사람의 말이 시작되기 전에 상황 설명과 질문을 먼저 들려주므로 이때 배경, 이슈, 화자의 신분이나 직업, 누구와 관련하여 무엇에 대해 묻는지 등 문제의 포인트를 파악해 두어야 한다. 질문이 끝나면 20초 동안 선택지 읽을 시간이 주어지는데, 선택지의 내용이 대부분 대화나 한 사람의 말에서 언급되므로 정확하게 읽어 미리 파악해두는 것이 중요하다.

예 カフェで男の人と女の人が話しています。**男の人はイラスト公募展に応募するにあたり、何が心配だと言っていますか。**
카페에서 남자와 여자가 이야기하고 있습니다. **남자는 일러스트 공모전에 응모하는데 있어서, 무엇이 걱정이라고 말하고 있습니까?**

2 질문은 주로 이유, 해결 방안, 계기 등을 물으며, 의문사로는 何(무엇), どうして(왜), どんな(어떤), どう(어떻게), どこ(어디) 등이 사용되는데, 그 중 의문사 何(무엇)를 사용한 질문이 가장 자주 출제된다.

예 レストランの経営者は今、**何が**心配だと言っていますか。
레스토랑 경영자는 지금, **무엇이** 걱정이라고 말하고 있습니까?

工場長はこの工場で作られるチーズが特別なのは**どうして**だと言っていますか。
공장장은 이 공장에서 만들어지는 치즈가 특별한 것은 **어째서**라고 말하고 있습니까?

研究員はこの新薬の開発で、**どんな**ことが最も重要だと言っていますか。
연구원은 이 신약의 개발에서, **어떤** 것이 가장 중요하다고 말하고 있습니까?

イベントを知らせるために、**どう**することにしましたか。
이벤트를 알리기 위해서, **어떻게** 하기로 했습니까?

クラシックの演奏の最も難しいところは**どこ**だと言っていますか。
클래식의 연주의 가장 어려운 부분은 **어디**라고 말하고 있습니까?

3 대화나 한 사람의 말을 들을 때는 질문에서 언급된 화자의 말이나 묻는 내용에 특히 집중하여 들어야 한다. 질문과 무관한 내용이 언급되기도 하므로 질문과 관련된 내용인지를 고려하며 듣는다.

4 전문적인 직업을 가진 인물이 등장하여 경영·실무, 예술·스포츠, 정책·복지, 과학 기술 등을 주제로 전문적이고 세부적인 내용을 이야기하는 경우가 많으므로, N1 필수 단어·문형 암기장을 활용하여 다양한 주제의 어휘를 꼼꼼히 학습해둔다.

문제 풀이 Step

Step 1 **상황 설명과 질문을 들을 때 문제의 포인트를 파악하고, 이후 주어지는 20초 동안 선택지를 빠르게 읽는다.**

상황 설명과 질문을 들을 때 누구의 무엇에 대해 묻고 있는지를 간단히 메모해둔다. 이후 주어지는 20초 동안 재빨리 선택지를 읽고, 대화나 한 사람의 말에서 언급될 내용을 미리 파악해 둔다.

상황 설명과 질문　カフェで男の人と女の人が話しています。男の人は新しい会社に転職するにあたり、何が心配だと言っていますか。

(남자 / 새로운 회사에 이직 / 무엇이 걱정)

카페에서 남자와 여자가 이야기하고 있습니다. 남자는 새로운 회사에 이직하는 데 있어서, 무엇이 걱정이라고 말하고 있습니까?

선택지　1 上司や仲間が変わること　상사와 동료가 바뀌는 것

2 広告や販売の仕事に詳しくないこと　광고와 판매 일을 잘 모르는 것

Step 2 **대화나 한 사람의 말을 들을 때 질문이 묻는 내용에 유의하여 정답의 단서를 파악한다.**

대화나 한 사람의 말을 들을 때 질문과 관련하여 언급되는 내용에 특히 집중하면서, 정답의 단서를 파악한다. 대화의 경우에는 질문에서 언급된 남자 또는 여자의 말을 주의 깊게 듣고, 한 사람의 말의 경우에는 질문이 묻고 있는 내용 위주로 집중하여 듣는다.

대화　M：今度、転職することにしたんだ。広告や販売をするところに。

이번에, 이직을 하기로 했어. 광고와 판매를 하는 곳에.

F：へえ、そうなんだ。仕事がだいぶ変わって大変なんじゃない？

오, 그렇구나. 일이 제법 바뀌어 힘든 거 아냐?

M：そういう仕事に興味があったし、いろいろ勉強してきたからそこは大丈夫だと思うけど、僕人見知りだからね。上司とか同僚が変わるからうまくやっていけるかどうか。

그런 일에 흥미가 있었고, 다양하게 공부해 왔으니까 그 점은 괜찮다고 생각하는데, 나 낯을 가리니까 말이야. 상사라든가 동료가 바뀌니까 잘 해나갈 수 있을지 어떨지.

Step 3 **질문을 다시 들을 때 정답의 단서와 일치하는 선택지를 정답으로 고른다.**

질문을 다시 들을 때 대화나 한 사람의 말에서 언급된 정답의 단서와 일치하는 선택지를 정답으로 고른다.

질문　男の人は新しい会社に転職するにあたり、何が心配だと言っていますか。

남자는 새로운 회사에 이직하는 데 있어서, 무엇이 걱정이라고 말하고 있습니까?

정답　✔ 1 上司や仲間が変わること　상사와 동료가 바뀌는 것

2 広告や販売の仕事に詳しくないこと　광고와 판매 일을 잘 모르는 것

문제 풀이 Step 적용 🔊 문제2 포인트이해_01문제풀이Step 적용.mp3

[문제지]

問題2では、まず質問を聞いてください。そのあと、問題用紙のせんたくしを読んでください。読む時間があります。それから話を聞いて、問題用紙の1から4の中から、最もよいものを一つ選んでください。

1 体力がつくこと

2 肩こりが治ること

3 ストレス解消になること

✔4 自信がつくこと

Step 1 상황 설명과 질문을 들을 때 문제의 포인트를 파악하고, 이후 주어지는 20초 동안 선택지를 빠르게 읽는다.

[음성]

会社で男の人と女の人が話しています。男の人は運動をすることの一番の魅力は何だと言っていますか。

Step 2 대화나 한 사람의 말을 들을 때 질문이 묻는 내용에 유의하여 정답의 단서를 파악한다.

F：最近、なんだか楽しそうだね。

M：わかる？実は、最近スポーツジムに通いはじめたんだ。運動がこんなにいいものだって知らなかったよ。

F：どういうところがいいの？

M：まず、[1]スタミナがつくこと。今まで平日は仕事のあと、疲れて何もする気が起きなかったんだけど、最近は友達と遊んでるんだ。

F：へえ。

M：それから[2]肩こりも治って、体が軽くなったな。[3]汗と一緒に日々のストレスも流される気がして、気分がすっきりするしね。

F：それはいいね。

M：うん。[4]何より、自分の体がだんだん変わる様子を見ていたら、自分に自信を持てるようになってきたんだ。なんだかんだ言って、それが一番大きいな。

F：私も始めようかな。

男の人は運動をすることの一番の魅力は何だと言っていますか。

Step 3 질문을 다시 들을 때 정답의 단서와 일치하는 선택지를 정답으로 고른다.

Step1 상황 설명과 질문을 듣고, 회사에서 남자와 여자가 대화를 나누는 것과, 남자가 운동의 가장 큰 매력이 무엇이라고 말하는지 묻는 문제임을 파악한다. 선택지를 통해 1 '체력이 붙는다', 2 '어깨 결림이 낫는다', 3 '스트레스가 해소된다', 4 '자신감이 붙는다'에 관한 내용이 대화에서 언급될 것임을 예상한다.

Step2 질문에서 '가장 큰 매력'이라고 한 것에 유의하며 대화를 듣는다. 체력이 붙는 것, 어깨 결림이 낫는 것, 스트레스가 해소되는 것 모두 운동의 좋은 점으로 대화 중 언급되었지만, 무엇보다 자신감을 가질 수 있게 된 것이 가장 크다고 했다.

Step3 남자가 운동의 가장 큰 매력이 무엇이라고 말하는지 묻는 문제이고, 남자가 何より、自分の体がだんだん変わる様子を見ていたら、自分に自信を持てるようになってきたんだ(무엇보다, 자신의 몸이 점점 변하는 모습을 보고 있으니, 자신에게 자신감을 가질 수 있게 되었어)라고 했으므로, 4 自信がつくこと(자신감이 붙는 것)를 정답으로 고른다.

[문제지]

문제2에서는, 우선 질문을 들어주세요. 그 뒤, 문제 용지의 선택지를 읽어 주세요. 읽는 시간이 있습니다. 그리고 나서 이야기를 듣고, 문제 용지의 1에서 4 중에, 가장 알맞은 것을 하나 골라주세요.

1 체력이 붙는 것
2 어깨 결림이 낫는 것
3 스트레스 해소가 되는 것
4 자신감이 붙는 것

[음성]

회사에서 남자와 여자가 이야기하고 있습니다. 남자는 운동을 하는 것의 가장 큰 매력은 무엇이라고 말하고 있습니까?

F : 최근, 왠지 즐거워 보이네.
M : 알겠어? 실은, 최근 스포츠 체육관에 다니기 시작했어. 운동이 이렇게 좋은 것이라고는 몰랐어.
F : 어떤 점이 좋은 거야?
M : 우선, [1]**스태미나가 붙는 것.** 지금까지 평일은 일 후에, 피곤해서 아무것도 할 기분이 들지 않았는데, 최근에는 친구와 놀고 있어.
F : 우와.
M : 그리고 [2]어깨 결림도 나아서, 몸이 가벼워졌어. [3]땀과 함께 그날그날의 스트레스도 흘러지는 느낌이 들어서, 기분이 상쾌해지고.
F : 그건 좋네.
M : 응. [4]**무엇보다, 자신의 몸이 점점 변하는 모습을 보고 있으니, 자신에게 자신감을 가질 수 있게 되었어.** 이러쿵저러쿵 말했지만, 그게 가장 크네.
F : 나도 시작할까.

남자는 운동을 하는 것의 가장 큰 매력은 무엇이라고 말하고 있습니까?

어휘 スポーツジム 명 스포츠 체육관　スタミナ 명 스태미나　平日 へいじつ 명 평일　気が起きる きがおきる 기분이 들다　肩こり かたこり 명 어깨 결림　日々 ひび 명 그날그날, 매일　ストレス 명 스트레스　汗 あせ 명 땀　流す ながす 동 흘리다, 흐르게 하다　気がする きがする 느낌이 들다　すっきり 부 상쾌한　様子 ようす 명 모습　自信 じしん 명 자신감

실력 다지기

🔊 문제2 포인트이해_02실력다지기.mp3

대화를 듣고 질문에 답하세요.

01 ① 力(ちから)を必要(ひつよう)とする仕事(しごと)が多(おお)いこと

② 収入(しゅうにゅう)が天候(てんこう)に左右(さゆう)されること

02 ① 相手(あいて)の両親(りょうしん)が結婚(けっこん)に反対(はんたい)していること

② 家庭(かてい)の仕事(しごと)がうまくできないこと

03 ① 廃墟(はいきょ)を解体(かいたい)する予算(よさん)を調節(ちょうせつ)する

② 新(あたら)しい視点(してん)で解決策(かいけつさく)を考(かんが)える

04 ① 一生懸命(いっしょうけんめい)に運動(うんどう)すること

② 健康的(けんこうてき)な食事(しょくじ)をとること

05 ① 馴染(なじ)みのある色(いろ)が使(つか)われているから

② 何色(なんしょく)もの色(いろ)を混(ま)ぜて繊細(せんさい)に描(えが)いているから

06 ① メディアにおけるプライバシー問題

② メディアのこれまでの歴史とその変化

07 ① 調査結果の整理ができていないこと

② データが消えてしまったこと

08 ① 力強い攻撃ができる

② 安定した守備ができる

09 ① 集中力を高められること

② 年齢関係なく続けられること

10 ① テニスの選手がかっこよかったから

② テニス教室に通おうと誘われたから

정답 해설집 p.117

실전 테스트 1

문제2 포인트이해_03실전테스트 1.mp3

무료 MP3 바로듣기

問題2

問題２では、まず質問を聞いてください。そのあと、問題用紙のせんたくしを読んでください。読む時間があります。それから話を聞いて、問題用紙の１から４の中から、最もよいものを一つ選んでください。

1番

1 直接相手と会話ができて便利だから
2 社会人としての意識が高められるから
3 雑談が営業成績につながるから
4 電話対応の時間が増えているから

2番

1 地球の環境問題を改善できるから
2 買い物の時間が節約できるから
3 働き方が変わってきたから
4 安全でおいしい野菜が買えるから

3番

1 社会貢献より利益の追求を大切にしていること
2 経営者の腐敗防止の対策を進めていないこと
3 環境を守ることこそが、企業の社会貢献だと考えていること
4 企業の社会貢献とはボランティア活動であると考えていること

4番

1　電子書籍の販売

2　子どもを対象とした読書会

3　書店の魅力を広める活動

4　新しい企画の募集

5番

1　部長の期待が大きすぎると感じたから

2　新しい会社の契約金額が少なかったから

3　契約したい会社を探さなかったから

4　契約が延期された会社があったから

6番

1　イルカとシャチのショーを行うようにしたこと

2　大きなイルカのショーを行うようにしたこと

3　シャチがイルカを食べるのを見られるようにしたこと

4　いつでも魚に触ることができるようにしたこと

정답 해설집 p.122

실전 테스트 2

문제2 포인트이해_03실전테스트 2.mp3

무료 MP3 바로듣기

問題2

問題２では、まず質問を聞いてください。そのあと、問題用紙のせんたくしを読んでください。読む時間があります。それから話を聞いて、問題用紙の１から４の中から、最もよいものを一つ選んでください。

1番

1　部屋を広く使えること

2　無駄が見極められるようになること

3　物の価値がわかるようになること

4　効率的に仕事を処理できるようになること

2番

1　手数料が安かったから

2　重い物を運んでくれるから

3　無駄遣いを防ぐことができるから

4　珍しい食材を購入できるから

3番

1　動物の見せ方を工夫する

2　動物の居住スペースを広くする

3　子供向けのホームページを作成する

4　スタッフによるガイドツアーを行う

4番

1　動物と人間の少子高齢化社会

2　家族としてペットを受け入れる難しさ

3　最期まで世話をしない飼い主

4　ペットの死が引き起こす喪失感

5番

1　プレッシャーにたえること

2　リーダーシップをとること

3　企画を成功させること

4　相談できる人がいないこと

6番

1　文化や風習について知ること

2　サッカースタジアムを見て回ること

3　語学力をつけること

4　自分の見る世界を広げること

정답 해설집 p.127

실전 테스트 3

🔊 문제2 포인트이해_03실전테스트 3.mp3

무료 MP3 바로듣기

問題2

問題２では、まず質問を聞いてください。そのあと、問題用紙のせんたくしを読んでください。読む時間があります。それから話を聞いて、問題用紙の１から４の中から、最もよいものを一つ選んでください。

1番

1　寒い地域で栽培して害虫を防ぐこと

2　温暖化の影響から北の地域で栽培できないこと

3　南の地域での栽培が増えたこと

4　新しいリンゴについて研究され始めたこと

2番

1　毎日様子を見て野菜を管理すること

2　病気から野菜を守ること

3　野菜についた虫を取り除くこと

4　状態に合わせて畑の水を管理すること

3番

1　町の漁業の歴史

2　町の老人の話

3　昔の港町の様子

4　昔の魚の漁獲高

4番

1　新しい方法で描かれていること

2　当時の技術力を知ることができること

3　建物が細かく描かれていること

4　画家が亡くなる直前に描いたこと

5番

1　近くのスーパーが移動してしまうこと

2　住んでいる町で買い物ができなくなったこと

3　都会の生活には自由がないこと

4　新鮮な野菜が買えないこと

6番

1　体力を向上させること

2　試合中の動き方を知ること

3　対戦相手の動きを見ること

4　よく考えてボールを持つこと

정답 해설집 p.132

개요 이해

개요 이해는 방송이나 강연 등에서 한 사람의 말이나 두 사람의 대화를 듣고, 개요, 즉 말의 주제나 중심 내용을 파악하는 문제로, 총 5문항이 출제된다. 두 사람의 대화라도, 한 사람이 말하는 비중이 높아, 한 사람의 말을 주로 듣게 된다.

핵심 전략

1 개요 이해에서는 맨 처음에 상황 설명만 들려주고, 질문과 선택지는 한 사람의 말이나 대화가 끝난 후에 들려준다는 것에 주의한다. 상황 설명에서는 장소나 상황, 화자의 직업이나 성별 등에 대한 정보를 주므로, 이를 듣고 주제나 중심 내용을 미리 예상하면 문제 풀이에 도움이 된다.

2 맨 처음 상황 설명을 들을 때, 장소나 상황, 그리고 화자의 직업, 성별, 화자의 수도 함께 파악해둔다. 화자가 한 사람인 경우가 주로 출제되는데, 만약 두 사람이 등장하면 누가 누구에게 의견을 묻고 있는지 메모해둔다. 화자가 두 사람이라 하더라도 한 사람은 진행자 혹은 질문자의 역할이므로, 의견을 말하는 사람이나 질문에 답하는 사람의 이야기에 주의를 기울여야 한다.

예 テレビで経済(けいざい)の専門家(せんもんか)が株式(かぶしき)について話(はな)しています。
텔레비전에서 경제 전문가가 주식에 대해서 이야기하고 있습니다.

会社(かいしゃ)で課長(かちょう)が社員(しゃいん)に意見(いけん)を聞(き)いています。 회사에서 과장이 사원에게 의견을 묻고 있습니다.

3 질문은 주로 何について(무엇에 대해서), 話のテーマは(이야기의 테마는)와 같은 표현을 사용하여 주제, 중심 내용을 묻고, どう考えて(어떻게 생각하고)와 같은 표현을 사용하여 특정 이슈에 대한 화자의 의견을 묻는다.

예 専門家(せんもんか)はこの組織(そしき)の何(なに)について話(はな)していますか。 전문가는 이 조직의 무엇에 대해서 이야기하고 있습니까?

教授(きょうじゅ)の授業(じゅぎょう)のテーマは何(なん)ですか。 교수의 수업 테마는 무엇입니까?

女(おんな)の人(ひと)はどう考(かんが)えていますか。 여자는 어떻게 생각하고 있습니까?

4 개요 이해는 문제지에 아무것도 인쇄되어 있지 않고 오로지 듣기로만 문제를 풀어야 하므로, 음성을 들으며 주요 내용을 한국어 또는 일본어로 메모하는 연습을 꾸준히 해야 한다.

5 자연·환경, 학문·연구, 건강·질병, 경영·실무, 과학기술 등 전문적인 주제가 자주 출제되므로, N1 필수 단어·문형 암기장을 활용하여 다양한 주제의 어휘를 꼼꼼히 학습해둔다.

문제 풀이 Step

Step 1 **상황 설명을 듣고 장소나 상황, 화자의 직업이나 성별 등에 대한 정보를 파악하여 앞으로 듣게 될 말의 주제나 중심 내용을 미리 예상한다.**

상황 설명의 장소나 상황, 화자의 직업이나 성별 등의 정보를 파악하여 재빨리 메모하면서 앞으로 듣게 될 말의 주제나 중심 내용을 미리 예상한다. 특히 화자가 두 명일 경우에는 누구의 의견을 묻고 있는지를 재빨리 메모해둔다.

상황설명 調理専門学校の授業で先生が話しています。
조리 전문학교 선생님

조리 전문학교 수업에서 선생님이 이야기하고 있습니다.

Step 2 **한 사람의 말 또는 대화를 들을 때 주제 및 중심 내용을 파악하며 간단히 메모한다.**

화자가 어떤 말을 하고 있는지 문제지 빈 공간에 들리는 어휘나 표현을 간단하게 메모하면서 주제 및 중심 내용을 파악한다. 대화인 경우에는 답변을 하는 화자의 말을 좀 더 주의 깊게 듣는다. 이때, 생소한 단어를 듣게 되더라도 당황하지 않고, 전체적인 흐름에 집중하여 요점을 파악하는 것이 중요하다.

음성 F：環境問題の解決のために、菜食をする人々がいるという話、聞いたことがありますか。肉食をする食習慣が環境に及ぼす悪影響についての研究結果が広く知られ、動物を保護するためだけではなく、環境を保存するために菜食を始めたというベジタリアンが増えています。こういう傾向を反映して、これからはより新環境的な菜食メニューを提供することがますます重要になると思います。
(메모: 환경 문제 / 채식 / 육식 / 환경 / 악영향 / 보존 / 채식주의자가 늚 / 친환경 / 적인 채식 메뉴 제공 / 중요)

환경 문제의 해결을 위해, 채식을 하는 사람들이 있다는 이야기, 들어본 적 있나요? 육식을 하는 식습관이 환경에 미치는 악영향에 대한 연구 결과가 널리 알려져, 동물을 보호하기 위해서뿐만 아니라, 환경을 보존하기 위해서 채식을 시작했다는 채식주의자가 늘고 있습니다. 이러한 경향을 반영하여, 앞으로는 보다 친환경적인 채식 메뉴를 제공하는 것이 점점 중요해 질 거라고 생각합니다.

Step 3 **질문과 선택지를 듣고, 주제 및 중심 내용과 일치하는 선택지를 정답으로 고른다.**

질문과 선택지를 듣고, 메모를 토대로 주제 및 중심 내용과 일치하는 선택지를 정답으로 고른다.

질문 先生は何について話していますか。 선생님은 무엇에 대해서 이야기하고 있습니까?

선택지 ✓ 1 環境問題の解決策 환경 문제의 해결책

2 菜食料理の展望 채식 요리의 전망

문제 풀이 Step 적용

🔈 문제3 개요이해_01문제풀이Step 적용.mp3

[문제지]

問題３では、問題用紙に何も印刷されていません。この問題は、全体としてどんな内容かを聞く問題です。話の前に質問はありません。まず話を聞いてください。それから、質問とせんたくしを聞いて、１から４の中から、最もよいものを一つ選んでください。

－メモ－

여자 초콜릿

다양한 효능 혈압 낙춤

폴리페놀 성분 젊음 유지 테오브로민

릴랙스 효과 집중력 기억력 칼로리 높음 적절한 섭취

Step 2 한 사람의 말 또는 대화를 들을 때 주제 및 중심 내용을 파악하며 간단히 메모한다.

[음성]

テレビで女の人がチョコレートについて話しています。

F：バレンタインデーも近くなり、華やかなチョコレートを目にする機会も増えました。見た目にも美しく甘くておいしいチョコレートですが、様々な効能があることをご存じでしょうか。チョコレートには血圧を下げる効果があるポリフェノールという成分がたくさん含まれています。また、ポリフェノールは肌の老化を引き起こす物質から体を守るため、若々しさの維持にも役立ちます。さらに、テオブロミンという成分は、神経を落ち着かせる働きがあるためリラックス効果を発揮するほか、脳を刺激して、集中力や記憶力を高めるなどの脳の活性化を促進する働きもあります。カロリーが高いので摂りすぎには気を付けたいですが、適度な摂取はむしろ、私たちの健康をサポートしてくれると言えます。

Step 1 상황 설명을 듣고 장소나 상황, 화자의 직업이나 성별 등에 대한 정보를 파악하여 앞으로 듣게 될 말의 주제나 중심 내용을 미리 예상한다.

女の人はどのようなテーマで話していますか。

1 チョコレートの効果的な摂取方法

✔2 チョコレートのもつ健康効果

3 チョコレートに含まれる重要な成分

4 チョコレートをよりおいしく食べる方法

Step 3 질문과 선택지를 듣고, 주제 및 중심 내용과 일치하는 선택지를 정답으로 고른다.

Step1 상황 설명을 듣고, 텔레비전에서 여자가 초콜릿을 주제로 이야기할 것임을 파악한다.

Step2 초콜릿에는 다양한 효능이 있는데, 血圧を下げる効果(혈압을 낮추는 효과), 若々しさの維持(젊음의 유지), リラックス効果(릴랙스 효과), 脳の活性化(뇌의 활성화) 등이 있다고 언급하고 있다.

Step3 질문에서 여자가 어떤 테마로 이야기하고 있는지 묻고 있다. 血圧を下げる効果(혈압을 낮추는 효과), 若々しさの維持(젊음의 유지), リラックス効果(릴랙스 효과), 脳の活性化(뇌의 활성화)는 모두 초콜릿이 가지는 건강 효과이므로, 2 チョコレートのもつ健康効果(초콜릿이 가지는 건강 효과)를 정답으로 고른다.

[문제지]

문제3에서는, 문제 용지에 아무것도 인쇄되어 있지 않습니다. 이 문제는, 전체적으로 어떤 내용인지를 묻는 문제입니다. 이야기 전에 질문은 없습니다. 우선 이야기를 들어주세요. 그리고 나서, 질문과 선택지를 듣고, 1에서 4 중에, 가장 알맞은 것을 하나 골라주세요.

[음성]

텔레비전에서 **여자**가 **초콜릿**에 대해서 이야기하고 있습니다.

F : 발렌타인 데이도 가까워져, 화려한 초콜릿을 볼 기회도 늘었습니다. 겉보기에도 아름답고 달고 맛있는 초콜릿입니다만, 다양한 효능이 있다는 것을 알고 계신가요? 초콜릿에는 **혈압을 낮추는 효과**가 있는 폴리페놀이라는 성분이 많이 포함되어 있습니다. 또, 폴리페놀은 피부의 노화를 일으키는 물질로부터 몸을 지키기 때문에, **젊음의 유지**에도 도움이 됩니다. 게다가, 테오브로민이라는 성분은, 신경을 안정시키는 작용이 있기 때문에 **릴랙스 효과**를 발휘하는 것 외에도, 뇌를 자극하여, 집중력과 기억력을 높이는 등 **뇌의 활성화**를 촉진하는 작용도 있습니다. 칼로리가 높기 때문에 지나치게 섭취하는 것에는 주의하고 싶습니다만, 적당한 섭취는 오히려, 우리들의 건강을 서포트해 준다고 말할 수 있습니다.

여자는 **어떤 테마로** 이야기하고 있습니까?

1 초콜릿의 효과적인 섭취 방법
2 초콜릿이 가지는 건강 효과
3 초콜릿에 포함되는 중요한 성분
4 초콜릿을 보다 맛있게 먹는 방법

어휘 バレンタインデー 명 발렌타인 데이　華やかだ はなやかだ な형 화려하다　見た目 みため 명 겉보기　チョコレート 명 초콜릿
様々だ さまざまだ な형 다양하다　効能 こうのう 명 효능　血圧 けつあつ 명 혈압　効果 こうか 명 효과　ポリフェノール 명 폴리페놀
成分 せいぶん 명 성분　含む ふくむ 동 포함하다　肌 はだ 명 피부　老化 ろうか 명 노화　引き起こす ひきおこす 동 일으키다
物質 ぶっしつ 명 물질　若々しい わかわかしい い형 젊다　維持 いじ 명 유지　役立つ やくだつ 동 도움이 되다
テオブロミン 명 테오브로민　神経 しんけい 명 신경　落ち着く おちつく 동 안정되다　働き はたらき 명 작용　リラックス 명 릴랙스
発揮 はっき 명 발휘　脳 のう 명 뇌　刺激 しげき 명 자극　集中力 しゅうちゅうりょく 명 집중력　記憶力 きおくりょく 명 기억력
高める たかめる 동 높이다　活性化 かっせいか 명 활성화　促進 そくしん 명 촉진　カロリー 명 칼로리
適度だ てきどだ な형 적당하다　摂取 せっしゅ 명 섭취　むしろ 부 오히려　サポート 명 서포트
効果的だ こうかてきだ な형 효과적이다

실력 다지기

◀)) 문제3 개요이해_02실력다지기.mp3

대화를 듣고 질문에 답하세요.

01 ① ②

02 ① ②

03 ① ②

04 ① ②

05 ① ②

06 ① ②

07 ① ②

08 ① ②

09 ① ②

10 ① ②

정답 해설집 p.137

실전 테스트 1 ~ 3

해커스 JLPT N1 한 권으로 합격

무료 MP3 바로듣기

問題3

問題３では、問題用紙に何も印刷されていません。この問題は、全体としてどんな内容かを聞く問題です。話の前に質問はありません。まず話を聞いてください。それから、質問とせんたくしを聞いて、１から４の中から、最もよいものを一つ選んでください。

-メモ-

※ 아래에 핵심 내용을 메모하면서 풀어보세요.

실전 테스트 1

문제3 개요이해_03실전테스트 1.mp3

정답 해설집 p.141

실전 테스트 2

문제3 개요이해_03실전테스트 2.mp3

정답 해설집 p.144

실전 테스트 3

문제3 개요이해_03실전테스트 3.mp3

정답 해설집 p.147

문제 4 즉시 응답

무료 MP3 바로듣기

즉시 응답은 짧은 질문과 3개의 선택지를 연속하여 듣고, 질문에 가장 적절한 응답을 고르는 문제로, 총 11문항이 출제된다. 감정을 표현하는 말, 사실을 확인하는 말, 부탁이나 지시하는 말에 대한 적절한 응답을 고르는 문제가 출제된다.

핵심 전략

1 질문이 칭찬, 감사, 격려, 사과, 불평, 아쉬움 등 감정을 표현하는 말일 경우, 질문자의 감정에 공감해 주는 선택지를 정답으로 고른다.

예 M : 先月入社した田中君の報告書見た？ なかなかのものだよ。
저번 달에 입사한 다나카 군의 보고서 봤어? 제법이야.

F : 1 彼なりには頑張ったようですが…。그 나름대로는 열심히 한 것 같습니다만…. (✕)
2 とても丁寧で、結論もしっかりしてますね。매우 정성스럽고, 결론도 확실해요. (○)

2 질문이 사실을 확인하거나 문제점을 언급하는 말일 경우, 관련된 사실을 언급하거나 진위 여부를 확인 또는 해결 방안을 제시해주는 선택지를 정답으로 고른다.

예 F : もしもし、エアコンの修理屋さん、今日何時に来るんだっけ？
여보세요, 에어컨 수리 기사, 오늘 몇 시에 온다고 했지?

M : 1 これから向かいます。지금부터 출발합니다. (✕)
2 何か事故があったみたいで、明日来られるって。뭔가 사고가 있었던 것 같아서, 내일 올 수 있대. (○)

3 부탁, 지시, 제안하는 말일 경우, 승낙이나 거절 또는 동의하는 선택지를 정답으로 고른다.

예 M : 会議室と会議時間の変更の 件、参加者に連絡して。できるだけ早くね。
회의실과 회의 시간 변경 건, 참가자에게 연락해. 가능한 한 빨리 말이야.

F : 1 はい、早速メール送ります。네, 즉시 이메일 보내겠습니다. (○)
2 あのう、参加者はいないんですか。저, 참가자는 없나요? (✕)

4 정답을 고민할 시간이 충분하지 않으므로, 선택지를 들을 때 확실하게 오답이라고 생각되면 ✕를, 정답인지 애매한 선택지에는 △, 확실히 정답이라고 생각되는 선택지에는 ○ 표시를 한다.

5 일상생활, 경영·실무 등과 관련된 대화가 자주 출제되고, 질문에서 문형이 자주 사용되므로 N1 필수 단어·문형 암기장을 활용하여 관련된 어휘와 문형을 꼼꼼히 학습해둔다.

문제 풀이 Step

Step 1 질문을 들으며 질문의 의도를 파악한다.

질문을 잘 듣고 질문자가 칭찬, 사과, 불평 등 어떤 감정으로 말을 하고 있는지, 혹은 질문자가 확인하고자 하는 사실, 부탁이나 지시하고자 하는 사항이 무엇인지 등 질문의 의도를 파악한다.

Step 2 선택지를 듣고 질문의 의도에 가장 적절한 응답을 정답으로 고른다.

질문의 의도에 따라 확실하게 정답이라고 생각되는 선택지에는 ○, 오답이라고 생각되는 선택지에는 ×, 정답인지 오답인지 애매한 선택지는 △로 표시하고, ○표를 한 선택지의 번호를 정답으로 고른다.

문제 풀이 Step 적용

🔊 문제4 즉시응답_01문제풀이Step 적용.mp3

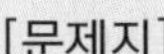

[문제지]

問題4では、問題用紙に何も印刷されていません。まず文を聞いてください。それから、それに対する返事を聞いて、1から3の中から、最もよいものを一つ選んでください。

－メモ－

1 X, O, X

2

Step 2 선택지를 듣고 질문의 의도에 가장 적절한 응답을 정답으로 고른다.

'운이 나쁘네.'가 남자의 아쉬움에 공감해 주는 적절한 응답이므로 2를 정답으로 고른다. 1은 비가 내리고 있으므로 사실과 반대되는 응답, 3은 비가 내려 아쉬워하는 상황과 맞지 않는 응답이다.

[음성]

M：せっかくの休みなのに、一日中雨だなんて。

F：1　雨、降らないの？　✔2　ついてないよね。

　　3　外に出かけようよ。

Step 1 질문을 들으며 질문의 의도를 파악한다.

휴가에 하루 종일 비가 내려 남자가 아쉬워하는 상황이다.

[문제지]

문제4에서는, 문제 용지에 아무것도 인쇄되어 있지 않습니다. 우선 문장을 들어주세요. 그리고 나서, 그것에 대한 대답을 듣고, 1에서 3 중에, 가장 알맞은 것을 하나 골라주세요.

[음성]

M: 모처럼의 휴가인데, 하루 종일 비라니.

F: 1 비, 안 내려?　　**2 운이 나쁘네.**

　3 밖에 나가자.

어휘 せっかく 🅟 모처럼　一日中 いちにちじゅう 하루 종일　ついている 운이 좋다

실력 다지기

🔊 문제4 즉시응답_02실력다지기.mp3

질문을 듣고 적절한 대답을 고르세요.

01 ① ②

02 ① ②

03 ① ②

04 ① ②

05 ① ②

06 ① ②

07 ① ②

08 ① ②

09 ① ②

10 ① ②

11 ① ②

12 ① ②

13 ① ②

14 ① ②

15 ① ②

16 ① ②

17 ① ②

18 ① ②

19 ① ②

20 ① ②

정답 해설집 p.151

실전 테스트 1 ~ 3

무료 MP3 바로듣기

問題4

問題4では、問題用紙に何も印刷されていません。まず文を聞いてください。それから、それに対する返事を聞いて、1から3の中から、最もよいものを一つ選んでください。

-メモ-

※ 아래에 ○, △, ×를 표시하면서 풀어보세요.

실전 테스트 1	실전 테스트 2	실전 테스트 3
🔊 문제4 즉시응답_03실전테스트 1.mp3	🔊 문제4 즉시응답_03실전테스트 2.mp3	🔊 문제4 즉시응답_03실전테스트 3.mp3
1	1	1
2	2	2
3	3	3
4	4	4
5	5	5
6	6	6
7	7	7
8	8	8
9	9	9
10	10	10
11	11	11
정답 해설집 p.154	정답 해설집 p.156	정답 해설집 p.159

문제 5 통합 이해

통합 이해는 다소 긴 대화를 듣고 대화 중에 언급되는 여러 가지 정보를 통합하여 푸는 문제이며, 총 2개 대화에 3문항이 출제된다. 1번 문제는 세 사람의 대화를 듣고 최종 결정 사항을 고르는 문제이다. 2번 문제의 (1), (2)번 문항은 한 사람이 하는 말과, 그 말을 들은 두 사람의 대화를 듣고 대화자들이 각각 선택한 것을 고르거나, 공통으로 선택한 것을 고르는 문제이다. 1번 문제는 듣기만으로 문제를 풀어야 하고, 2번의 (1), (2)번 문항은 문제지에 선택지가 제시되어 있다.

핵심 전략

1 1번 문제는 세 사람의 대화를 듣고, 최종적으로 결정된 사항을 고르는 문제로, 상사와 부하, 점원과 손님, 동료 교사 등의 관계에 있는 세 사람이 문제 해결 방법이나, 대책 마련 등에 대해 대화를 나눈다. 따라서 대화를 들을 때는 대화 중에 제시되는 여러 의견과 함께 그에 대한 찬성과 반대 여부를 잘 정리하며 듣고, 특히 대화의 후반부에서 최종 결정 사항이 자주 언급된다는 것에 유의한다.

예 消費者層を拡大するために、何をすることにしましたか。 소비자층을 확대하기 위해, 무엇을 하기로 했습니까?

2 2번의 (1), (2)번 문항은 한 사람의 말과, 그 말을 들은 두 사람의 대화를 듣고 두 사람이 각각 선택한 것을 고르거나, 공통으로 선택한 것을 고르는 문제로, 1개 대화에 2문항이 출제된다. 텔레비전, 라디오 등에서 한 사람이 문제지에 제시된 4개의 선택지에 대한 특징을 순서대로 설명하고, 그 설명을 들은 두 사람이 선택지에 대해 대화를 나눈다. 따라서 음성을 들을 때는 각 선택지 옆에 선택지들의 특징을 잘 메모하고, 두 사람의 희망사항에 만족하는 것을 정답으로 고른다.

예 質問 1　女の人は一人でどの展示会に行きますか。
질문1　여자는 혼자서 어느 전시회에 갑니까?

質問 2　二人は、次の土曜日、どの展示会に一緒に行きますか。
질문2　둘은, 다음 토요일, 어느 전시회에 함께 갑니까?

3 대학·취업, 경영·실무, 건강·질병, 과학기술, 예술·스포츠 등과 관련된 어휘가 자주 출제되므로, N1 필수 단어·문형 암기장을 활용하여 관련된 어휘를 꼼꼼히 학습해둔다.

문제 풀이 Step

Step 1 **대화를 들으며 핵심 내용을 메모한다.**

1번 문제는 여러 의견과 그에 대한 찬성과 반대 여부를 메모한다. 2번 문제는 문제지에 제시된 4개의 선택지에 대한 특징과 남녀의 희망사항을 메모한다.

[1번]

F1: うちの店で食事するお客様からの苦情を減らすためには、接客をマニュアル化して、
접객을 매뉴얼화

すべての社員が均一のレベルで対応できるようにするべきだと思います。
균일한 수준으로 대응

M: ですが、日々不測の事態が起こりますし、マニュアル通りの対応はかえって不快感を
매뉴얼대로 대응 / 불쾌감

与えてしまうかもしれません。日頃から研修を通して言葉遣いや状況に合った対応を
연수 / 말투 / 상황에 맞는 대응

教え、一人一人が考えて行動できる状態を目指すべきではないでしょうか。

F2: 確かにそれが理想だけど、習ったからといってすぐに身に付くわけではないから。
배웠다고 바로 몸에 X

とりあえず最低限の質が保てるように、一連のガイドを作る方法を検討してみよう。
최소한의 질 / 가이드를 만드는 방법을 검토

F1 : 우리 가게에서 식사하는 손님으로부터의 불만을 줄이기 위해서는, 접객을 매뉴얼화해서, 모든 사원이 균일한 수준으로 대응할 수 있도록 해야 한다고 생각합니다.

M : 그렇지만, 매일 예측할 수 없는 사태가 일어나고, 매뉴얼대로의 대응은 오히려 불쾌감을 줘 버릴지도 모릅니다. 평소부터 연수를 통해서 말투나 상황에 맞는 대응을 가르치고, 한 사람 한 사람이 생각해서 행동할 수 있는 상태를 목표로 해야 하지 않을까요?

F2 : 확실히 그것이 이상적이지만, 배웠다고 해서 바로 몸에 배는 것은 아니니까. 우선 최소한의 질을 유지할 수 있도록, 일련의 가이드를 만드는 방법을 검토해 보자.

Step 2 **질문을 듣고, 메모를 토대로 최종적으로 선택한 사항이나, 결정된 사항을 정답으로 고른다.**

1번 문제는 최종적으로 결정된 사항을 정답으로 고르고, 2번 문제는 질문1과 질문2가 각각 남자에 대한 질문인지 여자에 대한 질문인지, 혹은 두 사람에 대한 공통 질문인지 잘 듣고 이에 맞게 각각 선택한 것을 정답으로 고른다.

질문 苦情を減らすためにどうすることにしましたか。 불만을 줄이기 위해 어떻게 하기로 했습니까?

선택지 ✔ 1 マニュアルを作る 매뉴얼을 만든다

2 研修を行う 연수를 실시한다

문제 풀이 Step 적용 🔊 문제5 통합이해_01문제풀이Step 적용.mp3

[문제지]

1番

問題用紙に何も印刷されていません。まず話を聞いてください。それから質問とせんたくしを 聞いて、1から4の中から、最もよいものを一つ選んでください。

ーメモー

의류 회사, 상사1 사원 2
- 가격 재검토: 생산 비용 때문에
- 세일 횟수 늘리기: 지금도 세일이 많아서
- 포인트 카드 도입: 고객이 몇 번이고 들름
- 손님에게 적극적으로 말 걸기: 역효과 때문에

Step 1 대화를 들으며 핵심 내용을 메모한다.

[음성]

1番

服の会社で上司と社員二人が話しています。

M：最近、商品の売り上げが横ばいなんだけど、何かいい案ないかな。

F1：[1]**商品の価格を見直したらいいと思います。**今の値段は競合他社と比べて少し高いので。

M：それは[1']**生産コストもあるからちょっとなあ。**

F2：店舗での[2]**セール回数を増やすのはどうでしょう。**客足が増えると思います。

M：[2']**今も店舗のセールは多いほうだからこれ以上は…。**

F1：では[3]**ポイントカードを取り入れて、ポイントに応じて割引する**のはどうですか。ポイントを貯めようと複数回来店してくれるお客様が増えませんか。

M：なるほどね。

F2：店のスタッフに[4]**お客様へのお声がけを積極的にしてもらうって**いう手もあると思います。

M：それは[4']**逆効果になる場合**もあるかも。お得さを感じてもらって、[3']**何度も足を運んでもらえるようにするこの方法**でいこう。

売り上げを伸ばすために何をすることにしましたか。

1 商品の値段を下げる

2 セールの回数を増やす

✔3 ポイントカードを導入する

4 客に積極的に声を掛ける

Step 2 질문을 듣고, 메모를 토대로 최종적으로 선택한 사항이나, 결정된 사항을 정답으로 고른다.

Step1 첫 번째로 가격을 재검토한다, 두 번째로 세일 횟수를 늘린다, 세 번째로 포인트 카드를 도입한다, 네 번째로 손님에게 적극적으로 말을 건다의 네 가지 의견이 있었다. 가격을 재검토하는 의견에는 생산 비용 문제로 반대하고, 세일 횟수를 늘리는 의견에는 이미 세일을 많이 진행하고 있다며 반대하고, 손님에게 적극적으로 말을 거는 의견에는 역효과가 있다며 반대하고 있다.

Step2 최종적으로 몇 번이고 들를 수 있게 하자고 했으므로, 3 ポイントカードを導入する(포인트 카드를 도입한다)를 정답으로 고른다.

[음성]

1번

의류 회사에서 상사와 사원 두 명이 이야기하고 있습니다.

M : 최근, 상품 매상이 보합 상태인데, 뭔가 좋은 안 없을까.

F1 : [1]**상품의 가격을 재검토하면 좋을 것이라 생각합니다.** 지금의 가격은 경쟁 타사와 비교해서 조금 비싸기 때문에.

M : 그건 [1']**생산 비용도 있으니까 좀.**

F2 : 점포에서의 [2]**세일 횟수를 늘리는 것**은 어떻습니까? 손님의 발길이 늘 거라고 생각합니다.

M : [2']**지금도 점포 세일은 많은 편**이어서 이 이상은….

F1 : 그럼 [3]**포인트 카드를 도입해서, 포인트에 따라서 할인**하는 것은 어떨까요? 포인트를 모으려고 수차례 가게를 방문해 주는 고객이 늘지 않을까요?

M : 과연 그렇군.

F2 : 가게 스태프가 [4]**고객에게 말을 거는 것을 적극적으로 하는 방법**도 있다고 생각합니다.

M : 그건 [4']**역효과가 되는 경우**도 있을지도. 이득임을 느껴서, [3']**몇 번이고 들를 수 있도록** 하는 이 방법으로 가자.

매상을 늘리기 위해서 무엇을 하기로 했습니까?

1 상품의 가격을 내린다

2 세일 횟수를 늘린다

3 포인트 카드를 도입한다

4 손님에게 적극적으로 말을 건다

어휘 商品 しょうひん 명 상품　売り上げ うりあげ 명 매상　横ばい よこばい 명 보합 상태　価格 かかく 명 가격
見直す みなおす 동 재검토하다　値段 ねだん 명 가격　競合 きょうごう 명 경쟁, 경합　他社 たしゃ 명 타사　コスト 명 비용
店舗 てんぽ 명 점포　回数 かいすう 명 회수　増やす ふやす 동 늘리다　客足 きゃくあし 명 손님의 발길
ポイントカード 명 포인트 카드　取り入れる とりいれる 동 도입하다　割引 わりびき 명 할인　貯める ためる 동 모으다
複数回 ふくすうかい 수 차례　来店 らいてん 명 가게를 방문함, 내점　声がけ こえがけ 명 말을 거는 것
積極的だ せっきょくてきだ な형 적극적이다　手 て 명 방법　逆効果 ぎゃくこうか 명 역효과　足を運ぶ あしをはこぶ 들르다
方法 ほうほう 명 방법　伸ばす のばす 동 늘리다　導入 どうにゅう 명 도입

[문제지]

2番

まず話を聞いてください。それから二つの質問を聞いて、それぞれ問題用紙の１から４の中から、最もよいものを一つ選んでください。

質問1

✓ 1　ドリーム園 유원지, 이번 달 입장료 반액

2　きらめきビーチ 비치 발리볼 대회, 유명 선수 볼 수 있음

3　緑のキャンプ場 캠핑 용품 대여, 캠핑 지도

4　東京プール 새로운 놀이기구

Step 2 질문을 듣고, 메모를 토대로 최종적으로 선택한 사항이나, 결정된 사항을 정답으로 고른다.

Step 1 대화를 들으며 핵심 내용을 메모한다.

[음성]

テレビでアナウンサーがこの夏おすすめのおでかけスポットについて話しています。

F1：今日はこの夏おすすめの四つのおでかけスポットをご紹介します。「ドリーム園」は大人も楽しめる[1]遊園地で、今月は誰でも入場料が半額です。「きらめきビーチ」では、[2]ビーチバレー大会が開催中です。有名選手のプレーが見られる貴重な機会です。「緑のキャンプ場」では、[3]キャンプ用品の貸し出しと、キャンプ指導が受けられます。「東京プール」は今年から[4]新たなアトラクションが増え、より一層楽しめるようになりました。

M：週末一緒にどこか行かない？[남]テレビで見たことある人を実際に見られるっていうこことかおもしろそうだけど。

F2：どこかに行くのは賛成。でも私、その競技あんまり興味ないんだ。

M：じゃあ、[남]それは僕一人で行くとして、今だけ普段の半分の値段で入れるここなんていいんじゃない？

F2：そうね。[여]少し高いから今まで行ったことなかったんだけど、あそこのアトラクション乗ってみたかったの。

M：じゃあ、決まり。

質問1　男の人は一人でどこに行きますか。

Step1 1 '드림원'은 입장료가 반액인 유원지이고, 2 '기라메키 해변'은 비치 발리볼 대회가 열려 유명 선수를 볼 수 있고, 3 '미도리 캠프장'은 캠핑 용품을 대여하고 캠핑 지도를 받을 수 있고, 4 '도쿄 수영장'은 새로운 놀이기구가 늘었다고 하고 있다. 남자는 텔레비전에서 본 적 있는 사람을 실제로 보고 싶다고 했고, 또 평소의 절반 가격으로 들어가고 싶다고 했다. 여자는 비싸서 간 적이 없었던 곳에 가서 놀이기구를 타고 싶다고 하고 있다.

Step2 질문 1은 남자가 혼자서 어디에 가는지 묻고 있으므로, 텔레비전에서 본 적 있는 사람을 실제로 볼 수 있는 2 きらめきビーチ(기라메키 해변)를 정답으로 고른다.

[문제지]

2번

우선 이야기를 들어주세요. 그리고 나서, 두 질문을 듣고, 각각 문제 용지의 1에서 4 중에, 가장 알맞은 것을 하나 골라주세요.

질문1

1 드림원
2 기라메키 해변
3 미도리 캠프장
4 도쿄 수영장

[음성]

2번

텔레비전에서 아나운서가 이 여름에 추천하는 외출 스폿에 대해서 이야기하고 있습니다.

F1 : 오늘은 이 여름 추천하는 4개의 외출 스폿을 소개합니다. '드림원'은 어른도 즐길 수 있는 [1]유원지로, 이번 달은 누구라도 입장료가 반액입니다. '기라메키 해변'에서는, [2]비치 발리볼 대회가 개최 중입니다. 유명 선수의 플레이를 볼 수 있는 귀중한 기회입니다. '미도리 캠프장'에서는, [3]캠프 용품의 대여와, 캠프 지도를 받을 수 있습니다. '도쿄 수영장'은 올해부터 [4]새로운 놀이기구가 늘어, 한층 더 즐길 수 있게 되었습니다.

M : 주말에 함께 어딘가 가지 않을래? [남]텔레비전에서 본 적이 있는 사람을 실제로 볼 수 있다는 이곳이라든가 재미있을 것 같은데.

F2 : 어딘가에 가는 것은 찬성. 하지만 나, 그 경기 그다지 흥미 없어.

M : 그럼, [남]그건 나 혼자서 가는 걸로 하고, 지금만 평소의 절반 가격으로 들어갈 수 있는 여기 같은데 좋지 않아?

F2 : 그렇네. [여]조금 비싸서 지금까지 가본 적 없었는데, 거기 놀이기구 타보고 싶었어.

M : 그럼, 결정.

질문1 남자는 혼자서 어디에 갑니까?

어휘 スポット 명 스폿, 장소 **遊園地 ゆうえんち** 명 유원지 **入場料 にゅうじょうりょう** 명 입장료 **半額 はんがく** 명 반액 **ビーチバレー** 명 비치 발리볼 **大会 たいかい** 명 대회 **開催 かいさい** 명 개최 **貴重だ きちょうだ** な형 귀중하다 **キャンプ** 명 캠프 **用品 ようひん** 명 용품 **貸し出し かしだし** 명 대여 **指導 しどう** 명 지도 **新ただ あらただ** な형 새롭다 **アトラクション** 명 놀이기구 **より一層 よりいっそう** 한층 더 **実際 じっさい** 명 실제 **賛成 さんせい** 명 찬성 **競技 きょうぎ** 명 경기 **普段 ふだん** 명 평소 **値段 ねだん** 명 가격

실력 다지기

🔊 문제5 통합이해_02실력다지기.mp3

대화를 듣고 질문에 답하세요.

01 ①

②

③

02 ①

②

③

03 ①

②

③

04 質問1

① 二か国留学プログラム

② 学士留学プログラム

③ 大学院留学プログラム

質問2

① 二か国留学プログラム

② 学士留学プログラム

③ 大学院留学プログラム

05 質問(しつもん)1

① お化(ば)け屋敷(やしき)のカフェ

② たぬきのカフェ

③ 探偵(たんてい)のカフェ

質問(しつもん)2

① お化(ば)け屋敷(やしき)のカフェ

② たぬきのカフェ

③ 探偵(たんてい)のカフェ

06 質問(しつもん)1

① 1番(ばん)の車(くるま)

② 2番(ばん)の車(くるま)

③ 3番(ばん)の車(くるま)

質問(しつもん)2

① 1番(ばん)の車(くるま)

② 2番(ばん)の車(くるま)

③ 3番(ばん)の車(くるま)

정답 해설집 p.161

문제5 통합이해_03실전테스트 1.mp3

무료 MP3 바로듣기

問題5

問題５では、長めの話を聞きます。この問題には練習はありません。
問題用紙にメモをとってもかまいません。

1番

問題用紙に何も印刷されていません。まず話を聞いてください。それから、質問とせんたくしを聞いて、１から４の中から、最もよいものを一つ選んでください。

-メモ-

2番

まず話を聞いてください。それから、二つの質問を聞いて、それぞれの問題用紙の1から4の中から、最もよいものを一つ選んでください。

質問1

1 読み聞かせ

2 ポスター作成

3 企画

4 本のチェック

質問2

1 読み聞かせ

2 ポスター作成

3 企画

4 本のチェック

정답 해설집 p.166

문제5 통합이해_03실전테스트 2.mp3

무료 MP3 바로듣기

問題5

問題5では、長めの話を聞きます。この問題には練習はありません。
問題用紙にメモをとってもかまいません。

1番

問題用紙に何も印刷されていません。まず話を聞いてください。それから、質問とせんたくしを聞いて、1から4の中から、最もよいものを一つ選んでください。

-メモ-

2番

まず話を聞いてください。それから、二つの質問を聞いて、それぞれの問題用紙の1から4の中から、最もよいものを一つ選んでください。

質問 1

1 京都郊外

2 三保の松原

3 北海道

4 長野の川下り

質問 2

1 京都郊外

2 三保の松原

3 北海道

4 長野の川下り

정답 해설집 p.169

실전 테스트 3

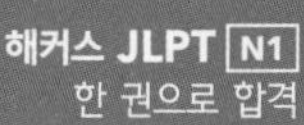

문제5 통합이해_03실전테스트 3.mp3

무료 MP3 바로듣기

問題5

問題５では、長めの話を聞きます。この問題には練習はありません。
問題用紙にメモをとってもかまいません。

1番

問題用紙に何も印刷されていません。まず話を聞いてください。それから、質問とせんたくしを聞いて、１から４の中から、最もよいものを一つ選んでください。

-メモ-

2番

まず話を聞いてください。それから、二つの質問を聞いて、それぞれの問題用紙の1から4の中から、最もよいものを一つ選んでください。

質問1

1 街づくりエリア

2 農業エリア

3 ものづくりエリア

4 自然エリア

質問2

1 街づくりエリア

2 農業エリア

3 ものづくりエリア

4 自然エリア

정답 해설집 p.172

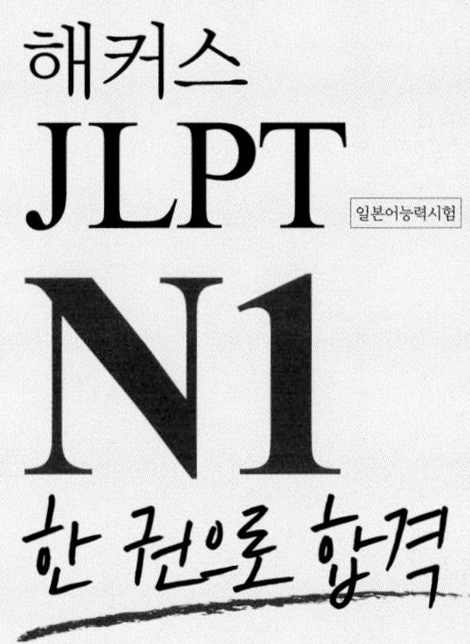

개정 2판 4쇄 발행 2024년 7월 15일
개정 2판 1쇄 발행 2023년 8월 1일

지은이 해커스 JLPT연구소
펴낸곳 ㈜해커스 어학연구소
펴낸이 해커스 어학연구소 출판팀

주소 서울특별시 서초구 강남대로61길 23 ㈜해커스 어학연구소
고객센터 02-537-5000
교재 관련 문의 publishing@hackers.com
해커스일본어 사이트(japan.Hackers.com) 교재 Q&A 게시판
동영상강의 japan.Hackers.com

ISBN 978-89-6542-607-3 (13730)
Serial Number 02-04-01

해커스 JLPT 일본어능력시험 N1 한 권으로 합격

정답 · 해설 · 해석 · 어휘정리 · 오답분석까지 다 담은

완벽 분석 해설집

해커스 어학연구소

해커스 JLPT 일본어능력시험 N1 한 권으로 합격

정답 · 해설 · 해석 · 어휘정리 · 오답분석까지 다 담은

완벽 분석 해설집

해커스 어학연구소

일본어도 역시,
1위 해커스

japan.Hackers.com

해커스 JLPT N1 한 권으로 합격

Contents

문자·어휘 4

문법 26

독해 55

청해 100

문자·어휘

문제 1 한자 읽기

실력 다지기 p.44

01 ③ (채무)	02 ① (신사의 기둥문)	03 ② (신속)
04 ④ (도전하다)	05 ② (권고)	06 ① (상쾌하다)
07 ③ (고상)	08 ④ (허술하다)	09 ① (보수)
10 ④ (시세)	11 ③ (철봉)	12 ② (순회)
13 ③ (명백)	14 ④ (쇠퇴하다)	15 ① (기혼)
16 ② (허무하다)	17 ② (획일적)	18 ④ (선명하다)
19 ① (경작)	20 ③ (본보기)	

실전 테스트 1 p.46

1 3 **2** 3 **3** 4 **4** 2 **5** 1 **6** 1

문제1 ＿＿＿의 말의 읽는 법으로 가장 알맞은 것을, 1・2・3・4 에서 하나 고르세요.

1

세계의 평화는 만인万人에게 공통되는 바람이다.

해설 **万人**은 3 ばんにん으로 발음한다. 万人은 万의 두 가지 음독 ばん과 まん 중 ばん으로 발음하고, 人의 두 가지 음독 にん과 じん 중 にん으로 발음하는 것에 주의한다.

어휘 **万人** ばんにん 명 만인 **平和** へいわ 명 평화
共通 きょうつう 명 공통 **願い** ねがい 명 바람, 소원

2

여름의 더위로 쓰레기장에서 악취가 감돌고漂って 있다.

해설 **漂って**는 3 ただよって로 발음한다.

어휘 **漂う** ただよう 동 감돌다, 떠돌다 **暑さ** あつさ 명 더위
ごみ捨て場 ごみすてば 명 쓰레기장 **悪臭** あくしゅう 명 악취

3

남편의 승진昇進이 결정되었기 때문에 집에서 축하했다.

해설 **昇進**은 4 しょうしん으로 발음한다. しょう가 장음이고, しん이 탁음이 아닌 것에 주의한다.

어휘 **昇進** しょうしん 명 승진

4

상황에 따른 유연柔軟한 대응이 요구된다.

해설 **柔軟**은 2 じゅうなん으로 발음한다. 柔軟은 柔의 두 가지 음독 じゅう와 にゅう 중 じゅう로 발음하는 것에 주의한다.

어휘 **柔軟だ** じゅうなんだ な형 유연하다 **状況** じょうきょう 명 상황
応じる おうじる 동 따르다, 대응하다 **対応** たいおう 명 대응
求める もとめる 동 요구하다

5

그는 자신의 잘못을 바로 인정하는 깨끗한潔い 사람이다.

해설 **潔い**는 1 いさぎよい로 발음한다.

어휘 **潔い** いさぎよい い형 (미련 없이) 깨끗하다 **誤り** あやまり 명 잘못
認める みとめる 동 인정하다

6

감기에 걸렸는지, 오한寒気이 멈추지 않는다.

해설 **寒気**는 1 さむけ로 발음한다. 寒는 훈독 さむ, 気는 음독 け로 발음하는 것에 주의한다.

어휘 **寒気** さむけ 명 오한, 한기 **風邪を引く** かぜをひく 감기에 걸리다

실전 테스트 2 p.47

1 3 **2** 4 **3** 2 **4** 3 **5** 1 **6** 2

문제1 ＿＿＿의 말의 읽는 법으로 가장 알맞은 것을, 1・2・3・4 에서 하나 고르세요.

1

사태의 개선을 위해 필요한 조치措置를 취했다.

해설 **措置**는 3 そち로 발음한다. そ가 장음이 아닌 것에 주의한다.

어휘 **措置** そち 명 조치 **事態** じたい 명 사태 **改善** かいぜん 명 개선

2

온화和やか한 분위기 속에서, 세기의 정상회담은 무사히 끝났다.

해설 和やか는 4 なごやか로 발음한다.

어휘 和やかだ なごやかだ な형 온화하다, (기색이) 부드럽다
雰囲気 ふんいき 명 분위기　世紀 せいき 명 세기
首脳会談 しゅのうかいだん 명 정상회담, 수뇌회담　無事 ぶじ 명 무사

3

그는 결점을 일부러 과장誇張해서 말하는 구석이 있다.

해설 誇張는 2 こちょう로 발음한다. こ가 장음이 아닌 것에 주의한다.

어휘 誇張 こちょう 명 과장　欠点 けってん 명 결점
わざと 부 일부러, 고의로

4

영양 밸런스가 치우쳐偏って 버리면 몸에 영향을 미칠지도 모른다.

해설 偏って는 3 かたよって로 발음한다.

어휘 偏る かたよる 동 치우치다　栄養 えいよう 명 영양
バランス 명 밸런스　影響 えいきょう 명 영향
及ぼす およぼす 동 미치다

5

이곳 서점은 해외의 저명著名한 작가의 책도 취급하고 있다.

해설 著名는 1 ちょめい로 발음한다. 著名는 名의 두 가지 음독 めい와 みょう 중 めい로 발음하는 것에 주의한다.

어휘 著名だ ちょめいだ な형 저명하다　書店 しょてん 명 서점
海外 かいがい 명 해외　作家 さっか 명 작가
扱う あつかう 동 취급하다

6

수십 년에 한 번의 대규모 홍수洪水가 발생했다.

해설 洪水는 2 こうずい로 발음한다. こう가 요음이 아니고, ずい가 탁음인 것에 주의한다.

어휘 洪水 こうずい 명 홍수　数十年 すうじゅうねん 수십 년
大規模だ だいきぼだ な형 대규모다　発生 はっせい 명 발생

실전 테스트 3

p.48

1 2　**2** 2　**3** 4　**4** 1　**5** 3　**6** 3

문제 1 ＿＿＿의 말의 읽는 법으로 가장 알맞은 것을, 1・2・3・4에서 하나 고르세요.

1

파티 권유에 대해, 호의적인快い 대답을 받았다.

해설 快い는 2 こころよい로 발음한다.

어휘 快い こころよい い형 호의적이다, 기분 좋다　パーティー 명 파티
誘い さそい 명 권유　返事 へんじ 명 대답

2

스즈키 씨는 은행을 상대로 소송訴訟을 일으켰다.

해설 訴訟는 2 そしょう로 발음한다. そ가 요음이 아니고, しょう가 탁음이 아닌 것에 주의한다.

어휘 訴訟 そしょう 명 소송　相手 あいて 명 상대

3

언제든지 놀러 오라는 말은 인사치레建前에 지나지 않다.

해설 建前는 4 たてまえ로 발음한다. 建前는 훈독 명사로 建(たて)와 前(まえ) 모두 훈독인 것에 주의한다.

어휘 建前 たてまえ 명 인사치레　台詞 せりふ 명 (틀에 박힌) 말, 대사

4

사람들의 시선을 신경 써서 외관体裁을 손질한다.

해설 体裁는 1 ていさい로 발음한다. 体裁는 体의 두 가지 음독 てい와 たい 중 てい로 발음하는 것에 주의한다.

어휘 体裁 ていさい 명 외관, 체재　気にする きにする 신경 쓰다
取り繕う とりつくろう 동 손질하다, 고치다

5

야마시타 씨는 몸집이 작고 가냘픈華奢 여성이다.

해설 華奢는 3 きゃしゃ로 발음한다. きゃ가 요음이고, しゃ가 탁음이 아닌 것에 주의한다.

어휘 華奢だ きゃしゃだ な형 가냘프다　小柄 こがら 명 몸집이 작음

6

그는 자신은 움직이지 않고, 다른 사람에게 지시指図만 하고 있다.

해설 指図는 3 さしず로 발음한다. 指는 훈독 さし, 図는 음독 ず로 발음하는 것에 주의한다.

어휘 指図 さしず 명 지시

실전 테스트 4

p.49

1 1　**2** 4　**3** 2　**4** 3　**5** 2　**6** 1

문제1 ＿＿＿의 말의 읽는 법으로 가장 알맞은 것을, 1・2・3・4 에서 하나 고르세요.

1

자료를 이메일에 섬부添付해서 보냈다.

해설 添付는 1 てんぷ로 발음한다. ぷ가 반탁음인 것에 주의한다.

어휘 添付 てんぷ 명 첨부 資料 しりょう 명 자료

2

청구금액의 상세한 내역内訳을 보면, 쓸데없는 지출이 많은 것을 알 수 있다.

해설 内訳는 4 うちわけ로 발음한다. 内訳는 훈독 명사로 内(うち)와 訳(わけ) 모두 훈독인 것에 주의한다.

어휘 内訳 うちわけ 명 내역 請求金額 せいきゅうきんがく 명 청구금액
詳細だ しょうさいだ な형 상세하다, 자세하다
無駄だ むだだ な형 쓸데없다 支出 ししゅつ 명 지출

3

남동생은 1년에 수차례, 원인불명의 발작発作을 일으킵니다.

해설 発作는 2 ほっさ로 발음한다. 発作는 発의 두 가지 음독 はつ와 ほつ 중 ほつ를 촉음으로 발음하고, 作의 두 가지 음독 さ와 さく 중 さ로 발음하는 것에 주의한다.

어휘 発作 ほっさ 명 발작 数回 すうかい 명 수차례
原因不明 げんいんふめい 명 원인불명

4

그곳은 엄숙厳か한 분위기에 싸여있었다.

해설 厳か는 3 おごそか로 발음한다.

어휘 厳かだ おごそかだ な형 엄숙하다 雰囲気 ふんいき 명 분위기

5

이 프로그램에서는, 대학 교수가 아이의 소박素朴한 의문에 대답합니다.

해설 素朴는 2 そぼく로 발음한다. 素朴는 素의 두 가지 음독 そ와 す 중 そ로 발음하는 것에 주의한다.

어휘 素朴だ そぼくだ な형 소박하다 教授 きょうじゅ 명 교수
疑問 ぎもん 명 의문

6

이 셰프는 해외에서 10년간의 수행修行을 쌓았다고 한다.

해설 修行는 1 しゅぎょう로 발음한다. 修行는 修의 두 가지 음독 しゅ와 しゅう 중 しゅ로 발음하고, 行의 세 가지 음독 ぎょう, こう, あん 중 ぎょう로 발음하는 것에 주의한다.

어휘 修行 しゅぎょう 명 수행 シェフ 명 셰프 海外 かいがい 명 해외
積む つむ 동 쌓다

문제 2 문맥규정

실력 다지기

p.74

01 ③	02 ②	03 ④	04 ①	05 ②
06 ①	07 ④	08 ③	09 ②	10 ③
11 ①	12 ④	13 ④	14 ③	15 ①
16 ②	17 ②	18 ④	19 ①	20 ③

01

위급 환자에 대비해 받아들일 (　　) 를 정비했다.

① 의욕 ② 솜씨
③ **태세** ④ 결속

어휘 急患 きゅうかん 명 위급 환자 備える そなえる 동 대비하다
受け入れる うけいれる 동 받아들이다
整える ととのえる 동 정비하다 意欲 いよく 명 의욕
腕前 うでまえ 명 솜씨 態勢 たいせい 명 태세
結束 けっそく 명 결속

02

연구를 위해 막대한 자금을 (　　) 했다.

① 육성 ② **투입**
③ 가동 ④ 기여

어휘 莫大だ ばくだいだ な형 막대하다 資金 しきん 명 자금
育成 いくせい 명 육성 投入 とうにゅう 명 투입
稼働 かどう 명 가동 寄与 きよ 명 기여

03

범인의 진술은 그의 이야기와 (　　) 가 일치한다.

① 배경 ② 추이
③ 궤도 ④ **요지**

어휘 犯人 はんにん 명 범인 陳述 ちんじゅつ 명 진술
一致 いっち 명 일치 背景 はいけい 명 배경 推移 すいい 명 추이
軌道 きどう 명 궤도 大筋 おおすじ 명 요지

04

문을 연 순간에 (　　) 보였다.

① **살짝** ② 묵직이
③ 절실히 ④ 탄탄히

어휘 ドア 명 문　瞬間 しゅんかん 명 순간　ちらっと 부 살짝
ずっしりと 부 묵직이　ひしひしと 부 절실히　がっしりと 부 탄탄히

05

항상 결혼 이야기를 (　　　) 때문에 곤란하다.

① 주장하기　② **꺼내기**
③ 조사하기　④ 소리 내어 읽기

어휘 言い張る いいはる 동 주장하다　切り出す きりだす 동 (말을) 꺼내다
取り調べる とりしらべる 동 조사하다
読み上げる よみあげる 동 소리 내어 읽다

06

혼자서 (　　　) 고민해도 방법이 없다.

① **끙끙**　② 축축
③ 질질　④ 헐렁헐렁

어휘 悩む なやむ 동 고민하다　くよくよ 부 끙끙　じめじめ 부 축축
ずるずる 부 질질　だぶだぶ 부 헐렁헐렁

07

쓸쓸한 뒷모습이 점점 (　　　) 간다.

① 태만해져　② 피해
③ 꺾여　④ **멀어져**

어휘 姿 すがた 명 모습　次第に しだいに 부 점점, 차례로
怠る おこたる 동 태만하다　避ける よける 동 피하다
くじける 동 꺾이다　遠ざかる とおざかる 동 멀어지다

08

양손을 쓸 수 없는데 코가 (　　　) 견딜 수 없다.

① 엄청나서　② 상쾌해서
③ **간지러워서**　④ 무시무시해서

어휘 両手 りょうて 명 양손　おびただしい い형 엄청나다
ここちよい い형 상쾌하다　くすぐったい い형 간지럽다
すさまじい い형 무시무시하다

09

그녀는 자신의 (　　　) 을 지키기 위해 필사적으로 움직였다.

① 프론트　② **포지션**
③ 라벨　④ 셰어

어휘 守る まもる 동 지키다　必死だ ひっしだ な형 필사적이다
フロント 명 프론트　ポジション 명 포지션　ラベル 명 라벨
シェア 명 셰어

10

월드컵을 위해 (　　　) 연습을 거듭해 왔다.

① 초　② 편
③ **맹**　④ 당

어휘 ワールドカップ 명 월드컵　重ねる かさねる 동 거듭하다

11

시의 (　　　) 을 공정하게 하는 것으로 시민은 안심하고 지낼 수 있다.

① **행정**　② 발족
③ 교착　④ 심의

어휘 公正だ こうせいだ な형 공정하다　暮らす くらす 동 지내다
行政 ぎょうせい 명 행정　発足 はっそく 명 발족
交錯 こうさく 명 교착　審議 しんぎ 명 심의

12

영화 내용은 나쁘지 않았지만, 피로해서 (　　　) 졌다.

① 고민스러워　② 헷갈려
③ 깨끗해　④ **졸려**

어휘 内容 ないよう 명 내용　悩ましい なやましい い형 고민스럽다
紛らわしい まぎらわしい い형 헷갈리다
潔い いさぎよい い형 깨끗하다　眠たい ねむたい い형 졸리다

13

(　　　) 의 만듦새인 작품을 만들 수 있어서 만족했다.

① 애착　② 지지
③ 본심　④ **회심**

어휘 出来 でき 명 만듦새, 완성　作品 さくひん 명 작품
満足 まんぞく 명 만족　愛着 あいちゃく 명 애착　支持 しじ 명 지지
本音 ほんね 명 본심　会心 かいしん 명 회심

14

유명한 주간지가 그 사건의 내용을 (　　　).

① 벗어났다　② 직면했다
③ **보도했다**　④ 필요로 했다

어휘 週刊誌 しゅうかんし 명 주간지　事件 じけん 명 사건
内容 ないよう 명 내용　脱する だっする 동 벗어나다
面する めんする 동 직면하다　報じる ほうじる 동 보도하다, 알리다
要する ようする 동 필요로 하다

15

그 산은 (　　) 를 타고 정상까지 갈 수 있다.

① **로프 웨이**　② 액셀
③ 메이커　④ 필터

어휘 頂上 ちょうじょう 명 정상　ロープウェイ 명 로프 웨이
アクセル 명 액셀　メーカー 명 메이커　フィルター 명 필터

16

손쉽게 배를 (　　) 수 있는 식품이 인기다.

① 묻힐　② **채울**
③ 짊어질　④ 스밀

어휘 手軽だ てがるだ な형 손쉽다　食品 しょくひん 명 식품
人気 にんき 명 인기　埋まる うまる 동 묻히다, 메워지다
満たす みたす 동 채우다　担う になう 동 짊어지다
染みる しみる 동 스미다

17

사고의 원인을 (　　) 것이 무엇보다 먼저다.

① 몰두하는　② **구명하는**
③ 가미하는　④ 타개하는

어휘 何より なにより 무엇보다　没頭 ぼっとう 명 몰두
究明 きゅうめい 명 구명　加味 かみ 명 가미　打開 だかい 명 타개

18

계약을 맺기 위해 (　　) 을 지참할 필요가 있다.

① 과제　② 일손
③ 목표　④ **인감**

어휘 契約 けいやく 명 계약　結ぶ むすぶ 동 맺다　持参 じさん 명 지참
課題 かだい 명 과제　人手 ひとで 명 일손　目安 めやす 동 목표
印鑑 いんかん 명 인감

19

외풍이 들어온다고 생각했더니, 창문이 (　　) 닫혀있지 않았다.

① **꽉**　② 맥없이
③ 단호히　④ 홀쭉

어휘 隙間風 すきまかぜ 명 외풍　きっちり 부 꽉　がっくり 부 맥없이
きっぱり 부 단호히　げっそり 부 홀쭉

20

격렬한 운동으로 전신이 땀 (　　) 가 되었다.

① 걸침　② 더함
③ **투성이**　④ 모음

어휘 激しい はげしい い형 격렬하다　全身 ぜんしん 명 전신　汗 あせ 명 땀

실전 테스트 1

p.76

7 1　**8** 3　**9** 3　**10** 1　**11** 4
12 2　**13** 4

문제 2 (　　) 에 들어갈 가장 알맞은 것을, 1・2・3・4에서 하나 고르세요.

7

범인은 자신이 놓인 상황을 (　　) 는지, 그 이상 저항하지 않았다.

1 **깨달았**　2 포착했
3 관통했　4 품었

해설 선택지가 모두 동사이다. 괄호 앞의 **自分が置かれた状況を**(자신이 놓인 상황을)와 함께 쓸 때 **自分が置かれた状況を悟ったのか**(자신이 놓인 상황을 깨달았는지)가 가장 자연스러우므로 1 **悟った**(깨달았)가 정답이다. 2는 **原因を捉えた**(원인을 포착했다), 3은 **銃弾が窓を貫いた**(총탄이 창문을 관통했다), 4는 **大きな夢を抱いた**(큰 꿈을 품었다)로 자주 쓰인다.

어휘 犯人 はんにん 명 범인　状況 じょうきょう 명 상황
抵抗 ていこう 명 저항　悟る さとる 동 깨닫다
捉える とらえる 동 포착하다　貫く つらぬく 동 관통하다, 꿰뚫다
抱く いだく 동 품다, 안다

8

우리들은 이번 1년간, 새로운 약을 개발하기 위해 (　　) 연구에 힘써 왔다.

1 종일　2 새삼스럽게
3 **밤낮으로**　4 갑작스럽게

해설 선택지가 모두 부사이다. 괄호 앞뒤의 내용과 함께 쓸 때 **薬を開発するため終日研究に励んできた**(약을 개발하기 위해 종일 연구에 힘써 왔다), **薬を開発するため日夜研究に励んできた**(약을 개발하기 위해 밤낮으로 연구에 힘써 왔다) 모두 자연스러우므로 문장 전체의 문맥을 파악해야 한다. 전체 문맥 **私たちはこの一年間、新しい薬を開発するため日夜研究に励んできた**(우리들은 이번 1년간, 새로운 약을 개발하기 위해 밤낮으로 연구에 힘써 왔다)가 가장 자연스러우므로 3 **日夜**(밤낮으로)가 정답이다. 1은 **終日仕事に没頭している**(종일 일에 몰두하고 있다), 2는 **今更記者会見をする**(새삼스럽게 기자회견을 하다), 4는 **急遽説明会を中止する**(갑작스럽게 설명회를 중지하다)로 자주 쓰인다.

어휘 開発 かいはつ 명 개발　励む はげむ 동 힘쓰다
終日 しゅうじつ 부 종일　今更 いまさら 부 새삼스럽게
日夜 にちや 부 밤낮으로　急遽 きゅうきょ 부 갑작스럽게

9

이 작업은 위험하기 때문에, 정해진 (　　　) 대로 행하지 않으면 안 된다.

1 배열　　2 과정
3 수순　　4 이치

해설 선택지가 모두 명사이다. 괄호 앞뒤의 내용과 함께 쓸 때 **決められた手順通りに行わなければならない**(정해진 수순대로 행하지 않으면 안 된다)가 가장 자연스러우므로 3 **手順**(수순)이 정답이다. 1은 **アルファベット順に配列する**(알파벳 순으로 배열하다), 2는 **過程を経て作られる**(과정을 거쳐 만들어지다), 4는 **話に道筋をつける**(이야기를 이치가 통하게 하다)로 자주 쓰인다.

어휘 **作業** さぎょう 명 작업　**配列** はいれつ 명 배열
過程 かてい 명 과정　**手順** てじゅん 명 수순
道筋 みちすじ 명 이치, 도리

10

머리를 어깨까지 자른 그녀는 (　　　) 인상이 바뀌어 있었다.

1 싹　　2 반짝
3 날씬하게　　4 사뿐

해설 선택지가 모두 부사이다. 괄호 뒤의 **印象が変わっていた**(인상이 바뀌어 있었다)와 함께 쓸 때 **がらりと印象が変わっていた**(싹 인상이 바뀌어 있었다)가 가장 자연스러우므로 1 **がらりと**(싹)가 정답이다. 2는 **きらりと星が光っていた**(반짝 별이 빛나고 있었다), 3은 **体つきがすらりとしていた**(몸매가 날씬했다), 4는 **ふわりと雪が舞い降りてきた**(사뿐 눈이 내려앉기 시작했다)로 자주 쓰인다.

어휘 **肩** かた 명 어깨　**印象** いんしょう 명 인상　**がらりと** 부 싹
きらりと 부 반짝　**すらりと** 부 날씬하게　**ふわりと** 부 사뿐

11

심신 동시에 건강한 생활을 (　　　) 위해서는, 매일의 운동은 빠뜨릴 수 없다.

1 기르기　　2 필요로 하기
3 근무하기　　**4 영위하기**

해설 선택지가 모두 동사이다. 괄호 앞의 **健康な生活を**(건강한 생활을)와 함께 쓸 때 **健康な生活を営む**(건강한 생활을 영위하기)가 가장 자연스러우므로 4 **営む**(영위하기)가 정답이다. 1은 **健康な体を育む**(건강한 몸을 기르다), 2는 **十分な睡眠時間を要する**(충분한 수면시간을 필요로 하다), 3은 **大学病院に勤める**(대학병원에 근무하다)로 자주 쓰인다.

어휘 **心身** しんしん 명 심신　**ともに** 부 동시에, 함께
健康だ けんこうだ な형 건강하다　**かかせない** 빠뜨릴 수 없다
育む はぐくむ 동 기르다　**要する** ようする 동 필요로 하다
勤める つとめる 동 근무하다　**営む** いとなむ 동 영위하다

12

점점 심각해지는 사회의 고령화에 대비해, 혼자 사는 고령자의 (　　　) 을 조사했다.

1 상태　　**2 실정**
3 모습　　4 사항

해설 선택지가 모두 명사이다. 괄호 앞뒤의 내용과 함께 쓸 때 **一人暮らしの高齢者の状態を調査した**(혼자 사는 고령자의 상태를 조사했다), **一人暮らしの高齢者の実情を調査した**(혼자 사는 고령자의 실정을 조사했다) 모두 자연스러우므로 문장 전체의 문맥을 파악해야 한다. 전체 문맥 **さらなる社会の高齢化に備え、一人暮らしの高齢者の実情を調査した**(점점 심각해지는 사회의 고령화에 대비해, 혼자 사는 고령자의 실정을 조사했다)가 가장 자연스러우므로 2 **実情**(실정)가 정답이다. 1은 **傷の状態を観察した**(상처의 상태를 관찰했다), 3은 **患者の様子がおかしかった**(환자의 모습이 이상했다), 4는 **重大な事柄を発表した**(중대한 사항을 발표했다)로 자주 쓰인다.

어휘 **さらなる** 점점 심각해지는　**高齢化** こうれいか 명 고령화
備える そなえる 동 대비하다
一人暮らし ひとりぐらし 명 혼자 삶, 독신 생활
高齢者 こうれいしゃ 명 고령자　**調査** ちょうさ 명 조사
状態 じょうたい 명 상태　**実情** じつじょう 명 실정
様子 ようす 명 모습　**事柄** ことがら 명 사항

13

연습으로 허리를 (　　　), 시합에 출전하지 못하게 되었다.

1 위해를 가해서　　2 무너뜨려서
3 해쳐서　　**4 다쳐서**

해설 선택지가 모두 동사이다. 괄호 앞의 **練習で腰を**(연습으로 허리를)와 함께 쓸 때 **練習で腰を傷めて**(연습으로 허리를 다쳐서)가 가장 자연스러우므로 4 **傷めて**(다쳐서)가 정답이다. 1은 **他人の命を危めて**(타인의 목숨에 위해를 가해서), 2는 **体調を崩して**(몸 상태를 무너뜨려서), 3은 **相手の気分を害して**(상대의 기분을 해쳐서)로 자주 쓰인다.

어휘 **腰** こし 명 허리　**出場** しゅつじょう 명 출전, 출장
危める あやめる 동 위해를 가하다　**崩す** くずす 동 무너뜨리다
害する がいする 동 해치다　**傷める** いためる 동 다치다

실전 테스트 2

p.77

7 4　**8** 1　**9** 3　**10** 1　**11** 2
12 3　**13** 3

문제 2 (　　　) 에 들어갈 가장 알맞은 것을, 1・2・3・4 에서 하나 고르세요.

7

이상과는 달리, 생계를 위해 일한다는 직업 (　　) 을 가지는 사람이 대부분이다.

1 론　　2 파
3 시　　**4 관**

해설 선택지가 모두 접미어이다. 괄호 앞의 명사 **職業**(직업)와 함께 쓰여 **職業観**(직업관)을 만드는 접미어 4 **観**(관)이 정답이다. 1은 **二元論**(이원론), 2는 **少数派**(소수파), 3은 **問題視**(문제시)로 자주 쓰인다.

어휘 **職業観** しょくぎょうかん 명 직업관　**理想** りそう 명 이상
暮らし くらし 명 생계, 살림　**ほとんど** 명 대부분

8

서쪽 하늘은 석양으로 새빨갛게 (　　) 있었다.

1 물들고　　2 번지고
3 바르고　　4 물들이고

해설 선택지가 모두 동사이다. 괄호 앞의 **夕日で真っ赤に**(석양으로 새빨갛게)와 함께 쓸 때 **夕日で真っ赤に染まっていた**(석양으로 새빨갛게 물들고 있었다)가 가장 자연스러우므로 1 **染まって**(물들고)가 정답이다. 2는 **服に汚れがにじんでいた**(옷에 얼룩이 번져 있었다), 3은 **薬を塗っていた**(약을 바르고 있었다), 4는 **花が庭をいろどっていた**(꽃이 정원을 물들이고 있었다)로 자주 쓰인다.

어휘 **夕日** ゆうひ 명 석양, 노을　**真っ赤だ** まっかだ な형 새빨갛다
染まる そまる 동 물들다　**にじむ** 동 번지다　**塗る** ぬる 동 바르다
いろどる 동 물들이다, 채색하다

9

교사의 역할은 학생의 학습에 대한 (　　) 을 높이는 것이다.

1 고집　　2 의사
3 의욕　　4 의도

해설 선택지가 모두 명사이다. 괄호 앞뒤의 내용과 함께 쓸 때 **学習に対する意欲を高める**(학습에 대한 의욕을 높이는)가 가장 자연스러우므로 3 **意欲**(의욕)가 정답이다. 1은 **意地を張る**(고집을 부리다), 2는 **意思を表す**(의사를 표현하다), 4는 **意図を捉える**(의도를 파악하다)로 자주 쓰인다.

어휘 **教師** きょうし 명 교사　**役割** やくわり 명 역할
学習 がくしゅう 명 학습　**高める** たかめる 동 높이다
意地 いじ 명 고집　**意思** いし 명 의사　**意欲** いよく 명 의욕
意図 いと 명 의도

10

겨울은 공기가 건조하기 때문에, 지금 이상으로 (　　) 의 호소를 강화해갈 예정이다.

1 방화　　2 피난
3 재해　　4 긴급

해설 선택지가 모두 명사이다. 괄호 앞뒤의 내용과 함께 쓸 때 **今以上に防火の呼びかけを強化**(지금 이상으로 방화의 호소를 강화), **今以上に避難の呼びかけを強化**(지금 이상으로 피난의 호소를 강화) 모두 자연스러우므로 문장 전체의 문맥을 파악해야 한다. 전체 문맥 **冬は空気が乾燥するため、今以上に防火の呼びかけを強化していく予定だ**(겨울은 공기가 건조하기 때문에, 지금 이상으로 방화의 호소를 강화해갈 예정이다)가 가장 자연스러우므로 1 **防火**(방화)가 정답이다. 2는 **避難の必要性を認識**(피난의 필요성을 인식), 3은 **災害の可能性を公表**(재해의 가능성을 공표), 4는 **緊急の事態に対応**(긴급 사태에 대응)로 자주 쓰인다.

어휘 **乾燥** かんそう 명 건조　**呼びかけ** よびかけ 명 호소
強化 きょうか 명 강화　**防火** ぼうか 명 방화　**避難** ひなん 명 피난
災害 さいがい 명 재해　**緊急** きんきゅう 명 긴급

11

저 선수는 장신이고 스피드도 겸비하고 있어, 헤이세이 최후의 (　　) 라고 말해지고 있다.

1 거장　　**2 뛰어난 인재**
3 명가　　4 전문가

해설 선택지가 모두 명사이다. 괄호 앞뒤의 내용과 함께 쓸 때 **平成最後の巨匠と言われている**(헤이세이 최후의 거장이라고 말해지고 있다), **平成最後の逸材と言われている**(헤이세이 최후의 뛰어난 인재라고 말해지고 있다), **平成最後の名家と言われている**(헤이세이 최후의 명가라고 말해지고 있다), **平成最後の玄人と言われている**(헤이세이 최후의 전문가라고 말해지고 있다) 모두 자연스러우므로 문장 전체의 문맥을 파악해야 한다. 전체 문맥 **あの選手は長身でスピードも兼ね備えており、平成最後の逸材と言われている**(저 선수는 장신이고 스피드도 겸비하고 있어, 헤이세이 최후의 뛰어난 인재라고 말해지고 있다)가 가장 자연스러우므로 2 **逸材**(뛰어난 인재)가 정답이다. 1은 **芸術の巨匠と言われている**(예술의 거장이라고 말해지고 있다), 3은 **地域の名家出身と言われている**(지역의 명가 출신이라고 말해지고 있다), 4는 **時計の玄人と言われている**(시계의 전문가라고 말해지고 있다)로 자주 쓰인다.

어휘 **選手** せんしゅ 명 선수　**長身** ちょうしん 명 장신
スピード 명 스피드　**兼ね備える** かねそなえる 동 겸비하다
平成 へいせい 명 헤이세이　**巨匠** きょしょう 명 거장
逸材 いつざい 명 뛰어난 인재　**名家** めいか 명 명가
玄人 くろうと 명 전문가, 숙련자

12

이 파티의 참가는 (　　) 가 아니다.

1 강행　　2 강호
3 강제　　4 강요

해설 선택지가 모두 명사이다. 괄호 앞뒤의 내용과 함께 쓸 때 **参加は強制ではない**(참가는 강제가 아니다)가 가장 자연스러우므로 3 **強制**(강제)가 정답이다. 1은 **工事は強行できない**(공사는 강행할 수 없다), 2는 **あのチームは強豪ではない**(저 팀은 강호가 아니다), 4는 **飲酒を強要してはいけない**(음주를 강요해서는 안 된다)로 자주 쓰인다.

어휘 参加 さんか 명 참가　強行 きょうこう 명 강행
強豪 きょうごう 명 강호　強制 きょうせい 명 강제
強要 きょうよう 명 강요

13

10년쯤 전에는 농업에 생활의 (　　　) 을 두고 있었다.

1 기초　　2 기본
3 기반　　4 기준

해설 선택지가 모두 명사이다. 괄호 앞뒤의 내용과 함께 쓸 때 **農業に生活の基盤を置いていた**(농업에 생활의 기반을 두고 있었다)가 가장 자연스러우므로 3 **基盤**(기반)이 정답이다. 1은 **料理の基礎**(요리의 기초), 2는 **動作の基本**(동작의 기본), 4는 **評価の基準**(평가의 기준)으로 자주 쓰인다.

어휘 ひと昔 ひとむかし 명 10년쯤　農業 のうぎょう 명 농업
基礎 きそ 명 기초　基本 きほん 명 기본　基盤 きばん 명 기반
基準 きじゅん 명 기준

실전 테스트 3

p.78

7 1　**8** 3　**9** 2　**10** 4　**11** 1
12 3　**13** 4

문제 2 (　　　) 에 들어갈 가장 알맞은 것을, 1·2·3·4에서 하나 고르세요.

7

할아버지의 병세는 아직 (　　　) 을 허락하지 않는 상황입니다.

1 예단　　2 예비
3 유예　　4 예조

해설 선택지가 모두 명사이다. 괄호 앞뒤의 내용과 함께 쓸 때 **病状は未だ予断を許さない**(병세는 아직 예단을 허락하지 않는)가 가장 자연스러우므로 1 **予断**(예단)이 정답이다. 2는 **予備を確保しない**(예비를 확보하지 않다), 3은 **猶予を与えない**(유예를 주지 않다), 4는 **予兆を捉えられない**(예조를 포착할 수 없다)로 자주 쓰인다.

어휘 祖父 そふ 명 할아버지　病状 びょうじょう 명 병세
未だ いまだ 부 아직, 이때까지　許す ゆるす 동 허락하다, 허용하다
状況 じょうきょう 명 상황　予断 よだん 명 예단　予備 よび 명 예비
猶予 ゆうよ 명 유예　予兆 よちょう 명 예조, 전조

8

그의 생각을 (　　　) 받아들일 수가 없다.

1 차분하게　　2 멍하니
3 쉽게　　4 서서히

해설 선택지가 모두 부사이다. 괄호 앞뒤의 내용과 함께 쓸 때 **考えをすんなり受け入れる**(생각을 쉽게 받아들일)가 가장 자연스러우므로 3 **すんなり**(쉽게)가 정답이다. 1은 **話をしんみり聞く**(이야기를 차분하게 듣다), 2는 **月をぼんやり眺める**(달을 멍하니 바라보다), 4는 **気持ちがじんわり伝わる**(마음이 서서히 전해지다)로 자주 쓰인다.

어휘 考え かんがえ 명 생각　受け入れる うけいれる 동 받아들이다
しんみり 부 차분하게　ぼんやり 부 멍하니　すんなり 부 쉽게
じんわり 부 서서히

9

언니는 지쳐 있었는지, 버스의 창문에 (　　　) 잠들어 버렸다.

1 접어들어서　　**2 기대서**
3 대들어서　　4 덮쳐 눌러서

해설 선택지가 모두 동사이다. 괄호 앞의 **バスの窓に**(버스의 창문에)와 함께 쓸 때 **バスの窓に寄り掛かって**(버스의 창문에 기대서)가 가장 자연스러우므로 2 **寄り掛かって**(기대서)가 정답이다. 1은 **山の頂上に差し掛かって**(산의 정상에 접어들어서), 3은 **生徒が教師に突っ掛かって**(학생이 교사에게 대들어서), 4는 **重い物が伸し掛かって**(무거운 것이 덮쳐 눌러서)로 자주 쓰인다.

어휘 差し掛かる さしかかる 동 접어들다
寄り掛かる よりかかる 동 기대다
突っ掛かる つっかかる 동 대들다, 달려들다
伸し掛かる のしかかる 동 덮쳐 누르다

10

후계자를 (　　　) 하는 것도 회사에 있어서는 중요한 과제입니다.

1 재배　　2 촉진
3 부양　　**4 육성**

해설 선택지가 모두 명사이다. 괄호 앞의 **後継者を**(후계자를)와 함께 쓸 때 **後継者を育成する**(후계자를 육성하는)가 가장 자연스러우므로 4 **育成**(육성)이 정답이다. 1은 **野菜を栽培する**(야채를 재배하다), 2는 **技術発展を促進する**(기술발전을 촉진하다), 3은 **親を扶養する**(부모를 부양하다)로 자주 쓰인다.

어휘 後継者 こうけいしゃ 명 후계자　重要だ じゅうようだ な형 중요하다
課題 かだい 명 과제　栽培 さいばい 명 재배
促進 そくしん 명 촉진　扶養 ふよう 명 부양　育成 いくせい 명 육성

11

그녀는 가난한 사람들을 위해서 생애를 (　　　) 사람입니다.

1 바친　　2 섬긴
3 던진　　4 납입한

해설 선택지가 모두 동사이다. 괄호 앞의 **人々のために生涯を**(사람들을 위해서 생애를)와 함께 쓸 때 **人々のために生涯を捧げた**(사람들을 위해서 생애를 바친)가 가장 자연스러우므로 1 **捧げた**(바친)가 정답이다. 2는 **神に仕えた**(신을 섬겼다), 3은 **身を投じた**(몸을 던졌다), 4는 **取得税を納めた**(취득세를 납입했다)로 자주 쓰인다.

어휘 貧しい まずしい い형 가난하다　生涯 しょうがい 명 생애

捧げる ささげる 동 바치다, 받들어 올리다
仕える つかえる 동 섬기다, 봉사하다
投じる とうじる 동 던지다, 집어넣다
納める おさめる 동 납입하다, 바치다

12

이번 여행의 목적은 가을의 (　　) 을 만끽하는 것입니다.

1 뒷맛　　2 가미
3 미각　　4 맛을 봄

해설 선택지가 모두 명사이다. 괄호 앞뒤의 내용과 함께 쓸 때 **秋の味覚を満喫**(가을의 미각을 만끽)가 가장 자연스러우므로 3 **味覚**(미각)가 정답이다. 1은 **苦い後味を残す**(언짢은 뒷맛을 남기다), 2는 **経営上の判断を加味する**(경영상의 판단을 가미하다), 4는 **料理の味見をする**(요리의 맛을 보다)로 자주 쓰인다.

어휘 今回 こんかい 명 이번　目的 もくてき 명 목적
満喫 まんきつ 명 만끽　後味 あとあじ 명 뒷맛　加味 かみ 명 가미
味覚 みかく 명 미각　味見 あじみ 명 맛을 봄, 간을 봄

13

이 병원에서는 인터넷으로 진찰 예약을 하는 (　　) 을 도입하고 있다.

1 메커니즘　　2 커리큘럼
3 노하우　　**4 시스템**

해설 선택지가 모두 명사이다. 괄호 앞의 **診察の予約をする**(진찰 예약을 하는)와 함께 쓸 때 **診察の予約をするシステム**(진찰 예약을 하는 시스템)가 가장 자연스러우므로 4 **システム**(시스템)가 정답이다. 1은 **痛みを抑えるメカニズム**(통증을 억제하는 메커니즘), 2는 **想像力を育成するカリキュラム**(상상력을 육성하는 커리큘럼), 3은 **報告書を作成するノウハウ**(보고서를 작성하는 노하우)로 자주 쓰인다.

어휘 インターネット 명 인터넷　診察 しんさつ 명 진찰
導入 どうにゅう 명 도입　メカニズム 명 메커니즘
カリキュラム 명 커리큘럼　ノウハウ 명 노하우　システム 명 시스템

실전 테스트 4

p.79

7 1　**8** 3　**9** 4　**10** 3　**11** 2
12 4　**13** 3

문제 2 (　　) 에 들어갈 가장 알맞은 것을, 1・2・3・4에서 하나 고르세요.

7

목까지 나오려는 분노의 말을 (　　), 냉정해지려고 애썼다.

1 삼키고　　2 악물고
3 물리치고　　4 받아들이고

해설 선택지가 모두 동사이다. 괄호 앞의 **怒りの言葉を**(분노의 말을)와 함께 쓸 때 **怒りの言葉を飲み込み**(분노의 말을 삼키고)가 가장 자연스러우므로 1 **飲み込み**(삼키고)가 정답이다. 2는 **歯を噛みしめ**(이를 악물고), 3은 **敵を押し返し**(적을 물리치고), 4는 **批判を受け止め**(비판을 받아들이고)로 자주 쓰인다.

어휘 出かかる でかかる 동 나오려고 하다　怒り いかり 명 분노
冷静だ れいせいだ な형 냉정하다　努める つとめる 동 애쓰다
飲み込む のみこむ 동 삼키다, 참다
噛みしめる かみしめる 동 악물다　押し返す おしかえす 동 물리치다
受け止める うけとめる 동 받아들이다

8

지진으로 붕괴된 주택을 (　　) 하려면, 그 나름의 시간이 필요해진다.

1 신축　　2 개장
3 재건　　4 설계

해설 선택지가 모두 명사이다. 괄호 앞의 **崩壊した住宅を**(붕괴된 주택을)와 함께 쓸 때 **崩壊した住宅を再建する**(붕괴된 주택을 재건하려)가 가장 자연스러우므로 3 **再建**(재건)이 정답이다. 1은 **一戸建てを新築する**(단독주택을 신축하다), 2는 **古い建物を改装する**(오래된 건물을 개장하다), 4는 **自分で家を設計する**(스스로 집을 설계하다)로 자주 쓰인다.

어휘 崩壊 ほうかい 명 붕괴　住宅 じゅうたく 명 주택
それなり 그 나름, 그런대로　新築 しんちく 명 신축
改装 かいそう 명 개장　再建 さいけん 명 재건
設計 せっけい 명 설계

9

몇백 그루의 나무들이 (　　) 줄지어 서있는 모습은 압권이다.

1 막연히　　2 훨씬
3 공연히　　**4 가지런히**

해설 선택지가 모두 부사이다. 괄호 앞뒤의 내용과 함께 쓸 때 **木々が整然と立ち並んでいる**(나무들이 가지런히 줄지어 서있는)가 가장 자연스러우므로 4 **整然と**(가지런히)가 정답이다. 1은 **計画を漠然と立てている**(목표를 막연히 세우고 있다), 2는 **勝率が断然と高くなる**(승률이 훨씬 높아지다), 3은 **情報が公然と知られている**(정보가 공연히 알려져 있다)로 자주 쓰인다.

어휘 木々 きぎ 명 나무들　立ち並ぶ たちならぶ 동 줄지어 서다
様 さま 명 모습, 모양　圧巻 あっかん 명 압권
漠然と ばくぜんと 부 막연히　断然と だんぜんと 부 훨씬
公然と こうぜんと 부 공연히
整然と せいぜんと 부 가지런히, 정연히

10

이번에 개발된 신소재는 (　　) 분야에서 주목을 모으고 있다.

1 널찍한　　2 뿌리깊은
3 폭넓은　　4 깊숙한

해설 선택지가 모두 형용사이다. 괄호 뒤의 **分野からの注目**(분야에서 주목)와 함께 쓸 때 **幅広い分野からの注目**(폭넓은 분야에서 주목)가 가장 자연스러우므로 3 **幅広い**(폭넓은)가 정답이다. 1은 **手広い空間**(널찍한 공간), 2는 **根深い誤解**(뿌리깊은 오해), 4는 **奥深い山地**(깊숙한 산지)로 자주 쓰인다.

어휘 **今回** こんかい [명] 이번　**開発** かいはつ [명] 개발
新素材 しんそざい [명] 신소재　**分野** ぶんや [명] 분야
注目 ちゅうもく [명] 주목　**手広い** てびろい [い형] 널찍하다
根深い ねぶかい [い형] 뿌리깊다　**幅広い** はばひろい [い형] 폭넓다
奥深い おくぶかい [い형] 깊숙하다

11

대학시절의 친구에게 그의 결혼식으로의 참가를 (　　) 받았다.

1 원조　　**2 제안**
3 촉진　　4 장려

해설 선택지가 모두 명사이다. 괄호 앞의 **結婚式への参加を**(결혼식으로의 참가를)와 함께 쓸 때 **結婚式への参加を打診された**(결혼식으로의 참가를 제안받았다)가 가장 자연스러우므로 2 **打診**(제안)이 정답이다. 1은 **奨学金を援助された**(장학금을 원조받았다), 3은 **雇用が促進された**(고용이 촉진되었다), 4는 **貯蓄が奨励された**(저축이 장려되었다)로 자주 쓰인다.

어휘 **大学時代** だいがくじだい [명] 대학시절　**友人** ゆうじん [명] 친구
結婚式 けっこんしき [명] 결혼식　**参加** さんか [명] 참가
援助 えんじょ [명] 원조　**打診** だしん [명] 제안, 타진
促進 そくしん [명] 촉진　**奨励** しょうれい [명] 장려

12

까마귀가 쓰레기를 (　　) 않도록 대책을 취했지만 효과는 없었던 것 같다.

1 떠들지　　2 흩뜨리지
3 부수지　　**4 엉망으로 만들지**

해설 선택지가 모두 동사이다. 괄호 앞뒤의 내용과 함께 쓸 때 **カラスがごみを荒らさないように**(까마귀가 쓰레기를 엉망으로 만들지 않도록)가 가장 자연스러우므로 4 **荒らさ**(엉망으로 만들지)가 정답이다. 1은 **深夜は騒がないように**(심야에는 떠들지 않도록), 2는 **服装を乱さないように**(복장을 흩뜨리지 않도록), 3은 **物を壊さないように**(물건을 부수지 않도록)로 자주 쓰인다.

어휘 **カラス** [명] 까마귀　**対策** たいさく [명] 대책　**効果** こうか [명] 효과
騒ぐ さわぐ [동] 떠들다　**乱す** みだす [동] 흩뜨리다, 어지럽히다
壊す こわす [동] 부수다　**荒らす** あらす [동] 엉망으로 만들다, 휩쓸다

13

다나카 씨는 상대의 기분을 상하게 하지 않도록 (　　) 주의 주는 것이 능숙하다.

1 사뿐히　　2 딱
3 부드럽게　　4 촉촉하게

해설 선택지가 모두 부사이다. 괄호 뒤의 **注意する**(주의 주는)와 함께 쓸 때 **やんわり注意する**(부드럽게 주의 주는)가 가장 자연스러우므로 3 **やんわり**(부드럽게)가 정답이다. 1은 **ふんわり着地する**(사뿐히 착지하다), 2는 **ぴったり貼り付ける**(딱 붙이다), 4는 **しっとり保湿する**(촉촉하게 보습하다)로 자주 쓰인다.

어휘 **相手** あいて [명] 상대
気を悪くする きをわるくする 기분을 상하게 하다
ふんわり [부] 사뿐히, 포근히　**ぴったり** [부] 딱, 꽉
やんわり [부] 부드럽게　**しっとり** [부] 촉촉하게

문제 3 유의 표현

실력 다지기

p.92

01 ① (근심 - 걱정)
02 ② (살펴보다 - 검토하다)
03 ④ (인정이 많다 - 관대하다)
04 ③ (저절로 - 자연히)
05 ③ (아마추어 - 초보자)
06 ① (당분간 - 잠깐)
07 ④ (순간 - 짧은 사이)
08 ② (손들었다 - 어쩔 수 없다)
09 ④ (이례의 - 드문)
10 ③ (작은 소리로 말하다 - 속삭이다)
11 ① (염원 - 동경)
12 ② (빠져나가다 - 벗어나다)
13 ③ (꼼꼼하다 - 성실하다)
14 ② (돌연 - 느닷없이)
15 ④ (메커니즘 - 구조)
16 ① (포기하지 않고 - 끈질기게)
17 ③ (무상으로 - 그냥)
18 ④ (찌푸린 날씨 - 흐리고 어두웠다)
19 ② (불안한 점 - 어려운 점)
20 ① (기쁜 소식 - 낭보)

실전 테스트 1

p.94

14 2　**15** 4　**16** 1　**17** 3　**18** 2　**19** 1

문제3 ＿＿의 말에 의미가 가장 가까운 것을, 1・2・3・4에서 하나 고르세요.

14

세일이 고지되어 있는 종이를 뿌렸다.

1 인쇄했다　**2 배부했다**
3 폐기했다　4 발주했다

해설 **ばらまいた**는 '뿌렸다'라는 의미로, 동의어인 2 **配布した**(배부했다)가 정답이다.

어휘 **セール** 명 세일　**告知 こくち** 명 고지, 알림
ばらまく 동 뿌리다, 흩뿌리다　**印刷 いんさつ** 명 인쇄
配布 はいふ 명 배부　**廃棄 はいき** 명 폐기
発注 はっちゅう 명 발주

15

결점을 굳이 말하자면 가격이 비싼 점이라고 생각한다.

1 다시　2 정확히
3 겸사겸사　**4 구태여**

해설 **敢えて**는 '굳이'라는 의미로, 동의어인 4 **強いて**(구태여)가 정답이다.

어휘 **欠点 けってん** 명 결점　**敢えて あえて** 부 굳이, 억지로
値段 ねだん 명 가격　**改めて あらためて** 부 다시　**ずばり** 부 정확히
ついでに 부 겸사겸사　**強いて しいて** 부 구태여, 억지로

16

다나카 씨는 돌연 맥락이 없는 이야기를 시작했다.

1 연관　2 절차
3 정리　4 목적

해설 **脈絡**는 '맥락'이라는 의미로, 동의어인 1 **つながり**(연관)가 정답이다.

어휘 **突然 とつぜん** 부 돌연　**脈絡 みゃくらく** 명 맥락　**つながり** 명 연관
筋道 すじみち 명 절차　**まとまり** 명 정리, 통합　**目的 もくてき** 명 목적

17

예전에는 자주 친구와 겨루었었다.

1 서로 통했　2 말다툼했
3 경쟁했　4 격의 없이 어울렸

해설 **張り合って**는 '겨루었'이라는 의미로, 동의어인 3 **競い合って**(경쟁했)가 정답이다.

어휘 **昔 むかし** 명 예전, 옛날　**張り合う はりあう** 동 겨루다
通じ合う つうじあう 동 서로 통하다
言い合う いいあう 동 말다툼하다, 언쟁하다
競い合う きそいあう 동 경쟁하다, 서로 힘쓰다
解け合う とけあう 동 격의 없이 어울리다, 화합하다

18

트러블은 있는 힘을 다해 피하도록 하고 있습니다.

1 가능하다면　**2 할 수 있는 한**
3 어느 정도　4 그럭저럭

해설 **極力**는 '있는 힘을 다해'라는 의미로, 단어의 뜻을 올바르게 풀어 쓴 표현인 2 **できる限り**(할 수 있는 한)가 정답이다.

어휘 **トラブル** 명 트러블　**極力 きょくりょく** 부 있는 힘을 다해, 극력
避ける さける 동 피하다　**可能だ かのうだ** な형 가능하다
できる限り できるかぎり 할 수 있는 한　**程度 ていど** 명 정도
どうにか 그럭저럭

19

확인은 상세하고 정성스럽게 해 주세요.

1 유념하여　2 신속하게
3 은밀하게　4 간결하게

해설 **細かく丁寧に**는 '상세하고 정성스럽게'라는 의미이다. 이와 교체하여도 문장의 의미가 바뀌지 않는 1 **入念に**(유념하여)가 정답이다.

어휘 **確認 かくにん** 명 확인　**細かい こまかい** い형 상세하다
丁寧だ ていねいだ な형 정성스럽다
入念だ にゅうねんだ な형 유념하다
迅速だ じんそくだ な형 신속하다
内密だ ないみつだ な형 은밀하다, 내밀하다
簡潔だ かんけつだ な형 간결하다

실전 테스트 2

p.95

14 2　**15** 3　**16** 2　**17** 4　**18** 1　**19** 3

문제3 ＿＿의 말에 의미가 가장 가까운 것을, 1・2・3・4에서 하나 고르세요.

14

그는 이야기를 중지하려고 했다.

1 정리하려　**2 중단하려**
3 전개하려　4 속행하려

해설 **打ち切ろう**는 '중지하려'라는 의미로, 동의어인 2 **中断しよう**(중단하려)가 정답이다.

어휘 **打ち切る うちきる** 동 중지하다　**整理 せいり** 명 정리
中断 ちゅうだん 명 중단　**展開 てんかい** 명 전개
続行 ぞっこう 명 속행, 계속 함

15

무대를 설치할 빈 공간을 확보해 주세요.

1 일손　　2 예산
3 빈 곳　　4 기간

해설 スペース는 '빈 공간'이라는 의미로, 동의어인 3 空き(빈 곳)가 정답이다.

어휘 舞台 ぶたい 명 무대　設置 せっち 명 설치　スペース 명 빈 공간
確保 かくほ 명 확보　人手 ひとで 명 일손　予算 よさん 명 예산
空き あき 명 빈 곳　期間 きかん 명 기간

16

그 날에 있었던 사소한 일을 일기에 남기고 있다.

1 싫은　　**2 작은**
3 중요한　　4 기쁜

해설 些細な는 '사소한'이라는 의미로, 동의어인 2 小さな(작은)가 정답이다.

어휘 些細だ ささいだ な형 사소하다　出来事 できごと 명 일, 사건
残す のこす 동 남기다　嫌だ いやだ な형 싫다
小さな ちいさな 작은　重要だ じゅうようだ な형 중요하다
うれしい い형 기쁘다

17

1년 간의 업무 정지 명령을 철회했다.

1 거부했다　　2 준수했다
3 내렸다　　**4 취소했다**

해설 撤回した는 '철회했다'라는 의미로, 동의어인 4 取り消した(취소했다)가 정답이다.

어휘 業務 ぎょうむ 명 업무　停止 ていし 명 정지
命令 めいれい 명 명령　撤回 てっかい 명 철회
拒否 きょひ 명 거부　遵守 じゅんしゅ 명 준수
下す くだす 동 내리다　取り消す とりけす 동 취소하다

18

어머니에게 마음에 드는 옷을 나쁘게 들었다.

1 욕먹었다　　2 금지당했다
3 처분당했다　　4 판정받았다

해설 悪く言われた는 '나쁘게 들었다'라는 의미이다. 이와 교체하여도 문장의 의미가 바뀌지 않는 1 けなされた(욕먹었다)가 정답이다.

어휘 お気に入り おきにいり 명 마음에 듦　けなす 동 욕하다, 비방하다
禁じる きんじる 동 금지하다, 금하다　処分 しょぶん 명 처분
裁断 さいだん 명 판정, 재단

19

아버지가 배우였다니 당장에는 믿기지 않는다.

1 보통은　　2 아무래도
3 바로는　　4 역시

해설 にわかには는 '당장에는'이라는 의미이다. 이와 교체하여도 문장의 의미가 바뀌지 않는 3 すぐには(바로는)가 정답이다.

어휘 俳優 はいゆう 명 배우　にわかだ な형 당장이다, 갑작스럽다
信じる しんじる 동 믿다　どうしても 아무래도　やはり 부 역시

실전 테스트 3

p.96

14 2　**15** 2　**16** 1　**17** 3　**18** 3　**19** 4

문제 3 ＿＿＿의 말에 의미가 가장 가까운 것을, 1・2・3・4에서 하나 고르세요.

14

부장은 부하의 수많은 부정을 책망했다.

1 고발했다　　**2 추궁했다**
3 막았다　　4 묵인했다

해설 とがめた는 '책망했다'라는 의미로, 동의어인 2 追及した(추궁했다)가 정답이다.

어휘 部下 ぶか 명 부하　数々 かずかず 명 수많음　不正 ふせい 명 부정
とがめる 동 책망하다　告発 こくはつ 명 고발
追及 ついきゅう 명 추궁　食い止める くいとめる 동 막다, 저지하다
見逃す みのがす 동 묵인하다

15

이 지하에서 대규모 집회가 은밀히 행해지고 있다는 정보를 얻었다.

1 가끔　　**2 몰래**
3 빈번히　　4 틀림없이

해설 ひそかに는 '은밀히'라는 의미로, 동의어인 2 こっそり(몰래)가 정답이다.

어휘 地下 ちか 명 지하　大規模だ だいきぼだ な형 대규모다
集会 しゅうかい 명 집회　ひそかだ な형 은밀하다
情報 じょうほう 명 정보　得る える 동 얻다
ときおり 부 가끔, 때때로　こっそり 부 몰래, 가만히
頻繁だ ひんぱんだ な형 빈번하다　まさに 부 틀림없이, 정말로

16

어제, 손님으로부터 클레임을 받았다.

1 불평　　2 조언
3 질문　　4 요망

해설 クレームは '클레임'이라는 의미로, 동의어인 1 苦情(불평)가 정답이다.

어휘 お客様 おきゃくさま 명 손님　クレーム 명 클레임
苦情 くじょう 명 불평　助言 じょげん 명 조언
要望 ようぼう 명 요망

17

야마모토 씨는 무언가를 착각하고 있음에 틀림없다.

1 번민하고　2 두려워하고
3 잘못 생각하고　4 자각하고

해설 錯覚しては '착각하고'라는 의미로, 동의어인 3 勘違いして(잘못 생각하고)가 정답이다.

어휘 錯覚 さっかく 명 착각　思い悩む おもいなやむ 동 번민하다, 고민하다
危惧 きぐ 명 두려워함　勘違い かんちがい 명 잘못 생각함
自覚 じかく 명 자각

18

외국어 학습에 있어서, 책의 낭독은 지극히 유효한 방법이라고 할 수 있다.

1 그런대로　2 확실히
3 더할 나위 없이　4 의외로

해설 極めては '지극히'라는 의미로, 단어의 뜻을 올바르게 풀어 쓴 표현인 3 この上なく(더할 나위 없이)가 정답이다.

어휘 外国語 がいこくご 명 외국어　学習 がくしゅう 명 학습
音読 おんどく 명 낭독, 음독　極めて きわめて 부 지극히, 매우
有効だ ゆうこうだ な형 유효하다　方法 ほうほう 명 방법
それなり 그런대로, 그 나름　この上ない このうえない 더할 나위 없다
思いのほか おもいのほか 의외로, 뜻밖에

19

그 사태를 막을 도리가 없었다.

1 생각이 없었다　2 필요가 없었다
3 이유가 없었다　**4 방법이 없었다**

해설 すべがなかったは '도리가 없었다'라는 의미이다. 이와 교체하여도 문장의 의미가 바뀌지 않는 4 方法がなかった(방법이 없었다)가 정답이다.

어휘 事態 じたい 명 사태　防ぐ ふせぐ 동 막다, 저지하다
すべ 명 도리, 방법　方法 ほうほう 명 방법

실전 테스트 4

p.97

14 3　**15** 4　**16** 4　**17** 1　**18** 1　**19** 3

문제 3 ＿＿의 말에 의미가 가장 가까운 것을, 1・2・3・4에서 하나 고르세요.

14

인생의 중요한 국면에 접어들었다.

1 조우했다　2 직면했다
3 도달했다　4 임했다

해설 差し掛かったは '접어들었다'라는 의미로, 동의어인 3 到達した(도달했다)가 정답이다.

어휘 人生 じんせい 명 인생　局面 きょくめん 명 국면
差し掛かる さしかかる 동 접어들다, 다다르다　遭遇 そうぐう 명 조우
立ち向かう たちむかう 동 직면하다　到達 とうたつ 명 도달
臨む のぞむ 동 임하다, 향하다

15

경기 회복의 전망에 대해, 의논을 펼쳤다.

1 조짐　2 가능성
3 배경　**4 전망**

해설 めどは '전망'이라는 의미로, 동의어인 4 見通し(전망)가 정답이다.

어휘 景気 けいき 명 경기　回復 かいふく 명 회복　めど 명 전망, 목표
～について ~에 대해　議論 ぎろん 명 의논
繰り広げる くりひろげる 동 펼치다　兆し きざし 명 조짐, 징조
可能性 かのうせい 명 가능성　背景 はいけい 명 배경
見通し みとおし 명 전망

16

다카하시 씨는 예전부터 시간에 루스한 사람이다.

1 시끄러운　2 정확한
3 무관심한　**4 야무지지 못한**

해설 ルーズなは '루스한'이라는 의미로, 동의어인 4 だらしない(야무지지 못한)가 정답이다.

어휘 ルーズだ な형 루스하다, 헐렁하다　うるさい い형 시끄럽다
正確だ せいかくだ な형 정확하다
無関心だ むかんしんだ な형 무관심하다
だらしない い형 야무지지 못하다

17

그 그래프에는 현상이 단적으로 나타나 있었다.

1 명백하게　2 상세하게
3 대략적으로　4 의외로

해설 端的には '단적으로'라는 의미로, 동의어인 1 明白に(명백하게)가 정답이다.

어휘 グラフ 명 그래프　現状 げんじょう 명 현상, 현재의 상태
端的だ たんてきだ な형 단적이다　現れる あらわれる 동 나타나다

明白だ めいはくだ [な형] 명백하다　詳細だ しょうさいだ [な형] 상세하다
大まかだ おおまかだ [な형] 대략적이다　意外だ いがいだ [な형] 의외다

18

다수의 훌륭한 작품에 자극을 받아, 창작 활동을 재개했다.

1 촉발되어　　2 유혹되어
3 매혹되어　　4 혜택받아

해설 刺激を受ける '자극을 받아'라는 의미이다. 이와 교체하여도 문장의 의미가 바뀌지 않는 1 触発され(촉발되어)가 정답이다.

어휘 数々 かずかず [명] 다수, 수가 많음　作品 さくひん [명] 작품
刺激 しげき [명] 자극　創作 そうさく [명] 창작　活動 かつどう [명] 활동
再開 さいかい [명] 재개　触発 しょくはつ [명] 촉발
誘惑 ゆうわく [명] 유혹　魅する みする [동] 매혹하다
恵まれる めぐまれる [동] 혜택받다

19

그는 그녀의 말을 듣자마자, 불끈한 표정을 지었다.

1 기쁜 것 같은　　2 슬픈 것 같은
3 화난 듯한　　4 놀란 듯한

해설 むっとした는 '불끈한'이라는 의미이다. 이와 교체하여도 문장의 의미가 바뀌지 않는 3 怒ったような(화난 듯한)가 정답이다.

어휘 むっと [부] (화가)불끈　表情 ひょうじょう [명] 표정
嬉しい うれしい [い형] 기쁘다　悲しい かなしい [い형] 슬프다
怒る おこる [동] 화내다　驚く おどろく [동] 놀라다

용법

실력 다지기

p.114

01 ①	02 ①	03 ②	04 ②	05 ①	06 ②
07 ②	08 ①	09 ②	10 ②	11 ①	12 ①

01

발췌

① 복수의 노래 가사를 발췌해서 재미있는 곡을 만들었다.
② 그녀에게 발췌된 사람은 모두 유명한 모델이 된다.

어휘 抜粋 ばっすい [명] 발췌　複数 ふくすう [명] 복수　歌詞 かし [명] 가사
曲 きょく [명] 곡　モデル [명] 모델

02

경솔

① 얼굴이 알려져 있는 사람치고는, 너무나도 경솔한 행동을 했다.
② 악기 중에서도 경솔한 음이 나는 드럼이 취향이다.

어휘 軽率だ けいそつだ [な형] 경솔하다　あまりにも [부] 너무나도
行動 こうどう [명] 행동　楽器 がっき [명] 악기　ドラム [명] 드럼
好み このみ [명] 취향

03

환원

① 이 제품은 작아도, 공기를 환원시키는 기능은 뛰어나다.
② 국가나 자치체로부터 지원을 받았기 때문에, 사회에 이익을 환원하는 것은 당연하다.

어휘 還元 かんげん [명] 환원　製品 せいひん [명] 제품
機能 きのう [명] 기능　優れる すぐれる [동] 뛰어나다
自治体 じちたい [명] 자치체　支援 しえん [명] 지원
利益 りえき [명] 이익　当然だ とうぜんだ [な형] 당연하다

04

면제

① 그 경찰관을 면제해야만 한다는 국민의 목소리가 높아지고 있다.
② 전년도의 성적이 좋았기 때문에, 이번 학기의 수업료를 면제 받았다.

어휘 免除 めんじょ [명] 면제　警察官 けいさつかん [명] 경찰관
国民 こくみん [명] 국민　声があがる こえがあがる 목소리가 높아지다
前年度 ぜんねんど [명] 전년도　成績 せいせき [명] 성적
今学期 こんがっき 이번 학기　授業料 じゅぎょうりょう [명] 수업료

05

대체로

① 평가가 대체로 높기 때문에, 긍정적으로 검토해줄 것이다.
② 정부의 지시에 따르지 않고, 국민의 건강을 위태롭게 하는 행위는 대체로 용서할 수 없다.

어휘 総じて そうじて [부] 대체로　評価 ひょうか [명] 평가
肯定的だ こうていてきだ [な형] 긍정적이다　検討 けんとう [명] 검토
政府 せいふ [명] 정부　指示 しじ [명] 지시　従う したがう [동] 따르다
国民 こくみん [명] 국민　健康 けんこう [명] 건강
危うい あやうい [い형] 위태롭다　行為 こうい [명] 행위
許す ゆるす [동] 용서하다

06

경과하다

① 여름은 주의를 경과하여 열사병에 걸리는 일이 없도록 신경 써야만 한다.
② 세월이 경과하여, 이미 얼굴이나 이름을 떠올릴 수 없게 되었다.

어휘 隔たる へだたる [동] 경과하다
熱中症 ねっちゅうしょう [명] 열사병, 열중증
気を使う きをつかう 신경 쓰다　年月 ねんげつ [명] 세월
すでに [부] 이미

07

기준

① 재산이 아니라, 그 사람의 인맥을 기준으로 접근했다고 한다.

② 건강을 유지하기 위해, 매일 30분을 기준으로 운동하고 있다.

어휘 目安 めやす 명 기준, 목표 財産 ざいさん 명 재산
人脈 じんみゃく 명 인맥 近づく ちかづく 동 접근하다
健康 けんこう 명 건강 保つ たもつ 동 유지하다

08

스스럼없다

① 그는 초면인 사람에 대해서도 스스럼없는 태도를 취한다.

② 광고에서는 이 약만 먹으면 언제까지고 스스럼없이 있을 수 있다고 한다.

어휘 馴れ馴れしい なれなれしい い형 스스럼없다
初対面 しょたいめん 명 초면, 첫 대면 態度 たいど 명 태도
広告 こうこく 명 광고

09

찢어지다

① 그저 말을 안 하고 있으면, 오해가 찢어지지 않기 때문에 용기를 냈다.

② 인파 속에서 소중한 옷이 찢어져버렸다.

어휘 裂ける さける 동 찢어지다 ただ 부 그저, 단지
黙る だまる 동 말을 안 하다 誤解 ごかい 명 오해
勇気 ゆうき 명 용기 人込み ひとごみ 명 인파
とっておき 명 소중함 衣服 いふく 명 옷, 의복

10

대신 지불하다

① 큰 그림을 사서, 인테리어로서 일부러 벽에 대신 지불해두었다.

② 수중에 현금이 없었기 때문에, 친구에게 참가비를 대신 지불해 받았다.

어휘 立て替える たてかえる 동 대신 지불하다 インテリア 명 인테리어
わざと 부 일부러 手元 てもと 명 수중 現金 げんきん 명 현금
参加費 さんかひ 명 참가비

11

조달

① 빈곤한 생활 때문에, 식료를 조달하는 것조차 제대로 할 수 없다.

② 해외 진출을 위해, 소비자의 인식에 관해 조달하고 있다.

어휘 調達 ちょうたつ 명 조달 貧困 ひんこん 명 빈곤
暮らし くらし 명 생활 食料 しょくりょう 명 식료, 음식
ろくに 부 제대로 海外 かいがい 명 해외 進出 しんしゅつ 명 진출
消費者 しょうひしゃ 명 소비자 認識 にんしき 명 인식

12

절실

① 올해야말로 수험에 합격할 수 있도록, 절실하게 빌었다.

② 절실한 대책을 세우기 위해, 연일 회의가 행해지고 있다.

어휘 切実だ せつじつだ な형 절실하다 受験 じゅけん 명 수험
合格 ごうかく 명 합격 願う ねがう 동 빌다, 기원하다
対策 たいさく 명 대책 連日 れんじつ 명 연일

실전 테스트 1

p.116

20 4 **21** 3 **22** 1 **23** 3 **24** 2 **25** 3

문제4 다음 말의 사용법으로 가장 알맞은 것을, 1・2・3・4에서 하나 고르세요.

20

마련

1 회사 설립 이래, 종업원이 두 배로 증가했기 때문에 새로운 사무소를 마련했다.

2 정부는 장시간 노동을 없애기 위해, 새로운 대책을 마련하기로 했다.

3 다음 달 설명회를 할 예정이기 때문에, 100명 수용 가능한 회장을 마련해 두었다.

4 대학에 다니면서, 스스로 유학 비용을 마련하는 데에 굉장히 고생했다.

해설 **工面**(마련)은 미리 준비하여 갖추는 것을 나타내는 경우에 사용하며, 특히 돈과 관련하여 사용한다. 제시어가 명사이므로 먼저 각 선택지에서 밑줄 앞의 표현과 함께 읽어본다. 4의 **留学の費用を工面する**(유학 비용을 마련하는)에서 올바르게 사용되었으므로 4가 정답이다. 참고로, 1은 **用意**(ようい, 준비), 2는 **工夫**(くふう, 궁리), 3은 **確保**(かくほ, 확보)를 사용하는 것이 올바른 문장이다.

어휘 工面 くめん 명 마련 設立 せつりつ 명 설립 以来 いらい 명 이래
従業員 じゅうぎょういん 명 종업원
倍増 ばいぞう 명 두 배로 증가함, 배가 政府 せいふ 명 정부
長時間 ちょうじかん 명 장시간 労働 ろうどう 명 노동
対策 たいさく 명 대책 説明会 せつめいかい 명 설명회
収容 しゅうよう 명 수용 可能だ かのうだ な형 가능하다
通う かよう 동 다니다 自分で じぶんで 스스로
留学 りゅうがく 명 유학 費用 ひよう 명 비용
苦労 くろう 명 고생, 애씀

21

재해

1 야생동물에게 농작물을 모두 들쑤셔 먹혀서 큰 재해를 입었다.
2 타인에게 재해를 미치는 것과 같은 행동은 삼가지 않으면 안 된다.
3 언제 재해가 발생할지 모르기 때문에, 평소부터 방재 세트를 준비하고 있다.
4 약의 재해로 오히려 증상이 심해지는 경우도 있을 수 있다.

해설 **災害**(재해)는 천재지변 등의 재앙으로 인해 발생하는 피해를 나타내는 경우에 사용한다. 제시어가 명사이므로 먼저 각 선택지에서 밑줄 앞의 표현과 함께 읽어본다. 1의 **大きな災害を受けた**(큰 재해를 입었다)와 3의 **いつ災害が発生するか**(언제 재해가 발생할지) 모두 자연스러우므로, 문장 전체의 문맥을 파악해야 한다. 3의 **いつ災害が発生するかわからないので、日頃から防災セットを準備している**(언제 재해가 발생할지 모르기 때문에, 평소부터 방재 세트를 준비하고 있다)에서 올바르게 사용되었으므로 3이 정답이다. 참고로, 1은 **被害**(ひがい, 피해), 2는 **迷惑**(めいわく, 폐), 4는 **副作用**(ふくさよう, 부작용)를 사용하는 것이 올바른 문장이다.

어휘 **災害** さいがい 명 재해　**野生動物** やせいどうぶつ 명 야생동물
農作物 のうさくぶつ 명 농작물　**全て** すべて 명 모두
食い荒す くいあらす 동 들쑤셔 먹다　**他人** たにん 명 타인
及ぼす およぼす 동 미치다　**行動** こうどう 명 행동
慎む つつしむ 동 삼가다　**発生** はっせい 명 발생
日頃 ひごろ 명 평소, 평상시
防災セット ぼうさいセット 명 방재 세트　**症状** しょうじょう 명 증상
あり得る ありえる 있을 수 있다

22

합치

1 희망 조건에 딱 합치하는 물건이 몇 개나 있어서 고민하고 있다.
2 여행 당일에 역 앞에서 합치하고 나서, 가이드에게 여행 일정의 자세한 설명을 받았다.
3 부부의 수입을 합치해도 신청 요건에는 차지 않았다.
4 대기업과 합치하는 분야에서의 사업 확대를 보류하기로 했다.

해설 **合致**(합치)는 어떤 것이 목적이나 조건에 부합하는 경우, 또는 서로 의견이 맞는 경우에 사용한다. 제시어가 명사이므로 먼저 각 선택지에서 밑줄 앞의 표현과 함께 읽어본다. 1의 **希望の条件にぴったり合致する**(희망 조건에 딱 합치하는)에서 올바르게 사용되었으므로 1이 정답이다. 참고로, 2는 **集合**(しゅうごう, 집합), 3은 **合算**(がっさん, 합산), 4는 **競合**(きょうごう, 경합)를 사용하는 것이 올바른 문장이다.

어휘 **合致** がっち 명 합치　**希望** きぼう 명 희망　**条件** じょうけん 명 조건
ぴったり 부 딱, 꼭　**物件** ぶっけん 명 물건
悩む なやむ 동 고민하다　**当日** とうじつ 명 당일
駅前 えきまえ 명 역 앞　**ガイド** 명 가이드
旅程 りょてい 명 여행 일정　**詳しい** くわしい い형 자세하다
夫婦 ふうふ 명 부부　**収入** しゅうにゅう 명 수입
申し込み もうしこみ 명 신청　**要件** ようけん 명 요건
満つ みつ 동 차다　**大手企業** おおてきぎょう 명 대기업
分野 ぶんや 명 분야　**事業** じぎょう 명 사업　**拡大** かくだい 명 확대
見送る みおくる 동 보류하다

23

터무니없음

1 역 앞의 미용실은 터무니없는 헤어스타일을 연출하는 것을 잘한다.
2 그 여배우는 터무니없는 웃는 얼굴로 중년 남성의 마음을 사로잡고 있다.
3 그 정치가는 사람들의 오해를 부르는 터무니없는 발언을 한 것을 사죄했다.
4 주말에 맞선이 예정되어 있기 때문에, 터무니없는 색의 양복을 구입했다.

해설 **無闇**(터무니없음)는 결과를 생각하지 않고 마구 행동하거나 지나친 모양을 나타내는 경우에 사용한다. 제시어가 형용사이므로 먼저 각 선택지에서 앞 또는 뒤의 표현과 함께 읽어본다. 3의 **誤解を招く無闇な発言**(오해를 부르는 터무니없는 발언)에서 올바르게 사용되었으므로 3이 정답이다. 참고로, 1은 **無造作**(むぞうさ, 아무렇게나 함), 2는 **無邪気**(むじゃき, 천진함), 4는 **無難**(ぶなん, 무난)을 사용하는 것이 올바른 문장이다.

어휘 **無闇だ** むやみだ な형 터무니없다, 함부로 하다
駅前 えきまえ 명 역 앞　**美容院** びよういん 명 미용실
ヘアスタイル 명 헤어스타일　**演出** えんしゅつ 명 연출
得意だ とくいだ な형 잘하다, 숙련되다　**女優** じょゆう 명 여배우
笑顔 えがお 명 웃는 얼굴　**中年** ちゅうねん 명 중년
心を捕らえる こころをとらえる 마음을 사로잡다
政治家 せいじか 명 정치가　**人々** ひとびと 명 사람들
誤解 ごかい 명 오해　**招く** まねく 동 부르다, 초래하다
発言 はつげん 명 발언　**謝罪** しゃざい 명 사죄
週末 しゅうまつ 명 주말　**見合い** みあい 명 맞선
購入 こうにゅう 명 구입

24

단속하다

1 수면 시간을 적절히 단속하는 것은 건강 유지에 있어서 빠뜨릴 수 없습니다.
2 경찰은 사고를 줄이는 것을 목표로 교통 위반을 단속하고 있다.
3 스즈키 씨는 1년간, 부원을 단속하는 리더로서의 역할을 다했다.
4 이 가게에서는 다른 곳에서는 좀처럼 입수할 수 없는 귀중한 수입품을 단속하고 있다.

해설 **取り締まる**(단속하다)는 불법 행위를 감시하고 통제하는 경우에 사용한다. 제시어가 동사이므로 먼저 각 선택지에서 밑줄 앞의 표현과 함께 읽어본다. 2의 **交通違反を取り締まっている**(교통위반을 단속하고 있다)에서 올바르게 사용되었으므로 2가 정답이다. 참고로, 1은 **管理する**(かんりする, 관리하다), 3은 **束ねる**(たばねる, 통솔하

다), 4는 取り扱う(とりあつかう, 다루다)를 사용하는 것이 올바른 문장이다.

어휘 取り締まる とりしまる 동 단속하다 睡眠 すいみん 명 수면
適切だ てきせつだ な형 적절하다 健康 けんこう 명 건강
維持 いじ 명 유지 欠かせない かかせない 빠뜨릴 수 없다
減らす へらす 동 줄이다 目的 もくてき 명 목표, 목적
違反 いはん 명 위반 部員 ぶいん 명 부원 リーダー 명 리더
役割 やくわり 명 역할 果たす はたす 동 다하다
手に入る てにはいる 입수하다, 손에 들어오다
貴重だ きちょうだ な형 귀중하다 輸入品 ゆにゅうひん 명 수입품

25

자유자재

1 아이의 상식에 사로잡히지 않는 자유자재인 발상은, 때때로 어른을 깜짝 놀라게 한다.
2 한 사람의 자유자재인 행동이 주위 사람에게 크고 많은 폐를 끼칠 가능성이 있다.
3 그 장인은 유리를 자유자재로 다뤄서, 기계로는 만들어 낼 수 없는 예술을 만들어 낸다.
4 결혼하고 나서부터, 자유자재로 쓸 수 있는 돈이 극단적으로 줄어버렸다.

해설 自在(자유자재)는 어떤 일을 자신의 생각대로 다루는 경우에 사용한다. 제시어가 형용사이므로 먼저 각 선택지에서 앞 또는 뒤의 표현과 함께 읽어본다. 3의 ガラスを自在に操り(유리를 자유자재로 다뤄서)에서 올바르게 사용되었으므로 3이 정답이다. 참고로, 1은 柔軟(じゅうなん, 유연), 2는 自分勝手(じぶんかって, 제멋대로), 4는 自由(じゆう, 자유)를 사용하는 것이 올바른 문장이다.

어휘 自在だ じざいだ な형 자유자재다, 마음대로다
常識 じょうしき 명 상식 とらわれる 동 사로잡히다
発想 はっそう 명 발상 ときに 때때로 びっくりする 깜짝 놀라다
行動 こうどう 명 행동 周囲 しゅうい 명 주위
人々 ひとびと 명 사람들 多大だ ただいだ な형 크고 많다, 다대하다
迷惑 めいわく 명 폐 与える あたえる 동 끼치다, 주다
可能性 かのうせい 명 가능성 職人 しょくにん 명 장인
操る あやつる 동 다루다 作りだす つくりだす 동 만들어 내다
芸術 げいじゅつ 명 예술 生み出す うみだす 동 (새로) 만들어 내다
極端だ きょくたんだ な형 극단적이다 減る へる 동 줄다

실전 테스트 2

p.118

20 2 **21** 1 **22** 3 **23** 4 **24** 3 **25** 1

문제4 다음 말의 사용법으로 가장 알맞은 것을, 1・2・3・4에서 하나 고르세요.

20

심의

1 경찰에는 범인과 직접 심의하는 특별한 훈련을 받은 경찰관이 있다.
2 의회에서는 저번 달부터 내년의 예산에 관한 법안을 몇 번이나 심의하고 있다.
3 사전 설명도 없이 돌연 수도요금이 인상되어, 주민들은 시에 심의했다.
4 걱정되는 증상이 있으면, 단골 의사에게 심의하도록 하고 있다.

해설 審議(심의)는 안건을 심사하고 의논하는 경우에 사용한다. 제시어가 명사이므로 먼저 각 선택지에서 밑줄 앞의 표현과 함께 읽어본다. 2의 法案を何度も審議している(법안을 몇 번이나 심의하고 있다)에서 올바르게 사용되었으므로 2가 정답이다. 참고로, 1은 交渉(こうしょう, 교섭), 3은 抗議(こうぎ, 항의), 4는 相談(そうだん, 상담)을 사용하는 것이 올바른 문장이다.

어휘 審議 しんぎ 명 심의 犯人 はんにん 명 범인
直接 ちょくせつ 명 직접 訓練 くんれん 명 훈련
警察官 けいさつかん 명 경찰관 議会 ぎかい 명 의회
予算 よさん 명 예산 関する かんする 동 관하다, 관계하다
法案 ほうあん 명 법안 何度 なんど 명 몇 번 事前 じぜん 명 사전
突然 とつぜん 부 돌연 水道料金 すいどうりょうきん 명 수도요금
値上げ ねあげ 명 (가격) 인상 住民 じゅうみん 명 주민
気になる きになる 걱정되다 症状 しょうじょう 명 증상
かかりつけ (병원·의사에 대해) 단골 医師 いし 명 의사

21

공백

1 임신을 계기로 휴직하여 육아에 전념하고 있었던 탓에 공백이 있다.
2 복지시설에 공백으로 큰돈을 기부하는 사람이 끊이지 않습니다.
3 커튼의 공백으로부터 어린 아이가 얼굴을 내밀고 이쪽을 보고 있었다.
4 집 안의 쓸데없는 공백을 유효하게 활용해서 새로운 수납 장소를 확보했다.

해설 ブランク(공백)는 지속되는 것에서 일부분이 빠진 경우에 사용한다. 제시어가 명사이므로 먼저 각 선택지에서 밑줄 앞의 표현과 함께 읽어본다. 1의 育児に専念していたためブランクがある(육아에 전념하고 있었던 탓에 공백이 있다)에서 올바르게 사용되었으므로 1이 정답이다. 참고로, 2는 匿名(とくめい, 익명), 3은 隙間(すきま, 틈), 4는 空間(くうかん, 공간)을 사용하는 것이 올바른 문장이다.

어휘 ブランク 명 공백, 블랭크 休職 きゅうしょく 명 휴직
育児 いくじ 명 육아 専念 せんねん 명 전념
福祉施設 ふくししせつ 명 복지시설 大金 たいきん 명 큰돈, 대금
寄付 きふ 명 기부
後を絶たない あとをたたない (어떤 일이) 끊이지 않다
幼い おさない い형 어리다 のぞかせる 동 내밀다, 내비치다
無駄だ むだだ な형 쓸데없다 有効だ ゆうこうだ な형 유효하다

活用 かつよう 명 활용　新ただ あらただ な형 새롭다
収納 しゅうのう 명 수납　確保 かくほ 명 확보

22

얻다

1 이 가게에서는 점내의 혼잡을 방지하기 위해, 한번에 가게에 들어올 수 있는 인원수를 얻고 있다.
2 야마다 씨는 일에 우선순위를 매기면서 능숙하게 시간을 얻고 있다.
3 이번 선거에서는 신인 후보자가 과반수를 얻어 당선을 이루었다.
4 최신 기술이 탑재되어 있는 차는 급한 발진에 의한 충돌을 얻습니다.

해설 制する(얻다)는 어떤 것을 자신의 것으로 만드는 경우에 사용한다. 제시어가 동사이므로 먼저 각 선택지에서 밑줄 앞의 표현과 함께 읽어본다. 3의 新人の候補者が過半数を制して(신인 후보자가 과반수를 얻어)에서 올바르게 사용되었으므로 3이 정답이다. 참고로, 1은 制限する(せいげんする, 제한하다), 2는 管理する(かんりする, 관리하다), 4는 阻止する(そしする, 저지하다)를 사용하는 것이 올바른 문장이다.

어휘 制する せいする 동 얻다, 지배하다　店内 てんない 명 점내
混雑 こんざつ 명 혼잡　防ぐ ふせぐ 동 방지하다, 막다
入店 にゅうてん 명 가게에 들어옴　人数 にんずう 명 인원수
物事 ものごと 명 일, 사물　優先順位 ゆうせんじゅんい 명 우선순위
選挙 せんきょ 명 선거　新人 しんじん 명 신인, 신참
候補者 こうほしゃ 명 후보자　過半数 かはんすう 명 과반수
当選 とうせん 명 당선　果たす はたす 동 이루다, 달성하다
最新 さいしん 명 최신　搭載 とうさい 명 탑재
急だ きゅうだ な형 급하다　発進 はっしん 명 발진
衝突 しょうとつ 명 충돌

23

재빠르다

1 형은 아버지에게 야단 맞고 의기소침해져 있나 했더니, 재빨리 기운을 회복했다.
2 일본에 있는 그 제트코스터는 세계 제일 재빠른 것으로 유명하다.
3 그녀의 연기에는 관객들을 재빨리 끌어당기는 매력이 있다.
4 스포츠에는 눈앞의 것에 순식간에 대응하는 재빠른 판단력이 필요하다.

해설 素早い(재빠르다)는 머리의 회전이나 행동이 빠른 경우에 사용한다. 제시어가 형용사이므로 먼저 각 선택지에서 앞 또는 뒤의 표현과 함께 읽어본다. 4의 瞬時に対応する素早い判断力(순식간에 대응하는 재빠른 판단력)에서 올바르게 사용되었으므로 4가 정답이다. 참고로, 1은 早い(はやい, 시간이 빠르다), 2는 速い(はやい, 속도가 빠르다)를 사용하는 것이 올바른 문장이다.

어휘 素早い すばやい い형 재빠르다　落ち込む おちこむ 동 의기소침해지다
取り戻す とりもどす 동 회복하다　ジェットコースター 명 제트코스터
演技 えんぎ 명 연기　観客 かんきゃく 명 관객
引きつける ひきつける 동 끌어당기다　魅力 みりょく 명 매력

瞬時 しゅんじ 명 순식간　対応 たいおう 명 대응
判断力 はんだんりょく 명 판단력

24

독이 오르다

1 이 시기는 공기가 독이 오르기 쉽기 때문에, 가습기를 떼어 놓을 수 없다.
2 어제 저녁을 너무 많이 먹었기 때문에 소화불량으로 위가 독이 오르고 있다.
3 지인에게 받은 화장품을 쓰기 시작했더니, 피부가 독이 올라 버렸다.
4 내 모자와 완전히 같은 모자를 인기 배우가 독이 오르고 있어서 기뻐졌다.

해설 かぶれる(독이 오르다)는 어떤 것의 영향을 받아 피부에 염증이 생기는 경우에 사용한다. 제시어가 동사이므로 먼저 각 선택지에서 밑줄 앞의 표현과 함께 읽어본다. 3의 肌がかぶれてしまった(피부가 독이 올라 버렸다)에서 올바르게 사용되었으므로 3이 정답이다. 참고로, 1은 乾く(かわく, 건조하다), 2는 荒れる(あれる, 거칠어지다), 4는 被る(かぶる, 쓰다)를 사용하는 것이 올바른 문장이다.

어휘 かぶれる 동 (피부에) 독이 오르다　時期 じき 명 시기
加湿器 かしつき 명 가습기　手放す てばなす 동 떼어 놓다
食べ過ぎる たべすぎる 동 너무 많이 먹다, 과식하다
消化不良 しょうかふりょう 명 소화불량　胃 い 명 위
知人 ちじん 명 지인　化粧品 けしょうひん 명 화장품
使い始める つかいはじめる 쓰기 시작하다　全く まったく 부 완전히
人気 にんき 명 인기　俳優 はいゆう 명 배우

25

사퇴

1 염원이었던 대표로 뽑혔지만, 건강상태를 이유로 부득이 사퇴했다.
2 기한 내에 소득을 증명하는 서류가 제출되지 않을 경우, 신청이 사퇴될 수 있습니다.
3 우리 회사는 업적 악화를 이유로 해외 지점을 사퇴한다고 발표했다.
4 딸은 여름 방학이 끝나고 나서 학교로의 등교를 계속 사퇴하고 있다.

해설 辞退(사퇴)는 자신의 지위나 권리를 포기하는 경우에 사용한다. 제시어가 명사이므로 먼저 각 선택지에서 밑줄 앞의 표현과 함께 읽어본다. 1의 健康状態を理由にやむなく辞退した(건강상태를 이유로 부득이 사퇴했다)에서 올바르게 사용되었으므로 1이 정답이다. 참고로, 2는 却下(きゃっか, 각하), 3은 撤退(てったい, 철수), 4는 拒否(きょひ, 거부)를 사용하는 것이 올바른 문장이다.

어휘 辞退 じたい 명 사퇴　念願 ねんがん 명 염원
代表 だいひょう 명 대표　健康状態 けんこうじょうたい 명 건강상태
やむなく 부득이, 어쩔 수 없이　期限内 きげんない 명 기한 내
所得 しょとく 명 소득　証明 しょうめい 명 증명
書類 しょるい 명 서류　提出 ていしゅつ 명 제출

申請 しんせい 명 신청　わが社 わがしゃ 우리 회사
業績 ぎょうせき 명 업적　悪化 あっか 명 악화
海外 かいがい 명 해외　支店 してん 명 지점
発表 はっぴょう 명 발표　明ける あける 명 (기간이) 끝나다
登校 とうこう 명 등교

실전 테스트 3

p.120

20 2　**21** 1　**22** 4　**23** 3　**24** 2　**25** 1

문제4 다음 말의 사용법으로 가장 알맞은 것을, 1・2・3・4에서 하나 고르세요.

20

원활

1 어젯밤의 비로 지면이 원활해져 있기 때문에 주의해 주세요.
2 기무라 씨의 원활한 진행 덕분에 회의가 빨리 끝났다.
3 사이 좋은 부모님은 누가 봐도 원활한 부부이다.
4 김 씨는 일본에 10년이나 체재하고 있기 때문에, 원활한 일본어를 말합니다.

해설 円滑(원활)는 일이 순조롭게 나아가는 경우에 사용한다. 제시어가 형용사이므로 먼저 각 선택지에서 앞 또는 뒤의 표현과 함께 읽어본다. 2의 円滑な進行(원활한 진행)에서 올바르게 사용되었으므로 2가 정답이다. 참고로, 3은 円満(えんまん, 원만), 4는 流暢(りゅうちょう, 유창)를 사용하는 것이 올바른 문장이다.

어휘 円滑だ えんかつだ な형 원활하다　昨夜 さくや 명 어젯밤
地面 じめん 명 지면　気を付ける きをつける 주의하다
進行 しんこう 명 진행　仲 なか 명 사이　夫婦 ふうふ 명 부부
滞在 たいざい 명 체재　日本語 にほんご 명 일본어

21

차지 않다

1 참가자가 10명이 차지 않는 경우에는 강좌의 개최를 연기합니다.
2 뇌내의 산소가 차지 않으면 집중력 저하로 이어진다는 것이 판명되었다.
3 집을 지을 때, 예산을 차지 않도록 다양한 궁리를 거듭했습니다.
4 서로가 양보하려고 하지 않으면, 그 틈은 쭉 차지 않을 것이다.

해설 満たない(차지 않다)는 어떤 것이 기준에 미치지 못하여 부족한 경우에 사용한다. 제시어가 형용사이므로 먼저 각 선택지에서 앞 또는 뒤의 표현과 함께 읽어본다. 1의 参加者が10名に満たない(참가자가 10명이 차지 않는)에서 올바르게 사용되었으므로 1이 정답이다. 참고로, 2는 足りない(たりない, 부족하다), 3은 超えない(こえない, 넘지 않다), 4는 埋まらない(うまらない, 메워지지 않다)를 사용하는 것이 올바른 문장이다.

어휘 満たない みたない 차지 않다, 부족하다
参加者 さんかしゃ 명 참가자　講座 こうざ 명 강좌
開催 かいさい 명 개최　延期 えんき 명 연기
脳内 のうない 명 뇌내, 뇌 속　酸素 さんそ 명 산소
集中力 しゅうちゅうりょく 명 집중력　低下 ていか 명 저하
つながる 동 이어지다　わかる 동 판명되다　予算 よさん 명 예산
様々だ さまざまだ な형 다양하다　工夫 くふう 명 궁리
重ねる かさねる 동 거듭하다　お互い おたがい 명 서로
歩み寄る あゆみよる 동 양보하다, 서로 다가가다　溝 みぞ 명 틈

22

칭하다

1 그 업자가 야채의 산지를 칭하고 판매하고 있던 사실이 드러났다.
2 그가 내가 들은 것은 모두 틀림없는 진실이라고 칭했다.
3 말뿐이고 행동으로 옮기려고 하지 않는 사람에게 꿈을 칭할 자격은 없다.
4 학창시절에는 사회 공부라고 칭하고 다양한 아르바이트를 하고 있었습니다.

해설 称する(칭하다)는 어떤 것에 이름을 붙여 지칭하는 경우에 사용한다. 제시어가 동사이므로 먼저 각 선택지에서 밑줄 앞의 표현과 함께 읽어본다. 4의 社会勉強と称して(사회 공부라고 칭하고)에서 올바르게 사용되었으므로 4가 정답이다. 참고로, 1은 偽る(いつわる, 속이다), 2는 告げる(つげる, 고하다), 3은 語る(かたる, 말하다)를 사용하는 것이 올바른 문장이다.

어휘 称する しょうする 동 칭하다　業者 ぎょうしゃ 명 업자
産地 さんち 명 산지　販売 はんばい 명 판매　事実 じじつ 명 사실
明るみに出る あかるみにでる 드러나다, 알려지다
耳にする みみにする 듣다　すべて 부 모두
紛れもない まぎれもない 틀림없다　真実 しんじつ 명 진실
口ばかり くちばかり 말뿐임　行動 こうどう 명 행동
移す うつす 동 옮기다　資格 しかく 명 자격
学生時代 がくせいじだい 명 학창시절
様々だ さまざまだ な형 다양하다

23

색채

1 비가 내린 뒤의 거리도 평소와는 다른 색채가 있어 기분 좋다.
2 해외로부터의 관광객이 늘어, 서서히 시장에 색채가 돌아왔다.
3 이 화가의 그림은 색채가 선명해서, 보는 사람을 유혹해 마지않는다.
4 어릴 적부터 서적과 접하는 것은, 풍부한 색채를 기르는 것으로 이어진다.

해설 色彩(색채)는 색의 다채로움을 나타내는 경우에 사용한다. 제시어가 명사이므로 먼저 각 선택지에서 밑줄 앞의 표현과 함께 읽어본다. 1의 異なる色彩(다른 색채)와 3의 絵は色彩が(그림은 색채가), 4의 豊かな色彩(풍부한 색채) 모두 자연스러우므로, 문장 전체의 문맥을 파악해야 한다. 3의 この画家の絵は色彩が鮮やかで、見る

人を惹きつけてやまない(이 화가의 그림은 색채가 선명해서, 보는 사람을 유혹해 마지않는다)에서 올바르게 사용되었으므로 3이 정답이다. 참고로, 1은 趣(おもむき, 정취), 2는 活気(かっき, 활기), 4는 感性(かんせい, 감성)를 사용하는 것이 올바른 문장이다.

어휘 色彩 しきさい 명 색채　街並み まちなみ 명 거리
普段 ふだん 명 평소　異なる ことなる 동 다르다
心地よい ここちよい い형 기분 좋다　海外 かいがい 명 해외
観光客 かんこうきゃく 명 관광객　徐々に じょじょに 부 서서히
市場 しじょう 명 시장　画家 がか 명 화가
鮮やかだ あざやかだ な형 선명하다
惹きつける ひきつける 동 유혹하다　幼い頃 おさないころ 어릴 적
書籍 しょせき 명 서적　触れ合う ふれあう 동 접하다, 맞닿다
豊かだ ゆたかだ な형 풍부하다　育む はぐくむ 동 기르다
繋がる つながる 동 이어지다

24

완성하다

1 어머니께 심하게 야단 맞아서, 안이한 마음으로 장난을 완성한 것을 후회했다.
2 마감에 맞추기 위해서 한숨도 자지 않고 철야로 원고를 완성했다.
3 대회 기록을 반세기 만에 경신한다는 역사적인 위업을 완성했다.
4 몸 상태를 해쳤기 때문에, 여행을 일찍이 완성하고 집에서 쉬기로 했다.

해설 仕上げる(완성하다)는 일의 마지막 단계까지 끝내는 경우에 사용한다. 제시어가 동사이므로 먼저 각 선택지에서 밑줄 앞의 표현과 함께 읽어본다. 2의 原稿を仕上げた(원고를 완성했다)에서 올바르게 사용되었으므로 2가 정답이다. 참고로, 1은 仕掛ける(しかける, 걸다), 3은 成し遂げる(なしとげる, 달성하다), 4는 切り上げる(きりあげる, 마무리 짓다)를 사용하는 것이 올바른 문장이다.

어휘 仕上げる しあげる 동 완성하다, 마무리하다
安易だ あんいだ な형 안이하다　いたずら 명 장난
後悔 こうかい 명 후회　締め切り しめきり 명 마감
一睡 いっすい 명 한숨, 한잠　徹夜 てつや 명 철야
原稿 げんこう 명 원고　大会 たいかい 명 대회
記録 きろく 명 기록　半世紀 はんせいき 명 반세기
更新 こうしん 명 경신　歴史的だ れきしてきだ な형 역사적이다
偉業 いぎょう 명 위업
体調を崩す たいちょうをくずす 몸 상태를 해치다
早めだ はやめだ な형 일찍이다, 빠르다

25

분열

1 세계는 본래 하나의 대륙이고, 그것이 분열해서 현재의 모양이 되었다고 한다.
2 세제에는 때를 분열해서 빠지기 쉽게 하는 작용을 하는 효소가 포함되어 있다.
3 부모로부터 상속한 토지를 자매가 평등하게 분열해서 소유하기로 했다.
4 쓰레기를 정확히 분열하는 것은, 결과적으로 쓰레기를 줄이는 것으로 이어집니다.

해설 分裂(분열)는 원래 하나의 덩어리였던 것이 둘 이상으로 나뉘는 경우에 사용한다. 제시어가 명사이므로 먼저 각 선택지에서 밑줄 앞의 표현과 함께 읽어본다. 1의 一つの大陸で、それが分裂して(하나의 대륙이고, 그것이 분열해서)에서 올바르게 사용되었으므로 1이 정답이다. 참고로, 2는 分解(ぶんかい, 분해), 3은 分割(ぶんかつ, 분할), 4는 分別(ぶんべつ, 분별)를 사용하는 것이 올바른 문장이다.

어휘 分裂 ぶんれつ 명 분열　本来 ほんらい 부 본래
大陸 たいりく 명 대륙　現在 げんざい 명 현재
洗剤 せんざい 명 세제　汚れ よごれ 명 때, 더러움
働き はたらき 명 작용, 기능　酵素 こうそ 명 효소
含む ふくむ 동 포함하다　相続 そうぞく 명 상속　土地 とち 명 토지
姉妹 しまい 명 자매　平等だ びょうどうだ な형 평등하다
所有 しょゆう 명 소유　きちんと 부 정확히
結果的だ けっかてきだ な형 결과적이다　減らす へらす 동 줄이다
繋がる つながる 동 이어지다

실전 테스트 4

p.122

20 4　**21** 2　**22** 3　**23** 2　**24** 1　**25** 3

문제4 다음 말의 사용법으로 가장 알맞은 것을, 1・2・3・4에서 하나 고르세요.

20

간이

1 충분히 준비하지 않고, 간이하게 이직하려고 하는 것은 대단히 위험하다.
2 그들의 표정을 본 것만으로 무엇이 일어났는지를 간이하게 상상할 수 있었습니다.
3 꾸밈없는 간이한 생활은 의외로 사람의 마음을 풍족하게 해 줍니다.
4 면세 신청이 간이한 절차로 변경된 것으로 편의성이 증가했다.

해설 簡易(간이)는 어떤 것의 내용이나 형식이 간편한 경우에 사용한다. 제시어가 형용사이므로 먼저 각 선택지에서 앞 또는 뒤의 표현과 함께 읽어본다. 4의 申請が簡易な手続きに(신청이 간이한 절차로)에서 올바르게 사용되었으므로 4가 정답이다. 참고로, 1은 安易(あんい, 안이), 2는 容易(ようい, 용이), 3은 簡素(かんそ, 간소)를 사용하는 것이 올바른 문장이다.

어휘 簡易だ かんいだ な형 간이하다　転職 てんしょく 명 이직, 전직
非常だ ひじょうだ な형 대단하다　表情 ひょうじょう 명 표정
起こる おこる 동 일어나다　想像 そうぞう 명 상상

飾り気 かざりけ 명 꾸밈　意外だ いがいだ な형 의외다
豊かだ ゆたかだ な형 풍족하다, 풍부하다　免税 めんぜい 명 면세
申請 しんせい 명 신청　手続き てつづき 명 절차, 수속
変更 へんこう 명 변경　利便性 りべんせい 명 편의성
増す ます 동 증가하다, 늘다

21

가망

1 거래처에 사과 이메일을 할 때는, 가망이 없도록 몇 번이고 확인해야 한다.
2 의료의 진보에 의해, 이전이었으면 나을 가망이 없었던 병이어도 살아날 수 있게 되었다.
3 이사 때는 복수의 업자에게 가망을 받고 나서 금액을 비교하는 것이 좋다.
4 길을 잃어버려, 어느 방향으로 나아가면 될지 전혀 가망이 가지 않는다.

해설 見込み(가망)는 가능성에 대한 예상을 나타내는 경우에 사용한다. 제시어가 명사이므로 먼저 각 선택지에서 밑줄 앞의 표현과 함께 읽어본다. 2의 以前なら治る見込みのなかった病(이전이었으면 나을 가망이 없었던 병)에서 올바르게 사용되었으므로 2가 정답이다. 참고로, 1은 見逃し(みのがし, 빠뜨림), 3은 見積り(みつもり, 견적), 4는 見当(けんとう, 짐작)를 사용하는 것이 올바른 문장이다.

어휘 見込み みこみ 명 가망　取引先 とりひきさき 명 거래처
お詫び おわび 명 사과　メール 명 이메일　確認 かくにん 명 확인
医療 いりょう 명 의료　進歩 しんぽ 명 진보　以前 いぜん 명 이전
病 やまい 명 병　助かる たすかる 동 살아나다
引っ越し ひっこし 명 이사　際 さい 명 때　複数 ふくすう 명 복수
業者 ぎょうしゃ 명 업자　金額 きんがく 명 금액
比較 ひかく 명 비교　道に迷う みちにまよう 길을 잃다
方角 ほうがく 명 방향　さっぱり 부 전혀

22

값만 물어보다

1 아버지에게 평소 행실에 대해, 머리를 값만 물어보고 잘 생각하라고 들어 버렸다.
2 곤란에 맞서는 나를 값만 물어보는 듯이, 한층 더한 시련이 밀어닥쳐 왔다.
3 친구는 무엇도 살 생각은 없이, 그저 값만 물어보러 가게를 들여다 보러 온 것이었다.
4 뜨거운 음료는 질색이기 때문에, 항상 값만 물어보고 나서 마시도록 하고 있다.

해설 冷やかす(값만 물어보다)는 가게에서 물건을 살 생각은 없는데 값만 물어보는 경우, 또는 다른 사람을 놀리는 경우에 사용한다. 제시어가 동사이므로 먼저 각 선택지에서 밑줄 앞의 표현과 함께 읽어본다. 3의 何も買うつもりもなく、ただ冷やかしに(무엇도 살 생각은 없이, 그저 값만 물어보러)에서 올바르게 사용되었으므로 3이 정답이다. 참고로, 1은 冷やす(ひやす, 식히다), 2는 あざ笑う(あざわらう, 비웃다), 4는 冷ます(さます, 식히다)를 사용하는 것이 올바른 문장이다.

어휘 冷やかす ひやかす 동 값만 물어보다, 희롱하다　日頃 ひごろ 명 평소
行い おこない 명 행실, 몸가짐　困難 こんなん 명 곤란
立ち向かう たちむかう 동 맞서다　さらなる 한층 더한
試練 しれん 명 시련　押し寄せる おしよせる 동 밀어닥치다, 몰려들다
ただ 부 그저　のぞく 동 들여다 보다
苦手だ にがてだ な형 질색이다, 거북하다

23

해명

1 등산 때는 만일에 대비해, 신원이 해명되기 쉽도록 신분증을 지참한다.
2 그 연구소는 태풍 발생의 메커니즘을 해명한 것을 발표했다.
3 명백한 증거가 있기 때문에, 당신의 행위는 해명의 여지가 없습니다.
4 인쇄 기술이 해명된 것에 의해, 책의 보급이 왕성해졌다.

해설 解明(해명)는 기존에 명료하지 않았던 점을 밝히는 경우에 사용한다. 제시어가 명사이므로 먼저 각 선택지에서 밑줄 앞의 표현과 함께 읽어본다. 2의 台風発生のメカニズムを解明した(태풍 발생의 메커니즘을 해명한)에서 올바르게 사용되었으므로 2가 정답이다. 참고로, 1은 判明(はんめい, 판명), 3은 弁明(べんめい, 변명), 4는 発明(はつめい, 발명)를 사용하는 것이 올바른 문장이다.

어휘 解明 かいめい 명 해명　登山 とうざん 명 등산　際 さい 명 때
万が一 まんがいち 명 만일, 만에 하나　備える そなえる 동 대비하다
身元 みもと 명 신원　身分証 みぶんしょう 명 신분증
持参 じさん 명 지참　研究所 けんきゅうじょ 명 연구소
発生 はっせい 명 발생　メカニズム 명 메커니즘
発表 はっぴょう 명 발표　明白だ めいはくだ な형 명백하다
証拠 しょうこ 명 증거　行為 こうい 명 행위　余地 よち 명 여지
印刷 いんさつ 명 인쇄　普及 ふきゅう 명 보급

24

제재

1 그 나라의 정부는 타국에 경제적인 제재를 가하는 것도 검토하고 있다고 한다.
2 학교는 수차례에 이르러 교칙을 어긴 학생의 제재를 결정했다.
3 불합리한 이유로 해고된 전 종업원이 기업을 상대로 제재를 일으켰다.
4 SNS의 이용 연령에 제재를 만들 필요성을 주장하는 목소리가 높아지고 있다.

해설 制裁(제재)는 규정을 위반한 대상의 일정한 행위를 금지시키는 경우에 사용하며, 특히 국가에 의한 금지 조치와 관련하여 사용한다. 제시어가 명사이므로 먼저 각 선택지에서 밑줄 앞의 표현과 함께 읽어본다. 1의 他国へ経済的な制裁(타국에 경제적인 제재)에서 올바르게 사용되었으므로 1이 정답이다. 참고로, 2는 処分(しょぶん, 처분), 3은 裁判(さいばん, 재판), 4는 制限(せいげん, 제한)을 사용하는 것이 올바른 문장이다.

어휘 制裁 せいさい 명 제재　政府 せいふ 명 정부　他国 たこく 명 타국
経済的だ けいざいてきだ な형 경제적이다
加える くわえる 동 가하다　検討 けんとう 명 검토
複数回 ふくすうかい 명 수차례, 수회　およぶ 동 이르다
校則 こうそく 명 교칙　破る やぶる 동 어기다, 깨다
決定 けってい 명 결정　理不尽だ りふじんだ な형 불합리하다
解雇 かいこ 명 해고　従業員 じゅうぎょういん 명 종업원
企業 きぎょう 명 기업　相手 あいて 명 상대　利用 りよう 명 이용
年齢 ねんれい 명 연령　設ける もうける 동 만들다, 마련하다
必要性 ひつようせい 명 필요성　主張 しゅちょう 명 주장
声が上がる こえがあがる 목소리가 높아지다

25

유난히

1 아이가 말하는 것을 유난히 부정하지 않고, 때로는 존중해 주는 것도 중요하다.

2 편지를 쓸 기회가 이전과 비교하면 유난히 줄어버린 것 같이 생각됩니다.

3 오늘은 유난히 가방이 무겁다고 생각했더니, 사전이 들어간 채였다.

4 오랜만에 방문한 연고지는 옛날과 비교해서 유난히 달라져 있었다.

해설 やけに(유난히)는 어떤 것의 도가 지나친 경우에 사용한다. 제시어가 부사이므로 먼저 각 선택지에서 뒤의 표현과 함께 읽어본다. 2의 やけに減ってしまった(유난히 줄어 버린)와 3의 やけにかばんが重い(유난히 가방이 무겁다) 모두 자연스러우므로, 문장 전체의 문맥을 파악해야 한다. 3의 今日はやけにかばんが重いと思ったら、辞書が入ったままだった(오늘은 유난히 가방이 무겁다고 생각했더니, 사전이 들어간 채였다)에서 올바르게 사용되었으므로 3이 정답이다. 참고로, 1은 無性に(むしょうに, 무턱대고), 2는 極めて(きわめて, 극히), 4는 ずいぶんと(몹시)를 사용하는 것이 올바른 문장이다.

어휘 やけに 부 유난히, 지독히　否定 ひてい 명 부정
時には ときには 때로는, 가끔은　尊重 そんちょう 명 존중
以前 いぜん 명 이전　減る へる 동 줄다
訪れる おとずれる 동 방문하다　地元 じもと 명 연고지, 그 고장

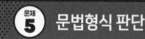

문법

문법형식 판단

실력 다지기

p.214

01 ①　02 ②　03 ②　04 ①　05 ②　06 ①
07 ①　08 ①　09 ②　10 ①　11 ①　12 ②
13 ①　14 ②

01

그 정치가의 발언은 인종차별 (① **이라고도**) 볼 수 있는 것이다.

어휘 **政治家 せいじか** 명 정치가　**発言 はつげん** 명 발언
人種差別 じんしゅさべつ 명 인종차별　**とも** 조 라고도　**さえ** 조 조차

02

아이의 행복은 (② **즉**) 부모의 행복이라고 하는데 전적으로 맞다고 생각한다.

어휘 **幸せ しあわせ** 명 행복　**全く まったく** 부 전적으로
そのうえ 접 게다가　**すなわち** 접 즉

03

이 프로젝트가 (② **실패하기라도**) 한다면, 부장에게 뭐라고 들을지 모른다.

어휘 **プロジェクト** 명 프로젝트　**～ようものなら** ~하기라도 한다면

04

그의 아이디어는 (① **참신한**) 나머지, 많은 사람으로부터 지지를 얻을 수 없었다.

어휘 **アイディア** 명 아이디어　**～あまり** ~나머지　**支持 しじ** 명 지지
得る える 동 얻다　**斬新だ ざんしんだ** な형 참신하다

05

다카하시 씨 (② **로 말할 것 같으면**) 아무 인사도 없이 회사를 그만뒀다고 한다.

어휘 **～ともなると** ~정도가 되면　**～ときたら** ~로 말할 것 같으면

06

그녀는 세 번째의 올림픽 출전 (① **이 되어**) 첫 금메달을 획득했다.

어휘 **オリンピック** 명 올림픽　**出場 しゅつじょう** 명 출전　**初 はつ** 명 처음
金メダル きんメダル 명 금메달　**獲得 かくとく** 명 획득
～にして ~이 되어　**～として** ~로써

07

A: 신입사원, 일에 적극적인 것은 좋지만, 조금 주제넘다고 생각하지 않아?
B: 그래? 자신의 의견을 주장할 수 있는 (① **정도가 아니면**), 이 회사에서는 해나갈 수 없어.

어휘 **新入社員 しんにゅうしゃいん** 명 신입사원
積極的だ せっきょくてきだ な형 적극적이다
生意気だ なまいきだ な형 주제넘다　**主張 しゅちょう** 명 주장

08

햇살로 빛나는 오키나와의 바다는, 이 세상의 것 (① **이라고는 생각할 수 없는 것이었다**).

어휘 **日差し ひざし** 명 햇살　**輝く かがやく** 동 빛나다
～とは限らない ～とはかぎらない ~라고는 할 수 없다

09

A: 이 안을 통과시키고 싶다고 말씀하시는 거라면, 과장님이 스스로 부장님을 (② **설득하시는 수밖에 없습니다**).
B: 내가 부장님에게 이야기해볼게.

어휘 **案 あん** 명 안　**通す とおす** 동 통과시키다　**説得 せっとく** 명 설득
～よりほかない ~수밖에 없다

10

컨디션 관리가 되어 있지 않다고 (① **하면 그것으로 끝이지만**), 아무리 조심해도 감기에 걸리는 일은 있다.

어휘 **体調 たいちょう** 명 컨디션, 몸 상태　**管理 かんり** 명 관리
気をつける きをつける 조심하다
～ばそれまでだ ~하면 그것으로 끝이다

11

실력과 세간의 평판으로 생각하면, 그가 이번 대회에서 상을 받아도 (① **놀랄 정도의 일은 아닐 것이다**).

어휘 **実力 じつりょく** 명 실력　**世間 せけん** 명 세간

評判 ひょうばん 명 평판　大会 たいかい 명 대회　賞 しょう 명 상
～ほどの…ではない ~할 정도의 …은 아니다
～てばかりいる ~하고만 있다

12

A: 아까부터 먼 곳을 뚫어지게 보고 있는 것 같은데, 무슨 일이야?
B: 그녀가 이별을 (② **고한 후 줄곧**), 뭘 해도 즐거움을 느낄 수 없어.

어휘 見つめる みつめる 동 뚫어지게 보다　告げる つげる 동 고하다
感じる かんじる 동 느끼다　～ものの ~지만
～てからというもの ~한 후 줄곧, ~하고부터는

13

A: 유명한 교수의 강연인 만큼의 가치가 있어, 엄청난 수의 사람이네요.
B: 그렇네요. 대충 봐서, 500명 (① **정도겠네요**).

어휘 教授 きょうじゅ 명 교수　講演 こうえん 명 강연
～だけあって ~인 만큼의 가치가 있어　数 かず 명 수　ざっと 부 대충
～といったところだ ~정도다　～べきだ ~해야 한다

14

A: 선생님, 수업을 (② **견학하게 해 주셔서**) 매우 감사했습니다. 굉장히 도움이 되었습니다.
B: 아뇨, 저의 수업으로 괜찮다면 언제라도 견학하러 와주세요.

어휘 見学 けんがく 명 견학　ためになる 도움이 되다

실전 테스트 1

p.216

26 1　**27** 4　**28** 1　**29** 2　**30** 3　**31** 3
32 4　**33** 1　**34** 2　**35** 3

문제5 다음 문장의 (　　)에 들어갈 가장 알맞은 것을, 1・2・3・4에서 하나 고르세요.

26

최근 인기인 젊은 아이돌은 노래의 뛰어남이나 외모의 좋음 (　　), 배우로서의 연기력도 높아, 많은 세대로부터 인기를 모으고 있다.

1 **도 그러하지만**　　2 을 제외하고
3 은커녕　　4 때문에

해설 적절한 문형을 고르는 문제이다. 모든 선택지가 괄호 앞의 명사 よさ(좋음)에 접속할 수 있다. 괄호 뒤 俳優としての演技力も高く(배우로서의 연기력도 높아)로 이어지는 문맥을 보면 '외모의 좋음도 그러하지만 배우로서의 연기력도 높아'가 가장 자연스럽다. 따라서 1 もさることながら(도 그러하지만)가 정답이다. 2 をおいて는 '~을 제외하고', 3 はおろか는 '~은커녕', 4 のゆえに는 '~때문에'라는 의미의 문형임을 알아둔다.

어휘 人気 にんき 명 인기　若手 わかて 명 젊은 사람　アイドル 명 아이돌
うまさ 명 뛰어남, 잘함　外見 がいけん 명 외모, 외견
よさ 명 좋음　俳優 はいゆう 명 배우　～として ~로서
演技力 えんぎりょく 명 연기력　多く おおく 명 많음
世代 せだい 명 세대　～もさることながら ~도 그러하지만
～をおいて ~을 제외하고　～はおろか ~은커녕
～のゆえに ~때문에

27

차의 산지는 생활습관병의 발생률이 낮다. 일상적으로 차를 자주 마시는 지역이기 때문에, 차에는 병을 예방하는 효과가 (　　).

1 있다는 정도이다　　2 있음이 가장 좋다
3 있다니 너무하다　　4 **있는 것으로 생각된다**

해설 적절한 문형을 고르는 문제이다. 괄호 앞 문맥을 보면, '차를 자주 마시는 지역이기 때문에, 차에는 병을 예방하는 효과가 있는 것으로 생각된다'가 가장 자연스럽다. 따라서 4 あるものと思われる(있는 것으로 생각된다)가 정답이다. 1의 といったところだ는 '~라는 정도이다', 2의 に越したことはない는 '~이 가장 좋다', 3의 なんてあんまりだ는 '~라니 너무하다'라는 의미의 문형임을 알아둔다.

어휘 産地 さんち 명 산지
生活習慣病 せいかつしゅうかんびょう 명 생활습관병, 성인병
発生率 はっせいりつ 명 발생률
日常的だ にちじょうてきだ な형 일상적이다　地域 ちいき 명 지역
～ことから ~이기 때문에　予防 よぼう 명 예방　効果 こうか 명 효과
～といったところだ ~라는 정도이다
～に越したことはない ～にこしたことはない ~이 가장 좋다
～なんてあんまりだ ~라니 너무하다
～ものと思われる ～ものとおもわれる ~것으로 생각되다

28

가능하면 아이에게 수험은 시키고 싶지 않지만, 좋은 환경에서 교육을 받게 하고 싶다고 생각하고 있다. 하지만, 사립 중학교, 고등학교 (　　) 학비는 무시할 수 없다.

1 **정도가 되면**　　2 라고 한다면
3 라고 하면　　4 하려는 생각 없이

해설 적절한 문형을 고르는 문제이다. 괄호 앞의 명사 高校(고등학교)에 접속할 수 있는 문형은 1 ともなると, 2 だとしたら, 3 だとすると이다. 4 ともなしに는 동사 사전형에 접속하므로 오답이다. 괄호 뒤 学費はばかにならない(학비는 무시할 수 없다)로 이어지는 문맥을 보면 '사립 중학교, 고등학교 정도가 되면 학비는 무시할 수 없다'가 가장 자연스럽다. 따라서 1 ともなると(정도가 되면)가 정답이다. 2 だとしたら는 '~라고 한다면', 3 だとすると는 '~라고 하면', 4 ともなしに는 '~하려는 생각 없이'라는 의미의 문형임을 알아둔다.

어휘 受験 じゅけん 명 수험　環境 かんきょう 명 환경
私立 しりつ 명 사립　中学 ちゅうがく 명 중학교
学費 がくひ 명 학비　ばかにならない 무시할 수 없다

～ともなると ~정도가 되면　～としたら ~라고 한다면
～とすると ~라고 하면　～ともなしに 특별히 ~하려는 생각 없이

29

창립 20주년 기념 식전에는 먼 곳에서도 많은 손님이 (　　　),
매우 성대한 것이 되었다.

1 와서	**2 와 주셔서**
3 회사에 오셔서	4 방문해서

해설 적절한 경어 표현을 고르는 문제이다. 기념 식전에 손님이 와 주셨다고 말하는 상황이므로 손님을 맞는 나의 행위를 낮추는 **大勢のお客様にお越しいただき**(많은 손님이 와 주셔서)가 가장 자연스럽다. 따라서 2 **お越しいただき**(와 주셔서)가 정답이다. 여기서 **お越しいただく**(와 주시다)는 **来てもらう**(와 주다)의 겸양 표현이다. 1 **参り**(와서)는 **来る**(오다)의 겸양어, 3 **ご来社になり**(회사에 오셔서)는 **来社する**(회사에 오다)의 존경 표현, 4 **お伺いし**(방문해서)는 **訪問する**(방문하다)의 겸양 표현을 활용한 것이다.

어휘 **創立 そうりつ** 명 창립　**周年 しゅうねん** 명 주년
記念式典 きねんしきてん 명 기념 식전　**遠方 えんぽう** 명 먼 곳
盛大だ せいだいだ な형 성대하다
参る まいる 동 오다 (**行く**, **来る**의 겸양어)
お越しいただく おこしいただく 와 주시다 (**来てもらう**의 겸양 표현)
来社 らいしゃ 명 회사에 옴, 내사
お伺いする おうかがいする 방문하다 (**訪問する**의 겸양 표현)

30

(학교에서)
다케다 : 어제, 리포트의 실수를 선생님께 지적 받고 있었지.
기무라 : 응, 이제 와서 (　　　) 해도 평가는 바뀌지 않겠지만, 일단 다시 제출해 보자고 생각하고 있어.

1 고치다	2 고치지 않다
3 고쳤다	4 고치게 하다

해설 동사의 올바른 활용형을 고르는 문제이다. 괄호 뒤의 문형 **ところで**(~한다 해도)와 접속할 수 있는 동사의 활용형은 **た**형이므로 3 **直した**(고쳤다)가 정답이다. '이제 와서 고친다 해도 평가는 바뀌지 않겠지만'이라는 문맥에도 맞다.

어휘 **間違い まちがい** 명 실수, 잘못　**指摘 してき** 명 지적
今さら いまさら 부 이제 와서　**～たところで** ~한다 해도, ~한들
評価 ひょうか 명 평가　**一応 いちおう** 부 일단
再提出 さいていしゅつ 명 다시 제출, 재제출

31

매년, 멀리 사는 어머니로부터 많은 옷이 보내져 온다. 그다지 취향이 아니지만, 버리 (　　　) 버릴 수 없어, 곤란하다.

1 면	2 지만
3 려도	4 고

해설 적절한 조사를 고르는 문제이다. 괄호 앞의 **あまり好みじゃないけれど、捨てる**(그다지 취향은 아니지만, 버리)와 괄호 뒤의 **捨てられず、困っている**(버릴 수 없어, 곤란하다)와 문맥상 어울리는 말은 '버리려도 버릴 수 없어'이다. 따라서 3 **に**(려도)가 정답이다. **に**가 대표적인 뜻 '~에' 외에, '~인데'의 뜻으로 사용될 수 있음을 알아둔다.

어휘 **好み このみ** 명 취향, 좋아하는 것　**～に～ず** ~하려 해도 ~할 수 없다
と 조 면, 와　**が** 조 지만, 가　**に** 조 인데, 에　**し** 조 고

32

(기업 홈페이지의 '채용정보'에서)
응모해 주신 서류는 (　　　), 원칙적으로 반납하지 않습니다. 미리 양해 부탁드립니다.

1 결과로 판단하면	2 결과에 비추어
3 결과에 아랑곳하지 않고	**4 결과 여하에 상관없이**

해설 적절한 문형을 고르는 문제이다. 괄호 앞뒤 문맥을 보면, '서류는 결과 여하에 상관없이, 원칙적으로 반납하지 않습니다'가 가장 자연스럽다. 따라서 4 **結果のいかんにかかわらず**(결과 여하에 상관없이)가 정답이다. 1의 **からいって**는 '~로 판단하면', 2의 **に照らして**는 '~에 비추어', 3의 **をものともせず**는 '~에 아랑곳하지 않고'라는 의미의 문형임을 알아둔다.

어휘 **企業 きぎょう** 명 기업　**ホームページ** 명 홈페이지
採用 さいよう 명 채용　**情報 じょうほう** 명 정보
応募 おうぼ 명 응모　**書類 しょるい** 명 서류　**原則 げんそく** 명 원칙
返却 へんきゃく 명 반납　**あらかじめ** 부 미리
ご了承ください ごりょうしょうください 양해 부탁드립니다
結果 けっか 명 결과　**～からいって** ~로 판단하면
～に照らして ~에 비추어　**～をものともせず** ~에 아랑곳하지 않고
～いかんにかかわらず ~여하에 상관없이

33

다나카 : 이번 마라톤 대회, 코스가 꽤나 험하다고 하네.
사토 : 완만하게 보이는데 오르막은 실제로 뛰면 제법 고되대. 그래도, 처음인 곳은 (　　　) 모르지.

1 달려보지 않으면	2 달릴 리 없고
3 달리기까지는 아니더라도	4 달린다고 해도

해설 적절한 문형을 고르는 문제이다. 괄호 앞뒤 문맥을 보면, '처음인 곳은 달려보지 않으면 모르지'가 가장 자연스럽다. 따라서 1 **走ってみないと**(달려보지 않으면)가 정답이다. 2의 **っこない**는 '~할 리 없다', 3의 **ないまでも**는 '~까지는 아니더라도', 4의 **とはいえ**는 '~라고 해도'라는 의미의 문형임을 알아둔다.

어휘 **マラソン大会 マラソンたいかい** 명 마라톤 대회　**コース** 명 코스
なだらかだ な형 완만하다, 순조롭다　**上り坂 のぼりざか** 명 오르막
実際 じっさい 부 실제로　**きつい** い형 고되다
～ないと ~하지 않으면　**～っこない** ~할 리 없다
～ないまでも ~까지는 아니더라도　**～とはいえ** ~라고 해도

34

학생이 (　　　) 이유로서, 주로 '경제적 이유'와 '질병·부상'이 들어진다.

1 휴학을 삼가는	**2 어쩔 수 없이 휴학을 하게 되는**
3 휴학을 계기로 하는	4 휴학을 시작으로 하는

해설 적절한 문형을 고르는 문제이다. 괄호 앞뒤 문맥을 보면, '학생이 어쩔 수 없이 휴학을 하게 되는 이유로서'가 가장 자연스럽다. 따라서 2 **休学を余儀なくされる**(어쩔 수 없이 휴학을 하게 되는)가 정답이다. 3의 **を契機には** '~을 계기로', 4의 **とするは** '~로 하다'라는 의미의 문형임을 알아둔다.

어휘 **~として** ~로서 **主だ おもだ** [な형]주되다
経済的だ けいざいてきだ [な형]경제적이다 **休学 きゅうがく** [명]휴학
ひかえる [동]삼가다
~を余儀なくされる ~をよぎなくされる 어쩔 수 없이 ~하게 되다
~を契機に ~をけいきに ~을 계기로 **~とする** ~로 하다

35

(회사에서)
요시다 : 부장님, 제 부하의 계약서 실수 건에서는, 정말로 죄송했습니다. 다시 한번, 제가 강하게 주의해 두겠습니다.
부장 : 아니야, 상대방에게는 정확히 이해받았으니까, 그렇게까지 ( ).

1 책망 받지 않을 수 없어	2 책망 받지는 않아
3 책망할 필요는 없어	4 책망하지 않을 수 없어

해설 적절한 문형을 고르는 문제이다. 특히 1과 2의 수동 표현 **責められる**에 유의하여 선택지를 해석한다. 괄호 앞뒤 문맥을 보면, '이해받았으니까, 그렇게까지 책망할 필요는 없어'가 가장 자연스럽다. 따라서 3 **責めるにはあたらない**(책망할 필요는 없어)가 정답이다. 1의 **ざるを得ない**는 '~하지 않을 수 없다', 2의 **はしない**는 '~하지는 않겠다', 4의 **ずにはすまない**는 '~하지 않을 수 없다'라는 의미의 문형임을 알아둔다.

어휘 **部下 ぶか** [명]부하 **契約書 けいやくしょ** [명]계약서 **ミス** [명]실수
件 けん [명]건 **申し訳ない もうしわけない** 죄송하다
注意 ちゅうい [명]주의 **先方 せんぽう** [명]상대방, 상대
きちんと [부]정확히 **理解 りかい** [명]이해
責める せめる [동]책망하다, 꾸짖다
~ざるを得ない ~ざるをえない ~하지 않을 수 없다
~はしない ~하지는 않겠다 **~にはあたらない** ~할 필요는 없다
~ずにはすまない ~하지 않을 수 없다

실전 테스트 2

p.218

26 2 **27** 3 **28** 1 **29** 2 **30** 4 **31** 4
32 1 **33** 4 **34** 3 **35** 1

문제5 다음 문장의 ( )에 들어갈 가장 알맞은 것을, 1・2・3・4에서 하나 고르세요.

26

아이는, 공부에서 한번 좌절해 버리면, 그 후 그 과목을 질색하게 되어 버리는 일이 많다. ( ) 수학에 있어서는, 수업에 전혀 따라갈 수 없게 되는 일도 적지 않다.

1 어쨌든	**2 특히**
3 즉	4 다만

해설 적절한 부사를 고르는 문제이다. 괄호 앞의 **その科目が苦手になってしまうことが多い**(그 과목을 질색하게 되어 버리는 일이 많다)와 괄호 뒤의 **数学においては、授業に全くついていけなくなる**(수학에 있어서는, 수업에 전혀 따라갈 수 없게 되는)와 문맥상 어울리는 말은 '특히 수학에 있어서는'이다. 따라서 2 **とりわけ**(특히)가 정답이다.

어휘 **つまずく** [동]좌절하다, 걸려 넘어지다 **科目 かもく** [명]과목
苦手だ にがてだ [な형]질색하다 **~において** ~에 있어서
全く まったく [부]전혀 **ともかく** [부]어쨌든 **とりわけ** [부]특히, 유난히
すなわち [접]즉, 곧 **もっとも** [접]다만, 그렇다고는 하지만

27

언니는 뉴스 캐스터로서 일하는 ( ), 육아를 테마로 한 강연회 등, 이벤트 활동을 하고 있다.

1 필요도 없이	2 족족
3 한편으로	4 생각도 없이

해설 적절한 문형을 고르는 문제이다. 모든 선택지가 괄호 앞의 동사 사전형 **働く**(일하는)에 접속할 수 있다. 괄호 뒤 **子育てをテーマにした講演会など、イベント活動を行っている**(육아를 테마로 한 강연회 등, 이벤트 활동을 하고 있다)로 이어지는 문맥을 보면 '일하는 한편으로, 육아를 테마로 한 강연회 등, 이벤트 활동을 하고 있다'가 가장 자연스럽다. 따라서 3 **かたわら**(한편으로)가 정답이다. 1 **までもなくは** '~할 필요도 없이', 2 **そばからは** '~하는 족족', 4 **ともなしには** '특별히 ~하려는 생각도 없이'라는 의미의 문형임을 알아둔다.

어휘 **キャスター** [명]캐스터 **~として** ~로서 **子育て こそだて** [명]육아
テーマ [명]테마 **講演会 こうえんかい** [명]강연회
イベント [명]이벤트 **活動 かつどう** [명]활동
~までもなく ~할 필요도 없이 **~そばから** ~하는 족족
~かたわら ~한편으로 **~ともなしに** 특별히 ~하려는 생각도 없이

28

(뉴스 프로그램의 인터뷰에서)
기자 : 심한 사고였네요.
주민 : 이곳은, 교통량이 많은데 비해서 신호도 없고, ( ) 일어난 것과 같은 거예요.

1 일어날만 해서	2 일으키려고 생각했더니
3 일어난다는 듯이	4 일으키려고 하더라도

해설 적절한 문형을 고르는 문제이다. 괄호 앞뒤 문맥을 보면, '교통량이 많은데 비해서 신호도 없고, 일어날만 해서 일어난 것과 같은 거예요'가 가장 자연스럽다. 따라서 1 **起こるべくして**(일어날만 해서)가

정답이다. 2의 と思いきや는 '~라고 생각했더니', 3의 とばかりに는 '~라는 듯이'라는 의미의 문형임을 알아둔다.

어휘 インタビュー 명 인터뷰　記者 きしゃ 명 기자
住民 じゅうみん 명 주민　交通量 こうつうりょう 명 교통량
~わりに ~에 비해서　信号 しんごう 명 신호
~ようなものだ ~와 같은 것이다　~べくして~た ~할만 해서 ~한
~と思いきや ~とおもいきや ~라고 생각했더니
~とばかりに ~라는 듯이　とも 조 하더라도

29

> 대기업에서, 고객 데이터가 부정하게 반출된 것이 밝혀졌다. 유출 범위가 넓기 때문에, 임원은 (　　　).
>
> 1 사임한다고는 생각하지 않을 것이다
> **2 사임하지 않을 수 없을 것이다**
> 3 사임하지 못하고 끝날 것이다
> 4 사임할 가치가 없을 것이다

해설 적절한 문형을 고르는 문제이다. 괄호 앞 문맥을 보면, '유출 범위가 넓기 때문에, 임원은 사임하지 않을 수 없을 것이다'가 가장 자연스럽다. 따라서 2 辞任せずにはすまないだろう(사임하지 않을 수 없을 것이다)가 정답이다. 3의 ずじまいだ는 '~하지 못하고 끝나다', 4의 に値しない는 '~할 가치가 없다'라는 의미의 문형임을 알아둔다.

어휘 大企業 だいきぎょう 명 대기업　顧客 こきゃく 명 고객
データ 명 데이터　不正だ ふせいだ な형 부정하다
持ち出す もちだす 동 반출하다, 가지고 나가다
明らかになる あきらかになる 밝혀지다, 분명해지다
流出 りゅうしゅつ 명 유출　範囲 はんい 명 범위
~ことから ~때문에　役員 やくいん 명 임원　辞任 じにん 명 사임
~ずにはすまない ~하지 않을 수 없다
~ずじまいだ ~하지 못하고 끝나다
~に値しない ~にあたいしない ~할 가치가 없다

30

> 약속 시간에 늦을 것 같다. 하지만, 휴대전화를 집에 잊고 와 버렸기 때문에 연락 (　　　).
>
> 1 하고만 있을 수 없다　　2 하기까지에 이르지 않다
> 3 시켜도 소용없다　　**4 하려고 해도 할 수 없다**

해설 적절한 문형을 고르는 문제이다. 괄호 앞뒤 문맥을 보면, '휴대전화를 집에 잊고 와 버렸기 때문에 연락하려고 해도 할 수 없다'가 가장 자연스럽다. 따라서 4 しようにもできない(하려고 해도 할 수 없다)가 정답이다. 1의 てばかりいられない는 '~하고만 있을 수 없다', 2의 に至る는 '~에 이르다', 3의 ても始まらない는 '~해도 소용없다'라는 의미의 문형임을 알아둔다.

어휘 携帯電話 けいたいでんわ 명 휴대전화
~てばかりいられない ~하고만 있을 수 없다
~に至る ~にいたる ~에 이르다
~ても始まらない ~てもはじまらない ~해도 소용없다
~ようにも~ない ~하려고 해도 ~할 수 없다

31

> 재학중, 다나카 선생님께는 대단히 신세를 졌다. 그 뒤로, 선생님은 대학을 퇴직하시고, 본가에서 가업을 (　　　) 고 들었다.
>
> 1 도와드린다　　2 돕기 곤란하다
> 3 도와주신다　　**4 돕고 계시다**

해설 적절한 경어 표현을 고르는 문제이다. 선생님의 퇴직 후 근황을 이야기하는 상황이므로 선생님의 행위를 높이는 ご実家で家業を手伝っておいでになる(본가에서 가업을 돕고 계시다)가 가장 자연스럽다. 따라서 4 手伝っておいでになる(돕고 계시다)가 정답이다. 여기서 おいでになる(계시다)는 いる(있다)의 존경어이다. 1 手伝ってさしあげる(도와드린다)는 手伝ってやる(도와주다)의 겸양 표현, 2의 お手伝いいたす(돕다)는 手伝う(돕다)의 겸양 표현, 3 手伝ってくださる(도와주신다)는 手伝ってくれる(도와주다)의 존경 표현이다.

어휘 在学中 ざいがくちゅう 명 재학중
お世話になる おせわになる 신세를 지다　退職 たいしょく 명 퇴직
実家 じっか 명 본가　家業 かぎょう 명 가업
さしあげる 동 드리다 (やる의 겸양어)　~かねる ~하기 곤란하다
おいでになる 동 계시다 (いる의 존경어)

32

> 저녁 식사 메뉴가 마음에 들지 않는 것 같다. 입밖에 (　　　) 더라도, 아들의 뾰로통한 표정으로 그것은 바로 알았다.
>
> **1 내지는 않**　　2 냈다
> 3 내다　　4 내자

해설 동사의 올바른 활용형을 고르는 문제이다. 괄호 뒤의 문형 までも(~더라도)와 접속할 수 있는 동사의 활용형은 ない형이므로 1 出さない(내지는 않)가 정답이다. '마음에 들지 않는 것 같다. 입밖에 내지는 않더라도'라는 문맥에도 맞다.

어휘 夕食 ゆうしょく 명 저녁 식사　献立 こんだて 명 메뉴, 식단
口に出す くちにだす 입밖에 내다, 말하다
~ないまでも ~하지는 않더라도　ぶすっと 부 뾰로통
表情 ひょうじょう 명 표정

33

> 딸 : 왜 나만 취직이 정해지지 않는 걸까. 뭐가 안 되는 걸까.
> 어머니 : 혼자서 (　　　) 앞으로 나아가지 않잖아. 커리어 지원 선생님에게 상담해보면?
>
> 1 고민하고 나서가 아니면　　2 고민하지 않으면
> 3 고민하고 나서야　　**4 고민하고만 있어도**

해설 적절한 문형을 고르는 문제이다. 괄호 앞뒤 문맥을 보면, '혼자서 고민하고만 있어도 앞으로 나아가지 않잖아'가 가장 자연스럽다. 따라서 4 悩んでばかりいても(고민하고만 있어도)가 정답이다. 1의 てからでないと는 '~하고 나서가 아니면', 2의 ないことには는 '~않으면', 3의 てはじめて는 '~하고 나서야'라는 의미의 문형임을 알아둔다.

어휘 就職 しゅうしょく 명 취직　キャリア 명 커리어　支援 しえん 명 지원
悩む なやむ 동 고민하다　~てからでないと ~하고 나서가 아니면
~ないことには ~않으면　~てはじめて ~하고 나서야
~てばかりいる ~하고만 있다

34

(회사에서)
사토 : 명부를 보면, 원래 장소에 되돌려놔 주세요. 개인정보가 포함되어 있기 때문에, (　　) 에는 요주의입니다.
야마다 : 죄송합니다. 조심하겠습니다.

1 놓다 마는 것　2 막 놓은 것
3 내버린 채로 두는 것　4 가지고 오는 것을 잊는 것

해설 적절한 문형을 고르는 문제이다. 괄호 앞뒤 문맥을 보면, '개인정보가 포함되어 있기 때문에, 내버린 채로 두는 것에는 요주의입니다'가 가장 자연스럽다. 따라서 3 **置きっぱなし**(내버린 채로 두는 것)가 정답이다. 1의 **かけ**는 '~하다 맒', 2의 **たて**는 '막 ~함'이라는 의미의 문형임을 알아둔다.

어휘 名簿 めいぼ 명 명부　元 もと 명 원래　戻す もどす 동 되돌리다
個人情報 こじんじょうほう 명 개인정보　含む ふくむ 동 포함하다
要注意 ようちゅうい 요주의　~かけ ~하다 맒　~たて 막 ~함
~っぱなし ~한 채로 둠　置き忘れ おきわすれ 가지고 오는 것을 잊음

35

적설 예보가 나왔다. 하룻밤에 1미터나 (　　) 니까, 지금 물건을 사러 나갔다 와야지.

1 쌓여서는 곤란하　2 쌓이게 해도 어쩔 수가 없으
3 쌓여도 괜찮으　4 쌓이지 않을 수 없으

해설 적절한 문형을 고르는 문제이다. 특히 선택지 1과 3의 수동 표현 **積もられる**, 2의 사역 표현 **積もらせる**에 유의하여 선택지를 해석한다. 괄호 앞뒤 문맥을 보면, '하룻밤에 1미터나 쌓여서는 곤란하니까'가 가장 자연스럽다. 따라서 수동 표현 **積もられる**(쌓이다)가 사용된 1 **積もられてはかなわない**(쌓여서는 곤란하)가 정답이다. 2의 **てもしかたがない**는 '~해도 어쩔 수가 없다', 3의 **ても差し支えない**는 '~해도 괜찮다', 4의 **ずにはすまない**는 '~하지 않을 수 없다'라는 의미의 문형임을 알아둔다.

어휘 積雪 せきせつ 명 적설　予報 よほう 명 예보
一晩 ひとばん 명 하룻밤　今のうちに いまのうちに 지금, 늦기 전에
買い出し かいだし 명 물건을 삼　積る つもる 동 쌓이다
~てはかなわない ~해서는 곤란하다
~てもしかたがない ~해도 어쩔 수가 없다
~ても差し支えない ~てもさしつかえない ~해도 괜찮다
~ずにはすまない ~하지 않을 수 없다

실전 테스트 3

p.220

26 2　**27** 1　**28** 3　**29** 1　**30** 2　**31** 3
32 4　**33** 3　**34** 1　**35** 3

문제5 다음 문장의 (　　)에 들어갈 가장 알맞은 것을, 1・2・3・4에서 하나 고르세요.

26

이 약의 중대한 부작용은 사람의 목숨 (　　) 일이기 때문에, 나라의 문제로서 진지하게 생각해야 한다.

1 에 얽힌　**2 과 관련된**
3 에 입각한　4 에 해당하는

해설 적절한 문형을 고르는 문제이다. 모든 선택지가 괄호 앞의 명사 **命**(목숨)에 접속할 수 있다. 괄호 뒤 **ことだから、国の問題として真剣に考えるべきだ**(일이기 때문에, 나라의 문제로서 진지하게 생각해야 한다)로 이어지는 문맥을 보면 '목숨과 관련된 일이기 때문에, 나라의 문제로서 진지하게 생각해야 한다'가 가장 자연스럽다. 따라서 2 **にかかわる**(과 관련된)가 정답이다. 1 **にまつわる**는 '~에 얽힌', 3 **に即した**는 '~에 입각한', 4 **にあたる**는 '~에 해당하는'이라는 의미의 문형임을 알아둔다.

어휘 重大だ じゅうだいだ な형 중대하다　副作用 ふくさよう 명 부작용
命 いのち 명 목숨　~として ~로서
真剣だ しんけんだ な형 진지하다　~べきだ ~해야 한다
~にまつわる ~에 얽힌　~にかかわる ~와 관련된, ~와 직결된
~に即した ~にそくした ~에 입각한　~にあたる ~에 해당하는

27

아버지는, 한번 입에 담은 것은, 어떤 곤란이 있든, 반드시 마지막까지 완수하는 사람이다. 나는 그런 아버지를 존경 (　　).

1 해 마지않는다　2 하게 한다
3 하는 것을 견딜 수 없다　4 해야만 한다

해설 적절한 문형을 고르는 문제이다. 괄호 앞 문맥을 보면, '반드시 마지막까지 완수하는 사람이다. 나는 그런 아버지를 존경해 마지않는다'가 가장 자연스럽다. 따라서 1 **してやまない**(해 마지않는다)가 정답이다. 2의 **ずにはおかない**는 '~하게 한다', 3의 **に忍びない**는 '~을 견딜 수 없다', 4의 **ないではすまない**는 '~해야만 한다'라는 의미의 문형임을 알아둔다.

어휘 口にする くちにする 입에 담다, 말하다　困難 こんなん 명 곤란
やり遂げる やりとげる 동 완수하다　尊敬 そんけい 명 존경
~てやまない ~해 마지않다　~ずにはおかない ~하게 한다
~に忍びない ~にしのびない ~을 견딜 수 없다
~ないではすまない ~해야만 한다

28

수상한 그 남자는, 경찰관의 모습을 (　　　) 자마자 차에 올라타, 어딘가로 달아나버리고 말았다.

1 봤다　　2 봐서
3 보　　4 보지

해설 동사의 올바른 활용형을 고르는 문제이다. 괄호 뒤의 문형 **なり**(~하자마자)와 접속할 수 있는 동사의 활용형은 사전형이므로 3 **見る**(보)가 정답이다. '경찰관의 모습을 보자마자 차에 올라타, 어딘가로 달아나버리고 말았다'라는 문맥에도 맞다.

어휘 **怪しげだ あやしげだ** な형 수상하다　**姿 すがた** 명 모습
~なり ~하자마자　**乗り込む のりこむ** 동 올라타다
走り去る はしりさる 동 달아나다

29

신기능이 주목받고 있었던 것도 있어서, 이 회사의 신제품은 (　　　), 순식간에 매진되어 버렸다.

1 발매되자마자　　2 발매되고부터
3 발매한다면　　4 발매하는 한편으로

해설 적절한 문형을 고르는 문제이다. 특히 선택지 1과 2의 수동 표현 **される**에 유의하여 선택지를 해석한다. 괄호 앞뒤 문맥을 보면, '신제품은 발매되자마자, 순식간에 매진되어 버렸다'가 가장 자연스럽다. 따라서 수동 표현 **される**(되다)가 사용된 1 **発売されるや否や**(발매되자마자)가 정답이다. 2의 **てからというものは** '~하고부터', 3의 **となると는** '~라면', 4의 **かたわらは** '~한편으로'라는 의미의 문형임을 알아둔다.

어휘 **新機能 しんきのう** 명 신기능　**注目 ちゅうもく** 명 주목
新製品 しんせいひん 명 신제품　**あっという間 あっというま** 순식간
完売 かんばい 명 매진, 완매　**発売 はつばい** 명 발매
~や否や ~やいなや ~하자마자　**~てからというもの** ~하고부터
~となると ~라면　**~かたわら** ~한편으로

30

강의실이 넓어서 뒷자리는 선생님에게 (　　　), 강의를 듣지 않고 잡담만 하고 있는 학생이 있었기 때문에, 다른 학생에게 폐가 된다고 생각해, 주의 줬다.

1 보이지 않는 것을 토대로　　**2 보이지 않는 것을 기회로**
3 보인다고 한들　　4 보일 정도라면

해설 적절한 문형을 고르는 문제이다. 괄호 앞뒤 문맥을 보면, '뒷자리는 선생님에게 보이지 않는 것을 기회로, 강의를 듣지 않고 잡담만 하고 있는 학생이 있었기 때문에'가 가장 자연스럽다. 따라서 2 **見えないのをいいことに**(보이지 않는 것을 기회로)가 정답이다. 1의 **をふまえ**는 '~을 토대로', 3의 **たところでは** '~라고 한들', 4의 **くらいなら**는 '~정도라면'이라는 의미의 문형임을 알아둔다.

어휘 **講義室 こうぎしつ** 명 강의실　**講義 こうぎ** 명 강의
おしゃべり 명 잡담　**迷惑 めいわく** 명 폐　**~をふまえ** ~을 토대로
~のをいいことに ~을 기회로, ~을 구실로
~たところで ~라고 한들, ~해 보았자　**~くらいなら** ~정도라면

31

이 상품개발팀은, 상품 지식이 풍부해서 발상력 있는 사람 뿐이지만, 팀 리더에 어울리는 사람은, 그 (　　　) 그밖에는 없다고 생각한다.

1 다운　　2 뿐 아니라
3 를 제외하고　　4 를 아랑곳하지 않고

해설 적절한 문형을 고르는 문제이다. 모든 선택지가 괄호 앞의 명사 **彼**(그)에 접속할 수 있다. 괄호 뒤 **ほかにはいないと思う**(그밖에는 없다고 생각한다)로 이어지는 문맥을 보면 '팀 리더에 어울리는 사람은, 그를 제외하고 그밖에는 없다고 생각한다'가 가장 자연스럽다. 따라서 3 **をおいて**(를 제외하고)가 정답이다. 1 **ならでは**는 '~다운', 2 **に限らず**는 '~뿐 아니라', 4 **をよそに**는 '~을 아랑곳하지 않고'라는 의미의 문형임을 알아둔다.

어휘 **商品開発チーム しょうひんかいはつチーム** 상품개발팀
知識 ちしき 명 지식　**豊富だ ほうふだ** な형 풍부하다
発想力 はっそうりょく 명 발상력　**リーダー** 명 리더
ふさわしい い형 어울리다　**~ならでは** (과연) ~다운
~に限らず ~にかぎらず ~뿐 아니라
~をおいて ~을 제외하고　**~をよそに** ~을 아랑곳하지 않고

32

아들 : 아빠, 병원에 갔더니 술을 삼가라고 의사에게 들은 모양이야.
어머니 : 맞아. 정말 좋아하는 술을 못 마시는 것은 괴롭겠지만, 건강을 위해서 (　　　).

1 참게 할 수는 없겠지
2 참게 할 수 없겠지
3 참아달라고 하는 것에 불과하겠지
4 참아달라고 할 수밖에 없겠지

해설 적절한 문형을 고르는 문제이다. 특히 선택지 1과 2의 사역 표현 **させる**, 3과 4의 수수 표현 **てもらう**에 유의하여 선택지를 해석한다. 괄호 앞 문맥을 보면, '정말 좋아하는 술을 못 마시는 것은 괴롭겠지만, 건강을 위해서 참아달라고 할 수밖에 없겠지'가 가장 자연스럽다. 따라서 수수 표현 **てもらう**(~해 받다)가 사용된 4 **我慢してもらうしかないよね**(참아달라고 할 수밖에 없겠지)가 정답이다. 1의 **わけにはいかない**는 '~할 수는 없다', 2의 **に堪えない**는 '~할 수 없다', 3의 **にすぎない**는 '~에 불과하다'라는 의미의 문형임을 알아둔다.

어휘 **控える ひかえる** 동 삼가다　**つらい** い형 괴롭다
健康 けんこう 명 건강　**我慢 がまん** 명 참음, 자제
~わけにはいかない ~할 수는 없다
~に堪えない ~にたえない (차마) ~할 수 없다
~にすぎない ~에 불과하다　**~しかない** ~할 수밖에 없다

33

나카무라 : 일전의 시험, 역시 안 됐어. 논술시험은 내 생각을 어떻게 정리하면 되는지 몰라서, 항상 곤란해.
요시다 : 나도. 그래도, 어려워도 합격하는 사람이 있지. (　　) 노력하는 수밖에 없어.

1 어쩌면　　2 즉
3 어쨌든　　4 그랬더니

해설 적절한 부사를 고르는 문제이다. 괄호 앞의 **難しくても合格している人がいるんだよね**(어려워도 합격하는 사람이 있지)와 괄호 뒤의 **頑張るしかないよ**(노력하는 수밖에 없어)와 문맥상 어울리는 말은 '어쨌든 노력하는 수밖에 없어'이다. 따라서 3 **ともかく**(어쨌든)가 정답이다.

어휘 **論述試験 ろんじゅつしけん** [명] 논술시험　**まとめる** [동] 정리하다
合格 ごうかく [명] 합격　**~しかない** ~수밖에 없다
あるいは [부] 어쩌면　**すなわち** [접] 즉, 이를테면　**ともかく** [부] 어쨌든
すると [접] 그랬더니

34

야마모토 : 하라다 선배님, 오늘은 일부러 우리들의 이벤트에 와 주셔서, 감사합니다. 이것, 앙케트입니다만, 괜찮았던 것을 세 개 골라 주세요. 이유도 (　　) 면 도움이 됩니다만.
하라다 : 응, 좋아.

1 써 받을 수 있으　　2 써 버리시
3 쓰고 계시　　4 써 드리

해설 적절한 경어 표현을 고르는 문제이다. 선배에게 앙케트 참여를 정중하게 부탁하는 상황이므로 부탁하는 자신의 행위를 낮추는 **理由も書いていただけると助かるんですが**(이유도 써 받을 수 있으면 도움이 됩니다만)가 가장 자연스럽다. 따라서 1 **書いていただける**(써 받을 수 있으)가 정답이다. 여기서 **書いていただく**(써 받다)는 **書いてもらう**(써 받다)의 겸양 표현이다. 2 **書いてしまわれる**(써 버리시)는 **書いてしまう**(써 버리다)의 존경 표현, 3의 **書いておいでになる**(쓰고 계시다)는 **書いている**(쓰고 있다)의 존경어, 4 **書いて差し上げる**(써 드리다)는 **書いてあげる**(써 주다)의 겸양어이다.

어휘 **わざわざ** [부] 일부러　**イベント** [명] 이벤트　**アンケート** [명] 앙케트
助かる たすかる [동] 도움이 되다
おいでになる [동] 계시다 (**いる**의 존경어)
差し上げる さしあげる [동] 드리다 (**あげる**의 겸양어)

35

몸에 좋으니까, 매일 걷도록 하고 있다는 이야기를 자주 듣는다. 하지만, 정말로 건강에의 효과를 기대한다면, 그저 (　　) 것이다. 걷는 거리나 걷는 방법에 주의할 필요가 있기 때문이다.

1 걸으면 된다고 해도 과언은 아닐
2 걷는 것이 가장 좋을
3 걸으면 되는 것은 아닐
4 걸으려고 해도 걸을 수 없을

해설 적절한 문형을 고르는 문제이다. 괄호 앞뒤 문맥을 보면, '그저 걸으면 되는 것은 아닐 것이다. 걷는 거리나 걷는 방법에 주의할 필요가 있기 때문이다'가 가장 자연스럽다. 따라서 3 **歩けばいいというものではない**(걸으면 되는 것은 아닐)가 정답이다. 1의 **といっても…ない**는 '~라고 해도 …이 아니다', 2의 **に越したことはない**는 '~이 가장 좋다', 4의 **ようにも~ない**는 '~하려고 해도 ~할 수 없다'라는 의미의 문형임을 알아둔다.

어휘 **健康 けんこう** [명] 건강　**効果 こうか** [명] 효과　**期待 きたい** [명] 기대
ただ [부] 그저　**距離 きょり** [명] 거리　**歩き方 あるきかた** [명] 걷는 방법
~といっても…ない ~라고 해도 …이 아니다
~に越したことはない ~にこしたことはない ~이 가장 좋다
~ものではない ~하는 것은 아니다
~ようにも~ない ~하려고 해도 ~할 수 없다

실전 테스트 4

p.222

26 2　**27** 3　**28** 4　**29** 1　**30** 4　**31** 1
32 2　**33** 1　**34** 3　**35** 4

문제5 다음 문장의 (　　)에 들어갈 가장 알맞은 것을, 1・2・3・4에서 하나 고르세요.

26

천 명을 넘는 응모자 중에서 엄정한 서류심사 (　　), 30명이 최종 전형에 진출했다.

1 를 통해　　**2 를 거쳐**
3 에 즈음하여　　4 에 이르러

해설 적절한 문형을 고르는 문제이다. 모든 선택지가 괄호 앞의 명사 **書類審査**(서류심사)에 접속할 수 있다. 괄호 뒤 **30人が最終選考に進んだ**(30명이 최종 전형에 진출했다)로 이어지는 문맥을 보면 '서류심사를 거쳐, 30명이 최종 전형에 진출했다'가 가장 자연스럽다. 따라서 2 **を経て**(를 거쳐)가 정답이다. 1 **を通じて**는 '~을 통해'라는 의미의 문형으로, 어떤 수단을 경유하여 정보가 전달되거나 특정한 관계가 생기는 경우에 대해 사용하기 때문에 서류심사라는 과정의 결과를 말하는 문맥에는 맞지 않으므로 오답이다. 3 **にあたって**는 '~에 즈음하여', 4 **にいたって**는 '~에 이르러'라는 의미의 문형임을 알아둔다.

어휘 **千人 せんにん** [명] 천 명　**超える こえる** [동] (기준을) 넘다
応募者 おうぼしゃ [명] 응모자　**厳正だ げんせいだ** [な형] 엄정하다
書類審査 しょるいしんさ [명] 서류심사　**最終 さいしゅう** [명] 최종
選考 せんこう [명] 전형　**~を通じて ~をつうじて** ~을 통해
~を経て ~をへて ~을 거쳐　**~にあたって** ~에 즈음하여
~にいたって ~에 이르러

27

연락 사항을 듣지 (　　) 는지, 그녀는 실내화가 필요하다는 것을 알지 못했다.

1 어려웠　　2 못하
3 못하고 말았　　4 도 않

해설 적절한 문형을 고르는 문제이다. 모든 선택지가 괄호 앞의 동사 ます형 聞き(듣지)에 접속할 수 있다. 괄호 뒤 **彼女は上履きが必要なことを知らなかった**(그녀는 실내화가 필요하다는 것을 알지 못했다)로 이어지는 문맥을 보면 '연락 사항을 듣지 못하고 말았는지, 그녀는 실내화가 필요하다는 것을 알지 못했다'가 가장 자연스럽다. 따라서 3 **そびれた**(못하고 말았)가 정답이다. 1의 **かねる**는 '~하기 어렵다', 2의 **える**는 '~할 수 있다', 4 **もしない**는 '~하지도 않다'라는 의미의 문형임을 알아둔다.

어휘 **事項 じこう** 명 사항　**~のか** ~인지　**上履き うわばき** 명 실내화
~かねる ~하기 어렵다　**~える** ~할 수 있다
~そびれる ~못하고 말다　**~もしない** ~하지도 않다

28

아이들은 장난감으로 놀 (　　) 놀고, 어지른 채 밖으로 나갔다.

1 라고도　　2 기 밖에
3 기 까지　　**4 만큼**

해설 적절한 조사를 고르는 문제이다. 괄호 앞의 **おもちゃで遊ぶ**(장난감으로 놀)와 괄호 뒤의 **遊んで**(놀고)와 문맥상 어울리는 말은 '장난감으로 놀 만큼 놀고'이다. 따라서 4 **だけ**(만큼)가 정답이다. 조사 **だけ**가 대표적인 뜻 '~만' 외에, '~만큼'의 뜻으로 사용될 수 있음을 알아둔다.

어휘 **散らかす ちらかす** 동 어지르다　**~たまま** ~한 채
とも 조 라고도　**しか** 조 밖에　**まで** 조 까지　**だけ** 조 만큼, 만

29

친구 부부의 사이가 좋은 것을 보면 허전함을 느낄 때도 있지만, 매일 누군가와 함께 있어 간섭 (　　) 정도라면, 평생 독신으로 있는 편이 낫다.

1 받을　　2 받았을
3 하게 될　　4 하게 됐을

해설 동사의 올바른 활용형을 고르는 문제이다. 괄호 뒤의 문형 **くらいなら**(~정도라면)와 접속할 수 있는 동사의 활용형은 사전형이다. 1 **される**와 3 **させられる**의 두 개 선택지가 동사 사전형이이므로 문맥을 파악한다. 괄호 앞뒤 문맥을 보면, '매일 누군가와 함께 있어 간섭받을 정도라면, 평생 독신으로 있는 편이 낫다'가 가장 자연스러우므로 1 **される**(받을)가 정답이다.

어휘 **友人 ゆうじん** 명 친구　**夫婦 ふうふ** 명 부부　**仲 なか** 명 사이
良さ よさ 명 좋은 것, 좋음　**寂しさ さびしさ** 명 허전함
感じる かんじる 동 느끼다　**干渉 かんしょう** 명 간섭
~くらいなら ~정도라면　**一生 いっしょう** 명 평생, 일생
独身 どくしん 명 독신　**ましだ** な형 (더) 낫다

30

진도 5를 기록하는 지진이 관동 지방을 직격했다. 강한 흔들림은 가라앉았으나, 큰 여진이 발생 (　　) 결코 방심해서는 안 된다.

1 하는 것이 제일이니까　　2 한다고는 할 수 없으니까
3 하지 않는 것이 제일이니까　　**4 할지도 모르니까**

해설 적절한 문형을 고르는 문제이다. 괄호 앞뒤 문맥을 보면, '큰 여진이 발생할지도 모르니까 결코 방심해서는 안 된다'가 가장 자연스럽다. 따라서 4 **しないとも限らないから**(할지도 모르니까)가 정답이다. 1과 3의 **に限る**는 '~하는 것이 제일이다', 2의 **とは限らない**는 '~라고는 할 수 없다'라는 의미의 문형임을 알아둔다.

어휘 **震度 しんど** 명 진도　**記録 きろく** 명 기록　**関東 かんとう** 명 관동
地方 ちほう 명 지방　**直撃 ちょくげき** 명 직격
揺れ ゆれ 명 흔들림, 요동　**収まる おさまる** 동 가라앉다, 진정되다
余震 よしん 명 여진　**油断 ゆだん** 명 방심
~てはならない ~해서는 안 된다
~に限る ~にかぎる ~하는 것이 제일이다　**から** 조 니까
~とは限らない ~とはかぎらない ~라고는 할 수 없다
~ないとも限らない ~ないともかぎらない (어쩌면) ~지도 모른다

31

(인터뷰에서)
듣는 사람 : 이 가게는 완전 예약제로 정치가나 유명인이어도 특별 취급하지 않는 것으로 유명하지요. 하지만, 미국의 대통령이 가게에 오는 것을 (　　), 역시 고민하셨을 거라고 생각합니다만.
점장 : 네, 정계의 분들께도 직접 부탁받았습니다만, 역시 자신의 방침을 바꾸는 것은 아무래도 할 수 없었습니다.

1 바라셨다면　　2 바라셨다 하면
3 바랐다면　　4 바랐다 하면

해설 적절한 문형을 고르는 문제이다. 특히 선택지 1과 2의 존경 표현 **お望みになる**, 3과 4의 겸양 표현 **お望みいたす**에 유의하여 선택지를 해석한다. 괄호 앞뒤 문맥을 보면, '미국의 대통령이 가게에 오는 것을 바라셨다면, 역시 고민하셨을 거라고 생각합니다'가 가장 자연스럽다. 따라서 존경 표현 **お望みになる**(바라시다)가 사용된 1 **お望みになったとあれば**(바라셨다면)가 정답이다. 2와 4의 **たが最後**는 '~했다 하면'이라는 의미의 문형임을 알아둔다.

어휘 **聞き手 ききて** 명 듣는 사람　**完全 かんぜん** 명 완전
予約制 よやくせい 명 예약제　**政治家 せいじか** 명 정치가
有名人 ゆうめいじん 명 유명인　**特別 とくべつ** 명 특별
扱い あつかい 명 취급　**有名だ ゆうめいだ** 명 유명하다
大統領 だいとうりょう 명 대통령
来店 らいてん 명 가게에 오는 것, 내점　**さすがに** 부 역시, 그렇지만
悩む なやむ 동 고민하다　**店長 てんちょう** 명 점장
政界 せいかい 명 정계　**方々 かたがた** 명 분들
直々 じきじき 부 직접　**ポリシー** 명 방침, 정책

どうしても 부 아무래도　望む のぞむ 동 바라다　～とあれば ~라면
～たが最後 ～たがさいご ~했다 하면

32

배가 고픈 (　　　), 그저 눈앞에 먹을 것이 있으면 아무래도 손이 가 버린다.

1 이유가 없지만　　**2 것은 아니지만**
3 라도 아닌 이유가　　4 가 없는 이유라도

해설 적절한 문형을 고르는 문제이다. 모든 선택지에 명사 **わけ**, 조사 **が**와 **でも**, い형용사 **ない**가 포함되어 있으므로 이에 유의하여 선택지를 해석한다. 괄호 앞뒤 문맥을 보면, '배가 고픈 것은 아니지만, 그저 눈앞에 먹을 것이 있으면 아무래도 손이 가 버린다'가 가장 자연스럽다. 따라서 2 **わけでもないが**(것은 아니지만)가 정답이다. 여기서 **わけでもない**는 '~인 것은 아니다'라는 의미의 문형임을 알아둔다.

어휘 お腹が空く おなかがすく 배가 고프다　ただ 부 그저
どうしても 부 아무래도　手が伸びる てがのびる 손이 가다
わけ 명 이유　でも 조 라도　～わけでもない ~인 것은 아니다

33

의사 : 수술에 의해 후유증이 (　　　), 현시점에서는 이것 이외에 최선인 대책은 없습니다.
환자 : 그렇습니까. 조금 더 생각하게 해 주세요.

1 남을 우려가 있기는 하나　　2 남지 않고 끝나기는 하나
3 남을 우려가 있는 것으로　　4 남지 않고 끝나는 것으로

해설 적절한 문형을 고르는 문제이다. 괄호 앞뒤 문맥을 보면, '후유증이 남을 우려가 있기는 하나, 현시점에서는 이것 이외에 최선인 대책은 없습니다'가 가장 자연스럽다. 따라서 1 **残るおそれがあるものの**(남을 우려가 있기는 하나)가 정답이다. 2와 4의 **ないですむ**는 '~하지 않고 끝나다'라는 의미의 문형임을 알아둔다.

어휘 手術 しゅじゅつ 명 수술　～によって ~에 의해
後遺症 こういしょう 명 후유증　現時点 げんじてん 명 현시점
最善だ さいぜんだ な형 최선이다　策 さく 명 대책
～おそれがある ~할 우려가 있다　～ものの ~기는 하나, ~기는 하지만
～ないですむ ~하지 않고 끝나다

34

A: 면접 시험의 결과에 대해서 문의가 쇄도하고 있습니다만, 어떻게 하면 좋을까요.
B: 매년 그런 질문이 많아서, 회답은 삼가도록 하고 있습니다. 한 명 한 명에게 이유를 (　　　).

1 말씀드리지 않으면 안 되나요
2 말씀하시고 있는 것은 아닐까요
3 말씀드리고 있어서는 끝이 없습니다
4 말씀하시고 있어도 어쩔 수 없습니다

해설 적절한 문형을 고르는 문제이다. 특히 선택지 1과 3의 겸양어 **申す**, 2와 4의 존경어 **おっしゃる**에 유의하여 선택지를 해석한다. 괄호 앞에서 A가 쇄도하는 문의에 대해서 '어떻게 하면 좋을까요'라고 물었으므로 B도 문의에 대해 회답을 해야 하는 사람이다. 따라서 '회답은 삼가도록 하고 있습니다. 한 명 한 명에게 이유를 말씀드리고 있어서는 끝이 없습니다'가 가장 자연스러우므로 겸양어 **申す**(말씀드리다)가 사용된 3 **申していればきりがありません**(말씀드리고 있어서는 끝이 없습니다)이 정답이다. 1의 **なければならない**는 '~하지 않으면 안 된다', 2의 **ものではない**는 '~것은 아니다', 4의 **てもしようがない**는 '~해도 어쩔 수 없다'라는 의미의 문형임을 알아둔다.

어휘 面接 めんせつ 명 면접　結果 けっか 명 결과
～について ~에 대해서　問い合わせ といあわせ 명 문의
殺到 さっとう 명 쇄도　回答 かいとう 명 회답, 대답
控える ひかえる 동 삼가다　～ようにする ~하도록 하다
申す もうす 동 말씀드리다 (言う의 겸양어)
～なければならない ~하지 않으면 안 된다
おっしゃる 동 말씀하시다 (言う의 존경어)
～ものではない ~것은 아니다　～でしょうか ~일까요
～ばきりがない ~하면 끝이 없다
～てもしようがない ~해도 어쩔 수 없다

35

기무라 : 과장님, 납기까지 앞으로 1주일이라고 하는데 이럴 때에 커피인가요.
과장 : 긴급사태로 느긋하게 (　　　), 조금 마음에 여유를 가지지 않으면 사원 전원이 쓰러져 버려.

1 하고 있다고 해서
2 하고 있다고 한들
3 하고 있다는 것은 아니어서
4 하고 있을 상황이 아니라고는 해도

해설 적절한 문형을 고르는 문제이다. 괄호 앞뒤 문맥을 보면, '긴급사태로 느긋하게 하고 있을 상황이 아니라고는 해도, 조금 마음에 여유를 가지지 않으면'이 가장 자연스럽다. 따라서 4 **しているどころではないとはいえ**(하고 있을 상황이 아니라고는 해도)가 정답이다. 1의 **からといっては** '~라고 해서', 2의 **にしたところでは** '~라고 한들', 3의 **というものではない**는 '~라는 것은 아니다'라는 의미의 문형임을 알아둔다.

어휘 納期 のうき 명 납기　あと 부 앞으로, 아직　緊急 きんきゅう 명 긴급
事態 じたい 명 사태　呑気だ のんきだ な형 느긋하다
余裕 よゆう 명 여유　社員 しゃいん 명 사원
全員 ぜんいん 명 전원　～からといって ~라고 해서
～にしたところで ~라고 한들
～というものではない ~라는 것은 아니다
～どころではない ~할 수 있는 상황이 아니다
～とはいえ ~라고는 해도

실전 테스트 5

p.224

26 2 **27** 1 **28** 3 **29** 1 **30** 4 **31** 3
32 4 **33** 3 **34** 1 **35** 3

문제5 다음 문장의 (　　)에 들어갈 가장 알맞은 것을, 1・2・3・4에서 하나 고르세요.

26

최근의 애니메이션은 사회 문제를 반영시킨 내용인 것도 있어서, 어른이어도 볼 (　　) 것이 많다.

1 기에 충분한　　2 **만한**
3 가치가 없는　　4 수 없는

해설 적절한 문형을 고르는 문제이다. 모든 선택지가 괄호 앞의 조사 に에 접속할 수 있다. 괄호 앞뒤 문맥을 보면, '사회 문제를 반영시킨 내용인 것도 있어서, 어른이어도 볼 만한 것이 많다'가 가장 자연스럽다. 따라서 2 たえる(만한)가 정답이다. 조사 に에 접속할 때 1 たる는 '~하기에 충분하다', 3 たりない는 '~할 가치가 없다', 4 たえない는 '~할 수 없다'라는 의미의 문형임을 알아둔다.

어휘 アニメ 명 애니메이션　反映 はんえい 명 반영
内容 ないよう 명 내용　~にたる ~하기에 충분하다
~にたえる ~할 만하다　~にたりない ~할 가치가 없다
~にたえない (차마) ~할 수 없다, 매우 ~하다

27

지역 주민의 자원봉사에 의한 '녹색 아저씨·어머니' 활동은 아이들의 등하교 안전을 (　　) 기 위해 시작한 대처다.

1 **지키**　　2 지키고
3 지키지 않　　4 지켜서

해설 동사의 올바른 활용형을 고르는 문제이다. 괄호 뒤의 문형 べく(~하기 위해)와 접속할 수 있는 동사의 활용형은 사전형이므로 1 守る(지키)가 정답이다. '아이들의 등하교 안전을 지키기 위해 시작한 대처다'라는 문맥에도 맞다.

어휘 地域 ちいき 명 지역　住民 じゅうみん 명 주민
ボランティア 명 자원봉사　~による ~에 의한
緑のおじさん・おばさん みどりのおじさん・おばさん 녹색 아저씨·아주머니, 녹색 학부모회　活動 かつどう 명 활동
登下校 とうげこう 명 등하교　~べく ~하기 위해
取り組み とりくみ 명 대처　守る まもる 동 지키다

28

이 어트랙션에는 신장 제한이 없습니다. (　　), 5세 미만인 자녀분은 반드시 보호자와 함께 승차해 주세요.

1 어쩌면　　2 그러므로
3 **다만**　　4 그건 그렇고

해설 적절한 접속사를 고르는 문제이다. 괄호 앞의 身長制限がございません(신장 제한이 없습니다)과 괄호 뒤의 5才未満のお子さんは必ず保護者と一緒にご乗車ください(5세 미만인 자녀분은 반드시 보호자와 함께 승차해 주세요)와 문맥상 어울리는 말은 '다만, 5세 미만인 자녀분은 반드시 보호자와 함께 승차해 주세요'이다. 따라서 3 ただし(다만)가 정답이다.

어휘 アトラクション 명 어트랙션　身長 しんちょう 명 신장, 키
制限 せいげん 명 제한　未満 みまん 명 미만
保護者 ほごしゃ 명 보호자　乗車 じょうしゃ 명 승차
あるいは 부 어쩌면　それゆえ 접 그러므로　ただし 접 다만
ところで 접 그건 그렇고

29

사회학을 전공하고 있으나, 연구 내용에는 뇌과학의 관점에서의 고찰도 필요했다. 그 때문에, 사토 교수님의 연구실에 (　　), 특별히 수업을 청강 받길 바란다고 부탁했다.

1 **방문해서**　　2 계셔서
3 오셔서　　4 보여드려서

해설 적절한 경어 표현을 고르는 문제이다. 학생이 교수님의 연구실에 방문하여 수업 청강을 부탁했다는 상황이므로 연구실에 방문하는 자신의 행위를 낮추는 教授の研究室に伺って(교수님의 연구실에 방문해서)가 가장 자연스럽다. 따라서 1 伺って(방문해서)가 정답이다. 여기서 伺う(방문하다)는 訪問する(방문하다)의 겸양어이다. 2 いらっしゃって(계셔서)는 いる(있다)의 존경어, 3 お越しになって(오셔서)는 来る(오다)의 존경어, 4 お目にかけて(보여드려서)는 見せる(보이다)의 겸양어를 활용한 것이다.

어휘 社会学 しゃかいがく 명 사회학　専攻 せんこう 명 전공
内容 ないよう 명 내용　脳科学 のうかがく 명 뇌과학
観点 かんてん 명 관점　考察 こうさつ 명 고찰　そのため 그 때문에
教授 きょうじゅ 명 교수님, 교수　聴講 ちょうこう 명 청강
伺う うかがう 동 방문하다 (訪問する의 겸양어)
いらっしゃる 동 계시다, 오시다 (いる, 行く의 존경어)
お越しになる 동 오시다 (来る의 존경어)
お目にかける 동 보여드리다 (見せる의 겸양어)

30

(길거리 인터뷰에서)
듣는 사람 : 지난달 일어난 비참한 사건에 의해 소년법의 개정을 요구하는 목소리가 있습니다만, 그 건에 대해 의견을 들려주실 수 있습니까.
시민 : 글쎄요. 물론 미성년과 성년에서 연령에 따른 정신의 성숙함에 다소 차이는 있겠지요. 하지만, 죄를 범한 것이니 어른과 같은 법으로 심판받아 (　　) 고 생각합니다.

1 마지않다　　2 서 견딜 수 없다
3 도 본전치기라　　4 **야 마땅하다**

해설 적절한 문형을 고르는 문제이다. 모든 선택지가 괄호 앞의 동사 て형 裁かれて(심판받아)에 접속할 수 있다. 괄호 앞뒤 문맥을 보면, '죄를 범한 것이니 어른과 같은 법으로 심판받아야 마땅하다고 생각

합니다'가 가장 자연스럽다. 따라서 4 しかるべきだ(야 마땅하다)가 정답이다. 동사 て형에 접속할 때 1 やまない는 '~해 마지않다', 2 たまらない는 '~해서 견딜 수 없다', 3 もともとだ는 '~해도 본전치기다'라는 의미의 문형임을 알아둔다.

어휘 街頭 がいとう 명 길거리 インタビュー 명 인터뷰
聞き手 ききて 명 듣는 사람 起こる おこる 동 일어나다
悲惨だ ひさんだ な형 비참하다 事件 じけん 명 사건
~により ~에 의해 少年法 しょうねんほう 명 소년법
改正 かいせい 명 개정 求める もとめる 동 요구하다
件 けん 명 건 ~について ~에 대해 未成年 みせいねん 명 미성년
成年 せいねん 명 성년 年齢 ねんれい 명 연령
精神 せいしん 명 정신 成熟さ せいじゅくさ 명 성숙함
多少 たしょう 부 다소 違い ちがい 명 차이 罪 つみ 명 죄
犯す おかす 동 범하다, 어기다 法 ほう 명 법
裁く さばく 동 심판하다 ~てやまない ~해 마지않다
~てたまらない ~해서 견딜 수 없다
~てもともとだ ~해도 본전치기다 ~てしかるべきだ ~해야 마땅하다

31

평소에는 그다지 감정적이게 되거나 하지 않지만, 형제 (　　　) 개의 출산에 입회했을 때는 눈물이 멈추지 않았다.

1 에 이르기까지의　　2 나름의
3 나 다름없는　　4 겸해서의

해설 적절한 문형을 고르는 문제이다. 모든 선택지가 괄호 앞의 명사 兄弟(형제)에 접속할 수 있다. 괄호 뒤 犬の出産に立ち会ったときは涙が止まらなかった(개의 출산에 입회했을 때는 눈물이 멈추지 않았다)로 이어지는 문맥을 보면 '형제나 다름없는 개의 출산에 입회했을 때는 눈물이 멈추지 않았다'가 가장 자연스럽다. 따라서 3 も同然の(나 다름없는)가 정답이다. 1의 に至るまでは '~에 이르기까지', 2 なりの는 '~나름의', 4의 がてら는 '~겸해서'라는 의미의 문형임을 알아둔다.

어휘 普段 ふだん 명 평소 感情的だ かんじょうてきだ な형 감정적이다
育つ そだつ 동 자라다 出産 しゅっさん 명 출산
立ち会う たちあう 동 입회하다 涙 なみだ 명 눈물
~に至るまで ~にいたるまで ~에 이르기까지 ~なりの ~나름의
~も同然の ~もどうぜんの ~나 다름 없는
~がてら ~겸해서, ~하는 김에

32

히라노 : 어떡하지. 오늘까지 제출하지 않으면 안 되는 과제, 완전히 잊고 있었어.
다카하시 : 교수님께 (　　　) 는 않겠지만, 성적에 어떻게 영향을 줄지가 걱정이네.

1 꾸중 듣지 않고　　2 꾸짖지
3 꾸짖지 않고　　**4 꾸중 듣지**

해설 동사의 올바른 활용형을 고르는 문제이다. 괄호 뒤의 문형 はしない(~하지는 않겠다)와 접속할 수 있는 동사의 활용형은 ます형이다. 2 怒り와 4 怒られ의 두 개 선택지가 동사 ます형이므로 문맥을 파악한다. 괄호 앞뒤 문맥을 보면, '교수님께 꾸중 듣지는 않겠지만'이 가장 자연스러우므로 4 怒られ(꾸중 듣지)가 정답이다.

어휘 提出 ていしゅつ 명 제출 ~なくちゃいけない ~하지 않으면 안 된다
課題 かだい 명 과제 教授 きょうじゅ 명 교수
~はしない ~하지는 않겠다 けど 조 지만 成績 せいせき 명 성적
響く ひびく 동 (나쁜) 영향을 주다

33

수년 전의 나에게는 맨션이라니 손이 닿지 않는 존재였지만, 조금 더 저금을 계속하면 (　　　).

1 살 수 있는 것은 부정할 수 없는 것 같다
2 사지 않으면 안 될 것이다
3 사지 못할 것도 없는 것 같다
4 살 필요도 없을 것이다

해설 적절한 문형을 고르는 문제이다. 괄호 앞 문맥을 보면, '맨션이라니 손이 닿지 않는 존재였지만, 조금 더 저금을 계속하면 사지 못할 것도 없는 것 같다'가 가장 자연스럽다. 따라서 3 買えないものでもないようだ(사지 못할 것도 없는 것 같다)가 정답이다. 2의 なくてはならない는 '~하지 않으면 안 된다', 4의 までのことでもない는 '~할 필요도 없다'라는 의미의 문형임을 알아둔다.

어휘 数年 すうねん 명 수년 マンション 명 맨션 なんて 조 라니
届く とどく 동 닿다 存在 そんざい 명 존재 貯金 ちょきん 명 저금
いなむ 동 부정하다 ~ようだ ~인 것 같다
~なくてはならない ~하지 않으면 안 된다
~だろう ~일 것이다, ~겠지 ~ないものでもない ~못할 것도 없다
~までのことでもない ~할 필요도 없다

34

A: 무인 농업 기계의 주행 실험, 성공으로 (　　　), 아쉬웠네요. 선회 때 5센티 이상의 차이가 생겨 버렸습니다.
B: 단 5센티라도 이용자 분들에게 있어서는 큰 차이이기 때문에, 좀 더 개선하지 않으면 안 되겠네요.

1 끝난다고 생각했더니　　2 끝내는지 아닌지
3 끝내자마자　　4 끝난다고 생각했던 것인지

해설 적절한 문형을 고르는 문제이다. 괄호 앞뒤 문맥을 보면, '무인 농업 기계의 주행 실험은 성공으로 끝난다고 생각했더니, 아쉬웠네요'가 가장 자연스럽다. 따라서 1 終わると思いきや(끝난다고 생각했더니)가 정답이다. 2의 か否か는 '~인지 아닌지', 3의 や否や는 '~하자마자'라는 의미의 문형임을 알아둔다.

어휘 無人 むじん 명 무인 農業 のうぎょう 명 농업
走行 そうこう 명 주행 実験 じっけん 명 실험 成功 せいこう 명 성공
ターン 명 선회, 턴 際 さい 명 때 ズレ 명 차이, 어긋남
生じる しょうじる 동 생기다 たった 부 단, 겨우 でも 조 라도
利用者 りようしゃ 명 이용자 方々 かたがた 명 분들
~にとって ~에게 있어서 差 さ 명 차이 改善 かいぜん 명 개선
~なければいけない ~하지 않으면 안 된다
~と思いきや ~とおもいきや ~라고 생각했더니

～か否か ～かいなか ~인지 아닌지
～や否や ～やいなや ~하자마자　～のか ~인지

35

안도 : 꽃꽂이 교실이라고 하면, 선생님의 지시대로 하지 않으면 안 된다는 이미지인데, 실제로 어때?
쓰치야 : 내가 다니고 있는 곳의 선생님은 중요한 포인트라든가는 가르쳐 주나. 그래도, 어느 정도는 (　　　).

1 자유롭게 하고 계신다고 생각해
2 자유롭게 할 작정
3 자유롭게 해 주시고 있어
4 자유롭게 해 줘도 돼

해설 적절한 문형을 고르는 문제이다. 특히 선택지 1과 2의 경어 표현 **いらっしゃる**와 **いただく**, 2와 3의 사역 표현 **させる**, 3과 4의 수수 표현 **てもらう**와 **てあげる**에 유의하여 선택지를 해석한다. 괄호 앞 문맥을 보면, '중요한 포인트라든가는 가르쳐 주나. 그래도, 어느 정도는 자유롭게 해 주시고 있어'가 가장 자연스러우므로 3 **自由にさせてもらっている**(자유롭게 해 주시고 있어)가 정답이다.

어휘 **生け花 いけばな** 명 꽃꽂이　**指示 しじ** 명 지시
～通り ～どおり ~대로　**イメージ** 명 이미지
実際 じっさい 부 실제로　**重要だ じゅうようだ** な형 중요하다
ポイント 명 포인트　**とか** 조 라든가　**かな** 조 인가, 일까
程度 ていど 명 정도　**自由だ じゆうだ** な형 자유롭다
いらっしゃる 동 계시다 (**いる**의 존경어)
～と思う ～とおもう ~라고 생각하다
いただく 동 받다 (**もらう**의 겸양어)
～てもらう (상대가) ~해 주다, ~해 받다　**～てあげる** ~해 주다
も 조 도

문제 6 문장 만들기

실력 다지기

p.228

01 ③	02 ①	03 ③	04 ②	05 ③	06 ①
07 ②	08 ①	09 ③	10 ①	11 ③	12 ①
13 ②	14 ①	15 ③	16 ②	17 ③	18 ①
19 ①	20 ②				

01

매일 잔업 하라고 ★까지는 말하지 않지만 주어진 일은 정확히 소화해야 한다.

① 하라고　② 말하지 않지만　**③ 까지는**

어휘 **残業 ざんぎょう** 명 잔업　**与える あたえる** 동 주다
きちんと 부 정확히　**こなす** 동 소화하다

02

그는 기업가 출신인 탓인지 정치가 ★된 마음가짐이 전혀 되어 있지 않다.

① 된　② 마음가짐이　③ 정치가

어휘 **起業家 きぎょうか** 명 기업가, 사업을 일으킨 사람
出身 しゅっしん 명 출신　**全く まったく** 부 전혀　**～たる** ~된, ~한
心構え こころがまえ 명 마음가짐　**政治家 せいじか** 명 정치가

03

그녀의 은퇴 공연에 모인 사람들은 ★2만 명 에 이른다고 한다.

① 에 이른다　② 사람들은　**③ 2만 명**

어휘 **引退 いんたい** 명 은퇴　**公演 こうえん** 명 공연
人々 ひとびと 명 사람들　**～にのぼる** ~에 이르다

04

아무리 완벽한 인간이라고 할지라도 ★결점이 없는 사람은 없다.

① 사람은 없다　**② 결점이 없다**　③ 인간이라고 할지라도

어휘 **完璧だ かんぺきだ** な형 완벽하다　**欠点 けってん** 명 결점
～といえども ~라고 할지라도

05

형은 물에 빠진 소년을 구하기 위해 ★위험도 아랑곳하지 않고 물에 뛰어들었다.

① 아랑곳하지 않고　② 구하기 위해　**③ 위험도**

어휘 **溺れる おぼれる** 동 빠지다　**少年 しょうねん** 명 소년
飛び込む とびこむ 동 뛰어들다
～も顧みず ～もかえりみず ~도 아랑곳하지 않고, ~도 돌보지 않고
救う すくう 동 구하다

06

자신의 실수를 타인에게 떠넘기다니 ★부당함 에도 정도가 있는 게 아닌가.

① 부당함　② 에도 정도가 있다　③ 다니

어휘 **ミス** 명 실수　**他人 たにん** 명 타인
押し付ける おしつける 동 떠넘기다　**理不尽 りふじん** 명 부당함
～にもほどがある ~에도 정도가 있다

07

그것이 고의가 ★아니라도 사람을 다치게 한 사실에 변함은 없다.

① 사람을 다치게 했다　**② 아니라도**　③ 그것이 고의가

어휘 **事実 じじつ** 명 사실　**傷つける きずつける** 동 다치게 하다
～(よ)うと ~이라도　**故意 こい** 명 고의

08

부장의 노래는 음정의 어긋남이 심해서 ★들을 수 없는 것이었다.

① **듣다** ② 심해서 ③ 수 없다

어휘 音程 おんてい 명 음정　ずれ 명 어긋남
～にたえない (차마) ~할 수 없다

09

그녀는 병으로 ★입원 생활 을 어쩔 수 없이 하게 돼서 어린 시절을 병원에서 보냈다.

① 병으로 ② 을 어쩔 수 없이 하게 돼서 ③ **입원 생활**

어휘 幼少時代 ようしょうじだい 어린 시절　過ごす すごす 동 보내다
～を余儀なくされる ～をよぎなくされる ~을 어쩔 수 없이 하게 되다

10

그 남자는 경찰관과 눈이 마주치 자마자 ★기세 좋게 달리기 시작했다.

① **기세 좋게** ② 눈이 마주치다 ③ 하자마자

어휘 走り出す はしりだす 동 달리기 시작하다　勢い いきおい 명 기세
目が合う めがあう 눈이 마주치다　～なり ~하자마자

11

도서관에서 전화하고 있는 젊은이에게 시끄럽다 ★는 듯이 날카로운 시선이 향해졌다.

① 날카롭다 ② 시끄럽다 ③ **라는 듯이**

어휘 若者 わかもの 명 젊은이　視線 しせん 명 시선
向ける むける 동 향하다　鋭い するどい い형 날카롭다
～とばかりに ~라는 듯이

12

결국, 그녀에게 사과 ★하지 못해 버려서 화해하지 못하고 있다.

① **하지 못해** ② 사과 ③ 버려서

어휘 結局 けっきょく 부 결국　和解 わかい 명 화해
～そびれる ~하지 못하다

13

저번 주부터의 피로가 ★스트레스 와 겹쳐 결국 몸 상태를 망쳐버렸다.

① 와 겹쳐 ② **스트레스** ③ 피로가

어휘 体調 たいちょう 명 몸 상태　崩す くずす 동 망치다
～とあいまって ~와 겹쳐　ストレス 명 스트레스
疲労 ひろう 명 피로

14

과장은 사람에 따라 태도가 바뀌는 ★경향이 있는 것 같다.

① **경향이** ② 바뀌다 ③ 있는 것 같다

어휘 態度 たいど 명 태도　～きらいがある ~하는 경향이 있다

15

심각화하는 저출산 고령화 사회는 특별히 ★일본 에 국한된 것은 아니다.

① 에 국한되었다 ② 특별히 ③ **일본**

어휘 深刻化 しんこくか 명 심각화
少子高齢化社会 しょうしこうれいかしゃかい 명 저출산 고령화 사회
～に限ったことではない ～にかぎったことではない ~에 국한된 것은 아니다　なにも 부 특별히

16

겹겹이 쌓인 빚 의 ★때문 에 자기파산하지 않을 수 없었다.

① 에 ② **때문** ③ 의

어휘 積み重なる つみかさなる 동 겹겹이 쌓이다　借金 しゃっきん 명 빚
自己破産 じこはさん 명 자기파산
～せざるを得ない ～せざるをえない ~하지 않을 수 없다
～のゆえに ~때문에

17

친한 사이이기 ★때문에 야말로 예의를 지켜야 한다.

① 야말로 ② 이다 ③ **때문에**

어휘 間柄 あいだがら 명 사이　礼儀 れいぎ 명 예의
～からこそ ~때문에야말로

18

불경기로 계약 사원은 물론이고 ★정사원 까지 해고당하는 지경이다.

① **정사원** ② 은 물론이고 ③ 까지

어휘 不景気 ふけいき 명 불경기　契約 けいやく 명 계약
社員 しゃいん 명 사원　首を切る くびをきる 해고하다
～始末だ ～しまつだ ~지경이다　正社員 せいしゃいん 명 정사원
～はおろか ~은 물론이고　まで 조 까지

19

소개받은 ★신뢰할 만한 인물이라는 것이 그녀였다.

① **신뢰할 만하다** ② 소개받았다 ③ 인물이라는

어휘 信頼 しんらい 명 신뢰　～に足る ～にたる ~할 만하다, ~에 충분하다
人物 じんぶつ 명 인물

20

몇 번 실험에 실패해도 성공할 때까지 도전할 ★뿐 인 것이다 .

① 인　　② 뿐　　③ 것

어휘 実験 じっけん 명 실험　成功 せいこう 명 성공
挑む いどむ 동 도전하다
～だけのことだ ~할 뿐인 것이다, ~할 뿐이다

실전 테스트 1

p.230

36 3　**37** 1　**38** 4　**39** 1　**40** 1

문제6 다음 문장의 ＿★＿에 들어갈 가장 알맞은 것을, 1・2・3・4에서 하나 고르세요.

36

회사의 경영이 긴박하다고 하는 소문이 사내에 퍼지고 있다. 확실히 긴박한 상황이지만, 도산한다고 정해진 ★것 도 아니고, 일단 할 수 있는 한의 대책을 생각하는 것이 먼저다.

1 도산한다고　　2 도 아니고
3 것　　4 정해졌다

해설 2 でもあるまいし는 명사에 접속하므로 먼저 3 わけ 2 でもあるまいし(것도 아니고)로 연결할 수 있다. 이것을 나머지 선택지와 함께 문맥에 맞게 배열하면 1 倒産すると 4 決まった 3 わけ 2 でもあるまいし(도산한다고 정해진 것도 아니고)가 되면서 전체 문맥과도 어울린다. 따라서 3 わけ(것)가 정답이다.

어휘 経営 けいえい 명 경영　うわさ 명 소문　社内 しゃない 명 사내
広がる ひろがる 동 퍼지다, 번지다　状況 じょうきょう 명 상황
まずは 부 일단　できる限り できるかぎり 할 수 있는 한
対策 たいさく 명 대책　倒産 とうさん 명 도산
～でもあるまいし ~도 아니고

37

요 몇 년 쇠퇴 일로였던 역 앞 상점가가 부활했다. 대형점의 진출이나 인터넷 판매의 보급을 개의치 않고 예전과 같은 활기를 ★되찾고 싶다는 점주들이 한 덩어리가 되어 착실하게 계속 노력한 결과다.

1 되찾고 싶다는　　2 예전과 같은 활기를
3 개의치 않고　　4 점주들이

해설 3 ものともせず는 빈칸 앞의 표현과 선택지 2의 조사 を와 함께 쓰여 문형 をものともせず(~을 개의치 않고)가 되므로 먼저 インターネット販売の普及を 3 ものともせず(인터넷 판매의 보급을 개의치 않고)로 빈칸 앞의 표현과 연결하거나 2 昔のような活気を 3 ものともせず(예전과 같은 활기를 개의치 않고)로 연결할 수 있다. 두 경우에서 각각 나머지 선택지와 함께 문맥에 맞게 배열하면 インターネット販売の普及を 3 ものともせず 2 昔のような活気を 1 取り戻したいという 4 店主たちが(인터넷 판매의 보급을 개의치 않고 예전과 같은 활기를 되찾고 싶다는 점주들이) 또는 1 取り戻したいという 4 店主たちが 2 昔のような活気を 3 ものともせず(되찾고 싶다는 점주들이 예전과 같은 활기를 개의치 않고)로 배열할 수 있다. 둘 중 전체 문맥과 어울리는 말은 インターネット販売の普及を 3 ものともせず 2 昔のような活気を 1 取り戻したいという 4 店主たちが(인터넷 판매의 보급을 개의치 않고 예전과 같은 활기를 되찾고 싶다는 점주들이)이다. 따라서 1 取り戻したいという(되찾고 싶다는)가 정답이다.

어휘 数年 すうねん 명 몇 년, 수년　衰退 すいたい 명 쇠퇴
一途 いっと 명 일로　駅前 えきまえ 명 역 앞
商店街 しょうてんがい 명 상점가　復活 ふっかつ 명 부활
大型店 おおがたてん 명 대형점　進出 しんしゅつ 명 진출
インターネット 명 인터넷　販売 はんばい 명 판매
普及 ふきゅう 명 보급　一丸 いちがん 명 한 덩어리
地道だ じみちだ な형 착실하다　努力 どりょく 명 노력
結果 けっか 명 결과　取り戻す とりもどす 동 되찾다, 회복하다
活気 かっき 명 활기
～をものともせず ~을 개의치 않고, ~을 대수롭지 않게 여기고
店主 てんしゅ 명 점주

38

입학식이나 벚꽃 등 일본의 봄을 연상시키는 것은 다양하지만, 거리에서 눈에 띄는 검은 정장을 입은 신입사원의 모습도 ★봄의 상징이라고 할 만한 광경이라고 생각한다.

1 신입사원의 모습도　　2 라고 할 만한
3 검은 정장을 입은　　**4 봄의 상징**

해설 2 ともいうべき는 명사에 접속하므로 먼저 4 春の象徴 2 ともいうべき(봄의 상징이라고 할 만한)로 연결할 수 있다. 이것을 나머지 선택지와 함께 문맥에 맞게 배열하면 3 黒いスーツを着た 1 新入社員の姿も 4 春の象徴 2 ともいうべき(검은 정장을 입은 신입사원의 모습도 봄의 상징이라고 할 만한)가 되면서 전체 문맥과도 어울린다. 따라서 4 春の象徴(봄의 상징)가 정답이다.

어휘 入学式 にゅうがくしき 명 입학식　桜 さくら 명 벚꽃
日本 にほん 명 일본　連想 れんそう 명 연상
さまざまだ な형 다양하다
見かける みかける 동 눈에 띄다, 가끔 보다　光景 こうけい 명 광경
新入社員 しんにゅうしゃいん 명 신입사원　姿 すがた 명 모습
～ともいうべき ~라고 할 만한　象徴 しょうちょう 명 상징

39

그가 전람회에 낸 그림은, 그때까지의 작풍과는 비교가 되지 않을 정도로 색채가 풍부해서, 그것을 봤을 때의 놀라움은 ★이루 말할 수 없었다.

1 말하면　　2 놀라움은
3 없었다　　4 봤을 때의

해설 2의 と 1 いったら 3의 ない는 함께 쓰여 문형 といったらない(~은 이루 말할 수 없다)가 되므로 먼저 2 驚きと 1 いったら 3 なか

った(놀라움은 이루 말할 수 없었다)로 연결할 수 있다. 이것을 나머지 선택지와 함께 문맥에 맞게 배열하면 4 見たときの 2 驚きと 1 いったら 3 なかった(봤을 때의 놀라움은 이루 말할 수 없었다)가 되면서 전체 문맥과도 어울린다. 따라서 1 いったら(말하면)가 정답이다.

어휘 展覧会 てんらんかい 명 전람회　絵画 かいが 명 회화
作風 さくふう 명 작풍
比べ物にならない くらべものにならない 비교가 되지 않는다
色彩 しきさい 명 색채　豊かだ ゆたかだ な형 풍부하다
～といったらない ~는 이루 말할 수 없다, ~하기 그지없다
驚き おどろき 명 놀라움

40

내년도의 임원을 부탁했을 때의 ★반응 으로 보아, 확인은 필요 없다고 생각하고 있었는데, 만약을 위해 확인했더니 절대로 하고 싶지 않다고 들어 당황하고 있다.

1 반응　　2 으로 보아
3 부탁했을 때의　　4 내년도의 임원을

해설 2 からすれば는 명사에 접속하므로 먼저 1 反応 2 からすれば(반응으로 보아)로 연결할 수 있다. 이것을 나머지 선택지와 함께 문맥에 맞게 배열하면 4 来年度の役員を 3 お願いした時の 1 反応 2 からすれば(내년도의 임원을 부탁했을 때의 반응으로 보아)가 되면서 전체 문맥과도 어울린다. 따라서 1 反応(반응)가 정답이다.

어휘 確認 かくにん 명 확인　念のため ねんのため 만약을 위해
～たところ ~했더니　絶対 ぜったい 명 절대
戸惑う とまどう 동 당황하다　反応 はんのう 명 반응
～からすれば ~으로 보아, ~입장에서 보면
来年度 らいねんど 명 내년도　役員 やくいん 명 임원

실전 테스트 2

p.232

36 2　**37** 1　**38** 4　**39** 4　**40** 1

문제6 다음 문장의 ＿★＿에 들어갈 가장 알맞은 것을, 1・2・3・4에서 하나 고르세요.

36

몇 번이나 수정 당한 끝에, 시급히 다른 안을 내라고 들었다고 하는데, 우수한 그★라고 한들 그렇게 갑자기 새로운 안을 낼 수 있는 것은 아닐 것이다.

1 갑자기　　2 했다
3 그렇게　　4 한들

해설 빈칸 앞의 조사 に 2 した 4 ところで는 함께 쓰여 문형 にしたところで(~라고 한들)가 되므로 優秀な彼に 2 した 4 ところで(우수한 그라고 한들)로 빈칸 앞의 표현과 먼저 연결할 수 있다. 이것을 나머지 선택지와 함께 문맥에 맞게 배열하면 優秀な彼に 2 した 4 ところで 3 そんなに 1 急に(우수한 그라고 한들 그렇게 갑자기)가 되면서 전체 문맥과도 어울린다. 따라서 2 した(했다)가 정답이다.

어휘 修正 しゅうせい 명 수정　～たあげく ~한 끝에
早急だ さっきゅうだ な형 시급하다　別 べつ 명 다름
案 あん 명 안　優秀だ ゆうしゅうだ な형 우수하다
急だ きゅうだ な형 갑작스럽다, 급하다　～にしたところで ~라고 한들

37

요전에 본 영화는, 처음부터 끝까지 속도감이 있는 스토리로 확실히 한 순간도 눈을 뗄 수 없다 ★고 하는 재미였다.

1 라고 하는　　2 확실히
3 눈을 뗄 수 없다　　4 한 순간도

해설 선택지들끼리 연결 가능한 문형이 없으므로 의미적으로 배열하면 2 まさしく 4 一瞬たりとも 3 目が離せない 1 という(확실히 한 순간도 눈을 뗄 수 없다고 하는)가 되면서 전체 문맥과도 어울린다. 따라서 ★이 있는 네 번째 빈칸에 위치한 1 という(라고 하는)가 정답이다.

어휘 先日 せんじつ 명 요전　スピード感 スピードかん 명 속도감
ストーリー 명 스토리　おもしろさ 명 재미　まさしく 부 확실히
離す はなす 동 떼다　一瞬 いっしゅん 명 한 순간
～たりとも ~도, ~라고 할지라도

38

이번에 신설된 부서로 이동한 경우에는, 지식과 경험 의 여하를 불문하고 ★우선 연수를 받지 않으면 안 되는 것으로 되어 있다.

1 의 여하를 불문하고　　2 연수
3 지식과 경험　　4 우선

해설 1 のいかんを問わず(의 여하를 불문하고)는 명사에 접속하므로 먼저 2 研修 1 のいかんを問わず(연수의 여하를 불문하고) 또는 3 知識や経験 2 のいかんを問わず(지식과 경험의 여하를 불문하고)로 연결할 수 있다. 두 경우에서 각각 나머지 선택지와 함께 문맥에 맞게 배열하면 2 研修 1 のいかんを問わず 4 まず 3 知識や経験(연수의 여하를 불문하고 우선 지식과 경험) 또는 3 知識や経験 1 のいかんを問わず 4 まず 2 研修(지식과 경험의 여하를 불문하고 우선 연수)로 배열할 수 있다. 둘 중 빈칸 뒤의 '받지 않으면 안 되는 것으로 되어 있다'와 문맥상 어울리는 말은 3 知識や経験 2 のいかんを問わず 4 まず 2 研修(지식과 경험의 여하를 불문하고 우선 연수)이다. 따라서 4 まず(우선)가 정답이다.

어휘 新設 しんせつ 명 신설　部署 ぶしょ 명 부서　異動 いどう 명 이동
～なければならない ~하지 않으면 안 된다
～いかんを問わず ～いかんをとわず ~여하를 불문하고
研修 けんしゅう 명 연수　知識 ちしき 명 지식　まず 부 우선

39

어떻게든 기일에 맞출 수 있을 것 같은 참에 실수를 해서, 현장 분들에게 다대한 폐를 끼쳐 버린 이상에는 ★사죄하러 가지 않을 수 없다.

1 끼쳐 버린 이상에는　　2 하지 않을 수 없다
3 다대한 폐를　　4 사죄하러 가지 않는다

해설 2 ではすまない는 4의 ない와 함께 쓰여 문형 ないではすまない(~하지 않을 수 없다)가 되므로 먼저 4 謝りに行かない 2 ではすまない(사죄하러 가지 않을 수 없다)로 연결할 수 있다. 이것을 나머지 선택지와 함께 문맥에 맞게 배열하면 3 多大な迷惑を 1 かけてしまったからには 4 謝りに行かない 2 ではすまない(다대한 폐를 끼쳐 버린 이상에는 사죄하러 가지 않을 수 없다)가 되면서 전체 문맥과도 어울린다. 따라서 4 謝りに行かない(사죄하러 가지 않는다)가 정답이다.

어휘 なんとか 부 어떻게든　期日 きじつ 명 기일　現場 げんば 명 현장
方々 かたがた 명 분들　~てしまう ~해 버리다
~からには ~하는 이상에는　~ないではすまない ~하지 않을 수 없다
多大だ ただいだ な형 다대하다　迷惑 めいわく 명 폐

40

애견을 잃은 그녀의 슬퍼하는 모습은 ★볼 수 없을 정도의 것이었으나, 친구에게 강아지를 물려받아서, 이제는 원래의 밝은 그녀로 되돌아왔다.

1 볼 수 없다　2 정도의
3 모습은　4 슬퍼하다

해설 선택지들끼리 연결 가능한 문형이 없으므로 의미적으로 배열하면 4 悲しむ 3 様子は 1 見るにたえない 2 ほどの(슬퍼하는 모습은 볼 수 없을 정도의)가 되면서 전체 문맥과도 어울린다. 따라서 1 見るにたえない(볼 수 없다)가 정답이다.

어휘 愛犬 あいけん 명 애견　亡くす なくす 동 잃다, 사별하다
友人 ゆうじん 명 친구　子犬 こいぬ 명 강아지
譲り受ける ゆずりうける 동 물려받다, 양도받다
今では いまでは 이제는　元 もと 명 원래
~にたえない (차마) ~할 수 없다　様子 ようす 명 모습
悲しむ かなしむ 동 슬퍼하다

실전 테스트 3

p.234

36 1　**37** 3　**38** 4　**39** 1　**40** 2

문제6 다음 문장의 ＿★＿에 들어갈 가장 알맞은 것을, 1・2・3・4에서 하나 고르세요.

36

지금까지 인사 담당자로서 몇 명이나 신입 연수를 해왔지만, 그만큼 우수한 인재는 없다 ★고 해도 과언이 아니기 때문에 앞으로의 활약에 기대가 부푼다.

1 라고 해도　2 우수한 인재는 없다
3 과언이 아니다　4 그만큼

해설 1 といっても는 3의 ない와 함께 쓰여 문형 といっても…ない(~라고 해도 …아니다)가 되므로 먼저 1 といっても 3 過言ではない(라고 해도 과언이 아니다)로 연결할 수 있다. 이것을 나머지 선택지와 함께 문맥에 맞게 배열하면 4 彼ほど 2 優秀な人材はいない 1 といっても 3 過言ではない(그만큼 우수한 인재는 없다고 해도 과언이 아니기)가 되면서 전체 문맥과도 어울린다. 따라서 1 といっても(라고 해도)가 정답이다.

어휘 これまで 지금까지　人事 じんじ 명 인사
担当者 たんとうしゃ 명 담당자　~として ~로서
新入 しんにゅう 명 신입　研修 けんしゅう 명 연수
今後 こんご 명 앞으로　活躍 かつやく 명 활약
期待 きたい 명 기대　膨らむ ふくらむ 동 부풀다
~といっても…ない ~라고 해도 … 아니다
優秀だ ゆうしゅうだ な형 우수하다　人材 じんざい 명 인재
ほど 조 만큼

37

어제 막 돌아왔고, 이번 주 중으로 출장 보고를 끝내지 않으면 안 된다 ★는 것은 아니지만 다음 주는 다음 주대로 일이 쌓여 있기 때문에, 일찍 끝내두려고 생각한다.

1 다음 주는 다음 주대로　2 출장 보고를
3 라는 것은 아니지만　4 끝내지 않으면 안 된다

해설 선택지들끼리 연결 가능한 문형이 없으므로 의미적으로 배열하면 2 出張報告を 4 仕上げなければならない 3 というわけではないが 1 来週は来週で(출장 보고를 끝내지 않으면 안 된다는 것은 아니지만 다음 주는 다음 주대로)가 되면서 전체 문맥과도 어울린다. 따라서 3 というわけではないが(라는 것은 아니지만)가 정답이다.

어휘 ~たばかりだ 막 ~했다, 방금 ~한 참이다
立て込む たてこむ 동 (일이) 쌓이다, (사람으로) 붐비다
早めだ はやめだ な형 이르다, 빠르다　出張 しゅっちょう 명 출장
報告 ほうこく 명 보고　~わけではない ~것은 아니다
仕上げる しあげる 동 끝내다, 완성하다
~なければならない ~하지 않으면 안 된다

38

중학생일 때 입후보해서 학급 위원을 했었지만, 참가해야 할 회의로의 출석을 잊어버린 것으로 무책임 에도 ★정도 가 있다고, 담임 선생님에게 주의를 받았다.

1 가　2 에도
3 무책임　**4 정도**

해설 2 にも 4 ほど 1 が는 빈칸 뒤의 ある와 함께 쓰여 문형 にもほどがある(~에도 정도가 있다)가 되므로 먼저 연결할 수 있다. 이것을 나머지 선택지와 함께 문맥에 맞게 배열하면 3 無責任 2 にも 4 ほど 1 が ある(무책임에도 정도가 있다)가 되면서 전체 문맥과도 어울린다. 따라서 4 ほど(정도)가 정답이다.

어휘 中学生 ちゅうがくせい 명 중학생　立候補 りっこうほ 명 입후보
学級 がっきゅう 명 학급　委員 いいん 명 위원
参加 さんか 명 참가　~べき ~해야 할
無責任 むせきにん 명 무책임　担任 たんにん 명 담임
~にもほどがある ~에도 정도가 있다

39

당사에서는, 우선 이력서나 직무 경력서로 그 사람의 일의 능력을 재고, 다음으로 면접에서 일에 대한 의욕이나 신뢰할 만한 ★인물인지 어떤지를 판단하는 방법으로, 사원을 뽑고 있습니다.

1 **인물인지 어떤지를** 2 할 만한
3 판단하다 4 신뢰하다

해설 2 に足る는 명사나 동사 사전형에 접속하므로 먼저 3 判断する 2 に足る(판단할 만한) 또는 4 信頼する 2 に足る(신뢰할 만한)로 연결할 수 있다. 이것을 나머지 선택지와 함께 문맥에 맞게 배열하면 4 信頼する 2 に足る 1 人物であるかどうかを 3 判断する(신뢰할 만한 인물인지 어떤지를 판단하는)가 되면서 전체 문맥과도 어울린다. 따라서 1 人物であるかどうかを(인물인지 어떤지를)가 정답이다.

어휘 当社 とうしゃ 명 당사 履歴書 りれきしょ 명 이력서
職務 しょくむ 명 직무 経歴書 けいれきしょ 명 경력서
能力 のうりょく 명 능력 測る はかる 동 재다, 헤아리다
面接 めんせつ 명 면접 ~に対する ~にたいする ~에 대한
やる気 やるき 명 의욕, 하고자 하는 마음 方法 ほうほう 명 방법
社員 しゃいん 명 사원 人物 じんぶつ 명 인물
~であるかどうか ~인지 어떤지
~に足る ~にたる ~할 만하다, ~에 충분하다
判断 はんだん 명 판단 信頼 しんらい 명 신뢰

40

세미나의 발표 당일, 아침부터 현기증이 심해서 ★일어서려고 해도 일어설 수 없었기 때문에, 다음 주 예정이었던 다나카 씨에게 차례를 바꿔 받았다.

1 아침부터 2 **일어서려고 해도**
3 현기증이 심해서 4 일어설 수 없었기 때문에

해설 2의 ようにも는 4의 ない와 함께 쓰여 문형 ようにも~ない(~하려고 해도 ~할 수 없다)가 되므로 먼저 2 立とうにも 4 立てなかったので(일어서려고 해도 일어설 수 없었기 때문에)로 연결할 수 있다. 이것을 나머지 선택지와 함께 문맥에 맞게 배열하면 1 朝から 3 めまいがひどくて 2 立とうにも 4 立てなかったので(아침부터 현기증이 심해서 일어서려고 해도 일어설 수 없었기 때문에)가 되면서 전체 문맥과도 어울린다. 따라서 2 立とうにも(일어서려고 해도)가 정답이다.

어휘 ゼミ 명 세미나 発表 はっぴょう 명 발표 当日 とうじつ 명 당일
次の週 つぎのしゅう 다음 주 順番 じゅんばん 명 차례, 순번
代わる かわる 동 바꾸다, 대신하다
~ようにも ~ない ~하려고 해도 ~할 수 없다 めまい 명 현기증
ので 조 때문에

실전 테스트 4

p.236

36 2 **37** 1 **38** 3 **39** 3 **40** 4

문제6 다음 문장의 ＿★＿에 들어갈 가장 알맞은 것을, 1・2・3・4에서 하나 고르세요.

36

신형 모델을 무슨 일이 있어도 손에 넣고 싶어서, 계약 기간 종료 전에 휴대전화를 해약해 버린 ★탓에 위약금으로서 2만 엔이나 지불할 처지가 되었다.

1 해버렸다 2 **탓에**
3 위약금으로서 4 해약해

해설 2 ばかりに는 い형용사 보통형이나 동사 た형에 접속하므로 먼저 1 しまった 2 ばかりに(해버린 탓에)로 연결할 수 있다. 이것을 나머지 선택지와 함께 문맥에 맞게 배열하면 4 解約して 1 しまった 2 ばかりに 3 違約金として(해약해버린 탓에 위약금으로서)가 되면서 전체 문맥과도 어울린다. 따라서 2 ばかりに(탓에)가 정답이다.

어휘 新型 しんがた 명 신형 モデル 명 모델
どうしても 무슨 일이 있어도, 꼭 手に入れる てにいれる 손에 넣다
契約 けいやく 명 계약 期間 きかん 명 기간
終了 しゅうりょう 명 종료 携帯 けいたい 명 휴대전화
羽目 はめ 명 (곤란한) 처지 ~てしまう ~해버리다
~ばかりに ~탓에 違約金 いやくきん 명 위약금 ~として ~로서
解約 かいやく 명 해약

37

초등학교의 동급생이라고 이름을 대는 인물이 나타났지만 40년 전 ★이라서 확실히 생각해 낼 수 없다. 그런 친구가 있었던 느낌도 들고 없었던 느낌도 든다.

1 **라서** 2 확실히
3 40년 전 4 나타났지만

해설 1 のこととて는 명사에 접속하므로 먼저 3 40年前 2 のこととて(40년 전이라서)로 연결할 수 있다. 이것을 나머지 선택지와 함께 문맥에 맞게 배열하면 3 40年前 1 のこととて 2 はっきり 4 現れたが(40년 전이라서 확실히 나타났지만) 또는 4 現れたが 3 40年前 1 のこととて 2 はっきり(나타났지만 40년 전이라서 확실히)로 배열할 수 있다. 둘 중 빈칸 앞의 '이름을 대는 인물이'와 문맥상 어울리는 말은 4 現れたが 3 40年前 1 のこととて 2 はっきり(나타났지만 40년 전이라서 확실히)이다. 따라서 1 のこととて(라서)가 정답이다.

어휘 同級生 どうきゅうせい 명 동급생 名乗る なのる 동 이름을 대다
人物 じんぶつ 명 인물 友人 ゆうじん 명 친구
気もする きもする 느낌도 들다 ~こととて ~라서
はっきり 부 확실히, 분명히 現れる あらわれる 동 나타나다

38

싫증날 때까지 같은 것을 계속 먹는 것 같이, 평소부터 뭔가에 고집하는 ★기질이 있는 사람은 우울증이 되기 쉽다.

1 고집하다　　2 사람은
3 기질이 있는　　4 뭔가에

해설 선택지들끼리 연결 가능한 문형이 없으므로 의미적으로 배열하면 4 **何かに** 1 **固執する** 3 **気質のある** 2 **人は**(뭔가에 고집하는 기질이 있는 사람은)가 되면서 전체 문맥과도 어울린다. 따라서 3 **気質のある**(기질이 있는)가 정답이다.

어휘 **飽きる あきる** 동 싫증나다　**食べ続ける たべつづける** 계속 먹다
普段 ふだん 명 평소　**うつ病 うつびょう** 명 우울증
なりやすい 되기 쉽다　**固執 こしつ** 명 고집　**気質 きしつ** 명 기질

39

타인과 이야기하는 것이 거북했으나, 독서를 시작한 것으로 교양이 갖춰져서 ★화제에 어려움을 겪지 않고 잡담을 즐길 수 있게 되었다.

1 잡담을 즐길 수 있다　　2 독서를 시작한 것으로
3 화제에 어려움을 겪지 않고　　4 교양이 갖춰져서

해설 선택지들끼리 연결 가능한 문형이 없으므로 의미적으로 배열하면 2 **読書を始めたことで** 4 **教養が身につき** 3 **話題に困ることなく** 1 **雑談を楽しめる**(독서를 시작한 것으로 교양이 갖춰져서 화제에 어려움을 겪지 않고 잡담을 즐길 수 있다) 또는 2 **読書を始めたことで** 1 **雑談を楽しめる** 4 **教養が身につき** 3 **話題に困ることなく**(독서를 시작한 것으로 잡담을 즐길 수 있는 교양이 갖춰져서 화제에 어려움을 겪지 않고)로 배열할 수 있다. 둘 중 빈칸 뒤의 '하게 되었다'와 문맥상 어울리는 말은 2 **読書を始めたことで** 4 **教養が身につき** 3 **話題に困ることなく** 1 **雑談を楽しめる**(독서를 시작한 것으로 교양이 갖춰져서 화제에 어려움을 겪지 않고 잡담을 즐길 수 있)이다. 따라서 3 **話題に困ることなく**(화제에 어려움을 겪지 않고)가 정답이다.

어휘 **他人 たにん** 명 타인　**苦手だ にがてだ** な형 거북하다
雑談 ざつだん 명 잡담　**読書 どくしょ** 명 독서　**話題 わだい** 명 화제
～ことなく ~하지 않고　**教養 きょうよう** 명 교양
身につく みにつく (몸에) 갖춰지다, 익다

40

아무리 온후한 상사라도 실수를 했음에도 불구하고, 반성하기는커녕 책임을 다른 사람에게 떠맡기려고 하는 그의 태도에 분노를 ★느끼지 않 을 수 없었던 것 같다.

1 분노를　　2 태도에
3 있을 수 없었다　　**4 느끼지 않고는**

해설 4의 **ずには**는 3의 **いられない**와 함께 쓰여 문형 **ずにはいられない**(~하지 않을 수 없다)가 되므로 먼저 4 **感じずには** 3 **いられなかった**(느끼지 않을 수 없었다)로 연결할 수 있다. 이것을 나머지 선택지와 함께 문맥에 맞게 배열하면 1 **怒りを** 4 **感じずには** 3 **いられなかった** 2 **態度に**(분노를 느끼지 않을 수 없었던 태도에) 또는 2 **態度に** 1 **怒りを** 4 **感じずには** 3 **いられなかった**(태도에 분노를 느끼지 않을 수 없었던)로 배열할 수 있다. 둘 중 빈칸 앞의 '책임을 다른 사람에게 떠맡기려고 하는 그의'와 문맥상 어울리는 말은 2 **態度に** 1 **怒りを** 4 **感じずには** 3 **いられなかった**(태도에 분노를 느끼지 않을 수 없었던)이다. 따라서 4 **感じずには**(느끼지 않고는)가 정답이다.

어휘 **いくら** 부 아무리　**温厚だ おんこうだ** な형 온후하다
上司 じょうし 명 상사　**ミス** 명 실수
～にもかかわらず ~에도 불구하고　**反省 はんせい** 명 반성
～どころか ~은커녕　**責任 せきにん** 명 책임
押し付ける おしつける 동 (억지로) 떠맡기다　**怒り いかり** 명 분노
態度 たいど 명 태도　**～ずにはいられない** ~하지 않을 수 없다
感じる かんじる 동 느끼다

실전 테스트 5

p.238

36 3　**37** 2　**38** 1　**39** 3　**40** 4

문제6 다음 문장의 ＿★＿에 들어갈 가장 알맞은 것을, 1・2・3・4에서 하나 고르세요.

36

많은 사람들이 ★불황의 영향을 받아서 입장자가 격감한 유원지의 폐원 알림을 우연히 듣고 마지막으로 한 번 더 추억을 만들려고 방문했다.

1 입장자가 격감했다　　2 우연히 듣고
3 불황의 영향을 받아서　　4 유원지의 폐원 알림을

해설 선택지들끼리 연결 가능한 문형이 없으므로 의미적으로 배열하면 3 **不況の影響を受けて** 1 **入園者が激減した** 4 **遊園地の閉園のお知らせを** 2 **聞きつけ**(불황의 영향을 받아서 입장자가 격감한 유원지의 폐원 알림을 우연히 듣고)가 되면서 전체 문맥과도 어울린다. 따라서 ★이 있는 첫 번째 빈칸에 위치한 3 **不況の影響を受けて**(불황의 영향을 받아서)가 정답이다.

어휘 **多く おおく** 명 많음　**思い出 おもいで** 명 추억
訪れる おとずれる 동 방문하다, 찾다
入園者 にゅうえんしゃ 명 입장자, 입원자　**激減 げきげん** 명 격감
聞きつける ききつける 동 우연히 듣다　**不況 ふきょう** 명 불황
影響 えいきょう 명 영향　**遊園地 ゆうえんち** 명 유원지
閉園 へいえん 명 폐원, 폐쇄함　**お知らせ おしらせ** 명 알림, 공지

37

인간의 5세 어린이에 상당할 정도로 ★지능이 발달해 있는 까마귀는 그 겉보기 때문인지, 어쩐지 교활한 이미지를 갖게 되기 십상입니다.

1 인간의 5세 어린이에	**2 지능이 발달해 있다**
3 상당할 정도로	4 까마귀는

해설 선택지들끼리 연결 가능한 문형이 없으므로 의미적으로 배열하면 1 **人間の５歳児に** 3 **相当するほど** 2 **知能が発達している** 4 **カラスは**(인간의 5세 어린이에 상당할 정도로 지능이 발달해 있는 까마귀는) 또는 4 **カラスは** 1 **人間の５歳児に** 3 **相当するほど** 2 **知能が発達している**(까마귀는 인간의 5세 어린이에 상당할 정도로 지능이 발달해 있다)로 배열할 수 있다. 둘 중 빈칸 뒤의 '그 겉보기 때문인지, 어쩐지 교활한 이미지를 갖게 되기 십상입니다'와 문맥상 어울리는 말은 1 **人間の５歳児に** 3 **相当するほど** 2 **知能が発達している** 4 **カラスは**(인간의 5세 어린이에 상당할 정도로 지능이 발달해 있는 까마귀는)이다. 따라서 2 **知能が発達している**(지능이 발달해 있다)가 정답이다.

어휘 **見た目 みため** 명 겉보기　**なぜか** 부 어쩐지
ずる賢い ずるがしこい い형 교활하다　**イメージ** 명 이미지
～がちだ ~하기 십상이다　**人間 にんげん** 명 인간　**児 じ** 명 어린이
知能 ちのう 명 지능　**発達 はったつ** 명 발달　**相当 そうとう** 명 상당
ほど 조 정도　**カラス** 명 까마귀

38

20년 전에 어머니가 입었던 옷을 입어도 시대를 느끼게 하지 않는 것은 패션의 유행에 ★주기가 있기 때문일 것이다.

1 주기가 있기 때문	2 패션의 유행에
3 시대를 느끼게 하지 않는 것은	4 옷을 입어도

해설 선택지들끼리 연결 가능한 문형이 없으므로 의미적으로 배열하면 4 **洋服を着ても** 2 **ファッションの流行に** 1 **周期があるから** 3 **時代を感じさせないのは**(옷을 입어도 패션의 유행에 주기가 있기 때문에 시대를 느끼게 하지 않는 것은) 또는 4 **洋服を着ても** 3 **時代を感じさせないのは** 2 **ファッションの流行に** 1 **周期があるから**(옷을 입어도 시대를 느끼게 하지 않는 것은 패션의 유행에 주기가 있기 때문)로 배열할 수 있다. 둘 중 빈칸 뒤의 '일 것이다'와 문맥상 어울리는 말은 4 **洋服を着ても** 3 **時代を感じさせないのは** 2 **ファッションの流行に** 1 **周期があるから**(옷을 입어도 시대를 느끼게 하지 않는 것은 패션의 유행에 주기가 있기 때문)이다. 따라서 ★이 있는 네 번째 빈칸에 위치한 1 **周期があるから**(주기가 있기 때문)가 정답이다.

어휘 **周期 しゅうき** 명 주기　**から** 조 때문에　**ファッション** 명 패션
流行 りゅうこう 명 유행　**感じる かんじる** 동 느끼다

39

화장실 사용법 등은 우리들의 상식으로는 설명할 ★필요 도 없다고 생각하겠지만, 문화가 다른 유학생에게는 정확히 이야기해 두지 않으면 안 된다.

1 으로는	2 도 아니다
3 까지의 일	4 설명하다

해설 3 **までのことは** 2 **でもない**와 함께 쓰여 문형 **までのことでもない**(~할 필요도 없다)가 되므로 먼저 3 **までのこと** 2 **でもない**(할 필요도 없다)로 연결할 수 있다. 문형 **までのことでもない**는 동사 사전형에 접속하므로 4 **説明する** 3 **までのこと** 2 **でもない**(설명할 필요도 없다)로 연결할 수 있다. 이것을 나머지 선택지와 함께 문맥에 맞게 배열하면 1 **では** 4 **説明する** 3 **までのこと** 2 **でもない**(으로는 설명할 필요도 없다)가 되면서 전체 문맥과도 어울린다. 따라서 3 **までのこと**(까지의 일)가 정답이다.

어휘 **使い方 つかいかた** 명 사용법　**常識 じょうしき** 명 상식
きちんと 부 정확히　**～なければならない** ~하지 않으면 안 된다
～では ~로는　**～までのことでもない** ~할 필요도 없다

40

어릴 적부터 항공업계를 동경하고 있었다. 단단히 마음먹고 이력서를 보냈지만, 서류심사조차 도 ★통과하는 것이 불가능해서 낙담했다.

1 것	2 조차
3 도	**4 통과하다**

해설 선택지들끼리 연결 가능한 문형이 없으므로 의미적으로 배열한다. 선택지 중 빈칸 앞의 **書類審査**(서류심사) 바로 뒤에 올 수 있는 것은 2 **さえ**(조차) 또는 3 **も**(도)이고, 빈칸 뒤의 조사 **が**(이) 바로 앞에 올 수 있는 것은 1 **こと**(것) 또는 2 **さえ**(조차)이다. 나머지 선택지를 문맥에 맞게 배열하면 **書類審査** 2 **さえ** 3 **も** 4 **通過する** 1 **こと が**(서류심사조차도 통과하는 것이)가 되면서 전체 문맥과도 어울린다. 따라서 4 **通過する**(통과하다)가 정답이다.

어휘 **幼いころ おさないころ** 어릴 적
航空業界 こうくうぎょうかい 명 항공업계
憧れる あこがれる 동 동경하다
意気込む いきごむ 동 단단히 마음먹다, 벼르다
履歴書 りれきしょ 명 이력서　**書類審査 しょるいしんさ** 명 서류심사
落胆 らくたん 명 낙담　**さえ** 조 조차　**も** 조 도
通過 つうか 명 통과

문제 7 글의 문법

실력 다지기

p.244

01 ①　**02** ②　**03** ①　**04** ①　**05** ②　**06** ②

01-03

'일찍 일어나면 서 푼의 이득'이라는 속담과 세계 유수의 기업의 경영자들이 아침형 인간이라는 점도 있어, 01 자신의 생활을 아침형으로 변형하려고 하는 사람이 많은 것 같다. 확실히, 일찍 일어나면, 그만큼 활동 시간이 늘어, 취미나 일에 여유를 가지고 임할 수 있다. 하지만, 반드시 이것이 모든 사람에게 유의의하게 02 . 실은 아침형인지, 저녁형인지는 유전자에 의해 정해져 있어서, 저녁에 활동 능률이 올라가는 저녁형 인간이 이른 아침에 작업해도 능률을 낮출 뿐인 것이다. 게다가 무리하게 생활 리듬을 03 , 오히려 몸

상태를 망치는 경우도 있다. 보다 좋은 생활을 보내기 위해서는, 우선은 자신의 체질을 아는 것부터 시작해가지 않으면 안 된다.

어휘 **早起きは三文の徳 はやおきはさんもんのとく** 일찍 일어나면 서 푼의 이득, 일찍 일어나는 새가 벌레를 잡는다 **ことわざ** 명 속담
有数 ゆうすう 명 유수 **企業 きぎょう** 명 기업
経営者 けいえいしゃ 명 경영자
朝型人間 あさがたにんげん 아침형 인간 **シフト** 명 변형
活動 かつどう 명 활동 **余裕 よゆう** 명 여유
取り組む とりくむ 동 임하다 **全て すべて** 명 모두
有意義だ ゆういぎだ な형 유의의하다 **夜型 よるがた** 명 저녁형
遺伝子 いでんし 명 유전자 **活動 かつどう** 명 활동
能力 のうりょく 명 능력 **夜型人間 よるがたにんげん** 저녁형 인간
早朝 そうちょう 명 이른 아침 **作業 さぎょう** 명 작업
リズム 명 리듬 **かえって** 부 오히려 **体調 たいちょう** 명 몸 상태
崩す くずす 동 망치다 **体質 たいしつ** 명 체질

01

① **아무래도**
② 오히려

어휘 **どうやら** 부 아무래도 **むしろ** 부 오히려

02

① 작용함에 틀림 없다
② **작용한다고는 할 수 없다**

어휘 **～に違いない ～にちがいない** ~임에 틀림 없다
～とは限らない ～とはかぎらない ~라고는 할 수 없다

03

① **바꾸려고 하면**
② 바꾸게 하려고 한다면

어휘 **～とすると** ~고 하면 **～としたら** ~고 한다면

04-06

연간 100권을 넘는 책을 읽는 나지만, 학생 시절은 책이 싫어서 어쩔 수 없었다. 스스로 손에 든 적 따위 거의 [04]. 재미를 몰랐던 것도 이유의 하나지만, 독서가인 부모님으로부터 뭔가 있을 때마다 독서를 강요당했었기 때문에, 반항심에서 독서에 대해 부정적인 감정을 품고 있었다.

[05] 나도 사회인이 되어, 바쁜 나날의 짬짬이 뭔가 취미를 가지고 싶다고 생각했을 때, 문득 떠오른 것이 독서였다. 그만큼 까닭 없이 싫어했던 책은 재밌어서, 바로 책의 세계에 [06]. 이상한 일이지만, 아무리 강요당해도 읽지 않았던 책을 지금은 자신의 의지로 읽고 있다. 결국, 강요란 무의미한 것이고, 뭔가를 선택하는 데에 중요한 것은 자신의 의지인 것이다.

어휘 **年間 ねんかん** 명 연간 **超える こえる** 동 넘다
自ら みずから 부 스스로 **読書家 どくしょか** 명 독서가
両親 りょうしん 명 부모님 **読書 どくしょ** 명 독서
強要 きょうよう 명 강요 **反抗心 はんこうしん** 명 반항심
否定的だ ひていてきだ な형 부정적이다 **感情 かんじょう** 명 감정
抱く いだく 동 품다 **社会人 しゃかいじん** 명 사회인
日々 ひび 명 나날 **合間に あいまに** 짬짬이 **ふと** 부 문득
浮かぶ うかぶ 동 떠오르다 **毛嫌い けぎらい** 명 까닭없이 싫어함
不思議だ ふしぎだ な형 이상하다 **意志 いし** 명 의지
結局 けっきょく 명 결국 **無意味だ むいみだ** な형 무의미하다
選択 せんたく 명 선택

04

① **없지 않았을까**
② 없었던 것은 아닐 것이다

어휘 **～わけではない** ~하는 것은 아니다

05

① 저런
② **그런**

06

① 매료시키고 있었다
② **매료되어 갔다**

어휘 **魅了 みりょう** 명 매료 **～つつある** ~하고 있다

실전 테스트 1

p.246

41 1 **42** 2 **43** 4 **44** 3 **45** 4

문제7 다음 글을 읽고, 문장 전체의 취지를 근거로 하여, [41]에서 [45]의 안에 들어갈 가장 알맞은 것을, 1・2・3・4에서 하나 고르세요.

41-45

계산식에서 볼 수 있는 해결의 방법

'인간관계가 잘 되지 않는다' '어려운 일을 맡고 있다' '건강상의 문제가 있다' 등 고민거리는 끊이지 않는 법이다. 사람에 따라 차이는 있다고 해도, 누구나가 어떻게든 문제를 해결하려고 노력할 것이다.

그러한 문제 해결에 있어서, 주목해야 할 것은 결과일까? 아니면 [41] 과정일까?

예를 들면, 여기에 '2+3=□'라는 문제가 있다. 2와 3을 더하면 얼마가 되는가 라는 문제로, 초등학교의 산수 수업에서

배우는 계산식이다. 이에 비해, '□+□=5'라는 문제가 있다. 이것도 초등학생이 배우는 계산식이다. 이 경우, 각각의 □에 들어맞는 숫자는 한 개라고는 할 수 없고, 몇 개인가 [42].

근래, 교육 현장에서는 이 계산식처럼, 아이의 상상력이나 시점에 착안한 질문법이 늘고 있다. 즉, 답이 옳은 것보다도, 답을 구하는 과정을 중요하게 여기는 방향으로 교육이 변화해오고 있다고 말할 수 있다. 이것은 계산 문제에 그치지 않는다. 모든 학습에 있어서, 어느 정도의 지식을 가지고 있는지를 묻는 것보다도, 깊이 생각하고, 자기 나름의 답을 내는 것과 같은 [43] 게 된 것이다.

계산식의 예에서도 알 수 있듯이, 답이 하나여도 거기에 이르는 방법은 여러 가지 있다. 답보다도, 답에 다다르기까지 무엇을 어떻게 생각했는가 라는 것 쪽이 중요하다고 생각해야 할 것이다. [44] 가까이에서 일어나는 문제를 생각해 봐도, 생각하거나 행동하거나 하지 않으면 답은 발견되지 않기 때문이다.

이러한 경험을 겹겹이 쌓아, 그것을 일이나 생활에도 적용할 수 있다면, 지금까지 경험한 적이 없는 문제에 직면했을 때에도, 해결하기 위한 방법을 스스로 발견해서 극복할 수 있 [45].

어휘 計算式 けいさんしき 명 계산식　解決 かいけつ 명 해결
方法 ほうほう 명 방법　人間関係 にんげんかんけい 명 인간관계
任せる まかせる 동 맡기다　健康上 けんこうじょう 건강상
悩み事 なやみごと 명 고민거리　絶える たえる 동 끊이다
～によって ~에 따라　差 さ 명 차이　～にしても ~라고 해도
努力 どりょく 명 노력　～において ~에 있어서
注目 ちゅうもく 명 주목　～べきだ ~해야 한다　結果 けっか 명 결과
それとも 접 아니면, 혹은　過程 かてい 명 과정
算数 さんすう 명 산수, 수학　学ぶ まなぶ 동 배우다
～に対して ～にたいして ~에 비해, ~에 대해
小学生 しょうがくせい 명 초등학생　それぞれ 명 각각
当てはまる あてはまる 동 들어맞다　数字 すうじ 명 숫자
～とは限らない ～とはかぎらない ~라고는 할 수 없다
何通り なんとおり 몇 개　近年 きんねん 명 근래, 근년
現場 げんば 명 현장　想像力 そうぞうりょく 명 상상력
視点 してん 명 시점　着目 ちゃくもく 명 착안
問い方 といかた 명 질문법　つまり 부 즉, 결국
求める もとめる 동 구하다
大切にする たいせつにする 중요하게 여기다　方向 ほうこう 명 방향
変化 へんか 명 변화　計算 けいさん 명 계산
～にとどまらない ~에 그치지 않는다　全て すべて 명 모두
学習 がくしゅう 명 학습　知識 ちしき 명 지식　問う とう 동 묻다
～なりの ~나름의　例 れい 명 예　～に至る ～にいたる ~에 이르다
たどり着く たどりつく 동 다다르다　重要だ じゅうようだ な형 중요하다
身近だ みぢかだ な형 가깝다　起こる おこる 동 일어나다
行動 こうどう 명 행동　～ないことには ~하지 않으면
積み重ねる つみかさねる 동 겹겹이 쌓다　適用 てきよう 명 적용
直面 ちょくめん 명 직면　自分で じぶんで 스스로
乗り越える のりこえる 동 극복하다

41

1 해결에 이르기까지의	2 해결을 둘러싸는
3 해결하고 있는	4 해결한다고는 할 수 없는

해설 적절한 문형을 고르는 문제이다. 빈칸 앞에서 **問題解決において、注目すべきなのは結果だろうか。それとも**(문제 해결에 있어서, 주목해야 할 것은 결과일까? 아니면)라고 하고 빈칸 뒤에서 **過程だろうか**(과정일까)라고 언급하며 결과와 과정 중 문제 해결에 있어서 주목할 것이 무엇인지 물음을 던졌으므로 **それとも解決に至るまでの過程だろうか**(아니면 해결에 이르기까지의 과정일까)가 가장 자연스럽다. 따라서 1 **解決に至るまでの**(해결에 이르기까지의)가 정답이다.

어휘 ～に至るまで ～にいたるまで ~에 이르기까지
～をめぐる ~을 둘러싸는　～つつある ~하고 있다
～とは限らない ～とはかぎらない ~라고는 할 수 없다

42

1 생각한다	**2 생각할 수 있다**
3 생각하게 한다	4 생각하게 된다

해설 적절한 문형을 고르는 문제이다. 선택지 2에는 동사 가능형, 3에는 사역 표현, 4에는 사역수동 표현이 사용되었으므로 빈칸 주변에서 행위의 주체나 대상을 파악하는 것에 유의한다. 빈칸 앞뒤 문맥을 볼 때, 계산식의 답이 한 가지가 아닌 몇 가지 종류로 생각된다는 것이므로, 동사 가능형인 2 **考えられる**(생각할 수 있다)가 정답이다.

43

1 문제를 가르칠 수 있	2 문제만을 풀
3 문제를 피할 수 있	**4 문제가 자주 보이**

해설 적절한 문장을 고르는 문제이다. 빈칸이 포함된 단락에서 **教育の現場ではこの計算式のように、子供の想像力や視点に着目した問い方が増えている**(교육 현장에서는 이 계산식처럼, 아이의 상상력이나 시점에 착안한 질문법이 늘고 있다)라고 하며 아이가 스스로 생각하도록 하는 문제가 많아졌다는 점에 대해 언급하였으므로 **深く考え、自分なりの答えを出すような問題がよく見られるようになったのだ**(깊이 생각하고, 자기 나름의 답을 내는 것과 같은 문제가 자주 보이게 된 것이다)가 가장 자연스럽다. 따라서 4 **問題がよく見られる**(문제가 자주 보이)가 정답이다.

어휘 ～ことができる ~할 수 있다　だけ 조 만　解く とく 동 풀다

44

1 결국	2 정말로
3 왜냐하면	4 그러므로

해설 적절한 접속사를 고르는 문제이다. 빈칸 앞에서 필자가 답보다 과정을 중요하게 생각해야 한다고 주장하고, 빈칸 뒤에서 **身近に起こる問題を考えてみても、考えたり行動したりしないことには答えは見つからないからである**(가까이에서 일어나는 문제를 생각해 봐도, 생각하거나 행동하거나 하지 않으면 답은 발견되지 않기 때문

이다)라며 답보다 과정이 중요한 이유를 언급하였다. 따라서 3 **なぜなら**(왜냐하면)가 정답이다.

어휘 つまり 부 결국, 요컨대　まさに 부 정말로, 확실히
なぜなら 접 왜냐하면　それゆえ 접 그러므로

45

1 을 리가 없다	2 을 수는 없다
3 는 것은 아니다	**4 는 것은 아닐까**

해설 적절한 문형을 고르는 문제이다. 빈칸이 포함된 단락 앞 단락에서 **答えよりも、答えにたどり着くまでに何をどう考えたかということのほうが重要だと考えるべきだ**(답보다도, 답에 다다르기까지 무엇을 어떻게 생각했는가 라는 것 쪽이 중요하다고 생각해야 할 것이다)라고 하며 답에 이르기까지의 과정이 중요하다고 언급하였으므로 **このような経験を積み重ね、それを仕事や生活にも適用することができれば、今まで経験したことのない問題に直面したときにも、解決するための方法を自分で見つけて乗り越えることができるのではないか**(이러한 경험을 겹겹이 쌓아, 그것을 일이나 생활에도 적용할 수 있다면, 지금까지 경험한 적이 없는 문제에 직면했을 때에도, 해결하기 위한 방법을 스스로 발견해서 극복할 수 있는 것은 아닐까)가 가장 자연스럽다. 따라서 4 **のではないか**(는 것은 아닐까)가 정답이다.

어휘 ～はずがない ~할 리가 없다　～わけにはいかない ~할 수는 없다
～ものではない ~것은 아니다　～のではないか ~것은 아닐까

실전 테스트 2

p.248

41 4　**42** 3　**43** 1　**44** 1　**45** 3

문제7 다음 글을 읽고, 문장 전체의 취지를 근거로 하여, 41 에서 45 의 안에 들어갈 가장 알맞은 것을, 1・2・3・4에서 하나 고르세요.

41-45

그림으로부터 배우는 역사

나는 미술관에 가는 것을 좋아한다.

미술관에서는, 조각이나 공예, 서예 등 다양한 종류의 예술에 접하는 것이 가능하다. 하지만, 뭐니뭐니 해도 회화가 최고이다. 그중에서도 역사적인 회화는, 그려져 있는 사람, 풍경, 자연, 거리나 생물을 보고, 어떤 세계였던 것일까 하고 생각을 짜내면서, 몇 시간이라도 41 . 이제는 결코 체험할 수 없는 세계를 보여주는 것, 그것이 역사적 회화인 것이다.

박물관의 동물이나 식물의 표본이나 고대의 도기 등도 물론, 회화와 같이 역사를 느낄 수 있다. 42 , 나에게 있어서, 회화는 별격이다. 왜냐하면 거기에는, 작자가 그 시대에 그 장소에서 보고 듣고 느낀 것이 그대로 나타나 있기 때문이다. 회화를 보고 있으면, 마치 자신이 그 세계에 녹아들어 버린 43 .

그리고, 한 가지 더 내 마음을 잡고 놓지 않는 것은, 회화가 그 곳에 존재한다는 기적이다. 몇십 년, 몇백 년의 시간을 거쳐, 버려지거나, 잊혀지거나, 소유자의 손을 떠나거나 하면서도 살아남아 온 것이 지금, 내 눈앞에 존재한다.

편리해진 정보 사회에 있어서는, 어떤 역사도 예술 작품도 인터넷으로 조사하면 바로 정보로서 얻을 수 있다. PC의 스크린을 통해 작품을 보고 있으면, 이제 미술관에 따위 발걸음을 44 것이 아닌가 하고 조차 생각해버릴 것이다.

하지만, 회화의 앞에 서서, 넘쳐 나오는 소리, 향기, 감정을 상상해 본다. 회화가, 볼 수 없는 과거와 나를 이어주는 것이다. 회화 45 매력이라고 할 수 있을 것이다. 미술관으로 향해서 과거로 되돌아가 본다. 그런 휴일을 보내는 법이나 여행 방법이 있어도 좋은 것 아닐까.

(주1) 별격: 특별한 취급을 하는 것
(주2) 기적: 상식으로는 생각할 수 없을 듯한, 이상한 일

어휘 学ぶ まなぶ 동 배우다　彫刻 ちょうこく 명 조각
工芸 こうげい 명 공예　書道 しょどう 명 서예, 서도
様々だ さまざまだ な형 다양하다　種類 しゅるい 명 종류
芸術 げいじゅつ 명 예술　触れる ふれる 동 접하다, 접촉하다
何といっても なんといっても 뭐니뭐니 해도　絵画 かいが 명 회화
中でも なかでも 부 그중에서도
歴史的だ れきしてきだ な형 역사적이다　描く かく 동 그리다
風景 ふうけい 명 풍경　自然 しぜん 명 자연
街なみ まちなみ 명 거리　生き物 いきもの 명 생물
めぐらす 동 짜내다, 돌리다　今では いまでは 이제는
～ことのできない ~할 수 없는　体験 たいけん 명 체험
博物館 はくぶつかん 명 박물관　植物 しょくぶつ 명 식물
標本 ひょうほん 명 표본　古代 こだい 명 고대
陶器 とうき 명 도기, 도자기　感じる かんじる 동 느끼다
～にとって ~에게 있어서　別格 べっかく 별격, 특별
作者 さくしゃ 명 작자　そのまま 그대로
現れる あらわれる 동 나타나다　まるで 부 마치
溶け込む とけこむ 동 녹아들다　つかむ 동 잡다
離す はなす 동 놓다, 떼다　存在 そんざい 명 존재
奇跡 きせき 명 기적　経る へる 동 거치다
持ち主 もちぬし 명 소유자, 주인
離れる はなれる 동 떠나다, 떨어지다
生き延びる いきのびる 동 살아남다　情報 じょうほう 명 정보
～において ~에 있어서　作品 さくひん 명 작품
インターネット 명 인터넷　～として ~로서　得る える 동 얻다
～を通して ～をとおして ~을 통해서　さえ 조 조차
あふれ出る あふれでる 동 넘쳐 나오다, 흘러 넘치다
感情 かんじょう 명 감정　想像 そうぞう 명 상상　過去 かこ 명 과거
つなぐ 동 잇다, 연결하다
足を向ける あしをむける 향하다, 그 방향으로 가다
休日 きゅうじつ 명 휴일　過ごし方 すごしかた 보내는 법

旅 たび 명 여행　扱い あつかい 명 취급　常識 じょうしき 명 상식
不思議だ ふしぎだ な형 이상하다　出来事 できごと 명 일, 사건

41

1 보아 마땅하다	2 보면 되는 일이다
3 보는 법이다	**4 보고 있을 수 있다**

해설 적절한 문형을 고르는 문제이다. 빈칸 앞에서 **様々な種類の芸術に触れることができる。しかし、何といっても絵画が一番だ**(다양한 종류의 예술에 접하는 것이 가능하다. 하지만, 뭐니뭐니 해도 회화가 최고이다)라고 언급하였으므로 **歴史的な絵画は、描かれている人、風景、自然、街なみや生き物を見て、どんな世界だったのだろうかと思いをめぐらせながら、何時間でも見ていられる**(역사적인 회화는, 그려져 있는 사람, 풍경, 자연, 거리나 생물을 보고, 어떤 세계였던 것일까 하고 생각을 짜내면서, 몇 시간이라도 보고 있을 수 있다)가 가장 자연스럽다. 따라서 4 **見ていられる**(보고 있을 수 있다)가 정답이다.

어휘 ～しかるべきだ ~해 마땅하다　～だけのことだ ~하면 되는 일이다
～ものだ ~법이다

42

1 그렇기는커녕	2 그렇기 때문에
3 그렇지만	4 즉

해설 적절한 접속사를 고르는 문제이다. 빈칸 앞에서 **博物館の動物や植物の標本や古代の陶器なども もちろん、絵画と同じように歴史を感じることができる**(박물관의 동물이나 식물의 표본이나 고대의 도기 등도 물론, 회화와 같이 역사를 느낄 수 있다)라고 하고, 빈칸 뒤에서 **私にとって、絵画は別格なのだ**(나에게 있어서, 회화는 별격이다)라며 동식물의 표본이나 고대 도기와 달리 회화가 특별하다는 상반된 내용을 언급하였다. 따라서 3 **だが**(그렇지만)가 정답이다.

어휘 それどころか 접 그렇기는커녕　だからこそ 접 그렇기 때문에
だが 접 그렇지만, 그러나　すなわち 접 즉, 다름 아닌

43

1 듯이 느낀다	2 것 같이 생각할 수밖에 없다
3 것으로 생각된다	4 것이지 않은가

해설 적절한 문형을 고르는 문제이다. 빈칸이 포함된 단락에서 회화가 별격인 이유에 대해 **作者がその時代にその場所で見て聞いて感じたものがそのまま現れているから**(작자가 그 시대에 그 장소에서 보고 듣고 느낀 것이 그대로 나타나 있기 때문)라고 하며 회화에는 작가가 그 당시 경험한 것이 그대로 나타난다고 언급하였으므로 **絵画を見ていると、まるで自分がその世界に溶け込んでしまったかのように感じる**(회화를 보고 있으면, 마치 자신이 그 세계에 녹아 들어 버린 듯이 느낀다)가 가장 자연스럽다. 따라서 1 **かのように感じる**(듯이 느낀다)가 정답이다.

어휘 ～かのようだ (마치) ~인 듯하다　～ほかない ~하는 수밖에 없다
～ではあるまいか ~이지 않은가

44

1 옮기지 않아도 되는	2 옮길 수가 없는
3 옮겨질 것 같지 않은	4 옮기게 하지 않아도 되는

해설 적절한 문형을 고르는 문제이다. 선택지 3에는 수동 표현, 4에는 사역 표현이 사용되었으므로 빈칸 주변에서 행위의 주체나 대상을 파악하는 것에 유의한다. 빈칸이 포함된 단락에서 **情報社会においては、どんな歴史も芸術作品もインターネットで調べればすぐに情報として得ることができる**(정보 사회에 있어서는, 어떤 역사도 예술 작품도 인터넷으로 조사하면 바로 정보로서 얻을 수 있다)라고 하고, 빈칸 앞에서 **パソコンのスクリーンを通して作品を見ていると、もう美術館になど**(PC의 스크린을 통해 작품을 보고 있으면, 이제 미술관에 따위)라고 언급하였다. 정보 사회에서 사람들이 더 이상 미술관에 갈 필요가 없다고 생각하게 될 가능성을 말하고 있으므로 **もう美術館になど足を運ばなくてもいいのではないかとさえ思ってしまうだろう**(이제 미술관에 따위 발걸음을 옮기지 않아도 되는 것이 아닌가 하고 조차 생각해버릴 것이다)가 가장 자연스럽다. 따라서 1 **運ばなくてもいい**(옮기지 않아도 되는)가 정답이다.

어휘 ても 조 해도　～ようがない ~할 수가 없다
～そうにない ~일 것 같지 않다

45

1 일색인	2 에 불과한
3 가 아니고는 안 되는	4 만한 가치가 없는

해설 적절한 문형을 고르는 문제이다. 빈칸 앞에서 **絵画の前に立って、あふれ出る音、におい、感情を想像してみる。絵画が、見ることのできない過去と私をつないでくれるのだ**(회화의 앞에 서서, 넘쳐 나오는 소리, 향기, 감정을 상상해 본다. 회화가, 볼 수 없는 과거와 나를 이어주는 것이다)라고 하며 회화만의 특별한 매력을 언급하였으므로 **絵画ならではの魅力と言えるだろう**(회화가 아니고는 안 되는 매력이라고 할 수 있을 것이다)가 가장 자연스럽다. 따라서 3 **ならではの**(가 아니고는 안 되는)가 정답이다.

어휘 ～ずくめ ~일색　～でしかない ~에 불과하다
～ならでは ~가 아니고는 안 되는, ~다운
～にたりない ~할 만한 가치가 없다

실전 테스트 3

p.250

41 4　**42** 3　**43** 3　**44** 4　**45** 2

문제7 다음 글을 읽고, 문장 전체의 취지를 근거로 하여, 41 에서 45 의 안에 들어갈 가장 알맞은 것을, 1・2・3・4에서 하나 고르세요.

41-45

쓸데없음의 가치

바로 최근의 일인데, 외출할 때에 휴대전화를 깜빡 집에 잊고 와 버렸다. 평소라면, 가지러 돌아갈 참이다. 하지만, 그날은 영화를 볼 예정이어서 시간이 [41], 그대로 외출해 버리려고, 전철에 올라 탔다. 그리고 운이 나쁘게도, 전철이 늦어지고 있는 것을 알고, 몇 시에 목적인 역에 도착할지 걱정되어 왔다.

휴대전화가 있으면 겨우 몇 분으로 조사할 수 있는 것인데 하고 생각하면서, 용기를 내서 옆의 상냥해 보이는 학생에게 물어봤다. [42] 모르는 누군가에게 말을 걸다니 오랜만이었다.

그 뒤로도 무사히 영화관에 도착하기는 했으나, 티켓은 사전에 온라인으로 샀기 때문에 휴대전화 안이라는 것이 생각났다. [43], 집에 되돌아가지도 못하고, 바빠 보이는 스태프에게 말을 걸자, 친절하게 대응해 주었다. 스태프와 한창 이야기하고 있는 중에 똑같이 온라인 티켓을 잊고 온 사람이 말을 걸어 와서, 함께 설명을 들으면서, 서로 영화를 볼 수 있다는 것에 안심해, 영화까지의 시간을 잡담하고 보냈다.

돌아오는 전철에서 오늘을 돌이켜보니, 얼마나 걱정이 많은 하루였는가 하고 생각함과 동시에, 오늘은 여러 사람과 이야기했다 하고 놀란다.

평소, 모르는 사람과 이야기할 기회는 어느 정도 있을까. 휴대전화가 있으면 바로 손에 들어오는 정보도, 스스로 찾거나 다른 사람에게 의지하거나 하면, 얼마나 시간과 노력이 [44]. 하지만, 의외로 즐기고 있는 내가 있었던 것이다.

옛날에는 마을에 더욱 말이 넘치고 있었을 것이다. 점점 편리해져 가는 시대의 흐름 속에서 나는 이 쓸데없이, 시간과 노력을 쓴다는 것의 가치를 [45]. 불편함이 가르쳐 준 새로운 발견이다. 문득, 그런 것을 생각한 주말이었다.

어휘 無駄 むだ 명 쓸데없음　価値 かち 명 가치　つい 부 바로, 조금
携帯 けいたい 명 휴대전화　うっかり 부 깜빡　普段 ふだん 명 평소
～ところだ (막) ~참이다　そのまま 부 그대로
乗り込む のりこむ 동 올라 타다　運 うん 명 운　～ことに ~하게도
目的 もくてき 명 목적　ほんの 겨우, 불과　勇気 ゆうき 명 용기
話しかける はなしかける 말을 걸다　無事だ ぶじだ な형 무사하다
～ものの ~하기는 하나　チケット 명 티켓　事前 じぜん 명 사전
オンライン 명 온라인　スタッフ 명 스태프
声をかける こえをかける 말을 걸다, 부르다
丁寧だ ていねいだ な형 친절하다　対応 たいおう 명 대응
～最中に ～さいちゅうに 한창 ~하는 중에
お互い おたがい 명 서로　ほっとする 안심하다
雑談 ざつだん 명 잡담　過ごす すごす 동 보내다, 지내다
ふり返る ふりかえる 동 돌이켜보다　なんと 얼마나
同時 どうじ 명 동시　手に入る てにはいる 손에 들어오다
情報 じょうほう 명 정보　頼る たよる 동 의지하다
労力 ろうりょく 명 노력　意外だ いがいだ な형 의외이다
あふれる 동 넘치다　ますます 부 점점　時代 じだい 명 시대
流れ ながれ 명 흐름　不便さ ふべんさ 명 불편함, 불편
発見 はっけん 명 발견　ふと 부 문득　週末 しゅうまつ 명 주말

41

1 마음에 걸리는 이상에는	2 마음에 걸리는 것은 아닐 테고
3 마음에 걸린 체면상	**4 마음에 걸렸기 때문에**

해설 적절한 문형을 고르는 문제이다. 빈칸 앞에서 **普段なら、取りに戻るところだ。しかし、その日は映画をみる予定で**(평소라면, 가지러 돌아갈 참이다. 하지만, 그날은 영화를 볼 예정이어서)라고 하고, 빈칸 뒤에서 **そのまま出かけてしまおうと、電車に乗り込んだ**(그대로 외출해 버리려고, 전철에 올라 탔다)라고 언급하였으므로 **時間が気になったものだから、そのまま出かけてしまおうと**(시간이 마음에 걸렸기 때문에, 그대로 외출해 버리려고)가 가장 자연스럽다. 따라서 4 **気になったものだから**(마음에 걸렸기 때문에)가 정답이다.

어휘 気になる きになる 마음에 걸리다, 걱정되다
～からには ~하는 이상에는　～ではあるまいし ~은 아닐 테고
～手前 ～てまえ ~한 체면상　～ものだから ~이기 때문에

42

1 이런 계절에	2 이런 시간에
3 이런 식으로	4 이런 날에

해설 적절한 단어를 고르는 문제이다. 빈칸 앞에서 **携帯があればほんの数分で調べられることなのにと思いながら、勇気を出してとなりの優しそうな学生にきいてみた**(휴대전화가 있으면 겨우 몇 분으로 조사할 수 있는 것인데 하고 생각하면서, 용기를 내서 옆의 상냥해 보이는 학생에게 물어봤다)라고 하며 평소라면 스스로 바로 알 수 있는 것을 알 수 없어 옆에 있던 학생에게 직접 물어봤다고 언급하였으므로 **こんな風に知らない誰かに話しかけるなんて久しぶりだった**(이런 식으로 모르는 누군가에게 말을 걸다니 오랜만이었다)가 가장 자연스럽다. 따라서 3 **こんな風に**(이런 식으로)가 정답이다.

어휘 風 ふう 명 식, 방법, 상태

43

1 한편	2 혹은
3 그렇다고 하더라도	4 따라서

해설 적절한 접속사를 고르는 문제이다. 빈칸 앞에서 온라인 티켓이 집에 두고 온 휴대전화 안에 있다는 것이 생각났다고 하고, 빈칸 뒤에서 **家に戻ることもできず**(집에 되돌아가지도 못하고)라며 상반된 내용을 언급하였다. 따라서 3 **とはいえ**(그렇다고 하더라도)가 정답이다.

어휘 一方 いっぽう 접 한편　もしくは 접 혹은
とはいえ 접 그렇다고 하더라도　したがって 접 따라서

44

1 걸린다고 한다	2 걸리지 않을 수 없다
3 걸리지 않을 리가 없다	**4 걸린단 말인가**

해설 적절한 문형을 고르는 문제이다. 빈칸 앞에서 携帯があればすぐ手に入る情報(휴대전화가 있으면 바로 손에 들어오는 정보)라고 언급하였으므로 自分で探したり人に頼ったりすると、なんと時間と労力がかかることか(스스로 찾거나 다른 사람에게 의지하거나 하면, 얼마나 시간과 노력이 걸린단 말인가)가 가장 자연스럽다. 따라서 4 かかることか(걸린단 말인가)가 정답이다.

어휘 ~そうだ ~라고 한다 ~ないではすまない ~하지 않을 수 없다 ~はずがない ~리가 없다 ~ことか ~란 말인가

45

1 기억하게 하고 있었다	**2 잊을 뻔했었다**
3 기억하고 있음에 틀림없다	4 잊혀졌다고 할 수는 없다

해설 적절한 문형을 고르는 문제이다. 선택지 1에는 사역 표현, 4에는 수동 표현이 사용되었으므로 빈칸 주변에서 행위의 주체나 대상을 파악하는 것에 유의한다. 빈칸이 포함된 단락에서 昔は町にもっと言葉があふれていたはずだ。ますます便利になっていく時代の流れ(옛날에는 마을에 더욱 말이 넘치고 있었을 것이다. 점점 편리해져 가는 시대의 흐름)라고 언급하였으므로 옛날에 비해 지금은 사람들 사이의 대화가 줄어들었으며, 이는 시대가 편리해져 쓸데없는 시간과 노력을 쓸 필요가 없어졌기 때문이라고 말하고 있음을 알 수 있다. 그러므로 빈칸 앞의 この無駄に、時間と労力を使うことの価値(이 쓸데없이, 시간과 노력을 쓴다는 것의 가치)를 시대의 흐름 속에서 잊을 뻔한 주체는 僕(나)로, 사역 표현이나 수동 표현이 사용되지 않은 선택지를 정답으로 골라야 한다. 따라서 문맥에 맞는 의미인 2 忘れかけていた(잊을 뻔했었다)가 정답이다.

어휘 ~かける ~할 뻔하다 ~に相違ない ~にそういない ~임에 틀림없다 ~とは言えない ~とはいえない ~라고 할 수는 없다

실전 테스트 4

p.252

41 1 **42** 2 **43** 4 **44** 3 **45** 1

문제7 다음 글을 읽고, 문장 전체의 취지를 근거로 하여, [41]에서 [45]의 안에 들어갈 가장 알맞은 것을, 1·2·3·4에서 하나 고르세요.

41-45

소설의 실사화

소설로서 세상에 나온 작품이 자주 드라마로 실사화된다. 그것에 대해, 소설 애독자로부터는 '아무리 노력해도 원작 [41]' '원작을 엉망으로 하지 않길 바란다'라는 비판이 반드시 들린다. 조금 전까지 나도 그중의 한 사람이었다.

나는 예전부터 비춰지는 정보가 전부인 영상보다도, 자신의 상상력으로 등장인물을 구체화하고, 무대의 배경이나 스토리를 펼칠 수 있는 소설에 매력을 느끼고 있었다. 그런 내게 있어서 실사화는 즐겁지 않은 일이었다.

자신의 작품이 망쳐진 기분이 된다라고 말하면 좋을까. '소설을 쓴 것은 필자인데 뭐 잘난 듯이'라고 생각하는 사람도 있을 것이다. [42-a], 그 작품에 독자의 상상과 이해가 서로 겹쳐서 완성되는 것이 소설이고, 독자에게 있어서 그것이 최고의 형태이기 때문에, 실사화된 드라마에는 실망을 [42-b].

수년 전에는 드라마를 제작하는 측도 원작 팬으로부터의 비판을 우려해, 출연자에 적기인 배우를 기용하거나, 원작을 충실하게 재현하려고 하거나 하는 경향이 있었다. 그 때문에, 독자는 자신의 걸작과는 동떨어진 형태로 숙지한 내용을 [43] 것이니 기분이 좋지는 않았다.

하지만, 최근 [44]도 이에 대응하려고 하고 있는 것 같다. 원작에는 없는 인물을 중심 인물로 등장시키고, 드라마 오리지널인 내용을 담아, 원작과의 차별화를 꾀하고 있다. 그 덕분에 원작과 비교하듯이 보고 있던 독자도 새로운 작품으로까지는 아니지만, 스토리의 전개에 주목해, 그 다음을 예상하면서 즐길 수 있게 된 것이다.

지금은 나도 정말 좋아하는 작품이 실사화된다고 들어도, 부정적인 생각이 떠오르지 않게 되었다. 원작은 원작, 드라마는 드라마로 각각 인식하는 것은 양자를 [45]. 정말 좋아하는 작품이 어떻게 그려지는지 드라마를 충분히 즐기는 것이다.

(주1) 중심 인물: 중요한 역할을 완수하는 사람
(주2) 충분히 즐기다: 마음껏 즐기다, 만끽하다

어휘 実写化 じっしゃか 명 실사화 ~として ~로서 世 よ 명 세상
作品 さくひん 명 작품 度々 たびたび 부 자주 ドラマ 명 드라마
~に対し ~にたいし ~에 대해 愛読者 あいどくしゃ 명 애독자
原作 げんさく 명 원작 台無しだ だいなしだ な형 엉망이다
~てほしい ~하길 바라다 批判 ひはん 명 비판 聴く きく 동 듣다
映し出す うつしだす 동 비추다 情報 じょうほう 명 정보
全て すべて 명 전부 映像 えいぞう 명 영상
想像力 そうぞうりょく 명 상상력
登場人物 とうじょうじんぶつ 명 등장인물
具体化 ぐたいか 명 구체화 舞台 ぶたい 명 무대
背景 はいけい 명 배경 ストーリー 명 스토리, 이야기
広げる ひろげる 동 펼치다 魅力 みりょく 명 매력
感じる かんじる 동 느끼다 ~にとって ~에게 있어서
筆者 ひっしゃ 명 필자 偉い えらい い형 잘나다, 대단하다
読者 どくしゃ 명 독자 想像 そうぞう 명 상상 理解 りかい 명 이해
重なりあう かさなりあう 서로 겹치다 完成 かんせい 명 완성
最高 さいこう 명 최고 失望 しつぼう 명 실망
制作 せいさく 명 제작 側 がわ 명 측 ファン 명 팬
恐れる おそれる 동 우려하다 出演者 しゅつえんしゃ 명 출연자
旬 しゅん 명 적기, 제철 俳優 はいゆう 명 배우
起用 きよう 명 기용 忠実だ ちゅうじつだ な형 충실하다
再現 さいげん 명 재현 傾向 けいこう 명 경향 そのため 그 때문에

傑作 けっさく 명 걸작　かけ離れる かけはなれる 동 동떨어지다
熟知 じゅくち 명 숙지　内容 ないよう 명 내용
いい気はしない いいきはしない 기분이 좋지는 않다
対応 たいおう 명 대응　キーパーソン 명 중심 인물
登場 とうじょう 명 등장　オリジナル 명 오리지널
盛り込む もりこむ 동 (여러 가지 것을) 담다
差別化 さべつか 명 차별화　図る はかる 동 꾀하다, 노리다
比較 ひかく 명 비교　展開 てんかい 명 전개
注目 ちゅうもく 명 주목　予想 よそう 명 예상
今では いまでは 지금은, 이제 와서는
否定的だ ひていてきだ な형 부정적이다　考え かんがえ 명 생각
浮ぶ うかぶ 동 떠오르다　個々 ここ 명 각각, 하나하나
捉える とらえる 동 인식하다, 파악하다　両者 りょうしゃ 명 양자
描く かく 동 그리다　堪能 たんのう 명 충분히 즐기다, 실컷 ~함
役割 やくわり 명 역할　果たす はたす 동 완수하다, 다하다
心ゆくまで こころゆくまで 마음껏　満喫 まんきつ 명 만끽

41

1 에 못 미친다	2 에 빠트릴 수 없다
3 임에 틀림없다	4 에 불과하다

해설 적절한 문형을 고르는 문제이다. 빈칸 앞에서 **小説として世に出された作品が度々ドラマで実写化される。それに対し、小説愛読者からは**(소설로서 세상에 나온 작품이 자주 드라마로 실사화된다. 그것에 대해, 소설 애독자로부터는)라고 하고, 빈칸 뒤에서 「**原作を台無しにしないでほしい**」**という批判が必ず聴かれる**('원작을 엉망으로 하지 않길 바란다'라는 비판이 반드시 들린다)라고 언급하였다. 실사화한 드라마에 대한 비판의 예가 이어지고 있으므로 「**いくら頑張っても原作には及ばない**」「**原作を台無しにしないでほしい**」**という批判**('아무리 노력해도 원작에 못 미친다' '원작을 엉망으로 하지 않길 바란다'라는 비판)이 가장 자연스럽다. 따라서 1 **には及ばない**(에 못 미친다)가 정답이다.

어휘 ~には及ばない ~にはおよばない ~에 못 미친다
~にかかせない ~에 빠트릴 수 없다
~に相違ない ~にそういない ~임에 틀림없다
~にすぎない ~에 불과하다

42

1 a 그런데 / b 느끼는 법이다
2 a 그래도 / b 느끼지 않을 수 없다
3 a 게다가 / b 느낄 수가 없다
4 a 더구나 / b 느끼지 않고 끝난다

해설 a는 접속사를 고르는 문제이다. 빈칸 앞에서 「**小説を書いたのは筆者なのに何を偉そうに**」**と思う人もいるだろう**('소설을 쓴 것은 필자인데 뭐 잘난 듯이'라고 생각하는 사람도 있을 것이다)라고 하며 실사화된 드라마를 비판하는 사람에 대한 부정적인 시선을 언급하였고, 빈칸 뒤에서 **その作品に読者の想像と理解が重なりあって完成するのが小説で、読者にとってそれが最高の形なのだから**(그 작품에 독자의 상상과 이해가 서로 겹쳐서 완성되는 것이 소설이고, 독자에게 있어서 그것이 최고의 형태이기 때문에)라고 하며 실사화된 드라마를 비판할 수밖에 없는 이유를 언급하였다. 따라서 a에 들어갈 것으로 알맞은 것은 **それでも**(그래도)이다.
b는 적절한 문형을 고르는 문제이다. 빈칸 앞에서 실사화된 드라마를 독자가 비판하는 이유로 **その作品に読者の想像と理解が重なりあって完成するのが小説で、読者にとってそれが最高の形なのだから**(그 작품에 독자의 상상과 이해가 서로 겹쳐서 완성되는 것이 소설이고, 독자에게 있어서 그것이 최고의 형태이기 때문에)라고 언급하였으므로, **読者にとってそれが最高の形なのだから、実写化されたドラマには失望を感じざるを得ない**(독자에게 있어서 그것이 최고의 형태이기 때문에, 실사화된 드라마에는 실망을 느끼지 않을 수 없다)가 가장 자연스럽다. 따라서 b에 들어갈 것으로 알맞은 것은 **感じざるを得ない**(느끼지 않을 수 없다)이다.
정답은 2 a **それでも** / b **感じざるを得ない**(a 그래도 / b 느끼지 않을 수 없다)이다.

어휘 ところが 접 그런데　~ものだ ~하는 법이다　それでも 접 그래도
~ざるを得ない ~ざるをえない ~하지 않을 수 없다
しかも 접 게다가　~ようがない ~할 수가 없다
その上 そのうえ 접 더구나　~ずにすむ ~하지 않고 끝나다

43

1 바뀌어지는	2 바꾸게 되는
3 보게 하는	**4 보게 되는**

해설 적절한 문형을 고르는 문제이다. 선택지 1과 4에는 수동 표현, 2에는 사역수동 표현이 사용되었으므로 빈칸 주변에서 행위의 주체나 대상을 파악하는 것에 유의한다. 빈칸 앞뒤 문맥을 볼 때, 실사화된 드라마가 원작 소설 독자에게 **自分の傑作とはかけ離れた形で熟知した内容**(자신의 걸작과는 동떨어진 형태로 숙지한 내용)를 보여준다는 것이므로 **読者**(독자)가 행위의 대상이다. 따라서 수동 표현이면서 문맥에 맞는 의미인 4 **見せられる**(보게 되는)가 정답이다.

44

1 실사화	2 원작
3 제작측	4 독자

해설 적절한 단어를 고르는 문제이다. 빈칸이 포함된 단락 앞 단락에서 드라마를 제작하는 측이 원작 팬으로부터의 비판을 우려하여 원작을 충실하게 재현하려는 경향이 있었으나 그것이 오히려 원작 소설 독자의 기분을 상하게 하는 결과로 이어졌다고 하고, 빈칸 뒤에서 **これに対応しようとしているようだ。原作にはない人物をキーパーソンとして登場させ、ドラマオリジナルの内容を盛り込み、原作との差別化を図っている**(이에 대응하려고 하고 있는 것 같다. 원작에는 없는 인물을 중심 인물로 등장시키고, 드라마 오리지널의 내용을 담아, 원작과의 차별화를 꾀하고 있다)라고 하며 **対応**(대응)의 구체적인 내용을 언급하였다. 드라마를 차별화하는 대응은 드라마를 제작하는 측이 하는 것이므로 **最近制作側もこれに対応しようとしているようだ**(최근 제작측도 이에 대응하려고 하고 있는 것 같다)가 가장 자연스럽다. 따라서 3 **制作側**(제작측)가 정답이다.

45

1 비교한다는 것은 아니다	2 비교하게 될 것이 분명하다
3 비교하지 못하고 끝났다	4 비교하지 않을 수 없을 것이다

해설 적절한 문형을 고르는 문제이다. 글 전반적으로 필자는 원작을 그대로 재현하려고 하는 기존의 실사화 드라마에 실망할 수밖에 없었으며, 드라마 제작측의 대응으로 실사화 드라마가 원작과 차별화되면서 원작 소설 독자들도 실사화 드라마를 즐길 수 있게 되었다고 했다. 빈칸 앞에서 **原作は原作、ドラマはドラマと個々に捉える**(원작은 원작, 드라마는 드라마로 각각 인식하는)라고 하고, 빈칸 뒤에서 **大好きな作品がどう描かれるかドラマを堪能するのである**(정말 좋아하는 작품이 어떻게 그려지는지 드라마를 충분히 즐기는 것이다)라고 언급하였으므로 **原作は原作、ドラマはドラマと個々に捉えることは両者を比べるというものではない**(원작은 원작, 드라마는 드라마로 각각 인식하는 것은 양자를 비교한다는 것은 아니다)가 가장 자연스럽다. 따라서 1 **比べるというものではない**(비교한다는 것은 아니다)가 정답이다.

어휘 ～というものではない ~라는 것은 아니다　～ようになる ~하게 되다
～はずだ ~임이 분명하다　～ずじまいだ ~하지 못하고 끝나다
～ずにはおかない ~하지 않을 수 없다　～だろう ~일 것이다

실전 테스트 5

p.254

41 4　**42** 3　**43** 1　**44** 2　**45** 1

문제7 다음 글을 읽고, 문장 전체의 취지를 근거로 하여, [41]에서 [45]의 안에 들어갈 가장 알맞은 것을, 1・2・3・4에서 하나 고르세요.

41-45

가사 대행 서비스라는 선택지

걸을 수 있는 거리라도 빨리 귀가하기 위해서 택시를 이용하는 일도 있고, 피로를 핑계로 슈퍼의 반찬으로 저녁 식사를 때우는 일도 있다. 계속 정신을 긴장시키고 있어서는 긴 인생을 [41].

그런데도, 가사라면 왜 [42] 사람의 힘을 빌리는 것을 주저해 버리는 것일까. 의지해 버리면, 지금까지보다도 의의가 있는 생활을 보낼 수 있는 것은 틀림없다. 그것을 방해하는 이유는 크게 나눠서 두 가지일 것이다. 한 가지는 타인으로부터의 시선, 또 한 가지는 타인을 집에 들이는 것이다.

동료로부터 가사 대행 서비스를 이용하고 있다고 들었을 때, 정말로 사치스러운 사람이구나 하고 생각하는 동시에, [43] 자신의 신변의 일도 할 수 없는 칠칠치 못한 사람이 아닌가 하고도 생각해 버렸다. 그런 시선이 향해지는 것이 싫은 것이다.

또, 지인도 아니고 친구도 아닌 완전히 남인 사람을 집에 들어오게 하는 것도 무섭다. 게다가 아무리 프로라고 해도 어질러진 방을 보이는 것은 약점이 보여지고 있는 것 같아 부끄럽다.

그렇다 하더라도, 일하는 방식 개혁과 일과 삶의 균형이 주목되는 가운데, 가사 대행 서비스는 자신의 생활을 여유 있게 하기 위한 선택지의 하나로서 일상적인 것이 되어 있는 것도 사실이다. 택시를 타거나, 반찬을 사거나 하는 것과 같고 사치도 무엇도 아닌 것이다.

타인의 눈을 신경쓰지 않고, 사람에게 순순히 의지할 수 있으며, 여유를 가지고 일하고 있는 동료를 보면, 솔직히 [44]. 지친 몸으로 귀가해서, 쌓인 설거지를 보면, 뭐라 말할 수 없는 절망감에 매일 사로잡히기 때문이다.

일단 동료에게 상담해 보자. 동료로부터의 소개라면, 불안도 조금은 해소할 수 있을 것이다. 안심하고 집을 [45].

(주1) 슈퍼의 반찬: 슈퍼에서 팔리고 있는 반찬
(주2) 칠칠치 못하다: 제대로 하고 있지 않다

어휘 家事 かじ 명 가사　代行 だいこう 명 대행　サービス 명 서비스
選択肢 せんたくし 명 선택지　距離 きょり 명 거리
帰宅 きたく 명 귀가　疲労 ひろう 명 피로
言い訳 いいわけ 명 핑계　惣菜 そうざい 명 반찬
夕食 ゆうしょく 명 저녁 식사　済ませる すませる 동 때우다, 해결하다
気を張る きをはる 정신을 긴장시키다, 마음을 다잡다
人生 じんせい 명 인생　それなのに 접 그런데도, 그럼에도 불구하고
～となると ~라면, ~가 된다면　ためらう 동 주저하다, 망설이다
頼る たよる 동 의지하다
有意義だ ゆういぎだ な형 의의가 있다, 값어치가 있다
間違いない まちがいない 틀림없다　分ける わける 동 나누다
他人 たにん 명 타인, 남　視線 しせん 명 시선
同僚 どうりょう 명 동료　なんとも 부 정말로
贅沢だ ぜいたくだ な형 사치스럽다
～と同時に ～とどうじに ~와 동시에
身の回り みのまわり 명 신변의 일　だらしない い형 칠칠치 못하다
向ける むける 동 향하다, 돌리다　知人 ちじん 명 지인
友人 ゆうじん 명 친구　全く まったく 부 완전히　いくら 부 아무리
プロ 명 프로　～と言っても ～といっても ~라고 해도
散らかる ちらかる 동 어질러지다　弱み よわみ 명 약점, 결점
とはいうものの 접 그렇다 하더라도
働き方 はたらきかた 명 일하는 방식　改革 かいかく 명 개혁
ワークライフバランス 명 일과 삶의 균형, 워크 라이프 밸런스
注目 ちゅうもく 명 주목　豊かだ ゆたかだ な형 여유 있다, 풍족하다
選択肢 せんたくし 명 선택지　身近だ みぢかだ な형 일상적이다
事実 じじつ 명 사실　気にする きにする 신경쓰다
素直だ すなおだ な형 순순하다, 순수하다　余裕 よゆう 명 여유
正直 しょうじき 부 솔직히, 사실은　たまる 동 밀리다, 쌓이다
洗い物 あらいもの 명 설거지, 빨랫감　絶望感 ぜつぼうかん 명 절망감
襲われる おそわれる 동 사로잡히다, 습격 당하다　まずは 부 일단
不安 ふあん 명 불안　解消 かいしょう 명 해소　おかず 명 반찬
きちんと 부 제대로, 정확히

41

1 살아가야 한다	2 살아가고야 말겠다
3 살아가는 것만으로 다행이다	**4 살아갈 수 있을 리 없다**

해설 적절한 문형을 고르는 문제이다. 빈칸 앞에서 歩ける距離でも早く帰宅するためにタクシーを利用することもあるし、疲労を言い訳にスーパーのお惣菜で夕食を済ませることもある(걸을 수 있는 거리라도 빨리 귀가하기 위해서 택시를 이용하는 일도 있고, 피로를 핑계로 슈퍼의 반찬으로 저녁 식사를 때우는 일도 있다)라고 하며 편하기 위해 하는 행동들을 언급하였으므로 ずっと気を張っていては長い人生をやっていけっこない(계속 정신을 긴장시키고 있어서는 긴 인생을 살아갈 수 있을 리 없다)가 가장 자연스럽다. 따라서 4 やっていけっこない(살아갈 수 있을 리 없다)가 정답이다.

어휘 やっていく 동 살아가다　～べきだ ~해야 한다
～てみせる ~하고야 말겠다　～だけましだ ~만으로도 다행이다
～っこない ~할 리 없다

42

1 그것에도	2 저렇게
3 이렇게나	4 여기에서

해설 적절한 단어를 고르는 문제이다. 빈칸 앞에서 家事となると(가사라면)라고 하고, 빈칸 뒤에서 頼ってしまえば、今までよりも有意義な生活を送れるのは間違いない。それを邪魔する理由は大きく分けて二つだろう。一つは他人からの視線、もう一つは他人を家に入れることだ(의지해 버리면, 지금까지보다도 의의가 있는 생활을 보낼 수 있는 것은 틀림없다. 그것을 방해하는 이유는 크게 나눠서 두 가지일 것이다. 한 가지는 타인으로부터의 시선, 또 한 가지는 타인을 집에 들이는 것이다)라고 하며 다른 것에 비해 가사에 있어서는 다른 사람의 힘을 빌리기 어려운 이유를 두 가지 언급하였으므로 빈칸 바로 뒤의 人の力を借りるのをためらってしまう(사람의 힘을 빌리는 것을 주저해 버리는)를 강조하는 3 こんなにも(이렇게나)가 정답이다.

어휘 あのように 저렇게　こんなにも 이렇게나　から 조 에서

43

1 제대로	2 마치
3 전혀	4 반드시

해설 적절한 부사를 고르는 문제이다. 빈칸 앞에서 同僚から家事代行サービスを利用していると聞いたとき、なんとも贅沢な人だなと思うと同時に(동료로부터 가사 대행 서비스를 이용하고 있다고 들었을 때, 정말로 사치스러운 사람이구나 하고 생각하는 동시에)라고 하고, 빈칸 뒤에서 自分の身の回りのこともできないだらしない人なのではないかとも思ってしまった(자신의 신변의 일도 할 수 없는 칠칠치 못한 사람이 아닌가 하고도 생각해 버렸다)라고 언급하였다. 가사 대행 서비스는 타인이 가사를 대신 해주는 서비스이므로, 문맥상 어울리는 말은 '제대로 자신의 신변의 일도 할 수 없는 칠칠치 못한 사람'이다. 따라서 1 ろくに(제대로)가 정답이다.

어휘 ろくに 부 제대로　まるで 부 마치, 전혀　いっこうに 부 전혀
かならずしも 부 반드시

44

1 부러울까 보냐	**2 부러워서 견딜 수 없다**
3 부러운 것 아닌가	4 부러워서는 안 된다

해설 적절한 문형을 고르는 문제이다. 빈칸 뒤에서 疲れた体で帰宅し、たまった洗い物を見ると、何とも言えない絶望感に毎日襲われる(지친 몸으로 귀가해서, 쌓인 설거지를 보면, 뭐라 말할 수 없는 절망감에 매일 사로잡히기)라고 하며 가사 대행 서비스를 이용하는 동료와 상반되는 자신의 일상에 대해 언급하였으므로 他人の目を気にせず、人に素直に頼ることができ、余裕を持って働いている同僚を見ると、正直うらやましくてたまらない(타인의 눈을 신경 쓰지 않고, 사람에게 순순히 의지할 수 있으며, 여유를 가지고 일하고 있는 동료를 보면, 솔직히 부러워서 견딜 수 없다)가 가장 자연스럽다. 따라서 2 うらやましくてたまらない(부러워서 견딜 수 없다)가 정답이다.

어휘 うらやましい い형 부럽다　～もんか ~할까 보냐, ~하나 봐라
～てたまらない ~해서 견딜 수 없다　～のではないか ~가 아닌가
～てはならない ~해서는 안 된다

45

1 맡길 수 있는 것이 가장 좋다
2 맡겨도 되는 걸까요
3 맡겨도 문제없는 것 같다
4 맡겨지지 않을 것이라고 생각했다

해설 적절한 문형을 고르는 문제이다. 선택지 1에는 동사 가능형, 4에는 수동 표현이 사용되었으므로 빈칸 주변에서 행위의 주체나 대상을 파악하는 것에 유의한다. 빈칸 앞에서 まずは同僚に相談してみよう。同僚からの紹介であれば、不安も少しは解消できるはずだ(일단 동료에게 상담해 보자. 동료로부터의 소개라면, 불안도 조금은 해소할 수 있을 것이다)라고 언급하였으므로 필자 자신도 앞으로 가사 대행 서비스를 이용하는 것을 고려하고 있음을 알 수 있다. 그러므로 빈칸 앞의 家(집)를 맡기는 주체는 필자 자신으로, 수동 표현이 사용되지 않은 선택지를 정답으로 골라야 한다. 따라서 문맥에 맞는 의미인 1 任せられるに越したことはない(맡길 수 있는 것이 가장 좋다)가 정답이다.

어휘 任せる まかせる 동 맡기다
～に越したことはない ～にこしたことはない ~이 가장 좋다
～でしょうか ~일까요
～ても差し支えない ～てもさしつかえない ~해도 문제없다
～ようだ ~것 같다　～まい ~하지 않을 것이다
～と思う ～とおもう ~라고 생각하다

독해

문제 8 내용이해(단문)

실력 다지기

p.262

01 ② 02 ① 03 ② 04 ① 05 ② 06 ①

01

젊은이의 어휘력을 낮추고 있는 원인의 하나가 젊은이들의 유행어 '위험하다'이다. 원래는 부정적인 의미를 나타내는 것이었는데, 지금은 긍정적인 의미로도 사용되고 있다. 하지만, 그 역사는 의외로 오래되어, 에도 시대에까지 거슬러 올라간다. **현재, 문제시되는 말이 400년 전에도 사용되고 있었다니 참으로 우스꽝스러운 일이다.**

필자의 생각과 맞는 것은 어느 것인가?

① 원래의 말의 의미를 이해하지 않고, 계속 사용하는 것은 좋지 않은 일이다.

② 역사가 있는 말이 젊은이들의 유행어로서, 문제가 되는 것은 재미있는 일이다.

어휘 若者 わかもの 명 젊은이　語彙力 ごいりょく 명 어휘력
若者言葉 わかものことば 명 젊은이들의 유행어, 젊은이들이 쓰는 말
やばい い형 위험하다　元々 もともと 부 원래
否定的だ ひていてきだ な형 부정적이다　表す あらわす 동 나타내다
肯定的だ こうていてきだ な형 긍정적이다
用いる もちいる 동 사용하다　江戸時代 えどじだい 명 에도 시대
さかのぼる 동 거슬러 올라가다　現在 げんざい 명 현재
問題視 もんだいし 명 문제시　なんとも 부 참으로
滑稽だ こっけいだ な형 우스꽝스럽다　理解 りかい 명 이해
使用 しよう 명 사용

02

도둑질은 가난함 때문에 손이 나가는 것이라고 생각되기 쉽지만, 그렇다고는 할 수 없다. 놀랍게도 경제 대국 일본은 유수의 도둑질 대국이다. 이것에는 행복도가 관계되어, 스스로 마음을 채울 수 없는 사람이 범하는 슬픈 범죄인 것이다. **경제가 풍족해져도 사람의 마음이 풍족하지 않으면 얼마든지 범죄가 발생할 우려가 있다.**

필자는 도둑질에 대해서 어떻게 생각하고 있는가?

① 생활이 풍족해도 마음이 채워지지 않으면 도둑질로 이어진다.

② 자신의 마음을 채우기 위한 도둑질이라도 용서받아서는 안 된다.

어휘 万引き まんびき 명 도둑질　貧しい まずしい い형 가난하다
～がちだ ~하기 쉽다
～とは限らない ～とはかぎらない ~라고는 할 수 없다
～ことに ~하게도　大国 たいこく 명 대국　有数 ゆうすう 명 유수
幸福度 こうふくど 명 행복도　満たす みたす 동 채우다, 충족하다
犯す おかす 동 범하다　犯罪 はんざい 명 범죄
豊かだ ゆたかだ な형 풍족하다　発生 はっせい 명 발생
～恐れがある ～おそれがある ~우려가 있다
繋がる つながる 동 이어지다　許す ゆるす 동 용서하다

03

햇볕이 강한 날은 자외선 차단제를 부지런히 다시 바르지만, 흐린 날에는 케어를 게을리해버린다는 사람이 많은 것은 아닐까? 실은 **흐린 날의 자외선량은 쾌청한 날의 약 8할 정도로 큰 차이가 없다**. 또, 구름의 틈새로부터 빛이 나오고 있으면, **쾌청한 날보다도 자외선의 양이 증가하기 때문에 방심은 큰 적이다.**

이 글에서 필자가 서술하고 있는 것은 무엇인가?

① 흐린 날은 케어를 게을리해도 상관없다.

② 흐린 날이야말로 자외선에 보다 주의해야 한다.

어휘 日差し ひざし 명 햇볕　日焼け止め ひやけどめ 명 자외선 차단제
こまめだ な형 부지런하다　塗り直す ぬりなおす 다시 바르다
ケア 명 케어　怠る おこたる 동 게을리하다
紫外線 しがいせん 명 자외선　快晴 かいせい 명 쾌청
大差 たいさ 명 큰 차이　隙間 すきま 명 틈새　増加 ぞうか 명 증가
油断 ゆだん 명 방심　大敵 たいてき 명 큰 적

04

우리들은 여러모로 형식으로 분류하는 것을 좋아하는 것 같아서, 때로는 **혈액형 진단과 같은 형태의 특징에 억지로 자신을 끼워 맞추려고 합니다**. 분명 사회라는 **집단 속에서 자신이나 상대의 속성을 확인해서 안심감을 얻고 싶은 것**이겠죠. 그 때문에 근거 따위는 추궁할 필요가 없는 것입니다.

이 글에서 필자가 서술하고 있는 것은 무엇인가?

① 사람은 불안을 제거하기 위해서 자신이나 상대를 형태에 끼워 넣으려고 한다.

② 사람은 안심감을 얻기 위해서 자신이나 상대의 성질을 이해하려고 한다.

어휘 型 かた 명 형식　分類 ぶんるい 명 분류
血液型 けつえきがた 명 혈액형　診断 しんだん 명 진단
特徴 とくちょう 명 특징　無理矢理 むりやり 부 억지로
当てはめる あてはめる 동 끼워 맞추다　集団 しゅうだん 명 집단
属性 ぞくせい 명 속성　確認 かくにん 명 확인
安心感 あんしんかん 명 안심감　得る える 동 얻다
そのため 그 때문에　根拠 こんきょ 명 근거
追及 ついきゅう 명 추궁　不安 ふあん 명 불안
取り除く とりのぞく 동 제거하다　はめる 동 끼워 넣다
性質 せいしつ 명 성질　理解 りかい 명 이해

05

교통 규제 공지

야마니시 불꽃놀이 대회 개최에 따라, 야마니시 중앙 도로의 교통 규제를 실시합니다. **불꽃놀이 대회 당일의 오후 4시부터 10시까지 구급차 등을 제외하고, 차량의 진입을 금지**합니다. **주변 도로의 정체가 예상되기 때문에, 차로의 이동은 삼가주세요.** 이해·협력을 부탁드립니다.

교통 규제에 대해, 이 공지는 무엇을 알리고 있는가?

① 규제되는 시간대는 어떤 경우라도, 중앙 도로에 차가 진입할 수 없는 것

② 차의 통행 금지에 의해, 중앙 도로뿐만 아니라 주위의 도로도 혼잡해지는 것

어휘 規制 きせい 명 규제　花火大会 はなびたいかい 명 불꽃놀이 대회
開催 かいさい 명 개최　~に伴い ~にともない ~에 따라
中央 ちゅうおう 명 중앙　道路 どうろ 명 도로　実施 じっし 명 실시
当日 とうじつ 명 당일　救急車 きゅうきゅうしゃ 명 구급차
除く のぞく 동 제외하다　車両 しゃりょう 명 차량
進入 しんにゅう 명 진입　禁止 きんし 명 금지
周辺 しゅうへん 명 주변　渋滞 じゅうたい 명 정체
予想 よそう 명 예상　移動 いどう 명 이동
控える ひかえる 동 삼가다　理解 りかい 명 이해
協力 きょうりょく 명 협력　混雑 こんざつ 명 혼잡

06

우송에 따른 명세서에 대해

종이 사용량을 삭감하기 위해, 2021년 1월부로 **종이 이용 대금 명세서를 유료화하게 되었습니다.** 발행 **수수료는 고객님의 부담**이 되므로, 양해 부탁드립니다. 또한, 예전부터 이행을 부탁드리고 있던 Web 명세서는 무료로 이용하실 수 있기 때문에, 이 기회에 꼭 등록해 주세요.

종이 명세서에 대해, 이 공지는 무엇을 알리고 있는가?

① 종이 명세서 서비스는 계속해서 이용할 수 있지만, 수수료를 내지 않으면 안 되는 것

② 종이 명세서 서비스가 2021년에는 폐지되어, Web 명세서만 이용할 수 있는 것

어휘 郵送 ゆうそう 명 우송　明細書 めいさいしょ 명 명세서
使用量 しようりょう 명 사용량　削減 さくげん 명 삭감
代金 だいきん 명 대금　有料化 ゆうりょうか 명 유료화
発行 はっこう 명 발행　手数料 てすうりょう 명 수수료
負担 ふたん 명 부담　了承 りょうしょう 명 양해　なお 접 또한
かねてより 예전부터　移行 いこう 명 이행　無料 むりょう 명 무료
登録 とうろく 명 등록　継続 けいぞく 명 계속　廃止 はいし 명 폐지

실전 테스트 1

p.264

46 3　**47** 3　**48** 2　**49** 4

문제8 다음 (1)에서 (4)의 글을 읽고, 뒤의 물음에 대한 답으로 가장 알맞은 것을, 1・2・3・4에서 하나 고르세요.

46

불안에 마음이 지배되어, 주의를 돌리려고 해도 더욱 불안이 증대되어 버리는 것 같은 때에는, 떠오르는 한 불안한 것을 모두 써 보면 좋다. 쓰는 것이 끝나면, 그것을 시간적 거리가 가까운 순으로 다시 나열해본다. 그러면 신기하게도, 그 단계에서 마음이 조금 온화해지고 있는 것을 알아차린다. 중요한 것은 객관적인 척도로 마음 속 불안을 다시 평가하는 것으로, 이때 심각도라는 주관적인 척도를 사용해서 나열해봐도, 그다지 효과는 얻을 수 없다.

필자의 생각과 맞는 것은 어느 것인가?

1 불안할 때는, 그것에 의식을 집중시키면 좋다.
2 불안한 것은 별로 심각하지 않다고 생각하는 편이 좋다.
3 불안과 마주할 때는, 객관적이 되면 좋다.
4 불안을 줄이려면 자신만의 기준을 가지는 편이 좋다.

해설 에세이로 필자의 생각을 묻고 있다. 지문을 처음부터 꼼꼼히 읽고 정확히 해석하면서 필자의 생각을 파악한다. 초반부에서 **不安に心が支配されて、気をそらそうとしても余計に不安が増大してしまうような時には、思い浮かぶ限りの不安なことを全て書き出してみるとよい**라고 하고, 후반부에서 **重要なのは客観的なものさしで心の中の不安を評価し直すこと**라고 서술하고 있으므로, 3 **不安と向き合うときは、客観的になるといい**(불안과 마주할 때는, 객관적이 되면 좋다)가 정답이다.

어휘 不安 ふあん 명 불안　支配 しはい 명 지배
気をそらす きをそらす 주의를 돌리다　余計に よけいに 부 더욱
増大 ぞうだい 명 증대　思い浮かぶ おもいうかぶ 동 떠오르다
~限り ~かぎり ~하는 한　書き出す かきだす 동 쓰다, 적다
距離 きょり 명 거리　並べ直す ならべなおす 다시 나열하다
不思議だ ふしぎだ な형 신기하다, 이상하다　段階 だんかい 명 단계
穏やかだ おだやかだ な형 온화하다
気がつく きがつく 알아차리다, 깨닫다
重要だ じゅうようだ な형 중요하다
客観的だ きゃっかんてきだ な형 객관적이다　ものさし 명 척도, 기준

評価し直す ひょうかしなおす 다시 평가하다
深刻度 しんこくど 명 심각도
主観的だ しゅかんてきだ な형 주관적이다 効果 こうか 명 효과
得る える 동 얻다 意識 いしき 명 의식 集中 しゅうちゅう 명 집중
深刻だ しんこくだ な형 심각하다
向き合う むきあう 동 마주하다, 마주보다 減らす へらす 동 줄이다
基準 きじゅん 명 기준

47

이하는, 기자가 쓴 칼럼이다.

일본의 초밥집에서는 근래, 메뉴에 심해어가 포함되어 있는 일이 적지 않다. 심해어가 초밥집에 나돌게 된 이유의 하나로, 지구 환경의 변화가 들어지고 있다. 수온의 변화 등에 의하여 종래 초밥집에서 제공되고 있던 물고기의 어획량이 감소하고 있는 것이다. 그 때문에, 가격이 상승하여, 심해어가 그 대신으로 이용되게 되었다고 듣는다. 하지만 무엇보다, 종래의 물고기와 맛이나 식감이 비슷한 것이, 여기까지 받아들여지고 있는 이유이다. 가격이 싼 심해어도 많아서, 가게 측에 있어서는 구세주라고도 부를 수 있는 존재가 될 것 같다.

(주) 구세주 : 여기서는 가게의 영업을 도와주는 것

이 글에서 필자가 말하고 있는 것은 무엇인가?

1 종래의 물고기가 초밥집에서 취급되지 않게 된 것은, 심해어를 싸게 살 수 있기 때문이다.
2 종래의 물고기의 어획량이 줄어든 것은, 심해어가 식품으로서 나돌았기 때문이다.
3 심해어가 초밥집에서 취급되고 있는 것은, 종래의 물고기와 맛이 비슷하기 때문이다.
4 심해어의 어획량이 줄고 있는 것은, 맛보다도 가격이 중시되고 있기 때문이다.

해설 에세이로 필자의 생각을 묻고 있다. 지문을 처음부터 꼼꼼히 읽고 정확히 해석하면서 필자의 생각을 파악한다. 초반부에서 日本の寿司屋では近年、メニューに深海魚が含まれていることが少なくない라고 하고, 후반부에서 しかしなにより、従来の魚と味や食感が似ていることが、ここまで受け入れられている理由だ라고 서술하고 있으므로, 3 深海魚が寿司屋で扱われているのは、従来の魚と味が似ているからだ(심해어가 초밥집에서 취급되고 있는 것은, 종래의 물고기와 맛이 비슷하기 때문이다)가 정답이다.

어휘 寿司屋 すしや 명 초밥집 メニュー 명 메뉴
深海魚 しんかいぎょ 명 심해어 含まれる ふくまれる 동 포함되다
出回る でまわる 동 나돌다 地球 ちきゅう 명 지구
環境 かんきょう 명 환경 変化 へんか 명 변화
水温 すいおん 명 수온 従来 じゅうらい 명 종래
提供 ていきょう 명 제공 漁獲量 ぎょかくりょう 명 어획량
減少 げんしょう 명 감소 そのため 그 때문에 価格 かかく 명 가격
上昇 じょうしょう 명 상승 なにより 무엇보다도
食感 しょっかん 명 식감 受け入れる うけいれる 동 받아들이다
安価だ あんかだ な형 가격이 싸다 店側 みせがわ 명 가게 측
〜にとって ~에 있어서 救世主 きゅうせいしゅ 명 구세주
存在 そんざい 명 존재 営業 えいぎょう 명 영업
助ける たすける 동 돕다 扱う あつかう 동 취급하다
値段 ねだん 명 가격 重視 じゅうし 명 중시

48

이하는, 맨션의 관리인이 거주자에게 나누어 준 공지이다.

맨션 정면 현관으로 입관할 때에는, 현재 카드키를 사용하고 계십니다만, 이전부터 자기 불량이 원인으로 이용할 수 없다는 지적이 있었습니다.

그 때문에, 입관방법을 카드키의 이용에서 비밀번호 입력으로 변경합니다.

현재의 카드키의 이용은 5월 말까지가 되고, 6월 1일부터는 비밀번호를 입력하는 입관이 됩니다.

또한, 4월 10일 이후 5월 말까지는 번호입력에 의한 입관과 카드키에 의한 입관, 어느 쪽도 가능합니다. 비밀번호는 관리실에서 등록해 주세요.

[관리실 평일 8:00~17:00, 토일 10:00~16:00]

사쿠라 맨션 관리실

맨션의 입관 방법에 대해, 이 공지의 내용과 맞는 것은 어느 것인가?

1 카드키를 사용할 수 없는 사람은, 5월 말까지는 비밀번호 입력으로 맨션에 들어갈 수 있는 것
2 6월 이후에는, 사전에 등록한 비밀번호를 입력하지 않으면 맨션에 들어갈 수 없게 되는 것
3 비밀번호 입력으로 맨션에 들어가기 위해서는, 번호를 매월 변경할 필요가 있는 것
4 비밀번호 등록을 하면, 5월 말 이후에도 카드키로 맨션에 들어갈 수 있는 것

해설 공지 형식의 실용문으로, マンションの入館方法(맨션의 입관 방법)에 대한 글의 내용을 묻고 있다. 지문을 처음부터 꼼꼼히 읽고 정확히 해석하면서 글의 맥락을 파악한다. 초반부에서 入館方法をカードキーの利用から暗証番号の入力に変更いたします라고 하고, 중반부에서 6月1日からは暗証番号を入力しての入館となります라고 언급하고 있으므로, 2 6月以降は、事前に登録した暗証番号を入力しないとマンションに入れなくなること(6월 이후에는, 사전에 등록한 비밀번호를 입력하지 않으면 맨션에 들어갈 수 없게 되는 것)가 정답이다.

어휘 マンション 명 맨션 管理人 かんりにん 명 관리인
居住者 きょじゅうしゃ 명 거주자 配る くばる 동 나누어 주다
正面 しょうめん 명 정면 入館 にゅうかん 명 입관
カードキー 명 카드키 使用 しよう 명 사용 以前 いぜん 명 이전
磁気 じき 명 자기 不良 ふりょう 명 불량 指摘 してき 명 지적
方法 ほうほう 명 방법 暗証番号 あんしょうばんごう 명 비밀번호
入力 にゅうりょく 명 입력 変更 へんこう 명 변경
以降 いこう 명 이후 番号入力 ばんごうにゅうりょく 명 번호입력
可能 かのう 명 가능 管理室 かんりしつ 명 관리실
登録 とうろく 명 등록 平日 へいじつ 명 평일
土日 どにち 명 토일, 토요일과 일요일 事前 じぜん 명 사전

49

일반적으로 인플루엔자에는 A형과 B형이 있어, 어느 것이나 유행하는 조건으로 저온, 저습도인 것이 들어집니다. 인플루엔자는 겨울의 병이라고 생각되기 쉽습니다만, 전혀 다른 기후인 동남아시아나 여름의 일본에서도 유행하는 일이 있습니다. 동남아시아에서 유행하는 인플루엔자는 A형인 경우가 많습니다. 하지만 일본의 여름철에 유행하는 것은 B형이 대부분인 것이 판명되어 있습니다. 기본적인 대책은 겨울에 유행하는 것과 같아, 유행 전에 예방접종을 맞는 것이 중요하다고 말할 수 있겠습니다.

인플루엔자에 대해 필자는 어떻게 서술하고 있는가?

1 A형 인플루엔자는 동남아시아에서만 유행하기 때문에 걱정없다.
2 1년 내내 일본에서 유행하는 것은 B형 인플루엔자이다.
3 더운 지역에 유행하는 인플루엔자는 A형이기 때문에 일본에서도 주의가 필요하다.
4 일본에서는 여름에 B형 인플루엔자가 유행하기 때문에, 사전에 예방해야만 한다.

해설 에세이로 インフルエンザ(인플루엔자)에 대한 필자의 생각을 묻고 있다. 지문을 처음부터 꼼꼼히 읽고 정확히 해석하면서 インフルエンザ(인플루엔자)에 대한 필자의 생각을 파악한다. 후반부에서 **日本の夏季に流行するものはB型がほとんど**라고 하고, **流行前に予防接種を受けることが大切だと言えるでしょう**라고 서술하고 있으므로, 4 **日本では夏にB型インフルエンザが流行するので、事前に予防するべきだ**(일본에서는 여름에 B형 인플루엔자가 유행하기 때문에, 사전에 예방해야만 한다)가 정답이다.

어휘 **一般的だ** いっぱんてきだ [な형] 일반적이다
インフルエンザ [명] 인플루엔자 **いずれも** [부] 어느 것이나
流行 りゅうこう [명] 유행 **条件** じょうけん [명] 조건
低温 ていおん [명] 저온 **低湿度** ていしつど [명] 저습도
~がちだ ~하기 쉽다 **全く** まったく [부] 전혀 **気候** きこう [명] 기후
東南アジア とうなんアジア [명] 동남아시아 **夏季** かき [명] 여름철, 하기
わかる [동] 판명되다 **基本的だ** きほんてきだ [な형] 기본적이다
対策 たいさく [명] 대책 **予防接種** よぼうせっしゅ [명] 예방접종
~を通して ~をとおして ~내내, ~을 통해서 **地域** ちいき [명] 지역

실전 테스트 2

p.268

46 2 **47** 4 **48** 3 **49** 1

문제8 다음 (1)에서 (4)의 글을 읽고, 뒤의 물음에 대한 답으로 가장 알맞은 것을, 1・2・3・4에서 하나 고르세요.

46

연공서열은 옛날 것이 되고, 성과주의인 현대 사회에서는, 사람들은 매우 바쁘고, 건강을 해치는 사람이 끊이지 않는다. 그런 가운데, 접시나 그릇을 스스로 제작하는 도예가 인기를 끌고 있다. 묵묵히 흙을 반죽하고 열심히 도예에 몰두하고 있으면, 어린 시절과 같이 즐겁고 천진한 마음이 되살아나, 스트레스가 경감되어 간다. 실패를 반복하면서도, 마침내 완성한 화기에 꽃꽂이를 한 순간, 대지에 피어난 꽃과 같이 자연과 일체화한 자신을 느끼고, 생생한 본래의 자신을 되찾을 수 있는 것이다.

(주) 연공서열 : 회사 내에서 연령에 따라 승진하는 것

이 글에서 필자가 서술하고 있는 것은 무엇인가?

1 자연과 일체화하는 것에 의해, 스트레스를 해소할 수 있다.
2 도예에 집중해 치유되는 것에 의해, 스트레스를 해소할 수 있다.
3 어린 시절의 마음을 떠올리면, 스트레스를 해소할 수 있다.
4 꽃꽂이를 하면 실패한 것을 잊고, 스트레스를 해소할 수 있다.

해설 에세이로 필자의 생각을 묻고 있다. 지문을 처음부터 꼼꼼히 읽고 정확히 해석하면서 필자의 생각을 파악한다. 중반부에서 **黙々と土を練り一心に陶芸に打ち込んでいると、子供の頃のように楽しく無邪気な心が蘇り、ストレスが軽減していく**라고 서술하고 있으므로, 2 **陶芸に集中し癒されることによって、ストレスが解消できる**(도예에 집중해 치유되는 것에 의해, 스트레스를 해소할 수 있다)가 정답이다.

어휘 **年功序列** ねんこうじょれつ [명] 연공서열
成果主義 せいかしゅぎ [명] 성과주의 **現代** げんだい [명] 현대
多忙を極める たぼうをきわめる 매우 바쁘다 **健康** けんこう [명] 건강
損なう そこなう [동] 해치다
後を絶たない あとをたたない 끊이지 않다 **皿** さら [명] 접시
器 うつわ [명] 그릇 **自ら** みずから [부] 스스로 **制作** せいさく [명] 제작
陶芸 とうげい [명] 도예 **人気を呼ぶ** にんきをよぶ 인기를 끌다
黙々と もくもくと [부] 묵묵히 **練る** ねる [동] 반죽하다
一心に いっしんに [부] 열심히 **打ち込む** うちこむ [동] 몰두하다
無邪気だ むじゃきだ [な형] 천진하다, 순수하다
蘇る よみがえる [동] 되살아나다, 소생하다 **ストレス** [명] 스트레스
軽減 けいげん [명] 경감 **繰り返す** くりかえす [동] 반복하다
ついに [부] 마침내, 결국 **完成** かんせい [명] 완성
花器 かき [명] 화기, 꽃꽂이 그릇 **花を生ける** はなをいける 꽃꽂이 하다
瞬間 しゅんかん [명] 순간 **大地** だいち [명] 대지
自然 しぜん [명] 자연 **一体化** いったいか [명] 일체화
感じる かんじる [동] 느끼다 **生き生きする** いきいきする 생생하다
本来 ほんらい [명] 본래 **取り戻す** とりもどす [동] 되찾다, 회복하다
年齢 ねんれい [명] 연령 **~に応じて** ~におうじて ~에 따라, ~에 부응해
昇進 しょうしん [명] 승진 **解消** かいしょう [동] 해소
集中 しゅうちゅう [명] 집중 **癒す** いやす [동] 치유하다, 풀다
生け花 いけばな [명] 꽃꽂이

47

해외의 유명한 박물관에서, 일본의 만화 전람회가 개최되었다. 만화를 계기로 일본과 일본어에 흥미를 가지는 사람이 증가하고 있는 것은 매우 기쁘지만, 어째서 이정도로, 전세계에서 만화가 받아들여지고 있는 것일까. 그것은, 만화에는 그림과 문자로 전달하는 메시지성이 있어, 인권부터 기후변동에 이르기까지의 복잡한 문제

를 알기 쉽게 그려, 공감을 부르는 힘이 있기 때문이다. 만화는 오락이라는 틀을 넘어, 이제는 매체로서의 역할로 성장하고 있다고 말할 수 있을 것이다.

필자의 생각에 맞는 것은 어느 것인가?

1 일본어에 흥미를 가지는 사람의 증가에 의해, 어려운 문제를 다루는 만화가 점점 인정받고 있다.
2 일본에 흥미를 가지는 사람이 늘어, 만화가 전세계에서 미디어로서 점점 인정받고 있다.
3 만화가 가지는 메시지성을 사용해, 일본의 여러 문제를 전세계에 전달할 수 있다.
4 만화가 가지는 문자와 그림의 표현력 덕분에, 국경을 넘어 메시지를 전달할 수 있다.

해설 에세이로 필자의 생각을 묻고 있다. 지문을 처음부터 꼼꼼히 읽고 정확히 해석하면서 필자의 생각을 파악한다. 중반부에서 **なぜこれほど、世界中で漫画が受け入れられているのだろうか。それは、漫画には絵と文字で伝えるメッセージ性があり**라고 하고, 후반부에서 **複雑な問題を分かり易く描き、共感を呼ぶ力があるからだ**라고 서술하고 있으므로, 4 **漫画の持つ文字と絵の表現力のおかげで、国境を越えてメッセージが伝えられる**(만화가 가지는 문자와 그림의 표현력 덕분에, 국경을 넘어 메시지를 전달할 수 있다)가 정답이다.

어휘 海外 かいがい 명 해외　博物館 はくぶつかん 명 박물관
催す もよおす 동 개최하다　きっかけ 명 계기
日本語 にほんご 명 일본어　増加 ぞうか 명 증가
～限りだ ～かぎりだ (매우) ~하다　世界中 せかいじゅう 명 전세계
受け入れる うけいれる 동 받아들이다, 수용하다　文字 もじ 명 문자
メッセージ性 メッセージせい 명 메시지성　人権 じんけん 명 인권
気候変動 きこうへんどう 명 기후변동
～に至るまで ～にいたるまで ~에 이르기까지　描く えがく 동 그리다
共感 きょうかん 명 공감　呼ぶ よぶ 동 부르다　娯楽 ごらく 동 오락
枠 わく 명 틀　超える こえる 동 넘다　今や いまや 부 이제는
媒体 ばいたい 명 매체　役割 やくわり 명 역할
成長 せいちょう 명 성장　扱う あつかう 동 다루다, 취급하다
認める みとめる 동 인정하다　～つつある 점점 ~하고 있다
メディア 명 미디어　表現力 ひょうげんりょく 명 표현력
国境 こっきょう 명 국경

48

이하는, 어떤 가게의 홈페이지에 게재된 공지이다.

번호 : 3121
등록 : 2021. 06. 01

이번에, 우리 가게에서는 새롭게 스마트폰 어플에 의한 전자 포인트 카드를 준비했습니다. 종래의 카드형 포인트 카드에서의 포인트 이행도 받고 있으므로, 이 기회에 꼭 등록해 주세요.

또한, 우리 가게 발행의 상품권입니다만, 정말로 제멋대로입니다만 이번달 말로 발행을 폐지하며, 이용은 8월 31일을 기해 종료하겠습니다. 이번달부터 7월까지 상품권을 이용해 주시는 경우에 한해, 신규 전자 포인트 카드에 통상의 2배의 포인트를 환원해드리므로, 이쪽도 함께 이용해 주세요.

포인트 카드에 대해, 이 공지는 무엇을 알리고 있는가?

1 카드형 포인트 카드와 상품권이 8월 31일로 사용할 수 없게 되는 것
2 전자 포인트 카드를 만들면, 산 금액의 5%가 포인트가 되는 것
3 7월까지 상품권을 사용하면, 평소보다 많은 포인트를 받을 수 있는 것
4 카드형 포인트 카드와 전자 포인트 카드의 포인트를 교환할 수 있는 것

해설 공지 형식의 실용문으로, ポイントカード(포인트 카드)에 대한 글의 내용을 묻고 있다. 지문을 처음부터 꼼꼼히 읽고 정확히 해석하면서 글의 맥락을 파악한다. 중반부에서 **当店発行の商品券ですが**라고 하고, 후반부에서 **今月から7月までに商品券をご利用いただいた場合に限り、新規電子ポイントカードに通常の2倍のポイントを還元させていただきますので**라고 언급하고 있으므로, 3 **7月までに商品券を使うと、普段より多くのポイントがもらえること**(7월까지 상품권을 사용하면, 평소보다 많은 포인트를 받을 수 있는 것)가 정답이다.

어휘 ホームページ 명 홈페이지　掲載 けいさい 명 게재
登録 とうろく 명 등록　当店 とうてん 명 우리 가게, 당점
スマホ 명 스마트폰　アプリ 명 어플　電子 でんし 명 전자
ポイントカード 명 포인트 카드　従来 じゅうらい 명 종래
カード型 カードがた 명 카드형　移行 いこう 명 이행
承る うけたまわる 동 받다　発行 はっこう 명 발행
商品券 しょうひんけん 명 상품권　誠に まことに 부 정말로
勝手だ かってだ な형 제멋대로다　廃止 はいし 명 폐지
～をもって ~을 기해, ~을 기점으로　終了 しゅうりょう 명 종료
～に限り ～にかぎり ~에 한해　新規 しんき 명 신규
通常 つうじょう 명 통상　還元 かんげん 명 환원
金額 きんがく 명 금액　交換 こうかん 명 교환

49

이동시간을 유효하게 사용하고 싶다는 생각은, 교통수단의 발달에 의해 생겨난 고민의 하나입니다. 인류는 오랫동안, 멀리 이동하는 방법의 개발이라는 과제에 몰두해 왔습니다만, 그 과제가 거의 해결된 현재, 이번에는 이동 간에 아무것도 하지 않는 것을 어떻게든 해결하려고, 전철에서는, 모두 겨루듯이 스마트폰으로 무언가를 하고 있습니다.

이동이야말로 목적이기 때문에, 아무것도 하지 않아도 전혀 상관없을 텐데, 인간이란 얼마나 성실하고 이상한 생물인 걸까요.

필자는 인간을 어떻게 생각하고 있는가?

1 해결할 필요가 없는 과제를 스스로 만들어내, 그것을 해결하려고 한다.
2 과제에 몰두하는 자세는 성실하고, 항상 누군가와 경쟁하려고 한다.
3 이동시간은 좋을대로 써도 괜찮을 텐데, 일을 처리하려고 한다.
4 이동시간조차, 많은 과제에 동시에 몰두하려고 한다.

해설 에세이로 인간에 대한 필자의 생각을 묻고 있다. 지문을 처음부터 꼼꼼히 읽고 정확히 해석하면서 인간에 대한 필자의 생각을 파악한다. 중반부에서 移動の間に何もしないことをどうにか解決しようと라고 하고, 후반부에서 移動こそが目的なのだから、何もしなくたって全く構わないはずなのに、人間とはなんと真面目でおかしな生き物なのでしょうか라고 서술하고 있으므로, 1 解決する必要がない課題を自ら生み出し、それを解決しようとする(해결할 필요가 없는 과제를 스스로 만들어내, 그것을 해결하려고 한다)가 정답이다.

어휘 移動時間 いどうじかん 명 이동시간　有効だ ゆうこうだ な형 유효하다
交通手段 こうつうしゅだん 명 교통수단　発達 はったつ 명 발달
悩み なやみ 명 고민　人類 じんるい 명 인류
長い間 ながいあいだ 오랫동안　方法 ほうほう 명 방법
課題 かだい 명 과제　取り組む とりくむ 동 몰두하다　ほぼ 부 거의
解決 かいけつ 명 해결　現在 げんざい 명 현재
競う きそう 동 겨루다　スマートフォン 명 스마트폰
目的 もくてき 명 목적　全く まったく 부 전혀
構わない かまわない 상관없다　なんと 부 얼마나
おかしな 이상한, 우스운　生き物 いきもの 명 생물
自ら みずから 부 스스로　生み出す うみだす 동 만들어내다
姿勢 しせい 명 자세　常に つねに 부 항상
こなす 동 처리하다, 소화시키다　同時 どうじ 명 동시

실전 테스트 3

p.272

46 2　**47** 3　**48** 2　**49** 1

문제8 다음 (1)에서 (4)의 글을 읽고, 뒤의 물음에 대한 답으로 가장 알맞은 것을, 1・2・3・4에서 하나 고르세요.

46

타인에게 조언할 때, 상대를 나무라듯이 결점만을 지적하는 사람은 적지 않지만, 상황을 개선하기 위한 효과적인 조언이 하고 싶으면, 상대를 존중하고, 그 사람이 새로운 행동을 일으킬 수 있도록 이끄는 것을 의식해야 한다. 중요한 것은, 곤란해 하는 사람이 그것에 대해 스스로 적극적으로 생각할 수 있도록 말을 거는 것이다. 한편으로, 어떻게 하면 좋은지를 구체적으로 너무 조언하는 것도, 상대를 존중하고 있지 않다는 점에서는 결점 지적과 별로 다르지 않기 때문에, 주의가 필요하다.

조언의 방법에 대해, 필자의 생각과 맞는 것은 어느 것인가?

1 효과적인 조언이란, 상대를 나무라지 않도록 주의해서 하는 것이다.
2 효과적인 조언이란, 상대가 스스로 생각해서 행동할 수 있도록 촉구하는 것이다.
3 조언할 때는, 해결 방법에 대해서는 한 마디도 하지 않는 것이 중요하다.
4 조언할 때는, 상대를 존중하면서, 구체적인 내용으로 말하는 것이 중요하다.

해설 에세이로 조언의 방법에 대한 필자의 생각을 묻고 있다. 지문을 처음부터 꼼꼼히 읽고 정확히 해석하면서 조언의 방법에 대한 필자의 생각을 파악한다. 초반부에서 状況を改善するための効果的な助言がしたいのであれば、相手を尊重し、その人が新しい行動を起こせるように導くことを意識するべきだ라고 서술하고 있으므로, 2 効果的な助言とは、相手が自分で考えて行動できるように促すものだ(효과적인 조언이란, 상대가 스스로 생각해서 행동할 수 있도록 촉구하는 것이다)가 정답이다.

어휘 他人 たにん 명 타인, 다른 사람　助言 じょげん 명 조언
相手 あいて 명 상대　責める せめる 동 나무라다
欠点 けってん 명 결점　指摘 してき 명 지적
状況 じょうきょう 명 상황　改善 かいぜん 명 개선
効果的だ こうかてきだ な형 효과적이다　尊重 そんちょう 명 존중
行動 こうどう 명 행동　導く みちびく 동 이끌다　意識 いしき 명 의식
重要だ じゅうようだ な형 중요하다　みずから 부 스스로
積極的だ せっきょくてきだ な형 적극적이다　一方 いっぽう 명 한편
具体的だ ぐたいてきだ な형 구체적이다
気をつける きをつける 주의하다, 신경쓰다
促す うながす 동 촉구하다　解決 かいけつ 명 해결
方法 ほうほう 명 방법　一言 ひとこと 명 한 마디
内容 ないよう 명 내용

47

이하는, 어느 전기 회사로부터의 이메일이다.

수신처 : abc345@main.co.jp
건명 : 텔레비전의 교환 대응에 대해

당사가 2018년에 제조하여, 2018년부터 2020년에 걸쳐 판매한 텔레비전의 일부에, 전원이 들어오지 않게 되는 문제가 발생하는 것이 밝혀졌습니다.

교환 대응을 하므로, 대상인 텔레비전을 사용하시는 고객님은 '고객 창구'로 전화 부탁드립니다.

전화 전에, 텔레비전 뒤에 있는 제조번호가 18로 시작하는 것을 확인해 주세요. 18 이외로 시작하는 제품은, 위의 기간에 구입한 것이어도 교환 대상이 아닙니다.

텔레비전의 교환에 대해, 이 이메일은 무엇을 알리고 있는가?

1 2018년부터 2020년 사이에 텔레비전을 구입한 사람은, 텔레비전을 교환받을 수 있는 것
2 텔레비전의 전원이 들어오지 않게 된 사람은, '고객 창구'에 전화하면 교환받을 수 있는 것
3 제조번호가 교환 대상인 텔레비전은, 전화를 하면 교환받을 수 있는 것
4 제조번호가 교환 대상이어도, 전원이 들어오지 않는 텔레비전이 아니면 교환할 수 없는 것

해설 이메일 형식의 실용문으로, テレビの交換(텔레비전의 교환)에 대한 글의 내용을 묻고 있다. 지문을 처음부터 꼼꼼히 읽고 정확히 해석하면서 글의 맥락을 파악한다. 중반부에서 ご交換の対応をとらせていただきますので、対象のテレビをご使用のお客様は「お客様

窓口」までお電話をお願い致しますらと 하고, 후반부에서 製造番号が18から始まることをご確認ください。18以外から始まる製品は、上の期間に購入したものであってもご交換の対象ではありません이라고 언급하고 있으므로, 3 製造番号が交換対象のテレビは、電話をすれば交換してもらえること(제조번호가 교환 대상인 텔레비전은, 전화를 하면 교환받을 수 있는 것)가 정답이다.

어휘 メーカー 명 회사, 제조회사　あて先 あてさき 명 수신처
件名 けんめい 명 건명　交換 こうかん 명 교환
対応 たいおう 명 대응　当社 とうしゃ 명 당사
製造 せいぞう 명 제조　販売 はんばい 명 판매
一部 いちぶ 명 일부　電源 でんげん 명 전원
トラブル 명 문제, 트러블　発生 はっせい 명 발생
明らかになる あきらかになる 밝혀지다　対象 たいしょう 명 대상
お客様 おきゃくさま 명 고객, 손님　窓口 まどぐち 명 창구
裏 うら 명 뒤　製造番号 せいぞうばんごう 명 제조번호
確認 かくにん 명 확인　製品 せいひん 명 제품
期間 きかん 명 기간　購入 こうにゅう 명 구입

48

이하는, 신문의 투고란에 게재된 글이다.

'정성스러운 생활'에 명확한 정의는 없습니다만, 보존식을 만들거나, 양복을 직접 만드는 등, 시간에 쫓기는 일 없이, 가사에 수고를 들이는 생활을 가리키는 일이 많은 것 같습니다.

'정성스러운 생활'은 여성 대상 잡지에서 빈번하게 다뤄지는 테마입니다. 하지만, 가사와 일의 양쪽에 쫓기고 있는 현재의 많은 여성들에게 있어서, 그것은 동경에 불과합니다. 실제로 '정성스러운 생활'을 하려고 하는 사람이 늘어나고 있는 것이 아니라, 꿈의 생활의 한 형태로서 이야기되고 있는 것에 지나지 않는 것입니다.

필자의 생각과 맞는 것은 어느 것인가?
1 식사 만들기에 시간을 들이는 생활이야말로, '정성스러운 생활'이다.
2 '정성스러운 생활'은 현실적이지 않지만, 많은 여성이 동경하는 생활 스타일이다.
3 일을 하고 있지 않은 여성들이, '정성스러운 생활'을 지지하고 있다.
4 '정성스러운 생활'의 실현은 어렵지만, 실천하고 싶다고 생각하는 사람은 증가하고 있다.

해설 에세이로 필자의 생각을 묻고 있다. 지문을 처음부터 꼼꼼히 읽고 정확히 해석하면서 필자의 생각을 파악한다. 후반부에서 現在の多くの女性たちにとって、それは憧れでしかありません이라고 하고, 「丁寧な暮らし」をしようとする人が増えているわけではなく、夢の生活の一つの形라고 서술하고 있으므로, 2「丁寧な暮らし」は現実的ではないが、多くの女性が憧れる生活スタイルである('정성스러운 생활'은 현실적이지 않지만, 많은 여성이 동경하는 생활 스타일이다)가 정답이다.

어휘 投書欄 とうしょらん 명 투고란, 투서란　掲載 けいさい 명 게재
丁寧だ ていねいだ な형 정성스럽다　暮らし くらし 명 생활, 삶
明確だ めいかくだ な형 명확하다　定義 ていぎ 명 정의
保存食 ほぞんしょく 명 보존식　手作り てづくり 명 직접 만듦
追う おう 동 쫓다　家事 かじ 명 가사, 집안일
ひと手間 ひとてま 명 수고, 작은 수고
頻繁だ ひんぱんだ な형 빈번하다　取り上げる とりあげる 동 다루다
テーマ 명 테마, 주제　現在 げんざい 명 현재
憧れ あこがれ 명 동경　～でしかない ~에 불과하다
実際 じっさい 명 실제　語る かたる 동 이야기하다, 말하다
～に過ぎない ～にすぎない ~에 지나지 않다
食事作り しょくじづくり 식사 만들기
現実的だ げんじつてきだ な형 현실적이다　スタイル 명 스타일
支持 しじ 명 지지　実践 じっせん 명 실천　増加 ぞうか 명 증가

49

나는 젊은 시절, 언제나 강하게 있고 싶다고 바랐었다. 강하다고 해도, 싸움이 강하다든가 권력이 있다는 것이 아니라, 어떤 곤란한 일이 일어나더라도, 결코 포기하지 않고 노력을 계속할 수 있는 강함을 가지는 것에 동경하고 있었던 것이다. 때문에, 스포츠에 몰두하고 있던 학생시절에는, 절차탁마하는 자신을 강한 인간이라고 생각한 적도 있다. 하지만, 큰 병에 걸린 것을 계기로, 지탱해주는 사람과 환경이 있어야지만 비로소, 사람은 노력할 수 있는 것이라는 것을 깨달은 것이다.

(주) 절차탁마하다 : 진지하게 노력하다

필자의 생각과 맞는 것은 어느 것인가?
1 노력을 계속하는 강함은, 주위의 지탱으로 이루어져 있다.
2 병을 극복하는 강함은, 가까운 사람의 도움으로 이루어져 있다.
3 스포츠에 몰두해온 사람에게는, 병을 극복하는 강함이 있다.
4 노력을 계속하는 사람에게는, 주위의 환경을 컨트롤 하는 강함이 있다.

해설 에세이로 필자의 생각을 묻고 있다. 지문을 처음부터 꼼꼼히 읽고 정확히 해석하면서 필자의 생각을 파악한다. 중반부에서 決して諦めずに努力を続けられる強さを持つことに憧れていた라고 하고, 大きな病気をしたことをきっかけに、支えてくれる人と環境があればこそ、人は努力できるのだということに気がついた라고 서술하고 있으므로, 1 努力を続ける強さは、周囲の支えで成り立っている(노력을 계속하는 강함은, 주위의 지탱으로 이루어져 있다)가 정답이다.

어휘 権力 けんりょく 명 권력　困難だ こんなんだ な형 곤란하다
起こる おこる 동 일어나다　諦める あきらめる 동 포기하다
努力 どりょく 명 노력　憧れる あこがれる 동 동경하다
打ち込む うちこむ 동 몰두하다
学生時代 がくせいじだい 명 학생시절
切磋琢磨 せっさたくま 명 절차탁마　人間 にんげん 명 인간
きっかけ 명 계기　支える ささえる 동 지탱하다
環境 かんきょう 명 환경　気がつく きがつく 깨닫다
真剣だ しんけんだ な형 진지하다　周囲 しゅうい 명 주위
成り立つ なりたつ 동 이루어지다, 성립하다
乗り越える のりこえる 동 극복하다, 뛰어넘다
身近だ みぢかだ な형 가깝다　手助け てだすけ 명 도움
コントロール 명 컨트롤

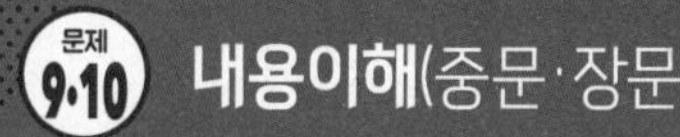

실력 다지기

p.280

01 ① 02 ② 03 ① 04 ① 05 ② 06 ①

01

먼 옛날, 옷은 외부로부터 신체를 지키는 보호적 역할이었지만, 근대화에 따라 유행을 즐기는 오락, 그리고 현재, 다양화를 거쳐 개성을 표현하는 도구의 역할을 수행하기까지 되었다. 그것을 알고선지 모르고선지, **타인의 옷에 대해서 태연하게 나쁘게 말하는 사람들이 있다. 나쁘게 말하는 것은 다른 사람의 의견이나 가치관을 정면으로 베어버리는 것과 같은 일이다.**

필자는 타인의 옷을 나쁘게 말하는 행위에 대해 어떻게 생각하고 있는가?

① 다른 사람의 가치관을 비판하고 있는 것과 같다.

② 다른 사람의 가치관을 옷으로 판단하는 것과 같다.

어휘 大昔 おおむかし 명 먼 옛날　衣服 いふく 명 옷
外部 がいぶ 명 외부　身体 しんたい 명 신체
守る まもる 동 지키다　保護 ほご 명 보호　役割 やくわり 명 역할
近代化 きんだいか 명 근대화　流行 りゅうこう 명 유행
娯楽 ごらく 명 오락　現在 げんざい 명 현재
多様化 たようか 명 다양화　～を経て ～をへて ~를 거쳐
個性 こせい 명 개성　表現 ひょうげん 명 표현　ツール 명 도구
役割を果たす やくわりをはたす 역할을 수행하다
他人 たにん 명 타인　平気 へいき 명 태연함
価値観 かちかん 명 가치관　真っ向 まっこう 명 정면
切り捨てる きりすてる 동 베어버리다　行為 こうい 명 행위
批判 ひはん 명 비판　判断 はんだん 명 판단

02

여성의 사회 진출을 추진하는 한편으로, 장애가 되고 있는 것이 아이를 맡기기 위한 보육 시설의 부족이다. 입소할 수 없는 대기 아동수는 1만 명을 넘는다. 상황이 좀처럼 개선되지 않는 것에 대해, **시설을 증설해라, 보육사를 확보해라 등의 목소리가 있지만**, 눈에 보이는 단순한 대책으로는 메울 수 없다. **문제의 깊은 곳에 잠재하는 보육사의 고용 환경 개선부터 서둘러야 한다.**

필자는 대기 아동의 문제에 대해 어떻게 생각하고 있는가?

① 문제를 해결하기 위해서 보육 시설이나 보육사를 늘리는 것부터 개선하지 않으면 안 된다.

② 문제를 해결하기 위해서 보육사의 노동 환경을 재검토하는 것부터 진행하지 않으면 안 된다.

어휘 進出 しんしゅつ 명 진출　推進 すいしん 명 추진
障害 しょうがい 명 장애, 장해　預ける あずける 동 맡기다
保育 ほいく 명 보육　施設 しせつ 명 시설　不足 ふそく 명 부족
入所 にゅうしょ 명 입소　待機 たいき 명 대기　児童 じどう 명 아동
超える こえる 동 넘다　状況 じょうきょう 명 상황
改善 かいぜん 명 개선　増設 ぞうせつ 명 증설
保育士 ほいくし 명 보육사　確保 かくほ 명 확보
単純だ たんじゅんだ な형 단순하다　対策 たいさく 명 대책
補う おぎなう 동 메우다　潜む ひそむ 동 잠재하다
雇用 こよう 명 고용　環境 かんきょう 명 환경　解決 かいけつ 명 해결
増やす ふやす 동 늘리다　労働 ろうどう 명 노동
見直す みなおす 동 재검토하다　進める すすめる 동 진행하다

03

'절대 만지지 마!' '열면 안 돼!'라고 들으면 무심코 만져보고 싶어지고, 열어보고 싶어진다. **행동을 금지당하면 오히려 충동에 사로잡혀, 반대의 행동으로 달려가려는 인간의 심리**가 작용하는 것이다. 이것을 <u>**칼리굴라 효과**</u>라고 한다. 물론 그 근본에는 호기심뿐만 아니라, **자유를 규제당한 것에 의한 반발심**도 동시에 존재한다.

<u>칼리굴라 효과</u>란 어떤 것인가?

① 행동을 규제당한 반동으로, 규제된 것을 하고 싶어지는 심리 현상

② 자유를 빼긴 분노에서, 돌발적인 행동을 취하고 싶어지는 심리 현상

어휘 絶対 ぜったい 명 절대　行動 こうどう 명 행동　禁止 きんし 명 금지
かえって 부 오히려　衝動 しょうどう 명 충동
駆られる かられる 동 사로잡히다　心理 しんり 명 심리
カリギュラ効果 カリギュラこうか 명 칼리굴라 효과
根本 こんぽん 명 근본　好奇心 こうきしん 명 호기심
規制 きせい 명 규제　反発心 はんぱつしん 명 반발심
同時 どうじ 명 동시　存在 そんざい 명 존재　反動 はんどう 명 반동
現象 げんしょう 명 현상　奪う うばう 동 빼다
突発的だ とっぱつてきだ な형 돌발적이다

04

언어를 학습할 때, 모국어로 직역하려고 해서는 안 된다. <u>**뉘앙스까지 이해할 필요가 있다**</u>. 아시아권에서 자주 듣는 **'밥, 먹었어?'라는 사교적인 겉치레 말과 같은 인사도 나라가 바뀌면 데이트 신청으로도 파악된다**. 또, 어떤 단어가 허용하는 범위도 언어에 따라 다양하다. **일본어의 '부끄럽다'가 한국어에서는 4가지 말의 의미에 해당**된다. 결국, 단순히 옮겨 놓기만 해서는 분간해서 쓰는 것이 불가능한 것이다.

<u>뉘앙스까지 이해할 필요가 있다</u>는 것은 어째서인가?

① 학습 언어를 모국어로 옮겨 놓으려고 하면 오해가 생기기 때문에

② 언어권에서 허용된 범위의 단어를 분간해서 쓰지 않으면 안 되기 때문에

어휘 言語 げんご 명 언어 学習 がくしゅう 명 학습
母語 ぼご 명 모국어, 모어 直訳 ちょくやく 명 직역
ニュアンス 명 뉘앙스 理解 りかい 명 이해
アジア圏 アジアけん 명 아시아권 社交 しゃこう 명 사교
辞令 じれい 명 겉치레 말 デートの誘い デートのさそい 데이트 신청
捉える とらえる 동 파악하다 単語 たんご 명 단어
許容 きょよう 명 허용 範囲 はんい 명 범위
様々だ さまざまだ な형 다양하다 ～にあたる ~에 해당되다
結局 けっきょく 명 결국 単純だ たんじゅんだ な형 단순하다
置き換える おきかえる 동 옮겨 놓다
使い分け つかいわけ 명 분간해서 씀, 가려 씀 誤解 ごかい 명 오해
生じる しょうじる 동 생기다 言語圏 げんごけん 명 언어권

05

드라마나 스포츠의 식전 등도 맞물려 장애인에의 관심이 높아지고 있다. **무엇을 할 수 없는 것인지, 어떤 보조가 필요한 것인지 미디어 속의 구체적인 그들의 말은 서로의 이해로 이어진다.** 그리고, 거기에는 강함이 느껴졌다. 장애인은 일반적으로 사회적 약자로서 취급되지만, **다양한 곤란을 극복하고, 자신의 약함을 숨기지 않는 그들은 사회적 약자와는 상당히 먼 존재다.**

장애인에 대해, 필자가 가장 말하고 싶은 것은 무엇인가?
① 장애인을 깊이 이해하는 것으로, 그들은 사회적 약자가 아니게 된다.
② 신체적으로 불편한 것은 있지만, 정신적으로는 누구보다도 강한 사람들이다.

어휘 ドラマ 명 드라마 式典 しきてん 명 식전
～とあいまって ~와 맞물려 障がい者 しょうがいしゃ 명 장애인
関心 かんしん 명 관심 高まる たかまる 동 높아지다
～つつある ~하고 있다 補助 ほじょ 명 보조 メディア 명 미디어
具体的だ ぐたいてきだ な형 구체적이다 理解 りかい 명 이해
繋がる つながる 동 이어지다 感じる かんじる 동 느끼다
一般的だ いっぱんてきだ な형 일반적이다 弱者 じゃくしゃ 명 약자
扱う あつかう 동 취급하다 様々だ さまざまだ な형 다양하다
困難 こんなん 명 곤란 克服 こくふく 명 극복
包み隠す つつみかくす 동 숨기다
ほど遠い ほどとおい い형 상당히 멀다 存在 そんざい 명 존재
身体 しんたい 명 신체 精神 せいしん 명 정신

06

최근, **과학 기술의 진보에는 새삼스럽게 놀랐다.** 지금까지 다니고 있던 영어 회화 교실은 인터넷 강의로 대용할 수 있고, 일도 원격 서비스를 이용하면, 집에 있어도 회사의 컴퓨터에 로그인할 수 있다. 회의도 화상 전화로 문제없이 해결된다. 감탄하고만 있을 수는 없다. **10년 후, 직장에서 로봇이 일하는 일은 없다고 해도, 사원수가 삭감되는 일은 충분히 있을 수 있을 것이다.**

필자가 이 글에서 가장 말하고 싶은 것은 무엇인가?
① 기술의 진보에는 놀랄 일이 많고, 장래 로봇에게 직업을 뺏길 가능성이 있다.
② 기술의 진보에는 감탄할 일이 많고, 로봇과 함께 일하는 시대가 올 것이다.

어휘 進歩 しんぽ 명 진보 改めて あらためて 부 새삼스럽게
英会話 えいかいわ 명 영어 회화 ネット 명 인터넷
講義 こうぎ 명 강의 代用 だいよう 명 대용 遠隔 えんかく 명 원격
サービス 명 서비스 ログイン 명 로그인
テレビ電話 テレビでんわ 명 화상 전화 感心 かんしん 명 감탄
職場 しょくば 명 직장 ロボット 명 로봇
社員数 しゃいんすう 명 사원수 削減 さくげん 명 삭감
あり得る ありえる 있을 수 있다 職 しょく 명 직업, 일자리
奪う うばう 동 빼앗다 可能性 かのうせい 명 가능성

실전 테스트 1

p.282

50 3 **51** 1 **52** 4 **53** 1 **54** 2 **55** 4
56 1 **57** 4 **58** 2 **59** 2 **60** 2 **61** 3
62 4

문제9 다음 (1)에서 (3)의 글을 읽고, 뒤의 물음에 대한 답으로 가장 알맞은 것을, 1·2·3·4에서 하나 고르세요.

50-52

세계적인 환경 문제로의 대응의 하나로써, 자동차 기술 분야에 있어서도, 전동화 등 새로운 영역으로의 도전이 가속되고 있다. [50]종래의 엔진(내연엔진)과 전기에 의한 동력을 조합한 하이브리드 자동차나 전기만으로 움직이는 자동차의 개발은 점점 나아가고, 판매수를 늘려갈 것은 확실할 것이다. 유럽 각국에서는 가솔린을 탑재한 자동차의 판매를 금지하려고 하는 움직임도 보인다. 자동차의 동력원과 에너지원이 다양화하는 가운데, 지금까지 주류였던 내연엔진만을 탑재한 가솔린 자동차는, ①새로운 동력원에 그 지위를 위협받고 있다.

장래적으로는 전기자동차가 주류가 되어, 종래의 내연엔진에 미래는 없다고 자주 말해지지만, 그 한편으로, [51]내연엔진과 전기 양쪽을 동력원으로 하는 하이브리드 자동차가 가솔린 자동차를 대신해 계속 팔릴 것이라는 예측이 있다. ②전기에만 의지할 필요는 없다는 것이다.

[52]그래서 기대되는 것이, 환경으로의 부담을 지금보다 경감시킨 새로운 내연엔진이다. 동력원이 크게 변천하는 가운데, 2014년에 국내의 대기업은 기업의 울타리를 넘어, 자동차용 내연엔진을 연구하는 조합 'AICE'를 발족했다. 흥미롭게도, 'AICE'는, 2050년에는 전기자동차와 같이, 내연엔진의 CO_2 배출량을 2010년과 비교해 90% 삭감한다는 목표치를 들었다. 즉 이것은, 내연엔진은 소멸하는 것이 아니라, [52]앞으로도 유망한 동력원의 하나로서 비약적인

성과를 올리기 위해 연구 개발이 추진된다는 것을 시사하고 있다.

(주) 탑재하다 : 여기서는, 장비하는 것

어휘 世界的だ せかいてきだ [な형] 세계적이다　環境 かんきょう [명] 환경
対応 たいおう [명] 대응　自動車 じどうしゃ [명] 자동차
分野 ぶんや [명] 분야　電動化 でんどうか [명] 전동화
新ただ あらただ [い형] 새롭다　領域 りょういき [명] 영역
挑戦 ちょうせん [명] 도전　加速 かそく [명] 가속
従来 じゅうらい [명] 종래　エンジン [명] 엔진
内燃エンジン ないねんエンジン [명] 내연엔진
動力 どうりょく [명] 동력　組み合わせる くみあわせる [동] 조합하다
ハイブリッドカー [명] 하이브리드 자동차　開発 かいはつ [명] 개발
ますます [부] 점점　販売数 はんばいすう [명] 판매수
伸ばす のばす [동] 늘리다　確実だ かくじつだ [な형] 확실하다
欧州 おうしゅう [명] 유럽　各国 かっこく [명] 각국　ガソリン [명] 가솔린
搭載 とうさい [명] 탑재　販売 はんばい [명] 판매
禁止 きんし [명] 금지　動力源 どうりょくげん [명] 동력원
エネルギー源 エネルギーげん [명] 에너지원
多様化 たようか [명] 다양화　これまで 지금까지
主流 しゅりゅう [명] 주류　ガソリン車 ガソリンしゃ [명] 가솔린 자동차
地位 ちい [명] 지위　脅かす おびやかす [동] 위협하다
将来 しょうらい [명] 장래　電気自動車 でんきじどうしゃ [명] 전기자동차
一方 いっぽう [명] 한편　予測 よそく [명] 예측　頼る たよる [동] 의지하다
~ことはない ~할 필요는 없다　期待 きたい [명] 기대
負荷 ふか [명] 부담, 부하　軽減 けいげん [명] 경감
変遷 へんせん [명] 변천　国内 こくない [명] 국내
大手メーカー おおてメーカー [명] 대기업　企業 きぎょう [명] 기업
垣根 かきね [명] 울타리　越える こえる [동] 넘다
組合 くみあい [명] 조합　発足 ほっそく [명] 발족
興味深い きょうみぶかい [い형] 흥미롭다　同様 どうよう [명] 같음
排出量 はいしゅつりょう [명] 배출량　比較 ひかく [명] 비교
削減 さくげん [명] 삭감　目標値 もくひょうち [명] 목표치
消滅 しょうめつ [명] 소멸　有望だ ゆうぼうだ [な형] 유망하다
飛躍的だ ひやくてきだ [な형] 비약적이다　成果 せいか [명] 성과
推進 すいしん [명] 추진　示唆 しさ [명] 시사　装備 そうび [명] 장비

50

①새로운 동력원에 그 지위를 위협받고 있다라고 되어있는데, 왜인가?

1 가솔린 자동차는 전기자동차의 등장에 의해, 가치가 없어졌기 때문에
2 전기에 의해 움직이는 자동차 쪽이 가솔린 자동차보다 빨리 달릴 수 있기 때문에
3 다른 동력에 의해 움직이는 자동차의 판매수가 늘어날 전망이 있기 때문에
4 환경 문제를 해결하기 위해, 가솔린 자동차의 판매가 금지되었기 때문에

해설 질문의 밑줄 친 新たな動力源にその地位を脅かされている(새로운 동력원에 그 지위를 위협받고 있다)가 있는 첫 번째 단락을 읽고 밑줄 친 부분을 설명하는 내용을 찾는다. 밑줄의 앞부분에서 従来のエンジン(内燃エンジン)と電気による動力を組み合わせたハイブリッドカーや電気のみで動く自動車の開発はますます進み、販売数を伸ばしていくことは確実だろう라고 서술하고 있으므로, 3 他の動力によって動く自動車の販売数が伸びる見込みがあるから(다른 동력에 의해 움직이는 자동차의 판매수가 늘어날 전망이 있기 때문에)가 정답이다.

어휘 登場 とうじょう [명] 등장　価値 かち [명] 가치　見込み みこみ [명] 전망
解決 かいけつ [명] 해결

51

②전기에만 의지할 필요는 없다라고 되어 있는데, 그 생각의 근원이 되고 있는 것은 어느 것인가?

1 예측에 의하면, 모든 자동차가 전동화되는 것은 아니다.
2 예측에 의하면, 가솔린 자동차는 앞으로도 계속 팔린다.
3 예측에 의하면, 하이브리드 자동차의 대수는 감소해간다.
4 예측에 의하면, 자동차의 에너지원은 더욱더 다양화한다.

해설 질문의 밑줄 친 電気だけに頼ることはない(전기에만 의지할 필요는 없다)가 있는 두 번째 단락을 읽고 밑줄 친 부분을 설명하는 내용을 찾는다. 밑줄의 앞부분에서 전기자동차가 주류가 되고 내연엔진은 없어질 수 있다고 말해지지만, 内燃エンジンと電気の両方を動力源とするハイブリッドカーがガソリン車に代わり売れ続けるだろうという予測がある라고 서술하고 있으므로, 1 予測によると、全ての自動車が電動化されるわけではない(예측에 의하면, 모든 자동차가 전동화되는 것은 아니다)가 정답이다.

어휘 全て すべて [명] 모두, 전부　台数 だいすう [명] 대수
減少 げんしょう [명] 감소　さらに [부] 더욱더

52

이 글에서 필자가 말하고 싶은 것은 무엇인가?

1 내연엔진은, CO2 배출량이 전기자동차와 비교해서 매우 많기 때문에, 앞으로 소멸할 것이다.
2 내연엔진은, 앞으로도 안전성이나 환경 보호의 면에서도 뒤떨어지는 일 없는 동력원으로 계속 있을 것이다.
3 내연엔진은 CO2의 배출량 삭감의 목표치에 도달하기까지 연구 개발을 멈출 수 없을 것이다.
4 내연엔진은 CO2 배출량이 적은 친환경적인 동력원으로의 개발이 진행될 것이다.

해설 필자가 글을 통해 말하고자 하는 내용을 묻고 있으므로, 글의 후반부를 꼼꼼히 읽고 정확히 해석하면서 필자의 생각이나 주장을 파악한다. 세 번째 단락에서 そこで期待されるのは、環境への負荷を今より軽減させた新たな内燃エンジンである라고 하고, 今後も有望な動力源の一つとして飛躍的な成果を上げるべく研究開発が推進されるということを示唆している라고 서술하고 있으므로, 4 内燃エンジンはCO2の排出量が少ない環境に優しい動力源へと開発が進められるだろう(내연엔진은 CO2 배출량이 적은 친환경적인 동력원으로의 개발이 진행될 것이다)가 정답이다.

어휘 劣る おとる [동] 뒤떨어지다　届く とどく [동] 도달하다, 닿다

環境に優しい かんきょうにやさしい 친환경적이다

53-55

[53]지인에게 나의 고향의 철도역 이야기를 했더니, '그거, 가고시마 본선이죠'라고 들은 적이 있다. 무명의 조그만 역인데 상식이라고 말하는 것 같은 말투로, 그 역은 지선이 아니라 본선이었나 하고 태어나 처음으로 인식했다. 지인은 소위 '철도 오타쿠'였던 것이다.

'오타쿠'는 원래 애니메이션이나 게임, 만화 등의 열광적인 팬, 그 중에서도 조금 치우친 애호가의 호칭으로, 시작은 꽤 멸시의 의미도 포함하고 있었다. 하지만, [54]**지금은 널리 일반적인 취미를 가지는 사람이나 연예인의 팬에게도 사용되고 있다. 조금 좋아하거나 정통하거나하면 '오타쿠'를 자칭하는 사람도 많고,** 역사 오타쿠, 야구 오타쿠, 가전 오타쿠 등 온갖 분야에 존재하게 되어, 그 의미도 가벼워졌다. 지금은 득의양양하게 '저 오타쿠에요'라고 말하는 사람이 많이 있지만, 그 분야에 이상할 정도로 정통한가 하면 그렇지도 않아, 실망하는 경우도 있을 정도이다.

하지만, 나는 사람의 이야기를 듣는 것을 좋아하는 탓도 있고, 기본적으로 열심히 말하는 모습을 바람직하다고 생각한다. 즐거움이나 정열은 전염되는 듯하여, 이쪽은 지식이 없고 고유명사나 독특한 비유의 의미를 전혀 몰라도 묘하게 감탄하거나 흥분하거나 한다. [55]**다른 사람으로부터는 쓸데없다고 생각되고, 질릴 정도의 시간을 소비한 내력이 있는 말에는, 재미와 동시에 무게조차 느끼는 경우도 있는 것이다.**

(주1) 가고시마 본선 : 철도 노선의 명칭
(주2) 지선 : 철도 본선에서 분리된 선
(주3) 멸시 : 아래로 보고, 바보취급 하는 것

어휘 知り合い しりあい 명 지인　故郷 こきょう 명 고향
鉄道駅 てつどうえき 명 철도역　鹿児島 かごしま 명 가고시마
本線 ほんせん 명 본선　無名 むめい 명 무명
常識 じょうしき 명 상식　口ぶり くちぶり 명 말투
支線 しせん 명 지선　認識 にんしき 명 인식　いわゆる 소위, 이른바
鉄道 てつどう 명 철도　おたく 명 오타쿠, 마니아
元々 もともと 부 원래　アニメ 명 애니메이션　ゲーム 명 게임
熱狂的だ ねっきょうてきだ な형 열광적이다　ファン 명 팬
やや 부 조금, 약간　偏る かたよる 동 치우치다
愛好者 あいこうしゃ 명 애호가　呼称 こしょう 명 호칭
かなり 부 꽤, 제법　蔑視 べっし 명 멸시　含む ふくむ 동 포함하다
一般的だ いっぱんてきだ な형 일반적이다
芸能人 げいのうじん 명 연예인, 예능인
詳しい くわしい い형 정통하다, 자세하다　自称 じしょう 명 자칭
野球 やきゅう 명 야구　家電 かでん 명 가전　あらゆる 온갖
分野 ぶんや 명 분야　存在 そんざい 명 존재
得意気だ とくいげだ な형 득의양양하다
異常だ いじょうだ な형 이상하다　がっかりする 실망하다
基本的だ きほんてきだ な형 기본적이다
熱心だ ねっしんだ な형 열심이다
好ましい このましい い형 바람직하다　情熱 じょうねつ 명 정열
伝染 でんせん 명 전염　知識 ちしき 명 지식
固有名詞 こゆうめいし 명 고유명사
独特だ どくとくだ な형 독특하다　比喩 ひゆ 명 비유
さっぱり 부 전혀, 일절　妙だ みょうだ な형 묘하다
感心 かんしん 명 감탄　興奮 こうふん 명 흥분
無駄だ むだだ な형 쓸데없다　あきれる 동 질리다
費やす ついやす 동 소비하다, 쓰다　故 ゆえ 명 내력, 유서
同時 どうじ 명 동시　重み おもみ 명 무게　名称 めいしょう 명 명칭

53

상식이라고 말하는 것 같은이라고 되어 있는데, 지인은 무엇을 상식인 것처럼 이야기한 것인가?

1 **화제에 나온 역이 가고시마 본선의 역인 것**
2 유명하지 않다고 생각하고 있었던 역이, 사실은 유명한 것
3 작은 역이라도, 철도 오타쿠라면 누구나 알고 있는 것
4 고향의 역은, 그 지역의 사람이라면 이름을 아는 것

해설 질문의 밑줄 친 常識だと言わんばかり(상식이라고 말하는 것 같은)가 있는 첫 번째 단락을 읽고 밑줄 친 부분을 설명하는 내용을 찾는다. 밑줄의 앞부분에서 知り合いに私の故郷の鉄道駅のことを話したら、「それ、鹿児島本線ですよね」と言われたことがある라고 서술하고 있으므로, 1 話題に出てきた駅が鹿児島本線の駅であること(화제에 나온 역이 가고시마 본선의 역인 것)가 정답이다.

어휘 話題 わだい 명 화제　地域 ちいき 명 지역

54

현재, '오타쿠'라는 말은 어떻게 사용되게 되었는가?

1 일반적인 취미를 가진 사람이나 연예인의 팬에게 사용되고 있고, 열성은 이전보다 강해졌다.
2 **이전보다 넓은 범위에서 사용되고 있어, 좋아한다는 것만으로 자칭하는 사람도 많아졌다.**
3 많은 분야에서 사용되고 있어, 그것을 좋아하는 사람 전원을 '오타쿠'라고 부르게 되었다.
4 별로 정통하지 않은 사람이라도, 그 분야가 특기이면 '오타쿠'라고 부르게 되었다.

해설 질문을 읽고 '오타쿠'라는 말이 현재 어떻게 사용되는가를 염두에 두며 두 번째 단락을 읽고 내용을 파악한다. 두 번째 단락에서 今では広く一般的な趣味を持つ人や芸能人のファンにも使われている。ちょっと好きだったり詳しかったりすると「おたく」を自称する人も多く라고 서술하고 있으므로, 2 以前より広い範囲で使われていて、好きだというだけで自称する人も多くなった(이전보다 넓은 범위에서 사용되고 있어, 좋아한다는 것만으로 자칭하는 사람도 많아졌다)가 정답이다.

어휘 熱心さ ねっしんさ 명 열성, 열심인 정도　以前 いぜん 명 이전
範囲 はんい 명 범위　得意だ とくいだ な형 특기이다, 잘한다

55

사람의 이야기를 듣는 것에 대해, 필자는 어떻게 생각하고 있는가?

1 좋아하는 것에 대한 이야기를 듣고 있으면, 모르는 것이 많이 나온다.

2 좋아하는 것에 대해 설명해주는 것은, 질릴 정도로 시간이 걸린다.
3 좋아하는 것에 대해서는, 누가 이야기했더라도 즐거움이나 정열이 전해지는 것이다.
4 좋아하는 것에 대해 시간을 소비한 사람의 이야기는, 즐겁고 무게를 느낀다.

해설 질문을 읽고 사람의 이야기를 듣는 것에 대한 필자의 생각이 무엇인가를 염두에 두며 세 번째 단락을 읽고 내용을 파악한다. 세 번째 단락에서 **他人からは無駄と思われ、あきれるほどの時間を費やした故の言葉には、面白さと同時に重みすら感じることもあるのだ**라고 서술하고 있으므로, 4 **好きなことについて時間を費やした人の話は、面白いし重みを感じる**(좋아하는 것에 대해 시간을 소비한 사람의 이야기는, 즐겁고 무게를 느낀다)가 정답이다.

56-58

주말에 본 영화는, 생각 외로 좋은 내용이었다. 우체통에 2년의 시간을 넘어 편지가 도착하는 이야기다.

해변의 외딴집을 이사하게 된 여성이, 혹시 자기 앞으로 편지가 오면 새로운 주소로 보내달라고 다음에 살 사람에게 편지를 써서, 집의 우체통에 넣고 나갔다. 그 뒤, 편지를 본 남성은 의문을 품었다. [56]이 집은 자신이 설계와 건설에 관계하여 세운 염원의 마이 홈이었다. 마음에 걸린 남성이 기록된 주소로 가보니, 그곳에는 아직 건설중인 건물이 있었다. 이 부근부터 서서히 주인공 두 사람도 관객도, 두 사람이 있는 세계는 2년 다르다는 것을 알아채는 것이다. 그는 2년 뒤의 미래로부터 편지를 수취한 것이다.

이상한 우체통을 사용해서 편지를 교환하는 사이에 두 사람은 서로 호의를 품고, 만나고 싶다고 생각하게 된다. 그리고 3일 후, 라고 해도 남성에게 있어서는 2년과 3일 후, 만날 약속을 한다는, 자주 있는 타임슬립물이다. 이 경우, [57]편지의 타임슬립이지만, 2년의 차이라면 어떻게든 해서 만날 수 있을 것 같은 부분이 이 이야기의 매력일˝것이다.

이런 류의 이야기는 상황이 너무 좋아 흥이 깨지는 경우도 많지만, 본 작품에는 빨려들어, 느닷없이, 한동안 연락하지 않고 있는 오래된 친구에게 편지를 보내고 싶은 기분이 되었다. [58]가능하면 사소한 일로 충돌한 2년 전의 친구에게 닿으면 좋겠지만, 현실은 그렇게 되지 않는다. 시간이 지난 지금, [58]이상한 우체통의 마법에 등을 떠밀려, 만나고 싶다고 솔직하게 쓰자.

(주1) 흥이 깨지다 : 흥미·관심이 없어지다
(주2) 끌리다 : 마음이 강하게 끌어당겨지다

어휘 週末 しゅうまつ 명 주말　思いのほか おもいのほか 생각 외로
内容 ないよう 명 내용　郵便ポスト ゆうびんポスト 명 우체통
越える こえる 동 넘다　届く とどく 동 도착하다, 닿다
海辺 うみべ 명 해변　一軒家 いっけんや 명 외딴집, 독채
自分宛て じぶんあて 자기 앞　次 つぎ 명 다음
疑問 ぎもん 명 의문　抱く いだく 동 품다
自ら みずから 부 자신이, 몸소　設計 せっけい 명 설계
建設 けんせつ 명 건설　たずさわる 명 관계하다
念願 ねんがん 명 염원　マイホーム 명 마이 홈, 자기 집
記す しるす 동 기록하다, 적다　あたり 명 부근, 주변
じわじわ 부 서서히　主人公 しゅじんこう 명 주인공
観客 かんきゃく 명 관객　気付く きづく 동 알아채다, 깨닫다
未来 みらい 명 미래　受け取る うけとる 동 수취하다, 받다
不思議だ ふしぎだ な형 이상하다　交換 こうかん 명 교환
～うちに ~하는 사이에, ~하는 동안에　互いに たがいに 부 서로
好意 こうい 명 호의　～といっても ~라고 해도
～にとって ~에 있어서
タイムスリップ物 タイムスリップもの 명 타임슬립물, 타임슬립 작품
どうにかして 어떻게든 해서　魅力 みりょく 명 매력
類 るい 명 류, 종류　都合がよい つごうがよい 상황이 좋다
白ける しらける 동 흥이 깨지다　本作品 ほんさくひん 명 본 작품
惹き込まれる ひきこまれる 동 빨려들다
不意だ ふいだ な형 느닷없다　つまらぬ 사소한
衝突 しょうとつ 명 충돌　現実 げんじつ 명 현실
経る へる 동 지나다, 경과하다　魔法 まほう 명 마법
素直だ すなおだ な형 솔직하다　関心 かんしん 명 관심
引き寄せる ひきよせる 동 끌어당기다

56

의문을 품었다라고 되어 있는데, 남성은 어째서 의문을 품었는가?

1 자신보다 먼저 살고 있었던 사람은 있을 리가 없기 때문에
2 보낼 곳의 주소에 아직 건물이 있을 리가 없기 때문에
3 2년 전의 편지가 자신에게 도착할 리가 없기 때문에
4 여성으로부터의 편지가 다른 세계에서 올 리가 없기 때문에

해설 질문의 밑줄 친 **疑問を抱いた**(의문을 품었다)가 있는 두 번째 단락을 읽고 밑줄 친 부분을 설명하는 내용을 찾는다. 밑줄의 뒷부분에서 **この家は自ら設計と建設にたずさわり建てた念願のマイホームであった**라고 서술하고 있으므로, 1 **自分より先に住んでいた人はいるはずがないから**(자신보다 먼저 살고 있었던 사람은 있을 리가 없기 때문에)가 정답이다.

어휘 先に さきに 부 먼저　～はずがない ~일 리가 없다
送り先 おくりさき 명 보낼 곳

57

필자에 의하면, 이 영화의 매력은 어디에 있는가?

1 만날 수 없을 터인 두 사람의 편지가 타임슬립한 점
2 자주 있는 이야기로, 두 사람이 만날 수 있는 것을 상상할 수 있는 점
3 만나고 싶다고 생각하면 언제라도 만날 수 있다고 생각되는 점
4 2년이라는 차이라면, 노력하면 만날 수 있다고 생각되는 점

해설 질문을 읽고 영화의 매력에 대한 필자의 생각이 무엇인가를 염두에 두며 세 번째 단락을 읽고 내용을 파악한다. 세 번째 단락에서 **手紙のタイムスリップだが、2年の差であればどうにかして会えそうなところがこの話の魅力だろう**라고 서술하고 있으므로, 4 **2年という差なら、努力すれば会えると思える点**(2년이라는 차이라면, 노력하면 만날 수 있다고 생각되는 점)이 정답이다.

어휘 想像 そうぞう 명 상상　努力 どりょく 명 노력

58

필자는 왜 친구에게 편지를 보내려고 생각했는가?

1 2년 전에 사고를 당한 친구를 만나고 싶다고 생각했기 때문에
2 2년 전에 싸우고 헤어진 친구를 만나고 싶다고 생각했기 때문에
3 친구를 시시하다고 생각해서 연락하지 않고 있었기 때문에
4 친구와 어떻게든 해서 만나서, 솔직한 기분을 전달하고 싶기 때문에

해설 질문을 읽고 친구에게 편지를 보내려고 한 이유가 무엇인가를 염두에 두며 네 번째 단락을 읽고 내용을 파악한다. 네 번째 단락에서 **できればつまらぬことで衝突した2年前の友に届くといいが**라고 하고, **不思議なポストの魔法に背中を押され、会いたいと素直に書こう**라고 서술하고 있으므로, 2 **2年前にけんか別れした友人に会いたいと思ったから**(2년 전에 싸우고 헤어진 친구를 만나고 싶다고 생각했기 때문에)가 정답이다.

어휘 **事故 じこ** 명 사고 **遭う あう** 동 당하다, 겪다
けんか別れ けんかわかれ 싸우고 헤어짐

문제10 다음 글을 읽고, 뒤의 물음에 대한 답으로 가장 알맞은 것을, 1・2・3・4에서 하나 고르세요.

59-62

바삭바삭바삭, 땅을 부수는 상쾌한 소리를 들으면서 밭의 풀을 뽑는 것이 최근의 일과가 되어있다. 사정이 있어 일시적으로 휴직하고 있기 때문에, 부모님의 텃밭을 돕는 것이 유일한 노동이다. 텃밭이라고 해도 꽤 넓은, 테니스 코트 한 면 정도는 되는 밭인데, [59]완전 초보자인 내가 할 수 있는 것이라고 하면 잡초를 뽑는 것 정도여서, 밭에 다니면서 매일 2시간 정도 잡초 뽑기에 정성을 다하고 있다. 4월 초순, 부모님은 이제부터 여름 채소를 키우기 위해, 밭을 일구거나 모종을 심거나 하는 것 같다. 하지만, 지금으로서 나는 ①이 단순 작업에 빠져있다.

마음이 병든 사람이 농사일에 의해 서서히 회복되는 이야기를 자주 듣는데, 실제로 알 것 같은 기분이 든다. [60]밭의 공기, 흙의 냄새, 흙을 만지는 것, 태양의 빛을 쬐는 것. 무엇보다도 사람을 신경 쓰지 않아도 된다, 그것만으로도 충분하다. 심신에 있어서 자연과 맞닿는 것은 더없이 훌륭한 영양이라고 실감한다. 게다가, 잡초를 뽑고 있으면 그 제한의 없음이 오히려 기분 좋아, 그만둘 수 없게 된다. 뽑아도 뽑아도 끝나지 않지만, 일종의 상쾌함을 언제나 맛보고 있다. 풀은 차례차례로 자라나기 때문에 일주일 전에 깨끗이 했던 장소도 금방 새로운 싹이 보이기 시작한다. 뿌리째 뽑으려고 생각해도, 풀의 뿌리는 글자 그대로 종횡무진으로 퍼져있어 일단 불가능하다. 어쨌든 무엇을 가지고 해도 완벽하게 하는 것은 불가능한 것이다. 처음부터 지는 싸움, 그것이 마음을 가볍게 하는 것은 아닐까? 어떻게 해도 완벽하게는 할 수 없다, 무리라고 알고 있기 때문에 오히려 상쾌하다.

자신도 타인도, 사람은 완벽하지 않다. 그리고 사람도 세상도 자연과 같이, 예측을 할 수 없고, 부조리로 차있어 어딘가에서 단념이나 타협이 필요하지만, 좀처럼 잘 할 수 없는 경우도 많다. 그것을 패배라고 인식하면 괴로워지겠지만, 처음부터 승부조차 아니라고 밭에 무성한 잡초를 뽑으면서 체감하고 있는 것 같다. 그렇다고해서 내던져버리고 싶은 마음은 되지 않고, 오히려 의욕이 솟아난다. 무력과 의욕과 한때의 달성감, 그리고 싫증나지 않는 반복은 살아있는 것 그 자체가 아닌가 하고 기뻐진다. [62]자기자신의 무력함을 알고, 겸허한 마음으로 눈 앞의 현실에 직면하는, 밭의 담담한, 그러나 유유한 시간은 교묘하게 심신을 조정해주는 것일 것이다. [61]인간관계에서 좌절하고, 일을 쉬고 휴식하고 있을 작정이 사실은 ②무기력에 가까웠다고 새삼 깨달았다.

재배나 수확에는 또 다른 즐거움이 있을 것이라고 생각하면서도, 지금은 잡초의 뿌리에 묻은 흙을 가능한 한 깨끗하게 털어내면서, [62]지금까지보다 조금은 관용한 인간이 될 수 있을까 라고 생각하고 있다.

(주1) 정성을 다하다 : 열심히 힘쓰다
(주2) 뿌리째 : 뿌리부터 전부
(주3) 종횡무진으로 : 여기저기 자유롭게

어휘 **サクサク** 부 바삭바삭 **砕く くだく** 동 부수다, 깨다
快い こころよい い형 상쾌하다 **畑 はたけ** 명 밭
日課 にっか 명 일과 **一時的だ いちじてきだ** な형 일시적이다
休職 きゅうしょく 명 휴직 **家庭菜園 かていさいえん** 명 텃밭
唯一 ゆいいつ 명 유일 **労働 ろうどう** 명 노동
テニスコート 명 테니스 코트 **一面 いちめん** 명 한 면
全く まったく 부 완전히 **素人 しろうと** 명 초보자, 초보
雑草 ざっそう 명 잡초 **取り除く とりのぞく** 동 뽑다, 제거하다
草取り くさとり 명 잡초 뽑기 **精を出す せいをだす** 정성을 다하다
初旬 しょじゅん 명 초순 **夏野菜 なつやさい** 명 여름 채소
耕す たがやす 동 일구다, 경작하다 **苗 なえ** 명 모종
今のところ いまのところ 지금으로서 **単純 たんじゅん** 명 단순
作業 さぎょう 명 작업 **夢中だ むちゅうだ** な형 빠지다, 몰두하다
病む やむ 동 병들다 **農作業 のうさぎょう** 명 농사일
徐々に じょじょに 부 서서히 **回復 かいふく** 명 회복
実際 じっさい 명 실제 **太陽 たいよう** 명 태양 **光 ひかり** 명 빛
何よりも なによりも 무엇보다도 **気を使う きをつかう** 신경쓰다
充分だ じゅうぶんだ な형 충분하다 **心身 しんしん** 명 심신
自然 しぜん 명 자연 **触れ合う ふれあう** 동 맞닿다
極めて きわめて 부 더없이, 극히 **上等だ じょうとうだ** な형 훌륭하다
栄養 えいよう 명 영양 **実感 じっかん** 명 실감
そのうえ 게다가, 더구나 **際限 さいげん** 명 제한 **むしろ** 부 오히려
一種 いっしゅ 명 일종 **爽快感 そうかいかん** 명 상쾌함
味わう あじわう 동 맛보다 **次々に つぎつぎに** 부 차례차례로
生える はえる 동 자라다, 나다 **芽 め** 명 싹
見え始める みえはじめる 보이기 시작하다
根こそぎ ねこそぎ 명 뿌리째 **根 ね** 명 뿌리
文字 もじ 명 글자, 문자 **縦横無尽 じゅうおうむじん** 명 종횡무진
広がる ひろがる 동 퍼지다, 넓어지다
不可能だ ふかのうだ な형 불가능하다 **とにかく** 부 어쨌든
完璧だ かんぺきだ な형 완벽하다 **負け戦 まけいくさ** 명 지는 싸움
かえって 부 오히려 **すがすがしい** い형 상쾌하다
自然同様 しぜんどうよう 자연과 같다 **予測 よそく** 명 예측

不条理 ふじょうり 명 부조리　満ちる みちる 동 차다
あきらめ 명 단념, 체념　折り合い おりあい 명 타협
敗北 はいぼく 명 패배　捉える とらえる 동 인식하다, 파악하다
勝負 しょうぶ 명 승부　茂る しげる 동 무성하다
体感 たいかん 명 체감　だからといって 그렇다고해서
投げ出す なげだす 동 내던지다, 포기하다　意欲 いよく 명 의욕
無力 むりょく 명 무력　ひととき 명 한때
達成感 たっせいかん 명 달성감　飽く あく 동 싫증나다
繰り返す くりかえす 동 반복하다　謙虚だ けんきょだ な형 겸허하다
現実 げんじつ 명 현실　立ち向かう たちむかう 동 직면하다
淡々と たんたんと 부 담담히　だが 접 그러나
悠々と ゆうゆうと 부 유유히　巧みだ たくみだ な형 교묘하다
心身 しんしん 명 심신　調整 ちょうせい 명 조정
人間関係 にんげんかんけい 명 인간관계　挫折 ざせつ 명 좌절
休息 きゅうそく 명 휴식　無気力 むきりょく 명 무기력
気付く きづく 동 깨닫다, 눈치채다　栽培 さいばい 명 재배
収穫 しゅうかく 명 수확　寛容だ かんようだ な형 관용하다
熱心だ ねっしんだ な형 열심이다　励む はげむ 동 힘쓰다

59

①이 단순 작업이란 무엇인가?

1 부모님을 위해 넓은 텃밭을 만드는 것
2 텃밭에 자라고 있는 잡초를 뽑는 것
3 매일 2시간 걸려 부모님의 밭에 다니는 것
4 여름 채소를 키우는 부모님을 돕는 것

해설 질문의 밑줄 친 この単純作業(이 단순 작업)가 있는 첫 번째 단락을 읽고 밑줄 친 부분을 설명하는 내용을 찾는다. 밑줄의 앞부분에서 全くの素人である私ができることといったら雑草を取り除くくらいで、畑に通っては毎日2時間ほど草取りに精を出している라고 서술하고 있으므로, 2 家庭菜園に生えている雑草を取り除くこと(텃밭에 자라고 있는 잡초를 뽑는 것)가 정답이다.

60

필자에 의하면, 농사일은 어째서 마음의 병을 회복시키는 것인가?

1 농사일로 자연과 접하고 있는 동안, 사람과 만날 필요가 없어지기 때문에
2 농사일은 자연을 상대로 하여, 다른 사람을 신경쓰지 않고 끝나기 때문에
3 농사일은 완벽하게 할 수 없다고 포기해, 마음이 가벼워지기 때문에
4 농사일은 초보자에게는 어렵다고 알고 있기 때문에, 마음 편하게 할 수 있기 때문에

해설 질문을 읽고 농사일이 마음의 병을 회복시키는 이유가 무엇인가를 염두에 두며 두 번째 단락을 읽고 내용을 파악한다. 두 번째 단락에서 畑の空気、土のにおい、土に触ること、太陽の光を浴びること。何よりも人に気を使わなくていい、それだけでも充分だ라고 서술하고 있으므로, 2 農作業は自然を相手にし、他の人のことを気にしなくて済むから(농사일은 자연을 상대로 하여, 다른 사람을 신경쓰지 않고 끝나기 때문에)가 정답이다.

어휘 相手 あいて 명 상대　気にする きにする 신경쓰다
気楽だ きらくだ な형 마음이 편하다

61

②무기력에 가까웠다라고 되어 있는데, 필자의 이 상황과 맞는 것은 어느 것인가?

1 세상의 불합리와 잘 어울리지 못하고, 괴로운 일이 많아 마음이 병들어 있었다.
2 자신이 다른 사람에게 이길 수 있는 일이 없다고 생각해, 처음부터 인생을 내던지고 있었다.
3 인간관계에 상처 입어, 눈앞에 있는 현실에 직면할 힘을 잃어버리고 있었다.
4 다른 사람과 잘 어울리지 못하는 것으로, 타인을 용서하는 것도 할 수 없게 되어 있었다.

해설 질문의 밑줄 친 無気力に近かった(무기력에 가까웠다)가 있는 세 번째 단락을 읽고 밑줄 친 부분을 설명하는 내용을 찾는다. 밑줄의 앞부분에서 人間関係で挫折し、仕事を休んで休息しているつもりが라고 서술하고 있으므로, 3 人間関係で傷つき、目の前にある現実に立ち向かう力をなくしていた(인간관계에 상처 입어, 눈앞에 있는 현실에 직면할 힘을 잃어버리고 있었다)가 정답이다.

어휘 世の中 よのなか 명 세상　付き合う つきあう 동 어울리다
人生 じんせい 명 인생　傷つく きずつく 동 상처 입다
許す ゆるす 동 용서하다

62

이 글에서 필자가 서술하고 있는 것은 무엇인가?

1 무리라고 알고 있는 것을 계속하면, 상쾌한 기분이 되기 때문에 계속하고 싶다.
2 무력한 자신이라도, 같은 일을 반복해 실행하는 것으로, 여러 가지 재미를 깨달을 수 있다.
3 지금까지의 자신을 바꾸기 위해 실행한 잡초 뽑기로, 심신을 조정할 수 있었다.
4 세상의 예측되지 않고 불합리한 것에 대해서도, 겸허하게 직면하고 싶다.

해설 필자가 글을 통해 말하고자 하는 내용을 묻고 있으므로, 글의 후반부를 꼼꼼히 읽고 정확히 해석하면서 필자의 생각이나 주장을 파악한다. 세 번째 단락에서 自分自身の無力を知り、謙虚な気持ちで目の前の現実に立ち向かう라고 하고, 네 번째 단락에서 これまでより少しは寛容な人間になれるだろうかと考えている라고 서술하고 있으므로, 4 世の中の予測がつかず不合理なことに対しても、謙虚に立ち向かいたい(세상의 예측되지 않고 불합리한 것에 대해서도, 겸허하게 직면하고 싶다)가 정답이다.

어휘 様々だ さまざまだ な형 여러 가지다　おもしろさ 명 재미
不合理だ ふごうりだ な형 불합리하다

실전 테스트 2

p.290

50 1	**51** 3	**52** 2	**53** 2	**54** 4	**55** 2
56 1	**57** 4	**58** 3	**59** 2	**60** 3	**61** 1
62 1					

문제9 다음 (1)에서 (3)의 글을 읽고, 뒤의 물음에 대한 답으로 가장 알맞은 것을, 1·2·3·4에서 하나 고르세요.

50-52

젊은이에게는 완전히 침투한, 지울 수 있는 볼펜. [50]펜에 붙어 있는 소거용 고무로 문지르면 즉시 필적이 사라진다는, 획기적인 제품이다. 이 덕분에 ①오자를 이중선으로 정정할 필요도 없어졌다.

그런데, 통상이라면 두 번 다시 사라지지 않는 잉크의 필적. 이것을 훌륭하게 지우는 기술은 대체 어디에 갖춰져있는 것인가? 그 대답은, 특수한 잉크에 있었다. 이 잉크는 '열소거성 잉크'라고 불려, 문지르는 것으로 발생하는 열로 잉크의 색이 사라지는 것이다.

당초 개발한 것은, 검은 글자에 마찰열을 가하는 것으로 색이 컬러풀하게 변화한다는 볼펜이었다. 하지만 매상은 좋지 않았다고 한다. 새로운 개발에 착수한 계기는, 유럽으로부터의 [51]'「어떤 색에서 다른 색으로」가 아닌, 「어떤 색에서 투명하게」하는 것은 불가능한가?'라는 목소리였다. 볼펜은 연필과 달리, 용이하게 지울 수 없는 것이 이점이기 때문에, 이것은 ②전혀 다른 컨셉이다. 프랑스에서 시험 판매를 했더니, 대히트 상품이 되었다.

그러나 당초, 소거용 고무로 필적을 문지를 때는 힘을 필요로 하고, 지운 흔적이 미묘하게 남아 노트가 더러워진다는 비판도 들었다. 하지만, 현재 이것은 가볍게 문지르는 것만으로 깨끗하게 필적이 사라지도록 개량되어 있다.

[52]문구 회사는 항상 소비자의 요구를 만족시키기 위해, 정교한 기술을 다하여 제품의 개량을 거듭하고 있는 것이다. 또한, 기능면뿐만 아니라 인테리어도 될 수 있는 참신한 디자인의 제품도 존재하여, [52]우리들의 생활을 편리하고 구색있는 것으로 해주고 있다. 이렇게, 여러 겹의 개량을 거쳐 만들어진 문방구는, 앞으로도 생활을 지탱해줄 것임에 틀림없다.

(주1) 컨셉 : 사고방식, 개념
(주2) 여러 겹의 : 오로지 반복하는 것

어휘 若者 わかもの 명 젊은이　浸透 しんとう 명 침투
消去用 しょうきょよう 명 소거용　ゴム 명 고무
擦る こする 동 문지르다　即座に そくざに 부 즉시, 바로
筆跡 ひっせき 명 필적　画期的だ かっきてきだ な형 획기적이다
製品 せいひん 명 제품　誤字 ごじ 명 오자
二重線 にじゅうせん 명 이중선　訂正 ていせい 명 정정
さて 접 그런데　通常 つうじょう 명 통상
二度と にどと 부 두 번 다시　インク 명 잉크
見事だ みごとだ な형 훌륭하다　備わる そなわる 동 갖춰지다
特殊だ とくしゅだ な형 특수하다
熱消去性 ねつしょうきょせい 명 열소거성　発生 はっせい 명 발생
当初 とうしょ 명 당초, 최초　開発 かいはつ 명 개발
摩擦熱 まさつねつ 명 마찰열　加える くわえる 동 가하다, 더하다
カラフルだ な형 컬러풀하다　変化 へんか 명 변화
売り上げ うりあげ 명 매상　芳しい かんばしい い형 좋다, 훌륭하다
新ただ あらただ な형 새롭다　乗り出す のりだす 동 착수하다
きっかけ 명 계기　ヨーロッパ 명 유럽　透明 とうめい 명 투명
容易だ よういだ な형 용이하다　利点 りてん 명 이점
全く まったく 부 전혀　コンセプト 명 컨셉　フランス 명 프랑스
販売 はんばい 명 판매　大ヒット だいヒット 명 대히트
商品 しょうひん 명 상품　それでも 접 그러나
要する ようする 동 필요로 하다　微妙だ びみょうだ な형 미묘하다
批判 ひはん 명 비판　改良 かいりょう 명 개량
文具 ぶんぐ 명 문구　メーカー 명 회사, 제조회사
常に つねに 부 항상　消費者 しょうひしゃ 명 소비자
要求 ようきゅう 명 요구　満たす みたす 동 만족시키다, 채우다
巧みだ たくみだ な형 정교하다　尽くす つくす 동 다하다
重ねる かさねる 동 거듭하다　機能面 きのうめん 명 기능면
インテリア 명 인테리어　~得る ~える ~할 수 있다
斬新だ ざんしんだ な형 참신하다　デザイン 명 디자인
存在 そんざい 명 존재　便利 べんり 명 편리
彩り いろどり 명 구색, 색채　幾重 いくえ 명 여러 겹, 겹겹
作り出す つくりだす 동 만들어내다　文房具 ぶんぼうぐ 명 문방구
今後 こんご 명 앞으로　支える ささえる 동 지탱하다
~に違いない ~にちがいない ~임에 틀림없다
考え方 かんがえかた 명 사고방식　概念 がいねん 명 개념
ひたすら 부 오로지, 그저　繰り返す くりかえす 동 반복하다

50

①오자를 이중선으로 정정할 필요도 없어졌다라고 되어 있는데, 어째서인가?

1 잉크의 필적을 지우는 것이 가능하게 되었기 때문에
2 볼펜으로 지운다는 행위가 일반적이게 되었기 때문에
3 고무로 누르면 글자가 지워진다는 기능이 생겼기 때문에
4 글자를 지우기 위한 펜이 발매되었기 때문에

해설 질문의 밑줄 친 誤字を二重線で訂正する必要もなくなった(오자를 이중선으로 정정할 필요도 없어졌다)가 있는 첫 번째 단락을 읽고 밑줄 친 부분을 설명하는 내용을 찾는다. 밑줄의 앞부분에서 ペンに付いている消去用ゴムで擦ると即座に筆跡が消える라고 서술하고 있으므로, 1 インクの筆跡を消すことができるようになったから(잉크의 필적을 지우는 것이 가능하게 되었기 때문에)가 정답이다.

어휘 行為 こうい 명 행위　一般的だ いっぱんてきだ な형 일반적이다
押さえる おさえる 동 누르다　機能 きのう 명 기능
売り出し うりだし 명 발매

51

②전혀 다른 컨셉이라고 되어 있는데, 어떤 점이 다른 것인가?

1 열을 써서, 볼펜의 글자를 지운다는 생각
2 볼펜의 글자를 다른 색으로 변화시킨다는 생각
3 볼펜으로 쓴 것을 투명하게 한다는 생각
4 유럽에서 팔리는 볼펜을 개발한다는 생각

해설 질문의 밑줄 친 **全く別のコンセプト**(전혀 다른 컨셉)가 있는 세 번째 단락을 읽고 밑줄 친 부분을 설명하는 내용을 찾는다. 밑줄의 앞부분에서 「**『ある色から別の色へ』ではなく、『ある色から透明に』することはできないか?**」라고 서술하고 있으므로, 3 **ボールペンで書いたものを透明にするという考え**(볼펜으로 쓴 것을 투명하게 한다는 생각)가 정답이다.

52

이 글에서 필자가 가장 말하고 싶은 것은 무엇인가?

1 문구 회사는, 이익을 위해 항상 새로운 기술을 연구, 개발하여, 제품의 개량을 거듭하고 있다.
2 문구 회사는, 항상 보다 쓰기 쉬운 상품의 개발을 진행하여, 우리들의 생활을 보다 풍부하게 해주고 있다.
3 문방구는 인테리어의 요소도 겸비하게 되어, 이미 문방구의 영역을 넘으려고 하고 있다.
4 문방구는, 우리들의 생활의 불쾌함을 해소하기 위해, 계속 개량되고 있다.

해설 필자가 글을 통해 말하고자 하는 내용을 묻고 있으므로, 글의 후반부를 꼼꼼히 읽고 정확히 해석하면서 필자의 생각이나 주장을 파악한다. 다섯 번째 단락에서 **文具メーカーは常に消費者の要求を満たすべく、巧みな技術を尽くし製品の改良を重ねているのだ**라고 하고, **私たちの生活を便利で彩りあるものにしてくれている**라고 서술하고 있으므로, 2 **文具メーカーは、常により使いやすい商品の開発を進め、私たちの生活をより豊かにしてくれている**(문구 회사는, 항상 보다 쓰기 쉬운 상품의 개발을 진행하여, 우리들의 생활을 보다 풍부하게 해주고 있다)가 정답이다.

어휘 **利益 りえき** 명 이익 **豊かだ ゆたかだ** な형 풍부하다
要素 ようそ 명 요소 **兼ね備える かねそなえる** 동 겸비하다
もはや 부 이미, 벌써 **領域 りょういき** 명 영역
不快さ ふかいさ 명 불쾌함 **解消 かいしょう** 명 해소

53-55

나의 아들이 다니는 공립 중학교에서 '개혁'이 행해졌다.

일본의 공립 중학이라고 하면, 전원이 동질인 것을 목표로 하는 것 같은, [53]아이들의 평균화를 추구하는 교육이 행해지기 쉽다. 하지만, 본래, 학교라는 것은, 사회에서 보다 잘 살아갈 수 있도록, 자립한 어른으로 키우는 것이 중요하고, [53]고분고분한 어른을 만들기 위한 장소가 아니다. 개혁에 몰두한 교장선생님이 그렇게 말씀하셨다.

그 대처의 예로서, 교칙의 개정이 있다. 스커트의 길이는 몇 센티, 겨울이어도 머플러의 사용금지 등, 내가 아이였을 때에도 납득할 수 없는 교칙은 있었고, 지금도 있다. 하지만, 아들의 학교에서는, 그런 교칙을 아이들이 개정해버렸다고 한다. 오래 계속되어온 교칙을, 말이다. [54]아이들이, 납득할 수 없는 교칙에 대해 바꿀 필요성을 제시하고, 각각이 의견을 서로 내놓아, 의논을 거듭한 결과라고 들었다. 당사자인 아이들이 자발적으로 행동하고, 스스로 정하는 일이야말로 중요한 것이라고, 선생님들도 자랑스러워했다.

우리들은 참아버렸다. 참는 것도 어른으로의 한 걸음이라는 선생님의 말을 믿는 척을 하고, 자신을 속여버렸다. 하지만, [55]아들들의 세대가 어른이 되었을 때는, 이상한 것은 이상하다고, 목소리를 높이는 것을 주저하지 않는 사회가 올 것이다. 그들이라면 분명 그렇게 할 것이다. '개혁'의 성과가 보이는 것은, 10년 후, 혹은 20년 후일까.

어휘 **公立 こうりつ** 명 공립 **改革 かいかく** 명 개혁 **日本 にほん** 명 일본
全員 ぜんいん 명 전원 **同質 どうしつ** 명 동질
目指す めざす 동 목표로 하다 **平均化 へいきんか** 명 평균화
求める もとめる 동 추구하다 **〜がちだ** ~하기 쉽다
本来 ほんらい 명 본래 **自立 じりつ** 명 자립
従順だ じゅうじゅんだ な형 고분고분하다, 온순하다
取り組む とりくむ 동 몰두하다
校長先生 こうちょうせんせい 명 교장선생님
取り組み とりくみ 명 대처 **校則 こうそく** 명 교칙
改定 かいてい 명 개정 **センチ** 명 센티, 센티미터
マフラー 명 머플러, 목도리 **使用禁止 しようきんし** 명 사용금지
納得 なっとく 명 납득 **必要性 ひつようせい** 명 필요성
示す しめす 동 제시하다, 보이다 **各々 おのおの** 명 각각
出し合う だしあう 동 서로 내놓다 **話し合い はなしあい** 명 의논
重ねる かさねる 동 거듭하다 **結果 けっか** 명 결과
当事者 とうじしゃ 명 당사자
自発的だ じはつてきだ な형 자발적이다 **行動 こうどう** 명 행동
自ら みずから 부 스스로
誇らしげだ ほこらしげだ な형 자랑스러워하다 **我慢 がまん** 명 참음
第一歩 だいいっぽ 한 걸음 **ごまかす** 동 속이다
世代 せだい 명 세대 **声を上げる こえをあげる** 목소리를 높이다
ためらう 동 주저하다 **成果 せいか** 명 성과 **あるいは** 부 혹은

53

전원이 동질인 것이라고 되어 있는데, 무엇인 동질인 것인가?

1 교사들의 교육 방법
2 아이들의 사고방식이나 행동
3 자립할 수 있도록 하는 방법
4 교칙을 지키려는 의식

해설 질문의 밑줄 친 **全員が同質であること**(전원이 동질인 것)가 있는 두 번째 단락을 읽고 밑줄 친 부분을 설명하는 내용을 찾는다. 밑줄의 뒷부분에서 **子供達の平均化を求める教育**라고 하고, **従順な大人を作るための場所ではない**라고 서술하고 있으므로, 2 **子供達の考え方や行動**(아이들의 사고방식이나 행동)가 정답이다.

어휘 **考え方 かんがえかた** 명 사고방식 **方法 ほうほう** 명 방법
守る まもる 동 지키다 **意識 いしき** 명 의식

54

필자에 의하면, 교칙의 개정은 어째서 행해졌는가?

1 옛날에 만들어진 것이어서, 오래됐기 때문에
2 학교가 납득할 수 없는 교칙이 많이 있었기 때문에
3 아이들이 자신의 의견대로인 교칙으로 하고 싶었기 때문에
4 바꿀 필요성이 있다고 아이들이 생각했기 때문에

해설 질문을 읽고 교칙의 개정을 행한 이유가 무엇인가를 염두에 두며 세 번째 단락을 읽고 내용을 파악한다. 세 번째 단락에서 **子供達が、納得できない校則に対して変える必要性を示し、各々が意見を出し合い、話し合いを重ねた結果**라고 서술하고 있으므로, 4 **変える必要性があると子供達が考えたから**(바꿀 필요성이 있다고 아이들이 생각했기 때문에)가 정답이다.

55

아들의 학교의 '개혁'에 대해, 필자는 어떻게 생각하고 있는가?

1 당사자의 문제는 당사자만으로 해결해야만 한다고 가르칠 수 있게 되었다.
2 자기들의 문제에 대해, 의견을 말해도 괜찮다고 가르칠 수 있게 되었다.
3 흥미가 있는 것에 대해, 각자가 의견을 내어 의논할 수 있게 되었다.
4 교육 개혁의 성과는 금방은 나오지 않지만, 참지 않는 어른을 만들 수 있게 되었다.

해설 질문을 읽고 '개혁'에 대한 필자의 생각이 무엇인가를 염두에 두며 네 번째 단락을 읽고 내용을 파악한다. 네 번째 단락에서 **息子達の世代が大人になったときには、おかしいことはおかしいと、声を上げることをためらわないような社会が来るだろう**라고 서술하고 있으므로, 2 **自分達の問題に対し、意見を言ってもいいと教えることができている**(자기들의 문제에 대해, 의견을 말해도 괜찮다고 가르칠 수 있게 되었다)가 정답이다.

어휘 **解決** かいけつ 명 해결　**話し合う** はなしあう 동 의논하다

56-58

출판사로부터 되돌아온 자신의 원고를 봤을 때, 편집자가 제멋대로 구두점을 하나 빼거나, 덧붙이거나 하면 쓴 본인은 바로 알아차리고, 보고 있는 동안에 묘한 기분, 아니 솔직히 말하면 불쾌해진다. 고작 구두점 하나라고 생각할지도 모르지만, [56]글은 호흡과 같은 것이어서 아무리 짧은 글이어도 그 사람 독자의 가락이 있고, 자연스럽게 숨을 쉬고 있는 와중에 갑자기 방해받으면 일순간 덜컥하는 것이다.

물론, [57]원고에 손을 보는 것은 편집자의 일의 하나라고 알고는 있다. 하지만, 사실이나 말의 명백한 오류 이외의 수정은, 글을 쓰는 사람이라면, 대부분의 사람은 정도의 차는 있지만 기분을 해치는 것은 아닐까. 화가 나고, 그 후 조금 냉정해지고, 납득한다, 는 과정을 반복하지만, 납득하지 못하고 이의를 제기하는 사람도 있을 것이다.

[58]모든 창작물은 그 사람의 생리, 신체, 정서, 경험, 즉 그 사람 자신으로부터 만들어진다. 아이의 서투른 작문도 선생님에게는 평가나 손을 보태는 것은 가능해도 그 아이처럼은 쓸 수 없는 법이고, 동료가 만든 통계표는 숫자 이외 자신이 작성하는 양식과는 다를 것이다. [58]거기에 외부로부터 손을 대는 행위는, 보다 좋게 한다는 목적을 위함이어도, 대담한 것이라고 알아야 하는 것은 아닐까.

(주1) 구두점 : '。' '、' 등 문장의 단락에 넣는 부호
(주2) 물론 : 말할 것도 없이

어휘 **出版社** しゅっぱんしゃ 명 출판사
戻ってくる もどってくる 되돌아오다　**原稿** げんこう 명 원고
編集者 へんしゅうしゃ 명 편집자　**勝手だ** かってだ な형 제멋대로다
句読点 くとうてん 명 구두점　**付け加える** つけくわえる 동 덧붙이다
本人 ほんにん 명 본인　**気付く** きづく 동 알아차리다
みるみる 부 보고 있는 동안에, 순식간에　**妙だ** みょうだ な형 묘하다
正直だ しょうじきだ な형 솔직하다　**不快だ** ふかいだ な형 불쾌하다
たかが 부 고작　**～かもしれない** ~일지도 모른다
呼吸 こきゅう 명 호흡　**独自** どくじ 명 독자　**調子** ちょうし 명 가락
自然だ しぜんだ な형 자연스럽다　**息をする** いきをする 숨을 쉬다
～ところを ~하는 와중에　**急だ** きゅうだ な형 갑작스럽다
一瞬 いっしゅん 명 일순간　**はっと** 부 덜컥, 깜짝
無論 むろん 부 물론　**手を入れる** てをいれる 손을 보다
事実 じじつ 명 사실　**明らかだ** あきらかだ な형 명백하다
間違い まちがい 명 오류　**修正** しゅうせい 명 수정
程度 ていど 명 정도　**害する** がいする 동 해치다
腹が立つ はらがたつ 화가 나다　**冷静** れいせい 명 냉정
納得 なっとく 명 납득　**過程** かてい 명 과정
繰り返す くりかえす 동 반복하다　**異議** いぎ 명 이의
申し立てる もうしたてる 동 제기하다, 주장하다
創作物 そうさくぶつ 명 창작물　**生理** せいり 명 생리
身体 しんたい 명 신체　**情緒** じょうしょ 명 정서　**つまり** 부 즉
自身 じしん 명 자신　**生み出す** うみだす 동 만들어내다
評価 ひょうか 명 평가　**手を加える** てをくわえる 손을 보태다
同僚 どうりょう 명 동료　**統計表** とうけいひょう 명 통계표
数字 すうじ 명 숫자　**作成** さくせい 명 작성
体裁 ていさい 명 양식, 체재　**手を出す** てをだす 손을 대다
行為 こうい 명 행위　**目的** もくてき 명 목적
大胆だ だいたんだ な형 대담하다　**心得る** こころえる 동 알다
符号 ふごう 명 부호

56

불쾌해진다는 것은 어째서인가?

1 자신이 쓴 글의 리듬이 바뀌어버리기 때문에
2 자신의 기분과 다른 것이, 글 속에 나오기 때문에
3 자신의 글의 생생한 느낌이 사라져버리기 때문에
4 자신의 짧은 글 속에, 놀랄만한 수정이 되어지기 때문에

해설 질문의 밑줄 친 **不快になる**(불쾌해진다)가 있는 첫 번째 단락을 읽고 밑줄 친 부분을 설명하는 내용을 찾는다. 밑줄의 뒷부분에서 **文章は呼吸のようなものでどんなに短い文章でもその人独自の調子があり、自然に息をしているところを急に邪魔されると一瞬はっとするのだ**라고 서술하고 있으므로, 1 **自分の書いた文章のリ**

ズムが変えられてしまうから(자신이 쓴 글의 리듬이 바뀌어버리기 때문에)가 정답이다.

어휘 リズム 명 리듬　異なる ことなる 동 다르다
生き生き いきいき 부 생생히　感じ かんじ 명 느낌

57

필자의 생각으로는, 무엇을 하는 것이 **편집자의 일**인가?

1 작자가 쓴 원고를 출판사의 것으로 하는 것
2 작자를 납득시켜, 원고를 다시 쓰게 하는 것
3 원고 속의 명확한 오류만을 수정하는 것
4 오류나 구두점 등 여러 가지 부분을 수정하는 것

해설 질문을 읽고 편집자의 일에 대한 필자의 생각이 무엇인가를 염두에 두며 두 번째 단락을 읽고 내용을 파악한다. 첫 번째 단락에서 필자는 출판사로 보낸 원고에 편집자가 구두점을 하나 빼거나 덧붙이거나 하면 쓴 본인은 바로 알아차리고 불쾌해진다고 하고, 두 번째 단락에서 原稿に手を入れることは編集者の仕事の一つだとわかってはいる라고 서술하고 있으므로, 4 誤りや句読点など様々な個所を修正すること(오류나 구두점 등 여러 가지 부분을 수정하는 것)가 정답이다.

어휘 作者 さくしゃ 명 작자　書き直す かきなおす 동 다시 쓰다
明確だ めいかくだ な형 명확하다　誤り あやまり 명 오류
個所 かしょ 명 부분

58

타인의 창작물을 수정하는 것에 대해, 필자는 어떻게 생각하고 있는가?

1 타인의 창작물을 고치는 것은 실례로, 만든 사람의 험담을 하는 것과 같은 행동이다.
2 타인의 창작물을 수정할 때는, 작자의 마음을 충분히 배려해야만 한다.
3 모든 창작물은 작자 독자의 것이기 때문에, 타인이 손을 보태는 것은 과감한 행위다.
4 모든 창작물은 그 사람밖에 만들 수 없는 것이기 때문에, 수정할 때는 용기가 필요하다.

해설 질문을 읽고 타인의 창작물을 수정하는 것에 대한 필자의 생각이 무엇인가를 염두에 두며 세 번째 단락을 읽고 내용을 파악한다. 세 번째 단락에서 すべての創作物はその人の生理、身体、情緒、経験、つまりその人自身から生み出される라고 하고, そこに外から手を出す行為は、より良くするという目的の為であっても、大胆なことだと心得るべきではないだろうか라고 서술하고 있으므로, 3 全ての創作物は作者独自のものなので、他人が手を加えるのは思い切った行為だ(모든 창작물은 작자 독자의 것이기 때문에, 타인이 손을 보태는 것은 과감한 행위다)가 정답이다.

어휘 他人 たにん 명 타인　悪口 わるくち 명 험담
行い おこない 명 행동　気を配る きをくばる 배려하다
思い切った おもいきった 과감한　全て すべて 명 모두
勇気 ゆうき 명 용기

문제10 다음 글을 읽고, 뒤의 물음에 대한 답으로 가장 알맞은 것을, 1・2・3・4에서 하나 고르세요.

59-62

어릴 적, 집에서 기르던 개는 한번도 울지 않았다. 다섯 번째 가족이었기 때문에 곤이라고 이름 붙인 그 개는 콩쿠르에서 표창받은 적도 있을 정도로 외관도 좋고 우수했지만, [59]**무언가의 스트레스로 마음에 병이 들어버려** 인수자가 없는 채로, 집에 왔을 때는 이미 어른이 되어있었다. 강아지를 원했던 우리 형제는 조금 실망했지만, 그 이상으로 곤혹스러웠던 것은 아무에게도 전혀 따라주지 않는 것이었다. [59]**마음을 열지 않는다는 것은 이런 것인가 하고 생각할 정도로 철저하게 사람을 무서워했다.** 그래서, 처음에는 산책을 데리고 나가는 것도 고생이었고, 우선 작은집에서 나오지 않고, 줄도 채울 수 없고, 겨우 채워서 데리고 나갔을 때는, 마치 싫어하는 것을 강제하고 있는 것 같아 슬픈 기분이 되었던 것이다. 식사도, 아무리 불러도 작은집에서 얼굴을 내밀지 않아서 어쩔 수 없이 놓아두면 먹고는 있다, 라는 상태였다.

쓰다듬는다니 꿈 속의 꿈이라고 생각하면서, [60]**무서워하지 않도록 필요 이상으로는 상관하지 않고, 그래도 매일 대하고 있으니,** 눈 녹음은 2, 3년 지난 즈음부터 찾아왔다. 처음에는 쉽게 작은집에서 나온 것만으로도 감동하고, 자신이 불렀더니 나왔다, 만져도 괜찮았다 등 형과 겨루면서 달아올랐다. 마침내 나의 손에서 좋아하는 음식인 치즈를 먹어주었을 때는 매우 자랑스러워, 처음으로 진짜 신뢰를 얻은 것처럼 느꼈다. [61]**천천히 조심조심이었지만 확실히 마음을 허락해 주게 되어, 조심스럽게 몸을 대오거나, 외출할 때는 꼬리를 늘어트리고 풀 죽어하는 등의 감정도 보여주기에 모두가 하나하나 기뻐했다.** 만년에는 다리가 나빠져 비틀비틀하면서도, 산책이면 기쁜듯이 까부는 모습이 정말로 귀여웠다.

지금 <u>이런 것</u>을 떠올리는 것은, 일에서 좀처럼 이쪽을 신용해주지 않는 의뢰인의 설득에 극히 곤란해하고 있기 때문이라고 알고 있다. 어릴 적의, 게다가 [61]**동물 상대의 성공 체험**이 그대로 통용한다고는 생각하지 않고, 느긋하게 기다리지 못하는 것도 현실이지만, [62]**성실하게 대하는 것밖에 방법은 없다.** 변호사에의 경계심을 푸는 것은 참으로 어렵다.

곤은 점차 따라주었다고 믿고 싶지만, 가끔 잠꼬대로 소리를 내는 이외 끝내 우는 일은 없었다. 조만간 멍멍 하는 소리를 들을 수 있겠지 라는 것은 내 제멋대로인 기대로, 눈이 녹는 아래 더욱 보물이 발견될 것이라고 생각했지만, 부모님과 형은 울지 않는 것을 그다지 신경쓰지 않는 것 같았다. [62]**너무 필사적이 되지 않도록, 어디까지나 상대의 의사를 존중하지 않으면 안 된다. 신뢰 이상으로 소중한 것은 없다고,** 곤이 나의 손에서 가만히 치즈를 먹어 주었을 때의 감촉이, 알려준다.

(주1) 눈 녹음 : 여기서는 양자 간의 긴장이 느슨해져, 우호의 공기가 생겨나는 것
(주2) 자랑스럽다 : 자랑으로 생각해, 다른 사람에게 자만하고 싶은 기분
(주3) 참으로 : 정말로

어휘 飼う かう 동 기르다　名付ける なづける 동 이름 붙이다

コンクール [명] 콩쿠르　表彰 ひょうしょう [명] 표창
見た目 みため [명] 외관　優秀だ ゆうしゅうだ [な형] 우수하다
ストレス [명] 스트레스　引き取り手 ひきとりて [명] 인수자
既に すでに [부] 이미　子犬 こいぬ [명] 강아지　がっかりする 실망하다
困惑 こんわく [명] 곤혹　全く まったく [부] 전혀　なつく [동] 따르다
徹底 てってい [명] 철저　怖がる こわがる [동] 무서워하다
連れ出す つれだす [동] 데리고 나가다　一苦労 ひとくろう [명] 고생
小屋 こや [명] 작은집　まるで [부] 마치　嫌がる いやがる [동] 싫어하다
無理強い むりじい [명] 강제　どんなに 아무리
仕方ない しかたない 어쩔 수 없다　状態 じょうたい [명] 상태
なでる [동] 쓰다듬다　夢のまた夢 ゆめのまたゆめ 꿈 속의 꿈
構う かまう [동] 상관하다　接する せっする [동] 대하다
雪解け ゆきどけ [명] 눈 녹음　やってくる [동] 찾아오다
すんなり [부] 쉽게, 순조롭게　感動 かんどう [명] 감동
競う きそう [동] 겨루다　盛り上がる もりあがる [동] 달아오르다
ついに [부] 마침내, 끝내　好物 こうぶつ [동] 좋아하는 음식
チーズ [명] 치즈　誇らしい ほこらしい [い형] 자랑스럽다
本物 ほんもの [명] 진짜　信頼 しんらい [명] 신뢰　得る える [동] 얻다
感じる かんじる [동] 느끼다　恐る恐る おそるおそる [부] 조심조심
確実だ かくじつだ [な형] 확실하다　許す ゆるす [동] 허락하다
遠慮がちだ えんりょがちだ [な형] 조심스럽다
寄せる よせる [동] 대다, 붙이다　垂らす たらす [동] 늘어트리다
ションボリ [부] 풀 죽어　感情 かんじょう [명] 감정
晩年 ばんねん [명] 만년　ヨタヨタ [부] 비틀비틀　はしゃぐ [동] 까불다
信用 しんよう [명] 신용　依頼人 いらいにん [명] 의뢰인
説得 せっとく [명] 설득　困難 こんなん [명] 곤란　相手 あいて [명] 상대
成功 せいこう [명] 성공　体験 たいけん [명] 체험
通用 つうよう [명] 통용　気長だ きながだ [な형] 느긋하다
現実 げんじつ [명] 현실　誠実だ せいじつだ [な형] 성실하다
方法 ほうほう [명] 방법　弁護士 べんごし [명] 변호사
警戒心 けいかいしん [명] 경계심　真に しんに [부] 참으로
次第に しだいに [부] 점차　寝言 ねごと [명] 잠꼬대　ワンワン [부] 멍멍
勝手だ かってだ [な형] 제멋대로다　期待 きたい [명] 기대
さらに [부] 더욱　宝物 たからもの [명] 보물　さほど [부] 그다지
気にする きにする 신경쓰다　あくまでも 어디까지나
意思 いし [명] 의사　尊重 そんちょう [명] 존중　そっと [부] 가만히
感触 かんしょく [명] 감촉　両者 りょうしゃ [명] 양자
緊張 きんちょう [명] 긴장　ゆるむ [동] 느슨해지다
友好 ゆうこう [명] 우호　誇り ほこり [명] 자랑
自慢 じまん [명] 자만, 자랑

59

개가 전혀 따르지 않았던 이유는 무엇인가?

1 오랫동안, 인수하는 사람이 없었기 때문에
2 강한 스트레스가 있어, 사람을 무서워했기 때문에
3 집에 왔을 때는 성견이었기 때문에
4 밖으로 나가는 것을 매우 싫어했기 때문에

해설 질문을 읽고 개가 따르지 않았던 이유가 무엇인가를 염두에 두며 첫 번째 단락을 읽고 내용을 파악한다. 첫 번째 단락에서 何かのストレスで心を病んでしまい라고 하고, 心を開かないとはこのことかと思うほど徹底して人間を怖がっていた라고 서술하고 있으므로, 2 強いストレスがあり、人を怖がっていたから(강한 스트레스가 있어, 사람을 무서워했기 때문에)가 정답이다.

어휘 長い間 ながいあいだ 오랫동안　引き取る ひきとる [동] 인수하다
成犬 せいけん [명] 성견

60

어릴 적의 필자가, 개의 신뢰를 얻기 위해 행했던 것은 무엇인가?

1 싫어하는 개를 끌어내어, 매일 함께 산책을 가도록 했다.
2 필요 이상으로 쓰다듬어 무서워하지 않도록, 몸을 대도록 했다.
3 매일 대하고 있었지만, 무서워하지 않도록 상관하는 것은 필요 최저한으로 했다.
4 필사적이 되지 않도록 주의해서, 천천히 기다리기로 했다.

해설 질문을 읽고 개의 신뢰를 얻기 위해 했던 것이 무엇인가를 염두에 두며 두 번째 단락을 읽고 내용을 파악한다. 두 번째 단락에서 怖がらせないよう必要以上には構わず、それでも毎日接していた라고 서술하고 있으므로, 3 毎日接していたが、怖がらせないように構うのは必要最低限にした(매일 대하고 있었지만, 무서워하지 않도록 신경쓰는 것은 필요 최저한으로 했다)가 정답이다.

어휘 必要最低限 ひつようさいていげん 필요 최저한
気を付ける きをつける 주의하다

61

이런 것이란 어떤 것인가?

1 최초에는 사람을 무서워했던 개가, 점점 마음을 허락해주게 된 것
2 개가 나이를 먹었을 때는, 발이 안 좋아져 걸을 수 없게 되었던 것
3 어릴 적에 기르던 개가, 좀처럼 소리를 내어 울지 않았던 것
4 마음을 열지 않았던 개로부터 진짜 신뢰를 얻었을 때, 매우 자랑스럽게 느꼈던 것

해설 질문의 밑줄 친 こんなこと(이런 것)가 있는 세 번째 단락을 읽고 밑줄 친 부분을 설명하는 내용을 찾는다. 밑줄이 있는 단락의 앞 단락에서 ゆっくりと恐る恐るではあったが確実に心を許してくれるようになり、遠慮がちに体を寄せてきたり、出掛ける時は尾を垂らしてションボリするなどの感情も見せるので皆でいちいち喜んだものだ라고 했는데, 밑줄의 뒷부분에서 動物相手の成功体験이라고 서술하고 있으므로, 1 最初は人を怖がっていた犬が、だんだんと心を許してくれるようになったこと(최초에는 사람을 무서워했던 개가, 점점 마음을 허락해주게 된 것)가 정답이다.

어휘 年を取る としをとる 나이를 먹다

62

필자의 생각과 맞는 것은 어느 것인가?

1 사람으로부터 신뢰받게 되려면, 성실하게 대하는 것보다 나은 것은 없다.
2 상대의 의사를 계속 존중하면, 반드시 신뢰를 얻을 수 있음에 틀림없다.

3 어릴 적의 성공 체험은, 변호사로서 일을 할 때 도움이 되고 있다.
4 상대가 사람이든 개든, 신뢰를 얻는 것이 인생에서 제일 중요한 것이다.

해설 필자가 글을 통해 말하고자 하는 내용을 묻고 있으므로, 글의 후반부를 꼼꼼히 읽고 정확히 해석하면서 필자의 생각이나 주장을 파악한다. 세 번째 단락에서 **誠実に接するしか方法はない**라고 하고, 네 번째 단락에서 **必死になりすぎないよう、あくまでも相手の意思を尊重しなければならない。信頼以上に大切なことはないのだ**라고 서술하고 있으므로, 1 **人から信頼されるようになるには、誠実に接するよりほかはない**(사람으로부터 신뢰받게 되려면, 성실하게 대하는 것보다 나은 것은 없다)가 정답이다.

어휘 **～よりほかはない** ~보다 나은 것은 없다
～に違いない ～にちがいない ~임에 틀림없다
役立つ やくだつ 동 도움이 되다 **人生 じんせい** 명 인생

실전 테스트 3

p.298

50 2 **51** 1 **52** 2 **53** 4 **54** 2 **55** 1
56 3 **57** 2 **58** 4 **59** 3 **60** 2 **61** 1
62 4

문제9 다음 (1)에서 (3)의 글을 읽고, 뒤의 물음에 대한 답으로 가장 알맞은 것을, 1・2・3・4에서 하나 고르세요.

50-52

지구 및 우주의 관측과, 우주 환경을 이용한 연구나 실험을 행하는 것을 목적으로 한 거대한 유인 시설, 그것이 국제우주정거장이다. 그곳에는, 우주 실험이나 과제의 해결에 힘쓰는 우수한 승조원들이 체재하고 있어, [50]그들의 실험으로부터 초래된 새로운 과학 기술은, 지상의 생활이나 산업에 유용하게 쓰이고 있다.

국제우주정거장은, 지상으로부터 약 400km의 상공을 무려 시속 약 27,700km, 초속으로 환산하면 약 7.7km로 비행하여, 지구를 약 90분에 1바퀴, 1일에 약 16바퀴나 돌고 있다. [51]승조원들의 체재중, 기압, 산소·이산화탄소의 농도, 물 등은, 환경 제어·생명 유지 시스템에 의해 제어·관리된다. 그리고 [51]이 시스템의 대부분을, 미국, 러시아 각각이 개발 및 제공하고 있어, 비상시에는 상호 이용하는 일이 있다고 한다. 그중에서도, 생명 유지에 필수인 물이나 배설에 관해서는 이 체제를 빠뜨릴 수 없다.

하지만, 예상을 훨씬 넘는 사태가 일어나는 일도 있다. 2019년의 어느 날, 러시아 측 미국 측, 양쪽의 화장실이 기능 정지했다. 미국 측의 화장실은 고장 표시가 사라지지 않고, 러시아 측의 화장실은 정화조가 가득 찼기 때문에 사용 불가. 버저음이 멈추지 않고 울려, 양쪽 모두 사용할 수 없는 상황에 빠졌다. 승조원들은 복구 작업에 농락당했지만, 문제가 해결될 때까지 밤새, 아무도 흐트러지는 일 없이 화장실 없는 상태로 견뎠다고 한다.

죽음과 이웃해 있는 상황에서, [52]비상사태를 극복하는 그들의 모습에서 배울 것은 많다. 우리들이 올려다보는 하늘 끝에는, [52]국경을 넘어 단결하는 것으로 모든 임무를 수행하는 국제우주정거장의 승조원들이 있다는 것을, 때로는 떠올려 보는 것도 나쁘지 않을 것이다.

(주) 농락당하다 : 여기서는, 대응에 쫓기다

어휘 **地球 ちきゅう** 명 지구 **及び および** 접 및 **宇宙 うちゅう** 명 우주
観測 かんそく 명 관측 **環境 かんきょう** 명 환경
実験 じっけん 명 실험 **目的 もくてき** 명 목적
巨大だ きょだいだ な형 거대하다 **有人 ゆうじん** 명 유인
施設 しせつ 명 시설
国際宇宙ステーション こくさいうちゅうステーション 명 국제우주정거장
課題 かだい 명 과제 **解決 かいけつ** 명 해결
優秀だ ゆうしゅうだ な형 우수하다
乗組員 のりくみいん 명 승조원, 승무원 **滞在 たいざい** 명 체재
もたらす 동 초래하다, 불러일으키다 **新ただ あらただ** な형 새롭다
地上 ちじょう 명 지상 **役立てる やくだてる** 동 유용하게 쓰다
上空 じょうくう 명 상공 **なんと** 부 무려 **時速 じそく** 명 시속
秒速 びょうそく 명 초속 **換算 かんさん** 명 환산
飛行 ひこう 명 비행 **気圧 きあつ** 명 기압 **酸素 さんそ** 명 산소
二酸化炭素 にさんかたんそ 명 이산화탄소 **濃度 のうど** 명 농도
制御 せいぎょ 명 제어 **生命 せいめい** 명 생명 **維持 いじ** 명 유지
システム 명 시스템 **管理 かんり** 명 관리 **多く おおく** 명 대부분
ロシア 명 러시아 **それぞれ** 명 각각 **開発 かいはつ** 명 개발
提供 ていきょう 명 제공 **非常時 ひじょうじ** 명 비상시
相互 そうご 명 상호 **必須 ひっす** 명 필수 **排泄 はいせつ** 명 배설
体制 たいせい 명 체제 **欠かせない かかせない** 빠뜨릴 수 없다
想定 そうてい 명 예상, 상정 **はるかに** 부 훨씬, 아득히
事態 じたい 명 사태 **機能 きのう** 명 기능 **停止 ていし** 명 정지
米国 べいこく 명 미국 **表示 ひょうじ** 명 표시
浄化槽 じょうかそう 명 정화조 **満タン まんたん** 가득 참
使用 しよう 명 사용 **不可 ふか** 명 불가
ブザー音 ブザーおん 버저음 **状況 じょうきょう** 명 상황
陥る おちいる 동 빠지다 **復旧 ふっきゅう** 명 복구
作業 さぎょう 명 작업 **翻弄される ほんろうされる** 농락당하다
不具合 ふぐあい 명 문제, 결함 **一晩中 ひとばんじゅう** 밤새
取り乱す とりみだす 동 흐트러지다 **状態 じょうたい** 명 상태
辛抱 しんぼう 명 견딤, 참음 **死 し** 명 죽음
隣り合わせ となりあわせ 명 이웃해 있음
非常事態 ひじょうじたい 명 비상사태 **乗り切る のりきる** 동 극복하다
見上げる みあげる 동 올려다보다 **国境 こっきょう** 명 국경
団結 だんけつ 명 단결 **あらゆる** 모든 **任務 にんむ** 명 임무
遂行 すいこう 명 수행 **対応 たいおう** 명 대응 **追う おう** 동 쫓다

50

국제우주정거장에서는, 무엇을 위해 실험 등을 행하고 있는 것인가?

1 우주 공간에서 사용할 수 있는 새로운 과학 기술을 개발하기 위해
2 인간 사회에서 활용할 수 있는 새로운 과학 기술을 찾기 위해

3 우주 공간에서 사용되는 기술이 지상에서 사용할 수 있는지 조사하기 위해

4 우주 환경을 이용한 연구로부터 생활에 도움이 되는 것을 고르기 위해

해설 질문을 읽고 무엇을 위한 실험을 하고 있는가를 염두에 두며 첫 번째 단락을 읽고 내용을 파악한다. 첫 번째 단락에서 **彼らの実験からもたらされた新たな科学技術は、地上の生活や産業に役立てられている**라고 서술하고 있으므로, 2 **人間の社会で活用できる新しい科学技術を探すため**(인간 사회에서 활용할 수 있는 새로운 과학 기술을 찾기 위해)가 정답이다.

어휘 **空間 くうかん** [명]공간　**活用 かつよう** [명]활용
役立つ やくだつ [동]도움이 되다

51

비상시에는 상호 이용하는 일이 있다고 되어 있는데, 어떻게 이용하는 것인가?

1 미국의 시스템이 작동하지 않는 경우는, 러시아의 시스템을 일시적으로 사용하는 일이 있다.

2 미국이 개발한 시스템을 사용해 러시아의 시스템을 재개발하는 일이 있다.

3 트러블에 대비해, 일정 기간, 각각의 시스템을 번갈아 이용하는 일이 있다.

4 생명 유지 시스템에 한해, 서로의 시스템을 순서대로 이용하는 일이 있다.

해설 질문의 밑줄 친 **非常時には相互利用することがある**(비상시에는 상호 이용하는 일이 있다)가 있는 두 번째 단락을 읽고 밑줄 친 부분을 설명하는 내용을 찾는다. 밑줄의 앞부분에서 **乗組員たちの滞在中、気圧、酸素・二酸化炭素の濃度、水などは、環境制御・生命維持システムによって制御・管理**라고 하고, **これらのシステムの多くを、アメリカ、ロシアのそれぞれが開発及び提供**라고 서술하고 있으므로, 1 **アメリカのシステムが作動しない場合は、ロシアのシステムを一時的に使用することがある**(미국의 시스템이 작동하지 않는 경우는, 러시아의 시스템을 일시적으로 사용하는 일이 있다)가 정답이다.

어휘 **作動 さどう** [명]작동　**一時的だ いちじてきだ** [な형]일시적이다
再開発 さいかいはつ [명]재개발　**トラブル** [명]트러블, 문제
備える そなえる [동]대비하다　**一定 いってい** [명]일정
期間 きかん [명]기간　**交互 こうご** [명]번갈아
～に限って ～にかぎって ~에 한해　**順番 じゅんばん** [명]순서, 순번

52

이 글에서 필자가 말하고 싶은 것은 무엇인가?

1 미국과 러시아 양국의 환경 제어·생명 유지 시스템 없이는, 결코 임무를 수행할 수 없다.

2 국적이 다른 승조원들이 하나의 과제에 맞서는 자세에서, 많은 것을 배울 수 있다.

3 국제우주정거장의 승조원들은 매우 우수해서, 비상사태도 훌륭하게 해결할 수 있다.

4 죽음과 이웃해 있는 상황 하에 있어서, 단결력 없이는 어떤 문제도 해결할 수 없다.

해설 필자가 글을 통해 말하고자 하는 내용을 묻고 있으므로, 글의 후반부를 꼼꼼히 읽고 정확히 해석하면서 필자의 생각이나 주장을 파악한다. 네 번째 단락에서 **非常事態を乗り切る彼らの姿から学ぶものは多い**라고 하고, **国境を越えて団結することであらゆる任務を遂行する国際宇宙ステーションの乗組員たち**라고 서술하고 있으므로, 2 **国籍の異なる乗組員たちが一つの課題に立ち向かう姿勢から、多くのことが学べる**(국적이 다른 승조원들이 하나의 과제에 맞서는 자세에서, 많은 것을 배울 수 있다)가 정답이다.

어휘 **国籍 こくせき** [명]국적　**異なる ことなる** [동]다르다
立ち向かう たちむかう [동]맞서다　**姿勢 しせい** [명]자세
見事だ みごとだ [な형]훌륭하다　**団結力 だんけつりょく** [명]단결력

53-55

20년 정도 전, 어느 나라에서 체재 비자의 연장 수속을 했다. 관공서의 일이기 때문에 무엇이든 룰대로, 누가 신청해도 같은 정도의 일수를 기다려야 하고, 수수료도 물론 일정하다고 생각했더니, 특급 요금과 쾌속 요금과 보통 요금이 있다고 들었다. 보통 요금이 며칠 걸리는지는 잊어버렸지만, [53]특급 요금을 지불하면 당일 발행한다고 들어, 지폐를 몇 장인가 추가해서 기다리기로 했다. 귀국 후에 그 이야기를 동료들에게 했더니, '돈이 있는 사람이 우대받다니'라는 의견 속, 한 사람만 ①'그거 좋다'고 말한 사람이 있었다. [53]'융통성이 있다는 거잖아'라고.

[54]사람에게는 각각 사정이 있다. 어떻게 해서든 그날 중으로 비자가 필요한 사람이 있을지도 모른다. 그것이 인생을 좌우할지도 모르는 이유였다면 어떨까? 일률적인 룰로 모든 사람을 속박하는 것보다, [54]기준이 되는 룰이 있는 한편, ②느슨하게 운용하는 체제가 있는 편이, 살기 쉬운 사회인 것은 아닐까 라는 것이, 그 사람의 의견이었다.

나는 만인에게 같은 룰을 적용하는 편이 공평하다고 생각하고 있었다. 그렇기 때문에, 그때의 그녀의 발언은 충격이었던 것이다. [55]법 아래 평등과 같이, 누구나가 같은 입장이어야만 한다는 생각이 있는 반면, 누구에 대해서도 같은 규칙을 사용하는 것이 이유로 비인도적인 일도 일어날 수 있다. 만사는 한쪽 면만을 봐서는 정할 수 없는 것이다.

(주) 우대하다 : 다른 사람보다 귀중히 대접하다

어휘 **滞在 たいざい** [명]체재　**ビザ** [명]비자　**延長 えんちょう** [명]연장
手続き てつづき [명]수속　**役所 やくしょ** [명]관공서
何もかも なにもかも 무엇이든　**ルール** [명]룰, 규칙
申請 しんせい [명]신청　**日数 にっすう** [명]일수, 날짜
手数料 てすうりょう [명]수수료　**一定 いってい** [명]일정
料金 りょうきん [명]요금　**快速 かいそく** [명]쾌속
告げる つげる [동]들려주다, 알리다　**払う はらう** [동]지불하다
即日 そくじつ [명]당일, 즉일　**発行 はっこう** [명]발행
お札 おさつ [명]지폐　**追加 ついか** [명]추가　**帰国 きこく** [명]귀국
同僚 どうりょう [명]동료　**優遇 ゆうぐう** [명]우대
融通が利く ゆうずうがきく 융통성이 있다　**それぞれ** [부]각각

事情 じじょう 명 사정　人生 じんせい 명 인생
左右 さゆう 명 좌우　～かねない ~할지도 모른다
一律 いちりつ 명 일률　全て すべて 명 모두
縛り付ける しばりつける 동 속박하다, 붙들어 매다
基準 きじゅん 명 기준　～かたわら ~하는 한편
緩やかだ ゆるやかだ な형 느슨하다, 완만하다　運用 うんよう 명 운용
体制 たいせい 명 체제　万人 ばんにん 명 만인
適用 てきよう 명 적용　公平だ こうへいだ な형 공평하다
発言 はつげん 명 발언　衝撃 しょうげき 명 충격　法 ほう 명 법
平等 びょうどう 명 평등　誰も だれも 누구나　立場 たちば 명 입장
反面 はんめん 명 반면
非人道的だ ひじんどうてきだ な형 비인도적이다
～得る ～える ~할 수 있다　物事 ものごと 명 만사
一面 いちめん 명 한쪽 면　もてなす 동 대접하다

53

①'그거 좋다'라고 되어 있는데, 무엇이 좋은 것인가?

1 관공서에 따라 수수료가 다른 것
2 비자가 당일 발행된 것
3 돈이 있는 사람이 우대받는 것
4 돈을 지불하면 융통성이 있는 것

해설 질문의 밑줄 친 それはいい(그거 좋다)가 있는 첫 번째 단락을 읽고 밑줄 친 부분을 설명하는 내용을 찾는다. 밑줄의 앞부분에서 特急料金を払えば即日発行라고 하고, 밑줄의 뒷부분에서 「融通が利くってことでしょ」라고 서술하고 있으므로, 4 お金を払えば融通が利くこと(돈을 지불하면 융통성이 있는 것)가 정답이다.

54

②느슨하게 운용하는 체제라고 되어 있는데, 여기서는 어떠한 의미로 사용되고 있는가?

1 룰에 반하는 것이라도, 돈이 있는 사람에게는 융통성이 있게 한다.
2 룰은 있지만, 경우에 따라서는 개인의 사정에 맞춰 바꿀 수 있다.
3 누구에 대해서도 평등하게 대응하기 위해, 경우에 따라서는 룰을 바꿀 수 있다.
4 누구에 대해서도 룰은 엄격하게 하지 않고, 룰과 다른 대응도 할 수 있게 한다.

해설 질문의 밑줄 친 緩やかに運用する体制(느슨하게 운용하는 체제)가 있는 두 번째 단락을 읽고 밑줄 친 부분을 설명하는 내용을 찾는다. 밑줄의 앞부분에서 人にはそれぞれ事情がある라고 하고, 밑줄을 포함한 부분에서 基準となるルールがあるかたわらで、緩やかに運用する体制があるほうが라고 서술하고 있으므로, 2 ルールはあるが、場合によっては個人の事情に合わせて変えることができる(룰은 있지만, 경우에 따라서는 개인의 사정에 맞춰 바꿀 수 있다)가 정답이다.

어휘 反する はんする 동 반하다　個人 こじん 명 개인
対応 たいおう 명 대응

55

룰에 대해, 필자는 어떻게 생각하고 있는가?

1 누구에 대해서도 일률적인 룰을 적용하는 것은, 좋은 면도 나쁜 면도 있다.
2 룰의 적용은 공평하게 해야만 하지만, 그 운용은 룰을 사용하는 사람에게 맡겨져야만 한다.
3 누구나가 평등하기 위해서는, 모든 사람이 같은 룰을 지킬 필요는 없다.
4 비인도적인 룰을 사용하지 않도록, 만사를 결정할 때는 잘 생각해야만 한다.

해설 질문을 읽고 룰에 대한 필자의 생각이 무엇인가를 염두에 두며 세 번째 단락을 읽고 내용을 파악한다. 세 번째 단락에서 法の下の平等のように、誰もが同じ立場であるべきだという考えがある反面、誰に対しても同じ規則を使うがゆえ非人道的なことも起こり得る。物事は一面だけを見ては決められないものである라고 서술하고 있으므로, 1 誰に対しても一律のルールを適用することは、いい面も悪い面もある(누구에 대해서도 일률적인 룰을 적용하는 것은, 좋은 면도 나쁜 면도 있다)가 정답이다.

어휘 面 めん 명 면　任す まかす 동 맡기다　守る まもる 동 지키다

56-58

[56]하지 않으면 안 된다고 알고 있는 것에, 좀처럼 착수할 수 없다. 그런 경험이 없는 사람은 아마 전무할 것이다. 이것은 생활이나 사회의 모든 장면에서 볼 수 있는 것이지만, 대다수는 그다지 큰 문제가 되지는 않는다. 하지만, [56]미뤘다는 사실은 사람의 마음에 영향을 주고, 몇 번인가 반복하는 동안에, 그것이 점점 습관화되어버리는 것을 알고 있다.

행동을 미룬 것으로 사태의 악화가 예상되는 경우는 더욱 성가셔, 늦추면 늦출수록, 불안이 증대한다. 그리고, 보다 한층 더 착수하는 것을 어렵다고 느끼게 되어, 어렵기 때문에야말로 바로는 할 수 없다고 자신을 납득시켜버리는 일조차 있다. 그래서, '사태의 악화와 불안의 증대'라는 악순환을 끊기 위해서는, 어쨌든 바로라도, 일에 착수할 수밖에 없다. 어렵게 생각되어 [57]시작하는 것이 곤란한 경우에는, 해야 하는 일을 세분화하여, 몇 개의 작업으로 나누는 것이 유용하다고 일컬어진다. 큰 산과 같이 느끼고 있던 일을, 단순하고, 바로 행동 가능하고, 완료할 수 있는 작업으로 하는 것이다. 조금씩이라도 확실하게 진행할 수 있으면, 내 마음대로 할 수 있는 것이다.

착수하기 전의 일은 매우 곤란하게 생각되고, 또, 실행해봤자 별로 달성감은 얻을 수 없는 것처럼 생각되는 법이다. 그래도 시작해 보면, 크게 보였던 일이 세분화된 것에 의해 곤란함이 저하하고, [58]시작하기 전에 생각했던 이상의 달성감을 느낄 것이다. 작은 만족을 쌓는 것은, 실행을 확실한 것으로 할 뿐 아니라, 미룸을 극복하는 것으로 연결되는 것이다.

(주1) 전무 : 전혀 없다
(주2) 세분화하다 : 잘게 나누다
(주3) 유용 : 도움이 되다

어휘 取り掛かる とりかかる 동 착수하다　おそらく 부 아마
皆無 かいむ 명 전무, 개무　あらゆる 모든　場面 ばめん 명 장면
さほど 부 그다지　先延ばし さきのばし 명 미룸, 미루기
事実 じじつ 명 사실　影響 えいきょう 명 영향
与える あたえる 동 주다, 미치다　繰り返す くりかえす 동 반복하다
習慣化 しゅうかんか 명 습관화　行動 こうどう 명 행동
事態 じたい 명 사태　悪化 あっか 명 악화　予想 よそう 명 예상
さらに 부 더욱　厄介だ やっかいだ な형 성가시다
遅らせる おくらせる 동 늦추다　不安 ふあん 명 불안
増大 ぞうだい 명 증대　一層 いっそう 부 한층 더
着手 ちゃくしゅ 명 착수　感じる かんじる 동 느끼다
納得 なっとく 명 납득　悪循環 あくじゅんかん 명 악순환
断ち切る たちきる 동 끊다　とにかく 부 어쨌든
物事 ものごと 명 일, 사물　困難だ こんなんだ な형 곤란하다
細分化 さいぶんか 명 세분화　作業 さぎょう 명 작업
分ける わける 동 나누다　有用だ ゆうようだ な형 유용하다
単純だ たんじゅんだ な형 단순하다　完了 かんりょう 명 완료
確実だ かくじつだ な형 확실하다　進める すすめる 동 진행하다
こっちのもの 내 마음대로 할 수 있는 것, 내 것　～たところで ~해봤자
達成感 たっせいかん 명 달성감
やり始める やりはじめる 시작하다　低下 ていか 명 저하
満足 まんぞく 명 만족　積み重ねる つみかさねる 동 (겹겹이) 쌓다
克服 こくふく 명 극복　つながる 동 연결되다　全く まったく 부 전혀

56

습관화되어버리는이라고 되어 있는데, 무엇이 습관화되는 것인가?

1 하지 않으면 안 되는 것을 하지 않아도, 전혀 문제시하지 않는 것
2 하지 않으면 안 되는 것이니까 하고, 다른 사람에게 강요하는 것
3 하지 않으면 안 된다고 이해하고 있지만, 바로는 시작하지 않는 것
4 하지 않으면 안 되는 것을 하지 않고, 다른 사람에게 의지하는 것

해설 질문의 밑줄 친 習慣化されてしまう(습관화되어버리는)가 있는 첫 번째 단락을 읽고 밑줄 친 부분을 설명하는 내용을 찾는다. 밑줄의 앞부분에서 しなければいけないとわかっていることに、なかなか取り掛かれない라고 하고, 先延ばしにしたという事実は人の心に影響を与え라고 서술하고 있으므로, 3 しなければいけないと理解しているが、すぐには始めないこと(하지 않으면 안 된다고 이해하고 있지만, 바로는 시작하지 않는 것)가 정답이다.

어휘 問題視 もんだいし 명 문제시　強要 きょうよう 명 강요
理解 りかい 명 이해　頼る たよる 동 의지하다

57

필자에 의하면, 어떻게 하면 행동에 착수할 수 있는가?

1 바로 행동할 수 있을 것 같은 작은 작업부터 한다.
2 하지 않으면 안 되는 것을 작은 작업으로 나눈다.
3 단순하게 생각해서, 바로 행동하도록 한다.
4 끝낼 수 있는 작업만을 처음에 진행한다.

해설 질문을 읽고 행동에 착수할 수 있는 방법이 무엇인가를 염두에 두며 두 번째 단락을 읽고 내용을 파악한다. 두 번째 단락에서 始めることが困難な場合は、すべきことを細分化し、いくつかの作業に分けることが有用だと言われている라고 서술하고 있으므로, 2 しなければいけないことを小さな作業に分ける(하지 않으면 안 되는 것을 작은 작업으로 나눈다)가 정답이다.

58

이 글에서 필자가 가장 말하고 싶은 것은 무엇인가?

1 일에 착수하기 전에 작업을 잘게 분할하면, 틀리지 않고 행할 수 있을 것이다.
2 일을 빠르게 처리하는 것은 어렵지만, 만족감이 있으면, 미루기를 하지 않게 될 것이다.
3 일을 확실하게 진행하기 위해서는, 미루기를 하지 않고 바로 시작하는 편이 좋을 것이다.
4 일을 확실히 행하는 것에 의해 달성감을 얻을 수 있으면, 미루기를 하지 않게 될 것이다.

해설 필자가 글을 통해 말하고자 하는 내용을 묻고 있으므로, 글의 후반부를 꼼꼼히 읽고 정확히 해석하면서 필자의 생각이나 주장을 파악한다. 세 번째 단락에서 始める前に思っていた以上の達成感を感じるはずだ。小さな満足を積み重ねることは、実行を確実なものにするだけでなく、先延ばしを克服することにつながるのだ라고 서술하고 있으므로, 4 物事を確実に行うことによって達成感を得られると、先延ばしをしなくなるだろう(일을 확실히 행하는 것에 의해 달성감을 얻을 수 있으면, 미루기를 하지 않게 될 것이다)가 정답이다.

어휘 分割 ぶんかつ 명 분할　速やかだ すみやかだ な형 빠르다, 신속하다
処理 しょり 명 처리　満足感 まんぞくかん 명 만족감

문제10 다음 글을 읽고, 뒤의 물음에 대한 답으로 가장 알맞은 것을, 1・2・3・4에서 하나 고르세요.

59-62

본심과 겉모습, 어느 쪽을 우선해야 하는가 고민스러운 일이 자주 있습니다.

매년 초봄에, 수차례 이웃 할머니로부터 많은 산나물을 받습니다만, 그것은 할머니의 아주 좋아하는 것인 듯, 직접 거두어오시는 것입니다. 매우 온화한 분으로 나와 친하게 대해주시고, 할머니의 고향 이야기 등 듣는 것도 좋아합니다만, [59]실은 저는 산나물을 싫어해서 매번 먹는 것에 고생합니다. 아무리 해도 전부는 다 먹을 수 없어 다른 사람에게 주려고 생각해도 산나물은 싫어한다고 듣는 일이 많아, 결국 대부분 집에서 먹게 됩니다. 항상 가능한 한 정직하게 있으려고 유의하고 있지만, 뜻에 부합하지 않는, [59]조금 곤란한 것을 받았을 때는, 역시 ①본심보다도 겉모습을 우선하여, 기쁘게 받아들입니다. 음식은 가능한 한 함부로 하기 싫습니다만, 그동안에 상해서 먹을 수 없게 되면 죄송하다고 생각하면서도 기분이 편해지고, 다음에는 적어도 그렇게 많이는 못 먹는다고 말하자고 결심하고는 꺾이는 반복입니다.

그런 애매한 마음이 계속 되는 가운데, '공리주의론'이라는, 저의 심정과는 정반대 같은 타이틀의 서적이 도움이 되었습니다. [60]'공리주의론'이란, 공리 즉 이익이 될지 어떨지를 가장 중요하게 생각하는 논리입니다. 최대 다수의 사람에게 있어서 무엇이 가장 유익한가를 생각해, 인간관계에 있어서의 진실의 중요함을 말하고 있습니다. 거짓말은 우리들이 주고받는 말을 불안정하게 하고, 상대의 신뢰를 손상시켜버리는, 따라서 인간관계가 약하고 부서지기 쉬운 것이 되어 사회의 행복을 위협하는 것이 된다고 말합니다. 신뢰는 사회에 있어서 행복을 만들어내는 하나의 요소이기 때문에, 진실을 전달하는 것은 유익하고, 거짓말은 무익한 것이 됩니다.

정말 그렇다고 생각하는 것과 동시에, [61]하지만 예외가 있어, 누군가를 지키기 위해, 불쾌한 생각을 하게 하지 않기 위한 거짓말은 중요하다는 논설에 깊이 찬동했습니다. 개인의 행복과 집단적 행복과의 간격을 메우는 것이 인간의 목적이라고 생각해 사회 전체의 선을 추구하는 저자에게 있어서, ②이 예외는 최대 다수의 행복에 공헌하는 것이 되기 때문입니다. 이 행복을 위한 유익한 행동은 적잖이 경험에서 생겨나는 것이겠지요.

망설임은 사라졌습니다. 아들 부부와 동거하는 할머니는, 상냥한 아들이 휴일에 차로 데려다 주는 특별한 장소에서 매우 좋아하는 산나물을 산만큼 거두어, 저에게도 듬뿍 나누어주는 것입니다. 저도 자주 수제 잼 등을 드리기 때문에, 말하자면 서로의 호의겠지요. [62]조금 곤란해도, 설령 다 먹지 못해도, 감사하게 받는 것은 유익한 '거짓말'인 것입니다. 그녀는 분명 저보다 숙련된 공리주의자임에 틀림없습니다.

(주1) 산나물 : 산에 자라는, 식용 식물
(주2) 꺾이다 : 무기력해지다, 의욕을 잃다

어휘 本音 ほんね 명 본심　建前 たてまえ 명 겉모습
優先 ゆうせん 명 우선　悩ましい なやましい い형 고민스럽다
春先 はるさき 명 초봄　山菜 さんさい 명 산나물
大好物 だいこうぶつ 명 아주 좋아하는 것
摘む つまむ 동 거두다, 집다　気の良い きのよい 온화한
故郷 こきょう 명 고향　苦手だ にがてだ な형 싫어하다
苦労 くろう 명 고생　とても 부 아무리 해도
食べきる たべきる 다 먹다　結局 けっきょく 부 결국
常々 つねづね 항상　正直だ しょうじきだ な형 정직하다
心掛ける こころがける 동 유의하다, 주의하다　意 い 명 뜻
添う そう 동 부합하다　受け取る うけとる 동 받아들이다
粗末だ そまつだ な형 함부로 하다　傷む いたむ 동 상하다
申し訳ない もうしわけない い형 죄송하다　せめて 부 적어도
決心 けっしん 명 결심　挫ける くじける 동 꺾이다
繰り返し くりかえし 명 반복　曖昧だ あいまいだ な형 애매하다
功利主義論 こうりしゅぎろん 명 공리주의론　心情 しんじょう 명 심정
正反対 せいはんたい 명 정반대　タイトル 명 타이틀
書物 しょもつ 명 서적　救われる すくわれる 도움이 되다
すなわち 접 즉　利益 りえき 명 이익
最重要 さいじゅうよう 가장 중요함　論理 ろんり 명 논리
最大 さいだい 명 최대　多数 たすう 명 다수
有益だ ゆうえきだ な형 유익하다
人間関係 にんげんかんけい 명 인간관계　真実 しんじつ 명 진실
説く とく 동 말하다, 설명하다　交す かわす 동 주고받다
不安定だ ふあんていだ な형 불안정하다　信頼 しんらい 명 신뢰
損なう そこなう 동 손상시키다　よって 접 따라서
幸福 こうふく 명 행복　脅かす おびやかす 동 위협하다
作り出す つくりだす 동 만들어내다　要素 ようそ 명 요소
無益 むえき 명 무익　全く まったく 부 정말, 완전히
例外 れいがい 명 예외　不愉快だ ふゆかいだ な형 불쾌하다
論説 ろんせつ 명 논설　賛同 さんどう 명 찬동　個人 こじん 명 개인
集団 しゅうだん 명 집단　隔たり へだたり 명 간격
埋める うめる 동 메우다　目的 もくてき 명 목적
追求 ついきゅう 명 추구　著者 ちょしゃ 명 저자
貢献 こうけん 명 공헌　少なからず すくなからず 부 적잖이
夫婦 ふうふ 명 부부　同居 どうきょ 명 동거　どっさり 부 듬뿍
手作り てづくり 명 수제　いわば 부 말하자면　好意 こうい 명 호의
熟練 じゅくれん 명 숙련　生える はえる 동 자라다
食用 しょくよう 명 식용　植物 しょくぶつ 명 식물
弱気になる よわきになる 무기력해지다　意欲 いよく 명 의욕
失う うしなう 동 잃다

59

①본심보다도 겉모습을 우선이란 어떤 것인가?

1 상대를 기쁘게 하려고, 언제나 정직하게 있는 것
2 자신보다, 곤란해하는 상대의 기분을 생각하는 것
3 분명하게 필요 없다고 말하지 않고, 기쁜 척을 하는 것
4 곤란한 것은, 자신부터 기쁘게 받아들이는 것

해설 질문의 밑줄 친 本音よりも建前を優先(본심보다도 겉모습을 우선)이 있는 두 번째 단락을 읽고 밑줄 친 부분을 설명하는 내용을 찾는다. 밑줄의 앞부분에서 実は私は山菜が苦手で毎回食べるのに苦労します라고 하고, 밑줄을 포함한 부분에서 ちょっと困るようなものをいただいたときは、やはり本音よりも建前を優先し、喜んで受け取ります라고 서술하고 있으므로, 3 はっきり要らないと言わず、うれしいふりをすること(분명하게 필요 없다고 말하지 않고, 기쁜 척을 하는 것)가 정답이다.

어휘 喜ばせる よろこばせる 동 기쁘게 하다
受け入れる うけいれる 동 받아들이다

60

필자의 마음과 '공리주의론'은 어떻게 다른가?

1 필자가 상대의 마음을 우선하는데 반해, '공리주의론'은 이익이 되는 것을 우선한다.
2 필자가 어떻게 행동해야만 하는지 망설이는데 반해, '공리주의론'은 이익이 되는 것을 우선 중요시한다.
3 필자가 겉모습을 소중히 하는데 반해, '공리주의론'은 진실을 전달하는 것이야 말로 유익하다고 한다.
4 필자가 거짓말을 말하지 않도록 하는데 반해, '공리주의론'은 거짓말을 말하는 것도 중요하다고 말하고 있다.

해설 질문을 읽고 '공리주의론'에 대한 필자의 생각이 무엇인가를 염두에 두며 세 번째 단락을 읽고 내용을 파악한다. 두 번째 단락에서 산나물을 주셔도 그렇게 많이는 못 먹는다고 말하려고 해도 말하지 못하고 애매한 마음만 계속되고 있다고 했는데, 세 번째 단락에서 **「功利主義論」とは、功利すなわち利益になるかどうかを最重要に考える論理です**라고 서술하고 있으므로, **2 筆者がどうふるまうべきか迷っているのに対し、「功利主義論」は利益になることをまず重要視する**(필자가 어떻게 행동해야만 하는지 망설이는데 반해, '공리주의론'은 이익이 되는 것을 우선 중요시한다)가 정답이다.

어휘 ふるまう 동 행동하다　重要視 じゅうようし 명 중요시

61

②이 예외란 무엇을 가리키는가?

1 누군가를 지키기 위해서나 기분을 나쁘게 하지 않도록 하기 위한 거짓말은 소중하다는 것
2 개인의 행복과 집단적 행복과의 간격을 작게 하기 위해 행동하는 것
3 사회 전체의 행복을 추구하기 위해서라면, 어떤 거짓말을 해도 괜찮다는 것
4 진실만을 전달할 뿐 아니라, 거짓말도 함께 전달하도록 하는 것

해설 질문의 밑줄 친 この例外(이 예외)가 있는 네 번째 단락을 읽고 밑줄 친 부분을 설명하는 내용을 찾는다. 밑줄의 앞부분에서 **しかし例外があり、誰かを守るため、不愉快な思いをさせないための嘘は重要だという論説に深く賛同しました**라고 서술하고 있으므로, **1 誰かを守るためや気分を悪くさせないための嘘は大切だということ**(누군가를 지키기 위해서나 기분을 나쁘게 하지 않도록 하기 위한 거짓말은 소중하다는 것)가 정답이다.

어휘 守る まもる 동 지키다

62

'거짓말'에 대해, 필자의 생각과 맞는 것은 어느 것인가?

1 거짓말은 신뢰를 없애고 사회를 불안정하게 하지만, 무익하다고는 말하기 어렵다.
2 사회 전체가 행복해지기 위한 거짓말은, 사람들의 경험에서 생겨났다.
3 인간관계를 좋게 하기 위해서, 서로 거짓말을 하는 경우도 있다.
4 상대에게 싫은 생각을 하게 하지 않기 위한 거짓말은, 사람들을 행복하게 한다.

해설 질문을 읽고 '거짓말'에 대한 필자의 생각이 무엇인가를 염두에 두며 다섯 번째 단락을 읽고 내용을 파악한다. 다섯 번째 단락에서 **少々困っても、たとえ食べきれなくても、ありがたく受け取るのは有益な「嘘」なのです**라고 서술하고 있으므로, **4 相手に嫌な思いをさせないための嘘は、人々を幸福にする**(상대에게 싫은 생각을 하게 하지 않기 위한 거짓말은, 사람들을 행복하게 한다)가 정답이다.

문제 11 통합이해

실력 다지기

p.310

01 ①　**02** ①　**03** ②　**04** ①

01

A

뉴스 프로그램을 보면서, 출연자가 외래어를 많이 쓰는 것에는 싫증이 났다. '콘텍스트' '로직' 등의 외래어를 당연한 듯이 사용하는 것이다. **'콘텍스트'는 문맥, '로직'은 논리이고, 일부러 외래어로 바꿔 말할 만큼의 것일까?** 일본어의 혼란이라고 까지는 말하지 않지만, **과도한 외래어 사용에는 의문을 느낀다.** 애당초 뉴스 프로그램은 사람들에게 정보를 전하는 것인데도, 전할 마음조차 있는 것인지 모르겠다.

B

외래어의 과도한 사용이 문제시되고 있지만, 언어는 시대에 따라서 변화하는 것으로 새로운 말이 사용되는 것은 극히 자연스러운 일이다. '리스크'나 '모티베이션' 등 수십 년 전까지 사용되지 않았던 말이 지금에는 일본어로서 정착되었다. 물론 정보를 전하는 뉴스 프로그램이나 신문 등에서는 누구나 이해할 수 있도록 주의해야 한다고 생각하지만, 가족이나 친구와의 일상적인 회화에 있어서 서로 이해할 수 있다면 사용해도 문제없는 것이 아닐까.

과도한 외래어 사용에 대해, A와 B는 어떻게 서술하고 있는가?

① A는 불필요한 외래어 사용은 피해야 한다고 하고, B는 시대의 변화에 동반한 언어의 변화는 당연한 것이라고 하고 있다.
② A는 외래어를 많이 쓰는 것은 정보를 전달되기 어렵게 한다고 하고, B는 정보만 전달되면 어떤 경우에도 외래어를 사용해도 상관없다고 하고 있다.

어휘 出演者 しゅつえんしゃ 명 출연자　外来語 がいらいご 명 외래어
多用 たよう 명 많이 쓰는 것　嫌気がさす いやけがさす 싫증이 나다
コンテクスト 명 콘텍스트, 문맥　ロジック 명 로직, 논리
当たり前 あたりまえ 명 당연함　使用 しよう 명 사용
文脈 ぶんみゃく 명 문맥　論理 ろんり 명 논리　わざわざ 부 일부러
言い換える いいかえる 동 바꿔 말하다, 말을 바꾸다
乱れ みだれ 명 혼란　過度 かど 명 과도　疑問 ぎもん 명 의문
感じる かんじる 동 느끼다　そもそも 부 애당초
情報 じょうほう 명 정보　問題視 もんだいし 명 문제시
言語 げんご 명 언어　変化 へんか 명 변화　リスク 명 리스크, 위기
モチベーション 명 모티베이션, 동기 부여　定着 ていちゃく 명 정착
友人 ゆうじん 명 친구　日常的だ にちじょうてきだ な형 일상적이다
~において ~에 있어서　理解 りかい 명 이해
避ける さける 동 피하다　~にともなう ~에 동반하다

02

A

빈곤이라고 하면 개인에게 원인이 있는 것처럼 취급되지만, 이것은 개인으로는 어쩔 수 없는 사회 전체의 문제이다. 태어나면서부터 가난한 가정 환경에 있었다, 어느 날 갑자기 재해를 만나서 무일푼이 되었다 등 상황은 다양하지만, 한 번 빈곤에 빠지면 거기에서 빠져나오는 것은 곤란하다. 빈곤은 악순환이기도 한 것이다. **정부는 생활 보호 제도를 충실히 하고, 경제적 지원은 물론 장기적인 눈으로 본 고용 지원에도 힘을 쏟지 않으면 안 된다.**

B

자기 책임이라는 말이 있는 것처럼 자신의 노력으로 어떻게 해서든 상황을 바꾸는 것은 가능하다. 생활 보호 제도가 있는 현대에는 **빈곤층이더라도 노력을 계속하면 빈곤에서 탈출할 수 있을 것이다.** 인생은 자신이 노력한 만큼 자신에게 보상이 있는 것이다. 유소년기에 가난한 생활을 어쩔 수 없이 하게 된 아이가 하나의 발명으로 억만장자에 오르거나, 연예인이 되어 성공하거나 하는 예도 얼마든지 있다. **결국은 자신의 노력 나름인 것이다.**

빈곤에 대해, A와 B는 어떻게 서술하고 있는가?

① A는 빈곤은 사회에서 해결해야 할 큰 문제라고 하고, B는 노력만 하면 빈곤층이라도 가난한 생활에서 빠져나올 수 있다고 하고 있다.

② A는 빈곤은 한 번 빠지면 연쇄를 반복하는 것이라고 하고, B는 유소년기에 빈곤에 고생한 아이 쪽이 성공을 거두는 경우가 많다고 하고 있다.

어휘 貧困 ひんこん 명 빈곤　個々 ここ 명 개인, 한 사람 한 사람
取り扱う とりあつかう 동 취급하다　個人 こじん 명 개인
全体 ぜんたい 명 전체　貧しい まずしい い형 가난하다
環境 かんきょう 명 환경　突然 とつぜん 부 갑자기
災害 さいがい 명 재해　見舞う みまう 동 만나다, 당하다
一文無し いちもんなし 명 무일푼　状況 じょうきょう 명 상황
様々だ さまざまだ な형 다양하다　陥る おちいる 동 빠지다
抜け出す ぬけだす 동 빠져나오다　困難 こんなん 명 곤란
負の連鎖 ふのれんさ 악순환, 악순환의 사슬　政府 せいふ 명 정부
保護 ほご 명 보호　制度 せいど 명 제도　充実 じゅうじつ 명 충실
支援 しえん 명 지원　雇用 こよう 명 고용
自己責任 じこせきにん 명 자기 책임　努力 どりょく 명 노력
現代 げんだい 명 현대　貧困層 ひんこんそう 명 빈곤층
脱出 だっしゅつ 명 탈출　人生 じんせい 명 인생
見返り みかえり 명 보상　幼少期 ようしょうき 명 유소년기
余儀なくされる よぎなくされる 어쩔 수 없이 하게 되다
発明 はつめい 명 발명　億万長者 おくまんちょうじゃ 명 억만장자
登り詰める のぼりつめる 동 오르다　芸能人 げいのうじん 명 연예인
成功 せいこう 명 성공　結局 けっきょく 명 결국
~次第だ ~しだいだ ~나름이다　解決 かいけつ 명 해결
連鎖 れんさ 명 연쇄　繰り返す くりかえす 동 반복하다
苦労 くろう 명 고생　収める おさめる 동 거두다

03

A

기본적인 생명의 인권에 있어서 죽음의 본연의 자세에 대해 다양한 견해가 있다. **스위스 등의 몇몇의 유럽과 미국의 여러 나라에서는 이미 안락사가 용인**되고 있어, 특정 조건만 충족하면 죽음의 요구가 허락된다. 스위스에서는 **국내뿐만 아니라 국외 거주자의 안락사도 인정**하고 있어서, 바다를 건너는 사람도 적지 않다고 한다. **그 수는 국내외 합쳐 연간 1000명을 넘는다.** 죽음을 희망하는 이유로서 큰 병을 앓고, 육체적 정신적 고통으로부터 해방되고 싶다는 것이 대부분이라고 한다.

B

회복의 가망이 없는 환자가 견디기 어려운 고통과 함께 살아간다는 것은 굉장히 가혹한 일이다. 그중에는 안락사를 바라는 목소리도 들린다. 생명을 함부로 하지 말라는 의견도 이해할 수 없는 것도 아니지만, 아무 삶의 보람도 없이 의료의 힘으로 살려지고 있는 환자들을 보면 가슴이 아프다. 생지옥이라고 표현하는 사람도 있다. **우리들에게 치료의 선택지가 있는 것처럼, 이와 같은 환자들을 위해서도 안락사가 그 하나로 들어가도 좋지 않을까.**

안락사에 대해, A와 B의 관점은 어떤 것인가?

① A는 안락사의 증가 원인을 지적하고, B는 안락사가 생명을 함부로 취급하는 행위라고 비판하고 있다.

② A는 안락사의 현재 상황을 구체적으로 제시하고, B는 안락사를 선택지로서 생각하자고 제안하고 있다.

어휘 基本的だ きほんてきだ な형 기본적이다　生命 せいめい 명 생명
人権 じんけん 명 인권　~における ~에 있어서(의)　死 し 명 죽음
在り方 ありかた 명 본연의 자세, 당위성
様々だ さまざまだ な형 다양하다　見解 けんかい 명 견해
スイス 명 스위스　欧米 おうべい 명 유럽과 미국
諸国 しょこく 명 여러 나라　すでに 부 이미
安楽死 あんらくし 명 안락사　容認 ようにん 명 용인
特定 とくてい 명 특정　条件 じょうけん 명 조건
満たす みたす 동 충족하다　要求 ようきゅう 명 요구
許諾 きょだく 명 허락　国内 こくない 명 국내　国外 こくがい 명 국외
居住者 きょじゅうしゃ 명 거주자　認める みとめる 동 인정하다
国内外 こくないがい 국내외　年間 ねんかん 명 연간
超える こえる 동 넘다　希望 きぼう 명 희망
大病 たいびょう 명 큰 병　患う わずらう 동 앓다
肉体的 にくたいてき 명 육체적　精神的 せいしんてき 명 정신적
苦痛 くつう 명 고통　解放 かいほう 명 해방　回復 かいふく 명 회복
見込み みこみ 명 가망, 전망　患者 かんじゃ 명 환자
耐え難い たえがたい 견디기 어렵다
過酷だ かこくだ な형 가혹하다, 과혹하다　望む のぞむ 동 바라다
粗末だ そまつだ な형 함부로 하다

～ないでもない ~않는 것도 아니다　生き甲斐 いきがい 명 삶의 보람
医療 いりょう 명 의료　生かす いかす 동 살리다
生き地獄 いきじごく 명 생지옥　表現 ひょうげん 명 표현
治療 ちりょう 명 치료　選択肢 せんたくし 명 선택지
増加 ぞうか 명 증가　指摘 してき 명 지적　批判 ひはん 명 비판
現状 げんじょう 명 현재 상황, 현상
具体的だ ぐたいてきだ な형 구체적이다　提示 ていじ 명 제시
提案 ていあん 명 제안

04

A

장시간 노동이 이상하다고 알아채기 시작한 지금, **충실한 생활을 영위하기 위해서는 라이프 워크 밸런스를 재검토할 필요가 있다.** 라이프 워크 밸런스는 생활과 일의 시간 비율이라고 오해받기 쉽지만, 바르게는 생활과 일의 조화를 의미한다. 즉, **생활의 질이 올라가는 것에 의해 일을 효율적으로 소화할 수 있게 되고, 더욱더 사생활에 쓸 수 있는 유의의한 시간이 늘어난다는 순환형 상승 효과**인 것이다. 이것에는 개인차가 있어, 자신에게 적합한 일하는 방식을 찾는 것이 중요하다.

B

일 중독인 나에게 있어서 라이프 워크 밸런스는 방해에 지나지 않는다. 그 사고방식 자체는 나쁘지 않지만, 그 개념이 오해를 부르고, 상사로부터 일이 끝났다면 정시에 퇴근하라고 강제 퇴근을 강요받는 것이 문제다. 특히 이렇다 할 취미가 없고, 일에서 성과를 올리는 것 정도로 밖에 충실감을 얻을 수 없는 나는 그저 즐거움을 빼앗긴 것이나 다름없다. **차례차례 일하는 방식 개혁이 실시되고 있지만, 일하고 싶은 사람은 일하고, 그렇지 않은 사람은 쉬면 된다. 개인에게 맞는 일하는 방식을 취하게 해줬으면 한다.**

일하는 방식에 대해, A와 B의 관점은 어떤 것인가?

① A는 문제 해결을 위해서 라이프 워크 밸런스를 추진하고, B는 일하는 방식 개혁의 문제점에 대해서 지적하고 있다.

② A는 라이프 워크 밸런스의 추구를 비판하고, B는 개인에게 맞는 일하는 방식을 추진하고 있다.

어휘 長時間 ちょうじかん 명 장시간　労働 ろうどう 명 노동
異常だ いじょうだ な형 이상하다　気づく きづく 동 알아채다
充実 じゅうじつ 명 충실　営む いとなむ 동 영위하다
ライフワークバランス 명 라이프 워크 밸런스
見直す みなおす 동 재검토하다　比率 ひりつ 명 비율
誤解 ごかい 명 오해　～がちだ ~하기 쉽다　調和 ちょうわ 명 조화
質 しつ 명 질　効率的だ こうりつてきだ な형 효율적이다
こなす 동 소화하다　私生活 しせいかつ 명 사생활
有意義だ ゆういぎだ な형 유의의하다
循環型 じゅんかんがた 명 순환형
相乗効果 そうじょうこうか 상승 효과, 시너지
個人差 こじんさ 명 개인차　適する てきする 동 적합하다
見つける みつける 동 찾다
仕事人間 しごとにんげん 명 일 중독, 워커홀릭
～でしかない ~에 지나지 않다　自体 じたい 명 자체
上司 じょうし 명 상사　定時であがる ていじであがる 정시에 퇴근하다
強制 きょうせい 명 강제　退勤 たいきん 명 퇴근
強いる しいる 동 강요하다　成果 せいか 명 성과
充実感 じゅうじつかん 명 충실감　得る える 동 얻다
奪う うばう 동 빼앗다　～も同然だ ～もどうぜんだ ~나 다름없다
次々 つぎつぎ 부 차례차례　改革 かいかく 명 개혁
実施 じっし 명 실시　個人 こじん 명 개인　推進 すいしん 명 추진
指摘 してき 명 지적　追求 ついきゅう 명 추구
批判 ひはん 명 비판

실전 테스트 1

p.314

63 1　**64** 4

문제11 다음 A와 B의 글을 읽고, 뒤의 물음에 대한 답으로 가장 알맞은 것을, 1・2・3・4에서 하나 고르세요.

63-64

A

일본인은 고대부터, [63]이국의 제도나 기술을 배우기 위해 고생해서 바다를 건넜다. 그것은 미지의 것을 만나기 위한 '여행'이었다. 여행의 형태는 시대와 함께 변천을 이뤄, 그 목적은 다양화하고, 전세계의 이동은 용이해졌다. 텔레비전이나 인터넷으로 다양한 정보를 얻을 수 있는 현재, 어째서 사람은 여행을 하는 것일까?

사람은 요람과 같은 안심감에 감싸여 있고 싶다는 퇴행 욕구와, 보호받은 환경으로부터 날개를 치고 싶다는 성장 욕구가 있다. 확실히 인터넷으로 정보나 지식을 얻는 것으로도 성장할 수 있다. 하지만, [64]여행을 나가 장대한 경치를 몸으로 느끼고, 알지 못하는 사람과 마음이 통하게 하고, 새로운 경험을 하는 것으로, 자신의 성장을 느끼고, 살아있는 기쁨이 마음 속에서부터 샘솟는다. 그러한 감동을 맛본 적이 있는 사람도 많지 않을까. 그 감동을 잊지 못하고 사람은 또 여행을 나서는 것이다.

B

[63]옛날의 여행이라고 하면, 열차의 시각표와 지도를 몸에 늘 지니고 다녔던 것이었다. 현대는 휴대전화만 있으면, 숙박처의 예약도 할 수 있고, 여행지에서도 헤매지 않고 목적지에 다다를 수 있게 되었지만, 그래도, 여행이라는 것은, 종종 헤매고, 그때마다 결단을 요구받는 것이다. 그것은 마치 인생과 같다.

인생에는 몇 개의 갈림길이 있다. 앞길에 벽이 막아서서 어쩔 줄 몰라 해버리는 경우가 있다. 그럴 때, 훌쩍 여행을 나선다. 그러면, 다양한 장면에 조우하고, 선택이나 판단을 강요받는 것의 반복이다. 하지만, [64]미지의 토지에서 스스로 판단해 충실한 여행을 완수하면, 그 경험이 저절로 중요한 인생의 길의 선택에서도 살려진다. 여행은 인생의 길잡이도 될 수 있는 것이다.

(주1) 요람 : 아기를 재워두는 바구니
(주2) 퇴행 : 이전의 상태로 돌아가는 것, 여기서는 아이의 상태로 돌아가는 것

어휘 古代 こだい 명 고대　異国 いこく 명 이국　制度 せいど 명 제도
学ぶ まなぶ 동 배우다　苦労 くろう 명 고생　未知 みち 명 미지
出会う であう 동 만나다　~とともに ~와 함께
変遷 へんせん 명 변천　遂げる とげる 동 이루다
目的 もくてき 명 목적　多様化 たようか 명 다양화
世界中 せかいじゅう 명 전세계　容易だ よういだ な형 용이하다
インターネット 명 인터넷　様々だ さまざまだ な형 다양하다
情報 じょうほう 명 정보　得る える 동 얻다　現在 げんざい 명 현재
ゆりかご 명 요람　安心感 あんしんかん 명 안심감
包む くるむ 동 감싸다　退行 たいこう 명 퇴행
願望 がんぼう 명 욕구, 바람　保護 ほご 명 보호
環境 かんきょう 명 환경　羽ばたく はばたく 동 날개를 치다
成長 せいちょう 명 성장　知識 ちしき 명 지식
壮大だ そうだいだ な형 장대하다　感じる かんじる 동 느끼다
見知らぬ みしらぬ 알지 못하는, 낯선　自身 じしん 명 자신
喜び よろこび 명 기쁨　底 そこ 명 속, 바닥　湧く わく 동 샘솟다
感動 かんどう 명 감동　味わう あじわう 동 맛보다
列車 れっしゃ 명 열차　時刻表 じこくひょう 명 시각표
肌身離さず はだみはなさず 몸에 늘 지니고
持ち歩く もちあるく 동 (가지고) 다니다　現代 げんだい 명 현대
携帯電話 けいたいでんわ 명 휴대전화
宿泊先 しゅくはくさき 명 숙박처　旅先 たびさき 명 여행지
迷う まよう 동 헤매다　目的地 もくてきち 명 목적지
たどり着く たどりつく 동 다다르다　しばしば 부 종종, 자주
決断 けつだん 명 결단　求める もとめる 동 요구하다
人生 じんせい 명 인생　幾つ いくつ 명 몇 개
分かれ道 わかれみち 명 갈림길　前途 ぜんと 명 앞길
立ちはだかる たちはだかる 동 막아서다, 가로막다
途方に暮れる とほうにくれる 어쩔 줄 몰라 하다
ふらりと 부 훌쩍, 불쑥　場面 ばめん 명 장면
遭う あう 동 조우하다, 당하다　選択 せんたく 명 선택
判断 はんだん 명 판단　迫る せまる 동 강요하다
繰り返し くりかえし 명 반복　土地 とち 명 토지
自ら みずから 부 스스로　充実 じゅうじつ 명 충실
やり遂げる やりとげる 동 완수하다, 끝까지 하다
自ずと おのずと 부 저절로　生かす いかす 동 살리다
道案内 みちあんない 명 길잡이　~得る ~える ~할 수 있다
かご 명 바구니　以前 いぜん 명 이전　状態 じょうたい 명 상태

63

여행의 변천에 대해, A와 B는 어떻게 서술하고 있는가?

1 A도 B도, 옛날의 여행은 용이하지 않았지만, 지금은 손쉽게 할 수 있게 되었다고 하고 있다.
2 A도 B도, 옛날의 여행보다 지금 쪽이 용이해졌지만, 지금도 인터넷 없이는 힘들다고 하고 있다.
3 A는 옛날의 여행은 유학을 위해서밖에 할 수 없었다고 하고, B는 옛날의 여행은 정서가 있어 좋았다고 하고 있다.
4 A는 옛날의 여행의 이동은 힘들었다고 하고, B는 현대에는 휴대전화가 있기 때문에 이동 시간이 짧아졌다고 하고 있다.

해설 질문의 **旅の移り変わり**(여행의 변천)에 대한 A와 B의 견해를 각 지문에서 찾는다. A는 지문의 초반부에서 **異国の制度や技術を学ぶために苦労して海を渡った。それは未知のものに出会うための「旅」であった。旅の形は時代とともに変遷を遂げ、その目的は多様化し、世界中の移動は容易になった**라고 서술하고 있고, B도 지문의 초반부에서 **昔の旅といえば、列車の時刻表と地図を肌身離さず持ち歩いたものだった。現代は携帯電話さえあれば、宿泊先の予約もでき、旅先でも迷わず目的地にたどり着けるようになった**가라고 서술하고 있으므로, 1 **AもBも、昔の旅は容易ではなかったが、今は手軽にできるようになったと述べている**(A도 B도, 옛날의 여행은 용이하지 않았지만, 지금은 손쉽게 할 수 있게 되었다고 하고 있다)가 정답이다

어휘 移り変わり うつりかわり 명 변천
手軽だ てがるだ な형 손쉽다, 가볍다　留学 りゅうがく 명 유학
情緒 じょうちょ 명 정서　移動 いどう 명 이동

64

여행의 좋은 점에 대해, A와 B는 어떻게 서술하고 있는가?

1 A는 욕망을 채울 수 있다고 하고, B는 미지의 것과 만날 수 있다고 하고 있다.
2 A는 안심감을 가질 수 있다고 하고, B는 인간관계를 풍부하게 할 수 있다고 하고 있다.
3 A는 미디어와 같이 다양한 정보를 얻을 수 있다고 하고, B는 전세계의 사람과 관계를 만들 수 있다고 하고 있다.
4 A는 새로운 체험을 통해 성장할 수 있다고 하고, B는 인생에 도움이 되는 경험을 할 수 있다고 하고 있다.

해설 질문의 **旅行の良い点**(여행의 좋은 점)에 대한 A와 B의 견해를 각 지문에서 찾는다. A는 지문 후반부에서 **旅に出て壮大な景色を体で感じ、見知らぬ人と心を通わせ、新しい経験をすることで、自身の成長を感じ、生きている喜びが心の底から湧いてくる**라고 서술하고 있고, B는 지문의 후반부에서 **未知の土地で自ら判断し充実した旅をやり遂げれば、その経験が自ずと大切な人生の道の選択にも生かされる。旅は人生の道案内にもなり得るのだ**라고 서술하고 있으므로, 4 **Aは新たな体験を通して成長できると述べ、Bは人生に役立つ経験ができると述べている**(A는 새로운 체험을 통해 성장할 수 있다고 하고, B는 인생에 도움이 되는 경험을 할 수 있다고 하고 있다)가 정답이다.

어휘 欲望 よくぼう 명 욕망　満たす みたす 동 채우다
人間関係 にんげんかんけい 명 인간관계
豊かだ ゆたかだ な형 풍부하다　メディア 명 미디어
同様だ どうようだ な형 같다　繋がり つながり 명 관계
役立つ やくだつ 동 도움이 되다

실전 테스트 2

p.316

63 2 **64** 3

문제11 다음 A와 B의 글을 읽고, 뒤의 물음에 대한 답으로 가장 알맞은 것을, 1・2・3・4에서 하나 고르세요.

63-64

A

수십 년, 아니 수년 전까지 애니메이션 세계에서만 가능하다고 생각되었던 자동운전 자동차가, 드디어 공도상에서의 실용화에 성공했다. 세계 각국에서 쾌적한 생활, 안정성의 향상, 경제의 활성화를 목적으로 시작된 그 기술 개발의 역사는 100년에 이르러, 실로 기술자들의 노력의 결정이라고 말할 수 있다.

그런 자동운전 자동차지만, [63]사회 문제로도 되고 있는 고령자 운전자의 사고 방지의 새로운 해결책으로서 기대를 모으고 있다. [64]고령자 운전면허 갱신에 합격한 사람, 시골에서 자동차를 아무래도 손에서 놓을 수 없는 사람이라도, 자동으로 브레이크가 걸리는 자동차라면 고령자도 안심하고 운전할 수 있을 것이다. 지금 바로라고는 말할 수 없지만, [63]자동운전 자동차의 보급이 이 문제의 해결에 크게 공헌할 것은 틀림없을 것이다.

B

다양한 제조사에서 보다 정밀도 높은 자동운전 자동차를 개발하려고 기업 경쟁이 과열되고 있다. 현단계에서 상품화되고 있는 자동차는 완전한 전자동까지는 가지 않고, 드라이버와 시스템의 공존이라는 형태이다. 그래도, 고령자나 장애인 등 운전에 불안을 안고 있는 사람들의 받침이 되는 것은 말할 필요도 없다.

[63]이점만 들어지는 자동운전 기술이지만, 문제점이 없는 것은 아니다. 그중의 하나가 자동운전 자동차가 사고를 일으켰을 경우의 책임 소재이다. 현재는 시스템으로부터의 운전 교대 요청 후는 드라이버, 예측할 수 없는 오류가 발생했을 경우는 제조사의 책임으로 되어있다. 하지만, 사고 직전에 갑작스러운 요청이 있어도 드라이버가 순간에 대응할 수 있다고는 할 수 없다. 그것을 [64]드라이버에게 모든 책임이 있다고 판단하는 것도 이상한 이야기이다. 이 기준이 명확해지지 않으면, 보급은 어려울 것이다.

어휘 アニメ 명 애니메이션　可能だ かのうだ な형 가능하다
自動運転 じどううんてん 명 자동운전　ついに 부 드디어
公道 こうどう 명 공도, 공공도로　実用化 じつようか 명 실용화
成功 せいこう 명 성공　各国 かっこく 명 각국
快適だ かいてきだ な형 쾌적하다　安全性 あんぜんせい 명 안전성
向上 こうじょう 명 향상　活性化 かっせいか 명 활성화
目的 もくてき 명 목적　開発 かいはつ 명 개발
～にも及ぶ ～にもおよぶ ~에 이르다　まさに 부 실로
技術者 ぎじゅつしゃ 명 기술자　努力 どりょく 명 노력
結晶 けっしょう 명 결정　高齢者 こうれいしゃ 명 고령자
事故 じこ 명 사고　防止 ぼうし 명 방지
新ただ あらただ な형 새롭다　解決策 かいけつさく 명 해결책
期待 きたい 명 기대　集める あつめる 동 모으다
運転免許 うんてんめんきょ 명 운전면허　更新 こうしん 명 갱신
合格 ごうかく 명 합격　どうしても 아무래도
手放す てばなす 동 손에서 놓다, 손을 떼다
ブレーキが利く ブレーキがきく 브레이크가 걸리다
～であれば ~라면
～とは言えない ～とはいえない ~라고는 말할 수 없다
普及 ふきゅう 명 보급　解決 かいけつ 명 해결
貢献 こうけん 명 공헌　間違い まちがい 명 틀림
メーカー 명 제조사　精度 せいど 명 정밀도, 정도
企業 きぎょう 명 기업　過熱 かねつ 명 과열
現段階 げんだんかい 명 현단계　商品化 しょうひんか 명 상품화
完全だ かんぜんだ な형 완전하다　全自動 ぜんじどう 명 전자동
ドライバー 명 드라이버　システム 명 시스템
共存 きょうそん 명 공존　それでも 접 그래도
障害者 しょうがいしゃ 명 장애인, 장애자　不安 ふあん 명 불안
抱える かかえる 동 안고 있다, 안다　支え ささえ 명 받침, 지지
～は言うまでもない ～はいうまでもない ~는 말할 필요도 없다
利点 りてん 명 이점　～ばかり ~만, ~뿐
取り上げる とりあげる 동 들다　問題点 もんだいてん 명 문제점
責任 せきにん 명 책임　所在 しょざい 명 소재
現在 げんざい 명 현재　交代 こうたい 명 교대
要請 ようせい 명 요청　予測 よそく 명 예측
不具合 ふぐあい 명 오류　生じる しょうじる 동 발생하다, 생기다
直前 ちょくぜん 명 직전　急だ きゅうだ な형 갑작스럽다
瞬時に しゅんじに 순간에　対応 たいおう 명 대응
～とは限らない ～とはかぎらない ~라고는 할 수 없다
全責任 ぜんせきにん 모든 책임, 전책임　判断 はんだん 명 판단
基準 きじゅん 명 기준　明確だ めいかくだ な형 명확하다
～ないことには ~하지 않으면

63

자동운전 자동차에 대해, A와 B의 관점은 어떤 것인가?

1 A는 자동운전 자동차의 개발에 이른 경위를 설명하고, B는 자동운전 자동차의 개발을 둘러싼 기업의 다툼을 비판하고 있다.

2 A는 자동운전 자동차가 사회의 미래에 도움이 되는 것을 시사하고, B는 자동운전 자동차가 극복해야 할 과제를 제시하고 있다.

3 A는 고령자 운전자의 자동운전 자동차의 이용을 추진하고, B는 자동운전 자동차에 의한 사고의 위험성을 환기하고 있다.

4 A는 자동운전 자동차의 실용화의 가능성을 제시하고, B는 자동운전 자동차가 사회에 초래하는 영향을 걱정하고 있다.

해설 질문의 自動運転車(자동운전 자동차)에 대한 A와 B의 관점이 무엇인지를 염두에 두며 각 지문에서 정답의 단서를 찾는다. A는 지문의 중반부에서 社会問題にもなっている高齢者運転手の事故防止の新たな解決策として期待を集めている라고 하고, 후반부에서 自動運転車の普及がこの問題の解決に大きく貢献することは間違いないだろう라고 서술하고 있고, B는 지문의 중반부에서 利点ばかり取り上げられる自動運転技術だが、問題点がないわけではない。そのうちの一つが自動運転車が事故を起こした場

合の責任の所在だ라고 서술하고 있으므로, 2 Aは自動運転車が社会の未来に役立つことを示唆し、Bは自動運転車が克服すべき課題を提示している(A는 자동운전 자동차가 사회의 미래에 도움이 되는 것을 시사하고, B는 자동운전 자동차가 극복해야 할 과제를 제시하고 있다)가 정답이다.

어휘 ～に至る ～にいたる ~에 이르다　経緯 けいい 명 경위
～をめぐる ~을 둘러싼　争い あらそい 명 다툼
批判 ひはん 명 비판　未来 みらい 명 미래
役立つ やくだつ 동 도움이 되다　示唆 しさ 명 시사
克服 こくふく 명 극복　課題 かだい 명 과제　提示 ていじ 명 제시
推進 すいしん 명 추진　危険性 きけんせい 명 위험성
喚起 かんき 명 환기　可能性 かのうせい 명 가능성
もたらす 동 초래하다　影響 えいきょう 명 영향　懸念 けねん 명 걱정

64

자동운전 자동차의 보급에 대해, A와 B는 어떻게 서술하고 있는가?

1 A는 많은 고령자가 이용하게 되면 보급된다고 하고, B는 기술의 정밀도가 높아지지 않으면 보급의 가능성이 없다고 하고 있다.
2 A는 교통 안전을 지키기 위해서 빨리 보급되어야 한다고 하고, B는 보급이 진행되면 사회 문제의 해결책으로 기대된다고 하고 있다.
3 A는 보급에 의해 고령자 드라이버의 사고가 감소한다고 하고, B는 사고의 책임 문제를 재검토하는 것이 보급으로 연결된다고 하고 있다.
4 A는 안전성이 명확해질 때까지는 보급되어서는 안 된다고 하고, B는 보급을 위해서 사고의 책임은 기업이 져야 한다고 하고 있다.

해설 질문의 自動運転車の普及(자동운전 자동차의 보급)에 대한 A와 B의 견해를 각 지문에서 찾는다. A는 지문의 중반부에서 高齢者の運転免許更新に合格した人、田舎で自動車がどうしても手放せない人でも、自動でブレーキが利く車であれば高齢者も安心して運転できるはずだ라고 서술하고 있고, B는 지문의 후반부에서 ドライバーに全責任があると判断するのもおかしな話だ。この基準が明確にならないことには、普及は難しいだろう라고 서술하고 있으므로, 3 Aは普及により高齢者ドライバーの事故が減少すると述べ、Bは事故の責任問題を見直すことが普及に繋がると述べている(A는 보급에 의해 고령자 드라이버의 사고가 감소한다고 하고, B는 사고의 책임 문제를 재검토하는 것이 보급으로 연결된다고 하고 있다)가 정답이다.

어휘 守る まもる 동 지키다　減少 げんしょう 명 감소
見直す みなおす 동 재검토하다　繋がる つながる 동 연결되다
負う おう 동 지다

실전 테스트 3

p.318

63 1　**64** 2

문제11 다음 A와 B의 글을 읽고, 뒤의 물음에 대한 답으로 가장 알맞은 것을, 1・2・3・4에서 하나 고르세요.

63-64

A

일본인은 학교에서 오랫동안 영어를 배우고 있음에도 불구하고, 영어를 말할 수 없다는 지적을 자주 듣는다. 일본에서는 일찍이 외국과의 무역을 금지해온 섬나라만의 역사가 있어, 이국의 사람과의 교류에 커다란 벽을 느껴버리는 국민성이 있었던 것은 확실하다. [63]학교 교육에서도, 지금까지 말하는 것에 무게를 두지 않았다. 서로를 이해하고 살아가지 않을 수 없었던 대륙으로 이어져 있는 여러 외국과는 환경이 달랐던 것이다.

하지만 이제는, 물류도 사람의 흐름도 글로벌화 없이는 말할 수 없는 시대가 되었다. 앞으로는, 일본에도 다른 문화와 공존하는 환경이 필요하다. 그리고 드디어 일본에서도, 초등학교에서의 영어 교육이 시작되었다. [64]외국어 교육은 0세부터 6세쯤에 시작하는 것이 이상적이라는 연구 결과도 있어, 아직 충분하다고는 말하기 어렵다. 그래도, [64]조금이라도 빨리 영어의 환경을 정돈하면, 일본인의 영어 커뮤니케이션 능력은 향상할 것이다.

B

[63]일본인이 언제까지나 영어를 구사하지 못하는 것은, 문법과 독해 문제 중심의 시대에 뒤쳐진 입학시험이 원인임에 틀림없다. 수험 공부 중심의 학교 교육이 계속되는 한, 쓸모 있는 영어는 몸에 익지 않는다. 게다가, [64]타인과의 조화를 존중하는 일본 사회에서는 협조성이 요구되어, 그것도 자신의 의견을 말하기 어렵게 하고 있다. 어떻게 말하는가가 아니라 무엇을 말하는가가 중요하고, 그것이 요구되는 사회야말로 언어 능력을 키우는 기반이다.

오늘날, 정보 기술의 발달이 더욱더 진행되어, 세계와의 거리가 점점 가까워진 것으로, 의견을 발신하기 쉽게 되어오고 있다. [64]앞으로는, 일본인도 자신의 의견을 가지고, 그것을 발신하기 위한 영어 학습을 무아몽중으로 계속하는 능력만 있으면, 반드시 실천적인 어학력을 몸에 익힐 수 있다고 생각한다.

(주) 존중하다 : 중요히 하다

어휘 日本人 にほんじん 명 일본인　長年 ながねん 오랫동안
～にもかかわらず ~에도 불구하고　指摘 してき 명 지적
かつて 부 일찍이　禁止 きんし 명 금지　島国 しまぐに 명 섬나라
～ならではの ~만의, ~특유의　異国 いこく 명 이국
交流 こうりゅう 명 교류　感じる かんじる 동 느끼다
国民性 こくみんせい 명 국민성　重き おもき 명 무게
理解 りかい 명 이해
～ざるを得ない ～ざるをえない ~하지 않을 수 없다
大陸 たいりく 명 대륙　諸外国 しょがいこく 여러 외국
環境 かんきょう 명 환경　異なる ことなる 동 다르다

今や いまや 부 이제는　物流 ぶつりゅう 명 물류
グローバル化 グローバルか 명 글로벌화　語る かたる 동 말하다
共存 きょうそん 명 공존　ようやく 부 드디어
外国語 がいこくご 명 외국어　理想的だ りそうてきだ な형 이상적이다
結果 けっか 명 결과　それでも 접 그래도
整える ととのえる 동 정돈하다　コミュニケーション 명 커뮤니케이션
能力 のうりょく 명 능력　向上 こうじょう 명 향상
いつまでも 부 언제까지나　使いこなす つかいこなす 동 구사하다
読解 どっかい 명 독해　中心 ちゅうしん 명 중심
時代遅れ じだいおくれ 명 시대에 뒤쳐짐
入学試験 にゅうがくしけん 명 입학시험
～にほかならない ~임에 틀림없다　受験 じゅけん 명 수험
～限り ～かぎり ~하는 한　使える つかえる 동 쓸모 있다
身に付く みにつく 몸에 익다　その上 そのうえ 게다가
他人 たにん 명 타인　調和 ちょうわ 명 조화
尊ぶ とうとぶ 동 존중하다, 존경하다
協調性 きょうちょうせい 명 협조성　求める もとめる 동 요구하다
重要だ じゅうようだ な형 중요하다　言語 げんご 명 언어
基盤 きばん 명 기반　今日 こんにち 명 오늘날
情報 じょうほう 명 정보　発達 はったつ 명 발달　さらに 부 더욱더
距離 きょり 명 거리　発信 はっしん 명 발신　学習 がくしゅう 명 학습
無我夢中 むがむちゅう 명 무아몽중, 어떤 일에 열중함
継続 けいぞく 명 계속　実践的だ じっせんてきだ な형 실천적이다
語学力 ごがくりょく 명 어학력

63

일본의 영어 교육에 대해, A와 B는 어떻게 서술하고 있는가?

1 A도 B도 지금까지 영어 회화 교육을 중요시하지 않았다고 하고 있다.
2 A도 B도 지금까지 읽고 쓰기를 중요하게 해온 점이 좋다고 하고 있다.
3 A는 초등학교부터의 개시가 바람직하다고 하고, B는 의견을 말할 수 있는 환경이 중요하다고 하고 있다.
4 A는 교사의 전문성이 필요하다고 하고, B는 영어 교육의 본연의 자세를 재검토해야 한다고 하고 있다.

해설 질문의 **日本の英語教育**(일본의 영어 교육)에 대한 A와 B의 견해를 각 지문에서 찾는다. A는 지문의 중반부에서 **学校教育でも、今まで話すことに重きを置かなかった**라고 서술하고 있고, B도 지문의 초반부에서 **日本人がいつまでも英語を使いこなせないのは、文法と読解問題中心の時代遅れの入学試験が原因にほかならない**라고 서술하고 있으므로, 1 **AもBも今まで英会話教育を重要視していなかったと述べている**(A도 B도 지금까지 영어 회화 교육을 중요시하지 않았다고 하고 있다)가 정답이다.

어휘 英会話 えいかいわ 명 영어 회화　重要視 じゅうようし 명 중요시
読み書き よみかき 명 읽고 쓰기　開始 かいし 명 개시
望ましい のぞましい い형 바람직하다　教師 きょうし 명 교사
専門性 せんもんせい 명 전문성　あり方 ありかた 명 본연의 자세
見直す みなおす 동 재검토하다

64

일본인의 영어 습득에 대해, A와 B의 관점은 어떤 것인가?

1 A는 영어 습득에 있어서의 학습 방법을 지적하고, B는 영어 습득을 할 수 없는 이유를 설명하고 있다.
2 A는 유소년기부터의 영어 습득을 추진하고, B는 일본 사회와 영어 습득의 관계성을 논하고 있다.
3 A는 영어 습득을 강요하는 교육 기관을 비판하고, B는 영어 습득을 위해서 유학을 추진하고 있다.
4 A는 영어 습득에서의 의사소통의 중요성을 주장하고, B는 유소년기부터의 영어 습득의 문제점을 제기하고 있다.

해설 질문의 **日本人の英語習得**(일본인의 영어 습득)에 대한 A와 B의 관점이 무엇인지를 염두에 두며 각 지문에서 정답의 단서를 찾는다. A는 지문의 후반부에서 **外国語教育は0歳から6歳ごろに始めるのが理想的であるという研究結果もあり**라고 하고, **少しでも早く英語の環境を整えれば、日本人の英語のコミュニケーション能力は向上するはずだ**라고 서술하고 있다. B는 지문의 중반부에서 **他人との調和を尊ぶ日本社会では協調性が求められ、そのことも自分の意見を言いにくくさせている**라고 하고, 후반부에서 **これからは、日本人も自分の意見を持ち、それを発信するための英語学習を無我夢中で継続する力さえあれば、必ず実践的な語学力が身に付けられると思う**라고 서술하고 있으므로, 2 **Aは幼少期からの英語習得を推進し、Bは日本社会と英語習得の関係性を論じている**(A는 유소년기부터의 영어 습득을 추진하고, B는 일본 사회와 영어 습득의 관계성을 논하고 있다)가 정답이다.

어휘 ～における ~에 있어서의　方法 ほうほう 명 방법
幼少期 ようしょうき 명 유소년기　推進 すいしん 명 추진
関係性 かんけいせい 명 관계성　論じる ろんじる 동 논하다
押し付ける おしつける 동 강요하다　機関 きかん 명 기관
批判 ひはん 명 비판　留学 りゅうがく 명 유학
意思疎通 いしそつう 명 의사소통　重要性 じゅうようせい 명 중요성
問題点 もんだいてん 명 문제점　提起 ていき 명 제기

문제 12 주장이해(장문)

실력 다지기

p.324

01 ①　02 ②　03 ①　04 ①　05 ①　06 ②

01

공간 디자이너라는 직업을 들은 적이 있는가? 음식점이나 상업 시설, 주택 등을 **고객의 요구에 맞춰, 온갖 공간의 내장 디자인이나 장식을 담당한다.** 공간 설계라고 하면 방 배치를 떠올리기 쉽지만, 벽지나 커튼, 가구 등의 준비도 그들의 일이다. 그것을 이용해서, 공간을 꾸미는 것이다.
이 일은 개인의 제멋대로인 가치관으로는 성립되지 않는다.

고객과의 협의를 거듭하고, 그들의 머릿속에 있는 추상적인 이미지를 지식과 길러진 경험에 의해 구체적인 형태로 한다. 어디까지나 시작은 고객이고, 거기에서 탈선하는 것은 허용되지 않는다.

공간 디자이너의 일에 대해, 필자는 어떻게 서술하고 있는가?

① **고객의 요망을 이해하고, 인테리어로 공간을 연출한다**

② 자신의 가치관을 토대로, 고객에게 맞는 건물의 내장을 설계한다

어휘 空間 くうかん 명 공간　デザイナー 명 디자이너
職業 しょくぎょう 명 직업　飲食店 いんしょくてん 명 음식점
商業 しょうぎょう 명 상업　施設 しせつ 명 시설
住宅 じゅうたく 명 주택　顧客 こきゃく 명 고객　ニーズ 명 요구
合わせる あわせる 동 맞추다　あらゆる 부 온갖
内装 ないそう 명 내장　デザイン 명 디자인
装飾 そうしょく 명 장식　担当 たんとう 명 담당
設計 せっけい 명 설계　間取り まどり 명 방 배치
思い浮かべる おもいうかべる 동 떠올리다　~がちだ ~하기 쉽다
壁紙 かべがみ 명 벽지　家具 かぐ 명 가구　手配 てはい 명 준비
用いる もちいる 동 이용하다　彩る いろどる 동 꾸미다
個人 こじん 명 개인　身勝手だ みがってだ な형 제멋대로이다
価値観 かちかん 명 가치관　成り立つ なりたつ 동 성립되다
打ち合わせ うちあわせ 명 협의　重ねる かさねる 동 거듭하다
抽象的だ ちゅうしょうてきだ な형 추상적이다　イメージ 명 이미지
知識 ちしき 명 지식　培う つちかう 동 기르다
具体的だ ぐたいてきだ な형 구체적이다　あくまで 부 어디까지나
脱線 だっせん 명 탈선　許す ゆるす 동 허용하다
要望 ようぼう 명 요망　理解 りかい 명 이해
インテリア 명 인테리어　演出 えんしゅつ 명 연출

02

일본의 쓰레기 매립지는 앞으로 20년 후에는 가득 차게 된다고 말해지고 있다. '쓰레기의 양을 줄이자' '재활용을 하자'라는 외침에 어딘가 현실성이 없어서, 자신과는 동떨어진 세계의 일인 것 같았지만, 문제는 한계에 다다랐다. 이러한 위기적 상황 속, 기업의 환경 보전에서의 대처가 눈에 띈다.

식품 업계에서는 포장을 힘껏 줄이려는 경향이 강해, 바로 최근에는 포장 라벨이 없는 음료 상품까지 등장했다. 이것은 **친환경적일 뿐만 아니라, 분리수거에 스트레스를 느낀 고객층으로부터도 호평이었다. 많은 가사를 소화하는 주부에게 있어서, 분별을 위해 페트병의 라벨을 벗겨내는 작업은 작은 수고인 것이다.**

이 글에서, 필자는 포장 라벨이 없는 상품이 호평이었던 이유가 무엇이라고 서술하고 있는가?

① 한계에 다다른 생활 쓰레기의 양을 획기적으로 줄여주는 상품이었기 때문에

② **환경을 생각한 상품이고, 집의 일을 줄여주는 상품이었기 때문에**

어휘 埋立地 うめたてち 명 매립지　満杯 まんぱい 명 가득 참
減らす へらす 동 줄이다　リサイクル 명 재활용
声掛け こえかけ 명 외침　現実味 げんじつみ 명 현실성
かけ離れる かけはなれる 동 동떨어지다　限界 げんかい 명 한계
迫る せまる 동 다다르다, 다가가다　危機 きき 명 위기
状況 じょうきょう 명 상황　企業 きぎょう 명 기업
環境 かんきょう 명 환경　保全 ほぜん 명 보전
~における ~에 있어서의　取り組み とりくみ 명 대처
目立つ めだつ 동 눈에 띄다　食品 しょくひん 명 식품
業界 ぎょうかい 명 업계　包装 ほうそう 명 포장
極力 きょくりょく 부 힘껏　傾向 けいこう 명 경향　ラベル 명 라벨
飲料 いんりょう 명 음료　商品 しょうひん 명 상품
登場 とうじょう 명 등장
環境に優しい かんきょうにやさしい 친환경적이다
エコ疲れ エコづかれ 분리수거에 스트레스를 느낌
客層 きゃくそう 명 고객층　好評 こうひょう 명 호평
こなす 동 소화하다　主婦 しゅふ 명 주부　分別 ぶんべつ 명 분별
ペットボトル 명 페트병　はがす 동 벗겨내다　作業 さぎょう 명 작업
ひと手間 ひとてま 작은 수고
画期的だ かっきてきだ な형 획기적이다

03

우리들의 삶에는 다양한 색이 넘쳐흐르고 있다. 시각의 판단 재료로 생각되는 색채지만, 의외로 우리들은 색으로부터 많은 영향을 받고 있다. **녹색을 보면 릴랙스한 기분이 되는 것은 부교감신경이 자극되기 때문이고, 선명한 빨강은 교감신경에 작용하여, 혈압을 올린다고 한다. 색은 우리들의 심리, 신체를 움직이는 힘을 가지고 있는 것이다.**

이와 같은 원리는 광고나 인터넷 사이트 등 사람들의 마음에 작용하는 매체에도 이용된다. 예를 들면, 구매를 목적으로 한 광고라면, 사람에게 무언가 행동을 일으키는 빨강을 이용하는 것이 효과적이다.

이와 같은 원리라는 것은, 어떤 것인가?

① **색이 사람의 마음이나 몸에 무언가 자극을 주는 것**

② 매체의 목적에 맞춰서 색을 효과적으로 사용하는 것

어휘 暮らし くらし 명 삶　様々だ さまざまだ な형 다양하다
溢れる あふれる 동 넘쳐흐르다　視覚 しかく 명 시각
判断 はんだん 명 판단　材料 ざいりょう 명 재료
色彩 しきさい 명 색채　影響 えいきょう 명 영향
緑色 みどりいろ 명 녹색　リラックス 명 릴랙스
副交感神経 ふくこうかんしんけい 명 부교감신경
刺激 しげき 명 자극　鮮やかだ あざやかだ な형 선명하다
血圧 けつあつ 명 혈압　心理 しんり 명 심리
身体 しんたい 명 신체　原理 げんり 명 원리　広告 こうこく 명 광고
インターネットサイト 명 인터넷 사이트
働きかける はたらきかける 동 작용하다　媒体 ばいたい 명 매체
購買 こうばい 명 구매　目的 もくてき 명 목적
用いる もちいる 동 이용하다
効果的だ こうかてきだ な형 효과적이다　与える あたえる 동 주다

04

철이 들 때에는 어머니로부터 '너는 하면 되는 아이야'라는 주문에 걸려 있었다. 어머니가 나에게 기대해 주고 있는 것은 기뻤지만, **성장과 함께 그것은 중압으로 변해갔다**. 그것은 사회인이 되고 나서도 마찬가지여서, **할 수 있는 것이 당연한 나로 있는 것에 정신을 긴장시키고만 있었다.**

그 말이 그저 격려였다는 것을 알아차린 것은 내가 어머니가 되고 나서였다. 철봉이 서투른 딸에게 그 주문이 나가려고 했다. 거기에는 기대 따위의 마음은 전혀 없고, 금새 포기하는 것을 몸에 익히지 말았으면 하는 부모의 마음뿐이었다. 하지만, 그 말을 딸에게는 하지 않겠다고 나는 굳게 다짐했다.

주문에 걸려 있었다라는 것은, 어떤 의미인가?

① 어머니의 말이 무거운 짐이 되어, 할 수 없다고 말할 수 없는 자신에게 괴로워하고 있었다.

② 어머니의 기대가 기뻤지만, 기대가 커질수록 부담을 느끼고 있었다.

어휘 物心がつく ものごころがつく 철이 들다　呪文 じゅもん 명 주문
期待 きたい 명 기대　成長 せいちょう 명 성장
重圧 じゅうあつ 명 중압　社会人 しゃかいじん 명 사회인
当たり前 あたりまえ 명 당연함
気を張る きをはる 정신을 긴장시키다　励まし はげまし 명 격려
鉄棒 てつぼう 명 철봉　諦める あきらめる 동 포기하다
身に付ける みにつける 몸에 익히다　親心 おやごころ 명 부모의 마음
発する はっする 동 (말을) 하다, (소리를) 내다
誓う ちかう 동 다짐하다　重荷 おもに 명 무거운 짐
苦しむ くるしむ 동 괴로워하다　膨らむ ふくらむ 동 커지다, 부풀다
負担 ふたん 명 부담　感じる かんじる 동 느끼다

05

연금제도에의 불안에서인지, 지금은 20대부터 저금에 힘쓰는 시대라고 한다. 그 때문인지 절약술이 쓰인 책이나 절약 정보에 대한 사이트나 SNS가 인기를 모으고 있다. 그런 와중, 눈에 띈 것이 '실수령 16만 엔으로 100만 엔 모으는 방법'이라는 블로그였다. 도내에서 자취 생활, 게다가 저금까지라니 믿을 수 없었지만, 절약을 위해 생각을 짜내는 모습은 감탄하지 않을 수 없었다. 하지만, 그것과 동시에 어떤 생각이 떠올랐다. **절약은 좋은 것이다. 하지만, 저임금이기 때문에 절약을 강요받고 있는 것에 어떤 불만도 없는 것일까? 우선은 안심하고 살아갈 수 없는 사회에 목소리를 높여야 하는 것이 아닐까?**

이 글에서 필자가 가장 말하고 싶은 것은 무엇인가?

① 절약하는 것도 좋지만, 불안정한 사회를 의문시해야 한다.

② 불안정한 사회일수록, 열심히 살아갈 방법을 찾아야 한다.

어휘 年金 ねんきん 명 연금　制度 せいど 명 제도　不安 ふあん 명 불안
貯金 ちょきん 명 저금　いそしむ 동 힘쓰다
節約術 せつやくじゅつ 명 절약술　節約 せつやく 명 절약
情報 じょうほう 명 정보　サイト 명 사이트
SNS 명 SNS, 소셜 네트워크 서비스　人気 にんき 명 인기
目に留まる めにとまる 눈에 띄다　手取り てどり 명 실수령
貯める ためる 동 모으다　方法 ほうほう 명 방법　ブログ 명 블로그
都内 とない 명 도내　一人暮らし ひとりぐらし 자취 생활
信じる しんじる 동 믿다　工夫をこらす くふうをこらす 생각을 짜내다
姿 すがた 명 모습　感心 かんしん 명 감탄
～ざるを得ない ～ざるをえない ~하지 않을 수 없다
浮かぶ うかぶ 동 떠오르다　低賃金 ていちんぎん 명 저임금
強いる しいる 동 강요하다　不満 ふまん 명 불만
不安定だ ふあんていだ な형 불안정하다　疑問視 ぎもんし 명 의문시
生き抜く いきぬく 동 살아가다

06

농업 인구는 30년 전과 비교하면 그 반으로 감소했다. 그것과 함께 농업에 종사하는 사람들의 연령도 고령화해, 중노동인 농작업을 생각하면, 앞으로, 농업 인구는 더욱더 줄 것으로 생각된다. 이래서는 일본의 농업은 쇠퇴해 갈 뿐이다.

정부는 젊은이에게 농업에 흥미를 가지게 하고자 대책을 짜지만, 결과는 조금 부족하다. **그래서 주목받는 것이 무인 농업기계이다.** 위성 측위 시스템으로부터 보내지는 신호를 이용해서, 사람 대신에 기계가 일하게 하자는 것이다. **실용까지는 조금 더 시간이 걸리지만, 구세주가 되는 것은 틀림없을 것이다.**

이 글에서 필자가 가장 말하고 싶은 것은 무엇인가?

① 농업 인구를 늘리기 위해서 정부는 효과적인 개선책을 생각해야 한다.

② 일본의 농업을 지키기 위해서 과학 기술의 힘을 빌릴 필요가 있다.

어휘 農業 のうぎょう 명 농업　減少 げんしょう 명 감소
携わる たずさわる 동 종사하다　年齢 ねんれい 명 연령
高齢化 こうれいか 명 고령화　重労働 じゅうろうどう 명 중노동
農作業 のうさぎょう 명 농작업　ますます 부 더욱더, 점점
減る へる 동 줄다　衰退 すいたい 명 쇠퇴
～一方だ ～いっぽうだ ~할 뿐이다　政府 せいふ 명 정부
若者 わかもの 명 젊은이　対策 たいさく 명 대책
練る ねる 동 짜다　～ものの ~지만　結果 けっか 명 결과
いまひとつだ 조금 부족하다　注目 ちゅうもく 명 주목
無人 むじん 명 무인
衛星測位システム えいせいそくいシステム 명 위성 측위 시스템
信号 しんごう 명 신호　実用 じつよう 명 실용
救世主 きゅうせいしゅ 명 구세주　増やす ふやす 동 늘리다
効果的だ こうかてきだ な형 효과적이다
改善策 かいぜんさく 명 개선책

실전 테스트 1

p.328

65 3 **66** 1 **67** 2 **68** 3

문제12 다음 글을 읽고, 뒤의 물음에 대한 답으로 가장 알맞은 것을, 1・2・3・4에서 하나 고르세요.

65-68

병을 모르고 병원을 싫어하는, 예방 주사나 건강 진단조차 거북한 나였지만, 갑자기 예기치 못한 병에 걸려, 2개월 가까이 입원하게 되었다. [65]**침대에 누워있는 매일, 같은 병실의 환자의 말소리나 기척, 그 외의 다양한 잡음을 차단하려고,** 나는 이어폰으로 자주 클래식 음악을 듣고 있었다.

평소에는 별로 듣지 않는 것이지만, 이때는 일상적으로 자주 듣는 록이나 팝송보다도 단연 모차르트를 즐겨 골랐다. 반복해서 듣고 있으니, 옛날에, 교과서에서 읽었던 모차르트에 대한 유명한 평론문의 한 구절이 여러 번 머리에 떠올랐다. '슬픔은 질주한다'라는 말이다. 약해진 신체로 막연한 불안과 두려움을 안고 있었을 때, 나는 슬펐던 것일까. 평론이 정확하게 의미하는 것은 모르겠지만, 슬픔은 살아가는 것 그 자체라고 생각하면, 내가 모차르트의 음악에 공명하고 있었던 것은 틀림없다.

공명이란 물리학적으로는 공진, 즉 같은 진동수를 가지는 물체 A와 B가 있는 경우, A의 진동은 B에 전달되어 B도 같이 진동하는 것이라고 한다. 음악에 한정되지 않고, [66]**훌륭한 예술은 모두 이러한 공명을 일으킨다고 생각한다.** 내가 모차르트의 음악에서 느낀 것처럼, [66]**많은 사람에게 사랑받는 예술은 진동수가 광범위한 개체에 일치하는 것일 것이다.** 무언가에 공명하는 것이란 함께가 되어 움직이는 것이라면, 약해져 있던 나의 세포는 우선 음악에서 힘을 얻어 다시 움직이기 시작했다고 말할 수 있다.

인간은 본래 고독한 것이기 때문에, 살아가는 것은 본질적으로 슬프다. 그 슬픔과 같은 고동을 가지고, 딱 맞게 다가와 주는 무언가가 발견되면 고독은 일부분 완화된다. 또한 한 사람보다 동행이 있는 편이, 사람은 그 견딜 수 있는 힘을 끄집어 낼 수 있을 것이다. 공명은 그렇게 살아가는 힘을 불러일으켜 움직이는 커다란 격려가 된다. 그것을, 나는 자신의 신체가 회복해 가는 중에 실감했다. 물론 [67]**공명을 일으키는 것은 예술에 한정되지 않을 것이다.** 아무렇지 않은 한마디 말이라도 길가의 화초라도 공기가 맑다든지 뭐든 좋다. [67]**받아들이는 측의 준비가 있으면, 온갖 것에서 공명을 받는 것이 가능할 것 같다.**

처음은 아마도 온몸으로 거절하던 입원 생활이지만, 익숙해져서 의사를 신뢰하고, 간호사들의 활동에 감사하고, 친밀감을 느끼고, 다른 입원 환자의 동향에 흥미를 가지게 되자, 나는 점차로 이어폰을 빼는 일이 많아졌다. 음악은 언제라도 들을 수 있다고 생각하며, 처음은 잡음이라고 피하고 있던 병원 내의 온갖 소리나 움직임을 감지하려고 했던 것일 것이다. [68]**간호사님들이 나의 이름을 부르는 소리나, 식사나 청소나 채혈에서조차 공명하여 힘을 얻었던 것처럼 느낀다.** 다행히 약이 들어 무사히 퇴원하게 된 뒤, 자택에서, 대음량으로 모차르트를 틀어, 스스로에게 쾌유 축하를 했다. 들으면서, 병에 걸린 이래 처음으로 눈물이 났다. [68]**공명은 살아가는 힘이 되었다.**

(주1) 모차르트 : 18세기 고진파 음악을 대표하는 음악가
(주2) 막연한 : 어렴풋하여 확실하지 않은

어휘 病気知らず びょうきしらず 병을 모르다, 병에 잘 안걸리다
病院嫌い びょういんぎらい 병원을 싫어하다, 병원에 잘 안 가다
予防 よぼう 명 예방　健康 けんこう 명 건강　診断 しんだん 명 진단
苦手だ にがてだ な형 거북하다　突如 とつじょ 부 갑자기, 돌연
予期せぬ よきせぬ 예기치 못한　病になる やまいになる 병에 걸리다
横たわる よこたわる 동 (가로) 눕다　病室 びょうしつ 명 병실
患者 かんじゃ 명 환자　話し声 はなしごえ 명 말소리
気配 けはい 명 기척　様々だ さまざまだ な형 다양하다
雑音 ざつおん 명 잡음　さえぎる 동 차단하다, 막다
イヤホン 명 이어폰
クラシック音楽 クラシックおんがく 명 클래식 음악
聴く きく 동 듣다　普段 ふだん 명 평소
日常 にちじょう 명 일상　ロック 명 록　ポップス 명 팝송
断然 だんぜん 부 단연　モーツァルト 명 모차르트
好む このむ 동 즐기다　繰り返す くりかえす 동 반복하다
教科書 きょうかしょ 명 교과서　評論文 ひょうろんぶん 명 평론문
一節 いっせつ 명 한 구절　度々 たびたび 부 여러 번, 자주
浮かぶ うかぶ 동 떠오르다　かなしさ 명 슬픔
疾走 しっそう 명 질주　弱る よわる 동 약해지다
身体 しんたい 명 신체　漠然と ばくぜんと 부 막연하게
不安 ふあん 명 불안　恐れ おそれ 명 두려움
抱える かかえる 동 안다　評論 ひょうろん 명 평론
正確だ せいかくだ な형 정확하다　共鳴 きょうめい 명 공명
間違いない まちがいない 틀림없다　物理学 ぶつりがく 명 물리학
共振 きょうしん 명 공진　つまり 부 즉
振動数 しんどうすう 명 진동수　物体 ぶったい 명 물체
伝わる つたわる 동 전달되다
~に限らず ~にかぎらず ~에 한정되지 않고
優れる すぐれる 동 훌륭하다, 뛰어나다　芸術 げいじゅつ 명 예술
すべて 부 모두　広範囲 こうはんい 명 광범위　個体 こたい 명 개체
一致 いっち 명 일치　細胞 さいぼう 명 세포
再び ふたたび 부 다시　動き出す うごきだす 동 움직이기 시작하다
本来 ほんらい 부 본래　孤独だ こどくだ な형 고독하다
本質的だ ほんしつてきだ な형 본질적이다　鼓動 こどう 명 고동
ぴったり 부 딱 맞게　寄り添う よりそう 동 다가서다
いくぶん 명 일부분　緩和 かんわ 명 완화　連れ つれ 명 동행, 일행
持てる もてる 동 견딜 수 있다　引き出す ひきだす 동 끄집어 내다
生きる力 いきるちから 살아가는 힘
呼び起こす よびおこす 동 불러일으키다　励まし はげまし 명 격려
回復 かいふく 명 회복　実感 じっかん 명 실감
引き起こす ひきおこす 동 일으키다
何気ない なにげない い형 아무렇지 않다　一言 ひとこと 명 한마디 말
道端 みちばた 명 길가　草花 くさばな 명 화초
受け取る うけとる 동 받아들이다　用意 ようい 명 준비

あらゆる 온갖　始め はじめ 명 처음　おそらく 부 아마도
全身 ぜんしん 명 온몸, 전신　拒絶 きょぜつ 명 거절
信頼 しんらい 명 신뢰　看護師 かんごし 명 간호사
働き はたらき 명 활동, 움직임　感謝 かんしゃ 명 감사
親しみ したしみ 명 친밀감　動向 どうこう 명 동향
次第に しだいに 부 점차, 차차　外す はずす 동 빼다, 벗다
雑音 ざつおん 명 잡음　避ける さける 동 피하다
物音 ものおと 명 소리　感知 かんち 명 감지
採血 さいけつ 명 채혈　幸い さいわい 부 다행히
効く きく 동 (효과가) 듣다　無事だ ぶじだ な형 무사하다
自宅 じたく 명 자택　大音量 だいおんりょう 명 대음량, 큰소리
快復 かいふく 명 쾌유, 쾌복　祝い いわい 명 축하
～て以来 ～ていらい ~한 이래　涙が出る なみだがでる 눈물이 나다
世紀 せいき 명 세기　古典派 こてんは 명 고전파
代表 だいひょう 명 대표　音楽家 おんがくか 명 음악가
ぼんやり 부 어렴풋이　はっきり 부 확실히

65

자주 클래식 음악을 듣고 있었다고 되어 있는데, 어째서인가?

1 자주 듣는 록이나 팝송보다도 좋아하게 되었기 때문에
2 병에 걸려, 불안과 두려움을 느끼고 싶지 않았기 때문에
3 병원 내의 여러 가지 잡음을 듣고 싶지 않았기 때문에
4 평소와 다른 상황이 되어, 슬픔을 느꼈기 때문에

해설 질문의 밑줄 친 よくクラシック音楽を聴いていた(자주 클래식 음악을 듣고 있었다)가 있는 첫 번째 단락을 읽고 밑줄 친 부분을 설명하는 내용을 찾는다. 밑줄의 앞부분에서 ベッドに横たわる毎日、同じ病室の患者の話し声や気配、その他様々な雑音をさえぎろう라고 서술하고 있으므로, 3 病院内のいろいろな雑音を聞きたくなかったから(병원 내의 여러 가지 잡음을 듣고 싶지 않았기 때문에)가 정답이다.

어휘 状況 じょうきょう 명 상황

66

훌륭한 예술에 대해, 필자는 어떻게 서술하고 있는가?

1 훌륭한 예술은, 많은 사람에게 공명을 주는 것이다.
2 훌륭한 예술은, 진동과 공명으로부터 만들어지는 것이다.
3 훌륭한 예술은, 특히 약해져 있는 사람에게 필요한 것이다.
4 훌륭한 예술은, 많은 사람에게 진동을 전달하는 경우가 있다.

해설 질문을 읽고 훌륭한 예술에 대한 필자의 생각이 무엇인가를 염두에 두며 세 번째 단락을 읽고 내용을 파악한다. 세 번째 단락에서 공명이란 같은 진동수를 가지는 A와 B가 같이 진동하는 것이며, 優れた芸術はすべてこのような共鳴を起こすのだと思う라고 하고, 多くの人に愛される芸術は振動数が広範囲の個体に一致するのだろう라고 서술하고 있으므로, 1 優れた芸術は、多くの人に共鳴を与えるものである(훌륭한 예술은, 많은 사람에게 공명을 주는 것이다)가 정답이다.

어휘 与える あたえる 동 주다, 미치다

67

필자에 의하면, 공명을 일으키는 것이란 어떠한 것인가?

1 매우 일상적인, 가까이에 있는 것
2 예술 작품에 한정되지 않는, 온갖 것
3 사람에게 살아가는 힘을 주는 모든 것
4 감지하려고 생각했을 때 주변에 있는 것

해설 질문을 읽고 공명을 일으키는 것이 무엇인가를 염두에 두며 네 번째 단락을 읽고 내용을 파악한다. 네 번째 단락에서 共鳴を引き起こすものは芸術に限らないだろう라고 하고, 受け取る側の用意があれば、あらゆるものから共鳴を受けることができそうだ라고 서술하고 있으므로, 2 芸術作品に限らない、あらゆるもの(예술 작품에 한정되지 않는, 온갖 것)가 정답이다.

어휘 日常的だ にちじょうてきだ な형 일상적이다
身近だ みぢかだ な형 가깝다, 일상적이다　芸術 げいじゅつ 명 예술
作品 さくひん 명 작품　周り まわり 명 주변

68

이 글에서 필자가 서술하고 있는 것은 어느 것인가?

1 음악을 듣는 것을 멈추고, 병원 내의 잡음과 공명했더니, 거북한 병원이 좋아졌다.
2 다른 사람으로부터의 소리나 누군가의 움직임을 느끼려고 했더니, 병도 쾌유했다.
3 자기 주변의 다양한 것에 공명하는 것으로, 살아가는 힘을 얻을 수 있었다.
4 음악이나 다가서는 사람의 목소리가 공명해서, 슬픈 입원 생활을 격려해 주었다.

해설 필자가 글을 통해 말하고자 하는 내용을 묻고 있으므로, 글의 후반부를 꼼꼼히 읽고 정확히 해석하면서 필자의 생각이나 주장을 파악한다. 다섯 번째 단락에서 看護師さんが私の名を呼ぶ声や、食事や清掃や採血にすら共鳴し力を得ていたように思う라고 하고, 共鳴は生きる力になった라고 서술하고 있으므로, 3 自分の周りの様々なことに共鳴することで、生きる力を得ることができた(자기 주변의 다양한 것에 공명하는 것으로, 살아가는 힘을 얻을 수 있었다)가 정답이다.

어휘 得る える 동 얻다　励ます はげます 동 격려하다

실전 테스트 2

p.330

65 3　**66** 3　**67** 2　**68** 4

문제12 다음 글을 읽고, 뒤의 물음에 대한 답으로 가장 알맞은 것을, 1・2・3・4에서 하나 고르세요.

65-68

'지방 자치는 민주주의의 학교'라는 말이 있다. 영국의 법률학자이자, 동시에 정치가이기도 했던 브라이스의 말이다. 아이들이 학교에서 정치에 대해 배울 때 반드시 나오는 것이어서, 기억하고 있는 사람도 많을 것이다. 지방 자치체란, 지방 단위에서의 정치를 국가로부터 인정받고 있는 단체로, 지방 자치란, 말하자면 지방의 정치인 것이다. [65]국가의 정치보다 주민의 목소리를 반영시키기 쉽고, 주민에 의한 체크 기능도 있기 때문에, 민주주의란 무엇인가를 배우는 데 이상적인 형태라고 여겨져, 전술한 말이 되었다.

그런데, 2019년에 도쿄도 에도가와구라는 자치체에서 선거가 시행되어, 인도 출신의 남성이 의원이 되었다. 에도가와구라는 곳은 인도계 사람들이 일본에서 가장 많이 살고 있는 마을인데, 그 구에서 인도인의 마을 '리틀·인디아'를 만들자는 계획이 제기된 적이 있다. 그는, 이 계획은 인도계 주민을 특별시한 것으로, 일본인과 구별하는 것 같은 방식은 행정의 본연의 자세로서 틀린 것은 아닌가 하고 생각했다. 그것이, 그가 의원에 입후보한 계기라고 한다. 의원으로서 활동을 하고 있으면, '자네는 외국인 주민에 관한 제안만 하면 되지 않은가'라고 듣는 일도 있다고 한다. 하지만, 그는 외국 출신의 의원이기 전에, 그 지역의 한 주민인 것이다. [66]자신이 살고 있는 마을을, 누구나 살기 쉽게, 쾌적하게 살 수 있는 행복한 마을로 하고 싶다. 거기에 국적은 관계없는 것이다. 그는, 자신 주변의 사람들의 의견을 받아들여, 의논의 장으로 가지고 가는 것이 자신의 일이고, 결코 인도계 주민만의 대표는 아니라고 말하고 있다.

외국 출신이라는 마이너리티 그룹에 속하면서, 의원 활동을 하고 있는 것은 그만이 아니다. 또, 마이너리티인 것은 특별히 외국인만은 아니다. [67]모든 사람이 다른 생각을 가지고 있기 때문에, 모든 사람이 소수파라고 말해도 과언이 아니다. A라는 문제에는 찬성하지만, B라는 문제에는 반대인 사람, 그 반대인 사람, 어느 쪽에도 찬성, 어느 쪽에도 반대인 사람. 사람의 의견은 다양하다. [67]세상의 모든 사상에 대해, 생각이 완전히 일치하는 사람 따위 없을 것이다.

그런 와중, 소수파의 의견을 받아들여, 반영시키기 위해서는, 국가라는 조직은 너무 거대하다. 아무래도 다수결로의 판단이 되어, 작은 목소리는 무시되기 쉬운 것이다. 하지만, 지방 자치체는 그 규모의 작음이 무기다. 지방 자치체에서는 문제가 발생한 경우에 시급한 개혁이 가능하고, 그것을 가능하게 하는 것은 사실은 주민의 목소리인 것이다. 지방이 변하면, 국가도 변한다. [68]누구나 행복하게 살 수 있는 세상을 만들려고 하는 것이 정치라면, 소수파의 의견을 잘라버리는 일 따위 일절 있어서는 안 된다.

(주) 마이너리티 : 소수파

어휘 地方 ちほう 명 지방　自治 じち 명 자치
民主主義 みんしゅしゅぎ 명 민주주의　イギリス 명 영국
法律学者 ほうりつがくしゃ 명 법률학자　かつ 부 동시에
政治家 せいじか 명 정치가　記憶 きおく 명 기억
自治体 じちたい 명 자치체　単位 たんい 명 단위
認める みとめる 동 인정하다　団体 だんたい 명 단체
いわば 부 말하자면　住民 じゅうみん 명 주민
反映 はんえい 명 반영　機能 きのう 명 기능　～ゆえ ~때문에
理想的だ りそうてきだ な형 이상적이다　前述 ぜんじゅつ 명 전술
さて 접 그런데　東京都 とうきょうと 명 도쿄도
江戸川区 えどがわく 명 에도가와구　自治体 じちたい 명 자치체
選挙 せんきょ 명 선거　インド 명 인도　出身 しゅっしん 명 출신
議員 ぎいん 명 의원　インド系 インドけい 명 인도계
日本 にほん 명 일본　持ち上がる もちあがる 동 제기되다, 일어나다
特別視 とくべつし 명 특별시　日本人 にほんじん 명 일본인
区別 くべつ 명 구별　やり方 やりかた 명 방식
行政 ぎょうせい 명 행정　在り方 ありかた 본연의 자세
立候補 りっこうほ 명 입후보　きっかけ 명 계기
活動 かつどう 명 활동　提案 ていあん 명 제안
地域 ちいき 명 지역　誰もが だれもが 누구나, 누구나가
快適だ かいてきだ な형 쾌적하다　暮らす くらす 동 살다
幸せだ しあわせだ な형 행복하다　国籍 こくせき 명 국적
くみ上げる くみあげる 동 받아들이다　代表 だいひょう 명 대표
マイノリティー 명 마이너리티　グループ 명 그룹
属する ぞくする 동 속하다　～つつ ~하면서
異なる ことなる 동 다르다　少数派 しょうすうは 명 소수파
～と言っても…ない ～といっても…ない ~라고 해도 …아니다
賛成 さんせい 명 찬성　世の中 よのなか 명 세상　あらゆる 모든
事象 じしょう 명 사상, 사실과 현상　一致 いっち 명 일치
そんな中 そんななか 그런 와중　組織 そしき 명 조직
巨大だ きょだいだ な형 거대하다　どうしても 부 아무래도
多数決 たすうけつ 명 다수결　判断 はんだん 명 판단
無視 むし 명 무시　規模 きぼ 명 규모　武器 ぶき 명 무기
発生 はっせい 명 발생　早急だ さっきゅうだ な형 시급하다
改革 かいかく 명 개혁　可能だ かのうだ な형 가능하다
切り捨てる きりすてる 동 잘라버리다　一切 いっさい 부 일절

65

지방자치가 민주주의의 학교라고 불리는 것은, 어째서인가?

1 지방 정치의 민주주의란 무엇인가 라는 것을 학교에서 반드시 배우기 때문에
2 주민에게 정치를 행할 권리가 주어져있어서, 정치를 하기 쉽기 때문에
3 주민의 의견을 도입하기 쉽고, 주민에 의한 감시 시스템도 마련되어 있기 때문에
4 국가의 정치보다 주민의 목소리가 닿기 쉽고, 항상 이상적인 정치가 행해지기 때문에

해설 질문의 밑줄 친 **民主主義の学校**(민주주의의 학교)가 있는 첫 번째 단락을 읽고 밑줄 친 부분을 설명하는 내용을 찾는다. 밑줄의 뒷부분에서 **国の政治より住民の声を反映させやすく、住民によるチェック機能もあるゆえ、民主主義とは何かを学ぶのに理想的な形だとされ、前述の言葉となった**라고 서술하고 있으므로, 3 **住民の意見を取り入れやすく、住民による監視システムも設けられているから**(주민의 의견을 도입하기 쉽고, 주민에 의한 감시 시스템도 마련되어 있기 때문에)가 정답이다.

어휘 学ぶ まなぶ 동 배우다　権利 けんり 명 권리
与える あたえる 동 주다

取り入れる とりいれる 동 도입하다, 받아들이다　監視 かんし 명 감시
システム 명 시스템　設ける もうける 동 마련하다, 설치하다
届く とどく 동 닿다　常に つねに 부 항상

66

인도 출신의 남성 의원에 대해, 필자는 어떻게 서술하고 있는가?

1 인도계 사람들이 많은 마을이기 때문에, 그는 인도계 주민을 대표하고 싶다고 생각했다.
2 그가 의원에 입후보한 것으로, 인도계 주민이 특별시될지도 몰랐다.
3 그가 의원이 된 것은, 모든 사람이 살기 쉬운 마을로 하고 싶기 때문이다.
4 인도계 주민의 의견을 듣고 의회에 제출하는 것이 행정의 본연의 자세라고 생각했다.

해설 질문을 읽고 인도 출신의 남성 의원에 대한 필자의 생각이 무엇인가를 염두에 두며 두 번째 단락을 읽고 내용을 파악한다. 두 번째 단락에서 **自分が住んでいる町を、誰もが住みやすく、快適に暮らせる幸せな町にしたい**라고 서술하고 있으므로, 3 **彼が議員になったのは、全ての人が住みやすい町にしたいからだ**(그가 의원이 된 것은, 모든 사람이 살기 쉬운 마을로 하고 싶기 때문이다)가 정답이다.

어휘 ～かねない ~할지도 모른다　議会 ぎかい 명 의회
提出 ていしゅつ 명 제출

67

마이너리티에 대해, 필자는 어떻게 서술하고 있는가?

1 의견이 일치하는 사람을, 마이너리티 그룹 속에서 찾는 것은 어렵다.
2 의견이 완전히 같은 사람은 없기 때문에, 누구나가 마이너리티다.
3 마이너리티의 의견을 소중히 하는 것이야말로, 민주주의가 마땅히 있어야 할 모습이다.
4 마이너리티의 의견을 지방 정치에 반영하는 것은 불가능에 가깝다.

해설 질문을 읽고 마이너리티에 대한 필자의 생각이 무엇인가를 염두에 두며 세 번째 단락을 읽고 내용을 파악한다. 세 번째 단락에서 **全ての人が異なる考えを持っているのだから、全ての人が少数派であると言っても過言ではない**라고 하고, **世の中のあらゆる事象について、考えがすっかり一致する人などいないはずだ**라고 서술하고 있으므로, 2 **意見が完全に同じだという人はいないのだから、誰もがマイノリティだ**(의견이 완전히 같은 사람은 없기 때문에, 누구나가 마이너리티다)가 정답이다.

어휘 完全だ かんぜんだ な형 완전하다　～こそ ~야 말로
あるべき 마땅히 있어야 할　不可能 ふかのう 명 불가능

68

정치의 본연의 자세에 대해, 필자가 말하고 싶은 것은 무엇인가?

1 지방 자치는 국가의 정치보다 재빠른 개혁이 필요하기 때문에, 소수파의 의견을 소중히 하는 것이 중요하다.
2 모든 사람이 다른 생각을 가지고 있기 때문에, 모든 의견을 반영시키려고 노력하는 것이 중요하다.
3 지방 자치는 주민의 의견을 반영시키기 쉽기 때문에, 주민의 의견을 의회에 내는 것이 중요하다.
4 누구나가 살기 쉬운 세상으로 하기 위해서는, 소수파의 의견을 소중히 하는 것이 중요하다.

해설 질문을 읽고 정치의 본연의 자세에 대한 필자의 생각이 무엇인가를 염두에 두며 네 번째 단락을 읽고 내용을 파악한다. 네 번째 단락에서 **誰もが幸せに暮らせる世の中を作ろうとするのが政治であるならば、少数派の意見を切り捨てることなど一切あってはならない**라고 서술하고 있으므로, 4 **誰もが住みやすい世の中にするためには、少数派の意見を大切にすることが重要だ**(누구나가 살기 쉬운 세상으로 하기 위해서는, 소수파의 의견을 소중히 하는 것이 중요하다)가 정답이다.

어휘 素早い すばやい い형 재빠르다　努力 どりょく 명 노력

실전 테스트 3

p.332

65 3　**66** 4　**67** 1　**68** 2

문제12 다음 글을 읽고, 뒤의 물음에 대한 답으로 가장 알맞은 것을, 1・2・3・4에서 하나 고르세요.

65-68

일본에서는 1년간에 태어나는 아이의 수가 매우 빠른 페이스로 감소하고 있다. 일본 정부는 저출산화 대책을 긴요한 과제의 하나라고 인식하고 있는데, 인구가 줄어드는 것은 일본에 있어서 어떤 문제가 되는 것일까.

가장 큰 문제는 노동력의 감소이다. 일할 사람의 수가 줄어드는 것에 의해, 기업이 필요로 하는 노동력을 확보할 수 없어, 기업의 활동이 축소. 그것에 의해 사람들의 수입도 감소하고, 물건도 팔리지 않게 된다는 경제 전체의 침체가 예상된다. 또한, 노동으로 얻어진 수입의 일부는 소득세라는 세금으로 나라에 환원되어, 그것을 바탕으로 우리들의 생활에 필요한 인프라가 계속 정비되고 있는 것인데, [65]이 국가의 세금 수입이 줄어드는 것으로 국가나 자치체에 의한 인프라 정비가 정체하고, 사회 그 자체에 커다란 영향이 나와 버릴 것이다. 그 외에도, 젊은 세대가 고령자를 떠받치는 연금 제도의 붕괴나, 고령자가 늘어나는 것에 의한 사회 보장 비용의 증대가 염려되고 있다.

정부는 근래, [66]육아 세대로의 '경제적인 지원의 확충'을 하는 것으로, 저출산화를 막으려고 하고 있다. 출산을 포기하는 이유 중에, 육아에 드는 경제적인 부담이 큰 것을 드는 사람이 많기 때문이다.

이미 육아를 하고 있는 사람들에의 서포트를 시행하는 것은, 육아 세대에게는 환영받을 정책일 것이다. [66]하지만, 이것으로 저출산화를 막을 수 있다고 생각하는 것은 무리가 있다고 생각한다.

실은, 결혼한 부부의 아이 수는 30년 전과 거의 같다는 통계가 있다. 즉, 결혼하면 아이는 30년 전과 같이 태어나고 있는 것이다. 한편, [67]50세까지 한 번도 결혼한 적이 없는 사람의 비율을 나타내는 생애 미혼율은 1995년부터 매년 상승을 계속하여, 현재에는 남성의 4명 중 1명, 여성의 6명 중 1명이 결혼하지 않은 채, 나이를 먹고 있다는 것이 분명해졌다. 이것으로부터, [67]문제로 삼아야 하는 것은 저출산화가 아니라 오히려 미혼화라고 말할 수 있을 것이다. 결혼하지 않는 이유는 여러 가지 있다. 결혼을 단행할 수 있을 만큼의 수입을 얻지 못하고 있는 것이나 고용이 불안정한 것, 여성의 사회 진출이 진행되어, 여성이 남성에게 의지하는 일 없이 생활을 할 수 있게 된 것, 독신 생활에 부자유를 느끼는 일이 없어진 것 등을 들수 있다. 젊은 세대를 대상으로 결혼 활동 지원을 하고 있는 자치체도 있지만, [68]애당초 결혼하는 연령의 사람들이 이미 저출산화로 적어져있는 세대이기 때문에, 결혼하는 사람을 늘려도 저출산화를 막을 수는 없다. 이대로라면, 효과적인 대책이 발견되지 않는 채, 일본 사회 전체가 축소해 갈 것이라고 생각된다.

유감스럽게도, 앞으로도 일본의 저출산화는 해소되지 않을 것이다. [68]노동력 부족 등의 경제적인 문제는 다른 면에서 대책을 세워야만 한다. 일본이라는 나라가 앞으로 어떠한 길을 선택해야만 하는가, 시급히 생각할 필요가 있다.

(주1) 긴요 : 서둘러 하지 않으면 안 되는 중요한 일
(주2) 염려하다 : 걱정하다
(주3) 결혼 활동 : 결혼 상대를 찾는 활동

어휘 日本 にほん 명 일본　ペース 명 페이스, 속도
減少 げんしょう 명 감소　政府 せいふ 명 정부
少子化 しょうしか 명 저출산화　対策 たいさく 명 대책
喫緊 きっきん 명 긴요　課題 かだい 명 과제
捉える とらえる 동 인식하다, 파악하다　減る へる 동 줄다
労働力 ろうどうりょく 명 노동력　働く人 はたらくひと 일할 사람
企業 きぎょう 명 기업　確保 かくほ 명 확보　活動 かつどう 명 활동
縮小 しゅくしょう 명 축소　~により ~에 의해
収入 しゅうにゅう 명 수입　全体 ぜんたい 명 전체
落ち込み おちこみ 명 침체, 하락　予想 よそう 명 예상
労働 ろうどう 명 노동　得る える 동 얻다　一部 いちぶ 명 일부
所得税 しょとくぜい 명 소득세　税金 ぜいきん 명 세금
還元 かんげん 명 환원　~を元に ~をもとに ~을 바탕으로
インフラ 명 인프라, 사회 간접 자본　整備 せいび 명 정비
自治体 じちたい 명 자치체　停滞 ていたい 명 정체
そのもの 그 자체　影響 えいきょう 명 영향　ほかにも 그 외에도
世代 せだい 명 세대　高齢者 こうれいしゃ 명 고령자
支える ささえる 동 떠받치다　年金 ねんきん 명 연금
制度 せいど 명 제도　崩壊 ほうかい 명 붕괴　保障 ほしょう 명 보장
費用 ひよう 명 비용　増大 ぞうだい 명 증대　懸念 けねん 명 염려
近年 きんねん 명 근래, 근년　子育て こそだて 명 육아
世帯 せたい 명 세대, 가구　経済的だ けいざいてきだ な형 경제적이다
支援 しえん 명 지원　拡充 かくじゅう 명 확충
出産 しゅっさん 명 출산　諦める あきらめる 동 포기하다
負担 ふたん 명 부담　すでに 부 이미　サポート 명 서포트
歓迎 かんげい 명 환영　政策 せいさく 명 정책
夫婦 ふうふ 명 부부　ほぼ 부 거의　統計 とうけい 명 통계
つまり 부 즉, 요컨대　同様だ どうようだ な형 같다
一方 いっぽう 명 한편　~たことがない ~한 적이 없다
割合 わりあい 명 비율　示す しめす 동 나타내다
生涯 しょうがい 명 생애　未婚率 みこんりつ 명 미혼율
年々 ねんねん 부 매년　上昇 じょうしょう 명 상승
現在 げんざい 명 현재　年を取る としをとる 나이를 먹다
明らかになる あきらかになる 분명해지다
問題にする もんだいにする 문제로 삼다　むしろ 부 오히려
未婚化 みこんか 명 미혼화
踏み切る ふみきる 동 단행하다, 결심하다　雇用 こよう 명 고용
不安定だ ふあんていだ な형 불안정하다　進出 しんしゅつ 명 진출
頼る たよる 동 의지하다　一人暮らし ひとりぐらし 명 독신 생활
不自由 ふじゆう 명 부자유　感じる かんじる 동 느끼다
対象 たいしょう 명 대상　婚活 こんかつ 명 결혼 활동, 혼활
そもそも 명 애당초　年齢 ねんれい 명 연령
増やす ふやす 동 늘리다　効果的だ こうかてきだ な형 효과적이다
残念ながら ざんねんながら 유감스럽게도　今後 こんご 명 앞으로
解消 かいしょう 명 해소　対策を打つ たいさくをうつ 대책을 세우다
早急だ さっきゅうだ な형 시급하다　相手 あいて 명 상대

65

커다란 영향으로서 필자가 들고있는 것은 무엇인가?

1 일할 사람이 적어지는 것
2 경제 상황이 나빠지는 것
3 인프라 정비가 멈추는 것
4 연금을 사용할 수 없게 되는 것

해설 질문의 밑줄 친 大きな影響(커다란 영향)가 있는 두 번째 단락을 읽고 밑줄 친 부분을 설명하는 내용을 찾는다. 밑줄의 앞부분에서 この国の税金収入が減ることで国や自治体によるインフラ整備が停滞し라고 서술하고 있으므로, 3 インフラ整備が止まること(인프라 정비가 멈추는 것)가 정답이다.

어휘 状況 じょうきょう 명 상황　年金 ねんきん 명 연금

66

육아 세대에의 경제적 지원에 대해, 필자는 어떻게 서술하고 있는가?

1 정부가 경제적인 지원을 시행하면, 출산하는 사람이 늘어난다.
2 정부의 지원은 이미 아이를 키우고 있는 사람만이 대상이다.
3 육아에는 많은 돈이 필요하기 때문에, 매우 좋은 정책이다.
4 육아에 대한 지원을 늘려도, 저출산화는 멈출 수 없다.

해설 질문을 읽고 육아 세대의 경제적 지원에 대한 필자의 생각이 무엇인가를 염두에 두며 세 번째 단락을 읽고 내용을 파악한다. 세 번째 단락에서 子育て世帯への「経済的な支援の拡充」をすることで、少子化を止めようとしている라고 하고, しかし、これで少子化が止められると考えるのは無理があると思う라고 서술하고 있으므

로, 4 子育てに対する支援を増やしても、少子化は止められない(육아에 대한 지원을 늘려도, 저출산화는 멈출 수 없다)가 정답이다.

어휘 ～に対する ～にたいする ~에 대한

67

필자는, 일본 사회의 진짜 문제는 무엇이라고 서술하고 있는가?

1 결혼을 포기하는 사람이 매우 늘었기 때문에, 아이의 수가 계속 줄어드는 것

2 출산을 포기하는 사람이 매우 늘었기 때문에, 출산율이 계속 낮아지는 것

3 결혼하는 사람이 증가했음에도 불구하고, 아이의 수는 횡보하고 있는 것

4 결혼하는 사람이 감소했음에도 불구하고, 출산율은 변함없는 것

해설 질문을 읽고 일본 사회의 진짜 문제가 무엇인가를 염두에 두며 네 번째 단락을 읽고 내용을 파악한다. 네 번째 단락에서 **50歳までに一度も結婚したことがない人の割合を示す生涯未婚率は1995年から年々上昇**라고 하고, **問題にすべきなのは少子化ではなくむしろ未婚化**라고 서술하고 있으므로, **1 結婚を諦める人が非常に増えたため、子供の数がどんどん減ること**(결혼을 포기하는 사람이 매우 늘었기 때문에, 아이의 수가 계속 줄어드는 것)가 정답이다.

어휘 出産率 しゅっさんりつ 명 출산율　増加 ぞうか 명 증가
～にもかかわらず ~에도 불구하고　横ばい よこばい 명 횡보
変わりない かわりない 변함없다

68

이 글에서 필자가 가장 말하고 싶은 것은 무엇인가?

1 앞으로는 저출산화 대책보다 미혼화 대책에 힘을 쏟아, 결혼하는 사람을 늘려야만 한다.

2 앞으로도 저출산화 대책은 잘 되지 않기 때문에, 거기서 생기는 문제에 대해 생각해야만 한다.

3 현재의 여러 가지 문제는, 저출산화 때문이 아니기 때문에, 다른 대책을 생각해야만 한다.

4 현재의 저출산화 대책으로는 효과가 없기 때문에, 다른 대책을 생각해야만 한다.

해설 필자가 글을 통해 말하고자 하는 내용을 묻고 있으므로, 글의 후반부를 꼼꼼히 읽고 정확히 해석하면서 필자의 생각이나 주장을 파악한다. 네 번째 단락에서 **そもそも結婚する年齢の人々がすでに少子化で少なくなっている世代のため、結婚する人を増やしても少子化を止めることはできない**라고 하고, 다섯 번째 단락에서 **労働力不足などの経済的な問題は別の面から対策を打つべきだ**라고 서술하고 있으므로, **2 今後も少子化対策はうまくいかないので、そこから生じる問題について考えるべきだ**(앞으로도 저출산화 대책은 잘 되지 않기 때문에, 거기서 생기는 문제에 대해 생각해야만 한다)가 정답이다.

어휘 力を入れる ちからをいれる 힘을 쏟다　うまくいかない 잘 되지 않다
生じる しょうじる 동 생기다　効果 こうか 명 효과

문제 13 정보검색

실력 다지기

p.338

01 ②　**02** ①　**03** ①　**04** ②

01

기무라 씨는 유학을 생각하고 있는데, **희망하는 유학처는 기무라 씨가 다니는 대학의 협정 학교에는 들어있지 않았다.** 기무라 씨가 유학할 방법은 다음 중 어느 것인가?

① 학교에서 유학처의 입학 허가서를 신청하고, 1년간 무료로 간다.

② 희망하는 유학처에서 입학 허가서를 직접 받고, 1년간 사비로 간다.

● 학점 인정 유학 ●

유학하지 않고 유학할 수 있는 플랜입니다. 유학처에서 취득한 학점은 본교에서 인정 가능합니다.

플랜	기간	유학처의 수업료	유학처
교환 유학	1년	본인 부담 없음	협정 학교만
사비 유학	**1년**	**전액 부담**	**협정 학교 이외의 대학**

(주의)

1. 원칙적으로 유학 기간 중에도 본교에 수업료를 납부하지 않으면 안 됩니다.
2. **희망하는 유학처가 본교의 협정 학교에 없는 경우**에는, 우선 유학처의 개요가 쓰인 자료를 제시해 주세요. 본교의 심사를 거쳐, 유학처로서 인정받은 경우만 학점 인정 유학이 가능합니다. 또, **유학처의 입학 허가서도 필요해집니다만, 그쪽에 관해서는 본교는 일절 개입할 수 없습니다. 본인이 직접 신청하는 형태가 됩니다.**

어휘 希望 きぼう 명 희망　留学先 りゅうがくさき 명 유학처, 유학할 곳
協定校 きょうていこう 명 협정 학교　方法 ほうほう 명 방법
許可書 きょかしょ 명 허가서　申し込む もうしこむ 동 신청하다
無料 むりょう 명 무료　直接 ちょくせつ 명 직접　私費 しひ 명 사비
単位 たんい 명 학점　認定 にんてい 명 인정
休学 きゅうがく 명 휴학　プラン 명 플랜　取得 しゅとく 명 취득
本学 ほんがく 명 본교　可能 かのう 명 가능　期間 きかん 명 기간
授業料 じゅぎょうりょう 명 수업료　交換 こうかん 명 교환
本人 ほんにん 명 본인　負担 ふたん 명 부담
全額 ぜんがく 명 전액　原則として げんそくとして 원칙적으로
納める おさめる 동 납부하다　概要 がいよう 명 개요
資料 しりょう 명 자료　提示 ていじ 명 제시　審査 しんさ 명 심사
～を経て ～をへて ~을 거쳐　認める みとめる 동 인정하다
一切 いっさい 부 일절　介入 かいにゅう 명 개입
申請 しんせい 명 신청

02

오오모리 씨는 **시설에서 면회를 하고, 주말에 새로운 가족이 될 개를 인도받게 되었다.** 개를 받을 때, 오오모리 씨가 하지 않으면 안 되는 것은 다음 중 어느 것인가?

① **시설에서 서약서를 쓰고, 4만 엔의 비용을 지불한다.**
② 자택에서 서약서에 도장을 찍고, 10만 엔과 함께 보낸다.

>> 귀여운 멍멍이들의 수양부모 모집 <<

우리들은 인간의 제멋대로인 사정으로 버려져, 처분 집행 예정인 개들을 보호하여, 그들에게 새로운 가족을 찾는 활동을 하고 있습니다. 우선은, 면회가 필요하기 때문에, 아래 번호로 전화 걸어 주시고, 사전에 신청해 주시도록 부탁드립니다.

— 주의 사항 —

- **인도는 이쪽의 시설에서 행합니다.** 또, 그때에 상처를 입은 개들이 다시 슬픈 경험을 하지 않도록 **서약서를 교환합니다. 인감이 필요하기 때문에, 반드시 지참해 주세요.**
- **양도 때에 1마리당 4만 엔의 비용을 받고 있습니다.** 보호하고 나서 여러분에게 양도하기까지 1마리 약 10만 엔 정도 비용이 들고 있습니다. 여러분으로부터의 자금이 다음 한 마리를 구하는 지원이 됩니다.

NPO법인 도그 서포트 Tel0298-0000-XXXX

어휘 施設 しせつ 명 시설 面会 めんかい 명 면회
引き渡す ひきわたす 동 인도하다 受け取る うけとる 동 받다
~にあたって ~할 때 誓約書 せいやくしょ 명 서약서
費用 ひよう 명 비용 支払う しはらう 동 지불하다
自宅 じたく 명 자택 ハンコ 명 도장 わんちゃん 멍멍이
里親 さとおや 명 수양부모 募集 ぼしゅう 명 모집
人間 にんげん 명 인간 身勝手だ みがってだ な형 제멋대로다
事情 じじょう 명 사정 処分 しょぶん 명 처분
執行 しっこう 명 집행 保護 ほご 명 보호 活動 かつどう 명 활동
申請 しんせい 명 신청 事項 じこう 명 사항
再び ふたたび 부 다시 取り交わす とりかわす 동 교환하다
印鑑 いんかん 명 인감 譲渡 じょうと 명 양도 資金 しきん 명 자금
救う すくう 동 구하다 支援 しえん 명 지원 法人 ほうじん 명 법인
ドッグ 명 도그, 개 サポート 명 서포트, 지원

03

다케다 씨는 일이 바빠서 청소할 시간을 낼 수 없기 때문에, 가사 대행 서비스를 부탁하려고 생각하고 있다. 특히 서투른 **부엌 청소**와 여름부터 가을에 걸쳐서 시원해졌기 때문에 **옷 교체**를 부탁하고 싶다. 다케다 씨가 신청할 코스는 어느 것인가?

① **희망하는 곳 코스**
② 물 사용하는 곳 집중 코스

— 가사 대행 서비스 —

가사도 프로에게 맡기자! 부담 없이 문의하세요!

코스명	코스 설명	시간	요금
기본 청소 코스	거실, 부엌, 화장실 등 집 전체를 청소합니다. 기본적인 쓰레질이나 걸레질이 주이기 때문에, 중점적인 청소를 희망하시는 분에게는 추천할 수 없습니다.	3시간	7,500엔
희망하는 곳 코스	**고객이 희망한 곳을 우선적**으로 시간 내에 깨끗하게 합니다. 에어컨 청소나 **옷 정리까지 뭐든 담당**합니다.	2시간	5,000엔
물 사용하는 곳 집중 코스	욕실, 부엌, 화장실 등 평소, 손질이 어려운 곳을 정성스럽게 청소합니다.	2시간	6,500엔

※ 연장 요금은 1시간 1,500엔입니다.

어휘 家事 かじ 명 가사 代行 だいこう 명 대행 サービス 명 서비스
キッチン 명 부엌 衣替え ころもがえ 명 (철에 맞는) 옷 교체
申し込む もうしこむ 동 신청하다 コース 명 코스
お好みスポット おこのみスポット 희망하는 곳
水回り みずまわり 명 물 사용하는 곳 集中 しゅうちゅう 명 집중
プロ 명 프로 任せる まかせる 동 맡기다
気軽だ きがるだ な형 부담 없다
問い合わせる といあわせる 동 문의하다 料金 りょうきん 명 요금
基本 きほん 명 기본 居間 いま 명 거실 全体 ぜんたい 명 전체
掃き掃除 はきそうじ 명 쓰레질 拭き掃除 ふきそうじ 명 걸레질
重点的だ じゅうてんてきだ な형 중점적이다 希望 きぼう 명 희망
優先的だ ゆうせんてきだ な형 우선적이다 エアコン 명 에어컨
整理 せいり 명 정리 担当 たんとう 명 담당 風呂場 ふろば 명 욕실
普段 ふだん 명 평소 手入れ ていれ 명 손질
丁寧だ ていねいだ な형 정성스럽다 延長 えんちょう 명 연장

04

스즈키 씨는 **영화 콘테스트의 관광지 부문에 작품을 응모**하고 싶다. 스즈키 씨가 응모할 수 있는 작품은 다음 중 어느 것인가?

① 공식 홈페이지에 있는 시설의 사진과 자신이 찍은 영상을 조합한 동영상
② **유명한 신사와 그 주변에 있는 복수의 음식점을 소개한 동영상**

관광 영상 콘테스트

일본을 세계로, 세계를 일본으로! 180초의 영상으로 그 매력을 전하자!

| 참가자 |
누구라도 참가 가능합니다! 연령, 국적은 묻지 않습니다.

| 모집 부문 |
① 세계 유산 부문 : 세계 각국의 세계 유산 중에서 하나 선택하여, 그 매력을 세계의 여러분에게 전해 주세요.

② 관광지 부문 : **전국 각지의 관광지 중에서 하나 선택**하여, 영상을 보고 해외에서 오는 관광객이 늘 것 같은 영상을 제작해 주세요.

| 모집 작품 |

일본을 PR하는 영상 작품을 모집하고 있습니다. 영상 시간은 3분 이내로 부탁드립니다.
그때, 저작권에는 충분히 주의해 주시도록 부탁드립니다.
인터넷에 이미 존재하는 사진이나 영상 등은 부디 사용을 삼가주세요.
작품에는 자신이 촬영한 것만 사용해 주세요.

| 마감 |

9월 30일(금) 오후 5시까지

어휘 **コンテスト** 명 콘테스트　**観光地 かんこうち** 명 관광지
部門 ぶもん 명 부문　**作品 さくひん** 명 작품　**応募 おうぼ** 명 응모
公式 こうしき 명 공식　**ホームページ** 명 홈페이지
施設 しせつ 명 시설　**映像 えいぞう** 명 영상
組み合わせる くみあわせる 동 조합하다　**動画 どうが** 명 동영상
複数 ふくすう 명 복수　**飲食店 いんしょくてん** 명 음식점
観光 かんこう 명 관광　**魅力 みりょく** 명 매력
参加者 さんかしゃ 명 참가자　**参加 さんか** 명 참가
可能 かのう 명 가능　**年齢 ねんれい** 명 연령
国籍 こくせき 명 국적　**問う とう** 동 묻다　**募集 ぼしゅう** 명 모집
各国 かっこく 명 각국　**遺産 いさん** 명 유산　**選択 せんたく** 명 선택
観光客 かんこうきゃく 명 관광객　**制作 せいさく** 명 제작
著作権 ちょさくけん 명 저작권　**インターネット** 명 인터넷
既存 きぞん 명 이미 존재함, 기존　**くれぐれも** 부 부디
控える ひかえる 동 삼가다　**撮影 さつえい** 명 촬영
使用 しよう 명 사용　**締め切り しめきり** 명 마감

실전 테스트 1

p.340

69 1　**70** 2

문제13 오른쪽 페이지는, 이직자 대상의 구인 정보이다. 아래의 물음에 대한 답으로 가장 알맞은 것을, 1・2・3・4에서 하나 고르세요.

69

이전, 영업 스태프로서 근무했던 요시다 씨 32세는, 이직처를 찾고 있다. 가지고 있는 자격은 보통자동차 운전면허뿐이다. 다음은 고용 형태에는 구애되지 않고 월급이 25만 엔 이상인 일에 응모할 생각이다. 요시다 씨가 응모할 수 있는 회사는 다음 중 어느 것인가?

1 미경험자라도 응모할 수 있는 마루이치 식품과, 자격을 충족하고 있는 산코 건설
2 연령 조건을 충족하고 있는 다이호쿠 전기와, 자격을 충족하고 있는 산코 건설
3 미경험자라도 응모할 수 있는 마루이치 식품과, 우대 조건을 충족하고 있는 미나미모리 철공소
4 미경험자라도 응모할 수 있는 미나미모리 철공소와, 미경험자를 우대하는 JOP보험회사

해설 요시다 씨가 고를 수 있는 회사를 묻는 문제이다. 질문에서 제시된 조건 (1) **営業スタッフとして勤務**(영업 스태프로서 근무), (2) **32歳**(32세), (3) **普通自動車運転免許**(보통자동차 운전면허), (4) **月収が25万円以上**(월급이 25만 엔 이상)에 따라,
(1) 영업 스태프로서 근무 : 미경험자도 지원할 수 있는 마루이치 식품, AKK 경비 보장, JOP 보험회사와 영업 경험자를 우대하는 미나미모리 철공소 응모 가능
(2) 32세 : (1)에서 응모 가능한 회사 중, 마루이치 식품, AKK 경비 보장, JOP 보험회사 응모 가능
(3) 보통자동차 운전면허 : 보통자동차 운전면허가 필수인 산코 건설 응모 가능
(4) 월급 25만 엔 이상 : AKK 경비 보장, 미야코 관광, 에이스 진학 학원 빼고 모두 응모 가능
따라서 1 **未経験者でも応募できる丸一食品と、資格を満たしているサンコー建設**(미경험자라도 응모할 수 있는 마루이치 식품과, 자격을 충족하고 있는 산코 건설)가 정답이다.

어휘 **以前 いぜん** 명 이전　**営業 えいぎょう** 명 영업　**スタッフ** 명 스태프
勤務 きんむ 명 근무　**転職先 てんしょくさき** 명 이직처
資格 しかく 명 자격　**普通自動車 ふつうじどうしゃ** 명 보통자동차
運転免許 うんてんめんきょ 명 운전면허　**雇用 こよう** 명 고용
形態 けいたい 명 형태　**こだわる** 동 구애되다
月収 げっしゅう 명 월급, 월수입　**応募 おうぼ** 명 응모
未経験者 みけいけんしゃ 명 미경험자　**食品 しょくひん** 명 식품
満たす みたす 동 충족하다, 채우다　**建設 けんせつ** 명 건설
年齢 ねんれい 명 연령　**条件 じょうけん** 명 조건
電機 でんき 명 전기　**優遇 ゆうぐう** 명 우대
鉄工所 てっこうじょ 명 철공소
保険会社 ほけんがいしゃ 명 보험회사

70

이전, 게임 개발 회사에서 개발 스태프로서 근무했던 사사키 씨 27세는, 이직처를 찾고 있다. 사사키 씨는, 4년제 대학의 공학부 정보공학과를 졸업하고, 월급 30만 엔 이상에 정사원이라면 직종에는 구애되지 않지만, 책임있는 일을 맡을 수 있는 회사에 응모하고 싶다. 사사키 씨의 희망에 맞는 회사의 설명으로, 올바른 것은 어느 것인가?

1 니치난 전철은, 필요한 자격 조건을 충족하고 있고, 일에서 리더십을 발휘할 수 있다.
2 미나미모리 철공소는, 학력, 연령 조건을 충족하고 있고, 책임있는 일을 맡을 수 있다.
3 다이호쿠 전기는, 학력, 연령, 요구되는 인물상의 조건을 충족하고 있고, 경험을 살릴 수 있다.
4 MS 정보 서비스는, 연령, 졸업 학과의 조건을 충족하고 있고, 성실한 일이 평가받는다.

해설 사사키 씨가 고를 수 있는 회사의 올바른 설명을 묻는 문제이다. 질문에서 제시된 조건 (1) 27歳(27세), (2) 四年制大学の工学部情報工学科を卒業(4년제 대학의 공학부 정보공학과를 졸업), (3) 月収30万円以上で正社員(월급 30만 엔 이상에 정사원), (4) 責任ある仕事を任せてもらえる会社(책임있는 일을 맡을 수 있는 회사)에 따라,

(1) 27세 : 미나미모리 철공소, 에이스 진학 학원 응모 가능

(2) 4년제 대학의 공학부 정보공학과 졸업 : 미나미모리 철공소, 에이스 진학학원 응모 가능

(3) 월급 30만 엔 이상에 정사원 : 미나미모리 철공소 응모 가능

(4) 책임있는 일을 맡을 수 있는 회사 : 거래처의 영업을 담당하는 미나미모리 철공소 응모 가능

따라서 2 南森鉄工所は、学歴、年齢の条件を満たしており、責任のある仕事を任せてもらえる(미나미모리 철공소는, 학력, 연령 조건을 충족하고 있고, 책임 있는 일을 맡을 수 있다)가 정답이다.

어휘 ゲーム 명 게임 開発 かいはつ 명 개발
工学部 こうがくぶ 명 공학부
情報工学科 じょうほうこうがくか 명 정보공학과
正社員 せいしゃいん 명 정사원 職種 しょくしゅ 명 직종
責任 せきにん 명 책임 任せる まかせる 동 맡기다
希望 きぼう 명 희망 電鉄 でんてつ 명 전철
リーダーシップ 명 리더십 発揮 はっき 명 발휘
学歴 がくれき 명 학력 求める もとめる 동 요구하다
人物像 じんぶつぞう 명 인물상, 인재상 生かす いかす 동 살리다
情報 じょうほう 명 정보 サービス 명 서비스 学科 がっか 명 학과
評価される ひょうかされる (높이) 평가되다

69-70 구인 정보

잡리서치 구인 정보

(2월 이직자 대상)

회사명 배속	고용형태	조건/ 필요 자격 등	수입/요구하는 인물상 등
마루이치 식품 제품 관리 스태프	정사원	[69]미경험자 환영	[69]월급 28만~. 팀워크를 중요하게 하고 있는 회사입니다.
다이호쿠 전기 개발 스태프	정사원	대학 졸업, 28세~35세까지의 제품개발 경험자	월급 35만~. 책임감이 강한 분을 희망
니치난 전철 경리과장 보좌	정사원	대학 졸업, ~40세까지의 경리 경험자	월급 40만~. 리더십이 있는 분 모집
오사카 백화점 판매 스태프	정사원	판매 경험자 또는 리더 경험자	월급 35만~. 의류에 흥미가 있는 분 대환영
미도리 약국 판매 스태프	정사원	판매 경험자 또는 상품 관리 경험자	월급 40만~. 밝고 접객을 좋아하는 분, 길게 계속할 수 있는 분 모집
산코 건설 건설 작업원	계약사원	[69]보통자동차 운전면허 필수	[69]월급 25만~. 책임을 가지고 일할 수 있는 분 모집
미츠보시 제약 연구 스태프	정사원	대학 졸업, ~35세까지의 약제사 국가자격 보유자	월급 35만~. 약제사 국가 자격을 살릴 기회입니다.
미나미모리 철공소 영업 스태프	[70]정사원	[70]대학 졸업, [70]~28세까지, 미경험자 환영, 영업 경험자 우대	[70]월급 31만~. [70]거래처의 영업을 맡깁니다.
MS 정보 서비스 엔지니어	정사원	28세~, 정보계 학과 졸업 또는 시스템엔지니어 경험자	월급 32만~. 꾸준히 성실하게 일할 수 있는 분 모집
AKK 경비 보장 경비 스태프	아르바이트	심야 일할 수 있는 분, 학생 환영	시급 2,000엔. 봄방학을 이용한 단기 아르바이트도 가능.
JOP 보험회사 접수 스태프	계약사원	미경험자 환영 사무 경험자 우대	월급 30만~. 선배 사원이 친절히 서포트해 줍니다.
미야코 관광 접객 스태프	정사원	25~48세까지의 TOEIC 780점 이상 취득자	월급 24만~. 관광 경험자 환영. 젊은 사원의 서포트도 부탁드립니다.
에이스 진학학원 비상근 강사	아르바이트	4년제 대학 이과 학부 재학생 또는 졸업생	시급 1,800엔 전후. 중학생에게 알기 쉽게 수학·이과의 해설을 할 수 있는 분 모집

어휘 リサーチ 명 리서치 求人 きゅうじん 명 구인
情報 じょうほう 명 정보 転職者 てんしょくしゃ 명 이직자
~向け ~むけ ~대상 会社名 かいしゃめい 명 회사명
配属 はいぞく 명 배속 収入 しゅうにゅう 명 수입
製品 せいひん 명 제품 管理 かんり 명 관리 歓迎 かんげい 명 환영
チームワーク 명 팀워크 責任感 せきにんかん 명 책임감
経理課長 けいりかちょう 명 경리과장 補佐 ほさ 명 보좌
百貨店 ひゃっかてん 명 백화점 販売 はんばい 명 판매
リーダー 명 리더 アパレル 명 의류, 어패럴
大歓迎 だいかんげい 명 대환영 薬局 やっきょく 명 약국
接客 せっきゃく 명 접객 作業員 さぎょういん 명 작업원
契約社員 けいやくしゃいん 명 계약사원 必須 ひっす 명 필수
製薬 せいやく 명 제약 薬剤師 やくざいし 명 약제사
国家 こっか 명 국가 資格 しかく 명 자격
保有者 ほゆうしゃ 명 보유자 チャンス 명 기회, 찬스
取引先 とりひきさき 명 거래처 エンジニア 명 엔지니어
情報系 じょうほうけい 명 정보계 システム 명 시스템
コツコツ 부 꾸준히 警備 けいび 명 경비 保障 ほしょう 명 보장
深夜 しんや 명 심야 時給 じきゅう 명 시급

春休み はるやすみ 명 봄방학　短期 たんき 명 단기
バイト 명 아르바이트　事務 じむ 명 사무
丁寧だ ていねいだ な형 친절하다, 정중하다　サポート 명 서포트
観光 かんこう 명 관광　取得者 しゅとくしゃ 명 취득자
若手 わかて 명 젊은 사람　進学塾 しんがくじゅく 명 진학 학원
非常勤 ひじょうきん 명 비상근　講師 こうし 명 강사
在学生 ざいがくせい 명 재학생　前後 ぜんご 명 전후
理科 りか 명 이과　解説 かいせつ 명 해설

실전 테스트 2

p.342

69 3　**70** 4

문제13 오른쪽 페이지는, 세이코 대학의 장학금 안내이다. 아래의 물음에 대한 답으로 가장 알맞은 것을, 1・2・3・4에서 하나 고르세요.

69

유미 씨는, 4월에 세이코 대학의 문학부에 입학 예정이다. 자신이 신청할 수 있는 장학금을 조사하고 있는데, 이번에 모집하는 장학금 중, 유미 씨가 신청할 수 있는 장학금은 다음 중 어느 것인가?

1 세이코 대학 장학금
2 세이코 대학 장학금과 우수 학생 장학금
3 세이코 대학 장학금과 미래 장학금
4 미래 장학금과 연구자 육성 장학금

해설 유미 씨가 고를 수 있는 장학금을 묻는 문제이다. 질문에서 제시된 조건 (1) **文学部**(문학부), (2) **入学予定**(입학 예정)에 따라,
(1) 문학부 : 전학부가 신청할 수 있는 세이코 대학 장학금, 우수 학생 장학금, 연구자 육성 장학금과 문학부가 신청할 수 있는 미래 장학금 신청 가능
(2) 입학 예정 : 재학생이 대상인 우수 학생 장학금, 4학년이 대상인 연구자 육성 장학금 신청 불가
따라서 3 **星光大学奨学金と未来奨学金**(세이코 대학 장학금과 미래 장학금)이 정답이다.

어휘 文学部 ぶんがくぶ 명 문학부　申請 しんせい 명 신청
奨学金 しょうがくきん 명 장학금　今回 こんかい 이번에
募集 ぼしゅう 명 모집　優秀 ゆうしゅう 명 우수
未来 みらい 명 미래　研究者 けんきゅうしゃ 명 연구자
育成 いくせい 명 육성

70

원 씨는 세이코 대학 이학부의 2학년이다. '이학회 장학금'을 신청하려고 생각하고 있는데, 3월 12일부터 4월 5일까지 고국에 돌아갈 예정이다. 원 씨가 가장 빨리 장학금 신청서를 입수할 수 있는 날과, 그 입수 방법에 대해, 알맞은 것은, 다음 중 어느 것인가?

1 3월 10일에, 학생증과 인감을 가지고 장학금 창구로 간다.
2 3월 10일에, 웹 시스템에서 다운로드한다.
3 3월 15일에, 우편 발송으로 고국에 들여온다.
4 4월 6일에, 대학 구내의 장학금 창구에서 수령한다.

해설 원 씨가 해야 할 행동을 묻는 문제이다. 질문에서 제시된 상황 「**理学会奨学金**」を**申請しようと考えているが、3月12日から4月5日まで国へ帰る予定である**('이학회 장학금'을 신청하려고 생각하고 있는데, 3월 12일부터 4월 5일까지 고국에 돌아갈 예정이다)에 따라, 지문의 **今回募集する奨学金一覧**(이번에 모집하는 장학금 일람) 부분에서 이학회 장학금은 신청서 다운로드가 **不可**(불가)라고 하고, **申請の手続き**(신청 수속)의 신청서 부분에서 **ウェブシステムに対応していない奨学金の申請を希望する学生は、奨学金窓口で入手してください。配布期間は3月15日から4月10日です**라고 언급하고 있으므로, 4 **4月6日に、大学構内の奨学金窓口で受け取る**(4월 6일에, 대학 구내의 장학금 창구에서 수령한다)가 정답이다.

어휘 理学部 りがくぶ 명 이학부　理学会 りがっかい 명 이학회
最も もっとも 부 가장　申請書 しんせいしょ 명 신청서
入手 にゅうしゅ 명 입수　方法 ほうほう 명 방법
学生証 がくせいしょう 명 학생증　印鑑 いんかん 명 인감
窓口 まどぐち 명 창구　ウェブ 명 웹　システム 명 시스템
ダウンロード 명 다운로드　郵送 ゆうそう 명 우편 발송
取り寄せる とりよせる 동 들여오다, 가져오게 하다
構内 こうない 명 구내　受け取る うけとる 동 수령하다

69-70 장학금 안내

세이코 대학 봄 장학금 안내

○ [70]이번에 모집하는 장학금 일람

장학금		신청서 다운로드	신청할 수 있는 학부
세이코 대학 장학금	대여형	가	[69]전 학부
이학회 장학금	대여형	[70]불가	이학부
우수 학생 장학금	급여형	불가	전 학부
미래 장학금	급여형	가	법학부·[69]문학부
연구자 육성 장학금	급여형	가	전 학부

○ **장학금 종류**
장학금에는, 대여형·급여형이 있습니다. 대여형은, 장래 변제가 필요합니다. 급여형은, 변제의 필요는 없습니다.

○ **장학금 대상**
• 학부, 학년에 따라 신청할 수 있는 장학금이 다릅니다.
• [69]'우수학생 장학금'은 재학생이 대상입니다. 4월에 입학하는 신 1학년은 신청할 수 없습니다.
• [69]'연구자 육성 장학금'의 대상은, 대학원에 진학 희망하는 4학년뿐입니다.

○ [70]신청 수속

신청 기간은, 신청서 배부 개시일부터 4월 30일까지입니다. 신청 수속은, 본인이, 기입이 끝난 신청서 및 그 외의 필요 서류를, 장학금 창구에 지참하여 진행합니다. 그때, 학생증과 인감이 필요합니다.

- 신청서 : 일부를 제외하고, 학생 전용 웹 시스템에서 다운로드 할 수 있습니다. 배부 기간은 3월 10일부터 4월 10일까지입니다. 각 장학금의 대응 상황은, 상기의 장학금 일람에 제시되어 있습니다. 입학 전인 신 1학년 및 [70]웹 시스템에 대응하지 않는 장학금의 신청을 희망하는 학생은, 장학금 창구에서 입수해 주세요. 배부 기간은 3월 15일부터 4월 10일까지입니다.
- 그 외의 필요 서류 : 다음 페이지 이후의 각 장학금의 모집 요항을 잘 읽고, 필요한 서류를 준비해 주세요. 미비가 있을 경우, 이유의 여하를 불문하고 신청을 접수 받을 수 없으므로, 주의해 주세요.

주의) 연도 내에 신청할 수 있는 것은, 각 유형당 1개뿐입니다.

■ 장학금 창구 (세이코 대학 사무동 1층)

개소 시간　9:00~17:00　3월 10일부터 4월 30일까지는 토일도 포함해 매일 개소합니다.

어휘 一覧 いちらん 명 일람　貸与型 たいよがた 명 대여형
可 か 명 가　全学部 ぜんがくぶ 명 전 학부　不可 ふか 명 불가
給与型 きゅうよがた 명 급여형　法学部 ほうがくぶ 명 법학부
種類 しゅるい 명 종류　将来 しょうらい 명 장래
返済 へんさい 명 변제　対象 たいしょう 명 대상
学年 がくねん 명 학년　異なる ことなる 동 다르다
在校生 ざいこうせい 명 재학생　大学院 だいがくいん 명 대학원
進学 しんがく 명 진학　希望 きぼう 명 희망
手続き てつづき 명 수속, 절차　期間 きかん 명 기간
配布 はいふ 명 배부　開始日 かいしび 명 개시일
記入済み きにゅうずみ 기입이 끝남　及び および 접 및
その他 そのほか 그 외　書類 しょるい 명 서류　持参 じさん 명 지참
専用 せんよう 명 전용　対応 たいおう 명 대응
状況 じょうきょう 명 상황　上記 じょうき 명 상기
示す しめす 동 제시하다　以降 いこう 명 이후
要項 ようこう 명 요항, 요강　不備 ふび 명 미비, 불비
~いかんに関わらず ~いかんにかかわらず ~여하를 불문하고
受け付ける うけつける 동 접수 받다　年度 ねんど 명 연도
事務棟 じむとう 명 사무동　開所 かいしょ 명 개소

실전 테스트 3

p.344

69 3　**70** 2

문제13 오른쪽 페이지는, 극장 홈페이지에 쓰인 '달꽃극장 동호회'의 안내이다. 아래의 물음에 대한 답으로 가장 알맞은 것을, 1・2・3・4에서 하나 고르세요.

69

라오 씨는 일본에서 연극의 역사를 배우고 있는 대학생으로 동호회 입회를 생각하고 있다. 인터넷에서 신청할 수 있는 회원이 좋다고 생각하고 있는데, 회원이 된 경우 무엇을 할 수 있는가?

1 극장에서 행해지는 모든 공연을 언제라도 10%할인으로 볼 수 있다.
2 매달 정기적으로 열리는 토크쇼에 참가할 수 있다.
3 극장 내의 가게에서 물건을 살 때, 할인 서비스를 받을 수 있다.
4 인터넷으로 구입한 티켓을 자택까지 보내 받을 수 있다.

해설 라오 씨가 할 수 있는 행동을 묻는 문제이다. 질문에서 제시된 상황 **会員になった場合**(회원이 된 경우)에 따라, 지문의 **特典**(특전) 부분에서 **月花劇場内売店で販売している書籍を10%引き、その他の商品を5%引きにいたします**라고 언급하고 있으므로, 3 **劇場内の店で買い物をする時に、割引サービスを受けることができる**(극장 내의 가게에서 물건을 살 때, 할인 서비스를 받을 수 있다)가 정답이다.

어휘 演劇 えんげき 명 연극　学ぶ まなぶ 동 배우다
友の会 とものかい 명 동호회　入会 にゅうかい 명 입회
インターネット 명 인터넷　申し込む もうしこむ 동 신청하다
会員 かいいん 명 회원　全て すべて 명 모두
公演 こうえん 명 공연　いつでも 부 언제라도
定期的だ ていきてきだ な형 정기적이다　トークショー 명 토크쇼
参加 さんか 명 참가　割引 わりびき 명 할인　サービス 명 서비스
購入 こうにゅう 명 구입　チケット 명 티켓　自宅 じたく 명 자택

70

사토 씨는 연극을 좋아하는 고등학생으로 동호회에 입회하고 싶다고 생각하고 있다. 학생이기 때문에 신용카드는 가지고 있지 않지만, 은행 계좌는 가지고 있다. '달꽃극장 동호회'에 입회하는 경우, 사토 씨는 어떻게 하면 좋은가?

1 일반 회원이 되어, 연회비 3,000엔을 이체로 지불한다.
2 일반 회원이 되어, 연회비 2,500엔을 사무국의 창구에서 지불한다.
3 인터넷 회원이 되어, 연회비 2,000엔을 이체로 지불한다.
4 인터넷 회원이 되어, 연회비 1,500엔을 사무국의 창구에서 지불한다.

해설 사토 씨가 해야 할 행동을 묻는 문제이다. 질문에서 제시된 상황 **佐藤さんは演劇が好きな高校生**(사토 씨는 연극을 좋아하는 고등학생), **学生なのでクレジットカードは持っていないが、銀行口座は持っている**(학생이기 때문에 신용카드는 가지고 있지 않지만, 은행 계좌는 가지고 있다)에 따라, 지문의 **会員種別**(회원 종별) 아래의 설명을 보면 **高校生以下の会員は年会費が500円引きになります**라고 하고, 일반 회원, 인터넷 회원의 동호회 연회비는 각각 3,000엔, 2,000엔이므로 500엔을 빼면 일반 회원 2,500엔, 인터넷 회원 1,500엔이 된다. **ご入会の手続き**(입회 수속)의 일반 회원, 인터넷 회원 설명을 보면, 일반 회원은 **会費はクレジットカード、銀行振込、もしくは事務局での現金支払いができます**라고 언급하고 있

고, 인터넷 회원은 **会費はクレジットカードもしくは銀行振込でお支払いができます**라고 언급하고 있으므로, 2 **一般会員になり、年会費2,500円を事務局の窓口で支払う**(일반 회원이 되어, 연회비 2,500엔을 사무국의 창구에서 지불한다)가 정답이다.

어휘 クレジットカード 명 신용카드　口座 こうざ 명 계좌
劇場 げきじょう 명 극장　一般 いっぱん 명 일반
年会費 ねんかいひ 명 연회비　引き落とし ひきおとし 명 이체
支払う しはらう 동 지불하다　事務局 じむきょく 명 사무국
窓口 まどぐち 명 창구　ネット 명 인터넷

69-70　동호회 안내문

달꽃극장 동호회
달꽃극장 동호회는, 연극을 진심으로 사랑하는 분들을 위한 회원 조직입니다.

☞ [69]특전
1. 동호회만의 선행 판매
일반 예매에 앞서, 티켓 선행 판매를 실시합니다.
선행 판매는, 1 공연 당 2장까지 10% 할인됩니다.
공연 정보지를 연 6회, 자택으로 보내드립니다. (일반 회원만)
2. 이벤트에의 초대
회원 대상의, 출연자에 의한 토크쇼에 참가하실 수 있습니다. (부정기 개최)
3. 시설의 이용 우대
[69]달꽃극장 내 매점에서 판매하고 있는 서적을 10%할인, 그 외의 상품을 5%할인합니다.

☞ [70]회원 종별
※ [70]고등학생 이하인 회원은 연회비가 500엔 할인됩니다.

	일반 회원	인터넷 회원
동호회 연회비	[70]3,000엔	2,000엔
티켓 구입방법	전화 또는 인터넷	인터넷
티켓	자택으로 우편 발송 극장 내 자동발권기	편의점에서 발권 극장 내 자동발권기

☞ [70]입회 수속
- 일반 회원 : 인터넷 또는 입회 신청서로 수속이 가능합니다. 입회 신청서는 극장 내에 설치되어 있습니다. 또한, 동호회 사무국에 전화주시면 우편 발송도 해드립니다. [70]회비는 신용카드, 은행 납입, 또는 사무국에서의 현금 지불을 할 수 있습니다.
- 인터넷 회원 : 인터넷으로만 수속할 수 있습니다. 회비는 신용카드 또는 은행 납입으로 지불이 가능합니다.

※ 회원증 카드가 수중에 닿는대로, 티켓 선행 판매 등의 동호회 서비스를 이용하실 수 있습니다.

문의 : 달꽃극장 동호회 사무국
TEL : 042-987-6532 (10:00~18:00 화요일 정기 휴무)

어휘 心から こころから 부 진심으로　愛する あいする 동 사랑하다
方々 かたがた 명 분들　組織 そしき 명 조직　特典 とくてん 명 특전
先行 せんこう 명 선행　前売り まえうり 명 예매
先がける さきがける 동 앞서다　実施 じっし 명 실시
～向け ～むけ ~대상　出演者 しゅつえんしゃ 명 출연자
不定期 ふていき 명 부정기　開催 かいさい 명 개최
施設 しせつ 명 시설　優待 ゆうたい 명 우대
売店 ばいてん 명 매점　書籍 しょせき 명 서적
商品 しょうひん 명 상품　種別 しゅべつ 명 종별
郵送 ゆうそう 명 우편 발송
自動発券機 じどうはっけんき 명 자동발권기　コンビニ 명 편의점
手続き てつづき 명 수속, 절차　申込書 もうしこみしょ 명 신청서
可能だ かのうだ 명 가능하다　設置 せっち 명 설치
振込 ふりこみ 명 납입　もしくは 접 또는　現金 げんきん 명 현금
会員証 かいいんしょう 명 회원증　カード 명 카드
手元 てもと 명 수중　～次第 ～しだい ~하는 대로
問い合わせ といあわせ 명 문의　定休 ていきゅう 명 정기 휴무

청해

과제 이해

무료 MP3 바로듣기

실력 다지기

p.352

01 ② 02 ① 03 ② 04 ② 05 ① 06 ②
07 ② 08 ① 09 ① 10 ①

01

[음성]

大学の事務室で女の学生と職員が話しています。**女の学生はこのあとまず何を**しますか。

F：あの、交換留学のプログラムの申請ってここでできますか。

M：それはこちらではなく、応募期間中に学校のホームページ上で行うことになっています。

F：あ、そうなんですね。

M：その際に、**英語の語学能力の証明書も提出していただかなければいけないんですが、もう用意されていますか。**

F：いえ、まだです。じゃあ、**先に書類の発行からですね。**

女の学生はこのあとまず何をしますか。

[문제지]

① 留学のプログラムに申請する
② **必要な書類を準備する**

해석 대학 사무실에서 여학생과 직원이 이야기하고 있습니다. **여학생은 이 다음에 우선 무엇을** 합니까?

F : 저, 교환 유학 프로그램 신청은 여기서 할 수 있나요?

M : 그것은 이쪽이 아니라, 응모 기간 중에 학교 홈페이지상에서 하게 되어 있습니다.

F : 아, 그렇군요.

M : 그때, **영어 어학능력 증명서도 제출해 주셔야 하는데, 이미 준비되어 있나요?**

F : 아뇨, 아직입니다. 그럼, **먼저 서류 발행부터네요.**

여학생은 이 다음에 우선 무엇을 합니까?

① 유학 프로그램에 신청한다
② **필요한 서류를 준비한다**

어휘 **事務室** じむしつ 명 사무실　**職員** しょくいん 명 직원
交換 こうかん 명 교환　**留学** りゅうがく 명 유학
プログラム 명 프로그램　**申請** しんせい 명 신청
応募期間 おうぼきかん 명 응모 기간　**ホームページ** 명 홈페이지
語学 ごがく 명 어학　**能力** のうりょく 명 능력
証明書 しょうめいしょ 명 증명서　**提出** ていしゅつ 명 제출
発行 はっこう 명 발행

02

[음성]

旅行会社で女の人と男の人が話しています。**男の人はまず何をしなければなりませんか。**

F：山田くん、悪いんだけど、今から新しいキャンペーン**のチラシ配りお願いできる？**

M：今、アンケートの結果を整理してるところなんですけど、この作業が終わってからでもいいですか。

F：ちょうどお昼時で、駅前に会社員の人たちが出てくる時間帯だから、**先にお願いしたいんだけど。**

M：**はい、分かりました。**

F：ありがとう。今やってる仕事は退勤時間までに終わらせてくれたらいいから。

男の人はまず何をしなければなりませんか。

[문제지]

① **駅前でチラシを配る**
② アンケートの結果をまとめる

해석 여행 회사에서 여자와 남자가 이야기하고 있습니다. **남자는 우선 무엇을 해야 합니까?**

F : 야마다 군, 미안한데, 지금부터 새로운 캠페인 **전단지 배부 부탁할 수 있을까?**

M : 지금, 앙케트 결과를 정리하고 있는 참입니다만, 이 작업이 끝나고 나서라도 괜찮나요?

F : 마침 점심때여서, 역 앞으로 회사원인 사람들이 나올 시간대니까, **먼저 부탁하고 싶은데.**

M : **네, 알겠습니다.**

F : 고마워. 지금 하고 있는 일은 퇴근 시간까지 끝내주면 되니까.

남자는 우선 무엇을 해야 합니까?

① **역 앞에서 전단지를 나눠준다**
② 앙케트 결과를 정리한다

어휘 **キャンペーン** 명 캠페인　**チラシ配り** チラシくばり 명 전단지 배부

アンケート 명 앙케트　結果 けっか 명 결과　整理 せいり 명 정리
作業 さぎょう 명 작업　昼時 ひるどき 명 점심때
会社員 かいしゃいん 명 회사원　時間帯 じかんたい 명 시간대
退勤 たいきん 명 퇴근　駅前 えきまえ 명 역 앞　チラシ 명 전단지
配る くばる 동 나눠주다　まとめる 동 정리하다

03

[음성]

会社で課長と女の人が話しています。**課長はこのあと何を**しますか。

F：課長、何か悩み事ですか。

M：うーん、高校３年生になる息子が「大学には行かない。歌手になる。」って聞かなくてね。それで、頭ごなしに進学するように説得しようとしたら、言い争いになってしまって。

F：それはだめですよ。息子さんも高校３年生だから、子供じゃあるまいし、自分の考えがちゃんとあるはずなんです。**まずは話を聞いてあげたら、どうですか。**

M：**そうだね。そうするよ。**

課長はこのあと何をしますか。

[문제지]

① 息子に進学を勧める
② **息子の相談にのる**

해석 회사에서 과장과 여자가 이야기하고 있습니다. **과장은 이 다음에 무엇을** 합니까?

F : 과장님, 뭔가 고민인가요?

M : 음, 고등학교 3학년이 되는 아들이 '대학에는 안 갈래. 가수가 될 거야.'라고 말을 듣지 않아서 말이야. 그래서, 무조건 진학하도록 설득하려고 했더니, 말다툼이 되어 버려서.

F : 그건 안 돼요. 아드님도 고등학교 3학년이니까, 아이도 아니고, 자신의 생각이 제대로 있을 거예요. **우선은 이야기를 들어주면, 어떨까요?**

M : **그러네. 그렇게 할게.**

과장은 이 다음에 무엇을 합니까?

① 아들에게 진학을 권한다
② **아들의 상담에 응한다**

어휘 悩み事 なやみごと 명 고민　歌手 かしゅ 명 가수
頭ごなし あたまごなし 무조건　進学 しんがく 명 진학
説得 せっとく 명 설득　言い争い いいあらそい 명 말다툼
ちゃんと 부 제대로　勧める すすめる 동 권하다
相談にのる そうだんにのる 상담에 응하다

04

[음성]

ラーメン屋の店長と経営の専門家が話しています。**店長は客を増やすために新たに何を**しますか。

F：近くに新しいラーメン屋ができてから、客の減少が目立つようになりました。うちよりも値段が安いみたいで。

M：それは困りましたね。でも、だからといって、そのお店に合わせて値段を下げる方法は一時的な効果しか得られないのであまりお勧めしたくありません。

F：じゃあ、どうすればいいんでしょうか。

M：**宣伝方法を変えるのはいかがですか。**最近はSNSを使った広告に力を入れているお店が多いんですよ。

F：そうですか。SNSの広告ならコストも安いし、**すぐにやってみます。**

店長は客を増やすために新たに何をしますか。

[문제지]

① 商品の値段を下げる
② **SNSを利用して宣伝する**

해석 라면 가게의 점장과 경영 전문가가 이야기하고 있습니다. **점장은 손님을 늘리기 위해서 새롭게 무엇을** 합니까?

F : 근처에 새로운 라면 가게가 생기고 나서, 손님의 감소가 눈에 띄게 되었습니다. 우리보다도 가격이 싼 것 같아서.

M : 그건 곤란하네요. 하지만, 그렇다고 해서, 그 가게에 맞춰서 가격을 낮추는 방법은 일시적인 효과밖에 얻을 수 없기 때문에 그다지 추천하고 싶지 않습니다.

F : 그럼, 어떻게 하면 좋을까요?

M : **선전 방법을 바꾸는 것은 어떨까요?** 최근에는 SNS를 사용한 광고에 힘을 쏟고 있는 가게가 많습니다.

F : 그렇군요. SNS 광고라면 비용도 싸고, **바로 해보겠습니다.**

점장은 손님을 늘리기 위해서 새롭게 무엇을 합니까?

① 상품의 가격을 낮춘다
② **SNS를 이용해서 선전한다**

어휘 ラーメン屋 ラーメンや 명 라면 가게　店長 てんちょう 명 점장
経営 けいえい 명 경영　専門家 せんもんか 명 전문가
増やす ふやす 동 늘리다　新ただ あらただ な형 새롭다
減少 げんしょう 명 감소　目立つ めだつ 동 눈에 띄다
方法 ほうほう 명 방법　一時的だ いちじてきだ な형 일시적이다
効果 こうか 명 효과　得る える 동 얻다
勧める すすめる 동 추천하다　宣伝 せんでん 명 선전
SNS 명 SNS, 소셜 네트워크 서비스　広告 こうこく 명 광고
コスト 명 비용　商品 しょうひん 명 상품　値段 ねだん 명 가격

05

[음성]

男の人がコンテストについて問い合わせの電話をしています。**男の人は応募票と一緒に何を送らなければいけませんか。**

M：マンガコンテストに作品を応募したいんですが。

F：原稿は手書きですか。それともパソコンで制作したものですか。

M：パソコンで制作しました。

F：では、**そのデータをCDに入れて、応募票と一緒に郵送してください。**

M：あ、原稿のコピーも必要ですか。

F：いえ、**最初に申し上げた二点のみで結構です。**

男の人は応募票と一緒に何を送らなければいけませんか。

[문제지]

① **マンガの原稿のデータCD**

② マンガの原稿のコピー

해석 남자가 콘테스트에 대해서 문의 전화를 하고 있습니다. **남자는 응모표와 함께 무엇을 보내야 합니까?**

M : 만화 콘테스트에 작품을 응모하고 싶습니다만.

F : 원고는 손으로 쓰셨나요? 아니면 컴퓨터로 제작한 것인가요?

M : 컴퓨터로 제작했습니다.

F : 그럼, **그 데이터를 CD에 넣어서, 응모표와 함께 우송해 주세요.**

M : 아, 원고의 사본도 필요한가요?

F : 아뇨, **처음에 말씀 드린 두 개만으로 괜찮습니다.**

남자는 응모표와 함께 무엇을 보내야 합니까?

① **만화 원고의 데이터 CD**

② 만화 원고의 사본

어휘 コンテスト 명 콘테스트　問い合わせ といあわせ 명 문의
応募票 おうぼひょう 명 응모표　マンガ 명 만화
作品 さくひん 명 작품　応募 おうぼ 명 응모　原稿 げんこう 명 원고
手書き てがき 명 손으로 씀　それとも 접 아니면
制作 せいさく 명 제작　データ 명 데이터　郵送 ゆうそう 명 우송

06

[음성]

カフェで男の人と女の人が話しています。**男の人はまず何をしますか。**

M：フランス語の勉強を始めて２年になるんだけど、全然伸びてる感じがしないんだよね。

F：フランス語は難しいっていうよね。どうやって勉強しているの？

M：基礎的な文法はもう終わってて、今は詩や子ども向けの小説を翻訳したりしてるよ。

F：へえ、すごいじゃない。それなのに、実力が伸びないなんて、難しいね。うーん…。あ！ **反対に日本の小説をフランス語にしてみたら？**

M：なるほど。でも最初から小説は難しそうだから、**絵本から始めてみるよ。妹に貸してもらえると思うから。**

男の人はまず何をしますか。

[문제지]

① 小説をフランス語に訳す

② **妹に絵本を借りる**

해석 카페에서 남자와 여자가 이야기하고 있습니다. **남자는 우선 무엇을 합니까?**

M : 프랑스어 공부를 시작하고 2년이 되는데, 전혀 늘고 있는 느낌이 들지 않아.

F : 프랑스어는 어렵다고 하지. 어떻게 공부하고 있어?

M : 기초적인 문법은 이미 끝나서, 지금은 시나 아이용 소설을 번역하거나 하고 있어.

F : 우와, 대단하잖아. 그런데도, 실력이 늘지 않다니, 어렵네. 음…. 아! **반대로 일본의 소설을 프랑스어로 해보면?**

M : 그렇군. 하지만 처음부터 소설은 어려울 것 같으니까, **그림책부터 시작해 볼게. 여동생이 빌려줄 수 있을 거라고 생각하니까.**

남자는 우선 무엇을 합니까?

① 소설을 프랑스어로 번역한다

② **여동생에게 그림책을 빌린다**

어휘 カフェ 명 카페　フランス語 フランスご 명 프랑스어
伸びる のびる 동 늘다　感じ かんじ 명 느낌
基礎的だ きそてきだ な형 기초적이다　詩 し 명 시
実力 じつりょく 명 실력　絵本 えほん 명 그림책
訳す やくす 동 번역하다

07

[음성]

会社で女の人と男の人が話しています。**男の人はこのあとまず何をしなければなりませんか。**

M：部長、今日のプレゼンの資料なんですけど、確認してもらえますか。売り上げのグラフをもう少し見やすく表示した方がいい気もするんですが。

F：うーん、私は十分見やすいと思うけどね。

M：そうですか。それなら、よかったです。

F：あ！ **このグラフのデータ、一昨年のものになってるよ。**

M：えっ、そうですね。すみません、**すぐに去年のものに直します。**

男の人はこのあとまず何をしなければなりませんか。

[문제지]

① **売り上げのグラフを見やすく示す**

② **売り上げのグラフを去年のものにする**

해석 회사에서 여자와 남자가 이야기하고 있습니다. **남자**는 이 다음에 **우선 무엇을** 해야 합니까?

M : 부장님, 오늘의 프레젠테이션 자료 말입니다만, 확인해주실 수 있나요? 매상 그래프를 조금 더 보기 쉽게 표시하는 편이 좋을 것 같기도 합니다만.

F : 음, 나는 충분히 보기 쉽다고 생각하는데.

M : 그렇습니까? 그렇다면, 다행입니다.

F : 아! **이 그래프의 데이터, 재작년 걸로 되어 있어.**

M : 앗, 그렇네요. 죄송합니다, **바로 작년 것으로 고치겠습니다.**

남자는 이 다음에 우선 무엇을 해야 합니까?

① 매상 그래프를 보기 쉽게 제시한다

② **매상 그래프를 작년 것으로 한다**

어휘 プレゼン 명 프레젠테이션　資料 しりょう 명 자료
確認 かくにん 명 확인　売り上げ うりあげ 명 매상
グラフ 명 그래프　表示 ひょうじ 명 표시　データ 명 데이터
示す しめす 동 제시하다

08

[음성]

書店で店長と男の店員が話しています。**男の店員**はこのあと**まず何を**しますか。

F：南くん、**田沢先生の新作の在庫、確認してくれた？**

M：すみません、忘れてました。

F：**すぐに確認お願い。**昨日芸能人がラジオで紹介したらしくて、問い合わせがすごいの。

M：はい、分かりました。

F：それが終わったら、本を多めに持ち出してくれる？今棚に10冊しかなくて。

男の店員はこのあとまず何をしますか。

[문제지]

① **本の在庫を確認する**

② 本を棚に並べる

해석 서점에서 점장과 남자 점원이 이야기하고 있습니다. 남자 점원은 이 다음에 우선 무엇을 합니까?

F : 미나미 군, **다자와 선생님의 신작 재고, 확인해 줬어?**

M : 죄송합니다, 잊고 있었습니다.

F : **바로 확인 부탁해.** 어제 연예인이 라디오에서 소개한 것 같아서, 문의가 엄청나.

M : 네, 알겠습니다.

F : 그게 끝나면, 책을 넉넉하게 꺼내 줄래? 지금 선반에 10권밖에 없어서.

남자 점원은 이 다음에 우선 무엇을 합니까?

① **책의 재고를 확인한다**

② 책을 선반에 진열한다

어휘 書店 しょてん 명 서점　店長 てんちょう 명 점장
新作 しんさく 명 신작　在庫 ざいこ 명 재고　確認 かくにん 명 확인
芸能人 げいのうじん 명 연예인　問い合わせ といあわせ 명 문의
多めだ おおめだ な형 넉넉하다　持ち出す もちだす 동 꺼내다

09

[음성]

飲食店で男の人と女の人が話しています。**女の人はこのあと何を**しますか。

M：村田さん、ちょっと銀行に行ってくるから、野菜の下準備、村田さんに任せていいかな。

F：はい、大丈夫ですよ。

M：**夜の営業分の玉ねぎを細かく刻んでおいてほしいんだ。**

F：**分かりました。**お肉の脂身の処理もしておきましょうか。

M：いや、それは上野さんに頼むよ。

女の人はこのあと何をしますか。

[문제지]

① **料理に使う玉ねぎを切る**

② 肉の脂身部分を取り除く

해석 음식점에서 남자와 여자가 이야기하고 있습니다. **여자는 이 다음에** 무엇을 합니까?

M : 무라타 씨, 잠깐 은행에 갔다 올 테니, 야채의 사전 준비, 무라타 씨에게 맡겨도 될까?

F : 네, 괜찮아요.

M : 저녁 영업분의 **양파를 잘게 썰어 놓아주었으면 해.**

F : **알겠습니다.** 고기의 비계 처리도 해 놓을까요?

M : 아니, 그건 우에다 씨에게 부탁할게.

여자는 이 다음에 무엇을 합니까?

① **요리에 사용할 양파를 자른다**

② 고기의 비계 부분을 제거한다

어휘 飲食店 いんしょくてん 명 음식점　下準備 したじゅんび 명 사전 준비
任せる まかせる 동 맡기다　営業 えいぎょう 명 영업
玉ねぎ たまねぎ 명 양파　刻む きざむ 동 썰다
脂身 あぶらみ 명 비계　処理 しょり 명 처리　部分 ぶぶん 명 부분
取り除く とりのぞく 동 제거하다

10

[음성]

化粧品会社で部長と女の人が話しています。部長は口紅をどのように改善しますか。

M：新商品の口紅、質にはこだわったものの、何か新しさに欠けていると思うんだ。

F：そうですね。口紅って最後まで使いきれない場合が多いので、**サイズを小さくして、値段も半分にしたらどうですか**。持ち運ぶのに便利ですし。

M：なるほど、それはいいアイディアだな。

F：あとは色ですかね。もう少しバリエーションがあった方が選ぶ楽しさがあると思います。

M：それは開発部と相談してみないといけないことだからちょっとなあ…。**まずはサイズを検討しよう。**

部長は口紅をどのように改善しますか。

[문제지]

① **口紅の大きさを変える**

② 口紅の色の種類を増やす

해석 화장품 회사에서 부장과 여자가 이야기하고 있습니다. 부장은 립스틱을 어떻게 개선합니까?

M : 신상품 립스틱, 질에는 신경 썼는데, 뭔가 새로움이 부족하다고 생각해.

F : 그렇군요. 립스틱은 마지막까지 모두 사용할 수 없는 경우가 많기 때문에, **사이즈를 작게 하고, 가격도 반으로 하면 어떨까요**? 가지고 다니기에도 편리하고.

M : 그렇군, 그건 좋은 아이디어네.

F : 그리고 색일까요. 조금 더 종류가 있는 편이 고르는 즐거움이 있을 거라고 생각해요.

M : 그건 개발부와 상담해봐야 하는 일이니까 조금…. **우선은 사이즈를 검토하자.**

부장은 립스틱을 어떻게 개선합니까?

① **립스틱의 크기를 바꾼다**

② 립스틱 색의 종류를 늘린다

어휘 化粧品 けしょうひん 명 화장품　口紅 くちべに 명 립스틱
改善 かいぜん 명 개선　質 しつ 명 질　こだわる 동 신경 쓰다
欠ける かける 동 부족하다　サイズ 명 사이즈　値段 ねだん 명 가격
持ち運ぶ もちはこぶ 동 가지고 다니다　アイディア 명 아이디어
バリエーション 명 종류　開発部 かいはつぶ 명 개발부
検討 けんとう 명 검토　種類 しゅるい 명 종류
増やす ふやす 동 늘리다

실전 테스트 1

p.354

1 4　**2** 2　**3** 4　**4** 4　**5** 4

문제1에서는, 우선 질문을 들어주세요. 그리고 나서 이야기를 듣고, 문제 용지의 1에서 4 중에, 가장 알맞은 것을 하나 골라주세요.

1

[음성]

大学で、男の学生と女の学生が新入生歓迎会の準備について話しています。男の学生はまず何をしますか。

M：先輩、来週の新入生歓迎会のお店の候補なんですけど、ちょっと見てもらえますか。

F：あ、ごめん。[1]お店のことは予算を管理してる田中さんが決めるから、そっちに連絡しておいてもらえる？まだ時間があるから、急いで連絡しなくても大丈夫だと思うけど。

M：そうですか。わかりました。

F：[2]私、今、新入生に日時の連絡をしてるところなんだけど、連絡先がわからない人が三人いて…。誰か知っている人いるかな。

M：あ、この三人の連絡先、私は知りませんが、山田さんが同じ授業受けてるって言ってたので、知ってるかもしれません。

F：そっか。[3]じゃ、後で私から連絡してみる。そうそう、[4]会費の集金なんだけど、まだ出してない人が2年生に二人、3年生に一人いるんだ。川島君、2年生だよね？ ちょっとこの2年生の人への連絡もお願いしていい？

M：[4]わかりました。じゃあ、こっちを先にしておきます。

F：うん。お願い。他はこっちでしておくから。

男の学生はまず何をしますか。

[문제지]

1 歓迎会の店を決める

2 新入生に日時の連絡をする

3 連絡先がわからない人を調べる

4 **会費を払っていない２年生に連絡する**

해석 대학에서, 남학생과 여학생이 신입생 환영회 준비에 대해서 이야기하고 있습니다. 남학생은 우선 무엇을 합니까?

M : 선배, 다음 주 신입생 환영회 가게의 후보 말인데요, 잠깐 봐주실 수 있나요?

F : 아, 미안. [1]가게는 예산을 관리하고 있는 다나카 씨가 정하니까, 그쪽에 연락해놔 줄 수 있어? 아직 시간이 있으니까, 서둘러서 연락하지 않아도 괜찮다고 생각하는데.

M : 그래요? 알겠습니다.

F : [2]나, 지금, 신입생에게 일시 연락을 하고 있는 참인데, 연락처를 알 수 없는 사람이 세 명 있어서…. 누군가 알고 있는 사람 있으려나.

M : 아, 이 세 명의 연락처, 저는 모르지만, 야마다 씨가 같은 수업을 받고 있다고 말했었으니까, 알고 있을지도 몰라요.

F : 그렇구나. [3]그럼, 나중에 내가 연락해 볼게. 맞다 맞다, [4]회비 수금 말인데, 아직 내지 않은 사람이 2학년에 2명, 3학년에 1명 있어. 가와시마 군, 2학년이지? 잠깐 이 2학년에게로의 연락도 부탁해도 돼?

M : [4]알겠습니다. 그럼, 이쪽을 먼저 해 둘게요.

F : 응. 부탁해. 다른 사람은 이쪽에서 해 둘 테니.

남학생은 우선 무엇을 합니까?

1 환영회 가게를 정한다
2 신입생에게 일시 연락을 한다
3 연락처를 알 수 없는 사람을 조사한다
4 회비를 지불하지 않은 2학년에게 연락한다

해설 1 '가게 정하기', 2 '신입생에게 연락하기', 3 '연락처 조사하기', 4 '회비를 지불하지 않은 2학년에게 연락하기' 중 남자가 가장 먼저 해야 할 일을 묻는 문제이다. 대화에서, 여자가 **会費の集金なんだけど、まだ出してない人が2年生に二人、3年生に一人いるんだ。川島君、2年生だよね？ちょっとこの2年生の人への連絡もお願いしていい？**라고 하자, 남자가 **わかりました。じゃあ、こっちを先にしておきます**라고 했으므로, 4 **会費を払っていない 2 年生に連絡する**(회비를 지불하지 않은 2학년에게 연락한다)가 정답이다. 1은 다나카가 해야 할 일이고, 2, 3은 여자가 해야 할 일이므로 오답이다.

어휘 新入生 しんにゅうせい 명 신입생　歓迎会 かんげいかい 명 환영회
候補 こうほ 명 후보　予算 よさん 명 예산　管理 かんり 명 관리
日時 にちじ 명 일시　連絡先 れんらくさき 명 연락처
会費 かいひ 명 회비　集金 しゅうきん 명 수금

2

[음성]

家具の店で女の人と店員が話しています。女の人は、まず何をしますか。

F：すみません。この家具を家まで届けてほしいんですが。持って帰ろうと思ったんですけど、結構重くて。

M：かしこまりました。こちら、お会計はお済みですか。

F：[1]ええ。

M：それでしたら、あちらのサービスカウンターで受け付けいたします。あちらで、お届け用紙にご住所とお名前をご記入ください。

F：[3]あの、送料はかかりますか。

M：お届け先の地域によって異なりますが、一定の範囲内でしたら無料となっております。お届け先はどちらでしょうか。

F：さくら町1丁目なんですが。

M：それでしたら、えーと、送料は2,000円かかります。あ、お客様は、当店のポイントカードはお持ちですか。

F：いいえ。

M：もし、お作りいただければ、送料が割引になりますので、よろしければこの機会にお作りになりませんか。

F：そうですか。ポイントカードって、今日の買い物もポイントが付くんですか。

M：はい、お付けします。

F：そうですか。[4]じゃあ、お願いします。

M：かしこまりました。[2]それではまず配達先をお伺いします。こちらへどうぞ。

女の人は、まず何をしますか。

[문제지]

1 レジで支払いをする
2 お届け用紙に記入する
3 送料を確認する
4 ポイントカードを作る

해석 가구 가게에서 여자와 점원이 이야기하고 있습니다. 여자는, 우선 무엇을 합니까?

F : 실례합니다. 이 가구를 집까지 배달해 주셨으면 합니다만. 가지고 돌아가려고 생각했습니다만, 꽤 무거워서.

M : 알겠습니다. 이것, 계산은 끝내셨나요?

F : [1]네.

M : 그러시다면, 저쪽 서비스 카운터에서 접수해 드리겠습니다. 저쪽에서, 배달 용지에 주소와 이름을 기입해 주세요.

F : [3]저, 배송비는 드나요?

M : 배송지 지역에 따라 다릅니다만, 일정 범위 안이라면 무료로 되어 있습니다. 배송지는 어느 쪽인가요?

F : 사쿠라정 1번가입니다만.

M : 그러시다면, 음, 배송료는 2천엔 듭니다. 아, 고객님은, 이 가게의 포인트 카드는 가지고 계신가요?

F : 아니요.

M : 만약, 만드신다면, 배송료가 할인이 되기 때문에, 괜찮으시다면 이 기회에 만들지 않으시겠습니까?

F : 그렇군요. 포인트 카드는, 오늘 산 물건도 포인트가 붙나요?

M : 네, 붙여드리겠습니다.

F : 그렇군요. [4]그럼, 부탁드립니다.

M : 알겠습니다. [2]그러면 우선 배송지를 여쭙겠습니다. 이쪽으로 오세요.

여자는, 우선 무엇을 합니까?

1 계산대에서 지불을 한다
2 배달 용지에 기입한다
3 배송료를 확인한다
4 포인트 카드를 만든다

해설 1 '계산대에서 지불하기', 2 '배달 용지에 기입하기', 3 '배송료 확인하기', 4 '포인트 카드 만들기' 중 여자가 가장 먼저 해야 할 일을 묻는 문제이다. 대화에서, 남자가 **それではまず配達先をお伺いします**라고 했으므로, 2 **お届け用紙に記入する**(배달 용지에 기입한다)가 정답이다. 1, 3은 이미 했고, 4는 배달 용지를 기입한 다음에 할 일이므로 오답이다.

어휘 **家具** かぐ 명 가구　**会計** かいけい 명 계산
サービスカウンター 명 서비스 카운터
受け付ける うけつける 동 접수하다　**届ける** とどける 동 배달하다
用紙 ようし 명 용지　**記入** きにゅう 명 기입
送料 そうりょう 명 배송료　**届け先** とどけさき 명 배송지
地域 ちいき 명 지역　**異なる** ことなる 동 다르다
一定 いってい 명 일정　**範囲内** はんいない 명 범위내
無料 むりょう 명 무료　**当店** とうてん 명 이 가게
ポイントカード 명 포인트 카드　**割引** わりびき 명 할인
ポイント 명 포인트　**確認** かくにん 명 확인

3

[음성]
郵便局で、男の人と郵便局員が話しています。男の人はこれから何をしますか。

M：すみません、この荷物、送りたいんですけど、明後日までには届きますか。
F：はい、大丈夫です。あ、宛先の郵便番号の記入がありませんが、おわかりですか。
M：あ、すみません。今、番号調べます。えーと、どこに書いたかなあ。
F：こちらでお調べしておきましょうか。
M：[1]あ、いいですか。すみません、お願いします。
F：日時指定はありますか。ありましたらこちらの欄にお願いします。
M：あ、明後日届くなら、[2]指定は無しで大丈夫です。
F：かしこまりました。万が一紛失した際の補償はお付けしましょうか。追加で250円かかりますが。
M：250円ですか。今まで壊れた状態で届いたことないけど…。うーん、じゃあ、お願いします。[3][4]切手で払うことはできますか。
F：[4]はい、可能です。送料とあわせて750円です。

男の人はこれから何をしますか。

[문제지]
1 郵便番号を記入する
2 指定日時を記入する
3 切手を購入する
4 切手で料金を払う

해석 우체국에서, 남자와 우체국 직원이 이야기하고 있습니다. 남자는 이제부터 무엇을 합니까?
M : 실례합니다, 이 짐, 보내고 싶은데요, 모레까지는 도착하나요?
F : 네, 괜찮습니다. 아, 수신인 우편번호 기입이 없습니다만, 아십니까?
M : 아, 죄송합니다. 지금, 번호 조사할게요. 음, 어디에 썼지.
F : 이쪽에서 조사해 둘까요?
M : [1]아, 괜찮습니까? 죄송합니다, 부탁드립니다.
F : 일시 지정은 있습니까? 있으시다면 이쪽 란에 부탁드립니다.
M : 아, 모레 도착한다면, [2]지정은 없는 것으로 괜찮습니다.
F : 알겠습니다. 만일 분실한 경우의 보상은 붙일까요? 추가로 250엔 듭니다만.
M : 250엔인가요? 지금까지 부서진 상태로 도착한 적 없지만…. 음, 그럼, 부탁드립니다. [3][4]우표로 지불할 수 있나요?
F : [4]네, 가능합니다. 배송료와 합해서 750엔입니다.

남자는 이제부터 무엇을 합니까?

1 우편번호를 기입한다
2 지정 일시를 기입한다
3 우표를 구입한다
4 우표로 요금을 지불한다

해설 1 '우편번호 기입하기', 2 '지정 일시 기입하기', 3 '우표 구입하기', 4 '우표로 요금 지불하기' 중 남자가 앞으로 해야 할 일을 묻는 문제이다. 대화에서, 남자가 **切手で払うことはできますか**라고 하자, 여자가 **はい、可能です。送料とあわせて750円です**라고 했으므로, 4 **切手で料金を払う**(우표로 요금을 지불한다)가 정답이다. 1은 여자가 해야 할 일이고, 2, 3은 할 필요가 없으므로 오답이다.

어휘 **郵便局** ゆうびんきょく 명 우체국
郵便局員 ゆうびんきょくいん 명 우체국 직원
宛先 あてさき 명 수신인, 수신처
郵便番号 ゆうびんばんごう 명 우편번호　**記入** きにゅう 명 기입
日時 にちじ 명 일시　**指定** してい 명 지정　**欄** らん 명 란
万が一 まんがいち 부 만일　**紛失** ふんしつ 명 분실
補償 ほしょう 명 보상　**追加** ついか 명 추가
状態 じょうたい 명 상태　**可能** かのう 명 가능
送料 そうりょう 명 배송료　**あわせる** 동 합하다
購入 こうにゅう 명 구입　**料金** りょうきん 명 요금

4

[음성]
会社で男の人と女の人が新商品のカメラについて話しています。女の人はこれから何をしなければなりませんか。

M：新商品の君の企画書なんだけど、課長に見てもらったんだけどさ、だめだったよ。
F：え、ほんと？いいと思ったんだけどなあ。
M：もう一度、案を出してくれって。
F：そう、じゃあ、また一からやり直しね。やっぱりデザインにこだわり過ぎたかな。コストは抑えたつもりだったんだけど。

M：いや、基本的な部分は悪くないってさ。[2]コストも抑えられてるし、[1]デザインもこのままでいいって。
F：そう。じゃあ、何がだめだったのかしら。
M：やっぱり、前のより重いってことがね。
F：ああ、あのバッテリーのせいかな？ 前のモデルの時から、重いって言われてたしね。軽いものを探してみようかな。
M：[3][4]いや、バッテリーより、レンズじゃない？前のから大きく変えたからね。
F：[4]そこかあ。わかった。じゃあ、とりあえず別の物を探してから、企画書を作り直してみるわ。

女の人はこれから何をしなければなりませんか。

[문제지]

1 別のデザインを考える
2 企画書に書いた価格を見直す
3 新しいバッテリーを探す
4 軽いレンズを探す

해석 회사에서 남자와 여자가 신상품 카메라에 대해서 이야기하고 있습니다. 여자는 이제부터 무엇을 해야 합니까?

M : 신상품에 대한 네 기획서 말인데, 과장님에게 보여 드렸는데 말이야, 안됐어.
F : 아, 정말? 괜찮다고 생각했는데.
M : 한 번 더, 안을 내 달래.
F : 그래, 그럼, 또 처음부터 다시 하는 거네. 역시 디자인에 너무 집착했나. 비용은 억제했다고 생각했는데.
M : 아니, 기본적인 부분은 나쁘지 않대. [2]비용도 억제되어 있고, [1]디자인도 이대로 좋대.
F : 그래. 그럼, 뭐가 아니었던 걸까.
M : 역시, 전보다 무겁다는 점일까.
F : 아, 그 배터리 탓이려나? 전 모델 때부터, 무겁다고 들었고 말이야. 가벼운 것을 찾아볼까.
M : [3][4]아니, 배터리보다, 렌즈가 아닐까? 전의 것에서 크게 바꿨으니까.
F : [4]거긴가. 알았어. 그럼, 우선 다른 것을 찾아보고 나서, 기획서를 다시 만들어볼게.

여자는 이제부터 무엇을 해야 합니까?

1 다른 디자인을 생각한다
2 기획서에 쓴 가격을 재검토한다
3 새로운 배터리를 찾는다
4 가벼운 렌즈를 찾는다

해설 1 '다른 디자인 생각하기', 2 '가격 재검토하기', 3 '새로운 배터리 찾기', 4 '가벼운 렌즈 찾기' 중 여자가 앞으로 해야 할 일을 묻는 문제이다. 대화에서, 남자가 いや、バッテリーより、レンズじゃない？前のから大きく変えたからね라고 하자, 여자가 そこかあ。わかった。じゃあ、とりあえず別の物を探してから、企画書を作り直してみるわ라고 했으므로, 4 軽いレンズを探す(가벼운 렌즈를 찾는다)가 정답이다. 1, 2, 3은 할 필요가 없으므로 오답이다.

어휘 新商品 しんしょうひん 명 신상품　企画書 きかくしょ 명 기획서　やり直す やりなおす 동 다시 하다　デザイン 명 디자인　こだわる 동 집착하다　コスト 명 비용　抑える おさえる 동 억제하다　基本的だ きほんてきだ な형 기본적이다　部分 ぶぶん 명 부분　バッテリー 명 배터리　レンズ 명 렌즈　とりあえず 부 우선　作り直す つくりなおす 동 다시 만들다　価格 かかく 명 가격　見直す みなおす 동 재검토하다

5

[음성]

大学で男の学生と女の学生が話しています。男の学生はこのあと何をしますか。

M：最近、どうも集中できなくって。勉強してても、10分ももたなくってさ。
F：体調でも悪いの？大丈夫？
M：最近なんだか頭がぼーっとすることが多くって。
F：ちゃんと眠れてる？
M：ああ、[1]それは問題ないんだ。逆に寝過ぎって言うくらい。
F：食欲はどう？栄養偏ったりしてない？
M：うん、[2]よく食べてるとは思うんだけど。もともと食べることが趣味みたいなもんだしね。
F：一度病院でちゃんと診てもらったら？
M：[3]検査は苦手なんだよ。普段あんまり行かないからか、なんか緊張しちゃってさ。
F：そうじゃなくって、[4]病院っていろいろ体の悩みを聞いてくれたり、相談に乗ってくれたりするところもあるんだよ。よかったら紹介するよ。
M：[4]そう、じゃあ、行ってみようかな。

男の学生はこのあと何をしますか。

[문제지]

1 十分な睡眠をとる
2 食生活を改善する
3 いろいろな検査を受ける
4 カウンセリングを受ける

해석 대학에서 남학생과 여학생이 이야기하고 있습니다. 남학생은 이 다음에 무엇을 합니까?

M : 최근, 아무래도 집중할 수 없어서. 공부하고 있어도, 10분도 가지 않아서 말이야.
F : 몸 상태라도 나쁜거야? 괜찮아?
M : 최근 왠지 머리가 멍한 경우가 많아서.
F : 제대로 자고 있어?
M : 아, [1]그건 문제없어. 반대로 너무 많이 잔다고 말할 정도.
F : 식욕은 어때? 영양이 치우쳐 있거나 하지 않아?

M : 응, [2]잘 먹고 있다고는 생각하는데. 원래 먹는 것이 취미 같은 거고.

F : 한번 병원에서 제대로 진찰받으면?

M : [3]검사는 거북해. 평소에 그다지 가지 않아서인지, 왠지 긴장해 버려서 말이야.

F : 그게 아니라, [4]병원은 여러 가지 몸의 고민을 들어 주거나, 상담해 주거나 하는 곳도 있어. 괜찮다면 소개할게.

M : [4]그래, 그럼, 가 볼까.

남학생은 이 다음에 무엇을 합니까?

1 충분한 수면을 취한다
2 식생활을 개선한다
3 여러 가지 검사를 받는다
4 카운슬링을 받는다

해설 1 '충분한 수면 취하기', 2 '식생활 개선하기', 3 '검사 받기', 4 '카운슬링 받기' 중 남자가 앞으로 해야 할 일을 묻는 문제이다. 대화에서, 여자가 **病院っていろいろ体の悩みを聞いてくれたり、相談に乗ってくれたりするところもあるんだよ。よかったら紹介するよ**라고 하자, 남자가 **そう、じゃあ、行ってみようかな**라고 했으므로, 4 **カウンセリングを受ける**(카운슬링을 받는다)가 정답이다. 1, 2는 할 필요가 없고, 3은 거북하다고 했으므로 오답이다.

어휘 **集中** しゅうちゅう 명 집중 **体調** たいちょう 명 몸 상태
ぼうっと 부 멍하니 **ちゃんと** 부 제대로 **逆** ぎゃく 명 반대, 역
寝過ぎ ねすぎ 명 너무 많이 잠 **食欲** しょくよく 명 식욕
栄養 えいよう 명 영양 **偏る** かたよる 동 치우치다
もともと 부 원래 **診る** みる 동 진찰하다 **検査** けんさ 명 검사
苦手だ にがてだ な형 거북하다 **普段** ふだん 명 평소
緊張 きんちょう 명 긴장 **悩み** なやみ 명 고민
睡眠 すいみん 명 수면 **食生活** しょくせいかつ 명 식생활
改善 かいぜん 명 개선 **カウンセリング** 명 카운슬링

실전 테스트 2

p.356

1 2 **2** 4 **3** 1 **4** 3 **5** 1

문제1에서는, 우선 질문을 들어주세요. 그리고 나서 이야기를 듣고, 문제 용지의 1에서 4 중에, 가장 알맞은 것을 하나 골라주세요.

1

[음성]

電車の中で男の人と女の人が話しています。男の人はこのあとどうしますか。

M：あの、すみません。みどり駅へは次の駅で降りて、乗り換えればいいですか。

F：えーと、みどり駅って、地下鉄の？それなら、次で降りればいいですよ。

M：あれ…、[4]僕が行きたいのは地下鉄のみどり駅じゃなくて、確か、東西…。

F：もしかして、東西線のみどり駅のことかしら。

M：はい、そうです。[2]山寺というお寺に行きたいのですが。

F：ああ、山寺に行きたいんですね。[1][2]じゃあ、このまま終点のさくら町駅まで乗って行ったほうがいいですよ。

M：え…、この電車のままで大丈夫なんですか？

F：はい、大丈夫です。[3]駅を降りたらバス停があるから、そこで山寺行きのバスが来たら乗ってください。

M：ありがとうございます。ちなみに東西線のみどり駅からも行けるんですよね？

F：いつもは行けるんですけど、今年の台風の影響で、今、駅からの道が閉鎖されちゃってて。

M：そうでしたか。ありがとうございます。

男の人はこのあとどうしますか。

[문제지]

1 次の駅で降りる
2 終点の駅で降りる
3 すぐバスに乗り換える
4 地下鉄に乗り換える

해석 전철 안에서 남자와 여자가 이야기하고 있습니다. 남자는 이 다음에 어떻게 합니까?

M : 저, 실례합니다. 미도리 역으로는 다음 역에서 내려서, 갈아타면 되나요?

F : 음, 미도리 역이란, 지하철의? 그거라면, 다음에 내리면 돼요.

M : 어라…, [4]제가 가고 싶은 곳은 지하철의 미도리 역이 아니라, 분명, 도자이….

F : 혹시, 도자이 선의 미도리 역 말씀이신가.

M : 네, 그렇습니다. [2]야마데라라는 절에 가고 싶은데요.

F : 아, 야마데라에 가고 싶은 거군요. [1][2]그럼, 이대로 종점인 사쿠라정 역까지 타고 가는 편이 좋아요.

M : 음…, 이 전철을 탄 채로 괜찮은 건가요?

F : 네, 괜찮아요. [3]역에서 내리면 버스정류장이 있으니까, 거기서 야마데라행 버스가 오면 타세요.

M : 감사합니다. 덧붙여서 도자이 선의 미도리 역에서도 갈 수 있는 거죠?

F : 평상시에는 갈 수 있는데, 올해 태풍의 영향으로, 지금 역에서의 길이 폐쇄되어버렸어요.

M : 그랬나요. 감사합니다.

남자는 이 다음에 어떻게 합니까?

1 다음 역에서 내린다
2 종점 역에서 내린다
3 바로 버스로 갈아탄다
4 지하철로 갈아탄다

해설 1 '다음 역에서 내리기', 2 '종점 역에서 내린다', 3 '바로 버스로 갈아타기', 4 '지하철로 갈아타기' 중 남자가 앞으로 해야 할 일을 묻는 문제이다. 대화에서, 남자가 山寺というお寺に行きたいのですが라고 하자, 여자가 じゃあ、このまま終点のさくら町駅まで乗って行ったほうがいいですよ라고 했으므로, 2 終点の駅で降りる(종점 역에서 내린다)가 정답이다. 1, 4는 할 필요가 없고, 3은 종점에서 내린 다음에 할 일이므로 오답이다.

어휘 もしかして 부 혹시　終点 しゅうてん 명 종점
バス停 バスてい 명 버스정류장　ちなみに 접 덧붙여서
影響 えいきょう 명 영향　閉鎖 へいさ 명 폐쇄

2

[음성]

洋服の店で、男の人と店員が話しています。男の人は、このあとまず何をしますか。

M：あの、すみません。オーダーメイドスーツを買おうかなと思ってるんですが…。

F：ありがとうございます。では、簡単に流れをご説明させていただきますね。まず、生地をこちらの15種類の中から選んでいただきます。

M：はい。

F：[2]それから、スーツの形をこちらの5つの形からお決めいただきます。

M：なるほど。かなりの種類があるんですね。どうしようかなあ。

F：あちらにサンプルがありまして、ご試着も可能ですよ。

M：ああ、それはよかったです。じゃあ、生地を決めてから試着しようかな。

F：お客様のサイズのデータが当店にある場合はすぐにご案内できるのですが、当店をこれまでにご利用いただいたことはございますか。

M：ずいぶん前に一度、就職活動用のスーツをこちらで買ったんですが、だいぶ体型も変わっているので…。

F：[4]では、本日改めて測らせていただきますので、試着室へどうぞ。[3]サイズの測定が終わりましたら、お客さまのお体に合うサンプルをお選びしますので、[1]それをもとにご検討ください。

M：[4]ありがとうございます。

男の人は、このあとまず何をしますか。

[문제지]

1 生地を見て試着する
2 スーツの形を決める
3 サンプルを選ぶ
4 試着室へ行く

해석 양복점에서, 남자와 점원이 이야기하고 있습니다. 남자는, 이 다음에 우선 무엇을 합니까?

M : 저, 실례합니다. 주문 제작 슈트를 살까 하고 생각하고 있는데요….

F : 감사합니다. 그럼, 간단하게 흐름을 설명드릴게요. 우선, 옷감을 여기 15종류 중에서 골라주세요.

M : 네.

F : [2]그러고 나서, 슈트의 형태를 여기 5개의 형태에서 정해주세요.

M : 과연 그렇군요. 제법 종류가 있네요. 어떻게 하지.

F : 저쪽에 샘플이 있어서, 시착도 가능해요.

M : 아, 그건 다행이네요. 그럼, 옷감을 정하고 나서 시착할까.

F : 고객님의 사이즈 데이터가 이 가게에 있는 경우에는 바로 안내 가능합니다만, 이 가게를 지금까지 이용하신 적은 있으신가요?

M : 꽤 전에 한 번, 취직 활동용 슈트를 여기에서 샀습니다만, 제법 체형도 변해서요….

F : [4]그럼, 오늘 다시 재겠으니, 탈의실로 오세요. [3]사이즈 측정이 끝나면, 고객님의 몸에 맞는 샘플을 고르겠으니, [1]그것을 토대로 검토해 주세요.

M : [4]감사합니다.

남자는, 이 다음에 우선 무엇을 합니까?

1 옷감을 보고 시착한다
2 슈트의 형태를 정한다
3 샘플을 고른다
4 탈의실로 간다

해설 1 '옷감 보고 시착하기', 2 '슈트의 형태 정하기', 3 '샘플 고르기', 4 '탈의실로 가기' 중 남자가 가장 먼저 해야 할 일을 묻는 문제이다. 대화에서, 제법 체형이 변했다는 남자의 말에 여자가 では、本日改めて測らせていただきますので、試着室へどうぞ라고 하자, 남자가 ありがとうございます라고 했으므로, 4 試着室へ行く(탈의실로 간다)가 정답이다. 1은 여자가 샘플을 고른 다음에 할 일이고, 2는 샘플을 입어본 다음에 할 일이며, 3은 여자가 해야 할 일이므로 오답이다.

어휘 オーダーメイドスーツ 주문 제작 슈트　流れ ながれ 명 흐름
生地 きじ 명 옷감　種類 しゅるい 명 종류　かなり 부 제법
サンプル 명 샘플　試着 しちゃく 명 시착　可能 かのう 명 가능
サイズ 명 사이즈　データ 명 데이터　当店 とうてん 명 이 가게
就職 しゅうしょく 명 취직　活動 かつどう 명 활동
体型 たいけい 명 체형　本日 ほんじつ 명 오늘
改めて あらためて 부 다시　測る はかる 동 재다
試着室 しちゃくしつ 명 탈의실, 옷을 입어 보는 곳
測定 そくてい 명 측정　検討 けんとう 명 검토

3

[음성]

会社で男の人と課長が話しています。男の人は、このあとまず何をしますか。

M：課長、システムのマニュアル作成の件で、ご相談があるんですが…。

F：ああ、週明けに見せてもらうことになっているあれね。

M：ええ。今回、作成を新入社員の山田さんにお願いしていたんですが、実は作業がだいぶ遅れてまして。[1]私も一部手伝おうかと思うのですが…。

F：そっか。新人社員には少し負担が大きかったかな。ほかに急ぎの仕事はないの？

M：ミーティング用の売上データの集計と印刷がありますが、午前中には終わりますので。

F：じゃあ、[2]それは私がまとめておくから、[1]すぐ着手して。集計できたら教えるから、印刷はお願いしていいかな。

M：[3]はい、もちろんです。ありがとうございます。

F：そのマニュアル、部長にも提出することになってるから、締め切りにどうしても間に合わなそうだったら、すぐに教えて。

M：[4]分かりました。速やかに報告します。

男の人は、このあとまず何をしますか。

[문제지]

1 マニュアル作りを手伝う

2 売上データをまとめる

3 ミーティングの資料を印刷する

4 進行状況を報告する

해석 회사에서 남자와 과장이 이야기하고 있습니다. 남자는, 이 다음에 우선 무엇을 합니까?

M : 과장님, 시스템 매뉴얼 작성 건으로, 상담하고 싶습니다만….

F : 아, 다음 주초에 보여 주기로 되어 있는 그거 말이지.

M : 네. 이번에, 작성을 신입 사원 야마다 씨에게 부탁했습니다만, 실은 작업이 꽤 늦어지고 있어서. [1]저도 일부 도울까 생각합니다만….

F : 그런가. 신입 사원에게는 조금 부담이 컸나. 다른 급한 일은 없어?

M : 미팅용 매상 데이터 집계와 인쇄가 있습니다만, 오전 중에는 끝나기 때문에.

F : 그럼, [2]그건 내가 정리해 둘 테니, [1]바로 착수해. 집계되면 알려줄 테니, 인쇄는 부탁해도 될까?

M : [3]네, 물론입니다. 감사합니다.

F : 그 매뉴얼, 부장님에게도 제출하기로 되어 있으니까, 마감에 어떻게 해도 맞출 수 없을 것 같으면, 바로 알려줘.

M : [4]알겠습니다. 신속하게 보고하겠습니다.

남자는, 이 다음에 우선 무엇을 합니까?

1 매뉴얼 만들기를 돕는다

2 매상 데이터를 정리한다

3 미팅 자료를 인쇄한다

4 진행 상황을 보고한다

해설 1 '매뉴얼 만들기 돕기', 2 '매상 데이터 정리하기', 3 '미팅 자료 인쇄하기', 4 '진행 상황 보고하기' 중 남자가 가장 먼저 해야 할 일을 묻는 문제이다. 대화에서, 신입 사원의 매뉴얼 작성이 늦어지고 있다고 하며 남자가 私も一部手伝おうかと思うのですが라고 하자, 여자가 すぐ着手して라고 했으므로, 1 マニュアル作りを手伝う(매뉴얼 만들기를 돕는다)가 정답이다. 2는 여자가 해야 할 일이고, 3은 매상 데이터 집계가 끝난 다음에 할 일이며, 4는 마감을 맞출 수 없을 것 같은 경우에 할 일이므로 오답이다.

어휘 システム 명 시스템　マニュアル 명 매뉴얼
作成 さくせい 명 작성　件 けん 명 건
週明け しゅうあけ 명 다음 주초　今回 こんかい 명 이번
新入 しんにゅう 명 신입　社員 しゃいん 명 사원
作業 さぎょう 명 작업　一部 いちぶ 명 일부　負担 ふたん 명 부담
ミーティング 명 미팅　売上 うりあげ 명 매상　データ 명 데이터
集計 しゅうけい 명 집계　印刷 いんさつ 명 인쇄
まとめる 동 정리하다　着手 ちゃくしゅ 명 착수
提出 ていしゅつ 명 제출　締め切り しめきり 명 마감
どうしても 부 어떻게 해도　間に合う まにあう (시간에) 맞추다
速やかだ すみやかだ な형 신속하다　報告 ほうこく 명 보고
進行 しんこう 명 진행　状況 じょうきょう 명 상황

4

[음성]

大学で、男の学生と女の学生が話しています。女の学生はこのあとまず何をしますか。

M：佐藤さん、今、急いでる？

F：帰ろうと思ってたところだけど、大丈夫だよ。何？

M：あのさ、そろそろゼミの謝恩会の準備を始めなきゃと思ってて。それで、佐藤さんに会場のお花と招待状の手配をお願いしたいんだけど、どうかな？

F：うん、いいよ。何から始めればいい？

M：取り急ぎ、招待者リストの作成から始めてくれる？ おおかたできた段階で、一度メールで送ってもらえると助かるんだけど。最終チェックは僕がやるから。

F：[1]うん、分かった。作り始める前に、去年の招待者リストを確認したいんだけど、誰が持ってるか分かる？

M：山田先輩が持ってると思うんだけど。去年担当だったから。

F：了解。じゃあ、[2]あとで家に帰ったら山田先輩に、リストを送ってもらえるようにメールしてみる。あっ、そういえば、うちのゼミがいつもお願いしている駅前のお花屋さん、明日から改装のためにしばらく休業するって書いてあったような気がするんだけど…。

M：えっ、そうなの？ 全然知らなかった。

F：休業が明けてからの依頼で間に合うと思うけど、念のため、[3]いつまで休むのか、あとで立ち寄って聞いてみるね。[4]その場で注文しないといけないようだったら、相談するね。

M：うん、すぐ電話して。

女の学生はこのあとまず何をしますか。

[문제지]

1 招待者リストを作成する
2 先輩に招待者リストの送付を依頼する
3 花屋にいつまで休業するか確認する
4 花屋に注文の電話をかける

해석 대학에서, 남학생과 여학생이 이야기하고 있습니다. 여학생은 이 다음에 우선 무엇을 합니까?

M : 사토 씨, 지금, 서두르고 있어?

F : 돌아가려고 생각한 참인데, 괜찮아. 무슨 일?

M : 있잖아, 슬슬 세미나 사은회 준비를 시작하지 않으면 안 된다고 생각해서. 그래서, 사토 씨에게 회장의 꽃과 초대장 준비를 부탁하고 싶은데, 어때?

F : 응, 좋아. 뭐부터 시작하면 돼?

M : 급한 대로, 초대자 리스트 작성부터 시작해 줄래? 대강 완성된 단계에서, 한번 이메일로 보내줄 수 있으면 도움이 되는데. 최종 체크는 내가 할 테니.

F : [1]응, 알겠어. 만들기 시작하기 전에, 작년 초대자 리스트를 확인하고 싶은데, 누가 가지고 있는지 알아?

M : 야마다 선배가 가지고 있다고 생각하는데. 작년 담당이었으니까.

F : 알겠어. 그럼, [2]나중에 집에 돌아가면 야마다 선배에게, 리스트를 받을 수 있도록 이메일 보내볼게. 아, 그러고 보니, 우리 세미나가 언제나 부탁하고 있는 역 앞의 꽃집, 내일부터 개장 때문에 한동안 휴업한다고 쓰여 있던 것 같은 느낌이 드는데….

M : 앗, 그래? 전혀 몰랐어.

F : 휴업이 끝나고 나서의 의뢰로 시간에 맞출 수 있다고 생각하지만, 만약을 위해, [3]언제까지 쉬는지, 나중에 들러서 물어볼게. [4]즉석에서 주문해야 할 것 같으면, 상담할게.

M : 응, 바로 전화해.

여학생은 이 다음에 우선 무엇을 합니까?

1 초대자 리스트를 작성한다
2 선배에게 초대자 리스트 송부를 의뢰한다
3 꽃집에 언제까지 휴업하는지 확인한다
4 꽃집에 주문 전화를 건다

해설 1 '초대자 리스트 작성하기', 2 '초대자 리스트 송부 의뢰하기', 3 '꽃집이 언제까지 휴업하는지 확인하기', 4 '주문 전화 걸기' 중 여자가 가장 먼저 해야 할 일을 묻는 문제이다. 대화에서, 꽃집이 한동안 휴업한다고 쓰여 있었다고 하며 여자가 **いつまで休むのか、あとで立ち寄って聞いてみるね**라고 했으므로, **3 花屋にいつまで休業するか確認する**(꽃집에 언제까지 휴업하는지 확인한다)가 정답이다. 1은 작년 초대자 리스트를 확인한 다음에 할 일이고, 2는 집에 돌아간 다음에 할 일이며, 4는 할 필요가 없으므로 오답이다.

어휘 ゼミ 명 세미나　謝恩会 しゃおんかい 명 사은회
招待状 しょうたいじょう 명 초대장　手配 てはい 명 준비
取り急ぎ とりいそぎ 부 급한 대로　招待者 しょうたいしゃ 명 초대자
リスト 명 리스트　作成 さくせい 명 작성　おおかた 부 대강
段階 だんかい 명 단계　助かる たすかる 동 도움이 되다
最終 さいしゅう 명 최종　作り始める つくりはじめる 만들기 시작하다
確認 かくにん 명 확인　担当 たんとう 명 담당
了解 りょうかい 명 아는 것, 깨닫는 것　花屋 はなや 명 꽃집
改装 かいそう 명 개장　休業 きゅうぎょう 명 휴업
明ける あける 동 끝나다　依頼 いらい 명 의뢰
間に合う まにあう 시간에 맞추다　立ち寄る たちよる 동 들르다
その場 そのば 즉석, 그 자리　注文 ちゅうもん 명 주문
送付 そうふ 명 송부

5

[음성]

男の人と女の人が話しています。男の人はこのあと何をしますか。

M：田中さん、確か、小鳥を飼ってたよね？

F：うん、2羽いるよ。

M：昨日ショッピングセンターのペットショップにかわいい鳥がいて、一目で気に入っちゃって。今、飼おうか考え中なんだよね。

F：小鳥でしょ？ 小さいうちにいっぱい遊んで手に慣れさせたら、すごく懐くから早いほうがいいよ。初めてだったら、小鳥の飼い方の本を一冊読んでからのほうがいいかも。準備する物もわかるし、かかりやすい病気とかもわかるから。

M：確かにそうだね。図書館で借りられるかな。

F：どうかな。でも、ペットって楽しいことだけじゃないから、いろいろ知ってから決めたほうがいいよ。今の時期ならヒーターも要るよ。暖かい空気を逃さないように鳥かごにつけるカバーも要るし。最初は案外用意する物が多いんだよ。

M：[3]そういうのはペットショップで買えるよね。鳥と一緒に。

F：うん。それから、病気を持ってないか、ペットショップからうちに連れて帰るまでに一度獣医さんに診てもらったほうがいいよ。[2]ペットショップで検査してるなら、いいんだけど。

M：へえ、[4]小鳥も病院に連れて行くんだね。

F：[1]あ、うちに読みやすい本があるから、明日持ってきてあげるよ。

M：[1]本当？ ありがとう。

男の人はこのあと何をしますか。

[문제지]

1 小鳥の飼い方の本を読む
2 小鳥を検査に連れて行く
3 小鳥の飼育に必要なものを買う
4 小鳥専門の病院を調べる

해석 남자와 여자가 이야기하고 있습니다. 남자는 이 다음에 무엇을 합니까?

M : 다나카 씨, 분명, 작은 새를 키우고 있었지?

F : 응, 2마리 있어.

M : 어제 쇼핑센터의 펫숍에 귀여운 새가 있어서, 첫눈에 마음에 들어버려서. 지금, 기를까 생각 중이야.

F : 작은 새지? 어릴 때 많이 놀아서 손에 익숙해지게 하면, 굉장히 따르니까 빠른 편이 좋아. 처음이라면, 작은 새를 기르는 법의 책을 한 권 읽고 나서의 편이 좋을지도. 준비할 물건도 알 수 있고, 걸리기 쉬운 병이라든가도 알 수 있으니까.

M : 확실히 그렇네. 도서관에서 빌릴 수 있을까?

F : 어떨까? 하지만, 애완동물이란 즐거운 일만이 아니니까, 여러 가지 알고 나서 정하는 편이 좋아. 지금의 시기라면 히터도 필요해. 따뜻한 공기를 빠져나가게 하지 않도록 새장에 씌울 커버도 필요하고. 처음에는 의외로 준비할 것이 많아.

M : [3]그런 것은 펫숍에서 살 수 있지? 새와 함께.

F : 응, 그러고 나서, 병을 가지고 있지는 않은지, 펫숍에서 집으로 데리고 돌아가기 전에 한번 수의사에게 진찰받는 편이 좋아. [2]펫숍에서 검사했다면, 괜찮지만.

M : 오호, [4]작은 새도 병원에 데리고 가는구나.

F : [1]아, 우리 집에 읽기 쉬운 책이 있으니까, 내일 가지고 와줄게.

M : [1]정말? 고마워.

남자는 이 다음에 무엇을 합니까?

1 작은 새를 기르는 법의 책을 본다
2 작은 새를 검사하러 데리고 간다
3 작은 새의 사육에 필요한 것을 산다
4 작은 새 전문 병원을 조사한다

해설 1 '새를 기르는 법의 책 보기', 2 '새를 검사하러 데리고 가기', 3 '새 사육에 필요한 것 사기', 4 '새 전문 병원 조사하기' 중 남자가 앞으로 해야 할 일을 묻는 문제이다. 대화에서, 여자가 애완동물에 대해 여러 가지 알고 나서 정하는 것이 좋다고 하며 **あ、うちに読みやすい本があるから、明日持ってきてあげるよ**라고 하자, 남자가 **本当?ありがとう**라고 했으므로, 1 **小鳥の飼い方の本を読む**(작은 새를 기르는 법의 책을 본다)가 정답이다. 2는 펫숍에서 검사했는지 확인한 다음에 할 일이고, 3은 새를 기르기로 정한 다음에 할 일이며, 4는 할 필요가 없으므로 오답이다.

어휘 飼う かう 동 키우다 ショッピングセンター 명 쇼핑센터
ペットショップ 명 펫숍 一目 ひとめ 명 첫눈, 한번 봄
気に入る きにいる 마음에 들다 懐く なつく 동 따르다
飼い方 かいかた 명 기르는 방법 時期 じき 명 시기
ヒーター 명 히터 逃す のがす 동 빠져나가게 하다
鳥かご とりかご 명 새장 カバー 명 커버 案外 あんがい 부 의외로
獣医 じゅうい 명 수의사 診る みる 동 진찰하다
検査 けんさ 명 검사 飼育 しいく 명 사육

실전 테스트 3

p.358

1 3 **2** 3 **3** 2 **4** 4 **5** 1

문제1에서는, 우선 질문을 들어주세요. 그리고 나서 이야기를 듣고, 문제 용지의 1에서 4 중에, 가장 알맞은 것을 하나 골라주세요.

1

[음성]

料理教室で女のスタッフと男のスタッフが話しています。男のスタッフはこのあとまず何をしますか。

M：秋のクラスの募集要項、目を通していただけましたか。春のクラスのものを参考にしたので、大きな変更はないんですが…。

F：ええ、細かい部分はまだですけど、あれでだいたい、いいと思います。そういえば、開講日が変更になったのは知ってますか。

M：[1]ええ、メールで変更のお知らせをいただいたので、すぐ修正しました。

F：[2]念のため、あとでそこも確認しておきますね。それから、一か月に一回の野菜料理のクラス、内容が少し変更になるそうですよ。野菜も季節で変わるから、前回の料理の写真は使えないですよね。[3]来週、試作したあと、写真撮影があるので、写真を撮ったら送るように言っておきますね。

M：[3]そうですか。じゃあ、それは私からメールしておきます。

F：あ、そうですね。そのほうがいいですね。それから、授業の様子の写真も入れ替えたほうがいいのでは？今のは若い人しか写ってないですから。うちの料理教室、若い人向けだと思っている人も多いみたいなんですよ。いろんな年齢層の人がいると知ってもらえたら、受講者がもっと増えると思うんです。[4]撮ったのがありますから、それも聞いてみてくれますか。

M：そうですね。そちらも一緒にお願いしてみます。

男のスタッフはこのあとまず何をしますか。

[문제지]

1 秋のクラスの開講日を変更する
2 秋のクラスの開講日を確認する
3 写真を送ってもらえるようにメールする
4 いろいろな人がいるクラスの写真を撮る

해석 요리 교실에서 여자 스태프와 남자 스태프가 이야기하고 있습니다. 남자 스태프는 이 다음에 우선 무엇을 합니까?

M : 가을 클래스의 모집 요강, 훑어봐 주셨나요? 봄 클래스 것을 참고로 했기 때문에, 큰 변경은 없습니다만….

F : 네, 자세한 부분은 아직입니다만, 그걸로 대강, 좋다고 생각합니다. 그러고 보니, 개강일이 변경된 것은 알고 있나요?

M : [1]네, 이메일로 변경 알림을 받았기 때문에, 바로 수정했어요.

F : [2]만약을 위해, 나중에 그 점도 확인해 둘게요. 그리고, 한 달에 한 번인 야채 요리 클래스, 내용이 조금 변경된다고 해요. 야채도 계절마다 바뀌니까, 저번의 요리 사진은 사용할 수 없죠. [3]다음 주, 시험 삼아 만든 후에, 사진 촬영이 있으니까, 사진을 찍으면 보내도록 말해 둘게요.

M : [3]그런가요. 그럼, 그건 제가 이메일 보내 둘게요.

F : 아, 그렇군요. 그 편이 좋겠네요. 그리고, 수업 모습 사진도 교체하는 편이 좋지 않을까요? 지금 것은 젊은 사람밖에 찍혀있지 않아서. 우리 요리 교실, 젊은 사람 대상이라고 생각하고 있는 사람도 많은 것 같아요. 다양한 연령층의 사람이 있다고 알아줄 수 있으면, 수강자가 더 늘 거라고 생각해요. [4]찍은 것이 있으니까, 그것도 물어봐 줄래요?

M : 그렇군요. 그것도 함께 부탁해 볼게요.

남자 스태프는 이 다음에 우선 무엇을 합니까?

1 가을 클래스의 개강일을 변경한다
2 가을 클래스의 개강일을 확인한다
3 사진을 보내줄 수 있도록 이메일을 보낸다
4 여러 사람이 있는 클래스 사진을 찍는다

해설 1 '개강일 변경하기', 2 '개강일 확인하기', 3 '사진을 보내도록 이메일 보내기', 4 '수업 사진 찍기' 중 남자가 가장 먼저 해야 할 일을 묻는 문제이다. 대화에서, 여자가 **来週、試作したあと、写真撮影があるので、写真を撮ったら送るように言っておきますね**라고 하자, 남자가 **そうですか。じゃあ、それは私からメールしておきます**라고 했으므로, 3 **写真を送ってもらえるようにメールする**(사진을 보내줄 수 있도록 이메일을 보낸다)가 정답이다. 1, 4는 이미 했고, 2는 여자가 해야 할 일이므로 오답이다.

어휘 スタッフ 명 스태프　募集 ぼしゅう 명 모집　要項 ようこう 명 요강
目を通す めをとおす 훑어보다　参考 さんこう 명 참고
変更 へんこう 명 변경　部分 ぶぶん 명 부분
開講日 かいこうび 명 개강일　修正 しゅうせい 명 수정
内容 ないよう 명 내용　試作 しさく 명 시험 삼아 만들기
撮影 さつえい 명 촬영　様子 ようす 명 모습
入れ替える いれかえる 동 교체하다　写る うつる 동 찍히다
向け むけ 명 대상　年齢層 ねんれいそう 명 연령층
受講者 じゅこうしゃ 명 수강자

2

[음성]
飲食店の店長が男の人と話しています。店長はアルバイトを募集するために新たに何をしますか。

F：アルバイト募集をずっとしているんですが、なかなか人が集まらなくて。島田さんのお店ではどうやって集めていらっしゃるんですか？

M：そうですね。うちは今働いている人に友達で誰かいないか聞くことが多いですね。そしたら、だいたい誰か連れてきてくれるんですよ。一緒に働くことになるから、まじめな人を連れてきてくれますよ。

F：そうですよね。[1]私も聞いているんですが、なかなかやりたいって人がいなくて…。

M：友達の店では広告会社にお願いをしている人もいますよ。ネット上の求人広告とか。新聞の広告とか。

F：[2]それ、料金がかかりますよね。経費はこれ以上かけられないんですよね。あまり余裕がなくて。時給を上げたら来てくれると思うんですけど、それもできないし。

M：ああ、それなら、[3]食事付きにしたらどうですか。ここの食事おいしいし、時給を上げなくても来てくれますよ。

F：[3]それならコストの心配をせずに、できそうですね。食材は多めに仕入れていますから。そうやって、もう一度友達にいないか聞いてもらおうかなあ。

M：それから、お店のウェブサイトに載せるのもいいですよ。ほら、インターネット上のコミュニティーとか。この店が好きな人が見てくれていると思うので、働きたいって人も出てくるんじゃないでしょうか。

F：そうですね。[4]人が集まらなかったら、その方法も試してみます。

店長はアルバイトを募集するために新たに何をしますか。

[문제지]
1 今のアルバイトの人に紹介してもらう
2 広告会社に求人広告を頼む
3 食事付きのアルバイトにする
4 インターネットに情報を出す

해석 음식점의 점장이 남자와 이야기하고 있습니다. 점장은 아르바이트를 모집하기 위해서 새롭게 무엇을 합니까?

F : 아르바이트 모집을 계속하고 있는데, 좀처럼 사람이 모이지 않아서. 시마다 씨의 가게에서는 어떻게 모으고 계세요?

M : 그렇군요. 저희는 지금 일하고 있는 사람에게 친구로 누구 없는지 묻는 경우가 많아요. 그러면, 대게 누군가 데려와 줍니다. 함께 일하게 되니까, 성실한 사람을 데리고 와줘요.

F : 그렇군요. [1]저도 물어보고 있습니다만, 좀처럼 하고 싶다는 사람이 없어서….

M : 친구 가게에서는 광고 회사에 부탁을 하고 있는 사람도 있어요. 인터넷상의 구인 광고라든가. 신문 광고라든가.

F : [2]그거, 요금이 들죠. 경비는 이 이상 들일 수 없어요. 그다지 여유가 없어서. 시급을 올리면 와 줄 거라고 생각하지만, 그것도 불가능하고.

M : 아, 그렇다면, [3]식사 제공으로 하면 어때요? 여기 식사 맛있고, 시급을 올리지 않아도 와 줄 거예요.

F : [3]그거라면 비용 걱정을 하지 않고, 할 수 있을 것 같네요. 식재료는 넉넉하게 사들이고 있으니까요. 그렇게 해서, 한 번 더 친구에게 없는지 물어봐 달라고 할까.

M : 그리고, 가게의 웹사이트에 올리는 것도 좋아요. 있잖아요, 인터넷상의 커뮤니티라든가. 이 가게를 좋아하는 사람이 봐 줄 거라

고 생각하기 때문에, 일하고 싶다는 사람도 나오지 않을까요?

F : 그러네요. [4]사람이 모이지 않으면, 그 방법도 시도해 보겠습니다.

점장은 아르바이트를 모집하기 위해서 새롭게 무엇을 합니까?

1 지금의 아르바이트생에게 소개받는다
2 광고 회사에 구인 광고를 부탁한다
3 식사 제공 아르바이트로 한다
4 인터넷에 정보를 낸다

해설 1 '아르바이트생에게 소개받기', 2 '구인 광고 부탁하기', 3 '식사 제공 아르바이트로 하기', 4 '인터넷에 정보 내기' 중 여자가 앞으로 해야 할 일을 묻는 문제이다. 대화에서, 남자가 **食事付きにしたらどうですか。ここの食事おいしいし、時給を上げなくても来てくれますよ**라고 하자, 여자가 **それならコストの心配をせずに、できそうですね**라고 했으므로, 3 **食事付きのアルバイトにする**(식사 제공 아르바이트로 한다)가 정답이다. 1은 이미 했고, 2는 할 수 없다고 했으며, 4는 아르바이트생이 모이지 않을 경우에 하겠다고 했으므로 오답이다.

어휘 **飲食店** いんしょくてん 명 음식점　**店長** てんちょう 명 점장
募集 ぼしゅう 명 모집　**新たに** あらたに 부 새롭게
広告 こうこく 명 광고　**ネット上** ネットじょう 인터넷상
求人 きゅうじん 명 구인　**料金** りょうきん 명 요금
経費 けいひ 명 경비　**余裕** よゆう 명 여유　**時給** じきゅう 명 시급
食事付き しょくじつき 식사 제공, 식사 포함　**コスト** 명 비용
食材 しょくざい 명 식재료　**多め** おおめ 명 넉넉함
仕入れる しいれる 동 사들이다　**ウェブサイト** 명 웹사이트
載せる のせる 동 올리다　**コミュニティー** 명 커뮤니티
試す ためす 동 시도하다　**情報** じょうほう 명 정보

3

[음성]

会社で男の人と女の人が新製品のアイスクリームについて話しています。男の人はこのあとまず何をしなければなりませんか。

F：この前のアイスクリームの試食会のアンケート、まとまった？

M：ええ、昨日終わりました。今回は多くの方がご協力くださったので、[1]分析も十分にできたと思います。

F：それはよかったね。何か気になる意見って、あった？

M：味については甘さもちょうどいい、買って食べてみたいというのがほとんどで、高評価でした。ただ、新しい食感にチャレンジしすぎたようで、かじったら落ちそうで食べにくいという意見も多かったですね。

F：[2]それは商品開発部の人に知らせて、改善してもらわないといけないね。食べ方を気にしていると、いくらおいしくても味に集中できないからね。

M：[2]ええ。それと、アイスクリームにしては珍しく、[3]黒くてシンプルなパッケージにしたのはよかったみたいです。中身を連想させないデザインに意外性があって、おもしろいと。

F：ああ、賛否両論があると思っていたんだけど、それならよかった。試作品ができたら、もう一度試食会をするから、駅前の広場、また使用許可を取っといて。

M：分かりました。人気の場所なので、早めにしておきます。

F：まあ、[4]試作品がないとできないから、だいたいいつ頃出来上がるか、開発部に聞いてみてからだね。

M：そうします。

男の人はこのあとまず何をしなければなりませんか。

[문제지]

1 アンケート結果を分析する
2 商品開発部に連絡をする
3 パッケージデザインを見直す
4 駅前の広場の使用許可を申請する

해석 회사에서 남자와 여자가 신제품 아이스크림에 대해서 이야기하고 있습니다. 남자는 이 다음에 우선 무엇을 하지 않으면 안 됩니까?

F : 요전 아이스크림 시식회 앙케트, 정리됐어?

M : 네, 어제 끝냈습니다. 이번에는 많은 분이 협력해 주셨기 때문에, [1]분석도 충분히 되었다고 생각합니다.

F : 그건 잘 됐네. 뭔가 신경 쓰이는 의견은, 있었어?

M : 맛에 대해서는 당도도 딱 좋다, 사서 먹어보고 싶다고 하는 것이 대부분이어서, 고평가였습니다. 다만, 새로운 식감에 너무 도전한 것 같아서, 조금 베어 먹으면 떨어질 것 같아서 먹기 어렵다고 하는 의견도 많았습니다.

F : [2]그건 상품개발부 사람에게 알려서, 개선하지 않으면 안 되겠네. 먹는 법을 신경 쓰고 있으면, 아무리 맛있어도 맛에 집중할 수 없으니까.

M : [2]네. 그리고, 아이스크림 치고는 드물게, [3]검고 심플한 패키지로 한 것은 좋았던 것 같습니다. 내용물을 연상시키지 않는 디자인에 의외성이 있어서, 재밌다고.

F : 아, 찬반양론이 있을 거라고 생각했는데, 그렇다면 다행이야. 시제품이 완성되면, 한 번 더 시식회를 할 테니, 역 앞의 광장, 또 사용 허가를 받아 둬.

M : 알겠습니다. 인기 장소이기 때문에, 빨리 해두겠습니다.

F : 뭐, [4]시제품이 없으면 할 수 없으니까, 대강 언제쯤 완성될지, 개발부에게 물어보고 나서.

M : 그렇게 하겠습니다.

남자는 이 다음에 우선 무엇을 하지 않으면 안 됩니까?

1 앙케트 결과를 분석한다
2 상품개발부에 연락을 한다
3 패키지 디자인을 재검토한다

4 역 앞 광장의 사용 허가를 신청한다

해설 1 '앙케트 결과 분석하기', 2 '상품개발부에 연락하기', 3 '패키지 디자인 재검토하기', 4 '광장 사용 허가 신청하기' 중 남자가 가장 먼저 해야 할 일을 묻는 문제이다. 대화에서, 여자가 **それは商品開発部の人に知らせて、改善してもらわないといけないね**라고 하자, 남자가 **ええ**라고 했으므로, 2 **商品開発部に連絡をする**(상품개발부에 연락을 한다)가 정답이다. 1은 이미 했고, 3은 할 필요가 없으며, 4는 개발부에 시제품 완성일을 물어본 다음에 할 일이므로 오답이다.

어휘 **新製品** しんせいひん 명 신제품　**アイスクリーム** 명 아이스크림
試食会 ししょくかい 명 시식회　**アンケート** 명 앙케트
まとまる 동 정리되다　**今回** こんかい 명 이번
協力 きょうりょく 명 협력　**分析** ぶんせき 명 분석
気になる きになる 신경 쓰이다　**高評価** こうひょうか 명 고평가
食感 しょっかん 명 식감　**チャレンジ** 명 도전
かじる 동 조금 베어 먹다　**商品** しょうひん 명 상품
開発部 かいはつぶ 명 개발부　**改善** かいぜん 명 개선
気にする きにする 신경 쓰다　**集中** しゅうちゅう 명 집중
シンプルだ な형 심플하다　**パッケージ** 명 패키지
中身 なかみ 명 내용물　**連想** れんそう 명 연상　**デザイン** 명 디자인
意外性 いがいせい 명 의외성
賛否両論 さんぴりょうろん 명 찬반양론
試作品 しさくひん 명 시제품　**広場** ひろば 명 광장
使用 しよう 명 사용　**許可** きょか 명 허가　**早め** はやめ 명 빨리함
見直す みなおす 동 재검토하다　**申請** しんせい 명 신청

4

[음성]

電話で女の人と男の人が話しています。男の人はこれからまず何をしなければなりませんか。

F：もしもし、石川です。お疲れ様です。

M：あ、部長、お疲れ様です。何かありましたか。

F：ええ、今日の3時からの、ＡＮＣの田中部長との会議なんだけど、まだ大阪なの。事故があったみたいで、新幹線がいつ動くかわからなくて。3時までに帰れそうにないんだよね。

M：え、部長、じゃあ私一人で対応するんですか？

F：いや、あちらも担当とその上の方のお二人でいらっしゃる予定だから、山本課長に代わりに出てもらうようにお願いできないかな。

M：わかりました。課長のスケジュールを確認しますね。

F：それで、大丈夫そうだったら、昨日打ち合わせた内容を課長に説明してほしいの。

M：わかりました。[1]今、課長のスケジュールを確認しているんですが、その時間は大丈夫そうです。

F：そう。ありがとう。じゃあ、[2]私から課長に電話して、お願いしておくわ。[4]資料は、課長も読めるように共有フォルダに入れておいて。[3]それを見てもらいながら、説明するといいと思う。

M：[4]わかりました。じゃ、そっちを先にしておきます。

男の人はこれからまず何をしなければなりませんか。

[문제지]

1 課長のスケジュールを確認する
2 課長に電話で、会議への出席を依頼する
3 会議で話す内容を課長に説明する
4 会議の資料を共有フォルダに保存する

해석 전화로 여자와 남자가 이야기하고 있습니다. 남자는 이제부터 우선 무엇을 하지 않으면 안 됩니까?

F : 여보세요, 이시카와입니다. 수고하십니다.

M : 아, 부장님, 수고하십니다. 무슨 일 있습니까?

F : 응, 오늘 3시부터의, ANC 다나카 부장님과의 회의 말인데, 아직 오사카야. 사고가 있었던 것 같아서, 신칸센이 언제 움직일지 몰라서. 3시까지 돌아갈 수 있을 것 같지가 않아.

M : 아, 부장님, 그럼 저 혼자서 대응하는 겁니까?

F : 아니, 저쪽도 담당자와 그 윗 사람 두 명이서 오실 예정이니까, 야마모토 과장에게 대신 나가 주도록 부탁할 수 없을까?

M : 알겠습니다. 과장님 스케줄을 확인하겠습니다.

F : 그래서, 괜찮을 것 같으면, 어제 상의한 내용을 과장에게 설명해 주었으면 해.

M : 알겠습니다. [1]지금, 과장님의 스케줄을 확인하고 있습니다만, 그 시간은 괜찮을 것 같습니다.

F : 그래? 고마워. 그럼, [2]내가 과장에게 전화해서, 부탁해 둘게. [4]자료는, 과장도 읽을 수 있도록 공유 폴더에 넣어 둬. [3]그것을 보면서, 설명하면 좋을 거라고 생각해.

M : [4]알겠습니다. 그럼, 그것을 먼저 해두겠습니다.

남자는 이제부터 우선 무엇을 하지 않으면 안 됩니까?

1 과장의 스케줄을 확인한다
2 과장에게 전화로, 회의 출석을 의뢰한다
3 회의에서 이야기할 내용을 과장에게 설명한다
4 회의 자료를 공유 폴더에 보존한다

해설 1 '스케줄 확인하기', 2 '회의 출석 의뢰하기', 3 '과장에게 설명하기', 4 '공유 폴더에 보존하기' 중 남자가 가장 먼저 해야 할 일을 묻는 문제이다. 대화에서, 여자가 **資料は、課長も読めるように共有フォルダに入れておいて**라고 하자, 남자가 **わかりました。じゃ、そっちを先にしておきます**라고 했으므로, 4 **会議の資料を共有フォルダに保存する**(회의 자료를 공유 폴더에 보존한다)가 정답이다. 1은 이미 했고, 2는 여자가 해야 할 일이며, 3은 공유 폴더에 파일을 넣은 다음에 할 일이므로 오답이다.

어휘 **新幹線** しんかんせん 명 신칸센　**対応** たいおう 명 대응
担当者 たんとうしゃ 명 담당자　**スケジュール** 명 스케줄
確認 かくにん 명 확인　**打ち合わせる** うちあわせる 동 상의하다

内容 ないよう 명 내용　資料 しりょう 명 자료
共有 きょうゆう 명 공유　フォルダ 명 폴더　依頼 いらい 명 의뢰
保存 ほぞん 명 보존

5

[음성]

大学で女の学生と先生が話しています。女の学生はこのあと配布資料をどのように変更しますか。

F：先生、先日メールでお送りした発表の配布資料ですが、目を通していただけましたか。

M：うん、見たよ。前に見たときより、まとまっていたね。よく分析ができていて、内容も分かりやすくなってたよ。

F：ありがとうございます。ちょっと文字が多いかなと思ったのですが…。

M：あ、そうそう。それを言おうと思ってたんだ。発表のときはあくまで話す内容が大事なんだ。みんな、資料を読むのに必死になって話に耳を傾けなくなるからね。だから、[1]配布資料には話すことのポイントを書くだけでいいんだよ。まあ、[2]箇条書きで書かれてるっていうのはいいんだけどね。

F：[1]わかりました。それから、[3]文の中に数値を書いたのですが、グラフのほうがわかりやすいでしょうか。

M：[4]あれはあれでいいよ。グラフにするとまたスペースを取っちゃうし、A4一枚に収まらないと思うよ。

F：そうですね…。でも、グラフがあったほうが、内容が頭に入りやすいと思うんです。

M：それなら、口頭で発表するときにスクリーンで見せたらいいんじゃない？ 資料一枚で全体像を見てもらって、詳しい分析については発表の時にスライドで説明すればいいんだから。

F：わかりました。

女の学生はこのあと配布資料をどのように変更しますか。

[문제지]

1 文字数を減らす
2 箇条書きにする
3 数値を入れる
4 グラフを入れる

해석 대학에서 여학생과 선생님이 이야기하고 있습니다. 여학생은 이 다음 배부 자료를 어떻게 변경합니까?

F：선생님, 요전 이메일로 보내드린 발표 배부 자료입니다만, 훑어 봐 주셨나요?

M：응, 봤어. 전에 봤을 때보다, 정리되어 있었어. 잘 분석되어 있어서, 내용도 알기 쉬워져 있었어.

F：감사합니다. 조금 글자가 많은가 하고 생각했습니다만….

M：아, 맞아 맞아. 그걸 말하려고 생각했었어. 발표 때는 어디까지나 말하는 내용이 중요해. 모두, 자료를 읽는 데 필사적이 돼서 이야기에 귀를 기울이지 않게 되니까 말이야. 그러니, [1]배부 자료에는 말하는 것의 포인트를 적는 것만으로 괜찮아. 뭐, [2]조항으로 나누어 쓰여 있는 것은 좋지만 말이야.

F：[1]알겠습니다. 그리고, [3]글 속에 수치를 적었습니다만, 그래프인 편이 알기 쉬울까요?

M：[4]그건 그걸로 괜찮아. 그래프로 하면 또 공간을 차지해 버리고, A4 한 장에 들어가지 않을 거라고 생각해.

F：그렇군요…. 하지만, 그래프가 있는 편이, 내용이 머리에 들어가기 쉽다고 생각합니다.

M：그렇다면, 구두로 발표할 때 스크린으로 보여주면 되지 않을까? 자료 한 장으로 전체상을 보고, 자세한 분석에 대해서는 발표 때 슬라이드로 설명하면 되니까.

F：알겠습니다.

여학생은 이 다음 배부 자료를 어떻게 변경합니까?

1 글자 수를 줄인다
2 조항으로 나누어 쓴다
3 수치를 넣는다
4 그래프를 넣는다

해설 1 '글자 수 줄이기', 2 '조항으로 나눠 쓰기', 3 '수치 넣기', 4 '그래프 넣기' 중 여자가 앞으로 해야 할 일을 묻는 문제이다. 대화에서, 남자가 **配布資料には話すことのポイントを書くだけでいいんだよ**라고 하자, 여자가 **わかりました**라고 했으므로, 1 **文字数を減らす**(글자 수를 줄인다)가 정답이다. 2, 3은 이미 했고, 4는 할 필요가 없으므로 오답이다.

어휘 配布 はいふ 명 배부　資料 しりょう 명 자료　変更 へんこう 명 변경
先日 せんじつ 명 요전　発表 はっぴょう 명 발표
目を通す めをとおす 훑어보다　まとまる 동 정리되다
分析 ぶんせき 명 분석　内容 ないよう 명 내용　文字 もじ 명 글자
資料 しりょう 명 자료　必死だ ひっしだ な형 필사적이다
耳を傾ける みみをかたむける 귀를 기울이다　ポイント 명 포인트
箇条書き かじょうがき 명 조항으로 나누어 쓰기　数値 すうち 명 수치
グラフ 명 그래프　スペース 명 공간　収まる おさまる 동 들어가다
口頭 こうとう 명 구두　全体像 ぜんたいぞう 명 전체상
詳しい くわしい い형 자세하다　スライド 명 슬라이드
減らす へらす 동 줄이다

포인트 이해

무료 MP3 바로듣기

실력 다지기

p.364

01 ② **02** ① **03** ② **04** ② **05** ① **06** ①
07 ② **08** ① **09** ② **10** ②

01

[음성]

ラジオでアナウンサーが男の人に農業についてインタビューしています。**男の人は農業の何が大変だと言っていますか。**

F：近年、田舎暮らしやスローライフがメディアなどでも取り上げられ、農業で生計を立てる若者が増えています。今日は会社員から農家になった林さんにお話を伺います。今まで農業に携わったことがないとのことでしたが、実際に農業を始めてみていかがですか。

M：そうですね。農業を始める前は農業って種をまいて、育った野菜を収穫するだけの楽なものだと思っていたんです。でも、畑を耕したり、肥料をまいたり、意外と重労働な仕事が多くて、体力がない人には大変だと思います。

F：そうなんですね。

M：幸い、僕は体を動かすことが好きなので、苦ではありません。**それよりも、問題なのは天候です**。会社員時代は毎月決まったお給料をもらっていましたが、**農業は天候に左右されるので、台風や大雨が続くと収入がゼロになることも珍しくないです。**

男の人は農業の何が大変だと言っていますか。

[문제지]

① 力を必要とする仕事が多いこと
② **収入が天候に左右されること**

해석 라디오에서 아나운서가 남자에게 농업에 대해서 인터뷰하고 있습니다. **남자는 농업의 무엇이 힘들다고** 말하고 있습니까?

F : 최근, 시골 생활이나 슬로 라이프가 미디어 등에서도 거론되어, 농업으로 생계를 유지하는 젊은이가 늘고 있습니다. 오늘은 회사원에서 농가가 된 하야시 씨에게 이야기를 여쭙겠습니다. 지금까지 농업에 종사한 적이 없다고 하셨는데요, 실제로 농업을 시작해보니 어떻습니까?

M : 글쎄. 농업을 시작하기 전에는 농업이란 씨를 뿌리고, 자란 야채를 수확하기만 하는 편한 것이라고 생각하고 있었습니다. 하지만, 밭을 일구거나, 비료를 뿌리거나, 의외로 중노동인 일이 많아서, 체력이 없는 사람에게는 힘들다고 생각합니다.

F : 그렇군요.

M : 다행히, 저는 몸을 움직이는 것을 좋아해서, 고생은 아닙니다. **그것보다도, 문제인 것은 날씨입니다.** 회사원 시절에는 매달 정해진 급료를 받고 있었습니다만, **농업은 날씨에 좌우되기 때문에, 태풍이나 큰 비가 계속되면 수입이 제로가 되는 경우도 드물지 않습니다.**

남자는 농업의 무엇이 힘들다고 말하고 있습니까?

① 힘을 필요로 하는 일이 많은 것
② **수입이 날씨에 좌우되는 것**

어휘 **農業** のうぎょう 명 농업　インタビュー 명 인터뷰
近年 きんねん 명 최근, 근래　田舎暮らし いなかぐらし 명 시골 생활
スローライフ 명 슬로 라이프　メディア 명 미디어
取り上げる とりあげる 동 거론하다
生計を立てる せいけいをたてる 생계를 유지하다
若者 わかもの 명 젊은이　会社員 かいしゃいん 명 회사원
農家 のうか 명 농가　携わる たずさわる 동 종사하다
実際 じっさい 명 실제　種 たね 명 씨　まく 동 뿌리다
育つ そだつ 동 자라다　収穫 しゅうかく 명 수확　畑 はたけ 명 밭
耕す たがやす 동 일구다　肥料 ひりょう 명 비료
重労働 じゅうろうどう 명 중노동　体力 たいりょく 명 체력
幸い さいわい 부 다행히　動かす うごかす 동 움직이다
天候 てんこう 명 날씨　給料 きゅうりょう 명 급료
左右 さゆう 명 좌우　大雨 おおあめ 명 큰 비
収入 しゅうにゅう 명 수입

02

[음성]

会社で男の人と女の人が話しています。**女の人は結婚するにあたり何が心配だと言っていますか。**

M：来月結婚式っていうのに元気ないね。悩みでもあるの？

F：うん、**実は彼の両親が未だに私たちの結婚を認めてくれてないの。**私は結婚しても、今の仕事を続けたいしキャリアも積みたいから、会社をやめるつもりはないんだけど、彼の両親は家にいて、家庭の仕事をきちんとこなす人との結婚を望んでいるみたい。

M：彼はなんて言ってるの？

F：家事や子育ては二人で分担すればいいし、そもそも結婚は二人でするものだから親は関係ないって。彼とは性格や価値観が合うってわけじゃないけど、教養があって誠実だし、私もできれば、ずっと一緒にいたいと思ってる。

女の人は結婚するにあたり何が心配だと言っていますか。

[문제지]

① **相手の両親が結婚に反対していること**
② 家庭の仕事がうまくできないこと

해석 회사에서 남자와 여자가 이야기하고 있습니다. **여자는 결혼하는 데**

있어서 무엇이 **걱정**이라고 말하고 있습니까?

M : 다음 달 결혼식인데 기운이 없네. 고민이라도 있어?

F : 응, **실은 그의 부모님이 아직 우리들의 결혼을 인정해주지 않아.** 나는 결혼해도, 지금의 일을 계속하고 싶고 커리어도 쌓고 싶기 때문에, 회사를 그만둘 생각은 없는데, 그의 부모님은 집에 있으며, 가정의 일을 제대로 소화할 사람과의 결혼을 바라고 있는 것 같아.

M : 그는 뭐라고 말해?

F : 가사나 육아는 두 사람이서 분담하면 되고, 애초에 결혼은 두 사람이 하는 거니까 부모님은 관계없다고. 그와는 성격이나 가치관이 맞는 건 아니지만, 교양이 있고 성실해서, 나도 가능하면, 쭉 함께 있고 싶다고 생각하고 있어.

여자는 결혼하는 데 있어서 무엇이 걱정이라고 말하고 있습니까?

① **상대의 부모님이 결혼에 반대하고 있는 것**

② 가정의 일을 잘 할 수 없는 것

어휘 結婚式 けっこんしき 명 결혼식　悩み なやみ 명 고민
未だ いまだ 부 아직　認める みとめる 동 인정하다
キャリア 명 커리어　積む つむ 동 쌓다　きちんと 부 제대로, 정확히
こなす 동 소화하다　望む のぞむ 동 바라다　家事 かじ 명 가사
子育て こそだて 명 육아　分担 ぶんたん 명 분담
そもそも 부 애초, 원래　性格 せいかく 명 성격
価値観 かちかん 명 가치관　教養 きょうよう 명 교양
誠実だ せいじつだ な형 성실하다

03

[음성]

市役所で男の職員と女の職員が廃墟の問題について話しています。**問題を解決**するために、**どうすることに**しましたか。

M：今や街のいたるところに廃墟があって、このまま放置していては増え続ける一方だよ。予算もないのに、どうしたものか。

F：課長、今まではそれらを撤去や解体することに目を向けて、予算をどうするか話し合ってきたじゃないですか。

M：工場なんかは建物が大きい分、予算が膨らんでしまうからね。

F：そこでですが、そういう建物を飲食店として利用するのはどうでしょうか。昔懐かしい雰囲気を生かしたまま、リノベーションしたカフェが若い女性に人気で増えているそうですよ。

M：それは斬新だな。**古い考え方にとらわれないで、もう一度アイディアを出し合ってみよう。**

問題を解決するために、どうすることにしましたか。

[문제지]

① 廃墟を解体する予算を調節する

② **新しい視点で解決策を考える**

해석 시청에서 남자 직원과 여자 직원이 폐허 문제에 대해서 이야기하고 있습니다. **문제를 해결**하기 위해서, **어떻게 하기로** 했습니까?

M : 이제는 거리 도처에 폐허가 있어서, 이대로 방치하고 있어서는 계속 늘어나기만 해. 예산도 없는데, 어떻게 된 일인지.

F : 과장님, 지금까지는 그것들을 철거나 해체하는 데 눈을 돌려서, 예산을 어떻게 할지 의논해 왔잖아요?

M : 공장 따위는 건물이 큰 만큼, 예산이 커져버리니까 말이야.

F : 그래서 말입니다만, 그러한 건물을 음식점으로서 이용하는 것은 어떨까요? 옛날 그리운 분위기를 살린 채, 개조한 카페가 젊은 여성에게 인기여서 늘고 있다고 합니다.

M : 그건 참신하네. **낡은 사고방식에 사로잡히지 말고, 한 번 더 아이디어를 서로 내보자.**

문제를 해결하기 위해서, 어떻게 하기로 했습니까?

① 폐허를 해체하는 예산을 조절한다

② **새로운 시점에서 해결책을 생각한다**

어휘 市役所 しやくしょ 명 시청　職員 しょくいん 명 직원
廃墟 はいきょ 명 폐허　解決 かいけつ 명 해결　いたるところ 도처
放置 ほうち 명 방치　予算 よさん 명 예산　撤去 てっきょ 명 철거
解体 かいたい 명 해체　目を向ける めをむける 눈을 돌리다
話し合う はなしあう 동 의논하다　膨らむ ふくらむ 동 커지다
飲食店 いんしょくてん 명 음식점　懐かしい なつかしい い형 그립다
雰囲気 ふんいき 명 분위기　生かす いかす 동 살리다
リノベーション 명 개조, 수리　カフェ 명 카페　人気 にんき 명 인기
斬新だ ざんしんだ な형 참신하다　とらわれる 동 사로잡히다
アイディア 명 아이디어　出し合う だしあう 동 서로 내놓다
調節 ちょうせつ 명 조절　視点 してん 명 시점
解決策 かいけつさく 명 해결책

04

[음성]

ラジオで専門家が話しています。**専門家はダイエットにおいて、どんなことが最も重要だと言っていますか。**

M：夏本番に向けて、ダイエットに励んでいる方々が多いと思います。ダイエットというとどうしても運動が重要視されますよね。もちろん、運動も大切ですが、**忘れてはいけないのが食事です。**運動を一生懸命していても、脂質や糖質が高いものを好き勝手に食べていては意味がありません。ダイエットは９割が食生活です。**野菜やたんぱく質が多い食品を中心に健康的な食生活を心がけましょう。**

専門家はダイエットにおいて、どんなことが最も重要だと言っていますか。

[문제지]

① 一生懸命に運動すること

② **健康的な食事をとること**

해석 라디오에서 전문가가 이야기하고 있습니다. **전문가는 다이어트에 있어서, 어떤 것이 가장 중요**하다고 말하고 있습니까?

M : 본격적인 여름을 맞이해서, 다이어트에 힘쓰고 있는 분들이 많을 거라고 생각합니다. 다이어트라고 하면 아무래도 운동이 중요시 되지요. 물론, 운동도 중요합니다만, **잊어서는 안 되는 것이 식사입니다.** 운동을 열심히 해도, 지방질이나 당질이 높은 것을 자기 좋을 대로 먹고 있어서는 의미가 없습니다. 다이어트는 9할이 식생활입니다. **야채나 단백질이 많은 식품을 중심으로 건강한 식생활을 명심합시다.**

전문가는 다이어트에 있어서, 어떤 것이 가장 중요하다고 말하고 있습니까?

① 열심히 운동하는 것
② **건강한 식사를 하는 것**

어휘 **専門家** せんもんか 명 전문가　**ダイエット** 명 다이어트
夏本番 なつほんばん 본격적인 여름　**励む** はげむ 동 힘쓰다
どうしても 아무래도　**重要視** じゅうようし 명 중요시
脂質 ししつ 명 지방질　**糖質** とうしつ 명 당질
好き勝手だ すきかってだ な형 자기 좋을 대로 하다
食生活 しょくせいかつ 명 식생활
たんぱく質 たんぱくしつ 명 단백질　**食品** しょくひん 명 식품
中心 ちゅうしん 명 중심　**健康的だ** けんこうてきだ な형 건강하다
心がける こころがける 동 명심하다

05

[음성]
ラジオでアナウンサーと評論家が画家について話しています。**どうして日本人はこの画家が好きだと言っていますか。**

F：私もゴッホの作品が好きで、よく美術展に行くんです。日本の方々の中にもファンが多いと思うんですが、ゴッホが日本人に好まれる理由はどこにあるのでしょうか。
M：ゴッホの作品を見ると分かると思うんですが、**日本人に愛される秘訣がその色彩です。**浮世絵の影響を受けていて、**日本人には馴染みのあるものに感じられるのです。**親近感というんですかね。
F：なるほど。そうなんですね。
M：ゴッホの作品も初期の頃は色を混ぜて、濁った色やくすんだ色を使って繊細に描かれる絵が多かったのですが、どんどん変化していったようです。

どうして日本人はこの画家が好きだと言っていますか。

[문제지]
① **馴染みのある色が使われているから**
② 何色もの色を混ぜて繊細に描いているから

해석 라디오에서 아나운서와 평론가가 화가에 대해서 이야기하고 있습니다. **어째서 일본인은 이 화가를 좋아한다고** 말하고 있습니까?
F : 저도 고흐의 작품을 좋아해서, 자주 미술전에 갑니다. 일본 분들 중에도 팬이 많다고 생각합니다만, 고흐를 일본인이 선호하는 이유는 어디에 있는 걸까요?
M : 고흐의 작품을 보면 알 수 있다고 생각합니다만, **일본인에게 사랑받는 비결이 그 색채입니다.** 우키요에의 영향을 받아서, **일본인에게는 친숙함이 있는 것으로 느껴지는 것입니다.** 친근감이라고 할까요.
F : 과연. 그렇군요.
M : 고흐의 작품도 초기 때는 색을 섞어서, 탁한 색과 두드러지지 않는 색을 사용해서 섬세하게 그려지는 그림이 많았습니다만, 점점 변화해 간 것 같습니다.

어째서 일본인은 이 화가를 좋아한다고 말하고 있습니까?

① **친숙함이 있는 색이 사용되어 있기 때문에**
② 몇 색이나 색을 섞어서 섬세하게 그리고 있기 때문에

어휘 **評論家** ひょうろんか 명 평론가　**画家** がか 명 화가　**ゴッホ** 명 고흐
作品 さくひん 명 작품　**ファン** 명 팬　**好む** このむ 동 선호하다
愛する あいする 동 사랑하다　**秘訣** ひけつ 명 비결
色彩 しきさい 명 색채　**浮世絵** うきよえ 명 우키요에
影響 えいきょう 명 영향　**馴染み** なじみ 명 친숙함
感じる かんじる 동 느끼다　**親近感** しんきんかん 명 친근감
初期 しょき 명 초기　**混ぜる** まぜる 동 섞다　**濁る** にごる 동 탁하다
くすむ 동 두드러지지 않다　**繊細だ** せんさいだ な형 섬세하다
変化 へんか 명 변화

06

[음성]
メディア論の授業で先生が話しています。**今学期の講義のテーマは何ですか。**

F：一昔前はメディアというとテレビや新聞などごく一部に限られていました。しかし、インターネットが普及したことにより、SNSなどのメディアを通し、今では誰もが情報を発信できる時代になりました。そうなると、**問題になってくるのが個人のプライバシーです。**最近もメディアによってプライバシーが侵害された事件が話題になりましたね。**今学期はメディアにおけるプライバシーの在り方を中心に学習していきます。**今日は初回ですから、先ほども述べたメディアの変遷について詳しく見ていきたいと思います。

今学期の講義のテーマは何ですか。

[문제지]
① **メディアにおけるプライバシー問題**
② メディアのこれまでの歴史とその変化

해석 미디어론의 수업에서 선생님이 이야기하고 있습니다. **이번 학기의 강의 테마는 무엇입니까?**
F : 10년쯤 전에는 미디어라고 하면 텔레비전이나 신문 등 극히 일부에 한정되어 있었습니다. 하지만, 인터넷이 보급된 것에 의해, SNS 등의 미디어를 통해, 지금에는 누구나가 정보를 발신할 수

있는 시대가 되었습니다. 그렇게 되면, **문제가 되어 오는 것이 개인의 프라이버시입니다.** 최근에도 미디어에 의해 프라이버시가 침해된 사건이 화제가 되었죠. **이번 학기에는 미디어에 있어서 프라이버시의 이상적인 상태를 중심으로 학습해 갑니다.** 오늘은 첫 회니까, 조금 전에도 말한 미디어의 변천에 대해서 자세하게 보아가고 싶다고 생각합니다.

이번 학기의 강의 테마는 무엇입니까?

① **미디어에 있어서의 프라이버시 문제**

② 미디어의 지금까지의 역사와 그 변화

어휘 **メディア論** メディアろん 명 미디어론 **今学期** こんがっき 이번 학기
講義 こうぎ 명 강의 **テーマ** 명 테마
一昔 ひとむかし 명 10년쯤 전 **メディア** 명 미디어
一部 いちぶ 명 일부 **限る** かぎる 동 한정하다
インターネット 명 인터넷 **普及** ふきゅう 명 보급
SNS 명 SNS, 소셜 네트워크 서비스 **通す** とおす 동 통하다
情報 じょうほう 명 정보 **発信** はっしん 명 발신
個人 こじん 명 개인 **プライバシー** 명 프라이버시
侵害 しんがい 명 침해 **事件** じけん 명 사건 **話題** わだい 명 화제
在り方 ありかた 명 이상적인 상태 **中心** ちゅうしん 명 중심
学習 がくしゅう 명 학습 **初回** しょかい 명 첫 회
先ほど さきほど 조금 전 **述べる** のべる 동 말하다
変遷 へんせん 명 변천 **詳しい** くわしい い형 자세하다

07

[음성]

会社で女の人と男の部長が話しています。**女の人は何が問題だと言っていますか。**

M：林さん、明日の取引先との打ち合わせで使う資料はもうできてるよね？

F：それが問題が起きて、まだ完成していないんです。

M：え？ この間の調査結果の部分がまとまってないとか？

F：いえ、**実は完成したデータがなくなってしまって、一から作り直しているんです。**内容は覚えているので今日中にはできると思うんですが。

M：うーん、事前に目を通したかったけど、それじゃ仕方ないね。

女の人は何が問題だと言っていますか。

[문제지]

① 調査結果の整理ができていないこと

② **データが消えてしまったこと**

해석 회사에서 여자와 남자 부장이 이야기하고 있습니다. **여자는 무엇이 문제라고 말하고 있습니까?**

M : 하야시 씨, 내일 거래처와의 협의에서 사용할 자료는 이미 되어 있지?

F : 그것이 문제가 일어나서, 아직 완성되지 않았습니다.

M : 뭐? 요전 조사 결과 부분이 정리되지 않았다든가?

F : 아뇨, **실은 완성된 데이터가 없어져 버려서, 처음부터 다시 만들고 있습니다.** 내용은 기억하고 있기 때문에 오늘 중에는 다 될 거라고 생각합니다만.

M : 음, 사전에 훑어보고 싶었지만, 그러면 어쩔 수 없네.

여자는 무엇이 문제라고 말하고 있습니까?

① 조사 결과의 정리가 되어 있지 않은 것

② **데이터가 없어져 버린 것**

어휘 **取引先** とりひきさき 명 거래처 **打ち合わせ** うちあわせ 명 협의
資料 しりょう 명 자료 **完成** かんせい 명 완성
調査 ちょうさ 명 조사 **結果** けっか 명 결과 **部分** ぶぶん 명 부분
まとまる 동 정리되다 **データ** 명 데이터
作り直す つくりなおす 동 다시 만들다 **事前** じぜん 명 사전
目を通す めをとおす 훑어보다 **整理** せいり 명 정리
消える きえる 동 없어지다

08

[음성]

テレビでアナウンサーと監督がバレーボール選手について話しています。**この選手の最も優れたところはどこですか。**

F：俳優のような整った顔立ちで女性に大人気の松本選手ですが、実力も世界クラスなんですよね。

M：はい。**彼の持ち味は2メートルの長身から繰り出されるパワーあふれる強烈なスパイクです。**攻撃力は外国人選手に比べても、劣りません。

F：私もその迫力には圧倒されました。守備の面ではどうですか。

M：大型の選手の中ではうまいほうですが、時々ミスもあるので、いつでも安定した守りができるようにもう少し練習が必要ですね。

この選手の最も優れたところはどこですか。

[문제지]

① **力強い攻撃ができる**

② 安定した守備ができる

해석 텔레비전에서 아나운서와 감독이 배구 선수에 대해서 이야기하고 있습니다. **이 선수의 가장 뛰어난 부분**은 어디입니까?

F : 배우와 같은 잘 다듬어진 이목구비로 여성에게 대인기인 마츠모토 선수입니다만, 실력도 세계 클래스지요?

M : 네. **그의 장점은 2미터의 장신에서 내질러지는 파워 넘치는 강렬한 스파이크입니다.** 공격력은 외국인 선수에 비교해도, 뒤지지 않습니다.

F : 저도 그 박력에는 압도되었습니다. 수비 면에서는 어떻습니까?

M : 대형 선수 중에서는 잘하는 편입니다만, 때때로 실수도 있기 때문에, 언제라도 안정된 수비가 가능하도록 조금 더 연습이 필요합니다.

이 선수의 가장 뛰어난 부분은 어디입니까?

① **힘찬 공격이 가능하다**
② 안정된 수비가 가능하다

어휘 **監督** かんとく 명 감독　**バレーボール** 명 배구
優れる すぐれる 동 뛰어나다　**俳優** はいゆう 명 배우
整う ととのう 동 다듬어지다　**顔立ち** かおだち 명 이목구비
大人気 だいにんき 명 대인기　**実力** じつりょく 명 실력
持ち味 もちあじ 명 장점　**長身** ちょうしん 명 장신
繰り出す くりだす 동 내지르다　**パワー** 명 파워
あふれる 동 넘치다　**強烈だ** きょうれつだ な형 강렬하다
スパイク 명 스파이크　**攻撃力** こうげきりょく 명 공격력
劣る おとる 동 뒤지다　**迫力** はくりょく 명 박력
圧倒 あっとう 명 압도　**守備** しゅび 명 수비
大型 おおがた 명 대형　**ミス** 명 실수　**安定** あんてい 명 안정
守り まもり 명 수비　**力強い** ちからづよい い형 힘차다
攻撃 こうげき 명 공격

09

[음성]

会社で女の人と男の人が話しています。**男の人は剣道の一番の魅力は何だと言っていますか。**

F：高橋さん、剣道を始めて30年ってすごいですね。やっぱり剣道の魅力って精神統一ってものですか。

M：確かに、それはあるね。剣を振っていると、剣の動きに意識が集中して無心になれるんだ。だから、ストレス発散にもなるよ。

F：へぇー、そうなんですね。

M：でも、**何より剣道が他のスポーツと違うのは、生涯続けていけるってことかな。**僕も30年間やってるけど、一緒に練習してる90歳のおじいさんなんて70年以上続けてるって言ってたよ。そんなスポーツなかなかないよね。

男の人は剣道の一番の魅力は何だと言っていますか。

[문제지]

① 集中力を高められること
② **年齢関係なく続けられること**

해석 회사에서 여자와 남자가 이야기하고 있습니다. **남자는 검도의 가장 큰 매력**은 무엇이라고 말하고 있습니까?

F : 다카하시 씨, 검도를 시작하고 30년은 굉장하네요. 역시 검도의 매력은 정신통일이란 것인가요?

M : 확실히, 그건 있어. 검을 휘두르고 있으면, 검의 움직임에 의식이 집중되어 아무 생각 없어질 수 있어. 그래서, 스트레스 발산도 돼.

F : 와, 그렇군요.

M : 하지만, **무엇보다 검도가 다른 스포츠와 다른 것은, 평생 계속할 수 있다는 것이려나?** 나도 30년간 하고 있지만, 함께 연습하고 있는 90세 할아버지는 70년 이상 계속하고 있다고 말했어. 그런 스포츠 좀처럼 없지.

남자는 검도의 가장 큰 매력은 무엇이라고 말하고 있습니까?

① 집중력을 높일 수 있는 것
② **연령 관계없이 계속할 수 있는 것**

어휘 **剣道** けんどう 명 검도　**魅力** みりょく 명 매력
精神統一 せいしんとういつ 명 정신통일　**剣** けん 명 검
振る ふる 동 휘두르다　**意識** いしき 명 의식
集中 しゅうちゅう 명 집중　**無心だ** むしんだ な형 아무 생각이 없다
ストレス 명 스트레스　**発散** はっさん 명 발산
生涯 しょうがい 명 평생　**集中力** しゅうちゅうりょく 명 집중력
高める たかめる 동 높이다　**年齢** ねんれい 명 연령

10

[음성]

男の人と女の人が話しています。**男の人はどうしてテニスを習うことにしましたか。**

M：山田さんってテニスやってるよね？僕も来週からテニスを習うことになったんだ。

F：へえ。でもなんで急に？最近テレビでテニスの大会が放送されてるけど、その影響とか？

M：ああ、確かにテレビで試合を見たし、選手たちがかっこいいとは思ったけどね。**実は、友だちのお兄さんがテニス教室を始めたらしいんだけど、この前一緒に行かないかって友だちに誘われちゃってさ。**

F：そうなんだ。誰かと一緒に習い始めたら楽しくできるだろうね。来週から頑張ってね。

M：ありがとう。

男の人はどうしてテニスを習うことにしましたか。

[문제지]

① テニスの選手がかっこよかったから
② **テニス教室に通おうと誘われたから**

해석 남자와 여자가 이야기하고 있습니다. **남자는 어째서 테니스를 배우기로 했습니까?**

M : 야마다 씨는 테니스 하고 있지? 나도 다음 주부터 테니스를 배우게 됐어.

F : 오. 하지만 왜 갑자기? 최근 텔레비전에서 테니스 대회가 방송되고 있는데, 그 영향이라든가?

M : 아, 확실히 텔레비전에서 시합을 봤고, 선수들이 멋있다고는 생각했지만 말이야. **실은, 친구의 형이 테니스 교실을 시작했다고 하는데, 요전에 함께 가지 않겠냐고 친구에게 권유받아버려서 말이야.**

F : 그렇구나. 누군가와 함께 배우기 시작하면 즐겁게 할 수 있겠지. 다음 주부터 열심히 해.

M : 고마워.

남자는 어째서 테니스를 배우기로 했습니까?

① 테니스 선수가 멋있었기 때문에

② 테니스 교실에 다니자고 권유받았기 때문에

어휘 大会 たいかい 명 대회　影響 えいきょう 명 영향
かっこいい い형 멋있다　誘う さそう 동 권유하다

실전 테스트 1

p.366

1 2　**2** 1　**3** 4　**4** 3　**5** 4　**6** 1

문제2에서는, 우선 질문을 들어주세요. 그 뒤, 문제 용지의 선택지를 읽어 주세요. 읽는 시간이 있습니다. 그리고 나서 이야기를 듣고, 문제 용지의 1에서 4 중에, 가장 알맞은 것을 하나 골라주세요.

1

[음성]

会社の人事部で男の人と女の人が話しています。男の人はどうして電話応対の研修が必要だと言っていますか。

M：今年の新入社員の研修なんだけど、これでいいかな。だいたい去年と同じなんだけど。

F：あれ？ 電話の練習がなくなってるよ。

M：ああ、あれ。しなくても大丈夫じゃない？

F：えー、でも、最近の若い人って携帯電話でメールはするんだけど、通話しないし、まして家に固定電話がないから、会社の固定電話で話すのが不安な人が多いんだって。

M：えっ、そうなんだ。直接相手と話せて便利だと思うけど。時代が変わったのかなあ。

F：まあ、メールなら何回でも納得いくまで書き直せるけど、電話だと失礼なことを言っちゃっても言い直せないから、電話が怖いんじゃないかな。

M：うーん。でも、それじゃ、困るよね。

F：うん。取引先やお客様との関係を大事にしようと思ったらね。電話は感情が伝わるし、ちょっとした雑談がきっかけで営業につながることもあるから、電話応対の研修は必須だよね。

M：確かに。そう考えると、これって、社会人としての意識を学べる何よりの研修だね。

F：やっぱり、電話練習、入れたほうがいいんじゃない？

M：じゃあ、逆に、今年の研修は電話応対の時間を増やす方向で進めようか。

男の人はどうして電話応対の研修が必要だと言っていますか。

[문제지]

1 直接相手と会話ができて便利だから
2 社会人としての意識が高められるから
3 雑談が営業成績につながるから
4 電話対応の時間が増えているから

해석 회사의 인사부에서 남자와 여자가 이야기하고 있습니다. 남자는 어째서 전화 응대 연수가 필요하다고 말하고 있습니까?

M : 올해의 신입사원 연수 말인데, 이걸로 괜찮으려나. 대강 작년과 같은데.

F : 어라? 전화 연습이 없어졌어.

M : 아, 그거. 하지 않아도 괜찮지 않아?

F : 음, 그래도, 최근의 젊은 사람은 휴대전화로 메일은 보내지만, 통화는 하지 않고, 더구나 집에 고정 전화가 없으니까, 회사 고정 전화로 이야기하는 것이 불안한 사람이 많대.

M : 앗, 그렇구나. 직접 상대와 이야기할 수 있어서 편리하다고 생각하는데. 시대가 바뀐 걸까.

F : 뭐, 이메일이라면 몇 번이라도 납득이 갈 때까지 고쳐 쓸 수 있지만, 전화라면 무례한 말을 해버려도 다시 말할 수 없으니까, 전화가 무서운 게 아닐까.

M : 음. 하지만, 그러면, 곤란하지.

F : 응. 거래처나 고객과의 관계를 소중하게 하려고 생각한다면 말이야. 전화는 감정이 전달되고, 사소한 잡담이 계기가 되어 영업으로 연결되는 경우도 있으니까, 전화 응대 연수는 필수지.

M : 확실히. 그렇게 생각하면, 이것은, 사회인으로서의 의식을 배울 수 있는 무엇보다 중요한 연수네.

F : 역시, 전화 연습, 넣는 편이 좋지 않을까?

M : 그럼, 반대로, 올해의 연수는 전화 응대 시간을 늘리는 방향으로 진행할까.

남자는 어째서 전화 응대 연수가 필요하다고 말하고 있습니까?

1 직접 상대와 회화가 가능해서 편리하기 때문에
2 사회인으로서의 의식을 높일 수 있기 때문에
3 잡담이 영업 성적으로 연결되기 때문에
4 전화 대응 시간이 늘고 있기 때문에

해설 남자가 어째서 전화 응대 연수가 필요하다고 말하는지를 묻는 문제이다. 각 선택지의 핵심 내용은 1 '직접 상대와 회화가 가능해서', 2 '사회인으로서의 의식을 높일 수 있어서', 3 '잡담이 영업 성적으로 연결돼서', 4 '전화 대응 시간이 늘고 있어서'이다. 대화에서, 남자가 **これって、社会人としての意識を学べる何よりの研修だね**라고 했으므로, 2 **社会人としての意識が高められるから**(사회인으로서의 의식을 높일 수 있기 때문에)가 정답이다. 오답 선택지 1은 전화의 장점이고, 3은 여자의 생각이며, 4는 언급되지 않았으므로 오답이다.

어휘 人事部 じんじぶ 명 인사부　研修 けんしゅう 명 연수
新入 しんにゅう 명 신입　社員 しゃいん 명 사원
携帯電話 けいたいでんわ 명 휴대전화　通話 つうわ 명 통화
まして 부 더구나　固定 こてい 명 고정
不安だ ふあんだ な형 불안하다　直接 ちょくせつ 명 직접
納得 なっとく 명 납득　書き直す かきなおす 동 고쳐 쓰다

失礼だ しつれいだ なᄒ 무례하다
言い直す いいなおす 동 다시 말하다
取引先 とりひきさき 명 거래처　感情 かんじょう 명 감정
伝わる つたわる 동 전달되다　雑談 ざつだん 명 잡담
きっかけ 명 계기　営業 えいぎょう 명 영업　つながる 동 연결되다
応対 おうたい 명 응대　必須 ひっす 명 필수
社会人 しゃかいじん 명 사회인　意識 いしき 명 의식
学ぶ まなぶ 동 배우다　逆 ぎゃく 명 반대, 역
増やす ふやす 동 늘리다　方向 ほうこう 명 방향
進める すすめる 동 진행하다　成績 せいせき 명 성적
対応 たいおう 명 대응

2

[음성]

テレビでアナウンサーと女の人が野菜の配達サービスについて話しています。女の人はこのサービスが選ばれる最も大きな理由は何だと言っていますか。

M：今日は最近人気の野菜の配達サービスについて、サービスを始めた会社の方にお聞きします。これはどのようなものなのですか。

F：今や夫婦ともに仕事をするのが当たり前の世の中になりましたし、働き方も多様化してまいりました。このような多忙な時代に、貴重な時間を使ってわざわざ店舗に行かなくても、自宅から注文すれば野菜が届くので、このサービスはとても便利なんです。週に1回インターネットで注文するだけで買い物の時間が大いに節約できますから。

M：人々の忙しさが背景にあるのですね。

F：それから、全国の農家から、旬の野菜を買うことができます。どの野菜も農家が自信をもってお勧めするものです。

M：そうですか。

F：でも、やはり、何といっても、環境問題の意識が高まっていることが大きいんじゃないでしょうか。このサービスが提供している有機野菜を買うことで、二酸化炭素削減に貢献できることが人気の秘密です。その選択が地球の未来につながることが大いに期待されています。

女の人はこのサービスが選ばれる最も大きな理由は何だと言っていますか。

[문제지]

1 地球の環境問題を改善できるから
2 買い物の時間が節約できるから
3 働き方が変わってきたから
4 安全でおいしい野菜が買えるから

해석 텔레비전에서 아나운서와 여자가 야채 배달 서비스에 대해서 이야기하고 있습니다. 여자는 이 서비스가 택해지는 가장 큰 이유는 무엇이라고 말하고 있습니까?

M : 오늘은 최근 인기인 야채 배달 서비스에 대해서, 서비스를 시작한 회사 분에게 묻겠습니다. 이것은 어떤 것입니까?

F : 이제는 부부 모두 일을 하는 것이 당연한 세상이 되었고, 일하는 방법도 다양화되어 왔습니다. 이렇게 바쁜 시대에, 귀중한 시간을 써서 일부러 점포에 가지 않아도, 자택에서 주문하면 야채가 도착하기 때문에, 이 서비스는 매우 편리한 것입니다. 주에 1회 인터넷으로 주문하는 것만으로 쇼핑 시간을 크게 절약할 수 있으니까요.

M : 사람들의 바쁨이 배경에 있는 것이군요.

F : 그리고, 전국의 농가에서, 제철 야채를 사는 것이 가능합니다. 어느 야채도 농가가 자신을 가지고 추천하는 것입니다.

M : 그렇습니까.

F : 하지만, 역시, 뭐니 뭐니 해도, 환경 문제 의식이 높아지고 있는 것이 크지 않을까요. 이 서비스가 제공하고 있는 유기 야채를 사는 것으로, 이산화탄소 삭감에 공헌할 수 있는 것이 인기의 비밀입니다. 그 선택이 지구의 미래로 이어지는 것이 크게 기대되어지고 있습니다.

여자는 이 서비스가 택해지는 가장 큰 이유는 무엇이라고 말하고 있습니까?

1 지구의 환경 문제를 개선할 수 있기 때문에
2 쇼핑 시간을 절약할 수 있기 때문에
3 일하는 방법이 바뀌어 왔기 때문에
4 안전하고 맛있는 야채를 살 수 있기 때문에

해설 야채 배달 서비스가 택해지는 가장 큰 이유를 묻는 문제이다. 각 선택지의 핵심 내용은 1 '환경 문제를 개선할 수 있어서', 2 '시간을 절약할 수 있어서', 3 '일하는 방법이 바뀌어서', 4 '안전하고 맛있는 야채를 살 수 있어서'이다. 대화에서, 여자가 **やはり、何といっても、環境問題の意識が高まっていることが大きいんじゃないでしょうか。このサービスが提供している有機野菜を買うことで、二酸化炭素削減に貢献できることが人気の秘密です**라고 했으므로, **1 地球の環境問題を改善できるから**(지구의 환경 문제를 개선할 수 있기 때문에)가 정답이다. 오답 선택지 2, 4는 가장 큰 이유로 언급된 점이 아니고, 3은 이 서비스를 시작한 배경이므로 오답이다.

어휘 配達 はいたつ 명 배달　サービス 명 서비스
今や いまや 부 이제는　夫婦 ふうふ 명 부부
当たり前 あたりまえ 명 당연함　世の中 よのなか 명 세상
多様化 たようか 명 다양화　多忙だ たぼうだ なᄒ 바쁘다
貴重だ きちょうだ なᄒ 귀중하다　わざわざ 부 일부러
店舗 てんぽ 명 점포　自宅 じたく 명 자택　注文 ちゅうもん 명 주문
届く とどく 동 도착하다　インターネット 명 인터넷
大いに おおいに 부 크게　節約 せつやく 명 절약
背景 はいけい 명 배경　全国 ぜんこく 명 전국
農家 のうか 명 농가　旬 しゅん 명 제철　自信 じしん 명 자신
勧め おすすめ 명 추천　環境 かんきょう 명 환경
意識 いしき 명 의식　高まる たかまる 동 높아지다
提供 ていきょう 명 제공　有機 ゆうき 명 유기

청해

二酸化炭素 にさんかたんそ 명 이산화탄소　削減 さくげん 명 삭감
貢献 こうけん 명 공헌　秘密 ひみつ 명 비밀
選択 せんたく 명 선택　地球 ちきゅう 명 지구　未来 みらい 명 미래
つながる 동 이어지다　期待 きたい 명 기대　改善 かいぜん 명 개선

3

[음성]

テレビでアナウンサーと専門家が企業の社会貢献について話しています。この専門家は日本の企業の何が問題だと言っていますか。

M：今回は、企業の社会貢献についてお聞きしたいのですが、現在の企業はどうあるべきだとお考えでしょうか。

F：えー、企業の存在意義は、言うまでもなく、利益の追求です。企業は世の中に役立つ製品、サービスを提供し、その対価として利益を得て、設備投資などの事業を展開し発展していくものです。その上で、国や地域と連携し、働く人の権利や周辺の環境を守っていくのが、真の企業の社会貢献だとグローバル社会では考えられています。

M：利益の追求がまずあり、その上で地域社会との連携が必要だということでしょうか。

F：はい。ところが、日本では、企業の社会貢献は、単に地域のイベントや文化事業への援助、また災害地域への寄付やボランティア活動にとどまるものと認識されがちです。この程度の認識では、日本の企業はグローバル企業とは言えないのです。

M：社会貢献そのものの考え方が違うということですね。

この専門家は日本の企業の何が問題だと言っていますか。

[문제지]

1 社会貢献より利益の追求を大切にしていること
2 経営者の腐敗防止の対策を進めていないこと
3 環境を守ることこそが、企業の社会貢献だと考えていること
4 企業の社会貢献とはボランティア活動であると考えていること

해석 텔레비전에서 아나운서와 전문가가 기업의 사회 공헌에 대해서 이야기하고 있습니다. 이 전문가는 일본 기업의 무엇이 문제라고 말하고 있습니까?

M : 이번에는, 기업의 사회 공헌에 대해서 묻고 싶습니다만, 현재의 기업이 어떻게 존재해야 바람직하다고 생각하십니까?

F : 음, 기업의 존재 의의는, 말할 것도 없이, 이익의 추구입니다. 기업은 세상에 도움이 되는 제품, 서비스를 제공하고, 그 대가로서 이익을 얻어, 설비 투자 등의 사업을 전개하여 발전해 가는 것입니다. 그에 더해, 나라나 지역과 연계하여, 일하는 사람의 권리나 주변의 환경을 지켜 가는 것이, 참된 기업의 사회 공헌이라고 글로벌 사회에서는 생각되고 있습니다.

M : 이익 추구가 먼저 있고, 그에 더해 지역 사회와의 연계가 필요하다고 하는 것일까요?

F : 네. 그런데, 일본에서는, 기업의 사회 공헌은, 단순히 지역의 이벤트나 문화 사업으로의 원조, 또 재해 지역으로의 기부나 자원봉사 활동에 머무는 것이라고 인식되기 십상입니다. 이 정도의 인식으로는, 일본의 기업은 글로벌 기업이라고는 말할 수 없는 것입니다.

M : 사회 공헌 그 자체의 사고 방식이 다르다는 것이군요.

이 전문가는 일본 기업의 무엇이 문제라고 말하고 있습니까?

1 사회 공헌보다 이익의 추구를 중요하게 여기고 있는 것
2 경영자의 부패 방지 대책을 진행하고 있지 않은 것
3 환경을 지키는 일이야말로, 기업의 사회 공헌이라고 생각하고 있는 것
4 기업의 사회 공헌이란 자원봉사 활동이라고 생각하고 있는 것

해설 일본 기업의 문제를 묻는 문제이다. 각 선택지의 핵심 내용은 1 '사회 공헌보다 이익의 추구를 중요시하는 것', 2 '경영자의 부패 방지 대책을 진행하지 않는 것', 3 '환경 보호를 기업의 사회 공헌이라고 생각하는 것', 4 '기업의 사회 공헌을 자원봉사 활동으로 생각하는 것'이다. 대화에서, 여자가 **日本では、企業の社会貢献は、単に地域のイベントや文化事業への援助、また災害地域への寄付やボランティア活動にとどまるものと認識されがちです**라고 했으므로, **4 企業の社会貢献とはボランティア活動であると考えていること**(기업의 사회 공헌이란 자원봉사 활동이라고 생각하고 있는 것)가 정답이다. 오답 선택지 1은 사회 공헌에 앞서 이익을 추구하는 것이 기업의 존재 의의라고 했고, 2는 언급되지 않았으며, 3은 글로벌 사회에서 기업의 사회 공헌으로 생각하는 요소 중 하나이므로 오답이다.

어휘 専門家 せんもんか 명 전문가　企業 きぎょう 명 기업
貢献 こうけん 명 공헌　存在 そんざい 명 존재　意義 いぎ 명 의의
利益 りえき 명 이익　追求 ついきゅう 명 추구
製品 せいひん 명 제품　サービス 명 서비스
提供 ていきょう 명 제공　対価 たいか 명 대가　得る える 동 얻다
設備投資 せつびとうし 명 설비 투자　事業 じぎょう 명 사업
展開 てんかい 명 전개　発展 はってん 명 발전
地域 ちいき 명 지역　連携 れんけい 명 연계　権利 けんり 명 권리
周辺 しゅうへん 명 주변　環境 かんきょう 명 환경　真 しん 명 참
グローバル社会 フローバルしゃかい 명 글로벌 사회
ところが 접 그런데　単に たんに 부 단순히　援助 えんじょ 명 원조
災害 さいがい 명 재해　地域 ちいき 명 지역　寄付 きふ 명 기부
ボランティア活動 ボランティアかつどう 명 자원봉사 활동
とどまる 동 머무르다　認識 にんしき 명 인식　程度 ていど 명 정도
経営者 けいえいしゃ 명 경영자　腐敗 ふはい 명 부패
防止 ぼうし 명 방지　対策 たいさく 명 대책

4

[음성]

就職説明会で男の人が会社紹介をしています。男の人の会社は今後、何を始める予定ですか。

M：私達の会社は書籍の出版が主な業務です。弊社では早くから電子書籍市場の拡大を行ってきており、業界の中でも確実に成長している存在です。また、最近個人当たりの年間読書量が減っている現状を踏まえ、この度、小学生を対象とした読書の魅力を体験する読書会を全国の書店で開催いたしました。実は、これは、入社2年目の社員の提案で始まったものなんです。今後は従来の事業と並行し、本だけではなく書店の魅力も伝えていきたいと考えております。そのためにも、古い考えにとらわれず、新しい企画にチャレンジしていける人に入社してほしいと考えております。

男の人の会社は今後、何を始める予定ですか。

[문제지]

1 電子書籍の販売
2 子どもを対象とした読書会
3 書店の魅力を広める活動
4 新しい企画の募集

해석 취직 설명회에서 남자가 회사 소개를 하고 있습니다. 남자의 회사는 앞으로, 무엇을 시작할 예정입니까?

M : 저희들의 회사는 서적 출판이 주된 업무입니다. 저희 회사에서는 일찍부터 전자 서적 시장의 확대를 행해오고 있고, 업계 중에서도 확실하게 성장하고 있는 존재입니다. 또, 최근의 개인당 연간 독서량이 줄고 있는 현상에 입각해, 이번에, 초등학생을 대상으로 한 독서의 매력을 체험하는 독서회를 전국 서점에서 개최하였습니다. 실은, 이것은, 입사 2년 차 사원의 제안으로 시작한 것입니다. 앞으로는 종전의 사업과 병행하여, 책뿐만 아니라 서점의 매력도 전해 가고 싶다고 생각하고 있습니다. 그것을 위해서라도, 낡은 생각에 사로잡히지 않고, 새로운 기획에 도전해 갈 수 있는 사람이 입사하길 바란다고 생각하고 있습니다.

남자의 회사는 앞으로, 무엇을 시작할 예정입니까?

1 전자 서적의 판매
2 아이를 대상으로 한 독서회
3 서점의 매력을 널리 퍼트리는 활동
4 새로운 기획의 모집

해설 남자의 회사에서 무엇을 시작할 예정인지를 묻는 문제이다. 각 선택지의 핵심 내용은 1 '전자 서적 판매', 2 '아이 대상의 독서회', 3 '서점의 매력을 퍼트리는 활동', 4 '새로운 기획 모집'이다. 남자가 **今後は従来の事業と並行し、本だけではなく書店の魅力も伝えていきたいと考えております**라고 했으므로, **3 書店の魅力を広める活動**(서점의 매력을 널리 퍼트리는 활동)가 정답이다. 오답 선택지 1, 2는 이미 하고 있는 일이고, 4는 언급되지 않았으므로 오답이다.

어휘 就職 しゅうしょく 명 취직　説明会 せつめいかい 명 설명회
書籍 しょせき 명 서적　出版 しゅっぱん 명 출판
主だ おもだ な형 주되다　業務 ぎょうむ 명 업무
弊社 へいしゃ 명 저희 회사　電子 でんし 명 전자
書籍 しょせき 명 서적　拡大 かくだい 명 확대
業界 ぎょうかい 명 업계　確実だ かくじつだ な형 확실하다
成長 せいちょう 명 성장　存在 そんざい 명 존재
個人当たり こじんあたり 개인당　年間 ねんかん 명 연간
読書量 どくしょりょう 명 독서량　減る へる 동 줄다
現状 げんじょう 명 현상　踏まえる ふまえる 동 입각하다
対象 たいしょう 명 대상　読書 どくしょ 명 독서
魅力 みりょく 명 매력　体験 たいけん 명 체험
読書会 どくしょかい 명 독서회　全国 ぜんこく 명 전국
書店 しょてん 명 서점　開催 かいさい 명 개최
入社 にゅうしゃ 명 입사　社員 しゃいん 명 사원
提案 ていあん 명 제안　従来 じゅうらい 명 종전, 종래
事業 じぎょう 명 사업　並行 へいこう 명 병행
とらわれる 명 사로잡히다　企画 きかく 명 기획　チャレンジ 명 도전
募集 ぼしゅう 명 모집　広める ひろめる 동 널리 퍼트리다

5

[음성]

会社で男の社員と女の社員が話しています。男の社員は、今回営業成績が良くなかったのはどうしてだと言っていますか。

F：先月の個人営業成績、もう部長から聞いた？

M：うん。もう最悪。

F：え、うそ！先月、最近田中さんはよく頑張ってるって部長が言ってたから、てっきり売り上げいいのかなって思ってたよ。

M：部長がそう言ってくれてたのは本当にありがたいけど…。途中までいけそうだった契約が、先方の子会社で不祥事があってその対応で忙しいからって、契約延期になっちゃってさ。

F：へえ。それは残念だったね。でも、他の契約もあったでしょ？

M：そうなんだけど、どれも金額が少なくて。この契約が成立したら目標達成できるからいいかなって思って、他の新規契約は探さなかったんだ。

F：そっか。でも、契約延期ってことは、そのうち売り上げになるってことでしょ。じゃあ、その時はまたうちの部の成績トップになれるかもね。

M：僕は時々成績トップになるより、毎月一定の結果を出せるほうが難しいけど重要だと思ってて。そこを目標にしてるから、今回のことは本当にショックだったよ。いい経験になったけど。

F：そうだね。最後まで気を抜いちゃいけないってことだよね。私も気をつけよっと。

男の社員は、今回営業成績が良くなかったのはどうしてだと言っていますか。

[문제지]

1 部長の期待が大きすぎると感じたから
2 新しい会社の契約金額が少なかったから
3 契約したい会社を探さなかったから
4 契約が延期された会社があったから

해석 회사에서 남자 사원과 여자 사원이 이야기하고 있습니다. 남자 사원은, 이번 영업 성적이 좋지 않았던 것은 어째서라고 말하고 있습니까?

F : 저번 달 개인 영업 성적, 벌써 부장님에게 들었어?
M : 응, 정말 최악.
F : 뭐, 거짓말! 저번 달, 최근 다나카 씨는 잘 분발하고 있다고 부장님이 말했었으니까, 틀림없이 매상이 좋은 건가 하고 생각했어.
M : 부장님이 그렇게 말해 줬던 것은 정말로 감사하지만…. 도중까지 될 것 같던 계약이, 상대방의 자회사에서 불상사가 있어서 그 대응으로 바쁘다며, 계약 연기가 되어버려서 말이야.
F : 아. 그건 유감이었네. 하지만, 다른 계약도 있었잖아?
M : 그렇지만, 어느 것도 금액이 적어서. 이 계약이 성립하면 목표 달성할 수 있으니 괜찮을까 생각해서, 다른 신규 계약은 찾지 않았었어.
F : 그렇구나. 하지만, 계약 연기란 것은, 조만간 매상이 된다는 거잖아. 그럼, 그때는 또 우리 부의 성적 탑이 될 수 있을지도.
M : 나는 때때로 성적 탑이 되는 것보다, 매달 일정한 결과를 낼 수 있는 쪽이 어렵지만 중요하다고 생각하고 있어서. 그걸 목표로 하고 있으니까, 이번 일은 정말로 충격이었어. 좋은 경험이 되었지만.
F : 그렇구나. 마지막까지 방심하면 안 된다는 거구나. 나도 신경 써야지.

남자 사원은, 이번 영업 성적이 좋지 않았던 것은 어째서라고 말하고 있습니까?

1 부장의 기대가 너무 크다고 느꼈기 때문에
2 새로운 회사의 계약 금액이 적었기 때문에
3 계약하고 싶은 회사를 찾지 않았기 때문에
4 계약이 연기된 회사가 있었기 때문에

해설 영업 성적이 좋지 않았던 이유를 묻는 문제이다. 각 선택지의 핵심 내용은 1 '부장의 기대가 너무 커서', 2 '새로운 회사의 계약 금액이 적어서', 3 '계약하고 싶은 회사를 찾지 않아서', 4 '계약이 연기된 회사가 있어서'이다. 대화에서, 남자가 **途中までいけそうだった契約が、先方の子会社で不祥事があってその対応で忙しいからって、契約延期になっちゃってさ**라고 했으므로, **4 契約が延期された会社があったから**(계약이 연기된 회사가 있었기 때문에)가 정답이다. 오답 선택지 1은 언급되지 않았고, 2는 새로운 회사의 계약이 아니라 다른 계약이며, 3은 계약이 연기되지 않을 거라고 생각해서 한 행동이므로 오답이다.

어휘 社員 しゃいん 명 사원　営業 えいぎょう 명 영업
成績 せいせき 명 성적　個人 こじん 명 개인
最悪 さいあく 명 최악　てっきり 부 틀림없이
売り上げ うりあげ 명 매상　契約 けいやく 명 계약
先方 せんぽう 명 상대방　子会社 こがいしゃ 명 자회사
不祥事 ふしょうじ 명 불상사　対応 たいおう 명 대응
延期 えんき 명 연기　金額 きんがく 명 금액
成立 せいりつ 명 성립　目標 もくひょう 명 목표
達成 たっせい 명 달성　新規 しんき 명 신규　トップ 명 탑, 1등
一定 いってい 명 일정　結果 けっか 명 결과
ショック 명 충격　気を抜く きをぬく 방심하다　期待 きたい 명 기대

6

[음성]

テレビでレポーターと水族館の職員が話しています。水族館の職員は、この水族館の入場者が増えた理由は何だと言っていますか。

M：今日は、東川水族館に来ております。こちらは、最近入場者数が増え続けている人気の水族館です。こちらは飼育員の小川さんです。本日はよろしくお願いいたします。
F：よろしくお願いいたします。
M：こちらの来場者増加の秘密は何でしょうか。
F：そうですね。従来からイルカショーは人気がありましたが、それに加えて、シャチの飼育を始めたので、共演ショーまでやってみようということになったんです。
M：シャチって、野生ではイルカを食べてしまいますよね。大丈夫なんですか？
F：ええ、イルカにも大きな種類がいますから、体格差を考慮したりして適切に飼育すれば可能なんです。驚かれるお客様もいらっしゃいますが、その意外性を楽しんでいただけているようです。
M：そうなんですね。他にも、こちらの水族館では様々な取り組みをされていると伺いましたが。
F：はい。子供たちに、魚のことを知ってもらいたいと考え、危険の少ない魚に触れるコーナーを設けています。以前は月一だったんですが、好評なので最近は回数を増やして、行っております。
M：それはおもしろそうですね。

水族館の職員は、この水族館の入場者が増えた理由は何だと言っていますか。

[문제지]

1 イルカとシャチのショーを行うようにしたこと

> 2 大(おお)きなイルカのショーを行(おこな)うようにしたこと
> 3 シャチがイルカを食(た)べるのを見(み)られるようにしたこと
> 4 いつでも魚(さかな)に触(さわ)ることができるようにしたこと

해석 텔레비전에서 리포터와 수족관 직원이 이야기하고 있습니다. 수족관 직원은, 이 수족관의 입장자가 늘어난 이유는 무엇이라고 말하고 있습니까?

M : 오늘은, 히가시가와 수족관에 와 있습니다. 이곳은, 최근 입장자 수가 계속 늘고 있는 인기 수족관입니다. 이쪽은, 사육사인 오가와 씨입니다. 오늘은 잘 부탁드립니다.

F : 잘 부탁드립니다.

M : 이곳의 방문자 증가의 비밀은 무엇인가요?

F : 글쎄요. 종전부터 돌고래 쇼는 인기가 있었습니다만, 그것에 더해서, 범고래 사육을 시작했기 때문에, 공연 쇼까지 해보게 된 것입니다.

M : 범고래는, 야생에서는 돌고래를 먹어 버리지요. 괜찮은가요?

F : 네, 돌고래에게도 큰 종류가 있으니까, 체격 차를 고려하거나 해서 적절하게 사육하면 가능합니다. 놀라시는 고객도 계십니다만, 그 의외성을 즐기고 계시는 것 같습니다.

M : 그렇군요. 그 밖에도, 이 수족관에서는 다양한 시도를 하고 계신다고 들었습니다만.

F : 네. 아이들이, 물고기에 대한 것을 알길 바란다고 생각해서, 위험이 적은 물고기를 만지는 코너를 마련했습니다. 이전에는 월 1회였습니다만, 호평이어서 최근에는 횟수를 늘려서, 행하고 있습니다.

M : 그건 재밌을 것 같네요.

수족관 직원은, 이 수족관의 입장자가 늘어난 이유는 무엇이라고 말하고 있습니까?

1 돌고래와 범고래 쇼를 하기로 한 것
2 큰 돌고래 쇼를 하기로 한 것
3 범고래가 돌고래를 먹는 것을 볼 수 있도록 한 것
4 언제라도 물고기를 만질 수 있도록 한 것

해설 수족관의 입장자가 늘어난 이유가 무엇인지 묻는 문제이다. 각 선택지의 핵심 내용은 1 '돌고래와 범고래 쇼를 한 것', 2 '큰 돌고래 쇼를 한 것', 3 '범고래가 돌고래를 먹는 것을 볼 수 있게 한 것', 4 '물고기를 만질 수 있게 한 것'이다. 대화에서, 남자가 **こちらの来場者増加の秘密は何でしょうか**라고 하자, 여자가 **従来からイルカショーは人気がありましたが、それに加えて、シャチの飼育を始めたので、共演ショーまでやってみようということになったんです**라고 했으므로, 1 **イルカとシャチのショーを行うようにしたこと**(돌고래와 범고래 쇼를 하기로 한 것)가 정답이다. 오답 선택지 2는 큰 돌고래 쇼를 하는 것이 아니라 큰 종류의 돌고래가 있다고 했고, 3은 야생에서 일어나는 일이며, 4는 수족관의 이벤트 중 하나지만 입장자가 늘어난 이유로 언급한 점이 아니므로 오답이다.

어휘 水族館 すいぞくかん 명 수족관　職員 しょくいん 명 직원
入場者 にゅうじょうしゃ 명 입장자　飼育員 しいくいん 명 사육사
本日 ほんじつ 명 오늘　来場者 らいじょうしゃ 명 방문자
増加 ぞうか 명 증가　秘密 ひみつ 명 비밀
従来 じゅうらい 명 종전, 종래　イルカショー 명 돌고래 쇼
加える くわえる 동 더하다　シャチ 명 범고래
共演 きょうえん 명 공연　野生 やせい 명 야생
種類 しゅるい 명 종류　体格差 たいかくさ 명 체격 차
考慮 こうりょ 명 고려　適切だ てきせつだ な형 적절하다
可能 かのう 명 가능　意外性 いがいせい 명 의외성
様々だ さまざまだ な형 다양하다　取り組み とりくみ 명 시도, 대처
触れる ふれる 동 만지다　コーナー 명 코너
設ける もうける 동 마련하다　好評 こうひょう 명 호평
回数 かいすう 명 횟수　増やす ふやす 동 늘리다
参加 さんか 명 참가

실전 테스트 2

p.368

1 4　**2** 3　**3** 1　**4** 3　**5** 2　**6** 1

> 문제2에서는, 우선 질문을 들어주세요. 그 뒤, 문제 용지의 선택지를 읽어 주세요. 읽는 시간이 있습니다. 그리고 나서 이야기를 듣고, 문제 용지의 1에서 4 중에, 가장 알맞은 것을 하나 골라주세요.

1

[음성]
会社(かいしゃ)の休憩室(きゅうけいしつ)で女(おんな)の人(ひと)と男(おとこ)の人(ひと)が話(はな)しています。男(おとこ)の人(ひと)は片付(かたづ)けで得(え)られる最(もっと)も重要(じゅうよう)なことは何(なん)だと言(い)っていますか。

F：部屋(へや)を片付(かたづ)けてすっきりさせたいっていつも思(おも)ってるんだけど、なかなか捨(す)てられないんだよね。

M：まあ、片付(かたづ)けは面倒(めんどう)だからね。僕(ぼく)は要(い)らない物(もの)はすぐ処分(しょぶん)してるよ。部屋(へや)が広(ひろ)く使(つか)えて、気持(きも)ちいいよ。

F：ふーん。私(わたし)は買(か)った物(もの)はみんな気(き)に入(い)ってるから。

M：だけど、買(か)って一年(いちねん)使(つか)わなかった物(もの)や着(き)なかった服(ふく)は、ほんとは要(い)らないんじゃないかな。そういう物(もの)を全部整理(ぜんぶせいり)したら、次(つぎ)は買(か)う前(まえ)に本当(ほんとう)に必要(ひつよう)なものかどうか考(かんが)えられるようになるんだよ。自分(じぶん)の無駄(むだ)な行動(こうどう)がわかるようになるっていうか。これは部屋(へや)の片付(かたづ)けだけじゃなくて、仕事(しごと)をする時(とき)にも役(やく)に立(た)つし。

F：なるほどね。でも、捨(す)てようとすると、いつか使(つか)うんじゃないかって、すごく不安(ふあん)になるんだよね。

M：そうか。でも、物(もの)を捨(す)てると損(そん)するって思(おも)わないで、整理(せいり)して生活(せいかつ)がしやすくなることに目(め)を向(む)けたほうがいいんじゃない？

F：そうね。でも、古(ふる)いものや洋服(ようふく)にも思(おも)い出(で)があるから。なかなか。

M：思(おも)い出(で)も大切(たいせつ)だけど、無駄(むだ)を見極(みきわ)める癖(くせ)をつけなきゃ。何(なに)より効率的(こうりつてき)に仕事(しごと)もこなせるようになるからね。

男の人は片付けで得られる最も重要なことは何だと言っていますか。

[문제지]

1 部屋を広く使えること
2 無駄が見極められるようになること
3 物の価値がわかるようになること
4 効率的に仕事を処理できるようになること

해석 회사의 휴게실에서 여자와 남자가 이야기하고 있습니다. 남자는 정리로 얻을 수 있는 가장 중요한 것은 무엇이라고 말하고 있습니까?

F : 방을 정리해서 깔끔히 하고 싶다고 언제나 생각하고 있는데, 좀처럼 버릴 수 없네.

M : 뭐, 정리는 귀찮으니까 말이야. 나는 필요 없는 물건은 바로 처분하고 있어. 방을 넓게 쓸 수 있어서, 기분 좋아.

F : 흠. 나는 산 물건은 전부 마음에 들어서.

M : 하지만, 사서 1년 사용하지 않은 물건이나 입지 않았던 옷은, 사실은 필요 없는 게 아닐까? 그런 물건을 전부 정리하면, 다음에는 사기 전에 정말로 필요한 것인지 아닌지 생각할 수 있게 돼. 자신의 쓸데없는 행동을 알 수 있게 된다고 할까? 이건 방 정리뿐만 아니라, 일을 할 때도 도움이 되고.

F : 그렇구나. 하지만, 버리려고 하면, 언젠가 사용하지 않을까 하고, 굉장히 불안해져.

M : 그런가. 하지만, 물건을 버리면 손해 본다고 생각하지 말고, 정리해서 생활을 하기 쉽게 되는 것에 눈을 돌리는 편이 좋지 않을까?

F : 그렇네. 하지만, 오래된 것이나 옷에도 추억이 있으니까. 좀처럼.

M : 추억도 소중하지만, 쓸데없는 것을 판별하는 습관을 들이지 않으면. 무엇보다 효율적으로 일도 소화할 수 있게 되니까 말이야.

남자는 정리로 얻을 수 있는 가장 중요한 것은 무엇이라고 말하고 있습니까?

1 방을 넓게 쓸 수 있는 것
2 쓸데없는 것을 판별할 수 있게 되는 것
3 물건의 가치를 알 수 있게 되는 것
4 효율적으로 일을 처리할 수 있게 되는 것

해설 정리로 얻을 수 있는 가장 중요한 것을 묻는 문제이다. 각 선택지의 핵심 내용은 1 '방을 넓게 쓸 수 있음', 2 '쓸데없는 것을 판별할 수 있음', 3 '물건의 가치를 알 수 있음', 4 '효율적으로 일을 처리할 수 있음'이다. 대화에서, 남자가 **何より効率的に仕事もこなせるようになるからね**라고 했으므로, **4 効率的に仕事を処理できるようになること**(효율적으로 일을 처리할 수 있게 되는 것)가 정답이다. 오답 선택지 1, 2, 3은 가장 중요하다고 언급한 점이 아니므로 오답이다.

어휘 休憩室 きゅうけいしつ 명 휴게실
重要だ じゅうようだ な형 중요하다　すっきり 부 깔끔히
面倒だ めんどうだ な형 귀찮다　処分 しょぶん 명 처분
気に入る きにいる 마음에 들다　整理 せいり 명 정리
無駄だ むだだ な형 쓸데없다　行動 こうどう 명 행동
不安だ ふあんだ な형 불안하다　損する そんする 동 손해 보다
目を向ける めをむける 눈을 돌리다　思い出 おもいで 명 추억
見極める みきわめる 동 판별하다　癖 くせ 명 습관
効率的だ こうりつてきだ な형 효율적이다　こなす 동 소화하다
価値 かち 명 가치　処理 しょり 명 처리

2

[음성]

男の人と女の人が宅配サービスについて話しています。男の人はこのサービスをどうして利用し始めたと言っていますか。

M：うち、今月から食材の宅配サービスを利用し始めたんだ。週に一回、うちまで料理の材料を届けてくれるんだよ。

F：へえ。でも、手数料かかるから、店で買ったほうが安いんじゃない？

M：うん、でもまあ、それは仕方ないかと思って申し込んだら、子どもがいる家庭の割引があって、一回たったの100円だったんだ。

F：それならいいわね。利用してみて、どう？ 私も利用してみようかな。車がないし、お米とか重い物を買うのが大変なのよね。

M：うちは車があるから、その点は問題なかったんだけどね。実は、買い物に行くとつい要らないものまで買って、無駄遣いをしちゃうってことがよくあってね。そんな話を友達にしてたら、スマホで注文して合計額がすぐにわかるし予算内で買い物ができるよ、ってこのサービスを教えてくれてさ。

F：近所のスーパーで買えるもの、全部あるの？

M：うん、それどころかスーパーと比べ物にならないくらい取り扱い商品が多いよ。他の地方の野菜やお菓子も注文できるんだ。

F：へえ、それはいいね。

男の人はこのサービスをどうして利用し始めたと言っていますか。

[문제지]

1 手数料が安かったから
2 重い物を運んでくれるから
3 無駄遣いを防ぐことができるから
4 珍しい食材を購入できるから

해석 남자와 여자가 택배 서비스에 대해서 이야기하고 있습니다. 남자는 이 서비스를 어째서 이용하기 시작했다고 말하고 있습니까?

M : 우리집, 이번 달부터 식재료 택배 서비스를 이용하기 시작했어. 주에 1회, 우리집까지 요리 재료를 배달해 줘.

F : 우와. 하지만, 수수료가 드니까, 가게에서 사는 편이 싼 거 아니야?

M : 응, 하지만 뭐, 그건 어쩔 수 없다고 생각하고 신청했더니, 아이가 있는 가정 할인이 있어서, 1회에 단 100엔이었어.

F : 그렇다면 좋네. 이용해 보니, 어때? 나도 이용해 볼까. 차가 없고, 쌀이라든가 무거운 물건을 사는 것이 힘들어.

M : 우리집은 차가 있으니까, 그 점은 문제없었는데 말이야. 실은, 장을 보러 가면 무심코 필요 없는 것까지 사서, 낭비를 해버리는 경우가 자주 있어서. 그런 이야기를 친구에게 했더니, 스마트폰으로 주문해서 합계액을 바로 알 수 있고 예산 내에서 장보기를 할 수 있어, 라며 이 서비스를 알려 줘서 말이야.

F : 근처의 슈퍼에서 살 수 있는 것, 전부 있어?

M : 응, 그뿐 아니라 슈퍼와 비교할 수 없을 정도로 취급 상품이 많아. 다른 지방의 야채나 과자도 주문할 수 있어.

F : 우와, 그건 좋네.

남자는 이 서비스를 어째서 이용하기 시작했다고 말하고 있습니까?

1 수수료가 쌌기 때문에
2 무거운 물건을 옮겨주기 때문에
3 낭비를 막을 수 있기 때문에
4 드문 식재료를 구입할 수 있기 때문에

해설 서비스를 이용하기 시작한 이유를 묻는 문제이다. 각 선택지의 핵심 내용은 1 '수수료가 싸서', 2 '무거운 물건을 옮겨줘서', 3 '낭비를 막을 수 있어서', 4 '드문 식재료를 구입할 수 있어서'이다. 대화에서, 남자가 **実は、買い物に行くとつい要らないものまで買って、無駄遣いをしちゃうってことがよくあってね**라고 했으므로, 3 **無駄遣いを防ぐことができるから**(낭비를 막을 수 있기 때문에)가 정답이다. 오답 선택지 1은 서비스를 신청한 후에 수수료 할인이 있다는 것을 알았다고 했고, 2는 여자가 생각한 장점이며, 4는 택배 서비스의 장점이므로 오답이다.

어휘 **宅配 たくはい** 명 택배 **サービス** 명 서비스
食材 しょくざい 명 식재료 **材料 ざいりょう** 명 재료
手数料 てすうりょう 명 수수료 **申し込む もうしこむ** 동 신청하다
割引 わりびき 명 할인
無駄遣い むだづかい 명 낭비 **スマホ** 명 스마트폰
注文 ちゅうもん 명 주문 **合計額 ごうけいがく** 명 합계액
予算 よさん 명 예산 **それどころか** 그뿐 아니라
比べ物にならない くらべものにならない 비교할 수 없다
取り扱い とりあつかい 명 취급 **商品 しょうひん** 명 상품
地方 ちほう 명 지방 **防ぐ ふせぐ** 동 막다 **購入 こうにゅう** 명 구입

3

[음성]
動物園の園長が会議で話しています。園長は入場者を増やすために、新たにどんなことをすると言っていますか。

M：皆さんのご協力のおかげで、春頃から入場者数が増えてきました。園のホームページにお子様向けのページを作ったところ、ページのアクセス数も増えてきています。えー、先日、お客様より、動物の居住スペースが狭くて、動いている姿があまり見られないというご意見をいただきました。これには、遊び道具や餌をいろいろな場所に置いて、動いている動物をお客様に見てもらえるように工夫していきたいと思います。それから、引き続きスタッフによるガイドツアーも毎日開催しますので、ご協力をお願いします。

園長は入場者を増やすために、新たにどんなことをすると言っていますか。

[문제지]
1 動物の見せ方を工夫する
2 動物の居住スペースを広くする
3 子供向けのホームページを作成する
4 スタッフによるガイドツアーを行う

해석 동물원 원장이 회의에서 이야기하고 있습니다. 원장은 입장자를 늘리기 위해서, 새롭게 어떤 것을 한다고 말하고 있습니까?

M : 여러분의 협력 덕분에, 봄쯤부터 입장자 수가 늘어 왔습니다. 동물원 홈페이지에 아이용 페이지를 만들었더니, 페이지 접속 수도 늘어 오고 있습니다. 음, 요전, 고객으로부터, 동물의 거주 공간이 좁아서, 움직이고 있는 모습을 그다지 볼 수 없다고 하는 의견을 받았습니다. 이것에는, 놀이 도구나 먹이를 여러 장소에 두어서, 움직이고 있는 동물을 고객이 봐주시도록 궁리해가고 싶다고 생각합니다. 그리고, 계속해서 스태프에 의한 가이드 투어도 매일 개최하겠으니, 협력 부탁드립니다.

원장은 입장자를 늘리기 위해서, 새롭게 어떤 것을 한다고 말하고 있습니까?

1 동물을 보여주는 방식을 궁리한다
2 동물 거주 공간을 넓게 한다
3 아이용 홈페이지를 작성한다
4 스태프에 의한 가이드 투어를 한다

해설 입장자를 늘리기 위해 새롭게 하는 것을 묻는 문제이다. 각 선택지의 핵심 내용은 1 '동물을 보여주는 방식 궁리하기', 2 '동물 거주 공간 넓히기', 3 '아이용 홈페이지 작성하기', 4 '가이드 투어 하기'이다. 남자가 **遊び道具や餌をいろいろな場所に置いて、動いている動物をお客様に見てもらえるように工夫していきたいと思います**라고 했으므로, 1 **動物の見せ方を工夫する**(동물을 보여주는 방식을 궁리한다)가 정답이다. 오답 선택지 2는 언급되지 않았고, 3, 4는 이미 했으므로 오답이다.

어휘 **園長 えんちょう** 명 원장 **入場者 にゅうじょうしゃ** 명 입장자
増やす ふやす 동 늘리다 **新ただ あらただ** な형 새롭다
協力 きょうりょく 명 협력 **ホームページ** 명 홈페이지
お子様向け おこさまむけ 아이용 **アクセス** 명 접속, 접근
先日 せんじつ 명 요전 **居住 きょじゅう** 명 거주
スペース 명 공간, 스페이스 **遊び道具 あそびどうぐ** 놀이 도구
餌 えさ 명 먹이 **工夫 くふう** 명 궁리
引き続き ひきつづき 부 계속해서 **スタッフ** 명 스태프
ガイドツアー 명 가이드 투어 **開催 かいさい** 명 개최
作成 さくせい 명 작성 **見せ方 みせかた** 명 보여주는 방식

4

[음성]

テレビで専門家が日本人のペットの飼育について話しています。専門家はどんなことが最も問題だと言っていますか。

F：近年日本では、ペットの飼育数が15歳未満の子供の数を上回っています。少子高齢化社会になり、ペットが子供や家族のようになりつつありますが、同時に様々な問題も出てきました。医療や栄養面が改善され、ペットの寿命が延びたのはいいことです。しかし、ペットとの関係が深まれば深まるほど、亡くなったときの喪失感が強く、心身の不調を訴える人が増えてきています。また、現在何より深刻なのは、かわいいからといって安易に飼い始め、手に余るからという理由だけで飼育を放棄する人がいることです。命を預かっているということをよく考えてほしいです。

専門家はどんなことが最も問題だと言っていますか。

[문제지]

1 動物と人間の少子高齢化社会
2 家族としてペットを受け入れる難しさ
3 最期まで世話をしない飼い主
4 ペットの死が引き起こす喪失感

해석 텔레비전에서 전문가가 일본인의 애완동물 사육에 대해서 이야기하고 있습니다. 전문가는 어떤 것이 가장 문제라고 말하고 있습니까?

F : 근래 일본에서는, 애완동물 사육 수가 15세 미만 아이의 수를 웃돌고 있습니다. 저출산 고령화 사회가 되어, 애완동물이 아이나 가족과 같이 되어 가고 있습니다만, 동시에 다양한 문제도 나오고 있습니다. 의료나 영양면이 개선되어, 애완동물의 수명이 늘어난 것은 좋은 일입니다. 하지만, 애완동물과의 관계가 깊어지면 깊어질수록, 죽었을 때의 상실감이 강해, 심신의 상태 불량을 호소하는 사람이 늘어오고 있습니다. 또, 현재 무엇보다 심각한 것은, 귀엽다고 해서 안이하게 키우기 시작해, 힘에 부치다는 이유만으로 사육을 포기하는 사람이 있는 것입니다. 목숨을 맡고 있다는 것을 잘 생각하길 바랍니다.

전문가는 어떤 것이 가장 문제라고 말하고 있습니까?

1 동물과 인간의 저출산 고령화 사회
2 가족으로서 애완동물을 받아들이는 어려움
3 마지막까지 돌보지 않는 주인
4 애완동물의 죽음이 일으키는 상실감

해설 애완동물 사육에 있어서 가장 문제인 것을 묻는 문제이다. 각 선택지의 핵심 내용은 1 '저출산 고령화 사회', 2 '애완동물을 받아들이는 어려움', 3 '마지막까지 돌보지 않음', 4 '죽음으로 인한 상실감'이다. 여자가 **現在何より深刻なのは、かわいいからといって安易に飼い始め、手に余るからという理由だけで飼育を放棄する人がいることです**라고 했으므로, 3 **最期まで世話をしない飼い主**(마지막까지 돌보지 않는 주인)가 정답이다. 오답 선택지 1은 애완동물 사육 수가 늘어난 배경이고, 2는 언급되지 않았으며, 4는 가장 문제라고 언급한 점이 아니므로 오답이다.

어휘 専門家 せんもんか 명 전문가　飼育 しいく 명 사육
近年 きんねん 명 근래　未満 みまん 명 미만
上回る うわまわる 동 웃돌다
少子高齢化 しょうしこうれいか 명 저출산 고령화
同時 どうじ 명 동시　様々だ さまざまだ な형 다양하다
医療 いりょう 명 의료　栄養面 えいようめん 명 영양면
改善 かいぜん 명 개선　寿命 じゅみょう 명 수명
延びる のびる 동 늘다　深まる ふかまる 동 깊어지다
喪失感 そうしつかん 명 상실감　心身 しんしん 명 심신
不調 ふちょう 명 상태 불량　訴える うったえる 동 호소하다
現在 げんざい 명 현재　深刻だ しんこくだ な형 심각하다
安易だ あんいだ な형 안이하다
飼い始める かいはじめる 동 키우기 시작하다
手に余る てにあまる 힘에 부치다　放棄 ほうき 명 포기
命 いのち 명 목숨　預かる あずかる 동 맡다
受け入れる うけいれる 동 받아들이다
最期 さいご 명 (생애의) 마지막, 죽음　世話をする せわをする 돌보다
飼い主 かいぬし 명 주인　引き起こす ひきおこす 동 일으키다

5

[음성]

会社で男の人と女の人が話しています。女の人は今、何が心配だと言っていますか。

M：新しい企画が採用されたんだって？すごい大抜擢だね。おめでとう。

F：ありがとうございます。すごく時間をかけて考えた企画なので、採用されたことは本当にうれしいんですけど。

M：どうしたの？何か問題でもあるの？

F：問題っていうわけじゃないんですけど…。

M：急に大きな仕事を任されることになってプレッシャーを感じてるとか？

F：それは、もちろんそうです。失敗して迷惑かけることになったらどうしようとか、予定通りに終わらなかったり予算をオーバーしてしまったりしたらって考えると、すごくプレッシャーを感じます。でも、そういうのは乗り越えなきゃならないものですよね。

M：そうだよね。よくわかってるじゃない。

F：でも、私一人で成し遂げられることじゃないし、チームのみんなの協力がないとできないことだってわかってるんですけど、チームには先輩もいるし、今回企画が採用されなかった同期もいて、私がみんなを引っ張っていけるのかなって。

M：なるほど。でも、みんなの話をよく聞いて、大変な時は周りにどんどん頼ったほうがうまくいくもんだよ。

F：そうですね。

女の人は今、何が心配だと言っていますか。

[문제지]

1 プレッシャーにたえること

2 リーダーシップをとること

3 企画を成功させること

4 相談できる人がいないこと

해석 회사에서 남자와 여자가 이야기하고 있습니다. 여자는 지금, 무엇이 걱정이라고 말하고 있습니까?

M : 새로운 기획이 채택되었다면서? 엄청난 대발탁이네. 축하해.

F : 감사합니다. 굉장히 시간을 들여서 생각한 기획이기 때문에, 채택된 것은 정말로 기쁩니다만.

M : 무슨 일이야? 뭔가 문제라도 있어?

F : 문제라는 것은 아닙니다만….

M : 갑자기 커다란 일을 맡게 되어서 압박을 느끼고 있다든가?

F : 그건, 물론 그렇습니다. 실패해서 폐를 끼치게 되면 어떻게 하지라든가, 예정대로 끝나지 않거나 예산을 오버해버리거나 하면이라고 생각하면, 굉장히 압박을 느낍니다. 하지만, 그런 것은 극복하지 않으면 안 되는 것이죠.

M : 그렇지. 잘 알고 있네.

F : 하지만, 저 혼자서 완수할 수 있는 일이 아니고, 팀 모두의 협력이 없으면 할 수 없는 일이라고 알고 있습니다만, 팀에는 선배도 있고, 이번에 기획이 채택되지 않았던 동기도 있어서, 제가 모두를 끌고 갈 수 있을까 하고.

M : 그렇군. 하지만, 모두의 이야기를 잘 듣고, 힘들 때는 주변에 자주 기대는 편이 잘 되는 법이야.

F : 그렇지요.

여자는 지금, 무엇이 걱정이라고 말하고 있습니까?

1 압박을 견디는 것

2 리더십을 발휘하는 것

3 기획을 성공시키는 것

4 상담할 수 있는 사람이 없는 것

해설 여자가 걱정하고 있는 것을 묻는 문제이다. 각 선택지의 핵심 내용은 1 '압박을 견디는 것', 2 '리더십을 발휘하는 것', 3 '기획을 성공시키는 것', 4 '상담할 사람이 없는 것'이다. 대화에서, 여자가 **チームには先輩もいるし、今回企画が採用されなかった同期もいて、私がみんなを引っ張っていけるのかなって**라고 했으므로, 2 **リーダーシップをとること**(리더십을 발휘하는 것)가 정답이다. 오답 선택지 1은 극복하지 않으면 안 되는 것이라고 했고, 3은 압박을 느끼는 이유이며, 4는 언급되지 않았으므로 오답이다.

어휘 **企画** きかく 명 기획　**採用** さいよう 명 채택, 채용

大抜擢 だいばってき 명 대발탁　**任す** まかす 동 맡기다

プレッシャー 명 압박　**感じる** かんじる 동 느끼다

迷惑 めいわく 명 폐　**予算** よさん 명 예산

乗り越える のりこえる 동 극복하다

成し遂げる なしとげる 동 완수하다　**協力** きょうりょく 명 협력

チーム 명 팀　**今回** こんかい 명 이번에　**同期** どうき 명 동기

引っ張る ひっぱる 동 끌다　**頼る** たよる 동 기대다

たえる 동 견디다　**リーダーシップ** 명 리더십　**成功** せいこう 명 성공

6

[음성]

大学で女の学生と男の学生が話しています。男の学生は留学の一番の目的は何だと言っていますか。

F：イギリスに短期留学が決まったんだって?おめでとう。で、いつからなの?

M：ありがとう。来月、向こうに行くことになってるんだ。

F：そうなんだ。言葉の習得にはやっぱりその国に行くのが一番だよね。

M：そうだね。もちろん行く前にこっちでできるだけ勉強していくつもりだけどね。語学ももちろんだけど、文化とか風習とか、そういうところも肌で感じられると思うから楽しみにしてるんだ。

F：へえ。そういうのも興味があるんだね。

M：うん。自分の視野が広がると思うし、イギリスのそういうことを知りたいって、実はずっと思ってて。だから留学を考えたんだ。

F：そうだったんだ。結構ちゃんといろいろ考えてるんだね。

M：もちろんだよ。それに大好きなサッカーが盛んだからね。スタジアム巡りも今からすごく楽しみで。

F：えー、本当はそれが目的なんじゃないの?

M：いやいや、サッカーはおまけだよ。

男の学生は留学の一番の目的は何だと言っていますか。

[문제지]

1 文化や風習について知ること

2 サッカースタジアムを見て回ること

3 語学力をつけること

4 自分の見る世界を広げること

해석 대학에서 여학생과 남학생이 이야기하고 있습니다. 남학생은 유학의 가장 큰 목적은 무엇이라고 말하고 있습니까?

F : 영국에 단기 유학이 결정되었다면서? 축하해. 그래서, 언제부터야?

M : 고마워. 다음 달, 그쪽으로 가게 되어 있어.

F : 그렇구나. 언어 습득에는 역시 그 나라에 가는 것이 제일이지.

M : 그렇지. 물론 가기 전에 이쪽에서 가능한 한 공부하고 갈 작정이지만 말이야. 어학도 물론이지만, 문화라든가 풍습이라든가, 그런 점도 피부로 느낄 수 있다고 생각해서 기대하고 있어.

F : 오. 그런 것도 흥미가 있구나.

M : 응. 내 시야가 넓어질 거라고 생각하고, 영국의 그러한 것을 알고 싶다고, 실은 쭉 생각하고 있어서. 그래서 유학을 생각한 거야.

F : 그랬구나. 꽤 제대로 이것저것 생각하고 있네.

M : 물론이야. 게다가 매우 좋아하는 축구가 왕성하니까 말이야. 스

타디움 순회도 지금부터 굉장히 기대돼서.

F : 아, 사실은 그게 목적인 거 아니야?

M : 아니야, 축구는 덤이야.

남학생은 유학의 가장 큰 목적은 무엇이라고 말하고 있습니까?

1 문화나 풍습에 대해서 아는 것

2 축구 스타디움을 보며 돌아다니는 것

3 어학력을 습득하는 것

4 자신이 보는 세계를 넓히는 것

해설 유학의 가장 큰 목적을 묻는 문제이다. 각 선택지의 핵심 내용은 1 '문화나 풍습 알기', 2 '축구 스타디움 보기', 3 '어학력 습득하기', 4 '자신이 보는 세계 넓히기'이다. 대화에서, 남자가 **語学ももちろんだけど、文化とか風習とか、そういうところも肌で感じられると思うから楽しみにしてるんだ, イギリスのそういうことを知りたいって、実はずっと思ってて。だから留学を考えたんだ**라고 했으므로, 1 **文化や風習について知ること**(문화나 풍습에 대해서 아는 것)가 정답이다. 오답 선택지 2, 3은 가장 큰 목적이라고 언급한 것이 아니며, 4는 유학으로 얻게 되는 점이므로 오답이다.

어휘 目的 もくてき 명 목적　イギリス 명 영국　短期 たんき 명 단기
留学 りゅうがく 명 유학　習得 しゅうとく 명 습득
語学 ごがく 명 어학　風習 ふうしゅう 명 풍습　肌 はだ 명 피부
感じる かんじる 동 느끼다　視野 しや 명 시야
広がる ひろがる 동 넓어지다　ちゃんと 부 제대로　サッカー 명 축구
スタジアム巡り スタジアムめぐり 스타디움 순회　おまけ 명 덤

실전 테스트 3

p.370

1 3　**2** 4　**3** 2　**4** 3　**5** 2　**6** 3

문제2에서는, 우선 질문을 들어주세요. 그 뒤, 문제 용지의 선택지를 읽어 주세요. 읽는 시간이 있습니다. 그리고 나서 이야기를 듣고, 문제 용지의 1에서 4 중에, 가장 알맞은 것을 하나 골라주세요.

1

[음성]

大学で男の学生と女の学生がリンゴの栽培について話しています。男の学生は、リンゴ栽培における最近の変化は何だと言っていますか。

M：この前授業で、いろんな果物の栽培について聞いたんだけど、日本のリンゴ栽培の話、おもしろかったんだよね。

F：へえ。日本でリンゴと言えば、青森県とか寒い地域だよね。

M：そう思うでしょ?それが、実は南の方の地域でも、いろんなところで栽培しているんだって。

F：そうなんだ。たしかに、リンゴは暖かい国でも生産されてるもんね。でも、一般的には平均気温が低くて、昼夜の気温差が大きいところのほうが育ちやすいんじゃないの?

M：そう思うよね。でも、それは低温の環境で害虫の発生を防いだり、気温差でリンゴの色をきれいな赤にするためなんだって。だから、違う方法で害虫を防げて、色にこだわらないリンゴなら寒い地域じゃなくても栽培できるらしいよ。

F：へえ。

M：特に、最近は温暖化の影響を受けて、どの地域でも平均気温が高くなっていることが問題になっているから、今までとは違う地域での栽培が増えていて、そのために暖かい地域でも栽培できるリンゴについても研究されてるんだって。

F：そうなんだ。

男の学生は、リンゴ栽培における最近の変化は何だと言っていますか。

[문제지]

1 寒い地域で栽培して害虫を防ぐこと

2 温暖化の影響から北の地域で栽培できないこと

3 南の地域での栽培が増えたこと

4 新しいリンゴについて研究され始めたこと

해석 대학에서 남학생과 여학생이 사과 재배에 대해서 이야기하고 있습니다. 남학생은, 사과 재배에 있어서 최근의 변화는 무엇이라고 말하고 있습니까?

M : 요전에 수업에서, 여러 과일의 재배에 대해서 들었는데, 일본의 사과 재배 이야기, 재미있었어.

F : 오. 일본에서 사과라고 하면, 아오모리 현이라든가 추운 지역이지.

M : 그렇게 생각하잖아? 그것이, 실은 남쪽의 지역에서도, 여러 곳에서 재배하고 있대.

F : 그렇구나. 확실히, 사과는 따뜻한 나라에서도 생산되고 있지. 하지만, 일반적으로는 평균 기온이 낮고, 주야의 기온차가 큰 곳인 편이 자라기 쉬운 거 아니야?

M : 그렇게 생각하지? 하지만, 그건 저온인 환경에서 해충 발생을 막거나, 기온차로 사과의 색을 예쁜 빨강으로 하기 위해서래. 그러니까, 다른 방법으로 해충을 막고, 색에 구애되지 않는 사과라면 추운 지역이 아니라도 재배할 수 있다는 것 같아.

F : 아하.

M : 특히, 최근에는 온난화 영향을 받아서, 어느 지역에서도 평균 기온이 높아져 있는 것이 문제가 되고 있으니까, 지금까지와는 다른 지역에서의 재배가 늘고 있어서, 그 때문에 따뜻한 지역에서도 재배할 수 있는 사과에 대해서도 연구되고 있대.

F : 그렇구나.

남학생은, 사과 재배에 있어서 최근의 변화는 무엇이라고 말하고 있

습니까?

1 추운 지역에서 재배해서 해충을 막는 것
2 온난화 영향 때문에 북쪽 지역에서 재배할 수 없는 것
3 남쪽 지역에서의 재배가 늘어난 것
4 새로운 사과에 대해서 연구되기 시작한 것

해설 사과 재배에 있어서 최근의 변화를 묻는 문제이다. 각 선택지의 핵심 내용은 1 '추운 지역에서 재배해서 해충을 막는 것', 2 '북쪽 지역에서 재배할 수 없는 것', 3 '남쪽 지역에서의 재배가 늘어난 것', 4 '새로운 사과 연구가 시작된 것'이다. 대화에서, 남자가 **特に、最近は温暖化の影響を受けて、どの地域でも平均気温が高くなっていることが問題になっているから、今までとは違う地域での栽培が増えていて**라고 했으므로, 3 **南の地域での栽培が増えたこと**(남쪽 지역에서의 재배가 늘어난 것)가 정답이다. 오답 선택지 1은 일반적인 사과 재배 방법이고, 2는 언급되지 않았으며, 4는 사과 재배가 아닌 연구와 관련된 일이므로 오답이다.

어휘 リンゴ 명 사과　栽培 さいばい 명 재배　地域 ちいき 명 지역
一般的だ いっぱんてきだ 명 일반적이다
平均気温 へいきんきおん 명 평균 기온　昼夜 ちゅうや 명 주야
気温差 きおんさ 명 기온차　育つ そだつ 동 자라다
低温 ていおん 명 저온　環境 かんきょう 명 환경
害虫 がいちゅう 명 해충　発生 はっせい 명 발생
防ぐ ふせぐ 동 막다　方法 ほうほう 명 방법　こだわる 동 구애되다
温暖化 おんだんか 명 온난화　影響 えいきょう 명 영향

2

[음성]

テレビでアナウンサーが女の人にインタビューをしています。女の人は今年の野菜の生産で一番大変だったことは何だと言っていますか。

M：今日は無農薬で野菜を生産している農家さんにお邪魔しました。早速お話を伺いましょう。無農薬での野菜作りは手間がかかって大変じゃないですか？

F：そうですね。病気や害虫から野菜を守るために、日々の観察と手入れが欠かせません。

M：それは大変そうですね。何種類ぐらいの野菜を生産されているんですか？

F：常に10種類ぐらいは育てていますね。相性のいい野菜を隣同士に植えるなどして工夫しています。

M：なるほど。それだけの種類があるとそれぞれの管理も大変ですね。

F：はい。なるべく自然に近い形で育てたいと思っていますので、毎年虫や病気との戦いです。特に害虫駆除は大変で毎年苦労しています。

M：それは大変な作業ですね。

F：でも今年はそれよりも雨が少ないことに悩まされました。水やりの回数を増やしてもすぐに乾いてしまうので水やり作業に追われました。やりすぎもよくないので、畑の様子を見ながら調整しなければならずとても気を使いました。

M：そうでしたか。毎年いろんな苦労をされているんですね。

女の人は今年の野菜の生産で一番大変だったことは何だと言っていますか。

[문제지]

1 毎日様子を見て野菜を管理すること
2 病気から野菜を守ること
3 野菜についた虫を取り除くこと
4 状態に合わせて畑の水を管理すること

해석 텔레비전에서 아나운서가 여자에게 인터뷰를 하고 있습니다. 여자는 올해의 야채 생산에서 가장 힘들었던 것은 무엇이라고 말하고 있습니까?

M : 오늘은 무농약으로 야채를 생산하고 있는 농가에 방문했습니다. 바로 이야기를 듣죠. 무농약으로의 야채 만들기는 손이 많이 가서 힘들지 않습니까?

F : 그렇죠. 병이나 해충으로부터 야채를 지키기 위해, 매일 관찰과 손질을 빠트릴 수 없습니다.

M : 그건 힘들 것 같군요. 몇 종류 정도의 야채를 생산하고 계십니까?

F : 항상 10 종류 정도는 기르고 있죠. 상성이 좋은 야채를 이웃해서 심는다든가 해서 궁리하고 있습니다.

M : 그렇군요. 그만큼의 종류가 있으면 각각의 관리도 힘들겠네요.

F : 네. 가능한 한 자연에 가까운 형태로 기르고 싶다고 생각하고 있어서, 매년 벌레나 병과의 싸움입니다. 특히 해충 구제는 힘들어서 매년 고생하고 있습니다.

M : 그건 힘든 작업이겠네요.

F : 하지만 올해는 그것보다도 비가 적은 것에 시달렸습니다. 물을 주는 횟수를 늘려도 바로 말라 버리기 때문에 물 주는 작업에 쫓겼습니다. 지나치게 주는 것도 좋지 않기 때문에, 밭의 모습을 보면서 조정하지 않으면 안 되어 매우 신경 썼습니다.

M : 그랬습니까. 매년 여러 가지 고생을 하고 계시군요.

여자는 올해의 야채 생산에서 가장 힘들었던 것은 무엇이라고 말하고 있습니까?

1 매일 모습을 보고 야채를 관리하는 것
2 병으로부터 야채를 지키는 것
3 야채에 붙은 벌레를 제거하는 것
4 상태에 맞춰서 밭의 물을 관리하는 것

해설 올해 야채 생산에서 가장 힘들었던 것을 묻는 문제이다. 각 선택지의 핵심 내용은 1 '매일 야채를 관리하는 것', 2 '병으로부터 야채를 지키는 것', 3 '벌레를 제거하는 것', 4 '밭의 물을 관리하는 것'이다. 대화에서, 여자가 **今年はそれよりも雨が少ないことに悩まされました。水やりの回数を増やしてもすぐに乾いてしまうので水やり作業に追われました。やりすぎもよくないので、畑の様子を見ながら調整しなければならずとても気を使いました**라고 했으므로, 4 **状態に合わせて畑の水を管理すること**(상태에 맞춰서 밭의

물을 관리하는 것)가 정답이다. 오답 선택지 1, 2, 3은 올해의 야채 생산에서 가장 힘들었던 것이 아니라 매년 힘들다고 한 점이므로 오답이다.

어휘 インタビュー 명 인터뷰　無農薬 むのうやく 명 무농약
農家 のうか 명 농가　早速 さっそく 부 바로
手間がかかる てまがかかる 손이 많이 가다
害虫 がいちゅう 명 해충　守る まもる 동 지키다　日々 ひび 명 매일
観察 かんさつ 명 관찰　手入れ ていれ 명 손질
欠かす かかす 동 빠트리다　種類 しゅるい 명 종류
常に つねに 부 항상　相性 あいしょう 명 상성　工夫 くふう 명 궁리
管理 かんり 명 관리　戦い たたかい 명 싸움　駆除 くじょ 명 구제
苦労 くろう 명 고생　作業 さぎょう 명 작업
悩ます なやます 동 시달리게 하다　回数 かいすう 명 횟수
増やす ふやす 동 늘리다　追う おう 동 쫓다　畑 はたけ 명 밭
様子 ようす 명 모습, 상태　調整 ちょうせい 명 조정
取り除く とりのぞく 동 제거하다　状態 じょうたい 명 상태

3

[음성]

先生と女の学生が、レポートについて話しています。先生は何を中心にレポートを書いたほうがいいと言っていますか。

M：山川さん、次のレポート発表の課題は、もう決めた？

F：はい。町の港の歴史に関するレポートにしようと思ってます。

M：それは、おもしろそうだね。もう何か始めてるの？

F：はい。漁業の開始時期やどんな魚を採ってたかといったことは調べました。あと、地域の図書館で昔の町の地図も見せていただきました。これから、お年寄りにインタビューをしたり、実際に港の跡地に行って港とその周りの様子などを調べてこようと思っているんです。

M：それはいいね。インタビューさせていただく方はもう見つかった？

F：まだです。今、探しているんですが、知り合いにはなかなか適当な方がいなくて。

M：そうか。町の様子を詳細に調査できれば、それもおもしろいとは思うけど、図書館の資料じゃ足りないだろうね。でも、昔のことを知ってる町の方のお話をメインに書けば、いい発表ができると思うよ。その際に、漁獲高なども事前に調べてから行くと、いい話が聞けるんじゃないかな。

F：わかりました。そうしてみます。

先生は何を中心にレポートを書いたほうがいいと言っていますか。

[문제지]

1 町の漁業の歴史
2 町の老人の話
3 昔の港町の様子
4 昔の魚の漁獲高

해석 선생님과 여학생이, 리포트에 대해서 이야기하고 있습니다. 선생님은 무엇을 중심으로 리포트를 쓰는 편이 좋다고 말하고 있습니까?

M：야마카와 씨, 다음 리포트 발표 과제는, 이미 정했어?

F：네. 마을 항구의 역사에 관한 리포트로 하려고 생각하고 있습니다.

M：그건, 재밌을 것 같네. 벌써 뭔가 시작했어?

F：네. 어업 개시 시기나 어떤 물고기를 잡고 있었는지 같은 것은 조사했습니다. 그리고, 지역의 도서관에서 옛날 마을 지도를 보여 주셨습니다. 이제부터, 어르신에게 인터뷰를 하거나, 실제로 항구의 철거 부지에 가서 항구와 그 주위의 모습 등을 조사해 오려고 생각하고 있습니다.

M：그건 좋네. 인터뷰할 분은 벌써 찾았어?

F：아직입니다. 지금, 찾고 있습니다만, 지인에서는 좀처럼 적당한 분이 없어서.

M：그렇구나. 마을의 모습을 상세하게 조사할 수 있으면, 그것도 재밌다고는 생각하지만, 도서관 자료로는 부족하겠지. 하지만, 옛날 일을 알고 있는 마을 분의 이야기를 메인으로 쓰면, 좋은 발표를 할 수 있을 거라고 생각해. 그때, 어획고 등도 사전에 조사해서 가면, 좋은 이야기를 들을 수 있지 않을까.

F：알겠습니다. 그렇게 해보겠습니다.

선생님은 무엇을 중심으로 리포트를 쓰는 편이 좋다고 말하고 있습니까?

1 마을 어업의 역사
2 마을 노인의 이야기
3 옛날 항구 마을의 모습
4 옛날 물고기 어획고

해설 무엇을 중심으로 리포트를 쓰는 편이 좋은지 묻는 문제이다. 각 선택지의 핵심 내용은 1 '어업의 역사', 2 '노인의 이야기', 3 '항구 마을의 모습', 4 '물고기 어획고'이다. 남자가 **昔のことを知ってる町の方のお話をメインに書けば、いい発表ができると思うよ**라고 했으므로, **2 町の老人の話**(마을 노인의 이야기)가 정답이다. 오답 선택지 1은 언급되지 않았고, 3은 도서관 자료로는 부족하다고 했으며, 4는 마을 노인과 인터뷰를 할 때 들려줄 내용이므로 오답이다.

어휘 中心 ちゅうしん 명 중심　発表 はっぴょう 명 발표
課題 かだい 명 과제　関する かんする 동 관하다
漁業 ぎょぎょう 명 어업　開始 かいし 명 개시　時期 じき 명 시기
地域 ちいき 명 지역　年寄り としより 명 어르신
実際 じっさい 명 실제　跡地 あとち 명 철거 부지
知り合い しりあい 명 지인　様子 ようす 명 모습
詳細だ しょうさいだ な형 상세하다　調査 ちょうさ 명 조사
資料 しりょう 명 자료　メイン 명 메인
漁獲高 ぎょかくだか 명 어획고　事前 じぜん 명 사전
老人 ろうじん 명 노인

4

[음성]

テレビで男の人がある絵画について説明しています。男の人はこの絵画のどんな点が最も魅力的だと言っていますか。

M：この教会の絵は、18世紀末にイギリスの画家によって描かれたもので、描かれた当時から今まで変わらず人気を集めています。当時としては新しい技法を使って描かれていることや、豊かな色彩がその理由でしょう。また、この画家は建築家でもあるため、多くの建物や工業製品を作品内に描いていて、私達は当時の技術力を読み取ることもできます。しかし、なんと言ってもこの作品の優れた点は、どの作品よりも建築物が精密に描かれていることです。これが人々を魅了してやまないのでしょう。ちなみに、これはこの画家の晩年に描かれたものであると言われています。画家の晩年の作品は著しく少ないので、この点も注目すべきところです。

男の人はこの絵画のどんな点が最も魅力的だと言っていますか。

[문제지]

1 新しい方法で描かれていること
2 当時の技術力を知ることができること
3 建物が細かく描かれていること
4 画家が亡くなる直前に描いたこと

해석 텔레비전에서 남자가 어느 그림에 대해서 설명하고 있습니다. 남자는 이 그림의 어떤 점이 가장 매력적이라고 말하고 있습니까?

M : 이 교회의 그림은, 18세기 말에 영국 화가에 의해 그려진 것으로, 그려진 당시부터 지금까지 변함없이 인기를 모으고 있습니다. 당시로서는 새로운 기법을 사용해서 그려져 있는 것이나, 풍부한 색채가 그 이유겠죠. 또, 이 화가는 건축가이기도 하기 때문에, 많은 건물이나 공업 제품을 작품 내에 그리고 있어서, 우리들은 당시의 기술력을 파악하는 것도 가능합니다. 하지만, 뭐니 뭐니 해도 이 작품의 뛰어난 점은, 어느 작품보다도 건축물이 정밀하게 그려져 있는 것입니다. 이것이 사람들을 매료해 마지않는 것이겠지요. 덧붙여서, 이것은 이 화가의 노년에 그려진 것이라고 일컬어지고 있습니다. 화가의 노년의 작품은 현저히 적기 때문에, 이 점도 주목해야 할 부분입니다.

남자는 이 그림의 어떤 점이 가장 매력적이라고 말하고 있습니까?

1 새로운 방법으로 그려져 있는 것
2 당시의 기술력을 알 수 있는 것
3 건물이 자세하게 그려져 있는 것
4 화가가 죽기 직전에 그린 것

해설 그림의 가장 매력적인 점을 묻는 문제이다. 각 선택지의 핵심 내용은 1 '새로운 방법으로 그린 것', 2 '당시의 기술력을 알 수 있는 것', 3 '건물을 자세하게 그린 것', 4 '죽기 직전에 그린 것'이다. 남자가 なんと言ってもこの作品の優れた点は、どの作品よりも建築物が精密に描かれていることです라고 했으므로, 3 建物が細かく描かれていること(건물이 자세하게 그려져 있는 것)가 정답이다. 오답 선택지 1은 그려진 당시에 인기가 있었던 이유이고, 2는 그림을 통해 파악할 수 있는 점이며, 4는 주목해야 할 부분이므로 오답이다.

어휘 絵画 かいが 명 그림　魅力的だ みりょくてきだ な형 매력적이다
イギリス 명 영국　画家 がか 명 화가　描く えがく 동 그리다
当時 とうじ 명 당시　人気 にんき 명 인기　技法 ぎほう 명 기법
色彩 しきさい 명 색채　建築家 けんちくか 명 건축가
製品 せいひん 명 제품　作品 さくひん 명 작품
技術力 ぎじゅつりょく 명 기술력　読み取る よみとる 동 파악하다
優れる すぐれる 동 뛰어나다　建築物 けんちくぶつ 명 건축물
精密だ せいみつだ な형 정밀하다　人々 ひとびと 명 사람들
魅了 みりょう 명 매료　ちなみに 접 덧붙여서
晩年 ばんねん 명 노년, 만년　著しい いちじるしい い형 현저하다
注目 ちゅうもく 명 주목　直前 ちょくぜん 명 직전

5

[음성]

ラジオでアナウンサーと女の人が話しています。女の人は高齢者にとって何が問題だと言っていますか。

M：最近、買い物弱者という言葉が聞かれるようになりましたが、どういう意味なのでしょうか。

F：買い物弱者というのは、日常の買い物をするのが難しい人々のことで、これは人口が減少している地方ばかりでなく大都市でも起こっている問題なんです。開発が進む都市部にも、昔からその土地に住んでいる人達が多くいます。しかし、昔はあった小さい商店はなくなってビルばかりになった町では、十分な買い物ができません。近くにスーパーもありませんし、コンビニはビルの中で働く人達向けの商品しかありません。その町で生まれ育った高齢者は引っ越しを嫌がります。昔より不自由な生活を送っている高齢者がいるのです。

M：インターネットで新鮮な野菜なども買えるようになりましたが。

F：はい、若い人達には便利でしょうが、しかし高齢者にとってはそれすら難しいと感じる人が珍しくはないです。そういう人達向けに、新たに車での移動販売を始めるスーパーも出てきましたが、なかなか利益にならないというのが、企業にとっての問題になっています。

女の人は高齢者にとって何が問題だと言っていますか。

[문제지]

1 近くのスーパーが移動してしまうこと
2 住んでいる町で買い物ができなくなったこと

3 都会の生活には自由がないこと
4 新鮮な野菜が買えないこと

해석 라디오에서 아나운서와 여자가 이야기하고 있습니다. 여자는 고령자에게 있어서 무엇이 문제라고 말하고 있습니까?

M : 최근, 쇼핑 약자라는 말이 들리게 되었습니다만, 어떤 의미일까요?

F : 쇼핑 약자라는 것은, 일상의 쇼핑을 하는 것이 어려운 사람들로, 이것은 인구가 감소하고 있는 지방뿐만 아니라 대도시에서도 일어나고 있는 문제입니다. 개발이 진행되는 도시부에도, 옛날부터 그 토지에 살고 있는 사람들이 많이 있습니다. 하지만, 옛날에는 있었던 작은 상점은 없어지고 빌딩만 있게 된 마을에서는, 충분한 쇼핑이 불가능합니다. 근처에 슈퍼도 없고, 편의점은 빌딩 안에서 일하는 사람을 대상으로 한 상품밖에 없습니다. 그 마을에서 태어나 자란 고령자는 이사를 싫어합니다. 옛날보다 자유롭지 않은 생활을 보내고 있는 고령자가 있는 것입니다.

M : 인터넷에서 신선한 야채 등도 살 수 있게 되었습니다만.

F : 네, 젊은 사람들에게는 편리하겠지만, 하지만 고령자에게 있어서는 그것조차 어렵다고 느끼는 사람이 드물지는 않습니다. 그러한 사람들을 대상으로, 새롭게 차로 이동 판매를 시작하는 슈퍼도 나왔습니다만, 좀처럼 이익이 되지 않는다는 것이, 기업에게 있어서의 문제가 되고 있습니다.

여자는 고령자에게 있어서 무엇이 문제라고 말하고 있습니까?

1 근처의 슈퍼가 이동해버리는 것
2 살고 있는 마을에서 쇼핑을 할 수 없게 된 것
3 도시의 생활에는 자유가 없는 것
4 신선한 야채를 살 수 없는 것

해설 고령자에게 있어 무엇이 문제인지 묻는 문제이다. 각 선택지의 핵심 내용은 1 '슈퍼가 이동해버리는 것', 2 '쇼핑을 할 수 없게 된 것', 3 '생활에 자유가 없는 것', 4 '신선한 야채를 살 수 없는 것'이다. 대화에서, 여자가 **昔はあった小さい商店はなくなってビルばかりになった町では、十分な買い物ができません**이라고 했으므로, **2 住んでいる町で買い物ができなくなったこと**(살고 있는 마을에서 쇼핑을 할 수 없게 된 것)가 정답이다. 오답 선택지 1은 이동하는 것이 아니라 없다고 했고, 3, 4는 언급되지 않았으므로 오답이다.

어휘 高齢者 こうれいしゃ 명 고령자　弱者 じゃくしゃ 명 약자
日常 にちじょう 명 일상　人々 ひとびと 명 사람들
減少 げんしょう 명 감소　地方 ちほう 명 지방
大都市 だいとし 명 대도시　開発 かいはつ 명 개발
都市部 としぶ 명 도시부　土地 とち 명 토지
商店 しょうてん 명 상점　コンビニ 명 편의점
商品 しょうひん 명 상품　引っ越し ひっこし 명 이사
嫌がる いやがる 동 싫어하다
不自由だ ふじゆうだ な형 자유롭지 않다　インターネット 명 인터넷
新鮮だ しんせんだ な형 신선하다　感じる かんじる 동 느끼다
新ただ あらただ な형 새롭다　移動 いどう 명 이동
販売 はんばい 명 판매　利益 りえき 명 이익　企業 きぎょう 명 기업
都会 とかい 명 도시, 도회지

6

[음성]

ラグビーチームの監督とチームのマネージャーがラグビーの練習を見ながら話しています。監督はこのチームの今後の課題は何だと言っていますか。

M：ああ、あんなところに走っていくなんて。もっと全体の動きを見て走れって、いつも言ってるじゃないか。

F：監督、もっと強くなるには何が必要なんでしょうね。

M：そうだなあ。チーム全体の調子は上向いていて、選手みんなの体力も以前と比べたらだいぶ上がってきてるよね。筋力トレーニングはこのまま続けていければいいんじゃないかな。試合中のそれぞれの役割もわかってきて、適切に動くことも、まあ、できるようになってきたし。でも、さっきのように、相手チームの動きに気付かないことが時々あって。それができるようになれば、相手からボールを奪いやすくなるよね。

F：体を動かしながら、頭も使わないといけない、ということですよね。

M：そうそう。ボールを追いかけるだけじゃなくて、先を読まないと。

監督はこのチームの今後の課題は何だと言っていますか。

[문제지]

1 体力を向上させること
2 試合中の動き方を知ること
3 対戦相手の動きを見ること
4 よく考えてボールを持つこと

해석 럭비팀 감독과 팀 매니저가 럭비 연습을 보면서 이야기하고 있습니다. 감독은 이 팀의 앞으로의 과제는 무엇이라고 말하고 있습니까?

M : 아, 저런 곳으로 달려가다니. 좀 더 전체의 움직임을 보고 달리라고, 언제나 말하고 있지 않나.

F : 감독님, 더 강해지려면 무엇이 필요한 걸까요.

M : 글쎄. 팀 전체의 상태는 좋아지고 있고, 선수 모두의 체력도 이전과 비교하면 제법 올라오고 있어. 근력 트레이닝은 이대로 계속해 나갈 수 있다면 좋지 않을까. 시합 중의 각각의 역할도 알게 되어서, 적절하게 움직이는 것도, 뭐, 가능하게 되어 왔고. 하지만, 아까처럼, 상대팀의 움직임을 눈치채지 못하는 경우가 때때로 있어서. 그것을 할 수 있게 되면, 상대로부터 공을 뺏기 쉬워지지.

F : 몸을 움직이면서, 머리도 쓰지 않으면 안 된다, 라는 것이군요.

M : 맞아 맞아. 공을 뒤쫓는 것뿐만 아니라, 앞을 내다보지 않으면.

감독은 이 팀의 앞으로의 과제는 무엇이라고 말하고 있습니까?

1 체력을 향상시키는 것
2 시합 중의 움직이는 법을 아는 것
3 대전 상대의 움직임을 보는 것

4 잘 생각해서 공을 지니는 것

해설 이 팀의 앞으로의 과제를 묻는 문제이다. 각 선택지의 핵심 내용은 1 '체력 향상시키기', 2 '시합 중 움직이는 법 알기', 3 '대전 상대의 움직임 보기', 4 '잘 생각해서 공 지니기'이다. 대화에서, 남자가 **相手チームの動きに気付かないことが時々あって。それができるようになれば、相手からボールを奪いやすくなるよね**라고 했으므로, 3 **対戦相手の動きを見ること**(대전 상대의 움직임을 보는 것)가 정답이다. 오답 선택지 1, 2는 이미 해결 중인 과제이고, 4는 언급되지 않았으므로 오답이다.

어휘 ラグビー [명] 럭비　チーム [명] 팀　監督 かんとく [명] 감독
マネージャー [명] 매니저　今後 こんご [명] 앞으로, 이후
課題 かだい [명] 과제　全体 ぜんたい [명] 전체　調子 ちょうし [명] 상태
上向く うわむく [동] 좋아지다, 위를 향하다　選手 せんしゅ [명] 선수
体力 たいりょく [명] 체력　以前 いぜん [명] 이전
筋力 きんりょく [명] 근력　トレーニング [명] 트레이닝
役割 やくわり [명] 역할　適切だ てきせつだ [な형] 적절하다
相手 あいて [명] 상대　気付く きづく [동] 눈치채다　ボール [명] 공
奪う うばう [동] 뺏다　追いかける おいかける [동] 뒤쫓다
先を読む さきをよむ 앞을 내다보다　向上 こうじょう [명] 향상
対戦 たいせん [명] 대전

개요 이해

실력 다지기

p.376

01 ①　02 ②　03 ②　04 ①　05 ②　06 ①
07 ①　08 ②　09 ②　10 ①

01

[음성]

ラジオで女の人が話しています。

F：日本では**スイカを食べる際、甘みを強めるために塩をかけて食べる人も多い**と思いますが、海外の人から見ると不思議な文化だそうです。これはスイカが**塩によって実際に甘くなっているのではなく、味の対比効化によるものです。本来の味に他の味わいを加えることで本来の味わいを際立たせることができる**のです。また、この組み合わせは夏バテの予防にも最適です。

女の人は主に何について話していますか。

① スイカが甘く感じられる原理
② 夏バテを防ぐ効果的な方法

해석 라디오에서 여자가 이야기하고 있습니다.

F : 일본에서는 **수박을 먹을 때, 단맛을 강하게 하기 위해서 소금을 뿌려서 먹는 사람도 많다**고 생각합니다만, 해외의 사람 입장에서 보면 신기한 문화라고 합니다. 이것은 수박이 **소금에 의해서 실제로 달아지는 것이 아니라, 맛의 대비 효과에 의한 것**입니다. **본래의 맛에 다른 맛을 더하는 것으로 본래의 맛을 두드러지게 하는 것이 가능**한 것입니다. 또, 이 조합은 더위를 먹는 것의 예방에도 최적입니다.

여자는 주로 무엇에 대해서 이야기하고 있습니까?

① 수박이 달게 느껴지는 원리
② 더위를 먹는 것을 방지하는 효과적인 방법

어휘 スイカ [명] 수박　甘み あまみ [명] 단맛
強める つよめる [동] 강하게 하다　海外 かいがい [명] 해외
不思議だ ふしぎだ [な형] 신기하다　実際 じっさい [명] 실제
対比 たいひ [명] 대비　効果 こうか [명] 효과　本来 ほんらい [명] 본래
味わい あじわい [명] 맛　加える くわえる [동] 더하다
際立つ きわだつ [동] 두드러지다　組み合わせ くみあわせ [명] 조합
夏バテ なつバテ [명] 더위를 먹는 것　予防 よぼう [명] 예방
最適だ さいてきだ [な형] 최적이다　原理 げんり [명] 원리
防ぐ ふせぐ [동] 방지하다　効果的だ こうかてきだ [な형] 효과적이다
方法 ほうほう [명] 방법

02

[음성]

大学の授業で教授が話しています。

M：言語学には「言語の構造」に観点を置くものと「社会の中での言語の使われ方」に観点を置くものの二つがあり、私たちが学ぶのは後者です。社会言語学と呼ばれ、言葉の変化や地域差に方言の違い、アイデンティティーなどその範囲は多岐に及びます。全てに着目することはできませんので、**今学期は正しい日本語と日本語の乱れに注目し、深く見ていきたいと思います。**

今学期の授業のテーマは何ですか。

① 言語における観点の置き方
② 乱れた日本語の正しい使い方

해석 대학 수업에서 교수가 이야기하고 있습니다.

M : 언어학에는 '언어의 구조'에 관점을 두는 것과 '사회 속에서 언어가 사용되는 법'에 관점을 두는 것의 두 가지가 있으며, 우리들이 배우는 것은 후자입니다. 사회 언어학이라고 불리고, 말의 변화나 지역 차에 방언의 차이, 아이덴티티 등 그 범위는 여러 갈래에 이릅니다. 모든 것을 눈여겨보는 것은 불가능하기 때문에, **이번 학기는 올바른 일본어와 일본어의 혼란에 주목하여, 깊게 봐가고 싶다고 생각합니다.**

이번 학기 수업의 테마는 무엇입니까?

① 언어에 있어서 관점을 두는 법
② 혼란해진 일본어의 올바른 사용법

어휘 教授 きょうじゅ 명 교수　言語学 げんごがく 명 언어학
言語 げんご 명 언어　構造 こうぞう 명 구조
観点 かんてん 명 관점　学ぶ まなぶ 동 배우다
後者 こうしゃ 명 후자　言語学 げんごがく 명 언어학
変化 へんか 명 변화　地域差 ちいきさ 지역 차
方言 ほうげん 명 방언　違い ちがい 명 차이
アイデンティティー 명 아이덴티티　範囲 はんい 명 범위
多岐 たき 명 여러 갈래　及ぶ およぶ 동 이르다, 미치다
全て すべて 명 모든 것　着目 ちゃくもく 명 눈여겨 봄
今学期 こんがっき 이번 학기　乱れ みだれ 명 혼란
注目 ちゅうもく 명 주목　テーマ 명 테마　観点 かんてん 명 관점

03

[음성]

テレビでカフェのオーナーが話しています。

F：うちのカフェではコーヒーはもちろん、器にもこだわっています。器は全て私の手作りです。もともと、私は陶芸家として活動していましたが、**陶芸品というとお年寄りが楽しむものというイメージが強く、なかなか若い人には手に取ってもらえませんでした。そこで若い人たちにも楽しんでもらおうと、このカフェを開きました。**カフェの別館には体験教室があり、実際に自分だけの作品を制作できます。

カフェのオーナーは何について話していますか。

① コーヒーと器へのこだわり
② **カフェを始めた目的**

해석 텔레비전에서 카페의 오너가 이야기하고 있습니다.

F：우리 카페에서는 커피는 물론, 그릇에도 신경 쓰고 있습니다. 그릇은 전부 제가 직접 만든 것입니다. 원래, 저는 도예가로서 활동하고 있었습니다만, **도예품이라고 하면 어르신이 즐기는 것이라는 이미지가 강해, 좀처럼 젊은 사람들은 손에 쥐어주지 않았습니다. 그래서 젊은 사람들도 즐길 수 있도록, 이 카페를 열었습니다.** 카페의 별관에는 체험 교실이 있어서, 실제로 자신만의 작품을 제작할 수 있습니다.

카페의 오너는 무엇에 대해서 이야기하고 있습니까?

① 커피와 그릇으로의 신경 씀
② **카페를 시작한 목적**

어휘 カフェ 명 카페　オーナー 명 오너　器 うつわ 명 그릇
こだわる 동 신경쓰다, 구애되다　全て すべて 부 전부
手作り てづくり 명 직접 만든 것　もともと 부 원래
陶芸家 とうげいか 명 도예가　活動 かつどう 명 활동
年寄り としより 명 어르신　イメージ 명 이미지
手に取る てにとる 손에 쥐다　別館 べっかん 명 별관
体験 たいけん 명 체험　実際 じっさい 명 실제
作品 さくひん 명 작품　制作 せいさく 명 제작　目的 もくてき 명 목적

04

[음성]

テレビでレポーターが話しています。

M：今年で開催70回を迎える雪まつりの会場に来ています。すっかり冬の祭りの定番となった雪祭りですが、**祭りのきっかけは地元の高校生が作った二体の雪像でした。**技術や道具が不足する中、作られた雪像でしたが、**他のイベントとあいまってたちまち大人気になりました。**それから定着していったそうです。そして、**今では世界各国から200万人以上が来場する大規模な祭りになりました。**

レポーターは主に何について話していますか。

① **雪まつりの歴史**
② 雪まつりの規模

해석 텔레비전에서 리포터가 이야기하고 있습니다.

M：올해로 개최 70회를 맞이하는 눈 축제의 회장에 와있습니다. 완전히 겨울 축제의 기본이 된 눈 축제입니다만, **축제의 계기는 이 고장의 고등학생들이 만든 두 개의 설상이었습니다.** 기술이나 도구가 부족한 와중, 만들어진 설상입니다만, **다른 이벤트와 더불어 금세 대인기가 되었습니다.** 그러고 나서 정착해 갔다고 합니다. 그리고, **지금에는 세계 각국에서 200만 명 이상이 오는 대규모의 축제가 되었습니다.**

리포터는 주로 무엇에 대해서 이야기하고 있습니까?

① 눈 축제의 역사
② 눈 축제의 규모

어휘 レポーター 명 리포터　開催 かいさい 명 개최
定番 ていばん 명 기본　きっかけ 명 계기
地元 じもと 명 이 고장, 그 고장　雪像 せつぞう 명 설상
不足 ふそく 명 부족　イベント 명 이벤트　たちまち 부 금세
大人気 だいにんき 명 대인기　定着 ていちゃく 명 정착
各国 かっこく 명 각국　来場 らいじょう 명 (장소에) 옴, 내장
規模 きぼ 명 규모

05

[음성]

ラジオで女の人が話しています。

F：読書が続かない人におすすめしたいのが、「並列読書」です。同じ分野でも、全く異なる分野の本でも構わないので、二冊以上の本を並行して読んでいきます。一冊の本が自分に合わなくても、別の本を読めばいいし、**何より集中力が途切れても、間に別の本を挟むことで、新鮮な気持ちで再度読書することができ、読書が習慣化しやすくなるのです。**

女の人は何について話していますか。

① 読書が集中力を高める理由

② **習慣化する本の読み方**

해석 라디오에서 여자가 이야기하고 있습니다.

F : **독서가 지속되지 않는 사람에게 추천하고 싶은 것이, '병렬 독서'입니다.** 같은 분야라도, 전혀 다른 분야의 책이라도 상관없으니, 두 권 이상의 책을 병행해서 읽어갑니다. 한 권의 책이 자신에게 맞지 않아도, 다른 책을 읽으면 되고, **무엇보다 집중력이 끊어져도, 사이에 다른 책을 끼워 넣는 것으로, 신선한 기분으로 다시 독서를 할 수 있어서, 독서가 습관화되기 쉬워지는 것입니다.**

여자는 무엇에 대해서 이야기하고 있습니까?

① 독서가 집중력을 높이는 이유

② **습관화되는 책 읽는 법**

어휘 読書 どくしょ 명 독서　おすすめ 명 추천　並列 へいれつ 명 병렬
分野 ぶんや 명 분야　全く まったく 부 전혀
異なる ことなる 동 다르다　集中力 しゅうちゅうりょく 명 집중력
途切れる とぎれる 동 끊어지다　挟む はさむ 동 끼워 넣다
新鮮だ しんせんだ な형 신선하다　再度 さいど 부 다시
習慣化 しゅうかんか 명 습관화　高める たかめる 동 높이다

06

[음성]

生物学の授業で先生が話しています。

M：みなさんは両親や兄弟と似ていますか。私たちは両親から遺伝子を半分ずつもらい、その遺伝子で形成されています。遺伝子が容姿に関係するのはみなさんもお分かりだと思いますが、**遺伝子で決まるのは何も見た目だけではありません。**ある程度は環境に影響されますが、**知能に関しては60パーセント、性格は40パーセントほど影響を受けています。**

先生の話のテーマは何ですか。

① **遺伝子が与える影響**

② 遺伝子と環境の関係

해석 생물학 수업에서 선생님이 이야기하고 있습니다.

M : 여러분은 부모님이나 형제와 닮았나요? 우리들은 부모님으로부터 유전자를 절반씩 받아서, 그 유전자로 형성되어 있습니다. 유전자가 외양에 관계되는 것은 여러분도 아실 거라고 생각합니다만, **유전자로 정해지는 것은 뭐 겉모습뿐만이 아닙니다.** 어느 정도는 환경에 영향을 받습니다만, **지능에 관해서는 60퍼센트, 성격은 40퍼센트 정도 영향을 받고 있습니다.**

선생님의 이야기의 테마는 무엇입니까?

① **유전자가 주는 영향**

② 유전자와 환경의 관계

어휘 生物学 せいぶつがく 명 생물학　遺伝子 いでんし 명 유전자
形成 けいせい 명 형성　容姿 ようし 명 외양
見た目 みため 명 겉모습　程度 ていど 명 정도
環境 かんきょう 명 환경　影響 えいきょう 명 영향
知能 ちのう 명 지능　パーセント 명 퍼센트　性格 せいかく 명 성격
テーマ 명 테마　与える あたえる 동 주다

07

[음성]

テレビでレポーターが話しています。

F：こちら春田市ではハーブ豚の飼育が盛んに行われています。数種類の天然のハーブを加えた飼料で育つ**ハーブ豚は豚肉特有の臭みがなく、お肉があっさりしています。**それに一般的な豚肉に比べて、**鮮度が長持ちしやすいそうです。**スーパーでご購入できますので、ぜひソテーやしゃぶしゃぶなど様々な方法でお楽しみください。

レポーターは何について話していますか。

① **ハーブ豚の特徴**

② ハーブ豚の調理方法

해석 텔레비전에서 리포터가 이야기하고 있습니다.

F : 이쪽 하루타 시에서는 허브 돼지의 사육이 왕성하게 행해지고 있습니다. 몇 종류의 천연 허브를 더한 사료로 기르는 **허브 돼지는 돼지고기 특유의 비린내가 없고, 고기가 담백합니다.** 게다가 일반적인 돼지고기에 비해, **신선도가 오래 유지되기 쉽다고 합니다.** 슈퍼에서 구입하실 수 있으니, 꼭 소테나 샤부샤부 등 다양한 방법으로 즐겨주세요.

리포터는 무엇에 대해서 이야기하고 있습니까?

① **허브 돼지의 특징**

② 허브 돼지의 조리 방법

어휘 レポーター 명 리포터　ハーブ 명 허브　飼育 しいく 명 사육
盛んだ さかんだ 명 왕성하다　種類 しゅるい 명 종류
天然 てんねん 명 천연　加える くわえる 동 더하다
飼料 しりょう 명 사료　育つ そだつ 동 자라다　特有 とくゆう 명 특유
臭み くさみ 명 비린내　あっさり 부 담백한
一般的だ いっぱんてきだ な형 일반적이다　鮮度 せんど 명 신선도
長持ち ながもち 명 오래 유지됨　購入 こうにゅう 명 구입
ソテー 명 소테　しゃぶしゃぶ 명 샤부샤부
様々だ さまざまだ な형 다양하다　方法 ほうほう 명 방법
特徴 とくちょう 명 특징　調理 ちょうり 명 조리

08

[음성]

ラジオで医者が話しています。

M：年を取ると骨や筋肉が弱り、思うように身体が動かせなくなります。その状態になってから、何かしようでは手遅れです。だから、若いうちから適度な運動を行わなくてはいけません。**運動を継続し、元気な体を維持することが大切です**。しかし、途中でやめてしまったとしても**体は以前受けた刺激を覚えていて、何もしていない人よりも運動の効果が出やすいので、やるにこしたことはありません。**

医者はどのようなテーマで話していますか。

① 筋肉の老化の症状

② **運動を行う重要性**

해석 라디오에서 의사가 이야기하고 있습니다.

M : 나이를 먹으면 뼈나 근육이 약해져, 생각대로 신체를 움직일 수 없게 됩니다. 그 상태가 되고 나서, 뭔가 하려고 해서는 때가 늦습니다. 그러니, 젊을 때부터 적당한 운동을 해야 합니다. **운동을 계속하고, 건강한 몸을 유지하는 것이 중요합니다**. 하지만, 도중에 그만둬 버렸다고 해도 **몸은 이전에 받았던 자극을 기억하고 있어서, 아무것도 하지 않은 사람보다도 운동 효과가 나오기 쉽기 때문에, 하는 것이 가장 좋습니다.**

의사는 어떤 테마로 이야기하고 있습니까?

① 근육의 노화 증상

② **운동을 하는 중요성**

어휘 **年を取る としをとる** 나이를 먹다 **骨 ほね** 명 뼈
筋肉 きんにく 명 근육 **弱る よわる** 동 약해지다
身体 しんたい 명 신체 **動かす うごかす** 동 움직이다
状態 じょうたい 명 상태 **手遅れ ておくれ** 명 때가 늦음
適度だ てきどだ な형 적당하다 **継続 けいぞく** 명 계속
維持 いじ 명 유지 **刺激 しげき** 명 자격 **効果 こうか** 명 효과
テーマ 명 테마 **老化 ろうか** 명 노화 **症状 しょうじょう** 명 증상
重要性 じゅうようせい 명 중요성

09

[음성]

テレビでレポーターが話しています。

F：最近、話題となっているお店に来ています。ここは一見すると、普通の洋服店のようですが、実は男性用、女性用といった男女の区分がないお店なんです。**20年以上前から「全ての人が自分らしさを表現できる服」をコンセプト**にやってきたそうですが、時代の変化とともに20年のときを超え、注目を集めることになりました。**デザイナーさんの強い意志**が感じられますよね。

レポーターは何について伝えていますか。

① 洋服店の変化

② **デザイナーの信念**

해석 텔레비전에서 리포터가 이야기하고 있습니다.

F : 최근, 화제가 되고 있는 가게에 와있습니다. 이곳은 언뜻 보면, 보통의 옷 가게 같습니다만, 실은 남성용, 여성용이라는 남녀의 구분이 없는 가게입니다. **20년 이상 전부터 '모든 사람이 자신다움을 표현할 수 있는 옷'을 콘셉트**로 해왔다고 합니다만, 시대의 변화와 함께 20년의 세월을 넘어, 주목을 모으게 되었습니다. **디자이너의 강한 의지**가 느껴지지요.

리포터는 무엇에 대해서 전하고 있습니까?

① 옷 가게의 변화

② **디자이너의 신념**

어휘 **レポーター** 명 리포터 **話題 わだい** 명 화제
一見 いっけん 명 언뜻봄 **洋服店 ようふくてん** 명 옷 가게
男性用 だんせいよう 명 남성용 **女性用 じょせいよう** 명 여성용
男女 だんじょ 명 남녀 **区分 くぶん** 명 구분 **全て すべて** 부 모든
表現 ひょうげん 명 표현 **コンセプト** 명 콘셉트
変化 へんか 명 변화 **注目 ちゅうもく** 명 주목
デザイナー 명 디자이너 **意志 いし** 명 의지
感じる かんじる 동 느끼다 **信念 しんねん** 명 신념

10

[음성]

会議室で女の人が男の人に意見を聞いています。

F：では、「出勤時間の自由化」について、ご意見お願いします。

M：出勤時間の自由化ですが、**私は取り入れるべきだと思います**。退勤時間にもズレが生じ、会議などに問題が出るという意見もありますが、**スケジュールの管理さえ徹底すれば何の問題もありません**。それよりも**個人にあったワークスタイルを重視すべきです**。

男の人はどう考えていますか。

① **出勤時間の自由化に賛成**

② 出勤時間の自由化に反対

해석 회의실에서 여자가 남자에게 의견을 묻고 있습니다.

F : 그럼, '출근시간의 자유화'에 대해서, 의견 부탁 드립니다.

M : 출근 시간의 자유화입니다만, **저는 도입해야 한다고 생각합니다**. 퇴근 시간에도 차이가 생겨, 회의 등에 문제가 나온다는 의견도 있습니다만, **스케줄 관리만 철저히 하면 아무 문제도 없습니다**. 그것보다도 **개인에게 맞는 업무 스타일을 중시해야 합니다**.

남자는 어떻게 생각하고 있습니까?

① **출근시간의 자유화에 찬성**

② 출근시간의 자유화에 반대

어휘 出勤 しゅっきん 명 출근　自由化 じゆうか 명 자유화
取り入れる とりいれる 동 도입하다　退勤 たいきん 명 퇴근
ズレ 명 차이　生じる しょうじる 동 생기다　スケジュール 명 스케줄
管理 かんり 명 관리　徹底 てってい 명 철저　個人 こじん 명 개인
ワークスタイル 명 업무 스타일　重視 じゅうし 명 중시
賛成 さんせい 명 찬성

실전 테스트 1

p.377

1 4　**2** 2　**3** 3　**4** 1　**5** 3

문제3에서는, 문제 용지에 아무것도 인쇄되어 있지 않습니다. 이 문제는 전체적으로 어떤 내용인지를 묻는 문제입니다. 이야기 전에 질문은 없습니다. 우선 이야기를 들어주세요. 그리고 나서, 질문과 선택지를 듣고, 1에서 4 중에, 가장 알맞은 것을 하나 골라주세요.

1

[음성]

学校の授業で先生が説明しています。

F：皆さん、この授業ではエコについて考えていきたいと思います。といっても、難しく考えることはなく、皆さんの生活の中の小さなことから考えていきましょう。まず、日常生活の中で使っている資源の中で、節約できるものは何があるでしょうか。水、紙、電気、ガスなど色々ありますね。どれも身近な生活に欠かせない大切なものというだけでなく、日本や世界にとっても貴重な資源ですが、その使い方について考えたことがありますか。例えば、水について考えてみましょう。皆さん、歯磨きの時、水を出しっぱなしにしていませんか。その都度水を止めることで、一日にざっと100リットルほど節約できるのです。このようなことに気付き、私たち一人一人が貴重な資源への意識を高く持つことで、少しでも無駄遣いをなくすことができます。その積み重ねがやがて地球に広がる大きな問題も解決していくことになるのではないでしょうか。こういったことをこの授業で学んでいきましょう。

この授業の目的はなんですか。

1 資源の種類について学ぶ
2 世界の環境問題について学ぶ
3 経済的な生き方について学ぶ
4 生活の中の資源の節約について学ぶ

해석 학교 수업에서 선생님이 설명하고 있습니다.

F : 여러분, 이 수업에서는 에코에 대해서 생각해 나가고 싶다고 생각합니다. 라고 해도, 어렵게 생각할 것은 없고, 여러분의 생활 속의 작은 것에서부터 생각해 나갑시다. 우선, 일상생활 속에서 사용하고 있는 자원 중에서, 절약할 수 있는 것은 무엇이 있을까요. 물, 종이, 전기, 가스 등 여러 가지 있죠. 어느 것도 일상적인 생활에 빠트릴 수 없는 중요한 것일 뿐만 아니라, 일본이나 세계에 있어서도 귀중한 자원입니다만, 그 사용 방법에 대해서 생각한 적이 있나요? 예를 들면, 물에 대해서 생각해 봅시다. 여러분, 양치할 때, 물을 틀어놓은 채로 두지 않나요? 그때마다 물을 멈추는 것으로, 하루에 대략 100리터 정도 절약할 수 있는 것입니다. 이러한 것을 깨닫고, 우리들 한 사람 한 사람이 귀중한 자원으로의 의식을 높게 가지는 것으로, 조금이라도 낭비를 없애는 것이 가능합니다. 그러한 일을 거듭하는 것이 결국 지구에 퍼지는 큰 문제도 해결해 가는 일이 되는 것이 아닐까요? 이러한 것을 이 수업에서 배워 나갑시다.

이 수업의 목적은 무엇입니까?

1 자원의 종류에 대해서 배운다
2 세계의 환경 문제에 대해서 배운다
3 경제적인 삶의 방식에 대해서 배운다
4 생활 속의 자원 절약에 대해서 배운다

해설 상황 설명에서 선생님이 이야기하고 있다고 했으므로, 선생님의 이야기를 전체적인 흐름을 파악하며 주의 깊게 듣는다. 선생님이 この授業ではエコについて考えていきたいと思います, 皆さんの生活の中の小さなことから考えていきましょう, 私たち一人一人が貴重な資源への意識を高く持つことで、少しでも無駄遣いをなくすことができます, こういったことをこの授業で学んでいきましょう라고 했다. 질문에서 수업의 목적에 대해 묻고 있으므로, 4 生活の中の資源の節約について学ぶ(생활 속의 자원 절약에 대해서 배운다)가 정답이다.

어휘 エコ 명 에코　日常生活 にちじょうせいかつ 명 일상생활
資源 しげん 명 자원　節約 せつやく 명 절약
身近だ みぢかだ な형 일상적이다　欠かす かかす 동 빠트리다
貴重だ きちょうだ な형 귀중하다　使い方 つかいかた 명 사용 방법
歯磨き はみがき 명 양치　その都度 そのつど 그때마다
ざっと 부 대략　気付く きづく 동 깨닫다　意識 いしき 명 의식
無駄遣い むだづかい 명 낭비
積み重ね つみかさね 명 거듭하는 것　やがて 부 결국
地球 ちきゅう 명 지구　広がる ひろがる 동 퍼지다
解決 かいけつ 명 해결　種類 しゅるい 명 종류
環境 かんきょう 명 환경　経済的だ けいざいてきだ 명 경제적이다

2

[음성]

講演会で男の人が話しています。

M：近年、学校では、クラスメイトと一緒に課題に取り組んだり、話し合ってお互いに意見を交換したりするような、学生が参加しながら学ぶ授業が多くなりました。同じ内容を勉強するのでも、授業を聞くだけより、自分で考えて答えを見つけるほうが、たくさんのことを学べますし、記憶に強く残ると言われています。自分の考えや気持ちを上手に相手に伝える力や相手の考えや気持ちを理解する力、つまりコミュニケーション能力は、一日や二日で養われるものではありません。社会に出て仕事をするようになると重要視されるこの能力は、このような活動を通じて、育てていくことが必要だと言われています。このような学びの経験を積むことによって、学生の能力は育っていくのです。

男の人の話のテーマは何ですか。

1 コミュニケーション能力の課題
2 参加型授業の必要性
3 社会人に必要な能力
4 授業方法の問題点

해석 강연회에서 남자가 이야기하고 있습니다.

M : 최근, 학교에서는, 반 친구와 함께 과제에 몰두하거나, 의논하고 서로 의견을 교환하거나 하는 것 같은, 학생이 참가하면서 배우는 수업이 많아졌습니다. 같은 내용을 공부하더라도, 수업을 듣기만 하는 것보다, 스스로 생각해서 답을 찾는 편이, 많은 것을 배울 수 있고, 기억에 강하게 남는다고 말해지고 있습니다. 자신의 생각이나 마음을 능숙하게 상대에게 전달하는 힘이나 상대의 생각이나 마음을 이해하는 힘, 즉 커뮤니케이션 능력은, 하루나 이틀로 길러지는 것이 아닙니다. 사회에 나와서 일을 하게 되면 중요시되는 이 능력은, 이러한 활동을 통해서, 성장시켜 가는 것이 필요하다고 말해지고 있습니다. 이러한 배움의 경험을 쌓는 것에 의해, 학생의 능력은 성장해가는 것입니다.

남자의 이야기의 테마는 무엇입니까?

1 커뮤니케이션 능력의 과제
2 참가형 수업의 필요성
3 사회인에게 필요한 능력
4 수업 방법의 문제점

해설 상황 설명에서 남자가 이야기하고 있다고 했으므로, 남자의 이야기를 전체적인 흐름을 파악하며 주의 깊게 듣는다. 남자가 **学生が参加しながら学ぶ授業が多くなりました**, **自分で考えて答えを見つけるほうが、たくさんのことを学べますし、記憶に強く残る**, **このような活動を通じて、育てていくことが必要だ**라고 했다. 질문에서 이야기의 테마에 대해 묻고 있으므로, 2 **参加型授業の必要性**(참가형 수업의 필요성)가 정답이다.

어휘 **講演会 こうえんかい** 명 강연회　**近年 きんねん** 명 최근, 근래
クラスメイト 명 반 친구　**課題 かだい** 명 과제
取り組む とりくむ 동 몰두하다　**話し合う はなしあう** 동 의논하다
互いに たがいに 부 서로　**交換 こうかん** 명 교환
参加 さんか 명 참가　**内容 ないよう** 명 내용
見つける みつける 동 찾다, 발견하다　**記憶 きおく** 명 기억
理解 りかい 명 이해　**コミュニケーション** 명 커뮤니케이션
能力 のうりょく 명 능력　**養う やしなう** 동 기르다
重要視 じゅうようし 명 중요시　**活動 かつどう** 명 활동
通じる つうじる 동 통하다　**育つ そだつ** 동 성장하다
積む つむ 동 쌓다　**参加型 さんかがた** 명 참가형
必要性 ひつようせい 명 필요성　**社会人 しゃかいじん** 명 사회인
問題点 もんだいてん 명 문제점

3

[음성]

テレビで女の人が話しています。

F：今日は、最近話題になっているこちらの小説を紹介したいと思います。個人的に、この作家の小説が大好きで、出版される度に読んでいます。私のようなファンの方にももちろんお勧めしますが、彼の小説が初めてという方にもぜひ読んでもらいたいと思います。今回の作品は、彼ならではの独特の世界観が、前作に比べてあまり強調されていません。ですので、彼のファンの方には物足りないかもしれませんが、初めての方には読みやすいのではないでしょうか。また、同じジャンルの他の作品と比べてみても、法律の専門用語が少ないので、テンポよく読み進めることができます。裁判が主な舞台なだけに、子供でも楽しめる作品とは言えませんが、男女問わず楽しめるこの作品を、皆さん、手に取ってみてはいかがでしょうか。

女の人はこの本についてどう思っていますか。

1 前作よりも読みにくい
2 同じジャンルのものより難しい
3 子供よりも大人向けだ
4 女性より男性のほうが読みやすい

해석 텔레비전에서 여자가 이야기하고 있습니다.

F : 오늘은, 최근 화제가 되고 있는 이 소설을 소개하고 싶다고 생각합니다. 개인적으로, 이 작가의 소설을 매우 좋아해서, 출판될 때마다 읽고 있습니다. 저와 같은 팬분에게도 물론 추천드립니다만, 그의 소설이 처음이라는 분도 꼭 읽어 주시길 바랍니다. 이번 작품은, 그만의 독특한 세계관이, 전작에 비해 그다지 강조되어 있지 않습니다. 그렇기 때문에, 그의 팬인 분에게는 어딘지 아쉬울지도 모르겠습니다만, 처음인 분에게는 읽기 쉽지 않을까요. 또, 같은 장르의 다른 작품과 비교해 봐도, 법률 전문 용어가 적기 때문에, 속도 있게 읽어 나갈 수 있습니다. 재판이 주된 무대인만큼, 아이도 즐길 수 있는 작품이라고는 말할 수 없지만, 남녀 불문하고 즐길 수 있는 이 작품을, 여러분, 손에 들어보면 어떨까요?

여자는 이 책에 대해서 어떻게 생각하고 있습니까?

1 전작보다도 읽기 어렵다
2 같은 장르의 것보다 어렵다
3 아이보다도 어른용이다

4 여성보다 남성 쪽이 읽기 쉽다

해설 상황 설명에서 여자가 이야기하고 있다고 했으므로, 여자의 이야기를 전체적인 흐름을 파악하며 주의 깊게 듣는다. 여자가 **今回の作品は、彼ならではの独特の世界観が、前作に比べてあまり強調されていません, 初めての方には読みやすいのではないでしょうか, 同じジャンルの他の作品と比べてみても、法律の専門用語が少ないので、テンポよく読み進めることができます, 子供でも楽しめる作品とは言えませんが、男女問わず楽しめるこの作品**라고 했다. 질문에서 여자가 이 책에 대해서 어떻게 생각하고 있는지 묻고 있으므로, 3 **子供よりも大人向けだ**(아이보다도 어른용이다)가 정답이다.

어휘 **話題 わだい** 명 화제　**個人 こじん** 명 개인　**作家 さっか** 명 작가
出版 しゅっぱん 명 출판　**ファン** 명 팬　**お勧め おすすめ** 명 추천
作品 さくひん 명 작품　**独特 どくとく** 명 독특
世界観 せかいかん 명 세계관　**前作 ぜんさく** 명 전작
強調 きょうちょう 명 강조
物足りない ものたりない い형 어딘지 아쉽다　**ジャンル** 명 장르
用語 ようご 명 용어　**テンポ** 명 속도　**裁判 さいばん** 명 재판
主だ おもだ な형 주되다　**舞台 ぶたい** 명 무대
男女 だんじょ 명 남녀　**手に取る てにとる** 손에 들다
大人向け おとなむけ 어른용

4

[음성]
講演会で作曲家が話しています。
M：道を歩いていると、私の作った曲を聞いて元気になったと声を掛けられることがあります。大変うれしいことです。若いころ、どうしようもなく落ち込んでいるときにたまたま入った店で、暗い曲が流れてきたことがあります。歌詞に共感できて救われる気がしたのですが、それもつかの間のことで、そのあと気分がますます滅入った経験があります。その時から意図的に明るい音楽を作るようになりました。落ち込んでいるときにあの音楽を聞きたい、元気になりたいから聞こう。そう思ってもらえる音楽を作るようにしています。音楽には人をリラックスさせて楽しませる効果があると考えているからです。本来音楽はストレスを解き放つものだと思うのです。

作曲家は何について話していますか。
1 曲を作る際の心がけ
2 人を元気づける曲の条件
3 若いころに悲しんだ経験
4 ストレスを解消する方法

해석 강연회에서 작곡가가 이야기하고 있습니다.
M : 길을 걷고 있으면, 제가 만든 곡을 듣고 기운을 차렸다는 말을 듣는 경우가 있습니다. 대단히 기쁜 일입니다. 젊을 때, 속절없이 의기소침해 있을 때에 우연히 들어간 가게에서, 어두운 곡이 흘러나온 적이 있습니다. 가사에 공감할 수 있어서 도움을 받는 기분이 들었습니다만, 그것도 잠깐으로, 그 후에 기분이 점점 우울해진 경험이 있습니다. 그때부터 의도적으로 밝은 음악을 만들게 되었습니다. 의기소침해 있을 때 그 음악을 듣고 싶다, 기운을 차리고 싶으니까 듣자. 그렇게 생각해 주실 수 있는 음악을 만들려고 하고 있습니다. 음악에는 사람을 릴랙스 시키고 즐겁게 하는 효과가 있다고 생각하기 때문입니다. 본래 음악은 스트레스를 풀게 하는 것이라고 생각합니다.

작곡가는 무엇에 대해서 이야기하고 있습니까?

1 곡을 만들 때의 마음가짐
2 사람을 기운 차리게 하는 곡의 조건
3 젊을 때에 슬퍼한 경험
4 스트레스를 해소하는 방법

해설 상황 설명에서 작곡가가 이야기하고 있다고 했으므로, 작곡가가 작곡과 관련하여 어떤 말을 하는지 주의 깊게 듣는다. 작곡가가 **私の作った曲を聞いて元気になったと声を掛けられることがあります。大変うれしいことです, 意図的に明るい音楽を作るようになりました。落ち込んでいるときにあの音楽を聞きたい、元気になりたいから聞こう。そう思ってもらえる音楽を作るようにしています**라고 했다. 질문에서 작곡가가 무엇에 대해 이야기하는지 묻고 있으므로, 1 **曲を作る際の心がけ**(곡을 만들 때의 마음가짐)가 정답이다.

어휘 **講演会 こうえんかい** 명 강연회　**作曲家 さっきょくか** 명 작곡가
曲 きょく 명 곡　**どうしようもなく** 부 속절없이
落ち込む おちこむ 동 의기소침하다　**たまたま** 부 우연히
流れる ながれる 동 흐르다　**歌詞 かし** 명 가사
共感 きょうかん 명 공감　**救う すくう** 동 도움이 되다
つかの間 つかのま 명 잠깐　**ますます** 부 점점
滅入る めいる 동 우울해지다　**意図 いと** 명 의도
リラックス 명 릴랙스　**効果 こうか** 명 효과　**本来 ほんらい** 명 본래
ストレス 명 스트레스　**解き放つ ときはなつ** 동 풀게 하다, 해방하다
心がけ こころがけ 명 마음가짐　**条件 じょうけん** 명 조건
悲しむ かなしむ 동 슬퍼하다　**解消 かいしょう** 명 해소

5

[음성]
テレビで女の人が話しています。
F：今住んでいるアパートは便利な場所にあるのですが、とても狭い、いわゆる極狭物件です。三畳しかないんですよ。以前はもう少し広い部屋でしたが、片道1時間半もかけて通勤していました。つまり、毎日3時間も通勤に時間を費やしていたので、時間がもったいないなとずっと思ってたんです。3時間もあれば何か習い事でもできるじゃないですか。でも、都心は家賃が高額だし、仕方がないと諦めていたのです。そう思っていたときに、この部屋なら以前の家賃と変わらないと知ったのです。初めて部屋を見たときはあまりの狭さに驚きましたが、週末もうちでじっとしていませんから寝るスペースさえあればいいかなと思ったんです。今は会社へは自転車で5分で行けるんですよ。

女の人は何について話していますか。

1 都心に通勤する大変さ
2 引っ越す前の住居の問題点
3 今のアパートに引っ越した理由
4 引っ越してから新しく始めた趣味

해석 텔레비전에서 여자가 이야기하고 있습니다.

F : 지금 살고 있는 아파트는 편리한 장소에 있습니다만, 매우 좁은, 이른바 극협 건물입니다. 다다미 3장 넓이밖에 되지 않습니다. 이전에는 조금 더 넓은 방이었습니다만, 편도 1시간 반이나 들여서 통근했습니다. 즉, 매일 3시간이나 통근에 시간을 낭비하고 있었기 때문에, 시간이 아깝다고 쭉 생각하고 있었습니다. 3시간이나 있으면 뭔가 배우는 일이라도 가능하지 않습니까? 하지만, 도심은 집세가 고액이고, 어쩔 수 없다고 포기하고 있었던 것입니다. 그렇게 생각하고 있을 때, 이 방이라면 이전 집세와 다르지 않다고 알게된 것입니다. 처음으로 방을 봤을 때는 너무나 좁아서 놀랐습니다만, 주말도 집에서 가만히 있지 않기 때문에 잘 공간만 있으면 괜찮으려나 하고 생각한 것입니다. 지금은 회사에는 자전거로 5분에 갈 수 있습니다.

여자는 무엇에 대해 이야기하고 있습니까?

1 도심에 통근하는 힘듦
2 이사하기 전 주거의 문제점
3 지금의 아파트에 이사한 이유
4 이사하고 나서 새롭게 시작한 취미

해설 상황 설명에서 여자가 이야기하고 있다고 했으므로, 여자의 이야기를 전체적인 흐름을 파악하며 주의 깊게 듣는다. 여자가 **今住んでいるアパートは便利な場所にあるのですが、とても狭い、いわゆる極狭物件です, 以前はもう少し広い部屋でしたが、片道1時間半もかけて通勤していました。つまり、毎日3時間も通勤に時間を費やしていたので、時間がもったいないなとずっと思ってたんです, この部屋なら以前の家賃と変わらないと知ったのです, 今は会社へは自転車で5分で行けるんですよ**라고 했다. 질문에서 여자가 무엇에 대해 이야기하는지 묻고 있으므로, 3 **今のアパートに引っ越した理由**(지금의 아파트에 이사한 이유)가 정답이다.

어휘 **いわゆる** 부 이른바
極狭物件 ごくきょうぶっけん 명 극협 건물, 극히 협소한 건물
以前 いぜん 명 이전 **片道 かたみち** 명 편도
通勤 つうきん 명 통근 **費やす ついやす** 동 낭비하다, 소비하다
もったいない い형 아깝다 **習い事 ならいごと** 명 배우는 일
都心 としん 명 도심 **家賃 やちん** 명 집세 **高額 こうがく** 명 고액
諦める あきらめる 동 포기하다 **じっと** 부 가만히 **スペース** 명 공간
住居 じゅうきょ 명 주거 **問題点 もんだいてん** 명 문제점

실전 테스트 2

p.377

1 4 **2** 4 **3** 3 **4** 1 **5** 3

문제3에서는, 문제 용지에 아무것도 인쇄되어 있지 않습니다. 이 문제는 전체적으로 어떤 내용인지를 묻는 문제입니다. 이야기 전에 질문은 없습니다. 우선 이야기를 들어주세요. 그리고 나서, 질문과 선택지를 듣고, 1에서 4 중에, 가장 알맞은 것을 하나 골라주세요.

1

[음성]

ラジオで外国語学校の講師が話しています。

F：何を学ぶにしても、始める時期は早ければ早いほどいいと言われています。特に言語の学習においては早いに越したことはありませんが、最近では、40代や50代になってから外国語を学び始める人も多いんです。大人になってから始めようというときに、それは本当に習得することだけが目的なのでしょうか。もちろんそういう人もたくさんいるでしょう。ですが、何かのコミュニティーに参加したい、誰かと話したい、自分を高めたいなどといった声もよく聞きます。それがたまたま言語を学ぶ場所だったということです。そうやって、習得することだけにこだわらず気軽に学んでみたら、意外にも楽しくなってどんどん上達していくかもしれませんよ。

講師は何について話していますか。

1 言語学習を始める時の注意点
2 効率よく言語を学ぶコツ
3 言語学習の悪い例
4 楽しく言語を学ぶ姿勢

해석 라디오에서 외국어 학교의 강사가 이야기하고 있습니다.

F : 무엇을 배워도, 시작하는 시기는 빠르면 빠를수록 좋다고 일컬어지고 있습니다. 특히 언어의 학습에 있어서는 빠른 것이 가장 좋습니다만, 최근에는, 40대나 50대가 되고 나서 외국어를 배우기 시작하는 사람도 많습니다. 어른이 되고 나서 시작하려고 할 때, 그것은 정말로 습득하는 것만이 목적인 걸까요? 물론 그런 사람도 많이 있겠지요. 하지만, 뭔가의 커뮤니티에 참가하고 싶다, 누군가와 이야기하고 싶다, 자신을 높이고 싶다 등과 같은 목소리도 자주 듣습니다. 그것이 우연히 언어를 배우는 장소였다는 것입니다. 그렇게 해서, 습득하는 것에만 구애되지 않고 부담 없이 배워 보면, 의외로 즐거워져서 쭉쭉 숙달되어 갈지도 모릅니다.

강사는 무엇에 대해서 이야기하고 있습니까?

1 언어 학습을 시작할 때의 주의점
2 효율 좋게 언어를 배우는 요령

3 언어 학습의 나쁜 예

4 즐겁게 언어를 배우는 자세

해설 상황 설명에서 외국어 학교의 강사가 이야기하고 있다고 했으므로, 강사가 외국어와 관련하여 어떤 말을 하는지 주의 깊게 듣는다. 강사가 **最近では、40代や50代になってから外国語を学び始める人も多いんです, 何かのコミュニティーに参加したい、誰かと話したい、自分を高めたいなど, 習得することだけにこだわらず気軽に学んでみたら、意外にも楽しくなってどんどん上達していくかもしれませんよ**라고 했다. 질문에서 강사가 무엇에 대해 이야기하고 있는지 묻고 있으므로, 4 **楽しく言語を学ぶ姿勢**(즐겁게 언어를 배우는 자세)가 정답이다.

어휘 **外国語** がいこくご 명 외국어 **講師** こうし 명 강사
学ぶ まなぶ 동 배우다 **時期** じき 명 시기 **言語** げんご 명 언어
学習 がくしゅう 명 학습 **習得** しゅうとく 명 습득
目的 もくてき 명 목적 **コミュニティー** 명 커뮤니티
参加 さんか 명 참가 **高める** たかめる 동 높이다
たまたま 부 우연히 **こだわる** 동 구애되다
気軽だ きがるだ な형 부담 없다 **上達** じょうたつ 명 숙달
注意点 ちゅういてん 명 주의점 **効率** こうりつ 명 효율
コツ 명 요령 **姿勢** しせい 명 자세

2

[음성]

講演会で男の人が話しています。

M：子どもの教育についてご両親から寄せられる相談で最近増えているのは、「子どもが勉強しないんですが、どうしたらいいですか」というものです。お気持ちはよく分かるのですが、周りの子と比べて自分の子どもを評価している人が少なくないことに、不安を感じています。成長のスピードは人それぞれで、背の高さが異なるように、勉強に興味を持ち始める時期にも個性があります。まずは、子どもの心の状態を知ることから始めるべきなのに、そこを飛ばして理想を押し付けようとする人が非常に多いんです。

男の人の話のテーマは何ですか。

1 子どもの勉強時間を増やす方法
2 勉強しない子どもが増えた理由
3 子どもの成長に対する評価の重要性
4 子育てをしている親に対する心配

해석 강연회에서 남자가 이야기하고 있습니다.

M : 아이의 교육에 대해 부모님으로부터 밀려오는 상담에서 최근 늘고 있는 것은, '아이가 공부하지 않습니다만, 어떻게 하면 좋습니까?'라는 것입니다. 마음은 잘 압니다만, 주위의 아이와 비교하여 자신의 아이를 평가하고 있는 사람이 적지 않은 것에, 불안을 느끼고 있습니다. 성장 속도는 사람마다 다르고, 키의 높이가 다른 것처럼, 공부에 흥미를 가지기 시작하는 시기에도 개성이 있습니다. 우선은, 아이의 마음 상태를 아는 것부터 시작해야 하는데, 그것을 건너뛰고 이상을 밀어붙이려고 하는 사람이 대단히 많은 것입니다.

남자의 이야기의 테마는 무엇입니까?

1 아이의 공부 시간을 늘리는 방법
2 공부하지 않는 아이가 늘어난 이유
3 아이의 성장에 대한 평가의 중요성
4 육아를 하고 있는 부모에 대한 걱정

해설 상황 설명에서 남자가 이야기하고 있다고 했으므로, 남자의 이야기를 전체적인 흐름을 파악하며 주의 깊게 듣는다. 남자가 **周りの子と比べて自分の子どもを評価している人が少なくないことに、不安を感じています, 子どもの心の状態を知ることから始めるべきなのに、そこを飛ばして理想を押し付けようとする人が非常に多いんです**라고 했다. 질문에서 남자의 이야기의 테마에 대해 묻고 있으므로, 4 **子育てをしている親に対する心配**(육아를 하고 있는 부모에 대한 걱정)가 정답이다.

어휘 **講演会** こうえんかい 명 강연회 **寄せる** よせる 동 밀려오다
評価 ひょうか 명 평가 **不安** ふあん 명 불안
感じる かんじる 동 느끼다 **成長** せいちょう 명 성장
スピード 명 속도, 스피드 **異なる** ことなる 동 다르다
時期 じき 명 시기 **個性** こせい 명 개성 **状態** じょうたい 명 상태
飛ばす とばす 동 건너뛰다 **理想** りそう 명 이상
押し付ける おしつける 동 밀어붙이다 **テーマ** 명 테마
増やす ふやす 동 늘리다 **方法** ほうほう 명 방법
成長 せいちょう 명 성장 **重要性** じゅうようせい 명 중요성
子育て こそだて 명 육아

3

[음성]

テレビでホテルの社長が話しています。

F：3年前までは若いお客様を増やすことに力をいれていたのですが、従業員との協議の中で、これからの時代、お年寄りが快適に過ごせるホテルを目指すべきではないかという意見が出たことをきっかけに方針を変えました。まず設備面の改装に着手し、スロープや手すりを増やして、車椅子でも移動しやすいように大きいエレベーターも設置しました。お料理につきましても、若い世代に人気の食べ放題はやめて、体調やお好みに合わせてメニューをお選びいただける形へと変更しました。このことは、若い年代のお客様にも喜ばれる結果となりました。多くの方にまた来たいと思っていただけるように、高齢の方々のご要望をこれからも取り入れていきたいと考えております。

ホテルの社長は何について話していますか。

1 若者の客を増やすための対策
2 ホテルの経営が失敗した理由

3 お年寄りが過ごしやすい施設への転換
4 全ての世代に満足してもらうための工夫

해석 텔레비전에서 호텔 사장이 이야기하고 있습니다.

F : 3년 전까지는 젊은 손님을 늘리는 것에 힘을 쏟고 있었습니다만, 종업원과의 협의 중에, 앞으로의 시대, 노인이 쾌적하게 보낼 수 있는 호텔을 목표로 삼아야 하지 않겠냐는 의견이 나온 것을 계기로 방침을 바꿨습니다. 우선 설비 면의 개장에 착수하여, 경사로와 난간을 늘리고, 휠체어라도 이동하기 쉽도록 큰 엘리베이터도 설치했습니다. 요리에 관해서도, 젊은 세대에게 인기인 무한 리필은 그만두고, 몸 상태나 취향에 맞춰서 메뉴를 고를 수 있는 형태로 변경했습니다. 이것은, 젊은 세대의 고객도 기뻐하는 결과가 되었습니다. 많은 분들이 또 오고 싶다고 생각하실 수 있도록, 고령 분들의 요청을 앞으로도 도입해가고 싶다고 생각하고 있습니다.

호텔의 사장은 무엇에 대해서 이야기하고 있습니까?

1 젊은 손님을 늘리기 위한 대책
2 호텔 경영이 실패한 이유
3 노인이 지내기 쉬운 시설로의 전환
4 모든 세대를 만족시키기 위한 궁리

해설 상황 설명에서 호텔 사장이 이야기하고 있다고 했으므로, 호텔 사장이 호텔과 관련하여 어떤 말을 하는지 주의 깊게 듣는다. 호텔 사장이 **お年寄りが快適に過ごせるホテルを目指すべきではないかという意見が出たことをきっかけに方針を変えました, スロープや手すりを増やして、車椅子でも移動しやすいように大きいエレベーターも設置しました, 体調やお好みに合わせてメニューをお選びいただける形へと変更, 高齢の方々のご要望をこれからも取り入れていきたい**라고 했다. 질문에서 호텔의 사장이 무엇에 대해 이야기하고 있는지 묻고 있으므로, 3 **お年寄りが過ごしやすい施設への転換**(노인이 지내기 쉬운 시설로의 전환)이 정답이다.

어휘 **増やす** ふやす 동 늘리다 **従業員** じゅうぎょういん 명 종업원
協議 きょうぎ 명 협의 **年寄り** としより 명 노인
快適だ かいてきだ な형 쾌적하다 **目指す** めざす 동 목표로 삼다
きっかけ 명 계기 **方針** ほうしん 명 방침 **設備** せつび 명 설비
改装 かいそう 명 개장 **着手** ちゃくしゅ 명 착수
スロープ 명 경사로 **手すり** てすり 명 난간
車椅子 くるまいす 명 휠체어 **移動** いどう 명 이동
設置 せっち 명 설치 **世代** せだい 명 세대 **人気** にんき 명 인기
食べ放題 たべほうだい 명 무한 리필 **体調** たいちょう 명 몸 상태
好み このみ 명 취향 **変更** へんこう 명 변경
年代 ねんだい 명 세대 **結果** けっか 명 결과
高齢 こうれい 명 고령 **方々** かたがた 명 분들
要望 ようぼう 명 요청, 요망 **取り入れる** とりいれる 동 도입하다
若者 わかもの 명 젊은이 **対策** たいさく 명 대책
経営 けいえい 명 경영 **施設** しせつ 명 시설 **転換** てんかん 명 전환
満足 まんぞく 명 만족 **工夫** くふう 명 궁리

4

[음성]

地域の集会で男の人が話しています。

M：今日は、この地域で問題となっているマンション建設とそれに伴う幼稚園移転について皆さんと考えたいと思います。色々な意見があるようですが、私は、何よりも子供の育つ環境のことを考えなければならないと思っています。予定されている幼稚園の移転先は今の自然の多い場所とは違い、交通量の多い大通りに面した場所で、環境が今よりずっと悪くなることが心配されます。この点については保護者の皆さんにも今後アンケートを取っていきたいと考えています。一方、マンション建設ですが、これ自体は、新しい人達が多く移り住むことで地域が活性化される部分も大きく、個人的には嬉しく思っています。ですが、マンションを建設するとなると幼稚園は移転せざるを得ません。難しいところですね。皆さんはどう思われますか。

男の人は、この地域の問題についてどう考えていますか。

1 マンション建設には賛成だが、幼稚園移転には反対だ
2 マンション建設と幼稚園移転のどちらにも反対だ
3 マンション建設と幼稚園移転のどちらにも賛成だ
4 マンション建設には反対だが、幼稚園移転には賛成だ

해석 지역의 집회에서 남자가 이야기하고 있습니다.

M : 오늘은, 이 지역에서 문제가 되고 있는 맨션 건설과 그에 따른 유치원 이전에 대해서 여러분과 생각하고 싶습니다. 다양한 의견이 있는 것 같습니다만, 저는, 무엇보다도 아이가 자라는 환경에 대한 것을 생각하지 않으면 안 된다고 여기고 있습니다. 예정되어 있는 유치원 이전 터는 지금의 자연이 많은 장소와는 다르게, 교통량이 많은 큰길에 면한 장소로, 환경이 지금보다 훨씬 나빠지는 것이 걱정됩니다. 이 점에 대해서는 보호자 여러분에게도 앞으로 앙케트를 실시하고 싶다고 생각하고 있습니다. 한편, 맨션 건설입니다만, 이것 자체는, 새로운 사람들이 많이 이사 와서 사는 것으로 지역이 활성화되는 부분도 커서, 개인적으로는 기쁘게 생각하고 있습니다. 하지만, 맨션을 건설하게 되면 유치원은 이전하지 않을 수 없습니다. 어려운 부분이네요. 여러분은 어떻게 생각하십니까?

남자는, 이 지역의 문제에 대해서 어떻게 생각하고 있습니까?

1 맨션 건설에는 찬성이지만, 유치원 이전에는 반대다
2 맨션 건설과 유치원 이전 어느 쪽에도 반대다
3 맨션 건설과 유치원 이전 어느 쪽에도 찬성이다
4 맨션 건설에는 반대지만, 유치원 이전에는 찬성이다

해설 상황 설명에서 남자가 지역의 집회에서 이야기하고 있다고 했으므로, 남자가 지역과 관련하여 어떤 말을 하는지 주의 깊게 듣는다. 남자가 **幼稚園の移転先は今の自然の多い場所とは違い、交通量の多い大通りに面した場所で、環境が今よりずっと悪くなることが**

心配, マンション建設ですが、これ自体は、新しい人達が多く移り住むことで地域が活性化される部分も大きく、個人的には嬉しく思っていますお라고 했다. 질문에서 남자가 이 지역의 문제에 대해 어떻게 생각하고 있는지 묻고 있으므로, 1 マンション建設には賛成だが、幼稚園移転には反対だ(맨션 건설에는 찬성이지만, 유치원 이전에는 반대다)가 정답이다.

어휘 地域 ちいき [명] 지역　集会 しゅうかい [명] 집회　マンション [명] 맨션
建設 けんせつ [명] 건설　伴う ともなう [동] 따르다
幼稚園 ようちえん [명] 유치원　移転 いてん [명] 이전
育つ そだつ [동] 자라다　環境 かんきょう [명] 환경
交通量 こうつうりょう [명] 교통량　大通り おおどおり [명] 큰길
面する めんする [동] 면하다　保護者 ほごしゃ [명] 보호자
今後 こんご [명] 앞으로　アンケート [명] 앙케트　一方 いっぽう [접] 한편
自体 じたい [명] 자체　移り住む うつりすむ [동] 이사 와서 살다
活性化 かっせいか [명] 활성화　部分 ぶぶん [명] 부분
個人的だ こじんてきだ [な형] 개인적이다　賛成 さんせい [명] 찬성

5

[음성]

学校の説明会で女の人が話しています。

F：皆さん、本日はお越しいただきありがとうございます。この説明会をきっかけに、我が校のことをよく知ってもらえると嬉しいです。皆さんは、この学校やこの学校に通う生徒達に色々なイメージをもっていると思います。私がまず皆さんに伝えたいことは、どんな自分でもいいということです。入学したら何をしたいか、どんな自分になりたいか考えてみてください。それが周囲の人と同じである必要は全くありません。勉強でもスポーツでも趣味でも、自分のしたいことを思いっきりやってみてください。そうすると、きっと同じように考える人達が自然と集まり、時間を一緒に過ごしながら、よい人間関係を築くことができるでしょう。まず自分の希望や目標を大切にして、そして仲間とともに成長してくれること、それが、私達が願っていることです。

女の人は、何について伝えていますか。

1 この学校の授業の受け方
2 この学校の生徒のイメージ
3 この学校の教育方針
4 この学校での友達の作り方

해석 학교 설명회에서 여자가 이야기하고 있습니다.

F：여러분, 오늘은 와주셔서 감사합니다. 이 설명회를 계기로, 우리 학교에 대한 것을 잘 알아주신다면 기쁘겠습니다. 여러분은, 이 학교와 이 학교에 다니는 학생들에게 여러 이미지를 가지고 있을 것이라고 생각합니다. 제가 우선 여러분에게 전하고 싶은 것은, 어떤 자신이라도 괜찮다는 것입니다. 입학하면 무엇을 하고 싶은지, 어떤 자신이 되고 싶은지 생각해봐 주세요. 그것이 주위의 사람과 같을 필요는 전혀 없습니다. 공부라도 스포츠라도 취미라도, 자신이 하고 싶은 것을 마음껏 해봐주세요. 그렇게 하면, 분명 똑같이 생각하는 사람들이 자연스럽게 모여, 시간을 함께 보내면서, 좋은 인간관계를 구축하는 것이 가능하겠지요. 우선 자신의 희망이나 목표를 소중히 하고, 그리고 동료와 함께 성장해 주는 것, 그것이, 우리들이 바라고 있는 것입니다.

여자는, 무엇에 대해서 전하고 있습니까?

1 이 학교의 수업을 받는 법
2 이 학교 학생의 이미지
3 이 학교의 교육 방침
4 이 학교에서 친구를 만드는 법

해설 상황 설명에서 여자가 학교 설명회에서 이야기하고 있다고 했으므로, 여자가 학교와 관련하여 어떤 말을 하는지 주의 깊게 듣는다. 여자가 入学したら何をしたいか、どんな自分になりたいか考えてみてください, 自分のしたいことを思いっきりやってみてください, 自分の希望や目標を大切にして、そして仲間とともに成長してくれること、それが、私達が願っていること라고 했다. 질문에서 여자가 무엇에 대해서 전하고 있는지 묻고 있으므로, 3 この学校の教育方針(이 학교의 교육 방침)이 정답이다.

어휘 説明会 せつめいかい [명] 설명회　本日 ほんじつ [명] 오늘
きっかけ [명] 계기　イメージ [명] 이미지　周囲 しゅうい [명] 주위
全く まったく [부] 전혀　思いっきり おもいっきり [부] 마음껏(=思いきり)
人間関係 にんげんかんけい [명] 인간관계　築く きずく [동] 구축하다
希望 きぼう [명] 희망　目標 もくひょう [명] 목표　仲間 なかま [명] 동료
成長 せいちょう [명] 성장　願う ねがう [동] 바라다
方針 ほうしん [명] 방침

실전 테스트 3

p.377

1 4　**2** 3　**3** 4　**4** 2　**5** 3

문제3에서는, 문제 용지에 아무것도 인쇄되어 있지 않습니다. 이 문제는 전체적으로 어떤 내용인지를 묻는 문제입니다. 이야기 전에 질문은 없습니다. 우선 이야기를 들어주세요. 그리고 나서, 질문과 선택지를 듣고, 1에서 4 중에, 가장 알맞은 것을 하나 골라주세요.

1

[음성]

テレビで医者が話しています。

F：通信のインフラが整備されてきた昨今、仕事や買い物はもちろん、医療の現場でもオンライン診療に関心が向けられてきています。私達の病院でも、遠方の患者さんやお子さん、ご高齢の方に、ご自宅から待ち時間なしで診察を受けていただけるオンライン診療を始めたところ、このような診療を希望される方が予想以上に多いことが分かりました。処方された薬はご自宅の近くの薬局で受け取ることもできますし、こちらからご自宅まで郵送することも可能です。ただ、初めて診察を受ける場合や、外科のように処置が必要な場合には適しておりませんので、まだまだ課題はありますが。持病の薬の処方や、免疫力が下がっていて外出なさらないほうがいい場合などには有効です。医師と話しただけでご家族も患者さんご本人も安心されるので、是非全国の皆様にご利用いただきたいと思います。

医者は何について話していますか。

1 通信環境の整備の拡張
2 診療を希望する人の増加
3 薬を郵便でもらう方法
4 オンライン診療を推奨する理由

해석 텔레비전에서 의사가 이야기하고 있습니다.

F : 통신 인프라가 정비되어 온 요즈음, 일이나 쇼핑은 물론, 의료 현장에서도 온라인 진료에 관심이 쏠리고 있습니다. 저희 병원에서도, 먼 곳의 환자분이나 자제분, 고령인 분에게, 자택에서 기다리는 시간 없이 진찰을 받으실 수 있는 온라인 진료를 시작했더니, 이러한 진료를 희망하시는 분이 예상 이상으로 많은 것을 알았습니다. 처방된 약은 자택 근처 약국에서 받는 것도 가능하고, 이쪽에서 자택까지 우편 발송하는 것도 가능합니다. 단, 처음 진찰을 받는 경우나, 외과와 같이 조치가 필요한 경우에는 적절하지 않기 때문에, 아직 과제는 있습니다만. 지병의 약 처방이나, 면역력이 낮아서 외출하시지 않는 편이 좋은 경우 등에는 유효합니다. 의사와 이야기한 것만으로 가족도 환자 본인도 안심되기 때문에, 꼭 전국의 여러분이 이용해 주셨으면 합니다.

의사는 무엇에 대해서 이야기하고 있습니까?

1 통신 환경 정비의 확장
2 진료를 희망하는 사람의 증가
3 약을 우편으로 받는 방법
4 온라인 진료를 추천하는 이유

해설 상황 설명에서 의사가 이야기하고 있다고 했으므로, 의사의 이야기를 전체적인 흐름을 파악하며 주의 깊게 듣는다. 의사가 ご自宅から待ち時間なしで診察を受けていただけるオンライン診療を始めたところ、このような診療を希望される方が予想以上に多いこと, 持病の薬の処方や、免疫力が下がっていて外出なさらないほうがいい場合などには有効, 是非全国の皆様にご利用いただきたいと思います라고 했다. 질문에서 의사가 무엇에 대해 이야기하고 있는지 묻고 있으므로, 4 オンライン診療を推奨する理由(온라인 진료를 추천하는 이유)가 정답이다.

어휘 通信 つうしん 명 통신　インフラ 명 인프라　整備 せいび 명 정비
昨今 さっこん 명 요즈음　医療 いりょう 명 의료　現場 げんば 명 현장
オンライン 명 온라인　診療 しんりょう 명 진료
関心 かんしん 명 관심　向ける むける 동 쏟다
遠方 えんぽう 명 먼 곳　患者 かんじゃ 명 환자
高齢 こうれい 명 고령　自宅 じたく 명 자택　診察 しんさつ 명 진찰
希望 きぼう 명 희망　予想 よそう 명 예상　処方 しょほう 명 처방
薬局 やっきょく 명 약국　受け取る うけとる 동 받다
郵送 ゆうそう 명 우편 발송, 우송　外科 げか 명 외과
処置 しょち 명 조치　適する てきする 동 적절하다
課題 かだい 명 과제　持病 じびょう 명 지병
免疫力 めんえきりょく 명 면역력　外出 がいしゅつ 명 외출
有効 ゆうこう 명 유효　医師 いし 명 의사　本人 ほんにん 명 본인
全国 ぜんこく 명 전국　環境 かんきょう 명 환경
拡張 かくちょう 명 확장　増加 ぞうか 명 증가　郵便 ゆうびん 명 우편
方法 ほうほう 명 방법　推奨 すいしょう 명 추천

2

[음성]

テレビでレポーターが話しています。

M：この地域では、育てやすい一般的な野菜の生産に押され、地域に古くから伝わる伝統野菜の生産は、ほぼゼロといってもいいくらい減ってしまいました。しかし、数年前から、ベテラン農家と若い世代の農家が協力して、失われつつある伝統野菜を地域の特産品にするべく、様々な努力をしてきました。そしてこの春、ついに5種類の伝統野菜が、全国のスーパーに並ぶことになりました。生産過程においては、伝統的な方法にこだわることなく、最新の農業技術が取り入れられています。生産量が大幅に増えた背景には、ビニールハウスでの自動温度管理があるそうです。

レポーターは、何について伝えていますか。

1 新しい野菜の開発
2 生産者の世代交代
3 伝統野菜の生産増大
4 伝統的な農業技術の活用

해석 텔레비전에서 리포터가 이야기하고 있습니다.

M : 이 지역에서는, 기르기 쉬운 일반적인 야채의 생산에 밀려, 지역에 예전부터 전해지는 전통 야채의 생산은, 거의 제로라고 해도 좋을 정도로 줄어버렸습니다. 하지만, 수년 전부터, 베테랑 농가와 젊은 세대의 농가가 협력해서, 잃어가고 있는 전통 야채를 지역의 특산품으로 하기 위해, 다양한 노력을 해왔습니다. 그리고 이 봄, 마침내 5종류의 전통 야채가, 전국의 슈퍼에 진열되게 되었습니다. 생산 과정에 있어서는, 전통적인 방법에 구애되는 일 없이, 최신 농업 기술이 도입되고 있습니다. 생산량이 큰 폭으로 늘어난 배경에는, 비닐하우스에서의 자동 온도 관리가 있다고 합니다.

리포터는, 무엇에 대해서 전하고 있습니까?

1 새로운 야채의 개발
2 생산자의 세대교체
3 전통 야채의 생산 증대

4 전통적인 농업 기술의 활용

해설 상황 설명에서 리포터가 이야기하고 있다고 했으므로, 리포터의 이야기를 전체적인 흐름을 파악하며 주의 깊게 듣는다. 리포터가 **伝統野菜の生産は、ほぼゼロといってもいいくらい減ってしまいました, 伝統野菜を地域の特産品にするべく、様々な努力をしてきました, 生産量が大幅に増えた背景には、ビニールハウスでの自動温度管理があるそうです**라고 했다. 질문에서 리포터가 무엇에 대해 전하고 있는지 묻고 있으므로, 3 **伝統野菜の生産増大**(전통 야채의 생산 증대)가 정답이다.

어휘 レポーター 명 리포터　地域 ちいき 명 지역
一般的だ いっぱんてきだ な형 일반적이다
伝わる つたわる 동 전해지다　ほぼ 부 거의　減る へる 동 줄다
ベテラン 명 베테랑　農家 のうか 명 농가　世代 せだい 명 세대
協力 きょうりょく 명 협력　失う うしなう 동 잃다
特産品 とくさんひん 명 특산품　様々だ さまざまだ な형 다양하다
努力 どりょく 명 노력　ついに 부 마침내　種類 しゅるい 명 종류
全国 ぜんこく 명 전국　過程 かてい 명 과정
方法 ほうほう 명 방법　こだわる 동 구애되다
最新 さいしん 명 최신　農業 のうぎょう 명 농업
取り入れる とりいれる 동 도입하다　大幅 おおはば 명 큰 폭
背景 はいけい 명 배경　ビニールハウス 명 비닐하우스
自動 じどう 명 자동　温度 おんど 명 온도　管理 かんり 명 관리
開発 かいはつ 명 개발　生産者 せいさんしゃ 명 생산자
世代交代 せだいこうたい 명 세대교체　増大 ぞうだい 명 증대
活用 かつよう 명 활용

3

[음성]

ラジオでウェブショップの女の人が話しています。

F：ウェブショップを開くにあたっては、お客様の視点から、見やすさ、買いやすさを追求することに力を注ぎました。実際のお店とは異なり、商品を手にとっていただくことができないので、写真撮影は実績のあるプロカメラマンに依頼しました。そして、まるで商品が目の前にあるかのように感じることができる写真を掲載することを目指したんです。商品を置く角度や背景の色、光の当たり具合まで、細かい調整を重ねました。そのおかげで、当店の商品の魅力が十分に伝わるウェブショップが完成したと思っています。

女の人は何について話していますか。

1 ウェブショップを開く目的
2 プロカメラマンの撮影技術
3 商品の特徴と魅力
4 商品写真の工夫

해석 라디오에서 인터넷 상점의 여자가 이야기하고 있습니다.

F : 인터넷 상점을 열 때에는, 고객의 시점에서, 보기 쉬움, 사기 쉬움을 추구하는 것에 힘을 쏟았습니다. 실제 가게와는 다르게, 상품을 손에 드는 것이 불가능하기 때문에, 사진 촬영은 실적이 있는 프로 카메라맨에게 의뢰했습니다. 그리고, 마치 상품이 눈앞에 있는 것 처럼 느낄 수 있는 사진을 게재하는 것을 목표로 한 것입니다. 상품을 놓는 각도나 배경색, 빛이 닿는 정도까지, 세세한 조정을 거듭했습니다. 그 덕분에, 이 가게의 상품의 매력이 충분히 전달되는 인터넷 상점이 완성되었다고 생각하고 있습니다.

여자는 무엇에 대해서 이야기하고 있습니까?

1 인터넷 상점을 여는 목적
2 프로 카메라맨의 촬영 기술
3 상품의 특징과 매력
4 상품 사진의 궁리

해설 상황 설명에서 인터넷 상점의 여자가 이야기하고 있다고 했으므로, 여자가 인터넷 상점과 관련하여 어떤 말을 하는지 주의 깊게 듣는다. 여자가 **写真撮影は実績のあるプロカメラマンに依頼, 商品が目の前にあるかのように感じることができる写真を掲載, 商品を置く角度や背景の色、光の当たり具合まで、細かい調整を重ねました**라고 했다. 질문에서 여자가 무엇에 대해 이야기하고 있는지 묻고 있으므로, 4 **商品写真の工夫**(상품 사진의 궁리)가 정답이다.

어휘 ウェブショップ 명 인터넷 상점, 웹숍　視点 してん 명 시점
追求 ついきゅう 명 추구　注ぐ そそぐ 동 쏟다
実際 じっさい 명 실제　異なる ことなる 동 다르다
商品 しょうひん 명 상품　撮影 さつえい 명 촬영
実績 じっせき 명 실적　プロ 명 프로　カメラマン 명 카메라맨
依頼 いらい 명 의뢰　まるで 부 마치　感じる かんじる 동 느끼다
掲載 けいさい 명 게재　目指す めざす 동 목표로 하다
角度 かくど 명 각도　背景 はいけい 명 배경　光 ひかり 명 빛
あたる 동 닿다, 쐬다　具合 ぐあい 명 정도, 상태
調整 ちょうせい 명 조정　重ねる かさねる 동 거듭하다
当店 とうてん 명 이 가게　魅力 みりょく 명 매력
伝わる つたわる 동 전달되다　完成 かんせい 명 완성
目的 もくてき 명 목적　特徴 とくちょう 명 특징　工夫 くふう 명 궁리

4

[음성]

大学の授業で先生が話しています。

F：えー、私たちは人と話すときに話の内容だけではなく、声のトーンや身振り手振りなど様々な情報を読み取っています。しかし、その読み取り方には、日本人と欧米人に違いがあるのを知っていますか。例えば表情です。顔の中で一番顕著に感情が表れるのは口元で、一番感情を偽りにくいのが目元だと言われています。口元は意志で動かすことができますが、目元はそれが難しいためです。つまり、口元は自分が見せたい表情を作ることができるのに対して、目元は感じたままの感情が出てしまうというわけです。日本人はサングラスをしている人に不信感を持ちますが、欧米人はマスクをしている人により不信感を持つそうです。ここから、双方が主にどこに着目してコミュニケーションしているか、ということが分かりますね。そして、これらが示す通り、日本人と欧米人の間には大きな違いがあるのです。

先生の話のテーマは何ですか。

1 コミュニケーション時に口元と目元に表れる感情
2 コミュニケーション時の情報の取り込み方の違い
3 コミュニケーション時の口元と目元が与える印象
4 コミュニケーション時に必要な表情の出し方

해석 대학 수업에서 선생님이 이야기하고 있습니다.

F : 음, 우리들은 사람과 이야기할 때에 이야기의 내용뿐만 아니라, 목소리 톤이나 몸짓 손짓 등 다양한 정보를 파악하고 있습니다. 하지만, 그 파악 방식에는, 일본인과 서양인에게 차이가 있는 것을 알고 있습니까? 예를 들면 표정입니다. 얼굴 중에서 가장 현저하게 감정이 나타나는 것은 입가이고, 가장 감정을 속이기 어려운 것이 눈가라고 일컬어집니다. 입가는 의지로 움직이는 것이 가능하지만, 눈가는 그것이 어렵기 때문입니다. 즉, 입가는 자신이 보이고 싶은 표정을 만드는 것이 가능한 것에 반해, 눈가는 느낀 그대로의 감정이 나와 버린다는 것입니다. 일본인은 선글라스를 하고 있는 사람에게 불신감을 가집니다만, 서양인은 마스크를 하고 있는 사람에게 더욱 불신감을 가진다고 합니다. 여기에서, 쌍방이 주로 어디에 주목해서 커뮤니케이션하고 있는가, 라는 것을 알 수 있지요. 그리고, 이것들이 나타내는 대로, 일본인과 서양인 사이에는 큰 차이가 있는 것입니다.

선생님의 이야기의 테마는 무엇입니까?

1 커뮤니케이션 시에 입가와 눈가에 나타나는 감정
2 커뮤니케이션 시의 정보를 얻는 방법의 차이
3 커뮤니케이션 시의 입가와 눈가가 주는 인상
4 커뮤니케이션 시에 필요한 표정을 내는 법

해설 상황 설명에서 선생님이 이야기하고 있다고 했으므로, 선생님의 이야기를 전체적인 흐름을 파악하며 주의 깊게 듣는다. 선생님이 **私たちは人と話すときに話の内容だけではなく、声のトーンや身振り手振りなど様々な情報を読み取っています, その読み取り方には、日本人と欧米人に違いがあるのを知っていますか, 日本人はサングラスをしている人に不信感を持ちますが、欧米人はマスクをしている人により不信感を持つそうです**라고 했다. 질문에서 선생님의 이야기의 테마가 무엇인지 묻고 있으므로, 2 コミュニケーション時の情報の取り込み方の違い(커뮤니케이션 시의 정보를 얻는 방법의 차이)가 정답이다.

어휘 内容 ないよう 명 내용　トーン 명 톤　身振り みぶり 명 몸짓
手振り てぶり 명 손짓　様々だ さまざまだ な형 다양하다
情報 じょうほう 명 정보　読み取る よみとる 동 파악하다
欧米人 おうべいじん 명 서양인　表情 ひょうじょう 명 표정
顕著だ けんちょだ な형 현저하다　感情 かんじょう 명 감정
現れる あらわれる 동 나타나다　口元 くちもと 명 입가
偽る いつわる 동 속이다　目元 めもと 명 눈가　意志 いし 명 의지
動かす うごかす 동 움직이게 하다　感じる かんじる 동 느끼다
サングラス 명 선글라스　不信感 ふしんかん 명 불신감
マスク 명 마스크　双方 そうほう 명 쌍방　主に おもに 부 주로
着目 ちゃくもく 명 주목　コミュニケーション 명 커뮤니케이션
取り込み方 とりこみかた 명 얻는 방법　与える あたえる 동 주다
印象 いんしょう 명 인상

5

[음성]

会議で女の人が男の人に花まつりの開催と期間について意見を聞いています。

F：それでは、「花まつりの開催」と「開催期間」についてご意見をお聞かせください。

M：はい。まず、開催するかどうかですが、私はぜひ開催するべきだと思います。田舎で交通の便が悪く集客に不安があるという意見もありますが、近くに高速道路の出口もありますし、最寄り駅まで送迎バスを運行すれば問題ないと思います。むしろ、近隣の緑豊かな環境をアピールすれば、集客が期待できると考えます。「期間」については、もう少し検討が必要じゃないでしょうか。現在の2月から8月ですと少し長い上に花の少ない時期もありますので、コストを抑える意味でも期間の見直しをするべきではないかと思います。

男の人は花まつりの開催と期間についてどう考えていますか。

1 開催にも開催期間にも、賛成だ
2 開催も開催期間も、見直しが必要だ
3 開催には賛成だが、開催期間は考え直すべきだ
4 場所を見直す必要があるが、開催期間は賛成だ

해석 회의에서 여자가 남자에게 꽃 축제의 개최와 기간에 대해서 의견을 묻고 있습니다.

F : 그러면, '꽃 축제의 개최'와 '개최 기간'에 대해서 의견을 들려주세요.

M : 네. 우선, 개최할지 말지입니다만, 저는 꼭 개최해야 한다고 생각합니다. 시골이어서 교통편이 나빠 손님을 모으는 것이 불안하다는 의견도 있습니다만, 근처에 고속도로의 출구도 있고, 가장 가까운 역까지 송영 버스를 운행하면 문제없다고 생각합니다. 오히려, 근방의 녹음이 풍부한 환경을 어필하면, 손님을 모으는 것을 기대할 수 있다고 생각합니다. '기간'에 대해서는, 조금 더 검토가 필요하지 않을까요? 현재의 2월에서 8월이면 조금 긴 데다가 꽃이 적은 시기도 있기 때문에, 비용을 억제하는 의미에서도 기간의 재검토를 해야 하지 않을까 생각합니다.

남자는 꽃 축제의 개최와 기간에 대해서 어떻게 생각하고 있습니까?

1 개최에도 개최 기간에도, 찬성이다
2 개최도 개최 기간도, 재검토가 필요하다
3 개최에는 찬성이지만, 개최 기간은 재고해야 한다

4 장소를 재검토할 필요가 있지만, 개최 기간은 찬성이다

해설 상황 설명에서 여자가 남자에게 의견을 묻고 있다고 했으므로, 남자의 이야기를 주의 깊게 듣는다. 남자가 **開催するかどうかですが、私はぜひ開催するべきだと思います**, **「期間」については、もう少し検討が必要じゃないでしょうか**라고 했다. 질문에서 꽃 축제의 개최와 기간에 대해 남자가 어떻게 생각하고 있는지 묻고 있으므로, 3 **開催には賛成だが、開催期間は考え直すべきだ**(개최에는 찬성이지만, 개최 기간은 재고해야 한다)가 정답이다.

어휘 **開催** かいさい 명 개최　**期間** きかん 명 기간
集客 しゅうきゃく 명 손님을 모으는 것, 집객　**高速** こうそく 명 고속
道路 どうろ 명 도로　**最寄り駅** もよりえき 가장 가까운 역
送迎 そうげい 명 송영　**運行** うんこう 명 운행　**むしろ** 부 오히려
近隣 きんりん 명 근방, 이웃　**環境** かんきょう 명 환경
アピール 명 어필　**期待** きたい 명 기대　**検討** けんとう 명 검토
現在 げんざい 명 현재　**時期** じき 명 시기　**コスト** 명 비용
抑える おさえる 동 억제하다　**見直し** みなおし 명 재검토
賛成 さんせい 명 찬성　**考え直す** かんがえなおす 동 재고하다

문제 4 즉시 응답

무료 MP3 바로듣기

실력 다지기

p.380

01 ①	02 ②	03 ②	04 ①	05 ②	06 ②
07 ②	08 ①	09 ②	10 ①	11 ①	12 ②
13 ①	14 ②	15 ②	16 ①	17 ①	18 ①
19 ②	20 ②				

01

[음성]
M：新入社員じゃあるまいし、コピーくらいきちんととれないようじゃ困るよ。
① **すぐにやり直します。**
② 私が取ってきますね。

해석 M : 신입 사원도 아니고, 복사 정도 깔끔히 할 수 없어서는 곤란해.
① **바로 다시 하겠습니다.**
② 제가 받아 올게요.

어휘 **新入** しんにゅう 명 신입　**社員** しゃいん 명 사원　**きちんと** 부 깔끔히
やり直す やりなおす 동 다시 하다

02

[음성]
F：鈴木さんはどんな服でもきれいに着こなすね。
① うまくこなせますかね。
② **そんなことないですよ。**

해석 F : 스즈키 씨는 어떤 옷이라도 예쁘게 맵시 있게 입네.
① 잘 소화할 수 있을까요?
② **그렇지 않아요.**

어휘 **着こなす** きこなす 동 맵시 있게 입다　**こなす** 동 소화하다

03

[음성]
M：木村さんが手伝ってくれたおかげで助かったよ。
① 助かってよかったですね。
② **お役に立てて何よりです。**

해석 M : 기무라 씨가 도와준 덕분에 살았어.
① 살아서 잘 됐네요.
② **도움이 되어서 다행입니다.**

어휘 **助かる** たすかる 동 살다, 살아남다

04

[음성]
F：黙っていても始まらないから、提案だけでもしてみたら？
① **うん、部長に話してみるよ。**
② え、いつ始まるの？

해석 F : 잠자코 있어도 시작되지 않으니까, 제안만이라도 해보면?
① **응, 부장님에게 이야기해 볼게.**
② 아, 언제 시작돼?

어휘 **黙る** だまる 동 잠자코 있다　**提案** ていあん 명 제안

05

[음성]
M：自分が時間を決めておきながら、約束に遅れるなんて。
① 時間は決めておいた？
② **道が混んでたんだよ。**

해석 M : 자신이 시간을 정해 놓고, 약속에 늦다니.
① 시간은 정해 두었어?
② **길이 붐볐어.**

06

[음성]
F：ミス一つたりとも許されないから、丁寧に確認してちょうだいね。
① これを渡したらいいですか。
② **はい、気をつけます。**

해석 F : 실수 하나라도 용서되지 않으니까, 신중하게 확인해 줘.
① 이걸 건네면 되나요?
② **네, 주의하겠습니다.**

어휘 ミス 명 실수　許す ゆるす 동 용서하다
丁寧だ ていねいだ な형 신중하다　確認 かくにん 명 확인
気をつける きをつける 주의하다

07

[음성]
F：引っ越ししてからというもの、いいことばかり起きるんだ。
① きっといいことがあるって。
② **そんなこと偶然だよ。**

해석 F : 이사하고부터, 좋은 일만 일어나.
① 분명 좋은 일이 있을 거야.
② **그런 거 우연이야.**

어휘 引っ越し ひっこし 명 이사　偶然 ぐうぜん 명 우연

08

[음성]
M：あんなにいい試合しておいて、落ち込む必要なんかないよ。
① **勝たなきゃ意味がないじゃん。**
② 元気出して、試合に挑もう。

해석 M : 그렇게 좋은 시합 해놓고, 의기소침할 필요 따위 없어.
① **이기지 않으면 의미가 없잖아.**
② 힘을 내서, 시합에 임하자.

어휘 落ち込む おちこむ 동 의기소침하다　挑む いどむ 동 임하다

09

[음성]
F：このカードが足元に落ちてたんですけど。
① カードを拾いましょうか。
② **私のではないです。**

해석 F : 이 카드가 발밑에 떨어져 있었습니다만.
① 카드를 주울까요?
② **제 것이 아닙니다.**

어휘 足元 あしもと 명 발밑

10

[음성]
M：お父さんったら、人のメールを勝手に読むなんてあんまりだよ。
① **それはちょっとひどいな。**
② あまり読んでないよ。

해석 M : 아버지도 참, 다른 사람의 이메일을 마음대로 읽다니 너무해.
① **그건 좀 심하네.**
② 그다지 읽지 않았어.

어휘 勝手だ かってだ な형 마음대로이다

11

[음성]
F：佐藤さんはプレゼン慣れしてるね。
① **学生のときよく発表してたからね。**
② え、なんか変なところあった？

해석 F : 사토 씨는 프레젠테이션 익숙하네.
① **학생 때 자주 발표했었으니까.**
② 아, 뭔가 이상한 점이 있었어?

어휘 プレゼン 명 프레젠테이션　慣れ なれ 명 익숙해짐
発表 はっぴょう 명 발표

12

[음성]
M：今回のプロジェクトは大きな問題が起きることなく、終わりましたね。
① 問題が解決してよかったです。
② **やっとゆっくりできますね。**

해석 M : 이번 프로젝트는 큰 문제가 일어나지 않고, 끝났네요.
① 문제가 해결되어서 다행이예요.
② **겨우 느긋하게 보낼 수 있겠네요.**

어휘 今回 こんかい 명 이번　プロジェクト 명 프로젝트
解決 かいけつ 명 해결

13

[음성]
F：周囲の反対を押し切ってでも、留学すればよかったかな？
① **今からでも行ってみたら？**
② 周囲の反応はどうだった？

해석 F : 주위의 반대를 물리치고서라도, 유학하면 좋았을까?

① **지금부터라도 가보면?**
② 주위의 반응은 어땠어?

어휘 周囲 しゅうい 명 주위　押し切る おしきる 동 물리치다
反応 はんのう 명 반응

14

[음성]
M : イベントの開催に至るまでいろいろあったけど、成功してよかったよ。
① イベント、きっと成功するはずです。
② **大変でしたけど、やりがいを感じますね。**

해석 M : 이벤트 개최에 이르기까지 여러 가지 있었지만, 성공해서 다행이야.

① 이벤트, 분명 성공할 겁니다.
② **힘들었지만, 보람을 느끼네요.**

어휘 イベント 명 이벤트　開催 かいさい 명 개최　至る いたる 동 이르다
成功 せいこう 명 성공　やりがい 명 보람
感じる かんじる 동 느끼다

15

[음성]
M : コピー機故障したみたいだから、修理お願いしといて。
① はい、壊れていたそうです。
② **はい、事務室に伝えておきます。**

해석 M : 복사기 고장 난 것 같으니까, 수리 부탁해 둬.

① 네, 고장 나 있었다고 합니다.
② **네, 사무실에 전달해 두겠습니다.**

어휘 コピー機 コピーき 명 복사기　修理 しゅうり 명 수리
事務室 じむしつ 명 사무실

16

[음성]
F : レポート、徹夜で書いても明日までに出せそうにないよ。
① **そんなこと言わずに頑張ろうよ。**
② じゃあ、今日書けばいいね。

해석 F : 리포트, 철야로 써도 내일까지 낼 수 있을 것 같지 않아.

① **그런 말 하지 말고 힘내자.**
② 그럼, 오늘 쓰면 되겠네.

어휘 徹夜 てつや 명 철야

17

[음성]
M : せっかく誘ってくれたけど、僕は遠慮しとくよ。
① **そっか。残念だな。**
② 遠慮することじゃないよ。

해석 M : 모처럼 권유해 주었지만, 나는 사양할게.

① **그렇구나. 유감이네.**
② 사양할 일이 아니야.

어휘 せっかく 부 모처럼　誘う さそう 동 권유하다

18

[음성]
M : 病気を機にいろんなことに挑戦することにしました。
① **いい心がけだと思います。**
② 病気は気からって言いますもんね。

해석 M : 병을 계기로 다양한 일에 도전하기로 했습니다.

① **좋은 마음가짐이라고 생각합니다.**
② 병은 마음먹기에 달렸다고 하니까요.

어휘 挑戦 ちょうせん 명 도전　心がけ こころがけ 명 마음가짐
病気は気から びょうきはきから 병은 마음먹기에 달렸다

19

[음성]
M : 今井さん、この資料、もう目を通してくれた?
① 目が悪いんでしたっけ?
② **それなら、もう見ましたけど。**

해석 M : 이마이 씨, 이 자료, 벌써 훑어봐 주었어?

① 눈이 나쁘던가요?
② **그거라면, 벌써 봤습니다만.**

어휘 資料 しりょう 명 자료　目を通す めをとおす 훑어보다

20

[음성]
M : 彼は実力もさることながら人間性が素晴らしいよ。
① え、すごく上手だって聞きましたよ。
② **性格までいいんですね。**

해석 M : 그는 실력도 물론이거니와 인간성이 훌륭해.

① 어, 굉장히 잘한다고 들었어요.
② **성격까지 좋군요.**

어휘 実力 じつりょく 명 실력　人間性 にんげんせい 명 인간성
性格 せいかく 명 성격

실전 테스트 1

p.381

1 2	**2** 1	**3** 2	**4** 3	**5** 1	**6** 3
7 2	**8** 1	**9** 1	**10** 3	**11** 2	

문제4에서는, 문제 용지에 아무것도 인쇄되어 있지 않습니다. 우선 문장을 들어주세요. 그리고 나서, 그것에 대한 대답을 듣고, 1에서 3 중에, 가장 알맞은 것을 하나 골라주세요.

1

[음성]

M：資料のデータ、新しいのに変えてって、先週念を押したよね。

F：1 はい、今ちょうど押すところでした。

2 本当にすみません。忘れていました。

3 そう思って変えていませんでした。

해석 M : 자료의 데이터, 새로운 것으로 바꾸라고, 저번 주에 거듭 주의했지.

F : 1 네, 지금 마침 누르는 참이었습니다.

2 정말 죄송합니다. 잊고 있었습니다.

3 그렇게 생각해서 바꾸지 않았습니다.

해설 남자가 실수를 한 여자에게 주의를 주는 상황이다.

1 (X) 押す(おす)를 반복 사용하여 혼동을 준 오답이다.

2 (O) '本当にすみません。忘れていました(정말 죄송합니다. 잊고 있었습니다)'는 주의를 주는 남자의 말에 사과하는 적절한 응답이다.

3 (X) 바꾸라고 한 상황과 맞지 않다.

어휘 資料 しりょう 명 자료　データ 명 데이터
念を押す ねんをおす 거듭 주의하다

2

[음성]

M：申し訳ございません。佐藤はあいにく、席を外しておりまして。

F：1 では、あとでまた、お電話いたします。

2 では、こちらに会いに来てくださるんですね。

3 異動されたとは伺ってませんでした。

해석 M : 죄송합니다. 사토는 공교롭게도, 자리를 비우고 있어서.

F : **1 그럼, 나중에 다시, 전화 드리겠습니다.**

2 그럼, 이쪽으로 만나러 와주시는 거네요.

3 이동하셨다고는 듣지 못했습니다.

해설 남자가 사토가 지금 자리를 비우고 있음을 전하는 상황이다.

1 (O) 'では、あとでまた、お電話いたします(그럼, 나중에 다시, 전화 드리겠습니다)'는 사토가 자리를 비우고 있다는 남자의 말에 대한 적절한 응답이다.

2 (X) あいにく와 발음이 비슷한 会いに来る(あいにくる)를 사용하여 혼동을 준 오답이다.

3 (X) 이동한 것이 아니라 자리를 비운 것이므로 상황과 맞지 않다.

어휘 あいにく 부 공교롭게도　席を外す せきをはずす 자리를 비우다
異動 いどう 명 이동

3

[음성]

F：手を抜いてやるから、こんなことになるのよ。

M：1 今度から両手で持つようにします。

2 すみません。最初からやり直します。

3 それはよかったです。次回も同じようにします。

해석 F : 일을 겉날려서 하니까, 이렇게 되는 거야.

M : 1 다음부터 양손으로 잡도록 하겠습니다.

2 죄송합니다. 처음부터 다시 하겠습니다.

3 그건 다행입니다. 다음에도 똑같이 하겠습니다.

해설 여자가 남자에게 주의를 주는 상황이다.

1 (X) 手(て)를 반복 사용하여 혼동을 준 오답이다.

2 (O) 'すみません。最初からやり直します(죄송합니다. 처음부터 다시 하겠습니다)'는 주의를 주는 여자의 말에 사과하는 적절한 응답이다.

3 (X) 주의를 주는 상황과 맞지 않다.

어휘 手を抜く てをぬく 일을 겉날리다　両手 りょうて 명 양손
やり直す やりなおす 동 다시 하다　次回 じかい 명 다음

4

[음성]

M：1回の失敗でくよくよしてないで、気持ち切り替えて仕事に戻りましょう。

F：1 はい、どの部分を変えたらいいですか。

2 じゃあ、明日戻るようにします。

3 そんな簡単に言わないでくださいよ。

해석 M : 한 번의 실패로 끙끙대고 있지 말고, 마음을 새롭게 하고 업무로 돌아갑시다.

F : 1 네, 어느 부분을 바꾸면 될까요?

2 그럼, 내일 돌아가도록 하겠습니다.

3 그렇게 간단하게 말하지 말아주세요.

해설 남자가 실패를 떨쳐버리라며 격려하는 상황이다.

1 (X) 切り替える(きりかえる)와 발음이 비슷한 変える(かえる)를 사용하여 혼동을 준 오답이다.

2 (X) 戻る(もどる)를 반복 사용하여 혼동을 준 오답이다.

3 (O) 'そんな簡単に言わないでくださいよ(그렇게 간단하게 말하지 말아주세요)'는 실패를 떨쳐버리라고 격려하는 남자의 말에 대한 적절한 응답이다.

어휘 くよくよ 부 끙끙　切り替える きりかえる 동 새롭게 하다
部分 ぶぶん 명 부분

5

[음성]
F：みんなで手分けしてやっているのに、山田さんときたら。ほら、見て。
M：1 **ほんと、さぼってばかりだよね。**
2 率先してやってくれるから、助かるね。
3 山田さん、来ないって言ってたよ。

해석 F : 다 같이 분담해서 하고 있는데, 야마다 씨란. 얘, 봐봐.
M : 1 **정말, 게으름만 피우고 있네.**
2 솔선해서 해주니, 도움이 되네.
3 야마다 씨, 오지 않는다고 말했어.

해설 여자가 게으름을 피우는 야마다에 대해 불평하는 상황이다.
1 (O) 'ほんと、さぼってばかりだよね(정말, 게으름만 피우고 있네)'는 게으름을 피우는 야마다에 대해 불평하는 여자의 말에 공감하는 적절한 응답이다.
2 (X) 게으름을 피우고 있는 상황과 맞지 않다.
3 (X) 질문에서 쓰인 문형 **ときたら**(~란)의 **きたら**를 '오면'이라는 뜻으로 사용하여 혼동을 준 오답이다.

어휘 **手分け てわけ** 명 분담 **さぼる** 동 게으름 피우다
率先 そっせん 명 솔선 **助かる たすかる** 동 도움이 되다

6

[음성]
M：散歩がてら、新しくできたパン屋さんを見てくるよ。
F：1 じゃ、一度帰ってからパン屋に行くのね。
2 たまには散歩をすればいいのに。
3 **どんなだったか、あとで教えて。**

해석 M : 산책 겸, 새로 생긴 빵집을 보고 올게.
F : 1 그럼, 한번 돌아왔다가 빵집에 가는 거네.
2 가끔은 산책을 하면 좋을 텐데.
3 **어땠는지, 나중에 알려줘.**

해설 남자가 새로 생긴 빵집을 보고 오겠다고 하는 상황이다.
1 (X) 산책 겸 간다고 했으므로 상황과 맞지 않다.
2 (X) 산책을 나가려던 참이므로 상황과 맞지 않다.
3 (O) 'どんなだったか、あとで教えて(어땠는지, 나중에 알려줘)'는 새롭게 생긴 빵집을 보고 오겠다는 남자의 말에 대한 적절한 응답이다.

7

[음성]
F：お書きになった記事、読みましたよ。経験者ならではのご意見でしたね。
M：1 あの方の記事、ユニークですよね。
2 **そう思っていただけたら、いいのですが。**
3 私はあの意見に賛成しかねますね。

해석 F : 쓰신 기사, 읽었어요. 경험자만의 의견이었네요.
M : 1 그분의 기사, 독특하죠.
2 **그렇게 생각해 주신다면, 좋겠습니다만.**
3 저는 그 의견에 찬성하기 어렵네요.

해설 여자가 경험이 녹아있는 남자의 기사를 칭찬하는 상황이다.
1 (X) 기사를 쓴 것은 남자이므로 주체가 맞지 않다.
2 (O) 'そう思っていただけたら、いいのですが(그렇게 생각해 주신다면, 좋겠습니다만)'는 칭찬의 말에 겸손하게 답변하는 적절한 응답이다.
3 (X) **意見**(いけん)을 반복 사용하여 혼동을 준 오답이다.

어휘 **記事 きじ** 명 기사 **経験者 けいけんしゃ** 명 경험자
ユニークだ な형 독특하다 **賛成 さんせい** 명 찬성

8

[음성]
M：無名の新人がピアノコンテストで優勝するとは。
F：1 **本当にわからないものですね。**
2 みんなの予想どおりでしたね。
3 だれが優勝するか、楽しみですね。

해석 M : 무명의 신인이 피아노 콘테스트에서 우승하다니.
F : 1 **정말로 모를 일이네요.**
2 모두의 예상대로였네요.
3 누가 우승할지, 기대되네요.

해설 남자가 무명의 신인이 우승한 것에 감탄하는 상황이다.
1 (O) '本当にわからないものですね(정말로 모를 일이네요)'는 무명의 신인이 우승한 의외의 상황에 공감하는 적절한 응답이다.
2 (X) 예상치 못했던 무명의 신인이 우승한 상황과 맞지 않다.
3 (X) 이미 무명의 신인이 우승했으므로 시점이 맞지 않다.

어휘 **無名 むめい** 명 무명 **新人 しんじん** 명 신인 **コンテスト** 명 콘테스트
優勝 ゆうしょう 명 우승 **予想 よそう** 명 예상

9

[음성]
M：楽しみにしていたあのドラマ、見るにたえなかったよ。
F：1 **何がそんなにひどかったの？**
2 私も録画して何回も見ちゃった。
3 大丈夫よ。すぐ再放送するから。

해석 M : 기대하고 있던 그 드라마, 차마 보고 있을 수 없었어.
F : 1 **뭐가 그렇게 심했어?**
2 나도 녹화해서 몇 번이나 봐버렸어.
3 괜찮아. 바로 재방송하니까.

해설 남자가 드라마에 대해 혹평하는 상황이다.
1 (O) '何がそんなにひどかったの？(뭐가 그렇게 심했어?)'는 차마 보고 있을 수 없었다는 남자의 말에 대한 적절한 응답이다.
2 (X) 남자는 혹평하고 있으므로 상황과 맞지 않다.
3 (X) **見る**(보다)와 관련된 **再放送**(재방송)를 사용하여 혼동을 준

오답이다.

어휘 **録画** ろくが 명 녹화　**再放送** さいほうそう 명 재방송

10

[음성]

F：うちの子、春休みに入ってから、四六時中スマホでゲームをしているんですよ。

M：1 2時間だけならいいじゃないですか。

2 ゲームしないなんて、珍しいですね。

3 うちも同じで、困ったもんですよ。

해석 F : 우리 아이, 봄 방학에 들어가고 나서, 온종일 스마트폰으로 게임을 하고 있어요.

M : 1 2시간 만이라면 괜찮지 않나요?

2 게임하지 않는다니, 드물군요.

3 우리도 똑같아서, 곤란해요.

해설 여자가 아이에 대해 불평하는 상황이다.

1 (X) 질문에서 '온종일'이라는 뜻으로 쓰인 **四六時中**를 '4시에서 6시 사이'라는 뜻으로 사용하여 혼동을 준 오답이다.

2 (X) 온종일 게임을 한다고 한 상황과 맞지 않다.

3 (O) '**うちも同じで、困ったもんですよ**(우리도 똑같아서, 곤란해요)'는 온종일 게임만 하는 아이에 대해 불평하는 여자의 말에 공감하는 적절한 응답이다.

어휘 **春休み** はるやすみ 명 봄 방학　**四六時中** しろくじちゅう 부 온종일　**スマホ** 명 스마트폰

11

[음성]

F：納期に間に合うよう、あらゆる手を尽くしたのですが。

M：1 それなら問題ないですよ。

2 今回は仕方がないですね。

3 それはよかったですね。

해석 F : 납기에 맞추도록, 온갖 수단을 다 썼습니다만.

M : 1 그거라면 문제없어요.

2 이번에는 어쩔 수 없네요.

3 그건 다행이네요.

해설 여자가 납기에 맞추지 못한 것을 아쉬워하는 상황이다.

1 (X) 납기에 맞추지 못한 것은 문제이므로 상황과 맞지 않다.

2 (O) '**今回は仕方がないですね**(이번에는 어쩔 수 없네요)'는 납기를 맞추지 못해 아쉬워하는 여자의 말에 대한 적절한 응답이다.

3 (X) 납기에 맞추지 못한 상황과 맞지 않다.

어휘 **納期** のうき 명 납기　**あらゆる** 온갖　**手を尽くす** てをつくす 온갖 수단을 다 쓰다　**今回** こんかい 명 이번

실전 테스트 2

p.381

1 3	**2** 2	**3** 2	**4** 1	**5** 2	**6** 1
7 1	**8** 2	**9** 2	**10** 3	**11** 2	

문제4에서는, 문제 용지에 아무것도 인쇄되어 있지 않습니다. 우선 문장을 들어주세요. 그리고 나서, 그것에 대한 대답을 듣고, 1에서 3 중에, 가장 알맞은 것을 하나 골라주세요.

1

[음성]

F：昨日はよく売れたね。作ったそばからなくなっちゃって。

M：1 あんなに作ったのに、残念だったね。

2 駅前のそば屋なら、今日もやってるよ。

3 天気がよかったから、お客さんも多かったしね。

해석 F : 어제는 잘 팔렸네. 만드는 족족 없어져 버려서.

M : 1 그렇게 만들었는데, 유감이었네.

2 역 앞의 메밀국수 집이라면, 오늘도 하고 있어.

3 날씨가 좋았으니까, 손님도 많았고.

해설 여자가 어제 장사가 잘되어 기뻐하는 상황이다.

1 (X) 잘 팔렸다고 한 상황과 맞지 않다.

2 (X) **そば**를 반복 사용하여 혼동을 준 오답이다.

3 (O) '**天気がよかったから、お客さんも多かったしね**(날씨가 좋았으니까, 손님도 많았고)'는 장사가 잘 되었다는 여자의 말에 대한 적절한 응답이다.

어휘 **売れる** うれる 동 팔리다

2

[음성]

M：安いものならいざしらず、あの値段でこの品質はないよなあ。

F：1 いい商品が買えてよかったですね。

2 たしかに、これはないですね。

3 これからは、値段も上がるんでしょうね。

해석 M : 싼 거라면 몰라도, 그 가격으로 이 품질은 아니지.

F : 1 좋은 상품을 살 수 있어서 다행이네요.

2 확실히, 이건 아니죠.

3 이제부터는, 가격도 오르겠죠.

해설 남자가 비싸고 품질이 낮은 것에 대해 불평하는 상황이다.

1 (X) 품질이 낮은 상황과 맞지 않다.

2 (O) '**たしかに、これはないですね**(확실히, 이건 아니죠)'는 품질이 낮은 것에 대해 불평하는 남자의 말에 공감하는 적절한 응답이다.

3 (X) **値段**(ねだん)을 반복 사용하여 혼동을 준 오답이다.

어휘 値段 ねだん 명 가격　品質 ひんしつ 명 품질
商品 しょうひん 명 상품

3

[음성]

F：課長があいった手前、うちの課で引き受けないわけにはいかないだろうね。

M：1 はい、前の方の座席をお取りしておきました。

2 いい機会だから、やってみましょう。

3 受けない理由でもありますか？

해석 F : 과장이 그렇게 말한 체면상, 우리 과에서 맡지 않을 수는 없겠네.
M : 1 네, 앞 쪽 좌석을 잡아 두었습니다.
2 **좋은 기회니까, 해봅시다.**
3 받지 않는 이유라도 있나요?

해설 여자가 어쩔 수 없이 일을 맡아야 하는 것에 대해 불만스러워하는 상황이다.
1 (X) 前(まえ)를 반복 사용하여 혼동을 준 오답이다.
2 (O) 'いい機会だから、やってみましょう(좋은 기회니까, 해봅시다)'는 불만스러워하는 여자를 격려하는 적절한 응답이다.
3 (X) 受けない(うけない)를 반복 사용하여 혼동을 준 오답이다.

어휘 引き受ける ひきうける 동 맡다　座席 ざせき 명 좌석

4

[음성]

M：最近の部長ときたら、やけに機嫌が悪いんだよね。

F：1 部長ともなると、きっといろいろ大変なんですよ。

2 私もようやく、褒められるようになりました。

3 このところ、あまり出来がよくないですね。

해석 M : 최근의 부장님으로 말할 것 같으면, 무척 기분이 나쁘네.
F : 1 **부장 정도가 되면, 분명 여러 가지 힘들 거예요.**
2 저도 겨우, 칭찬받게 되었습니다.
3 요즘, 그다지 결과가 좋지 않네요.

해설 남자가 부장의 기분이 나쁜 것에 대해 궁금해하는 상황이다.
1 (O) '部長ともなると、きっといろいろ大変なんですよ(부장 정도가 되면, 분명 여러 가지 힘들 거예요)'는 궁금해하는 남자에게 이유를 설명하는 적절한 응답이다.
2 (X) 기분이 나쁘다고 한 상황과 맞지 않다.
3 (X) 悪い(나쁘다)와 동의어인 よくない(좋지 않다)를 사용하여 혼동을 준 오답이다.

어휘 やけに 부 무척　機嫌 きげん 명 기분　ようやく 부 겨우
出来 でき 명 결과

5

[음성]

M：てっぺんからの景色の素晴らしさといったら…。君にも見せたかったなあ。

F：1 どれどれ、見せて。

2 へえ、私も行きたかったなあ。

3 それは、大変だったね。

해석 M : 정상에서의 경치의 훌륭함이란…. 너에게도 보여주고 싶었어.
F : 1 어디 어디, 보여줘.
2 **오, 나도 가고 싶었는데.**
3 그건, 힘들었겠네.

해설 남자가 여자와 함께 정상에서의 경치를 보지 못해 아쉬워하는 상황이다.
1 (X) 見せる(みせる)를 반복 사용하여 혼동을 준 오답이다.
2 (O) 'へえ、私も行きたかったなあ(오, 나도 가고 싶었는데)'는 함께 정상을 오르지 못해 아쉬워하는 남자의 말에 공감하는 적절한 응답이다.
3 (X) 정상에서의 경치가 훌륭했다고 한 상황과 맞지 않다.

어휘 てっぺん 명 정상

6

[음성]

F：わざわざおいでくださったのに、留守にしていて申し訳ありませんでした。

M：1 いや、お電話してから伺えばよかったんですが。

2 お足元の悪い中、ありがとうございます。

3 いいえ、こちらこそお世話になっております。

해석 F : 일부러 와주셨는데, 부재중이어서 죄송했습니다.
M : 1 **아뇨, 전화하고 나서 찾아뵀으면 좋았을 텐데요.**
2 날씨가 좋지 않은 와중, 감사합니다.
3 아니요, 이쪽이야말로 신세 지고 있습니다.

해설 여자가 자리를 비웠던 것에 대해 사과하는 상황이다.
1 (O) 'いや、お電話してから伺えばよかったんですが(아뇨, 전화하고 나서 찾아뵀으면 좋았을 텐데요)'는 여자의 사과를 받아주는 적절한 응답이다.
2 (X) 악천후로 발밑의 상황이 좋지 않은 와중에 와 주셔서 감사하다는 뜻으로, 와준 것은 여자가 아니라 남자이므로 주체가 맞지 않다.
3 (X) 申し訳ありませんでした(죄송했습니다)라며 사과하는 여자의 말에 いいえ、こちらこそ(아니요, 이쪽이야말로)를 사용하여 혼동을 준 오답이다.

어휘 わざわざ 부 일부러
お足元の悪い中 おあしもとのわるいなか 날씨가 좋지 않은 와중

7

[음성]

M：今やっている企業との交渉、なかなかうまく進まなくて。

F：1 一度こじれると、難しいよね。

2 ちょっとゆがんでるから、直したほうがいいね。

3 二、三度ねじってみたら?

해석 M : 지금 하고 있는 기업과의 교섭, 좀처럼 잘 진행되지 않아서.
F : 1 **한 번 뒤틀리면, 어렵지.**
2 좀 비뚤어져 있으니, 고치는 편이 좋겠네.
3 두, 세 번 비틀어 보면?

해설 남자가 일이 잘 진행되지 않아 고민하는 상황이다.
1 (○) '一度こじれると、難しいよね(한 번 뒤틀리면, 어렵지)'는 일이 좀처럼 진행되지 않는 상황에 공감하는 적절한 응답이다.
2 (X) 일이 뒤틀린 상황에 ゆがむ(비뚤어지다)를 사용하여 혼동을 준 오답이다.
3 (X) 일이 뒤틀린 상황에 ねじる(비틀다)를 사용하여 혼동을 준 오답이다.

어휘 企業 きぎょう 명 기업　交渉 こうしょう 명 교섭
こじれる 동 뒤틀리다　ゆがむ 동 비뚤어지다　ねじる 동 비틀다

8

[음성]
F : ねえ、昨日のドラマの最終回、見た?
M : 1 あ、いけない。見落とすところだった。
2 あ、うっかり見逃しちゃった。
3 あ、それは見過ごせないね。

해석 F : 있잖아, 어제 드라마 최종회, 봤어?
M : 1 아, 안돼. 지나칠 뻔했어.
2 **아, 깜빡 놓쳐 버렸다.**
3 아, 그건 간과할 수 없네.

해설 여자가 드라마 최종회를 봤는지 묻는 상황이다.
1 (X) 어제 드라마 최종회를 방영했으므로 시점이 맞지 않다.
2 (○) 'あ、うっかり見逃しちゃった(아, 깜빡 놓쳐 버렸다)'는 드라마를 봤냐는 여자의 말에 대한 적절한 응답이다.
3 (X) 드라마를 봤냐고 물어본 상황과 맞지 않다.

어휘 ドラマ 명 드라마　最終回 さいしゅうかい 명 최종회
見落とす みおとす 동 지나치다　うっかり 부 깜빡
見逃す みのがす 동 놓치다　見過ごす みすごす 동 간과하다

9

[음성]
M : もう少し何か召し上がりますか。
F : 1 はい、先日こちらで拝見しました。
2 いえ、もうたくさんいただきました。
3 ええ、そのように伺っております。

해석 M : 조금 더 뭔가 드시겠습니까?
F : 1 네, 요전 이쪽에서 봤습니다.
2 **아뇨, 벌써 많이 먹었습니다.**
3 네, 그렇게 들었습니다.

해설 남자가 좀 더 먹기를 권유하는 상황이다.
1 (X) 뭔가를 먹는 상황과 맞지 않다.
2 (○) 'いえ、もうたくさんいただきました(아뇨, 벌써 많이 먹었습니다)'는 더 먹겠냐는 남자의 권유를 거절하는 적절한 응답이다.
3 (X) 권유하는 상황에 ええ(네)를 사용하여 혼동을 준 오답이다.

10

[음성]
F : この件は持ち帰って検討させていただいてもよろしいでしょうか。
M : 1 では、私もお持ちいたします。
2 では、あちらの会議室をお使いください。
3 では、ご連絡をお待ちしております。

해석 F : 이 건은 가지고 돌아가서 검토해도 괜찮을까요?
M : 1 그럼, 저도 가지고 오겠습니다.
2 그럼, 저쪽 회의실을 사용해 주세요.
3 **그럼, 연락 기다리고 있겠습니다.**

해설 여자가 검토할 시간을 달라고 부탁하는 상황이다.
1 (X) 持つ(もつ)를 반복 사용하여 혼동을 준 오답이다.
2 (X) 가지고 돌아가서 검토하겠다는 상황과 맞지 않다.
3 (○) 'では、ご連絡をお待ちしております(그럼, 연락 기다리고 있겠습니다)'는 검토할 시간을 달라는 여자의 부탁을 승낙하는 적절한 응답이다.

어휘 件 けん 명 건　持ち帰る もちかえる 동 가지고 돌아가다
検討 けんとう 명 검토

11

[음성]
M : 田中さん、戻って来るや否や、また飛び出して行ったね。
F : 1 ええ、無邪気でしたね。
2 ええ、慌てていましたね。
3 ええ、目覚しかったですね。

해석 M : 다나카 씨, 돌아오자마자, 또 뛰쳐나갔네.
F : 1 네, 천진난만했네요.
2 **네, 허둥지둥하고 있었죠.**
3 네, 눈부셨네요.

해설 남자가 다나카가 서두르는 것에 대해 이야기하는 상황이다.
1 (X) 서두르고 있다고 했으므로 상황과 맞지 않다.
2 (○) 'ええ、慌てていましたね(네, 허둥지둥하고 있었죠)'는 다나카가 서두르고 있다는 남자의 말에 대한 적절한 응답이다.
3 (X) 서두르고 있다고 했으므로 상황과 맞지 않다.

어휘 飛び出す とびだす 동 뛰쳐나가다
無邪気だ むじゃきだ な형 천진난만하다
慌てる あわてる 동 허둥지둥하다
目覚しい めざましい い형 눈부시다

실전 테스트 3

p.381

1 2　**2** 1　**3** 3　**4** 1　**5** 3　**6** 3
7 3　**8** 1　**9** 2　**10** 2　**11** 1

문제4에서는, 문제 용지에 아무것도 인쇄되어 있지 않습니다. 우선 문장을 들어주세요. 그리고 나서, 그것에 대한 대답을 듣고, 1에서 3 중에, 가장 알맞은 것을 하나 골라주세요.

1

[음성]
M：今日はひっきりなしに電話がかかってくるもんだから、全然仕事に集中できなかったよ。
F：1 話が長いと困りますよね。
2 そういう日ってありますよね。
3 電話があると助かりますよね。

해석 M : 오늘은 쉴 새 없이 전화가 걸려와서, 전혀 일에 집중할 수 없었어.
F : 1 이야기가 길면 곤란하죠.
2 그런 날 있죠.
3 전화가 있으면 도움이 되죠.

해설 남자가 전화가 너무 많이 온 것을 불평하는 상황이다.
1 (X) **電話**(전화)와 관련된 **話**(이야기)를 사용하여 혼동을 준 오답이다.
2 (O) '**そういう日ってありますよね**(그런 날 있죠)'는 오늘 전화가 너무 많이 왔다는 남자의 불평에 공감하는 적절한 응답이다.
3 (X) **電話**(でんわ)를 반복 사용하여 혼동을 준 오답이다.

어휘 ひっきりなしだ [な형] 쉴 새 없다　集中 しゅうちゅう [명] 집중
助かる たすかる [동] 도움이 되다

2

[음성]
F：お急ぎのところ、お呼び止めしてすみませんでした。
M：**1 いえ、こちらこそありがとうございました。**
2 いえ、この近くに用事もあったので、ちょうどよかったです。
3 いえ、お呼びいただき、ありがとうございました。

해석 F : 서두르시는 데, 불러 세워서 죄송했습니다.
M : **1 아뇨, 이쪽이야말로 감사했습니다.**
2 아뇨, 이 근처에 용무도 있었기 때문에, 마침 잘 됐습니다.
3 아뇨, 불러 주셔서, 감사했습니다.

해설 여자가 불러 세운 것에 대해 사과하는 상황이다.
1 (O) '**いえ、こちらこそありがとうございました**(아뇨, 이쪽이야말로 감사했습니다)'는 여자의 사과를 받아주는 적절한 응답이다.
2 (X) **急ぎ**(서두름)와 관련된 **用事**(용무)를 사용하여 혼동을 준 오답이다.
3 (X) **呼び**(よび)를 반복 사용하여 혼동을 준 오답이다.

어휘 呼び止める よびとめる [동] 불러 세우다

3

[음성]
F：あのう、すみませんが席を変えてもらうことは可能でしょうか。
M：1 あ、すみません。気が付きませんでした。
2 そうですか。どういう理由か聞いてみましょうか。
3 構いませんが、お席に何か問題がありましたか。

해석 F : 저, 죄송합니다만 자리를 바꿔 주시는 것은 가능할까요?
M : 1 아, 죄송합니다. 눈치채지 못했습니다.
2 그렇습니까. 어떤 이유인지 물어 볼까요?
3 상관없습니다만, 자리에 뭔가 문제가 있었습니까?

해설 여자가 자리를 바꾸는 것이 가능한지 묻는 상황이다.
1 (X) **すみません**을 반복 사용하여 혼동을 준 오답이다.
2 (X) 자리를 바꿔달라고 한 것은 여자이므로 주체가 맞지 않다.
3 (O) '**構いませんが、お席に何か問題がありましたか**(상관없습니다만, 자리에 뭔가 문제가 있었습니까?)'는 자리를 바꿀 수 있냐고 묻는 여자의 말에 대한 적절한 응답이다.

어휘 可能だ かのうだ [な형] 가능하다　気が付く きがつく 눈치채다

4

[음성]
M：お客さんには怒られるし、雨に降られてびしょぬれになるし、散々な日だったよ。
F：**1 明日はいいことあるといいね。**
2 私のでよければ、この傘、使う？
3 それはあきらめるしかないかな。

해석 M : 고객은 화를 내고, 비를 맞아서 흠뻑 젖고, 호된 날이었어.
F : **1 내일은 좋은 일이 있으면 좋겠네.**
2 내 걸로 괜찮다면, 이 우산, 쓸래?
3 그건 포기할 수밖에 없겠네.

해설 남자가 힘든 하루를 보냈다고 불평하는 상황이다.
1 (O) '**明日はいいことあるといいね**(내일은 좋은 일이 있으면 좋겠네)'는 힘든 하루를 보낸 남자를 위로하는 적절한 응답이다.
2 (X) **雨**(비)와 관련된 **傘**(우산)를 사용하여 혼동을 준 오답이다.
3 (X) 힘든 하루를 보냈다고 한 상황과 맞지 않다.

어휘 びしょぬれ [명] 흠뻑 젖음　散々だ さんざんだ [な형] 호되다
あきらめる [동] 포기하다

5

[음성]
M：レストランの取材にかこつけて食べてばかりいたら、太ってきちゃったんだよなあ。

F : 1 何でそんなに食べても太らないの?
2 そんなにいいレストランだったの?
3 いい仕事だけど、気をつけないと。

해석 M : 레스토랑 취재를 핑계로 계속 먹기만 했더니, 살쪄버렸네.
F : 1 어째서 그렇게 먹어도 살이 안 찌는 거야?
2 그렇게 좋은 레스토랑이었어?
3 좋은 일이지만, 조심하지 않으면.

해설 남자가 일 때문에 살이 쪘다고 말하는 상황이다.
1 (X) 살이 쪘다고 한 상황과 맞지 않다.
2 (X) レストラン을 반복 사용하여 혼동을 준 오답이다.
3 (O) 'いい仕事だけど、気をつけないと(좋은 일이지만, 조심하지 않으면)'는 일 때문에 살이 쪘다는 남자의 말에 대한 적절한 응답이다.

어휘 取材 しゅざい 명 취재　何で なんで 부 어째서
気をつける きをつける 조심하다

6

[음성]
F : このプロジェクトも山場にさしかかってきたから、気を緩めずに最後まで頑張ろうね。
M : 1 そうだね、始まったばっかりだしね。
2 もうすぐ終わると思うと、ほっとするね。
3 うん、ここからが本番だよね。

해석 F : 이 프로젝트도 절정에 다다랐으니, 긴장을 풀지 말고 마지막까지 힘내자.
M : 1 그렇네, 막 시작한 참이고 말이야.
2 이제 곧 끝난다고 생각하면, 안심이네.
3 응, 이제부터가 진짜지.

해설 여자가 마지막까지 힘내자며 격려하는 상황이다.
1 (X) 절정에 다다른 상황과 맞지 않다.
2 (X) 마지막까지 힘내자고 한 상황과 맞지 않다.
3 (O) うん、ここからが本番だよね(응, 이제부터가 진짜지)는 마지막까지 힘내자는 여자의 말에 대한 적절한 응답이다.

어휘 プロジェクト 명 프로젝트　山場 やまば 명 절정
さしかかる 동 다다르다　気を緩める きをゆるめる 긴장을 풀다
ほっとする 안심하다　本番 ほんばん 명 진짜, 정식

7

[음성]
M : 本日のお戻りは何時ごろのご予定でしょうか。
F : 1 はい、戻りましたらご連絡するようお伝えしておきます。
2 わざわざお電話いただきましたのに申し訳ございません。
3 夕方には戻りますので、連絡するよう伝えましょうか。

해석 M : 오늘 돌아오시는 건 몇 시쯤 예정이신가요?
F : 1 네, 돌아오면 연락하도록 전해 두겠습니다.
2 일부러 전화 주셨는데 죄송합니다.
3 저녁에는 돌아오므로, 연락하도록 전달할까요?

해설 남자가 몇 시에 돌아오는지 묻는 상황이다.
1 (X) 戻る(もどる)를 반복 사용하여 혼동을 준 오답이다.
2 (X) 몇 시쯤 돌아오는지 묻는 상황과 맞지 않다.
3 (O) '夕方には戻りますので、連絡するよう伝えましょうか(저녁에는 돌아오므로, 연락하도록 전달할까요?)'는 몇 시에 돌아오는지 묻는 남자의 말에 대한 적절한 응답이다.

어휘 本日 ほんじつ 명 오늘　わざわざ 부 일부러

8

[음성]
F : 課長に提出した資料、情報を詰め込みすぎたせいか、かえってわかりづらいって言われちゃったよ。
M : **1 なんでもやりすぎは良くないね。**
2 じゃあ、次はもっと詰め込んだ方がいいね。
3 え?どこに入れちゃったの?

해석 F : 과장에게 제출한 자료, 정보를 너무 채워 넣은 탓인지, 오히려 알기 어렵다고 들어버렸어.
M : **1 뭐든 지나치게 하는 것은 좋지 않네.**
2 그럼, 다음에는 좀 더 채워 넣는 편이 좋겠네.
3 뭐? 어디에 넣어버렸어?

해설 여자가 과장에게 지적받은 사항을 설명하는 상황이다.
1 (O) 'なんでもやりすぎは良くないね(뭐든 지나치게 하는 것은 좋지 않네)'는 지적받은 사항에 대한 적절한 응답이다.
2 (X) 너무 채워 넣었다고 한 상황과 맞지 않다.
3 (X) 詰め込む(채워 넣다)와 관련된 入れる(넣다)를 사용하여 혼동을 준 오답이다.

어휘 提出 ていしゅつ 명 제출　資料 しりょう 명 자료
情報 じょうほう 명 정보　詰め込む つめこむ 동 채워 넣다
かえって 부 오히려

9

[음성]
F : 山下さんがリーダーに選ばれるのかと思いきや、意外な人選だったね。
M : 1 やっぱり、さすがリーダーだよね。
2 まさかあの人が選ばれるなんてね。
3 みんなも山下さんなら安心だよね。

해석 F : 야마시타 씨가 리더로 뽑히는 건가 생각했더니, 의외의 인선이었네.
M : 1 역시, 과연 리더네.
2 설마 그 사람이 뽑히다니 말이야.
3 모두도 야마시타 씨라면 안심이지.

해설 여자가 의외의 인선에 놀라는 상황이다.

1 (X) リーダー를 반복 사용하여 혼동을 준 오답이다.

2 (O) 'まさかあの人が選ばれるなんてね(설마 그 사람이 뽑히다니 말이야)'는 의외의 인선에 놀라는 여자의 말에 공감하는 적절한 응답이다.

3 (X) 야마시타가 리더가 되지 않은 상황과 맞지 않다.

어휘 リーダー 명 리더　人選 じんせん 명 인선　さすが 부 역시
まさか 부 과연

10

[음성]

M：僕が子供のころは、よく泥まみれになって遊んだものだけどなあ。

F：1 やっぱり今の子達も変わらないよね。

2 最近は室内でゲームなんかするほうが多いよね。

3 それなら、キャンプに行ったらどう?

해석 M : 내가 아이일 때는, 자주 흙투성이가 되어 놀았었는데.

F : 1 역시 지금의 아이들도 변함없네.

2 최근은 실내에서 게임 따위를 하는 쪽이 많지.

3 그렇다면, 캠프에 가는 게 어때?

해설 남자가 자신의 어릴 때와 지금의 아이들을 비교하며 차이를 느끼는 상황이다.

1 (X) 자신의 어릴 때와 지금의 아이들에게서 차이를 느끼는 상황과 맞지 않다.

2 (O) '最近は室内でゲームなんかするほうが多いよね(최근은 실내에서 게임 따위를 하는 쪽이 많지)'는 옛날과 지금의 차이를 느끼는 남자의 말에 대한 적절한 응답이다.

3 (X) 泥まみれ(흙투성이)와 관련된 キャンプ(캠프)를 사용하여 혼동을 준 오답이다.

어휘 泥まみれ どろまみれ 명 흙투성이　室内 しつない 명 실내
ゲーム 명 게임　キャンプ 명 캠프

11

[음성]

F：このプロジェクト、大変だったけど、終わったら終わったで、少し寂しい気もするね。

M：**1 そうですね、ほっとしたけど複雑な気持ちですね。**

2 そうですね、やっと終わって本当に良かったですね。

3 そうですね、あと少しで終わりそうですね。

해석 F : 이 프로젝트, 힘들었지만, 끝나니 끝난 대로, 조금 허전한 기분도 드네.

M : **1 그렇네요, 안심했지만 복잡한 기분이네요.**

2 그렇네요, 겨우 끝나서 정말로 다행이네요.

3 그렇네요, 앞으로 조금이면 끝날 것 같네요.

해설 여자가 힘들었던 프로젝트가 끝나서 조금 허전해하는 상황이다.

1 (O) 'そうですね、ほっとしたけど複雑な気持ちですね(그렇네요, 안심했지만 복잡한 기분이네요)'는 힘들었던 프로젝트가 끝나서 조금 허전한 상황에 공감하는 적절한 응답이다.

2 (X) 조금 허전해하는 상황과 맞지 않다.

3 (X) 프로젝트는 이미 끝났으므로 시점이 맞지 않다.

어휘 プロジェクト 명 프로젝트　ほっとする 안심하다

문제 5 통합 이해

무료 MP3 바로듣기

실력 다지기

p.388

01 ③　**02** ①　**03** ②　**04 질문1** ②, **질문2** ①
05 질문1 ②, **질문2** ①　**06 질문1** ②, **질문2** ③

01

[음성]

通信会社で上司と部下二人が話しています。

M1：企業や家電量販店から利用料金が安い格安携帯が出てきてからというもの、どうも顧客が減少傾向にあるんだ。何かいい案はないかな。

M2：では、本社でも利用料金を見直すのはどうでしょうか。同じような値段でサービスを提供できるように考えてみましょう。

F：格安携帯って自分たちで自社の通信回線を持たないで、他社から回線を借りているので、サービスが安く提供できるんですよね。月々の利用料金も4千円以上差があるのに値段を合わせるってのはちょっと現実的に厳しいかと。

M1：うーん、そうだな。

M2：じゃあ、格安携帯の欠点を補うのはどうでしょう。格安携帯の欠点はアフターサービスです。実店舗が少ないため、問題が発生しても電話対応かメールがほとんどです。それを不便に感じて、通信会社の携帯を再度利用する人もいると思います。

F：なるほど。**利用料金を下げるのは難しいですが、アフターサービスの無料化ならできるかもしれません。**

M1：そうだな。じゃあ、それに向けて予算を工面してみよう。

顧客を増やすために何をすることにしましたか。

① 1か月の携帯料金を安くする
② 他社の通信回線を借りる
③ アフターサービスをただで行う

해석 통신 회사에서 상사와 부하 두 명이 이야기하고 있습니다.

M1: 기업이나 가전 양판점에서 이용 요금이 싼 알뜰 휴대전화가 나오고부터, 아무래도 고객이 감소 경향에 있어. 뭔가 좋은 안은

없을까.

M2: 그럼, 본사에서도 이용 요금을 재검토하는 것은 어떨까요? 같은 가격으로 서비스를 제공할 수 있도록 생각해 봅시다.

F : 알뜰 휴대전화는 자신들이 자사 통신 회선을 가지지 않고, 타사로부터 회선을 빌리고 있기 때문에, 서비스를 싸게 제공할 수 있는 거죠? 매월 이용 요금도 4천엔 이상 차이가 있는데 가격을 맞춘다는 것은 좀 현실적으로 어려울까 하고.

M1: 음, 그렇지.

M2: 그럼, 알뜰 휴대전화의 결점을 보완하는 것은 어떨까요? 알뜰 휴대전화의 결점은 애프터서비스입니다. 실제 점포가 적기 때문에, 문제가 발생해도 전화 대응이나 이메일이 대부분입니다. 그것을 불편하게 느껴서, 통신 회사의 휴대폰을 다시 이용하는 사람도 있다고 생각합니다.

F : 그렇군요. **이용 요금을 내리는 것은 어렵지만, 애프터서비스의 무료화라면 가능할지도 모릅니다.**

M1: 그렇군. **그럼, 그것을 향해 예산을 마련해 보자.**

고객을 늘리기 위해서 무엇을 하기로 했습니까?

① 1개월의 휴대전화 요금을 싸게 한다
② 타사의 통신 회선을 빌린다
③ **애프터서비스를 무료로 한다**

어휘 通信 つうしん 명 통신　上司 じょうし 명 상사　部下 ぶか 명 부하
企業 きぎょう 명 기업　家電 かでん 명 가전
量販店 りょうはんてん 명 양판점　料金 りょうきん 명 요금
格安 かくやす 명 알뜰, 품질에 비해서 값이 저렴함
携帯 けいたい 명 휴대전화　顧客 こきゃく 명 고객
減少 げんしょう 명 감소　傾向 けいこう 명 경향
本社 ほんしゃ 명 본사　見直す みなおす 동 재검토하다
値段 ねだん 명 가격　サービス 명 서비스　提供 ていきょう 명 제공
自社 じしゃ 명 자사　回線 かいせん 명 회선　他社 たしゃ 명 타사
合わせる あわせる 동 맞추다
現実的だ げんじつてきだ な형 현실적이다　欠点 けってん 명 결점
補う おぎなう 동 보완하다　アフターサービス 명 애프터서비스
実店舗 じってんぽ 명 실제 점포　発生 はっせい 명 발생
対応 たいおう 명 대응　感じる かんじる 동 느끼다
無料化 むりょうか 명 무료화　予算 よさん 명 예산
工面 くめん 명 마련　増やす ふやす 동 늘리다　ただ 명 무료

02

[음성]

市役所で上司と部下二人が話しています。

M1：どこの田舎の地域でも過疎化が問題となっているが、うちの地域も例外じゃないんだ。どうしたものか。

F：うーん、新しく都市部の子育て世代を呼び寄せるのはどうでしょうか。子育てをサポートすることをアピールして、**子ども一人当たりに1か月5万円など補助金や支給金制度を充実させるんです。**

M1：なるほどね。

M2：子育ては何かとお金がかかりますからね。でも、何も補助金じゃなくても、おむつや粉ミルクなど年齢に合わせて実用的なものを配布する形でもいいのかと。学費を市で負担することもできると思いますし。

F：それでは基準を定めるのが難しいと思います。子どもの成長は個人差がありますから。学校に通うのも、進学するのも個人の自由ですし。

M1：そうだな。**家庭によってお金の使い方は様々だし、金銭的サポートができるように検討してみよう。**

問題を改善するために、何をすることにしましたか。

① **子育て世代に支給金を配布する**
② 子育てに必要な日用品を配布する
③ 学校の入学金や授業料を負担する

해석 시청에서 상사와 부하 두 명이 이야기하고 있습니다.

M1: 어느 시골 지역에서도 과소화가 문제가 되고 있는데, 우리 지역도 예외가 아니야. 어떻게 하면 좋을지.

F : 음, 새롭게 도시부의 육아 세대를 불러들이는 것은 어떨까요? 육아를 서포트하는 것을 어필해서, **아이 한 명당 1개월에 5만엔 등 보조금이나 지급금 제도를 충실하게 하는 거예요.**

M1: 그렇군.

M2: 육아는 여러모로 돈이 드니까요. 하지만, 굳이 보조금이 아니라도, 기저귀나 분유 등 연령에 맞춰서 실용적인 것을 배부하는 형태여도 좋을까 하고. 학비를 시에서 부담하는 것도 가능하다고 생각하고요.

F : 그래서는 기준을 정하는 것이 어렵다고 생각합니다. 아이의 성장은 개인차가 있으니까요. 학교에 다니는 것도, 진학하는 것도 개인의 자유이고요.

M1: 그렇네. **가정에 따라서 돈의 사용법은 다양하고, 금전적 서포트를 할 수 있도록 검토해보자.**

문제를 개선하기 위해서, 무엇을 하기로 했습니까?

① **육아 세대에게 지급금을 배부한다**
② 육아에 필요한 일용품을 배부한다
③ 학교의 입학금이나 수업료를 부담한다

어휘 市役所 しやくしょ 명 시청　上司 じょうし 명 상사
部下 ぶか 명 부하　地域 ちいき 명 지역　過疎化 かそか 명 과소화
例外 れいがい 명 예외　都市部 としぶ 명 도시부
子育て こそだて 명 육아, 아이 키우기　世代 せだい 명 세대
呼び寄せる よびよせる 동 불러들이다　サポート 명 지원
アピール 명 어필　補助金 ほじょきん 명 보조금
支給金 しきゅうきん 명 지급금　制度 せいど 명 제도
充実 じゅうじつ 명 충실　何かと なにかと 부 여러모로
何も なにも 부 굳이　おむつ 명 기저귀
粉ミルク こなミルク 명 분유　年齢 ねんれい 명 연령
合わせる あわせる 동 맞추다
実用的だ じつようてきだ な형 실용적이다　配布 はいふ 명 배부
学費 がくひ 명 학비　負担 ふたん 명 부담　基準 きじゅん 명 기준

定める さだめる 동 정하다　成長 せいちょう 명 성장
個人差 こじんさ 명 개인차　進学 しんがく 명 진학
様々だ さまざまだ な형 다양하다
金銭的だ きんせんてきだ な형 금전적이다　検討 けんとう 명 검토
改善 かいぜん 명 개선　日用品 にちようひん 명 일용품
入学金 にゅうがくきん 명 입학금　授業料 じゅぎょうりょう 명 수업료

03

[음성]

英会話スクールで塾長と講師二人が話しています。

M1：教室を立ち上げてから数か月経ったけど生徒数がなかなか増えないね。最近、格安でマンツーマンレッスンを行う個人講師も増えているし、塾の需要自体が減っているのかもしれないな。

F：そうですね。海外に住んでいるネイティブの講師も多く、マッチング次第で24時間授業が受けられるところも人気の理由だそうですよ。とは言っても、これ以上開講時間を伸ばすのは難しいですし。

M2: 個人講師に対抗するのではなく、うちの強みである質の高い独自教材を基に、**自主学習用のオンライン教材を作るのはどうですか。自宅で予習復習できるようにするんです。**

M1：なるほど。

F：思い切って授業料を下げてみるのも手だと思います。授業料を下げる分、授業の回数や時間を減らせば不可能ではないと思いますが。

M2: うーん、でもそうすると教える内容を減らす必要がありますよね。授業のクオリティーが下がれば、塾の評判が悪くなってしまうかと。

M1：新規生徒を獲得するには評判が大事だよね。そう考えると、**授業内容を繰り返し学習できる方法が良さそうだな。**生徒さんたちの実力向上に繋がって、評判も良くなるはず。さっそく具体的な案を考えてみよう。

生徒数を増やすために何をすることにしましたか。

① 遅くまで授業が受けられるようにする
② **自宅で学習できる教材を作る**
③ レッスンの月謝を下げる

해석 영어 회화 스쿨에서 원장과 강사 두 명이 이야기하고 있습니다.

M1: 교실을 시작한 지 수개월 지났는데 학생 수가 좀처럼 늘지 않네. 최근, 아주 싸게 일대일 레슨을 실시하는 개인 강사도 늘고 있고, 학원의 수요 자체가 줄고 있는 걸지도 모르겠어.

F：그렇네요. 해외에 살고 있는 원어민 강사도 많고, 매칭에 따라 24시간 수업을 받을 수 있는 점도 인기인 이유라고 해요. 그렇다고는 해도, 더 이상 개강 시간을 늘리는 것은 어렵고요.

M2: 개인 강사에 대항하는 것이 아니라, 우리의 강점인 질이 높은 독자적 교재를 바탕으로, **자주 학습용 온라인 교재를 만드는 것은 어떻습니까? 자택에서 예습 복습이 가능하게 하는 겁니다.**

M1: 그렇군.

F：과감히 수업료를 낮춰 보는 것도 방법이라고 생각합니다. 수업료를 내리는 만큼, 수업의 횟수나 시간을 줄이면 불가능하지 않다고 생각합니다만.

M2: 음, 하지만 그렇게 하면 가르칠 내용을 줄일 필요가 있지요. 수업의 퀄리티가 떨어지면, 학원의 평판이 나빠져 버릴까봐요.

M1: 신규 학생을 얻으려면 평판이 중요하지. 그렇게 생각하면, **수업 내용을 반복해서 학습할 수 있는 방법이 좋을 것 같네.** 학생들의 실력 향상으로도 이어져서, 평판도 좋아질 거야. 바로 구체적인 안을 생각해 보자.

학생 수를 늘리기 위해 무엇을 하기로 했습니까?

① 늦게까지 수업을 받을 수 있게 한다
② **자택에서 학습할 수 있는 교재를 만든다**
③ 레슨료를 내린다

어휘 英会話 えいかいわ 명 영어 회화　スクール 명 스쿨
塾長 じゅくちょう 명 (학원) 원장　講師 こうし 명 강사
立ち上げる たちあげる 동 시작하다　数か月 すうかげつ 수개월
経つ たつ 동 지나다　生徒数 せいとすう 명 학생 수
格安 かくやす 명 아주 쌈　マンツーマン 명 일대일　レッスン 명 레슨
個人 こじん 명 개인　塾 じゅく 명 학원　需要 じゅよう 명 수요
自体 じたい 명 자체　減る へる 동 줄다　海外 かいがい 명 해외
ネイティブ 명 원어민　マッチング 명 매칭　開講 かいこう 명 개강
伸ばす のばす 동 늘리다　対抗 たいこう 명 대항
強み つよみ 명 강점　質 しつ 명 질　独自 どくじ 명 독자적임, 독자
教材 きょうざい 명 교재　自主 じしゅ 명 자주
学習用 がくしゅうよう 명 학습용　オンライン 명 온라인
自宅 じたく 명 자택　予習 よしゅう 명 예습　復習 ふくしゅう 명 복습
思い切って おもいきって 부 과감히
授業料 じゅぎょうりょう 명 수업료　手 て 명 방법
回数 かいすう 명 횟수　減らす へらす 동 줄이다
不可能だ ふかのうだ な형 불가능하다　内容 ないよう 명 내용
クオリティー 명 퀄리티　評判 ひょうばん 명 평판　新規 しんき 명 신규
生徒 せいと 명 학생　獲得 かくとく 명 얻음, 획득
繰り返す くりかえす 동 반복하다　学習 がくしゅう 명 학습
実力 じつりょく 명 실력　向上 こうじょう 명 향상
繋がる つながる 동 이어지다　さっそく 부 바로
具体的だ ぐたいてきだ な형 구체적이다　案 あん 명 안
増やす ふやす 동 늘리다　レッスンの月謝 レッスンのげっしゃ 레슨료

04

[음성]

大学の留学説明会で職員が話しています。

F1：えー、本校の３つの長期留学プログラムを紹介します。詳しい説明は各ブースで聞いてください。まず一つ目は、２つの国に１年ずつ滞在する「二か国留学プログラム」です。文化が異なる国に滞在することで言語だけでなく広い視野を身につけることができます。次は「学士留学プログラム」です。本校で３年、留学先で２年必要な単位を修得すると５年間で２つの大学の学士を取得することができます。現地の大学の学士が取れるので海外就職に有利になりますよ。最後に「大学院留学プログラム」です。こちらは本校に３年通い、残りの３年間留学先で単位を修得することで、二つの学士と修士が取得できるものです。進学を考えている学生におすすめです。

M：この大学と現地の大学を両方卒業できるってすごいよね。大変そうだけど挑戦してみたいなあ。

F2：せっかくなら修士まで取れるほうにしたら？日本で通うのと同じ期間で取れるんだよね。

M：いや、でも、**進学するつもりはないから、学士を２つのほうにしようかなって思っているんだ。**

F2：そうなんだ。**私は色んな国の文化に興味があるから、１年ずつのほうを聞いてみようっと。**

M：確かにいい経験になりそうだね。

質問１　男の学生はどのプログラムの説明を聞きに行きますか。

質問２　女の学生はどのプログラムの説明を聞きに行きますか。

[문제지]

質問１

① 二か国留学プログラム
② **学士留学プログラム**
③ 大学院留学プログラム

質問２

① **二か国留学プログラム**
② 学士留学プログラム
③ 大学院留学プログラム

해석 대학의 유학 설명회에서 직원이 이야기하고 있습니다.

F1 : 음, 본교의 3가지 장기 유학 프로그램을 소개합니다. 자세한 설명은 각 부스에서 들어 주세요. 먼저 첫 번째는, 두 나라에 1년씩 체재하는 '2개국 유학 프로그램'입니다. 문화가 다른 나라에 체재함으로써 언어뿐만 아니라 넓은 시야를 몸에 익힐 수 있습니다. 다음은 '학사 유학 프로그램'입니다. 본교에서 3년, 유학처에서 2년 필요한 학점을 습득하면 5년간 2개 대학의 학사를 취득할 수 있습니다. 현지 대학의 학사를 딸 수 있기 때문에 해외 취업에 유리해집니다. 마지막으로 '대학원 유학 프로그램' 입니다. 이쪽은 본교에 3년 다니고, 나머지 3년간 유학처에서 학점을 습득함으로써, 두 개의 학사와 석사를 취득할 수 있는 것입니다. 진학을 생각하고 있는 학생에게 추천입니다.

M : 이 대학과 현지의 대학을 모두 졸업할 수 있다니 대단하네. 힘들 것 같지만 도전해 보고 싶다.

F2 : 이왕이면 석사까지 딸 수 있는 쪽으로 하면? 일본에서 다니는 것과 같은 기간에 딸 수 있지?

M : 아니, 하지만, **진학할 생각은 없으니까, 학사를 두 개 쪽으로 할까 생각하고 있어.**

F2 : 그렇구나. **나는 다양한 나라의 문화에 흥미가 있으니까, 1년씩인 쪽을 들어 봐야지.**

M : 확실히 좋은 경험이 될 것 같네.

질문1 남학생은 어느 프로그램의 설명을 들으러 갑니까?

질문2 여학생은 어느 프로그램의 설명을 들으러 갑니까?

질문1

① 2개국 유학 프로그램
② **학사 유학 프로그램**
③ 대학원 유학 프로그램

질문2

① **2개국 유학 프로그램**
② 학사 유학 프로그램
③ 대학원 유학 프로그램

어휘 **説明会 せつめいかい** 명 설명회 **職員 しょくいん** 명 직원
本校 ほんこう 명 본교 **長期 ちょうき** 명 장기 **プログラム** 명 프로그램
詳しい くわしい い형 자세하다 **ブース** 명 부스
滞在 たいざい 명 체재 **異なる ことなる** 동 다르다
言語 げんご 명 언어 **視野 しや** 명 시야
身につける みにつける 몸에 익히다 **学士 がくし** 명 학사
留学先 りゅうがくさき 명 유학처 **単位 たんい** 명 학점
修得 しゅうとく 명 습득 **取得 しゅとく** 명 취득 **現地 げんち** 명 현지
海外 かいがい 명 해외 **就職 しゅうしょく** 명 취업, 취직
有利だ ゆうりだ な형 유리하다 **大学院 だいがくいん** 명 대학원
進学 しんがく 명 진학 **挑戦 ちょうせん** 명 도전
修士 しゅうし 명 석사 **期間 きかん** 명 기간

05

[음성]

ラジオで男のアナウンサーが飲食店について話しています。

M1：今日はデートにも最適な一風変わったカフェを三つご紹介します。まず、「お化け屋敷カフェ」です。暗い店内でお化けの扮装をした店員が接客してくれます。メニューもお化けをモチーフにしたものです。続いては、「たぬきカフェ」です。愛くるしいたぬきがいて、触ったり、餌をあげたりすることができます。最後に「探偵カフェ」です。店は殺人現場になっていて、推理もできます。わからなくても現役の探偵でもある店員がトリックを教えてくれます。

F：佐藤くん、今度一緒にどれか行ってみようよ。

M2：いいね。僕、推理小説が好きで事件の謎を解くのに憧れてたんだ。現役の人の話も聞きたいし、ここにしようよ。

F：えー、**私はそれよりもかわいい動物がいるとこがいいな。見るだけで癒されるじゃない。**

M2：僕、アレルギーがあるから、ちょっと…。

F：そうだったの? **じゃあ、ここは妹とでも行くことにするよ。**あ、**幽霊がいるところはどう?**

M2：**僕もそれおもしろそうだと思ってた。**どんな食べ物が出てくるか気になるし。**じゃあ、ここにしよう。**

質問１　女の人は妹とどのカフェに行きますか。

質問２　二人はどのカフェに一緒に行きますか。

[문제지]

質問１

① お化け屋敷のカフェ

② **たぬきのカフェ**

③ 探偵のカフェ

質問２

① **お化け屋敷のカフェ**

② たぬきのカフェ

③ 探偵のカフェ

해석 라디오에서 남자 아나운서가 음식점에 대해서 이야기하고 있습니다.

M1: 오늘은 데이트에도 최적인 색다른 카페를 세 개 소개하겠습니다. 우선, '귀신의 집 카페'입니다. 어두운 가게 안에서 귀신 분장을 한 점원이 접객해 줍니다. 메뉴도 귀신을 모티프로 한 것입니다. 이어서, '너구리 카페'입니다. 귀여운 너구리가 있어서, 만지거나, 먹이를 주거나 할 수 있습니다. 마지막으로 '탐정 카페'입니다. 가게는 살인 현장으로 되어 있어서, 추리도 가능합니다. 모르더라도 현역 탐정이기도 한 점원이 트릭을 알려 줍니다.

F : 사토 군, 이번에 함께 어딘가 가보자.

M2: 좋네. 나, 추리 소설을 좋아해서 사건의 수수께끼를 푸는 것을 동경하고 있었어. 현역인 사람의 이야기도 듣고 싶고, 이곳으로 하자.

F : 아, **나는 그것보다도 귀여운 동물이 있는 곳이 좋아. 보는 것만으로 마음이 달래지잖아.**

M2: 나, 알레르기가 있어서, 좀….

F : 그랬어? **그럼, 이곳은 여동생하고라도 가기로 할게.** 아, **유령이 있는 곳은 어때?**

M2: **나도 그거 재미있을 것 같다고 생각했어.** 어떤 음식이 나오는지 신경 쓰이고. **그럼, 이곳으로 하자.**

질문1 여자는 여동생과 어느 카페에 갑니까?

질문2 두 사람은 어느 카페에 함께 갑니까?

질문1

① 귀신의 집 카페

② **너구리 카페**

③ 탐정 카페

질문2

① **귀신의 집 카페**

② 너구리 카페

③ 탐정 카페

어휘 飲食店 いんしょくてん 명 음식점　デート 명 데이트
最適だ さいてきだ な형 최적이다
一風変わった いっぷうかわった 색다른　カフェ 명 카페
お化け屋敷 おばけやしき 귀신의 집　店内 てんない 명 가게 안
お化け おばけ 명 귀신　扮装 ふんそう 명 분장
接客 せっきゃく 명 접객　メニュー 명 메뉴　モチーフ 명 모티프
たぬき 명 너구리　愛くるしい あいくるしい い형 귀엽다
餌 えさ 명 먹이　探偵 たんてい 명 탐정　殺人 さつじん 명 살인
現場 げんば 명 현장　推理 すいり 명 추리　現役 げんえき 명 현역
トリック 명 트릭　事件 じけん 명 사건　謎 なぞ 명 수수께끼
解く とく 동 풀다　憧れる あこがれる 동 동경하다
癒す いやす 동 마음을 달래다　アレルギー 명 알레르기
幽霊 ゆうれい 명 유령

06

[음성]

テレビで男の人が話しています。

M1：自動車会社が「未来の自動車コンテスト」を開催し、その応募作品の中から三つの最優秀賞候補が選抜されました。まず、１番の作品は空飛ぶ車です。飛行モードのボタンを押すと、翼が出てきて、飛行機のように飛ぶことができます。２番の作品は水の上を走れる車です。車に乗りながら海を楽しめるなんてなんとも贅沢ですが、大雨や洪水などの緊急時にも活躍が期待できる素晴らしい車です。３番は形が変わる車です。スーパーカーになったり、バイクになったりと気分に合わせて、乗ることができます。

M2：どれもおもしろいアイディアだね。林さんなら、どれに乗りたい?

F：私は高いところ苦手だから、**水の上を移動できるものがいいな。**最近、災害も多いし、役立ちそう。

M2：**僕は一台でたくさんの種類の車を楽しめるのがいい。**これには男のロマンが詰まってるよ。

F：確かに魅力的ね。

質問１　女の人はどの車が気に入っていますか。

質問２　男の人はどの車が気に入っていますか。

[문제지]

質問1

① 1番の車

② 2番の車

③ 3番の車

質問2

① 1番の車

② 2番の車

③ 3番の車

해석 텔레비전에서 남자가 이야기하고 있습니다.

M1: 자동차 회사가 '미래의 자동차 콘테스트'를 개최하여, 그 응모 작품 중에서 세 개의 최우수상 후보가 선발되었습니다. 우선, 1번 작품은 하늘을 나는 차입니다. 비행 모드 버튼을 누르면, 날개가 나와서, 비행기처럼 나는 것이 가능합니다. 2번 작품은 물 위를 달릴 수 있는 차입니다. 차를 타면서 바다를 즐길 수 있다니 참으로 호화스럽습니다만, 큰 비나 홍수 등의 긴급 시에도 활약을 기대할 수 있는 훌륭한 차입니다. 3번은 형태가 바뀌는 차입니다. 슈퍼카가 되거나, 오토바이가 되거나 기분에 맞춰서, 탈 수 있습니다.

M2: 어느 것이나 다 재미있는 아이디어네. 하야시 씨라면, 어느 것을 타고 싶어?

F : 나는 높은 곳이 거북해서, **물 위를 이동할 수 있는 것이 좋겠어.** 최근, 재해도 많고, 도움이 될 것 같아.

M2: **나는 한 대로 많은 종류의 차를 즐길 수 있는 것이 좋아.** 이것에는 남자의 로망이 담겨있어.

F : 확실히 매력적이네.

질문1 여자는 어느 차가 마음에 듭니까?

질문2 남자는 어느 차가 마음에 듭니까?

질문1

① 1번 차

② **2번 차**

③ 3번 차

질문2

① 1번 차

② 2번 차

③ **3번 차**

어휘 未来 みらい [명]미래　コンテスト [명]콘테스트
開催 かいさい [명]개최　応募 おうぼ [명]응모
作品 さくひん [명]작품　最優秀賞 さいゆうしゅうしょう [명]최우수상
候補 こうほ [명]후보　選抜 せんばつ [명]선발　飛行 ひこう [명]비행
モード [명]모드　翼 つばさ [명]날개　なんとも [부]참으로
贅沢だ ぜいたくだ [な형]호화롭다　大雨 おおあめ [명]큰 비
洪水 こうずい [명]홍수　緊急 きんきゅう [명]긴급
活躍 かつやく [명]활약　期待 きたい [명]기대
スーパーカー [명]슈퍼카　バイク [명]오토바이, 바이크
合わせる あわせる [동]맞추다　アイディア [명]아이디어
移動 いどう [명]이동　災害 さいがい [명]재해
種類 しゅるい [명]종류　ロマン [명]로망　詰まる つまる [동]담기다
魅力的だ みりょくてきだ [な형]매력적이다

실전 테스트 1

p.390

1 2　**2 질문1** 1, **질문2** 3

문제5에서는, 긴 이야기를 듣습니다. 이 문제에는 연습은 없습니다. 문제 용지에 메모를 해도 상관없습니다.

1번

문제 용지에 아무것도 인쇄되어 있지 않습니다. 우선 이야기를 들어주세요. 그리고 나서, 질문과 선택지를 듣고, 1에서 4 중에, 가장 알맞은 것을 하나 골라주세요.

1

[음성]

大学で同じサークルの先輩と後輩二人が話しています。

M1：今年の学園祭で、うちのサークルとして何か出し物をする予定なんだけど、やりたいもの、何かある？

F：そうですね。去年は何をやったんですか？

M1：去年は、他のサークルとかぶらないように、飲食でも展示でもないものをやったんだ。劇をやったんだけどね…。

M2：あ、僕それ見ましたよ。この大学の創立者の一生を劇にしたんですよね。

M1：え！ 田中さん見に来てたんだ。あれ、あんまり評判、よくなくて…。それで今年はやっぱり飲食の店にしたほうがいいかなって思ってるんだけど…。

F：えー。そうなんですか？ 学園祭で劇って、他の大学にもあまりないし、面白いと思うんだけどなあ。私はいいと思いますよ。

M2：僕も悪くないと思います。でも、いいものにしたいなら、練習時間も確保しなければならないし。僕はバイトが忙しいから出るのは難しいかもしれませんが、道具作りとかならできると思います。

M1：そっか。飲食店とか、ゲームはどう？ アルバイトが忙しい人も打ち合わせ回数が少なければ、担当しやすいと思うんだよね。

F：確かにそうですね。みんな忙しいから、少ない打ち合わせ回数でできるものにしたほうが参加しやすいし。

M2：ゲームは詳しい人とそうでない人の仕事量の差が大きくならないですかね。だったら、できるだけ出演人数を少なくするとか、短い演目を複数合わせるとかしたら、僕はできると思いますけど。一つ一つを小さいグループで作るとか。

M1：仕事量は考えてなかったな。なるほどね。

F：私もそれならいいと思いますし、アルバイトの時間とかに配慮できそうなら挑戦してみたいと思いますよ。

M1：そう？ じゃ、みんながいいと思うなら、田中さんの方法でやってみようか。

学園祭では何をすることにしましたか。

1 評判がよかった展示をする
2 少人数でできる劇をする
3 詳しい人だけでゲームをする
4 みんなが担当できる飲食店をする

해석 대학에서 같은 동아리의 선배와 후배 두 명이 이야기하고 있습니다.

M1: 올해의 학원제에서, 우리 동아리로서 뭔가 상연물을 할 예정인데, 하고 싶은 거, 뭔가 있어?

F : 글쎄요. 작년에는 무엇을 했나요?

M1: 작년에는, 다른 동아리와 겹치지 않도록, 음식도 전시도 아닌 것을 했어. 연극을 했는데 말이야….

M2: 아, 저 그거 봤어요. 이 대학 창립자의 일생을 연극으로 했죠.

M1: 앗! 다나카 씨 보러 왔었구나. 그거, 그다지 평판, 좋지 않아서…. 그래서 올해는 역시 음식점으로 하는 편이 좋을까 하고 생각하고 있는데 말이야….

F : 아. 그런가요? 학원제에서 연극은, 다른 대학에도 별로 없고, 재미있다고 생각하는데. 저는 좋다고 생각해요.

M2: 저도 나쁘지 않다고 생각해요. 하지만, 좋은 것으로 하고 싶다면, 연습 시간도 확보해야 하고. 저는 아르바이트가 바쁘기 때문에 나가는 것은 어려울지도 모르겠습니다만, 도구 만들기 같은 거라면 할 수 있다고 생각해요.

M1: 그런가. 음식점이라든가, 게임은 어때? 아르바이트가 바쁜 사람도 협의 횟수가 적으면, 담당하기 쉬울 거라고 생각하는데.

F : 확실히 그렇죠. 모두 바쁘니까, 적은 협의 횟수로 가능한 것으로 하는 쪽이 참가하기 쉬울거고.

M2: 게임은 자세히 알고있는 사람과 그렇지 않은 사람의 업무량의 차가 커지지 않을까요. 그렇다면, 가능한 한 출연 인원수를 적게 한다든가, 짧은 상연 목록을 여러 번 맞추든가 하면, 저는 가능하다고 생각하는데요. 하나 하나를 작은 그룹으로 만든다든가.

F1 : 업무량은 생각하지 않았네. 과연.

F : 저도 그거라면 좋을 것 같고, 아르바이트 시간 같은 것에 배려할 수 있다면 도전해 보고 싶다고 생각해요.

M1: 그래? 그럼, 모두가 좋다고 생각한다면, 다나카 씨의 방법으로 해 볼까.

학원제에서는 무엇을 하기로 했습니까?

1 평판이 좋았던 전시를 한다
2 적은 인원수로 가능한 연극을 한다
3 잘 아는 사람만으로 게임을 한다
4 모두가 담당할 수 있는 음식점을 한다

해설 대화의 후반부에서 세 사람의 최종 결정 사항을 재빨리 메모하며 주의 깊게 듣는다.

[메모] 올해 학원제의 상연물. 무엇을 할지?
- 전시: 다른 동아리와 겹칠 수 있음
- 연극: 학원제에서 연극은 흔치 않음 → 연습 시간 확보 필요, 바쁜 사람은 나갈 수 없음 → 출연 인원수를 적게하기, 짧은 상연 목록을 여러 번 하기, 모두가 좋다고 생각하는 의견
- 게임: 바쁜 사람도 참가하기 쉬움 → 잘 아는 사람과 그렇지 않은 사람의 업무량의 차이가 큼
- 음식점: 다른 동아리와 겹칠 수 있음, 바쁜 사람도 참가하기 쉬움

질문이 학원제에서 무엇을 하기로 했는지 묻고 있고, 다나카의 의견에 모두가 좋다고 생각하고 있으므로 2 少人数でできる劇をする(적은 인원수로 가능한 연극을 한다)가 정답이다.

어휘 サークル 명 동아리　後輩 こうはい 명 후배
学園祭 がくえんさい 명 학원제　出し物 だしもの 명 상연물
かぶる 동 겹치다　飲食 いんしょく 명 음식　展示 てんじ 명 전시
劇 げき 명 연극　創立者 そうりつしゃ 명 창립자
一生 いっしょう 명 일생　評判 ひょうばん 명 평판
確保 かくほ 명 확보　道具作り どうぐづくり 도구 만들기
打ち合わせ うちあわせ 명 협의　回数 かいすう 명 회수
担当 たんとう 명 담당　詳しい くわしい い형 자세히 알고있다
出演 しゅつえん 명 출연　人数 にんずう 명 인원수
演目 えんもく 명 상연 목록　複数 ふくすう 명 여러 번
合わせる あわせる 동 맞추다　配慮 はいりょ 명 배려
挑戦 ちょうせん 명 도전

2번

우선 이야기를 들어주세요. 그리고 나서, 두 질문을 듣고, 각각 문제 용지의 1에서 4 중에, 가장 알맞은 것을 하나 골라주세요.

2

[음성]

図書館で職員がボランティアについて話しています。

M1：では、これからボランティアグループの説明をします。グループAは読み聞かせです。月曜日は幼児、木曜日は小学校低学年の子供たちに本を読んでいただきます。自信がない方も、コツをお教えしますので、ご心配なく。グループBは館内に掲示するポスターを作成していただきます。みなさんのおすすめ本を紹介してください。見た人がぜひ読んでみたいと思うようなポスターをお願いします。グループCは企画です。図書館を利用する子どもは増えているのですが、大人は減ってきています。利用者を増やせるような企画を考えていただきます。ちなみに最近は読書会を行っています。グループDは本のチェックです。返却された本の外側を消毒し、中に汚れや破損がないか確認する作業です。付属の地図やCDなど返却されたかの確認もお願いいたします。

M2: どれにする？

F：これにしたいな。大学卒業後はイベント会社で働きたいって思っているから、これだと集客方法が学べそうだし。森君はどうするの？将来、小学校の先生になりたいなら、これがいいんじゃない？

M2: そうなんだけど、緊張しそうだなあ。子どもだけじゃなくて保護者もいるだろう？人とのやり取りはちょっと苦手だから黙々と作業ができる、これか、これかなあって思ってたんだけど。

F：小学校で働きたいなら、保護者の前で話す機会が多くなるから、今から練習しとかなきゃ。

M2: それもそうなんだけどね。この本おすすめですよって紹介して、それがきっかけで読んでくれたらうれしいなっていう気持ちもあって。

F：言われてみれば、確かにそうね。それに、人の心を動かせる絵の描き方が学べそうだね。

M2: うん。でもやっぱり、さっき言ってくれたみたいに、苦手なことから逃げないで、練習のつもりでこれにしてみるよ。

F：私も将来の仕事に繋がるように、これにするわ。

質問1　男の人はどのボランティアを選びましたか。

質問2　女の人はどのボランティアを選びましたか。

[문제지]

質問1

1 読み聞かせ

2 ポスター作成

3 企画

4 本のチェック

質問2

1 読み聞かせ

2 ポスター作成

3 企画

4 本のチェック

해석 도서관에서 직원이 자원봉사에 대해 이야기하고 있습니다.

M1: 그럼, 이제부터 자원봉사 그룹의 설명을 하겠습니다. 그룹 A는 읽어 주기입니다. 월요일은 유아, 목요일은 초등학교 저학년 아이들에게 책을 읽어줍니다. 자신이 없는 분도, 요령을 가르쳐 드리기 때문에, 걱정하지 마세요. 그룹 B는 관내에 게시하는 포스터를 작성합니다. 여러분의 추천 책을 소개해 주세요. 본 사람이 꼭 읽어보고 싶다고 생각할 것 같은 포스터를 부탁 드립니다. 그룹 C는 기획입니다. 도서관을 이용하는 아이는 늘고 있습니다만, 어른은 줄고 있습니다. 이용자를 늘릴 수 있을 것 같은 기획을 생각해 주십시오. 덧붙여서 최근에는 독서회를 하고 있습니다. 그룹 D는 책의 체크입니다. 반납된 책의 겉부분을 소독하고, 안에 오염이나 파손이 없는지 확인하는 작업입니다. 부속 지도나 CD 등 반납되었는지의 확인도 부탁 드립니다.

M2: 어느 것으로 할래?

F : 이걸로 하고 싶네. 대학 졸업 후에는 이벤트 회사에서 일하고 싶다고 생각하고 있으니까, 이거라면 손님을 모으는 방법을 배울 수 있을 것 같고. 모리 군은 어떻게 할 거야? 장래에, 초등학교 선생님이 되고 싶다면, 이게 좋지 않아?

M1: 그렇지만, 긴장할 것 같아. 아이뿐만 아니라 보호자도 있잖아? 사람과의 교류는 좀 서툴러서 묵묵히 작업을 할 수 있는, 이거나, 이거인가 하고 생각하고 있었는데.

F : 초등학교에서 일하고 싶다면, 보호자 앞에서 이야기할 기회가 많아지니까, 지금부터 연습해두지 않으면.

M2: 그것도 그렇지만 말이야. 이 책 추천입니다 라고 소개하고, 그것을 계기로 읽어 주면 기쁘겠다는 마음도 있어서.

F : 듣고 보니, 확실히 그렇네. 게다가, 다른 사람의 마음을 움직일 수 있는 그림을 그리는 법을 배울 수 있을 것 같네.

M2: 응. 하지만 역시, 아까 말해준 것처럼, 서투른 일에서 도망치지 말고, 연습할 작정으로 이걸로 해 볼게.

F : 나도 장래의 직업으로 이어지도록, 이걸로 할래.

질문1 남자는 어느 자원봉사를 골랐습니까?

질문2 여자는 어느 자원봉사를 골랐습니까?

질문1

1 읽어 주기

2 포스터 작성

3 기획

4 책의 체크

질문2

1 읽어 주기

2 포스터 작성

3 기획

4 책의 체크

해설 각 선택지와 관련하여 언급되는 내용을 재빨리 메모하며 주의 깊게 듣고, 두 명의 대화자가 선택하는 것에 유의하며 대화를 듣는다.

[메모] 자원봉사 그룹 4개

① 읽어 주기: 유아, 초등학교 저학년 대상, 요령을 가르쳐 줌

② 포스터 작성: 추천 책 소개하는 포스터

③ 기획: 이용자를 늘릴 수 있는 기획 하기, 독서회 같은 것

④ 책의 체크: 책 소독, 오염이나 파손, 부속품 확인

남자 → 사람과 말 주고받기는 서툴러서 묵묵히 작업할 수 있는 것을 생각, 서투른 일에서 도망치지 않고 연습하고 싶음

여자 → 대학 졸업 후 이벤트 회사에서 일하고 싶음, 손님을 모으는 방법을 배우고 싶음

질문 1은 남자가 선택한 자원봉사를 묻고 있다. 남자는 사람과의 교류가 서툴다고 했고, 서투른 일에서 도망치지 않고 연습하겠다고 했으므로, 1 読み聞かせ(읽어 주기)가 정답이다.

질문 2는 여자가 선택한 자원봉사를 묻고 있다. 여자는 대학 졸업 후 이벤트 회사에서 일하고 싶고, 손님을 모으는 방법을 배우고 싶다고 했으므로, 3 企画(기획)가 정답이다.

어휘 職員 しょくいん 명 직원　ボランティア 명 자원봉사
グループ 명 그룹　読み聞かせ よみきかせ 명 읽어 주기
幼児 ようじ 명 유아　低学年 ていがくねん 명 저학년
自信 じしん 명 자신　コツ 명 요령　館内 かんない 명 관내
掲示 けいじ 명 게시　ポスター 명 포스터　作成 さくせい 명 작성
おすすめ 명 추천　企画 きかく 명 기획　減る へる 동 줄다
利用者 りようしゃ 명 이용자　増やす ふやす 동 늘리다
ちなみに 접 덧붙여서　読書会 どくしょかい 명 독서회
返却 へんきゃく 명 반납　外側 そとがわ 명 겉부분
消毒 しょうどく 명 소독　破損 はそん 명 파손　確認 かくにん 명 확인
作業 さぎょう 명 작업　付属 ふぞく 명 부속　イベント 명 이벤트
集客 しゅうきゃく 명 손님을 모음, 집객　学ぶ まなぶ 동 배우다
緊張 きんちょう 명 긴장　保護者 ほごしゃ 명 보호자
やり取り やりとり 명 교류, 주고받음　苦手だ にがてだ な형 서투르다
黙々と もくもくと 부 묵묵히　きっかけ 명 계기
描き方 かきかた 명 그리는 법　繋がる つながる 동 이어지다

실전 테스트 2

p.392

1 3　　**2 질문1** 2, **질문2** 4

문제5에서는, 긴 이야기를 듣습니다. 이 문제에는 연습은 없습니다. 문제 용지에 메모를 해도 상관없습니다.

1번

문제 용지에 아무것도 인쇄되어 있지 않습니다. 우선 이야기를 들어주세요. 그리고 나서, 질문과 선택지를 듣고, 1에서 4 중에, 가장 알맞은 것을 하나 골라주세요.

1

[음성]

会社で、商品企画部の上司と部下二人が話しています。

M1：昨年出した「オレンジ紅茶」なんだけど、新しいパッケージについてアイディアを出してもらいたいんだ。

F：あの商品、若い女性を中心に売れ行きがいいんですよね。明るい色を使って、かわいい感じのパッケージで。

M2：若い女性をターゲットにしたから、そんなパッケージにしたんですか。

M1：いや、実は元々はオレンジが入ってることを強調したくてオレンジ色にしてたんだけどね。

M2：かわいい感じは残したほうがいいかもしれませんね。

F：そうですね。今までのデザインを受け継ぎながら、新しいイメージを持ってもらえるものがいいかもしれませんね。

M2：夏に向けて、季節に合わせたイメージにするのはどうでしょうか。

F：夏らしい明るいイメージですか？ 太陽とか。

M1：でも、それだと今までのイメージと被る部分も多いんじゃないかな。

F：それなら、夏だから逆に涼しさを感じられるものはどうでしょうか。これを飲んだら清涼感が感じられるっていうようなイメージで。

M1：なるほど。それなら、これからの季節にいいね。

M2：今までと違うイメージにして他の世代にもアピールしたいということでしたら、明るいイメージより落ち着いたイメージにしてみるのも手だと思います。

M1：全く違うイメージか。

F：でも今のからあまりにも離れたデザインにして、その結果、今までの顧客の支持を失ってしまうのは避けたほうがいいんじゃないですか。

M2：うーん、その可能性もありますね。そうすると、やっぱり夏向けのがいいかもしれませんね。

M1：うん、そうだね。じゃ、やっぱりさっきの案でいこうか。

商品のパッケージをどのように変更しますか。

1 かわいいイメージにする
2 明るいイメージにする
3 涼しいイメージにする
4 落ち着いたイメージにする

해석 회사에서, 상품 기획부의 상사와 부하 2명이 이야기하고 있습니다.

M1: 작년에 낸 '오렌지 홍차'말인데, 새로운 패키지에 대해서 아이디어를 내줬으면 해.

F : 그 상품, 젊은 여성을 중심으로 팔림새가 좋죠. 밝은 색을 사용해서, 귀여운 느낌의 패키지로.

M2: 젊은 여성을 타깃으로 했기 때문에, 그런 패키지로 한 건가요?

M1: 아니, 실은 원래는 오렌지가 들어있는 것을 강조하고 싶어서 오렌지색으로 했었는데 말이야.

M2: 귀여운 느낌은 남기는 편이 좋을지도 모르겠네요.

F : 그렇군요. 지금까지의 디자인을 이어받으면서, 새로운 이미지를 가질 수 있는 것이 좋을지도 모르겠네요.

M2: 여름을 맞이해서, 계절에 맞춘 이미지로 하는 것은 어떨까요?

F：여름다운 밝은 이미지인가요? 태양이라든가.

M1: 하지만, 그러면 지금까지의 이미지와 겹치는 부분도 많지 않을까.

F：그렇다면, 여름이니까 반대로 시원함을 느낄 수 있는 것은 어떨까요? 이것을 마시면 청량감을 느낄 수 있다는 것과 같은 이미지로.

M1: 그렇군. 그거라면, 앞으로의 계절에 좋겠네.

M2: 지금까지와 다른 이미지로 해서 다른 세대에게도 어필하고 싶다는 것이라면, 밝은 이미지보다 차분한 이미지로 해보는 것도 방법이라고 생각해요.

M1: 완전히 다른 이미지라.

F：하지만 지금 것에서 너무나 동떨어진 디자인으로 해서, 그 결과, 지금까지의 고객의 지지를 잃어버리는 것은 피하는 편이 좋지 않을까요?

M2: 음, 그럴 가능성도 있네요. 그러면, 역시 여름용인 것이 좋을지도 모르겠네요.

M1: 응, 그렇네. 그럼, 역시 아까 안으로 갈까.

상품의 패키지를 어떻게 변경합니까?

1 귀여운 이미지로 한다
2 밝은 이미지로 한다
3 시원한 이미지로 한다
4 차분한 이미지로 한다

해설 대화의 후반부에서 세 사람의 최종 결정 사항을 재빨리 메모하며 주의 깊게 듣는다.

[메모] 상품의 새로운 패키지. 어떻게 할지?
- 귀여운: 젊은 여성에게 인기 → 귀여운 느낌은 남기자
- 밝은: 계절에 맞춘 이미지, 태양 → 지금까지의 이미지와 겹침
- 시원한: 여름이니까 반대로 시원함을 느낄 수 있는 → 앞으로의 계절에 좋을 듯, 여름용인 것이 좋음
- 차분한: 지금까지와 다른 이미지, 다른 세대에게 어필 → 기존 고객의 지지를 잃을 수도

질문이 상품의 패키지를 어떻게 변경하기로 했는지 묻고 있고, 여름용인 것이 좋겠다고 했으므로, 여름이니까 반대로 시원함을 느낄 수 있는 3 涼しいイメージにする(시원한 이미지로 한다)가 정답이다.

어휘 商品 しょうひん 명 상품　企画部 きかくぶ 명 기획부
上司 じょうし 명 상사　部下 ぶか 명 부하　オレンジ 명 오렌지
パッケージ 명 패키지　アイディア 명 아이디어
中心 ちゅうしん 명 중심　売れ行き うれゆき 명 팔림새
ターゲット 명 타깃　元々 もともと 부 원래
強調 きょうちょう 명 강조　残す のこす 동 남기다
デザイン 명 디자인　受け継ぐ うけつぐ 동 이어받다
イメージ 명 이미지　向ける むける 동 맞이하다, 향하다
合わせる あわせる 동 맞추다　太陽 たいよう 명 태양
部分 ぶぶん 명 부분　逆 ぎゃく 명 반대, 역
感じる かんじる 동 느끼다　清涼感 せいりょうかん 명 청량감
世代 せだい 명 세대　アピール 명 어필
落ち着く おちつく 동 차분하다　離れる はなれる 동 동떨어지다
結果 けっか 명 결과　顧客 こきゃく 명 고객　支持 しじ 명 지지
失う うしなう 동 잃다　避ける さける 동 피하다
可能性 かのうせい 명 가능성　変更 へんこう 명 변경

2번

우선 이야기를 들어주세요. 그리고 나서, 두 질문을 듣고, 각각 문제 용지의 1에서 4 중에, 가장 알맞은 것을 하나 골라주세요.

2

[음성]

テレビでアナウンサーが観光地について話しています。

M1：もうすぐ夏休みですね。本日は、穴場の観光地についてご紹介いたします。まずは京都です。京都と言えば誰もが知っている人気の観光地ですが、郊外まで車で足を延ばすと、美しい庭園を持つお寺を静かに味わうことができます。ぜひ、車で出かけてみてください。続いては富士山の麓の三保の松原。こちらは富士山と共に世界遺産に指定されています。車で来る方が多くて、駐車場は混みますが、公共交通機関が充実していますので、そちらのご利用をおすすめします。また、今の季節でしたら北海道の平原もおすすめです。どこまでも広がる平原の中で乗馬を楽しむのもいいでしょう。北海道は広くて移動に時間がかかりますから、こちらは旅行日程に余裕がある方におすすめです。最後に、長野の川下りをご紹介します。スリルを楽しめる川下りは涼しい夏を楽しみたい方にぴったりです。

M2：うーん。どれも面白そうで悩むなあ。

F：でも、私達、車持ってないし、初めての道は迷いそうだから、これはやめない？

M2：うん、そうだね。それに、レンタカーを借りるのもいいけど、夏休みは高そうだしね。

F：そうだよ。あ、それとね、私、今年の夏休みはあまり長く休めそうになくて…。だから、できれば短い日程のほうがありがたいな。

M2：そっか。時間の余裕がないから、これはダメだね。じゃあ、山はどう？ 富士山の近くならうちから行きやすいから、ここにしようか。

F：そうね、いいかも。でも、前に友達とレンタカーでその近くをいろいろ見に行ったことがあるって言ってたよね？ ここも、行ったことあるんじゃない？

M2：うん。でも、ずいぶん前のことだし、夫婦で行くのはまた違うからさ。

F：うーん、やっぱり、せっかくだから二人とも行ったことがないとこにしようよ。

M2：わかった。じゃ、決まり。楽しみだね。

質問1　男の人はどこへ旅行に行ったことがありますか。

質問2　二人はどこへ一緒に行きますか。

[문제지]

質問 1

1 京都郊外

2 三保の松原

3 北海道

4 長野の川下り

質問 2

1 京都郊外

2 三保の松原

3 北海道

4 長野の川下り

해석 텔레비전에서 아나운서가 관광지에 대해서 이야기하고 있습니다.

M1: 이제 곧 여름휴가네요. 오늘은, 잘 알려지지 않은 관광지에 대해서 소개해드리겠습니다. 우선은 교토입니다. 교토라고 하면 누구나가 알고 있는 인기 관광지입니다만, 교외까지 차로 발길을 뻗치면, 아름다운 정원을 가진 절을 조용히 맛볼 수 있습니다. 꼭, 차로 외출해봐 주세요. 계속해서 후지산 기슭의 미호의 솔밭. 이쪽은 후지산과 함께 세계 유산으로 지정되어 있습니다. 차로 오는 분이 많아서, 주차장은 붐빕니다만, 대중교통이 충실하기 때문에, 그쪽의 이용을 추천드립니다. 또, 지금의 계절이라면 홋카이도의 평원도 추천입니다. 어디까지나 펼쳐지는 평원 속에서 승마를 즐기는 것도 좋겠죠. 홋카이도는 넓어서 이동에 시간이 걸리기 때문에, 이쪽은 여행 일정에 여유가 있는 분에게 추천입니다. 마지막으로, 나가노의 뱃놀이를 소개합니다. 스릴을 즐길 수 있는 뱃놀이는 시원한 여름을 즐기고 싶은 분에게 딱입니다.

M2: 음. 어느 것이나 다 재밌을 것 같아서 고민된다.

F : 하지만, 우리들, 차를 가지고 있지 않고, 처음인 길은 헤맬 것 같으니까, 이건 그만두지 않을래?

M2: 응, 그렇네. 게다가, 렌터카를 빌리는 것도 좋지만, 여름휴가에는 비쌀 것 같고 말이야.

F : 맞아. 아, 그리고 말이야, 나, 올해 여름은 그다지 길게 쉴 수 있을 것 같지 않아서…. 그러니까, 가능하면 짧은 일정인 편이 고맙겠어.

M2: 그렇구나. 시간 여유가 없으니까, 이건 안되네. 그럼, 산은 어때? 후지산 근처라면 집에서 가기 쉬우니까, 여기로 할까?

F : 그렇네, 좋을지도. 하지만, 전에 친구와 렌터카로 그 근처를 여러 군데 보러 간 적이 있다고 말했었지? 여기도, 간 적 있는 거 아니야?

M2: 응. 하지만, 꽤 전의 일이고, 부부로 가는 것은 또 다르니까 말이야.

F : 음, 역시, 모처럼이니까 두 명 모두 간 적이 없는 곳으로 하자.

M2: 알겠어. 그럼, 결정. 기대되네.

질문1 남자는 어디에 여행으로 간 적이 있습니까?

질문2 두 사람은 어디에 함께 갑니까?

질문1

1 교토 교외

2 미호의 솔밭

3 홋카이도

4 나가노의 뱃놀이

질문2

1 교토 교외

2 미호의 솔밭

3 홋카이도

4 나가노의 뱃놀이

해설 각 선택지와 관련하여 언급되는 내용을 재빨리 메모하며 주의 깊게 듣고, 두 명의 대화자가 선택하는 것에 유의하며 대화를 듣는다.

[메모] 관광지 4곳

① 교토: 교외, 아름다운 정원이 있는 절, 차를 타야 함

② 후지산 미호의 솔밭: 후지산과 함께 세계유산, 주차장 붐빔, 대중교통 추천

③ 홋카이도 평원: 승마, 여행 일정에 여유가 있는 분에게 추천

④ 나가노의 뱃놀이: 스릴을 즐길 수 있음, 시원한 여름

남자 → 집에서 가기 쉬운 곳, 후지산 근처는 친구와 간 적이 있음

여자 → 차가 없음, 가능하면 짧은 일정, 두 명 모두 간 적이 없는 곳

질문 1은 남자가 여행한 적이 있는 곳을 묻고 있다. 남자는 후지산 근처에 친구와 간 적이 있다고 했으므로, 2 三保の松原(미호의 솔밭)가 정답이다.

질문 2는 두 사람이 함께 가는 곳을 묻고 있다. 여자는 차가 없어도 되고, 가능하면 짧은 일정으로 갈 수 있고, 두 명 모두 간 적이 없는 곳으로 하자고 했으므로 4 長野の川下り(나가노의 뱃놀이)가 정답이다.

어휘 観光地 かんこうち 명 관광지　本日 ほんじつ 명 오늘
穴場 あなば 명 잘 알려지지 않은 장소　京都 きょうと 명 교토
人気 にんき 명 인기　足を延ばす あしをのばす 발길을 뻗치다
庭園 ていえん 명 정원　味わう あじわう 동 맛보다
富士山 ふじさん 명 후지산　麓 ふもと 명 기슭
松原 まつばら 명 솔밭　共に ともに 부 함께
世界遺産 せかいいさん 명 세계 유산　指定 してい 명 지정
公共交通機関 こうきょうこうつうきかん 명 대중교통, 공공 교통 기관
充実 じゅうじつ 명 충실　北海道 ほっかいどう 명 홋카이도
平原 へいげん 명 평원　乗馬 じょうば 명 승마　移動 いどう 명 이동
日程 にってい 명 일정　余裕 よゆう 명 여유
長野 ながの 명 나가노　川下り かわくだり 명 뱃놀이
スリル 명 스릴　ぴったり 부 딱　悩む なやむ 동 고민하다
レンタカー 명 렌터카　夫婦 ふうふ 명 부부　せっかく 부 모처럼

실전 테스트 3

p.394

1 1　**2 질문1** 3, **질문2** 2

문제5에서는, 긴 이야기를 듣습니다. 이 문제에는 연습은 없습니다. 문제 용지에 메모를 해도 상관없습니다.

1번

문제 용지에 아무것도 인쇄되어 있지 않습니다. 우선 이야기를 들어주세요. 그리고 나서, 질문과 선택지를 듣고, 1에서 4 중에, 가장 알맞은 것을 하나 골라주세요.

1

[음성]

会議でデパートの社員3人が話しています。

M1：ここ2か月、来店客数が減ってきているのですが、お客様を増やすいい案はないでしょうか。

M2：正面入り口にもっと華やかさが必要だと思います。今、お勧め商品を集めて展示している場所に、大きな生け花を毎週飾ってみるのはどうですか。

M1：なるほど。老舗デパートらしい、非日常的な感じが出せますね。

F：展示の変更は計画を修正すれば来週からでもできそうです。

M1：売り場のほうはどうですか。

F：若い人向けの洋服をもっと増やしてはどうでしょうか。

M1：でも、今の来店客の多くが30代以上なんですよね。増やしても売れるかどうか。

M2：では、地下の食品売り場の商品を変えてはいかがですか。あまり売れていない物もありそうなので、それを他の店に変えるとか。

M1：それだと取引先との契約も見直さなくちゃいけないですよね。今からやっても数か月先の実施になるし、売り場にとっては大きな変革ですよ。

F：食品の売り上げはそんなに落ちていないので、すぐには必要ないんじゃないでしょうか。それより、お客様から通路が狭いという声をいただくことが時々あります。

M2：夕方のお客様が多い時間帯は、食品売り場、歩きにくいですもんね。

F：ええ、せっかくお客様が大勢いらしているので、変えたいとずっと思ってました。

M1：食品売り場は、商品を変えることと、歩きやすくすることが課題なんですね。これは二つ一緒に考える必要がありそうですね。とりあえず、すぐにできそうなところからまず検討しましょう。

来店客を増やすために、何を見直すことにしましたか。

1 正面入り口近くの展示
2 若者向けの商品
3 取り扱う食品
4 売り場の通路の幅

해석 회의에서 백화점의 사원 3명이 이야기하고 있습니다.

M1: 요 2개월, 내점 손님 수가 줄어들고 있는데요, 손님을 늘릴 좋은 안은 없을까요?

M2: 정면 입구에 좀 더 화려함이 필요하다고 생각합니다. 지금, 추천 상품을 모아서 전시하고 있는 장소에, 큰 꽃꽂이를 매주 장식해 보는 것은 어떻습니까?

M1: 과연. 노포 백화점 같은, 비일상적인 느낌을 낼 수 있겠네요.

F: 전시 변경은 계획을 수정하면 다음 주부터라도 가능할 것 같습니다.

M1: 매장 쪽은 어떤가요?

F: 젊은 사람 대상인 옷을 좀 더 늘리는 것은 어떻습니까?

M1: 하지만, 지금의 내점객의 대부분이 30대 이상이죠. 늘려도 팔릴지 어떨지.

M2: 그럼, 지하의 식품 매장의 상품을 바꾸면 어떻습니까? 그다지 팔리지 않는 것도 있을 것 같으니, 그걸 다른 가게로 바꾼다든가.

M1: 그거라면 거래처와의 계약도 재검토하지 않을 수 없죠. 지금부터 해도 수개월 후에 실시하게 되고, 매장에 있어서는 커다란 변혁이에요.

F: 식품 매상은 그렇게 떨어지지 않아서, 바로는 필요 없지 않을까요? 그것보다, 손님으로부터 통로가 좁다는 의견을 받는 경우가 종종 있습니다.

M2: 저녁의 손님이 많은 시간대는, 식품 매장, 걷기 어렵죠.

F: 네, 모처럼 손님이 많이 와주시니까, 바꾸고 싶다고 쭉 생각하고 있었습니다.

M1: 식품 매장은, 상품을 바꾸는 것과, 걷기 쉽게 하는 것이 과제군요. 이건 두 개 함께 생각할 필요가 있을 것 같아요. 우선, 바로 가능할 것 같은 곳부터 먼저 검토합시다.

방문 손님을 늘리기 위해서, 무엇을 재검토하기로 했습니까?

1 정면 입구 근처의 전시
2 젊은이 대상의 상품
3 취급하는 식품
4 매장 통로의 폭

해설 대화의 후반부에서 세 사람의 최종 결정 사항을 재빨리 메모하며 주의 깊게 듣는다.

[메모] 내점 손님을 늘리기. 어떻게 할지?
- 정면 입구: 큰 꽃꽂이 장식. 비일상적인 느낌
→ 다음 주부터라도 가능, 바로 가능할 것 같은 곳부터 검토

- 매장: 젊은 사람 대상 옷 늘리기
  → 30대 이상인 지금의 방문객에게 팔릴지 모르겠음
- 지하: 식품 매장의 상품 바꾸기
  → 수개월 후에 실시 가능, 당장 불필요
- 통로: 식품 매장의 통로가 좁아 걷기 힘듦
  → 식품 매장의 상품 바꾸기와 함께 생각할 필요가 있음

질문이 방문 손님을 늘리기 위해서 무엇을 재검토하기로 했는지 묻고 있고, 바로 가능할 것 같은 곳부터 검토하자고 했으므로, 다음 주부터라도 가능한 1 **正面入り口近くの展示**(정면 입구 근처의 전시)가 정답이다.

어휘 社員 しゃいん 명 사원　来店 らいてん 명 내점
客数 きゃくすう 명 손님 수　減る へる 동 줄다
増やす ふやす 동 늘리다　正面 しょうめん 명 정면
華やだ はなやかだ な형 화려하다　商品 しょうひん 명 상품
展示 てんじ 명 전시　生け花 いけばな 명 꽃꽂이
老舗 しにせ 명 노포, 역사가 오랜 가게
非日常的だ ひにちじょうてきだ な형 비일상적이다
感じ かんじ 명 느낌　変更 へんこう 명 변경
修正 しゅうせい 명 수정　売れる うれる 동 팔리다
地下 ちか 명 지하　食品 しょくひん 명 식품
取引先 とりひきさき 명 거래처　契約 けいやく 명 계약
見直す みなおす 동 재검토하다　実施 じっし 명 실시
変革 へんかく 명 변혁　売り上げ うりあげ 명 매상
通路 つうろ 명 통로　時間帯 じかんたい 명 시간대
せっかく 부 모처럼　課題 かだい 명 과제　とりあえず 부 우선
検討 けんとう 명 검토　取り扱う とりあつかう 동 취급하다
幅 はば 명 폭

2번

우선 이야기를 들어주세요. 그리고 나서, 두 질문을 듣고, 각각 문제 용지의 1에서 4 중에, 가장 알맞은 것을 하나 골라주세요.

2

[음성]
観光施設の入口で、係の人が話しています。

M1：これから、この施設の四つのエリアについてご紹介します。まず、「街づくりエリア」です。ここはこの地域の街の変遷を時代ごとに展示しています。喫茶店などの店舗の詳細部分まで再現した模型は評判が高く、この施設の広告にも使われています。次の「農業エリア」では、特産品である果物の種類や栽培方法を紹介しています。採れたての果物を使ったデザートやアイスを召し上がっていただけるスペースもご用意しています。三つめの「ものづくりエリア」は、二つのテーマから構成されています。一つは伝統的な織物技術、もう一つは、ここ20年ほどで大きく発展した、ロケット部品の紹介です。最後は「自然エリア」です。この地域で見られる植物や昆虫、魚、動物などを紹介しています。エリアの一部は植物園になっていて、実物の木や花、虫などを観察したり、触ったりできます。

F：あんまり時間がないから、全部回るのは難しいね。

M2：そうだね。ここには、この地方にしかいない珍しい蝶がいるんだよ。虫好きとしては、どうしても見ておきたいんだけど。

F：えっ。私は、虫はちょっと…。それより、この街の技術がどんな風に宇宙開発を支えているのかに興味があるんだけど。

M2：じゃあ、別々に回る？お互い、あまり関心がないもの見てもつまんないしね。

F：うん、そうだね。あ、雑誌で見たんだけど、ここのメロンアイスクリーム、すごくおいしいんだって。せっかくだから、それは一緒に食べようよ。

M2：いいね。じゃあ、30分後にそこで。

F：了解。駅のポスターに載ってた展示も見てみたいから、時間が余ったらそっちにも行こうかな。

M2：いいよ。じゃあ、あとで。

質問1　女の人は一人でどこへ行きますか。

質問2　二人はどこで待ち合わせますか。

[문제지]
質問1
1 街づくりエリア
2 農業エリア
3 ものづくりエリア
4 自然エリア

質問2
1 街づくりエリア
2 農業エリア
3 ものづくりエリア
4 自然エリア

해석 관광 시설의 입구에서, 담당자가 이야기하고 있습니다.

M1: 이제부터, 이 시설의 네 개 구역에 대해서 소개하겠습니다. 우선, '시가지 개발 구역'입니다. 이곳은 이 지역의 거리의 변천을 시대마다 전시하고 있습니다. 찻집 등의 점포의 상세한 부분까지 재현한 모형은 평판이 높아, 이 시설의 광고에도 사용되고 있습니다. 다음의 '농업 구역'에서는, 특산품인 과일의 종류와 재배 방법을 소개하고 있습니다. 막 수확한 과일을 사용한 디저트나 아이스크림을 드실 수 있는 공간도 준비하고 있습니다. 세 번째

인 '제조 구역'은, 두 개의 테마로 구성되어 있습니다. 하나는 전통적인 직물 기술, 또 하나는, 요 20년 사이에 크게 발전한, 로켓 부품 소개입니다. 마지막은 '자연 구역'입니다. 이 지역에서 볼 수 있는 식물이나 곤충, 물고기, 동물 등을 소개하고 있습니다. 구역의 일부는 식물원으로 되어 있어서, 실물의 나무나 꽃, 곤충 등을 관찰하거나, 만지거나 할 수 있습니다.

F : 그다지 시간이 없으니까, 전부 도는 것은 어렵겠네.

M2: 그렇네. 이곳에는, 이 지방에 밖에 없는 드문 나비가 있어. 곤충 애호가로서는, 꼭 봐두고 싶은데.

F : 앗. 나는, 곤충은 좀…. 그것보다, 이 마을의 기술이 어떤 식으로 우주 개발을 지탱하고 있는지에 흥미가 있는데.

M2: 그럼, 따로따로 돌래? 서로, 그다지 관심이 없는 것을 봐도 재미없을 테니까.

F : 응, 그렇네. 아, 잡지로 봤었는데, 이곳의 멜론 아이스크림, 엄청 맛있대. 모처럼이니까, 그건 함께 먹자.

M2: 좋네. 그럼, 30분 후에 거기에서.

F : 알겠어. 역 포스터에 실린 전시도 보고 싶으니까, 시간이 남으면 그곳에도 갈까.

M2: 좋아. 그럼, 나중에.

질문1 여자는 혼자서 어디에 갑니까?

질문2 두 사람은 어디에서 만납니까?

질문1

1 시가지 개발 구역
2 농업 구역
3 제조 구역
4 자연 구역

질문2

1 시가지 개발 구역
2 농업 구역
3 제조 구역
4 자연 구역

해설 각 선택지와 관련하여 언급되는 내용을 재빨리 메모하며 주의 깊게 듣고, 두 명의 대화자가 선택하는 것에 유의하며 대화를 듣는다.

[메모] 관광 시설의 구역 4개

① 시가지 개발 구역: 거리의 변천을 시대마다 전시, 시설의 광고로 사용

② 농업 구역: 특산품 과일의 종류와 재배 방법 소개, 디저트와 아이스크림을 먹을 수 있음

③ 제조 구역: 전통적인 직물 기술, 로켓 부품 소개

④ 자연 구역: 이 지역에서 볼 수 있는 식물, 곤충, 물고기, 동물, 일부 식물원

남자 → 이 지역에만 있는 드문 나비가 보고 싶음, 곤충 애호가

여자 → 이 마을의 기술과 우주 개발에 흥미, 멜론 아이스크림을 함께 먹고 싶음, 시간이 남으면 포스터 전시도 보고 싶음

질문 1은 여자가 혼자서 어디에 가는지 묻고 있다. 여자는 이 마을의 기술과 우주 개발에 흥미가 있다고 했으므로, 3 ものづくりエリア(제조 구역)가 정답이다.

질문 2는 두 사람이 어디에서 만나는지 묻고 있다. 여자는 멜론 아이스크림을 함께 먹고 싶다고 했으므로, 2 農業エリア(농업 구역)가 정답이다.

어휘 観光 かんこう 명 관광　施設 しせつ 명 시설
係の人 かかりのひと 담당자　エリア 명 구역
街づくり まちづくり 명 시가지 개발　地域 ちいき 명 지역
変遷 へんせん 명 변천　展示 てんじ 명 전시　店舗 てんぽ 명 점포
詳細 しょうさい 명 상세　部分 ぶぶん 명 부분
再現 さいげん 명 재현　模型 もけい 명 모형
評判 ひょうばん 명 평판　広告 こうこく 명 광고
農業 のうぎょう 명 농업　特産品 とくさんひん 명 특산품
種類 しゅるい 명 종류　栽培 さいばい 명 재배
方法 ほうほう 명 방법　デザート 명 디저트　アイス 명 아이스크림
スペース 명 공간　ものづくり 명 제조　テーマ 명 테마
構成 こうせい 명 구성　織物 おりもの 명 직물
発展 はってん 명 발전　ロケット 명 로켓　部品 ぶひん 명 부품
植物 しょくぶつ 명 식물　昆虫 こんちゅう 명 곤충
一部 いちぶ 명 일부　植物園 しょくぶつえん 명 식물원
実物 じつぶつ 명 실물　観察 かんさつ 명 관찰
地方 ちほう 명 지방　蝶 ちょう 명 나비
虫好き むしずき 명 곤충 애호가　宇宙 うちゅう 명 우주
開発 かいはつ 명 개발　支える ささえる 동 지탱하다
別々だ べつべつだ な형 따로따로이다　関心 かんしん 명 관심
メロン 명 멜론　せっかく 부 모처럼　ポスター 명 포스터
余る あまる 동 남다

해커스 JLPT 일본어능력시험 N1 한 권으로 합격

단 한 권으로 JLPT N1에 합격할 수 있는
기본서 + 실전모의고사 + 단어·문형 암기장 종합서!

본 교재 인강

교재 MP3

온라인 실전모의고사 1회분

JLPT N1 필수 단어·문형 암기장

어휘 암기 퀴즈

청해 받아쓰기

13730
9 788965 426073
ISBN 978-89-6542-607-3

베스트셀러 1위

해커스 JLPT N1 한 권으로 합격

일본어능력시험

실전모의고사

4회분

(교재 3회+온라인 1회)

추가 자료 | 해커스일본어 **japan.Hackers.com**

· 교재 인강(할인쿠폰 수록) · 교재 MP3 · 온라인 실전모의고사 1회분 ·
N1 필수 단어·문형 암기장 · 어휘 암기 퀴즈 · 청해 받아쓰기

*교보문고 외국어 베스트셀러 일본어능력시험1급 분야 1위(2023.07.19. 온라인 주간 베스트 기준)

해커스 어학연구소

200% 활용법!

교재 MP3
(학습용/문제별 복습용/고사장 소음 버전)

온라인 실전모의고사 1회분

JLPT N1 필수 단어·문형 암기장
(PDF+MP3)

어휘 암기 퀴즈
(PDF)

청해 받아쓰기
(PDF+MP3)

[이용 방법]
해커스일본어 사이트(japan.Hackers.com) 접속 후 로그인 ▶
상단의 [교재/MP3 → MP3/자료]를 클릭하세요.

해커스일본어 사이트 바로 가기 ▶

해커스일본어 인강 30% 할인쿠폰

CB5D-5K5A-K664-B000 * 쿠폰 유효기간: 쿠폰 등록 후 30일

[이용 방법]
해커스일본어 사이트(japan.Hackers.com) 접속 후 로그인 ▶
메인 우측 하단 [쿠폰&수강권 등록]에서 쿠폰번호 등록 후 강의 결제 시 사용 가능

* 본 쿠폰은 1회에 한해 등록 가능합니다.
* 이 외 쿠폰과 관련된 문의는 해커스 고객센터(02-537-5000)로 연락 바랍니다.

쿠폰 바로 등록하기 ▶

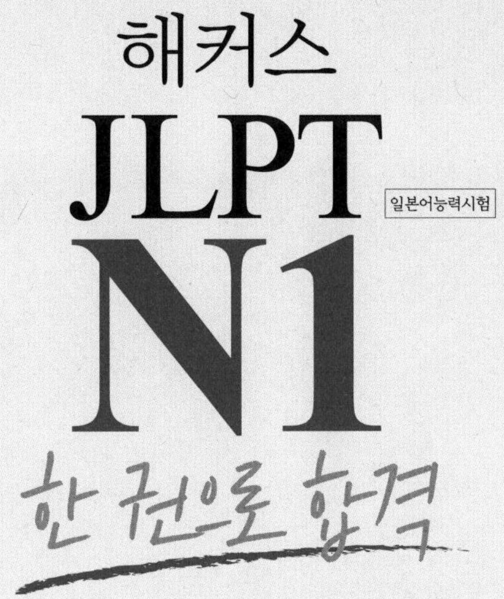

실전모의고사

실전모의고사 1 2
실전모의고사 2 56
실전모의고사 3 108

정답 및 해설 161
답안지 작성법 3

해커스 어학연구소

실전모의고사 1

답안지 작성법

受験番号を書いて、その下のマーク欄(らん)にマークしてください。
Fill in your examinee registration number in this box, and then mark the circle for each digit of the number.

受験番号
(Examinee Registration Number)

21A1010123-30123

← 수험표 상의 수험 번호와 답안지에 기재된 수험 번호가 일치하는지 확인하세요.

せいねんがっぴを書いてください。
Fill in your date of birth in the box.

せいねんがっぴ(Date of Birth)		
ねん Year	つき Month	ひ Day
1993	04	28

생년월일을 올바르게 작성하세요.
오늘 날짜를 작성하지 않도록 주의하세요.

日本語能力試験解答用紙

N1
聴解

언어지식(문자・어휘・문법), 독해, 청해 답안지가 각각 별도로 준비되어있으니, 시험 시간 별로 해당 시험에 맞는 답안지인지 꼭 확인하세요.

〈ちゅうい Notes〉
1. くろいえんぴつ(HB、No.2)でかいてください。
Use a black medium soft (HB or No.2) pencil.
(ペンやボールペンではかかないでください。)
(Do not use any kind of pen.)
2. かきなおすときは、けしゴムできれいにけしてください。
Erase any unintended marks completely.
3. きたなくしたり、おったりしないでください。
Do not soil or bend this sheet.
4. マークれい Marking Examples

よいれい Correct Example	わるいれい Incorrect Examples
●	⊘ ◯ ⊖ ⓪ ⊜ ◐ ◉

あなたの名前をローマ字のかつじたいで書いてください。 Please print in block letters.

당신의 이름을 로마자로 써 주세요.

名前 Name: K I M J I S U

수험표 상의 영문 이름과 답안지에 기재된 영문 이름이 일치하는지 확인하세요.

問題 1				
例	①	②	●	④
1	①	②	③	④
2	①	②	③	④
3	①	②	③	④
4	①	②	③	④
5	①	②	③	④

← 답안 마킹 시 문항 번호에 주의하세요.

問題 2				
例	①	②	③	●
1	①	②	③	④
2	①	②	③	④
3	①	②	③	④
4	①	②	③	④
5	①	②	③	④
6	①	②	③	④

問題 3				
例	●	②	③	④
1	①	②	③	④
2	①	②	③	④
3	①	②	③	④
4	①	②	③	④
5	①	②	③	④

問題 4				
例	①	②	●	④
1	①	②	③	④
2	①	②	③	④
3	①	②	③	④
4	①	②	③	④
5	①	②	③	④
6	①	②	③	④
7	①	②	③	④
8	①	②	③	④
9	①	②	③	④
10	①	②	③	④
11	①	②	③	④

問題 5					
1		①	②	③	④
2	(1)	①	②	③	④
	(2)	①	②	③	④

〈주의사항〉
1. 검정 연필(HB, No.2)로 써 주세요. 펜이나 볼펜으로는 쓰지 마세요.
2. 고쳐 쓸 때는 지우개로 깨끗이 지워주세요.
3. 답안지를 더럽히거나 접지 마세요.
4. 마킹 예시

올바른 예	잘못된 예
●	⊘ ◯ ⊖ ⓪ ⊜ ◐ ◉

실전모의고사 1

N 1

言語知識（文字・語彙・文法）・読解

受験番号を書いて、その下のマーク欄（らん）にマークしてください。
Fill in your examinee registration number in this box, and then mark the circle for each digit of the number.

受験番号
(Examinee Registration Number)

21A1010123-30123

せいねんがっぴを書いてください。
Fill in your date of birth in the box.

せいねんがっぴ(Date of Birth)		
ねん Year	つき Month	ひ Day

〈ちゅうい Notes〉
1. くろいえんぴつ(HB、No.2)でかいてください。
Use a black medium soft (HB or No.2) pencil.
(ペンやボールペンではかかないでください。)
(Do not use any kind of pen.)
2. かきなおす ときは、けしゴムで きれいにけしてください。
Erase any unintended marks completely.
3. きたなく したり、おったり しないでください。
Do not soil or bend this sheet.
4. マークれい Marking Examples

よい れい Correct Example	わるい れい Incorrect Examples
●	⊘ ◯ ◯ ◯ ⊖ ◯ ●

あなたの名前をローマ字のかつじたいで書いてください。 Please print in block letters.

名前 Name	

問題 1				
1	①	②	③	④
2	①	②	③	④
3	①	②	③	④
4	①	②	③	④
5	①	②	③	④
6	①	②	③	④
問題 2				
7	①	②	③	④
8	①	②	③	④
9	①	②	③	④
10	①	②	③	④
11	①	②	③	④
12	①	②	③	④
13	①	②	③	④
問題 3				
14	①	②	③	④
15	①	②	③	④
16	①	②	③	④
17	①	②	③	④
18	①	②	③	④
19	①	②	③	④

問題 4				
20	①	②	③	④
21	①	②	③	④
22	①	②	③	④
23	①	②	③	④
24	①	②	③	④
25	①	②	③	④
問題 5				
26	①	②	③	④
27	①	②	③	④
28	①	②	③	④
29	①	②	③	④
30	①	②	③	④
31	①	②	③	④
32	①	②	③	④
33	①	②	③	④
34	①	②	③	④
35	①	②	③	④
問題 6				
36	①	②	③	④
37	①	②	③	④
38	①	②	③	④
39	①	②	③	④
40	①	②	③	④

問題 7				
41	①	②	③	④
42	①	②	③	④
43	①	②	③	④
44	①	②	③	④
45	①	②	③	④
問題 8				
46	①	②	③	④
47	①	②	③	④
48	①	②	③	④
49	①	②	③	④
問題 9				
50	①	②	③	④
51	①	②	③	④
52	①	②	③	④
53	①	②	③	④
54	①	②	③	④
55	①	②	③	④
56	①	②	③	④
57	①	②	③	④
58	①	②	③	④

問題 10				
59	①	②	③	④
60	①	②	③	④
61	①	②	③	④
62	①	②	③	④
問題 11				
63	①	②	③	④
64	①	②	③	④
問題 12				
65	①	②	③	④
66	①	②	③	④
67	①	②	③	④
68	①	②	③	④
問題 13				
69	①	②	③	④
70	①	②	③	④

실전모의고사 1

N 1
聴解

受験番号を書いて、その下のマーク欄に マークしてください。
Fill in your examinee registration number in this box, and then mark the circle for each digit of the number.

⬇

受験番号
(Examinee Registration Number)

2	1	A	1	0	1	0	1	2	3	-	3	0	1	2	3
⓪	⓪	●		●	⓪	●	⓪	⓪	⓪			●	⓪	⓪	⓪
①	●	Ⓑ	●	①	●	①	●	①	①		①	①	●	①	①
●	②		②	②	②	②	②	●	②		②	②	②	●	②
③	③		③	③	③	③	③	③	●		●	③	③	③	●
④	④		④	④	④	④	④	④	④		④	④	④	④	④
⑤	⑤		⑤	⑤	⑤	⑤	⑤	⑤	⑤		⑤	⑤	⑤	⑤	⑤
⑥	⑥		⑥	⑥	⑥	⑥	⑥	⑥	⑥		⑥	⑥	⑥	⑥	⑥
⑦	⑦		⑦	⑦	⑦	⑦	⑦	⑦	⑦		⑦	⑦	⑦	⑦	⑦
⑧	⑧		⑧	⑧	⑧	⑧	⑧	⑧	⑧		⑧	⑧	⑧	⑧	⑧
⑨	⑨		⑨	⑨	⑨	⑨	⑨	⑨	⑨		⑨	⑨	⑨	⑨	⑨

せいねんがっぴを書いてください。
Fill in your date of birth in the box.

⬇

せいねんがっぴ(Date of Birth)		
ねん Year	つき Month	ひ Day

〈ちゅうい Notes〉

1. くろいえんぴつ(HB、No.2)でかいてください。
Use a black medium soft (HB or No.2) pencil.
(ペンやボールペンではかかないでください。)
(Do not use any kind of pen.)
2. かきなおす ときは、けしゴムで きれいにけしてください。
Erase any unintended marks completely.
3. きたなく したり、おったり しないで ください。
Do not soil or bend this sheet.
4. マークれい Marking Examples

よい れい Correct Example	わるい れい Incorrect Examples
●	⊗ ◯ ⊖ ⓪ ⊜ ⦶ ◍

あなたの名前をローマ字のかつじたいで書いてください。 Please print in block letters.

⬇

名前 Name	

問題 1				
例	①	②	●	④
1	①	②	③	④
2	①	②	③	④
3	①	②	③	④
4	①	②	③	④
5	①	②	③	④

問題 2				
例	①	②	③	●
1	①	②	③	④
2	①	②	③	④
3	①	②	③	④
4	①	②	③	④
5	①	②	③	④
6	①	②	③	④

問題 3				
例	●	②	③	④
1	①	②	③	④
2	①	②	③	④
3	①	②	③	④
4	①	②	③	④
5	①	②	③	④

問題 4				
例	①	②	●	④
1	①	②	③	④
2	①	②	③	④
3	①	②	③	④
4	①	②	③	④
5	①	②	③	④
6	①	②	③	④
7	①	②	③	④
8	①	②	③	④
9	①	②	③	④
10	①	②	③	④
11	①	②	③	④

問題 5					
1		①	②	③	④
2	(1)	①	②	③	④
	(2)	①	②	③	④

Language Knowledge (Vocabulary/Grammar) • Reading　　**問題用紙**

N1

言語知識（文字・語彙・文法）・読解

（110分）

注　意

Notes

1．試験が始まるまで、この問題用紙を開けないでください。
Do not open this question booklet until the test begins.

2．この問題用紙を持って帰ることはできません。
Do not take this question booklet with you after the test.

3．受験番号と名前を下の欄（らん）に、受験票と同じように書いてください。
Write your examinee registration number and name clearly in each box below as written on your test voucher.

4．この問題用紙は、全部で31ページあります。
This question booklet has 31 pages.

5．問題には解答番号の 1 、 2 、 3 …が付いています。解答は、解答用紙にある同じ番号のところにマークしてください。
One of the row numbers 1, 2, 3 … is given for each question. Mark your answer in the same row of the answer sheet.

受験番号　Examinee Registration Number	

名　前　Name	

問題1 ＿＿＿の言葉の読み方として最もよいものを、1・2・3・4から一つ選びなさい。

1 河川の氾濫による被害は大きい。

1 はんかん　2 ばんらん　3 はんらん　4 ばんかん

2 社長が自ら作業現場に赴いた。

1 おもむいた　2 でむいた　3 いきついた　4 たどりついた

3 市の行政に対する要望を提出する。

1 ぎょうしょう　2 ぎょうせい　3 こうしょう　4 こうせい

4 ダムの建設は周辺地域に著しい影響を与えた。

1 めざましい　2 はなはだしい　3 いちじるしい　4 おびただしい

5 友だちの誘いを婉曲に断った。

1 わんぎょく　2 えんぎょく　3 わんきょく　4 えんきょく

6 小学校の跡地に新しく工場が建設された。

1 あとじ　2 あとち　3 せきじ　4 せきち

問題2（　　）に入れるのに最もよいものを、1・2・3・4から一つ選びなさい。

7 このサイトは商品の価格（　　）で検索することが可能だ。

1 類　2 帯　3 圏　4 界

8 新しい政策が定着するまでに、かなりの時間を（　　）。

1 欲した　2 求めた　3 要した　4 捧げた

9 夫は息子を店の（　　）にするつもりだそうだ。

1 養子　2 跡継　3 後代　4 子息

10 嵐の前のような（　　）が教室を支配した。

1 安静　2 静粛　3 沈黙　4 黙秘

11 今回の任務は失敗に終わったが、（　　）を得た。

1 教訓　2 格言　3 勧告　4 説教

12 古代文明が（　　）した理由の一つは異民族の侵入であった。

1 滅亡　2 絶滅　3 喪失　4 紛失

13 大雪が続けば、列車の運行に（　　）をきたすおそれがある。

1 迷惑　2 被害　3 支障　4 負担

問題 3 ＿＿＿の言葉に意味が最も近いものを、1・2・3・4から一つ選びなさい。

14 父親が息子の将来を案じている。

1 悲観して　　2 見越して　　3 危惧して　　4 展望して

15 真実を明らかにするためには、より確実な裏づけが必要だ。

1 証拠　　2 方法　　3 作戦　　4 検査

16 弟は普段からなんでもぞんざいに扱う。

1 慎重に　　2 適切に　　3 丁寧に　　4 粗末に

17 経営不振を解決する画期的な企画が必要だ。

1 今では珍しい　　2 今のところ最も良い

3 今もなお主流の　　4 今までにない新しい

18 山本(やまもと)さんは新しい研究に熱心に取り組んでいる。

1 乗り出している　　2 打ち込んでいる

3 取りかかっている　　4 携わっている

19 新人は社長の質問にうろたえずに答えた。

1 逃げずに　　2 慌てずに　　3 間違えずに　　4 詰まらずに

問題４　次の言葉の使い方として最もよいものを、１・２・３・４から一つ選びなさい。

20　一変

1　その物質は液体に触れると、化学反応によって次第に色が一変した。

2　需要と供給のバランスによる影響で物の価格は常に一変し続けている。

3　開場のアナウンスが流れたあと舞台は徐々に一変し、会場は暗闇に包まれた。

4　ある会社が新しい薬の開発に成功したため、深刻だった状況は一変した。

21　軌道

1　論理的な説明をするため、軌道を立てて話すことを心掛けている。

2　ボールを取ろうとして、突然軌道に飛び出した子どもをその親が叱った。

3　事業がようやく軌道に乗り始めたというのに、世界経済が不景気に陥った。

4　集団生活ではその集団の軌道に従い、行動することが求められる。

22　凝らす

1　弟は暗闇の中を動く物体の正体を見破ろうと、必死に目を凝らしている。

2　夫は昇進が決まったからか、いつも以上に仕事に凝らしている。

3　あの議員は立法公聴会を実施し、関係者の意見を凝らしたそうだ。

4　その若手サッカー選手の成長ぶりに、人々は期待を凝らしている。

23　おびただしい

1　栄養がおびただしい食材を使って作れる手軽な献立を考えている最中です。

2　残業が続いたことによる疲労はおびただしく、彼はついに過労で倒れた。

3　読書家の友人の部屋はおびただしい数の本で埋め尽くされていた。

4　その俳優が支援団体に寄付した金額はおびただしく、世間で話題になった。

24　断つ

1　政府は国民に節電を呼びかけることで、この夏の電力不足を断った。

2　鈴木（すずき）さんは突然周囲との連絡を断って、姿を消したまま戻ってこない。

3　経営が悪化したため、その会社は利益が少ない商品の生産を断った。

4　上司が話し始めたので、一度作業を断って話に耳を傾けた。

25 打開

1 人々の懸命な努力によって、危機的な状況は<u>打開</u>された。

2 大仕事を一人で最後まで<u>打開</u>した達成感でいっぱいだ。

3 痛みを<u>打開</u>していたせいで症状が悪化し、入院することになった。

4 警察が事件を<u>打開</u>してから、街に平和が戻りつつある。

問題5　次の文の（　　　）に入れるのに最もよいものを、1・2・3・4から一つ選びなさい。

26　このドラマは著者の経験（　　　）書かれた真実の物語です。

1　をもとに　　2　をこめて　　3　にかわり　　4　によって

27　期末試験も（　　　）ことだし、今日は友達の家に遊びに行こうと思う。

1　終わり　　2　終わろう　　3　終わって　　4　終わった

28　山下(やました)「この間話してた件だけど、解決したの？」
高橋(たかはし)「はい。私が担当を続けるか、（　　　）誰かに引継ぎをお願いすることになりそうです。」

1　もはや　　2　すなわち　　3　あるいは　　4　あえて

29　講演会の当日は混雑することが予想されますので、なるべくお早めに会場まで（　　　）ください。

1　お見え　　2　お越し　　3　お伺い　　4　お参り

30　時間のある（　　　）、前もって会議の準備を進めておくほうがいいと思う。

1　うちに　　2　うえに　　3　おかげで　　4　以上

31　車にひかれたものの、大きなけががないようなので、退院する（　　　）時間がかかるとは思えない。

1　にそれまでほど　　2　にそれほどまで
3　までにそれほど　　4　までそれほどに

32 A「このあとの授業の宿題、やるの忘れてたよ。どうしよう。」

B「えっ。この間もやってこなくて先生に（　　　）またなの?」

1　怒らないのに　　　2　怒られるので

3　怒られたのに　　　4　怒っているので

33 部長「お願いしていた資料、もうできてる?」

社員「今日中にデータを（　　　）ですが、もう少し時間をいただけるとありがたいです。」

1　送れないこともない　　　2　送れないはずもない

3　送らないわけではない　　　4　送らないのではない

34 テニスの大会で優勝することを目標にこの一年間頑張ってきたのに、出場すらできなかったことが（　　　）。

1　悔しいとは限りません　　　2　悔しくてはなりません

3　悔しいに違いありません　　　4　悔しくてなりません

35 子どもが自分からピアノを習いたいと言ってきたので、せっかくだから（　　　）と思っています。

1　習ってあげよう　　　2　習わせてあげよう

3　習わせていただこう　　　4　習っていただこう

問題6　次の文の ＿★＿ に入る最もよいものを、1・2・3・4から一つ選びなさい。

（問題例）

あそこで ＿＿＿ ＿＿＿ ＿★＿ ＿＿＿ は山田（やまだ）さんです。

1　テレビ　　2　人　　3　見ている　　4　を

（解答のしかた）

1. 正しい文はこうです。

あそこで ＿＿＿ ＿＿＿ ＿★＿ ＿＿＿ は山田（やまだ）さんです。
1 テレビ　4 を　3 見ている　2 人

2. ＿★＿ に入る番号を解答用紙にマークします。

（解答用紙）

(例（れい）)	①　②　●　④

36　この俳優は ＿＿＿ ＿＿＿ ＿★＿ ＿＿＿ はあり、容姿はもちろんですが人柄がとてもいいです。

1　こと　　2　だけ　　3　人気な　　4　の

37　＿＿＿ ＿＿＿ ＿★＿ ＿＿＿ 「お好み焼き」と呼ばれるようになったそうだ。

1　焼いた　　2　ことから　　3　好きなものを　　4　入れて

38 最近の若い人 ＿＿＿ ＿＿＿ ＿★＿ ＿＿＿ 全然飲み会に参加しようとしない。

1 ときたら　　2 すぐに
3 仕事が終わったあと　　4 帰ろうとして

39 歌手の山田(やまだ)さんは、＿＿＿ ＿＿＿ ＿★＿ ＿＿＿ の全10都市で初めてのツアーを開催するそうです。

1 を皮切りに　　2 今月の　　3 日本国内　　4 北海道での公演

40 彼は学生として ＿＿＿ ＿＿＿ ＿★＿ ＿＿＿ いる。

1 を手伝って　　2 かたわら　　3 勉強に励む　　4 親の会社

問題7　次の文章を読んで、文章全体の趣旨を踏まえて、[41]から[45]の中に入る最もよいものを、1・2・3・4から一つ選びなさい。

資源を守る

資源は無限ではない。使えば使うだけなくなっていくのだ。[41]、私たちは今の便利な暮らしがこれからも当たり前のように続くと思ってしまってはいないだろうか。

コンビニなどで買い物をしたときにもらえる割りばしや、ノートなどの紙類は木から作られている。また、車に乗るときに必要なガソリンの原料は原油で、シャワーするときには水を使っているだろう。これらはすべて有限で大切な資源なのだ。

有限であるとは、つまり、ずっと使い続けているといつか無くなってしまうということなのだが、これらの資源が今も[42]という事実を自分のことのように捉えている人はそう多くないだろう。というのも、資源が減っていく様子を私たちの目で見る機会はそうないからだ。また、この問題を意識していたとしても、実際にどういったことがそれに結び付くのかいまいちわかっていなければ、実質的な行動には[43]。

私も歩いていける距離なのに車を使ってしまうことがある。それは、心のどこかで「私一人くらいが頑張らなくたってそんなに変わらない」と思ってしまっているからに違いない。だが、これから先、みんながこの時の私と同じように振舞ったとしたらどうか。「ちりも積もれば山となる」という言葉があるように、小さな努力も積み重なれば大きな結果となって返ってくるだろうし、その反対もありえるはずだ。

「わかっているけど、自分一人の力じゃ何も変えられないよ」と[44]かもしれない。確かに私もそう思わずにはいられないというのは事実だ。だからといって、このまま諦めるわけにもいかないだろう。だから、まずはこれが[45-a]の問題ではなくて[45-b]の問題であると認識することから始めていきたい。

41

1 それで　　2 もっとも

3 なお　　4 それなのに

42

1 減りつつある　　2 減るよりほかない

3 減りっこない　　4 減るおそれがある

43

1 移したくてしかたない　　2 移しづらいというものだ

3 移してしかるべきだ　　4 移さずにはいられない

44

1 話される　　2 話させられ

3 言われる　　4 言わされる

45

1 a みんな ／ b 自分

2 a 自分 ／ b みんな

3 a 誰か ／ b 自分

4 a 自分 ／ b 誰か

問題8　次の(1)から(4)の文章を読んで、後の問いに対する答えとして最もよいものを、1・2・3・4から一つ選びなさい。

(1)

今の学校教育は生徒にみんなで一つの正しい答えを求めさせることに取りつかれているように思う。もちろん、一人の教師が大勢の生徒を教えるという今のスタイルに限界があることも理解しているつもりだ。だが、そもそも柔軟かつ多角的に物事をとらえることができる教師が一体どれくらいいるのだろうか。正解至上主義に陥った今の日本社会がこの連鎖から抜け出すには、学校教育の担い手たちの意識を改革する策を講じることが不可欠である。

46　学校教育について筆者の考えに合うのはどれか。

1　教師自身を変わらせることから始めなければいけない。

2　教師が少人数の生徒を教えられるようにしなければいけない。

3　教師が生徒の考え方を改めていかなければならない。

4　教師は生徒の出す答えを正していかなければならない。

(2)

以下は、ある鉄道会社のホームページに掲載されたお知らせである。

登録：2020. 12. 19　　13：00：29

運賃および料金の改定について

北海電鉄では、2021年1月より消費税率が引き上げられることに伴い、運賃および料金の改正を実施することとなりました。改定後の運賃および料金は、2021年1月1日（月）より適用いたします。すでにお買い求めいただいた回数券は引き続きご利用いただけますが、改定後は従来の運賃と改定後の運賃の差額分を追加でお支払いいただく必要がございます。なお、定期券の販売価格は従来通りの金額といたします。

ご利用いただいているお客さまにはご負担をおかけいたしますが、ご理解いただきますようお願いいたします。

47　運賃および料金についてこのお知らせは何を知らせているか。

1　運賃および料金が2021年1月よりすべて引き上げられること
2　運賃および料金が消費税率引き上げに伴いすでに改定されていること
3　運賃および料金が改定されるが、一部の料金は変わらないこと
4　運賃および料金が改定されて負担をかけることを謝罪すること

(3)

人は自分と似た性質を持つ人に惹(ひ)かれる傾向がありますが、逆に、環境や文化に人が影響されることもあります。組織内の雰囲気や文化は無意識下で常に私たちに干渉し、成長を促す場合もあれば、負のサイクルに陥れる場合もあります。

幸せに働くためには、自分に幸せをもたらしてくれる環境の構築を実現することが近道です。環境を変えるにはまず自身が変わらなければなりません。人は良くも悪くも、周りの人間やその人たちが作り出した文化に適応してしまう生き物であることを忘れてはいけません。

48 筆者は「幸せ」についてどう考えているか。

1 自分と似た人たちがいる組織に所属することが幸せになるための近道だ。

2 組織の文化や雰囲気に流されない力を身につけることが幸せにつながる。

3 幸せになるためには、まず自分が主体となり周りに良い影響を与える必要がある。

4 どんな環境でもそこに適応する努力を続けると、いつのまにか幸せが訪れる。

(4)

日本人は客に対して、どうも過剰にサービスをするきらいがある。企業として顧客のニーズに応えるというのは当然のことなのかもしれないが、行き過ぎているように思う。これほどまでに環境問題が叫ばれている中で、その流れに正面から逆行していくように、商品の過剰包装や使い捨ての割りばしの提供などが当たり前のサービスとされているのである。このことは、日本人の「お客様は神様」精神によって生み出された弊害であるとともに、日本人の気質が招いた悲劇であるといえるだろう。

49 この文章で、筆者が述べていることは何か。

1 日本人は環境問題を軽視する傾向がある。

2 日本人の性格と環境問題には関連性がある。

3 日本人のおもてなし精神は度を越している。

4 日本人にとってサービスは当然の権利とされている。

問題9　次の(1)から(3)の文章を読んで、後の問いに対する答えとして最もよいものを、1・2・3・4から一つ選びなさい。

（1）

日本の就職活動は実力主義の海外に比べ、協調性を非常に重視している。協調性と言うと聞こえがよいが、目立ってはならず、みんな一緒であることが求められる雰囲気が昔からある。しかし、同じような服装に身を包んだ就活生(注)たちを見ているとこういった雰囲気①をこのままにしてもいいのかと疑問に思う。

就活生たちは就活サイトやセミナーなどで定番として紹介されている業界別、職種別の身だしなみルールに則って、服装を決める。個性などは関係ない。そのルールからはみ出してしまうと、色んな人の目についてしまうのだ。外から見ると異様な光景として目に映るかもしれないが、いざ自分がこの状況に置かれると、きっと誰もが真っ黒のリクルートスーツに身を包んでいることだろう。自分らしさとはかけ離れているとわかっていながらも、悪目立ちしないように周りに合わせてしまうのだ。集団心理というのはそれほど恐ろしいものだ②。

しかし実際、就活中の自分と普段の自分が完全に一致する人がいるだろうか。きっと誰もが個性を押し殺している。そして、そうじゃない他者がいたときに、自分は我慢しているのにという心理が働くのだろう。なら、いっそのこと、みんなでやめてしまってもいいのではないか。今の就活から企業が得られる情報だって限られているはずだ。画一的で没個性的にしてしまう就活文化に終止符を打つときが来たのではないか。

（注）就活生：就職活動に取り組んでいる学生

50　①こういった雰囲気とあるが、どのような雰囲気か。

1　海外のような実力主義的な雰囲気

2　協調性を大切にしようとする雰囲気

3　似たような格好をした就活生たちの雰囲気

4　目立たないことを良しとする雰囲気

51　②集団心理というのはそれほど恐ろしいものだとあるが、なぜ恐ろしいのか。

1　他の人と同じであることが正しいことだと思うようになるから

2　自分らしさよりも目立たないことを一番に考えさせてしまうから

3　周りが黒いスーツを着ていると自分も着たくなってしまうから

4　周りと同じように振る舞うことが自分らしさだと思うようになるから

52　筆者が最も伝えたいことは何か。

1　個性を隠してまで就活をすべきではないということ

2　就活生は普段から就活中と同じように過ごすべきだということ

3　不本意に個性をおさえこむ今の就活は変わるべきだということ

4　今の学生の個性が見えない就活が企業にとって意味を持つこと

(2)

ロボット技術の進歩は今に始まったことではないが、これまでは大型の工業用ロボットなどが主流で、私たちの身近な存在とまではいかなかった。だが、近頃では空港内の案内ロボットや、ホテルの受付ロボットなど、その存在を確認することができる機会も増えてきた。そんな中で登場したのが「着るロボット」である。

「着るロボット」とはいうが、これは服の上から体の一部に装着する「装着型ロボット」である。これは人々の歩行を支えるという目的のもと製作されたそうだ。本体を腰につけるだけで、あとは本体のセンサーが人の動きを感知して、ひざのサポーターにつながっているワイヤーが自動的に巻き上がる仕組みになっている。階段や坂道など、特に足に負担のかかる場面で歩きやすさを感じられるのだという。体験者いわく、「普段なら諦めてしまうような坂道も登れて、周りの人に遅れを取らずに楽しめる」そうだ。身体的な面はもちろんのこと、精神面のサポートにもなっているようだ。

人は年を取るごとに足腰が弱くなるが、生活を介助してくれるロボットの登場は、私たちの生活がより豊かになることを意味する。ただ、一部ではロボットなどを導入した機械化の加速で、人々の職を奪うといった批判もある。無論、そうした声も無視してよいものではない。しかし、こうした技術の発達を私たちの生活や生きがいすらも与えてくれるものとしてうまく取り入れていきたいと思う。

53 身近な存在とまではいかなかったとあるが、それはなぜか。

1 金額が高いので買うことが難しかったから

2 個人で所有するには大きくて場所を取るから

3 目にする機会がほとんどなかったから

4 実際に使える機会がほとんどなかったから

54 筆者が述べている「装着型ロボット」はどのようなものか。

1 坂道や階段でのみ足を上に引っ張って歩きやすくしてくれるもの

2 自分で足を動かせる人の歩行をサポートしてくれるもの

3 歩けるようになるという精神的なサポートをするもの

4 歩けない人でも自分で歩けるように足を動かすもの

55 ロボットについて、筆者が最も言いたいことは何か。

1 人の仕事を奪ってしまうリスクを含んでいるので批判すべきである。

2 非常に便利なものなので、なるべく多くの分野で活用すべきだ。

3 人間とロボットが共存していけるような努力をすべきである。

4 生活をより豊かにするものとして上手に使いこなすべきだ。

(3)

ひと昔前までは写真を撮るとなると、一家に一台あるかないかのカメラを引っ張りだしてくるのが常であったが、携帯電話の普及という後押しもあり、そんな状況も一変して良い時代になった。

ただ楽しいという理由から写真を撮ることを趣味としている人もいるだろう。しかし、思い出を可視化できることの意義が大きいと私は思う。形にすることで、思い出の共有が可能となるのだ。写真から得られる視覚的情報は多いため、その場にいなかった人も容易に状況を想像することを可能にするからだ。

思い出は時間を追うごとに変化し、忘れてしまうこともある。そうした思い出を完全に失ってしまうことのないよう、形にする方法の一つとして写真を位置づけることができる。写真を見ると忘れていた記憶がよみがえったり、当時の感情が懐かしく思い出されて、心が若返ったように感じられたりするなど、過去を振り返るのにも適している。

ありのままを残す客観性の高い写真は、私たちに良い影響をもたらしてもくれる。たとえば、意欲が失われているときや自己肯定感が低下しているとき、過去の自身の姿を客観視することで一時的に周囲のストレスから遠ざかることができる。そして、結果として前向きになれるという効果が期待できる。趣味の一つとして片づけられがちな写真だが、回想することを通して得られるものは計り知れない。

56 良い時代になったとあるが、どういうことか。

1 カメラが身近な存在になったこと

2 携帯電話を誰でも持てるようになったこと

3 カメラが一家に一台ずつ普及されたこと

4 携帯電話にカメラ機能が付いたこと

57 筆者によると、写真のもつ機能はなにか。

1 他者と価値観を共有する機能

2 他者と記憶を共有する機能

3 思い出を心にとどめさせる機能

4 思い出で心を埋めつくす機能

58 この文で筆者が最も言いたいことは何か。

1 写真を通じて回想することが記憶の保持に役立つ。

2 写真で人と思い出を共有すると精神状態を落ち着かせられる。

3 写真を見ることは人の心理状態の安定に作用する。

4 写真を通じた過去と現在の自身の比較は人を成長させる。

問題10　次の文章を読んで、後の問いに対する答えとして最もよいものを、1・2・3・4から一つ選びなさい。

幼いころの私の日課は新聞の中のチラシをあさり、住宅情報誌を集めることであった。住宅の間取り図(注1)を見るためである。機能性を重んじた住宅や「一体どんな人がここに住むんだ?」というような奇怪な間取り構造を持つ住宅を見つけては、自分が住むことを想像して夢を膨らませていた。しかし、そのうちに「どうしてこういう間取りになったんだろう、何を思ってこうしたんだろう」というように、間取り図から見えるもののその先に関して疑問を抱くようになる。今思えばこれ①が「建築」を考えるきっかけであった。

小学生のとき、遠足で日本の古都「奈良」を訪れる機会が何度かあった。低学年、中学年の頃は、ただ退屈だな程度にしか思っていなかったように思う。だが、高学年になって訪れた際に担任の「法隆寺は世界最古の木造建築で、しかもくぎが一切使われていないんだよ」という言葉を聞いて、目を見張った②。少量のくぎが使用されていたという事実をのちに知ることになったのだが、当時の私は、そんなものが自分の目の前に現存していることが不思議でしかたなく、感銘を受けた。

時は流れ、私は大学生になった。本業の勉学に励みつつ、せわしない日々から逃れるように週末に友人と京都や奈良の歴史的建造物が残る町並みを散策することを趣味としていた。そんな中、私は再び法隆寺を訪れる機会にめぐりあった。法隆寺を前にしたとき、その荘厳(そうごん)で気高い様に畏敬(いけい)(注2)の念を抱かずにはいられなかった。建立(こんりゅう)から1300年という時を経てもなお、これはその普遍的な美しさを今を生きる私たちに伝え続けているのだから。10世紀以上も同じ場所で、今も変わらずその歴史を刻み続けているのだ。

建築物というのは、目的とする用途に供しうる形で存在するものであると考えていたのだが、どうやらそれだけではないらしい。むしろ人の心に残り続ける建築物というのは、その魅力が要となるのだ。魅力といっても様々である。デザインのようなビジュアル的要素に魅力を感じる人もいれば、地域性との調和であったり、自然と融合するさまを魅力ととらえる人もいて、その奥深さは計り知れない。しかし、すべてに共通するのは、魅力ある建築物はその町の外観に影響を及ぼし、見る人の心に訴えかける。そして、時代や地域性を反映する鏡となり、文化構築の礎(いしずえ)としての機能を兼ねるのだ。

（注１）間取り図：部屋の広さや配置などを確認するための平面図

（注２）畏敬（いけい）の念：偉大なものをおそれ、うやまう気持ち

59 ①これとは何を指すか。

1 間取り図を見て、どんな家に住みたいか想像を膨らませていたこと

2 間取り図を見るために、チラシを集めることを日課にしていたこと

3 間取り図から読み取れないことに思いを巡らすようになったこと

4 間取り図が持つ働きに疑念を持つようになったこと

60 ②目を見張ったとあるが、筆者の気持ちと合うものはどれか。

1 先生の発言の内容が真実かどうかを疑う気持ち

2 釘を使用していないというのが嘘だと気づいて憤る気持ち

3 世界最古の木造建築を見ることができて感極まる気持ち

4 古い建物が時代を超えて存在していることに驚く気持ち

61 筆者は法隆寺についてどのように述べてるか。

1 存在することでその長い歴史を守り続けている。

2 時の移り変わりを感じさせない普遍性を持っている。

3 歴史的建造物を保存することの意義を伝えている。

4 歴史の古い建物の存在価値の高さを広めている。

62 筆者の考えに合うものはどれか。

1 建築の目的は、その時代の魅力を後世に残すことにある。

2 建築とは、時代を写し出して文化を創り出すことである。

3 建築物の魅力は、多くの人の心の中にとどまり続けるものである。

4 建築物は、時代の変化にとらわれることなく生き続けるものである。

問題11　次のAとBは、幼い子供の習い事についてのコラムである。後の問いに対する答えとして最もよいものを、1・2・3・4から一つ選びなさい。

A

成長真っただ中の子どもたちにとっての習い事は、新しい可能性に出会えるチャンスそのものです。子どもたちは学習速度が早く、スポンジのように新しい知識をどんどん吸い込んでいきます。そのため、幼少期にたくさんの習い事をすることは、子どもの将来において非常に重要です。一般教養を身に付けたり、親が子どもの才能に早期に気づくことができ、それを伸ばしてあげることもできるからです。

幼いころからの習い事は子どもの意思を無視した親の押し付けだと非難されることもありますが、子どもは情報弱者なので、子ども自身が自らの可能性を見出して親に働きかけるということはほとんどないでしょう。子どもが辞めたいと言った際にはその意思を尊重するなどしつつ、大人が率先して子どもの習い事に関わっていくべきです。

B

幼い子どもにいくつも習い事をさせる親が増えていますが、子どもの意思を無視して通わせるのは危険な行為だと言えます。子どもは親とは別の人格を持った一人の人間で、興味・関心を持つものや得意・不得意などがあります。始めるきっかけが本人の意思に基づいていない場合、主体的に学ぶことが難しく、結果として実力が伸びずに子どもがつらい思いをすることもあります。何より本当にやりたいことを差し置いて習い事を強制することは子どもにとって大きなストレスになりかねず、心の成長において良い影響はありません。子どもの将来を思い、なるべくたくさんのスキルや教養をつけさせてあげたいという親心はわかりますが、主人公である子どもの気持ちに寄り添うこと以上に大切なことはないと思うのです。

63 子どもの習い事について、AとBはどのように述べているか。

1 Aは子どもは成長が早いので学ぶのによい時期だと述べ、Bは子どもの意思が重視されない傾向があると述べている。

2 Aは子どもの能力を早期に見つけて伸ばすことができると述べ、Bは子どもの将来に役立つだろうと述べている。

3 Aは親の理想を子どもに押し付けることだと述べ、Bは子どもが学ぶことに対して消極的になると述べている。

4 Aは子どもの成長に欠かすことができない場だと述べ、Bは親の習わせたいものが子どものしたいことと一致するとは限らないと述べている。

64 子どもの習い事に関して親がとるべき姿勢について、AとBはどのように述べているか。

1 AもBも、子どもが本当にしたいと思うことを親はさせてあげるべきだと述べている。

2 AもBも、親の言うことが正しいので、子どもに従わせるべきだと述べている。

3 Aは子どもの気持ちに寄り添いながらも積極的に習い事をさせるべきだと述べ 、Bは子どもの意思に基づくべきだと述べている。

4 Aは親がリードして子どもにいろんな習い事を提示してあげるべきだと述べ、Bはできるだけ多くの教養や技術を身に着けることが大切だと述べている。

問題12　次の文章を読んで、後の問いに対する答えとして最もよいものを、1・2・3・4から一つ選びなさい。

情報化社会の到来によって、私たちはパソコンやスマートフォンなどの身近な電子機器を用いて、日々更新される新たな情報にも触れることができるようになった。いつでもどこでも気軽に情報を探せるようになり、利便性とともに生活の質も急激に向上した。にもかかわらず、私はむしろ自分の領域が狭まっていくような感覚に襲われることがある。

日本ではパソコンよりもスマートフォンの普及率が高く、日本人はスマートフォンに慣れ親しんでいる。かく言う私もその一人であるが、あるサイトをスマートフォンで見ていた時に、以前に通販サイトで検索した商品が広告に表示され、不思議に思いつつも感心したことがある。また動画サイトで動画を見たあとに、それに関連する動画のリストが表示されて、おもしろそうだったのでそのまま流れるように画面をクリックした。いずれも自分が普段アクセスしているサイトやキーワードをもとに分析された結果が反映されたものであり、興味関心のある分野で塗り固められているように感じた。検索エンジンで調べ事をするのにもスマートフォンは重宝しているし、頼りにしているというのも事実である。しかし、自分が知りたいものにたどり着くためには明確なキーワードが必要になる。知らないものを調べるというのは案外難しいのだ。

欲しい情報により簡単にたどり着けるようになったことは、便利かつ効率的で理想的な発展を遂げているように見えるかもしれない。だが、裏を返せばそれは、こちらが情報を取捨選択をする立場にはないということだ。その情報は意図的に計画されたものであるに等しい。その上、そうした情報は私たちが知らない間にデータとして収集、利用されたことによる結果物であるのだ。このことを知らない人も多いし、知っていても大して気にも留めないという人が大半であろうが、私から言わせるとこれは非常に恐ろしいことだ。

「井の中の蛙大海を知らず」という言葉がある。井戸の中に住み着く蛙は外には大きな海があることを知らないという意味である。私たちは無意識の状態で井の中の蛙になってしまってはいないか。情報の海が果てしなく広がり続けている一方で、井戸という自分のテリトリーがまるですべてであるかのような錯覚に陥ってはいないか。

私たちはまず、自分が井の中の蛙であることを自覚する必要がある。かつて哲学者のソクラテスも言ったように、自分が無知であることを知ることからはじめるべきだ。そうして、すでに枠組みされた世界の中に放り込まれた存在としての自分を認知したうえで、主体的にその世界の枠組みを押し広げていく度量と覚悟を身につけなければならない。

65 自分の領域が狭まっていくような感覚とあるが、筆者はどういったときに感じたと述べているか。

1 自身が見た動画の関連動画が想定以上におもしろかったとき
2 自分の閲覧傾向が反映された広告が並んでいると気づいたとき
3 自分の求めている情報を検索エンジン上で探し出せなかったとき
4 自分の好みが普段目にする情報の影響を受けていると知ったとき

66 情報化社会がもたらしたことについて、筆者はどのように考えているか。

1 興味外の情報であっても自動的に受信せざるを得なくなった。
2 関心分野に関する情報が手軽に手に入るようになり、専門性が高まった。
3 情報を発信する側が対象に応じて発信する情報を選ぶようになった。
4 気軽に情報にアクセスできるため、人々がインターネットに依存するようになった。

67 筆者は、井の中の蛙の例を使って何を述べようとしているか。

1 知らず知らずのうちに、すべてを知っているような気になってしまう。
2 同じ場所にとどまりつづけることで、考えの整理がつかなくなる。
3 自分の領域を深めることで、人は無知から解放される。
4 外の世界を知ると、自分の世界に居続けることはできなくなる。

68　この文章で筆者が最も言いたいことは何か。

1　情報を与えられる側でなく与える側になるために、まずは自分が知らないことを自覚することから始めるべきだ。

2　情報はすべて発信者側によって操作されたものなので、正しい知識を得るためには少しでも多くの情報を集めるべきだ。

3　目にしている情報が真実であるかを確かめ、正しい情報を自ら世界に向けて発信していく方法を習得すべきだ。

4　目にしている情報が意図的に与えられたものである可能性に気づき、より幅広い情報を能動的に集める力を身につけるべきだ。

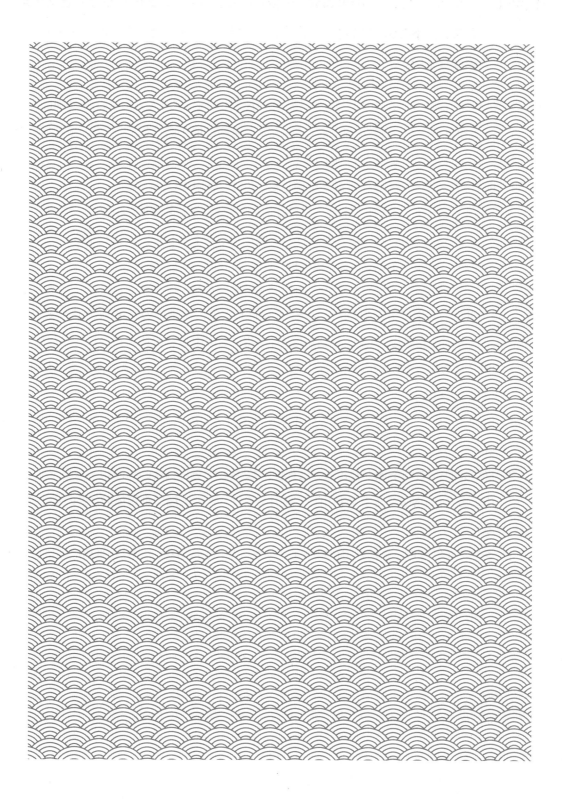

問題13　右のページは、、山中森林公園のホームページに書かれたサービスの案内である。下の問いに対する答えとして最もよいものを、1・2・3・4から一つ選びなさい。

69　ミンギさんは、5月5日の子どもの日に妻と小学生の子ども2人で山中森林公園に行って、ご飯を食べながら自然を楽しむことにした。荷物は最小限にしたい。ミンギさんがすることとして合っているのは、次のうちどれか。

1　前日までにバーベキュー用品を準備して、食材の買い出しに行く。

2　レジャーシートを予約しておき、当日カフェで食べ物を持ち帰りする。

3　バーベキュー用品のレンタルと食材の準備が可能かを前日に問い合わせる。

4　レジャーシートを予約し、食材セットの準備が可能かも確認する。

70　森ノ宮市の大学に留学中のナンシーさんは同じ大学に留学中の友達3人と山中森林公園に行く計画を立てた。ナンシーさんは3月中旬にも山中森林公園に遊びに行ったため、その時にはなかったものだけを体験したいと思っている。ナンシーさんたちが立てた計画は次のうちどれか。

1　期間限定の「ばら園」に行き、学生割引を受けて山のカフェ「やすらぎ」で食事をする。

2　「ばら園」でこの季節が見ごろのばらを見て、今しか見られない馬の親子を見学する。

3　山のカフェ「やすらぎ」を利用して割引を受け、乗馬広場で乗馬体験と馬の親子を見る。

4　季節の花「ばら」を見て、山のカフェ「やすらぎ」で食事をしたあと、乗馬広場に行く。

森ノ宮市立 山中森林公園ご利用の案内

開園時間 午前9時～午後18時(年中無休)

利用料金 入園料:大人200円、子ども(中学生以下)100円

◆ 施設紹介

植物園	植物園の入り口に位置する噴水広場のある公園エリアと植物展示エリアに分かれています。噴水広場にはピクニックが可能なスペースがございます。(レジャーシートの貸し出しあり。予約不要)
ハイキングコース	初心者の方にもお楽しみいただけるハイキングコースです。春には桜を、秋には紅葉を楽しみながら運動することができます。
バーベキュー場	山と川に囲まれた自然豊かなバーベキュー場です。有料でバーベキューセットとテントの貸し出しがございます。あらかじめお電話にてご予約ください。 ※ 食材のセット販売もございます(要予約・当日現金でお支払いください) ※ テント利用は7月1日～9月31日の期間中のみ可能となります。
乗馬広場	係員の丁寧な指導のもと、乗馬を体験していただけます。(10分/1000円)(30分/2500円)
カフェ・レストラン「やすらぎ」	山の中のログハウスのような内装で、木の香りに癒されながらお食事やカフェをお楽しみいただけます。テイクアウトにも対応いたします。

◆ イベント

・この季節に咲き乱れる「ばら園」が5月3日から5月20日までの期間限定で植物園内にて開催しております。ぜひ足をお運びください。

・2020年3月初めに山のカフェ「やすらぎ」がリニューアルオープンしたことを記念して、小学生以下のお子様がご来店の際は、ドリンクを1杯サービスいたしております。(8月31日まで)

・森ノ宮市内の学校および大学に在学中の学生に限り、学生証の提示でお会計から300円値引きいたします。(1グループにつき一度のみ適用可能)

・乗馬広場で4月に誕生した馬の赤ちゃんを展示しております。馬の親子をご見学いただけるのは今だけですので、ぜひお越しください。

** アクセス **

地下鉄 山中谷駅より徒歩5分。駐車場無料(祝日は1台500円/1日)

※ 祝日は混雑が予想されますので、公共交通機関をご利用ください。

山中公園管理事務所　TEL　06-1122-3344（受付時間　午前8時30分～午後19時）

Listening

問題用紙

N1

聴解

(55分)

注　意

Notes

1. 試験が始まるまで、この問題用紙を開けないでください。
   Do not open this question booklet until the test begins.

2. この問題用紙を持って帰ることはできません。
   Do not take this question booklet with you after the test.

3. 受験番号と名前を下の欄(らん)に、受験票と同じように書いてください。
   Write your examinee registration number and name clearly in each box below as written on your test voucher.

4. この問題用紙は、全部で13ページあります。
   This question booklet has 13 pages.

5. この問題用紙にメモをとってもかまいません。
   You may make notes in this question booklet.

受験番号　Examinee Registration Number	

名　前　Name	

(학습용)  (고사장용) 

실전모의고사1.mp3

問題1

問題１では、まず質問を聞いてください。それから話を聞いて、問題用紙の１から４の中から、最もよいものを一つ選んでください。

例

1　アンケート調査をおこなう
2　新商品のアイディアを出す
3　開発費を計算する
4　開発部に問い合わせる

1番

1　お風呂でお湯につかる

2　寝る前に携帯を使わない

3　寝る前に温かい牛乳を飲む

4　夕方以降にカフェインをとらない

2番

1　他の図書館から本を取り寄せる

2　3日後に本を返却する

3　本の貸し出しを予約する

4　本屋に売っているか見に行く

3番

1 図を用いて視覚的に説明する

2 製造費用の説明を簡単にする

3 商品の長所を詳しく書く

4 資料を印刷して準備する

4番

1 日本について学び始める

2 留学の目的を明確にする

3 アルバイトを始める

4 外国人留学生の友達を作る

5番

1　商品の種類を増やす

2　商品によって置く場所を変える

3　よく売れる商品を多く発注する

4　サービス教育を徹底する

問題2

問題２では、まず質問を聞いてください。そのあと、問題用紙のせんたくしを読んでください。読む時間があります。それから話を聞いて、問題用紙の１から４の中から、最もよいものを一つ選んでください。

例

1　幼いときに中国で生活していたから

2　他に興味があることがなかったから

3　日本ではなく中国で働きたいから

4　将来の役に立つと思ったから

1番

1　古民家を改装した建物だから

2　パティシエのケーキを販売しているから

3　地域の野菜を使ったメニューがあるから

4　手作りのお皿を販売しているから

2番

1　声が大きくて聞き取りやすいところ

2　きちんと約束を守れるところ

3　誰に対しても笑顔でいるところ

4　リーダーシップがあるところ

3番

1 ひんぱんに水分をとり続けること

2 直接太陽に当たらないこと

3 暑いと感じなくてもエアコンをつけること

4 気温差をなるべく作らないこと

4番

1 出産や育児で働いていない期間があること

2 子どもを預ける施設が足りないこと

3 家事や育児が女性のものだという考えがあること

4 女性が働きづらい会社の仕組みがあること

5番

1 花火大会の規模を大きくする

2 フリーマーケットの出店者を増やす

3 スタンプラリーの商品を変える

4 マラソン大会の時期を変える

6番

1 文化の概念の理解

2 異文化の概念の理解

3 文化理解の実践

4 異文化理解の実践

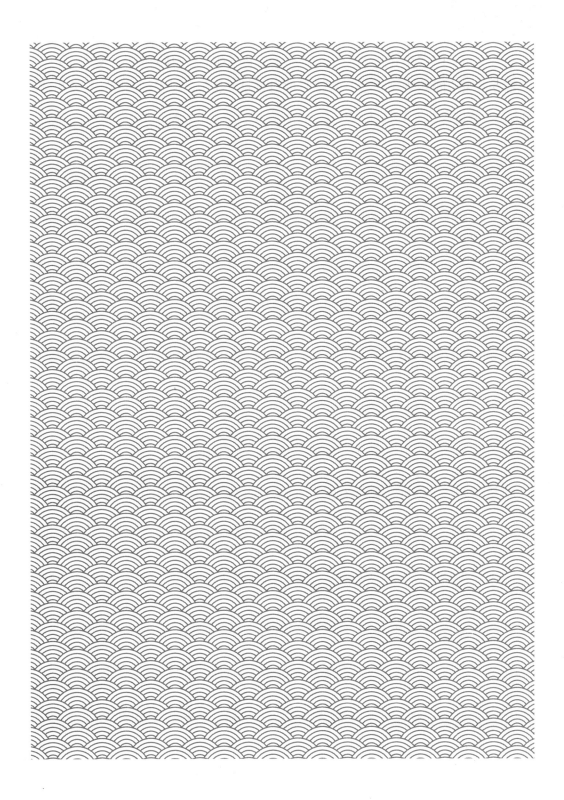

問題3

問題３では、問題用紙に何も印刷されていません。この問題は、全体としてどんな内容かを聞く問題です。話の前に質問はありません。まず話を聞いてください。それから、質問とせんたくしを聞いて、１から４の中から、最もよいものを一つ選んでください。

- メモ -

問題4

問題4では、問題用紙に何も印刷されていません。まず文を聞いてください。それから、それに対する返事を聞いて、1から3の中から、最も良いものを一つ選んでください。

- メモ -

問題5

問題5では、長めの話を聞きます。この問題には練習はありません。

問題用紙にメモをとってもかまいません。

1番

問題用紙に何も印刷されていません。まず話を聞いてください。それから、質問とせんたくしを聞いて、1から4の中から、最もよいものを一つ選んでください。

- メモ -

2番

まず話を聞いてください。それから、二つの質問を聞いて、それぞれの問題用紙の1から4の中から、最もよいものを一つ選んでください。

質問1

1　戦国時代展

2　防災展

3　トリックアート展

4　ミニチュア展

質問2

1　戦国時代展

2　防災展

3　トリックアート展

4　ミニチュア展

실전모의고사 2

受験番号を書いて、その下のマーク欄に マークしてください。
Fill in your examinee registration number in this box, and then mark the circle for each digit of the number.

受験番号
(Examinee Registration Number)

21A10101 23-30123

せいねんがっぴを書いてください。
Fill in your date of birth in the box.

せいねんがっぴ(Date of Birth)		
ねん Year	つき Month	ひ Day

실전모의고사 2

N1

言語知識（文字・語彙・文法）・読解

〈ちゅうい Notes〉
1. くろいえんぴつ(HB、No.2)でかいてください。
Use a black medium soft (HB or No.2) pencil.
(ペンやボールペンではかかないでください。)
(Do not use any kind of pen.)
2. かきなおすときは、けしゴムできれいにけしてください。
Erase any unintended marks completely.
3. きたなくしたり、おったりしないでください。
Do not soil or bend this sheet.
4. マークれい Marking Examples

よいれい Correct Example	わるいれい Incorrect Examples
●	⊗ ⊘ ⊖ ⓪ ⊜ ◐ ●

あなたの名前をローマ字のかつじたいで書いてください。 Please print in block letters.

名前 Name

問題 1				
1	①	②	③	④
2	①	②	③	④
3	①	②	③	④
4	①	②	③	④
5	①	②	③	④
6	①	②	③	④
問題 2				
7	①	②	③	④
8	①	②	③	④
9	①	②	③	④
10	①	②	③	④
11	①	②	③	④
12	①	②	③	④
13	①	②	③	④
問題 3				
14	①	②	③	④
15	①	②	③	④
16	①	②	③	④
17	①	②	③	④
18	①	②	③	④
19	①	②	③	④

問題 4				
20	①	②	③	④
21	①	②	③	④
22	①	②	③	④
23	①	②	③	④
24	①	②	③	④
25	①	②	③	④
問題 5				
26	①	②	③	④
27	①	②	③	④
28	①	②	③	④
29	①	②	③	④
30	①	②	③	④
31	①	②	③	④
32	①	②	③	④
33	①	②	③	④
34	①	②	③	④
35	①	②	③	④
問題 6				
36	①	②	③	④
37	①	②	③	④
38	①	②	③	④
39	①	②	③	④
40	①	②	③	④

問題 7				
41	①	②	③	④
42	①	②	③	④
43	①	②	③	④
44	①	②	③	④
45	①	②	③	④
問題 8				
46	①	②	③	④
47	①	②	③	④
48	①	②	③	④
49	①	②	③	④
問題 9				
50	①	②	③	④
51	①	②	③	④
52	①	②	③	④
53	①	②	③	④
54	①	②	③	④
55	①	②	③	④
56	①	②	③	④
57	①	②	③	④
58	①	②	③	④

問題 10				
59	①	②	③	④
60	①	②	③	④
61	①	②	③	④
62	①	②	③	④
問題 11				
63	①	②	③	④
64	①	②	③	④
問題 12				
65	①	②	③	④
66	①	②	③	④
67	①	②	③	④
68	①	②	③	④
問題 13				
69	①	②	③	④
70	①	②	③	④

실전모의고사 2

N 1
聴解

受験番号を書いて、その下のマーク欄にマークしてください。
Fill in your examinee registration number in this box, and then mark the circle for each digit of the number.

受験番号
(Examinee Registration Number)

2	1	A	1	0	1	0	1	2	3	-	3	0	1	2	3
0	0	●	0	●	0	●	0	0	0		0	●	0	0	0
1	●	B	●	1	●	1	●	1	1		1	1	●	1	1
●	2		2	2	2	2	2	●	2		2	2	2	●	2
3	3		3	3	3	3	3	3	●		●	3	3	3	●
4	4		4	4	4	4	4	4	4		4	4	4	4	4
5	5		5	5	5	5	5	5	5		5	5	5	5	5
6	6		6	6	6	6	6	6	6		6	6	6	6	6
7	7		7	7	7	7	7	7	7		7	7	7	7	7
8	8		8	8	8	8	8	8	8		8	8	8	8	8
9	9		9	9	9	9	9	9	9		9	9	9	9	9

せいねんがっぴを書いてください。
Fill in your date of birth in the box.

せいねんがっぴ(Date of Birth)		
ねん Year	つき Month	ひ Day

〈ちゅうい Notes〉

1. くろいえんぴつ(HB、No.2)でかいてください。
Use a black medium soft (HB or No.2) pencil.
(ペンやボールペンではかかないでください。)
(Do not use any kind of pen.)
2. かきなおすときは、けしゴムできれいにけしてください。
Erase any unintended marks completely.
3. きたなくしたり、おったりしないでください。
Do not soil or bend this sheet.
4. マークれい Marking Examples

よいれい Correct Example	わるいれい Incorrect Examples
●	⊘ ○ ○ ○ ○ ○ ●

あなたの名前をローマ字のかつじたいで書いてください。 Please print in block letters.

名前 Name	

問題 1

例	1	2	●	4
1	1	2	3	4
2	1	2	3	4
3	1	2	3	4
4	1	2	3	4
5	1	2	3	4

問題 2

例	1	2	3	●
1	1	2	3	4
2	1	2	3	4
3	1	2	3	4
4	1	2	3	4
5	1	2	3	4
6	1	2	3	4

問題 3

例	●	2	3	4
1	1	2	3	4
2	1	2	3	4
3	1	2	3	4
4	1	2	3	4
5	1	2	3	4

問題 4

例	1	2	●
1	1	2	3
2	1	2	3
3	1	2	3
4	1	2	3
5	1	2	3
6	1	2	3
7	1	2	3
8	1	2	3
9	1	2	3
10	1	2	3
11	1	2	3

問題 5

1		1	2	3	4
2	(1)	1	2	3	4
	(2)	1	2	3	4

Language Knowledge (Vocabulary/Grammar) • Reading

問題用紙

N1

言語知識（文字・語彙・文法）・読解

（110分）

注　意

Notes

1. 試験が始まるまで、この問題用紙を開けないでください。
   Do not open this question booklet until the test begins.
2. この問題用紙を持って帰ることはできません。
   Do not take this question booklet with you after the test.
3. 受験番号と名前を下の欄(らん)に、受験票と同じように書いてください。
   Write your examinee registration number and name clearly in each box below as written on your test voucher.
4. この問題用紙は、全部で31ページあります。
   This question booklet has 31 pages.
5. 問題には解答番号の 1 、 2 、 3 …が付いています。解答は、解答用紙にある同じ番号のところにマークしてください。
   One of the row numbers 1 、 2 、 3 … is given for each question. Mark your answer in the same row of the answer sheet.

受験番号　Examinee Registration Number	

名　前　Name	

問題1 ＿＿＿の言葉の読み方として最もよいものを、1・2・3・4から一つ選びなさい。

1 専門家によって厳正な審査が行われた。

1 けんせい　2 げんせい　3 げんしょう　4 けんしょう

2 その滑らかな動きはロボットであることを全く感じさせない。

1 ほがらか　2 やわらか　3 きよらか　4 なめらか

3 市は市民の生涯を通じた健康づくりを支援している。

1 しょうがい　2 せいがい　3 しょうかい　4 せいかい

4 優秀な兄を常に模範としてきた。

1 もばん　2 もはん　3 ぼはん　4 ぼばん

5 年を取ると骨は次第に脆くなる。

1 あらく　2 はかなく　3 もろく　4 ゆるく

6 この会社は勤務時間の融通がきく。

1 ゆずう　2 ゆうずう　3 ゆつう　4 ゆうつう

問題2（　　）に入れるのに最もよいものを、1・2・3・4から一つ選びなさい。

7 私は去年、（　　）のマイホームを建てた。

1 希望　2 期待　3 会心　4 念願

8 引退して十年が経っても、まだ（　　）した体を維持している。

1 きっちり　2 くっきり　3 がっしり　4 すっきり

9 誤った経営判断が会社を危うい状況に（　　）。

1 追い出した　2 追い込んだ　3 追いついた　4 追いかけた

10 プログラムの故障により会員の個人情報が（　　）する事故が起きた。

1 流出　2 消去　3 排除　4 盗難

11 父はソファーに身を（　　）静かに新聞を読んでいた。

1 浸して　2 漬けて　3 降ろして　4 沈めて

12 銀行口座の（　　）が不足していて引き落としがされていなかった。

1 残高　2 差額　3 余剰　4 総額

13 生活に欠かせない物は常に大量の（　　）を確保している。

1 キープ　2 チャージ　3 ストック　4 リミット

問題3　＿＿＿＿の言葉に意味が最も近いものを、1・2・3・4から一つ選びなさい。

14　駅にいた女性はとまどっている様子だった。

1　急いで　　2　困って　　3　悩んで　　4　恥じて

15　当初の予算を上回っていた。

1　チェックして　　2　キャンセルして　　3　オーバーして　　4　アップデートして

16　この地域には独自のしきたりがあるそうだ。

1　挨拶　　2　物語　　3　伝承　　4　風習

17　祖父の手術が無事に終わり、家族は安堵した。

1　はっとした　　2　かっとした　　3　ほっとした　　4　むっとした

18　その女性は退屈だったのか、しきりに話しかけてきた。

1　予想通り　　2　何度も　　3　突如として　　4　こっそりと

19　非常の際には、できるだけ早く報告することが重要だ。

1　すみやかに　　2　正確に　　3　こまやかに　　4　簡潔に

問題4　次の言葉の使い方として最もよいものを、1・2・3・4から一つ選びなさい。

20　質素

1　彼は有名になったにもかかわらず、昔と変わらない質素な生活を送っている。

2　ここの料理は昔ながらの質素な味がして、食べると故郷が懐かしくなる。

3　昔からやせていて質素に見られるのが嫌で、運動を始めました。

4　景気がますます悪化して、質素になってしまった人々が急増した。

21　みすぼらしい

1　この施設では飼い主に捨てられたみすぼらしい動物たちを保護している。

2　経済基盤がみすぼらしい人々の生活を支援する取り組みが始まっている。

3　この物語はある広告代理店に勤めるみすぼらしいサラリーマンのお話です。

4　彼は普段からみすぼらしい服装をしているので、とても社長には見えない。

22　反（そ）る

1　昔から姿勢が悪く、腰が反（そ）っているとよく人に指摘をされる。

2　突然雷の音が響きわたり、驚きのあまり反（そ）りそうになった。

3　この判決は反（そ）らないと誰もが諦めていたが、希望の光が差し込んだ。

4　スピードを出しすぎた車はカーブを反（そ）りきれずに、壁に衝突した。

23　親善

1　大学卒業から数十年経った今もなお、当時の親友との親善を続けている。

2　言語を学ぶ際、それと密接な親善がある文化も一緒に学ぶことが重要です。

3　このイベントは隣国の市民との文化交流や親善を目的としている。

4　両国が親善を結んだことにより、人と物の行き来が盛んになりつつある。

24　思い詰める

1　悩んだ末に、思い詰めて本心を打ち明けることにした。

2　彼はひどく思い詰めたような表情で、教室から飛び出した。

3　その格好から近所の人は私のことを医者だと思い詰めていた。

4　ふといいアイデアを思い詰めたので、すぐにノートに書いた。

25 逆転

1 写真の中の文字が左右逆転していて読むのに苦労した。

2 ニュースでは景気が逆転しているというが、人々の実感はそうでもないようだ。

3 その政治家は野党からの根拠のない批判に対して逆転した。

4 そのチームは圧倒的に不利だった状況から一気に逆転した。

問題5　次の文の（　　　）に入れるのに最もよいものを、1・2・3・4から一つ選びなさい。

26　姉とは２歳しか年が離れていないが、保育士（　　　）子どもの扱いになれている。

1　なりに　　2　ごとく　　3　たりとも　　4　だけあって

27　海外赴任は昇進するチャンスだが、嫌がる妻を連れて（　　　）まで出世したいとは思わない。

1　行って　　2　行く　　3　行こう　　4　行き

28　（医師へのインタビューで）

A「貧しい家庭環境の中、お医者さんになられたということは本当に立派だと思います。」

B「よくそのような言葉をいただくんですが、（　　　）貧しい家庭環境だったからこそ医者になれたんだと思います。成功して貧しさから抜け出したいという気持ちが強かったんでしょうね。」

1　かりに　　2　まさに　　3　むしろ　　4　どうか

29　（お知らせで）

この度、誠に勝手（　　　）、人手不足及び従業員の労働時間削減のため営業時間を変更します。申し訳ありませんが、ご了承ください。

1　のくせに　　2　ながら　　3　にせよ　　4　ばかり

30　大学を卒業して、２年経った。用事があって久しぶりに大学の近くに来たため 、お世話になった先生にお礼かたがた挨拶に（　　　）つもりだ。

1　申す　　2　伺う　　3　いらっしゃる　　4　お越しになる

31 （野球チームの監督へのインタビューで）

記者 「優勝おめでとうございます。見事な大逆転でしたね。」

監督 「ありがとうございます。大きな声援が力になりました。これからもファンの皆様が応援して（　　　）、精一杯頑張っていきたいと思います。」

1 いただくうちに　2 くださるうちに　3 いただく限り　4 くださる限り

32 大雨で遠足を（　　　）状況だが、この日を楽しみにしていた子どものことを考えると心が痛む。

1 中止してもやむを得ない　2 中止してばかりもいられない

3 中止させるまでもない　4 中止させても差し支えない

33 鈴木（すずき）くんが主役の誕生日会なのだから、彼が（　　　）話にならない。

1 来るからには　2 来るにしても　3 来ないことには　4 来ないことなく

34 一人暮らしを始めて、親へのありがたみを実感するようになった。毎日栄養バランスのとれた食事を作ってくれて、学校まで送り迎えしてくれた。親の愛情よりも温かいものなんてこの世に（　　　）。

1 あるはずがないのだろうか　2 あってはならない

3 ないのではなかろうか　4 ないというものだ

35 田中（たなか）「科学のレポート、明日まで10ページって教授もひどいもんだよ。」

上田（うえだ）「まったくだよ。毎回、教授の思いつきに（　　　）。」

1 振り回されてもしかたないね　2 振り回されてはかなわないね

3 振り回させてもはじまらないね　4 振り回させてはばからないね

問題6　次の文の＿★＿に入る最もよいものを、1・2・3・4から一つ選びなさい。

（問題例）

あそこで ＿＿ ＿＿ ＿★＿ ＿＿ は山田（やまだ）さんです。

1　テレビ　　2　人　　3　見ている　　4　を

（解答のしかた）

1．正しい文はこうです。

あそこで ＿＿ ＿＿ ＿★＿ ＿＿ は山田（やまだ）さんです。 1 テレビ　4 を　3 見ている　2 人

2．＿★＿に入る番号を解答用紙にマークします。

（解答用紙）

（例（れい））	①　②　●　④

36　「郷に入れば郷に従え」ということわざがある。ある土地や環境に入ったのならば、そこでの習慣ややり方に従えをという意味だが、＿★＿ ＿＿ ＿＿ ＿＿ 簡単なことではない。

1　習慣ややり方を　2　言葉でいうほど　3　変えることは　4　身についた

37　最近、国民のことを考えず自分の利益だけを優先し、国を動かそうとする政治家がいるが、政治家は国民 ＿＿ ＿＿ ＿★＿ ＿＿ ことを忘れてはいけない。

1　あって　　2　という　　3　の　　4　国家

38 県で一番強いチームとの試合だから、これから一生懸命に練習を ＿＿＿ ＿＿＿ ＿★＿ ＿＿＿、あのチームには勝てないとは思うが、最後まで楽しんでプレーしたい。

1 しろ　　2 しようが　　3 どっちに　　4 しまいが

39 クラス全員の前で明日の数学のテストでは絶対 ＿＿＿ ＿＿＿ ＿★＿ ＿＿＿、今日は眠れそうにもない。

1 満点をとる　　2 てまえ　　3 言ってしまった　　4 なんて

40 ＿＿＿ ＿＿＿ ＿＿＿ ＿★＿ 命が救われてきたが、最新の医療をもってしても治せない病気がまだまだ多いことが現状だ。

1 発達に　　2 多くの　　3 医療の　　4 より

問題7　次の文章を読んで、文章全体の趣旨を踏まえて、**[41]**から**[45]**の中に入る最もよいものを、1・2・3・4から一つ選びなさい。

ストレスとの向き合い方

現代社会に生きる私たちにとってストレスは身近なものである。人によって多かれ少なかれ違いはあるが、ほとんどの人がストレスを抱えて生活している。そこで、今回はストレスとの向き合い方について述べていきたいと思う。

[41]、みなさんはどのような方法でストレスに向き合っているのだろうか。過度なストレスは精神的な不調のみならず、頭痛や目の疲れなど体調面にも異常をもたらすため、溜め込まずにその都度、解消することが重要である。

ストレスの解消法というとカラオケや運動など一時的にストレスを和らげる方法が挙げられる。けれども、それはストレスの根っこの原因を**[42]**。同じ状況におちいると、再度、同じまたはそれ以上のストレスを受けることになるからだ。そうはいうものの、根本的に問題を解決するためにはどうしたらいいのだろうか。

解決の一歩には自分自身と向き合うことが**[43]**。まずは「過去と他人は変えられない」ということを認識することから始まる。そして、他人や過去をコントロールしようとせず、**[44]**学んだことを生かして自分の考え方を変えるのだ。

この考え方を持って、ストレスを受けている自分を客観的に分析する。ストレスを受けたとき、相手や状況にイライラさせられていると考えてしまいがちである。しかし、イライラしているのは自分ということを認識することで感情や状況が把握でき、だんだん落ち着いてくる。

ストレスを外で発散することを否定しているのではない。ただ、自分の中でストレスに向き合って**[45]**。シンプルな考え方が日々の生活を楽にしてくれるかもしれない。

41

1　もし　　2　さて　　3　なお　　4　また

42

1　解決しないわけがない　　2　解決しないとも限らない

3　解決するに違いない　　4　解決することにはならない

43

1　必要とされる　　2　踏み出される　　3　必要とさせる　　4　踏み出させる

44

1　このように　　2　そのように　　3　これから　　4　そこから

45

1　みてはどうだろうか　　2　みるというところだ

3　みてばかりもいられない　　4　みるというものなのか

問題8　次の(1)から(4)の文章を読んで、後の問いに対する答えとして最もよいものを、1・2・3・4から一つ選びなさい。

（1）

「笑う門には福来る」ということわざがある。これは笑っていれば幸福が訪れるという意味の迷信（注）だが、全くその通りだと思う。友人と冗談を言い合ったり、お笑い番組を見たりして心から笑っているとき、幸せを実感できる。

また、笑いが私を助けてくれることもある。私はつらいときこそ、口角をあげようと意識している。すると、なぜか「もう少し頑張ろう」と前向きな気持ちになれる。無理に笑顔を作るのは心に毒だという意見もあるが、私はこれからも笑いを忘れずに人生を送りたい。

（注）迷信：根拠がないが人々に信じられていること

46　筆者の考えに合うのはどれか。

1　どんな時でも笑顔を絶やさないようにしたい。
2　自分の感情をそのまま表現するべきではない。
3　前向きな気持ちで人生を歩んでいきたい。
4　作り笑顔は心に悪影響を与えるためすべきではない。

(2)

以下は、あるスポーツジムからのお知らせである。

会員のみなさまへ

臨時休業と会費の返金について

施設改修のため、１月13日から臨時休業することになりました。期間は１か月ほどと考えております。

休業にあたり、１月分の会費を半額分返金いたします。返金方法として、２月分の会費をお支払いいただく際に、１月の会費返金分を差し引いた金額を提示させていただきます。

今月で退会なさる会員様は現金でのご返金となりますので、係りの者へお申し出ください。

スターフィットネスクラブ

---

47 このお知らせは何を知らせているか。

1 スポーツジムの会費が１月13日から変更されること
2 スポーツジムに１月まで入会すると、２月の会費が割引されること
3 ジムの休業のため、２月の会費から返金分の金額が引かれること
4 ジムの休業のため、退会する会員には会費の返金がされないこと

（3）

以下は、日本語教師が書いた文章である。

日本語の授業のカリキュラムには必ずと言っていいほど、日本の文化授業が組み込まれています。文化授業と聞くと、娯楽の時間だと考える人も少なくないと思いますが、これにはきちんとした理由があります。

言語を学ぶうえで、その言語使用者の文化的背景を理解することはかかせないことです。文化的背景は言語使用者の単語や表現、言い回しの選択に影響します。そのため、言語の文法的要素のみ学んでも、文法はあっているのに不自然な表現になってしまうということもあるのです。

48 この文章で筆者が述べていることは何か。

1 文化授業がなければ、自然な表現は生まれない。

2 文化的背景を理解することで、言語学習の役に立つ。

3 言語の文法の影響により、不自然な表現は生まれる。

4 言語の文法を習得することで、言語学習の役に立つ。

(4)

生き甲斐(がい)がなく、疲れ切った現代人に観葉植物を育てることを勧めたい。特にサボテンはおすすめだ。月に一度、少量の水を与えればいい。少しずつではあるが、成長を見ることができ、その丸みを帯びたフォルムの愛らしさには心癒される。

それに愛らしさとは反対に、たくましさも兼ね備える。砂漠のような乾燥した地域で年に数回、降る雨を体に蓄え、その水分だけで生き延びる。そして、最後には花を咲かせる。このようなサボテンの性質は人々に何か訴えかける強さを持っている。

49 筆者は「サボテン」についてどのように述べているか。

1 サボテンは手入れをしなくても育つので現代人におすすめだ。

2 サボテンが少しずつ成長していく姿にたくましさが感じられる。

3 サボテンの二面性は人間と共通している部分である。

4 サボテンの生きる強さは人々の心に響くものがある。

問題9　次の(1)から(3)の文章を読んで、後の問いに対する答えとして最もよいものを、1・2・3・4から一つ選びなさい。

（1）

スマートフォンの普及とともに、SNSがより身近なものになり、そのおかげで私たちは多くの情報を手に入れることができるようになった。特に、SNSを通して遠く離れた知人と簡単に連絡が取れたり、近況が把握できたりと、人間関係を維持するために大きな役割を果たしてくれている。そのようなうれしいサービスを提供してくれる一方で、問題点もある。

そのうちの一つがSNSの利用により引き起こされる精神状態の異常だ。他人の生活を目にする機会が増えたことで、相手と自分を比較しようとする心理が働くことに原因がある。これは自己肯定感（注1）が高い人には何の影響もないが、そうでない人にとっては大きな問題だ。そういった人は優越感と劣等感に強くとらわれがちで、自分よりも劣った人と比べることで優越感を得ようとするからだ。そのため、他人の充実した日常を目にすると、劣等感が生じ、そのストレスによって精神的な不調を引き起こしやすい。

このような問題の解決策として、精神状態の異常を訴える人々にスマートフォンの使用制限が呼びかけられている。この方法を実践し、効果があったという声が多く聞こえるが、根本的解決にはならない。根本的に問題を解決するためにはSNSの捉え方を変える必要がある。SNSは現実の一部分を切り取ったものであり、それを見て、現実だと考えてはいけない。その一部分で一喜一憂（注2）しても意味がないのである。

（注1）自己肯定感（じここうていかん）：自分を積極的に評価できる感情
（注2）一喜一憂（いっきいちゆう）：状況が変わるたびに喜んだり、悲しんだり、すること

50　筆者はSNSについてどのように述べているか。

1　スマートフォンよりも先に親しまれていたもの
2　交友関係を維持するためにかかせないもの
3　多くの情報を収集する際に便利なもの
4　知人との連絡手段としてなくてはならないもの

51 筆者が言う「<u>大きな問題</u>」とは何か。

1 他人と自分を比べることで、 相手を見下してしまうこと

2 SNSを利用することで、安心感から依存してしまうこと

3 他人と自分を比べることで、自己肯定感(じここうていかん)が低下すること

4 SNSを利用することで、優越感と劣等感に執着すること

52 筆者は問題を解決するためにできることは何だと考えているか。

1 SNSと現実を区別して、考えるようにしなくてはいけない。

2 SNSを使用する際は、必ず時間を制限しなくてはいけない。

3 他人の生活に干渉しながら、SNSを現実と捉える。

4 時間を制限して、SNSについての考え方を改める。

(2)

女性と会話をしていると、「そうだよね」「大変だったね」といったあいづちや共感表現が多く、話が進まないためか、どうしても疲れてしまう。会話の終着点が見えないのだ。以前、妻と話していたときもそうだ。妻が最近、頭痛がひどいというので、心配になり「早く医者にでも行きなよ」と言ったら、妻が「大丈夫の一言もないの?」と機嫌(きげん)を損ねてしまった。

これは男性と女性で会話を行う目的の違いから生じるものだ。男性の会話は主に問題の解決に志向する傾向にあり、女性の会話は主に共感や理解に志向した傾向にある。もちろん、志向が違うのだから会話に求めるものも変わる。それゆえ、妻を心配したつもりで言った一言が、妻には思いやりのないただの助言として聞こえたのだ。妻が求めていたものは頭痛に悩む自分を心配する言葉、理解を示す言葉だったのだ。

よくコミュニケーションを上手に行う方法、聞き上手になる方法ということをテーマにした本に、相手への配慮を忘れてはいけないと書いてあるが、この配慮というのが相手によって変わるものだから難しいものだ。相手のことを考えてとった行動が、受け取る側にとっては不快だったりもする。自分の意図とは異なり、一人歩きする配慮は配慮とは呼べないのである。一人歩きさせないために、まずは相手の立場に立つことから始めたい。

53 機嫌(きげん)を損ねてしまったとあるが、なぜか。

1 夫が頭痛の原因を教えてくれなかったから

2 夫が一人で病院に行くように言ったから

3 夫が言葉だけでなんの行動もとってくれなかったから

4 夫が自分のことを心配していないと思ったから

54 男性と女性の会話の志向について、筆者はどのように述べているか。

1 女性は問題の解決を目的に会話する。

2 男性は目的がない会話をすると疲れる。

3 女性は会話をする際、共感を示す言葉を求める。

4 男性は問題解決のため、会話の終着点だけを見る。

55 配慮について、筆者が最も言いたいことは何か。

1 コミュニケーションの際に、相手に対する配慮を忘れてはいけない。

2 配慮を理解するために、コミュニケーションの本を読むべきである。

3 相手の立場に立つことで、初めて相手に伝わるものである。

4 相手が快く受けとることで、初めて成り立つものである。

(3)

海外生活を始めて、5か月が経とうとしている。この5か月で私は大切なことに気づくことができた。私は決まった時間を破ることに耐えられなかった。それは社会で生きていくうえで当然なことだった。ところが、私の中にある「当たり前」が世界の「当たり前」ではなかった。この地域の人にとっては時間はある程度の目安でしかないのだ。時間を守れないなんて大人として常識がないと、彼らに不満をもらしても知らん顔だ。しかし、彼らののびのびした生活を見ると、これが彼らの時間の在り方なんだと納得できた。

仕事に対する考え方もそうだ。日本では生活の中心が仕事で、定時で帰ると白い目(注1)で見られたり、ちょっとしたミスに対して厳しい叱責(注2)を受けたり、今考えるとおかしなことも多々あった。それに気づけたのは彼らと仕事をすることで自分の生活を充実させる仕事への取り組み方を学んだからだ。ミスは誰にでもあるものと余裕を持った考え方を持ち、時間になると定時で帰る。そして、家族との時間を過ごすのだ。忙しい毎日のせいで家族との時間を過ごす大切さを忘れかけていた自分に驚いた。

自分の中にある「当たり前」とは自分の価値観を基準に作った定規(じょうぎ)のようなものでしかなく、生活する環境によってどんどん変化していくものである。自分とは異なる価値観を認めることもできるし、そこから新たな気づきが生まれることがある。だから、決して自分の定規(じょうぎ)を他人に押し当ててはいけない。

(注1) 白い目：ここでは冷淡な目

(注2) 叱責：強く批難すること

56 ここでいう私の中にある「当たり前」として挙げているのは何か。

1 時間を守ること

2 常識的に行動すること

3 不満があっても口に出さないこと

4 心置きなく過ごすこと

57 筆者は変わった価値観について、どのように考えているか。

1 時間を守ることに対して厳しい自分がばかばかしかった。

2 仕事ほど家庭も大切だということを忘れていた自分に驚いた。

3 周りの人に迷惑をかけられても、平気になった。

4 充実した生活を送れる職場に転職したくなった。

58 この文章で筆者が最も言いたいことは何か。

1 常に新しいものを学ぼうとする姿勢を持つべきだ。

2 価値観が変化しても基本的な考え方は変わってはいけない。

3 共存するためには価値観を合わせていく努力をするべきだ。

4 自分の価値観を基準に物事を考えてはいけない。

問題10 次の文章を読んで、後の問いに対する答えとして最もよいものを、1・2・3・4から一つ選びなさい。

人種問題について他人事(ひとごと)(注1)だった日本でも時代とともに国際化が進み、外国人が珍しいということもなくなってきました。メディアでは「ハーフ」と呼ばれる外国にルーツを持つスポーツ選手の活躍が目立ちます。アジア選手には不利とされてきたスポーツの世界で日本という国を代表して華々しい姿を見せてくれています。このような「ハーフ」の選手の活躍に対し、日本中から彼らを祝福する声があがる一方で、SNS上では「彼らは本当の日本人ではないじゃないか」「外国人の記録として認定するべきだ」といった議論も盛んに行われています。このような議論は国際化によって多様化した①日本の現状を表したものと言えます。さて、彼らが言う本当の日本人の定義とは何でしょうか。

法律上、日本人とは日本国籍を所有する人と定義されています。しかし、②現実はそうではありません。日本国籍を持っているにもかかわらず、批判されてしまう「ハーフ」の選手たちがその例です。日本で生まれ、教育を受け、日本語を母語としても、見た目が日本人らしくないというだけの理由で、周囲から日本人として扱われないこともあります。つまり、彼らが言う日本人とは、日本人らしい見た目そのものなのです。

四方を海で囲まれた島国で生きる日本人はみな同じ言語を話す単一民族(注2)であるため、仲間意識、集団意識が強いゆえに、ある共通点を用いて仲間なのか、そうではないのか判断しようとする傾向にあります。その共通点がここでは見た目なのです。もちろん、見た目に限ったことではありません。人間は何かしら自分と相手との間にある共通点を探すものです。しかしだからといって、今の時代、そんなことばかりに着目し、相手を判断することは無意味なことでしかありません。

厚生労働省(こうせいろうどうしょう)の調査によると、現在、外国にルーツを持つ子どもは30人に１人だといいます。これは学校のクラスに１人は外国にルーツを持つ子どもが在籍することを意味します。新たな世代にとって日本人らしくない日本人はより身近な存在になるということです。そんな中、いつまでも見た目だけを観点に「日本人だ、日本人ではない」といった議論を私たち大人がしていたら、新しい時代を生きる子どもたちの目にはどのように映るでしょうか。画一的な日本人像は崩れつつあります。いや、むしろ、崩したほうがいいのかもしれません。日本社会の多様化がさらに進む中、今まさにそれに合わせた日本人の意識の変化が求められています。

（注1）他人事（ひとごと）：自分に関係がないこと

（注2）単一民族：ここでは、国の大部分を占めている民族

59 ①日本の現状とはどのようなものか。

1 社会に外国人が増えたが、外国人に対する差別意識が残っている状況

2 国際化にともなう日本の変化に、日本人の意識がついていけない状況

3 外国人の増加により、日本文化と異文化が共存している状況

4 社会の変化により、日本人の考え方も国際的に変化している状況

60 ②現実はそうではありませんとはどういうことか。

1 日本人かどうかの判断基準が国籍しかないこと

2 生まれ育った環境によって国籍が決定されること

3 日本の国籍にもかかわらず外見で差別されること

4 義務教育を終了した国で国籍が与えられること

61 筆者は、日本人の特徴をどのように述べているか。

1 相手と比べることで、自分を過大評価してしまうと述べている。

2 相手から共通点を見つけ出し、仲間であるか確認しようとすると述べている。

3 相手の見た目だけでなく、言語によって人を判断しようとすると述べている。

4 相手に自分との違いがあると、過剰に反応してしまうと述べている。

62 筆者の考えに合うのはどれか。

1 一律した日本人のイメージを新たにする必要がある。

2 国籍や見た目で日本人だと判断することはばかげている。

3 新しい世代にとって国籍や人種は無意味な存在になる。

4 外国にルーツを持つ子どもの数はますます増えることになる。

問題11　次のAとBの文章を読んで、後の問いに対する答えとして最もよいものを、1・2・3・4から一つ選びなさい。

A

75歳以上の高齢者ドライバーによる悲惨（ひさん）な事故が増えている。事故の主な要因はハンドル操作の誤りやブレーキの踏み間違いなどといった操作ミスで、これは身体機能や認知機能の衰えによるものとされる。

相次ぐ高齢者ドライバーの事故を受けて、政府は高齢者ドライバーとその家族に免許の返納を呼びかけている。返納すると、公共交通機関利用にあたっての割引サービスが提供され、車がなくても生活できるようにサポートされる。この取り組みはすべての住民を事故の危険から守るだけではなく、高齢者を事故の加害者にすることから守る取り組みでもあるのだ。人の命を奪ってしまってからでは遅い。「あのとき、免許を返納しておけばよかった」と後悔する前に、年齢と衰えを自覚し、自ら免許を返納すべきである。

B

高齢者ドライバーの操作ミスにおける事故の増加に伴い、免許を自主返納すべきという風潮（注）が強まっている。そのため、返納しない高齢者に厳しい目が向けられることがあるが、その中には免許を返納したくてもできない人がいるということを忘れてはいけない。

都市部に住む高齢者は車がなくても公共交通機関を利用できるが、地方に住む高齢者にとっては車から切り離されることは死活問題だ。バスが１時間に１本、スーパーまでのタクシー代が片道2000円では生活が成り立たない。

もちろん、このような政策は人々の安全を守るために必要なことである。それゆえ、高齢者が免許を返納しても安心して生活できるよう、まずは公共交通機関の設備や制度から整えてほしいものだ。

（注）風潮：世の中の考え方の流れ

63　高齢者と免許返納について、AとBはどのように述べているか。

1　AもBも、高齢者はどんな事情があっても免許を返納するべきだと述べている。

2　AもBも、免許返納をした高齢者は公共交通機関を利用するべきだと述べている。

3　Aは公共交通機関の利用支援制度があってできるかぎり免許の返納が要求されると述べ、Bは高齢者の中には生活のために免許を手放せない人もいると述べている。

4　Aは車がなくても生活できる高齢者は公共交通機関を利用すべきだと述べ、Bは高齢者が免許返納しても不自由なく生活が送れるように支援が必要だと述べている。

64　高齢者ドライバーの免許返納の取り組みについて、AとBの観点はどのようなものか。

1　Aは問題の現状を踏まえ、今後の課題を述べ、Bは問題の危険性を警告している。

2　Aは問題解決に協力しない人を批判し、Bは問題の社会的背景を述べている。

3　Aは解決を意識した具体案をあげ、Bは問題の原因である高齢者を批判している。

4　Aは問題解決のために協力を呼びかけ、Bは問題解決の具体的な課題を提示している。

問題12　次の文章を読んで、後の問いに対する答えとして最もよいものを、1・2・3・4から一つ選びなさい。

教育の平等が叫ばれる中、決まって教育格差と家庭の経済格差が結びつけられて論じられる。この二点は低所得世帯の子どもほど学力が低く、逆に高所得世帯の子どもほど学力が高いという相関関係にある。この学力の差は小学校中学年くらいから出始め、結果的に学歴の差に繋がる。経済的に余裕がある家庭では子どもに私教育を受けさせることができるため、子どもが高学歴化するというのだ。

このような経済格差による学力の差が問題視されているが、教育格差に影響しているのはなにも経済面だけではない。見落とされがちだが、地域格差も子どもの教育に影響している。ここで言う地域格差とは都市と地方の格差である。教育において<u>田舎に住んでいるということは、それだけで不利な環境にあるということ</u>だからだ。決して、田舎に住むことを否定しているわけではない。私が言いたいのは地方では経済的な問題にかかわらず、教育が遠い存在であるということだ。

例えば、都会の書店ではずらっと揃っている参考書が、田舎の書店ではなかなか手に入れにくい。また、近くに大学がなく、大学生という存在を目にする機会が少ないため、大学という場所がどんなところかイメージが分からない。このような環境で誰が進学を目指すというのだろう。経済的な余裕がないから質のいい教育を諦めるという都市部に住む人の発想とはまた違い、田舎の人にはそういったことにお金をかける発想そのものがないのである。

もちろん、教育になんて興味がないという人はそれでいい。問題なのは、都会に住む子どもたちが当然のように認識している「高いレベルの教育を受ける」といった選択肢すら知らずに、田舎の子どもたちが大人になってしまうことである。できないことと、知らないことは全く異なる。無知とは自分と外の世界を遮断する残酷なものなのだ。都会にいて大学が身近なものであれば、経済的に余裕がない家庭でも、なんとかして子どもを大学に進学させようとしたり、子ども自身も経済的に支援してくれる制度を探したりするなど高い教育を受けようと努力することは可能だろう。しかし、選択肢を知らない田舎の子どもにとって、進学はただの偶然の重なりにすぎない。

生まれた場所を理由に、受けられたはずの教育、そしてその選択肢すら与えられない子どもたちが大勢いる。未来の可能性の芽を摘んでいること、これが地域格差の問題点である。政府は教育の平等を目指し、低所得世帯を支援する活動を提案している。しかし、それだけで教育格差の解決になるのだろうか。私たちは教育における地域格差にも目を向け、教育格差を埋めるためには今何が必要か考えていかなければならない。

65 経済格差と子どもの教育について、筆者はどのように述べているか。

1 家庭の経済状況の差が子どもの学力に影響する根拠は見られない。
2 低所得世帯の子どもの学力は10才くらいから低下し始める。
3 世帯の収入が多いほど、子どもの学歴が高くなりやすい。
4 高所得の家庭の子どもは心に余裕を持って私教育を受けられる。

66 田舎に住んでいるということは、それだけで不利な環境にあるということとあるが、なぜか。

1 田舎の平均的な所得は、都市部よりも低く貧しい家庭が多いから
2 田舎はお金があっても、教育に触れることが難しいところだから
3 田舎には充実した施設がなく、便利な生活を送ることができないから
4 田舎に住むと経済的な問題はないが、進学する場所がないから

67 筆者は地域格差が教育格差に与える問題について、どのように述べているか。

1 住んでいる場所が、子どもの選択の視野をせばめる。
2 都会に住む子どもが、当然と考える常識を田舎では教育されない。
3 田舎に住む子どもは、都会がどんなところか知らずに成長する。
4 住んでいる場所によって、子どものの成長のスピードに違いがある。

68 この文章で筆者が最も言いたいことは何か。

1 教育格差を解決するには全面的な経済支援が必要である。

2 教育格差の改善のために経済格差と地域格差をなくす必要がある。

3 平等な教育のために子どもたちの未来を考える必要がある。

4 平等な教育を目指すには新しい視点での取り組みが必要である。

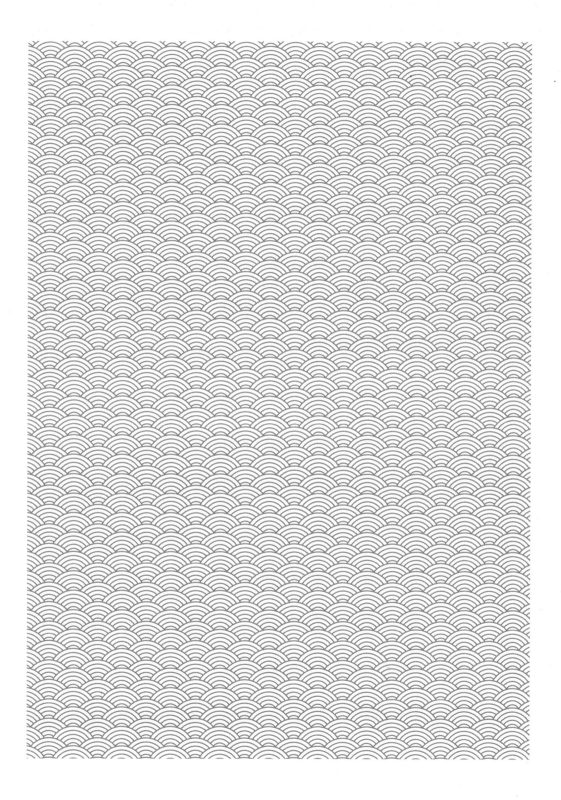

問題13　右のページは、山川市が主催する「たまねぎ料理コンテスト」の参加募集の案内である。下の問いに対する答えとして最もよいものを、1・2・3・4から一つ選びなさい。

69　佐藤(さとう)さんは「たまねぎ料理コンテスト」に参加したいと考えている。1次審査を受けるために、佐藤(さとう)さんはどうしたらよいか。

1　妹といっしょにオリジナルのたまねぎレシピを準備する。

2　料理本を参考にしたたまねぎのレシピを作成する。

3　書類に不備がないか確認して、申請書を窓口に提出する。

4　書類を作成して、レシピとともにメールで送信する。

70　田中(たなか)さんは1次審査を通過し、明日2次審査を控えている。緊張で自信がなくなっている田中(たなか)さんだが、明日のコンテストで注意しなければいけないことは次のうちどれか。

1　会場にたまねぎを準備して持っていくこと

2　コンテストの開始時間までに会場に到着すること

3　会場に身分証明書を持参すること

4　コンテストに妹を自分の代わりに参加させること

山川産たまねぎ料理コンテスト

～あなたのレシピがお店のメニューになるチャンス～

参加方法

▶ 参加資格　どなたでも参加可能です！ただし、個人参加に限ります。

▶ 申請方法　申請書は市役所のホームページから入手可能です。申請書とレシピを窓口に持参するかまたは、下記のアドレスに書類を添付してメールでお送りください。締め切りは６月５日(金)までです。

レシピについて

・山川市産のたまねぎを使用した自分で考えたレシピ(料理のジャンルは問いません)

・調理時間が30分を超えないこと

審査方法

▶ １次審査　申請書による書類審査

審査結果は６月12日(金)に発表予定です。市役所のホームページをご覧ください。

※ 書類に不備がある場合及びレシピの規定を満たしていない場合は審査の対象外になります。

▶ ２次審査　レストランのシェフによる実食審査

【会　　場】　山川市役所　クッキングルーム

【日　　時】　６月27日(土)11:00～15:00

【審査基準】

基　準	おいしさ	栄養バランス	アイディア	見た目
点　数	25	25	25	25

【注意事項】　参加にあたり次のことをお守りください。

・参加者はコンテストが開始される30分前までに会場にお集まりください。

・申請者のみコンテストに参加可能です。本人確認できるものをお持ちください。また、都合により参加できなくなった場合でも、代理人として別の人が参加することはできません。

・たまねぎはこちらで準備しますが、他の食材や調味料は申請者自身でご準備ください。

表彰

コンテスト当日に優秀賞を発表いたします。

優秀賞を受賞したレシピは山川市の人気レストラン『スターライト山川』のメニューとして商品化されます。

７月下旬から新メニューとしてお楽しみいただける予定です。

問い合わせ先：山川市役所

電話番号：0238-22-6633　　メールアドレス：yamakawacity@city.jp

Listening

問題用紙

N1

聴解

（55分）

注　意
Notes

1．試験が始まるまで、この問題用紙を開けないでください。
Do not open this question booklet until the test begins.

2．この問題用紙を持って帰ることはできません。
Do not take this question booklet with you after the test.

3．受験番号と名前を下の欄(らん)に、受験票と同じように書いてください。
Write your examinee registration number and name clearly in each box below as written on your test voucher.

4．この問題用紙は、全部で13ページあります。
This question booklet has 13 pages.

5．この問題用紙にメモをとってもかまいません。
You may make notes in this question booklet.

受験番号　Examinee Registration Number	

名　前　Name	

(학습용) (고사장용)

실전모의고사2.mp3

問題1

問題1では、まず質問を聞いてください。それから話を聞いて、問題用紙の1から4の中から、最もよいものを一つ選んでください。

例

1 アンケート調査をおこなう

2 新商品のアイディアを出す

3 開発費を計算する

4 開発部に問い合わせる

1番

1　アメリカに留学する

2　英語の教科書を読む

3　アプリに登録する

4　ドラマや映画を見る

2番

1　新商品の値段を下げる

2　客にアンケートをとる

3　調査結果を分析する

4　提案書を作りなおす

3番

1　会議用の資料のコピーをとる

2　会議室のプロジェクターを点検する

3　会議室のマイクをかくにんする

4　会議室の予約時間を変える

4番

1　犬に噛まれたくないものを片づける

2　噛んでもいいものをわたす

3　犬用のおもちゃで遊んであげる

4　犬が噛んだら、すぐに厳しくしかる

5番

1　ラベルの発注書を確認する

2　印刷工場に電話をする

3　取り引き先に向かう

4　お詫びの品を買う

問題2

問題2では、まず質問を聞いてください。そのあと、問題用紙のせんたくしを読んでください。読む時間があります。それから話を聞いて、問題用紙の1から4の中から、最もよいものを一つ選んでください。

例

1 幼いときに中国で生活していたから

2 他に興味があることがなかったから

3 日本ではなく中国で働きたいから

4 将来の役に立つと思ったから

1番

1　店員が慣れるまで教育をする

2　朝のそうじを丁寧におこなう

3　売れる商品を多めに注文する

4　朝の時間帯に店員の人数を増やす

2番

1　観客を引き込むストーリーの展開

2　緊張感あふれる俳優の演技

3　テーマを強く訴える画面の構成

4　カメラマンの優れた撮影技術

3番

1 医者の家系に生まれたから

2 病気の妹を助けたいと思ったから

3 家に多くの医学の本があったから

4 病気の児童を元気にしたかったから

4番

1 いじめの加害者の心をケアすること

2 差別的な視点をなくすこと

3 いじめの被害者の傷をいやすこと

4 いじめが悪いことだと教えること

5番

1　初めて介護施設を訪れること

2　食事や着替えの手伝いをすること

3　おじいちゃんたちに体力がないこと

4　体操の動作が子どもっぽいこと

6番

1　イベント開催地が少ないこと

2　参加人数が決まっていること

3　ファンの人たちを待たせていること

4　応募者の年齢に制限があること

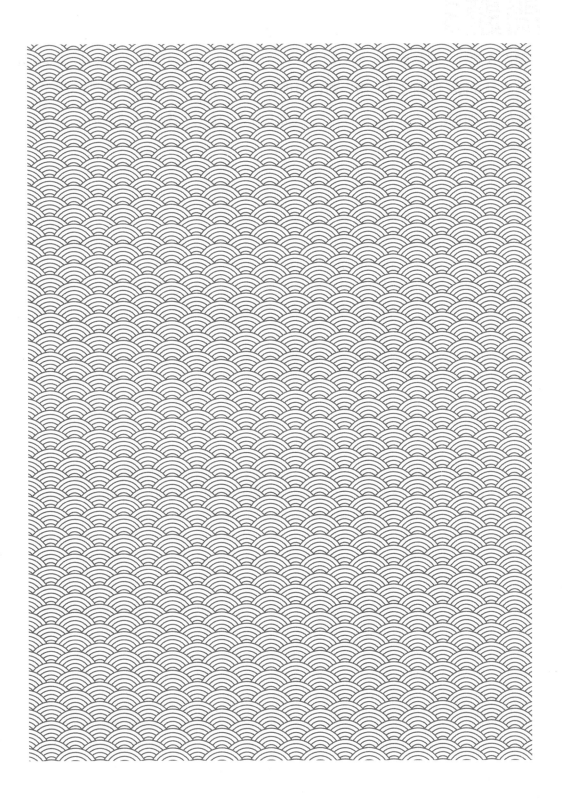

問題3

問題３では、問題用紙に何も印刷されていません。この問題は、全体としてどんな内容かを聞く問題です。話の前に質問はありません。まず話を聞いてください。それから、質問とせんたくしを聞いて、１から４の中から、最もよいものを一つ選んでください。

- メモ -

問題4

問題4では、問題用紙に何も印刷されていません。まず文を聞いてください。それから、それに対する返事を聞いて、1から3の中から、最も よいものを一つ選んでください。

- メモ -

問題5

問題５では、長めの話を聞きます。この問題には練習はありません。
問題用紙にメモをとってもかまいません。

1番

問題用紙に何も印刷されていません。まず話を聞いてください。それから、質問とせんたくしを聞いて、１から４の中から、最もよいものを一つ選んでください。

- メモ -

2番

まず話を聞いてください。それから、二つの質問を聞いて、それぞれの問題用紙の1から4の中から、最もよいものを一つ選んでください。

質問1

1　昆虫の博物館

2　恐竜の博物館

3　ラーメンの博物館

4　アニメの博物館

質問2

1　昆虫の博物館

2　恐竜の博物館

3　ラーメンの博物館

4　アニメの博物館

실전모의고사 3

受験番号を書いて、 その下のマーク欄(らん)にマークしてください。
Fill in your examinee registration number in this box, and then mark the circle for each digit of the number.

受験番号
(Examinee Registration Number)

21A1010123-30123

せいねんがっぴを書いてください。
Fill in your date of birth in the box.

せいねんがっぴ(Date of Birth)		
ねん Year	つき Month	ひ Day

실전모의고사 3

N1
言語知識（文字・語彙・文法）・読解

〈ちゅうい Notes〉
1. くろいえんぴつ(HB、No.2)でかいてください。
Use a black medium soft (HB or No.2) pencil.
(ペンやボールペンではかかないでください。)
(Do not use any kind of pen.)
2. かきなおすときは、けしゴムできれいにけしてください。
Erase any unintended marks completely.
3. きたなくしたり、おったりしないでください。
Do not soil or bend this sheet.
4. マークれい Marking Examples

よい れい Correct Example	わるい れい Incorrect Examples
●	⊗ ◯ ⊖ ⓪ ⊘ ◐ ●

あなたの名前をローマ字のかつじたいで書いてください。　Please print in block letters.

名前 Name

問題 1				
1	①	②	③	④
2	①	②	③	④
3	①	②	③	④
4	①	②	③	④
5	①	②	③	④
6	①	②	③	④

問題 2				
7	①	②	③	④
8	①	②	③	④
9	①	②	③	④
10	①	②	③	④
11	①	②	③	④
12	①	②	③	④
13	①	②	③	④

問題 3				
14	①	②	③	④
15	①	②	③	④
16	①	②	③	④
17	①	②	③	④
18	①	②	③	④
19	①	②	③	④

問題 4				
20	①	②	③	④
21	①	②	③	④
22	①	②	③	④
23	①	②	③	④
24	①	②	③	④
25	①	②	③	④

問題 5				
26	①	②	③	④
27	①	②	③	④
28	①	②	③	④
29	①	②	③	④
30	①	②	③	④
31	①	②	③	④
32	①	②	③	④
33	①	②	③	④
34	①	②	③	④
35	①	②	③	④

問題 6				
36	①	②	③	④
37	①	②	③	④
38	①	②	③	④
39	①	②	③	④
40	①	②	③	④

問題 7				
41	①	②	③	④
42	①	②	③	④
43	①	②	③	④
44	①	②	③	④
45	①	②	③	④

問題 8				
46	①	②	③	④
47	①	②	③	④
48	①	②	③	④
49	①	②	③	④

問題 9				
50	①	②	③	④
51	①	②	③	④
52	①	②	③	④
53	①	②	③	④
54	①	②	③	④
55	①	②	③	④
56	①	②	③	④
57	①	②	③	④
58	①	②	③	④

問題 10				
59	①	②	③	④
60	①	②	③	④
61	①	②	③	④
62	①	②	③	④

問題 11				
63	①	②	③	④
64	①	②	③	④

問題 12				
65	①	②	③	④
66	①	②	③	④
67	①	②	③	④
68	①	②	③	④

問題 13				
69	①	②	③	④
70	①	②	③	④

실전모의고사 3

N 1
聴解

受験番号を書いて、その下のマーク欄にマークしてください。
Fill in your examinee registration number in this box, and then mark the circle for each digit of the number.

受験番号
(Examinee Registration Number)

21A1010123-30123

〈ちゅうい Notes〉
1. くろいえんぴつ(HB、No.2)でかいてください。
Use a black medium soft (HB or No.2) pencil.
(ペンやボールペンではかかないでください。)
(Do not use any kind of pen.)
2. かきなおすときは、けしゴムできれいにけしてください。
Erase any unintended marks completely.
3. きたなくしたり、おったりしないでください。
Do not soil or bend this sheet.
4. マークれい Marking Examples

よいれい Correct Example	わるいれい Incorrect Examples
●	⊘ ○ ⊖ ⓪ ⊜ ◑ ◉

あなたの名前をローマ字のかつじたいで書いてください。 Please print in block letters.

名前 Name

せいねんがっぴを書いてください。
Fill in your date of birth in the box.

せいねんがっぴ(Date of Birth)

ねん Year	つき Month	ひ Day

問題 1

例	①	②	●	④
1	①	②	③	④
2	①	②	③	④
3	①	②	③	④
4	①	②	③	④
5	①	②	③	④

問題 2

例	①	②	③	●
1	①	②	③	④
2	①	②	③	④
3	①	②	③	④
4	①	②	③	④
5	①	②	③	④
6	①	②	③	④

問題 3

例	●	②	③	④
1	①	②	③	④
2	①	②	③	④
3	①	②	③	④
4	①	②	③	④
5	①	②	③	④

問題 4

例	①	②	●	④
1	①	②	③	④
2	①	②	③	④
3	①	②	③	④
4	①	②	③	④
5	①	②	③	④
6	①	②	③	④
7	①	②	③	④
8	①	②	③	④
9	①	②	③	④
10	①	②	③	④
11	①	②	③	④

問題 5

1		①	②	③	④
2	(1)	①	②	③	④
	(2)	①	②	③	④

Language Knowledge (Vocabulary/Grammar) • Reading　　**問題用紙**

N1

言語知識（文字・語彙・文法）・読解

（110分）

注　意

Notes

1．試験が始まるまで、この問題用紙を開けないでください。
Do not open this question booklet until the test begins.

2．この問題用紙を持って帰ることはできません。
Do not take this question booklet with you after the test.

3．受験番号と名前を下の欄（らん）に、受験票と同じように書いてください。
Write your examinee registration number and name clearly in each box below as written on your test voucher.

4．この問題用紙は、全部で31ページあります。
This question booklet has 31 pages.

5．問題には解答番号の 1 、 2 、 3 …が付いています。解答は、解答用紙にある同じ番号のところにマークしてください。
One of the row numbers 1 、 2 、 3 … is given for each question. Mark your answer in the same row of the answer sheet.

受験番号　Examinee Registration Number	

名　前　Name	

問題1 ＿＿＿の言葉の読み方として最もよいものを、1・2・3・4から一つ選びなさい。

1 犯人は巧妙な手口で住宅に侵入したようだ。

1 こうみょう　2 ごうみょう　3 こうしょう　4 ごうしょう

2 インターネットの危険性について注意を促した。

1 おどした　2 さとした　3 うながした　4 そそのかした

3 この辺りは木造の住宅が密集して立ち並んでいる。

1 みつしゅ　2 みっしゅ　3 みつしゅう　4 みっしゅう

4 彼はいつも仕事を疎かにする。

1 ひそか　2 おおまか　3 おろそか　4 こまやか

5 足の悪い患者に自宅への往診を依頼される。

1 じゅうしん　2 おうしん　3 じゅうじん　4 おうじん

6 警察は人質を救出することに成功した。

1 にんしつ　2 ひとじち　3 にんじち　4 ひとしつ

問題2（　　　）に入れるのに最もよいものを、1・2・3・4から一つ選びなさい。

7　そのチームは一点が入ったことをきっかけに、再び勢いを（　　　）。

1　取り留めた　　2　取り戻した　　3　取り巻いた　　4　取り付けた

8　この部屋は音が完全に（　　　）されていて何も聞こえない。

1　防止　　2　阻止　　3　断絶　　4　遮断

9　帰省するたびに、母がお見合いの話を持ち出すので、さすがに（　　　）している。

1　すんなり　　2　うんざり　　3　しんなり　　4　やんわり

10　彼をよく知らない人は汚い言葉づかいに驚いたが、気性が（　　　）のはもともとだ。

1　重々しい　　2　手厳しい　　3　煙ったい　　4　荒っぽい

11　会食代や交通費はともかく、個人的な旅行まで（　　　）で処理されてはかなわない。

1　経費　　2　私費　　3　出費　　4　消費

12　20年前から続く不況を（　　　）ために新たな政策を考える必要がある。

1　逸らす　　2　抜ける　　3　脱する　　4　外れる

13　彼は席についたものの、緊張して落ち着かないのか（　　　）している。

1　そわそわ　　2　ごわごわ　　3　ふわふわ　　4　じわじわ

問題3 ＿＿＿の言葉に意味が最も近いものを、1・2・3・4から一つ選びなさい。

14 私はそれを聞いて仰天した。

1 やる気がなくなった　　2 かなしい気持ちになった
3 とても驚いた　　4 かなり落ち込んだ

15 相手の意図を探る。

1 動向　　2 思惑　　3 秘密　　4 記憶

16 その後も記憶はあやふやなままだった。

1 不明瞭な　　2 不完全な　　3 不自然な　　4 不安定な

17 彼らの実力は互角だった。

1 前と変わらなかった　　2 こちらよりも上だった
3 並ではなかった　　4 大体同じだった

18 娘よりも先に私の方がばててしまった。

1 疲れてしまった　　2 走り出してしまった
3 はしゃいでしまった　　4 諦めてしまった

19 二人はやむを得ず席を立った。

1 途中で　　2 何も言わず　　3 一斉に　　4 仕方なく

問題4　次の言葉の使い方として最もよいものを、1・2・3・4から一つ選びなさい。

20　怠慢

1　彼は人を馬鹿にするような怠慢な態度のせいで周りの人に嫌がられている。

2　上司は最近の部下の業務に対する怠慢な姿勢を指摘し、改善するよう求めた。

3　歩きながらの携帯電話の操作は、つい周りに怠慢になりがちなので危険です。

4　優柔不断で怠慢だとよく言われるので、思ったことをはっきり言うように意識している。

21　拠点

1　今までの家も広かったが、さらに広い拠点に引っ越しする。

2　この１本のえんぴつが彼を画家として成功させる拠点となった。

3　これからは中国を拠点に開発業務を進めていく予定だ。

4　彼は拠点がないことはいっさい信じようとしない。

22　賑わう

1　事故のせいで運行時間に乱れが生じたために車内は賑わった。

2　夜遅くに友だちと賑わっていたせいで、近所の人に注意された。

3　初めていった海外旅行はとても楽しくて、つい賑わってしまった。

4　一年中観光客で賑わう広場でスリ被害が多発している。

23　拡散

1　安定した収益を得るためには、リスクを拡散しなければならない。

2　近年の急速なSNSの普及により、個人が情報を拡散しやすくなった。

3　私は趣味に没頭することで、溜まったストレスを一気に拡散した。

4　地震でガラスが割れてしまい、部屋中に破片が拡散した。

24　こつ

1　テレビで余った料理を美味しくアレンジするこつを紹介していた。

2　この大学では専門的な知識とこつを身に付けることができます。

3　会社の成長のこつを握っているのは、ほかでもない社員です。

4　妹は犬を飼うために飼い主として必要なこつを学んでいる。

25 もろに

1 冷蔵庫から取り出した牛乳の賞味期限はもろに過ぎていた。

2 いつも笑顔の井上(いのうえ)さんだが、今日はもろに機嫌がよさそうだ。

3 この地域は周辺に山や木がないので、台風の影響をもろに受ける。

4 目の前で人が倒れそうになったので、もろに手を差し出した。

問題5　次の文の（　　　）に入れるのに最もよいものを、1・2・3・4から一つ選びなさい。

26　明日の飲み会は気が進まない。ボランティア活動（　　　）断ることにした。

1　にかこつけて　　2　に照らして　　3　に即して　　4　にかまけて

27　大きな病気や事故（　　　）、無断で会社を休むなんて彼は常識に欠けている。

1　ならいざしらず

2　とばかりに

3　をものともせずに

4　をよそに

28　ただ今より、弊社の人事のシステムに関して、30分ほどお話しさせていただきます。まず、お手元にお配りした資料を（　　　）ください。

1　お目にかけて

2　拝見して

3　ご覧になって

4　お聞きになって

29　高速道路でスピードを出し、周囲の車を脅かす運転が多発している。この（　　　）行為を取り締まらなければならない。

1　危険極まりない

2　危険なかぎりの

3　危険を禁じ得ない

4　危険と相まった

30　あの選手は次のオリンピックで必ず金メダルを取ると（　　　）はばからないが、はたして実現できるのだろうか。

1　言おうと　　2　言わず　　3　言えば　　4　言って

31　中村（なかむら）「明日の夜、食事に行かない？この前行ったレストランに、また行きたいな。行くなら、予約したほうがいいよね。」

村田（むらた）「いいよ。でも、（　　　）、今からじゃ無理だよ。人気があるんだから。」

1　予約できないまでも

2　予約するにしたって

3　予約させるくらいなら

4　予約したとあれば

32 日本の接客業はおもてなしの精神に基づいているが、(　　　)、ここのところ、無茶な要求をする客が増えている。

1　丁寧でもいいことを　　2　丁寧なのはいいので
3　丁寧なのをいいことに　　4　丁寧なのはいいことで

33 (会社の会議室で)
半沢(はんざわ)「それでは、今回の件につきましては、再度(　　　)。」
吉田(よしだ)「わかりました。じゃ、お返事をお待ちしております。」

1　検討してくだされればと存じます　　2　検討させていただければと存じます
3　検討していただけますでしょうか　　4　検討なさってくださるでしょうか

34 今夜は大雪になるらしい。今はまだ降っていないが、夜になってバスが止まってしまったら家に帰れなくなると思うと、(　　　)。

1　出かけるべからず　　2　出かけてはいられない
3　出かけようにも出かけられない　　4　出かけるべくもない

35 (会社で)
佐藤(さとう)「来週ビジネスマナー研修やるらしいよ、全員参加だって。」
山田(やまだ)「俺たち入社3年目だよ。(　　　)、いまさらそんな研修受ける必要ないと思うけどなあ。」

1　新入社員ではないものの　　2　新入社員でもあるまいし
3　新入社員ではないまでも　　4　新入社員ともなれば

問題6　次の文の ＿★＿ に入る最もよいものを、1・2・3・4から一つ選びなさい。

（問題例）

あそこで ＿＿＿ ＿＿＿ ＿★＿ ＿＿＿ は山田(やまだ)さんです。

1　テレビ　　2　人　　3　見ている　　4　を

（解答のしかた）

1．正しい文はこうです。

あそこで ＿＿＿ ＿＿＿ ＿★＿ ＿＿＿ は山田(やまだ)さんです。 1　テレビ　4　を　3　見ている　2　人

2．＿★＿ に入る番号を解答用紙にマークします。

（解答用紙）

（例(れい)）	①　②　●　④

36　私の娘は近所の友達と外で ＿＿＿ ＿＿＿ ＿★＿ ＿＿＿、息子は一人でゲームをしてばかりで、友人がいるのか心配だ。

1　遊ぶことが　　2　社交的なのに　　3　多くて　　4　ひきかえ

37　先方にどのように返事をするか考えているが、＿＿＿ ＿＿＿ ＿＿＿ ＿★＿ 方法が思い浮かばないので、職場の先輩や上司に相談に乗ってもらうことにした。

1　いくら　　2　考えた　　3　いい　　4　ところで

38 小学校の同級生が ＿＿＿ ＿＿＿ ＿★＿ ＿＿＿、負けていられないと遊ぶのをやめ、本を読んだり、仕事に役立ちそうなセミナーに通ったりするようになった。

1 活躍しているのを　　2 というもの
3 社長として多方面で　　4 知ってから

39 最近、ミニマリストと言って、持ち物をできるだけ減らして暮らす人がいる。私の周りにも何人かいるが、＿＿＿ ＿＿＿ ＿★＿ ＿＿＿ 持っていない。

1 に至っては　　2 山田(やまだ)さん　　3 冷蔵庫　　4 すら

40 （メールで）

＿★＿ ＿＿＿ ＿＿＿ ＿＿＿ 人事異動の引継ぎに時間を要したため、研修日程のご連絡が遅くなってしまいました。ご迷惑をおかけし、申し訳ございません。

1 早く　　2 ところを　　3 もう少し　　4 ご連絡すべき

問題7 次の文章を読んで、文章全体の趣旨を踏まえて、**41** から **45** の中に入る最もよいものを、1・2・3・4から一つ選びなさい。

子どもの遊び

パソコンやデジタル機器が生活に必要不可欠な現代において、子どもの遊びの貧困化が進んでいると言われる。最近の小学生の人気の遊びは外遊びからゲームやスマートフォンに変化しているという調査結果もある。確かに家で遊ぶことが多くなると、体験からの学びや成長の機会が **41** 。例えば、自然の中での遊びを通して、植物や生き物に触れるという自然体験を積むことができる。また、体を使って遊ぶことで体の機能や能力を高めることができる。それだけにとどまらず、一人で遊ぶか、だれかと遊ぶかという点も重要な要素になるだろう。友達と遊ぶ中で、人との関係の築き方を習得することができる。個性を持った人間同士の関わりが、子どもが社会で生きていくのに必要な力を育てるのだ。

では、 **42** 機会を確保することは、家での遊びでは不可能なのだろうか。デジタル化によって便利になった現代において、パソコンやスマートフォンでの遊びは避けては通れないものだろう。 **43** 親はそれを制限するのでなく、上手に共存していく方法を見つけて子どもに示さなければならない。例をあげると、一人で部屋にこもったままゲームで遊ばせておくのではなく、友達や家族と一緒に遊ばせることでゲームを通してコミュニケーションを取る必要が生まれる。体を動かすゲームを積極的に取り入れてみるのもいい。また、映画やドラマを見て終わりではなく、物語の舞台となった場所を実際に訪れ、その土地の文化に触れてみるなど、遊びを発展させて **44** との関わりを見つけさせる。さらに自然に触れる機会も作れればなおよい。内と外を結び付けることによって、子どもにとって遊びはより豊かなものに **45** 。

41

1　失わせるとは限らない　　2　失われることもない

3　失わせるとは言いがたい　　4　失われるように思われる

42

1　どういう　　2　あの　　3　ああいう　　4　そういう

43

1　だからこそ　　2　そればかりか

3　なぜなら　　4　それにもかかわらず

44

1　動物や植物　　2　友達や先生

3　人や社会　　4　家族や学校

45

1　なってはならないだろう　　2　なるわけにはいかない

3　なってはかなわないだろう　　4　なるのではないか

問題8　次の(1)から(4)の文章を読んで、後の問いに対する答えとして最もよいものを、1・2・3・4から一つ選びなさい。

(1)

首都圏への人口集中が著しい。確かに、首都圏は職場や商業施設などの利便性においては群を抜いているが、都会の生活が人々に本当の豊かさをもたらしているのだろうか。

子育て世代が最も多い東京の出生率が低いというデータがある。都会では働く女性が出産をあきらめざるを得ない状況なのだ。在宅勤務が普及しつつある現在、働き方を多様化することが、子育てとの両立を可能にし、趣味も楽しめる豊かな暮らしのきっかけになるはずである。

46　筆者の考えに合うのはどれか。

1　都会の生活の利便性は変わらないので、人口集中は今後も続いていくだろう。

2　職場が都会に集中しているが、働く世代の在宅勤務はもっと増えていくだろう。

3　勤務形態を工夫すれば、働きながら充実した暮らしができるようになるだろう。

4　首都圏の生活は便利なので、若い世代は都会での生活に満足しているだろう。

(2)

以下は、あるコンビニエンスストアのスタッフルームに貼られたお知らせである。

勤務希望日提出の変更について

勤務日決定が前月の月末になってしまう状況を改善すべく、勤務日調整システムを導入します。これまでは、次月の勤務希望日を紙の希望表に記入の上、店長まで提出するという流れでしたが、来月より、インターネット上のシステムにアクセスし、希望日を入力する形に変更します。締切日はこれまでと同様です。

今月中に店長より、勤務日調整システムのログインと入力方法について説明しますので、アルバイト終了後に時間が取れる日を申し出てください。

47 このお知らせは何を知らせているか。

1 今の状況を改善するため、勤務希望日を提出する締切りを早めること
2 勤務希望日を記入した希望表の提出先が変更になること
3 インターネットを使って、勤務希望日を伝えなければならなくなること
4 今月中旬に店長に連絡を取り、説明を受ける必要があること

(3)

桜の色の和菓子が店に並ぶようになると、いよいよ春が来るのだと心を弾ませる人が多い。和菓子が美しさやおいしさだけではなく、季節の移り変わりを楽しむ心と共に受け継がれてきたお菓子であるからである。

食べ物であれ習慣であれ、昔から続いているものには、その土地に伝わる自然に対する心が反映されているものである。桜の色の和菓子に春が来る喜びを感じるならば、現代を生きる私たちも、その心を失っていないと言うことができるだろう。

48 筆者の考えに合うものはどれか。

1 和菓子は、季節を大切にし、味や美しさはそれほど重視しないお菓子である。

2 新しい食べ物は、その土地独自の自然に対する考え方の影響を受けないものである。

3 和菓子がなければ、春が来ることを喜ぶ心が受け継がれることはなかったと言える。

4 現代人も昔と同様、季節の変化を楽しむ気持ちを持っていると言える。

(4)

今は、簡単に情報を受け取れる時代です。新しい情報が一部の人にのみ開かれていた時代は終わりを迎え、家から一歩も出なくても様々な情報に触れることができます。情報の伝達もずいぶんと容易になり、自分が得た情報を多くの人に伝えるだけなら誰でもできるようになりました。しかし、それを編集し、独自の価値を付け加えて、新たな情報を作り出している人はどれだけいるでしょうか。「情報を作り出す人」になるのは意外に難しいものです。

49 この文章で筆者が述べていることは何か。

1 新しい情報を得ることは難しいので、「情報を作り出す人」は一部の人だけである。

2 情報をそのまま伝えることは誰でもできるが、編集できるのはプロだけである。

3 情報を単に広めるだけでは「情報を作り出す人」になっているとは言えない。

4 いろいろな情報が世の中にあふれているが、新しい情報を作りやすいとは言えない。

問題9　次の(1)から(3)の文章を読んで、後の問いに対する答えとして最もよいものを、1・2・3・4から一つ選びなさい。

(1)

ゴルフとは、簡潔に言うと「競技中いかに少ない打数(注1)でコースを回れるかを競うスポーツ」である。打数はそのまま得点に換算される。よって、参加者の中で一番得点の少ない人が勝利する。

また、①ゴルフは単に体力のみで勝負するスポーツではないところが面白い。ゴルフで良い成果を上げるには、優れた身体能力や高度な手法が不可欠だと思いきや、案外そうでもないという話を聞く。体力や手法に執着するのではなく、まずは動揺しないことが肝心だと言われている。一旦コースに出てしまえば、例えベテランであれ、ひんぱんに緊張に襲われる。完璧(かんぺき)さを求めるあまりに動揺が走り、ミスを連続。打数が大幅に増えるどころか、一気に不安定な精神状態に陥り、思うように成果が上がらない。②このような悩みに直面しているプレーヤーは多く存在するのだ。

意外にも、こういったことを上手く対処しているのが高齢のプレーヤーだ。彼らは野心や挑戦心といった大胆さこそ乏しいものの、落ち着いてプレーを遂行できる。年齢とともに欲望が薄れ、楽観、妥協といった視野が備わったのだろうか。彼らはもはや力任せ(注2)なプレーはしない。自分の体力や癖を把握した上で、効率良くプレーを楽しんでいる。ミスショットも想定内だ。そして、それは成熟したプレースタイルとして大いに成果に貢献している。

(注1) 打数：打者がボールを打った回数
(注2) 力任せ：加減せず力の限りを出すこと

50　①ゴルフは単に体力のみで勝負するスポーツではないとあるが、なぜか。

1　たとえベテランでも、ミスをすると一気に不安定な精神状態に陥ってしまうから
2　たとえベテランでも、体力や手法に執着するあまり、ひんぱんに緊張してしまうから
3　ゴルフで良い記録を出すには平静さを保つことが重要だと言われているから
4　ゴルフで良い記録を出すには、優れた身体能力や高度な手法が不可欠だから

51 ②<u>このような悩み</u>とあるが、悩みに合うのはどれか。

1 コースに出ると、緊張で一気に不安定な精神状態に陥ってしまうこと

2 コースに出ると、完璧(かんぺき)さを求めるあまりに打数が大幅に増えてしまうこと

3 コースに出ると、体力や手法に執着するあまり、ミスを繰り返すこと

4 コースに出ると、緊張が原因でミスが増え、良い成果が出ないこと

52 筆者は高齢のゴルフプレーヤーについてどのように考えているか。

1 ミスも想定内とし、体力を使わずに効率よくプレーする

2 野心や挑戦心を一切持たず、落ち着いてプレーを遂行する

3 年齢とともに楽観、妥協といった視野を備えて効率よくプレーできる

4 自分の体力や癖を把握することで、 落ち着いてプレーを遂行できる

(2)

最近、スーパーやコンビニで「グルテンフリー」の食品を頻繁に見かけるようになった。グルテンとは、小麦などの穀物に含まれるタンパク質のことだが、これを材料から排除した食品がグルテンフリー食品である。現在、それらは積極的に小麦製品を断つという、健康志向の強い層からの人気もある。また、グルテンフリーの意識が高まっているのは、小麦アレルギーに直面する人が増えているからだ。

小麦アレルギーの症状は、慢性的なお腹の不調やかゆみなどといった軽い自覚症状から、極端なショック状態に至るまで様々だ。<u>グルテンは小腸に悪影響を及ぼすと指摘されている</u>。グルテンは人の消化器官の中では分解されにくく、小腸で異物(注1)として攻撃されてしまう。それゆえに小腸の壁が傷付き、栄養の吸収が阻まれると言われている。

現在、このアレルギーに対応した薬はない。小麦アレルギーの人には、小麦を一切排除した食事の実践が奨励される。小麦製品を断つことで、小腸への負担を大幅に軽減し腸壁を回復させ、従来通りの栄養吸収が促進できるからだ。また、日頃から頻繁に小麦製品を摂取している人、不調が続き、あらゆる健康法にお金を費やしたが成果が出なかったという人も、早いうちにこの手法を試みてみるとよい。2週間ほど小麦製品を一切断った食事を実践する。この試みで不調が改善されたなら、儲(もう)けもの(注2)だ。手遅れになってからでは遅すぎるのだ。

(注1) 異物：ここでは、体の組織の中に溶けていかないもの

(注2) 儲(もう)けもの：思いがけなく得た利益や幸運

53 「グルテンフリー」の食品が一般的になったのは、なぜか。

1 健康志向の強い人たちの中で、小麦を一切排除することが流行っているから

2 健康志向の強い人たちがスーパーやコンビニをよく利用するようになったから

3 小麦アレルギーを持つ人が増加し、小麦が入っていない食品が必要になったから

4 小麦アレルギーを持つ人たちの健康に対する意識が高まってきたから

54 グルテンは小腸に悪影響を及ぼすと指摘されているとあるが、なぜか。

1 グルテンは小腸で異物として扱われ、小腸を攻撃するから

2 グルテンが小腸の壁を傷付け、栄養の吸収を阻むから

3 グルテンが小腸で異物として攻撃され、小腸の壁が傷付くから

4 グルテンは慢性的なお腹の不調やかゆみなどの症状を引き起こすから

55 筆者によると、小麦アレルギーに対し、どのような対応をするのがいいか。

1 2週間だけ小麦製品を断ち、小腸への負担を大幅に軽減する。

2 あらゆる健康法にお金を費やし、成果が出るのを待つ。

3 小麦製品を断つために、食品の費用負担を大幅に減らしてみる。

4 栄養がとれる体に戻すため、小麦製品を全く食べないようにする。

(3)

久しぶりに実家へ戻ってみると、母は散歩の途中に見つけた新しい喫茶店をとても気に入っているらしく一人いそいそと頻繁に通っている。ぜひ一緒に行こうと熱心に私を誘うので、一度同伴してみた。なるほど居心地の良い店でコーヒーも美味だが、母がそれほど気に入る理由は、物静かで知的な印象の店主がちょっと素敵で、ここでの憩いが74歳老婦人のひそかな楽しみだからかもしれないと思った。

そこで少々、誘導尋問(ゆうどうじんもん)(注)したところ、その店は田舎にしては洗練されており、店主が素材にこだわっていて、何でもおいしいからだと言う。確かに彼のこだわりには甚だ感心しているとはいえ、私の憶測はやや外れているようだった。

どうやら母の喜びは密かな楽しみのことではなく、自分一人で発見したということのようだ。何事も夫唱婦随(ふしょうふずい)、すなわち夫が言い出し妻がそれに従うという旧式な夫婦円満型で50年暮らしてきた母は、その生き方が自分には合っていたと自覚している。客観的に娘から見ても、無理矢理自分を抑えてきたわけではなくその通りだと思う。とはいえ、意見や発見は誰にでもあり、ささいなことでも自分が良いと思えば心躍るし、認められたらなおうれしい。<u>自らの発見</u>を満喫する母は若々しく、父もコーヒー好きならいいのにと朗らかだった。

(注) 誘導尋問(ゆうどうじんもん)：ここでは、本当のことを言うよう遠回しに問いかけ、探ること

56 母がこの喫茶店を気に入っていることについて、筆者が最初に考えた理由はどれか。

1 コーヒーや料理がほかの店よりおいしいから

2 インテリアが洗練されていて、居心地がいいから

3 素敵な店主のことを気に入っているから

4 こだわりのある料理をすごいと思っているから

57 自らの発見とあるが、どのようなことか。

1 新しい喫茶店は、店主のコーヒーへのこだわりが強いこと

2 新しい喫茶店を、夫の意見ではなく自分から好きになったこと

3 自分のこれまでの生き方が自分に合っていたということ

4 自分がいいと思うものが他人に認められたらうれしいということ

58 母の様子について、筆者はどのように考えているか。

1 夫の意見に妻が従うというような形でも、本人に合っていれば問題ない。

2 今まで自分の意見を出さないようにしてきたが、今は違うので、楽しそうだ。

3 自分が好きな店を見つけたのに、父が一緒に来ないので、さびしそうだ。

4 喫茶店に通うという楽しみを見つけて、明るく元気に過ごしているようだ。

問題10　次の文章を読んで、後の問いに対する答えとして最もよいものを、1・2・3・4から一つ選びなさい。

国際会議では、円卓と呼ばれる円形のテーブルが使われることが多い。円卓会議といえば古くはアーサー王伝説の(注1)「円卓の騎士」(注2)に象徴されるように、上位や下位という順序がなく対等な立場で発言できるというのが利点で、一般的には平等であり対等であることを明確にしているような良い印象がある。しかし、私が経験した円卓はとても苦い経験となった。

それは会議ではなく食事会だったのだが、その席で、ある上司への不満が話題になり大いに盛り上がった。話している最中は楽しく満足して帰路についたものの、だんだんと嫌な気持ちになってきたのである。気が合わない人や苦手な人の言動を誰かに話す時、どうしても悪口になってしまう。「いい人なのだが」「分かるのだが」などと付け加えることが多いのも、いかにも弁解のようで、かえって卑怯(ひきょう)な気がする。悪口はなるべく言いたくないと思いつつも実際は誰かに聞いて欲しいのであり、賛同してほしいというのが正直なところだ。

あちこちから意見が飛び交い、自分も負けずに発言し賛同を得て非常に満足した食事会だが、複数人で批判した事実はあとからじわじわと心の中に広がり、①何とも言えない嫌な気分になった。この日の出来事は、たまたま円卓だったことも大いに関係したと思う。皆が均等な位置で話をしていると、自分の発言に責任を持たなくてもいいような気持ちになるのではないか。自分の意見のようであり、誰かの意見のようであり、全体の意見のようになる。自分の悪意が均一化され平等という形で薄められる。円卓で自分の嫌な行いをごまかしたような気持ちになった。

無限に等しい空間で一人一人が点々と散らばるインターネットは、さらに②これの増幅した形であろう。良くも悪くも序列はなく、発言の機会も平等であるが故にその声が多ければ多いほど自己の責任は希薄になる。まして匿名であれば発信はさらに実体を持たず、自分の発言であろうと他人の模倣であろうと責任はもとより放棄しているも同然で、無数の声にまぎれ煙のように消える錯覚を起こすが、自分の口からいったん吐き出されたことには変わりがない。行為には責任が伴うことを常に胸に刻むべきである。省みればそもそも悪口を言いたくないという気持ちも偽善は承知であるが、せめて責任の所在は自覚しておきたい。私にとって弱さや狡(ずる)さをまぎらしてしまう象徴となった円卓であるが、遠い昔の騎士のごとく、やはり対等に堂々と発言できる勇者(注3)の場である方がふさわしい。

（注1）アーサー王伝説：6世紀初めにヨーロッパにいたとされるアーサー王に関する物語

（注2）円卓の騎士：ここでは、アーサー王に仕えた人々

（注3）勇者：勇気のある人

59 筆者によると、円卓会議のいい点とは何か。

1 国際会議で使われるため、参加者が平等だと感じられる。

2 発言の順序が決まっておらず、対等な立場で発言できる。

3 会議の参加者の立場が平等で、対等に話すことができる。

4 誰もが平等で対等であることを、他の人々に見せられる。

60 筆者が①何とも言えない嫌な気分になったのはなぜか。

1 上司への不満で食事会が盛り上がるのは、卑怯(ひきょう)なことだと思ったから

2 上司への批判を話すことで、意見に関する責任が小さくなると思ったから

3 上司についての意見が飛び交い、自分が他の人に批判されたと思ったから

4 上司の悪口を大勢で言うことで、よくない行いをごまかしたように思ったから

61 ②これとはどういうことか。

1 大勢で誰かの悪口を言うこと

2 発言に対する責任が薄まること

3 誰もが均等な場所にいること

4 一人一人の発言が平等なこと

62 筆者の考えに合うのはどれか。

1 発言や行動には、それを行った人に責任が伴うことを忘れてはいけない。

2 発言や行動は、どんな嫌なことでも責任と勇気をもってすべきだ。

3 円卓会議のような平等な場での発言には、個人ではなく全体で責任を持つべきだ。

4 円卓会議は誰もが堂々と話ができる場なので、他人の悪口を言ってはいけない。

問題11　次のAとBの文章を読んで、後の問いに対する答えとして最もよいものを、1・2・3・4から一つ選びなさい。

A

働く男性の育児休暇の取得がなかなか進まない。その原因は育児休暇を取りにくい職場の雰囲気にある。子育ては女性がするものという古い価値観にとらわれた世代がいる限り、職場の雰囲気が変わることは期待できない。

その一方で、若いリーダーが積極的に育児休暇を取る企業も徐々に増え始めてきている。上司が率先(そっせん)(注1)してその制度を利用すれば、いい流れが生まれてくるのだ。男性の職場での不安が無くなれば、自然に育児休暇の取得率が上がっていくだろう。その結果、妻も夫に遠慮せずに、家事や育児を任せられるようになり、心理的負担が軽くなっていく。このような環境作りが広がれば、女性が活躍できる社会へとつながっていくと思う。

B

妻は家庭、夫は仕事というのが当たり前の時代があったが、今や、夫婦は力を合わせて働き、女性も男性同様に活躍できるのが、理想の社会である。

にもかかわらず、職場の制度と雰囲気が変わらず、男性が育児休暇を取ろうものなら、上司から皮肉を言われ、昇進も諦めなければならないのが現実だ。さらに悪いことに、実際に育児休暇を取得した男性の中には、家事や育児が満足にできず、休暇を取るだけという場合もある。家事や育児の経験のない男性が数週間休んでも、ただ手伝うだけで主体的に動けないことが多い。単に仕事を休んでいるだけになり、妻の負担が増すという本末転倒(ほんまつてんとう)(注2)の事態になりかねない。結局ゲームをしたり、昼寝をしてしまい、単に仕事を休んでいるだけになっているようだ。企業だけでなく、男性の意識を変えていかなければ、男女共に活躍できる環境を作り出すのは難しいのではないだろうか。

(注1) 率先(そっせん)して：他の人より先に

(注2) 本末転倒(ほんまつてんとう)：よいと思って行ったことが、逆効果となること

63 男性の育児休暇について、AとBはどのように述べているか。

1 AもBも、育児休暇の取得率は低いままで今後も変わらないと述べている。

2 AもBも、休暇を取りにくい職場の雰囲気が、育児休暇の取得率の上昇を妨げていると述べている。

3 Aは男性の不安が消えれば、育児休暇が増えると述べ、Bは男性は家事が苦手なので、増えないと述べている。

4 Aは若いリーダーが育児休暇を取れば、取得率が増えると述べ、Bは男性は家事が苦手なので、休暇を取りたくないと述べている。

64 女性の活躍について、AとBはどのように述べているか。

1 Aは職場の雰囲気が変われば、女性も活躍できると述べ、Bは男性が昇進をあきらめないので、難しいと述べている。

2 Aは年配のリーダーが退職すれば、女性が活躍できると述べ、Bは企業の制度が変われば、女性も活躍できると述べている。

3 Aは若い上司ならば、女性も活躍できると述べ、Bは男性が家事や育児ができないので難しいと述べている。

4 Aは男性の育児休暇が取りやすい環境になれば、女性も活躍できると述べ、Bは男性の意識が変わらなければ、難しいと述べている。

問題12　次の文章を読んで、後の問いに対する答えとして最もよいものを、1・2・3・4から一つ選びなさい。

多くの国で国境閉鎖に近い状態が続き、往来が極端に制限された。国境だけでなく、日本国内でも移動、外出は最小限とし基本的に在宅を要請。他人との接触を避けるよう日常の行動を制限される生活となった。ヒトからヒトへ感染する新型ウイルス感染症が世界中で猛威をふるい、感染者、死亡者の増加を抑えるためさらに厳しい外出禁止の措置が取られ、人が消えてしまった街の映像を幾度となく見た。未知のウイルスがもたらす恐怖や恐慌(きょうこう)(注1)は歴史や様々なフィクションで見知っていたが、日本の現状も他国のニュースを見ても現実のものとしてまさに今ここにあるものであった。

感染を防ぐためには手洗いやうがい(注2)の次に、とにかく他人と接触しないこと、物理的な距離をとることが重要だと盛んに言われ、「社会的距離」なる言葉も出てきた。人と会う時は場所を問わず2メートル程の一定の距離を保つことが礼儀というわけだ。そしてこれが常識、日常となりつつあり、再流行や、あるいはまた別のウイルスを未然に防ぐためにこの日常は続くのではないかと思われる。つまり、ヒトと接触することは非常に貴重な、まれな体験となる未来が予想されるのだが、果たしてどのような生活になるだろう。

他者の身体が媒体になるウイルスの恐ろしさは、人間を孤立へと促すものだとつくづく思う。しかし、ヒトは本来群れで生きる動物である。個別に隔離され、誰とも会わず全てオンラインで事足りる生活というのは可能であり、不可能でもあると思う。技術的、物理的には可能になるかもしれない。

しかし他者と出会いたい、物理的に接触したいという欲求は消えないはずだ。もしかすると遠い将来は生物として環境の変化に応じ、その欲求すら薄れ、忘れているかもしれない。どこへも行かず、限られた空間でのみ生活し、社会的距離どころかヒトに会うこともない日常を送っている人間の物語を想像する。そこでは他者との接近や物理的な接触がハッピーエンド、または転換点になるのではないだろうか。あらゆる隔離の線を越えたいという欲求を思い出すのではないだろうか。

線を越えた時、接触した時、何が起こるかは分からない。しかし私はそこに「生」を感じる未来であってほしい。いや、それは今も昔も同じではないかと今更のように気づく。様々な線引きや物理的距離が抽象ではなく身体的具体性をもって、目の前にあるだけだ。

(注１) 恐慌(きょうこう)：恐怖におそわれ、あわてること、平静さを失うこと
(注２) うがい：水や薬を口に含み、のどや口の中を洗浄すること

65 日常の行動を制限される生活とあるが、このような生活として、筆者が挙げているのはどれか。

1 外出を減らす
2 家で仕事をする
3 手洗いなどをする
4 感染を未然に防ぐ

66 筆者は、今後の社会はどのように変わると述べているか。

1 手洗いやうがいをすることが、人と会う際の礼儀になる。
2 孤立することが多くなるが、珍しい体験をするようになる。
3 他人と直接会うという経験が非常に大切になる。
4 今まで見たことがない現実が常に出てくるようになる。

67 人間の性質について、筆者はどのように述べているか。

1 様々な欲求を抑えることが難しい生き物である。
2 孤立することなく、集団で生活する生き物である。
3 誰にも会わない生活にも対応し、変化しうる生き物である。
4 限定された空間の中だけでの生活が可能な生き物である。

68 この文章の中で筆者が述べていることはどれか。

1 他人と接触することは、今も昔も変わらず危険が伴い、何が起こるかわからないものだ。

2 他人と関わり、身体的にも接触したいという欲求は、これからもなくならないだろう。

3 他人と物理的に距離を取り、接触を避けることは、これからも社会の常識とはならない。

4 他人と離れて孤立を促すウイルスの恐ろしさは、人の生活の可能性を広げてくれた。

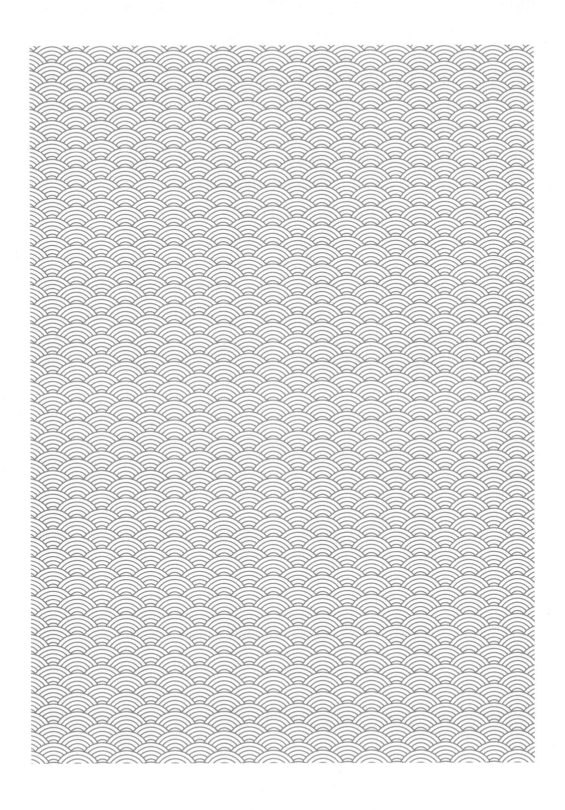

問題13　右のページは、関北大学の学部学科案内である。下の問いに対する答えとして最もよいものを、1・2・3・4から一つ選びなさい。

69　田中さんは今、持続可能なエネルギーを使った社会を作ることに興味を持っている。社会全体の動きを読み取りながら、都市計画ができるようになりたいが、どの学科に入学し、どの学科の授業を副専攻にすればいいか。

1　社会学科に入り、副専攻として電気電子応用工学科の授業を履修する。

2　政治学科に入り、副専攻として建築学科の授業を履修する。

3　建築学科に入り、副専攻として社会学科の授業を履修する。

4　電気電子応用工学科に入り、副専攻として建築学科の授業を履修する。

70　ジョンさんは、日本生まれの外国人で、現在、日本の高校の3年生である。大学の学部説明会に友人と参加する場合、予約はどのようにしなければならないか。

1　電話で、2日前までに予約する。

2　電話で、4日前までに予約する。

3　Eメールで、2日前までに予約する。

4　Eメールで、4日前までに予約する。

関北大学

学部学科案内

★ 関北大学では、全ての学部で、教員免許取得のための科目が受講できます。

★ 副専攻として、学部を超えた受講も可能です。

学部	学科	学科の目的	目指せる仕事
工学部	電気電子 応用工学	電力を有効利用し社会に貢献できる人材を育成する。	半導体技術者、精密機械技術者、機械技術者、研究者
	情報工学	ＡＩや感性工学など多彩なＩＴを学び、社会に貢献できる人材を育成する。	電気通信技術者、精密機械技術者、情報工学技術者、研究者
	建築学	グローバルな視野で建築と都市の未来を創造する「まちづくり」のスペシャリストを育成する。	建築士、土木・建築工学技術者、研究者、店舗デザイナー
文学部	国文学 西洋文学	思想、芸術、文化、地域、歴史から人間の存在の本質を解き明かす。	図書館司書、学芸員
	言語学科	言語学を通して、文化と人間のありようや人間の存在の意義、営みの本質を研究し解明する。	学芸員、研究者
	社会学科	多角的なアプローチから現代社会を読み解く専門知識と実践力を養い、理想的な社会を実現できる人材を育成する。	宣伝、広報、ジャーナリスト、企画・調査
教育学部	教育学科	子どもを理解し実践力・教育力・人間力を備えた教育者を養成する。	中学校教諭、幼稚園教諭、小学校教諭、保育士、特別支援学校教諭
法学部	法律学科	身近な事件・裁判を通して法律を学び、社会に存在する課題の解決策を探る。	検察官、裁判所事務官、弁護士、司法書士、裁判官、国家公務員
	政治学科	国内外の政治を学び、よりよい社会を構築するための方法を探究する。	政治家、公務員、ジャーナリスト、国際公務員、国連職員

【学部説明会】8月1日(月)～17日(水)

・時間は10:00-12:00、14:00-16:00の1日2回です。

・説明会のお申し込みは、電話もしくはEメールにて受け付けます。電話の場合は説明会の2日前まで、Eメールの場合は4日前までにお願いします。2人以上でのお申し込みは、Eメールでお願いします。

・海外在住の方への説明会は、別途行います。日程等は、Eメールにてお問い合わせください。

Listening

問題用紙

N1

聴解

(55分)

注　意
Notes

1. 試験が始まるまで、この問題用紙を開けないでください。
   Do not open this question booklet until the test begins.
2. この問題用紙を持って帰ることはできません。
   Do not take this question booklet with you after the test.
3. 受験番号と名前を下の欄(らん)に、受験票と同じように書いてください。
   Write your examinee registration number and name clearly in each box below as written on your test voucher.
4. この問題用紙は、全部で13ページあります。
   This question booklet has 13 pages.
5. この問題用紙にメモをとってもかまいません。
   You may make notes in this question booklet.

受験番号　Examinee Registration Number	

名　前　Name	

(학습용)  (고사장용) 

실전모의고사3.mp3

問題1

問題１では、まず質問を聞いてください。それから話を聞いて、問題用紙の１から４の中から、最もよいものを一つ選んでください。

例

1　アンケート調査をおこなう

2　新商品のアイディアを出す

3　開発費を計算する

4　開発部に問い合わせる

1番

1　早口にならないように練習する

2　スピーチの内容を減らす

3　日本人の友達に聞いてもらう

4　人形を目の前に置いて練習をする

2番

1　ポイントカードを作る

2　牛肉を2パック買う

3　お米を買って帰る

4　身分証を取ってくる

3番

1 受付に行って診察票を渡す

2 薬局で急いでいると言う

3 受付で薬局に行くことを話す

4 どこかの薬局で薬を買う

4番

1 店のレイアウトを元に戻す

2 全てのメニューの値段を安くする

3 一部のメニューの価格を変更する

4 様々な値段のメニューを用意する

5番

1　文字数を減らす

2　合宿の写真を入れる

3　イラストを入れる

4　メールアドレスを書く

問題2

問題２では、まず質問を聞いてください。そのあと、問題用紙のせんたくしを読んでください。読む時間があります。それから話を聞いて、問題用紙の１から４の中から、最も よいものを一つ選んでください。

例

1　幼いときに中国で生活していたから

2　他に興味があることがなかったから

3　日本ではなく中国で働きたいから

4　将来の役に立つと思ったから

1番

1　歯が痛ければ早く診てもらうこと

2　歯科に定期検診に行くこと

3　いつも同じ歯科医に行くこと

4　食後には必ず歯を磨くこと

2番

1　金属部分に使用できること

2　製品の価格が上がってしまうこと

3　軽くなるために危険度が増すこと

4　実験をするのが難しいこと

3番

1 他に入りたい会社があるから

2 したいと思う仕事ができないから

3 新しい夢が見つかったから

4 どんな仕事がしたいかわからないから

4番

1 非常に軽くなったこと

2 低価格に設定したこと

3 美しい写真が撮れること

4 サイズが小さくなったこと

5番

1　思っていた味と違っていたこと

2　値段が高かったこと

3　サービスの代金を払ったこと

4　建物が古かったこと

6番

1　重い荷物を持ち歩かなくていいこと

2　インターネットで本が買えること

3　紙の手触りと香りが楽しめること

4　周りの人たちにプレゼントできること

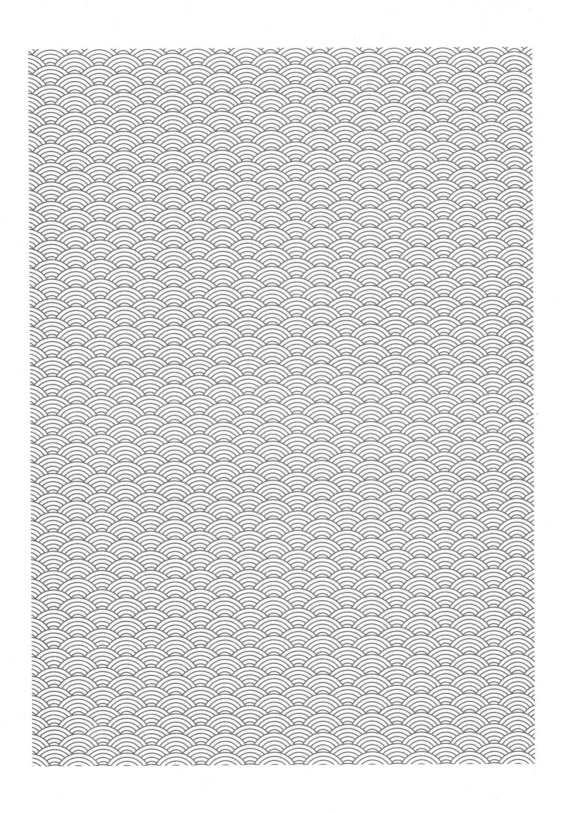

問題3

問題３では、問題用紙に何も印刷されていません。この問題は、全体としてどんな内容かを聞く問題です。話の前に質問はありません。まず話を聞いてください。それから、質問とせんたくしを聞いて、１から４の中から、最もよいものを一つ選んでください。

- メモ -

問題4

問題４では、問題用紙に何も印刷されていません。まず文を聞いてください。それから、それに対する返事を聞いて、１から３の中から、最もよいものを一つ選んでください。

- メモ -

問題5

問題5では、長めの話を聞きます。この問題には練習はありません。

問題用紙にメモをとってもかまいません。

1番

問題用紙に何も印刷されていません。まず話を聞いてください。それから、質問とせんたくしを聞いて、1から4の中から、最もよいものを一つ選んでください。

- メモ -

2番（ばん）

まず話（はなし）を聞（き）いてください。それから、二（ふた）つの質問（しつもん）を聞（き）いて、それぞれの問題用紙（もんだいようし）の1から4の中（なか）から、最（もっと）もよいものを一（ひと）つ選（えら）んでください。

質問（しつもん）1

1 まるごとコース

2 パノラマコース

3 森林（しんりん）コース

4 ゆるやかコース

質問（しつもん）2

1 まるごとコース

2 パノラマコース

3 森林（しんりん）コース

4 ゆるやかコース

정답 및 해설

실전모의고사 1 162
실전모의고사 2 204
실전모의고사 3 244

실전모의고사 1

언어지식 (문자 · 어휘)

문제 1	**1** 3	**2** 1	**3** 2	**4** 3	**5** 4	**6** 2	
문제 2	**7** 2	**8** 3	**9** 2	**10** 3	**11** 1	**12** 1	**13** 3
문제 3	**14** 3	**15** 1	**16** 4	**17** 4	**18** 2	**19** 2	
문제 4	**20** 4	**21** 3	**22** 1	**23** 3	**24** 2	**25** 1	

언어지식 (문법)

문제 5	**26** 1	**27** 4	**28** 3	**29** 2	**30** 1
	31 3	**32** 3	**33** 1	**34** 4	**35** 2
문제 6	**36** 4	**37** 1	**38** 2	**39** 1	**40** 4
문제 7	**41** 4	**42** 1	**43** 2	**44** 3	**45** 3

독해

문제 8	**46** 1	**47** 3	**48** 3	**49** 3		
문제 9	**50** 4	**51** 2	**52** 3	**53** 3	**54** 2	**55** 4
	56 1	**57** 2	**58** 3			
문제 10	**59** 3	**60** 4	**61** 1	**62** 2		
문제 11	**63** 1	**64** 3				
문제 12	**65** 2	**66** 3	**67** 1	**68** 4		
문제 13	**69** 3	**70** 2				

청해

문제 1	**1** 2	**2** 3	**3** 3	**4** 1	**5** 2		
문제 2	**1** 4	**2** 3	**3** 4	**4** 2	**5** 3	**6** 4	
문제 3	**1** 1	**2** 3	**3** 4	**4** 3	**5** 4		
문제 4	**1** 1	**2** 3	**3** 2	**4** 1	**5** 1	**6** 3	**7** 2
	8 2	**9** 1	**10** 1	**11** 3			
문제 5	**1** 3	**2** 질문1 1	질문2 4				

언어지식 (문자·어휘)

p.9

1

하천의 범람氾濫에 의한 피해는 크다.

해설 氾濫은 3 はんらん으로 발음한다. はん이 탁음이 아닌 것에 주의한다.

어휘 氾濫 はんらん 명 범람　河川 かせん 명 하천　被害 ひがい 명 피해

2

사장님이 몸소 작업 현장으로 향했다赴いた.

해설 赴いた는 1 おもむいた로 발음한다.

어휘 赴く おもむく 동 향하다　自ら みずから 부 몸소, 친히
作業 さぎょう 명 작업　現場 げんば 명 현장

3

시의 행정行政에 대한 요망을 제출한다.

해설 行政는 2 ぎょうせい로 발음한다. 行政는 行의 세 가지 음독 ぎょう, こう, あん 중 ぎょう로 발음하는 것에 주의한다.

어휘 行政 ぎょうせい 명 행정　要望 ようぼう 명 요망
提出 ていしゅつ 명 제출

4

댐의 건설은 주변 지역에 현저한著しい 영향을 주었다.

해설 著しい는 3 いちじるしい로 발음한다.

어휘 著しい いちじるしい い형 현저하다　ダム 명 댐
建設 けんせつ 명 건설　周辺 しゅうへん 명 주변
地域 ちいき 명 지역　影響 えいきょう 명 영향
与える あたえる 동 주다

5

친구의 권유를 완곡婉曲히 거절했다.

해설 婉曲는 4 えんきょく로 발음한다. きょく가 탁음이 아닌 것에 주의한다.

어휘 婉曲だ えんきょくだ な형 완곡하다　誘い さそい 명 권유
断る ことわる 동 거절하다

6

초등학교의 철거 부지跡地에 새롭게 공장이 건설되었다.

해설 跡地는 2 あとち로 발음한다. 跡는 훈독 あと, 地는 음독 ち로 발음하는 것에 주의한다.

어휘 跡地 あとち 명 철거 부지　建設 けんせつ 명 건설

7

이 사이트는 상품의 가격 (　　) 로 검색하는 것이 가능하다.

1 류　　**2 대**
3 권　　4 계

해설 선택지가 모두 접미어이다. 괄호 앞의 명사 **価格**(가격)와 함께 쓰여 **価格帯**(가격대)를 만드는 접미어 2 **帯**가 정답이다. 1은 **書籍類**(서적류), 3은 **首都圏**(수도권), 4는 **映画界**(영화계)로 자주 쓰인다.

어휘 価格帯 かかくたい 명 가격대　サイト 명 사이트
商品 しょうひん 명 상품　検索 けんさく 명 검색
可能だ かのうだ な형 가능하다

8

새로운 정책이 정착할 때까지, 상당한 시간을 (　　).

1 바랐다　　2 요구했다
3 필요로 했다　　4 바쳤다

해설 선택지가 모두 동사이다. 괄호 앞의 **かなりの時間を**(상당한 시간을)와 함께 쓸 때 **かなりの時間を要した**(상당한 시간을 필요로 했다)가 가장 자연스러우므로 3 **要した**(필요로 했다)가 정답이다. 1은 **富を欲した**(부를 바랐다), 2는 **賃金上昇を求めた**(임금 상승을 요구했다), 4는 **命を捧げた**(목숨을 바쳤다)로 자주 쓰인다.

어휘 政策 せいさく 명 정책　定着 ていちゃく 명 정착　かなり 부 상당히
欲する ほっする 동 바라다　求める もとめる 동 요구하다
要する ようする 동 필요로 하다　捧げる ささげる 동 바치다

9

남편은 아들을 가게의 (　　) 로 할 생각이라고 한다.

1 양자　　**2 후계자**
3 후대　　4 자제

해설 선택지가 모두 명사이다. 괄호 앞의 **店の**(가게의)와 함께 쓸 때 **店の跡継**(가게의 후계자)가 가장 자연스러우므로 2 **跡継**(후계자)가 정답이다. 1은 **親戚の養子**(친척의 양자), 3은 **後代の人間**(후대의 인간), 4는 **先生の子息**(선생님의 자제)로 자주 쓰인다.

어휘 養子 ようし 명 양자　跡継 あとつぎ 명 후계자
後代 こうだい 명 후대　子息 しそく 명 자제

10

폭풍 전과 같은 (　　) 이 교실을 지배했다.

1 안정　　2 정숙
3 침묵　　4 묵비

해설 선택지가 모두 명사이다. 괄호 뒤의 **教室を支配した**(교실을 지배했다)와 함께 쓸 때 **沈黙が教室を支配した**(침묵이 교실을 지배했다)가 가장 자연스러우므로 3 **沈黙**(침묵)가 정답이다. 1은 **安静が保たれた**(안정이 유지되었다), 2는 **静粛が求められた**(정숙이 요구되었다), 3은 **黙秘が続いた**(묵비가 계속되었다)로 자주 쓰인다.

어휘 嵐 あらし 명 폭풍　支配 しはい 명 지배　安静 あんせい 명 안정

静粛 せいしゅく 명 정숙　沈黙 ちんもく 명 침묵
黙秘 もくひ 명 묵비

11

이번의 임무는 실패로 끝났지만, (　　) 을 얻었다.

1 교훈　2 격언
3 권고　4 설교

해설 선택지가 모두 명사이다. 괄호 뒤의 得た(얻었다)와 함께 쓸 때 教訓を得た(교훈을 얻었다)가 가장 자연스러우므로 1 教訓(교훈)이 정답이다. 2는 格言を用いた(격언을 썼다), 3은 勧告を受けた(권고를 받았다), 4는 説教を聞いた(설교를 들었다)로 자주 쓰인다.

어휘 任務 にんむ 명 임무　得る える 동 얻다　教訓 きょうくん 명 교훈
格言 かくげん 명 격언　勧告 かんこく 명 권고
説教 せっきょう 명 설교

12

고대 문명이 (　　) 한 이유의 하나는 이민족의 침입이었다.

1 멸망　2 멸종
3 상실　4 분실

해설 선택지가 모두 명사이다. 괄호 앞의 古代文明が(고대 문명이)와 함께 쓸 때 古代文明が滅亡した(고대 문명이 멸망한)가 가장 자연스러우므로 1 滅亡(멸망)가 정답이다. 2는 動物が絶滅した(동물이 멸종했다), 3은 権利を喪失した(권리를 상실했다), 4는 書類を紛失した(서류를 분실했다)로 자주 쓰인다.

어휘 古代 こだい 명 고대　文明 ぶんめい 명 문명
異民族 いみんぞく 명 이민족　侵入 しんにゅう 명 침입
滅亡 めつぼう 명 멸망　絶滅 ぜつめつ 명 멸종, 절멸
喪失 そうしつ 명 상실　紛失 ふんしつ 명 분실

13

대설이 계속되면, 열차의 운행에 (　　) 을 초래할 우려가 있다.

1 폐　2 피해
3 지장　4 부담

해설 선택지가 모두 명사이다. 괄호 앞뒤의 내용과 함께 쓸 때 列車の運行に支障をきたす(열차의 운행에 지장을 초래할)가 가장 자연스러우므로 3 支障(지장)가 정답이다. 1은 他人に迷惑をかける(타인에게 폐를 끼치다), 2는 住民に被害を与える(주민에게 피해를 주다), 4는 相手に負担をかける(상대방에게 부담을 주다)로 자주 쓰인다.

어휘 大雪 おおゆき 명 대설　列車 れっしゃ 명 열차
運行 うんこう 명 운행　きたす 동 초래하다　おそれ 명 우려
迷惑 めいわく 명 폐　被害 ひがい 명 피해　支障 ししょう 명 지장
負担 ふたん 명 부담

14

아버지가 아들의 장래를 <u>걱정하고</u> 있다.

1 비관하고　2 내다보고
3 염려하고　4 전망하고

해설 案じて는 '걱정하고'라는 의미로, 동의어인 3 危惧して(염려하고)가 정답이다.

어휘 父親 ちちおや 명 아버지　将来 しょうらい 명 장래
案じる あんじる 동 걱정하다　悲観 ひかん 명 비관
見越す みこす 동 내다보다　危惧 きぐ 명 염려, 위구
展望 てんぼう 명 전망

15

진실을 명백히 하기 위해서는, 보다 확실한 <u>뒷받침</u>이 필요하다.

1 증거　2 방법
3 작전　4 검사

해설 裏づけ는 '뒷받침'이라는 의미로, 동의어인 1 証拠(증거)가 정답이다.

어휘 真実 しんじつ 명 진실　明らかだ あきらかだ な형 명백하다
確実だ かくじつだ な형 확실하다　裏付け うらづけ 명 뒷받침, 증명
証拠 しょうこ 명 증거　方法 ほうほう 명 방법
作戦 さくせん 명 작전　検査 けんさ 명 검사

16

남동생은 평소부터 무엇이든 <u>거칠게</u> 다룬다.

1 신중하게　2 적절하게
3 주의 깊게　**4 함부로**

해설 ぞんざいに는 '거칠게'라는 의미로, 동의어인 4 粗末に(함부로)가 정답이다.

어휘 普段 ふだん 명 평소　ぞんざいだ な형 거칠다, 겉날리다
扱う あつかう 동 다루다　慎重だ しんちょうだ な형 신중하다
適切だ てきせつだ な형 적절하다　丁寧だ ていねいだ な형 주의 깊다
粗末だ そまつだ な형 함부로 하다

17

경영 부진을 해결할 <u>획기적인</u> 기획이 필요하다.

1 지금은 드문　2 지금으로서 가장 좋은
3 지금도 여전히 주류인　**4 지금껏 없이 새로운**

해설 画期的な는 '획기적인'이라는 의미로, 단어의 뜻을 올바르게 풀어 쓴 표현인 4 今までにない新しい(지금껏 없이 새로운)가 정답이다.

어휘 経営 けいえい 명 경영　不振 ふしん 명 부진
解決 かいけつ 명 해결　画期的だ かっきてきだ な형 획기적이다
企画 きかく 명 기획　最も もっとも 부 가장　なお 부 여전히
主流 しゅりゅう 명 주류

18

야마모토 씨는 새로운 연구에 열심히 몰두하고 있다.

1 나아가고 있다 **2 열중하고 있다**
3 착수하고 있다 4 종사하고 있다

해설 熱心に取り組んでいる는 '열심히 몰두하고 있다'라는 의미이다. 이와 교체하여도 문장의 의미가 바뀌지 않는 2 打ち込んでいる(열중하고 있다)가 정답이다.

어휘 熱心だ ねっしんだ ナ형 열심이다 取り組む とりくむ 동 몰두하다
乗り出す のりだす 동 나아가다 打ち込む うちこむ 동 열중하다
取りかかる とりかかる 동 착수하다 携わる たずさわる 동 종사하다

19

신입은 사장의 질문에 당황하지 않고 대답했다.

1 회피하지 않고 **2 허둥대지 않고**
3 틀리지 않고 4 막히지 않고

해설 うろたえずに는 '당황하지 않고'라는 의미이다. 이와 교체하여도 문장의 의미가 바뀌지 않는 2 慌てずに(허둥대지 않고)가 정답이다.

어휘 新人 しんじん 명 신입 うろたえる 동 당황하다
逃げる にげる 동 회피하다 慌てる あわてる 동 허둥대다, 당황하다
間違える まちがえる 동 틀리다 詰まる つまる 동 막히다

20

일변, 아주 변함

1 그 물질은 액체에 닿자, 화학 반응에 의해 점차 색이 일변했다.
2 수요와 공급의 균형에 의한 영향으로 물건의 가격은 언제나 계속 일변하고 있다.
3 개장 방송이 흐른 뒤 무대는 서서히 일변해, 회장은 어둠에 휩싸였다.
4 어떤 회사가 새로운 약의 개발에 성공했기 때문에, 심각했던 상황은 일변했다.

해설 一変(일변)은 어떤 것이 크게 변화하는 경우에 사용한다. 제시어가 명사이므로 먼저 각 선택지에서 밑줄 앞의 표현과 함께 읽어본다. 4의 深刻だった状況は一変した(심각했던 상황은 일변했다)에서 올바르게 사용되었으므로 4가 정답이다. 참고로, 1은 変化(へんか, 변화), 2는 変動(へんどう, 변동), 3은 暗転(あんてん, 암전)을 사용하는 것이 올바른 문장이다.

어휘 一変 いっぺん 명 일변, 아주 변함 物質 ぶっしつ 명 물질
液体 えきたい 명 액체 触れる ふれる 동 닿다 化学 かがく 명 화학
反応 はんのう 명 반응 次第に しだいに 부 점차 色 いろ 명 색
需要 じゅよう 명 수요 供給 きょうきゅう 명 공급
バランス 명 균형, 밸런스 影響 えいきょう 명 영향
価格 かかく 명 가격 常に つねに 부 언제나, 항상
開場 かいじょう 명 개장 アナウンス 명 방송, 아나운스
流れる ながれる 동 흐르다 舞台 ぶたい 명 무대
徐々に じょじょに 부 서서히 暗闇 くらやみ 명 어둠
開発 かいはつ 명 개발 成功 せいこう 명 성공
深刻だ しんこくだ ナ형 심각하다 状況 じょうきょう 명 상황

21

궤도

1 논리적인 설명을 하기 위해, 궤도를 세워서 말하는 것을 명심하고 있다.
2 공을 잡으려고, 돌연 궤도로 뛰쳐나간 아이를 그 부모가 야단쳤다.
3 사업이 간신히 궤도에 오르기 시작했는데, 세계 경제가 불경기에 빠졌다.
4 집단생활에서는 그 집단의 궤도에 따라, 행동하는 것이 요구된다.

해설 軌道(궤도)는 일의 방향이나 단계를 나타내는 경우에 사용한다. 제시어가 명사이므로 먼저 각 선택지에서 밑줄 앞의 표현과 함께 읽어본다. 3의 事業がようやく軌道に(사업이 간신히 궤도에)에서 올바르게 사용되었으므로 3이 정답이다. 참고로, 1은 筋道(すじみち, 순서), 2는 車道(しゃどう, 차도), 4는 軌範(きはん, 규범)을 사용하는 것이 올바른 문장이다.

어휘 軌道 きどう 명 궤도 論理的だ ろんりてきだ ナ형 논리적이다
心掛ける こころがける 동 명심하다, 항상 주의하다 ボール 명 공, 볼
突然 とつぜん 부 돌연 飛び出す とびだす 동 뛰쳐나가다
事業 じぎょう 명 사업 ようやく 부 간신히, 겨우
乗り始める のりはじめる 오르기 시작하다
不景気 ふけいき 명 불경기 陥る おちいる 동 빠지다, 빠져들다
集団生活 しゅうだんせいかつ 명 집단생활 従う したがう 동 따르다
求める もとめる 동 요구하다

22

한 곳에 집중시키다

1 남동생은 어둠 속을 움직이는 물체의 정체를 간파하려고, 필사적으로 눈을 한 곳에 집중시키고 있다.
2 남편은 승진이 결정되어서인지, 평소 이상으로 일을 한 곳에 집중시키고 있다.
3 저 의원은 입법 공청회를 실시해, 관계자의 의견을 한 곳에 집중시켰다고 한다.
4 그 젊은 축구 선수의 성장세에, 사람들은 기대를 한 곳에 집중시키고 있다.

해설 凝らす(한 곳에 집중시키다)는 자신의 마음, 시선 등을 한 곳에 집중시키는 경우에 사용한다. 제시어가 동사이므로 먼저 각 선택지에서 밑줄 앞의 표현과 함께 읽어본다. 1 必死に目を凝らして(필사적으로 눈을 한 곳에 집중시키고)에서 올바르게 사용되었으므로 1이 정답이다. 참고로, 2는 打ち込む(うちこむ, 열중하다), 3은 まとめる(하나로 모으다), 4는 寄せる(よせる, 모으다)를 사용하는 것이 올바른 문장이다.

어휘 凝らす こらす 동 한 곳에 집중시키다 暗闇 くらやみ 명 어둠
物体 ぶったい 명 물체 正体 しょうたい 명 정체
見破る みやぶる 동 간파하다 必死だ ひっしだ ナ형 필사적이다
昇進 しょうしん 명 승진 議員 ぎいん 명 의원

立法 りっぽう 명 입법　公聴会 こうちょうかい 명 공청회
実施 じっし 명 실시　関係者 かんけいしゃ 명 관계자
若手 わかて 명 젊은 사람
サッカー選手 サッカーせんしゅ 명 축구 선수
成長ぶり せいちょうぶり 성장세　人々 ひとびと 명 사람들
期待 きたい 명 기대

23

매우 많다

1 영양이 매우 많은 식재료를 써서 만들 수 있는 손쉬운 식단을 한창 생각하고 있는 중입니다.
2 잔업이 계속된 것에 따른 피로는 매우 많아서, 그는 결국 과로로 쓰러졌다.
3 독서가인 친구의 방은 매우 많은 수의 책으로 채워져 있었다.
4 그 배우가 지원단체에 기부한 금액은 매우 많아서, 세간에서 화제가 되었다.

해설 **おびただしい**(매우 많다)는 물건의 수량이 매우 많은 경우에 사용한다. 제시어가 형용사이므로 먼저 밑줄 앞 또는 뒤의 표현과 함께 읽어본다. 3의 **おびただしい数の本**(매우 많은 수의 책)에서 올바르게 사용되었으므로 3이 정답이다. 참고로, 1은 **豊富だ**(ほうふだ, 풍부하다), 2는 **甚だしい**(はなはだしい, 심하다), 4는 **莫大だ**(ばくだいだ, 막대하다)를 사용하는 것이 올바른 문장이다.

어휘 おびただしい い형 (양이) 매우 많다　栄養 えいよう 명 영양
食材 しょくざい 명 식재료　手軽だ てがるだ な형 손쉽다
献立 こんだて 명 식단, 메뉴　残業 ざんぎょう 명 잔업
疲労 ひろう 명 피로　ついに 부 결국, 드디어　過労 かろう 명 과로
読書家 どくしょか 명 독서가　友人 ゆうじん 명 친구　数 かず 명 수
埋め尽くす うめつくす 동 채우다, 메우다　俳優 はいゆう 명 배우
支援団体 しえんだんたい 명 지원단체　寄付 きふ 명 기부
金額 きんがく 명 금액　世間 せけん 명 세간　話題 わだい 명 화제

24

차단하다

1 정부는 국민에게 절전을 호소하는 것으로, 이번 여름의 전력부족을 차단했다.
2 스즈키 씨는 돌연 주위와의 연락을 차단하고, 자취를 감춘 채 돌아오지 않는다.
3 경영이 악화되었기 때문에, 그 회사는 이익이 적은 상품의 생산을 차단했다.
4 상사가 이야기하기 시작했기 때문에, 한 번 작업을 차단하고 이야기에 귀를 기울였다.

해설 **断つ**(차단하다)는 관계나 접촉을 막거나 끊는 경우에 사용한다. 제시어가 동사이므로 먼저 각 선택지에서 밑줄 앞의 표현과 함께 읽어본다. 2의 **周囲との連絡を断って**(주위와의 연락을 차단하고)에서 올바르게 사용되었으므로 2가 정답이다. 참고로, 1은 **解消する**(かいしょうする, 해소하다), 3은 **打ち切る**(うちきる, 중지하다), 4는 **中断する**(ちゅうだんする, 중단하다)를 사용하는 것이 올바른 문장이다.

어휘 断つ たつ 동 차단하다, 끊다　政府 せいふ 명 정부
国民 こくみん 명 국민　節電 せつでん 명 절전
呼びかける よびかける 동 호소하다, 부르다
電力不足 でんりょくぶそく 명 전력부족　突然 とつぜん 부 돌연
周囲 しゅうい 명 주위　姿 すがた 명 자취, 모습
経営 けいえい 명 경영　悪化 あっか 명 악화　利益 りえき 명 이익
商品 しょうひん 명 상품　上司 じょうし 명 상사
話し始める はなしはじめる 이야기하기 시작하다
作業 さぎょう 명 작업　傾ける かたむける 동 기울이다

25

타개

1 사람들의 필사적인 노력에 의해, 위기적인 상황은 타개되었다.
2 큰일을 혼자서 마지막까지 타개한 달성감으로 가득 차다.
3 고통을 타개하고 있던 탓으로 증상이 악화하여, 입원하게 되었다.
4 경찰이 사건을 타개하고 나서, 거리에 평화가 돌아오는 중이다.

해설 **打開**(타개)는 막혔던 일을 잘 해결하는 경우에 사용한다. 제시어가 명사이므로 먼저 각 선택지에서 밑줄 앞의 표현과 함께 읽어본다. 1 **危機的な状況は打開された**(위기적인 상황은 타개되었다)에서 올바르게 사용되었으므로 1이 정답이다. 참고로, 2는 **遂行**(すいこう, 수행), 3은 **辛抱**(しんぼう, 참고 견딤), 4는 **解決**(かいけつ, 해결)를 사용하는 것이 올바른 문장이다.

어휘 打開 だかい 명 타개　懸命だ けんめいだ な형 필사적이다
努力 どりょく 명 노력　危機的だ ききてきだ な형 위기적이다
状況 じょうきょう 명 상황　大仕事 おおしごと 명 큰일
達成感 たっせいかん 명 달성감　痛み いたみ 명 고통
症状 しょうじょう 명 증상　悪化 あっか 명 악화
事件 じけん 명 사건　平和 へいわ 명 평화

언어지식 (문법)

p.14

26

이 드라마는 저자의 경험 (　　) 쓰여진 진짜 이야기입니다.

1 을 토대로　2 을 담아서
3 을 대신해　4 에 의해

해설 적절한 문형을 고르는 문제이다. 모든 선택지가 괄호 앞의 명사 **経験**(경험)에 접속할 수 있다. 괄호 뒤 **書かれた真実の物語**(쓰여진 진짜 이야기)로 이어지는 문맥을 보면 '저자의 경험을 토대로 쓰여진 진짜 이야기'가 가장 자연스럽다. 따라서 1 **をもとに**(을 토대로)가 정답이다. 2 **をこめて**는 '~을 담아서', 3 **にかわり**는 '~을 대신해', 4 **によって**는 '~에 의해'라는 의미의 문형임을 알아둔다.

어휘 ドラマ 명 드라마　著者 ちょしゃ 명 저자
真実 しんじつ 명 진짜, 진실　物語 ものがたり 명 이야기
~をもとに ~을 토대로　~をこめて ~을 담아서
~にかわり ~을 대신해　~によって ~에 의해

27

기말시험도 (　　) 니까, 오늘은 친구 집에 놀러 가려고 한다.

1 끝나　　2 끝나려
3 끝나서　　**4 끝났으**

해설 동사의 올바른 활용형을 고르는 문제이다. 괄호 뒤의 문형 **ことだし**(~니까)와 접속할 수 있는 동사의 활용형은 보통형이므로 4 **終わった**(끝났으)가 정답이다. '기말시험도 끝났으니까, 오늘은 친구 집에 놀러 가려고 한다'라는 문맥에도 맞다.

어휘 **期末試験 きまつしけん** 명 기말시험　**~ことだし** ~니까, ~이니

28

야마시타 : 요전에 이야기했던 건 말인데, 해결했어?
다카하시 : 네. 제가 담당을 계속하거나, (　　) 누군가에게 인계를 부탁하게 될 것 같습니다.

1 어느새　　2 즉
3 또는　　4 굳이

해설 적절한 접속사를 고르는 문제이다. 괄호 앞의 **担当を続けるか**(담당을 계속하거나)와 괄호 뒤의 **誰かに引継ぎを**(누군가에게 인계를)와 문맥상 어울리는 말은 '담당을 계속하거나, 또는 누군가에게 인계를'이다. 따라서 3 **あるいは**(또는)가 정답이다. **あるいは**는 접속사일 때 '또는', 부사일 때 '어쩌면'이라는 의미를 가진다.

어휘 **件 けん** 명 건, 사항　**解決 かいけつ** 명 해결　**担当 たんとう** 명 담당
引継ぎ ひきつぎ 명 인계　**もはや** 부 어느새　**すなわち** 접 즉
あるいは 접 또는　**あえて** 부 굳이

29

강연회 당일은 혼잡할 것이 예상되므로, 되도록 빨리 회장까지 (　　) 주세요.

1 봐　　**2 와**
3 여쭤　　4 가

해설 적절한 경어 표현을 고르는 문제이다. 회장까지 되도록 빨리 와 달라고 정중하게 부탁하는 상황이므로 **なるべくお早めに会場までお越しください**(되도록 빨리 회장까지 와 주세요)가 가장 자연스럽다. 따라서 2 **お越し**(와)가 정답이다. 1은 **お見えになる**(오시다), 3은 **お伺いする**(여쭈다)와 같이 쓰인다.

어휘 **講演会 こうえんかい** 명 강연회　**当日 とうじつ** 명 당일
混雑 こんざつ 명 혼잡　**予想 よそう** 명 예상　**ので** 조 이므로
早めに はやめに 빨리
お越しになる おこしになる 동 오시다 (**来る**의 존경어)
伺う うかがう 동 여쭙다 (**聞く**의 겸양어)
参る まいる 동 오다 (**来る**의 겸양어)

30

시간이 있는 (　　), 미리 회의 준비를 진행해 두는 편이 좋다고 생각한다.

1 동안에　　2 데다가
3 덕분에　　4 이상

해설 적절한 문형을 고르는 문제이다. 모든 선택지가 괄호 앞의 동사 사전형 **ある**(있는)에 접속할 수 있다. 괄호 뒤 **前もって会議の準備を進めておくほうがいい**(미리 회의 준비를 진행해 두는 편이 좋다)로 이어지는 문맥을 보면 '시간이 있는 동안에, 미리 회의 준비를 진행해 두는 편이 좋다'가 가장 자연스럽다. 따라서 1 **うちに**(동안에)가 정답이다. 2 **うえには** '~데다가', 3 **おかげでは** '~덕분에', 4 **以上は** '~이상'이라는 의미의 문형임을 알아둔다.

어휘 **前もって まえもって** 미리, 사전에　**進める すすめる** 동 진행하다
~ほうがいい ~하는 편이 좋다　**~うちに** ~하는 동안에
~うえに ~하는 데다가　**~おかげで** ~덕분에
~以上 ~いじょう ~하는 이상

31

차에 치었다고는 하나, 큰 부상은 없는 듯하여, 퇴원하기 (　　) 시간이 걸릴 것이라고는 생각하지 않는다.

1 에 그정도로 까지　　2 에 그 정도까지
3 까지 그 정도로　　4 까지 그 정도로는

해설 적절한 문형을 고르는 문제이다. 모든 선택지에 조사 **に**, **まで**, **ほど**, 지시사 **それ**가 포함되어 있으므로 이에 유의하여 선택지를 해석한다. 괄호 앞뒤 문맥을 보면, '퇴원하기까지 그 정도로 시간이 걸릴 것이라고는 생각하지 않는다'가 가장 자연스럽다. 따라서 3 **までにそれほど**(까지 그 정도로)가 정답이다.

어휘 **ひかれる** 동 치이다　**~ものの** ~하기는 하나

32

A : 이 다음 수업의 숙제, 하는 것 잊고 있었어. 어떡하지?
B : 뭐? 요전에도 해오지 않아서 선생님께 (　　) 또야?

1 꾸짖지 않는데　　2 꾸중 듣기 때문에
3 꾸중 들었는데　　4 꾸짖고 있기 때문에

해설 적절한 문형을 고르는 문제이다. 특히 선택지 2와 3의 수동 표현 **怒られる**, 조사 **のに**(인데), **ので**(때문에)에 유의하여 선택지를 해석한다. 괄호 앞뒤 문맥을 보면, '요전에도 해오지 않아서 선생님께 꾸중 들었는데 또야'가 가장 자연스럽다. 따라서 수동 표현 **怒られた**(꾸중 들었다)와 조사 **のに**(인데)가 사용된 3 **怒られたのに**(꾸중 들었는데)가 정답이다.

어휘 **のに** 조 인데　**ので** 조 때문에

33

부장 : 부탁했던 자료, 이제 다 됐어?
사원 : 오늘 중으로 데이터를 (　　) 니다만, 조금 더 시간을 받을 수 있다면 감사합니다.

1 보내지 못할 것도 없습　　2 보내지 못할 리도 없습
3 보내지 않는 것은 아닙　　4 보내지 않는 것은 아닙

해설 적절한 문형을 고르는 문제이다. 특히 1과 2의 동사 가능형에 유의하여 선택지를 해석한다. 괄호 앞뒤 문맥을 보면, '데이터를 보내지 못할 것도 없습니다만, 조금 더 시간을 받을 수 있다면 감사합니다'가 가장 자연스럽다. 따라서 동사의 가능형이 사용된 1 **送れないこともない**(보내지 못할 것도 없습)가 정답이다. 2의 **はずもない**는 '~일 리도 없다', 3의 **わけではない**는 '~인 것은 아니다'라는 의미의 문형임을 알아둔다.

어휘 **願う ねがう** 동 부탁하다　**資料 しりょう** 명 자료
今日中 きょうじゅう 오늘 중　**データ** 명 데이터
ありがたい い형 감사하다, 고맙다　**~ないこともない** ~못할 것도 없다
~はずもない ~일 리도 없다　**~わけではない** ~인 것은 아니다

34

테니스 대회에서 우승하는 것을 목표로 이 1년간 열심히 해왔는데, 출전조차 할 수 없었던 것이 (　　).

1 분하다고는 할 수 없습니다　2 분해서는 안 됩니다
3 분함에 틀림 없습니다　**4 분해서 견딜 수 없습니다**

해설 적절한 문형을 고르는 문제이다. 괄호 앞 문맥을 보면, '출전조차 할 수 없었던 것이 분해서 견딜 수 없습니다'가 가장 자연스럽다. 따라서 4 **悔しくてなりません**(분해서 견딜 수 없습니다)이 정답이다. 1의 **とは限らない**는 '~하다고는 할 수 없다', 2의 **てはならない**는 '~해서는 안 된다', 3의 **に違いない**는 '~임에 틀림없다'라는 의미의 문형임을 알아둔다.

어휘 **大会 たいかい** 명 대회　**優勝 ゆうしょう** 명 우승
目標 もくひょう 명 목표　**一年間 いちねんかん** 명 1년간
のに 조 인데　**出場 しゅつじょう** 명 출전, 출장　**すら** 조 조차
悔しい くやしい い형 분하다
~とは限らない ~とはかぎらない ~하다고는 할 수 없다
~てはならない ~해서는 안 된다
~に違いない ~にちがいない ~임에 틀림없다
~てならない ~해서 견딜 수 없다

35

아이가 스스로 피아노를 배우고 싶다고 말해와서, 모처럼이니까 (　　) 고 생각하고 있습니다.

1 배워 주자　**2 배우게 해 주자**
3 배우게 해 받자　4 배워 받자

해설 적절한 문형을 고르는 문제이다. 특히 1과 2의 수수 표현 **てあげる**와 3과 4의 수수 표현 **ていただく**, 그리고 2와 4의 사역 표현 **習わせて**에 유의하여 선택지를 해석한다. 괄호 앞뒤 문맥을 보면, '아이가 스스로 피아노를 배우고 싶다고 말해와서, 모처럼이니까 배우게 해 주자'가 가장 자연스럽다. 따라서 사역 표현 **習わせて**(배우게)와 수수 표현 **てあげる**(~해 주다)가 사용된 2 **習わせてあげよう**(배우게 해 주자)가 정답이다. 3과 4의 **ていただく**는 '~해 받다'라는 의미의 수수 표현이다.

어휘 **自分から じぶんから** 스스로　**せっかく** 부 모처럼

36

이 배우는 인기인 만큼 ★의 가치가 있어서, 용모는 물론입니다만 인품이 매우 좋습니다.

1 것　2 만큼
3 인기인　**4 의**

해설 2 **だけ** 4 **の** 1 **こと**는 빈칸 뒤의 **はあり**와 함께 쓰여 문형 **だけのことはあり**(~인 만큼의 가치가 있어서)가 되므로 먼저 연결할 수 있다. 이것을 나머지 선택지와 함께 문맥에 맞게 배열하면 3 **人気な** 2 **だけ** 4 **の** 1 **こと**(인기인 만큼의 가치)가 되면서 전체 문맥과도 어울린다. 따라서 4 **の**(의)가 정답이다.

어휘 **俳優 はいゆう** 명 배우　**容姿 ようし** 명 용모　**人柄 ひとがら** 명 인품
~だけのことはある ~인 만큼의 가치가 있다
人気だ にんきだ な형 인기다

37

좋아하는 것을 넣어서 ★구운 것으로부터 '오코노미야키'라고 불리게 되었다고 한다.

1 구웠다　2 것으로부터
3 좋아하는 것을　4 넣어서

해설 선택지들끼리 연결 가능한 문형이 없으므로 의미적으로 배열하면 3 **好きなものを** 4 **入れて** 1 **焼いた** 2 **ことから**(좋아하는 것을 넣어서 구운 것으로부터)가 되면서 전체 문맥과도 어울린다. 따라서 1 **焼いた**(구웠다)가 정답이다.

어휘 **お好み焼き おこのみやき** 명 오코노미야키
呼ばれる よばれる 동 불리다　**から** 조 로부터

38

최근의 젊은이로 말할 것 같으면 일이 끝난 후 ★곧바로 돌아가려고 하고 전혀 회식에 참가하려고 하지 않는다.

1 로 말할 것 같으면　**2 곧바로**
3 일이 끝난 후　4 돌아가려고 하고

해설 1 **ときたら**는 명사에 접속하지만 선택지에는 접속 가능한 명사가 없으므로 **若い人** 1 **ときたら**로 빈칸 앞의 표현과 먼저 연결할 수 있다. 이것을 나머지 선택지와 함께 문맥에 맞게 배열하면 **若い人** 1 **ときたら** 3 **仕事が終わったあと** 2 **すぐに** 4 **帰ろうとして**(젊은이로 말할 것 같으면 일이 끝난 후 곧바로 돌아가려고 하고)가 되면서 전체 문맥과도 어울린다. 따라서 2 **すぐに**(곧바로)가 정답이다.

어휘 **若い人 わかいひと** 젊은이, 젊은 사람　**飲み会 のみかい** 명 회식
参加 さんか 명 참가　**~ときたら** ~로 말할 것 같으면

39

가수인 야마다 씨는, 이번 달의 홋카이도에서의 공연 ★을 시작으로 일본 국내의 전 10개 도시에서 처음으로 투어를 개최한다고 합니다.

1 을 시작으로	2 이번 달의
3 일본 국내	4 홋카이도에서의 공연

해설 1 **を皮切りに**는 명사 뒤에 접속하므로 먼저 3 **日本国内** 1 **を皮切りに**(일본 국내를 시작으로) 또는 4 **北海道での公演** 1 **を皮切りに**(홋카이도에서의 공연을 시작으로)로 연결할 수 있다. 둘 중 빈칸 뒤의 '전 10개 도시에서 처음으로 투어를 개최한다'와 문맥상 어울리는 말은 4 **北海道での公演** 1 **を皮切りに**(홋카이도에서의 공연을 시작으로)이다. 이것을 나머지 선택지와 함께 문맥에 맞게 배열하면 2 **今月の** 4 **北海道での公演** 1 **を皮切りに** 3 **日本国内**(이번 달의 홋카이도에서의 공연을 시작으로 일본 국내)가 되면서 전체 문맥과도 어울린다. 따라서 1 **を皮切りに**(을 시작으로)가 정답이다.

어휘 **歌手 かしゅ** 명 가수　**都市 とし** 명 도시　**ツアー** 명 투어
開催 かいさい 명 개최　**～を皮切りに ～をかわきりに** ~을 시작으로
日本 にほん 명 일본　**国内 こくない** 명 국내
北海道 ほっかいどう 명 홋카이도　**公演 こうえん** 명 공연

40

그는 학생으로서 공부에 힘쓰는 한편 ★부모의 회사 를 돕고 있다.

1 를 돕고	2 하는 한편
3 공부에 힘쓰다	**4 부모의 회사**

해설 2 **かたわら**는 동사 사전형에 접속하므로 먼저 3 **勉強に励む** 2 **かたわら**(공부에 힘쓰는 한편)로 연결할 수 있다. 선택지 중 빈칸 뒤의 **いる**(있다) 바로 앞에 올 수 있는 것은 1 **を手伝って**(를 돕고)이므로 가장 뒤에 배치한다. 나머지 선택지를 문맥에 맞게 배열하면 3 **勉強に励む** 2 **かたわら** 4 **親の会社** 1 **を手伝って**(공부에 힘쓰는 한편 부모의 회사를 돕고)가 되면서 전체 문맥과도 어울린다. 따라서 4 **親の会社**(부모의 회사)가 정답이다.

어휘 **～として** ~로서　**～かたわら** ~하는 한편　**励む はげむ** 동 힘쓰다

41-45

자원을 지키다

자원은 무한하지 않다. 쓰면 쓸수록 없어지는 것이다. [41], 우리들은 지금의 편리한 생활이 앞으로도 당연한 것처럼 계속될 것이라고 생각해 버리고 있지는 않은가?

편의점 등에서 물건을 샀을 때 받을 수 있는 일회용 나무 젓가락이나, 노트 등의 종이류는 나무로 만들어지고 있다. 또, 차를 탈 때 필요한 가솔린의 원료는 원유이고, 샤워할 때는 물을 사용하고 있을 것이다. 이런 것들은 모두 유한하고 소중한 자원인 것이다.

유한하다는 것은, 결국, 쭉 계속 사용하고 있으면 언젠가 없어져 버린다는 것인데, 이들 자원이 지금도 [42] 는 사실을 나의 일인 것처럼 인식하고 있는 사람은 그리 많지 않을 것이다. 왜냐하면, 자원이 줄어가는 모습을 우리들의 눈으로 볼 기회는 별로 없기 때문이다. 또, 이 문제를 의식하고 있다고 하더라도, 실제로 어떤 것이 그것으로 결부되는 것인지 잘 모르고 있으면, 실질적인 행동으로는 [43].

나도 걸어서 갈 수 있는 거리인데도 차를 사용해 버리는 일이 있다. 그것은, 마음 어딘가에서 '나 하나쯤 열심히 하지 않아도 그렇게 변하지 않아'라고 생각해 버리고 있기 때문임에 틀림없다. 그러나, 앞으로, 모두가 이때의 나와 같이 행동하면 어떨까. '먼지도 쌓이면 산이 된다'이라는 말이 있듯이, 작은 노력도 쌓이면 큰 결과가 되어 돌아올 것이고, 그 반대도 있을 수 있을 것이다.

'알고 있겠지만, 나 혼자의 힘으로는 아무것도 바꿀 수 없어'라고 [44] 지도 모른다. 확실히 나도 그렇게 생각하지 않을 수 없다는 것은 사실이다. 그렇다고 해서, 이대로 포기할 수도 없을 것이다. 그러니까, 우선은 이것이 [45-a] 의 문제가 아니라 [45-b] 의 문제라는 것을 인식하는 것부터 시작해가고 싶다.

어휘 **資源 しげん** 명 자원　**無限だ むげんだ** な형 무한하다
～ば ～だけ ~하면 ~할수록　**暮らし くらし** 명 생활
当たり前だ あたりまえだ な형 당연하다, 마땅하다
コンビニ 명 편의점　**割りばし わりばし** 명 일회용 나무 젓가락
紙類 かみるい 명 종이류　**原料 げんりょう** 명 원료
原油 げんゆ 명 원유　**すべて** 부 모두, 전부
有限だ ゆうげんだ な형 유한하다　**つまり** 부 결국, 요컨대
使い続ける つかいつづける 계속 사용하다　**いつか** 부 언젠가
事実 じじつ 명 사실　**捉える とらえる** 동 인식하다, 파악하다
というのも 왜냐하면　**減る へる** 동 줄다　**様子 ようす** 명 모습, 상태
また 접 또　**意識 いしき** 명 의식　**実際 じっさい** 명 실제
結び付く むすびつく 동 결부되다　**いまいち** 부 못하다, 모자라다
実質的だ じっしつてきだ な형 실질적이다　**行動 こうどう** 명 행동
距離 きょり 명 거리　**どこか** 부 어딘가　**くらい** 조 쯤
～に違いない ～にちがいない ~임에 틀림없다　**だが** 접 그러나
これから先 これからさき 앞으로　**振舞う ふるまう** 동 행동하다
ちりも積もれば山となる ちりもつもればやまとなる 먼지도 쌓이면 산이 된다, 티끌 모아 태산　**努力 どりょく** 명 노력
積み重なる つみかさなる 동 쌓이다　**結果 けっか** 명 결과
返る かえる 동 되돌아가다, 되돌아오다　**ありえる** 있을 수 있다

41

1 그래서	2 그렇다고는 하지만
3 더욱이	**4 그런데도**

해설 적절한 접속사를 고르는 문제이다. 빈칸 앞에서 자원은 무한하지 않아 쓰면 쓸수록 없어진다고 하고, 빈칸 뒤에서 **私たちは今の便利な暮らしがこれからも当たり前のように続くと思ってしまってはいないだろうか**(우리들은 지금의 편리한 생활이 앞으로도 당연한 것처럼 계속될 것이라고 생각해 버리고 있지는 않은가)라며 상반된 내용을 언급하였다. 따라서 4 **それなのに**(그런데도)가 정답이다.

어휘 **それで** 접 그래서　**もっとも** 접 그렇다고는 하지만　**なお** 접 더욱이
それなのに 접 그런데도

42

1 줄고 있다	2 줄 수밖에 없다
3 줄 리 없다	4 줄 우려가 있다

해설 적절한 문형을 고르는 문제이다. 빈칸 앞에서 자원은 유한하기 때문에 계속 사용하면 언젠가는 없어진다고 언급하였으므로 **これらの資**

源が今も減りつつあるという事実(이들 자원이 지금도 줄고 있다는 사실)가 가장 자연스럽다. 따라서 1 **減りつつある**(줄고 있다)가 정답이다.

어휘 **~つつある** ~하고 있다 **~よりほかかない** ~하는 수밖에 없다
~っこない ~할 리 없다 **~おそれがある** ~우려가 있다

43

1 너무 옮기고 싶다	**2 옮기기 어렵다는 것이다**
3 옮겨야 마땅하다	4 옮기지 않을 수 없다

해설 적절한 문형을 고르는 문제이다. 빈칸이 포함된 단락에서 자원이 줄어드는 일을 문제로 인식하는 것이 어렵다고 하고, 빈칸 앞에서 **実際にどういったことがそれに結び付くのかいまいちわかっていなければ**(실제로 어떤 것이 그것으로 결부되는 것인지 잘 모르고 있으면)라고 언급하였으므로 **実質的な行動には移しづらいというものだ**(실질적인 행동으로는 옮기기 어렵다는 것이다)가 가장 자연스럽다. 따라서 2 **移しづらいというものだ**(옮기기 어렵다는 것이다)가 정답이다.

어휘 **~てしかたない** 너무 ~하다 **~づらい** ~하기 어렵다
~というものだ ~라는 것이다 **~しかるべきだ** ~해야 마땅하다
~ずにはいられない ~하지 않을 수 없다

44

1 이야기될	2 이야기 하도록 당할
3 들을	4 말하도록 당할

해설 적절한 문형을 고르는 문제이다. 선택지 1과 3에는 수동 표현, 2와 4에는 사역수동 표현이 사용되었으므로 빈칸 주변에서 행위의 주체나 대상을 파악하는 것에 유의한다. 빈칸 앞뒤 문맥을 볼 때, **自分一人の力じゃ何も変えられないよ**(나 혼자의 힘으로는 아무것도 바꿀 수 없어)라는 말을 듣게 되는 대상은 필자이다. 따라서 수동 표현이면서 문맥에 맞는 의미인 3 **言われる**(들을)가 정답이다.

45

1 a 모두 / b 자신
2 a 자신 / b 모두
3 a 누군가 / b 자신
4 a 자신 / b 누군가

해설 적절한 단어를 고르는 문제이다. 첫 번째 빈칸 앞에서 혼자의 힘으로 바꿀 수 없다고 생각이 들지라도, 이대로 포기할 수는 없다고 언급하였으므로 **まずはこれが誰かの問題ではなくて自分の問題であると認識すること**(우선은 이것이 누군가의 문제가 아니라 자신의 문제라는 것을 인식하는 것)가 가장 자연스럽다. 따라서 3 a **誰か** / b **自分**(a 누군가 / b 자신)이 정답이다.

독해

p.20

46

지금의 학교교육은 학생에게 모두가 하나의 올바른 답을 구하게 하는 것에 홀려 있다고 생각한다. 물론, 한 명의 교사가 많은 학생을 가르치는 지금의 스타일에 한계가 있는 것도 이해하고 있을 생각이다. 하지만, 애당초 유연하면서 동시에 다각적으로 사물을 파악하는 것이 가능한 교사가 대체 얼마나 있을까? 정답 지상주의에 빠진 지금의 일본 사회가 이 연쇄에서 빠져나오려면, 학교교육 담당자들의 의식을 개혁할 대책을 강구하는 것이 불가결하다.

학교교육에 대해 필자의 생각에 맞는 것은 어느 것인가?

1 교사 자신을 바뀌게 하는 것부터 시작하지 않으면 안 된다.
2 교사가 소인원의 학생을 가르칠 수 있도록 하지 않으면 안 된다.
3 교사가 학생의 사고방식을 개선해나가지 않으면 안 된다.
4 교사는 학생이 내는 대답을 바로잡아 가지 않으면 안 된다.

해설 에세이로 **学校教育**(학교교육)에 대한 필자의 생각을 묻고 있다. 지문을 처음부터 꼼꼼히 읽고 정확히 해석하면서 학교교육에 대한 필자의 생각을 파악한다. 중반부에서 **柔軟かつ多角的に物事をとらえることができる教師が一体どれくらいいるのだろうか**라고 하고, 후반부에서 **学校教育の担い手たちの意識を改革する策を講じることが不可欠である**라고 서술하고 있으므로, 1 **教師自身を変わらせることから始めなければいけない**(교사 자신을 바뀌게 하는 것부터 시작하지 않으면 안 된다)가 정답이다.

어휘 **学校教育 がっこうきょういく** 명 학교교육
求める もとめる 동 구하다, 찾다
取りつかれる とりつかれる 동 홀리다, 씌다 **教師 きょうし** 명 교사
スタイル 명 스타일 **限界 げんかい** 명 한계 **理解 りかい** 명 이해
そもそも 부 애당초 **柔軟だ じゅうなんだ** な형 유연하다
かつ 부 동시에 **多角的だ たかくてきだ** な형 다각적이다
物事 ものごと 명 사물 **とらえる** 동 파악하다 **正解 せいかい** 명 정답
至上主義 しじょうしゅぎ 명 지상주의 **陥る おちいる** 동 빠지다
日本 にほん 명 일본 **連鎖 れんさ** 명 연쇄
抜け出す ぬけだす 동 빠져나오다 **担い手 にないて** 명 담당자
意識 いしき 명 의식 **改革 かいかく** 명 개혁 **策 さく** 명 대책
講じる こうじる 동 강구하다 **不可欠だ ふかけつだ** な형 불가결하다
自身 じしん 명 자신 **少人数 しょうにんずう** 명 소인원, 적은 인원수
考え方 かんがえかた 사고방식 **改める あらためる** 동 개선하다
正す ただす 동 바로잡다

47

이하는, 어느 철도회사의 홈페이지에 게재된 공지이다.

등록 : 2020. 12. 19　　13:00:29

운임 및 요금 개정에 대해서

홋카이 전철에서는, 2021년 1월부터 소비세율이 인상되는 것에 따라, **운임 및 요금 개정을 실시하게 되었습니다.** 개정 후의 운임 및 요금은, 2021년 1월 1일(월)부터 적용합니다. 이미 구매하신 회수권은 계속해서 이용하실 수 있습니다만, 개정 후에는 종래의 운임과 개정 후의 운임의 차액분을 추가로 지불하실 필요가 있습니다. 아울러, **정기권 판매 가격은 종래와 같은 금액으로 하겠습니다.**

이용하고 계시는 손님께는 부담을 끼쳐 드립니다만, 이해해 주시기를 부탁드립니다.

운임 및 요금에 대해서 이 공지는 무엇을 알리고 있는가?

1 운임 및 요금이 2021년 1월부터 전부 인상되는 것
2 운임 및 요금이 소비세율 인상에 따라 이미 개정되어 있는 것
3 운임 및 요금이 개정되지만, 일부 요금은 바뀌지 않는 것
4 운임 및 요금이 개정되어 부담을 끼치는 것을 사죄하는 것

해설 공지 형식의 실용문으로, **運賃および料金**(운임 및 요금)에 대한 글의 내용을 묻고 있다. 지문을 처음부터 꼼꼼히 읽고 정확히 해석하면서 글의 맥락을 파악한다. 초반부에서 **運賃および料金の改正を実施することとなりました**라고 하고, 후반부에서 **定期券の販売価格は従来通りの金額といたします**라고 언급하고 있으므로, 3 **運賃および料金が改定されるが、一部の料金は変わらないこと**(운임 및 요금이 개정되지만, 일부 요금은 바뀌지 않는 것)가 정답이다.

어휘 **鉄道会社** てつどうがいしゃ 몡 철도회사　**ホームページ** 몡 홈페이지
掲載 けいさい 몡 게재　**お知らせ** おしらせ 몡 공지
登録 とうろく 몡 등록　**運賃** うんちん 몡 운임　**および** 졥 및
料金 りょうきん 몡 요금　**改定** かいてい 몡 개정
～について ~에 대해서　**電鉄** でんてつ 몡 전철
消費税率 しょうひぜいりつ 몡 소비세율
引き上げる ひきあげる 동 인상하다
～に伴い ～にともない ~에 따라　**実施** じっし 몡 실시
適用 てきよう 몡 적용　**すでに** 뷔 이미
買い求め かいもとめ 몡 구매　**回数券** かいすうけん 몡 회수권
引き続き ひきつづき 뷔 계속해서　**従来** じゅうらい 몡 종래
差額分 さがくぶん 차액분　**追加** ついか 몡 추가
お支払い おしはらい 몡 지불　**なお** 졥 아울러, 또한
定期券 ていきけん 몡 정기권　**販売** はんばい 몡 판매
価格 かかく 몡 가격　**金額** きんがく 몡 금액　**負担** ふたん 몡 부담
理解 りかい 몡 이해　**一部** いちぶ 몡 일부　**謝罪** しゃざい 몡 사죄

48

사람은 자신과 닮은 성질을 가진 사람에게 끌리는 경향이 있습니다만, 역으로, **환경이나 문화에 사람이 영향을 받는 경우도 있습니다.** 조직 내의 분위기와 문화는 무의식하에 항상 우리들에게 간섭하고, 성장을 촉구하는 경우도 있다면, 악순환에 빠뜨리는 경우도 있습니다.

행복하게 일하기 위해서는, 자신에게 행복을 가져와 주는 환경의 구축을 실현하는 것이 지름길입니다. 환경을 바꾸려면 우선 자신이 바뀌지 않으면 안 됩니다. 사람은 좋든 나쁘든, 주위의 인간과 그 사람들이 만들어 낸 문화에 적응해 버리는 생물인 것을 잊어서는 안 됩니다.

필자는 '행복'에 대해 어떻게 생각하고 있는가?

1 자신과 닮은 사람들이 있는 조직에 소속되는 것이 행복해지기 위한 지름길이다.
2 조직 문화와 분위기에 휩쓸리지 않는 힘을 익히는 것이 행복으로 이어진다.
3 행복해지기 위해서는, 우선 자신이 주체가 되어 주위에 좋은 영향을 줄 필요가 있다.
4 어떤 환경이라도 그곳에 적응하는 노력을 계속하면, 어느새인가 행복이 찾아온다.

해설 에세이로 **幸せ**(행복)에 대한 필자의 생각을 묻고 있다. 지문을 처음부터 꼼꼼히 읽고 정확히 해석하면서 행복에 대한 필자의 생각을 파악한다. 초반부에서 **環境や文化に人が影響されることもあります**라고 하고, 중반부에서 **幸せに働くためには、自分に幸せをもたらしてくれる環境の構築を実現することが近道です。環境を変えるにはまず自身が変わらなければなりません**이라고 서술하고 있으므로, 3 **幸せになるためには、まず自分が主体となり周りに良い影響を与える必要がある**(행복해지기 위해서는, 자신이 주체가 되어 주위에 좋은 영향을 줄 필요가 있다)가 정답이다.

어휘 **性質** せいしつ 몡 성질　**惹かれる** ひかれる 동 끌리다
傾向 けいこう 몡 경향　**逆** ぎゃく 몡 역　**環境** かんきょう 몡 환경
影響 えいきょう 몡 영향　**組織** そしき 몡 조직
雰囲気 ふんいき 몡 분위기　**無意識** むいしき 몡 무의식
常に つねに 뷔 항상　**干渉** かんしょう 몡 간섭
成長 せいちょう 몡 성장　**促す** うながす 동 촉구하다
負のサイクル ふのサイクル 악순환
陥れる おとしいれる 동 빠뜨리다　**幸せ** しあわせ 몡 행복
もたらす 동 가져오다　**構築** こうちく 몡 구축
実現 じつげん 몡 실현　**近道** ちかみち 몡 지름길
良くも悪くも 좋든 나쁘든　**人間** にんげん 몡 인간
作り出す つくりだす 동 만들어 내다　**適応** てきおう 몡 적응
生き物 いきもの 몡 생물　**所属** しょぞく 몡 소속
流される ながされる 휩쓸리다
身につける みにつける 익히다, 몸에 배다
つながる 동 이어지다, 연결되다　**主体** しゅたい 몡 주체
努力 どりょく 몡 노력　**いつのまにか** 어느새인가
訪れる おとずれる 동 찾아오다

49

일본인은 손님에 대해, 아무래도 과잉으로 서비스를 하는 경향이 있다. 기업으로서 고객의 니즈에 응한다는 것은 당연한 일일지도 모르지만, 정도를 지나치고 있는 것처럼 생각된다. 이렇게까지 환경문제가 제창되고 있는 가운데, 그 흐름에 정면으로 역행해가는 것처럼, 상품의 과잉 포장이나 일회용 나무 젓가락의 제공 등이 당연한 서비스로 여겨지고 있는 것이다. 이것은, 일본인의 '손님은 신' 정신에 의해 만들어진 폐해임과 동시에, 일본인의 기질이 초래한 비극이라고 말할 수 있을 것이다.

이 글에서, 필자가 말하고 있는 것은 무엇인가?

1 일본인은 환경문제를 경시하는 경향이 있다.
2 일본인의 성격과 환경문제에는 관련성이 있다.
3 일본인의 대접 정신은 도를 지나치고 있다.
4 일본인에게 있어서 서비스는 당연한 권리로 여겨지고 있다.

해설 에세이로 필자의 생각을 묻고 있다. 지문을 처음부터 꼼꼼히 읽고 정확히 해석하면서 필자의 생각을 파악한다. 초반부에서 **日本人は客に対して、どうも過剰にサービスをするきらいがある**라고 하고, 후반부에서 **日本人の「お客様は神様」精神によって生み出された弊害であるとともに、日本人の気質が招いた悲劇であるといえるだろう**라고 서술하고 있으므로, 3 **日本人のおもてなし精神は度を越している**(일본인의 대접 정신은 도를 지나치고 있다)가 정답이다.

어휘 日本人 にほんじん 명 일본인　～に対して ～にたいして ~에 대해
過剰だ かじょうだ な형 과잉이다　サービス 명 서비스
～きらいがある ~경향이 있다　企業 きぎょう 명 기업
顧客 こきゃく 명 고객　ニーズ 명 니즈, 수요
応える こたえる 동 응하다　当然 とうぜん 명 당연
行き過ぎる いきすぎる 동 정도를 지나치다
環境問題 かんきょうもんだい 명 환경문제
叫ぶ さけぶ 동 제창하다, 주장하다　流れ ながれ 명 흐름
正面 しょうめん 명 정면　逆行 ぎゃっこう 명 역행
商品 しょうひん 명 상품　包装 ほうそう 명 포장
使い捨て つかいすて 명 일회용, 한 번 쓰고 버림
割りばし わりばし 명 나무 젓가락　提供 ていきょう 명 제공
当たり前 あたりまえ 명 당연함　お客様 おきゃくさま 명 손님
神様 かみさま 명 신　精神 せいしん 명 정신
生み出す うみだす 동 만들다　弊害 へいがい 명 폐해
～とともに ~과 함께　気質 きしつ 명 기질　招く まねく 동 초래하다
悲劇 ひげき 명 비극　軽視 けいし 명 경시　傾向 けいこう 명 경향
関連性 かんれんせい 명 관련성　もてなし 명 대접
度を超す どをこす 도를 지나치다　権利 けんり 명 권리

50-52

일본의 취직활동은 실력주의인 해외에 비해, 협조성을 매우 중시하고 있다. 협조성이라고 말하면 듣기에 좋지만, [50]**눈에 띄어서는 안 되고, 모두 함께일 것이 요구되는 분위기가** 옛날부터 있다. 그러나, 같은 복장으로 몸을 감싼 취직활동생들을 보고 있으면 ①이러한 분위기를 이대로 둬도 좋을지 의문을 느낀다.

취직활동생들은 취직활동 사이트나 세미나 등에서 정석으로 소개되고 있는 업계별, 직종별 차림새 규칙에 따라, 복장을 정한다. 개성 등은 관계없다. 그 규칙에서 벗어나 버리면, 여러 사람의 눈에 띄어 버리는 것이다. 밖에서 보면 이상한 광경으로 눈에 비칠지도 모르지만, 정작 자신이 이 상황에 놓이면, 분명 누구나가 새카만 구직용 슈트에 몸을 감싸고 있을 것이다. [51]**나다움과는 동떨어져 있다고 알고 있으면서도, 안 좋게 눈에 띄지 않도록 주위에 맞춰 버리는 것이다.** ②집단 심리라는 것은 그만큼 무서운 것이다.

그러나 실제로, 취직활동 중인 자신과 평소의 자신이 완전히 일치하는 사람이 있을까. 분명 누구나가 개성을 억제하고 있다. 그리고, 그렇지 않은 다른 사람이 있을 때, 나는 참고 있는데라는 심리가 작용할 것이다. 그렇다면, 차라리, 다 같이 그만둬 버려도 괜찮지 않을까. 지금의 취직활동에서 기업이 얻을 수 있는 정보는 한정되어 있을 것이다. [52]**획일적이고 몰개성적으로 해 버리는 취직활동 문화에 종지부를 찍을 때가 온 것은 아닐까.**

(주) 취직활동생: 취직활동에 임하고 있는 학생

어휘 日本 にほん 명 일본　就職活動 しゅうしょくかつどう 명 취직활동
実力主義 じつりょくしゅぎ 명 실력주의　海外 かいがい 명 해외
～に比べ ～にくらべ ~에 비해, ~와 비교해
協調性 きょうちょうせい 명 협조성　重視 じゅうし 명 중시
聞こえ きこえ 명 들림　目立つ めだつ 동 눈에 띄다
求める もとめる 동 요구하다　雰囲気 ふんいき 명 분위기
服装 ふくそう 명 복장　就活生 しゅうかつせい 명 취직활동생
疑問 ぎもん 명 의문
就活サイト しゅうかつサイト 명 취직활동 사이트
セミナー 명 세미나　定番 ていばん 명 정석, 기본
業界別 ぎょうかいべつ 업계별　職種別 しょくしゅべつ 직종별
身だしなみ みだしなみ 차림새, 몸가짐　ルール 명 규칙
則る のっとる 동 따르다　個性 こせい 명 개성
はみ出す はみだす 명 벗어나다, 비어져 나오다
目につく めにつく 눈에 띄다　異様だ いようだ な형 이상하다
光景 こうけい 명 광경　映る うつる 동 비치다　いざ 정작
状況 じょうきょう 명 상황　真っ黒 まっくろ 명 새카맣다
リクルートスーツ 명 구직용 슈트　自分らしさ じぶんらしさ 나다움
かけ離れる かけはなれる 동 동떨어지다
悪目立ち わるめだち 명 안 좋게 눈에 띔
合わせる あわせる 동 맞추다　集団 しゅうだん 명 집단
心理 しんり 명 심리　恐ろしい おそろしい い형 무섭다
実際 じっさい 부 실제로　普段 ふだん 명 평소
完全 かんぜん 명 완전　一致 いっち 명 일치
押し殺す おしころす 동 억제하다　他者 たしゃ 명 다른 사람, 타자
我慢 がまん 명 참음　心理 しんり 명 심리　なら 접 그렇다면
いっそのこと 차라리　企業 きぎょう 명 기업　得る える 동 얻다
情報 じょうほう 명 정보　限る かぎる 동 한정되다
～はずだ ~일 것이다　画一的だ かくいつてきだ な형 획일적이다
没個性的 ぼつこせいてき 명 몰개성적
就活文化 しゅうかつぶんか 명 취직활동 문화
終止符 しゅうしふ 명 종지부　取り組む とりくむ 동 임하다

50

① 이러한 분위기라고 되어 있는데, 어떤 분위기인가?

1 해외와 같은 실력주의적인 분위기
2 협조성을 중요하게 하려는 분위기
3 닮은 모습을 한 취직활동생들의 분위기
4 눈에 띄지 않는 것을 좋다고 여기는 분위기

해설 질문의 밑줄 친 **こういった雰囲気**(이러한 분위기)가 있는 첫 번째 단락을 읽고 밑줄 친 부분을 설명하는 내용을 찾는다. 밑줄의 앞부분에서 **目立ってはならず、みんな一緒であることが求められる雰囲気**라고 서술하고 있으므로, 4 **目立たないことを良しとする雰囲気**(눈에 띄지 않는 것을 좋다고 여기는 분위기)가 정답이다.

51

② 집단 심리라는 것은 그만큼 무서운 것이다라고 되어 있는데, 왜 무서운 것인가?

1 다른 사람과 같은 것이 옳은 것이라고 생각하게 되기 때문에
2 나다움보다도 눈에 띄지 않는 것을 제일로 생각하게 해 버리기 때문에
3 주위가 검은 슈트를 입고 있으면 자신도 입고 싶어져 버리기 때문에
4 주위와 똑같이 행동하는 것이 나다운 것이라고 생각하게 되기 때문에

해설 질문의 밑줄 친 **集団心理というのはそれほど恐ろしいものだ**(집단 심리라는 것은 그만큼 무서운 것이다)가 있는 두 번째 단락을 읽고 밑줄 친 부분을 설명하는 내용을 찾는다. 밑줄의 앞부분에서 **自分らしさとはかけ離れているとわかっていながらも、悪目立ちしないように周りに合わせてしまうのだ**라고 서술하고 있으므로, 2 **自分らしさよりも目立たないことを一番に考えさせてしまうから**(나다움보다도 눈에 띄지 않는 것을 제일로 생각하게 해 버리기 때문에)가 정답이다.

어휘 振る舞う ふるまう 동 행동하다

52

필자가 가장 전달하고 싶은 것은 무엇인가?

1 개성을 숨기면서까지 취직활동을 해서는 안 된다는 것
2 취직활동생은 평소부터 취직활동 중과 똑같이 보내야 한다는 것
3 본의 아니게 개성을 억누르는 지금의 취직활동은 바뀌어야 한다는 것
4 지금의 학생의 개성이 보이지 않는 취직활동이 기업에게 있어서 의미를 가지는 것

해설 필자가 글을 통해 말하고자 하는 내용을 묻고 있으므로, 글의 후반부를 꼼꼼히 읽고 정확히 해석하면서 필자의 생각이나 주장을 파악한다. 세 번째 단락에서 **画一的で没個性的にしてしまう就活文化に終止符を打つときが来たのではないか**라고 서술하고 있으므로, 3 **不本意に個性をおさえこむ今の就活は変わるべきだということ**(본의 아니게 개성을 억누르는 지금의 취직활동은 바뀌어야 한다는 것)가 정답이다.

어휘 隠す かくす 동 숨기다, 감추다　過ごす すごす 동 보내다
不本意 ふほんい 명 본의 아님　おさえ込む おさえこむ 동 억누르다

53-55

로봇기술의 진보는 지금 와서 시작된 것은 아니지만, [53]**이제까지는 대형 공업용 로봇 등이 주류**여서, 우리들의 **친밀한 존재까지는 되지 않았다**. 하지만, [53]**요즘에는 공항 내의 안내로봇이나, 호텔의 접수 로봇 등, 그 존재를 확인할 수 있는 기회도 늘어 왔다.** 그런 와중에 등장한 것이 '입는 로봇'이다.

'입는 로봇'이라고는 하지만, 이것은 옷 위에서 몸의 일부에 장착하는 '장착형 로봇'이다. [54]**이것은 사람들의 보행을 지탱한다는 목**적 아래 제작되었다고 한다. [54]**본체를 허리에 붙이는 것만으로, 그 뒤는 본체의 센서가 사람의 움직임을 감지해서, 무릎의 서포터에 연결되어 있는 와이어가 자동적으로 감겨 올라가는 구조**로 되어 있다. 계단이나 비탈길 등, 특히 다리에 부담이 가는 경우에 걷기 쉬움을 느낄 수 있다고 한다. 체험자 이르기를, '평소라면 포기해 버릴 것 같은 비탈길도 오를 수 있어서, 주위 사람에게 뒤떨어지지 않고 즐길 수 있다'고 한다. 신체적인 면은 물론이고, 정신면의 서포트도 되고 있는 것 같다.

사람은 나이를 먹을 때마다 다리와 허리가 약해지는데, 생활을 도와주는 로봇의 등장은, 우리들의 생활이 보다 풍요롭게 되는 것을 의미한다. 단, 일부에서는 로봇 등을 도입한 기계화의 가속으로, 사람들의 일을 뺏는다고 하는 비판도 있다. 물론, 그러한 목소리도 무시해서 괜찮은 것은 아니다. 하지만, [55]**이러한 기술의 발달을 우리들의 생활이나 사는 보람을 주는 것으로서 잘 도입해 가고 싶다고** 생각한다.

어휘 ロボット技術 ロボットぎじゅつ 명 로봇기술　進歩 しんぽ 명 진보
大型 おおがた 명 대형　工業用 こうぎょうよう 명 공업용
主流 しゅりゅう 명 주류　身近だ みぢかだ な형 친밀하다
存在 そんざい 명 존재　近頃 ちかごろ 명 요즘
空港 くうこう 명 공항　案内ロボット あんないロボット 명 안내로봇
受付 うけつけ 명 접수　確認 かくにん 명 확인
登場 とうじょう 명 등장　一部 いちぶ 명 일부
装着 そうちゃく 명 장착　装着型 そうちゃくがた 명 장착형
歩行 ほこう 명 보행　支える ささえる 동 지탱하다
目的 もくてき 명 목적　製作 せいさく 명 제작
本体 ほんたい 명 본체　腰 こし 명 허리　センサー 명 센서
動き うごき 명 움직임　感知 かんち 명 감지　ひざ 명 무릎
サポーター 명 서포터　つながる 동 연결되다　ワイヤー 명 와이어
自動的だ じどうてきだ な형 자동적이다
巻き上がる まきあがる 동 감겨 올라가다　仕組み しくみ 명 구조
坂道 さかみち 명 비탈길, 언덕길　負担 ふたん 명 부담
場面 ばめん 명 경우　歩きやすさ あるきやすさ 명 걷기 쉬움
感じる かんじる 동 느끼다　体験者 たいけんしゃ 명 체험자
いわく 부 이르기를　普段 ふだん 명 평소
諦める あきらめる 동 포기하다
遅れを取る おくれをとる 뒤떨어지다
身体的だ しんたいてきだ な형 신체적이다　面 めん 명 면
精神面 せいしんめん 명 정신면　サポート 명 서포트

年を取る としをとる 나이를 먹다　～ごとに ~때마다
足腰 あしこし 다리와 허리　介助 かいじょ 명 도움
豊かだ ゆたかだ な형 풍요롭다　ただ 부 단
導入 どうにゅう 명 도입　機械化 きかいか 명 기계화
加速 かそく 명 가속　職 しょく 명 일, 직업　奪う うばう 동 빼앗다
批判 ひはん 명 비판　無論 むろん 부 물론　無視 むし 명 무시
発達 はったつ 명 발달　生きがい いきがい 명 사는 보람
与える あたえる 동 부여하다　取り入れる とりいれる 동 도입하다

53

친밀한 존재까지는 되지 않았다라고 되어 있는데, 그것은 왜인가?

1 금액이 비싸서 사는 것이 어려웠기 때문에
2 개인으로 소유하기에는 크고 장소를 차지하기 때문에
3 볼 기회가 거의 없었기 때문에
4 실제로 쓸 수 있는 기회가 거의 없었기 때문에

해설 질문의 밑줄 친 **身近な存在とまではいかなかった**(친밀한 존재까지는 되지 않았다)가 있는 첫 번째 단락을 읽고 밑줄 친 부분을 설명하는 내용을 찾는다. 밑줄의 앞부분에서 **これまでは大型の工業用ロボットなどが主流**라고 하고, 밑줄의 뒷부분에서 **近頃では空港内の案内ロボットや、ホテルの受付ロボットなど、その存在を確認することができる機会も増えてきた**라고 서술하고 있으므로, 3 **目にする機会がほとんどなかったから**(볼 기회가 거의 없었기 때문에)가 정답이다.

어휘 金額 きんがく 명 금액　個人 こじん 명 개인　所有 しょゆう 명 소유
目にする めにする 보다　実際 じっさい 명 실제

54

필자가 말하고 있는 '장착형 로봇'은 어떤 것인가?

1 비탈길이나 계단에서만 다리를 위로 당겨 걷기 쉽게 해주는 것
2 스스로 다리를 움직일 수 있는 사람의 보행을 서포트 해주는 것
3 걸을 수 있게 된다고 하는 정신적인 서포트를 하는 것
4 걸을 수 없는 사람이라도 스스로 걸을 수 있게 다리를 움직이는 것

해설 질문을 읽고 장착형 로봇이 무엇인가를 염두에 두며 두 번째 단락을 읽고 내용을 파악한다. 두 번째 단락에서 **これは人々の歩行を支えるという目的**라고 하고, **本体を腰につけるだけで、あとは本体のセンサーが人の動きを感知して、ひざのサポーターにつながっているワイヤーが自動的に巻き上がる仕組み**라고 서술하고 있으므로, 2 **自分で足を動かせる人の歩行をサポートしてくれるもの**(스스로 다리를 움직일 수 있는 사람의 보행을 서포트 해주는 것)가 정답이다.

어휘 引っ張る ひっぱる 동 당기다
動かす うごかす 동 움직이다, 움직이게 하다

55

로봇에 대해서, 필자가 가장 말하고 싶은 것은 무엇인가?

1 사람의 일을 빼앗아 버리는 리스크를 포함하고 있기 때문에 비판해야만 한다.
2 매우 편리한 것이기 때문에, 되도록 많은 분야에서 활용해야만 한다.
3 인간과 로봇이 공존해 갈 수 있는 노력을 해야만 한다.
4 생활을 보다 풍요롭게 하는 것으로써 잘 다뤄야만 한다.

해설 질문을 읽고 로봇에 대한 필자의 생각이 무엇인가를 염두에 두며 세 번째 단락을 읽고 내용을 파악한다. 세 번째 단락에서 **こうした技術の発達を私たちの生活や生きがいすらも与えてくれるものとしてうまく取り入れていきたいと思う**라고 서술하고 있으므로, 4 **生活をより豊かにするものとして上手に使いこなすべきだ**(생활을 보다 풍요롭게 하는 것으로써 잘 다뤄야만 한다)가 정답이다.

어휘 リスク 명 리스크, 위험　含む ふくむ 동 포함하다
分野 ぶんや 명 분야　活用 かつよう 명 활용
共存 きょうぞん 명 공존　努力 どりょく 명 노력
使いこなす つかいこなす 동 잘 다루다

56-58

얼마 전까지는 사진을 찍으려고 하면, [56]**한 집에 한 대 있을까 말까인 카메라를 끄집어 내오는 것이 보통이었지만, 휴대전화의 보급이라는 뒷받침도 있어,** 그런 상황도 일변하여 좋은 시대가 되었다.

그저 즐겁다는 이유에서 사진을 찍는 것을 취미로 하고 있는 사람도 있을 것이다. 하지만, 추억을 가시화할 수 있는 것의 의의가 크다고 나는 생각한다. 형태로 하는 것으로, [57]**추억의 공유가 가능해지는 것이다.** 사진에서 얻을 수 있는 시각적 정보는 많기 때문에, [57]**그 장소에 없었던 사람도 쉽게 상황을 상상하는 것을 가능하게 하기 때문이다.**

추억은 시간이 지남에 따라 변화하고, 잊어버리는 경우도 있다. 그러한 추억을 완전히 잃어버리는 일이 없도록, 형태로 하는 방법의 하나로써 사진을 평가할 수 있다. 사진을 보면 잊고 있었던 기억이 되살아나거나, 당시의 감정이 그립게 회상되어, 마음이 다시 젊어진 것같이 느껴지거나 하는 등, 과거를 되돌아보기에도 적합하다.

있는 그대로를 남기는 객관성이 높은 사진은, 우리들에게 좋은 영향을 가져오기도 한다. 예를 들면, [58]**의욕을 잃었을 때나 자기긍정감이 저하되어 있을 때, 과거의 자신의 모습을 객관시 하는 것으로 일시적으로 주위의 스트레스로부터 멀어지는 것이 가능하다.** 그리고, 결과로써 긍정적이게 될 수 있다는 효과를 기대할 수 있다. 취미의 하나로써 정리되기 쉬운 사진이지만, 회상하는 일을 통해 얻을 수 있는 것은 가늠할 수 없다.

어휘 ひと昔 ひとむかし 얼마 전, 약 10년 정도 옛날
～となると ~하려고 하면　一家 いっか 명 한 집, 한 가족
一台 いちだい 명 한 대　あるかないか 있을까 말까
引っ張りだす ひっぱりだす 동 끄집어 내다　常 つね 명 보통
携帯電話 けいたいでんわ 명 휴대전화　普及 ふきゅう 명 보급

後押し あとおし 명 뒷받침　状況 じょうきょう 명 상황
一変 いっぺん 명 일변　思い出 おもいで 명 추억
可視化 かしか 명 가시화　意義 いぎ 명 의의
共有 きょうゆう 명 공유　可能 かのう 명 가능
視覚的 しかくてき 명 시각적　情報 じょうほう 명 정보
容易だ よういだ な형 쉽다, 용이하다　想像 そうぞう 명 상상
時間を追うごとに じかんをおうごとに 시간이 지남에 따라
変化 へんか 명 변화　完全だ かんぜんだ な형 완전하다
失う うしなう 동 잃어버리다　方法 ほうほう 명 방법
位置づける いちづける 평가하다　記憶 きおく 명 기억
よみがえる 동 되살아나다　当時 とうじ 명 당시
感情 かんじょう 명 감정　懐かしい なつかしい い형 그립다
若返る わかがえる 동 다시 젊어지다　過去 かこ 명 과거
振り返る ふりかえる 동 되돌아보다　適する てきする 동 적합하다
ありのまま 명 있는 그대로　残す のこす 동 남기다
客観性 きゃっかんせい 명 객관성　影響 えいきょう 명 영향
もたらす 동 가져오다　たとえば 접 예를 들면　意欲 いよく 명 의욕
自己肯定感 じここうていかん 명 자기긍정감　低下 ていか 명 저하
自身 じしん 명 자신　姿 すがた 명 모습
客観視 きゃっかんし 명 객관시　一時的 いちじてき 명 일시적
周囲 しゅうい 명 주위　ストレス 명 스트레스
遠ざかる とおざかる 동 멀어지다　結果 けっか 명 결과
前向き まえむき 명 긍정적, 적극적　効果 こうか 명 효과
期待 きたい 명 기대　～がち ~하기 쉬움　回想 かいそう 명 회상
計り知れない はかりしれない 가늠할 수 없다

56

좋은 시대가 되었다라고 되어 있는데, 어떠한 것인가?

1 카메라가 일상적인 존재가 된 것
2 휴대전화를 누구라도 가질 수 있게 된 것
3 카메라가 한 집에 한 대씩 보급된 것
4 휴대전화에 카메라 기능이 장착된 것

해설 질문의 밑줄 친 良い時代になった(좋은 시대가 되었다)가 있는 첫 번째 단락을 읽고 밑줄 친 부분을 설명하는 내용을 찾는다. 밑줄의 앞 부분에서 一家に一台あるかないかのカメラを引っ張りだしてくるのが常であったが、携帯電話の普及という後押しもあり라고 서술하고 있으므로, 1 カメラが身近な存在になったこと(카메라가 일상적인 존재가 된 것)가 정답이다.

어휘 身近だ みぢかだ な형 일상적이다, 친밀하다　存在 そんざい 명 존재
機能 きのう 명 기능

57

필자에 의하면, 사진이 갖는 기능은 무엇인가?

1 다른 사람과 가치관을 공유하는 기능
2 다른 사람과 기억을 공유하는 기능
3 추억을 마음에 남겨 두는 기능
4 추억으로 마음을 꽉 채우는 기능

해설 질문을 읽고 사진이 갖는 기능이 무엇인가를 염두에 두며 두 번째 단락을 읽고 내용을 파악한다. 두 번째 단락에서 思い出の共有が可能となるのだ라고 하고, その場にいなかった人も容易に状況を想像することを可能にするからだ라고 서술하고 있으므로, 2 他者と記憶を共有する機能(다른 사람과 기억을 공유하는 기능)가 정답이다.

어휘 他者 たしゃ 명 다른 사람, 타자　価値観 かちかん 명 가치관
とどめる 동 남겨 두다　埋めつくす うめつくす 동 꽉 채우다

58

이 글에서 필자가 가장 말하고 싶은 것은 무엇인가?

1 사진을 통해서 회상하는 것이 기억 유지에 도움이 된다.
2 사진으로 다른 사람과 추억을 공유하면 정신 상태를 안정시킬 수 있다.
3 사진을 보는 것은 사람의 심리 상태의 안정에 작용한다.
4 사진을 통한 과거와 현재의 자신의 비교는 사람을 성장시킨다.

해설 필자가 글을 통해 말하고자 하는 내용을 묻고 있으므로, 글의 후반부를 꼼꼼히 읽고 정확히 해석하면서 필자의 생각이나 주장을 파악한다. 네 번째 단락에서 意欲が失われているときや自己肯定感が低下しているとき、過去の自身の姿を客観視することで一時的に周囲のストレスから遠ざかることができる라고 서술하고 있으므로, 3 写真を見ることは人の心理状態の安定に作用する(사진을 보는 것은 사람의 심리 상태의 안정에 작용한다)가 정답이다.

어휘 保持 ほじ 명 유지　役立つ やくだつ 동 도움이 되다
精神 せいしん 명 정신　状態 じょうたい 명 상태
落ち着く おちつく 동 안정되다　心理 しんり 명 심리
安定 あんてい 명 안정　作用 さよう 명 작용　比較 ひかく 명 비교
成長 せいちょう 명 성장

59-62

어릴 적 나의 일과는 신문 속의 광고 전단지를 뒤져서, 주택정보지를 모으는 것이었다. 주택 단면도를 보기 위해서이다. 기능성을 중요하게 여긴 주택이나 '대체 어떤 사람이 여기에 살지?'와 같은 기괴한 방 배치 구조를 가지는 주택을 발견하고는, 내가 사는 것을 상상하며 꿈을 부풀리고 있었다. 그러나, 그 사이에 [59]'어째서 이런 방 배치가 된 것일까, 무엇을 생각하고 이렇게 한 것일까'와 같은, 단면도에서 보이는 것 그 너머에 관해 의문을 품게 된다. 지금 생각하면 ① 이것이 '건축'을 생각하는 계기였다.

초등학생 때, 소풍으로 일본의 옛 수도 '나라'를 방문할 기회가 몇 번인가 있었다. 저학년, 중학년 때는, 그저 지루하다 정도로 밖에 생각하고 있지 않았다고 생각한다. 하지만, 고학년이 되고 방문했을 때에 담임의 [60]'법륭사는 세계에서 가장 오래된 목조건축이고, 더구나 못이 일절 사용되어 있지 않아'라는 말을 듣고, ② 눈을 번쩍 떴다. 소량의 못이 사용되었다는 사실을 후에 알게 되었지만, 당시의 나는, [60]그런 것이 자신의 눈앞에 현존하는 것이 신기하기 그지없어, 감명을 받았다.

시간은 흘러, 나는 대학생이 되었다. 본업인 공부에 힘쓰면서, 바쁜 나날에서 벗어나듯이 주말에 친구와 교토나 나라의 역사적 건조물이 남은 시가지를 산책하는 것을 취미로 삼고 있었다. 그런 와중, 나는 다시 법륭사를 방문할 기회를 만났다. 법륭사를 앞에 두었을 때, 그 장엄하고 고상한 모습에 경외의 마음을 품지 않을 수 없었다. 건립으로부터 1300년이라는 시간이 흘러도 여전히, 이것은 그 보편적인 아름다움을 지금을 살아가는 우리들에게 계속해서 전하고 있기 때문에. [61]**10세기 이상이나 같은 장소에서, 지금도 변하지 않고 그 역사를 계속해서 새기고 있는 것이다.**

건축물이라는 것은, 목적으로 하는 용도로 제공할 수 있는 형태로 존재하는 것이라고 생각하고 있었지만, 아무래도 그것만은 아닌 것 같다. 오히려 사람의 마음에 계속 남는 건축물이라는 것은, 그 매력이 중요한 부분인 것이다. 매력이라고 해도 다양하다. 디자인과 같은 비주얼적 요소에 매력을 느끼는 사람도 있는가 하면, 지역성과의 조화나, 자연과 융합하는 모습을 매력이라고 생각하는 사람도 있어서, 그 깊이는 가늠할 수 없다. 그러나, 모든 것에 공통되는 것은, [62]**매력 있는 건축물은 그 거리의 외견에 영향을 미치고, 보는 사람의 마음에 호소한다. 그리고, 시대와 지역성을 반영하는 거울이 되어, 문화 구축의 주춧돌로서의 기능을 겸하는 것이다.**

(주1) 단면도: 방의 넓이나 배치 등을 확인하기 위한 평면도
(주2) 경외의 마음: 위대한 것을 두려워하고, 공경하는 마음

어휘 幼い おさない い형 어리다　日課 にっか 명 일과
チラシ 명 광고 전단지　あさる 동 뒤지다
住宅情報誌 じゅうたくじょうほうし 명 주택정보지
間取り図 まどりず 단면도　機能性 きのうせい 명 기능성
重んじる おもんじる 동 중요하게 여기다
奇怪だ きかいだ な형 기괴하다　間取り まどり 명 방 배치
構造 こうぞう 명 구조　想像 そうぞう 명 상상
膨らむ ふくらむ 동 부풀다　その先 そのさき 그 너머, 그 앞, 그 후
～に関して ~에 관해　疑問 ぎもん 명 의문　抱く いだく 동 품다
建築 けんちく 명 건축　きっかけ 명 계기
小学生 しょうがくせい 명 초등학생　遠足 えんそく 명 소풍
古都 こと 명 옛 수도, 고도　奈良 なら 명 나라
訪れる おとずれる 동 방문하다
低学年 ていがくねん 명 저학년, 초등학교 1, 2학년
中学年 ちゅうがくねん 명 중학년, 초등학교 3, 4학년
ただ 부 그저　退屈だ たいくつだ な형 지루하다
程度 ていど 명 정도
高学年 こうがくねん 명 고학년, 초등학교 5, 6학년　際 さい 명 때
担任 たんにん 명 담임　法隆寺 ほうりゅうじ 명 법륭사
最古 さいこ 명 가장 오래됨, 최고
木造建築 もくぞうけんちく 명 목조건축　しかも 부 더구나
くぎ 명 못　一切 いっさい 명 일절　見張る みはる 동 번쩍 뜨다
少量 しょうりょう 명 소량　使用 しよう 명 사용
事実 じじつ 명 사실　のちに 후에　当時 とうじ 명 당시
現存 げんぞん 명 현존　不思議だ ふしぎだ な형 신기하다
感銘 かんめい 명 감명　流れる ながれる 동 흐르다
本業 ほんぎょう 명 본업　勉学 べんがく 명 공부, 면학
励む はげむ 동 힘쓰다　～つつ ~면서　せわしない い형 바쁘다
日々 ひび 명 나날　逃れる のがれる 동 벗어나다
週末 しゅうまつ 명 주말　友人 ゆうじん 명 친구
京都 きょうと 명 교토　歴史的 れきしてき 명 역사적
建造物 けんぞうぶつ 명 건조물　町並み まちなみ 명 시가지
散策 さんさく 명 산책　再び ふたたび 부 다시
めぐりあう 동 (우연히) 만나다　荘厳だ そうごんだ な형 장엄하다
気高い けだかい い형 고상하다　畏敬 いけい 명 경외, 외경
念 ねん 명 마음　～ずにはいられない ~하지 않을 수 없다
建立 こんりゅう 명 건립　経る へる 동 흐르다　なお 부 아직
普遍的だ ふへんてきだ 명 보편적이다
美しさ うつくしさ 명 아름다움
伝え続ける つたえつづける 계속해서 전하다　世紀 せいき 명 세기
刻み続ける きざみつづける 계속해서 새기다
建築物 けんちくぶつ 명 건축물　目的 もくてき 명 목적
用途 ようと 명 용도　供する きょうする 동 제공하다
～うる ~할 수 있다　存在 そんざい 명 존재　どうやら 부 아무래도
むしろ 부 오히려　残り続ける のこりつづける 계속 남다
魅力 みりょく 명 매력　要 かなめ 명 중요한 부분
様々だ さまざまだ な형 다양하다　デザイン 명 디자인
ビジュアル的 ビジュアルてき 명 비주얼적　要素 ようそ 명 요소
地域性 ちいきせい 명 지역성　調和 ちょうわ 명 조화
自然 しぜん 명 자연　融合 ゆうごう 명 융합
とらえる 동 생각하다, 파악하다　奥深さ おくぶかさ 명 깊이
計り知れない はかりしれない 가늠할 수 없다
共通 きょうつう 명 공통　外観 がいけん 명 외견
影響 えいきょう 명 영향　及ぼす およぼす 동 미치다
訴えかける うったえかける 동 호소하다　反映 はんえい 명 반영
構築 こうちく 명 구축　礎 いしずえ 명 주춧돌　機能 きのう 명 기능
兼ねる かねる 동 겸하다　配置 はいち 명 배치
確認 かくにん 명 확인　平面図 へいめんず 명 평면도
偉大だ いだいだ な형 위대하다　おそれる 동 두려워하다
うやまう 동 공경하다

59

① 이것이란 무엇을 가리키는가?

1 단면도를 보고, 어떤 집에 살고 싶은지 상상을 부풀렸던 것
2 단면도를 보기 위해, 광고 전단지를 모으는 것을 일과로 했던 것
3 단면도에서 파악할 수 없는 것에 생각을 돌리게 되었던 것
4 단면도가 가지는 기능에 의심을 가지게 되었던 것

해설 질문의 밑줄 친 これ(이것)가 있는 첫 번째 단락을 읽고 밑줄 친 부분을 설명하는 내용을 찾는다. 밑줄의 앞부분에서 「どうしてこういう間取りになったんだろう、何を思ってこうしたんだろう」というように、間取り図から見えるもののその先に関して疑問を抱くようになる라고 서술하고 있으므로, 3 間取り図から読み取れないことに思いを巡らすようになったこと(단면도에서 파악할 수 없는 것에 생각을 돌리게 되었던 것)가 정답이다.

어휘 読み取る よみとる 동 파악하다　巡らす めぐらす 동 돌리다
働き はたらき 명 기능　疑念 ぎねん 명 의심

60

②눈을 번쩍 떴다라고 되어 있는데, 필자의 마음과 맞는 것은 어느 것인가?

1 선생님의 발언 내용이 진실인지 아닌지 의심하는 마음
2 못을 사용하지 않았다는 것이 거짓말이라고 눈치채고 분개하는 마음
3 세계에서 가장 오래된 목조건축을 볼 수 있어서 몹시 감동하는 마음
4 오래된 건물이 시대를 초월해 존재하고 있는 것에 놀라는 마음

해설 질문의 밑줄 친 **目を見張った**(눈을 번쩍 떴다)가 있는 두 번째 단락을 읽고 밑줄 친 부분을 설명하는 내용을 찾는다. 밑줄의 앞부분에서 「**法隆寺は世界最古の木造建築**で라고 하고, 뒷부분에서 **そんなものが自分の目の前に現存していることが不思議でしかたなく、感銘を受けた**라고 서술하고 있으므로, 4 **古い建物が時代を超えて存在していることに驚く気持ち**(오래된 건물이 시대를 초월해 존재하고 있는 것에 놀라는 마음)가 정답이다.

어휘 **真実 しんじつ** 명 진실 **疑う うたがう** 동 의심하다
憤る いきどおる 동 분개하다
感極まる かんきわまる 동 몹시 감동하다, 감격이 극에 달하다
超える こえる 동 초월하다, 넘다

61

필자는 **법륭사**에 대해서 어떻게 말하고 있는가?

1 존재하는 것으로 그 긴 역사를 계속해서 지키고 있다.
2 세월의 변천을 느끼게 하지 않는 보편성을 가지고 있다.
3 역사적 건조물을 보존하는 것의 의의를 전하고 있다.
4 역사가 오래된 건물의 존재 가치의 높음을 널리 알리고 있다.

해설 질문을 읽고 법륭사에 대한 필자의 생각이 무엇인가를 염두에 두며 세 번째 단락을 읽고 내용을 파악한다. 세 번째 단락에서 **10世紀以上も同じ場所で、今も変わらずその歴史を刻み続けているのだ**라고 서술하고 있으므로, 1 **存在することでその長い歴史を守り続けている**(존재하는 것으로 그 긴 역사를 계속해서 지키고 있다)가 정답이다.

어휘 **守り続ける まもりつづける** 계속해서 지키다
移り変わり うつりかわり 명 변천 **普遍性 ふへんせい** 명 보편성
保存 ほぞん 명 보존 **意義 いぎ** 명 의의 **価値 かち** 명 가치
広める ひろめる 동 널리 알리다

62

필자의 생각에 맞는 것은 어느 것인가?

1 건축의 목적은, 그 시대의 매력을 후세에 남기는 것에 있다.
2 건축이라는 것은, 시대를 찍어 내서 문화를 만들어 내는 것이다.
3 건축물의 매력은, 많은 사람의 마음속에 계속 머무는 것이다.
4 건축물은, 시대의 변화에 붙잡히는 일 없이 계속 살아가는 것이다.

해설 필자가 글을 통해 말하고자 하는 내용을 묻고 있으므로, 글의 후반부를 꼼꼼히 읽고 정확히 해석하면서 필자의 생각이나 주장을 파악한다. 네 번째 단락에서 **魅力ある建築物はその町の外観に影響を及ぼし、見る人の心に訴えかける。そして、時代や地域性を反映する鏡となり、文化構築の礎としての機能を兼ねるのだ**라고 서술하고 있으므로, 2 **建築とは、時代を写し出して文化を創り出すことである**(건축이라는 것은, 시대를 찍어 내서 문화를 만들어 내는 것이다)가 정답이다.

어휘 **後世 こうせい** 명 후세 **残す のこす** 동 남기다
写し出す うつしだす 동 찍어 내다
創り出す つくりだす 동 만들어 내다
とどまり続ける とどまりつづける 계속 머물다 **変化 へんか** 명 변화
とらわれる 동 붙잡히다 **生き続ける いきつづける** 계속 살아가다

63-64

A

[63]**성장이 한창인 아이들에게 있어서 배우는 일은, 새로운 가능성을 만날 수 있는 기회 그 자체입니다. 아이들은 학습 속도가 빨라, 스펀지처럼 새로운 지식을 척척 빨아들여갑니다.** 그 때문에, 유소년기에 많이 배우는 것은, 아이의 장래에 있어서 매우 중요합니다. 일반교양을 습득하거나, 부모가 아이의 재능을 조기에 알아차리는 것이 가능하여, 그것을 신장시켜주는 것도 가능하기 때문입니다.

어릴 때부터의 배우는 일은 아이의 의사를 무시한 부모의 강요라고 비난받는 경우도 있습니다만, 아이는 정보 약자이기 때문에, 아이 자신이 스스로의 가능성을 찾아내서 부모에게 손을 쓴다는 일은 거의 없을 것입니다. [64]**아이가 그만두고 싶다고 말한 때에는 그 의사를 존중하는 등 하면서, 어른이 솔선해서 아이의 배우는 일에 관여해 가야만 합니다.**

B

[63]**어린아이에게 몇 개나 배우는 일을 시키는 부모가 늘고 있습니다만, 아이의 의사를 무시하고 다니게 하는 것은 위험한 행위라고 말할 수 있습니다.** 아이는 부모와는 별개의 인격을 가진 한 사람의 인간으로, 흥미·관심을 가지는 것이나 잘함·못함 등이 있습니다. 시작하는 계기가 본인의 의사에 기반해있지 않은 경우, 주체적으로 배우는 것이 어렵고, 결과적으로 실력이 늘지 않아 아이가 괴로운 생각을 하는 경우도 있습니다. 무엇보다 정말로 하고 싶은 일을 제쳐놓고 배우는 일을 강제하는 것은 아이에게 있어서 커다란 스트레스가 되기 쉬워, 마음의 성장에 있어서 좋은 영향은 없습니다. 아이의 장래를 생각하여, 되도록 많은 기술이나 교양을 익히게 해주고 싶다는 부모의 마음은 알지만, [64]**주인공인 아이의 기분에 다가서는 것 이상으로 중요한 것은 없다고 생각합니다.**

어휘 **成長 せいちょう** 명 성장 **真っただ中 まっただなか** 명 한창, 절정
~にとって ~에게 있어서 **習い事 ならいごと** 명 배우는 일
可能性 かのうせい 명 가능성 **出会う であう** 동 만나다
チャンス 명 기회 **学習 がくしゅう** 명 학습 **速度 そくど** 명 속도
スポンジ 명 스펀지 **知識 ちしき** 명 지식
吸い込む すいこむ 동 빨아들이다 **幼少期 ようしょうき** 명 유소년기
将来 しょうらい 명 장래 **~において** ~에 있어서

重要だ じゅうようだ [な형] 중요하다
一般教養 いっぱんきょうよう [명] 일반교양
身に付ける みにつける 습득하다　才能 さいのう [명] 재능
早期 そうき [명] 조기　気づく きづく [동] 알아차리다
伸ばす のばす [동] 신장시키다　幼い おさない [い형] 어리다
意思 いし [명] 의사　無視 むし [명] 무시　押し付け おしつけ [명] 강요
非難 ひなん [명] 비난　情報 じょうほう [명] 정보
弱者 じゃくしゃ [명] 약자　自身 じしん [명] 자신
自ら みずから [명] 스스로　見出す みいだす [동] 찾아내다
働きかける はたらきかける 손을 쓰다　際 さい [명] 때
尊重 そんちょう [명] 존중　～つつ ~면서　率先 そっせん [명] 솔선
関わる かかわる [동] 관여하다　行為 こうい [명] 행위
別 べつ [명] 별개　人格 じんかく [명] 인격　人間 にんげん [명] 인간
関心 かんしん [명] 관심　得意 とくい [명] 잘함
不得意 ふとくい [명] 못함　きっかけ [명] 계기　本人 ほんにん [명] 본인
基づく もとづく [동] 기반하다
主体的だ しゅたいてきだ [な형] 주체적이다　学ぶ まなぶ [동] 배우다
結果 けっか [명] 결과　実力 じつりょく [명] 실력
伸びる のびる [동] 늘다　つらい [い형] 괴롭다
思いをする おもいをする 생각을 하다
差し置く さしおく [동] 제쳐놓다　強制 きょうせい [명] 강제
ストレス [명] 스트레스　影響 えいきょう [명] 영향　スキル [명] 스킬
親心 おやごころ 부모의 마음　主人公 しゅじんこう [명] 주인공
寄り添う よりそう [동] 다가서다

63

아이의 배우는 일에 대해서, A와 B는 어떻게 말하고 있는가?

1 A는 아이는 성장이 빠르기 때문에 배우기에 좋은 시기라고 하고, B는 아이의 의사가 중시되지 않는 경향이 있다고 말하고 있다.
2 A는 아이의 능력을 이른 시기에 발견하여 신장시키는 것이 가능하다고 하고, B는 아이의 장래에 도움이 될 것이라고 말하고 있다.
3 A는 부모의 이상을 아이에게 강요하는 것이라고 하고, B는 아이가 배우는 것에 대해 소극적이 된다고 말하고 있다.
4 A는 아이의 성장에 빠뜨릴 수 없는 장이라고 하고, B는 부모가 배우게 하고 싶은 것이 아이가 하고 싶은 것과 일치한다고는 할 수 없다고 말하고 있다.

해설 질문의 **子どもの習い事**(아이의 배우는 일)에 대한 A와 B의 견해를 각 지문에서 찾는다. A는 지문의 초반부에서 **成長真っただ中の子どもたちにとっての習い事は、新しい可能性に出会えるチャンスそのものです。子どもたちは学習速度が早く、スポンジのように新しい知識をどんどん吸い込んでいきます**라고 서술하고 있고, B는 지문의 초반부에서 **幼い子どもにいくつも習い事をさせる親が増えていますが、子どもの意思を無視して通わせるのは危険な行為だと言えます**라고 서술하고 있으므로, 1 **Aは子どもは成長が早いので学ぶのによい時期だと述べ、Bは子どもの意思が重視されない傾向があると述べている**(A는 아이는 성장이 빠르기 때문에 배우기에 좋은 시기라고 하고, B는 아이의 의사가 중시되지 않는 경향이 있다고 말하고 있다)가 정답이다.

어휘 時期 じき [명] 시기　役立つ やくだつ [동] 도움이 되다
理想 りそう [명] 이상　消極的だ しょうきょくてきだ [な형] 소극적이다
欠かす かかす [동] 빠뜨리다　一致 いっち [명] 일치
～とは限らない ～とはかぎらない ~라고는 할 수 없다

64

아이의 배우는 일에 관해서 부모가 취해야 할 자세에 대해, A와 B는 어떻게 말하고 있는가?

1 A도 B도, 아이가 정말로 하고 싶다고 생각하는 것을 부모는 시켜 주어야 한다고 말하고 있다.
2 A도 B도, 부모가 말하는 것이 옳기 때문에, 아이에게 따르게 해야만 한다고 말하고 있다.
3 A는 아이의 기분에 다가서면서도 적극적으로 배우는 일을 시켜야 한다고 하고, B는 아이의 의사에 기반해야 한다고 말하고 있다.
4 A는 부모가 리드해서 아이에게 다양한 배우는 일을 제시해 주어야 한다고 하고, B는 가능한 한 많은 교양과 기술을 습득하는 것이 중요하다고 말하고 있다.

해설 질문의 **子どもの習い事に関して親がとるべき姿勢**(아이의 배우는 일에 관해서 부모가 취해야 할 자세)에 대한 A와 B의 견해를 각 지문에서 찾는다. A는 지문의 후반부에서 **子どもが辞めたいと言った際にはその意思を尊重するなどしつつ、大人が率先して子どもの習い事に関わっていくべきです**라고 서술하고 있고, B는 지문의 후반부에서 **主人公である子どもの気持ちに寄り添うこと以上に大切なことはないと思うのです**라고 서술하고 있으므로, 3 **Aは子どもの気持ちに寄り添いながらも積極的に習い事をさせるべきだと述べ、Bは子どもの意思に基づくべきだと述べている**(A는 아이의 기분에 다가서면서도 적극적으로 배우는 일을 시켜야 한다고 하고, B는 아이의 의사에 기반해야 한다고 말하고 있다)가 정답이다.

어휘 姿勢 しせい [명] 자세　従う したがう [동] 따르다　リード [명] 리드
提示 ていじ [명] 제시

65-68

정보화 사회의 도래에 의해, 우리들은 PC나 스마트폰 등의 친숙한 전자기기를 이용해서, 매일 갱신되는 새로운 정보에도 접하는 것이 가능하게 되었다. 언제든 어디서든 부담 없이 정보를 찾을 수 있게 되고, 편의성과 함께 생활의 질도 급격히 향상됐다. 그럼에도 불구하고, [65]나는 오히려 자신의 영역이 좁아져 가는 것 같은 감각에 사로잡힐 때가 있다.

일본에서는 PC보다도 스마트폰 보급률이 높아, 일본인은 스마트폰에 익숙하다. 이렇게 말하는 나도 그 한 사람인데, 어느 사이트를 스마트폰으로 보고 있을 때에, 이전에 통신판매 사이트에서 검색한 상품이 광고로 표시되어, 이상하게 생각하면서도 감탄한 적이 있다. 또 동영상 사이트에서 동영상을 본 후에, 그것에 관련된 동영상 리스트가 표시되어, 재밌을 것 같았기 때문에 그대로 물 흐르듯이 화면을 클릭했다. [65]어느 것이나 다 내가 평소 접속하고 있는 사이트

나 키워드를 토대로 분석된 결과가 반영된 것이고, 흥미와 관심이 있는 분야로 칠해져 완전히 굳어진 것처럼 느껴졌다. 검색엔진으로 조사를 하는 것에도 스마트폰은 유용하게 쓰고 있고, 의지하고 있다는 것도 사실이다. 하지만, 자신이 알고 싶은 것에 당도하기 위해서는 명확한 키워드가 필요해진다. 모르는 것을 검색한다는 것은 의외로 어려운 것이다.

원하는 정보에 보다 간단하게 당도할 수 있게 된 것은, 편리하면서 동시에 효율적이어서 이상적인 발전을 이루고 있는 것처럼 보일지도 모른다. 하지만, 뒤집어서 말하면 그것은, [66]이쪽이 정보를 취사선택하는 입장에는 없다는 것이다. 그 정보는 의도적으로 계획된 것과 같다. 게다가, 그러한 정보는 우리들이 모르는 사이에 데이터로서 수집, 이용된 것에 따른 결과물인 것이다. 이것을 모르는 사람도 많고, 알고 있어도 그다지 마음에 두지 않는다는 사람이 태반이겠지만, 내 말에 따르면 이것은 굉장히 두려운 일이다.

'우물 안 개구리는 큰 바다를 모른다'라는 말이 있다. 우물 속에 자리 잡고 사는 개구리는 밖에는 커다란 바다가 있는 것을 모른다는 의미이다. 우리들은 무의식 상태에서 우물 안의 개구리가 되어 버려 있지는 않은가. [67]정보의 바다가 끝없이 계속 펼쳐지는 한편으로, 우물이라는 자신의 영역이 마치 전부인 것 같은 착각에 빠져 있지는 않은가.

우리들은 우선, 자신이 우물 안의 개구리인 것을 자각할 필요가 있다. 일찍이 철학자인 소크라테스도 말한 것처럼, 자신이 무지인 것을 아는 것부터 시작해야만 한다. 그렇게 해서, [68]이미 틀이 짜여 있는 세계 속에 던져 넣어진 존재로서의 자신을 인지한 후에, 주체적으로 그 세계의 틀을 늘려 넓혀가는 도량과 각오를 습득하지 않으면 안 된다.

어휘 情報化 じょうほうか 명 정보화　到来 とうらい 명 도래
～によって ~에 의해서　スマートフォン 명 스마트폰
身近だ みぢかだ な형 친숙하다　電子機器 でんしきき 명 전자기기
用いる もちいる 동 이용하다　日々 ひび 명 매일
更新 こうしん 명 갱신　新ただ あらただ な형 새롭다
情報 じょうほう 명 정보　触れる ふれる 동 접하다
気軽だ きがるだ な형 부담 없다　利便性 りべんせい 명 편의성
質 しつ 명 질　急激だ きゅうげきだ な형 급격하다
向上 こうじょう 명 향상　にもかかわらず 그럼에도 불구하고
むしろ 부 오히려　領域 りょういき 명 영역
狭まる せばまる 명 좁아지다　感覚 かんかく 명 감각
襲われる おそわれる 명 사로잡히다　普及率 ふきゅうりつ 명 보급률
慣れ親しむ なれしたしむ 동 익숙하다
かく言う かくいう 이렇게 말하는　サイト 명 사이트
以前 いぜん 명 이전　通販 つうはん 명 통신판매
検索 けんさく 명 검색　商品 しょうひん 명 상품
広告 こうこく 명 광고　表示 ひょうじ 명 표시
不思議だ ふしぎだ な형 이상하다　感心 かんしん 명 감탄
動画 どうが 명 동영상　関連 かんれん 명 관련　リスト 명 리스트
流れる ながれる 동 물이 흐르다　画面 がめん 명 화면
クリック 명 클릭　いずれも 어느 것이나 다　普段 ふだん 명 보통
アクセス 명 접속, 접근　キーワード 명 키워드
分析 ぶんせき 명 분석　結果 けっか 명 결과
反映 はんえい 명 반영　関心 かんしん 명 관심
分野 ぶんや 명 분야　塗り固める ぬりかためる 칠해져 완전히 굳다
検索エンジン けんさくエンジン 명 검색엔진
調べ事 しらべごと 명 조사　重宝 ちょうほう 명 유용하게 씀
頼り たより 명 의지　事実 じじつ 명 사실
たどり着く たどりつく 명 당도하다
明確だ めいかくだ な형 명확하다　案外 あんがい 명 의외
かつ 부 동시에　効率的 こうりつてき 명 효율적
理想的だ りそうてきだ な형 이상적이다　発展 はってん 명 발전
遂げる とげる 동 이루다　裏を返す うらをかえす 뒤집어서 말하다
取捨選択 しゅしゃせんたく 명 취사선택　立場 たちば 명 입장
意図的 いとてき 명 의도적이다　等しい ひとしい い형 같다
収集 しゅうしゅう 명 수집　結果物 けっかぶつ 명 결과물
大して たいして 부 그다지　気に留める きにとめる 마음에 두다
大半 たいはん 명 태반　言わせる いわせる 동 말에 따르다
恐ろしい おそろしい い형 두렵다　井 い 명 우물
蛙 かえる 명 개구리　大海 たいかい 명 큰 바다, 대해
井戸 いど 명 우물　住み着く すみつく 동 자리 잡고 살다
無意識 むいしき 명 무의식　状態 じょうたい 명 상태
果てしない はてしない い형 끝없다
広がり続ける ひろがりつづける 계속 펼쳐지다　テリトリー 명 영역
まるで 부 마치　錯覚 さっかく 명 착각　陥る おちいる 동 빠지다
自覚 じかく 명 자각　かつて 부 일찍이
哲学者 てつがくしゃ 명 철학자　ソクラテス 명 소크라테스
無知 むち 명 무지　枠組み わくぐみ 명 틀의 짜임
放り込む ほうりこむ 동 던져 넣다　存在 そんざい 명 존재
認知 にんち 명 인지　主体的 しゅたいてき 명 주체적
押し広げる おしひろげる 동 늘려 넓히다　度量 どりょう 명 도량, 아량
覚悟 かくご 명 각오　身につける みにつける 습득하다

65

자신의 영역이 좁아져 가는 것 같은 감각이라고 되어 있는데, 필자는 어떤 때에 느꼈다고 말하고 있는가?

1 자신이 본 동영상의 관련 동영상이 상상 이상으로 재미있었을 때
2 자신의 열람 경향이 반영된 광고가 늘어서 있다고 깨달았을 때
3 자신이 찾고 있는 정보를 검색엔진 상에서 찾아낼 수 없었을 때
4 자신의 취향이 평소 보는 정보의 영향을 받고 있다고 알았을 때

해설 질문의 밑줄 친 自分の領域が狭まっていくような感覚(자신의 영역이 좁아져 가는 것 같은 감각)가 있는 첫 번째 단락을 읽고 밑줄 친 부분을 설명하는 내용을 찾는다. 밑줄 부분에서 私はむしろ自分の領域が狭まっていくような感覚に襲われることがある라고 하고, 밑줄이 있는 단락의 뒷 단락에서 いずれも自分が普段アクセスしているサイトやキーワードをもとに分析された結果が反映されたものであり、興味関心のある分野で塗り固められているように感じた라고 서술하고 있으므로, 2 自分の閲覧傾向が反映された広告が並んでいると気づいたとき(자신의 열람 경향이 반영된 광고가 늘어서 있다고 깨달았을 때)가 정답이다.

어휘 想定 そうてい 명 상상, 상정　閲覧 えつらん 명 열람

傾向 けいこう 명 경향　気づく きづく 동 깨닫다
求める もとめる 동 찾다　探し出す さがしだす 동 찾아내다
好み このみ 명 취향

66

정보화 사회가 초래한 것에 대해서, 필자는 어떻게 생각하고 있는가?

1 흥미 밖의 정보여도 자동적으로 수신하지 않을 수 없게 되었다.
2 관심 분야에 관한 정보가 손쉽게 손에 들어오게 되어, 전문성이 높아졌다.
3 정보를 발신하는 측이 대상에 따라 발신하는 정보를 고르게 되었다.
4 부담 없이 정보에 접근할 수 있기 때문에, 사람들이 인터넷에 의존하게 되었다.

해설 질문을 읽고 정보화 사회가 초래한 것에 대한 필자의 생각이 무엇인가를 염두에 두며 세 번째 단락을 읽고 내용을 파악한다. 세 번째 단락에서 **こちらが情報を取捨選択をする立場にはないということだ。その情報は意図的に計画されたものであるに等しい。その上、そうした情報は私たちが知らない間にデータとして収集、利用されたことによる結果物であるのだ**라고 서술하고 있으므로, 3 **情報を発信する側が対象に応じて発信する情報を選ぶようになった**(정보를 발신하는 측이 대상에 따라 발신하는 정보를 고르게 되었다)가 정답이다.

어휘 自動的だ じどうてきだ な형 자동적이다　受信 じゅしん 명 수신
～ざるを得ない ～ざるをえない ~하지 않을 수 없다
専門性 せんもんせい 명 전문성　高まる たかまる 동 높아지다
発信 はっしん 명 발신　対象 たいしょう 명 대상
インターネット 명 인터넷　依存 いぞん 명 의존

67

필자는, 우물 안의 개구리의 예를 사용해서 무엇을 말하려고 하고 있는가?

1 알게 모르게, 모든 것을 알고 있는 것 같은 마음이 되어 버린다.
2 같은 장소에 계속 머무르는 것으로, 생각의 정리가 되지 않게 된다.
3 자신의 영역을 깊게 하는 것으로, 사람은 무지에서 해방된다.
4 바깥의 세계를 알면, 자신의 세계에 계속 있을 수 없게 된다.

해설 질문을 읽고 우물 안의 개구리의 예가 무엇인가를 염두에 두며 네 번째 단락을 읽고 내용을 파악한다. 네 번째 단락에서 **情報の海が果てしなく広がり続けている一方で、井戸という自分のテリトリーがまるですべてであるかのような錯覚に陥ってはいないか**라고 서술하고 있으므로, 1 **知らず知らずのうちに、すべてを知っているような気になってしまう**(알게 모르게, 모든 것을 알고 있는 것 같은 마음이 되어 버린다)가 정답이다.

어휘 とどまる 동 머물다　整理 せいり 명 정리
深める ふかめる 동 깊게 하다　解放 かいほう 명 해방

68

이 글에서 필자가 가장 말하고 싶은 것은 무엇인가?

1 정보를 받는 측이 아니라 주는 측이 되기 위해서, 우선은 자신이 모르는 것을 자각하는 것에서 시작해야 한다.
2 정보는 모두 발신자 측에 의해 조작된 것이기 때문에, 올바른 지식을 얻기 위해서는 조금이라도 많은 정보를 모아야 한다.
3 보고 있는 정보가 진실인지 확인하고, 올바른 정보를 스스로 세계를 향해 발신해 가는 방법을 습득해야 한다.
4 보고 있는 정보가 의도적으로 주어진 것일 가능성을 깨닫고, 보다 폭넓은 정보를 능동적으로 모으는 힘을 습득해야 한다.

해설 필자가 글을 통해 말하고자 하는 내용을 묻고 있으므로, 글의 후반부를 꼼꼼히 읽고 정확히 해석하면서 필자의 생각이나 주장을 파악한다. 다섯번째 단락에서 **すでに枠組みされた世界の中に放り込まれた存在としての自分を認知したうえで、主体的にその世界の枠組みを押し広げていく度量と覚悟を身につけなければならない**라고 서술하고 있으므로, 4 **目にしている情報が意図的に与えられたものである可能性に気づき、より幅広い情報を能動的に集める力を身につけるべきだ**(보고 있는 정보가 의도적으로 주어진 것일 가능성을 깨닫고, 보다 폭넓은 정보를 능동적으로 모으는 힘을 습득해야 한다)가 정답이다.

어휘 与える あたえる 동 주다　操作 そうさ 명 조작　知識 ちしき 명 지식
目にする めにする 보다　真実 しんじつ 명 진실
確かめる たしかめる 동 확인하다　自ら みずから 부 스스로
向ける むける 동 향하다　方法 ほうほう 명 방법
習得 しゅうとく 명 습득　可能性 かのうせい 명 가능성
幅広い はばひろい い형 폭넓다　能動的 のうどうてき 명 능동적이다

69

민기 씨는, 5월 5일 어린이날에 아내와 초등학생 아이 2명이서 야마나카 삼림 공원에 가서, 밥을 먹으면서 자연을 즐기기로 했다. 짐은 최소한으로 하고 싶다. 민기 씨가 할 일로 맞는 것은, 다음 중 어느 것인가?

1 전날까지 바비큐 용품을 준비해서, 식재료를 구매하러 간다.
2 레저 시트를 예약해 놓고, 당일 카페에서 먹을 것을 테이크 아웃 한다.
3 바비큐 용품의 렌털과 식재료의 준비가 가능한지 전날 문의 한다.
4 레저 시트를 예약하고, 식재료 세트의 준비가 가능한지도 확인 한다.

해설 민기 씨가 해야 할 행동을 묻는 문제이다. 질문에서 제시된 상황 **5月5日の子どもの日に妻と小学生の子ども2人で山中森林公園に行って、ご飯を食べながら自然を楽しむことにした**(5월 5일 어린이날에 아내와 초등학생 아이 2명이서 야마나카 삼림 공원에 가서, 밥을 먹으면서 자연을 즐기기로 했다)에 따라, 지문의 **施設紹介**(시설 소개) 부분에서 **有料でバーベキューセットとテントの貸し出し, あらかじめお電話にてご予約ください, 食材のセット販売, 要予約**라고 언급하고 있으므로, 3 バーベキュー用品のレンタル

と食材の準備が可能かを前日に問い合わせる(바비큐 용품의 렌털과 식재료의 준비가 가능한지를 전날 문의한다)가 정답이다.

어휘 子どもの日 こどものひ 어린이날　小学生 しょうがくせい 몡 초등학생
自然 しぜん 몡 자연　最小限 さいしょうげん 몡 최소한
前日 ぜんじつ 몡 전날　バーベキュー 몡 바비큐
用品 ようひん 몡 용품　食材 しょくざい 몡 식재료
買い出し かいだし 몡 구매　レジャーシート 몡 레저 시트
カフェ 몡 카페　持ち帰り もちかえり 몡 테이크 아웃
レンタル 몡 렌털, 대여　可能 かのう 몡 가능
問い合わせる といあわせる 동 문의하다　確認 かくにん 몡 확인

70

모리노미야 시의 대학에 유학 중인 낸시 씨는 같은 대학에 재학 중인 친구 3명과 야마나카 삼림 공원에 갈 계획을 세웠다. 낸시 씨는 3월 중순에도 야마나카 공원에 놀러 갔기 때문에, 그때에는 없었던 것만을 체험하고 싶다고 생각하고 있다. 낸시 씨 일행이 세운 계획은 다음 중 어느 것인가?

1 기간 한정인 '장미원'에 가서, 학생 할인을 받고 산의 카페 '야스라기'에서 식사를 한다.
2 '장미원'에서 이 계절이 보기에 최적인 시기인 장미를 보고, 지금 밖에 볼 수 없는 말의 부모 자식을 견학한다.
3 산의 카페 '야스라기'를 이용해서 할인을 받고, 승마 광장에서 승마 체험과 말의 부모 자식을 본다.
4 계절의 꽃 '장미'를 보고, 산의 카페 '야스라기'에서 식사를 한 후, 승마 광장에 간다.

해설 낸시 씨가 해야 할 행동을 묻는 문제이다. 질문에서 제시된 상황 3月中旬にも山中森林公園に遊びに行ったため、その時にはなかったものだけを体験したい(3월 중순에도 야마나카 공원에 놀러 갔기 때문에, 그때에는 없었던 것만을 체험하고 싶다)에 따라, 지문의 イベント(이벤트) 부분에서 この季節に咲き乱れる「ばら園」が5月3日から5月20日までの期間限定, 乗馬広場で4月に誕生した馬の赤ちゃんを展示しております。馬の親子をご見学いただけるのは今だけ라고 언급하고 있으므로, 2「ばら園」でこの季節が見ごろのばらを見て、今しか見られない馬の親子を見学する('장미원'에서 이 계절이 보기에 최적인 시기인 장미를 보고, 지금 밖에 볼 수 없는 말의 부모 자식을 견학한다)가 정답이다.

어휘 留学 りゅうがく 몡 유학　中旬 ちゅうじゅん 몡 중순
体験 たいけん 몡 체험　期間 きかん 몡 기간
限定 げんてい 몡 한정　ばら園 ばらえん 몡 장미원
割引 わりびき 몡 할인　見ごろ みごろ 몡 보기에 최적인 시기
見学 けんがく 몡 견학　乗馬 じょうば 몡 승마　広場 ひろば 몡 광장

69-70 공원 이용 안내

모리노미야 시립 야마나카 삼림 공원 이용 안내

개원 시간　오전 9시~오후 18시(연중무휴)
이용 요금　입장료 : 어른 200엔, 어린이(중학생 이하) 100엔

◆ 시설 소개

식물원	식물원 입구에 위치하는 분수 광장이 있는 공원 구역과 식물 전시 구역으로 나누어져 있습니다. 분수 광장에는 피크닉이 가능한 공간이 있습니다. (레저 시트 대여 있음. 예약 불필요)
하이킹 코스	초심자인 분도 즐기실 수 있는 하이킹 코스입니다. 봄에는 벚꽃을, 가을에는 단풍을 즐기면서 운동할 수 있습니다.
바비큐장	산과 강에 둘러싸인 자연이 풍부한 바비큐장입니다. [69]**유료로 바비큐 세트와 텐트의 대여가 있습니다.** [69]**미리 전화로 예약해 주세요.** ※ [69]**식재료 세트 판매도 있습니다**([69]**예약 필요**·당일 현금으로 지불해 주세요) ※ 텐트 이용은 7월 1일~9월 31일의 기간 중에만 가능합니다.
승마 광장	담당자의 정성스러운 지도하에, 승마를 체험하실 수 있습니다. (10분/1000엔)(30분/2500엔)
카페·레스토랑「야스라기」	산속의 통나무집과 같은 내부 장식으로, 나무의 향기에 치유받으면서, 식사와 카페를 즐기실 수 있습니다. 테이크 아웃도 대응합니다.

◆ 이벤트
- [70]**이 계절에 만발하는 '장미원'이 5월 3일부터 5월 20일까지 기간 한정**으로 식물원 내에서 개최되고 있습니다. 꼭 들러 주세요.
- 2020년 3월 초에 산의 카페 '야스라기'가 리뉴얼 오픈한 것을 기념하여, 초등학생 이하의 자녀분이 가게에 오실 때는, 드링크를 1잔 서비스하고 있습니다. (8월 31일까지)
- 모리노미야 시내의 학교 및 대학에 재학 중인 학생에 한하여, 학생증의 제시로 계산 금액에서 300엔 할인됩니다. (1그룹당 한 번만 적용 가능)
- [70]**승마 광장에서 4월에 탄생한 망아지를 전시하고 있습니다. 말의 부모 자식을 견학할 수 있는 것은 지금뿐이기 때문에,** 꼭 와 주세요.

** 교통수단 **
지하철 야마나카다니 역에서 도보 5분. 주차장 무료(공휴일은 1대 500엔/1일)
※ 공휴일은 혼잡이 예상되므로, 대중교통을 이용해 주세요.

야마나카 공원 관리 사무소　TEL 06-1122-3344　(접수 시간 오전 8시 30분~오후 19시)

어휘 市立 しりつ 명 시립　森林 しんりん 명 삼림　開園 かいえん 명 개원
年中無休 ねんじゅうむきゅう 명 연중무휴　料金 りょうきん 명 요금
入園料 にゅうえんりょう 명 입장료　施設 しせつ 명 시설
植物園 しょくぶつえん 명 식물원　位置 いち 명 위치
噴水 ふんすい 명 분수　エリア 명 구역　植物 しょくぶつ 명 식물
展示 てんじ 명 전시　分かれる わかれる 명 나뉘다
ピクニック 명 피크닉　スペース 명 공간　貸し出し かしだし 명 대여
不要 ふよう 명 불필요　ハイキング 명 하이킹　コース 명 코스
初心者 しょしんしゃ 명 초심자　桜 さくら 명 벚꽃
紅葉 もみじ 명 단풍　バーベキュー場 バーベキューじょう 명 바비큐장
囲む かこむ 동 둘러싸다　豊かだ ゆたかだ な형 풍부하다
有料 ゆうりょう 명 유료　セット 명 세트　テント 명 텐트
あらかじめ 부 미리　販売 はんばい 명 판매
要予約 ようよやく 예약 필요　当日 とうじつ 명 당일
支払い しはらい 명 지불　係員 かかりいん 명 담당자
丁寧だ ていねいだ な형 정성스럽다　指導 しどう 명 지도
ログハウス 명 통나무집　内装 ないそう 명 내부 장식, 내장
香り かおり 명 향기　癒す いやす 동 치유하다
テイクアウト 명 테이크 아웃　対応 たいおう 명 대응
咲き乱れる さきみだれる 동 만발하다　開催 かいさい 명 개최
足を運ぶ あしをはこぶ 들르다　リニューアル 명 리뉴얼
オープン 명 오픈　記念 きねん 명 기념　お子様 おこさま 명 자녀분
来店 らいてん 명 가게에 옴, 내점　際 さい 명 때　ドリンク 명 드링크
サービス 명 서비스　市内 しない 명 시내　在学 ざいがく 명 재학
限る かぎる 동 한하다　学生証 がくせいしょう 명 학생증
提示 ていじ 명 제시　無料 むりょう 명 무료　混雑 こんざつ 명 혼잡
予想 よそう 명 예상
公共交通機関 こうきょうこうつうきかん 대중교통, 공공교통기관
管理 かんり 명 관리　事務所 じむしょ 명 사무소

청해

p.43

무료 MP3 바로듣기

☞ **문제1**의 디렉션과 예제를 들려줄 때 1번부터 5번까지의 선택지를 미리 읽고 내용을 재빨리 파악해둡니다. 음성에서 では、始めます(그러면, 시작합니다)가 들리면, 곧바로 문제 풀 준비를 합니다.

음성 디렉션과 예제

問題1では、まず質問を聞いてください。それから話を聞いて、問題用紙の1から4の中から、最もよいものを一つ選んでください。では、練習しましょう。

女の人が新商品について男の人と話しています。**女の人はこのあと何をしますか。**

F：部長、アンケート結果をもとに新商品のアイディアをまとめてみました。

M：へぇ。この1本で3つの色を楽しめる口紅ってなかなか面白いね。

F：私もそのアイディアが気にいっていて、ぜひ商品化したいと考えていたんです。

M：うん、いいんじゃないかな。

F：はい。では、**今日中に開発にかかる費用の見積もりを出しますね。**

M：**お願いね。**あ、でも、これ高い技術力が必要そうだから、実現可能か商品開発部に相談してみないといけないな。

F：それなら、昨日担当者に確認しておいたので問題ありません。

女の人はこのあと何をしますか。

最もよいものは3番です。解答用紙の問題1の例のところを見てください。最もよいものは3番ですから、答えはこのように書きます。では、始めます。

해석 문제1에서는, 우선 질문을 들어주세요. 그리고 나서 이야기를 듣고, 문제 용지의 1에서 4 중에, 가장 알맞은 것을 하나 골라주세요. 그러면, 연습합시다.

여자가 신제품에 대해 남자와 이야기하고 있습니다. **여자는 이 다음에 무엇을** 합니까?

F : 부장님, 앙케트 결과를 바탕으로 신상품의 아이디어를 정리해 보았습니다.

M : 오. 이 1개로 3개의 색을 즐길 수 있는 립스틱이라니 꽤 재미있네.

F : 저도 그 아이디어가 마음에 들어서, 꼭 상품화하고 싶다고 생각하고 있었습니다.

M : 응, 좋은 것 같은데.

F : 네. 그럼, **오늘 중으로 개발에 드는 비용의 견적을 내겠습니다.**

M : **부탁해.** 아, 하지만, 이거 높은 기술력이 필요할 것 같으니까, 실현 가능한지 상품개발부에 상담해보지 않으면 안되겠네.

F : 그거라면, 어제 담당자에게 확인해두었기 때문에 문제없습니다.

여자는 이 다음에 무엇을 합니까?

가장 알맞은 것은 3번입니다. 답안 용지의 문제1의 예시 부분을 봐주세요. 가장 알맞은 것은 3번이므로, 정답은 이렇게 표시합니다. 그러면, 시작합니다.

1 앙케트 조사를 실시한다
2 신상품의 아이디어를 낸다
3 개발비를 계산한다
4 개발부에 문의한다

1

[음성]

女の人と男の人が話しています。男の人はどうしますか。

M：最近、よく眠れなくて疲れが取れないんだよな。

F：そうなんだ。仕事忙しいの？

M：うん。すごく忙しくて家に帰ったら、すぐにシャワーだけ浴びてそのままベッドに寝転んでるよ。

F：そっか。疲れてるときは、お風呂でしっかりと湯舟に浸かって体を温めてあげたらよく眠れるらしいんだけど。

M：そうなんだ。[1]でも僕は、少しでも早く横になりたいんだよね。

F：それなら仕方ないね。あと、[2]ベッドに寝転んだら携帯を触らないことも大事らしいよ。携帯の明かりってよくないっていうし、寝る1時間前はパソコンやテレビも見ないほうがいいって。

M：あ、いつも眠れないときに携帯を触ってたかも。[2]これからは控えるよ。

F：ほかには、寝る少し前にホットミルクを飲むとリラックス効果があっていいっていうよ。私も寝る前に飲むけど、優しい牛乳の味が体にしみわたって落ち着けるんだ。

M：へえ、そうなんだ。[3]でも僕、牛乳苦手なんだよね。

F：じゃあ、コーヒーとか紅茶あとお茶に含まれるカフェインを夕方以降はとらないこととかも不眠に効果があるっていうから、そういうことを気を付けるのもいいよね。

M：[4]僕はいつもお水を飲んでるし、コーヒーも朝しか飲まないから大丈夫そう。

男の人はどうしますか。

[문제지]

1 お風呂でお湯につかる
2 寝る前に携帯を使わない
3 寝る前に温かい牛乳を飲む
4 夕方以降にカフェインをとらない

해석 여자와 남자가 이야기하고 있습니다. 남자는 어떻게 합니까?

M : 최근, 잘 잠들 수 없어서 피곤이 풀리지 않아.

F : 그렇구나. 일이 바빠?

M : 응. 굉장히 바빠서 집에 돌아오면, 바로 샤워만 하고 그대로 침대에 드러누워 있어.

F : 그렇구나. 피곤할 때는, 욕실에서 확실히 욕조에 담가서 몸을 따뜻하게 해주면 잘 잠들 수 있다고 하던데.

M : 그렇구나. [1]하지만 나는, 조금이라도 빨리 눕고 싶어.

F : 그러면 어쩔 수 없지. 또, [2]침대에 누우면 휴대전화를 만지지 않는 것도 중요하다고 해. 휴대전화의 빛은 좋지 않다고 하고, 자기 1시간 전에는 컴퓨터나 텔레비전도 보지 않는 편이 좋대.

M : 아, 언제나 잠들 수 없을 때 휴대전화를 만지고 있었을지도. [2]이제부터는 삼갈게.

F : 그밖에는, 자기 조금 전에 따뜻한 우유를 마시면 릴랙스 효과가 있어서 좋다고 해. 나도 자기 전에 마시는데, 부드러운 우유의 맛이 몸에 구석구석 스며들어 안정될 수 있어.

M : 오, 그렇구나. [3]하지만 나, 우유는 질색이야.

F : 그럼, 커피라든가 홍차 등 차에 포함된 카페인을 저녁 이후에는 섭취하지 않는 것이라든지도 불면에 효과가 있다고 하니까, 그러한 것을 조심하는 것도 좋지.

M : [4]나는 언제나 물을 마시고 있고, 커피도 아침밖에 마시지 않으니까 괜찮을 것 같아.

남자는 어떻게 합니까?

1 욕실에서 더운물에 담근다
2 자기 전에 휴대전화를 사용하지 않는다
3 자기 전에 따뜻한 우유를 마신다
4 저녁 이후에 카페인을 섭취하지 않는다

해설 1 '더운물에 담그기', 2 '자기 전에 휴대전화 사용하지 않기', 3 '자기 전에 따뜻한 우유 마시기', 4 '저녁 이후 카페인 섭취하지 않기' 중 남자가 앞으로 해야 할 일을 묻는 문제이다. 대화에서, 여자가 **ベッドに寝転んだら携帯を触らないことも大事らしいよ。携帯の明かりってよくないっていうし、寝る1時間前はパソコンやテレビも見ないほうがいいって**라고 하자, 남자가 **これからは控えるよ**라고 했으므로, 2 **寝る前に携帯を使わない**(자기 전에 휴대전화를 사용하지 않는다)가 정답이다. 1은 조금이라고 빨리 눕고 싶다고 했고, 3은 우유를 못 마신다고 했으며, 4는 커피는 아침에만 마시고 있다고 했으므로 오답이다.

어휘 **疲れが取れる つかれがとれる** 피곤이 풀리다
シャワーを浴びる シャワーをあびる 샤워를 하다
寝転ぶ ねころぶ 동 드러눕다　**湯舟 ゆぶね** 명 욕조
浸かる つかる 동 (몸을) 담그다
温める あたためる 동 따뜻하게 하다　**横になる よこになる** 눕다
携帯 けいたい 명 휴대전화　**明かり あかり** 명 빛
控える ひかえる 동 삼가다　**ホットミルク** 명 따뜻한 우유
リラックス 명 릴랙스　**効果 こうか** 명 효과
しみわたる 동 구석구석 스며들다　**落ち着く おちつく** 동 안정되다
苦手だ にがてだ な형 질색이다, 거북하다　**含む ふくむ** 동 포함하다
カフェイン 명 카페인　**以降 いこう** 명 이후　**不眠 ふみん** 명 불면

2

[음성]

大学の図書館で女の学生と図書館職員が話しています。女の学生はこのあとまず何をしますか。

F：すみません、借りたい本があるんですけど本棚にはないみたいで。この図書館にあるか調べてもらえますか？「言語学概論」っていう本なんですけど。

M：はい、お調べします。

F：あ、もしこの図書館にない本なら、ほかの図書館からの取り寄せでもいいので、それが可能かどうかも一緒に調べてもらえると助かります。

M：はい、お待ちください。えーっと、[1]この図書館にあることはあるんですが、[2]今は貸し出し中になっていますね。

F：そうですか。いつ返却されるかわかりますか?

M：[2]予定では、3日後が返却日となっております。ただ、次に借りる方がいらっしゃらない場合は延長が可能となっているので、よろしければ、[3]ご予約していかれてはどうでしょうか。予約していただきますと、その方は延長ができないので、返却後すぐ貸し出しが可能となりますよ。

F：そうですか。でも3日後ですよね。できれば早く読み始めたいので、一度学校にある本屋を見てきます。あ、[4]今ここで予約をしたとして、あとで予約のキャンセルをすることは可能ですか?

M：もちろんです。もし本屋さんでご購入されましたら、キャンセルのお手続きをしに、もう一度お越しください。

F：[3]じゃあ、そうします。

女の学生はこのあとまず何をしますか。

[문제지]

1 他の図書館から本を取り寄せる
2 3日後に本を返却する
3 本の貸し出しを予約する
4 本屋に売っているか見に行く

해석 대학의 도서관에서 여학생과 도서관 직원이 이야기하고 있습니다. 여학생은 이 다음에 우선 무엇을 합니까?

F : 실례합니다, 빌리고 싶은 책이 있습니다만 책장에는 없는 것 같아서. 이 도서관에 있는지 조사해 주실 수 있나요? '언어학 개론'이라는 책인데요.

M : 네, 조사하겠습니다.

F : 아, 혹시 이 도서관에 없는 책이라면, 다른 도서관에서 들여오는 것이라도 괜찮으니, 그게 가능한지 어떤지도 함께 조사해 주실 수 있다면 도움이 되겠습니다.

M : 네, 기다려 주세요. 음, [1]이 도서관에 있기는 있습니다만, [2]지금은 대출 중으로 되어 있네요.

F : 그렇습니까? 언제 반납될지 알 수 있나요?

M : [2]예정으로는, 3일 후가 반납일로 되어 있습니다. 다만, 다음에 빌릴 분이 계시지 않는 경우는 연장이 가능하게 되어 있어서, 괜찮으시다면, [3]예약하고 가시는 것은 어떨까요? 예약해 주시면, 그분은 연장이 불가능하기 때문에, 반납 후에 바로 대출이 가능해집니다.

F : 그렇습니까? 하지만 3일 후지요. 가능하면 빨리 읽기 시작하고 싶어서, 한번 학교에 있는 서점을 보고 오겠습니다. 아, [4]지금 여기서 예약을 했다고 하면, 나중에 예약 취소를 하는 것은 가능한가요?

M : 물론입니다. 만약 서점에서 구입하시면, 취소 수속을 하러, 다시 한 번 와 주세요.

F : [3]그럼, 그렇게 하겠습니다.

여학생은 이 다음에 우선 무엇을 합니까?

1 다른 도서관에서 책을 들여온다
2 3일 후에 책을 반납한다
3 책의 대출을 예약한다
4 서점에 팔고 있는지 보러 간다

해설 1 '책 들여오기', 2 '책 반납하기', 3 '책 대출 예약하기', 4 '서점에 가기' 중 여자가 가장 먼저 해야 할 일을 묻는 문제이다. 대화에서, 남자가 **ご予約していかれてはどうでしょうか。予約していただきますと、その方は延長ができないので、返却後すぐ貸し出しが可能となりますよ**라고 하자, 여자가 예약 후 취소가 가능한지 확인하고, **じゃあ、そうします**라고 했으므로, 3 **本の貸し出しを予約する**(책의 대출을 예약한다)가 정답이다. 1은 도서관에 책이 있으므로 할 필요가 없고, 2는 책을 빌린 사람이 해야 할 일이며, 4는 책 대출 예약 다음에 할 일이므로 오답이다.

어휘 **言語学 げんごがく** 명 언어학　**概論 がいろん** 명 개론
取り寄せ とりよせ 명 들여오는 것, 들여오기　**可能 かのう** 명 가능
助かる たすかる 동 도움이 되다　**貸し出し かしだし** 명 대출
返却 へんきゃく 명 반납　**返却日 へんきゃくび** 명 반납일
ただ 부 다만　**延長 えんちょう** 명 연장　**本屋 ほんや** 명 서점
キャンセル 명 취소　**購入 こうにゅう** 명 구입
手続き てつづき 명 수속

3

[음성]

会社で女の人と課長が話しています。女の人はこのあとまず何をしなければなりませんか。

M：山本さん、来週の会議用の資料見たよ。初めてにしてはとてもよくできてたね。

F：ありがとうございます。改善すべき点などあれば教えていただけますでしょうか。

M：そうだな、[1]グラフや表なんかも入ってて目で見てわかりやすかったから、それはそのままで。[2]製造コストに関する内容は誰でもわかるように簡潔にまとめられていてとてもよかったよ。

F：ありがとうございます。

M：[3]商品のセールスポイントだけど、もう少し具体的に書けるんじゃないかな。着目しているところはいいから、例とか使えばもっと伝わりやすくなると思うよ。

F：[3]では、そのようにいたします。

M：あとは、特にないかな…。そういえば、ほかの部署と一緒にする会議に出るのは初めてだよね?

F：はい。

M：[4]資料を直し終わってからの話になるけど、会議までに人数分の資料を紙で出力しておいてね。うちの部署では会議の時に資料を各自準備することになってるけど、他の部署では資料を作った人がまとめて準備する決まりになっているから。

F：そうなんですね。わかりました。

女の人はこのあとまず何をしなければなりませんか。

[문제지]

1 図を用いて視覚的に説明する
2 製造費用の説明を簡単にする
3 商品の長所を詳しく書く
4 資料を印刷して準備する

해석 회사에서 여자와 과장이 이야기하고 있습니다. 여자는 이 다음에 우선 무엇을 해야 합니까?

M : 야마모토 씨, 다음 주 회의용 자료 봤어. 처음 치고는 매우 잘 만들어져 있었어.

F : 감사합니다. 개선해야 할 점 등이 있으면 가르쳐 주시겠습니까?

M : 글쎄, [1]그래프나 표 같은 것도 들어 있어서 눈으로 보고 이해하기 쉬웠으니까, 그것은 그대로. [2]제조 비용에 관한 내용은 누구라도 알 수 있게 간결하게 정리되어 있어서 매우 좋았어.

F : 감사합니다.

M : [3]상품의 세일즈 포인트 말인데, 좀 더 구체적으로 쓸 수 있지 않을까? 착안한 점은 괜찮으니까, 예라든지 사용하면 좀 더 전달되기 쉬워질 거라고 생각해.

F : [3]그럼, 그렇게 하겠습니다.

M : 그 다음은, 특별히 없으려나…. 그러고 보니, 다른 부서와 함께 하는 회의에 가는 것은 처음이지?

F : 네.

M : [4]자료를 다 고치고 나서의 이야기인데, 회의까지 인원수 분의 자료를 종이로 출력해 둬. 우리 부서에서는 회의 때에 자료를 각자 준비하게 되어 있지만, 다른 부서에서는 자료를 만든 사람이 종합해서 준비하기로 정해져 있어서.

F : 그렇군요. 알겠습니다.

여자는 이 다음에 우선 무엇을 해야 합니까?

1 그림을 사용해서 시각적으로 설명한다
2 제조 비용의 설명을 간단하게 한다
3 상품의 장점을 자세하게 쓴다
4 자료를 인쇄해서 준비한다

해설 1 '그림을 사용해서 설명하기', 2 '제조 비용 설명을 간단하게 하기', 3 '상품의 장점 자세히 쓰기', 4 '자료 인쇄하기' 중 여자가 가장 먼저 해야 할 일을 묻는 문제이다. 대화에서, 남자가 **商品のセールスポイントだけど、もう少し具体的に書けるんじゃないかな。着目しているところはいいから、例とか使えばもっと伝わりやすくなると思うよ**라고 하자, 여자가 **では、そのようにいたします**라고 했으므로, 3 **商品の長所を詳しく書く**(상품의 장점을 자세하게 쓴다)가 정답이다. 1, 2는 이미 했고, 4는 상품의 장점을 자세하게 쓴 다음에 할 일이므로 오답이다.

어휘 資料 しりょう 명 자료　改善 かいぜん 명 개선　グラフ 명 그래프
製造 せいぞう 명 제조　コスト 명 비용, 코스트
簡潔だ かんけつだ な형 간결하다　まとめる 동 정리하다, 종합하다
セールスポイント 명 세일즈 포인트
具体的だ ぐたいてきだ な형 구체적이다
着目 ちゃくもく 명 착안, 착목　伝わる つたわる 동 전달되다
部署 ぶしょ 명 부서　人数分 にんずうぶん 인원수 분
出力 しゅつりょく 명 출력　各自 かくじ 명 각자
決まり きまり 명 정해짐, 규칙　図 ず 명 그림
用いる もちいる 동 사용하다　視覚的だ しかくてきだ な형 시각적이다
費用 ひよう 명 비용　長所 ちょうしょ 명 장점
詳しい くわしい い형 자세하다　印刷 いんさつ 명 인쇄

4

[음성]

大学で男の学生と女の学生が話しています。男の学生はこのあと何をしますか。

M：吉田先輩って以前、アメリカに留学されていましたよね。僕もアメリカに留学することになったんです。それで、ぜひアドバイスをいただけたらと思って。

F：そうなんだ。そうね、[1]私が「あのとき、しておけばよかったな」って思うのは、留学前に自分の国のことをもっと勉強しておくことかな。日本人としての意見や考えを聞かれたりするときに、自分が日本の代表だと思われてるってことに行ってから気づいたの。英語だけじゃなくてそういう勉強も大切だと思うよ。

M：今までそんなこと考えたこともなかったですけど、その通りですね。[1]僕も勉強します。

F：当たり前かもしれないけど、なんで留学に行くかっていうことをはっきりさせておかないと、時間を無駄にしてしまうよね。

M：[2]はい、それは留学試験の準備をしながら、しっかりと考えてきました。

F：それから、留学資金は多いに越したことはないから、時間のあるうちにアルバイトとかして少しでもお金を貯めることとか、うちの大学にいる留学生の友達を作っておくことかな。

M：はい、実は[3]大学1年生の頃からずっとお金を貯めてたので、それでなんとかなるかと。[4]所属しているサークルで外国人留学生とも交流しています。

F：そっか。私のできるアドバイスはこれくらいかな。

M：ありがとうございます。

男の学生はこのあと何をしますか。

[문제지]

1 日本について学び始める
2 留学の目的を明確にする
3 アルバイトを始める
4 外国人留学生の友達を作る

해석 대학에서 남학생과 여학생이 이야기하고 있습니다. 남학생은 이 다음에 무엇을 합니까?

M : 요시다 선배는 이전에, 미국에 유학 가셨었죠? 저도 미국에 유학 가게 되었습니다. 그래서, 꼭 조언을 받을 수 있으면 해서.

F : 그렇구나. 그러네, [1]내가 '그때, 해두면 좋았겠다'라고 생각하는 것은, 유학 전에 자신의 나라에 대한 것을 좀 더 공부해 두는 것이려나. 일본인으로서의 의견이나 생각을 말해야 할 때에, 내가 일본의 대표라고 생각되어지고 있다는 것을 가고 나서 깨달았어. 영어뿐만 아니라 그러한 공부도 중요하다고 생각해.

M : 지금까지 그런 것 생각한 적도 없었습니다만, 옳은 말이군요. [1]저도 공부하겠습니다.

F : 당연할지 모르지만, 어째서 유학을 가는가라는 것을 확실히 해두지 않으면, 시간을 낭비해 버려.

M : [2]네, 그것은 유학 시험 준비를 하면서, 확실히 생각해 왔습니다.

F : 그리고, 유학 자금은 많아서 나쁠 것은 없으니까, 시간이 있을 때에 아르바이트라든가 해서 조금이라도 돈을 모은다든지, 우리 대학에 있는 유학생 친구를 만들어 두는 것이려나.

M : 네, 실은 [3]대학 1학년 때부터 쭉 돈을 모으고 있었기 때문에, 그걸로 어떻게든 될까 해요. [4]소속되어 있는 서클에서 외국인 유학생과도 교류하고 있습니다.

F : 그렇구나. 내가 할 수 있는 조언은 이 정도이려나.

M : 감사합니다.

남학생은 이 다음에 무엇을 합니까?

1 일본에 대해서 배우기 시작한다
2 유학의 목적을 명확히 한다
3 아르바이트를 시작한다
4 외국인 유학생 친구를 만든다

해설 1 '일본에 대해서 배우기', 2 '유학의 목적을 명확히 하기', 3 '아르바이트하기', 4 '외국인 유학생 친구 만들기' 중 남자가 앞으로 해야 할 일을 묻는 문제이다. 대화에서, 여자가 **私が「あのとき、しておけばよかったな」って思うのは、留学前に自分の国のことをもっと勉強しておくことかな**라고 하자, 남자가 **僕も勉強します**라고 했으므로, 1 **日本について学び始める**(일본에 대해서 배우기 시작한다)가 정답이다. 2, 3, 4는 이미 했으므로 오답이다.

어휘 **以前 いぜん** [명] 이전　**留学 りゅうがく** [명] 유학　**アドバイス** [명] 조언
代表 だいひょう [명] 대표　**気づく きづく** [동] 깨닫다
その通り そのとおり 옳은 말임, 그대로임
当たり前 あたりまえ 당연함　**無駄 むだ** [명] 낭비
資金 しきん [명] 자금　**貯める ためる** [동] 모으다
所属 しょぞく [명] 소속　**サークル** [명] 서클, 동아리
交流 こうりゅう [명] 교류　**学ぶ まなぶ** [동] 배우다
目的 もくてき [명] 목적　**明確だ めいかくだ** [な형] 명확하다

5

[음성]

コンビニで店長と経営の専門家が話しています。店長は売り上げを増やすために何をすることにしましたか。

M：最近、近くに新しくコンビニがいくつかできて、お店の売り上げが減ってきてるんですよ。

F：そうですか。売り上げを増やすにはいくつかポイントがあるのですが、品ぞろえの良さはとても重要ですね。商品の種類が多いほど、お客様の滞在時間が長くなる傾向があります。種類が多いと自然に色々な商品に目移りして、衝動買いしやすくなるんです。

M：[1]スペースの関係もあって、これ以上増やすのは厳しそうです…。

F：では、[2]商品のレイアウトを工夫してみるのはどうでしょう。目の高さにある商品はよく売れる傾向にあるので、売り上げ単価の高い商品の置く位置を変えるんです。

M：それは初めて聞きましたが、[2]なんだかよさそうですね。

F：それから、売り上げデータから売れ筋商品をしっかりと把握して、それを常に欠かさないように多めに発注するのも大切ですよ。

M：はい、ただ[3]一番売れている商品は消費期限が短いものなので、残ると廃棄になってしまうんですよね。

F：それでは利益に繋がらないので無理には。常連となってくれるリピーターを獲得することも、売り上げアップには欠かせません。サービスや店員の接客がよいお店にはリピーターがつきやすいという調査結果があるんです。均一したサービスを提供できるようにアルバイトの教育を徹底することが、長期的に見ると売り上げ増加に大きく影響してきます。

M：[4]はい、それはうちでも力を入れている部分です。では、アドバイスいただいた点を取り入れてみようと思います。

店長は売り上げを増やすために何をすることにしましたか。

[문제지]

1 商品の種類を増やす
2 商品によって置く場所を変える
3 よく売れる商品を多く発注する
4 サービス教育を徹底する

해석 편의점에서 점장과 경영 전문가가 이야기하고 있습니다. 점장은 매상을 늘리기 위해 무엇을 하기로 했습니까?

M : 최근, 근처에 새롭게 편의점이 몇 가지 생겨서, 가게의 매상이 줄어들고 있어요.

F : 그렇습니까? 매상을 늘리려면 몇 가지 포인트가 있습니다만, 좋은 상품 구색을 갖추는 것은 매우 중요하지요. 상품의 종류가 많을수록, 손님의 체재 시간이 길어지는 경향이 있습니다. 종류가 많으면 자연스럽게 다양한 상품에 눈길이 쏠리고, 충동구매하기 쉬워지는 것입니다.

M : [1]공간 관계도 있어서, 이 이상 늘리는 것은 힘들 것 같습니다….

F : 그럼, [2]상품의 배열을 궁리해 보는 것은 어떨까요. 눈 높이에 있는 상품은 잘 팔리는 경향이 있기 때문에, 매상 단가가 높은 상품의 두는 위치를 바꾸는 것입니다.

M : 그것은 처음 들었습니다만, [2]어쩐지 좋을 것 같군요.

F : 그리고, 매출 데이터에서 잘 팔리는 상품을 확실히 파악해서, 그것을 항상 빠트리지 않도록 넉넉하게 발주하는 것도 중요합니다.

M : 네, 다만 [3]가장 잘 팔리고 있는 상품은 소비기한이 짧은 것이어서, 남으면 폐기되어 버립니다.

F : 그러면 이익으로 연결되지 않기 때문에 무리하게는. 단골이 되어 주는 재방문객을 획득하는 것도, 매출 상승에는 빠트릴 수 없습니다. 서비스나 점원의 접객이 좋은 가게에는 재방문객이 붙기 쉽다는 조사 결과가 있습니다. 균일한 서비스를 제공할 수 있도록 아르바이트 교육을 철저히 하는 것이, 장기적으로 보면 매상 증가에 크게 영향을 줍니다.

M : [4]네, 그것은 우리도 힘을 쏟고 있는 부분입니다. 그럼, 조언해 주신 점을 받아들여보려고 생각합니다.

점장은 매상을 늘리기 위해 무엇을 하기로 했습니까?

1 상품의 종류를 늘린다
2 상품에 따라 놓는 장소를 바꾼다
3 잘 팔리는 상품을 많이 발주한다
4 서비스 교육을 철저히 한다

해설 1 '상품 종류 늘리기', 2 '상품의 놓는 장소 바꾸기', 3 '잘 팔리는 상품 많이 발주하기', 4 '서비스 교육 철저히 하기' 중 남자가 앞으로 해야 할 일을 묻는 문제이다. 대화에서, 여자가 **商品のレイアウトを工夫してみるのはどうでしょう。目の高さにある商品はよく売れる傾向にあるので、売り上げ単価の高い商品の置く位置を変えるんです**라고 하자, 남자가 **なんだかよさそうですね**라고 했으므로, 2 **商品によって置く場所を変える**(상품에 따라 놓는 장소를 바꾼다)가 정답이다. 1은 공간 관계로 힘들다고 했고, 3은 소비기한이 짧아서 폐기해야 한다고 했으며, 4는 이미 하고 있으므로 오답이다.

어휘 コンビニ 명 편의점　できる 동 생기다
売り上げ うりあげ 명 매출, 매상　減る へる 동 줄다
増やす ふやす 동 늘리다　ポイント 명 포인트
品ぞろえ しなぞろえ 상품 구색　重要だ じゅうようだ な형 중요하다
商品 しょうひん 명 상품　種類 しゅるい 명 종류
滞在 たいざい 명 체재　傾向 けいこう 명 경향
自然だ しぜんだ な형 자연스럽다　目移り めうつり 명 눈길이 쏠림
衝動買い しょうどうがい 명 충동구매　スペース 명 공간, 스페이스
レイアウト 명 배열, 레이아웃　工夫 くふう 명 궁리
単価 たんか 명 단가　位置 いち 명 위치　データ 명 데이터
売れ筋 うれすじ 명 잘 팔리는 상품　把握 はあく 명 파악
常に つねに 부 항상　欠かす かかす 동 빠트리다
多めに おおめに 넉넉하게　発注 はっちゅう 명 발주
ただ 부 다만, 단지　消費期限 しょうひきげん 명 소비기한
廃棄 はいき 명 폐기　利益 りえき 명 이익
繋がる つながる 동 연결되다　常連 じょうれん 명 단골
リピーター 명 재방문객, 리피터　獲得 かくとく 명 획득
アップ 명 상승, 업　サービス 명 서비스　接客 せっきゃく 명 접객
調査 ちょうさ 명 조사　結果 けっか 명 결과　均一 きんいつ 명 균일
提供 ていきょう 명 제공　徹底 てってい 명 철저
長期的だ ちょうきてきだ な형 장기적이다　増加 ぞうか 명 증가
影響 えいきょう 명 영향　力を入れる ちからをいれる 힘을 쏟다
部分 ぶぶん 명 부분　取り入れる とりいれる 동 받아들이다

☞ **문제 2**의 디렉션과 예제를 들려줄 때 1번부터 6번까지의 선택지를 미리 읽고 내용을 재빨리 파악해둡니다. 음성에서 **では、始めます**(그러면, 시작합니다)가 들리면, 곧바로 문제 풀 준비를 합니다.

음성 디렉션과 예제

問題２では、まず質問を聞いてください。そのあと、問題用紙のせんたくしを読んでください。読む時間があります。それから話を聞いて、問題用紙の１から４の中から、最もよいものを一つ選んでください。では、練習しましょう。

大学で女の学生と男の学生が話しています。この女の学生は**どうして中国語の授業をとった**と言っていますか。

F：鈴木くんはどうして中国語の授業をとってるの?
M：実は小さいとき親の仕事の都合で６年間、中国に住んでたんだ。これと言って興味があることもなかったし、得意なことも中国語くらいしかなかったから、ビジネスレベルまで頑張ろうと思ってね。
F：通りで発音がきれいなわけだね。
M：木村さんは?
F：私、専攻が遺伝子工学なんだけど、今の中国を見てると経済の面でも科学技術の面でも成長がすごいでしょう。だから、**今専攻していることもあと何年かしたら中国でさらに大きく発展するかなって。**
M：確かに中国語ができれば、日本に限らず中国の研究室や企業でも不自由なく働けるしね。
F：そうそう。将来のビジョンを広げるために必要だと思うから、今のうちに習得したいんだ。
M：僕も中国語で何ができるか考えよう。

この女の学生はどうして中国語の授業をとったと言っていますか。

最もよいものは４番です。解答用紙の問題２の例のところを見てください。最もよいものは４番ですから、答えはこのように書きます。では、始めます。

해석 문제 2에서는, 우선 질문을 들어주세요. 그 뒤, 문제 용지의 선택지를 읽어주세요. 읽는 시간이 있습니다. 그리고 나서 이야기를 듣고, 문제 용지의 1에서 4 중에, 가장 알맞은 것을 하나 골라주세요. 그러면, 연습합시다.

대학에서 여학생과 남학생이 이야기하고 있습니다. 이 여학생은 **어째서 중국어 수업을 들었다**고 말하고 있습니까?

F : 스즈키 군은 어째서 중국어 수업을 듣고 있어?

M : 실은 어렸을 때 부모님의 일 사정으로 6년간, 중국에 살았었어. 이거다 말할만한 흥미가 있는 것도 없었고, 잘하는 것도 중국어 정도밖에 없었기 때문에, 비즈니스 레벨까지 힘내보자고 생각해서.

F : 그래서 발음이 깨끗했구나.

M : 기무라 씨는?

F : 나, 전공이 유전자 공학인데, 지금 중국을 보면 경제면에서도 과학 기술면에서도 성장이 대단하잖아. 그래서, **지금 전공하고 있는 것도 앞으로 몇 년인가 지나면 중국에서 더욱 크게 발전할까 해서.**

M : 확실히 중국어를 할 수 있으면, 일본에 한정하지 않고 중국의 연구실이나 기업에서도 부자유 없이 일할 수 있지.

F : 맞아 맞아. **장래의 비전을 넓히기 위해서 필요하다고 생각하니까**, 지금 동안에 습득하고 싶어.

M : 나도 중국어로 뭘 할 수 있을지 생각해 봐야지.

이 여학생은 어째서 중국어 수업을 들었다고 말하고 있습니까?

가장 알맞은 것은 4번입니다. 답안 용지의 문제 2의 예시 부분을 봐주세요. 가장 알맞은 것은 4번이므로, 정답은 이렇게 표시합니다. 그러면, 시작합니다.

1 어렸을 때 중국에서 살았기 때문에
2 따로 흥미가 있는 것이 없었기 때문에
3 일본에서가 아니라 중국에서 일하고 싶기 때문에
4 장래에 도움이 된다고 생각했기 때문에

1

[음성]

テレビでレポーターがカフェの経営者にインタビューをしています。カフェの経営者はどうして客が増えたと言っていますか。

F：今日は、最近話題のカフェの経営者である鈴木さんにお話をお伺いします。こちらのカフェの魅力はどういったところでしょうか。

M：はい、このカフェは古い家を改装した古民家カフェとして、どこか懐かしくて温かい雰囲気をコンセプトとしています。そして、お客様にお召し上がりいただくものは最高のものにしたいという思いから、有名なホテルで働いていたこともあるパティシエの友人に協力をしてもらい、その友人の作ったケーキをこちらで販売しております。

F：落ち着いた空間でおいしいケーキを食べられるというのは、とても魅力的ですね。

M：はい、また「紫芋ケーキ」というメニューがあるのですが、これはこの地域特産のものを使用しており、非常においしいと好評をいただいております。

F：そうですか、それがこのカフェの人気の秘密でしょうか。

M：いや、それも理由の一つかもしれませんが、やはり、お店で使用しているお皿のせいでしょうか。

F：といいますと？

M：はい、実はこちらで使用しているお皿はすべて私の妻が作ったものなんですが、それが個性があって素敵だと若い女性たちの間で話題になったようで。それで、ケーキセットとしてお皿も一緒に販売をすることにしたんですが、これがまた大人気でして。ありがたいことに、遠くからご来店くださる方もいて、待ち時間ができるほどになりました。

カフェの経営者はどうして客が増えたと言っていますか。

[문제지]

1 古民家を改装した建物だから
2 パティシエのケーキを販売しているから
3 地域の野菜を使ったメニューがあるから
4 手作りのお皿を販売しているから

해석 텔레비전에서 리포터가 카페 경영자에게 인터뷰를 하고 있습니다. 카페 경영자는 어째서 손님이 늘었다고 말하고 있습니까?

F : 오늘은, 최근 화제인 카페의 경영자인 스즈키 씨에게 이야기를 여쭙겠습니다. 이 카페의 매력은 어떤 점일까요?

M : 네, 이 카페는 오래된 집을 개장한 오래된 민가 카페로서, 어딘가 그립고 따뜻한 분위기를 콘셉트로 하고 있습니다. 그리고, 손님이 드시는 것은 최고의 것으로 하고 싶다는 생각으로부터, 유명한 호텔에서 일한 적도 있는 파티시에 친구에게 협력을 받아, 그 친구가 만든 케이크를 이쪽에서 판매하고 있습니다.

F : 차분한 공간에서 맛있는 케이크를 먹을 수 있다는 것은, 매우 매력적이네요.

M : 네, 또 '자색 고구마 케이크'라는 메뉴가 있습니다만, 이것은 이 지역 특산품을 사용하고 있어, 매우 맛있다고 호평을 받고 있습니다.

F : 그렇습니까, 그것이 이 카페의 인기의 비밀일까요?

M : 아뇨, 그것도 이유의 하나일지도 모르겠습니다만, 역시, 가게에서 사용하고 있는 그릇 탓이 아닐까요?

F : 라고 말씀하시면?

M : 네, 실은 여기에서 사용하고 있는 접시는 모두 저의 아내가 만든 것입니다만, 그것이 개성이 있어서 멋지다고 젊은 여성들 사이에서 화제가 된 것 같아서. 그래서, 케이크 세트로서 그릇도 함께 판매를 하기로 한 것입니다만, 이것이 또 대인기여서. 감사하게도, 멀리에서 가게에 와 주시는 분도 있어서, 대기 시간이 생길 정도가 되었습니다.

카페 경영자는 어째서 손님이 늘었다고 말하고 있습니까?

1 오래된 민가를 개장한 건물이기 때문에

2 파티시에의 케이크를 판매하고 있기 때문에

3 지역의 야채를 사용한 메뉴가 있기 때문에

4 수제 접시를 판매하고 있기 때문에

해설 어째서 손님이 늘었는지 묻는 문제이다. 각 선택지의 핵심 내용은 1 '민가를 개장해서', 2 '파티시에의 케이크를 판매해서', 3 '지역의 야채를 사용해서', 4 '수제 접시를 판매해서'이다. 대화에서, 남자가 **それも理由の一つかもしれませんが、やはり、お店で使用しているお皿のせいでしょうか, ケーキセットとしてお皿も一緒に販売をすることにしたんですが、これがまた大人気でして, 待ち時間ができるほどになりました**라고 했으므로, 4 **手作りのお皿を販売しているから**(수제 접시를 판매하고 있기 때문에)가 정답이다. 오답 선택지 1, 2, 3은 손님이 늘어난 가장 큰 이유로 언급한 점이 아니므로 오답이다

어휘 話題 わだい 명 화제　カフェ 명 카페
経営者 けいえいしゃ 명 경영자　魅力 みりょく 명 매력
改装 かいそう 명 개장　古民家 こみんか 명 오래된 민가
懐かしい なつかしい い형 그립다　雰囲気 ふんいき 명 분위기
コンセプト 명 콘셉트　最高 さいこう 명 최고
パティシエ 명 파티시에　協力 きょうりょく 명 협력
販売 はんばい 명 판매　落ち着く おちつく 동 차분하다
空間 くうかん 명 공간　紫芋 むらさきいも 명 자색 고구마
地域 ちいき 명 지역　特産 とくさん 명 특산　使用 しよう 명 사용
非常に ひじょうに 부 매우　好評 こうひょう 명 호평
秘密 ひみつ 명 비밀　皿 さら 명 접시　個性 こせい 명 개성
素敵だ すてきだ な형 멋지다　大人気 だいにんき 명 대인기
ありがたい い형 감사하다　来店 らいてん 명 가게에 옴, 내점
待ち時間 まちじかん 대기 시간　手作り てづくり 명 수제

2

[음성]

コンビニで店長と店員が話しています。店長は店員について何が一番よいと言っていますか。

F：ちょっといいかな。林くんに、来月からアルバイトのリーダーを任せたいと思ってて。時給も上がるし、悪くないかなと思うんだけどどう?

M：本当ですか。ありがとうございます。

F：こちらこそ、いつも仕事頑張ってくれてありがとう。さっきもお客さんから、あの子はいつもはきはきと話してて気持ちがいいって言われたよ。サービス業は相手に伝わるように話すことが大事だからね。それに遅刻や欠席なんかもしないから約束をしっかり守れる人なんだと思ってるよ。

M：ありがとうございます。うれしいです。

F：そして、何より、お客さんに対してもそうだけど、ほかのアルバイトたちにも常に笑顔で話してて、本当にすごいなって思っちゃうよ。林くんがいるとみんな楽しそうに仕事するんだよね。だからぴったりだと思うの。

M：恐れ入ります。

F：これからはリーダーとして、これまで以上にリーダーシップを発揮しながらみんなのことを引っ張っていってあげてね。期待してるよ。

M：精一杯頑張ります。

店長は店員について何が一番よいと言っていますか。

[문제지]

1 声が大きくて聞き取りやすいところ

2 きちんと約束を守れるところ

3 誰に対しても笑顔でいるところ

4 リーダーシップがあるところ

해석 편의점에서 점장과 점원이 이야기하고 있습니다. 점장은 점원에 대해서 무엇이 가장 좋다고 말하고 있습니까?

F : 잠깐 괜찮을까? 하야시 군에게, 다음 달부터 아르바이트 리더를 맡기고 싶다고 생각해서. 시급도 오르고, 나쁘지 않을 거라고 생각하는데 어때?

M : 정말인가요? 감사합니다.

F : 이쪽이야말로, 언제나 일을 열심히 해줘서 고마워. 아까도 손님으로부터, 저 아이는 언제나 시원시원하게 이야기해서 기분이 좋다고 들었어. 서비스업은 상대에게 전달되도록 이야기하는 것이 중요하니까. 게다가 지각이나 결근 같은 것도 하지 않으니 약속을 확실히 지킬 수 있는 사람이라고 생각하고 있어.

M : 감사합니다. 기쁩니다.

F : 그리고, 무엇보다, 손님에 대해서도 그렇지만, 다른 아르바이트들에게도 항상 웃는 얼굴로 이야기해서, 정말로 대단하다고 생각해버려. 하야시 군이 있으면 모두 즐거운 듯이 일을 하지. 그래서 딱 맞는다고 생각해.

M : 감사합니다.

F : 이제부터는 리더로서, 지금까지 이상으로 리더십을 발휘하면서 모두를 이끌어 가 줘. 기대하고 있어.

M : 있는 힘껏 노력하겠습니다.

점장은 점원에 대해서 무엇이 가장 좋다고 말하고 있습니까?

1 목소리가 커서 알아듣기 쉬운 점

2 제대로 약속을 지킬 수 있는 점

3 누구에 대해서도 웃는 얼굴로 있는 점

4 리더십이 있는 점

해설 점장이 말하는 점원의 가장 좋은 점을 묻는 문제이다. 각 선택지의 핵심 내용은 1 '목소리가 큰 점', 2 '약속을 지키는 점', 3 '누구에게나 웃는 얼굴인 점', 4 '리더십이 있는 점'이다. 대화에서, 여자가 **何より、お客さんに対してもそうだけど、ほかのアルバイトたちにも常に笑顔で話してて、本当にすごいなって思っちゃうよ**라고 했으므로, 3 **誰に対しても笑顔でいるところ**(누구에 대해서도 웃는 얼굴로 있는 점)가 정답이다. 오답 선택지 1은 손님이 한 이야기이고, 2는 가장 좋다고 언급한 점은 아니며, 4는 언급되지 않았으므로 오답이다.

어휘 リーダー [명] 리더　任せる まかせる [동] 맡기다
時給 じきゅう [명] 시급　さっき [부] 아까　はきはき [부] 시원시원
サービス業 サービスぎょう [명] 서비스업　相手 あいて [명] 상대
伝わる つたわる [동] 전달되다　遅刻 ちこく [명] 지각
欠席 けっせき [명] 결석　守る まもる [동] 지키다
常に つねに [부] 항상　笑顔 えがお [명] 웃는 얼굴
ぴったり [부] 딱 맞음　恐れ入る おそれいる [동] 감사하다, 황송하다
リーダーシップ [명] 리더십　発揮 はっき [명] 발휘
引っ張る ひっぱる [동] 이끌다　期待 きたい [명] 기대
精一杯 せいいっぱい [부] 있는 힘껏　声 こえ [명] 목소리
聞き取る ききとる [동] 알아듣다　きちんと [부] 제대로

3

[음성]

テレビでアナウンサーが医者に熱中症の予防方法についてインタビューしています。医者は、一番気を付けるべきことは何だと言っていますか。

M：そろそろ熱中症の患者さんが増える時期かと思いますが、予防法を教えていただけますか。

F：はい、言うまでもないかもしれませんが、熱中症の予防にはこまめな水分補給が重要です。汗をかいてないときでも人間の体からは水分が排出され続けますからね。

M：そうですね。他にはどういったことがありますでしょうか。

F：はい、外出の際には、帽子や日傘などを使って、直接太陽に当たらないことが大切です。そうすることで、少しでも体内の温度の上昇を抑えることができます。また、エアコンを積極的に使うことも大切でして、特にお年寄りの方々は暑さを感じる機能が低下してくるので、室内でも熱中症になる恐れがあります。エアコンを活用しましょう。

M：確かに、自宅で熱中症になられるお年寄りの方が多いですよね。

F：それから、気温差が原因で熱中症になることもあります。気温差が大きいと体がその変化についていけず、自律神経が乱れて、体の熱を外に出すことができなくなるからです。クーラーの設定温度を下げすぎない、などの対策で多少は防げます。これはなかなか知られていないことなので、特に注意していただきたいと思っています。

M：なるほど。ありがとうございました。

医者は、一番気を付けるべきことは何だと言っていますか。

[문제지]

1 ひんぱんに水分をとり続けること
2 直接太陽に当たらないこと
3 暑いと感じなくてもエアコンをつけること
4 気温差をなるべく作らないこと

해석 텔레비전에서 아나운서가 의사에게 열사병의 예방 방법에 대해서 인터뷰하고 있습니다. 의사는, 가장 조심해야 할 것은 무엇이라고 말하고 있습니까?

M : 슬슬 열사병 환자가 느는 시기라고 생각합니다만, 예방법을 가르쳐 주실 수 있나요?

F : 네, 말할 필요도 없을지 모르지만, 열사병 예방에는 부지런한 수분 보급이 중요합니다. 땀을 흘리지 않을 때에도 인간의 몸에서는 수분이 계속 배출되니까요.

M : 그렇군요. 그밖에는 어떠한 것이 있을까요?

F : 네, 외출 시에는, 모자나 양산 등을 사용해서, 직접 태양을 쬐지 않는 것이 중요합니다. 그렇게 함으로써, 조금이라도 체내의 온도 상승을 억제하는 것이 가능합니다. 또, 에어컨을 적극적으로 사용하는 것도 중요해서, 특히 어르신분들은 더위를 느끼는 기능이 저하되기 때문에, 실내에서도 열사병에 걸릴 우려가 있습니다. 에어컨을 활용합시다.

M : 확실히, 자택에서 열사병에 걸리시는 어르신이 많지요.

F : 그리고, 기온 차가 원인으로 열사병이 되는 경우도 있습니다. 기온 차가 크면 몸이 그 변화에 따라가지 못해, 자율 신경이 흐트러져, 몸의 열을 밖으로 내보내는 것이 불가능하게 되기 때문입니다. 에어컨의 설정 온도를 너무 낮추지 않는다, 등의 대책으로 다소 막을 수 있습니다. 이것은 좀처럼 알려져 있지 않은 것이기 때문에, 특히 주의해 주셨으면 합니다.

M : 그렇군요. 감사합니다.

의사는, 가장 조심해야 할 것은 무엇이라고 말하고 있습니까?

1 빈번하게 수분을 계속 섭취하는 것
2 직접 태양을 쬐지 않는 것
3 덥다고 느끼지 않아도 에어컨을 트는 것
4 기온 차를 가능한 한 만들지 않는 것

해설 가장 조심해야 할 것을 묻는 문제이다. 각 선택지의 핵심 내용은 1 '빈번히 수분 섭취하기', 2 '직접 태양을 쬐지 않기', 3 '덥지 않아도 에어컨 틀기', 4 '기온 차를 만들지 않기'이다. 대화에서, 여자가 **気温差が原因で熱中症になることもあります, これはなかなか知られていないことなので、特に注意していただきたいと思っています**라고 했으므로, 4 気温差をなるべく作らないこと(기온 차를 가능한 한 만들지 않는 것)가 정답이다. 오답 선택지 1, 2, 3은 가장 조심해야 한다고 언급한 점이 아니므로 오답이다.

어휘 熱中症 ねっちゅうしょう [명] 열사병　患者 かんじゃ [명] 환자
時期 じき [명] 시기　予防法 よぼうほう [명] 예방법
こまめだ [な형] 부지런하다　水分 すいぶん [명] 수분
補給 ほきゅう [명] 보급　重要だ じゅうようだ [な형] 중요하다
汗をかく あせをかく 땀을 흘리다　人間 にんげん [명] 인간
排出 はいしゅつ [명] 배출　外出 がいしゅつ [명] 외출

日傘 ひがさ 명 양산　直接 ちょくせつ 명 직접
太陽 たいよう 명 태양　当たる あたる 동 쬐다
体内 たいない 명 체내　温度 おんど 명 온도
上昇 じょうしょう 명 상승　抑える おさえる 동 억제하다
エアコン 명 에어컨　積極的だ せっきょくてきだ な형 적극적이다
年寄り としより 명 어르신　方々 かたがた 명 분들
感じる かんじる 동 느끼다　機能 きのう 명 기능
低下 ていか 명 저하　室内 しつない 명 실내　恐れ おそれ 명 우려
活用 かつよう 명 활용　自宅 じたく 명 자택
気温差 きおんさ 명 기온 차　変化 へんか 명 변화
自律神経 じりつしんけい 명 자율 신경
乱れる みだれる 동 흐트러지다　クーラー 명 에어컨, 쿨러
設定 せってい 명 설정　温度 おんど 명 온도
対策 たいさく 명 대책　多少 たしょう 부 다소　防ぐ ふせぐ 동 막다
ひんぱんだ な형 빈번하다

4

[음성]

ラジオで専門家が女性の社会進出について話しています。専門家は、女性の社会進出が進まない一番の原因は何だと言っていますか。

F：女性の社会進出において鍵となるのは、再就職です。再就職とは、出産や育児を機に職を手放さざるを得なかった女性たちが、仕事に復帰することを指します。これを妨げるものとして、仕事から離れていた期間が再就職に不利に働くことなどが挙げられます。しかしそれ以前に、子どもを預けるための保育園が不足していることが本当の問題だと私は考えています。働きたいという意思を持っているにもかかわらず、預け先がないために就職を試みることすらできないと嘆く女性がたくさんいるのです。女性の社会進出が遅れている理由として、家事育児は女性の領域だという意識が男性側にあるからだ、会社のシステムが子育てと仕事の両立ができるように成っていないからだなどの意見も見受けられます。確かにこれらも要因の一つであるとは思いますが、それよりももっと根本的なところに問題があると思います。

専門家は、女性の社会進出が進まない一番の原因は何だと言っていますか。

[문제지]

1 出産や育児で働いていない期間があること
2 子どもを預ける施設が足りないこと
3 家事や育児が女性のものだという考えがあること
4 女性が働きづらい会社の仕組みがあること

해석 라디오에서 전문가가 여성의 사회 진출에 대해서 이야기하고 있습니다. 전문가는, 여성의 사회 진출이 진척되지 않는 가장 큰 원인은 무엇이라고 말하고 있습니까?

F：여성의 사회 진출에 있어서 열쇠가 되는 것은, 재취직입니다. 재취직이란, 출산이나 육아를 계기로 일을 놓지 않을 수 없었던 여성들이, 일에 복귀하는 것을 가리킵니다. 이것을 방해하는 것으로써, 일에서 떨어져 있던 기간이 재취직에 불리하게 작용한다는 것 등이 들어집니다. 하지만 그 이전에, 아이를 맡기기 위한 보육원이 부족한 것이 진정한 문제라고 저는 생각하고 있습니다. 일하고 싶다는 의사를 가지고 있음에도 불구하고, 맡길 곳이 없기 때문에 취직을 시도하는 것조차 불가능하다고 한탄하는 여성이 많이 있는 것입니다. 여성의 사회 진출이 늦어지고 있는 이유로써, 가사 육아는 여성의 영역이라는 의식이 남성 측에 있기 때문이다, 회사의 시스템이 육아와 일의 양립이 가능하도록 되어 있지 않기 때문이다 등의 의견도 눈에 띕니다. 확실히 이것들도 요인의 하나라고는 생각합니다만, 그것보다도 더 근본적인 곳에 문제가 있다고 생각합니다.

전문가는, 여성의 사회 진출이 진척되지 않는 가장 큰 원인은 무엇이라고 말하고 있습니까?

1 출산과 육아로 일하지 않은 기간이 있는 것
2 아이를 맡길 시설이 부족한 것
3 가사나 육아가 여성의 것이라고 하는 생각이 있는 것
4 여성이 일하기 어려운 회사의 구조가 있는 것

해설 여성의 사회 진출이 진척되지 않는 가장 큰 원인을 묻는 문제이다. 각 선택지의 핵심 내용은 1 '일하지 않은 기간이 있는 것', 2 '아이를 맡길 시설이 부족한 것', 3 '가사나 육아를 여성의 일로 생각하는 것', 4 '여성이 일하기 어려운 회사 구조'인 것이다. 여자가 しかしそれ以前に、子どもを預けるための保育園が不足していることが本当の問題だと私は考えています라고 했으므로, 2 子どもを預ける施設が足りないこと(아이를 맡길 시설이 부족한 것)가 정답이다. 오답 선택지 1, 3, 4는 가장 큰 원인이라고 언급한 점이 아니므로 오답이다.

어휘 進出 しんしゅつ 명 진출　再就職 さいしゅうしょく 명 재취직
出産 しゅっさん 명 출산　育児 いくじ 명 육아　機に きに 계기로
職 しょく 명 일　手放す てばなす 동 놓다　復帰 ふっき 명 복귀
妨げる さまたげる 동 방해하다　離れる はなれる 동 떨어지다
期間 きかん 명 기간　不利だ ふりだ な형 불리하다
働く はたらく 동 작용하다　預ける あずける 동 맡기다
保育園 ほいくえん 명 보육원　不足 ふそく 명 부족
意思 いし 명 의사　預け先 あずけさき 맡길 곳
就職 しゅうしょく 명 취직　試みる こころみる 동 시도하다
嘆く なげく 동 한탄하다　家事 かじ 명 가사
領域 りょういき 명 영역　意識 いしき 명 의식　システム 명 시스템
子育て こそだて 명 육아　両立 りょうりつ 명 양립
見受ける みうける 동 눈에 띄다　要因 よういん 명 요인
根本的だ こんぽんてきだ な형 근본적이다　施設 しせつ 명 시설
仕組み しくみ 명 구조

5

[음성]

市役所で女の職員と部長が市で開催するイベントについて話しています。部長は何を改善することにしましたか。

F：部長、市のイベントに対する市民へのアンケート調査の結果をお持ちしました。

M：ありがとう。えーっと、まずは、夏の花火大会についてか。もう少し規模を大きくして、花火の量を増やしてほしいという声があるんだね。

F：はい、ただそれは予算の都合もあるので、少々現実的ではないかと。2か月に一度のフリーマーケットについては、出店しているお店が少ないので、もっと増やしてほしいという意見が多いですね。

M：うーん、出店料を安くするとかして、気軽に出店してもらえるように試みてはいるんだけどね。それでは増えなかったか。それから、商店街のスタンプラリーでもらえる賞品をものではなくて、商店街で使える割引券にしてほしいという声があるんだね。

F：はい、そうするとスタンプラリーを回りながら買い物をして、その景品でもらった割引券を使ってまた買い物することになるので、商店街の活性化により効果的かと思います。

M：うん。商品を準備するよりも楽だし、いいアイデアだね。

F：最後にマラソン大会の開催時期について、寒い時期じゃなくて、涼しい時期に開催してほしいという意見もいただきました。

M：そうできればいいんだけど、ほかの時期は桜祭りがあったり、花火大会があったり、秋祭りがあったりするから、その時期以外じゃイベントを開催するだけの人員が確保できないんだよ。

F：確かにその通りですね。

部長は何を改善することにしましたか。

[문제지]

1 花火大会の規模を大きくする
2 フリーマーケットの出店者を増やす
3 スタンプラリーの商品を変える
4 マラソン大会の時期を変える

해석 시청에서 여직원과 부장이 시에서 개최하는 이벤트에 대해서 이야기하고 있습니다. 부장은 무엇을 개선하기로 했습니까?

F：부장님, 시의 이벤트에 대한 시민 앙케트 조사 결과를 가지고 왔습니다.

M：고마워. 음, 우선은, 여름 불꽃놀이 대회에 대해서인가. 조금 더 규모를 크게 해서, 불꽃의 양을 늘리길 바란다는 목소리가 있군.

F：네, 다만 그것은 예산 사정도 있어서, 좀 현실적이지는 않은가 하고. 2개월에 한 번인 벼룩시장에 대해서는, 출점하고 있는 가게가 적어서, 좀 더 늘리길 바란다는 의견이 많네요.

M：음, 출점료를 싸게 하든가 해서, 부담 없이 출점해 주도록 시도하고는 있는데. 그걸로는 늘지 않았나. 그리고, 상점가의 스탬프 랠리에서 받을 수 있는 상품을 물건이 아니라, 상점가에서 사용할 수 있는 할인권으로 하길 바란다는 목소리가 있네.

F：네, 그렇게 하면 스탬프 랠리를 돌면서 쇼핑을 하고, 그 경품으로 받은 할인권을 사용해서 또 쇼핑을 하게 되기 때문에, 상점가의 활성화에 보다 효과적일 거라고 생각해요.

M：응. 상품을 준비하는 것보다 편하고, 좋은 아이디어네.

F：마지막으로 마라톤 대회의 개최 시기에 대해서, 추운 시기가 아니라, 시원한 시기에 개최하길 바란다는 의견도 받았어요.

M：그렇게 할 수 있으면 좋은데, 다른 시기는 벚꽃 축제가 있거나, 불꽃놀이 대회가 있거나, 가을 축제가 있거나 하니까, 그 시기 이외로는 이벤트를 개최할 만큼의 인원을 확보할 수 없어.

F：확실히 그 말대로네요.

부장은 무엇을 개선하기로 했습니까?

1 불꽃놀이 대회 규모를 크게 한다
2 벼룩시장 출점자를 늘린다
3 스탬프 랠리 상품을 바꾼다
4 마라톤 대회의 시기를 바꾼다

해설 부장이 무엇을 개선하기로 했는지 묻는 문제이다. 각 선택지의 핵심 내용은 1 '불꽃놀이 규모를 크게 하기', 2 '벼룩시장 출점자 늘리기', 3 '스탬프 랠리 상품 바꾸기', 4 '마라톤 대회 시기 바꾸기'이다. 대화에서, 남자가 **商店街のスタンプラリーでもらえる賞品をものではなくて、商店街で使える割引券にしてほしいという声があるんだね、商品を準備するよりも楽だし、いいアイデアだね**라고 했으므로, 3 スタンプラリーの商品を変える(스탬프 랠리 상품을 바꾼다)가 정답이다. 오답 선택지 1은 예산이 부족하다고 했고, 2는 이미 조치를 취했으나 효과가 없었고, 4는 인원 확보 문제가 있으므로 오답이다.

어휘 イベント 명 이벤트　アンケート 명 앙케트　調査 ちょうさ 명 조사
結果 けっか 명 결과　花火 はなび 명 불꽃　大会 たいかい 명 대회
規模 きぼ 명 규모　量 りょう 명 양　増やす ふやす 동 늘리다
声 こえ 명 목소리　予算 よさん 명 예산　少々 しょうしょう 명 좀
現実的だ げんじつてきだ な형 현실적이다
フリーマーケット 명 벼룩시장　出店 しゅってん 명 출점
出店料 しゅってんりょう 명 출점료　気軽だ きがるだ な형 부담 없다
試みる こころみる 동 시도하다　商店街 しょうてんがい 명 상점가
スタンプラリー 명 스탬프 랠리　賞品 しょうひん 명 상품
割引券 わりびきけん 명 할인권　景品 けいひん 명 경품
活性化 かっせいか 명 활성화
効果的だ こうかてきだ な형 효과적이다　楽だ らくだ な형 편하다
アイデア 명 아이디어　マラソン 명 마라톤　開催 かいさい 명 개최
時期 じき 명 시기　桜 さくら 명 벚꽃　人員 じんいん 명 인원
確保 かくほ 명 확보　その通り そのとおり 그 말대로임

6

[음성]

教室で先生が異文化理解論の授業について話しています。先生は、この授業の中で一番大事なことは何だと言っていますか。

M：今日は、この授業を通して学んでいく内容を説明します。まず、異文化理解の基礎となる「文化の概念」を学び、文化とはなにか改めて考えてもらいます。そして「異文化の概念」とそれを把握する方法を学ぶことで、身近にある異文化に気づけるようになることを目標としています。それから、人間が異文化に対して感じる違和感とその心理をグループディスカッションで話し合ったうえで、それを克服するために「異文化理解の実践」に移ります。この授業で学んだことを実生活で生かすために考え、実際に行動することでより理解が深まります。これは最も重要な過程となります。

先生は、この授業の中で一番大事なことは何だと言っていますか。

[문제지]

1 文化の概念の理解
2 異文化の概念の理解
3 文化理解の実践
4 異文化理解の実践

해석 교실에서 선생님이 이문화 이해론 수업에 대해서 이야기하고 있습니다. 선생님은, 이 수업 중에서 가장 중요한 것은 무엇이라고 말하고 있습니까?

M : 오늘은, 이 수업을 통해서 배워갈 내용을 설명하겠습니다. 우선, 이문화 이해의 기초가 되는 '문화의 개념'을 배우고, 문화란 무엇인가를 새롭게 생각해 주세요. 그리고 '이문화의 개념'과 그것을 파악하는 방법을 배우는 것으로, 가까이에 있는 이문화를 알아차릴 수 있게 되는 것을 목표로 하고 있습니다. 그리고, 인간이 이문화에 대해서 느끼는 위화감과 그 심리를 집단 토의로 의논한 후에, 그것을 극복하기 위해 '이문화 이해의 실천'으로 옮겨갑니다. 이 수업에서 배운 것을 실생활에 살리기 위해 생각하고, 실제로 행동함으로써 보다 이해가 깊어집니다. 이것은 가장 중요한 과정이 됩니다.

선생님은, 이 수업 중에서 가장 중요한 것은 무엇이라고 말하고 있습니까?

1 문화 개념의 이해
2 이문화 개념의 이해
3 문화 이해의 실천
4 이문화 이해의 실천

해설 이 수업에서 가장 중요한 것을 묻는 문제이다. 각 선택지는 1 '문화 개념의 이해', 2 '이문화 개념의 이해', 3 '문화 이해의 실천', 4 '이문화 이해의 실천'이다. 남자가 「異文化理解の実践」に移ります。この授業で学んだことを実生活で生かすために考え、実際に行動することでより理解が深まります。これは最も重要な過程となります라고 했으므로, 4 **異文化理解の実践**(이문화 이해의 실천)이 정답이다. 오답 선택지 1, 2는 가장 중요하다고 언급한 점이 아니고, 3은 언급되지 않았으므로 오답이다.

어휘 学ぶ まなぶ 동 배우다　内容 ないよう 명 내용
異文化 いぶんか 명 이문화　理解 りかい 명 이해
基礎 きそ 명 기초　概念 がいねん 명 개념
改めて あらためて 부 새롭게, 다시　把握 はあく 명 파악
方法 ほうほう 명 방법　身近だ みぢかだ な형 (자기 몸에서) 가깝다
気づく きづく 동 알아차리다　目標 もくひょう 명 목표
違和感 いわかん 명 위화감　心理 しんり 명 심리
グループディスカッション 명 집단 토의
話し合う はなしあう 동 의논하다　克服 こくふく 명 극복
実践 じっせん 명 실천　実生活 じっせいかつ 명 실생활
生かす いかす 동 살리다　実際 じっさい 명 실제
行動 こうどう 명 행동　深まる ふかまる 동 깊어지다
最も もっとも 부 가장　重要だ じゅうようだ な형 중요하다
過程 かてい 명 과정

☞ 문제 3은 문제지에 아무것도 인쇄되어 있지 않습니다. 따라서, 예제를 들려줄 때, 그 내용을 들으면서 개요 이해의 문제 풀이 전략을 떠올려 봅니다. 음성에서 では、始めます(그러면, 시작합니다)가 들리면, 곧바로 문제 풀 준비를 합니다.

음성 디렉션과 예제

問題3では、問題用紙に何も印刷されていません。この問題は、全体としてどんな内容かを聞く問題です。話の前に質問はありません。まず話を聞いてください。それから、質問とせんたくしを聞いて、1から4の中から、最もよいものを一つ選んでください。では、練習しましょう。

女の人が男の人に有名レストランについて聞いています。

F：半年前に予約してやっと行けたんでしょう?半年待った甲斐があった?

M：うん、やっぱり**高級店だけあってお店の雰囲気やサービスはさすがだったよ**。客の年齢層も高くて、子供連れがいないから、静かに食事したい人にはおすすめだよ。ただ、**値段の割に味は今一つかな**。これは好みの問題かもしれないけど、**僕は味の濃いものより素材の味が楽しめるものが好きなんだ**。濃い味付けが苦手という人には向かないと思う。

男の人は高級レストランについてどう思っていますか。

1 雰囲気やサービスは良いが、料理は口に合わない
2 雰囲気やサービスも良いし、料理もおいしい

3 雰囲気やサービスは良くないが、料理はおいしい
4 雰囲気やサービスも良くないし、料理も口に合わない

最もよいものは1番です。解答用紙の問題3の例のところを見てください。最もよいものは1番ですから、答えはこのように書きます。では、始めます。

해석 문제 3에서는, 문제 용지에 아무것도 인쇄되어 있지 않습니다. 이 문제는, 전체적으로 어떤 내용인지를 묻는 문제입니다. 이야기 전에 질문은 없습니다. 우선 이야기를 들어주세요. 그리고 나서, 질문과 선택지를 듣고, 1에서 4 중에, 가장 알맞은 것을 하나 골라주세요. 그러면, 연습합시다.

여자가 남자에게 유명 레스토랑에 대해 묻고 있습니다.

F : 반년 전에 예약해서 겨우 갈 수 있었지? 반년 기다린 보람이 있었어?

M : 응, 역시 **고급 가게인 만큼의 가치가 있어서 가게의 분위기나 서비스는 역시였어.** 손님의 연령층도 높아서, 아이 동반이 없으니까, 조용히 식사하고 싶은 사람에게는 추천이야. 하지만, **가격에 비해 맛은 조금 부족했을까.** 이것은 취향 문제일지도 모르지만, **나는 맛이 진한 것보다 소재의 맛을 즐길 수 있는 것이 좋아.** 진한 맛이 거북하다는 사람에게는 맞지 않다고 생각해.

남자는 고급 레스토랑에 대해 어떻게 생각하고 있습니까?

1 분위기나 서비스는 좋지만, 요리는 입에 맞지 않는다
2 분위기나 서비스도 좋고, 요리도 맛있다
3 분위기나 서비스는 좋지 않지만, 요리는 맛있다
4 분위기나 서비스도 좋지 않고, 요리도 입에 맞지 않는다

가장 알맞은 것은 1번입니다. 답안 용지의 문제 3의 예시 부분을 봐주세요. 가장 알맞은 것은 1번이므로, 정답은 이렇게 표시합니다. 그러면, 시작합니다.

1

[음성]

大学の授業で先生が話しています。

F：芸術というと、芸術家やそれを目指す人の領域であって、一般の人にとっては見て楽しむだけのものだと思っている人もいるかもしれません。ですが本来、芸術、つまり作品を作ることは自分の中にある創造意欲や想いを自由に表現することであり、それは誰にとっても同じことです。そして、その過程において創作活動そのものを楽しむことでもあります。また、ストレスの解消や、精神を落ち着かせてくれるなど、癒しの効果があることも証明されていて、医療の現場でも取り入れられています。このように、芸術は有名な作品を見て楽しむだけではなく、自己表現するためのツールでもあり、私たちの心を豊かにしてくれるものでもあります。

先生の話のテーマは何ですか。

1 芸術の持つ特徴
2 芸術と治療の関係
3 自分を表現する方法
4 創作活動の楽しみ方

해석 대학 수업에서 선생님이 이야기하고 있습니다.

F : 예술이라고 하면, 예술가나 그것을 목표로 하는 사람의 영역이고, 일반 사람에게 있어서는 보고 즐길 뿐인 것이라고 생각하고 있는 사람도 있을지도 모릅니다. 하지만 본래, 예술, 즉 작품을 만드는 것은 자신 안에 있는 창조 의욕이나 생각을 자유롭게 표현하는 것이며, 그것은 누구에게 있어서도 같은 것입니다. 그리고, 그 과정에 있어서 창작 활동 그 자체를 즐기는 것이기도 합니다. 또, 스트레스의 해소나, 정신을 안정시켜 주는 등, 치유 효과가 있는 것도 증명되어 있어, 의료 현장에서도 도입되고 있습니다. 이와 같이, 예술은 유명한 작품을 보고 즐길 뿐만 아니라, 자기 표현하기 위한 도구이기도 하고, 우리들의 마음을 풍요롭게 해 주는 것이기도 합니다.

선생님의 이야기의 테마는 무엇입니까?

1 예술이 갖는 특징
2 예술과 치료의 관계
3 자신을 표현하는 방법
4 창작 활동을 즐기는 법

해설 상황 설명에서 선생님이 대학 수업에서 이야기하고 있다고 했으므로, 선생님의 이야기를 전체적인 흐름을 파악하며 주의 깊게 듣는다. 선생님이 **創造意欲や想いを自由に表現, 創作活動そのものを楽しむこと, ストレスの解消や、精神を落ち着かせてくれるなど、癒しの効果, 芸術は有名な作品を見て楽しむだけではなく、自己表現するためのツールでもあり、私たちの心を豊かにしてくれるものでもあります**라고 했다. 질문에서 선생님의 이야기의 테마를 묻고 있으므로, 1 **芸術の持つ特徴**(예술이 갖는 특징)가 정답이다.

어휘 芸術 げいじゅつ 명 예술　芸術家 げいじゅつか 명 예술가
目指す めざす 동 목표로 하다　領域 りょういき 명 영역
一般 いっぱん 명 일반　本来 ほんらい 부 본래
作品 さくひん 명 작품　創造 そうぞう 명 창조　意欲 いよく 명 의욕
想い おもい 명 생각　表現 ひょうげん 명 표현
過程 かてい 명 과정　創作 そうさく 명 창작　活動 かつどう 명 활동
ストレス 명 스트레스　解消 かいしょう 명 해소
精神 せいしん 명 정신　落ち着く おちつく 동 안정되다
癒し いやし 명 치유　効果 こうか 명 효과　証明 しょうめい 명 증명
医療 いりょう 명 의료　現場 げんば 명 현장
取り入れる とりいれる 동 도입하다　自己 じこ 명 자기
ツール 명 도구　豊かだ ゆたかだ な형 풍요롭다
特徴 とくちょう 명 특징

2

[음성]

テレビで男の人が動物について話しています。

M：私たち人間は常に人と関わり、ときには友達を作りますよね。相対的に、厳しい自然環境の中で生き残らなければいけない動物たちには、そのような概念すらないと考えられてきました。しかし、ある研究の結果、動物たちも人のように友達を作ることが明らかになりました。たとえば、フラミンゴは集団で生活をする生き物ですが、その中には子育てなどの生存戦略とは関係のない、常に行動を共にする仲良し同士のグループがあるのだそうです。さらに、人のように苦手な相手を避けるような行動も見られるといいます。このような例は鳥類だけではなく、ヘビなどの爬虫類、ピューマなどの肉食の哺乳類でも見られるというから驚きです。

男の人の話のテーマは何ですか。

1 動物が集団行動をする理由
2 動物の生存戦略についての研究
3 動物も友達を作るという事実
4 動物の好き嫌いの概念

해석 텔레비전에서 남자가 동물에 대해서 이야기하고 있습니다.

M : 우리들 인간은 항상 사람과 관계되고, 때로는 친구를 만들지요. 상대적으로, 험한 자연 환경 속에서 살아남지 않으면 안 되는 동물들에게는, 그러한 개념조차 없다고 생각되어 왔습니다. 하지만, 어떤 연구 결과, 동물들도 사람과 같이 친구를 만드는 것이 분명하게 되었습니다. 예를 들면, 플라밍고는 집단으로 생활을 하는 생물입니다만, 그중에는 육아 등의 생존 전략과는 관계가 없는, 항상 행동을 함께 하는 사이가 좋은 친구끼리의 그룹이 있다고 합니다. 게다가, 사람처럼 거북한 상대를 피하는 듯한 행동도 보인다고 합니다. 이와 같은 예는 조류뿐만 아니라, 뱀 등의 파충류, 퓨마 등의 육식 포유류에서도 볼 수 있다고 하니 놀랍습니다.

남자의 이야기의 테마는 무엇입니까?

1 동물이 집단행동을 하는 이유
2 동물의 생존 전략에 대한 연구
3 동물도 친구를 만든다는 사실
4 동물의 호불호 개념

해설 상황 설명에서 남자가 동물에 대해 이야기하고 있다고 했으므로, 남자가 동물과 관련하여 어떤 말을 하는지 주의 깊게 듣는다. 남자가 **ある研究の結果、動物たちも人のように友達を作ることが明らかになりました, このような例は鳥類だけではなく、ヘビなどの爬虫類、ピューマなどの肉食の哺乳類でも見られるというから驚きです**라고 했다. 질문에서 남자의 이야기의 테마를 묻고 있으므로, 3 動物も友達を作るという事実(동물도 친구를 만든다는 사실)가 정답이다.

어휘 **人間** にんげん 명 인간　**常に** つねに 부 항상
関わる かかわる 동 관계되다
相対的だ そうたいてきだ な형 상대적이다　**自然** しぜん 명 자연
環境 かんきょう 명 환경　**生き残る** いきのこる 동 살아남다
概念 がいねん 명 개념　**結果** けっか 명 결과
明らかだ あきらかだ な형 분명하다　**フラミンゴ** 명 플라밍고
集団 しゅうだん 명 집단　**生き物** いきもの 명 생물
子育て こそだて 명 육아　**生存** せいぞん 명 생존
戦略 せんりゃく 명 전략　**行動** こうどう 명 행동
共に ともに 부 함께　**仲良し** なかよし 명 사이 좋은 친구
グループ 명 그룹　**さらに** 부 게다가
苦手だ にがてだ な형 거북하다　**相手** あいて 명 상대
避ける さける 동 피하다　**鳥類** ちょうるい 명 조류　**ヘビ** 명 뱀
爬虫類 はちゅうるい 명 파충류　**ピューマ** 명 퓨마
肉食 にくしょく 명 육식　**哺乳類** ほにゅうるい 명 포유류
驚き おどろき 명 놀라움　**事実** じじつ 명 사실
好き嫌い すききらい 명 호불호

3

[음성]

テレビでレポーターが話しています。

M：近年、開発が進み、動物の住む場所が昔よりも少なくなったことで、食料に困った動物が人の住む場所に現れることが増えています。この地域でもイノシシやクマによる、人や農産物への被害が後を絶ちません。一方で、これらの野生動物が絶滅してしまったり、絶滅の恐れに直面する事態が続いていて、そちらも社会的に問題視されています。そのため、この町では、野生動物の食料となるような生ごみや商品にならない農産物をそのままにしない、電気ショックを与える柵を設置するなどの対策を取っているようです。これらは、野生動物と人間が同じ世界でともに暮らすため、野生動物の大切な命を守るために必要なことなんだそうです。

レポーターは主に何について伝えていますか。

1 野生動物の絶滅の危機
2 野生動物の引き起こす問題
3 野生動物と人間のあるべき姿
4 野生動物と共存するための取り組み

해석 텔레비전에서 리포터가 이야기하고 있습니다.

M : 근래, 개발이 진행되어, 동물이 사는 장소가 옛날보다도 적어진 것으로, 식량이 곤란해진 동물이 사람이 사는 장소에 나타나는 일이 늘고 있습니다. 이 지역에서도 멧돼지나 곰에 의한, 사람이나 농산물로의 피해가 끊이지 않습니다. 한편으로, 이들 야생동물이 멸종해 버리거나, 멸종 우려에 직면하는 사태가 계속되고 있어, 그쪽도 사회적으로 문제시되고 있습니다. 그 때문에, 이 마을에서는, 야생동물의 식량이 될 것 같은 음식물 쓰레기나 상품이 되지 않는 농산물을 그대로 두지 않고, 전기 충격을 주는 울타리를 설치하는 등의 대책을 취하고 있다고 합니다. 이것들은, 야생 동물과 인간이 같은 세계에서 함께 살기 위해, 야생 동물

의 소중한 목숨을 지키기 위해 필요한 것이라고 합니다.

리포터는 주로 무엇에 대해서 전하고 있습니까?

1 야생 동물 멸종 위기
2 야생 동물이 일으키는 문제
3 야생 동물과 인간이 존재해야 할 모습
4 야생 동물과 공존하기 위한 대처

해설 상황 설명에서 리포터가 이야기하고 있다고 했으므로, 리포터의 이야기를 전체적인 흐름을 파악하며 주의 깊게 듣는다. 리포터가 **この町では、野生動物の食料となるような生ごみや商品にならない農産物をそのままにしない、電気ショックを与える柵を設置するなどの対策を取っている, これらは、野生動物と人間が同じ世界でともに暮らすため、野生動物の大切な命を守るために必要なこと**라고 했다. 질문에서 리포터가 주로 무엇에 대해 전하고 있는지 묻고 있으므로, 4 **野生動物と共存するための取り組み**(야생 동물과 공존하기 위한 대처)가 정답이다.

어휘 近年 きんねん [명]근래　開発 かいはつ [명]개발
食料 しょくりょう [명]식량, 식료　現れる あらわれる [동]나타나다
地域 ちいき [명]지역　イノシシ [명]멧돼지　クマ [명]곰
農産物 のうさんぶつ [명]농산물　被害 ひがい [명]피해
後を絶たない あとをたたない 끊이지 않다　一方 いっぽう [명]한편
野生 やせい [명]야생　絶滅 ぜつめつ [명]멸종, 절멸
恐れ おそれ [명]우려　直面 ちょくめん [명]직면
事態 じたい [명]사태　社会的だ しゃかいてきだ [な형]사회적이다
問題視 もんだいし [명]문제시　生ごみ なまごみ [명]음식물 쓰레기
商品 しょうひん [명]상품　電気ショック でんきショック [명]전기 충격
与える あたえる [동]주다　柵 さく [명]울타리　設置 せっち [명]설치
対策 たいさく [명]대책　暮らす くらす [동]살다　命 いのち [명]목숨
守る まもる [동]지키다　危機 きき [명]위기
引き起こす ひきおこす [동]일으키다　姿 すがた [명]모습
共存 きょうそん [명]공존　取り組み とりくみ [명]대처

4

[음성]

テレビで大学の先生が話しています。

F：最近、様々なオンラインサービスが話題となっていますが、特に私が気になっているのは、オンライン学習です。インターネットを用いて行うオンライン学習は、学習に必要な端末や通信環境などの準備が必要となりますが、その環境さえ整えば、場所や時間にとらわれずに勉強ができるという利点があります。これまで、教える側のキャパシティーの問題で、受講できる人数が制限されてしまったり、場所が遠くて通えない等の理由で学びたいのに学べないということもあったかと思います。ですが、オンライン学習はこうした点を解決する糸口になるでしょう。まだまだ問題は山積みですが、さらなる発展が望める分野だと思っています。

大学の先生はどのようなテーマで話をしていますか。

1 オンライン学習に必要な環境
2 オンライン学習の問題点と解決方法
3 オンライン学習の普及の見込み
4 オンライン学習が発達した理由

해석 텔레비전에서 대학 선생님이 이야기하고 있습니다.

F : 최근, 다양한 온라인 서비스가 화제가 되고 있습니다만, 특히 제가 신경 쓰이는 것은, 온라인 학습입니다. 인터넷을 사용해서 행하는 온라인 학습은, 학습에 필요한 단말이나 통신 환경 등의 준비가 필요하게 되지만, 그 환경만 갖추어지면, 장소와 시간에 얽매이지 않고 공부를 할 수 있다는 이점이 있습니다. 지금까지, 가르치는 측의 수용 능력 문제로, 수강할 수 있는 인원수가 제한되어 버리거나, 장소가 멀어서 다닐 수 없는 등의 이유로 배우고 싶은데도 배울 수 없는 경우도 있었다고 생각합니다. 하지만, 온라인 학습은 이러한 점을 해결하는 실마리가 되겠죠. 아직도 문제는 산적해 있습니다만, 더욱더 발전을 기대할 수 있는 분야라고 생각하고 있습니다.

대학 선생님은 어떤 테마로 이야기를 하고 있습니까?

1 온라인 학습에 필요한 환경
2 온라인 학습의 문제점과 해결 방법
3 온라인 학습의 보급 전망
4 온라인 학습이 발달한 이유

해설 상황 설명에서 대학 선생님이 이야기하고 있다고 했으므로, 대학 선생님의 이야기를 전체적인 흐름을 파악하며 주의 깊게 듣는다. 대학 선생님이 **これまで、教える側のキャパシティーの問題で、受講できる人数が制限されてしまったり、場所が遠くて通えない等の理由で学びたいのに学べないということもあった, オンライン学習はこうした点を解決する糸口になるでしょう。まだまだ問題は山積みですが、さらなる発展が望める分野**라고 했다. 질문에서 대학 선생님이 어떤 테마로 이야기하고 있는지 묻고 있으므로, 3 **オンライン学習の普及の見込み**(온라인 학습의 보급 전망)가 정답이다.

어휘 様々だ さまざまだ [な형]다양하다
オンライン [명]온라인　サービス [명]서비스　話題 わだい [명]화제
気になる きになる 신경 쓰이다　学習 がくしゅう [명]학습
インターネット [명]인터넷　用いる もちいる [동]사용하다
端末 たんまつ [명]단말　通信 つうしん [명]통신
環境 かんきょう [명]환경　整う ととのう [동]갖추어지다
とらわれる [동]얽매이다　利点 りてん [명]이점
キャパシティー [명]수용 능력　受講 じゅこう [명]수강
人数 にんずう [명]인원수　制限 せいげん [명]제한
学ぶ まなぶ [동]배우다　解決 かいけつ [명]해결
糸口 いとぐち [명]실마리　まだまだ [부]아직도
山積み やまづみ [명]산적　さらなる [부]더욱더
発展 はってん [명]발전　望む のぞむ [동]기대하다, 바라다
分野 ぶんや [명]분야　解決 かいけつ [명]해결
方法 ほうほう [명]방법　普及 ふきゅう [명]보급

見込み みこみ 명 전망　発達 はったつ 명 발달

5

[음성]

講演会で女の人が話しています。

F：「病は気から」という言葉があるように、心の状態は人の健康にも影響を及ぼすことが証明されています。その証拠の一つとして「プラシーボ効果」があります。プラシーボ効果とは、ある症状に対して有効な成分を含まないものを、効果のある薬として服用すると、実際に症状の改善がみられることを言います。逆に、ただのあめを副作用のある薬だと信じて摂取した場合などに、副作用の症状を感じ始めるような現象は「ノシーボ効果」と呼ばれています。実際の性質や事実に関わらず、気持ちの持ちようが何事においても大切だということですね。

女の人は何について話していますか。

1 健康状態が心に及ぼす影響
2 薬の効果的な摂取の仕方
3 治療の効果を高める方法
4 思い込みが持つ効果

해석 강연회에서 여자가 이야기하고 있습니다.

F : '병은 마음으로부터'라는 말이 있는 것처럼, 마음의 상태는 사람의 건강에도 영향을 미치는 것이 증명되어 있습니다. 그 증거의 하나로써 '플라세보 효과'가 있습니다. 플라세보 효과란, 어떤 증상에 대해 유효한 성분을 포함하지 않는 것을, 효과가 있는 약으로써 복용하면, 실제로 증상의 개선이 보이는 것을 말합니다. 반대로, 단순한 사탕을 부작용이 있는 약이라고 믿고 섭취한 경우 등에, 부작용 증상을 느끼기 시작하는 것 같은 현상은 '노시보 효과'라고 불리고 있습니다. 실제의 성질이나 사실에 관계없이, 마음 먹기가 무슨 일에 있어서도 중요하다는 것이네요.

여자는 무엇에 대해서 이야기하고 있습니까?

1 건강 상태가 마음에 미치는 영향
2 약의 효과적인 섭취 방법
3 치료 효과를 높이는 방법
4 굳게 믿는 것이 가지는 효과

해설 상황 설명에서 여자가 강연회에서 이야기하고 있다고 했으므로, 여자의 이야기를 전체적인 흐름을 파악하며 주의 깊게 듣는다. 여자가 **心の状態は人の健康にも影響を及ぼすことが証明されています, 実際の性質や事実に関わらず、気持ちの持ちようが何事においても大切だということですね**라고 했다. 질문에서 여자가 무엇에 대해 이야기하고 있는지 묻고 있으므로, 4 思い込みが持つ効果(굳게 믿는 것이 가지는 효과)가 정답이다.

어휘 病 やまい 명 병　状態 じょうたい 명 상태　健康 けんこう 명 건강
影響 えいきょう 명 영향　及ぼす およぼす 동 미치다
証明 しょうめい 명 증명　証拠 しょうこ 명 증거
プラシーボ効果 プラシーボこうか 명 플라세보 효과
症状 しょうじょう 명 증상　有効だ ゆうこうだ な형 유효하다
成分 せいぶん 명 성분　含む ふくむ 동 포함하다
服用 ふくよう 명 복용　実際 じっさい 명 실제
改善 かいぜん 명 개선　逆だ ぎゃくだ な형 반대다, 거꾸로이다
副作用 ふくさよう 명 부작용　信じる しんじる 동 믿다
摂取 せっしゅ 명 섭취　現象 げんしょう 명 현상
ノシーボ効果 ノシーボこうか 명 노시보 효과
性質 せいしつ 명 성질　事実 じじつ 명 사실
気持ちの持ちよう きもちのもちよう 마음 먹기
何事 なにごと 무슨 일　治療 ちりょう 명 치료
高める たかめる 동 높이다　思い込み おもいこみ 명 굳게 믿는 것

☞ **문제 4**는 문제지에 아무것도 인쇄되어 있지 않습니다. 따라서, 예제를 들려줄 때, 그 내용을 들으면서 즉시 응답의 문제 풀이 전략을 떠올려 봅니다. 음성에서 では、始めます(그러면, 시작합니다)가 들리면, 곧바로 문제 풀 준비를 합니다.

음성 디렉션과 예제

問題4では、問題用紙に何も印刷されていません。まず文を聞いてください。それから、それに対する返事を聞いて、1から3の中から、最もよいものを一つ選んでください。では、練習しましょう。

M：練習はしたものの、本番でうまくやれなかったらどうしよう。

F：1 なんで練習しなかったの？
2 本番はうまくやってたね。
3 そんなに心配することないよ。

最もよいものは3番です。解答用紙の問題4の例のところを見てください。最もよいものは3番ですから、答えはこのように書きます。では、始めます。

해석 문제 4에서는 문제 용지에 아무것도 인쇄되어 있지 않습니다. 우선 문장을 들어주세요. 그리고 나서, 그것에 대한 대답을 듣고, 1에서 3 중에, 가장 알맞은 것을 하나 골라주세요. 그러면, 연습합시다.

M : 연습은 했지만, 실전에서 잘 못하면 어쩌지.

F : 1 왜 연습하지 않은 거야?
2 실전은 잘했네.
3 그렇게 걱정할 것 없어.

가장 알맞은 것은 3번입니다. 답안 용지의 문제 4의 예시 부분을 봐주세요. 가장 알맞은 것은 3번이므로, 정답은 이렇게 표시합니다. 그러면, 시작합니다.

1

[음성]

F：営業部の田中さんの企画、かろうじて一次審査を通過したらしいですよ。

M：1 **田中さんも安心しただろうね。**

2 田中さん、余裕そうだったもんね。

3 通ってたらよかったのにね。

해석 F : 영업부의 다나카 씨의 기획, 가까스로 1차 심사를 통과한 것 같아요.

M : 1 **다나카 씨도 안심했겠네.**

2 다나카 씨, 여유로운 것 같았지.

3 통과했다면 좋았을 텐데.

해설 여자가 다나카 씨의 기획이 가까스로 통과했다는 사실을 전달하는 상황이다.

1 (O) '田中さんも安心しただろうね(다나카 씨도 안심했겠네)'는 다나카 씨의 기획이 가까스로 통과했다는 여자의 말에 공감하는 적절한 응답이다.

2 (X) 여유롭게 통과한 것이 아니라 가까스로였으므로 상황과 맞지 않다.

3 (X) 통과했다고 한 상황과 맞지 않다.

어휘 営業部 えいぎょうぶ 명 영업부　企画 きかく 명 기획

かろうじて 부 가까스로　一次審査 いちじしんさ 1차 심사

通過 つうか 명 통과　余裕 よゆう 명 여유

2

[음성]

M：課題の期限は来週だけど、早めにしておくに越したことはないよね。

F：1 そうだったの？じゃあ早くしなくちゃ。

2 うん、あとでできるように置いておくよ。

3 **全くその通りだね。**

해석 M : 과제의 기한은 다음 주지만, 일찌감치 해 둬서 나쁠 것은 없지.

F : 1 그랬어? 그럼 빨리하지 않으면.

2 응, 나중에 할 수 있도록 놔 둘게.

3 **정말 그렇지.**

해설 남자가 과제를 일찌감치 해두면 좋다고 제안하는 상황이다.

1 (X) 早めに(일찌감치)와 관련된 早く(빨리)를 사용하여 혼동을 준 오답이다.

2 (X) おく를 반복 사용하여 혼동을 준 오답이다.

3 (O) '全くその通りだね(정말 그렇지)'는 과제를 일찌감치 해두면 좋다고 하는 남자의 말에 동의하는 적절한 응답이다.

어휘 課題 かだい 명 과제　期限 きげん 명 기한

早め はやめ 명 일찌감치 함

3

[음성]

M：お願いしたことはなんだかんだ言ってもちゃんとやってくれるから、頼りにしてるよ。

F：1 じゃあ、これもお願いしてもいいかな？

2 **そんなこと言って、次は何をお願いするつもり？**

3 頼られると断れない性格なんだね。

해석 M : 부탁한 것은 이러쿵저러쿵 말해도 제대로 해주니까, 의지하고 있어.

F : 1 그럼, 이것도 부탁해도 될까?

2 **그런 말 하면서, 다음은 무엇을 부탁할 셈이야?**

3 의지 받으면 거절할 수 없는 성격이구나.

해설 남자가 여자에게 부탁한 것을 제대로 해주어 의지가 된다고 고마워하는 상황이다.

1 (X) 부탁하고 있는 것은 여자가 아닌 남자이므로 주체가 맞지 않다.

2 (O) 'そんなこと言って、次は何をお願いするつもり？(그런 말 하면서, 다음은 무엇을 부탁할 셈이야?)'는 의지하고 있다는 남자의 말에 대한 적절한 응답이다.

3 (X) 의지하고 있는 것은 여자가 아닌 남자이므로 주체가 맞지 않다.

어휘 なんだかんだ 이러쿵저러쿵　ちゃんと 부 제대로

頼る たよる 동 의지하다　断る ことわる 동 거절하다

性格 せいかく 명 성격

4

[음성]

M：さっき、余計なこと言っちゃったよね？ 気にしてない？

F：1 **別に、気にしなくていいからね。**

2 余計に気にしてしまうよね。

3 それは、気にしすぎじゃない？

해석 M : 아까, 쓸데없는 말을 해버렸지? 신경 쓰고 있지 않아?

F : 1 **별로, 신경 쓰지 않아도 괜찮으니까.**

2 쓸데없이 신경써 버리지.

3 그건, 너무 신경 쓰는 거 아냐?

해설 남자가 쓸데없는 말을 한 것에 미안해하는 상황이다.

1 (O) '別に、気にしなくていいからね(별로, 신경 쓰지 않아도 괜찮으니까)'는 미안해하는 남자의 사과를 받아주는 적절한 응답이다.

2 (X) 余計だ(よけいだ)와 気にする(きにする)를 반복 사용하여 혼동을 준 오답이다.

3 (X) 신경 쓰는 사람은 남자가 아닌 여자이므로 주체가 맞지 않다.

어휘 さっき 부 아까　余計だ よけいだ な형 쓸데없다

気にする きにする 신경쓰다　別に べつに 부 별로

5

[음성]
F：仕事でこんなに英語を使うだなんて。学生のときに、ちゃんとやっとくんだった。
M：1 **今からでも遅くないよ。**
2 ちゃんと勉強してたんだね。
3 英語が得意だったの？

해석 F : 일에서 이렇게나 영어를 사용하다니. 학생 때, 제대로 해 두는 거였어.
M : 1 **지금부터라도 늦지 않아.**
2 제대로 공부했었구나.
3 영어를 잘했었어?

해설 여자가 영어를 제대로 해두지 않은 것을 아쉬워하는 상황이다.
1 (O) '今からでも遅くないよ(지금부터라도 늦지 않아)'는 아쉬워하는 여자를 격려하는 적절한 응답이다.
2 (X) 제대로 공부해두지 않았다고 한 상황과 맞지 않다.
3 (X) とくん과 발음이 비슷한 得意(とくい)를 사용하여 혼동을 준 오답이다.

어휘 **ちゃんと** 부 제대로　**得意だ とくいだ** な형 잘하다

6

[음성]
F：浮かない顔をしてるけど、私でよければ話聞くよ。
M：1 特に何も思い浮かばないな。
2 話を聞いてあげたんだね。
3 **実は、最近疲れがとれなくてさ。**

해석 F : 침울한 얼굴을 하고 있는데, 나로 괜찮다면 이야기 들을게.
M : 1 특별히 아무것도 생각나지 않네.
2 이야기를 들어주었구나.
3 **실은, 최근 피로가 풀리지 않아서.**

해설 여자가 침울한 얼굴을 하고 있는 남자를 걱정하는 상황이다.
1 (X) 浮かない(うかない)와 발음이 비슷한 浮かばない(うかばない)를 사용하여 혼동을 준 오답이다.
2 (X) 여자가 남자의 이야기를 들어주겠다고 한 상황과 맞지 않다.
3 (O) '実は、最近疲れがとれなくてさ(실은, 최근 피곤이 풀리지 않아서)'는 이야기를 들어주겠다는 여자의 말에 대한 적절한 응답이다.

어휘 **浮かない うかない** 침울하다　**顔 かお** 명 얼굴
思い浮かぶ おもいうかぶ 동 생각나다
疲れがとれる つかれがとれる 피로가 풀리다

7

[음성]
F：あのう、そのかばん、私のものだと思うんですが。
M：1 いや、残念ながら、私のものではないですね。
2 **これは、失礼。私のと似ていたものでつい。**
3 私もこのかばんがいいと思いますよ。

해석 F : 저기, 그 가방, 제 거라고 생각하는데요.
M : 1 아니, 유감이지만, 제 것이 아니네요.
2 **이건, 실례. 제 것과 비슷해서 그만.**
3 저도 이 가방이 좋다고 생각해요.

해설 여자가 가방이 자기 것이라고 문제를 제기하는 상황이다.
1 (X) 남자가 아닌 여자 것이므로 주체가 맞지 않다.
2 (O) 'これは、失礼。私のと似ていたものでつい(이건, 실례. 제 것과 비슷해서 그만)'는 가방이 자기 것이라고 하는 여자의 말에 사과하는 적절한 응답이다.
3 (X) 私(わたし)를 반복 사용하여 혼동을 준 오답이다.

8

[음성]
M：もしあの時、道に迷ってなければ、君とは友達になってなかったかもしれないね。
F：1 これからは気を付けてね。
2 **道に迷ってくれてよかったよ。**
3 友達だと思ってたのに。

해석 M : 만약 그때, 길을 헤매지 않았다면, 너와는 친구가 되지 않았을지도 모르겠네.
F : 1 이제부터는 조심해.
2 **길을 헤매 주어서 다행이야.**
3 친구라고 생각했었는데.

해설 남자가 과거에 길을 헤맨 덕분에 친구가 되었다고 말하는 상황이다.
1 (X) 길을 헤맨 덕분에 친구가 됐다고 한 상황과 맞지 않다.
2 (O) '道に迷ってくれてよかったよ(길을 헤매 주어서 다행이야)'는 길을 헤맨 덕분에 친구가 되었다는 남자의 말에 공감하는 적절한 응답이다.
3 (X) 友達(ともだち)를 반복 사용하여 혼동을 준 오답이다.

어휘 **もし** 부 만약　**道に迷う みちにまよう** 길을 헤매다
気を付ける きをつける 조심하다

9

[음성]
M：昨日の会議のことだけど、鈴木さんにはほんとに悪いことしたなと思ってるんだ。
F：1 **じゃあ、鈴木さんに直接言えば？**
2 えっ、鈴木さんがやったの？
3 へえ、鈴木さんはそう思ってるんだ。

해석 M : 어제 회의에 관한 것인데, 스즈키 씨에게는 정말로 미안한 일을 했다고 생각하고 있어.
F : 1 **그럼, 스즈키 씨에게 직접 말하면?**
2 앗, 스즈키 씨가 한 거야?

3 오호, 스즈키 씨는 그렇게 생각하고 있구나.

해설 남자가 회의에서 한 일로 스즈키 씨에게 미안해하는 상황이다.

1 (O) 'じゃあ、鈴木さんに直接言えば？(그럼, 스즈키 씨에게 직접 말하면?)'는 스즈키 씨에게 미안해하는 남자에게 조언하는 적절한 응답이다.

2 (X) 미안한 일을 한 것은 남자이므로 주체가 맞지 않다.

3 (X) 생각한 것은 스즈키 씨가 아닌 남자이므로 주체가 맞지 않다.

어휘 直接 ちょくせつ 뷔 직접

10

[음성]

F：もしもし、今どちらにいらっしゃいますか？ お客様がお見えなんですが。

M：**1 すぐ近くだから、先に案内しておいてくれる？**

2 今日、これからお客様がお越しになるの？

3 先に、お客様にお見せしてくれない？

해석 여보세요, 지금 어디 계세요? 손님이 오셨습니다만.

M：**1 바로 근처니까, 먼저 안내해 둬 줄래?**

2 오늘, 이제부터 손님이 오시는 거야?

3 먼저, 손님에게 보여 드려 주지 않을래?

해설 여자가 남자에게 어디에 있는지 묻는 상황이다.

1 (O) 'すぐ近くだから、先に案内しておいてくれる？(바로 근처니까, 먼저 안내해 둬 줄래?)'는 어디냐고 묻는 여자의 말에 해결방안을 제시하는 적절한 응답이다.

2 (X) 이미 손님이 도착했다고 한 상황과 맞지 않다.

3 (X) **お見え(おみえ)**와 발음이 비슷한 **お見せ(おみせ)**를 사용하여 혼동을 준 오답이다.

어휘 **もしもし** 여보세요 **お見え おみえ** 오심
お越しになる おこしになる 오시다(**来る**의 존경어)
お見せする おみせする 보여 드리다(**見せる**의 겸양 표현)

11

[음성]

M：今日は一日家でのんびり過ごすつもりだったんだけどな。

F：1 ゆっくりできたみたいでよかったです。

2 今日は家でずっといる予定なんですね。

3 そういうことってありますよね。

해석 M：오늘은 하루 집에서 한가롭게 보낼 작정이었는데.

F：1 느긋하게 지낼 수 있었던 것 같아서 다행입니다.

2 오늘은 집에서 계속 있을 예정인 거군요.

3 그런 일 있죠.

해설 남자가 집에서 한가롭게 보내지 못하게 되어 아쉬워하는 상황이다.

1 (X) 이제부터 한가롭게 보내는 것이므로 시점이 맞지 않다.

2 (X) 집에서 한가롭게 보내지 못하게 된 상황과 맞지 않다.

3 (O) 'そういうことってありますよね(그런 일 있죠)'는 집에서 한가롭게 보내지 못하게 된 상황에 공감하는 적절한 응답이다.

어휘 **一日 いちにち** 명 하루 **のんびり** 부 한가롭게
過ごす すごす 동 보내다 **ゆっくり** 부 느긋하게

☞ **문제 5**는 긴 이야기를 듣습니다. 예제가 없으므로 바로 문제를 풀 준비를 합니다. 문제지에 들리는 내용을 적극적으로 메모하며 문제를 풀어봅시다.

음성 디렉션

問題5では、長めの話を聞きます。この問題には練習はありません。問題用紙にメモをとってもかまいません。

1番　問題用紙に何も印刷されていません。まず話を聞いてください。それから、質問とせんたくしを聞いて、1から4の中から、最もよいものを一つ選んでください。では、始めます。

해석 문제 5에서는, 긴 이야기를 듣습니다. 이 문제에는 연습은 없습니다. 문제 용지에 메모를 해도 상관없습니다.

1번　문제 용지에 아무것도 인쇄되어 있지 않습니다. 우선 이야기를 들어주세요. 그리고 나서, 질문과 선택지를 듣고, 1에서 4중에, 가장 알맞은 것을 하나 골라주세요. 그러면, 시작합니다.

1

[음성]

化粧品を作っている会社で話しています。

F1：開発に5年かけて、去年ようやく発売するにいたった美容クリームあるでしょ？ あれ、売れ行きがよくないのよ。何かいい案はないかな。

F2：そうですね。テレビコマーシャルで大々的に宣伝するのがいいんじゃないでしょうか。全国の人が見てくれるので、商品の名前を広めるのに最適です。

F1：商品を知ってもらうのは大切よね。

M：発売当初にしばらくテレビで宣伝してたので、名前は既に知ってもらえてると思うんですが。

F1：確かにそうね。

F2：では、ファッション雑誌の付録にするのはどうですか？最近はブランドとコラボした付録が人気なあまり、雑誌が売り切れて話題になったりしてますよね。そうなると一気に人気が出ると思うんです。

M：確かに話題になると人気が出るかもしれませんが、それは一時的なものだと思います。なので僕は、長い目で見て効果的な方法がいいと思います。たとえば、うちの化粧品を売っているお店でお客様にサンプルを配るなんてのはどうでしょう。

F1：そうねえ。

M：うちの商品を知ってはいても使ったことはないという人はまだまだ多いと思います。そういう人にこそ、試してもらって良さを知っていただきたいんです。使い続けてくれるお客様が増えれば、長期的な売り上げ拡大が見込めますから。品質の良さはどこの商品にも負けないと思うので、実際に手にしてもらえるかどうかが重要ではないかと。

F1：なるほどね。

M：あとは、インフルエンサーに商品を渡して使ってもらうのはどうですか。最近、一般人が化粧品などについて解説する動画が人気なんですよ。そういう人にうちの商品を紹介してもらえるように依頼するんです。実際に使ってみた人の意見を聞いたら、興味を持ってくれる人も増えると思います。

F1：それだと費用もほとんどかからないね。だけど、必ずしも私たちが思っているような内容で紹介してくれるとは限らないしな。やっぱり少しでも多くの人に私たちの商品を使ってもらうことが大事だよね。そうすれば良さはわかってもらえるだろうし。これで進めるよ。

売り上げを伸ばすために、何をすることにしましたか。

1 テレビの広告で宣伝する
2 雑誌の付録にする
3 店でサンプルを配る
4 有名な人にプレゼントする

해석 화장품을 만들고 있는 회사에서 이야기하고 있습니다.

F1 : 개발에 5년 걸려서, 작년에 겨우 발매하기에 이른 미용 크림 있잖아? 그거, 팔림새가 좋지 않아. 뭔가 좋은 안은 없을까?

F2 : 그렇군요. 텔레비전 광고로 대대적으로 선전하는 것이 좋지 않을까요? 전국의 사람이 봐주기 때문에, 상품 이름을 널리 알리는 데에 최적입니다.

F1 : 상품을 알아주는 것은 중요하지.

M : 발매 당초에 한동안 텔레비전에서 선전했었기 때문에, 이름은 이미 알아주셨다고 생각합니다만.

F1 : 확실히 그렇네.

F2 : 그럼, 패션 잡지의 부록으로 하는 것은 어떨까요? 최근에는 브랜드와 협업한 부록이 인기인 나머지, 잡지가 품절되어 화제가 되거나 하잖아요. 그렇게 되면 단숨에 인기가 생길 거라고 생각합니다.

M : 확실히 화제가 되면 인기가 생길지도 모릅니다만, 그것은 일시적인 것이라고 생각합니다. 그래서 저는, 긴 안목으로 봐서 효과적인 방법이 좋다고 생각합니다. 예를 들면, 우리 화장품을 팔고 있는 가게에서 손님에게 샘플을 나눠준다는 것은 어떨까요?

F1 : 글쎄.

M : 우리 상품을 알고는 있어도 사용한 적은 없다는 사람은 아직도 많다고 생각합니다. 그러한 사람이야말로, 시험해 주고 좋다는 것을 알아주었으면 합니다. 계속해서 사용해 주는 손님이 늘면, 장기적인 매상 확대를 기대할 수 있으니까요. 품질이 좋은 것은 어느 곳의 상품에도 지지 않는다고 생각하기 때문에, 실제로 손에 넣을 수 있는지 어떤지가 중요하지 않은가 해서.

F1 : 그러네.

M : 또는, 인플루언서에게 상품을 건네 사용해 받는 것은 어떻습니까? 최근, 일반인이 화장품 등에 대해서 해설하는 동영상이 인기입니다. 그러한 사람이 우리 상품을 소개해 주도록 의뢰하는 것입니다. 실제로 사용해 본 사람의 의견을 들으면, 흥미를 가져 주는 사람도 늘 거라고 생각합니다.

F1 : 그거라면 비용도 거의 들지 않네. 하지만, 반드시 우리들이 생각하고 있는 내용으로 소개해 줄 거라고는 단정할 수 없지. 역시 조금이라도 많은 사람이 우리들의 상품을 사용해 주는 것이 중요하지. 그러면 좋다는 것은 알아줄 것이고. 이걸로 진행할게.

매상을 늘리기 위해서, 무엇을 하기로 했습니까?

1 텔레비전 광고로 선전한다
2 잡지 부록으로 한다
3 가게에서 샘플을 나눠 준다
4 유명한 사람에게 선물한다

해설 대화의 후반부에서 세 사람의 최종 결정 사항을 재빨리 메모하며 주의 깊게 듣는다.

〈메모〉 미용 크림의 팔림새가 좋지 않음. 어떻게 할지?
- 텔레비전 광고로 선전: 이름을 알릴 수 있음 → 이름은 이미 알려짐
- 잡지 부록으로 하기: 품절되면 단숨에 인기 → 일시적
- 가게에서 샘플 나눠주기: 계속해서 사용하는 사람 늘어남 → 많은 사람이 상품을 사용해 주는 것이 중요
- 유명한 사람에게 주기: 흥미를 가지는 사람이 늘어남 → 우리가 생각하는 내용으로 소개 X

질문이 미용 크림의 팔림새를 좋게 하기 위해 어떻게 하기로 했는지 묻고 있고, 많은 사람이 상품을 사용해 주는 것이 중요하다고 했으므로 3 店でサンプルを配る(가게에서 샘플을 나눠 준다)가 정답이다.

어휘 開発 かいはつ 명 개발　ようやく 부 겨우　発売 はつばい 명 발매
美容 びよう 명 미용　クリーム 명 크림
売れ行き うれゆき 명 팔림새　案 あん 명 안
テレビコマーシャル 명 텔레비전 광고
大々的だ だいだいてきだ な형 대대적이다　宣伝 せんでん 명 선전
全国 ぜんこく 명 전국　商品 しょうひん 명 상품
広める ひろめる 동 널리 알리다　最適だ さいてきだ な형 최적이다
当初 とうしょ 명 당초　既に すでに 부 이미
ファッション雑誌 ファッションざっし 명 패션 잡지
付録 ふろく 명 부록　ブランド 명 브랜드　コラボ 명 협업
売り切れる うりきれる 동 품절되다　話題 わだい 명 화제
一気に いっきに 부 단숨에　人気が出る にんきがでる 인기가 생기다
一時的だ いちじてきだ な형 일시적이다　長い目 ながいめ 긴 안목
効果的だ こうかてきだ な형 효과적이다　方法 ほうほう 명 방법
化粧品 けしょうひん 명 화장품　サンプル 명 샘플
配る くばる 동 나눠주다　試す ためす 동 시험하다
長期的だ ちょうきてきだ な형 장기적이다

売り上げ うりあげ 명 매상　拡大 かくだい 명 확대
見込む みこむ 동 기대하다　品質 ひんしつ 명 품질
実際 じっさい 명 실제　手にする てにする 손에 넣다
重要だ じゅうようだ な형 중요하다
インフルエンサー 명 인플루언서, 영향력이 있는 사람
一般人 いっぱんじん 명 일반인　解説 かいせつ 명 해설
動画 どうが 명 동영상　依頼 いらい 명 의뢰　費用 ひよう 명 비용
必ずしも かならずしも 부 반드시　内容 ないよう 명 내용
進める すすめる 동 진행하다　広告 こうこく 명 광고

음성 디렉션

2番　まず話を聞いてください。それから、二つの質問を聞いて、それぞれ問題用紙の1から4の中から、最もよいものを一つ選んでください。では、始めます。

해석 2번　우선 이야기를 들어주세요. 그리고 나서, 두 질문을 듣고, 각각 문제 용지의 1에서 4중에, 가장 알맞은 것을 하나 골라주세요. 그러면, 시작합니다.

2

[음성]

テレビでアナウンサーがイベントについて話しています。

F1：今日は今話題の四つの展示イベントをご紹介します。「戦国時代展」は100年あまりに及ぶ戦国時代を一挙に紹介する初めてのイベントです。全国各地から集められた貴重な歴史資料や美術品などを一度に見ることができます。「防災展」は自然災害が残した傷跡と復興の歴史を写真や映像を通して学べるイベントです。災害時に役立つ知識を学べる教室などが開かれます。また、普段から備えられる災害対策グッズの展示と販売などもあります。「トリックアート展」は目の錯覚を利用したアート作品を展示しているイベントです。目で見るだけでなく、自分がアートの一部になって楽しんでいただけます。最後は、「ミニチュア展」です。ミニチュアの模型で再現された世界の町並みは写真撮影が可能です。目で見て、写真に収めて楽しむことができます。

M：鈴木さん、明日の休み、一緒にどれか見に行こうよ。

F2：いいよ。これはどうかな？去年、私たちの住む地域でも台風の被害があったし、すごく身近な話だと思うんだけど。

M：確かにそうだね。けど、こないだの授業で似たようなことを学んだからな。それより日本中から展示物を集めたっていうこれは？このテーマで今までにこんな大規模な展示はなかったみたいだし、ぜひ見ておきたいな。

F2：そうなんだ。うーん、珍しい展示だとは思うけど、私歴史とかはよくわからないんだよね。

M：じゃあ、しかたないね。別の日に、僕一人で見に行くことにするよ。あとは、展示物が不思議な見え方をするっていうこれは？

F2：自分が作品の一部分になる体験、なかなかできないよね。おもしろそう。

M：あと、見るだけじゃないといえば、いろんなものを小さくした作品を展示しているイベントもあったよね。カメラを持っていって、撮影を楽しむこともできるみたいだよ。

F2：確かに、せっかく見にいくなら、形に残せるほうがいいと私も思う。

M：じゃあ決まりだね。

質問1　男の人は一人でどのイベントに行きますか。

質問2　二人は、明日、どのイベントに一緒に行きますか。

[문제지]

質問1

1 戦国時代展
2 防災展
3 トリックアート展
4 ミニチュア展

質問2

1 戦国時代展
2 防災展
3 トリックアート展
4 ミニチュア展

해석 텔레비전에서 아나운서가 이벤트에 대해서 이야기하고 있습니다.

F1：오늘은 지금 화제인 4개의 전시 이벤트를 소개합니다. '전국시대전'은 100년 남짓에 이르는 전국시대를 한 번에 소개하는 첫 이벤트입니다. 전국 각지에서 모인 중요한 역사 자료나 미술품 등을 한 번에 보는 것이 가능합니다. '방재전'은 자연재해가 남긴 상처와 부흥의 역사를 사진이나 영상을 통해서 배울 수 있는 이벤트입니다. 재해 시에 도움이 될 지식을 배울 수 있는 교실 등이 열립니다. 또, 평소부터 대비할 수 있는 재해 대책 용품 전시와 판매 등도 있습니다. '트릭아트전'은 눈의 착각을 이용한 아트 작품을 전시하고 있는 이벤트입니다. 눈으로 볼 뿐만 아니라, 자신이 아트의 일부가 되어 즐기실 수 있습니다. 마지막은, '미니어처전'입니다. 미니어처 모형으로 재현된 세계의 거리는 사진 촬영이 가능합니다. 눈으로 보고, 사진에 담아 즐기는 것이 가능합니다.

M：스즈키 씨, 내일 휴일, 함께 어느 것인가 보러 가자.

F2：좋아. 이건 어때? 작년, 우리들이 사는 지역에서도 태풍 피해가 있었고, 굉장히 관계가 깊은 이야기라고 생각하는데.

M： 확실히 그렇네. 하지만, 요전 수업에서 비슷한 것을 배웠으니까. 그것보다 일본 전역에서 전시물을 모았다는 이건? 이 테마로 지금까지 이런 대규모 전시는 없었던 것 같고, 꼭 봐두고 싶네.

F2：그렇구나. 음, 흔치 않은 전시라고는 생각하지만, 나 역사라든가 잘 모르거든.

M： 그럼, 어쩔 수 없네. 다른 날에, 나 혼자서 보러 가기로 할게. 그리고, 전시물이 이상하게 보인다는 이건?

F2：자신이 작품의 일부분이 되는 체험, 좀처럼 할 수 없지. 재밌을 것 같아.

M： 그리고, 보는 것만이 아니라고 한다면, 다양한 것을 작게 만든 작품을 전시하고 있는 이벤트도 있었지. 카메라를 가지고 가서, 촬영을 즐기는 것도 가능한 것 같아.

F2：확실히, 모처럼 보러 간다면, 형태로 남길 수 있는 편이 좋다고 나도 생각해.

M： 그럼 결정이네.

질문1 남자는 혼자서 어느 이벤트에 갑니까?

질문2 두 사람은, 내일, 어느 이벤트에 함께 갑니까?

질문1

1 전국시대전
2 방재전
3 트릭아트전
4 미니어처전

질문2

1 전국시대전
2 방재전
3 트릭아트전
4 미니어처전

해설 각 선택지와 관련하여 언급되는 내용을 재빨리 메모하며 주의 깊게 듣고, 두 명의 대화자가 선택하는 것에 유의하며 대화를 듣는다.

<메모> 전시 이벤트 4개

① 전국시대전: 전국시대 한번에 소개, 전국 각지의 역사자료와 미술품

② 방재전: 자연 재해의 역사 사진, 영상, 재해 대비 교실, 재해 대책 용품 전시 · 판매

③ 트릭아트전: 눈의 착각 이용한 아트 작품, 자신이 아트의 일부가 됨

④ 미니어처전: 세계의 거리를 미니어처 모형으로 재현, 사진 촬영 가능

남자 → 일본 전역에서 전시물을 모은 것, 지금까지 없었던 전시, 꼭 봐두고 싶음, 혼자서 보러 감, 카메라로 촬영 즐기기

여자 → 역사는 모름, 형태로 남길 수 있는 편이 좋음

질문 1은 남자가 선택한 이벤트를 묻고 있다. 남자는 일본 전체에서 전시물을 모은 것, 지금까지 없었던 전시를 꼭 봐두고 싶다고 했고, 역사는 잘 모른다는 여자의 말에 혼자서 보러 가겠다고 했으므로, 1 **戦国時代展**(전국시대전)이 정답이다.

질문 2는 두 사람이 공통으로 선택한 이벤트를 묻고 있다. 남자는 카메라로 촬영을 즐길 수 있는 것, 여자는 형태로 남길 수 있는 편이 좋다고 했으므로 4 ミニチュア展(미니어처전)이 정답이다.

어휘 話題 わだい 명 화제　展示 てんじ 명 전시　イベント 명 이벤트
戦国時代 せんごくじだい 명 전국시대　及ぶ およぶ 동 이르다
一挙に いっきょに 부 한 번에　全国 ぜんこく 명 전국
各地 かくち 명 각지　貴重だ きちょうだ な형 귀중하다
資料 しりょう 명 자료　美術品 びじゅつひん 명 미술품
防災 ぼうさい 명 방재　自然災害 しぜんさいがい 명 자연재해
残す のこす 동 남기다　傷跡 きずあと 명 상처
復興 ふっこう 명 부흥　映像 えいぞう 명 영상
学ぶ まなぶ 동 배우다　役立つ やくだつ 동 도움이 되다
知識 ちしき 명 지식　普段 ふだん 명 평소
備える そなえる 동 대비하다　対策 たいさく 명 대책
グッズ 명 용품　販売 はんばい 명 판매　トリックアート 명 트릭아트
錯覚 さっかく 명 착각　一部 いちぶ 명 일부　ミニチュア 명 미니어처
模型 もけい 명 모형　再現 さいげん 명 재현
町並み まちなみ 명 거리　撮影 さつえい 명 촬영
可能だ かのうだ な형 가능하다　地域 ちいき 명 지역
被害 ひがい 명 피해　身近だ みぢかだ な형 관계가 깊다
展示物 てんじぶつ 명 전시물　大規模だ だいきぼだ な형 대규모이다
不思議だ ふしぎだ な형 이상하다　体験 たいけん 명 체험
せっかく 부 모처럼　決まり きまり 명 결정, 정해짐

실전모의고사 2

언어지식 (문자・어휘)

문제 1	**1** 2	**2** 4	**3** 1	**4** 2	**5** 3	**6** 2	
문제 2	**7** 4	**8** 3	**9** 2	**10** 1	**11** 4	**12** 1	**13** 3
문제 3	**14** 2	**15** 3	**16** 4	**17** 3	**18** 2	**19** 1	
문제 4	**20** 1	**21** 4	**22** 1	**23** 3	**24** 2	**25** 4	

언어지식 (문법)

문제 5	**26** 4	**27** 1	**28** 3	**29** 2	**30** 2
	31 4	**32** 1	**33** 3	**34** 3	**35** 2
문제 6	**36** 4	**37** 4	**38** 3	**39** 3	**40** 2
문제 7	**41** 2	**42** 4	**43** 1	**44** 4	**45** 1

독해

문제 8	**46** 1	**47** 3	**48** 2	**49** 4		
문제 9	**50** 2	**51** 3	**52** 1	**53** 4	**54** 3	**55** 4
	56 1	**57** 2	**58** 4			
문제 10	**59** 2	**60** 3	**61** 2	**62** 1		
문제 11	**63** 3	**64** 4				
문제 12	**65** 3	**66** 2	**67** 1	**68** 4		
문제 13	**69** 4	**70** 3				

청해

문제 1	**1** 3	**2** 3	**3** 4	**4** 1	**5** 3		
문제 2	**1** 3	**2** 3	**3** 2	**4** 1	**5** 4	**6** 2	
문제 3	**1** 1	**2** 4	**3** 3	**4** 2	**5** 2		
문제 4	**1** 2	**2** 1	**3** 2	**4** 3	**5** 1	**6** 1	**7** 1
	8 2	**9** 1	**10** 3	**11** 3			
문제 5	**1** 2	**2** **질문1** 4	**질문2** 2				

언어지식 (문자·어휘)

p.61

1

전문가에 의해 엄정厳正한 심사가 행해졌다.

해설 厳正는 2 げんせい로 발음한다. 厳正는 正의 두 가지 음독 しょう와 せい 중 せい로 발음하는 것에 주의한다.

어휘 厳正だ げんせいだ なㅎ 엄정하다　専門家 せんもんか 명 전문가
審査 しんさ 명 심사

2

그 매끄러滑らか운 움직임은 로봇임을 전혀 느끼게 하지 않는다.

해설 滑らか는 4 なめらか로 발음한다.

어휘 滑らかだ なめらかだ なㅎ 매끄럽다　動き うごき 명 움직임
ロボット 명 로봇　全く まったく 부 전혀　感じる かんじる 동 느끼다

3

시는 시민의 평생生涯에 걸친 건강 만들기를 지원하고 있다.

해설 生涯는 1 しょうがい로 발음한다. 生涯는 生의 두 가지 음독 しょう와 せい 중 しょう로 발음하는 것에 주의한다.

어휘 生涯 しょうがい 명 평생, 생애　通じる つうじる 동 걸치다, 통하다
健康づくり けんこうづくり 건강 만들기　支援 しえん 명 지원

4

우수한 형을 항상 모범模範으로 해 왔다.

해설 模範은 2 もはん으로 발음한다. 模範은 模의 두 가지 음독 も와 ぼ 중 も로 발음하는 것에 주의한다.

어휘 模範 もはん 명 모범　優秀だ ゆうしゅうだ なㅎ 우수하다
常に つねに 부 항상

5

나이를 먹으면 뼈는 점차 물러脆く진다.

해설 脆く는 3 もろく로 발음한다.

어휘 脆い もろい いㅎ 무르다　年を取る としをとる 나이를 먹다
骨 ほね 명 뼈　次第に しだいに 부 점차

6

이 회사는 근무시간의 융통融通성이 있다.

해설 融通는 2 ゆうずう로 발음한다. ゆう가 장음인 것과 通를 つう가 아닌 ずう로 발음하는 것에 주의한다.

어휘 融通がきく ゆうずうがきく 융통성이 있다
勤務時間 きんむじかん 명 근무시간

7

나는 작년에, (　　) 의 내 집을 지었다.

1 희망　　2 기대
3 회심　　**4 염원**

해설 선택지가 모두 명사이다. 괄호 뒤의 マイホーム(내 집)와 함께 쓸 때 念願のマイホーム(염원의 내 집)가 가장 자연스러우므로 4 念願(염원)이 정답이다. 1은 希望の大学(희망의 대학), 2는 期待の新商品(기대의 신상품), 3은 会心の作(회심의 작품)로 자주 쓰인다.

어휘 マイホーム 명 내 집　希望 きぼう 명 희망　期待 きたい 명 기대
会心 かいしん 명 회심　念願 ねんがん 명 염원

8

은퇴하고 10년이 지났어도, 아직 (　　) 한 몸을 유지하고 있다.

1 빈틈없음　　2 또렷
3 탄탄　　4 산뜻

해설 선택지가 모두 부사이다. 괄호 뒤의 体(몸)와 함께 쓸 때 がっしりした体(탄탄한 몸)가 가장 자연스러우므로 3 がっしり(탄탄)가 정답이다. 1은 きっちりした性格(빈틈없는 성격), 2는 くっきりした目(또렷한 눈), 4는 すっきりした気分(산뜻한 기분)으로 자주 쓰인다.

어휘 引退 いんたい 명 은퇴　経つ たつ 동 (시간이) 지나다
維持 いじ 명 유지　きっちり 부 빈틈없음, 꼭　くっきり 부 또렷이
がっしり 부 탄탄히　すっきり 부 산뜻하게

9

틀린 경영 판단이 회사를 위태로운 상황으로 (　　).

1 쫓아냈다　　**2 몰아넣었다**
3 따라잡았다　　4 뒤쫓아갔다

해설 선택지가 모두 동사이다. 괄호 앞의 危うい状況に(위태로운 상황으로)와 함께 쓸 때 危うい状況に追い込んだ(위태로운 상황으로 몰아넣었다)가 가장 자연스러우므로 2 追い込んだ(몰아넣었다)가 정답이다. 1은 党から追い出した(당으로부터 쫓아냈다), 3은 先頭に追いついた(선두를 따라잡았다), 4는 泥棒を追いかけた(도둑을 뒤쫓아갔다)로 자주 쓰인다.

어휘 誤る あやまる 동 틀리다, 실수하다　経営 けいえい 명 경영
判断 はんだん 명 판단　危うい あやうい いㅎ 위태롭다
状況 じょうきょう 명 상황　追い出す おいだす 동 쫓아내다
追い込む おいこむ 동 몰아넣다　追いつく おいつく 동 따라잡다
追いかける おいかける 동 뒤쫓아가다

10

프로그램 고장에 의해 회원의 개인정보가 (　　) 되는 사고가 일어났다.

1 유출　　2 소거
3 배제　　4 도난

해설 선택지가 모두 명사이다. 괄호 앞의 個人情報が(개인정보가)와 함

께 쓸 때 個人情報が流出する(개인정보가 유출되는)가 가장 자연스러우므로 1 流出(유출)가 정답이다. 2는 未知数を消去する(미지수를 소거하다), 3은 可能性を排除する(가능성을 배제하다), 4는 自転車を盗難する(자전거를 도난하다)로 자주 쓰인다.

어휘 プログラム 명 프로그램 会員 かいいん 명 회원
個人情報 こじんじょうほう 명 개인정보 流出 りゅうしゅつ 명 유출
消去 しょうきょ 명 소거 排除 はいじょ 명 배제
盗難 とうなん 명 도난

11

아버지는 소파에 몸을 ( ) 조용히 신문을 읽고 있었다.

1 담그고　2 절이고
3 내려놓고　**4 가라앉히고**

해설 선택지가 모두 동사이다. 괄호 앞의 ソファーに身を(소파에 몸을)와 함께 쓸 때 ソファーに身を沈めて(소파에 몸을 가라앉히고)가 가장 자연스러우므로 4 沈めて(가라앉히고)가 정답이다. 1은 お湯に足を浸して(더운물에 발을 담그고), 2는 酢に梅を漬けて(식초에 매실을 절이고), 3은 床に荷物を降ろして(마루에 짐을 내려놓고)로 자주 쓰인다.

어휘 ソファー 명 소파 身 み 명 몸 浸す ひたす 동 담그다
漬ける つける 동 절이다 降ろす おろす 동 내려놓다
沈める しずめる 동 가라앉히다

12

은행 계좌의 ( ) 가 부족해서 자동 이체가 되어 있지 않았다.

1 잔고　2 차액
3 잉여　4 총액

해설 선택지가 모두 명사이다. 괄호 앞뒤의 내용과 함께 쓸 때 銀行口座の残高が不足して(은행 계좌의 잔고가 부족해서)가 가장 자연스러우므로 1 残高(잔고)가 정답이다. 2는 売り上げと利益の差額が大きくて(매상과 이익의 차액이 커서), 3은 労働力の余剰が生じて(노동력의 잉여가 생겨서), 4는 収入の総額が100万円を超えて(수입의 총액이 100만 엔을 넘어서)로 자주 쓰인다.

어휘 口座 こうざ 명 계좌 不足 ふそく 명 부족
引き落とし ひきおとし 명 자동 이체 残高 ざんだか 명 잔고
差額 さがく 명 차액 余剰 よじょう 명 잉여 総額 そうがく 명 총액

13

생활에 빠뜨릴 수 없는 것은 항상 대량의 ( ) 를 확보하고 있다.

1 간직　2 충전
3 재고　4 한도

해설 선택지가 모두 명사이다. 괄호 뒤의 確保している(확보하고 있다)와 함께 쓸 때 ストックを確保している(재고를 확보하고 있다)가 가장 자연스러우므로 3 ストック(재고)가 정답이다. 1은 残りをキープする(남은 것을 간직하다), 2는 残高をチャージする(잔액을 충전하다), 4는 リミットを設定する(한도를 설정하다)로 자주 쓰인다.

어휘 欠かす かかす 동 빠뜨리다 常に つねに 부 항상
大量 たいりょう 명 대량 確保 かくほ 명 확보 キープ 명 간직, 유지
チャージ 명 충전 ストック 명 재고 リミット 명 한도

14

역에 있던 여성은 <u>당황하고</u> 있는 모습이었다.

1 서두르고　**2 곤란해하고**
3 고민하고　4 부끄러워하고

해설 とまどっては '당황하고'라는 의미로, 동의어인 2 困って(곤란해하고)가 정답이다.

어휘 とまどう 동 당황하다 様子 ようす 명 모습 急ぐ いそぐ 동 서두르다
困る こまる 동 곤란하다 悩む なやむ 동 고민하다
恥じる はじる 동 부끄러워하다

15

당초의 예산을 <u>상회하고</u> 있었다.

1 체크하고　2 캔슬하고
3 오버하고　4 업데이트하고

해설 上回っては '상회하고'라는 의미로, 동의어인 3 オーバーして(오버하고)가 정답이다.

어휘 当初 とうしょ 명 당초 予算 よさん 명 예산
上回る うわまわる 동 상회하다 チェック 명 체크
キャンセル 명 캔슬 オーバー 명 오버 アップデート 명 업데이트

16

이 지역에는 독자적인 <u>관습</u>이 있다고 한다.

1 인사　2 이야기
3 전승　**4 풍습**

해설 しきたりは '관습'이라는 의미로, 동의어인 4 風習(풍습)가 정답이다.

어휘 地域 ちいき 명 지역 独自だ どくじだ な형 독자적이다
しきたり 명 관습 挨拶 あいさつ 명 인사
物語 ものがたり 명 이야기 伝承 でんしょう 명 전승
風習 ふうしゅう 명 풍습

17

할아버지의 수술이 무사히 끝나, 가족은 <u>안도했다</u>.

1 흠칫했다　2 발끈했다
3 안심했다　4 불끈했다

해설 安堵したは '안도했다'라는 의미로, 동의어인 3 ほっとした(안심했다)가 정답이다.

어휘 手術 しゅじゅつ 명 수술 無事だ ぶじだ な형 무사하다
安堵 あんど 명 안도 はっとする 부 흠칫하다
かっとする 부 발끈하다 ほっとする 부 안심하다
むっとする 부 불끈하다

18

그 여성은 지루했던 것인지, 계속 말을 걸어왔다.

1 예상대로 **2 몇 번이나**
3 갑자기 4 살짝

해설 **しきりに**는 '계속'이라는 의미이다. 단어의 뜻을 올바르게 풀어 쓴 2 **何度も**(몇 번이나)가 정답이다.

어휘 **退屈だ たいくつだ** な형 지루하다 **しきりに** 부 계속
話しかける はなしかける 동 말을 걸다
予想通り よそうどおり 예상대로 **突如 とつじょ** 부 갑자기
こっそりと 부 살짝, 몰래

19

비상 시에는, 되도록 빨리 보고하는 것이 중요하다.

1 신속히 2 정확히
3 자세히 4 간결하게

해설 **できるだけ早く**는 '되도록 빨리'라는 의미이다. 이와 교체해도 문장의 의미가 바뀌지 않는 1 **すみやかに**(신속히)가 정답이다.

어휘 **非常 ひじょう** 명 비상 **際 さい** 명 시, 때 **報告 ほうこく** 명 보고
重要だ じゅうようだ な형 중요하다 **すみやかだ** な형 신속하다
正確だ せいかくだ な형 정확하다 **こまやかだ** な형 자세하다
簡潔だ かんけつだ な형 간결하다

20

검소

1 그는 유명해졌음에도 불구하고, 예전과 변함없는 검소한 생활을 보내고 있다.
2 이곳의 요리는 옛날 그대로의 검소한 맛이 나서, 먹으면 고향이 그리워진다.
3 예전부터 여위어서 검소하게 보이는 것이 싫어, 운동을 시작했습니다.
4 경기가 더욱더 악화되어, 검소하게 되어버린 사람들이 급증했다.

해설 **質素**(검소)는 사는 모습이 사치스럽지 않고 수수한 경우에 사용한다. 제시어가 형용사이므로 먼저 각 선택지에서 앞 또는 뒤의 표현과 함께 읽어본다. 1의 **質素な生活**(검소한 생활)에서 올바르게 사용되었으므로 1이 정답이다. 참고로, 2는 **素朴**(そぼく, 소박), 3은 **貧弱**(ひんじゃく, 빈약), 4는 **貧困**(ひんこん, 빈곤)을 사용하는 것이 올바른 문장이다.

어휘 **質素だ しっそだ** な형 검소하다 **味がする あじがする** 맛이 나다
故郷 こきょう 명 고향 **懐かしい なつかしい** い형 그립다
やせる 동 여위다 **景気 けいき** 명 경기 **ますます** 부 더욱더
悪化 あっか 명 악화 **急増 きゅうぞう** 명 급증

21

볼품없다

1 이 시설에서는 주인에게 버려진 볼품없는 동물들을 보호하고 있다.
2 경제 기반이 볼품없는 사람들의 생활을 지원하는 대처가 시작되고 있다.
3 이 이야기는 한 광고 대리점에서 근무하는 볼품없는 샐러리맨의 이야기입니다.
4 그는 평소부터 볼품없는 복장을 하고 있어서, 도저히 사장으로는 보이지 않는다.

해설 **みすぼらしい**(볼품없다)는 행색이 초라한 경우에 사용한다. 제시어가 형용사이므로 먼저 각 선택지에서 앞 또는 뒤의 표현과 함께 읽어본다. 4의 **みすぼらしい服装**(볼품없는 복장)에서 올바르게 사용되었으므로 4가 정답이다. 참고로, 1은 **哀れだ**(あわれだ, 불쌍하다), 2는 **脆弱だ**(ぜいじゃくだ, 취약하다), 3은 **しがない**(보잘것없다)를 사용하는 것이 올바른 문장이다.

어휘 **みすぼらしい** い형 볼품없다, 초라하다 **施設 しせつ** 명 시설
飼い主 かいぬし 명 주인 **保護 ほご** 명 보호
経済 けいざい 명 경제 **基盤 きばん** 명 기반
人々 ひとびと 명 사람들 **支援 しえん** 명 지원
取り組み とりくみ 명 대처 **物語 ものがたり** 명 이야기
広告 こうこく 명 광고 **代理店 だいりてん** 명 대리점
サラリーマン 명 샐러리맨 **普段 ふだん** 명 평소
服装 ふくそう 명 복장

22

젖혀지다

1 예전부터 자세가 나쁘고, 허리가 젖혀져 있다고 자주 사람들에게 지적을 받는다.
2 갑자기 천둥 소리가 울려 퍼져서, 놀란 나머지 젖혀질 뻔했다.
3 이 판결은 젖혀지지 않을 것이라고 모두가 포기하고 있었지만, 희망의 빛이 들이비쳤다.
4 스피드를 너무 낸 차는 커브를 다 젖히지 못하고, 벽에 충돌했다.

해설 **反る**(젖혀지다)는 원래 곧았던 것이 굽은 경우에 사용한다. 제시어가 동사이므로 먼저 각 선택지에서 밑줄 앞의 표현과 함께 읽어본다. 1의 **腰が反って**(허리가 젖혀져)에서 올바르게 사용되었으므로 1이 정답이다. 참고로, 2는 **ひっくり返る**(ひっくりかえる, 뒤집히다), 3은 **覆る**(くつがえる, 뒤집히다), 4는 **曲がる**(まがる, 돌다)를 사용하는 것이 올바른 문장이다.

어휘 **反る そる** 동 젖혀지다 **姿勢 しせい** 명 자세 **腰 こし** 명 허리
指摘 してき 명 지적 **突然 とつぜん** 부 갑자기, 돌연
雷 かみなり 명 천둥 **音 おと** 명 소리
響きわたる ひびきわたる 동 울려 퍼지다 **驚き おどろき** 명 놀람
判決 はんけつ 명 판결 **諦める あきらめる** 동 포기하다
希望 きぼう 명 희망 **差し込む さしこむ** 동 들이비치다
スピード 명 스피드 **カーブ** 명 커브 **衝突 しょうとつ** 명 충돌

23

친선

1 대학 졸업으로부터 수십 년 지난 지금도 여전히, 당시의 친구와의 친신을 계속하고 있다.
2 언어를 배울 때, 그것과 밀접한 친선이 있는 문화도 함께 배우는 것이 중요합니다.
3 이 이벤트는 이웃 나라의 시민과의 문화 교류나 친선을 목적으로 하고 있다.
4 양국이 친선을 맺은 것에 의해, 사람과 물건의 왕래가 왕성해지고 있다.

해설 **親善**(친선)은 국가나 단체끼리의 사이가 좋다는 것을 나타내는 경우에 사용한다. 제시어가 명사이므로 먼저 각 선택지에서 밑줄 앞의 표현과 함께 읽어본다. 3의 **隣国の市民との文化交流や親善**(이웃 나라의 시민과의 문화 교류나 친선)에서 올바르게 사용되었으므로 3이 정답이다. 참고로, 1은 **交際(こうさい**, 교제), 2는 **繋がり(つながり**, 연관), 4는 **国交(こっこう**, 국교)를 사용하는 것이 올바른 문장이다.

어휘 **親善** しんぜん 명 친선 **数十年** すうじゅうねん 수십 년
経つ たつ 동 지나다 なお 부 여전히 **当時** とうじ 명 당시
親友 しんゆう 명 친구 **言語** げんご 명 언어
学ぶ まなぶ 동 배우다 **際** さい 명 때
密接だ みっせつだ な형 밀접하다 **重要だ** じゅうようだ な형 중요하다
イベント 명 이벤트 **隣国** りんこく 명 이웃 나라
交流 こうりゅう 명 교류 **目的** もくてき 명 목적
両国 りょうこく 명 양국 **結ぶ** むすぶ 동 맺다 **行き来** いきき 명 왕래

24

골똘히 생각하다

1 고민한 끝에, 골똘히 생각하여 본심을 털어놓기로 했다.
2 그는 심히 골똘히 생각한 것 같은 표정으로, 교실에서 뛰쳐 나갔다.
3 그 모습에서 이웃집 사람은 나를 의사라고 골똘히 생각하고 있었다.
4 문득 좋은 아이디어를 골똘히 생각했기 때문에, 바로 노트에 적었다.

해설 **思い詰める**(골똘히 생각하다)는 어떤 것을 고민하여 깊은 생각에 잠기는 경우에 사용한다. 제시어가 동사이므로 먼저 각 선택지에서 밑줄 앞의 표현과 함께 읽어본다. 2의 **彼はひどく思い詰めた**(그는 심히 골똘히 생각한)에서 올바르게 사용되었으므로 2가 정답이다. 참고로, 1은 **思い切る(おもいきる**, 결심하다), 3은 **思い込む(おもいこむ**, 믿어버리다), 4는 **思いつく(おもいつく**, 생각이 떠오르다)를 사용하는 것이 올바른 문장이다.

어휘 **思い詰める** おもいつめる 동 골똘히 생각하다
悩む なやむ 동 고민하다 **本心** ほんしん 명 본심
打ち明ける うちあける 동 털어놓다 **表情** ひょうじょう 명 표정
飛び出す とびだす 동 뛰쳐 나가다 ふと 부 문득
アイデア 명 아이디어

25

역전

1 사진 속의 문자가 좌우 역전해 있어서 읽는 데 고생했다.
2 뉴스에서는 경기가 역전하고 있다고 하지만, 사람들의 실감은 그렇지도 않은 듯하다.
3 그 정치가는 야당으로부터의 근거 없는 비판에 대해 역전했다.
4 그 팀은 압도적으로 불리했던 상황에서 단숨에 역전했다.

해설 **逆転**(역전)은 겨루는 상황에서 형세가 뒤집히는 경우에 사용한다. 제시어가 명사이므로 먼저 각 선택지에서 밑줄 앞의 표현과 함께 읽어본다. 4의 **不利だった状況から一気に逆転した**(불리했던 상황에서 단숨에 역전했다)에서 올바르게 사용되었으므로 4가 정답이다. 참고로, 1은 **反転(はんてん**, 반전), 2는 **回復(かいふく**, 회복), 3은 **反撃(はんげき**, 반격)를 사용하는 것이 올바른 문장이다.

어휘 **逆転** ぎゃくてん 명 역전 **文字** もじ 명 문자 **左右** さゆう 명 좌우
苦労 くろう 명 고생 **景気** けいき 명 경기 **人々** ひとびと 명 사람들
実感 じっかん 명 실감 **政治家** せいじか 명 정치가
野党 やとう 명 야당 **根拠** こんきょ 명 근거 **批判** ひはん 명 비판
チーム 명 팀 **圧倒的だ** あっとうてきだ な형 압도적이다
不利だ ふりだ な형 불리하다 **状況** じょうきょう 명 상황
一気に いっきに 부 단숨에

언어지식 (문법)

p.66

26

언니와는 2살 밖에 나이가 차이 나지 않지만, 보육사 (　　) 아이 다루기에 익숙하다.

1 나름대로　　2 와 같이
3 라고 할지라도　　**4 인 만큼**

해설 적절한 문형을 고르는 문제이다. 괄호 앞의 명사 **保育士**(보육사)에 접속할 수 있는 문형은 1 **なりに**와 4 **だけあって**이다. 2 **ごとく**는 조사 **の**와 함께 명사에 접속하고, 3 **たりとも**는 수량사에 접속하므로 오답이다. 괄호 뒤 **子どもの扱いになれている**(아이 다루기에 익숙하다)로 이어지는 문맥을 보면 '보육사인 만큼 아이 다루기에 익숙하다'가 가장 자연스럽다. 따라서 4 **だけあって**(인 만큼)가 정답이다. 1 **なりに**는 '~나름대로', 2 **ごとく**는 '~와 같이', 3 **たりとも**는 '~인 만큼'이라는 의미의 문형임을 알아둔다.

어휘 **年が離れる** としがはなれる 나이가 차이 나다
保育士 ほいくし 명 보육사 **扱い** あつかい 명 다루기, 다룸
~なりに ~나름대로 ~ごとく ~와 같이 ~たりとも ~라고 할지라도
~だけあって ~인 만큼

27

해외 부임은 승진할 찬스지만, 싫어하는 아내를 데리고 ( ) 까지 출세하고 싶다고는 생각하지 않는다.

1 **가서** 2 갈 때
3 가자고 4 가기

해설 동사의 올바른 활용형을 고르는 문제이다. 괄호 뒤의 문형 **まで**(까지)와 접속할 수 있는 동사의 활용형은 **て**형과 사전형이므로 문맥을 파악한다. 괄호 앞뒤 문맥을 보면 '싫어하는 아내를 데리고 가서까지 출세하고 싶다고는 생각하지 않는다'가 자연스러우므로 1 **行って**(가서)가 정답이다.

어휘 **海外 かいがい** 명 해외 **赴任 ふにん** 명 부임
昇進 しょうしん 명 승진 **チャンス** 명 찬스, 기회
嫌がる いやがる 동 싫어하다 **～てまで** ~하면서까지
出世 しゅっせ 명 출세

28

(의사에의 인터뷰에서)
A : 가난한 가정 환경 속, 의사 선생님이 되셨다는 것은 정말로 훌륭하다고 생각합니다.
B : 자주 그런 말을 듣습니다만, ( ) 가난한 가정 환경이었기 때문에 의사가 될 수 있었다고 생각합니다. 성공해서 가난으로부터 벗어나고 싶다는 마음이 강했던 것이겠죠.

1 만약 2 정말로
3 **오히려** 4 부디

해설 적절한 부사를 고르는 문제이다. 괄호 뒤의 **貧しい家庭環境だったからこそ医者になれたんだと思います**(가난한 가정 환경이었기 때문에 의사가 될 수 있었다고 생각합니다)와 문맥상 어울리는 말은 '오히려 가난한 가정 환경이었기 때문에'이다. 따라서 3 **むしろ**(오히려)가 정답이다.

어휘 **医師 いし** 명 의사 **インタビュー** 명 인터뷰
貧しい まずしい い형 가난하다 **環境 かんきょう** 명 환경
～中 ～なか ~속, ~가운데 **お医者さん おいしゃさん** 명 의사 선생님
～からこそ (바로) ~이기 때문에 **成功 せいこう** 명 성공
貧しさ まずしさ 명 가난 **抜け出す ぬけだす** 동 벗어나다, 빠져나가다
かりに 부 만약 **まさに** 부 정말로 **むしろ** 부 오히려
どうか 부 부디, 제발

29

(공지에서)
이번에, 대단히 제멋대로 ( ), 인력 부족 및 종업원의 노동 시간 삭감으로 인해 영업시간을 변경합니다. 죄송하지만, 양해 부탁드립니다.

1 인 주제에 2 **임에도 불구하고**
3 라고 하더라도 4 일 뿐

해설 적절한 문형을 고르는 문제이다. 괄호 앞의 な형용사 어간 **勝手**(제멋대로)에 접속할 수 있는 문형은 2 **ながら**와 3 **にせよ**이다. 1의 **くせには** 조사 **の**와 함께 명사에 접속하고, 4 **ばかり**는 명사와 동사 **て**형에 접속하므로 오답이다. 괄호 뒤 **人手不足及び従業員の労働時間削減のため営業時間を変更します**(인력 부족 및 종업원의 노동 시간 삭감으로 인해 영업시간을 변경합니다)로 이어지는 문맥을 보면 '대단히 제멋대로임에도 불구하고'가 가장 자연스럽다. 따라서 2 **ながら**(임에도 불구하고)가 정답이다. 3 **にせよ**는 '~라고 하더라도'라는 의미로 '그렇다고 하더라도 예외는 아님'을 나타내는 경우에 사용하는 문형이어서 괄호 뒤의 영업시간을 변경한다는 문맥에는 맞지 않으므로 오답이다. 1의 **くせに**는 '~인 주제에', 4 **ばかり**는 동사 **て**형에 접속할 때 '~할 뿐'이라는 의미의 문형임을 알아둔다.

어휘 **お知らせ おしらせ** 명 공지 **この度 このたび** 이번
誠に まことに 부 대단히, 정말로 **勝手だ かってだ** な형 제멋대로다
人手不足 ひとでぶそく 명 인력 부족, 일손 부족 **及び および** 접 및
従業員 じゅうぎょういん 명 종업원 **労働 ろうどう** 명 노동
削減 さくげん 명 삭감 **営業時間 えいぎょうじかん** 명 영업시간
変更 へんこう 명 변경 **申し訳ない もうしわけない** い형 죄송하다
了承 りょうしょう 명 양해 **～くせに** ~인 주제에
～ながら ~임에도 불구하고 **～にせよ** ~라고 하더라도
～てばかり ~할 뿐

30

대학을 졸업하고, 2년 지났다. 볼일이 있어서 오랜만에 대학 근처에 왔기 때문에, 신세를 진 선생님께 사례할 겸 인사하러 ( ) 생각이다.

1 말씀드릴 2 **방문할**
3 계실 4 오실

해설 적절한 경어 표현을 고르는 문제이다. 내가 윗사람인 선생님께 인사하러 가는 상황이므로 자신의 행위를 낮추는 **挨拶に伺うつもりだ**(인사하러 방문할 생각이다)가 가장 자연스럽다. 따라서 2 **伺う**(방문할)가 정답이다. 여기서 **伺う**(방문하다)는 **訪ねる**(방문하다)의 겸양어이다. 1 **申す**(말씀드릴)는 **言う**(말하다)의 겸양어, 3 **いらっしゃる**(계실)는 **いる**(있다)의 존경어, 4 **お越しになる**(오실)는 **来る**(오다)의 존경어이다.

어휘 **経つ たつ** 동 지나다 **お世話になる おせわになる** 신세를 지다
～かたがた ~할 겸 **挨拶 あいさつ** 명 인사
申す もうす 동 말씀드리다 (**言う**의 겸양어)
伺う うかがう 동 방문하다 (**訪ねる**의 겸양어)
いらっしゃる 동 계시다 (**いる**의 존경어)
お越しになる おこしになる 동 오시다 (**来る**의 존경어)

31

(야구팀의 감독에의 인터뷰에서)
기자 : 우승 축하드립니다. 훌륭한 대역전이었네요.
감독 : 감사합니다. 큰 성원이 힘이 되었습니다. 앞으로도 팬 여러분이 응원해 ( ), 힘껏 노력해가려고 생각합니다.

1 받는 동안에 2 주시는 동안에
3 받는 한 4 **주시는 한**

해설 적절한 문형을 고르는 문제이다. 특히 1과 3의 겸양어 **いただく**, 2와

4의 존경어 **くださる**에 유의하여 선택지를 해석한다. 괄호 앞 문맥을 보면, '앞으로도 팬 여러분이 응원해 주시는 한'이 가장 자연스럽다. 따라서 존경어 **くださる**(주시다)가 사용된 4 **くださる限り**(주시는 한)가 정답이다. 1과 2의 **うちには** '~하는 동안에'라는 의미의 문형임을 알아둔다.

어휘 **野球チーム やきゅうチーム** 명 야구팀 **監督 かんとく** 명 감독
インタビュー 명 인터뷰 **記者 きしゃ** 명 기자
優勝 ゆうしょう 명 우승 **見事だ みごとだ** な형 훌륭하다
大逆転 だいぎゃくてん 명 대역전 **声援 せいえん** 명 성원
これからも 앞으로도 **ファン** 명 팬 **皆様 みなさま** 명 여러분
応援 おうえん 명 응원 **精一杯 せいいっぱい** 부 힘껏
~うちに ~하는 동안에 **~限り ~かぎり** ~하는 한

32

큰비로 소풍을 (　　　) 상황이나, 이날을 기대하고 있던 아이들을 생각하면 마음이 아프다.

1 중지해도 어쩔 수 없는　2 중지하고만 있을 수는 없는
3 중지시킬 필요도 없는　4 중지시켜도 괜찮은

해설 적절한 문형을 고르는 문제이다. 특히 3과 4의 사역 표현 **させる**에 유의하여 선택지를 해석한다. 괄호 앞뒤 문맥을 보면, '큰비로 소풍을 중지해도 어쩔 수 없는 상황이나'가 가장 자연스럽다. 따라서 1 **中止してもやむを得ない**(중지해도 어쩔 수 없는)가 정답이다. 2의 **てばかりもいられない**는 '~하고만 있을 수는 없다', 3의 **までもない**는 '~할 필요도 없다', 4의 **ても差し支えない**는 '~해도 괜찮다'라는 의미의 문형임을 알아둔다.

어휘 **大雨 おおあめ** 명 큰비 **遠足 えんそく** 명 소풍
状況 じょうきょう 명 상황 **楽しみだ たのしみだ** な형 기대되다
痛む いたむ 동 아프다
~やむを得ない ~やむをえない ~해도 어쩔 수 없다
~てばかりもいられない ~하고만 있을 수는 없다
~までもない ~할 필요도 없다
~ても差し支えない ~てもさしつかえない ~해도 괜찮다

33

스즈키 군이 주역인 생일 파티니까, 그가 (　　　) 말이 안 된다.

1 오는 이상에는　2 온다고 해도
3 오지 않으면　4 안 오지 않고

해설 적절한 문형을 고르는 문제이다. 특히 3과 4의 동사 **ない형**에 유의하여 선택지를 해석한다. 괄호 앞뒤 문맥을 보면, '그가 오지 않으면 말이 안 된다'가 가장 자연스럽다. 따라서 3 **来ないことには**(오지 않으면)가 정답이다. 1의 **からには**는 '~하는 이상에는', 2의 **にしても**는 '~라고 해도', 4의 **ことなくは** '~하지 않고'라는 의미의 문형임을 알아둔다.

어휘 **主役 しゅやく** 명 주역 **誕生日会 たんじょうびかい** 명 생일 파티
話にならない はなしにならない 말이 안 된다
~からには ~하는 이상에는 **~にしても** ~라고 해도
~ないことには ~않으면 **~ことなく** ~하지 않고

34

자취를 시작하고, 부모님께의 고마움을 실감하게 되었다. 매일 영양 밸런스가 잡힌 식사를 만들어 주시고, 학교까지 배웅과 마중을 해주셨다. 부모의 애정보다도 따뜻한 것은 이 세상에 (　　　).

1 있을 리가 없는 것일까　2 있어서는 안 된다
3 없는 것은 아닐까　4 없다는 것이다

해설 적절한 문형을 고르는 문제이다. 괄호 앞 문맥을 보면, '부모의 애정보다도 따뜻한 것은 이 세상에 없는 것 아닐까'가 가장 자연스럽다. 따라서 3 **ないのではなかろうか**(없는 것은 아닐까)가 정답이다. 1의 **はずがない**는 '~일 리가 없다', 2의 **てはならない**는 '~해서는 안 된다', 4의 **というものだ**는 '~라는 것이다'라는 의미의 문형임을 알아둔다.

어휘 **一人暮らし ひとりぐらし** 명 자취, 혼자 삶
ありがたみ 명 고마움, 감사함 **実感 じっかん** 명 실감
栄養 えいよう 명 영양 **バランス** 명 균형
送り迎え おくりむかえ 명 배웅과 마중 **愛情 あいじょう** 명 애정
この世 このよ 이 세상 **~はずがない** ~일 리가 없다
~だろうか ~일까? **~てはならない** ~해서는 안 된다
~なかろうか ~아닐까? **~というものだ** ~라는 것이다

35

다나카 : 과학 리포트, 내일까지 10페이지라니 교수님도 너무해.
우에다 : 정말이야. 매번, 교수님 변덕에 (　　　).

1 휘둘려도 어쩔 수 없지
2 휘둘려서는 곤란하지
3 휘두르게 해도 하는 수 없지
4 휘두르게 하기를 주저하지 않지

해설 적절한 문형을 고르는 문제이다. 특히 1과 2의 수동 표현 **振り回される**, 3과 4의 사역 표현 **振り回させる**에 유의하여 선택지를 해석한다. 괄호 앞 문맥을 보면, '매번, 교수님 변덕에 휘둘려서는 곤란하지'가 가장 자연스럽다. 따라서 수동 표현 **振り回される**(휘둘리다)가 사용된 2 **振り回されてはかなわないね**(휘둘려서는 곤란하지)가 정답이다. 1 **振り回されても仕方ないね**(휘둘려도 어쩔 수 없지)는 '교수님도 너무해'라는 다나카의 말에 우에다가 '정말이야'라고 공감하는 문맥에 맞지 않으므로 오답이다. 3의 **てもはじまらない**는 '~해도 하는 수 없다', 4의 **てはばからない**는 '~하기를 주저하지 않다'라는 의미의 문형임을 알아둔다.

어휘 **教授 きょうじゅ** 명 교수님, 교수 **まったく** 부 정말로, 참으로
毎回 まいかい 명 매번 **思いつき おもいつき** 명 변덕, 즉흥적인 착상
振り回す ふりまわす 동 휘두르다
~てもしかたない ~해도 어쩔 수 없다
~てはかなわない ~해서는 곤란하다, ~해서는 참을 수가 없다
~てもはじまらない ~해도 하는 수 없다, ~해도 소용없다
~てはばからない ~하기를 주저하지 않다, 거리낌없이 ~하다

36

'로마에 가면 로마법을 따르라'라는 속담이 있다. 어떤 지방이나 환경에 들어갔다면, 그곳에서의 습관이나 방식에 따르라는 의미인데, ★몸에 밴 습관이나 방식을 바꾸는 것은 말로 하는 만큼 쉬운 것은 아니다.

1 습관이나 방식을　　2 말로 하는 만큼
3 바꾸는 것은　　**4 몸에 배었다**

해설 선택지들끼리 연결 가능한 문형이 없으므로 의미적으로 배열하면 4 **身についた** 1 **習慣ややり方を** 3 **変えることは** 2 **言葉でいうほど**(몸에 밴 습관이나 방식을 바꾸는 것은 말로 하는 만큼)가 되면서 전체 문맥과도 어울린다. 따라서 ★이 있는 첫 번째 빈칸에 위치한 4 **身についた**(몸에 배었다)가 정답이다.

어휘 **郷に入れば郷に従え ごうにいればごうにしたがえ** 로마에 가면 로마법을 따르라　**ことわざ** 명 속담　**土地 とち** 명 지방, 고장
環境 かんきょう 명 환경　**やり方 やりかた** 명 방식, 하는 방식
従う したがう 동 따르다　**身につく みにつく** 몸에 배다, 몸에 갖춰지다

37

최근, 국민을 생각하지 않고 자신의 이익만을 우선하여, 나라를 움직이려고 하는 정치인이 있지만, 정치인은 국민 있고 나서 의 ★국가 라는 것을 잊어서는 안 된다.

1 있어서　　2 라는
3 의　　**4 국가**

해설 1 **あって**는 3 **の**와 함께 쓰여 문형 **あっての**(~있고 나서의)가 되므로 먼저 1 **あって** 3 **の**(있고 나서의)로 연결할 수 있다. 이것을 나머지 선택지와 함께 문맥에 맞게 배열하면 1 **あって** 3 **の** 4 **国家** 2 **という**(있고 나서의 국가라는)가 되면서 전체 문맥과도 어울린다. 따라서 4 **国家**(국가)가 정답이다.

어휘 **国民 こくみん** 명 국민　**利益 りえき** 명 이익　**優先 ゆうせん** 명 우선
国 くに 명 나라　**動かす うごかす** 동 움직이다, 움직이게 하다
政治家 せいじか 명 정치인, 정치가
～あっての ~있고 나서의, ~있어야 성립하는　**国家 こっか** 명 국가

38

현에서 가장 강한 팀과의 시합이니까, 앞으로 열심히 연습을 하든 하지 않든 ★어느 쪽으로 하든지, 저 팀에는 이길 수 없다고 생각하지만, 마지막까지 즐겁게 플레이하고 싶다.

1 하든지　　2 하든
3 어느 쪽으로　　4 하지 않든

해설 2의 **ようが**는 4의 **まいが**와 함께 쓰여 문형 **～ようが ～まいが**(~하든 ~하지 않든)가 되므로 먼저 2 **しようが** 4 **しまいが**(하든 하지 않든)로 연결할 수 있다. 이것을 나머지 선택지와 함께 문맥에 맞게 배열하면 2 **しようが** 4 **しまいが** 3 **どっちに** 1 **しろ**(하든 하지 않든 어느 쪽으로 하든지)가 되면서 전체 문맥과도 어울린다. 따라서 3 **どっちに**(어느 쪽으로)가 정답이다.

어휘 **チーム** 명 팀　**プレー** 명 플레이
～ようが ～まいが ~하든 ~하지 않든　**どっちにしろ** 어느 쪽으로 하든지

39

학급 전원의 앞에서 내일 수학 테스트에서는 무조건 만점을 받는다 라는 ★말을 해 버린 체면상, 오늘은 잘 수 없을 것 같다.

1 만점을 받다　　2 한 체면상
3 말해 버렸다　　4 라는

해설 2 **てまえ**는 동사 사전형과 **た**형에 접속하므로 먼저 1 **満点をとる** 2 **てまえ**(만점을 받는 체면상) 또는 3 **言ってしまった** 2 **てまえ**(말을 해 버린 체면상)로 연결할 수 있다. 둘 중 빈칸 앞의 '학급 전원의 앞에서 내일 수학 테스트에서는 무조건', 빈칸 뒤의 '오늘은 잘 수 없을 것 같다'와 문맥상 어울리는 말은 3 **言ってしまった** 2 **てまえ**(말을 해 버린 체면상)이다. 이것을 나머지 선택지와 함께 문맥에 맞게 배열하면 1 **満点をとる** 4 **なんて** 3 **言ってしまった** 1 **てまえ**(만점을 받는다 라는 말을 해 버린 체면상)가 되면서 전체 문맥과도 어울린다. 따라서 3 **言ってしまった**(말해 버렸다)가 정답이다.

어휘 **全員 ぜんいん** 명 전원　**絶対 ぜったい** 명 무조건
満点をとる まんてんをとる 만점을 받다　**～そうにもない** ~할 수 없다
～てまえ ~한 체면상　**～てしまう** ~해 버리다　**～なんて** ~라는

40

의료의 발달에 따라 ★많은 생명이 구해져 왔지만, 최신의 의료로써도 고칠 수 없는 병이 아직도 많다는 것이 현상이다.

1 발달에　　**2 많은**
3 의료의　　4 따라서

해설 4 **より**는 1의 조사 **に**와 함께 쓰여 문형 **により**(~에 따라)가 되므로 먼저 1 **発達に** 4 **より**(발달에 따라)로 연결할 수 있다. 이것을 나머지 선택지와 함께 문맥에 맞게 배열하면 3 **医療の** 1 **発達に** 4 **より** 2 **多くの**(의료의 발달에 따라 많은)가 되면서 전체 문맥과도 어울린다. 따라서 ★이 있는 네 번째 빈칸에 위치한 2 **多くの**(많은)가 정답이다.

어휘 **命 いのち** 명 생명　**救う すくう** 동 구하다　**最新 さいしん** 명 최신
医療 いりょう 명 의료　**～をもって** ~로써, ~으로
治す なおす 동 고치다, 치료하다　**まだまだ** 부 아직도, 아직
現状 げんじょう 명 현상　**発達 はったつ** 명 발달　**～により** ~에 따라

41-45

스트레스와 마주하는 방법

현대 사회를 사는 우리들에게 있어서 스트레스는 가까운 것이다. 사람에 따라 다소간 차이가 있지만, 대부분의 사람이 스트레스를 안고 생활하고 있다. 그래서, 이번에는 스트레스와 마주하는 방법에 대해 말하고자 한다.

[41], 여러분은 어떤 방법으로 스트레스와 마주하고 있는가? 과도한 스트레스는 정신적인 부조뿐만 아니라, 두통이나 눈의 피로 등 몸 상태 측면에도 이상을 초래하기 때문에, 모아두지 말고 그때마다, 해소하는 것이 중요하다.

스트레스의 해소법이라고 하면 가라오케나 운동 등 일시적으로 스트레스를 누그러뜨리는 방법이 들어진다. 그렇지만, 그것은 스트레스의 뿌리의 원인을 [42]. 같은 상황에 빠지면, 재차, 같은 또는 그 이상의 스트레스를 받게 되기 때문이다. 그렇다고는 하나, 근본적으로 문제를 해결하기 위해서는 어떻게 하면 되는 것일까?

해결의 한걸음에는 자기 자신과 마주하는 것이 [43]. 우선은 '과거와 타인은 바꿀 수 없다'는 것을 인식하는 것부터 시작한다. 그리고, 타인과 과거를 컨트롤하려고 하지 말고, [44] 배운 것을 살려서 자신의 사고방식을 바꾸는 것이다.

이 사고방식을 가지고, 스트레스를 받고 있는 자신을 객관적으로 분석한다. 스트레스를 받았을 때, 상대나 상황이 초조하게 하고 있다고 생각하기 십상이다. 그러나, 초조해있는 것은 자신이라는 것을 인식하는 것으로 감정이나 상황을 파악할 수 있어, 점점 진정되어 온다.

스트레스를 밖에서 발산하는 것을 부정하고 있는 것은 아니다. 다만, 자신 안에서 스트레스에 마주해 [45]. 심플한 사고방식이 매일의 생활을 편하게 해줄지도 모른다.

어휘 ストレス 명 스트레스　向き合い方 むきあいかた 마주하는 방법
現代 げんだい 명 현대　～にとって ~에게 있어서
身近だ みぢかだ な형 (익숙하여) 가깝다　～によって ~에 따라서
多かれ少なかれ おおかれすくなかれ 다소간에, 많든 적든
抱える かかえる 동 안다, 끼다　そこで 접 그래서
今回 こんかい 명 이번　～について ~에 대해서
述べる のべる 동 말하다, 기술하다　方法 ほうほう 명 방법
過度だ かどだ な형 과도하다
精神的だ せいしんてきだ な형 정신적이다
不調 ふちょう 명 부조, 상태가 좋지 않음　～のみならず ~뿐만 아니라
頭痛 ずつう 명 두통　疲れ つかれ 명 피로
体調面 たいちょうめん 명 몸 상태 측면　異常 いじょう 명 이상
もたらす 동 초래하다, 가져오다　溜め込む ためこむ 동 모아두다
都度 つど 명 그때마다, 할 때마다　解消 かいしょう 명 해소
重要だ じゅうようだ な형 중요하다　解消法 かいしょうほう 명 해소법
カラオケ 명 가라오케　一時的だ いちじてきだ な형 일시적이다
和らげる やわらげる 동 누그러뜨리다, 완화시키다
根っこ ねっこ 명 뿌리　状況 じょうきょう 명 상황
おちいる 동 빠지다　再度 さいど 명 재차, 두 번
または 접 또는, 혹은　根本的だ こんぽんてきだ な형 근본적이다
解決 かいけつ 명 해결　一歩 いっぽ 명 한걸음
自分自身 じぶんじしん 명 자기자신　まずは 부 우선, 일단
過去 かこ 명 과거　他人 たにん 명 타인, 다른 사람
認識 にんしき 명 인식　コントロール 명 컨트롤
学ぶ まなぶ 동 배우다　生かす いかす 동 살리다
考え方 かんがえかた 명 사고방식
客観的だ きゃっかんてきだ な형 객관적이다　分析 ぶんせき 명 분석
相手 あいて 명 상대　イライラ 부 초조하다, 안절부절못하다
～がちだ ~하기 십상이다　感情 かんじょう 명 감정
把握 はあく 명 파악　落ち着く おちつく 동 진정되다, 안정되다
発散 はっさん 명 발산　否定 ひてい 명 부정　ただ 접 다만, 단
シンプルだ な형 심플하다　日々 ひび 명 매일, 나날
楽だ らくだ な형 편하다, 쉽다　～かもしれない ~일지도 모른다

41

1 만약	**2 그런데**
3 더욱이	4 또한

해설 적절한 접속사를 고르는 문제이다. 빈칸 앞에서 **今回はストレスとの向き合い方について述べていきたいと思う**(이번에는 스트레스와 마주하는 방법에 대해 말하고자 한다)라고 하고, 빈칸 뒤에서 **みなさんはどのような方法でストレスに向き合っているのだろうか**(여러분은 어떤 방법으로 스트레스와 마주하고 있는가)라며 새로운 내용을 언급하였다. 따라서 2 さて(그런데)가 정답이다.

어휘 もし 부 만약　さて 접 그런데　なお 접 더욱이　また 접 또한

42

1 해결하지 않을 리가 없다	2 해결할지도 모른다
3 해결할 것임에 틀림없다	**4 해결하는 것이 되지는 않는다**

해설 적절한 문형을 고르는 문제이다. 빈칸 뒤에서 **同じ状況におちいると、再度、同じまたはそれ以上のストレスを受けることになるからだ**(같은 상황에 빠져들면, 재차, 같은 또는 그 이상의 스트레스를 받게 되기 때문이다)라고 언급하였으므로 **それはストレスの根っこの原因を解決することにはならない**(그것은 스트레스의 뿌리의 원인을 해결하는 것이 되지는 않는다)가 가장 자연스럽다. 따라서 4 解決することにはならない(해결하는 것이 되지는 않는다)가 정답이다.

어휘 解決 かいけつ 명 해결　～わけがない ~할 리가 없다
～ないとも限らない ～ないともかぎらない (어쩌면) ~지도 모른다
～に違いない ～にちがいない ~임에 틀림없다
～ことにはならない ~것이 되지는 않는다

43

1 필요로 된다	2 내딛어 진다
3 필요로 하게 한다	4 내딛게 한다

해설 적절한 문형을 고르는 문제이다. 선택지 1과 2에는 수동 표현, 3과 4에는 사역 표현이 사용되었으므로 빈칸 주변에서 행위의 주체나 대상을 파악하는 것에 유의한다. 빈칸 앞의 문맥을 보면 **解決の一歩**(해결의 한걸음)를 위해 필요한 대상이 **自分自身と向き合うこと**(자기 자신과 마주하는 것)이다. 따라서 수동 표현이면서 문맥에 맞는 의미인 1 必要とされる(필요로 된다)가 정답이다.

어휘 踏み出す ふみだす 동 내딛다

44

1 이렇게	2 그렇게
3 앞으로	**4 그로부터**

해설 적절한 지시어를 고르는 문제이다. 빈칸 뒤의 **学んだことを生かして自分の考え方を変える**(배운 것을 살려서 자신의 사고방식을 바꾸는)는 빈칸 앞의 **「過去と他人は変えられない」ということを認識すること**('과거와 타인은 바꿀 수 없다'는 것을 인식하는 것)의 다음 과정을 지칭한다. 따라서 이전의 내용을 지시하는 4 そこから(그로부터)가 정답이다.

45

1 보는 것은 어떤가	2 보는 정도이다
3 보고만 있을 수는 없다	4 본다는 것인가

해설 적절한 문형을 고르는 문제이다. 빈칸 앞에서 스트레스를 받는 자기 자신을 인식함으로써 침착해질 수 있다고 언급하였으므로 **自分の中でストレスに向き合ってみてはどうだろうか**(자신 안에서 스트레스에 마주해 보는 것은 어떤가)가 가장 자연스럽다. 따라서 **1 みてはどうだろうか**(보는 것은 어떤가)가 정답이다.

어휘 ～だろうか ~인가　～というところだ (잘해야) ~정도이다
～てばかりもいられない ~하고만 있을 수는 없다
～というものだ ~라는 것이다　のか 조 인가

독해

p.72

46

'웃는 집에는 복이 온다'는 속담이 있다. 이것은 웃고 있으면 행복이 찾아온다는 의미의 미신인데, 정말 그대로라고 생각한다. 친구와 농담을 주고받거나, 개그 프로그램을 보거나 해서 진심으로 웃고 있을 때, 행복을 실감할 수 있다.

또, 웃음이 나를 도와줄 때도 있다. 나는 괴로울 때야말로, 입꼬리를 올리려고 의식하고 있다. 그러면, 왠지 '조금 더 힘내자' 하고 적극적인 기분이 될 수 있다. 무리하게 웃는 얼굴을 만드는 것은 마음에 독이라고 하는 의견도 있지만, 나는 앞으로도 웃음을 잊지 않고 인생을 보내고 싶다.

(주) 미신: 근거가 없지만 사람들이 믿는 것

필자의 생각에 맞는 것은 어느 것인가?

1 어떤 때라도 웃는 얼굴이 끊이지 않도록 하고 싶다.
2 자신의 감정을 그대로 표현해서는 안 된다.
3 적극적인 마음으로 삶을 살아가고 싶다.
4 억지 웃음은 마음에 악영향을 주기 때문에 해서는 안 된다.

해설 에세이로 필자의 생각을 묻고 있다. 지문을 처음부터 꼼꼼히 읽고 정확히 해석하면서 필자의 생각을 파악한다. 후반부에서 **私はこれからも笑いを忘れずに人生を送りたい**라고 서술하고 있으므로, **1 どんな時でも笑顔を絶やさないようにしたい**(어떤 때라도 웃는 얼굴이 끊이지 않도록 하고 싶다)가 정답이다.

어휘 笑う門には福来る わらうかどにはふくくる 웃는 집에 복이 온다
ことわざ 명 속담　幸福 こうふく 명 행복
訪れる おとずれる 동 찾아오다　迷信 めいしん 명 미신
全く まったく 부 정말로　その通り そのとおり 그대로, 그와 같이
友人 ゆうじん 명 친구　冗談 じょうだん 명 농담
言い合う いいあう 동 주고받다, 서로 말하다
お笑い番組 おわらいばんぐみ 개그 프로그램　心から 진심으로
幸せ しあわせ 명 행복　実感 じっかん 명 실감
笑い わらい 명 웃음　助ける たすける 동 돕다　つらい い형 괴롭다
口角 こうかく 명 입꼬리　意識 いしき 명 의식　なぜか 왠지, 왜인지
もう 부 더　頑張る がんばる 명 힘내다
前向き まえむき 명 적극적임　笑顔 えがお 명 웃는 얼굴
毒 どく 명 독　人生 じんせい 명 인생　根拠 こんきょ 명 근거
人々 ひとびと 명 사람들　信じる しんじる 동 믿다
絶やす たやす 동 끊다, 없애다　感情 かんじょう 명 감정
そのまま 그대로　表現 ひょうげん 명 표현
～べきではない ~해서는 안 된다
人生を歩む じんせいをあゆむ 삶을 살다, 인생을 보내다
作り笑顔 つくりえがお 억지 웃음　悪影響 あくえいきょう 명 악영향
与える あたえる 동 주다

47

이하는, 어느 스포츠 체육관으로부터의 공지이다.

회원 여러분께

임시 휴업과 회비 환불에 대하여

시설 개보수를 위해, 1월 13일부터 임시 휴업하게 되었습니다. 기간은 1개월 정도로 생각하고 있습니다.

휴업함에 있어서, 1월분의 회비를 반액 환불해드립니다. 환불 방법으로, 2월분의 회비를 지불하실 때에, 1월 회비 환불분을 제외한 금액을 제시하겠습니다.

이번 달로 탈회하시는 회원분은 현금으로의 환불이므로, 담당자에게 신청해 주시기 바랍니다.

스타 피트니스 클럽

이 공지는 무엇을 알리고 있는가?

1 스포츠 체육관의 회비가 1월 13일부터 변경되는 것
2 스포츠 체육관에 1월까지 입회하면, 2월의 회비가 할인되는 것
3 체육관 휴업으로 인해, 2월의 회비에서 환불분의 금액이 빠지는 것
4 체육관 휴업으로 인해, 탈회하는 회원에게는 회비의 환불이 되지 않는 것

해설 공지 형식의 실용문으로, 글의 내용을 묻고 있다. 지문을 처음부터 꼼꼼히 읽고 정확히 해석하면서 글의 맥락을 파악한다. 초반부에서 **臨時休業することになりました**라고 하고, 중반부에서 **2月分の会費をお支払いいただく際に、1月の会費返金分を差し引いた金額を提示させていただきます**라고 언급하고 있으므로, **3 ジムの休業のため、2月の会費から返金分の金額が引かれること**(체육관 휴업으로 인해, 2월의 회비에서 환불분의 금액이 빠지는 것)가 정답이다.

어휘 スポーツジム 명 스포츠 체육관　お知らせ おしらせ 명 공지
会員 かいいん 명 회원　臨時 りんじ 명 임시
休業 きゅうぎょう 명 휴업　会費 かいひ 명 회비
返金 へんきん 명 환불　～について ~에 대해서　施設 しせつ 명 시설
改修 かいしゅう 명 개보수　～のため ~를 위해　期間 きかん 명 기간
～にあたり ~에 있어서　半額 はんがく 명 반액
方法 ほうほう 명 방법　お支払い おしはらい 명 지불　際 さい 명 때

差し引く さしひく 동 제외하다, 빼다　金額 きんがく 명 금액
提示 ていじ 명 제시　退会 たいかい 명 탈회　現金 げんきん 명 현금
係りの者 かかりのもの 담당자　申し出 もうしで 명 신청
フィットネスクラブ 명 피트니스 클럽

48

이하는, 일본어 교사가 쓴 글이다.

일본어 수업의 커리큘럼에는 반드시라고 해도 좋을 정도로, 일본의 문화 수업이 짜 넣어져 있습니다. 문화 수업이라고 들으면, 오락 시간이라고 생각하는 사람도 적지 않다고 생각합니다만, 이것에는 제대로 된 이유가 있습니다.

언어를 배우는 데 있어, 그 언어 사용자의 문화적 배경을 이해하는 것은 빠뜨릴 수 없는 것입니다. 문화적 배경은 언어 사용자의 단어나 표현, 말투의 선택에 영향을 줍니다. 그 때문에, 언어의 문법적 요소만 배워도, 문법은 맞지만 부자연스러운 표현이 되어 버리는 일도 있는 것입니다.

이 글에서 필자가 말하고 있는 것은 무엇인가?

1 문화 수업이 없으면, 자연스러운 표현은 생기지 않는다.
2 문화적 배경을 이해하는 것으로, 언어 학습에 도움이 된다.
3 언어의 문법의 영향에 따라, 부자연스러운 표현이 생긴다.
4 언어의 문법을 습득하는 것으로, 언어 학습에 도움이 된다.

해설 에세이로 필자의 생각을 묻고 있다. 지문을 처음부터 꼼꼼히 읽고 정확히 해석하면서 필자의 생각을 파악한다. 중반부에서 **言語を学ぶうえで、その言語使用者の文化的背景を理解することはかかせないこと**라고 하고, **文化的背景は言語使用者の単語や表現、言い回しの選択に影響します**라고 서술하고 있으므로, **2 文化的背景を理解することで、言語学習の役に立つ**(문화적 배경을 이해하는 것으로, 언어 학습에 도움이 된다)가 정답이다.

어휘 日本語 にほんご 명 일본어　カリキュラム 명 커리큘럼
日本 にほん 명 일본　組み込む くみこむ 동 짜 넣다
娯楽 ごらく 명 오락　きちんとする 부 제대로 되다
言語 げんご 명 언어　学ぶ まなぶ 동 배우다
使用者 しようしゃ 명 사용자　文化的 ぶんかてき 명 문화적
背景 はいけい 명 배경　理解 りかい 명 이해
かかせない 빠뜨릴 수 없는, 없어서는 안 됨　単語 たんご 명 단어
表現 ひょうげん 명 표현　言い回し いいまわし 명 말투, 말주변
選択 せんたく 명 선택　影響 えいきょう 명 영향
そのため 그 때문에　文法的 ぶんぽうてき 명 문법적
要素 ようそ 명 요소　不自然だ ふしぜんだ な형 부자연스럽다
自然だ しぜんだ な형 자연스럽다　学習 がくしゅう 명 학습
習得 しゅうとく 명 습득

49

사는 보람이 없고, 녹초가 된 현대인에게 관엽식물을 키우는 것을 추천하고 싶다. 특히 선인장은 추천이다. 달에 한 번, 소량의 물을 주면 된다. 조금씩이기는 하지만, 성장을 볼 수가 있어, 그 둥근 모양을 띤 형태의 사랑스러움에는 마음이 풀어진다.

게다가 사랑스러움과는 반대로, 늠름함도 겸비한다. 사막과 같은 건조한 지역에서 1년에 몇 번, 내리는 비를 몸에 저장하고, 그 수분만으로 살아남는다. 그리고, 마지막에는 꽃을 피운다. 이러한 선인장의 성질은 사람들에게 무언가 호소하는 강인함을 가지고 있다.

필자는 '선인장'에 대해 어떻게 말하고 있는가?

1 선인장은 보살피지 않아도 자라므로 현대인에게 추천한다.
2 선인장이 조금씩 성장해 가는 모습에서 늠름함을 느낄 수 있다.
3 선인장의 양면성은 인간과 공통되는 부분이다.
4 선인장의 살아가는 강인함은 사람들의 마음에 울리는 것이 있다.

해설 에세이로 サボテン(선인장)에 대한 필자의 생각을 묻고 있다. 지문을 처음부터 꼼꼼히 읽고 정확히 해석하면서 선인장에 대한 필자의 생각을 파악한다. 중반부에서 **砂漠のような乾燥した地域で年に数回、降る雨を体に蓄え、その水分だけで生き延びる**라고 하고, 후반부에서 **このようなサボテンの性質は人々に何か訴えかける強さを持っている**라고 서술하고 있으므로, **4 サボテンの生きる強さは人々の心に響くものがある**(선인장의 살아가는 강인함은 사람들의 마음에 울리는 것이 있다)가 정답이다.

어휘 生き甲斐 いきがい 사는 보람, 삶의 보람
疲れ切る つかれきる 녹초가 되다　現代人 げんだいじん 명 현대인
観葉植物 かんようしょくぶつ 명 관엽식물
勧める すすめる 동 추천하다, 권하다　サボテン 명 선인장
おすすめ 명 추천　少量 しょうりょう 명 소량
与える あたえる 동 주다　少しずつ すこしずつ 조금씩
成長 せいちょう 명 성장　丸み まるみ 명 둥근 모양
帯びる おびる 동 띠다, 머금다　フォルム 명 형태, 구조
愛らしさ あいらしさ 명 사랑스러움
癒す いやす 동 (고민 따위를) 풀다, 고치다　それに 접 게다가
反対だ はんたいだ な형 반대다　たくましさ 명 늠름함
兼ね備える かねそなえる 동 겸비하다, 함께 갖추다
砂漠 さばく 명 사막　乾燥 かんそう 명 건조　地域 ちいき 명 지역
蓄える たくわえる 동 저장하다　水分 すいぶん 명 수분
生き延びる いきのびる 동 살아남다　咲く さく 동 (꽃이) 피다
性質 せいしつ 명 성질　訴えかける うったえかける 동 호소하다
強さ つよさ 명 강인함, 강함　手入れ ていれ 명 보살핌, 손질함
育つ そだつ 동 자라다　姿 すがた 명 모습
感じる かんじる 동 느끼다　二面性 にめんせい 명 양면성
人間 にんげん 명 인간　共通 きょうつう 명 공통
部分 ぶぶん 명 부분　響く ひびく 동 울리다

50-52

스마트폰의 보급과 함께, SNS가 보다 친숙한 것이 되고, 그 덕분에 우리들은 많은 정보를 손에 넣을 수 있게 되었다. 특히, [50]SNS를 통해서 멀리 떨어진 지인과 간단하게 연락을 취할 수 있거나, 근황을 파악할 수 있거나 하여, 인간관계를 유지하기 위해서 큰 역할을 해주고 있다. 그러한 고마운 서비스를 제공해 주는 한편으로, 문제점도 있다.

그중 하나가 SNS의 이용에 의해 일어나는 정신 상태의 이상이다. [51]타인의 생활을 보는 기회가 늘어난 것으로, 상대방과 자신을 비교하려고 하는 심리가 작용하는 것에 원인이 있다. 이것은 [51]자기긍정감이 높은 사람에게는 아무런 영향도 없지만, 그렇지 않은 사람에게 있어서는 큰 문제다. 그러한 사람은 우월감과 열등감에 강하게 사로잡히기 쉬워, 자신보다 뒤떨어진 사람과 비교하는 것으로 우월감을 얻으려고 하기 때문이다. 그 때문에, 타인의 충실한 일상을 보게 되면, 열등감이 생겨, 그 스트레스로 인해 정신적인 부조를 일으키기 쉽다.

이러한 문제의 해결책으로서, 정신 상태의 이상을 호소하는 사람들에게 스마트폰의 사용 제한이 권해지고 있다. 이 방법을 실천하여, 효과가 있었다고 하는 목소리가 많이 들리지만, 근본적 해결은 되지 않는다. 근본적으로 문제를 해결하기 위해서는 SNS의 접근 방법을 바꿀 필요가 있다. [52]SNS는 현실의 일부분을 잘라낸 것이어서, 그것을 보고, 현실이라고 생각해서는 안 된다. 그 일부분으로 일희일우해도 의미가 없는 것이다.

(주1) 자기긍정감: 자신을 적극적으로 평가할 수 있는 감정
(주2) 일희일우: 상황이 바뀔 때마다 기뻐하거나, 슬퍼하거나 하는 것

어휘 スマートフォン 명 스마트폰　普及 ふきゅう 명 보급
～とともに ~와 함께　より 부 보다, 한결
身近だ みぢかだ な형 친숙하다　情報 じょうほう 명 정보
手に入れる てにいれる 손에 넣다　離れる はなれる 동 떨어지다
知人 ちじん 명 지인　連絡を取る れんらくをとる 연락을 취하다
近況 きんきょう 명 근황　把握 はあく 명 파악
人間関係 にんげんかんけい 명 인간관계　維持 いじ 명 유지
役割を果たす やくわりをはたす 역할을 하다　サービス 명 서비스
提供 ていきょう 명 제공　～一方で ～いっぽうで ~하는 한편
問題点 もんだいてん 명 문제점　引き起こす ひきおこす 동 일으키다
精神 せいしん 명 정신　状態 じょうたい 명 상태
異常 いじょう 명 이상　他人 たにん 명 타인
目にする めにする 보다　相手 あいて 명 상대　比較 ひかく 명 비교
心理 しんり 명 심리　自己肯定感 じここうていかん 명 자기긍정감
影響 えいきょう 명 영향　優越感 ゆうえつかん 명 우월감
劣等感 れっとうかん 명 열등감　とらわれる 동 사로잡히다
～がちだ ~하기 쉽다　劣る おとる 동 뒤떨어지다　得る える 동 얻다
そのため 그 때문에　充実 じゅうじつ 명 충실
日常 にちじょう 명 일상　生じる しょうじる 동 생기다
ストレス 명 스트레스　精神的だ せいしんてきだ な형 정신적이다
不調 ふちょう 명 부조　解決策 かいけつさく 명 해결책
訴える うったえる 동 호소하다　使用 しよう 명 사용
制限 せいげん 명 제한　呼びかける よびかける 동 권하다, 호소하다
方法 ほうほう 명 방법　実践 じっせん 명 실천　効果 こうか 명 효과
聞こえる きこえる 동 들리다　根本的 こんぽんてき 명 근본적
解決 かいけつ 명 해결　捉え方 とらえかた 접근 방법, 인식 방법
現実 げんじつ 명 현실　一部分 いちぶぶん 명 일부분
切り取る きりとる 동 잘라내다
一喜一憂 いっきいちゆう 명 일희일우, 일희일비
積極的だ せっきょくてきだ な형 적극적이다　評価 ひょうか 명 평가
感情 かんじょう 명 감정　状況 じょうきょう 명 상황
悲しむ かなしむ 동 슬퍼하다

50

필자는 SNS에 대해 어떻게 서술하고 있는가?

1 스마트폰보다도 먼저 친숙해져 있던 것
2 교우 관계를 유지하기 위해 빼놓을 수 없는 것
3 많은 정보를 수집할 때에 편리한 것
4 지인과의 연락 수단으로써 없어서는 안 되는 것

해설 질문을 읽고 SNS에 대한 필자의 생각이 무엇인가를 염두에 두며 첫 번째 단락을 읽고 내용을 파악한다. 첫 번째 단락에서 **SNSを通して遠く離れた知人と簡単に連絡が取れたり、近況が把握できたりと、人間関係を維持するために大きな役割を果たしてくれている**라고 서술하고 있으므로, 2 **交友関係を維持するためにかかせないもの**(교우 관계를 유지하기 위해 빼놓을 수 없는 것)가 정답이다.

어휘 先に さきに 부 먼저　親しむ したしむ 동 친숙해지다
交友 こうゆう 명 교우　かかせない 빼놓을 수 없는, 없어서는 안 될
収集 しゅうしゅう 명 수집　際 さい 명 때　手段 しゅだん 명 수단

51

필자가 말하는 '큰 문제'란 무엇인가?

1 타인과 자신을 비교하는 것으로, 상대방을 깔봐버리는 것
2 SNS를 이용하는 것으로, 안심감으로부터 의존해버리는 것
3 타인과 자신을 비교하는 것으로, 자기긍정감이 저하되는 것
4 SNS를 이용하는 것으로, 우월감과 열등감에 집착하는 것

해설 질문의 밑줄 친 **大きな問題**(큰 문제)가 있는 두 번째 단락을 읽고 밑줄 친 부분을 설명하는 내용을 찾는다. 밑줄의 앞부분에서 **他人の生活を目にする機会が増えたことで、相手と自分を比較しようとする心理が働く**라고 하고, 밑줄을 포함한 부분에서 **自己肯定感が高い人には何の影響もないが、そうでない人にとっては大きな問題だ**라고 서술하고 있으므로, 3 **他人と自分を比べることで、自己肯定感が低下すること**(타인과 자신을 비교하는 것으로, 자기긍정감이 저하되는 것)가 정답이다.

어휘 見下す みくだす 동 깔보다, 내려다보다
安心感 あんしんかん 명 안심감　依存 いぞん 명 의존
低下 ていか 명 저하　執着 しゅうちゃく 명 집착

52

필자는 문제를 해결하기 위해 할 수 있는 것이 무엇이라고 생각하고 있는가?

1 SNS와 현실을 구별해서, 생각하도록 하지 않으면 안 된다.
2 SNS를 사용할 때는, 반드시 시간을 제한하지 않으면 안 된다.
3 타인의 생활에 간섭하면서, SNS를 현실이라고 인식한다.
4 시간을 제한해서, SNS에 대한 사고방식을 고친다.

해설 질문을 읽고 문제 해결을 위해 할 수 있는 것이 무엇인가를 염두에 두며 세 번째 단락을 읽고 내용을 파악한다. 세 번째 단락에서 **SNSは現実の一部分を切り取ったものであり、それを見て、現実だと考えてはいけない**라고 서술하고 있으므로, 1 **SNSと現実を区別して、考えるようにしなくてはいけない**(SNS와 현실을 구별해서,

생각하도록 하지 않으면 안 된다)가 정답이다.

어휘 区別 くべつ 명 구별　～なくてはいけない ~하지 않으면 안 된다
使用 しよう 명 사용　制限 せいげん 명 제한
干渉 かんしょう 명 간섭　捉える とらえる 동 인식하다, 파악하다
考え方 かんがえかた 명 사고방식
改める あらためる 동 고치다, 개선하다

53-55

여성과 대화를 하고 있으면, '맞아' '힘들었겠다'라는 맞장구나 공감 표현이 많아서, 이야기가 진행되지 않기 때문인지, 아무래도 지쳐버린다. 대화의 종착점이 보이지 않는 것이다. 이전, 아내와 이야기를 하고 있었을 때도 그렇다. 아내가 최근, 두통이 심하다고 해서, 걱정되어 '빨리 병원에라도 가'라고 말했더니, 아내가 '[53]**괜찮냐는 한마디도 없는 거야?'** 하고 기분을 상하게 해 버렸다.

이것은 남성과 여성이 대화를 하는 목적의 차이로부터 생기는 것이다. 남성의 대화는 주로 문제의 해결을 지향하는 경향이 있고, [54]**여성의 대화는 주로 공감이나 이해를 지향하는 경향이 있다.** 물론, 지향이 다르기 때문에 대화에 바라는 것도 다르다. 그 때문에, 아내를 걱정하는 의도로 한 한마디가, 아내에게는 배려가 없는 그냥 조언으로 들린 것이다. [53]**아내가 바랐던 것은 두통으로 고생하는 자신을 걱정하는 말, 이해를 나타내는 말이었던 것이다.**

흔히 커뮤니케이션을 잘 하는 방법, 잘 듣는 사람이 되는 방법이라는 것을 테마로 한 책에, 상대방에의 배려를 잊어서는 안 된다고 쓰여 있지만, 이 [55]**배려라는 것이 상대에 따라 달라지는 것이어서 어려운 것이다.** [55]**상대를 생각해서 취한 행동이, 받아들이는 쪽에 있어서는 불쾌해 하기도 한다.** 자신의 의도와는 달리, 혼자 앞서가는 배려는 배려라고는 부를 수 없는 것이다. 혼자 앞서가게 하지 않기 위해서, 우선은 상대방의 입장에 서는 것부터 시작하고 싶다.

어휘 あいづち 명 맞장구　共感 きょうかん 명 공감
表現 ひょうげん 명 표현　どうしても 아무래도
終着点 しゅうちゃくてん 명 종착점　以前 いぜん 명 이전
頭痛 ずつう 명 두통　一言 ひとこと 명 한마디
機嫌を損ねる きげんをそこねる 기분을 상하게 하다
目的 もくてき 명 목적　違い ちがい 명 차이
生じる しょうじる 명 생기다　主に おもに 부 주로, 대부분
解決 かいけつ 명 해결　志向 しこう 명 지향　傾向 けいこう 명 경향
理解 りかい 명 이해　求める もとめる 동 바라다, 추구하다
それゆえ 접 그 때문에　思いやり おもいやり 명 배려　ただ 명 그냥
助言 じょげん 명 조언　悩む なやむ 동 (아파서) 고생하다, 앓다
示す しめす 동 나타내다, 보이다
コミュニケーション 명 커뮤니케이션　方法 ほうほう 명 방법
聞き上手 ききじょうず 명 잘 듣는 사람　テーマ 명 테마
相手 あいて 명 상대　配慮 はいりょ 명 배려　行動 こうどう 명 행동
受け取る うけとる 동 받아들이다　不快だ ふかいだ な형 불쾌하다
意図 いと 명 의도　異なる ことなる 동 다르다
一人歩きする ひとりあるきする 앞서가다, 선행하다, 혼자 걷다
まずは 부 우선, 일단　立場 たちば 명 입장

53

기분을 상하게 해 버렸다라고 되어 있는데, 어째서인가?

1 남편이 두통의 원인을 알려주지 않았기 때문에
2 남편이 혼자 병원에 가라고 말했기 때문에
3 남편이 말 뿐이고 어떤 행동도 취해주지 않았기 때문에
4 남편이 자신을 걱정하지 않는다고 생각했기 때문에

해설 질문의 밑줄 친 機嫌を損ねてしまった(기분을 상하게 해 버렸다)가 있는 첫 번째 단락을 읽고 밑줄 친 부분을 설명하는 내용을 찾는다. 밑줄의 앞부분에서 大丈夫の一言もないの?라고 하고, 밑줄이 있는 단락의 뒷 단락에서 妻が求めていたものは頭痛に悩む自分を心配する言葉、理解を示す言葉だったのだ라고 서술하고 있으므로, 4 夫が自分のことを心配していないと思ったから(남편이 자신을 걱정하지 않는다고 생각했기 때문에)가 정답이다.

54

남성과 여성의 대화의 지향에 대해, 필자는 어떻게 서술하고 있는가?

1 여성은 문제의 해결을 목적으로 대화한다.
2 남성은 목적이 없는 대화를 하면 지친다.
3 여성은 대화를 할 때, 공감을 나타내는 말을 바란다.
4 남성은 문제 해결을 위해, 대화의 종착점만을 본다.

해설 질문을 읽고 남성과 여성의 대화의 지향에 대한 필자의 생각이 무엇인가를 염두에 두며 두 번째 단락을 읽고 내용을 파악한다. 두 번째 단락에서 女性の会話は主に共感や理解に志向した傾向にある라고 서술하고 있으므로, 3 女性は会話をする際、共感を示す言葉を求める(여성은 대화를 할 때, 공감을 나타내는 말을 바란다)가 정답이다.

어휘 際 さい 명 때

55

배려에 대해, 필자가 가장 말하고 싶은 것은 무엇인가?

1 커뮤니케이션 시에, 상대에 대한 배려를 잊어서는 안 된다.
2 배려를 이해하기 위해서, 커뮤니케이션 책을 읽어야 한다.
3 상대의 입장에 서는 것으로, 비로소 상대에게 전해지는 것이다.
4 상대가 기분 좋게 받아들이는 것으로, 비로소 성립되는 것이다.

해설 질문을 읽고 배려에 대한 필자의 생각이 무엇인가를 염두에 두며 세 번째 단락을 읽고 내용을 파악한다. 세 번째 단락에서 配慮というのが相手によって変わるもの라고 하고, 相手のことを考えてとった行動が、受け取る側にとっては不快だったりもする라고 서술하고 있으므로, 4 相手が快く受けとることで、初めて成り立つものである(상대가 기분 좋게 받아들이는 것으로, 비로소 성립되는 것이다)가 정답이다.

어휘 ～べきである ~해야 한다　伝わる つたわる 동 전해지다
快い こころよい い형 기분 좋다
成り立つ なりたつ 동 성립하다, 이루어지다

56-58

해외 생활을 시작하고, 5개월이 지나려고 하고 있다. 이 5개월로 나는 소중한 것을 깨달을 수 있었다. [56]나는 정해진 시간을 어기는 것을 참을 수 없었다. 그것은 사회에서 살아가는데 있어 당연한 것이었다. 그런데, 내 안에 있는 '당연함'이 세계의 '당연함'은 아니었다. 이 지역 사람에게 있어 시간은 어느 정도의 목표에 지나지 않는 것이다. 시간을 지키지 못한다니 어른으로서 상식이 없다고, 그들에게 불만을 입 밖으로 내도 모르는 체 하는 얼굴이다. 그러나, 그들의 누긋한 생활을 보면, 이것이 그들의 시간에 대한 본연의 자세구나 하고 납득할 수 있었다.

일에 대한 사고방식도 그렇다. 일본에서는 생활의 중심이 일이고, 정시에 집에 가면 냉담한 눈길을 받거나, 대수롭지 않은 실수에 대해서 엄격하게 질책을 받거나, 지금 생각하면 이상한 일도 많았다. 그것을 깨달은 것은 그들과 일을 하는 것으로 자신의 생활을 충실하게 하는 일에의 대처 방법을 배웠기 때문이다. 실수는 누구에게나 있는 것이라며 여유를 가진 사고방식을 가지고, 시간이 되면 정시에 돌아 간다. 그리고, 가족과의 시간을 보내는 것이다. [57]바쁜 매일 탓에 가족과의 시간을 보내는 것의 소중함을 잊을 뻔했던 자신에게 놀랐다.

[58]자신의 안에 있는 '당연함'이란 자신의 가치관을 기준으로 만든 자와 같은 것에 불과하여, 생활하는 환경에 의해 점점 변화해 가는 것이다. 자신과는 다른 가치관을 인정할 수도 있고, 거기서부터 새로운 깨달음이 생기는 일도 있다. 그러므로, [58]결코 자신의 자를 타인에게 바짝 대서는 안 된다.

(주1) 백안: 여기서는 냉담한 눈
(주2) 질책: 강하게 비난하는 것

어휘 海外 かいがい 명 해외　経つ たつ 동 지나다
気づく きづく 동 깨닫다　時間を破る じかんをやぶる 시간을 어기다
堪える たえる 동 참다, 견디다　当然だ とうぜんだ な형 당연하다
当たり前 あたりまえ 명 당연함　地域 ちいき 명 지역
程度 ていど 명 정도　目安 めやす 명 목표, 기준
～でしかない ~에 지나지 않다　常識 じょうしき 명 상식
不満 ふまん 명 불만　もらす 동 입 밖으로 내다
知らん顔 しらんかお 명 모르는 체 하는 얼굴　のびのび 부 누긋한
在り方 ありかた 명 본연의 자세　納得 なっとく 명 납득
～に対する ～にたいする ~에 대한
考え方 かんがえかた 명 사고방식　日本 にほん 명 일본
中心 ちゅうしん 명 중심　定時 ていじ 명 정시
白い目 しろいめ 명 냉담한 눈, 백안　ちょっとした 대수롭지 않은
ミス 명 실수, 미스　叱責 しっせき 명 질책　おかしな 이상한, 우스운
多々 부 많이　充実 じゅうじつ 명 충실
取り組み方 とりくみかた 대처 방법　学ぶ まなぶ 동 배우다
余裕 よゆう 명 여유　過ごす すごす 동 (시간을) 보내다
大切さ たいせつさ 명 소중함
忘れかける わすれかける 잊어버릴 뻔하다
価値観 かちかん 명 가치관　基準 きじゅん 명 기준
定規 じょうぎ 명 자, 표준　環境 かんきょう 명 환경
変化 へんか 명 변화　異なる ことなる 동 다르다
認める みとめる 동 인정하다　新ただ あらただ な형 새롭다
気づき きづき 명 깨달음, 알아챔　他人 たにん 명 타인
押し当てる おしあてる 동 바짝 대다
冷淡だ れいたんだ な형 냉담하다　批難 ひなん 명 비난

56

여기에서 말하는 내 안에 있는 '당연함'으로 들고있는 것은 무엇인가?

1 시간을 지키는 것
2 상식적으로 행동하는 것
3 불만이 있어도 말하지 않는 것
4 걱정 없이 지내는 것

해설 질문의 밑줄 친 私の中にある「当たり前」(내 안에 있는 '당연함')가 있는 첫 번째 단락을 읽고 밑줄 친 부분을 설명하는 내용을 찾는다. 밑줄의 앞부분에서 私は決まった時間を破ることに耐えられなかった。それは社会で生きていくうえで当然なことだった라고 서술하고 있으므로, 1 時間を守ること(시간을 지키는 것)가 정답이다.

어휘 守る まもる 동 지키다　行動 こうどう 명 행동
口に出す くちにだす 말하다, 입 밖에 내다
心置きなく こころおきなく 걱정 없이

57

필자는 바뀐 가치관에 대해, 어떻게 생각하고 있는가?

1 시간을 지키는 것에 대해서 엄격한 자신이 어리석었다.
2 일만큼 가정도 소중하다는 것을 잊고 있었던 자신에게 놀랐다.
3 주변 사람에게 민폐를 받아도, 아무렇지 않게 되었다.
4 충실한 생활을 보낼 수 있는 직장으로 이직하고 싶어졌다.

해설 질문을 읽고 바뀐 가치관에 대한 필자의 생각이 무엇인가를 염두에 두며 두 번째 단락을 읽고 내용을 파악한다. 두 번째 단락에서 忙しい毎日のせいで家族との時間を過ごす大切さを忘れかけていた自分に驚いた라고 서술하고 있으므로, 2 仕事ほど家庭も大切だということを忘れていた自分に驚いた(일만큼 가정도 소중하다는 것을 잊고 있었던 자신에게 놀랐다)가 정답이다.

어휘 ばかばかしい い형 어리석다, 바보같다　迷惑 めいわく 명 민폐, 폐
平気だ へいきだ な형 아무렇지 않다, 태연하다　職場 しょくば 명 직장
転職 てんしょく 명 이직

58

이 글에서 필자가 가장 말하고 싶은 것은 무엇인가?

1 항상 새로운 것을 배우려는 자세를 가져야 한다.
2 가치관이 변화해도 기본적인 사고방식은 변하지 않아야 한다.
3 공존하기 위해서는 가치관을 맞춰가는 노력을 해야 한다.
4 자신의 가치관을 기준으로 만사를 생각해서는 안 된다.

해설 필자가 글을 통해 말하고자 하는 내용을 묻고 있으므로, 글의 후반부를 꼼꼼히 읽고 정확히 해석하면서 필자의 생각이나 주장을 파악한다. 세 번째 단락에서 自分の中にある「当たり前」とは自分の価値

観を基準に作った定規のようなものでしかなく、生活する環境によってどんどん変化していくものである라고 하고, 決して自分の定規を他人に押し当ててはいけない라고 서술하고 있으므로, 4 自分の価値観を基準に物事を考えてはいけない(자신의 가치관을 기준으로 만사를 생각해서는 안 된다)가 정답이다.

어휘 常に つねに 부 항상 姿勢 しせい 명 자세 変化 へんか 명 변화
基本的だ きほんてきだ な형 기본적이다 共存 きょうそん 명 공존
努力 どりょく 명 노력 物事 ものごと 명 만사, 물건과 일

59-62

인종 문제에 대해서 남의 일이었던 일본에서도 [59]시대와 더불어 국제화가 진행되어, 외국인이 드문 것도 아니게 되었습니다. 미디어에서는 '하프'라고 불리는 외국에 뿌리를 둔 스포츠 선수의 활약이 눈에 띕니다. 아시아 선수에게는 불리하다고 여겨졌던 스포츠 세계에서 일본이라는 나라를 대표해서 눈부신 모습을 보여주고 있습니다. 이러한 '하프' 선수의 활약에 대해, 전 일본에서 그들을 축복하는 목소리가 높아지는 한편으로, [59]SNS상에서는 '그들은 진짜 일본인이 아니지 않은가' '외국인의 기록으로 인정해야 한다'라는 의론도 활발하게 행해지고 있습니다. 이러한 의론은 국제화에 따라 다양화한 ① 일본의 현상을 나타내는 것이라고 말할 수 있습니다. 그런데, 그들이 말하는 진짜 일본인의 정의란 무엇일까요?

법률상, 일본인이란 일본 국적을 소유하는 사람이라고 정의되어 있습니다. 그러나, ② 현실은 그렇지 않습니다. 일본 국적을 가지고 있음에도 불구하고, 비판받아 버리는 '하프'인 선수들이 그 예입니다. 일본에서 태어나고, 교육을 받고, 일본어를 모어로 해도, [60]외모가 일본인스럽지 않다는 이유만으로, 주변으로부터 일본인으로서 취급받지 못하는 일도 있습니다. 요컨대, 그들이 말하는 일본인이란, 일본인스러운 외모 그 자체인 것입니다.

사방이 바다로 둘러싸인 섬나라에서 사는 [61]일본인은 모두 같은 언어를 사용하는 단일민족이라서, 동료 의식, 집단의식이 강하기 때문에, 어떤 공통점을 이용해 동료인지, 그렇지 않은지 판단하려고 하는 경향에 있습니다. 그 공통점이 여기에서는 외모인 것입니다. 물론, 외모에 국한된 것은 아닙니다. 인간은 뭔가 자신과 상대의 사이에 있는 공통점을 찾는 법입니다. 하지만 그렇다고 해서, 지금의 시대, 그런 것에만 착안하여, 상대를 판단하는 것은 무의미한 일에 불과합니다.

후생노동성의 조사에 의하면, 현재, 외국에 뿌리를 둔 어린이는 30명에 1명이라고 합니다. 이것은 학교의 반에 1명은 외국에 뿌리를 둔 아이가 재적한다는 것을 의미합니다. 새로운 세대에게 있어서 일본인스럽지 않은 일본인은 보다 가까운 존재가 된다는 것입니다. 그런 와중에, 언제까지나 외모만을 관점으로 '일본인이다, 일본인이 아니다'라는 의론을 우리들 어른이 하고 있다면, 새로운 시대를 사는 아이들의 눈에는 어떻게 비칠까요. [62]획일적인 일본인상은 무너지고 있습니다. 아니, 오히려, 무너뜨리는 편이 좋을지도 모릅니다. 일본 사회의 다양화가 더욱 진행되는 가운데, 지금 정말로 그에 맞춰진 [62]일본인의 의식 변화가 요구되고 있습니다.

(주1) 남의 일: 자신과 관계가 없는 것
(주2) 단일민족: 여기에서는, 나라의 대부분을 차지하고 있는 민족

어휘 人種 じんしゅ 명 인종 他人事 ひとごと 남의 일
日本 にほん 명 일본 ～とともに ~와 더불어, ~와 함께
国際化 こくさいか 명 국제화 メディア 명 미디어
ハーフ 명 하프, 혼혈
ルーツを持つ ルーツをもつ 뿌리를 두다 選手 せんしゅ 명 선수
活躍 かつやく 명 활약 目立つ めだつ 동 눈에 띄다, 두드러지다
不利 ふり 명 불리, 불이익 代表 だいひょう 명 대표
華々しい はなばなしい い형 눈부시다, 화려하다 姿 すがた 명 모습
～に対し ～にたいし ~에 대해
日本中 にほんじゅう 명 전 일본, 일본 전역 祝福 しゅくふく 명 축복
あがる 동 높아지다, 올라가다 ～一方で ～いっぽうで ~한편으로
日本人 にほんじん 명 일본인 記録 きろく 명 기록
認定 にんてい 명 인정 ～べきだ ~해야 한다 議論 ぎろん 명 의론
行う おこなう 명 행하다 多様化 たようか 명 다양화
現状 げんじょう 명 현상 表す あらわす 동 나타내다
さて 접 그런데 定義 ていぎ 명 정의
法律上 ほうりつじょう 법률상 国籍 こくせき 명 국적
所有 しょゆう 명 소유 現実 げんじつ 명 현실
～にもかかわらず ~에도 불구하고 批判 ひはん 명 비판
例 れい 명 예, 사례 日本語 にほんご 명 일본어
母語 ぼご 명 모어, 모국어 見た目 みため 명 외모, 겉보기
周囲 しゅうい 명 주변, 주위 扱う あつかう 동 취급하다
つまり 부 요컨대, 결국 そのもの 그 자체, 바로 그것
四方 しほう 명 사방 囲む かこむ 동 둘러싸다
島国 しまぐに 명 섬나라 言語 げんご 명 언어
単一民族 たんいつみんぞく 명 단일민족 仲間 なかま 명 동료
意識 いしき 명 의식 集団意識 しゅうだんいしき 명 집단의식
～ゆえに ~때문에 共通点 きょうつうてん 명 공통점
用いる もちいる 동 이용하다 判断 はんだん 명 판단
傾向 けいこう 명 경향
～に限ったことではない ～にかぎったことではない ~에 국한된 것은 아니다 人間 にんげん 명 인간
何かしら なにかしら 부 뭔가, 무엇인가 相手 あいて 명 상대
だからといって 그렇다고 해서 着目 ちゃくもく 명 착안, 착목
無意味だ むいみだ な형 무의미하다 ～でしかない ~에 지나지 않다
厚生労働省 こうせいろうどうしょう 명 후생노동성
調査 ちょうさ 명 조사 現在 げんざい 명 현재
在籍 ざいせき 명 재적 新ただ あらただ な형 새롭다
世代 せだい 명 세대 より 부 보다, 더욱더
身近だ みぢかだ な형 (익숙하여) 가깝다, 일상이다
存在 そんざい 명 존재 いつまでも 부 언제까지나
観点 かんてん 명 관점 映る うつる 동 비치다
画一的だ かくいつてきだ な형 획일적이다
日本人像 にほんじんぞう 명 일본인상 崩れる くずれる 동 무너지다
いや 접 아니 むしろ 부 오히려, 차라리 崩す くずす 동 무너뜨리다
～ほうがいい ~하는 편이 좋다 ～かもしれない ~일지도 모른다
さらに 부 더욱더 まさに 부 정말로 合わせる あわせる 동 맞추다
変化 へんか 명 변화 求める もとめる 동 요구하다, 바라다
大部分 だいぶぶん 명 대부분 占める しめる 동 차지하다

59

① 일본의 현상이란 어떤 것인가?

1 사회에 외국인이 늘었지만, 외국인에 대한 차별 의식이 남아있는 상황
2 국제화에 따른 일본의 변화에, 일본인의 의식이 따라가지 못하는 상황
3 외국인의 증가에 의해, 일본 문화와 이문화가 공존하고 있는 상황
4 사회의 변화에 의해, 일본인의 사고방식도 국제적으로 변화하고 있는 상황

해설 질문의 밑줄 친 **日本の現状**(일본의 현상)가 있는 첫 번째 단락을 읽고 밑줄 친 부분을 설명하는 내용을 찾는다. 밑줄의 앞부분에서 **時代とともに国際化が進み、外国人が珍しいということもなくなってきました**라고 하고, SNS上では「**彼らは本当の日本人ではないじゃないか**」「**外国人の記録として認定するべきだ**」**といった議論も盛んに行われています**라고 서술하고 있으므로, 2 **国際化にともなう日本の変化に、日本人の意識がついていけない状況**(국제화에 따른 일본의 변화에, 일본인의 의식이 따라가지 못하는 상황)가 정답이다.

어휘 **～に対する ～にたいする** ~에 대한　**差別 さべつ** 명 차별
状況 じょうきょう 명 상황　**ついていく** 따라가다
増加 ぞうか 명 증가　**～により** ~에 의해
異文化 いぶんか 명 이문화　**共存 きょうそん** 명 공존
考え方 かんがえかた 명 사고방식
国際的だ こくさいてきだ な형 국제적이다

60

② 현실은 그렇지 않습니다는 어떤 것인가?

1 일본인인지 어떤지의 판단 기준이 국적밖에 없는 것
2 나고 자란 환경에 의해 국적이 결정되는 것
3 일본 국적임에도 불구하고 외모로 차별받는 것
4 의무 교육을 종료한 나라에서 국적이 주어지는 것

해설 질문의 밑줄 친 **現実はそうではありません**(현실은 그렇지 않습니다)가 있는 두 번째 단락을 읽고 밑줄 친 부분을 설명하는 내용을 찾는다. 밑줄의 뒷부분에서 **見た目が日本人らしくないというだけの理由で、周囲から日本人として扱われないこともあります**라고 서술하고 있으므로, 3 **日本の国籍にもかかわらず外見で差別されること**(일본 국적임에도 불구하고 외모로 차별받는 것)가 정답이다.

어휘 **～かどうか** ~인지 어떤지　**判断 はんだん** 명 판단
基準 きじゅん 명 기준　**生まれ育つ うまれそだつ** 나고 자라다
環境 かんきょう 명 환경　**国籍 こくせき** 명 국적
決定 けってい 명 결정　**～にもかかわらず** ~임에도 불구하고
外見 がいけん 명 외모, 외견　**差別 さべつ** 명 차별
義務 ぎむ 명 의무　**終了 しゅうりょう** 명 종료
与える あたえる 동 주다

61

필자는, 일본인의 특징을 어떻게 서술하고 있는가?

1 상대와 비교하는 것으로, 자신을 과대평가해 버린다고 하고 있다.
2 상대로부터 공통점을 찾아내, 동료인지 확인하려고 한다고 하고 있다.
3 상대의 외모만이 아니라, 언어에 의해 사람을 판단하려고 한다고 하고 있다.
4 상대에게 자신과의 차이가 있으면, 과잉으로 반응해버린다고 하고 있다.

해설 질문을 읽고 일본인의 특징에 대한 필자의 생각이 무엇인가를 염두에 두며 세 번째 단락을 읽고 내용을 파악한다. 세 번째 단락에서 **日本人はみな同じ言語を話す単一民族であるため、仲間意識、集団意識が強いゆえに、ある共通点を用いて仲間なのか、そうではないのか判断しようとする傾向にあります**라고 서술하고 있으므로, 2 **相手から共通点を見つけ出し、仲間であるか確認しようとすると述べている**(상대로부터 공통점을 찾아내, 동료인지 확인하려고 한다고 하고 있다)가 정답이다.

어휘 **相手 あいて** 명 상대　**過大評価 かだいひょうか** 명 과대평가
共通点 きょうつうてん 명 공통점
見つけ出す みつけだす 동 찾아내다　**確認 かくにん** 명 확인
言語 げんご 명 언어　**違い ちがい** 명 차이
過剰だ かじょうだ な형 과잉이다　**反応 はんのう** 명 반응

62

필자의 생각에 맞는 것은 어느 것인가?

1 일률적인 일본인의 이미지를 새롭게 할 필요가 있다.
2 국적이나 외모로 일본인이라고 판단하는 것은 어리석다.
3 새로운 세대에게 있어서 국적이나 인종은 무의미한 존재가 된다.
4 외국에 뿌리를 둔 아이의 수는 점점 늘어나게 된다.

해설 필자가 글을 통해 말하고자 하는 내용을 묻고 있으므로, 글의 후반부를 꼼꼼히 읽고 정확히 해석하면서 필자의 생각이나 주장을 파악한다. 네 번째 단락에서 **画一的な日本人像は崩れつつあります。いや、むしろ、崩したほうがいいのかもしれません**이라고 하고, **日本人の意識の変化が求められています**라고 서술하고 있으므로, 1 **一律した日本人のイメージを新たにする必要がある**(일률적인 일본인의 이미지를 새롭게 할 필요가 있다)가 정답이다.

어휘 **一律 いちりつ** 명 일률　**イメージ** 명 이미지
新ただ あらただ な형 새롭다　**ばかげる** 동 어리석다　**数 かず** 명 수
ますます 부 점점, 더욱더

63-64

A

75세 이상의 고령자 드라이버에 의한 비참한 사고가 늘고 있다. 사고의 주된 원인은 핸들 조작의 잘못이나 브레이크를 잘못 밟는 등의 조작 실수로, 이것은 신체 기능이나 인지 기능의 쇠퇴에 의한 것이라고 여겨진다.

잇따르는 고령자 드라이버의 사고에 응하여, [63]정부는 고령자 드라이버와 그 가족에게 면허의 반납을 권하고 있다. 반납하면, 대중교통기관을 이용할 때 할인 서비스가 제공되어, 자동차가 없어도 생활할 수 있도록 서포트된다. 이 대처는 모든 주민을 사고의 위험으로부터 지키는 것뿐만이 아니라, 고령자를 사고의 가해자로 하는 것으로부터 지키는 대처이기도 한 것이다. 사람의 목숨을 빼앗고 나서부터는 늦다. [64]'그때, 면허를 반납해 둘걸' 하고 후회하기 전에, 나이와 쇠퇴를 자각하고, 스스로 면허를 반납해야 한다.

B

고령자 드라이버의 조작 실수로 인한 사고 증가에 따라, 면허를 자진 반납해야 한다는 풍조가 강해지고 있다. 그 때문에, 반납하지 않는 고령자에게 엄한 눈초리가 향하는 일도 있지만, 그중에는 [63]면허를 반납하고 싶어도 할 수 없는 사람이 있다는 것을 잊어서는 안 된다.

도시에 사는 고령자는 자동차가 없어도 대중교통기관을 이용할 수 있지만, 지방에 사는 고령자에게 있어서는 자동차로부터 분리되는 것은 사활의 문제다. 버스가 1시간에 1대, 슈퍼까지의 택시비가 편도 2000엔이어서는 생활이 이루어질 수 없다.

물론, 이러한 정책은 사람들의 안전을 지키기 위해서 필요한 것이다. 그러므로, 고령자가 면허를 반납해도 안심하고 생활할 수 있도록, [64]우선은 대중교통기관의 설비나 제도부터 정비해 주길 바란다.

(주) 풍조: 세상의 사고방식의 흐름

어휘 高齢者 こうれいしゃ 명 고령자　ドライバー 명 드라이버, 운전자
悲惨だ ひさんだ な형 비참하다　主だ おもだ な형 주되다, 주요하다
要因 よういん 명 요인　ハンドル 명 핸들　操作 そうさ 명 조작
誤り あやまり 명 잘못, 실수　ブレーキ 명 브레이크
踏み間違い ふみまちがい 잘못 밟음　ミス 명 실수, 미스
身体 しんたい 명 신체　機能 きのう 명 기능　認知 にんち 명 인지
衰え おとろえ 명 쇠퇴　相次ぐ あいつぐ 동 잇따르다, 연달다
政府 せいふ 명 정부　免許 めんきょ 명 면허
返納 へんのう 명 반납　呼びかける よびかける 동 권하다, 호소하다
公共交通機関 こうきょうこうつうきかん 명 대중교통기관, 공공교통기관
割引 わりびき 명 할인　サービス 명 서비스
提供 ていきょう 명 제공　サポート 명 서포트, 지원
取り組み とりくみ 명 대처　すべて 명 모두, 전부
住民 じゅうみん 명 주민　守る まもる 동 지키다
加害者 かがいしゃ 명 가해자　命 いのち 명 목숨, 생명
奪う うばう 동 빼앗다　後悔 こうかい 명 후회
年齢 ねんれい 명 나이, 연령　自覚 じかく 명 자각
自ら みずから 부 스스로, 몸소　～べきだ ~해야 한다
増加 ぞうか 명 증가　～に伴い ～にともない ~에 따라
自主 じしゅ 명 자진　風潮 ふうちょう 명 풍조
強まる つよまる 동 강해지다, 세지다　そのため 그 때문에
厳しい目 きびしいめ 엄한 눈초리
向ける むける 동 향하다, 향하게 하다　都市部 としぶ 명 도시
地方 ちほう 명 지방　切り離す きりはなす 동 분리하다
死活 しかつ 명 사활　タクシー代 タクシーだい 명 택시비
片道 かたみち 명 편도　成り立つ なりたつ 동 이루어지다, 성립하다
政策 せいさく 명 정책　それゆえ 접 그 때문에
設備 せつび 명 설비　制度 せいど 명 제도
整える ととのえる 동 정비하다, 조정하다

63

고령자와 면허 반납에 대해서, A와 B는 어떻게 서술하고 있는가?

1 A도 B도, 고령자는 어떤 사정이 있어도 면허를 반납해야 한다고 하고 있다.
2 A도 B도, 면허 반납을 한 고령자는 대중교통기관을 이용해야 한다고 하고 있다.
3 **A는 대중교통기관 이용 지원 제도가 있으니 가능한 한 면허 반납이 요구된다고 하고, B는 고령자 중에는 생활을 위해 면허를 놓을 수 없는 사람도 있다고 하고 있다.**
4 A는 자동차가 없어도 생활할 수 있는 고령자는 대중교통기관을 이용해야 한다고 하고, B는 고령자가 면허 반납을 해도 불편함 없이 생활을 보낼 수 있도록 지원이 필요하다고 하고 있다.

해설 질문의 **高齢者と免許返納**(고령자와 면허 반납)에 대한 A와 B의 견해를 각 지문에서 찾는다. A는 지문의 초반부에서 **政府は高齢者ドライバーとその家族に免許の返納を呼びかけている。返納すると、公共交通機関利用にあたっての割引サービスが提供され、車がなくても生活できるようにサポートされる**라고 서술하고 있고, B는 지문의 중반부에서 **免許を返納したくてもできない人がいるということを忘れてはいけない**라고 서술하고 있으므로, 3 **Aは公共交通機関の利用支援制度があってできるかぎり免許の返納が要求されると述べ、Bは高齢者の中には生活のために免許を手放せない人もいると述べている**(A는 대중교통기관 이용 지원 제도가 있으니 가능한 한 면허 반납이 요구된다고 하고, B는 고령자 중에는 생활을 위해 면허를 놓을 수 없는 사람도 있다고 하고 있다)가 정답이다.

어휘 事情 じじょう 명 사정　支援 しえん 명 지원
要求 ようきゅう 명 요구　手放す てばなす 동 놓다, 내놓다
不自由 ふじゆう 명 불편함, 부자유

64

고령자 드라이버의 면허 반납 대처에 대해서, A와 B의 관점은 어떤 것인가?

1 A는 문제의 현상에 입각하여, 이후의 과제를 말하고, B는 문제의 위험성을 경고하고 있다.
2 A는 문제 해결에 협력하지 않는 사람을 비판하고, B는 문제의 사회적 배경을 말하고 있다.

3 A는 해결을 의식한 구체안을 들고, B는 문제의 원인인 고령자를 비판하고 있다.

4 A는 문제 해결을 위해 협력을 호소하고, B는 문제 해결의 구체적인 과제를 제시하고 있다.

해설 질문의 **高齢者ドライバーの免許返納の取り組み**(고령 운전자의 면허 반납 대처)에 대한 A와 B의 관점이 무엇인지를 염두에 두며 각 지문에서 정답의 단서를 찾는다. A는 지문의 후반부에서 **「あのとき、免許を返納しておけばよかった」と後悔する前に、年齢と衰えを自覚し、自ら免許を返納すべきである**라고 서술하고 있고, B는 지문의 후반부에서 **まずは公共交通機関の設備や制度から整えてほしいものだ**라고 서술하고 있으므로, 4 **Aは問題解決のために協力を呼びかけ、Bは問題解決の具体的な課題を提示している**(A는 문제 해결을 위해 협력을 호소하고, B는 문제 해결의 구체적인 과제를 제시하고 있다)가 정답이다.

어휘 **警告 けいこく** 명 경고　**解決 かいけつ** 명 해결
協力 きょうりょく 명 협력　**批判 ひはん** 명 비판
社会的 しゃかいてき 명 사회적　**背景 はいけい** 명 배경
意識 いしき 명 의식　**具体案 ぐたいあん** 명 구체안, 구체적인 제안
具体的だ ぐたいてきだ な형 구체적이다　**提示 ていじ** 명 제시

65-68

교육의 평등이 강하게 주장되는 가운데, 반드시 교육 격차와 가정의 경제 격차가 연결되어 논해진다. 이 두 가지는 저소득 세대의 아이일수록 학습능력이 낮고, 반대로 [65]고소득 세대의 아이일수록 학습능력이 높다는 상관관계에 있다. 이 학습능력의 차이는 초등학교 중학년 정도부터 나기 시작해, 결과적으로 학력의 차이로 이어진다. [65]경제적으로 여유가 있는 가정에서는 아이에게 사교육을 받게 할 수가 있기 때문에, 아이가 고학력화한다는 것이다.

이러한 경제 격차에 따른 학습능력의 차이가 문제시되고 있으나, 교육 격차에 영향을 주고 있는 것은 특별히 경제면만은 아니다. 간과되기 쉽지만, 지역 격차도 아이의 교육에 영향을 주고 있다. 여기에서 말하는 지역 격차란 도시와 지방의 격차이다. 교육에 있어서 시골에 살고 있다는 것은, 그것만으로 불리한 환경에 있다는 것이기 때문이다. 결코, 시골에 사는 것을 부정하고 있는 것이 아니다. 내가 말하고 싶은 것은 [66]지방에서는 경제적인 문제에 관계없이, 교육이 먼 존재라는 것이다.

예를 들면, [67]도시의 서점에서는 줄줄이 갖춰져 있는 참고서가, 시골의 서점에서는 좀처럼 손에 넣기 힘들다. 또, 근처에 대학이 없어, 대학생이라는 존재를 볼 기회가 적기 때문에, 대학이라는 장소가 어떤 곳인지 이미지를 모른다. 이러한 환경에서 누가 진학을 목표로 한다는 말인가. 경제적인 여유가 없으니까 질 좋은 교육을 포기한다는 도시에 사는 사람의 발상과는 또 달리, 시골 사람에게는 그러한 것에 돈을 들이는 발상 그 자체가 없는 것이다.

물론, 교육에 따위 흥미가 없다고 하는 사람은 그것으로 괜찮다. [67]문제인 것은, 도시에 사는 아이들이 당연하게 인식하고 있는 '높은 레벨의 교육을 받는다'라는 선택지조차 알지 못하고, 시골의 아이들이 어른이 되어버리는 일이다. 할 수 없는 것과, 모르는 것은 전혀 다르다. 무지란 자신과 바깥 세상을 차단하는 잔혹한 것인 것이다. 도시에 있어서 대학이 가까운 것이라면, 경제적으로 여유가 없는 가정이라도, 어떻게든 해서 아이를 대학에 진학시키려고 하거나, 아이 스스로도 경제적으로 지원해 주는 제도를 찾거나 하는 등 높은 교육을 받으려는 노력을 하는 것은 가능할 것이다. 그러나, 선택지를 모르는 시골 아이에게 있어서, 진학은 그저 우연의 연속에 지나지 않는다.

태어난 장소를 이유로, 받을 수 있었을 교육, 그리고 그 선택지조차 주어지지 않은 아이들이 많이 있다. 미래의 가능성의 싹을 뜯고 있는 것, 그것이 지역 격차의 문제점이다. [68]정부는 교육의 평등을 지향하여, 저소득 세대를 지원하는 활동을 제안하고 있다. 그러나, 그것만으로 교육 격차의 해결이 되는 것일까. [68]우리들은 교육에서의 지역 격차에도 시선을 돌려, 교육 격차를 메우기 위해서는 지금 무엇이 필요한지 생각해 나가지 않으면 안 된다.

어휘 **平等 びょうどう** 명 평등　**叫ぶ さけぶ** 동 강하게 주장하다, 외치다
決まって きまって 부 반드시, 꼭　**格差 かくさ** 명 격차
結びつける むすびつける 동 연결하다, 묶다
論じる ろんじる 동 논하다　**低所得 ていしょとく** 명 저소득
世帯 せたい 명 세대　**学力 がくりょく** 명 학습능력, 학력
逆 ぎゃく 명 반대, 역　**高所得 こうしょとく** 명 고소득
相関関係 そうかんかんけい 명 상관관계　**差 さ** 명 차이, 차
中学年 ちゅうがくねん 명 중학년, 초등학교 3, 4학년
出始める ではじめる 동 나오기 시작하다
結果的だ けっかてきだ な형 결과적이다　**学歴 がくれき** 명 학력
繋がる つながる 동 이어지다, 연결되다
経済的だ けいざいてきだ な형 경제적이다　**余裕 よゆう** 명 여유
私教育 しきょういく 명 사교육
高学歴化 こうがくれきか 명 고학력화
問題視 もんだいし 명 문제시　**影響 えいきょう** 명 영향
なにも 부 특별히, 별로　**経済面 けいざいめん** 명 경제면
見落とす みおとす 동 간과하다　**～がちだ** ~하기 쉽다
地域 ちいき 명 지역　**都市 とし** 명 도시　**地方 ちほう** 명 지방
不利だ ふりだ な형 불리하다　**環境 かんきょう** 명 환경
否定 ひてい 명 부정　**～わけではない** (반드시) ~하는 것은 아니다
～にかかわらず ~에 관계없이　**存在 そんざい** 명 존재
都会 とかい 명 도시, 도회지　**書店 しょてん** 명 서점
ずらっと 부 줄줄이　**揃う そろう** 동 갖추어지다, 모이다
参考書 さんこうしょ 명 참고서
手に入れにくい てにいれにくい 손에 넣기 힘들다
目にする めにする 보다　**イメージ** 명 이미지
進学 しんがく 명 진학　**目指す めざす** 동 지향하다, 목표로 하다
質 しつ 명 질　**諦める あきらめる** 동 포기하다
都市部 としぶ 명 도시　**発想 はっそう** 명 발상
そのもの 그 자체, 바로 그것　**当然 とうぜん** 부 당연
認識 にんしき 명 인식　**レベル** 명 레벨, 수준
選択肢 せんたくし 명 선택지　**全く まったく** 부 전혀, 완전히
異なる ことなる 동 다르다　**無知 むち** 명 무지
遮断 しゃだん 명 차단　**残酷だ ざんこくだ** な형 잔혹하다
身近だ みぢかだ な형 가깝다, 익숙하다　**なんとか** 어떻게든
自身 じしん 명 자신, 스스로　**支援 しえん** 명 지원

制度 せいど 명 제도　努力 どりょく 명 노력
可能だ かのうだ な형 가능하다　ただ 명 그냥, 보통
偶然の重なり ぐうぜんのかさなり 우연의 연속
～にすぎない ~에 지나지 않다　与える あたえる 동 주다
未来 みらい 명 미래　可能性 かのうせい 명 가능성　芽 め 명 싹
摘む つむ 동 뜯다, 따다　問題点 もんだいてん 명 문제점
政府 せいふ 명 정부　活動 かつどう 명 활동
提案 ていあん 명 제안　解決 かいけつ 명 해결
目を向ける めをむける 시선을 돌리다　埋める うめる 동 메우다
～なければならない ~하지 않으면 안 된다

65

경제 격차와 아이의 교육에 대해, 필자는 어떻게 서술하고 있는가?

1 가정의 경제 상황의 차가 아이의 학습능력에 영향을 주는 근거는 찾을 수 없다.
2 저소득 세대의 아이의 학습능력은 10살 정도부터 저하하기 시작한다.
3 세대의 수입이 많을수록, 아이의 학력이 높아지기 쉽다.
4 고소득 가정의 아이는 마음에 여유를 가지고 사교육을 받을 수 있다.

해설 질문을 읽고 경제 격차와 아이의 교육에 대한 필자의 생각이 무엇인가를 염두에 두며 첫 번째 단락을 읽고 내용을 파악한다. 첫 번째 단락에서 高所得世帯の子どもほど学力が高いという相関関係にある라고 하고, 経済的に余裕がある家庭では子どもに私教育を受けさせることができるため、子どもが高学歴化するというのだ라고 서술하고 있으므로, 3 世帯の収入が多いほど、子どもの学歴が高くなりやすい(세대의 수입이 많을수록, 아이의 학력이 높아지기 쉽다)가 정답이다.

어휘 状況 じょうきょう 명 상황　根拠 こんきょ 명 근거
低下し始める ていかしはじめる 저하하기 시작하다
収入 しゅうにゅう 명 수입
高くなりやすい たかくなりやすい 높아지기 쉽다

66

시골에 살고 있다는 것은, 그것만으로 불리한 환경에 있다는 것이라고 되어 있는데, 어째서인가?

1 시골의 평균적인 소득은, 도시보다도 낮아 가난한 가정이 많기 때문에
2 시골은 돈이 있어도, 교육을 접하는 것이 어려운 곳이기 때문에
3 시골에는 충실한 시설이 없어서, 편리한 생활을 보낼 수 없기 때문에
4 시골에 살면 경제적인 문제는 없으나, 진학할 장소가 없기 때문에

해설 질문의 밑줄 친 田舎に住んでいるということは、それだけで不利な環境にあるということ(시골에 살고 있다는 것은, 그것만으로 불리한 환경에 있다는 것)가 있는 두 번째 단락을 읽고 밑줄 친 부분을 설명하는 내용을 찾는다. 밑줄의 뒷부분에서 地方では経済的な問題にかかわらず、教育が遠い存在であるということだ라고 서술하고 있으므로, 2 田舎はお金があっても、教育に触れることが難しいところだから(시골은 돈이 있어도, 교육을 접하는 것이 어려운 곳이기 때문에)가 정답이다.

어휘 平均的だ へいきんてきだ な형 평균적이다　所得 しょとく 명 소득
貧しい まずしい い형 가난하다　触れる ふれる 동 접하다, 접촉하다
充実 じゅうじつ 명 충실　施設 しせつ 명 시설

67

필자는 지역 격차가 교육 격차에 미치는 문제에 대해, 어떻게 서술하고 있는가?

1 살고 있는 장소가, 아이의 선택의 시야를 좁힌다.
2 도시에 사는 아이가, 당연하다고 생각하는 상식을 시골에서는 교육받지 않는다.
3 시골에 사는 아이는, 도시가 어떤 곳인지 모르고 성장한다.
4 살고 있는 장소에 따라, 아이의 성장 속도에 차이가 있다.

해설 질문을 읽고 지역 격차가 교육 격차에 미치는 문제에 대한 필자의 생각이 무엇인가를 염두에 두며 세 번째, 네 번째 단락을 읽고 내용을 파악한다. 세 번째 단락에서 都会の書店ではずらっと揃っている参考書が、田舎の書店ではなかなか手に入れにくい。また、近くに大学がなく、大学生という存在を目にする機会が少ないため、大学という場所がどんなところかイメージが分からない라고 하고, 네 번째 단락에서 問題なのは、都会に住む子どもたちが当然のように認識している「高いレベルの教育を受ける」といった選択肢すら知らずに、田舎の子どもたちが大人になってしまうことである라고 서술하고 있으므로, 1 住んでいる場所が、子どもの選択の視野をせばめる(살고 있는 장소가, 아이의 선택의 시야를 좁힌다)가 정답이다.

어휘 選択 せんたく 명 선택　視野 しや 명 시야　せばめる 동 좁히다
常識 じょうしき 명 상식　成長 せいちょう 명 성장
スピード 명 속도, 스피드　違い ちがい 명 차이, 틀림

68

이 글에서 필자가 가장 하고 싶은 말은 무엇인가?

1 교육 격차를 해결하려면 전면적인 경제 지원이 필요하다.
2 교육 격차의 개선을 위해서 경제 격차와 지역 격차를 없앨 필요가 있다.
3 평등한 교육을 위해 아이들의 미래를 생각할 필요가 있다.
4 평등한 교육을 지향하기 위해서는 새로운 시점으로의 대처가 필요하다.

해설 필자가 글을 통해 말하고자 하는 내용을 묻고 있으므로, 글의 후반부를 꼼꼼히 읽고 정확히 해석하면서 필자의 생각이나 주장을 파악한다. 다섯 번째 단락에서 政府は教育の平等を目指し、低所得世帯を支援する活動を提案している라고 하고, 私たちは教育における地域格差にも目を向け、教育格差を埋めるためには今何が必要か考えていかなければならない라고 서술하고 있으므로, 4 平等な教育を目指すには新しい視点での取り組みが必要であ

る(평등한 교육을 지향하기 위해서는 새로운 시점으로의 대처가 필요하다)가 정답이다.

어휘 解決 かいけつ 명 해결　全面的だ ぜんめんてきだ な형 전면적이다
支援 しえん 명 지원　改善 かいぜん 명 개선
平等だ びょうどうだ な형 평등하다　視点 してん 명 시점
取り組み とりくみ 명 대처

69

사토 씨는 '양파 요리 콘테스트'에 참가하고 싶다고 생각하고 있다. 1차 심사를 받기 위해서, 사토 씨는 어떻게 하면 되는가?

1 여동생과 함께 오리지널의 양파 레시피를 준비한다.
2 요리책을 참고로 한 양파 레시피를 작성한다.
3 서류에 미비가 없는지 확인하고, 신청서를 창구에 제출한다.
4 서류를 작성해서, 레시피와 함께 이메일로 송신한다.

해설 사토 씨가 해야 할 행동을 묻는 문제이다. 질문에서 제시된 상황「たまねぎ料理コンテスト」に参加したい('양파 요리 콘테스트'에 참가하고 싶다)에 따라, 지문의 申請方法(신청 방법) 부분에서 申請書とレシピを窓口に持参するかまたは、下記のアドレスに書類を添付してメールでお送りください라고 언급하고 있으므로, 4 書類を作成して、レシピとともにメールで送信する(서류를 작성해서, 레시피와 함께 이메일로 송신한다)가 정답이다.

어휘 たまねぎ 명 양파　コンテスト 명 콘테스트, 경연 대회
参加 さんか 명 참가　審査 しんさ 명 심사　オリジナル 명 오리지널
レシピ 명 레시피　料理本 りょうりほん 명 요리책
参考 さんこう 명 참고　作成 さくせい 명 작성
書類 しょるい 명 서류　不備 ふび 명 미비, 불비
確認 かくにん 명 확인　申請書 しんせいしょ 명 신청서
窓口 まどぐち 명 창구　提出 ていしゅつ 명 제출
~とともに ~와 함께　メール 명 이메일　送信 そうしん 명 송신

70

다나카 씨는 1차 심사를 통과하고, 내일 2차 심사를 앞두고 있다. 긴장으로 자신감이 없어져 있는 다나카 씨인데, 내일 콘테스트에서 주의하지 않으면 안 되는 것은 다음 중 어느 것인가?

1 회장에 양파를 준비해서 가져가는 것
2 콘테스트의 개시 시간까지 회장에 도착하는 것
3 회장에 신분증을 지참하는 것
4 콘테스트에 여동생을 자기 대신에 참가시키는 것

해설 다나카 씨가 주의해야 할 행동을 묻는 문제이다. 질문에서 제시된 상황 明日２次審査を控えている(내일 2차 심사를 앞두고 있다)에 따라, 지문의 ２次審査(2차 심사) 부분에서 申請者のみコンテストに参加可能です。本人確認できるものをお持ちください라고 언급하고 있으므로, 3 会場に身分証明書を持参すること(회장에 신분증을 지참하는 것)가 정답이다.

어휘 通過 つうか 명 통과　控える ひかえる 동 앞두다
緊張 きんちょう 명 긴장　自信 じしん 명 자신감, 자신
~なければいけない ~하지 않으면 안 된다　会場 かいじょう 명 회장
開始 かいし 명 개시　到着 とうちゃく 명 도착
身分証明書 みぶんしょうめいしょ 명 신분증　持参 じさん 명 지참

69-70

야마카와산 양파 요리 콘테스트
~당신의 레시피가 가게의 메뉴가 될 기회~

참가 방법
▶ 참가 자격　누구나 참가 가능합니다! 단, 개인 참가에 한합니다.
▶ 신청 방법　신청서는 시청 홈페이지에서 입수 가능합니다. [69]신청서와 레시피를 창구로 지참하거나 또는, 하기의 주소로 서류를 첨부해서 이메일로 보내주십시오. 마감은 6월 5일 (금) 까지입니다.

레시피에 대해서
• 야마카와시산의 양파를 사용한 스스로 생각한 레시피 (요리의 장르는 묻지 않습니다)
• 조리 시간이 30분을 넘지 않을 것

심사 방법
▶ 1차 심사　신청서에 의한 서류 심사
심사 결과는 6월 12일 (금)에 발표 예정입니다.
시청 홈페이지를 봐주십시오.
※ 서류에 미비가 있을 경우 및 레시피의 규정을 만족하지 않는 경우는 심사 대상에서 제외됩니다.
▶ 2차 심사　레스토랑 셰프에 의한 시식 심사
【회　장】 야마카와시청 쿠킹룸
【일　시】 6월 27일 (토) 11:00~15:00
【심사 기준】

기준	맛	영양 균형	아이디어	모양
득점	25	25	25	25

【주의 사항】 참가할 때 다음 사항을 지켜주십시오.
• 참가자는 콘테스트가 개시되기 30분 전까지 회장에 모여 주십시오.
• [70]신청자만 콘테스트에 참가 가능합니다. 본인 확인할 수 있는 것을 가져와 주세요. 또한, 사정에 의해 참가할 수 없게 된 경우에도, 대리인으로 다른 사람이 참가할 수는 없습니다.
• 양파는 이쪽에서 준비합니다만, 다른 식재료나 조미료는 신청자 스스로 준비해 주십시오.

표창
콘테스트 당일에 우수상을 발표합니다.
우수상을 수상한 레시피는 야마카와시의 인기 레스토랑 '스타라이트 야마카와'의 메뉴로 상품화됩니다.
7월 하순부터 신메뉴로서 즐기실 수 있을 예정입니다.

문의처 : 야마카와시청
전화번호 : 0238-22-6633　이메일 주소 : yamakawacity@city.jp

어휘 メニュー 명 메뉴　チャンス 명 찬스, 기회　方法 ほうほう 명 방법
資格 しかく 명 자격　可能だ かのうだ な형 가능하다
ただし 접 단, 다만　個人 こじん 명 개인

限る かぎる [동]한하다, 제한하다　申請 しんせい [명]신청
市役所 しやくしょ [명]시청　ホームページ [명]홈페이지
入手 にゅうしゅ [명]입수　下記 かき [명]하기　アドレス [명]주소
添付 てんぷ [명]첨부　締め切り しめきり [명]마감
使用 しよう [명]사용　ジャンル [명]장르　問う とう [동]묻다
調理 ちょうり [명]조리　超える こえる [동]넘다　結果 けっか [명]결과
発表 はっぴょう [명]발표　及び および [접]및
満たす みたす [동]만족시키다, 채우다
対象外になる たいしょうがいになる 대상에서 제외되다
シェフ [명]셰프　実食 じっしょく [명]시식, 직접 먹는 것
クッキングルーム [명]쿠킹룸　日時 にちじ [명]일시
基準 きじゅん [명]기준　おいしさ [명]맛, 맛있음
栄養 えいよう [명]영양　バランス [명]균형, 밸런스
アイディア [명]아이디어　見た目 みため [명]모양, 겉보기
点数 てんすう [명]점수　注意 ちゅうい [명]주의　事項 じこう [명]사항
~にあたり ~할 때　守る まもる [동]지키다
参加者 さんかしゃ [명]참가자　申請者 しんせいしゃ [명]신청자
本人 ほんにん [명]본인　代理人 だいりにん [명]대리인
別 べつ [명]다름　食材 しょくざい [명]식재료
調味料 ちょうみりょう [명]조미료　自身 じしん [명]스스로, 자신
表彰 ひょうしょう [명]표창　当日 とうじつ [명]당일
優秀賞 ゆうしゅうしょう [명]우수상　受賞 じゅしょう [명]수상
人気 にんき [명]인기　商品化 しょうひんか [명]상품화
下旬 げじゅん [명]하순　新メニュー しんメニュー [명]신메뉴
問い合わせ先 といあわせさき [명]문의처
電話番号 でんわばんごう [명]전화번호

청해 p.95

무료 MP3 바로듣기

☞ 문제1의 디렉션과 예제를 들려줄 때 1번부터 5번까지의 선택지를 미리 읽고 내용을 재빨리 파악해둡니다. 음성에서 では、始めます(그러면, 시작합니다)가 들리면, 곧바로 문제 풀 준비를 합니다. 음성 디렉션과 예제는 실전모의고사 1의 해설(p.182)에서 확인할 수 있습니다.

1

[음성]

大学で男の人と女の人が話しています。女の人はどうしますか。

F：[1]もう留学から帰ってきて3か月か…。どんどん英語を忘れていってる気がする。

M：言語は使わないと忘れるっていうもんね。

F：そうなんだよね。この単語、どんな意味だっけとか、これ英語でなんて言うんだっけとか、最近よくあるんだ。[2]毎日、英語のテキストとかは読んだりしてるんだけど。

M：あ、そう言えばこのあいだ先輩から言語学習にいいよっておもしろいアプリを教えてもらったよ。[3]「セイハロー」っていうアプリなんだけどね、これ。自分の母語と学習言語を登録すると、自分が勉強したい言語を母語としていて、自分の母語を学びたいっていう人に出会えて、メールや通話のやり取りができるんだって。

F：[3]気軽にお互いの言語が学べるのっていいね。やってみるよ。

M：あとはね、ドラマや映画を見ることもおすすめされたよ。

F：へぇ。

M：楽しんで勉強できるっていいよね。

F：うーん、[4]でも今は就職活動もあって忙しいから、それは難しそう。

女の人はどうしますか。

[문제지]

1 アメリカに留学する
2 英語の教科書を読む
3 アプリに登録する
4 ドラマや映画を見る

해석 대학에서 남자와 여자가 이야기하고 있습니다. 여자는 어떻게 합니까?

F : [1]벌써 유학에서 돌아온 지 3개월인가…. 점점 영어를 잊어가고 있는 느낌이 들어.

M : 언어는 사용하지 않으면 잊는다고 하지.

F : 그러니까. 이 단어, 어떤 의미였지 라든가, 이거 영어로 뭐라고 하는 거였지 라든가, 최근 자주 있어. [2]매일, 영어 텍스트라든지는 읽거나 하고 있지만.

M : 아, 그러고 보니 일전에 선배가 언어 학습에 좋다면서 재미있는 어플을 가르쳐 줬어. [3]'세이 헬로'라고 하는 어플인데 말이야, 이거. 내 모국어와 학습 언어를 등록하면, 내가 공부하고 싶은 언어를 모국어로 하고 있고, 내 모국어를 배우고 싶다고 하는 사람과 만날 수 있어서, 이메일이나 통화를 주고받을 수 있대.

F : [3]부담 없이 서로의 언어를 배울 수 있다는 게 좋네. 해볼게.

M : 그리고, 드라마나 영화를 보는 것도 추천받았어.

F : 오호.

M : 즐겁게 공부할 수 있다는 게 좋지.

F : 음, [4]그런데 지금은 취직 활동도 있어서 바쁘니까, 그건 어렵겠어.

여자는 어떻게 합니까?

1 미국에 유학한다
2 영어 교과서를 읽는다
3 어플에 등록한다
4 드라마나 영화를 본다

해설 1 '미국에 유학하기', 2 '영어 교과서 읽기', 3 '어플 등록하기', 4 '드라마나 영화 보기' 중 여자가 앞으로 해야 할 일을 묻는 문제이다. 대화에서, 남자가 「セイハロー」っていうアプリなんだけどね、これ。自分の母語と学習言語を登録すると、自分が勉強したい言

語を母語としていて、自分の母語を学びたいっていう人に出会えて、メールや通話のやり取りができるんだって라고 하자, 여자가 気軽にお互いの言語が学べるのっていいね。やってみるよ라고 했으므로, 3 アプリに登録する(어플에 등록한다)가 정답이다. 1, 2는 이미 했고, 4는 바빠서 어렵겠다고 했으므로 오답이다.

어휘 留学 りゅうがく 명 유학　気がする きがする 느낌이 들다
言語 げんご 명 언어　単語 たんご 명 단어
そう言えば そういえば 그러고 보니　学習 がくしゅう 명 학습
アプリ 명 어플, 어플리케이션　母語 ぼご 명 모국어, 모어
登録 とうろく 명 등록　学ぶ まなぶ 동 배우다
出会う であう 동 만나다　メール 명 이메일　通話 つうわ 명 통화
やり取り やりとり 명 주고받음　気軽だ きがるだ な형 부담 없다
お互い おたがい 명 서로　ドラマ 명 드라마　おすすめ 명 추천
就職活動 しゅうしょくかつどう 명 취직 활동, 취업 준비 활동
教科書 きょうかしょ 명 교과서

2

[음성]

飲食店の本社で部長と女の社員が話しています。女の社員はこのあとまず何をしますか。

F：部長、昨日机の上に置いておいた新しいメニューの提案書見てもらえました?

M：うん。夏野菜カレー、なかなかいいよ。季節の野菜をふんだんに使っていてヘルシーだし、色も鮮やかで若い女性のお客さんからきっと人気が出るんじゃないかな?

F：値段設定はどうですか…? ちょっと高い気もするんですけど。

M：[1]うーん、そこは大丈夫。それより、これは若い女性を対象とした商品だよね?だったら、単品で売るんじゃなくて、サラダやデザート、ドリンクなんかをつけて、レディースセットにするとか、もう少し女性のニーズを考えてみてもいいと思うよ。

F：そうですね。それはいいアイディアだと思います。アンケートを作って、若い女性の方々に聞いてみましょうか。

M：あ、それなら[2][3]去年やったアンケートの結果がパソコンに入っているから、それを参考にして。

F：[3]はい。もう少し詳しく見てみます。

M：うん。4月の初めには商品化に取り組みたいから、[4]来週までに新しいもの見せてもらえる?

F：はい、わかりました。

女の社員はこのあとまず何をしますか。

[문제지]

1 新商品の値段を下げる
2 客にアンケートをとる
3 調査結果を分析する
4 提案書を作りなおす

해석 음식점의 본사에서 부장과 여자 사원이 이야기하고 있습니다. 여자 사원은 이 다음에 우선 무엇을 합니까?

F : 부장님, 어제 책상 위에 놔두었던 새로운 메뉴의 제안서 봐 주셨나요?

M : 응. 여름 야채 카레, 꽤 좋아. 계절 야채를 많이 쓰고 있어서 건강하고, 색도 산뜻해서 젊은 여성 고객으로부터 분명 인기가 있지 않을까?

F : 가격 설정은 어떤가요…? 조금 비싼 느낌도 드는데요.

M : [1]음, 그건 괜찮아. 그보다, 이건 젊은 여성을 대상으로 한 상품이지? 그렇다면, 단품으로 파는 것이 아니라, 샐러드나 디저트, 음료 같은 걸 덧붙여서, 레이디스 세트로 한다든지, 좀 더 여성의 니즈를 생각해보는 것도 괜찮다고 생각해.

F : 그러네요. 그건 좋은 아이디어라고 생각해요. 앙케트를 만들어서, 젊은 여성분들에게 물어볼까요?

M : 아, 그거라면 [2][3]작년에 한 앙케트의 결과가 컴퓨터에 들어있으니까, 그걸 참고해.

F : [3]네, 좀 더 자세히 볼게요.

M : 응. 4월 초에는 상품화에 착수하고 싶으니까, [4]다음 주까지 새로운 걸 보여줄 수 있어?

F : 네, 알겠습니다.

여자 사원은 이 다음에 우선 무엇을 합니까?

1 신상품의 가격을 내린다
2 고객에게 앙케트를 한다
3 조사 결과를 분석한다
4 제안서를 다시 만든다

해설 1 '가격 내리기', 2 '앙케트 하기', 3 '조사 결과 분석하기', 4 '제안서 다시 만들기' 중 여자가 가장 먼저 해야 할 일을 묻는 문제이다. 대화에서, 앙케트를 하냐고 묻는 여자의 말에 남자가 去年やったアンケートの結果がパソコンに入っているから、それを参考にして라고 하자, 여자가 はい。もう少し詳しく見てみます라고 했으므로, 3 調査結果を分析する(조사 결과를 분석한다)가 정답이다. 1은 할 필요가 없고, 2는 이미 했으며, 4는 조사 결과를 분석한 다음에 할 일이므로 오답이다.

어휘 飲食店 いんしょくてん 명 음식점　本社 ほんしゃ 명 본사
社員 しゃいん 명 사원　メニュー 명 메뉴
提案書 ていあんしょ 명 제안서　夏野菜 なつやさい 명 여름 야채
ふんだんだ な형 많다, 충분하다
ヘルシーだ な형 건강하다, 건강에 좋다
鮮やかだ あざやかだ な형 산뜻하다, 선명하다
お客さん おきゃくさん 명 고객
人気が出る にんきがでる 인기가 생기다　設定 せってい 명 설정
気がする きがする 느낌이 들다　対象 たいしょう 명 대상
商品 しょうひん 명 상품　だったら 접 그렇다면
単品 たんぴん 명 단품　デザート 명 디저트　ドリンク 명 음료
レディースセット 명 레이디스 세트　ニーズ 명 니즈
アイディア 명 아이디어　アンケート 명 앙케트
方々 かたがた 명 분들　結果 けっか 명 결과

参考 さんこう 명 참고　詳しい くわしい い형 자세하다, 상세하다
商品化 しょうひんか 명 상품화　取り組む とりくむ 동 착수하다
新商品 しんしょうひん 명 신상품　アンケートをとる 앙케트를 하다
調査 ちょうさ 명 조사　分析 ぶんせき 명 분석
作りなおす つくりなおす 다시 만들다

3

[음성]

会社で女の人と男の人が話しています。男の人はこのあとまず何をしなければなりませんか。

F：さっき頼んだ資料のコピーのことなんだけど。

M：すみません、忘れてました。すぐやります。

F：[1]それは違う人に頼むから、先に会議室の準備の方お願いしてもいいかな?

M：え、はい。

F：プロジェクターがちゃんと動くか確認してほしいの。たまに調子が悪いときあるのよね。

M：はい、わかりました。会議で使うPPTも問題なく表示されるか確認します。

F：マイクのチェックもお願いね。あ、会議室はちゃんと押さえてくれてるよね。

M：はい。昨日予約しておきました。2時から3時半まででですよね。

F：え、それは会議の時間でしょ?[4]普通は告知した会議の時間よりも1時間ほど余裕をもって押さえなくっちゃ。会議が延びることも考えられるでしょ?

M：すみません。そういった場合もありますもんね。[2][3][4]すぐに変更してきます。

男の人はこのあとまず何をしなければなりませんか。

[문제지]

1 会議用の資料のコピーをとる
2 会議室のプロジェクターを点検する
3 会議室のマイクをかくにんする
4 会議室の予約時間を変える

해석 회사에서 여자와 남자가 이야기하고 있습니다. 남자는 이 다음 우선 무엇을 하지 않으면 안 됩니까?

F : 아까 부탁한 자료의 복사 말인데.

M : 죄송합니다, 잊고 있었습니다. 바로 하겠습니다.

F : [1]그건 다른 사람에게 부탁할 테니까, 먼저 회의실 준비 쪽을 부탁해도 될까?

M : 아, 네.

F : 프로젝터가 확실히 작동하는지 확인해 줬으면 해. 가끔 상태가 나쁠 때가 있거든.

M : 네, 알겠습니다. 회의에서 사용할 PPT도 문제없이 표시되는지 확인하겠습니다.

F : 마이크 체크도 부탁해. 아, 회의실은 분명히 확보해 줬지?

M : 네. 어제 예약해 두었습니다. 2시부터 3시 반까지죠?

F : 어, 그건 회의 시간이잖아? [4]보통은 고지한 회의 시간보다도 1시간 정도 여유를 잡고 확보해야지. 회의가 연장되는 것도 생각되잖아?

M : 죄송합니다. 그런 경우도 있으니까요. [2][3][4]바로 변경하고 오겠습니다.

남자는 이 다음 우선 무엇을 하지 않으면 안 됩니까?

1 회의용 자료를 복사한다
2 회의실 프로젝터를 점검한다
3 회의실 마이크를 확인한다
4 회의실 예약 시간을 바꾼다

해설 1 '자료 복사하기', 2 '프로젝터 점검하기', 3 '마이크 확인하기', 4 '예약 시간 바꾸기' 중 남자가 가장 먼저 해야 할 일을 묻는 문제이다. 대화에서, 여자가 **普通は告知した会議の時間よりも1時間ほど余裕をもって押さえなくっちゃ。会議が延びることも考えられるでしょ?**라고 하자, 남자가 **すぐに変更してきます**라고 했으므로, 4 **会議室の予約時間を変える**(회의실 예약 시간을 바꾼다)가 정답이다. 1은 다른 사람이 해야 할 일이고, 2, 3은 회의실 예약 시간을 바꾼 다음에 할 일이므로 오답이다.

어휘 さっき 부 아까　資料 しりょう 명 자료　先に さきに 부 먼저, 앞서
プロジェクター 명 프로젝터　ちゃんと 부 확실히, 분명히
確認 かくにん 명 확인　たまに 부 가끔, 드물게
調子 ちょうし 명 상태　表示 ひょうじ 명 표시　マイク 명 마이크
押さえる おさえる 동 확보하다　告知 こくち 명 고지
余裕 よゆう 명 여유　延びる のびる 동 연장되다
変更 へんこう 명 변경　会議用 かいぎよう 명 회의용
コピーをとる 복사하다　点検 てんけん 명 점검

4

[음성]

犬を飼っている男の人と専門家が話しています。男の人は犬のしつけのために何をしますか。

M：犬を飼って、3か月になるんですが、なかなか言うことを聞いてくれなくて。トイレの位置などは覚えてくれたんですが、家にあるクッションやスリッパなど、なんでも噛んでしまうんです。

F：飼って3か月ってことはまだ子犬ですよね。歯が生え変わる時期でもあるので、どうしても歯がゆさから、何かを噛んでしまうんです。

M：では、このまま放っておいても、大人になると自然に噛み癖がなくなるってことでしょうか。

F：いえ、反対に習慣になってしまいます。なので、[1]家の物を犬の目につかないところ、届かないところに置いてください。犬は経験を通して、学ぶ生き物ですから、噛むという体験そのものをさせないようにしましょう。

M：なるほど。分かりました。

F：しかし、歯がかゆくて、人の手や衣服を噛んでしまうことがあるかもしれません。そのときは、犬のおもちゃや骨ガムなど、噛んでもいいものを与えてください。

M：[2][3]犬用のおもちゃを与えているんですが、そっちには反応を示さなくて、家のものばかり噛むんです。

F：飼い主が反応してくれるので、家のものを噛むと遊んでくれると思っているのかもしれませんね。過度に怒るのもよくありません。

M：[4]それは気をつけてはいるんですが。[1]まずは物理的に噛めない環境を作ることから始めたいと思います。

男の人は犬のしつけのために何をしますか。

[문제지]

1 犬に噛まれたくないものを片づける
2 噛んでもいいものをわたす
3 犬用のおもちゃで遊んであげる
4 犬が噛んだら、すぐに厳しくしかる

해석 개를 키우고 있는 남자와 전문가가 이야기하고 있습니다. 남자는 개의 훈련을 위해서 무엇을 합니까?

M : 개를 키우고, 3개월이 됩니다만, 좀처럼 말을 들어주지 않아서. 화장실 위치 등은 기억해 줬는데, 집에 있는 쿠션이나 슬리퍼 등, 무엇이든 물어버려요.

F : 키우고 3개월이라는 것은 아직 강아지군요. 치아가 새로 나는 시기이기도 하기 때문에, 아무래도 이의 가려움 때문에, 뭔가를 깨물어 버리는 겁니다.

M : 그럼, 이대로 내버려 두어도, 어른이 되면 자연스럽게 무는 버릇이 없어진다는 걸까요?

F : 아니요, 반대로 습관이 되어 버립니다. 그러므로, [1]집에 있는 물건을 개의 눈에 띄지 않는 곳, 닿지 않는 곳에 놔 주세요. 개는 경험을 통해서, 배우는 생물이기 때문에, 깨문다는 체험 그 자체를 하지 않게 합시다.

M : 그렇군요. 알겠습니다.

F : 하지만, 이가 가려워서, 사람의 손이나 옷을 깨물어 버리는 일이 있을지도 모릅니다. 그럴 때는, 개 장난감이나 뼈 모양 껌 등, 깨물어도 되는 것을 주세요.

M : [2][3]강아지용 장난감을 주고 있습니다만, 그쪽에는 반응을 보이지 않고, 집에 있는 물건만 깨뭅니다.

F : 주인이 반응해 주기 때문에, 집의 물건을 깨물면 놀아준다고 생각하고 있는 걸지도 모르겠네요. 과도하게 혼내는 것도 좋지 않습니다.

M : [4]그것은 조심하고 있습니다만. [1]우선은 물리적으로 깨물지 못하는 환경을 만드는 것부터 시작하려고 생각합니다.

남자는 개의 훈련을 위해서 무엇을 합니까?

1 개에게 물리고 싶지 않은 물건을 정리한다
2 깨물어도 되는 것을 준다
3 강아지용 장난감으로 놀아준다
4 개가 물면, 바로 엄격하게 꾸짖는다

해설 1 '물건 정리하기', 2 '깨물어도 되는 것 주기', 3 '장난감으로 놀아주기', 4 '엄격하게 꾸짖기' 중 남자가 앞으로 해야 할 일을 묻는 문제이다. 대화에서, 여자가 家の物を犬の目につかないところ、届かないところに置いてください。犬は経験を通して、学ぶ生き物ですから、噛むという体験そのものをさせないようにしましょう라고 하자, 남자가 まずは物理的に噛めない環境を作ることから始めたいと思います라고 했으므로, 1 犬に噛まれたくないものを片づける(개에게 물리고 싶지 않은 물건을 정리한다)가 정답이다. 2, 3은 했으나 효과가 없었다고 했고, 4는 할 필요가 없으므로 오답이다.

어휘 飼う かう 동 키우다　専門家 せんもんか 명 전문가
しつけ 명 (동물의) 훈련, 예의범절　位置 いち 명 위치
クッション 명 쿠션　なんでも 부 무엇이든, 모두
子犬 こいぬ 명 강아지, 작은 개　歯 は 명 이, 치아
生え変わる はえかわる 동 (이나 털이) 새로 나다　時期 じき 명 시기
どうしても 부 아무래도　歯がゆさ はがゆさ 이의 가려움
放っておく ほうっておく 내버려두다
自然だ しぜんだ な형 자연스럽다　噛み癖 かみぐせ 무는 버릇
反対だ はんたいだ な형 반대이다　なので 그러므로, 따라서
目につく めにつく 눈에 띄다　届く とどく 동 닿다
学ぶ まなぶ 동 배우다　生き物 いきもの 명 생물
体験 たいけん 명 체험　そのもの 그 자체　かゆい い형 가렵다
衣服 いふく 명 옷, 의복　骨ガム ほねガム 명 뼈 모양 껌
与える あたえる 동 주다　犬用 いぬよう 명 강아지용
反応 はんのう 명 반응　示す しめす 동 보이다, 나타내다
飼い主 かいぬし 명 주인, 사육주　過度だ かどだ な형 과도하다
気をつける きをつける 조심하다　まずは 부 우선, 일단
物理的だ ぶつりてきだ な형 물리적이다　環境 かんきょう 명 환경

5

[음성]

印刷の会社で男の人と女の人が話しています。女の人はこのあとすぐ何をしなければなりませんか。

M：鈴木さん、どうしたの？

F：たった今、新井製菓さんから電話があって、チョコレートの製品ラベルにミスがあったそうです。

M：それは大変だ。担当は鈴木さんだったよね。ラベルを発注する際に確認はしたの？

F：[1]はい、発注の前日に何回も確認して、発注する際にも再度確認しました。別の商品のラベルと入れ替わった可能性もあります。印刷工場に確認したほうがいいですかね。

M：[2]いや、それは違う人に確認してもらうから。[3]鈴木さんは、すぐに新井製菓さんの方にお詫びに向かって。

F：[3]はい。お詫びの品を準備したほうがいいですか。

M：[4]それは今度にしよう。新しいラベルをいつお届けできるか分かり次第連絡するから、その点についても話してもらえる？

F：分かりました。

M：じゃあ、追って連絡するから。

女の人はこのあとすぐ何をしなければなりませんか。

[문제지]

1 ラベルの発注書を確認する
2 印刷工場に電話をする
3 取り引き先に向かう
4 お詫びの品を買う

해석 인쇄 회사에서 남자와 여자가 이야기하고 있습니다. 여자는 이 다음 바로 무엇을 하지 않으면 안 됩니까?

M : 스즈키 씨, 무슨 일이야?

F : 방금, 아라이 제과로부터 전화가 있어서, 초콜릿의 제품 라벨에 실수가 있었다고 합니다.

M : 그건 큰일이네. 담당은 스즈키 씨였지. 라벨을 발주할 때 확인은 했어?

F : [1]네, 발주 전날에 몇 번이나 확인하고, 발주할 때도 재차 확인했습니다. 다른 상품의 라벨과 교체되었을 가능성도 있습니다. 인쇄 공장에 확인하는 편이 좋을까요?

M : [2]아니, 그건 다른 사람에게 확인받을 테니까. [3]스즈키 씨는, 바로 아라이 제과 쪽에 사죄드리러 가.

F : [3]네. 사죄의 선물을 준비하는 편이 좋을까요?

M : [4]그건 다음에 하자. 새로운 라벨을 언제 보낼 수 있을지 알게 되는 대로 연락할 테니까, 그 점에 대해서도 이야기해 줄 수 있어?

F : 알겠습니다.

M : 그럼, 뒤따라서 연락할 테니까.

여자는 이 다음 바로 무엇을 하지 않으면 안 됩니까?

1 라벨의 발주서를 확인한다
2 인쇄 공장에 전화를 한다
3 거래처로 향한다
4 사죄의 선물을 산다

해설 1 '발주서 확인하기', 2 '인쇄 공장에 전화하기', 3 '거래처로 향하기', 4 '사죄의 선물 사기' 중 여자가 가장 먼저 해야 할 일을 묻는 문제이다. 대화에서, 남자가 **鈴木さんは、すぐに新井製菓さんの方にお詫びに向かって**라고 하자, 여자가 **はい**라고 했으므로, **3 取り引き先に向かう**(거래처로 향한다)가 정답이다. 1은 이미 했고, 2는 다른 사람이 해야 할 일이며, 4는 다음에 하자고 했으므로 오답이다.

어휘 **印刷** いんさつ 명 인쇄　**たった今** たったいま 부 방금, 이제 막
製菓 せいか 명 제과　**チョコレート** 명 초콜릿
製品 せいひん 명 제품　**ラベル** 명 라벨　**ミス** 명 실수, 미스
担当 たんとう 명 담당　**発注** はっちゅう 명 발주　**際** さい 명 때
確認 かくにん 명 확인　**前日** ぜんじつ 명 전날, 전일
再度 さいど 명 재차　**別** べつ 명 다름　**商品** しょうひん 명 상품
入れ替わる いれかわる 동 교체하다　**可能性** かのうせい 명 가능성
お詫び おわび 명 사죄　**お詫びの品** おわびのしな 사죄의 선물
追う おう 동 뒤따르다　**発注書** はっちゅうしょ 명 발주서
取り引き先 とりひきさき 명 거래처

☞ 문제 2의 디렉션과 예제를 들려줄 때 1번부터 6번까지의 선택지를 미리 읽고 내용을 재빨리 파악해둡니다. 음성에서 では、始めます(그러면, 시작합니다)가 들리면, 곧바로 문제 풀 준비를 합니다. 음성 디렉션과 예제는 실전모의고사 1의 해설(p.187)에서 확인할 수 있습니다.

1

[음성]

コンビニで店長と店員がアンケート結果について話しています。客の要望に応えるために何をすることにしましたか。

F：店長、アンケート結果をまとめたのでいっしょに見てもらえませんか。

M：ありがとう。最近、朝の売り上げがあまり良くなくてね。意見を聞いて改善できる部分があればと思っていたんだ。

F：まず店内についてですが、掃除が行き届いていて清潔だという意見がほとんどですね。あ、店員の項目なんですが、「あいさつが明るくていい」「親切だ」という意見が多いんですが、「新人の店員が会計するとき時間がかかる」という意見も見られます。

M：うーん、これぱかりは慣れだからな。トラブルになったこともないし、ここは見守っていこう。

F：他にはおにぎりやパン自体はおいしいが、朝の８時半以降は品ぞろえが悪く、品数も少ないという意見もあります。

M：８時前後がお客さんのピークだからね。確かにそれ以降にいらっしゃるお客様が不満に思うのも無理はないな。じゃあ、今の２倍の量を注文しよう。途中商品の補充が必要で、人数を増やしたいというなら、朝のシフトの人数を増やしてもいいし。

F：いえ、人数はそのままで大丈夫だと思います。

客の要望に応えるために何をすることにしましたか。

[문제지]

1 店員が慣れるまで教育をする
2 朝のそうじを丁寧におこなう
3 売れる商品を多めに注文する
4 朝の時間帯に店員の人数を増やす

해석 편의점에서 점장과 점원이 앙케트 결과에 대해 이야기하고 있습니다. 고객의 요구에 응하기 위해서 무엇을 하기로 했습니까?

F : 점장님, 앙케트 결과를 정리했으니 함께 봐 주실 수 없을까요?

M : 고마워. 최근, 아침의 매상이 별로 좋지 않아서. 의견을 듣고 개선할 수 있는 부분이 있으면 하고 생각하고 있었어.

F : 우선 가게 안에 대해서입니다만, 청소가 빈틈없어서 청결하다는 의견이 대부분이네요. 아, 점원 항목입니다만, '인사가 밝아서 좋다' '친절하다'는 의견이 많은데, '신입 점원이 계산할 때 시간이 걸린다'는 의견도 보입니다.

M : 음, 이것만은 적응이니까. 트러블이 된 적도 없고, 지금은 지켜보자.

F : 그 외에는 주먹밥이나 빵 자체는 맛있지만, 아침 8시 반 이후는 상품 종류가 많지 않고, 상품 개수도 적다는 의견도 있습니다.

M : 8시 전후가 손님의 피크니까. 확실히 그 이후에 오시는 손님이 불만으로 생각하는 것도 무리는 없네. 그럼, 지금의 2배의 양을 주문하자. 도중에 상품 보충이 필요하고, 인원수를 늘리고 싶다고 한다면, 아침 교대의 인원수를 늘려도 괜찮고.

F : 아니요, 인원수는 그대로여도 괜찮다고 생각합니다.

고객의 요구에 응하기 위해서 무엇을 하기로 했습니까?

1 점원이 익숙해질 때까지 교육을 한다
2 아침 청소를 주의 깊게 한다
3 잘 팔리는 상품을 많이 주문한다
4 아침 시간대에 점원 인원수를 늘린다

해설 무엇을 하기로 했는지 묻는 문제이다. 각 선택지의 핵심 내용은 1 '점원 교육하기', 2 '청소 주의 깊게 하기', 3 '잘 팔리는 상품 많이 주문하기', 4 '점원 늘리기'이다. 대화에서, 여자가 **朝の８時半以降は品ぞろえが悪く、品数も少ないという意見もあります**라고 하자, 남자가 **８時前後がお客さんのピークだからね。確かにそれ以降にいらっしゃるお客様が不満に思うのも無理はないな。じゃあ、今の２倍の量を注文しよう**라고 했으므로, 3 **売れる商品を多めに注文する**(잘 팔리는 상품을 많이 주문한다)가 정답이다. 오답 선택지 1은 지켜보자고 했고, 2는 할 필요가 없으며, 4는 그대로여도 괜찮다고 했으므로 오답이다.

어휘 コンビニ 명 편의점　店長 てんちょう 명 점장　アンケート 명 앙케트
結果 けっか 명 결과　客 きゃく 명 고객
要望 ようぼう 명 요구, 요망　応える こたえる 동 응하다, 반응하다
まとめる 동 (하나로) 정리하다　売り上げ うりあげ 명 매상
改善 かいぜん 명 개선　部分 ぶぶん 명 부분
店内 てんない 명 가게 안, 점내
行き届く いきとどく 동 빈틈이 없다, 두루 미치다
清潔だ せいけつだ な형 청결하다　項目 こうもく 명 항목
新人 しんじん 명 신입　会計 かいけい 명 계산, 회계
慣れ なれ 명 적응, 익숙해짐　トラブル 명 트러블
見守る みまもる 동 지켜보다　おにぎり 명 주먹밥
自体 じたい 명 자체　以降 いこう 명 이후
品ぞろえ しなぞろえ 명 상품 종류, 상품의 종류를 많이 준비해 두는 것
品数 しなかず 명 상품 개수　前後 ぜんご 명 전후
お客さん おきゃくさん 명 손님, 고객　ピーク 명 피크, 최고조
不満だ ふまんだ な형 불만이다　量 りょう 명 양
注文 ちゅうもん 명 주문　商品 しょうひん 명 상품
補充 ほじゅう 명 보충　人数 にんずう 명 인원수
増やす ふやす 동 늘리다　シフト 명 교대
丁寧だ ていねいだ な형 주의 깊다, 친절하다
売れる うれる 동 잘 팔리다　多めだ おおめだ な형 많다
時間帯 じかんたい 명 시간대

2

[음성]

ラジオでアナウンサーと評論家が映画について話しています。評論家はこの作品について最も優れているところはどこだと言っていますか。

F：アジア圏の作品が三大映画コンクールで優秀賞を獲得するなんて本当にすばらしいですね。

M：そうですね。これをきっかけにアジア映画界全体がレベルアップすることが期待できます。

F：ところで、この映画がここまで高評価を得た理由は何なんでしょうか。映画に詳しくない私が言うのもなんですが、やはりストーリーの展開の早さなのでは？

M：はい、それも理由の一つだとは思います。ストーリーの展開に、俳優の迫力ある演技が合わさり、緊張感あふれるシーンが素晴らしかったですね。しかし、高く評価された理由は計算された画面の構成にあるのではないでしょうか。

F：画面構成というと？

M：映画のテーマが「幸せと不幸」でしたよね。そのテーマが「光と影」を使って、シーンごとに「幸せと不幸」がうまく表現されているんです。場面のストーリーや俳優の演技とは別にその場面の背景やカメラワークによって、テーマを訴えているんです。

F：そうだったんですね。気づきませんでした。次はそういった点に注意して、もう一度映画を見てみようと思います。

評論家はこの作品について最も優れているところはどこだと言っていますか。

[문제지]

1 観客を引き込むストーリーの展開
2 緊張感あふれる俳優の演技
3 テーマを強く訴える画面の構成
4 カメラマンの優れた撮影技術

해석 라디오에서 아나운서와 평론가가 영화에 대해 이야기하고 있습니다. 평론가는 이 작품에 대해서 가장 뛰어난 점은 무엇이라고 말하고 있습니까?

F : 아시아권의 작품이 3대 영화 콩쿠르에서 우수상을 획득하다니 정말로 훌륭하네요.

M : 그렇지요. 이것을 계기로 아시아 영화계 전체가 레벨업 하는 것이 기대됩니다.

F : 그런데, 이 영화가 이렇게까지 고평가를 받은 이유는 무엇인가요? 영화에 정통하지 않은 제가 말하는 것도 그렇지만, 역시 스토리의 전개의 빠름인 것은?

M : 네, 그것도 이유의 하나라고는 생각합니다. 스토리의 전개에, 배우의 박력 있는 연기가 합쳐져서, 긴장감 넘치는 장면이 대단했지요. 그런데, 높게 평가받은 이유는 계산된 화면의 구성에 있는 것이 아닐까요?

F : 화면 구성이라 하면?

M : 영화의 테마가 '행복과 불행'이었지요? 그 테마가 '빛과 그림자'를 사용해서, 장면마다 '행복과 불행'이 잘 표현되어 있는 겁니다. 장면의 스토리나 배우의 연기와는 별도로 그 장면의 배경이나 카메라 워크에 따라, 테마를 호소하고 있는 겁니다.

F : 그런 거였군요. 알아차리지 못했습니다. 다음에는 그런 점에 주의해서, 한 번 더 영화를 봐 보려고 합니다.

평론가는 이 작품에 대해서 가장 뛰어난 점은 무엇이라고 말하고 있습니까?

1 관객을 끌어들이는 스토리의 전개
2 긴장감 넘치는 배우의 연기
3 테마를 강하게 호소하는 화면의 구성
4 카메라맨의 뛰어난 촬영 기술

해설 작품의 가장 뛰어난 점을 묻는 문제이다. 각 선택지의 핵심 내용은 1 '스토리 전개', 2 '배우의 연기', 3 '화면의 구성', 4 '카메라 촬영 기술'이다. 대화에서, 남자가 **高く評価された理由は計算された画面の構成にあるのではないでしょうか, テーマが「光と影」を使って、シーンごとに「幸せと不幸」がうまく表現されているんです**라고 했으므로, 3 **テーマを強く訴える画面の構成**(테마를 강하게 호소하는 화면의 구성)가 정답이다. 오답 선택지 1, 2는 가장 뛰어나다고 언급한 점이 아니며, 4는 언급되지 않았으므로 오답이다.

어휘 評論家 ひょうろんか 명 평론가　作品 さくひん 명 작품
最も もっとも 부 가장　優れる すぐれる 동 뛰어나다, 우수하다
アジア圏 アジアけん 명 아시아권　三大 さんだい 3대
コンクール 명 콩쿠르, 경연 대회　優秀賞 ゆうしゅうしょう 명 우수상
獲得 かくとく 명 획득　きっかけ 명 계기
映画界 えいがかい 명 영화계　全体 ぜんたい 명 전체
レベルアップ 명 레벨업　期待 きたい 명 기대　ところで 접 그런데
高評価 こうひょうか 명 고평가　得る える 동 얻다
詳しい くわしい い형 정통하다　ストーリー 명 스토리
展開 てんかい 명 전개　早さ はやさ 명 빠름, 빠른 정도
俳優 はいゆう 명 배우　迫力 はくりょく 명 박력
演技 えんぎ 명 연기　合わさる あわさる 동 합쳐지다
緊張感 きんちょうかん 명 긴장감　あふれる 동 넘치다
シーン 명 장면, 신　評価 ひょうか 명 평가　計算 けいさん 명 계산
画面 がめん 명 화면　構成 こうせい 명 구성　テーマ 명 테마, 주제
幸せ しあわせ 명 행복　不幸 ふこう 명 불행　影 かげ 명 그림자
表現 ひょうげん 명 표현　場面 ばめん 명 장면　別 べつ 명 별도
背景 はいけい 명 배경　撮影 さつえい 명 촬영
訴える うったえる 동 호소하다　気づく きづく 동 알아차리다, 깨닫다
観客 かんきゃく 명 관객　引き込む ひきこむ 동 끌어들이다
カメラマン 명 카메라맨

3

[음성]

テレビでアナウンサーが男の人にインタビューしています。男の人が医者になったのはどうしてですか。

F：夏休み企画として子どもたちに人生の先輩からのお話を届けようとのことで、今日は大山大学病院小児科の田中先生をゲストにお迎えしております。

M：よろしくお願いします。

F：早速ですが、先生はお父様、おじい様もお医者様ということで先生がお医者様になったのにはやはり、ご家族の影響が大きかったのでしょうか。

M：うーん、父と祖父の影響がゼロかって言えばうそになりますが、医者になるように強要されたことはないですね。

F：では、医者になりたいと考えるようになった特別な理由でも？

M：はい、実は私には6歳年の離れた妹がいるんですが、妹は昔から体が弱くて、しょっちゅう入退院を繰り返していました。中学生ぐらいになると妹の苦しむ姿を見て「何とかしてあげたい」という気持ちがどんどん大きくなりました。そうして、医学に興味を持ち始めて、簡単な医学書などを読むようになりましたね。医者の家系なので、家にはたくさんの医学書がありました。

F：すばらしい兄弟愛ですね。

M：兄弟愛と言われるとなんだか恥ずかしいですね。治療に直接関わることはありませんでしたが、今では妹もすっかり元気になりました。病気で苦しんでいる子どもたちを一人でも元気にしたい一心で、患者さん一人一人に向き合っています。

男の人が医者になったのはどうしてですか。

[문제지]

1 医者の家系に生まれたから
2 病気の妹を助けたいと思ったから
3 家に多くの医学の本があったから
4 病気の児童を元気にしたかったから

해석 텔레비전에서 아나운서가 남자에게 인터뷰하고 있습니다. 남자가 의사가 된 것은 어째서입니까?

F : 여름방학 기획으로 아이들에게 인생의 선배로부터의 이야기를 전하자는 것에서, 오늘은 오야마 대학병원 소아과의 다나카 선생님을 게스트로 모시고 있습니다.

M : 잘 부탁합니다.

F : 즉시 본론에 들어갑니다만, 선생님은 아버님, 할아버님도 의사 선생님이라는 것에서 선생님이 의사 선생님이 된 것에는 역시, 가족의 영향이 컸던 것일까요?

M : 음, 아버지와 할아버지의 영향이 제로인가 하면 거짓말이 됩니다만, 의사가 되도록 강요받은 일은 없네요.

F : 그럼, 의사가 되고 싶다고 생각하게 된 특별한 이유라도?

M : 네, 실은 제게는 6살 나이 차이가 나는 여동생이 있습니다만, 여동생은 예전부터 몸이 약해서, 늘 입퇴원을 반복했었습니다. 중학생 정도 되니까 여동생이 괴로워하는 모습을 보고 '어떻게든 해 주고 싶다'는 마음이 점점 커졌습니다. 그렇게 해서, 의학에 흥미를 가지기 시작해서, 간단한 의학서 등을 읽게 되었어요. 의사 가계이기 때문에, 집에는 많은 의학서가 있었습니다.

F : 대단한 형제애네요.

M : 형제애라고 들으면 왠지 쑥스럽네요. 치료에 직접 상관하는 일은 없었습니다만, 지금은 여동생도 완전히 건강해졌습니다. 병으로 힘들어하고 있는 아이들을 한 명이라도 건강하게 하고 싶은 마음 하나로, 환자 한 분 한 분과 마주하고 있습니다.

남자가 의사가 된 것은 어째서입니까?

1 의사 가계에서 태어났기 때문에
2 병이 있는 여동생을 돕고 싶다고 생각했기 때문에
3 집에 많은 의학 책이 있었기 때문에
4 병이 있는 아동을 건강하게 하고 싶었기 때문에

해설 의사가 된 이유를 묻는 문제이다. 각 선택지의 핵심 내용은 1 '의사 가계에서 태어나서', 2 '여동생을 돕고 싶어서', 3 '집에 의학 책이 많아서', 4 '병이 있는 아동을 건강하게 하고 싶어서'이다. 대화에서, 여자가 **医者になりたいと考えるようになった特別な理由でも**라고 하자, 남자가 **妹の苦しむ姿を見て「何とかしてあげたい」という気持ちがどんどん大きくなりました。そうして、医学に興味を持ち始めて、簡単な医学書などを読むようになりましたね**라고 했으므로, 2 **病気の妹を助けたいと思ったから**(병이 있는 여동생을 돕고 싶다고 생각했기 때문에)가 정답이다. 오답 선택지 1은 의사가 되도록 강요받은 일이 없다고 했고, 3은 의사가 된 이유가 아니라 도움이 된 점이며, 4는 지금의 마음가짐이므로 오답이다.

어휘 **インタビュー** 명 인터뷰　**企画 きかく** 명 기획
人生 じんせい 명 인생　**大学病院 だいがくびょういん** 명 대학병원
小児科 しょうにか 명 소아과　**ゲスト** 명 게스트, 손님
早速 さっそく 부 즉시　**お父様 おとうさま** 명 아버님
おじい様 おじいさま 명 할아버님
お医者様 おいしゃさま 명 의사 선생님　**影響 えいきょう** 명 영향
強要 きょうよう 명 강요　**実は じつは** 부 실은, 사실은
年の離れる としのはなれる 나이 차이가 나는
しょっちゅう 부 늘, 언제나　**入退院 にゅうたいいん** 명 입퇴원
繰り返す くりかえす 동 반복하다　**中学生 ちゅうがくせい** 명 중학생
苦しむ くるしむ 동 괴로워하다　**姿 すがた** 명 모습
何とか なんとか 어떻게든　**持ち始める もちはじめる** 갖기 시작하다
医学書 いがくしょ 명 의학서　**家系 かけい** 명 가계
兄弟愛 きょうだいあい 명 형제애　**なんだか** 왠지
治療 ちりょう 명 치료　**直接 ちょくせつ** 부 직접
関わる かかわる 동 상관하다　**一心 いっしん** 명 마음 하나, 일심
患者 かんじゃ 명 환자　**向き合う むきあう** 동 마주 하다, 마주 대하다
助ける たすける 동 돕다　**児童 じどう** 명 아동

4

[음성]

大学の教育学の講義で先生が話しています。いじめ問題の解決には何が重要だと言っていますか。

F：いじめ問題の根本的な解決を望むのであれば、教師は加害者の心の問題に寄り添わなくてはいけません。昔は容姿や家庭の問題など差別によるいじめが多かったのですが、最近はストレスを発散するための場としていじめが行われています。もちろん、いじめの被害者が受けた深い心の傷をどうやってケアしていくのかという点も重要なことです。しかし、それだけでは一つのいじめが解決しても、加害者の心に闇があれば、また新たないじめが生じてしまいます。いじめの加害者はいじめが良くないことだと分かっています。それでも、ストレスやプレッシャーを発散したいという気持ちがいじめという加害行為に繋がってしまうのです。

いじめ問題の解決には何が重要だと言っていますか。

[문제지]

1 いじめの加害者の心をケアすること
2 差別的な視点をなくすこと
3 いじめの被害者の傷をいやすこと
4 いじめが悪いことだと教えること

해석 대학의 교육학 강의에서 선생님이 이야기하고 있습니다. 괴롭힘 문제의 해결에는 무엇이 중요하다고 말하고 있습니까?

F : 괴롭힘 문제의 근본적인 해결을 바란다면, 교사는 가해자의 마음의 문제에 다가가지 않으면 안 됩니다. 옛날에는 용모나 가정 문제 등 차별에 의한 괴롭힘이 많았습니다만, 최근에는 스트레스를 발산하기 위한 장으로써 괴롭힘이 행해지고 있습니다. 물론, 괴롭힘의 피해자가 받은 깊은 마음의 상처를 어떻게 케어해 갈 것인가라는 점도 중요한 일입니다. 하지만, 그것만으로는 하나의 괴롭힘이 해결되어도, 가해자의 마음에 어둠이 있다면, 또 새로운 괴롭힘이 생겨 버립니다. 괴롭힘의 가해자는 괴롭힘이 좋지 않은 것이라고 알고 있습니다. 그런데도, 스트레스나 압박을 발산하고 싶다는 마음이 괴롭힘이라는 가해 행위로 이어져 버리는 것입니다.

괴롭힘 문제의 해결에는 무엇이 중요하다고 말하고 있습니까?

1 괴롭힘 가해자의 마음을 케어하는 것
2 차별적인 시점을 없애는 것
3 괴롭힘 피해자의 상처를 치료하는 것
4 괴롭힘이 나쁜 것이라고 가르치는 것

해설 괴롭힘 문제의 해결에서 중요한 것을 묻는 문제이다. 각 선택지의 핵심 내용은 1 '가해자의 마음 케어하기', 2 '차별적 시점 없애기', 3 '피해자의 상처 치료하기', 4 '괴롭힘이 나쁜 것이라고 가르치기'이다. 여자가 **いじめ問題の根本的な解決を望むのであれば、教師は加**

害者の心の問題に寄り添わなくてはいけません, 加害者の心に闇があれば、また新たないじめが生じてしまいます라고 했으므로, 1 いじめの加害者の心をケアすること(괴롭힘 가해자의 마음을 케어하는 것)가 정답이다. 오답 선택지 2는 예전의 괴롭힘 문제에 대한 해결책이고, 3은 근본적인 해결책으로 언급한 점이 아니며, 4는 가해자가 이미 알고 있다고 했으므로 오답이다.

어휘 教育学 きょういくがく 명 교육학　講義 こうぎ 명 강의
いじめ 명 괴롭힘　解決 かいけつ 명 해결
重要だ じゅうようだ な형 중요하다
根本的だ こんぽんてきだ な형 근본적이다　望む のぞむ 동 바라다
教師 きょうし 명 교사　加害者 かがいしゃ 명 가해자
寄り添う よりそう 동 다가가다, 다가붙다　容姿 ようし 명 용모
差別 さべつ 명 차별　ストレス 명 스트레스　発散 はっさん 명 발산
場 ば 명 장, 장소　被害者 ひがいしゃ 명 피해자　傷 きず 명 상처
ケア 명 케어　闇 やみ 명 어둠　新ただ あらただ な형 새롭다
生じる しょうじる 동 생기다　それでも 접 그런데도, 그래도
プレッシャー 명 압박, 프레셔　加害 かがい 명 가해
行為 こうい 명 행위　繋がる つながる 동 이어지다
差別的だ さべつてきだ な형 차별적이다　視点 してん 명 시점
いやす 동 치료하다, 고치다

5

[음성]

大学で男の人と女の人が老人ホームでのボランティアについて話しています。女の人は何が心配だと言っていますか。

F：来週、授業の一環として大学の近所の老人ホームにボランティアに行くことになったんだ。

M：そうなんだ。介護の仕事に興味があるって言ってたし、いい機会じゃない。

F：そうなの。今まで介護について勉強してきたけど、実際に訪問するのは初めて。食事のサポートをしたり、お着替えを手伝ったりする予定なんだ。それから、私が考えた体操をおじいちゃん、おばあちゃんたちとやるんだけど、ちょっと心配で。

M：体力的にお年寄りには大変そうってこと?

F：ううん、動物のまねとかもあってちょっと幼稚すぎるかなって。

M：うーん、そうかな。楽しく体操できたほうがお年寄りにもいいんじゃない?

F：喜んでくれるといいな。

女の人は何が心配だと言っていますか。

[문제지]

1 初めて介護施設を訪れること
2 食事や着替えの手伝いをすること
3 おじいちゃんたちに体力がないこと
4 体操の動作が子どもっぽいこと

해석 대학에서 남자와 여자가 노인 홈에서의 자원봉사에 대해 이야기하고 있습니다. 여자는 무엇이 걱정이라고 말하고 있습니까?

F：다음 주, 수업의 일환으로써 대학 근처의 노인 홈에 자원봉사를 가게 되었어.

M：그렇구나, 간호 일에 흥미가 있다고 말했었고, 좋은 기회잖아.

F：그래. 지금까지 간호에 대해 공부해 왔지만, 실제로 방문하는 것은 처음. 식사 서포트를 하거나, 옷 갈아입는 것을 돕거나 할 예정이야. 그리고, 내가 생각한 체조를 할아버지, 할머니들과 할 건데, 조금 걱정이라서.

M：체력적으로 어르신에게는 힘들 것 같다는 거?

F：아니, 동물 흉내 같은 것도 있어서 좀 너무 유치한가 해서.

M：음, 그런가. 즐겁게 체조할 수 있는 편이 어르신에게도 좋지 않아?

F：기뻐해 주면 좋겠다.

여자는 무엇이 걱정이라고 말하고 있습니까?

1 처음으로 간호 시설을 방문하는 것
2 식사나 옷 갈아입는 것을 도와주는 것
3 할아버지들에게 체력이 없는 것
4 체조의 동작이 유치한 것

해설 여자가 걱정하는 것을 묻는 문제이다. 각 선택지의 핵심 내용은 1 '간호 시설 방문이 처음인 것', 2 '식사나 옷 갈아입는 것을 돕는 것', 3 '할아버지들이 체력이 없는 것', 4 '체조 동작이 유치한 것'이다. 대화에서, 여자가 私が考えた体操をおじいちゃん、おばあちゃんたちとやるんだけど、ちょっと心配で, 動物のまねとかもあってちょっと幼稚すぎるかなって라고 했으므로, 4 体操の動作が子どもっぽいこと(체조의 동작이 유치한 것)가 정답이다. 오답 선택지 1은 처음인 것은 맞지만 걱정하고 있는 것이 아니고, 2는 자원봉사에서 할 일이며, 3은 체력적으로 힘들 것 같냐는 말에 아니라고 했으므로 오답이다.

어휘 老人ホーム ろうじんホーム 명 노인 홈　ボランティア 명 자원봉사
一環 いっかん 명 일환　介護 かいご 명 간호
実際 じっさい 명 실제　訪問 ほうもん 명 방문　サポート 명 서포트
着替え きがえ 명 옷을 갈아입는 것　体操 たいそう 명 체조
おじいちゃん 명 할아버지　おばあちゃん 명 할머니
体力 たいりょく 명 체력　お年寄り おとしより 명 어르신, 노인
まね 명 흉내　幼稚だ ようちだ な형 유치하다　施設 しせつ 명 시설
訪れる おとずれる 동 방문하다　動作 どうさ 명 동작
子どもっぽい こどもっぽい 유치하다

6

[음성]

アナウンサーと野球監督が話しています。監督はファンイベントにおいてどんなことが残念だと言っていますか。

F：監督、今シーズンもお疲れ様です。ファンのみなさんも監督、選手の頑張りに感動なさったと思います。

M：はい、試合に負けてばかりだったのに、声がかれるまで応援してくれたファンの方々には感謝の言葉しか出ません。ありがとうございます。

F：監督はファンのみなさんに感謝を伝えるために感謝イベントを開催される予定なんですよね。

M：はい。毎日のように球場に足を運んでくれるファンの方々はもちろん、なかなか球場には来ることができない地方のファンの方々のためにも、全国15か所で選手のサイン会と野球教室を開催したいと思っています。本当はファンの方一人一人と交流したいのですが、サイン会は5000人、野球教室は50人と人数が限られてしまうのが申し訳ないです。

F：それでも、ファンの方々にとって待ち遠しい企画ですよ。

M：野球教室は選手とキャッチボールもできるチャンスなので、年齢、性別問わず多くの方々に応募してもらいたいですね。詳しくは球団ホームページにありますので、そちらを参照してください。

監督はファンイベントにおいてどんなことが残念だと言っていますか。

[문제지]

1 イベント開催地が少ないこと
2 参加人数が決まっていること
3 ファンの人たちを待たせていること
4 応募者の年齢に制限があること

해석 아나운서와 야구 감독이 이야기하고 있습니다. 감독은 팬 이벤트에 있어서 어떤 것이 아쉽다고 말하고 있습니까?

F : 감독님, 이번 시즌도 수고하셨습니다. 팬 여러분도 감독, 선수의 분발에 감동하셨을 거라고 생각합니다.

M : 네, 시합에 지기만 했었는데, 목이 쉴 때까지 응원해 준 팬 여러분께는 감사의 말밖에 나오지 않습니다. 감사합니다.

F : 감독님은 팬 여러분에게 감사함을 전하기 위해서 감사 이벤트를 개최하실 예정이지요?

M : 네. 매일 같이 야구장에 발걸음을 옮겨 주시는 팬 여러분은 물론, 좀처럼 구장에는 올 수 없는 지방의 팬 여러분을 위해서도, 전국 15개소에서 선수의 사인회와 야구 교실을 개최하려고 생각하고 있습니다. 사실은 팬분 한 사람 한 사람과 교류하고 싶습니다만, 사인회는 5000명, 야구 교실은 50명으로 인원수가 제한되어 버리는 것이 죄송스럽습니다.

F : 그래도, 팬 여러분들에게 있어서 기다려지는 기획입니다.

M : 야구 교실은 선수와 캐치볼도 할 수 있는 찬스이기 때문에, 연령, 성별을 불문하고 많은 분들이 응모해 주셨으면 합니다. 자세히는 구단 홈페이지에 있기 때문에, 그쪽을 참조해 주시길 바랍니다.

감독은 팬 이벤트에 있어서 어떤 것이 아쉽다고 말하고 있습니까?

1 이벤트 개최지가 적은 것
2 참가 인원수가 정해져 있는 것
3 팬인 사람들을 기다리게 하고 있는 것
4 응모자의 연령에 제한이 있는 것

해설 이벤트에서 어떤 것이 아쉬운지를 묻는 문제이다. 각 선택지의 핵심 내용은 1 '개최지가 적은 것', 2 '인원이 정해져 있는 것', 3 '팬을 기다리게 하는 것', 4 '연령 제한이 있는 것'이다. 대화에서, 남자가 **本当はファンの方一人一人と交流したいのですが、サイン会は5000人、野球教室は50人と人数が限られてしまうのが申し訳ないです**라고 했으므로, 2 **参加人数が決まっていること**(참가 인원수가 정해져 있는 것)가 정답이다. 오답 선택지 1은 언급되지 않았고, 3은 아쉬운 점이 아니며, 4는 연령 제한이 없다고 했으므로 오답이다.

어휘 **野球** やきゅう 명 야구　**監督** かんとく 명 감독　**ファン** 명 팬
イベント 명 이벤트　**今シーズン** こんシーズン 명 이번 시즌
お疲れ様 おつかれさま 수고하심　**選手** せんしゅ 명 선수
頑張り がんばり 명 분발　**感動** かんどう 명 감동
かれる 동 (목이) 쉬다, 마르다　**応援** おうえん 명 응원
方々 かたがた 명 분들　**感謝** かんしゃ 명 감사
開催 かいさい 명 개최　**球場** きゅうじょう 명 구장
足を運ぶ あしをはこぶ 발걸음을 옮기다　**地方** ちほう 명 지방
全国 ぜんこく 명 전국　**サイン会** サインかい 명 사인회
交流 こうりゅう 명 교류　**人数** にんずう 명 인원수
限る かぎる 동 한정하다　**それでも** 접 그래도, 그런데도
待ち遠しい まちどおしい い형 기다려지다, 기대되다
企画 きかく 명 기획　**キャッチボール** 명 캐치볼
チャンス 명 찬스, 기회　**年齢** ねんれい 명 연령
性別 せいべつ 명 성별　**問う** とう 동 묻다
多く おおく 명 많음, 많은 것　**応募** おうぼ 명 응모
詳しい くわしい い형 자세하다, 상세하다　**球団** きゅうだん 명 구단
ホームページ 명 홈페이지　**参照** さんしょう 명 참조
開催地 かいさいち 명 개최지　**参加** さんか 명 참가
応募者 おうぼしゃ 명 응모자　**制限** せいげん 명 제한

☞ **문제** 3은 문제지에 아무것도 인쇄되어 있지 않습니다. 따라서, 예제를 들려줄 때, 그 내용을 들으면서 개요 이해의 문제 풀이 전략을 떠올려 봅니다. 음성에서 では、始めます(그러면, 시작합니다)가 들리면, 곧바로 문제 풀 준비를 합니다.
음성 디렉션과 예제는 실전모의고사 1의 해설(p.193)에서 확인할 수 있습니다.

1

[음성]

栄養学の講義で先生が話しています。

F：皆さんの中には何かを口にする際に自分が食べたいものを食べ、飲みたいものを飲んでいるという人がほとんどでしょう。しかし、体は食べたもので作られるという言葉があるように、私たちが毎日何気なくとっている食事は健康を考えるうえで非常に大切なものです。実際に、ビタミンやたんぱく質など体にかかせない栄養素を含む食材をとることを心がければ健康な状態を保つことができます。反対に、油や糖質を多く含んだものをとり続ければ、生活習慣病や肥満などの病気にかかりやすくなります。「体は自分の食生活が表れるもの」だと考えるといいと思います。

先生の話のテーマは何ですか。

1 **食べ物が体に与える影響**
2 生活習慣と病気の関係
3 体の育成にかかせない栄養素
4 病気にならないための体づくり

해석 영양학 강의에서 선생님이 이야기하고 있습니다.

F : 여러분 중에는 무언가를 먹을 때 자신이 먹고 싶은 것을 먹고, 마시고 싶은 것을 마시고 있다는 사람이 대부분이겠지요. 하지만, 몸은 먹은 것으로 만들어진다는 말이 있듯이, 우리들이 매일 무심하게 먹고 있는 식사는 건강을 생각하는 데 있어 대단히 중요한 것입니다. 실제로, 비타민이나 단백질 등 몸에 없어서는 안 될 영양소를 포함하는 식재료를 먹는 일에 유의하면 건강한 상태를 유지할 수 있습니다. 반대로, 기름이나 당질을 많이 포함한 것을 계속 먹으면, 생활습관병이나 비만 등의 병에 걸리기 쉬워집니다. '몸은 자신의 식생활이 나타나는 것'이라고 생각하면 된다고 생각합니다.

선생님 이야기의 테마는 무엇입니까?

1 **음식물이 몸에 주는 영향**
2 생활습관과 질병의 관계
3 몸의 육성에 없어서는 안 될 영양소
4 병에 걸리지 않기 위한 몸 만들기

해설 상황 설명에서 선생님이 영양학 강의에서 이야기하고 있다고 했으므로, 선생님이 영양과 관련하여 어떤 말을 하는지 주의 깊게 듣는다. 선생님이 **体は食べたもので作られるという言葉があるように、私たちが毎日何気なくとっている食事は健康を考えるうえで非常に大切なものです**, **体は自分の食生活が表れるもの**라고 했다. 질문에서 선생님의 이야기의 테마에 대해 묻고 있으므로, 1 **食べ物が体に与える影響**(음식물이 몸에 주는 영향)가 정답이다.

어휘 栄養学 えいようがく 명 영양학　講義 こうぎ 명 강의
口にする くちにする 먹다　際 さい 명 때　ほとんど 명 대부분
何気ない なにげない い형 아무렇지도 않다, 무심하다
健康 けんこう 명 건강　非常だ ひじょうだ な형 대단하다, 보통이 아니다
実際 じっさい 명 실제　ビタミン 명 비타민
たんぱく質 たんぱくしつ 명 단백질　栄養素 えいようそ 명 영양소
含む ふくむ 동 포함하다　食材 しょくざい 명 식재료
心がける こころがける 유의하다　状態 じょうたい 명 상태
保つ たもつ 동 유지하다　油 あぶら 명 기름　糖質 とうしつ 명 당질
生活習慣病 せいかつしゅうかんびょう 명 생활습관병, 성인병
肥満 ひまん 명 비만　かかりやすい (병에) 걸리기 쉽다
食生活 しょくせいかつ 명 식생활　表れる あらわれる 동 나타나다
与える あたえる 동 주다　影響 えいきょう 명 영향
育成 いくせい 명 육성　体づくり からだづくり 명 몸 만들기

2

[음성]

テレビである飲食店の経営者が話しています。

M：日本のサービスは海外の観光客からも高評価を得ています。この裏にはマニュアルを用いて行われる徹底した社員教育があります。マニュアルがあることで、全国の全ての店舗で質の良いサービスを提供することが可能になりました。けれども、マニュアル化という言葉の通り、融通が利かないという問題点も指摘されています。これは「マニュアルに沿った行動を」という志向によるものですが、マニュアルはあくまでもサービスの最低基準を提示したものということを忘れてはいけません。私たちは最低基準よりも上のラインを目指し、これからもお客様が喜ぶ最高のサービスを提供していかなければなりません。

経営者は何について話していますか。

1 日本のサービスの質の高さ
2 マニュアルによる社員教育の効果
3 マニュアル化がもたらした問題点
4 **サービスを提供するうえでの考え**

해석 텔레비전에서 어느 음식점의 경영자가 이야기하고 있습니다.

M : 일본의 서비스는 해외의 관광객으로부터도 고평가를 얻고 있습니다. 이 뒷면에는 매뉴얼을 써서 행해지는 철저한 사원 교육이 있습니다. 매뉴얼이 있는 것으로, 전국의 모든 점포에서 질 좋은 서비스를 제공하는 것이 가능해졌습니다. 하지만, 매뉴얼화라는 말 그대로, 융통성이 없다는 문제점도 지적되고 있습니다. 그것은 '매뉴얼에 따른 행동을'이라는 지향에 의한 것입니다만, 매뉴얼은 어디까지나 서비스의 최저 기준을 제시한 것이라는 점을 잊어서는 안 됩니다. 우리들은 최저 기준보다도 위의 라인을 목표로 하여, 앞으로도 손님이 기뻐할 최고의 서비스를 제공해가지 않으면 안 됩니다.

경영자는 무엇에 대해 이야기하고 있습니까?

1 일본의 서비스 질의 높음
2 매뉴얼에 따른 사원 교육의 효과
3 매뉴얼화가 초래한 문제점
4 **서비스를 제공하는 데 있어서의 생각**

해설 상황 설명에서 음식점 경영자가 이야기하고 있다고 했으므로, 경영자가 음식점 경영과 관련하여 어떤 말을 하는지 주의 깊게 듣는다. 경영자가 **マニュアルはあくまでもサービスの最低基準を提示したものということを忘れてはいけません。私たちは最低基準よりも上のラインを目指し、これからもお客様が喜ぶ最高のサービス**

を提供していかなければなりません이라고 했다. 질문에서 경영자가 무엇에 대해 이야기하고 있는지 묻고 있으므로, 4 サービスを提供するうえでの考え(서비스를 제공하는 데 있어서의 생각)가 정답이다.

어휘 飲食店 いんしょくてん 명 음식점　経営者 けいえいしゃ 명 경영자
日本 にほん 명 일본　サービス 명 서비스　海外 かいがい 명 해외
観光客 かんこうきゃく 명 관광객　高評価 こうひょうか 명 고평가
得る える 동 얻다　裏 うら 명 뒷면, 뒤　マニュアル 명 매뉴얼
用いる もちいる 동 쓰다, 사용하다　徹底 てってい 명 철저
社員 しゃいん 명 사원　全国 ぜんこく 명 전국
全て すべて 명 모두, 전부　店舗 てんぽ 명 점포　質 しつ 명 질
提供 ていきょう 명 제공　可能だ かのうだ な형 가능하다
マニュアル化 マニュアルか 명 매뉴얼화
融通が利く ゆうずうがきく 융통성이 있다
問題点 もんだいてん 명 문제점　指摘 してき 명 지적
沿う そう 동 따르다　行動 こうどう 명 행동　志向 しこう 명 지향
あくまで 부 어디까지나　最低 さいてい 명 최저
基準 きじゅん 명 기준　提示 ていじ 명 제시　ライン 명 라인
目指す めざす 동 목표로 하다　お客様 おきゃくさま 명 손님
最高 さいこう 명 최고　高さ たかさ 명 높음　効果 こうか 명 효과
もたらす 동 초래하다, 가져오다　考え かんがえ 명 생각

3

[음성]

大学の授業で先生が話しています。

F：「心理学」と聞くと研究者たちの難しい理論や心理カウンセリングなどのイメージが先走り、実生活とは遠いものと考えられがちです。しかし、心理学はそのような専門家だけではなく、経営者や警察官など幅広い分野の方々から学ばれています。それは私たちの周りに心理学の知識や理論が存在することを意味します。今学期の授業では皆さんに心理学を身近に感じてほしいと考え、実際の生活で取り入れることができる心理学の知識や理論に注目していきます。それを生かして、面接での緊張をほぐす方法や初対面の相手に心を開かせる方法などを見ていきたいと思います。

今学期の授業のテーマは何ですか。

1 心理学の基礎理論やカウンセリング
2 様々な職業に利用される心理学の理論
3 実生活で応用できる心理学の知識
4 自分の心理を見つめなおす方法

해석 대학 수업에서 선생님이 이야기하고 있습니다.

F : '심리학'이라고 들으면 연구자들의 어려운 이론이나 심리 카운슬링 등의 이미지가 앞서서, 실생활과는 먼 것이라고 생각되기 쉽습니다. 하지만, 심리학은 그런 전문가만이 아니라, 경영자나 경찰관 등 폭넓은 분야의 분들로부터 배워지고 있습니다. 그것은 우리들 주변에 심리학 지식이나 이론이 존재한다는 것을 의미합니다. 이번 학기의 수업에서는 여러분에게 심리학을 가깝게 느꼈으면 한다고 생각해, 실제 생활에서 도입할 수 있는 심리학의 지식이나 이론에 주목해 갑니다. 그것을 살려서, 면접에서 긴장을 푸는 방법이나 초면인 상대의 마음을 열게 하는 방법 등을 봐 가고 싶다고 생각합니다.

이번 학기의 수업 테마는 무엇입니까?

1 심리학의 기초 이론과 카운슬링
2 다양한 직업에 이용되는 심리학의 이론
3 실생활에서 응용할 수 있는 심리학 지식
4 자신의 심리를 다시 주시하는 방법

해설 상황 설명에서 선생님이 대학 수업에서 이야기하고 있다고 했으므로, 선생님의 이야기를 전체적인 흐름을 파악하며 주의 깊게 듣는다. 선생님이 今学期の授業では皆さんに心理学を身近に感じてほしいと考え、実際の生活で取り入れることができる心理学の知識や理論に注目していきます라고 했다. 질문에서 이번 학기의 수업 테마에 대해 묻고 있으므로, 3 実生活で応用できる心理学の知識(실생활에서 응용할 수 있는 심리학 지식)가 정답이다.

어휘 心理学 しんりがく 명 심리학　研究者 けんきゅうしゃ 명 연구자
理論 りろん 명 이론　心理 しんり 명 심리
カウンセリング 명 카운슬링　イメージ 명 이미지
先走る さきばしる 동 앞서다, 앞지르다
実生活 じっせいかつ 명 실생활　専門家 せんもんか 명 전문가
経営者 けいえいしゃ 명 경영자　警察官 けいさつかん 명 경찰관
幅広い はばひろい い형 폭넓다　分野 ぶんや 명 분야
方々 かたがた 명 분들　学ぶ まなぶ 동 배우다
知識 ちしき 명 지식　存在 そんざい 명 존재
今学期 こんがっき 명 이번 학기　身近だ みぢかだ な형 가깝다
感じる かんじる 동 느끼다　実際 じっさい 명 실제
取り入れる とりいれる 동 도입하다, 받아들이다
注目 ちゅうもく 명 주목　生かす いかす 명 살리다
面接 めんせつ 명 면접　緊張 きんちょう 명 긴장　ほぐす 동 풀다
方法 ほうほう 명 방법　初対面 しょたいめん 명 초면
相手 あいて 명 상대　テーマ 명 테마　基礎 きそ 명 기초
様々だ さまざまだ な형 다양하다　職業 しょくぎょう 명 직업
応用 おうよう 명 응용　見つめる みつめる 동 주시하다

4

[음성]

テレビでレポーターが話しています。

M：ここ、青木町は人口1,000人からなる小さな町です。若者の減少により過疎化が懸念されていました。しかし、町長のアイディアで特産物であるリンゴに文字やイラストを入れて売りだしたところ、たちまち人気商品となり、町の農業にも活気が戻ってきました。リンゴに文字を入れる作業は栽培時にシールを貼っておくだけなので、農家の負担も少なくて済みますね。特に、受験生向けの「合格祈願りんご」は雨にも風にも負けずに落ちずに耐え抜いたという意味も込められており、毎年生産が追いつかないほどの人気ぶりです。ちょっとしたアイディアがここまで町を元気づけてくれました。

レポーターは何について伝えていますか。

1 文字入りりんごの栽培方法
2 青木町が活性化した理由
3 合格祈願を込めたりんごの由来
4 新しいアイディアを出す重要性

해석 텔레비전에서 리포터가 이야기하고 있습니다.

M : 여기, 아오키 마을은 인구 1,000명으로 구성된 작은 마을입니다. 젊은이의 감소에 따라 과소화가 걱정되고 있었습니다. 하지만, 촌장의 아이디어로 특산품인 사과에 글자나 일러스트를 넣어 팔기 시작했더니, 금세 인기 상품이 되어, 마을의 농업에도 활기가 되돌아왔습니다. 사과에 글자를 넣는 작업은 재배 시에 스티커를 붙여둘 뿐이기 때문에, 농가의 부담도 적게 끝납니다. 특히, 수험생 대상의 '합격 기원 사과'는 비에도 바람에도 지지 않고 떨어지지 않고 견뎌냈다는 의미도 담겨 있어, 매년 생산이 따라잡지 못할 정도의 인기인 모양새입니다. 괜찮은 아이디어가 여기까지 마을의 기운을 북돋워 주었습니다.

리포터는 무엇에 대해 전하고 있습니까?

1 글자가 들어간 사과의 재배방법
2 아오키 마을이 활성화한 이유
3 합격기원을 담은 사과의 유래
4 새로운 아이디어를 내는 중요성

해설 상황 설명에서 리포터가 이야기하고 있다고 했으므로, 리포터의 이야기를 전체적인 흐름을 파악하며 주의 깊게 듣는다. 리포터가 町長のアイディアで特産物であるリンゴに文字やイラストを入れて売りだしたところ、たちまち人気商品となり、町の農業にも活気が戻ってきました, ちょっとしたアイディアがここまで町を元気づけてくれました라고 했다. 질문에서 리포터가 무엇에 대해 전하고 있는지 묻고 있으므로, 2 青木町が活性化した理由(아오키 마을이 활성화한 이유)가 정답이다.

어휘 リポーター 명 리포터　若者 わかもの 명 젊은이
減少 げんしょう 명 감소　過疎化 かそか 명 과소화
懸念 けねん 명 걱정　町長 ちょうちょう 명 촌장
アイディア 명 아이디어　特産物 とくさんぶつ 명 특산물
リンゴ 명 사과　文字 もじ 명 글자, 문자　イラスト 명 일러스트
売りだす うりだす 동 팔기 시작하다　たちまち 부 금세, 곧
人気 にんき 명 인기　商品 しょうひん 명 상품
農業 のうぎょう 명 농업　活気 かっき 명 활기
作業 さぎょう 명 작업　栽培 さいばい 명 재배
シール 명 스티커, 실　貼る はる 동 붙이다　農家 のうか 명 농가
負担 ふたん 명 부담　受験生 じゅけんせい 명 수험생
合格 ごうかく 명 합격　祈願 きがん 명 기원
耐え抜く たえぬく 동 견뎌내다　込める こめる 동 담다
追いつく おいつく 동 따라잡다　人気ぶり にんきぶり 인기인 모양새
ちょっとした 괜찮은, 대수롭지 않은
元気づける げんきづける 동 기운을 북돋우다
文字入り もじいり 명 글자가 들어감　方法 ほうほう 명 방법
活性化 かっせいか 명 활성화　由来 ゆらい 명 유래
重要性 じゅうようせい 명 중요성

5

[음성]

ラジオで女の人が話しています。

F：私たちにはそれぞれ平等に時間が与えられていますが、忙しくても充実した生活を送ることができる人と、忙しさを言い訳に時間を無駄にしてしまう人がいますよね。時間を上手に使える人は隙間時間の使い方がうまいんです。難しいことではありません。空いた時間を利用すればいいんです。いつもの通勤時間に読書したり、英会話の勉強をしたりするなど簡単なことです。また、電車の待ち時間に仕事のメールを返信すれば、勤務時間を他の業務にあてることができます。まずはこのような隙間時間から見直してみてはいかがでしょうか。

女の人は何について話していますか。

1 充実した生活と時間の感覚
2 時間を有効に活用する方法
3 空き時間をうまく作る方法
4 趣味や仕事を楽しむ大切さ

해석 라디오에서 여자가 이야기하고 있습니다.

F : 우리들에게는 각자 평등하게 시간이 주어져있습니다만, 바빠도 충실한 생활을 보낼 수 있는 사람과, 바쁨을 핑계로 시간을 낭비해버리는 사람이 있지요. 시간을 잘 쓸 수 있는 사람은 틈새 시간의 사용법이 좋은 겁니다. 어려운 일은 아닙니다. 빈 시간을 이용하면 됩니다. 평소의 통근 시간에 독서하거나, 영어 회화 공부를 하는 등 간단한 것입니다. 또, 전철을 기다리는 시간에 업무 이메일에 답신하면, 근무 시간을 다른 업무에 할당할 수 있습니다. 일단은 이런 틈새 시간부터 다시 보는 것이 어떨까요?

여자는 무엇에 대해 이야기하고 있습니까?

1 충실한 생활과 시간의 감각
2 시간을 유효하게 활용하는 방법
3 비는 시간을 잘 만드는 방법
4 취미나 일을 즐기는 소중함

해설 상황 설명에서 여자가 이야기하고 있다고 했으므로, 여자의 이야기를 전체적인 흐름을 파악하며 주의 깊게 듣는다. 여자가 時間を上手に使える人は隙間時間の使い方がうまいんです。難しいことではありません。空いた時間を利用すればいいんです, まずはこのような隙間時間から見直してみてはいかがでしょうか라고 했다. 질문에서 여자가 무엇에 대해 이야기하고 있는지 묻고 있으므로, 2 時間を有効に活用する方法(시간을 유효하게 활용하는 방법)가

정답이다.

어휘 専門家 せんもんか 명 전문가　それぞれ 부 각자, 각각
平等だ びょうどうだ な형 평등하다　与える あたえる 동 주다
充実 じゅうじつ 명 충실　忙しさ いそがしさ 명 바쁨
言い訳 いいわけ 명 핑계
無駄にする むだにする 낭비하다, 헛되게 하다　隙間 すきま 명 틈새
使い方 つかいかた 명 사용법　通勤 つうきん 명 통근
読書 どくしょ 명 독서　英会話 えいかいわ 명 영어 회화
メール 명 이메일　返信 へんしん 명 답신　勤務 きんむ 명 근무
業務 ぎょうむ 명 업무　あてる 동 할당하다, 충당하다
まずは 부 일단　見直す みなおす 동 다시 보다, 재검토하다
感覚 かんかく 명 감각　有効だ ゆうこうだ な형 유효하다
活用 かつよう 명 활용　空き時間 あきじかん 비는 시간
大切さ たいせつさ 명 소중함

☞ **문제 4**는 문제지에 아무것도 인쇄되어 있지 않습니다. 따라서, 예제를 들려줄 때, 그 내용을 들으면서 즉시 응답의 문제 풀이 전략을 떠올려 봅니다. 음성에서 では、始めます(그러면, 시작합니다)가 들리면, 곧바로 문제 풀 준비를 합니다.
음성 디렉션과 예제는 실전모의고사 1의 해설(p.197)에서 확인할 수 있습니다.

1

[음성]
M：初めてとはいえ、こんなにミスが多いんじゃ資料として使えないよ。
F：1 もう使わなくてもいいんですか。
2 すみません、修正します。
3 資料を作ったのは初めてではありません。

해석 M : 처음이라고는 해도, 이렇게 실수가 많아서는 자료로서 쓸 수 없어.
F : 1 이제 안 써도 되는 겁니까?
2 죄송합니다, 수정하겠습니다.
3 자료를 만든 것이 처음은 아닙니다.

해설 남자가 여자에게 실수가 많다며 지적하는 상황이다.
1 (X) 使う(つかう)를 반복 사용하여 혼동을 준 오답이다.
2 (O) 'すみません、修正します(죄송합니다, 수정하겠습니다)'는 실수가 많다는 남자의 지적에 사과하는 적절한 응답이다.
3 (X) 실수가 많다고 지적하는 말이므로 의도와 맞지 않다.

어휘 ミス 명 실수, 미스　資料 しりょう 명 자료　修正 しゅうせい 명 수정

2

[음성]
M：今回のプロジェクトの成功は武田さんあってのことだと思ってるよ。
F：**1 いえ、チームで努力した結果です。**
2 次回は必ず成功させます。
3 プロジェクト、頑張りましょう。

해석 M : 이번 프로젝트의 성공은 다케다 씨가 있어서의 일이라고 생각하고 있어.
F : **1 아니에요, 팀으로 노력한 결과입니다.**
2 다음은 반드시 성공시키겠습니다.
3 프로젝트, 힘냅시다.

해설 남자가 프로젝트의 성공은 여자의 덕이라며 칭찬하는 상황이다.
1 (O) 'いえ、チームで努力した結果です(아니에요, 팀으로 노력한 결과입니다)'는 칭찬하는 말에 겸손하게 답변하는 적절한 응답이다.
2 (X) 성공했다고 한 상황과 맞지 않다.
3 (X) 프로젝트는 이미 성공했으므로 시점이 맞지 않다.

어휘 今回 こんかい 명 이번　プロジェクト 명 프로젝트
成功 せいこう 명 성공　チーム 명 팀　努力 どりょく 명 노력
結果 けっか 명 결과　次回 じかい 명 다음

3

[음성]
F：おすすめしてくれた小説、男女問わず、人気の理由が分かったよ。
M：1 男性から人気が高いからね。
2 気に入ってもらえて何よりだよ。
3 恋愛小説だからおもしろいよ。

해석 F : 추천해 준 소설, 남녀 불문하고, 인기인 이유를 알았어.
M : 1 남성으로부터 인기가 높으니까.
2 마음에 들어 해 줘서 다행이야.
3 연애 소설이라서 재미있어.

해설 여자가 재밌는 소설을 추천해 준 남자에게 고마워하는 상황이다.
1 (X) 남녀 불문하고 인기 있는 소설이라고 한 상황과 맞지 않다.
2 (O) '気に入ってもらえて何よりだよ(마음에 들어 해 줘서 다행이야)'는 고마워하는 여자의 말에 대한 적절한 응답이다.
3 (X) 小説(しょうせつ)를 반복 사용하여 혼동을 준 오답이다.

어휘 おすすめ 명 추천　男女 だんじょ 명 남녀　問う とう 동 묻다
人気 にんき 명 인기　気に入る きにいる 마음에 들다
何よりだ なによりだ 다행이다　恋愛 れんあい 명 연애
小説 しょうせつ 명 소설

4

[음성]
M：田中さんと言い争いになってからというもの、しばらく口も利いてないな…。
F：1 なんで話を聞いてあげないの?
2 言いたいことは言ったほうがいいよ。
3 まだ謝ってなかったの?

해석 M : 다나카 씨와 말다툼하고부터, 당분간 말도 하지 않았네….

F : 1 왜 이야기를 들어주지 않는 거야?
2 말하고 싶은 것은 말하는 편이 좋아.
3 아직 사과 안 했었어?

해설 남자가 다나카 씨와의 말다툼에 대해 고민하는 상황이다.
1 (X) **口を利く**(말을 하다)와 관련된 **話を聞く**(이야기를 듣다)를 사용하여 혼동을 준 오답이다.
2 (X) **言う(いう)**를 반복 사용하여 혼동을 준 오답이다.
3 (O) '**まだ謝ってなかったの?**(아직 사과 안 했었어?)'는 다나카 씨와의 말다툼 후에 고민하는 남자의 말에 대한 적절한 응답이다.

어휘 **言い争い いいあらそい** 명 말다툼　**口を利く くちをきく** 말을 하다

5

[음성]
M : 取引先から連絡が来ないとも限らないから、電話対応しっかりね。
F : **1 はい、丁寧に対応いたします。**
2 いえ、連絡は来ていないようですが。
3 ただいま、部長は席を外しております。

해석 M : 거래처로부터 연락이 오지 않는다고 단정할 수 없으니까, 전화 응대 확실히 해.
F : **1 네, 친절히 대응하겠습니다.**
2 아니요, 연락은 오지 않은 것 같습니다만.
3 지금, 부장님은 자리를 비우고 계십니다.

해설 남자가 전화 응대를 확실히 하도록 지시하는 상황이다.
1 (O) '**はい、丁寧に対応いたします**(네, 친절히 대응하겠습니다)'는 전화 응대를 확실히 하라는 남자의 지시를 승낙하는 적절한 응답이다.
2 (X) 앞으로 올 연락에 대해 이야기하고 있으므로 시점이 맞지 않다.
3 (X) 전화를 받기 전인 상황이므로 시점이 맞지 않다.

어휘 **取引先 とりひきさき** 명 거래처　**対応 たいおう** 명 대응
丁寧だ ていねいだ な형 친절하다, 정중하다
席を外す せきをはずす 자리를 비우다

6

[음성]
M : キムさん、これ以上欠席したら成績のつけようがないなあ。
F : **1 すみません、今後気を付けます。**
2 そんなに成績が悪いんですか?
3 論文の内容が良くないんですね。

해석 M : 김 씨, 이 이상 결석하면 성적을 매길 수가 없어.
F : **1 죄송합니다, 앞으로 주의하겠습니다.**
2 그렇게 성적이 나쁜가요?
3 논문 내용이 좋지 않은 거군요.

해설 남자가 결석이 잦은 여자에게 주의를 주는 상황이다.
1 (O) '**すみません、今後気を付けます**(죄송합니다, 앞으로 주의하겠습니다)'는 주의를 주는 말에 사과하는 적절한 응답이다.
2 (X) **成績(せいせき)**를 반복 사용하여 혼동을 준 오답이다.
3 (X) 논문이 아니라 결석 때문에 성적을 매길 수 없는 것이므로 상황이 맞지 않다.

어휘 **欠席 けっせき** 명 결석　**成績 せいせき** 명 성적
今後 こんご 부 앞으로　**気を付ける きをつける** 주의하다
論文 ろんぶん 명 논문　**内容 ないよう** 명 내용

7

[음성]
F : 会社説明会、今日だったよね。いつにもまして気合、入っているようだけど。
M : **1 母校での説明会だからね。**
2 うまく発表できてよかったよね。
3 失敗しないように頑張ってね。

해석 F : 회사 설명회, 오늘이었지. 어느 때보다 기합, 들어있는 것 같은데.
M : **1 모교에서의 설명회니까.**
2 잘 발표할 수 있어서 다행이었지.
3 실수하지 않게 힘내.

해설 여자가 어느 때보다 기합이 들어있는 분위기를 궁금해하는 상황이다.
1 (O) '**母校での説明会だからね**(모교에서의 설명회니까)'는 궁금해하는 말에 이유를 설명하는 적절한 응답이다.
2 (X) 설명회가 시작되기 전이므로 시점이 맞지 않다.
3 (X) **気合が入る**(기합이 들어가다)와 관련된 **頑張る**(힘내다)를 사용하여 혼동을 준 오답이다.

어휘 **説明会 せつめいかい** 명 설명회　**いつにもまして** 어느 때보다
気合 きあい 명 기합　**母校 ぼこう** 명 모교　**発表 はっぴょう** 명 발표

8

[음성]
F : 企画書をお願いしてたんだけど、林君、どこか知らない?
M : 1 ちょっとだれか分かりませんが。
2 朝からの会議が長引いているようです。
3 企画書、ないんですか。

해석 F : 기획서를 부탁했었는데, 하야시 군, 어딘지 몰라?
M : 1 좀 누군지 모르겠습니다만.
2 아침부터의 회의가 지연되고 있는 것 같습니다.
3 기획서, 없는 거예요?

해설 여자가 하야시 군이 어디 있는지 묻는 상황이다.
1 (X) 어디에 있는지 물어보는 상황과 맞지 않다.
2 (O) '**朝からの会議が長引いているようです**(아침부터의 회의가 지연되고 있는 것 같습니다)'는 물어보는 말에 답변하는 적절한 응답이다.
3 (X) **企画書(きかくしょ)**를 반복 사용하여 혼동을 준 오답이다.

어휘 **企画書 きかくしょ** 명 기획서　**長引く ながびく** 동 지연되다

9

[음성]
F：さっきから箸が進んでないけど、口に合わなかった？
M：1 **ちょっと考え事してて。**
2 箸を持ってきてくれる？
3 いつもよりおいしいよ。

해석 F : 아까부터 식욕이 없는 것 같은데, 입맛에 안 맞았어?
M : **1 좀 생각할 것이 있어서.**
2 젓가락을 가져와 줄래?
3 평소보다 맛있어.

해설 여자가 식욕이 없어 보이는 남자를 걱정하는 상황이다.
1 (O) 'ちょっと考え事してて(좀 생각할 것이 있어서)'는 걱정하는 여자의 말에 이유를 설명하는 적절한 응답이다.
2 (X) 箸(はし)를 반복 사용하여 혼동을 준 오답이다.
3 (X) 식욕이 없는 것 같다고 한 상황과 맞지 않다.

어휘 **箸が進む はしがすすむ** 식욕이 나다, 입맛이 돌다
口に合う くちにあう 입맛에 맞다
考え事 かんがえごと 명 생각할 것, 걱정거리

10

[음성]
M：今年の新入社員は例年になく、元気がいいと思いませんか。
F：1 もう少し明るいといいですよね。
2 あとで注意しておきます。
3 **元気すぎて、困ってるくらいですよ。**

해석 M : 올해의 신입 사원은 예년에 없이, 기력이 좋다고 생각하지 않나요?
F : 1 좀 더 밝으면 좋겠네요.
2 나중에 주의해 두겠습니다.
3 너무 기력이 좋아서, 곤란할 정도예요.

해설 남자가 신입 사원을 칭찬하는 상황이다.
1 (X) 신입 사원의 기력이 좋다고 했으므로 상황과 맞지 않다.
2 (X) 칭찬하고 있는 상황과 맞지 않다.
3 (O) '元気すぎて、困ってるくらいですよ(너무 기력이 좋아서, 곤란할 정도예요)'는 기력이 좋다고 칭찬하는 남자의 말에 공감하는 적절한 응답이다.

어휘 **新入 しんにゅう** 명 신입　**社員 しゃいん** 명 사원
例年 れいねん 명 예년　**困る こまる** 동 곤란하다

11

[음성]
M：観光客が増えたら、さらなる売り上げの増加が見込めますね。
F：1 全部売り切れてしまいました。
2 観光客で混んでいるらしいです。
3 **ますます忙しくなりそうですね。**

해석 M : 관광객이 늘면, 한층 더 매상 증가가 기대되네요.
F : 1 전부 매진되어 버렸습니다.
2 관광객으로 붐비고 있다고 합니다.
3 더욱더 바빠질 것 같네요.

해설 남자가 관광객이 늘면, 매상이 증가할 것으로 기대하는 상황이다.
1 (X) 앞으로 매상이 증가할 것으로 기대하는 것이므로 시점과 맞지 않다.
2 (X) 관광객이 늘어나는 상황을 가정하고 있는 상황과 맞지 않다.
3 (O) 'ますます忙しくなりそうですね(더욱더 바빠질 것 같네요)'는 매상 증가를 기대하는 남자의 말에 공감하는 적절한 응답이다.

어휘 **観光客 かんこうきゃく** 명 관광객　**さらなる** 한층 더
売り上げ うりあげ 명 매상　**増加 ぞうか** 명 증가
見込む みこむ 동 기대하다, 내다보다
売り切れる うりきれる 동 매진되다　**混む こむ** 동 붐비다
ますます 부 더욱더

☞ **문제 5**는 긴 이야기를 듣습니다. 예제가 없으므로 바로 문제를 풀 준비를 합니다. 문제지에 들리는 내용을 적극적으로 메모하며 문제를 풀어봅시다.
음성 디렉션은 실전모의고사 1의 해설(p.200)에서 확인할 수 있습니다.

1

[음성]
出版社で上司と社員二人が話しています。
M1：来年出版予定の世界遺産を扱った小学生向けの本、事前アンケートでは小学生には少し難しいという意見が多くて、何とか改善したいんだ。何かいい案はないかな。
F　：本に使用される単語が難しかったのではないでしょうか。一応、全ての漢字に読み仮名を振ってはいましたが、単語の意味を知らなければ理解できませんし。
M1：そういった問題がないように学校の教員の意見を取り入れながら作成したんだよ。
M2：はい、他の小学生用の教材に比べても特別難しいというものでは。
M1：そうなんだよな。
M2：じゃあ、基本的な背景知識の不足が問題かもしれないです。彼らに「遺跡は25メートルです」って言っても想像するのが難しいでしょうけど、「プールくらいです」と言えば簡単に伝わりますよね。遺跡が建てられた時代の知識もないわけですから、そういった点の補充が必要じゃないかと。

M1：なるほど。

F　：それより、本の内容自体を検討するのはどうですか。子どもたちが興味を持つ世界遺産というよりは、常識的に知っておいてほしいという大人の価値観で作ってしまったことに問題があると思います。特に寺院などは関心が向かないのも無理がないのでは…。

M2：内容を変えてしまったら、来年の出版まで間に合いません。それに子どものうちから世界に目を向けて、教養ある大人になってほしいという目的で作ったものですから。

F　：では、対象者を中学生に変更するのはどうでしょうか。中学生であれば、世界遺産についてある程度、学校で習いますよね。それに教科書にはない内容もありますし。

M1：中学生にこの内容と言葉づかいはちょっとな。中学生用はまた別にあるし。やっぱり、締め切りのことを考えて、子どもたちの理解を補うための工夫を取り入れることからやってみよう。

問題を改善するために、何をすることにしましたか。

1 使われる単語を易しいものにする
2 基礎的な背景知識の説明を加える
3 小学生が興味をもつ内容に改善する
4 対象年齢を中学生に変更する

해석 출판사에서 상사와 사원 두 명이 이야기하고 있습니다.

M1 : 내년 출판 예정인 세계유산을 다룬 초등학생용의 책, 사전 앙케트에서는 초등학생에게는 조금 어렵다는 의견이 많아서, 어떻게든 개선하고 싶어. 뭔가 좋은 안은 없을까?

F : 책에 사용되는 단어가 어려웠던 것은 아닐까요? 일단, 모든 한자에 요미가나를 달기는 했습니다만, 단어의 의미를 모르면 이해할 수 없으니까요.

M1 : 그런 문제가 없도록 학교 교원의 의견을 받아들이면서 작성했어.

M2 : 예, 다른 초등학생용의 교재와 비교해도 특히 어렵다는 것은.

M1 : 그렇지?

M2 : 그럼, 기본적인 배경지식의 부족이 문제일지도 모릅니다. 그들에게 '유적은 25미터입니다'라고 해도 상상하는 것이 어렵겠습니다만, '수영장 정도입니다'라고 하면 간단히 전달되지요. 유적이 세워진 시대의 지식도 없으니까, 그런 점의 보충이 필요한 것이 아닐까 하고.

M1 : 그렇군.

F : 그것보다, 책 내용 자체를 검토하는 것은 어떨까요? 아이들이 흥미를 가지는 세계유산이라기보다는, 상식적으로 알아두었으면 한다는 어른의 가치관으로 만들어 버린 것에 문제가 있다고 생각합니다. 특히 사원 등은 관심이 향하지 않는 것도 무리가 없는 것이 아닐지….

M2 : 내용을 바꿔버리면, 내년 출판까지 시간을 맞출 수 없습니다. 게다가 어릴 때부터 세계에 눈을 돌리고, 교양 있는 어른이 되었으면 한다는 목적으로 만든 것이니까요.

F : 그럼, 대상자를 중학생으로 변경하는 것은 어떨까요? 중학생이라면, 세계유산에 대해 어느 정도, 학교에서 배우지요. 게다가 교과서에는 없는 내용도 있고요.

M1 : 중학생에 이 내용이랑 말투는 조금. 중학생용은 또 별도로 있고. 역시, 마감도 생각해서, 아이들의 이해를 보충하기 위한 궁리를 도입하는 것부터 해보자.

문제를 개선하기 위해서, 무엇을 하기로 했습니까?

1 사용되는 단어를 쉬운 것으로 한다
2 기초적인 배경지식 설명을 더한다
3 초등학생이 흥미를 가지는 내용으로 개선한다
4 대상 연령을 중학생으로 변경한다

해설 대화의 후반부에서 세 사람의 최종 결정 사항을 재빨리 메모하며 주의 깊게 듣는다.

[메모] 문제 개선을 위해 어떻게 할지?

① 단어가 어려움: 의미 모르면 이해X → 이미 학교 교원의 의견을 받아들인 것

② 배경지식 부족: 간단히 전달될 수 있게 보충 필요 → 마감일 고려, 이해를 보충할 궁리 도입

③ 내용 검토: 아이들이 흥미를 가질 수 있음 → 출판까지 시간을 맞출 수 없음

④ 대상을 중학생으로 변경: 중학생은 세계 유산에 대해 어느 정도 배움 → 중학생에게 맞는 내용과 말투가 아님

질문이 문제를 개선하기 위해 어떻게 하기로 했는지 묻고 있고, 마감일을 생각하고, 아이들의 이해를 보충하기 위한 궁리를 도입하자고 했으므로 2 **基礎的な背景知識の説明を加える**(기초적인 배경지식 설명을 더한다)가 정답이다.

어휘 出版社 しゅっぱんしゃ 명 출판사　上司 じょうし 명 상사
社員 しゃいん 명 사원　出版 しゅっぱん 명 출판
世界遺産 せかいいさん 명 세계유산
扱う あつかう 동 다루다, 취급하다
小学生 しょうがくせい 명 초등학생　事前 じぜん 명 사전
アンケート 명 앙케트　何とか なんとか 어떻게든
改善 かいぜん 명 개선　案 あん 명 안　使用 しよう 명 사용
単語 たんご 명 단어　一応 いちおう 부 일단, 우선
全て すべて 명 모두, 전부　読み仮名 よみがな 명 요미가나
振る ふる 동 (음을) 달다　理解 りかい 명 이해
教員 きょういん 명 교원
取り入れる とりいれる 동 받아들이다, 도입하다
作成 さくせい 명 작성　教材 きょうざい 명 교재
基本的だ きほんてきだ な형 기본적이다
背景知識 はいけいちしき 명 배경지식　不足 ふそく 명 부족
遺跡 いせき 명 유적　想像 そうぞう 명 상상
伝わる つたわる 동 전해지다　知識 ちしき 명 지식
補充 ほじゅう 명 보충　内容 ないよう 명 내용　自体 じたい 명 자체
検討 けんとう 명 검토　常識的だ じょうしきてきだ な형 상식적이다
価値観 かちかん 명 가치관　寺院 じいん 명 사원
関心 かんしん 명 관심　向く むく 동 향하다
目を向ける めをむける 눈을 돌리다, 시선을 돌리다

教養 きょうよう [명] 교양　目的 もくてき [명] 목적
対象者 たいしょうしゃ [명] 대상자　中学生 ちゅうがくせい [명] 중학생
変更 へんこう [명] 변경　程度 ていど [명] 정도
教科書 きょうかしょ [명] 교과서
言葉づかい ことばづかい [명] 말투, 말씨　別 べつ [명] 별도
締め切り しめきり [명] 마감　補う おぎなう [동] 보충하다
工夫 くふう [명] 궁리, 고안　基礎的だ きそてきだ [な형] 기초적이다
加える くわえる [동] 더하다　対象 たいしょう [명] 대상
年齢 ねんれい [명] 연령

2

[음성]

ラジオでアナウンサーが博物館について話しています。

F1：今日は夏の炎天下のお出かけにもおすすめの4つの博物館をご紹介します。「昆虫博物館」では様々な昆虫の生態を学ぶことができます。ここでは昆虫の飼育も行っていて、今の季節ですと、ホタルや鈴虫が見られるそうです。夏の風物詩に心癒されてみてはいかがでしょうか。「恐竜博物館」では恐竜の誕生から絶滅までをたどることができます。3D眼鏡をかけ、乗り物に乗って見学するので、まるで恐竜が間近にいるような迫力を感じることができます。「ラーメン博物館」では、展示を楽しめるのはもちろん、体験型の博物館なので実際にオリジナルのインスタントラーメンを作ることができるそうです。ただ、人気があるため1週間前の予約が必須です。「アニメ博物館」ではその名の通り、アニメの歴史について知ることができます。アニメと聞くと子どものものといったイメージがあるかと思いますが、親御さん世代の懐かしいアニメも展示されていますので、親子で楽しめるスポットです。また、様々なアニメが上映されていますので、1日中楽しめるのも魅力の一つですね。

M：宮本さん、今日、どれか行ってみない？

F2：うん、いいよ。これはどうかな？大好物だし、なにより世界に1つだけのものを作れるってすごく魅力的だなって思ったんだけど。

M：うーん、やってみたいけど、事前予約が必要みたいだよ。僕は昔からイラストとか美術に興味があるから、そっちがいいな。

F2：それなら家でも見られるじゃない。私はちょっとな。

M：そっか。じゃあ、それは家族と見に行くよ。親子におすすめって言ってたし。それなら、遊園地みたいにアトラクションを楽しめるところはどう？

F2：それ、私もいいかもって思った。本でしか見たことないから、近くで動いている姿を見られたら楽しそうだし。なんか歴史の壮大な一ページを覗けるなんてわくわくしちゃう。あ、でも、田中君、生き物好きだったよね。

M：うん、夏の風情を楽しみたい気もするけど、やっぱり自然の中でみたいな。

F2：そっか。じゃあ、パソコンで場所調べて、あそこに行ってみよう。

質問1　男の人は家族とどの博物館に行きますか。

質問2　二人はどの博物館に一緒に行きますか。

[문제지]

質問1

1 昆虫の博物館
2 恐竜の博物館
3 ラーメンの博物館
4 アニメの博物館

質問2

1 昆虫の博物館
2 恐竜の博物館
3 ラーメンの博物館
4 アニメの博物館

해석 라디오에서 아나운서가 박물관에 대해 이야기하고 있습니다.

F1: 오늘은 여름의 폭염 아래 외출에도 추천인 4개의 박물관을 소개합니다. '곤충 박물관'에서는 다양한 곤충의 생태를 배울 수 있습니다. 여기서는 곤충의 사육도 하고 있어서, 지금의 계절이면, 반딧불이나 방울벌레를 볼 수 있다고 합니다. 여름의 풍물시에 마음이 치유되어 보는 것은 어떤가요? '공룡 박물관'에서는 공룡의 탄생부터 멸종까지를 따라갈 수 있습니다. 3D 안경을 끼고, 놀이기구에 타서 견학하기 때문에, 마치 공룡이 아주 가까이에 있는 것같은 박력을 느낄 수 있습니다. '라면 박물관'에서는, 전시를 즐기는 것은 물론, 체험형 박물관이기 때문에 실제로 오리지널의 인스턴트 라멘을 만들 수 있다고 합니다. 다만, 인기가 있기 때문에 1주일 전의 예약이 필수입니다. '애니메이션 박물관'에서는 그 이름대로, 애니메이션의 역사에 대해 알 수 있습니다. 애니메이션이라고 들으면 아이의 것이라는 이미지가 있다고도 생각합니다만, 부모님 세대의 그리운 애니메이션도 전시되어 있기 때문에, 부모와 자식이 즐길 수 있는 장소입니다. 또, 다양한 애니메이션이 상영되고 있기 때문에, 하루 종일 즐길 수 있는 것도 매력의 하나네요.

M : 미야모토 씨, 오늘, 어딘가 가 보지 않을래?

F2: 응, 좋아. 이건 어떨까? 가장 좋아하는 거고, 무엇보다 세상에서 단 한 개인 것을 만들 수 있다는 게 굉장히 매력적이라고 생각했는데.

M : 음, 해보고 싶지만, 사전 예약이 필요한 것 같아. 나는 예전부터 일러스트라든가 미술에 흥미가 있으니까, 그쪽이 좋아.

F2: 그거라면 집에서도 볼 수 있잖아. 나는 좀.

M : 그런가. 그럼, 그건 가족과 보러 갈게. 부모와 자식에게 추천이라고 했었고. 그렇다면, 놀이공원처럼 어트랙션을 즐길 수 있는 곳은 어때?

F2: 그거, 나도 좋을지도라고 생각했어. 책에서 밖에 본 적 없으니까, 가까이에서 움직이고 있는 모습을 볼 수 있으면 즐거울 것 같고. 뭔가 역사의 장대한 한 페이지를 엿볼 수 있다니 두근두근하게 돼버려. 아, 근데, 다나카 군, 생물을 좋아했었지.

M : 응, 여름의 운치를 즐기고 싶은 기분도 들지만, 역시 자연 속에서 보고 싶어.

F2: 그렇구나. 그럼, 컴퓨터로 장소 조사하고, 저기에 가보자.

질문1 남자는 가족과 어느 박물관에 갑니까?

질문2 두 사람은 어느 박물관에 함께 갑니까?

질문1

1 곤충 박물관
2 공룡 박물관
3 라면 박물관
4 애니메이션 박물관

질문2

1 곤충 박물관
2 공룡 박물관
3 라면 박물관
4 애니메이션 박물관

해설 각 선택지와 관련하여 언급되는 내용을 재빨리 메모하며 주의 깊게 듣고, 두 명의 대화자가 선택하는 것에 유의하며 대화를 듣는다.

[메모] 추천 박물관 4개

① 곤충 박물관: 곤충의 생태 배우기, 반딧불이나 방울벌레를 볼 수 있음

② 공룡 박물관: 공룡의 탄생부터 멸종까지, 3D 안경과 놀이기구로 견학

③ 라면 박물관: 오리지널 인스턴트 라멘 만들기 가능, 1주일 전 예약 필수

④ 애니메이션 박물관: 애니메이션의 역사, 부모와 자식 즐길 수 있음, 다양한 애니메이션 상영

남자 → 일러스트와 미술에 흥미, 가족과 보러 가기, 놀이공원처럼 어트랙션을 즐길 수 있는 곳, 생물은 자연 속에서

여자 → 가까이에서 움직이는 모습, 역사의 장대한 한 페이지

질문 1은 남자가 가족과 가기로 선택한 박물관을 묻고 있다. 남자는 일러스트와 미술에 흥미가 있고, 가족과 보러 가겠다고 했으므로, 4 アニメの博物館(애니메이션 박물관)이 정답이다.

질문 2는 두 사람이 선택한 박물관을 묻고 있다. 남자는 놀이공원처럼 어트랙션을 즐길 수 있는 곳, 여자는 가까이에서 움직이는 것을 볼 수 있고, 역사의 장대한 한 페이지를 볼 수 있는 곳이 좋다고 했으므로, 2 恐竜の博物館(공룡 박물관)이 정답이다.

어휘 博物館 はくぶつかん 명 박물관
炎天下 えんてんか 명 폭염 아래, 염천하　お出かけ おでかけ 명 외출
おすすめ 명 추천　昆虫 こんちゅう 명 곤충
様々だ さまざまだ な형 다양하다　生態 せいたい 명 생태
学ぶ まなぶ 동 배우다　飼育 しいく 명 사육　ホタル 명 반딧불이
鈴虫 すずむし 명 방울벌레　風物詩 ふうぶつし 명 풍물시
癒す いやす 동 치유하다, 고치다　恐竜 きょうりゅう 명 공룡
誕生 たんじょう 명 탄생　絶滅 ぜつめつ 명 멸종, 절멸
たどる 동 따라가다, 더듬다　見学 けんがく 명 견학
まるで 부 마치, 꼭　間近だ まぢかだ な형 아주 가깝다
迫力 はくりょく 명 박력　感じる かんじる 동 느끼다
ラーメン 명 라멘　展示 てんじ 명 전시
体験型 たいけんがた 명 체험형　実際 じっさい 명 실제
オリジナル 명 오리지널　インスタントラーメン 명 인스턴트 라멘
ただ 접 다만, 단　人気 にんき 명 인기　必須 ひっす 명 필수
アニメ 명 애니메이션　名の通り なのとおり 이름대로
イメージ 명 이미지　親御 おやご 명 부모님　世代 せだい 명 세대
懐かしい なつかしい い형 그립다　親子 おやこ 명 부모와 자식
スポット 명 장소, 스폿　上映 じょうえい 명 상영
魅力 みりょく 명 매력　大好物 だいこうぶつ 명 가장 좋아하는 것
なにより 부 무엇보다　すごく 부 굉장히, 몹시
魅力的だ みりょくてきだ な형 매력적이다　事前 じぜん 명 사전
昔 むかし 명 예전, 옛날　イラスト 명 일러스트
美術 びじゅつ 명 미술　遊園地 ゆうえんち 명 놀이공원, 유원지
アトラクション 명 어트랙션　姿 すがた 명 모습
壮大だ そうだいだ な형 장대하다, 웅장하다　覗く のぞく 동 엿보다
わくわく 부 두근두근
生き物好き いきものずき 생물을 좋아함, 생물을 좋아하는 사람
風情 ふぜい 명 운치, 모양　気がする きがする 기분이 들다
自然 しぜん 명 자연

실전모의고사 3

언어지식 (문자 · 어휘)

문제 1	**1** 1	**2** 3	**3** 4	**4** 3	**5** 2	**6** 2	
문제 2	**7** 2	**8** 4	**9** 2	**10** 4	**11** 1	**12** 3	**13** 1
문제 3	**14** 3	**15** 2	**16** 1	**17** 4	**18** 1	**19** 4	
문제 4	**20** 2	**21** 3	**22** 4	**23** 2	**24** 1	**25** 3	

언어지식 (문법)

문제 5	**26** 1	**27** 1	**28** 3	**29** 1	**30** 4
	31 2	**32** 3	**33** 2	**34** 3	**35** 2
문제 6	**36** 2	**37** 3	**38** 4	**39** 3	**40** 3
문제 7	**41** 4	**42** 4	**43** 1	**44** 3	**45** 4

독해

문제 8	**46** 3	**47** 3	**48** 4	**49** 3		
문제 9	**50** 3	**51** 4	**52** 4	**53** 3	**54** 3	**55** 4
	56 3	**57** 2	**58** 4			
문제 10	**59** 3	**60** 4	**61** 2	**62** 1		
문제 11	**63** 2	**64** 4				
문제 12	**65** 1	**66** 3	**67** 2	**68** 2		
문제 13	**69** 3	**70** 4				

청해

문제 1	**1** 2	**2** 2	**3** 1	**4** 4	**5** 3		
문제 2	**1** 2	**2** 3	**3** 2	**4** 1	**5** 2	**6** 3	
문제 3	**1** 3	**2** 3	**3** 1	**4** 2	**5** 4		
문제 4	**1** 2	**2** 1	**3** 1	**4** 2	**5** 3	**6** 2	**7** 1
	8 3	**9** 1	**10** 2	**11** 1			
문제 5	**1** 1	**2** 질문1 2	질문2 3				

언어지식 (문자·어휘)

p.113

1

범인은 교묘巧妙한 수법으로 주택에 침입한 것 같다.

해설 巧妙는 1 こうみょう로 발음한다. こう가 탁음이 아닌 것에 주의한다.

어휘 巧妙だ こうみょうだ [な형] 교묘하다 犯人 はんにん [명] 범인
手口 てぐち [명] 수법 住宅 じゅうたく [명] 주택
侵入 しんにゅう [명] 침입

2

인터넷의 위험성에 대해 주의를 촉구했다促した.

해설 促したは 3 うながした로 발음한다.

어휘 促す うながす [동] 촉구하다 インターネット [명] 인터넷
危険性 きけんせい [명] 위험성

3

이 주변은 목조 주택이 밀집密集해서 줄지어 서있다.

해설 密集는 4 みっしゅう로 발음한다. みっ이 촉음이고, しゅう가 장음인 것에 주의한다.

어휘 密集 みっしゅう [명] 밀집 辺り あたり [명] 주변, 부근
木造 もくぞう [명] 목조 住宅 じゅうたく [명] 주택
立ち並ぶ たちならぶ [동] 줄지어 서다

4

그는 항상 일을 소홀疎か히 한다.

해설 疎かは 3 おろそか로 발음한다.

어휘 疎かだ おろそかだ [な형] 소홀하다

5

다리가 좋지 않은 환자에게 자택으로의 왕진往診을 의뢰 받다.

해설 往診은 2 おうしん으로 발음한다. しん이 탁음이 아닌 것에 주의한다.

어휘 往診 おうしん [명] 왕진 患者 かんじゃ [명] 환자 自宅 じたく [명] 자택
依頼 いらい [명] 의뢰

6

경찰은 인질人質을 구출하는 것에 성공했다.

해설 人質는 2 ひとじち로 발음한다. 人는 훈독 ひと, 質는 음독 しち를 탁음으로 발음하는 것에 주의한다.

어휘 人質 ひとじち [명] 인질 救出 きゅうしゅつ [명] 구출
成功 せいこう [명] 성공

7

그 팀은 1점이 들어간 것을 계기로, 다시 기세를 (　　).

1 건졌다	**2 되찾았다**
3 둘러쌌다	4 설치했다

해설 선택지가 모두 동사이다. 괄호 앞의 **再び勢いを**(다시 기세를)와 함께 쓸 때 **再び勢いを取り戻した**(다시 기세를 되찾았다)가 가장 자연스러우므로 2 **取り戻した**(되찾았다)가 정답이다. 1은 **命を取り留めた**(목숨을 건졌다), 3은 **ファンに取り巻かれた**(팬에게 둘러싸였다), 4는 **電灯を取り付けた**(전등을 설치했다)로 자주 쓰인다.

어휘 チーム [명] 팀 きっかけ [명] 계기 再び ふたたび [부] 다시
勢い いきおい [명] 기세 取り留める とりとめる [동] 건지다
取り戻す とりもどす [동] 되찾다 取り巻く とりまく [동] 둘러싸다
取り付ける とりつける [동] 설치하다

8

이 방은 소리가 완전히 (　　) 되어 있어서 아무것도 들리지 않는다.

1 방지	2 저지
3 단절	**4 차단**

해설 선택지가 모두 명사이다. 괄호 앞의 **音が完全に**(소리가 완전히)와 함께 쓸 때 **音が完全に遮断されて**(소리가 완전히 차단되어)가 가장 자연스러우므로 4 **遮断**(차단)이 정답이다. 1은 **事故が防止されて**(사고가 방지되어), 2는 **入場が阻止されて**(입장이 저지되어서), 3은 **交流が断絶されて**(교류가 단절되어서)로 자주 쓰인다.

어휘 完全に かんぜんに [부] 완전히 防止 ぼうし [명] 방지
阻止 そし [명] 저지 断絶 だんぜつ [명] 단절 遮断 しゃだん [명] 차단

9

귀성할 때마다, 어머니가 맞선 이야기를 꺼내기 때문에, 정말이지 (　　) 하다.

1 척척	**2 지긋지긋**
3 야들야들	4 부드럽게

해설 선택지가 모두 부사이다. 괄호 앞의 **さすがに**(정말이지)와 함께 쓸 때 **さすがにうんざりしている**(정말이지 지긋지긋하다)가 가장 자연스러우므로 2 **うんざり**(지긋지긋)가 정답이다. 1은 **結論がすんなり出る**(결론이 척척 나오다), 3은 **野菜がしんなりしている**(야채가 야들야들하다), 4는 **話し方がやんわりしている**(말투가 부드럽다)로 자주 쓰인다.

어휘 帰省 きせい [명] 귀성 お見合い おみあい [명] 맞선
持ち出す もちだす [동] 가지고 나오다 さすがに [부] 정말이지
すんなり [부] 척척, 쉽게 うんざり [부] 지긋지긋
しんなり [부] 야들야들, 나긋나긋 やんわり [부] 부드럽게, 살며시

10

그를 잘 모르는 사람은 더러운 말투에 놀랐지만, 천성이 ( ) 것은 원래부터다.

1 정중한　　2 매서운
3 거북한　　**4 거친**

해설 선택지가 모두 형용사이다. 괄호 앞의 **気性**(천성)와 함께 쓸 때 **気性が荒っぽい**(천성이 거친)가 가장 자연스러우므로 4 **荒っぽい**(거친)가 정답이다. 1은 **態度が重々しい**(태도가 정중하다), 2는 **言い方が手厳しい**(말투가 매섭다), 3은 **彼の存在が煙ったい**(그의 존재가 거북하다)로 자주 쓰인다.

어휘 **言葉づかい ことばづかい** 명 말투　**気性 きしょう** 명 천성
もともと 부 원래부터　**重々しい おもおもしい** い형 정중하다, 위엄있다
手厳しい てきびしい い형 매섭다, 호되다
煙ったい けむったい い형 거북하다, 어렵다
荒っぽい あらっぽい い형 거칠다, 난폭하다

11

회식비나 교통비는 차치하고, 개인적인 여행까지 ( ) 로 처리되어서는 곤란하다.

1 경비　　2 사비
3 출비　　4 소비

해설 선택지가 모두 명사이다. 괄호 앞뒤의 내용과 함께 쓸 때 **個人的な旅行まで経費で処理**(개인적인 여행까지 경비로 처리)가 가장 자연스러우므로 1 **経費**(경비)가 정답이다. 2는 **私費で留学する**(사비로 유학하다), 3은 **出費を抑える**(출비를 억제하다), 4는 **消費を促す**(소비를 촉구하다)로 자주 쓰인다.

어휘 **会食代 かいしょくだい** 명 회식비　**交通費 こうつうひ** 명 교통비
個人的だ こじんてきだ な형 개인적이다　**処理 しょり** 명 처리
経費 けいひ 명 경비　**私費 しひ** 명 사비
出費 しゅっぴ 명 출비, 지출　**消費 しょうひ** 명 소비

12

20년 전부터 계속되는 불황을 ( ) 위해서 새로운 정책을 생각할 필요가 있다.

1 딴 데로 돌리다　　2 빠지다
3 벗어나다　　4 빗나가다

해설 선택지가 모두 동사이다. 괄호 앞의 **不況を**(불황을)와 함께 쓸 때 **不況を脱する**(불황을 벗어나다)가 가장 자연스러우므로 3 **脱する**(벗어나다)가 정답이다. 1은 **注意を逸らす**(주의를 딴 데로 돌리다), 2는 **毛が抜ける**(털이 빠지다), 4는 **予想が外れる**(예상이 빗나가다)로 자주 쓰인다.

어휘 **新ただ あらただ** な형 새롭다　**政策 せいさく** 명 정책
必要 ひつよう 명 필요　**逸らす そらす** 동 딴 데로 돌리다, 빗나가게 하다
抜ける ぬける 동 빠지다　**脱する だっする** 동 벗어나다
外れる はずれる 동 빗나가다, 떨어지다

13

그는 자리에 앉았지만, 긴장해서 안정되지 않는 것인지 ( ) 하고 있다.

1 안절부절　　2 뻣뻣
3 푹신푹신　　4 천천히

해설 선택지가 모두 부사이다. 괄호 앞의 **落ち着かないのか**(안정되지 않는 것인지)와 함께 쓸 때 **落ち着かないのかそわそわ**(안정되지 않는 것인지 안절부절)가 가장 자연스러우므로 1 **そわそわ**(안절부절)가 정답이다. 2는 **セーターがごわごわになる**(스웨터가 뻣뻣해지다), 3은 **パンがふわふわしている**(빵이 푹신푹신하다), 4는 **じわじわと人気が出る**(천천히 인기가 많아지다)로 자주 쓰인다.

어휘 **席につく せきにつく** 자리에 앉다　**緊張 きんちょう** 명 긴장
落ち着く おちつく 동 안정되다　**そわそわ** 부 안절부절
ごわごわ 부 뻣뻣　**ふわふわ** 부 푹신푹신　**じわじわ** 부 천천히

14

나는 그것을 듣고 몹시 놀랐다.

1 의욕이 없어졌다　　2 슬픈 기분이 되었다
3 매우 놀랐다　　4 꽤 의기소침해졌다

해설 **仰天した**는 '몹시 놀랐다'라는 의미로, 단어의 뜻을 올바르게 풀어 쓴 표현인 3 **とても驚いた**(매우 놀랐다)가 정답이다.

어휘 **仰天 ぎょうてん** 명 몹시 놀람　**やる気 やるき** 명 의욕, 할 마음
かなり 부 꽤　**落ち込む おちこむ** 동 의기소침해지다

15

상대의 의도를 살피다.

1 동향　　**2 속셈**
3 비밀　　4 기억

해설 **意図**는 '의도'라는 의미로, 동의어인 2 **思惑**(속셈)가 정답이다.

어휘 **相手 あいて** 명 상대　**意図 いと** 명 의도　**探る さぐる** 동 살피다
動向 どうこう 명 동향　**思惑 おもわく** 명 속셈, 생각
秘密 ひみつ 명 비밀　**記憶 きおく** 명 기억

16

그 뒤에도 기억은 모호한 채였다.

1 불명료한　　2 불완전한
3 부자연스러운　　4 불안정한

해설 **あやふやな**는 '모호한'이라는 의미로, 동의어인 1 **不明瞭な**(불명료한)가 정답이다.

어휘 **記憶 きおく** 명 기억　**あやふやだ** な형 모호하다
不明瞭だ ふめいりょうだ な형 불명료하다
不完全だ ふかんぜんだ な형 불완전하다
不自然だ ふしぜんだ な형 부자연스럽다
不安定だ ふあんていだ な형 불안정하다

17

그들의 실력은 호각이었다.

1 전과 다르지 않았다　　2 이쪽보다도 위였다
3 보통은 아니었다　　**4 대체로 같았다**

해설 **互角だった**는 '호각이었다'라는 의미로, 단어의 뜻을 올바르게 풀어 쓴 표현인 4 **大体同じだった**(대체로 같았다)가 정답이다.

어휘 **実力 じつりょく** 명 실력　**互角だ ごかくだ** な형 호각이다, 막상막하다
並 なみ 명 보통, 예사로움　**同じだ おなじだ** な형 같다

18

딸보다도 먼저 내 쪽이 녹초가 되어 버렸다.

1 지쳐버렸다　　2 달리기 시작해 버렸다
3 떠들어대버렸다　　4 포기해 버렸다

해설 **ばててしまった**는 '녹초가 되어 버렸다'라는 의미이다. 이와 교체하여도 문장의 의미가 바뀌지 않는 1 **疲れてしまった**(지쳐버렸다)가 정답이다.

어휘 **先に さきに** 부 먼저, 이전에　**ばてる** 동 녹초가 되다
走り出す はしりだす 동 달리기 시작하다
はしゃぐ 동 떠들어대다, 까불며 떠들다
諦める あきらめる 동 포기하다

19

두 사람은 할 수 없이 자리를 떴다.

1 도중에　　2 아무 말도 하지 않고
3 일제히　　**4 어쩔 수 없이**

해설 **やむを得ず**는 '할 수 없이'라는 의미이다. 이와 교체하여도 문장의 의미가 바뀌지 않는 4 **仕方なく**(어쩔 수 없이)가 정답이다.

어휘 **やむを得ず やむをえず** 할 수 없이, 어쩔 수 없이
途中 とちゅう 명 도중　**一斉に いっせいに** 부 일제히
仕方ない しかたない い형 어쩔 수 없다, 할 수 없다

20

태만

1 그는 사람을 바보 취급하는 듯한 태만한 태도 탓에 주변 사람들이 거북해 한다.
2 상사는 최근 부하의 업무에 대한 태만한 자세를 지적하여, 개선하도록 요구했다.
3 걸으면서 하는 휴대전화 조작은, 무심코 주변에 태만해지기 십상이므로 위험합니다.
4 우유부단하고 태만하다고 자주 듣기 때문에, 생각한 것을 똑똑히 말하도록 의식하고 있다.

해설 **怠慢**(태만)은 일에 대한 태도가 부지런하지 않고 게으른 경우에 사용한다. 제시어가 형용사이므로 먼저 각 선택지에서 앞 또는 뒤의 표현과 함께 읽어본다. 2의 **業務に対する怠慢な姿勢**(업무에 대한 태만한 태도)에서 올바르게 사용되었으므로 2가 정답이다. 참고로, 1은 **傲慢**(ごうまん, 오만), 3은 **不注意**(ふちゅうい, 부주의), 4는 **気弱**(きよわ, 마음이 약함)를 사용하는 것이 올바른 문장이다.

어휘 **怠慢だ たいまんだ** な형 태만하다　**馬鹿 ばか** 명 바보
態度 たいど 명 태도　**嫌がる いやがる** 동 미워하다, 싫어하다
上司 じょうし 명 상사　**部下 ぶか** 명 부하　**業務 ぎょうむ** 명 업무
姿勢 しせい 명 자세　**指摘 してき** 명 지적　**改善 かいぜん** 명 개선
求める もとめる 동 요구하다　**携帯電話 けいたいでんわ** 명 휴대전화
操作 そうさ 명 조작　**つい** 부 무심코
優柔不断 ゆうじゅうふだん 명 우유부단　**意識 いしき** 명 의식

21

거점

1 지금까지의 집도 넓었지만, 더욱 넓은 거점으로 이사한다.
2 이 한 자루의 연필이 그를 화가로서 성공시키는 거점이 되었다.
3 이제부터는 중국을 거점으로 개발 업무를 진행해 갈 예정이다.
4 그는 거점이 없는 것은 일절 믿으려고 하지 않는다.

해설 **拠点**(거점)은 활동의 중요한 지점이나 발판을 나타내는 경우에 사용한다. 제시어가 명사이므로 먼저 각 선택지에서 밑줄 앞의 표현과 함께 읽어본다. 3의 **これからは中国を拠点**(이제부터는 중국을 거점)에서 올바르게 사용되었으므로 3이 정답이다. 참고로, 1은 **住処**(すみか, 거처), 2는 **契機**(けいき, 계기), 4는 **根拠**(こんきょ, 근거)를 사용하는 것이 올바른 문장이다.

어휘 **拠点 きょてん** 명 거점　**さらに** 부 더욱　**引っ越し ひっこし** 명 이사
画家 がか 명 화가　**成功 せいこう** 명 성공　**開発 かいはつ** 명 개발
業務 ぎょうむ 명 업무　**進める すすめる** 동 진행하다
いっさい 부 일절

22

북적이다

1 사고 탓에 운행 시간에 혼란이 생겼기 때문에 차내는 북적였다.
2 밤 늦게 친구와 북적이고 있던 탓에, 이웃 사람에게 주의 받았다.
3 처음 간 해외여행은 매우 즐거워서, 그만 북적여 버렸다.
4 일년 내내 관광객으로 북적이는 광장에서 소매치기 피해가 다발하고 있다.

해설 **賑わう**(북적이다)는 많은 사람이 한곳에 모여 활기차게 들끓는 경우에 사용한다. 제시어가 동사이므로 먼저 각 선택지에서 밑줄 앞의 표현과 함께 읽어본다. 4의 **観光客で賑わう**(관광객으로 북적이는)에서 올바르게 사용되었으므로 4가 정답이다. 참고로, 1은 **混雑する**(こんざつする, 혼잡하다), 2는 **騒ぐ**(さわぐ, 소란 피우다), 3은 **はしゃぐ**(떠들다)를 사용하는 것이 올바른 문장이다.

어휘 **賑わう にぎわう** 동 북적이다　**運行 うんこう** 명 운행
乱れ みだれ 명 혼란　**生じる しょうじる** 동 생기다, 발생하다
車内 しゃない 명 차내　**海外旅行 かいがいりょこう** 명 해외여행
つい 부 무심코　**一年中 いちねんじゅう** 일년 내내
観光客 かんこうきゃく 명 관광객　**広場 ひろば** 명 광장
スリ 명 소매치기　**被害 ひがい** 명 피해
多発 たはつ 명 다발, 많이 발생함

23

확산

1 안정된 수익을 얻기 위해서는, 리스크를 확산하지 않으면 안 된다.

2 근래의 급속한 SNS의 보급에 의해, 개인이 정보를 확산하기 쉬워졌다.

3 나는 취미에 몰두하는 것으로, 쌓인 스트레스를 단숨에 확산했다.

4 지진으로 유리가 깨져버려서, 온 방안에 파편이 확산했다.

해설 **拡散**(확산)은 어떤 것이 넓은 범위로 흩어져 퍼지는 경우에 사용한다. 제시어가 명사이므로 먼저 각 선택지에서 밑줄 앞의 표현과 함께 읽어본다. 2의 **個人が情報を拡散しやすく**(개인이 정보를 확산하기 쉬워)에서 올바르게 사용되었으므로 2가 정답이다. 참고로, 1은 **分散**(ぶんさん, 분산), 3은 **発散**(はっさん, 발산), 4는 **飛散**(ひさん, 비산)을 사용하는 것이 올바른 문장이다.

어휘 **拡散** かくさん 명 확산　**安定** あんてい 명 안정
収益 しゅうえき 명 수익　**得る** える 동 얻다　**リスク** 명 리스크
近年 きんねん 명 근래　**急速だ** きゅうそくだ な형 급속하다
普及 ふきゅう 명 보급　**個人** こじん 명 개인
情報 じょうほう 명 정보　**没頭** ぼっとう 명 몰두
溜まる たまる 동 쌓이다, 모이다　**ストレス** 명 스트레스
一気 いっき 명 단숨　**破片** はへん 명 파편

24

요령

1 텔레비전에서 남은 요리를 맛있게 어레인지하는 요령을 소개하고 있었다.

2 이 대학에서는 전문적인 지식과 요령을 습득할 수 있습니다.

3 회사 성장의 요령을 쥐고 있는 것은, 다름 아닌 사원입니다.

4 여동생은 개를 키우기 위해서 주인으로서 필요한 요령을 배우고 있다.

해설 **こつ**(요령)는 어떤 일을 하는 수단, 방법과 관련된 지식을 나타내는 경우에 사용한다. 제시어가 명사이므로 먼저 각 선택지에서 밑줄 앞의 표현과 함께 읽어본다. 1의 **美味しくアレンジするこつ**(맛있게 어레인지하는 요령)에서 올바르게 사용되었으므로 1이 정답이다. 참고로, 2는 **スキル**(스킬), 3은 **鍵**(かぎ, 열쇠), 4는 **知識**(ちしき, 지식)를 사용하는 것이 올바른 문장이다.

어휘 **こつ** 명 요령　**余る** あまる 동 남다　**アレンジ** 명 어레인지
専門的だ せんもんてきだ な형 전문적이다　**知識** ちしき 명 지식
身に付ける みにつける 습득하다, 몸에 익히다
成長 せいちょう 명 성장　**握る** にぎる 동 쥐다
ほかでもない 다름 아닌　**社員** しゃいん 명 사원
飼う かう 동 키우다　**飼い主** かいぬし 명 주인
学ぶ まなぶ 동 배우다

25

정면으로

1 냉장고에서 꺼낸 우유의 유통 기한은 정면으로 지나 있었다.

2 언제나 웃는 얼굴인 이노우에 씨지만, 오늘은 정면으로 기분이 좋아 보인다.

3 이 지역은 주변에 산이나 나무가 없기 때문에, 태풍의 영향을 정면으로 받는다.

4 눈 앞에서 사람이 쓰러질 것 같아졌기 때문에, 정면으로 손을 내밀었다.

해설 **もろに**(정면으로)는 어떤 것의 영향을 직접적으로 받는 경우에 사용한다. 제시어가 부사이므로 먼저 각 선택지에서 뒤의 표현과 함께 읽어본다. 3의 **もろに受ける**(정면으로 받는다)에서 올바르게 사용되었으므로 3이 정답이다. 참고로, 1은 **とっくに**(훨씬 전에), 2는 **やけに**(유난히), 4는 **とっさに**(순간적으로)를 사용하는 것이 올바른 문장이다.

어휘 **もろに** 부 정면으로　**取り出す** とりだす 동 꺼내다
賞味期限 しょうみきげん 명 유통 기한, 상미 기한
笑顔 えがお 명 웃는 얼굴　**機嫌** きげん 명 기분
地域 ちいき 명 지역　**周辺** しゅうへん 명 주변
影響 えいきょう 명 영향　**差し出す** さしだす 동 내밀다

언어지식 (문법)

p.118

26

내일 회식은 마음이 내키지 않는다. 자원봉사 활동 (　　) 거절하기로 했다.

1 을 구실로　　2 에 비추어
3 에 입각하여　　4 에 매달려

해설 적절한 문형을 고르는 문제이다. 모든 선택지가 괄호 앞의 명사 **ボランティア活動**(자원봉사 활동)에 접속할 수 있다. 괄호 뒤 **断ることにした**(거절하기로 했다)로 이어지는 문맥을 보면 '자원봉사 활동을 구실로 거절하기로 했다'가 가장 자연스럽다. 따라서 1 **にかこつけて**(을 구실로)가 정답이다. 2 **に照らしては** '~에 비추어', 3 **に即しては** '~에 입각하여', 4 **にかまけては** '~에 매달려'라는 의미의 문형임을 알아둔다.

어휘 **飲み会** のみかい 명 회식　**気が進む** きがすすむ 마음이 내키다
ボランティア 명 자원봉사　**活動** かつどう 명 활동
断る ことわる 동 거절하다　**~にかこつけて** ~을 구실로
~に照らして ~にてらして ~에 비추어
~に即して ~にそくして ~에 입각하여　**~にかまけて** ~에 매달려

27

큰 병이나 사고 (　　), 무단으로 회사를 쉬다니 그는 상식이 없다.

1 라면 몰라도　　2 인 듯이
3 에도 아랑곳하지 않고　　4 를 뒷전으로 하고

해설 적절한 문형을 고르는 문제이다. 모든 선택지가 괄호 앞의 명사 **事故**(사고)에 접속할 수 있다. 때문에 괄호 뒤 **無断で会社を休むなんて**(무단으로 회사를 쉬다니)로 이어지는 문맥을 보면 '사고라면 몰라도, 무단으로 회사를 쉬다니'가 가장 자연스럽다. 따라서 1 **ならいざしらず**(라면 몰라도)가 정답이다. 2 **とばかりに**는 '마치 ~인 듯이', 3 **をものともせずに**는 '~에도 아랑곳하지 않고', 4 **をよそに**는 '~을 뒷전으로 하고'라는 의미의 문형임을 알아둔다.

어휘 **無断 むだん** 명 무단　**常識 じょうしき** 명 상식
欠ける かける 동 없다, 부족하다　**～いざしらず** ~라면 몰라도
～とばかりに 마치 ~인 듯이
～をものともせずに ~에도 아랑곳하지 않고
～をよそに ~을 뒷전으로 하고

28

지금부터, 저희 회사의 인사 시스템에 관해, 30분 정도 말씀 드리겠습니다. 우선, 수중에 나눠 드린 자료를 (　　) 주세요.

1 보여드려　2 봐
3 보셔　4 들으셔

해설 적절한 경어 표현을 고르는 문제이다. 나눠 준 자료를 봐 달라고 정중하게 부탁하는 상황이므로 상대방의 행위를 높이는 **お配りした資料をご覧になってください**(나눠 드린 자료를 보셔 주세요)가 가장 자연스럽다. 따라서 3 **ご覧になって**(보셔)가 정답이다. 여기서 **ご覧になる**(보시다)는 **見る**(보다)의 존경어이다. 1 **お目にかけて**(보여드려)는 **見せる**(보이다)의 존경어, 2 **拝見して**(봐)는 **見る**(보다)의 겸양어, 4 **お聞きになって**(들으셔)는 **聞く**(듣다)의 존경어를 활용한 것이다.

어휘 **弊社 へいしゃ** 명 저희 회사, 폐사　**人事 じんじ** 명 인사
システム 명 시스템　**～に関して ～にかんして** ~에 관해
手元 てもと 명 수중, 주변　**配る くばる** 동 나눠 주다
資料 しりょう 명 자료
お目にかける おめにかける 동 보여 드리다 (**見せる**의 겸양어)
拝見する はいけんする 동 보다 (**見る**의 겸양어)
ご覧になる ごらんになる 동 보시다 (**見る**의 존경어)
お聞きになる おききになる 동 들으시다 (**聞く**의 존경어)

29

고속 도로에서 스피드를 내서, 주위의 차를 위협하는 운전이 다발하고 있다. 이 (　　) 행위를 단속하지 않으면 안 된다.

1 위험하기 그지없는　2 위험만의
3 위험을 금할 수 없는　4 위험과 맞물린

해설 적절한 문형을 고르는 문제이다. 괄호 앞 문맥을 보면, '이 위험하기 그지없는 행위를 단속하지 않으면 안 된다'가 가장 자연스럽다. 따라서 1 **危険極まりない**(위험하기 그지없는)가 정답이다. 2의 **かぎりの**는 '~만의', 3의 **を禁じ得ない**는 '~을 금할 수 없다', 4의 **と相まった**는 '~와 맞물린'이라는 의미의 문형임을 알아둔다.

어휘 **高速 こうそく** 명 고속　**道路 どうろ** 명 도로　**スピード** 명 스피드
周囲 しゅうい 명 주위　**脅かす おどかす** 동 위협하다
多発 たはつ 명 다발, 많이 발생함　**行為 こうい** 명 행위
取り締まる とりしまる 동 단속하다
～なければならない ~하지 않으면 안 된다
～極まりない ～きわまりない ~하기 그지없다　**～かぎりの** ~만의
～を禁じ得ない ～をきんじえない ~을 금할 수 없다
～と相まった ～とあいまった ~와 맞물린

30

저 선수는 다음 올림픽에서 반드시 금메달을 딴다고 (　　) 주저하지 않지만, 과연 실현할 수 있을 것인가.

1 말하려고　2 말하지 않고
3 말하면　**4 말하며**

해설 동사의 올바른 활용형을 고르는 문제이다. 괄호 뒤의 문형 **はばからない**(~하기를 주저하지 않다)와 접속할 수 있는 동사의 활용형은 **て**형이므로 4 **言って**(말하며)가 정답이다. '금메달을 딴다고 말하기를 주저하지 않지만'라는 문맥에도 맞다.

어휘 **選手 せんしゅ** 명 선수　**オリンピック** 명 올림픽
金メダル きんメダル 명 금메달
～てはばからない ~하기를 주저하지 않다　**はたして** 부 과연
実現 じつげん 명 실현

31

나카무라: 내일 밤, 식사하러 가지 않을래? 이전에 갔던 레스토랑에, 또 가고 싶어. 갈 거면, 예약하는 편이 좋겠지.
무라타: 좋아. 그런데, (　　), 지금부터면 무리야. 인기가 있으니까.

1 예약 못할 것 까지는 아니더라도
2 예약하더라도
3 예약시킬 정도라면
4 예약했다고 하면

해설 적절한 문형을 고르는 문제이다. 특히 3의 사역 표현 **させる**에 유의하여 선택지를 해석한다. 괄호 앞뒤 문맥을 보면, '그런데, 예약하더라도, 지금부터면 무리야'가 가장 자연스럽다. 따라서 2 **予約するにしたって**(예약하더라도)가 정답이다. 1의 **ないまでも**는 '~까지는 아니더라도', 3의 **くらいなら**는 '~정도라면', 4의 **とあれば**는 '~라고 하면'이라는 의미의 문형임을 알아둔다.

어휘 **～ほうがいい** ~하는 편이 좋다　**人気 にんき** 명 인기
～ないまでも ~까지는 아니더라도　**～にしたって** ~하더라도
～くらいなら ~정도라면　**～とあれば** ~라고 하면

32

일본의 접객업은 환대의 정신에 기인하고 있지만, (　　), 요즘, 터무니없는 요구를 하는 손님이 늘고 있다.

1 친절해도 좋은 것을　2 친절한 것은 좋기 때문에
3 친절한 것을 구실로　4 친절한 것은 좋은 것으로

해설 적절한 문형을 고르는 문제이다. 괄호 앞뒤 문맥을 보면, '환대의 정신에 기인하고 있지만, 친절한 것을 구실로, 요즘, 터무니없는 요구를 하는 손님이 늘고 있다'가 가장 자연스럽다. 따라서 3 **丁寧なのをい**

いことに(친절한 것을 구실로)가 정답이다.

어휘 日本 にほん 명 일본　接客業 せっきゃくぎょう 명 접객업
おもてなし 명 환대　精神 せいしん 명 정신
基づく もとづく 동 기인하다　ここのところ 요즘, 지금으로서
無茶だ むちゃだ な형 터무니없다　要求 ようきゅう 명 요구
~をいいことに ~을 구실로, ~을 기회로

33

(회사의 회의실에서)
한자와: 그러면, 이번 건에 대해서는, 재차 (　　　).
요시다: 알겠습니다. 그럼, 답신 기다리고 있겠습니다.

1 검토해 주셨으면 하고 생각합니다
2 검토하려고 생각합니다
3 검토해 주실 수 있을까요
4 검토해 주실까요

해설 적절한 문형을 고르는 문제이다. 특히 1과 4의 존경 표현 てくださる, 2의 겸양 표현 させていただく, 3의 겸양 표현 ていただく, 4의 존경어 なさる에 유의하여 선택지를 해석한다. 괄호 뒤에서 요시다가 '그럼, 답신 기다리고 있겠습니다'라고 하였으므로 검토하는 사람은 한자와이다. 따라서 '이번 건에 대해서는, 재차 검토하려고 생각합니다'가 가장 자연스러우므로 겸양 표현 させていただく(~하겠다)가 사용된 2 検討させていただければと存じます(검토하려고 생각합니다)가 정답이다.

어휘 今回 こんかい 명 이번　件 けん 명 건　~につき ~에 대해
再度 さいど 명 재차　検討 けんとう 명 검토
存じる ぞんじる 동 생각하다 (思う, 考える의 겸양어)
~でしょうか ~일까요

34

오늘 밤은 큰 눈이 내린다고 한다. 지금은 아직 내리고 있지 않지만, 밤이 되어 버스가 멈춰 버리면 집에 돌아갈 수 없게 된다고 생각하니, (　　　).

1 외출하지 마시오
2 외출하고 있을 수 없다
3 외출하려 해도 외출할 수 없다
4 외출할 방도가 없다

해설 적절한 문형을 고르는 문제이다. 괄호 앞 문맥을 보면, '버스가 멈춰 버리면 집에 돌아갈 수 없게 된다고 생각하니, 외출하려 해도 외출할 수 없다'가 가장 자연스럽다. 따라서 3 出かけようにも出かけられない(외출하려 해도 외출할 수 없다)가 정답이다. 1의 べからず는 '~하지 마시오'라는 의미의 문형으로, 모든 사람에게 보편적으로 금지되는 행동에 대해 사용하기 때문에 '멈춰 버리면 집에 돌아갈 수 없게 된다고 생각하니'라는 개별적 판단을 말하는 문맥에는 맞지 않으므로 오답이다. 2의 てはいられない는 '~하고 있을 수 없다', 4의 べくもない는 '~할 방도가 없다'라는 의미의 문형임을 알아둔다.

어휘 大雪 おおゆき 명 큰 눈, 대설　~べからず ~하지 마시오
~てはいられない ~하고 있을 수 없다
~ようにも~ない ~하려고 해도 ~할 수 없다
~べくもない ~할 방도가 없다

35

(회사에서)
사토: 다음 주 비즈니스 매너 연수한대, 전원 참가래.
야마다: 우리들 입사 3년 차야. (　　　), 이제 와서 그런 연수 받을 필요 없다고 생각하는데.

1 신입 사원은 아니기는 하지만　**2 신입 사원도 아니고**
3 신입 사원까지는 아니더라도　4 신입 사원 정도 되면

해설 적절한 문형을 고르는 문제이다. 괄호 앞뒤 문맥을 보면, '우리들 입사 3년 차야. 신입 사원도 아니고, 이제 와서 그런 연수 받을 필요 없다고 생각하는데'가 가장 자연스럽다. 따라서 2 新入社員でもあるまいし(신입 사원도 아니고)가 정답이다. 1의 ものの 는 '~하기는 하지만', 3의 ではないまでも는 '~까지는 아니더라도', 4의 ともなれば는 '~정도 되면'이라는 의미의 문형임을 알아둔다.

어휘 ビジネスマナー 명 비즈니스 매너　研修 けんしゅう 명 연수
全員 ぜんいん 명 전원　参加 さんか 명 참가
入社 にゅうしゃ 명 입사　いまさら 부 이제 와서
新入 しんにゅう 명 신입　社員 しゃいん 명 사원
~ものの ~하기는 하지만　~でもあるまいし ~도 아니고
~ではないまでも ~까지는 아니더라도　~ともなれば ~정도 되면

36

내 딸은 이웃 친구와 밖에서 노는 일이 많아서 ★사교적인데 반해, 아들은 혼자서 게임을 하고만 있어서, 친구가 있는지 걱정이다.

1 노는 일이　**2 사교적인데**
3 많아서　4 반해

해설 4 ひきかえ는 2의 조사 に와 함께 쓰여 문형 にひきかえ(~에 반해)가 되므로 먼저 2 社交的なのに 4 ひきかえ(사교적인데 반해)로 연결할 수 있다. 이것을 나머지 선택지와 함께 문맥에 맞게 배열하면 1 遊ぶことが 3 多くて 2 社交的なのに 4 ひきかえ(노는 일이 많아서 사교적인데 반해) 또는 2 社交的なのに 4 ひきかえ 1 遊ぶことが 3 多くて(사교적인데 반해 노는 일이 많아서)로 배열할 수 있다. 둘 중 빈칸 뒤의 '아들은 혼자서 게임을 하고만 있어서'와 문맥상 어울리는 말은 1 遊ぶことが 3 多くて 2 社交的なのに 4 ひきかえ(노는 일이 많아서 사교적인데 반해)로, 전체 문맥과도 어울린다. 따라서 2 社交的なのに(사교적인데)가 정답이다.

어휘 ゲーム 명 게임　~てばかりだ ~하고만 있다　友人 ゆうじん 명 친구
社交的だ しゃこうてきだ な형 사교적이다
~にひきかえ ~에 반해, ~와 달리

37

상대편에 어떻게 답신을 할지 생각하고 있지만, 아무리 생각해 보았자 ★좋은 방법이 떠오르지 않기 때문에, 직장 선배나 상사가 상담에 응해 주기로 했다.

1 아무리	2 생각했다
3 좋다	4 그런데

해설 4 **ところで**는 동사 た형에 접속하므로 먼저 2 **考えた** 4 **ところで**(생각해 보았자)로 연결할 수 있다. 3 **いい**(좋다)는 1 **いくら**(아무리)나 2 **考えた** 4 **ところで**(생각해 보았자) 앞에 올 수 없으므로 가장 뒤에 배치한다. 이것을 나머지 선택지와 함께 문맥에 맞게 배열하면 1 **いくら** 2 **考えた** 4 **ところで** 3 **いい**(아무리 생각해 보았자 좋은)가 되면서 전체 문맥과도 어울린다. 따라서 ★이 있는 네 번째 빈칸에 위치한 3 **いい**(좋다)가 정답이다.

어휘 **先方 せんぽう** 명 상대편　**方法 ほうほう** 명 방법
思い浮かぶ おもいうかぶ 동 떠오르다　**職場 しょくば** 명 직장
上司 じょうし 명 상사　**相談に乗る そうだんにのる** 상담에 응하다
いくら 부 아무리, 얼마나　**～たところで** ~해 보았자

38

초등학교 동급생이 사장으로서 다방면에서 활약하고 있는 것을 ★알고 나서 계속, 지고 있을 수 없다고 하여 노는 것을 그만두고, 책을 읽거나, 일에 도움이 될 것 같은 세미나에 다니거나 하게 되었다.

1 활약하고 있는 것을	2 라고 하는 것
3 사장으로서 다방면에서	**4 알고 나서**

해설 2 **というもの**는 4의 **てから**와 함께 쓰여 문형 **てからというもの**(~하고 나서 계속)가 되므로 먼저 4 **知ってから** 2 **というもの**(알고 나서 계속)로 연결할 수 있다. 선택지 중 빈칸 앞의 **同級生が**(동급생이) 바로 뒤에 올 수 있는 것은 1 **活躍しているのを**(활약하고 있는 것을) 또는 3 **社長として多方面で**(사장으로서 다방면에서)이다. 나머지 선택지를 문맥에 맞게 배열하면 3 **社長として多方面で** 1 **活躍しているのを** 4 **知ってから** 2 **というもの**(사장으로서 다방면에서 활약하고 있는 것을 알고 나서 계속)가 되면서 전체 문맥과도 어울린다. 따라서 4 **知ってから**(알고 나서)가 정답이다.

어휘 **同級生 どうきゅうせい** 명 동급생　**役立つ やくだつ** 동 도움이 되다
セミナー 명 세미나　**活躍 かつやく** 명 활약
～てからというもの ~하고 나서 (계속)
多方面 たほうめん 명 다방면

39

최근, 미니멀리스트라고 해서, 소유물을 가능한 한 줄여서 사는 사람이 있다. 내 주변에도 몇 명인가 있지만, 야마다 씨 에 이르러서는 ★냉장고 조차 가지고 있지 않다.

1 에 이르러서는	2 야마다 씨
3 냉장고	4 조차

해설 1의 **に至って**는 명사에 접속하므로 먼저 2 **山田さん** 1 **に至っては**(야마다 씨에 이르러서는) 또는 3 **冷蔵庫** 1 **に至っては**(냉장고에 이르러서는)로 연결할 수 있다. 둘 중 빈칸 앞의 '내 주변에도 몇 명인가 있지만'과 문맥상 어울리는 말은 2 **山田さん** 1 **に至っては**(야마다 씨에 이르러서는)이다. 이것을 나머지 선택지와 함께 문맥에 맞게 배열하면 2 **山田さん** 1 **に至っては** 3 **冷蔵庫** 4 **すら**(야마다 씨에 이르러서는 냉장고조차)가 되면서 전체 문맥과도 어울린다. 따라서 3 **冷蔵庫**(냉장고)가 정답이다.

어휘 **ミニマリスト** 명 미니멀리스트　**持ち物 もちもの** 명 소유물, 소지품
減らす へらす 동 줄이다　**暮らす くらす** 동 살다
～に至って ～にいたって ~에 이르러서　**すら** 조 조차

40

(이메일에서)
★좀 더 일찍 연락 드려야만 하는 데 인사이동의 인계에 시간을 필요로 한 탓에, 연수 일정의 연락이 늦어지게 되어 버렸습니다. 폐를 끼쳐, 죄송합니다.

1 일찍	2 인데
3 좀 더	4 연락 드려야만 하는

해설 선택지들끼리 연결 가능한 문형이 없으므로 의미적으로 배열하면 3 **もう少し** 1 **早く** 4 **ご連絡すべき** 2 **ところを**(좀 더 일찍 연락 드려야만 하는 데)가 되면서 전체 문맥과도 어울린다. 따라서 ★이 있는 첫 번째 빈칸에 위치한 3 **もう少し**(좀 더)가 정답이다.

어휘 **メール** 명 이메일　**人事異動 じんじいどう** 명 인사이동
引継ぎ ひきつぎ 명 인계　**要する ようする** 동 필요로 하다, 요하다
研修 けんしゅう 명 연수　**日程 にってい** 명 일정
迷惑 めいわく 명 폐, 성가심　**～ところを** ~인데
～べきだ ~해야 한다

41-45

아이의 놀이

PC나 디지털 기기가 생활에 필요 불가결한 현대에 있어서, 아이의 놀이의 빈곤화가 진행되고 있다고 말해진다. 최근 초등학생의 인기 놀이는 바깥 놀이에서 게임이나 스마트폰으로 변화하고 있다는 조사 결과도 있다. 확실히 집에서 노는 일이 많아지면, 체험으로부터의 배움이나 성장의 기회가 **41** . 예를 들면, 자연 속에서의 놀이를 통해, 식물이나 생물에 접한다는 자연 체험을 쌓는 것이 가능하다. 또한, 몸을 써서 노는 것으로 몸의 기능이나 능력을 높이는 것이 가능하다. 그것에 그치지 않고, 혼자 노는가, 누군가와 노는가 라는 점도 중요한 요소가 될 것이다. 친구와 노는 가운데, 사람과의 관계를 쌓는 방법을 습득하는 것이 가능하다. 개성을 가진 인간끼리의 관계가, 아이가 사회에서 살아가는 데에 필요한 힘을 기르는 것이다.

그렇다면, **42** 기회를 확보하는 것은, 집에서의 놀이로는 불가능한 것일까? 디지털화에 의해 편리해진 현대에 있어서, PC나 스마트폰으로의 놀이는 피할 수 없는 것일 것이다. **43** 부모는 그것을 제한하는 것이 아니라, 잘 공존해 갈 방법을 찾아내서 아이에게 보이지 않으면 안 된다. 예를 들면, 혼자서 방에 틀어박힌 채 게임으로 놀게 해 두는 것이 아니라, 친구나 가족과 함께 놀게 하는 것으로 게임을 통해 커뮤니케이션을 취할 필요가 생긴다. 몸을 움직이는 게임을 적극적으로 도입해 보는 것도 좋다. 또한, 영화나 드라마를 보고 끝이 아니라, 이야기의 무대가 된 장소를 실제로 방문하여, 그 지방의 문화에 접해보는 등, 놀이를 발전시켜서 **44** 와의 관계를

찾아 내게 한다. 그에 덧붙여서 자연에 접하는 기회도 만들면 더욱 좋다. 안과 밖을 연결시키는 것에 의해, 아이에게 있어서 놀이는 보다 풍부한 것이 45 .

어휘 デジタル 명 디지털　機器 きき 명 기기
必要不可欠だ ひつようふかけつだ な형 필요 불가결하다
現代 げんだい 명 현대　～において ~에 있어서
貧困化 ひんこんか 명 빈곤화　小学生 しょうがくせい 명 초등학생
人気 にんき 명 인기　外遊び そとあそび 명 바깥 놀이
ゲーム 명 게임　スマートフォン 명 스마트폰　変化 へんか 명 변화
調査 ちょうさ 명 조사　結果 けっか 명 결과
体験 たいけん 명 체험　学び まなび 명 배움
成長 せいちょう 명 성장　自然 しぜん 명 자연
～を通して ～をとおして ~을 통해서　植物 しょくぶつ 명 식물
生き物 いきもの 명 생물　触れる ふれる 동 접하다
積む つむ 동 쌓다　機能 きのう 명 기능　能力 のうりょく 명 능력
高める たかめる 동 높이다　～にとどまらず ~에 그치지 않고
重要だ じゅうようだ な형 중요하다　要素 ようそ 명 요소
築き方 きずきかた 명 쌓는 방법　習得 しゅうとく 명 습득
個性 こせい 명 개성　人間 にんげん 명 인간　同士 どうし 명 끼리
関わり かかわり 명 관계　確保 かくほ 명 확보
不可能だ ふかのうだ な형 불가능하다
デジタル化 デジタルか 명 디지털화　～によって ~에 의해
避けては通れない さけてはとおれない 피할 수 없다
制限 せいげん 명 제한　共存 きょうそん 명 공존
方法 ほうほう 명 방법　示す しめす 동 보이다, 나타내다
～なければならない ~하지 않으면 안 된다　例 れい 명 예
こもる 동 틀어박히다　コミュニケーション 명 커뮤니케이션
動かす うごかす 동 움직이다, 움직이게 하다
積極的だ せっきょくてきだ な형 적극적이다
取り入れる とりいれる 동 도입하다, 받아들이다　ドラマ 명 드라마
物語 ものがたり 명 이야기　舞台 ぶたい 명 무대
実際 じっさい 명 실제　訪れる おとずれる 동 방문하다
土地 とち 명 지방　発展 はってん 명 발전
さらに 부 그에 덧붙여서, 또한　なお 부 더욱
結び付ける むすびつける 동 연결시키다　より 부 보다, 한결
豊かだ ゆたかだ な형 풍부하다

41

1 상실시킨다고 단정할 수 없다
2 상실되는 일도 없다
3 상실시킨다고 말하기 어렵다
4 상실되는 것처럼 생각된다

해설 적절한 문형을 고르는 문제이다. 선택지 1과 3에는 사역 표현, 2와 4에는 수동 표현이 사용되었으므로 빈칸 주변에서 행위의 주체나 대상을 파악하는 것에 유의한다. 빈칸 앞뒤 문맥을 볼 때, 집에서 노는 일이 많아지면 상실되는 대상은 体験からの学びや成長の機会(체험으로부터의 배움이나 성장의 기회)이다. 따라서 수동 표현이면서 문맥에 맞는 의미인 4 失われるように思われる(상실되는 것처럼 생각된다)가 정답이다.

어휘 失う うしなう 동 상실하다, 잃다
～とは限らない ～とはかぎらない ~라고 단정할 수 없다
～こともない ~하는 일도 없다
～とは言いがたい ～とはいいがたい ~라고 말하기 어렵다
～ように思われる ～ようにおもわれる ~처럼 생각된다

42

1 어떤	2 저
3 저런	**4 그런**

해설 적절한 지시어를 고르는 문제이다. 빈칸 뒤의 機会(기회)는 빈칸 앞의 人との関係の築き方を習得する(사람과의 관계의 구축 방법을 습득하는) 기회를 지칭한다. 따라서 앞의 내용을 지시하는 4 そういう(그런)가 정답이다.

어휘 どういう 어떤　あの 저　ああいう 저런　そういう 그런

43

1 그렇기 때문에	2 그뿐 아니라
3 왜냐하면	4 그럼에도 불구하고

해설 적절한 단어를 고르는 문제이다. 빈칸 앞에서 현대에는 PC나 스마트폰을 통한 놀이는 피할 수 없다고 하고, 빈칸 뒤에서 부모가 그것들과 공존해 갈 방법을 찾아야 한다고 언급하였으므로 だからこそ親はそれを制限するのでなく、上手に共存していく方法を見つけて子どもに示さなければならない(그렇기 때문에 부모는 그것을 제한하는 것이 아니라, 잘 공존해 갈 방법을 찾아내서 아이에게 보이지 않으면 안 된다)가 가장 자연스럽다. 따라서 1 だからこそ(그렇기 때문에)가 정답이다.

어휘 だからこそ 그렇기 때문에　～ばかりか ～뿐 아니라
なぜなら 왜냐하면　～にもかかわらず ～에도 불구하고

44

1 동물과 식물	2 친구와 선생님
3 사람과 사회	4 가족과 학교

해설 적절한 단어를 고르는 문제이다. 빈칸 앞에서 その土地の文化に触れてみるなど(그 지방의 문화에 접해보는 등)라고 하고, 빈칸 뒤에서 関わりを見つけさせる(관계를 찾아 내게 한다)라며 문화에 접함으로써 발견할 수 있는 관계에 대해 언급하였으므로 人や社会との関わりを見つけさせる(사람과 사회와의 관계를 찾아 내게 한다)가 가장 자연스럽다. 따라서 3 人や社会(사람과 사회)가 정답이다.

45

1 되어서는 안 될 것이다	2 될 수는 없다
3 되어서는 곤란할 것이다	**4 되는 것이 아닐까**

해설 적절한 문형을 고르는 문제이다. 빈칸이 포함된 단락에서 필자가 집에서의 놀이를 집 밖에서의 놀이로 발전시키는 것의 중요성을 언급하였으므로 内と外を結び付けることによって、子どもにとって遊び

はより豊かなものになるのではないか(안과 밖을 연결시키는 것에 의해, 아이에게 있어서 놀이는 보다 풍부한 것이 되는 것이 아닐까)가 가장 자연스럽다. 따라서 4 なるのではないか(되는 것이 아닐까)가 정답이다.

어휘 ～てはならない ~해서는 안 된다
～わけにはいかない ~할 수는 없다
～てはかなわない ~해서는 곤란하다　～のではないか ~가 아닐까

독해

p.124

46

수도권으로의 인구 집중이 현저하다. 확실히, 수도권은 직장이나 상업 시설 등의 편의성에 있어서는 발군이지만, 도시의 생활이 사람들에게 정말로 풍족함을 가져오고 있는 것일까.

육아 세대가 가장 많은 도쿄의 출생률이 낮다는 데이터가 있다. 도시에서는 일하는 여성이 출산을 포기할 수밖에 없는 상황인 것이다. 재택근무가 점점 보급되어가는 현재, 일하는 방식을 다양화하는 것이, 육아와의 양립을 가능하게 하고, 취미도 즐길 수 있는 풍족한 생활의 계기가 될 것이다.

필자의 생각과 맞는 것은 어느 것인가?

1 도시 생활의 편의성은 변하지 않기 때문에, 인구 집중은 앞으로도 계속될 것이다.
2 직장이 도시에 집중해 있지만, 일하는 세대의 재택근무는 더욱 늘어갈 것이다.
3 근무 형태를 궁리하면, 일하면서 충실한 생활을 할 수 있게 될 것이다.
4 수도권의 생활은 편리하기 때문에, 젊은 세대는 도시에서의 생활에 만족하고 있을 것이다.

해설 에세이로 필자의 생각을 묻고 있다. 지문을 처음부터 꼼꼼히 읽고 정확히 해석하면서 필자의 생각을 파악한다. 후반부에서 **働き方を多様化することが、子育てとの両立を可能にし、趣味も楽しめる豊かな暮らしのきっかけになるはずである**라고 서술하고 있으므로, 3 **勤務形態を工夫すれば、働きながら充実した暮らしができるようになるだろう**(근무 형태를 궁리하면, 일하면서 충실한 생활을 할 수 있게 될 것이다)가 정답이다.

어휘 首都圏 しゅとけん 명 수도권　集中 しゅうちゅう 명 집중
著しい いちじるしい い형 현저하다　確かに たしかに 부 확실히
職場 しょくば 명 직장　商業 しょうぎょう 명 상업
施設 しせつ 명 시설　利便性 りべんせい 명 편의성
～においては ~에 있어서는　群を抜く ぐんをぬく 발군이다, 출중하다
都会 とかい 명 도시　豊かさ ゆたかさ 명 풍족함, 풍부함
もたらす 동 가져오다, 초래하다　子育て こそだて 명 육아
世代 せだい 명 세대　最も もっとも 부 가장
東京 とうきょう 명 도쿄　出生率 しゅっせいりつ 명 출생률
データ 명 데이터　出産 しゅっさん 명 출산　あきらめる 동 포기하다
～ざるを得ない ～ざるをえない ~할 수밖에 없다
状況 じょうきょう 명 상황　在宅勤務 ざいたくきんむ 명 재택근무
普及 ふきゅう 명 보급　～つつある 점점 ~해지다
働き方 はたらきかた 명 일하는 방식　多様化 たようか 명 다양화
両立 りょうりつ 명 양립　豊かだ ゆたかだ な형 풍부하다
暮らし くらし 명 생활, 살림　きっかけ 명 계기　今後 こんご 명 앞으로
形態 けいたい 명 형태　工夫 くふう 명 궁리
充実 じゅうじつ 명 충실　便利 べんり 명 편리
満足 まんぞく 명 만족

47

이하는, 어느 편의점의 스태프룸에 붙여진 공지이다.

근무 희망일 제출 변경에 대해

근무일 결정이 전월 월말이 되어 버리는 상황을 개선하기 위해, 근무일 조정 시스템을 도입합니다. 지금까지는, 다음 달의 근무 희망일을 종이 희망표에 기입한 뒤에, 점장에게 제출하는 흐름이었습니다만, 다음 달부터, 인터넷상의 시스템에 접속해서, 희망일을 입력하는 형태로 변경합니다. 마감일은 지금까지와 같습니다.

이번 달 중에 점장으로부터, 근무일 조정 시스템의 로그인과 입력 방법에 대해 설명할 것이므로, 아르바이트 종료 후에 시간을 낼 수 있는 날을 신청해 주세요.

이 공지는 무엇을 알리고 있는가?

1 지금의 상황을 개선하기 위해, 근무 희망일을 제출하는 마감을 이르게 하는 것
2 근무 희망일을 기입한 희망표의 제출처가 변경되는 것
3 인터넷을 사용해서, 근무 희망일을 전달하지 않으면 안 되게 되는 것
4 이번 달 중순에 점장에게 연락을 취해, 설명을 받을 필요가 있는 것

해설 공지 형식의 실용문으로, 글의 내용을 묻고 있다. 지문을 처음부터 꼼꼼히 읽고 정확히 해석하면서 글의 맥락을 파악한다. 초반부에서 **勤務日調整システムを導入します**라고 하고, 중반부에서 **来月より、インターネット上のシステムにアクセスし、希望日を入力する形に変更します**라고 언급하고 있으므로, 3 **インターネットを使って、勤務希望日を伝えなければならなくなること**(인터넷을 사용해서, 근무 희망일을 전달하지 않으면 안 되게 되는 것)가 정답이다.

어휘 コンビニエンスストア 명 편의점　スタッフ 명 스태프　ルーム 명 룸
貼る はる 동 붙이다　お知らせ おしらせ 명 공지
勤務 きんむ 명 근무　希望日 きぼうび 명 희망일
提出 ていしゅつ 명 제출　変更 へんこう 명 변경
勤務日 きんむび 명 근무일　決定 けってい 명 결정
前月 ぜんげつ 명 전월　月末 げつまつ 명 월말
状況 じょうきょう 명 상황　改善 かいぜん 명 개선
～すべく ~하기 위해　調整 ちょうせい 명 조정　システム 명 시스템
導入 どうにゅう 명 도입　次月 じげつ 명 다음 달
希望表 きぼうひょう 명 희망표　記入 きにゅう 명 기입
店長 てんちょう 명 점장　流れ ながれ 명 흐름
インターネット上 インターネットじょう 인터넷상
アクセス 명 접속, 접근　入力 にゅうりょく 명 입력

変更 へんこう 명 변경　締切日 しめきりび 명 마감일
同様だ どうようだ な형 같다　今月中 こんげつちゅう 이번 달 중
ログイン 명 로그인　入力 にゅうりょく 명 입력
方法 ほうほう 명 방법　終了後 しゅうりょうご 명 종료 후
時間が取れる じかんがとれる 시간을 낼 수 있다
申し出る もうしでる 동 신청하다　早める はやめる 동 이르게 하다
提出先 ていしゅつさき 명 제출처　中旬 ちゅうじゅん 명 중순
連絡を取る れんらくをとる 연락을 취하다

48

벚꽃색 화과자가 가게에 진열되면, 드디어 봄이 온다고 마음이 들뜨는 사람이 많다. 화과자가 아름다움이나 맛있음 뿐 아니라, 계절의 변화를 즐기는 마음과 함께 이어져온 과자이기 때문이다.

음식이든지 관습이든지, 옛날부터 계속되는 것에는, 그 토지에 전해지는 자연에 대한 마음이 반영되어 있는 것이다. 벚꽃색의 화과자에 봄이 오는 기쁨을 느낀다면, 현대를 살아가는 우리들도, 그 마음을 잃지 않았다고 말할 수 있을 것이다.

필자의 생각과 맞는 것은 어느 것인가?

1 화과자는, 계절을 소중히 하여, 맛이나 아름다움은 그 정도로 중시하지 않는 과자이다.
2 새로운 음식은, 그 토지 독자의 자연에 대한 사고방식의 영향을 받지 않는 것이다.
3 화과자가 없으면, 봄이 오는 것을 기뻐하는 마음이 이어지는 일은 없었다고 말할 수 있다.
4 현대인도 옛날과 같이, 계절의 변화를 즐기는 마음을 가지고 있다고 말할 수 있다.

해설 에세이로 필자의 생각을 묻고 있다. 지문을 처음부터 꼼꼼히 읽고 정확히 해석하면서 필자의 생각을 파악한다. 초반부에서 **桜の色の和菓子が店に並ぶようになると、いよいよ春が来るのだと心を弾ませる人が多い**라고 하고, 중반부에서 **季節の移り変わりを楽しむ心と共に受け継がれてきたお菓子**라고 하고, 후반부에서 **現代を生きる私たちも、その心を失っていないと言うことができるだろう**라고 서술하고 있으므로, 4 **現代人も昔と同様、季節の変化を楽しむ気持ちを持っていると言える**(현대인도 옛날과 같이, 계절의 변화를 즐기는 마음을 가지고 있다고 말할 수 있다)가 정답이다.

어휘 桜 さくら 명 벚꽃　和菓子 わがし 명 화과자, 일본 전통 과자
いよいよ 부 드디어　心を弾む こころをはずむ 마음이 들뜨다
美しさ うつくしさ 명 아름다움　おいしさ 명 맛있음
～だけではなく ~뿐만 아니라　移り変わり うつりかわり 명 변화, 추이
～と共に ～とともに ~와 함께
受け継ぐ うけつぐ 동 이어지다, 계승되다　～であれ ~든지
習慣 しゅうかん 명 관습　土地 とち 명 토지
伝わる つたわる 동 전해지다　自然 しぜん 명 자연
反映 はんせい 명 반영　喜び よろこび 명 기쁨
感じる かんじる 동 느끼다　現代 げんだい 명 현대

失う うしなう 동 잃다　重視 じゅうし 명 중시　独自 どくじ 명 독자
考え方 かんがえかた 명 사고방식　影響 えいきょう 명 영향
同様だ どうようだ な형 같다

49

지금은, 간단하게 정보를 받을 수 있는 시대입니다. 새로운 정보가 일부의 사람에게만 열려있던 시대는 끝을 맞이하고, 집에서 한 걸음도 나가지 않아도 다양한 정보에 접촉하는 것이 가능합니다. 정보의 전달도 몹시 용이해져, 자신이 얻은 정보를 많은 사람에게 전달하는 것뿐이라면 누구라도 할 수 있게 되었습니다. 하지만, 그것을 편집해서, 독자의 가치를 보태서, 새로운 정보를 만들어내고 있는 사람은 얼마나 있을까요. '정보를 만들어내는 사람'이 되는 것은 의외로 어려운 법입니다.

이 글에서 필자가 말하고 있는 것은 무엇인가?

1 새로운 정보를 얻는 것은 어렵기 때문에, '정보를 만들어내는 사람'은 일부의 사람뿐이다.
2 정보를 그대로 전달하는 것은 누구라도 할 수 있지만, 편집할 수 있는 것은 프로뿐이다.
3 정보를 단지 퍼트리는 것만으로는 '정보를 만들어내는 사람'이 되었다고는 말할 수 없다.
4 여러가지 정보가 세상에 넘쳐흐르고 있지만, 새로운 정보를 만들기 쉽다고는 말할 수 없다.

해설 에세이로 필자의 생각을 묻고 있다. 지문을 처음부터 꼼꼼히 읽고 정확히 해석하면서 필자의 생각을 파악한다. 중반부에서 **自分が得た情報を多くの人に伝えるだけなら誰でもできるようになりました**라고 하고, 후반부에서 **編集し、独自の価値を付け加えて、新たな情報を作り出している人はどれだけいるでしょうか。「情報を作り出す人」になるのは意外に難しいものです**라고 서술하고 있으므로, 3 **情報を単に広めるだけでは「情報を作り出す人」になっているとは言えない**(정보를 단지 퍼트리는 것만으로는 '정보를 만들어내는 사람'이 되었다고는 말할 수 없다)가 정답이다.

어휘 情報 じょうほう 명 정보　受け取る うけとる 동 받다, 수취하다
一部 いちぶ 명 일부　一歩 いっぽ 명 한 걸음
様々だ さまざまだ な형 다양하다　触れる ふれる 동 접촉하다, 닿다
容易だ よういだ な형 용이하다　得る える 동 얻다
編集 へんしゅう 명 편집　独自 どくじ 명 독자　価値 かち 명 가치
付け加える つけくわえる 동 보태다, 첨부하다
新ただ あらただ な형 새롭다　作り出す つくりだす 동 만들어 내다
どれだけ 부 얼마나　意外だ いがいだ な형 의외이다
～ものだ ~인 법이다　そのまま 명 그대로　プロ 명 프로
単に たんに 부 단지　広める ひろめる 동 퍼트리다
～とは言えない ～とはいえない ~라고 말할 수 없다
世の中 よのなか 명 세상　あふれる 동 넘쳐흐르다

50-52

골프란, 간결하게 말하면 '경기 중 얼마나 적은 타수로 코스를 돌 수 있는가를 겨루는 스포츠'이다. 타수는 그대로 득점으로 환산된다. 따라서, 참가자 중에 제일 득점이 적은 사람이 승리한다.

또한, ①골프는 단순히 체력만으로 승부하는 스포츠가 아닌 점이 재미있다. 골프에서 좋은 성과를 올리기 위해서는, 뛰어난 신체 능력이나 고도의 기교가 불가결하다고 생각했더니, 의외로 그렇지도 않다는 이야기를 듣는다. [50]체력이나 기교에 집착하는 것이 아니라, 우선은 동요하지 않는 것이 중요하다고 말해지고 있다. [51]일단 코스에 나가버리면, 설령 베테랑이라고 해도, 빈번하게 긴장에 사로잡힌다. 완벽함을 추구하는 나머지 동요가 생겨, 미스를 연속. 타수가 큰 폭으로 늘어나기는커녕, 단숨에 불안정한 정신 상태에 빠져, 생각대로 성과가 오르지 않는다. ②이러한 고민에 직면해 있는 플레이어는 많이 존재하는 것이다.

의외로, 이러한 것을 잘 대처하고 있는 것이 고령의 플레이어이다. 그들은 [52]야심이나 도전심과 같은 대담함이야말로 부족하지만, 침착하게 플레이를 수행할 수 있다. 연령과 함께 욕망이 옅어져, 낙관, 타협과 같은 시야가 갖추어진 것일까. 그들은 이제 와서는 전력을 다하는 플레이는 하지 않는다. [52]자신의 체력이나 버릇을 파악한 뒤에, 효율 좋게 플레이를 즐기고 있다. 미스 샷도 예상 내이다. 그리고, 그것은 성숙한 플레이 스타일로서 크게 성과에 공헌하고 있다.

(주1) 타수 : 타자가 공을 친 횟수
(주2) 전력을 다함 : 가감않고 힘의 극한을 내는 것

어휘 ゴルフ 명 골프　簡潔だ かんけつだ な형 간결하다
競技 きょうぎ 명 경기　いかに 부 얼마나　打数 たすう 명 타수
コース 명 코스　競う きそう 동 겨루다　そのまま 명 그대로
得点 とくてん 명 득점　換算 かんさん 명 환산　よって 따라서
参加者 さんかしゃ 명 참가자　勝利 しょうり 명 승리
単に たんに 부 단순히　体力 たいりょく 명 체력
勝負 しょうぶ 명 승부　成果 せいか 명 성과
優れる すぐれる 동 뛰어나다　身体 しんたい 명 신체
能力 のうりょく 명 능력　高度だ こうどだ な형 고도이다
手法 てほう 명 기교, 수법　不可欠だ ふかけつだ な형 불가결하다
～と思いきや ～とおもいきや ~라고 생각했더니
案外 あんがい 명 의외　執着 しゅうちゃく 명 집착
動揺 どうよう 명 동요　肝心だ かんじんだ な형 중요하다
一旦 いったん 부 일단　例え たとえ 부 설령, 가령
ベテラン 명 베테랑　ひんぱんだ な형 빈번하다
緊張 きんちょう 명 긴장
襲われる おそわれる 동 사로잡히다, 덮쳐지다
完璧さ かんぺきさ 명 완벽함　求める もとめる 동 추구하다, 바라다
～あまり ~나머지
動揺が走る どうようがはしる 동요가 생기다, 동요하다
ミス 명 미스, 실수　連続 れんぞく 명 연속
大幅だ おおはばだ な형 큰 폭이다　一気に いっきに 부 단숨에
不安定だ ふあんていだ な형 불안정하다　精神 せいしん 명 정신
状態 じょうたい 명 상태　陥る おちいる 동 빠지다
思うように おもうように 생각대로　悩み なやみ 명 고민
直面 ちょくめん 명 직면　プレーヤー 명 플레이어
存在 そんざい 명 존재　対処 たいしょ 명 대처
高齢 こうれい 명 고령　野心 やしん 명 야심
挑戦心 ちょうせんしん 명 도전심　～といった ~와 같은, ~라고 하는
大胆さ だいたんさ 명 대담함　～こそ ~야 말로
乏しい とぼしい い형 부족하다　～ものの ~지만
落ち着く おちつく 동 침착하다, 진정하다　プレー 명 플레이
遂行 すいこう 명 수행　～とともに ~와 함께　欲望 よくぼう 명 욕망
薄れる うすれる 동 옅어지다, 묽어지다　楽観 らっかん 명 낙관
妥協 だきょう 명 타협　視野 しや 명 시야
備わる そなわる 동 갖추어지다　もはや 부 이제 와서는, 이미
力任せだ ちからまかせだ な형 전력을 다하다　癖 くせ 명 버릇
把握 はあく 명 파악　～た上で ～たうえで ~한 뒤에, ~한 후에
効率 こうりつ 명 효율　ミスショット 명 미스 샷
想定内 そうていない 명 예상 내　成熟 せいじゅく 명 성숙
スタイル 명 스타일　大いに おおいに 부 크게
貢献 こうけん 명 공헌　打者 だしゃ 명 타자　ボール 명 공, 볼
回数 かいすう 명 횟수　加減 かげん 명 가감

50

①골프는 단순히 체력만으로 승부하는 스포츠가 아닌이라고 되어 있는데, 어째서인가?

1 설령 베테랑이라도, 미스를 하면 단숨에 불안정한 정신 상태에 빠져버리기 때문에
2 설령 베테랑이라도, 체력이나 기교에 집착하는 나머지, 빈번히 긴장해버리기 때문에
3 골프에서 좋은 기록을 내기 위해서는 평정함을 유지하는 것이 중요하다고 말해지고 있기 때문에
4 골프에서 좋은 기록을 내기 위해서는, 뛰어난 신체 능력이나 고도의 기교가 불가결하기 때문에

해설 질문의 밑줄 친 ゴルフは単に体力のみで勝負するスポーツではない(골프는 단순히 체력만으로 승부하는 스포츠가 아닌)가 있는 두 번째 단락을 읽고 밑줄 친 부분을 설명하는 내용을 찾는다. 밑줄의 뒷부분에서 体力や手法に執着するのではなく、まずは動揺しないことが肝心だと言われている라고 서술하고 있으므로, 3 ゴルフで良い記録を出すには平静さを保つことが重要だと言われているから(골프에서 좋은 기록을 내기 위해서는 평정심을 유지하는 것이 중요하다고 말해지고 있기 때문에)가 정답이다.

어휘 記録 きろく 명 기록　平静さ へいせいさ 명 평정함
保つ たもつ 동 유지하다

51

② 이러한 고민이라고 되어 있는데, 고민에 맞는 것은 어느 것인가?

1 코스에 나가면, 긴장으로 단숨에 불안정한 정신 상태에 빠져버리는 것
2 코스에 나가면, 완벽함을 추구하는 나머지 타수가 큰 폭으로 늘어나 버리는 것
3 코스에 나가면, 체력이나 기교에 집착하는 나머지, 미스를 반복하는 것
4 코스에 나가면, 긴장이 원인으로 미스가 늘어, 좋은 성과가 나오지 않는 것

해설 질문의 밑줄 친 このような悩み(이러한 고민)가 있는 두 번째 단락을 읽고 밑줄 친 부분을 설명하는 내용을 찾는다. 밑줄의 앞부분에서 **一旦コースに出てしまえば、例えベテランであれ、ひんぱんに緊張に襲われる。完璧さを求めるあまりに動揺が走り、ミスを連続。打数が大幅に増えるどころか、一気に不安定な精神状態に陥り、思うように成果が上がらない**라고 서술하고 있으므로, 4 **コースに出ると、緊張が原因でミスが増え、良い成果が出ないこと**(코스에 나가면, 긴장이 원인으로 미스가 늘어, 좋은 성과가 나오지 않는 것)가 정답이다.

어휘 **繰り返す くりかえす** 동 반복하다

52

필자는 고령의 골프 플레이어에 대해 어떻게 생각하고 있는가?

1 미스도 예상했던 범위로 하고, 체력을 사용하지 않고 효율 좋게 플레이한다
2 야심이나 도전심을 일절 가지지 않고, 침착하게 플레이를 수행한다
3 연령과 함께 낙관, 타협과 같은 시야를 갖추어서 효율 좋게 플레이할 수 있다
4 자신의 체력이나 버릇을 파악하는 것으로, 침착하게 플레이를 수행할 수 있다

해설 질문을 읽고 고령의 플레이어에 대한 필자의 생각이 무엇인가를 염두에 두며 세 번째 단락을 읽고 내용을 파악한다. 세 번째 단락에서 **野心や挑戦心といった大胆さこそ乏しいものの、落ち着いてプレーを遂行できる**라고 하고, **自分の体力や癖を把握した上で、効率良くプレーを楽しんでいる**라고 서술하고 있으므로, 4 **自分の体力や癖を把握することで、落ち着いてプレーを遂行できる**(자신의 체력이나 버릇을 파악하는 것으로, 침착하게 플레이를 수행할 수 있다)가 정답이다.

어휘 **想定内 そうていない** 명 예상했던 범위　**一切 いっさい** 부 일절, 전혀

53-55

최근, 슈퍼나 편의점에서 '글루틴 프리'인 식품을 빈번히 발견하게 되었다. 글루틴이란, 밀 등의 곡물에 포함된 단백질을 말하는데, 이것을 재료에서 배제한 식품이 글루틴 프리 식품이다. 현재, 그것들은 적극적으로 밀 제품을 끊는다는, 건강 지향이 강한 층으로부터의 인기도 있다. 아울러, [53]**글루틴 프리 의식이 높아지고 있는 것은, 밀 알레르기에 직면하는 사람이 늘어나고 있기 때문이다.**

밀 알레르기의 증상은, 만성적인 배탈이나 가려움 등과 같은 가벼운 자각 증상에서, 극단적인 쇼크 상태에 이르기까지 다양하다. 글루틴은 소장에 악영향을 미친다고 지적되고 있다. [54]**글루틴은 사람의 소화기관 속에서는 분해되기 어려워서, 소장에서 이물로서 공격받아버린다. 그 때문에 소장의 벽이 상처를 입어, 영양의 흡수가 저지된다고 일컬어지고 있다.**

현재, 이 알레르기에 대응하는 약은 없다. [55]**밀 알레르기인 사람에게는, 밀을 일절 배제한 식사의 실천이 장려된다. 밀 제품을 끊는 것으로, 소장으로의 부담을 큰 폭으로 경감하고 장벽을 회복시켜, 종래와 같은 영양 흡수를 촉진할 수 있기 때문이다.** 또한, 평소부터 빈번히 밀 제품을 섭취하고 있는 사람, 탈이 계속되어, 온갖 건강법에 돈을 소비했지만 성과가 나오지 않았다는 사람도, 빠른 시일 내에 이 방법을 시도해보면 좋다. 2주간 정도 밀 제품을 일절 끊은 식사를 실천한다. 이 시도로 탈이 개선되었다면, 횡재이다. 때를 놓치고 나서는 너무 늦다.

(주1) 이물 : 여기서는, 몸의 조직 속에 녹지 않는 것
(주2) 횡재 : 생각지 않게 얻은 이익이나 행운

어휘 **コンビニ** 명 편의점　**グルテンフリー** 글루틴 프리
食品 しょくひん 명 식품　**頻繁だ ひんぱんだ** な형 빈번하다
見かける みかける 동 발견하다　**グルテン** 명 글루틴
小麦 こむぎ 명 밀　**穀物 こくもつ** 명 곡물　**含む ふくむ** 동 포함하다
タンパク質 タンパクしつ 명 단백질　**材料 ざいりょう** 명 재료
排除 はいじょ 명 배제　**現在 げんざい** 명 현재
積極的 せっきょくてき 명 적극적　**製品 せいひん** 명 제품
断つ たつ 동 끊다　**健康 けんこう** 명 건강　**志向 しこう** 명 지향
層 そう 명 층　**人気 にんき** 명 인기　**また** 부 아울러, 또한
意識 いしき 명 의식　**高まる たかまる** 동 높아지다
アレルギー 명 알레르기　**直面 ちょくめん** 명 직면
症状 しょうじょう 명 증상　**慢性的だ まんせいてきだ** な형 만성적이다
お腹の不調 おなかのふちょう 배탈　**かゆみ** 명 가려움
自覚 じかく 명 자각　**症状 しょうじょう** 명 증상
極端だ きょくたんだ な형 극단(적)이다　**ショック** 명 쇼크
状態 じょうたい 명 상태　**～に至る ～にいたる** ~에 이르다
様々だ さまざまだ な형 다양하다　**小腸 しょうちょう** 명 소장
悪影響 あくえいきょう 명 악영향
及ぼす およぼす 동 미치다, 끼치다　**指摘 してき** 명 지적
消化器官 しょうかきかん 명 소화기관　**分解 ぶんかい** 명 분해
異物 いぶつ 명 이물　**攻撃 こうげき** 명 공격　**それゆえに** 그 때문에
傷付く きずつく 동 상처 입다　**栄養 えいよう** 명 영양
吸収 きゅうしゅう 명 흡수　**阻む はばむ** 동 저지하다, 방해하다
対応 たいおう 명 대응　**実践 じっせん** 명 실천

奨励 しょうれい 명 장려　負担 ふたん 명 부담
大幅だ おおはばだ な형 큰 폭이다　軽減 けいげん 명 경감
腸壁 ちょうへき 명 장벽　回復 かいふく 명 회복
従来通り じゅうらいどおり 종래와 같이, 원래대로
促進 そくしん 명 촉진　日頃 ひごろ 명 평소　摂取 せっしゅ 명 섭취
不調 ふちょう 명 탈, 상태가 좋지 않음　あらゆる 온갖
健康法 けんこうほう 명 건강법　費やす ついやす 동 소비하다
成果 せいか 명 성과　早いうちに はやいうちに 빠른 시일내에
手法 てほう 명 방법, 수단　試みる こころみる 동 시도하다, 시험하다
改善 かいぜん 명 개선　儲けもの もうけもの 명 횡재
手遅れ ておくれ 명 때가 늦음　組織 そしき 명 조직
溶ける とける 동 녹다
思いがけない おもいがけない い형 생각지도 못한, 의외로
得る える 동 얻다　利益 りえき 명 이익　幸運 こううん 명 행운

53

'글루틴 프리'인 식품이 일반적이게 된 것은, 어째서인가?

1 건강 지향이 강한 사람들 속에서, 밀을 일절 배제하는 것이 유행하고 있기 때문에
2 건강 지향이 강한 사람들이 슈퍼나 편의점을 자주 이용하게 되었기 때문에
3 밀 알레르기를 가진 사람이 증가하여, 밀이 들어있지 않은 식품이 필요해졌기 때문에
4 밀 알레르기를 가진 사람들의 건강에 대한 의식이 높아졌기 때문에

해설 질문을 읽고 글루틴 프리 식품이 일반적이게 된 이유가 무엇인가를 염두에 두며 첫 번째 단락을 읽고 내용을 파악한다. 첫 번째 단락에서 グルテンフリーの意識が高まっているのは、小麦アレルギーに直面する人が増えているからだ라고 서술하고 있으므로, 3 小麦アレルギーを持つ人が増加し、小麦が入っていない食品が必要になったから(밀 알레르기를 가진 사람이 증가하여, 밀이 들어있지 않은 식품이 필요해졌기 때문에)가 정답이다.

어휘 一般的だ いっぱんてきだ な형 일반적이다　流行 りゅうこう 명 유행
増加 ぞうか 명 증가

54

글루틴은 소장에 악영향을 미친다고 지적되고 있다라고 되어 있는데, 어째서인가?

1 글루틴은 소장에서 이물로 취급되어, 소장을 공격하기 때문에
2 글루틴이 소장의 벽을 상처 입혀, 영양의 흡수를 저지하기 때문에
3 글루틴이 소장에서 이물로 공격받아, 소장의 벽이 상처 입기 때문에
4 글루틴은 만성적인 배탈이나 가려움 등의 증상을 야기하기 때문에

해설 질문의 밑줄 친 グルテンは小腸に悪影響を及ぼすと指摘されている(글루틴은 소장에 악영향을 미친다고 지적되고 있다)가 있는 두 번째 단락을 읽고 밑줄 친 부분을 설명하는 내용을 찾는다. 밑줄의 뒷부분에서 グルテンは人の消化器官の中では分解されにくく、小腸で異物として攻撃されてしまう。それゆえに小腸の壁が傷付き、栄養の吸収が阻まれると言われている라고 서술하고 있으므로, 3 グルテンが小腸で異物として攻撃され、小腸の壁が傷付くから(글루틴이 소장에서 이물로 공격받아, 소장의 벽이 상처 입기 때문에)가 정답이다.

어휘 扱う あつかう 동 취급하다　引き起こす ひきおこす 동 야기하다

55

필자에 의하면, 밀 알레르기에 대해, 어떤 대응을 하는 것이 좋은가?

1 2주간만 밀 식품을 끊어, 소장으로의 부담을 큰 폭으로 경감한다.
2 온갖 건강법에 돈을 소비하여, 성과가 나오는 것을 기다린다.
3 밀 제품을 끊기 위해, 식품의 비용 부담을 큰 폭으로 줄여본다.
4 영양을 취할 수 있는 몸으로 돌아가기 위해, 밀 제품을 전혀 먹지 않도록 한다.

해설 질문을 읽고 밀 알레르기 대응에 대한 필자의 생각이 무엇인가를 염두에 두며 세 번째 단락을 읽고 내용을 파악한다. 세 번째 단락에서 小麦アレルギーの人には、小麦を一切排除した食事の実践が奨励される。小麦製品を断つことで、小腸への負担を大幅に軽減し腸壁を回復させ、従来通りの栄養吸収を促進できるからだ라고 서술하고 있으므로, 4 栄養がとれる体に戻すため、小麦製品を全く食べないようにする(영양을 취할 수 있는 몸으로 돌아가기 위해, 밀 제품을 전혀 먹지 않도록 한다)가 정답이다.

어휘 対応 たいおう 명 대응　費用 ひよう 명 비용　負担 ふたん 명 부담

56-58

오랜만에 본가에 돌아와보니, 엄마는 산책 도중에 발견한 새로운 찻집이 매우 마음에 든 듯 혼자서 부리나케 빈번히 다니고 있다. 꼭 같이 가자고 열심히 나를 꾀어내기 때문에, 한 번 동반해봤다. 과연 마음이 편한 가게로 커피도 맛있지만, 엄마가 그 정도로 마음에 든 이유는, [56]차분하고 지적인 인상의 점주가 조금 멋있어, 이곳에서의 휴식이 74세 노부인의 은밀한 즐거움이기 때문일지도 모른다고 생각했다.

그래서 잠시, 유도심문했더니, 그 가게는 시골치고는 세련됐고, 점주가 소재에 집착하고 있어서, 뭐든 맛있기 때문이라고 한다. 확실히 그의 집착에는 매우 감탄하고 있다고는 해도, 나의 억측은 조금 빗나간 것 같았다.

[57]아무래도 엄마의 기쁨은 은밀한 즐거움이 아니라, 자기 혼자서 발견했다는 점인 것 같다. 만사 부창부수, 즉 남편이 말을 꺼내고 아내가 그에 따른다는 구식인 부부원만형으로 50년 살아온 엄마는, 그 삶의 방식이 자신에게는 맞았다고 자각하고 있다. 객관적으로 딸로서 봐도, 억지로 자신을 억눌러온 것이 아닌 그대로라고 생각한다. 그렇다고 해도, 의견이나 발견은 누구에게라도 있고, 사소한 것이라도 자신이 좋다고 생각하면 마음이 설레며, 인정받으면 더욱 기쁘다. [58]스스로의 발견을 만끽하는 엄마는 생기발랄하게, 아빠도 커피 애호가면 좋겠다며 명랑했다.

(주) 유도심문 : 여기서는, 사실을 말하도록 돌려서 묻고, 살피는 것

어휘 実家 じっか 명 본가　気に入る きにいる 마음에 들다
いそいそ 부 (마음이 들떠) 부리나케, 허겁지겁
頻繁だ ひんぱんだ な형 빈번하다　熱心だ ねっしんだ な형 열심이다
誘う さそう 동 꾀다, 권하다　同伴 どうはん 명 동반
居心地の良い いごこちのよい 마음이 편하다　美味 びみ 명 맛있음
物静かだ ものしずかだ な형 차분하다, 조용하다
知的だ ちてきだ な형 지적이다　印象 いんしょう 명 인상
素敵だ すてきだ な형 멋있다　憩い いこい 명 휴식
老婦人 ろうふじん 명 노부인　ひそかだ な형 은밀하다
誘導尋問 ゆうどうじんもん 명 유도심문　～にしては ~치고는
洗練 せんれん 명 세련　店主 てんしゅ 명 점주
素材 そざい 명 소재　こだわり 명 집착, 고집
確かに たしかに 부 확실히　甚だ はなはだ 부 매우, 몹시
感心 かんしん 명 감탄　～とはいえ ~라고는 해도
憶測 おくそく 명 억측　やや 부 약간　外れる はずれる 동 빗나가다
どうやら 부 아무래도　喜び よろこび 명 기쁨
発見 はっけん 명 발견　何事も なにごとも 만사
夫唱婦随 ふしょうふずい 명 부창부수　すなわち 접 즉
言い出す いいだす 동 말을 꺼내다　従う したがう 동 따르다
旧式 きゅうしき 명 구식
夫婦円満型 ふうふえんまんがた 명 부부원만형
暮らす くらす 동 살다　生き方 いきかた 명 삶의 방식
自覚 じかく 명 자각　客観的 きゃっかんてき 명 객관적
無理矢理 むりやり 부 억지로　抑える おさえる 동 억누르다
その通りだ 그대로다, 그 말대로다　とはいえ 접 그렇다고 해도
ささいだ な형 사소하다　心躍る こころおどる 마음이 설레다
認める みとめる 동 인정하다　満喫 まんきつ 명 만끽
若々しい わかわかしい い형 생기발랄하다
コーヒー好き コーヒーずき 커피 애호가
朗らかだ ほがらかだ な형 명랑하다, 쾌활하다
遠回す とおまわす 동 (멀리) 돌리다
問いかける といかける 동 묻다　探る さぐる 동 살피다, 찾다

56

엄마가 이 찻집을 마음에 들어 하고 있는 것에 대해, 필자가 처음에 생각한 이유는 어느 것인가?

1 커피나 요리가 다른 가게보다 맛있기 때문에
2 인테리어가 세련되고, 마음이 편하기 때문에
3 멋진 점주를 마음에 들어 하기 때문에
4 집착이 있는 요리를 대단하다고 생각하고 있기 때문에

해설 질문을 읽고 필자가 처음에 생각한 엄마가 이 찻집을 좋아하는 이유가 무엇인가를 염두에 두며 첫 번째 단락, 두 번째 단락을 읽고 내용을 파악한다. 첫 번째 단락에서 **物静かで知的な印象の店主がちょっと素敵で、ここでの憩いが74歳老婦人のひそかな楽しみだからかもしれないと思った**라고 서술하고 있으므로, 3 **素敵な店主のことを気に入っているから**(멋진 점주를 마음에 들어 하기 때문에)가 정답이다.

어휘 インテリア 명 인테리어

57

스스로의 발견이라고 되어 있는데, 어떠한 것인가?

1 새로운 찻집은, 점주의 커피로의 집착이 강한 것
2 새로운 찻집을, 남편의 의견이 아니라 스스로 좋아하게 된 것
3 자신의 지금까지의 삶의 방식이 자신에게 맞았다는 것
4 자신이 좋다고 생각하는 것이 다른 사람에게 인정받으면 기쁘다는 것

해설 질문의 밑줄 친 **自らの発見**(스스로의 발견)이 있는 세 번째 단락을 읽고 밑줄 친 부분을 설명하는 내용을 찾는다. 밑줄의 앞부분에서 **どうやら母の喜びは密かな楽しみのことではなく、自分一人で発見したということのようだ**라고 서술하고 있으므로, 2 **新しい喫茶店を、夫の意見ではなく自分から好きになったこと**(새로운 찻집을, 남편의 의견이 아니라 스스로 좋아하게 된 것)가 정답이다.

어휘 自分から じぶんから 스스로　生き方 いきかた 삶의 방식
他人 たにん 명 타인

58

엄마의 모습에 대해, 필자는 어떻게 생각하고 있는가?

1 남편의 의견에 아내가 따르는 것과 같은 형태라도, 본인에게 맞으면 문제없다.
2 지금까지 자신의 의견을 내지 않도록 해 왔지만, 지금은 다르기 때문에, 즐거운 것 같다.
3 자신이 좋아하는 가게를 발견했는데, 아빠가 함께 오지 않아, 쓸쓸한 것 같다.
4 찻집에 다닌다는 즐거움을 발견해, 밝고 건강하게 지내고 있는 것 같다.

해설 질문을 읽고 엄마의 모습에 대한 필자의 생각이 무엇인가를 염두에 두며 세 번째 단락을 읽고 내용을 파악한다. 세 번째 단락에서 **自らの発見を満喫する母は若々しく、父もコーヒー好きならいいのにと朗らかだった**라고 서술하고 있으므로, 4 **喫茶店に通うという楽しみを見つけて、明るく元気に過ごしているようだ**(찻집에 다닌다는 즐거움을 발견해, 밝고 건강하게 지내고 있는 것 같다)가 정답이다.

어휘 様子 ようす 명 모습　本人 ほんにん 명 본인　違う ちがう 명 다르다
過ごす すごす 동 지내다

59-62

국제회의에서는, 원탁이라고 불리는 원형 테이블이 사용되는 경우가 많다. 원탁회의라고 하면 예전에는 아서왕 전설의 '원탁의 기사'로 상징되듯이, [59]상위나 하위라는 순서가 없이 대등한 입장에서 발언할 수 있다는 것이 이점으로, 일반적으로는 평등하고 대등하다는 것을 명확하게 하고 있는 듯한 좋은 인상이 있다. 하지만, 내가 경험한 원탁은 매우 씁쓸한 경험이었다.

그것은 회의가 아니라 식사회였지만, 그 자리에서, 어떤 상사로의 불만이 화제가 되어 크게 흥이 올랐다. 한창 말하고 있는 중에는 즐겁고 만족해서 귀갓길에 올랐지만, 점점 불쾌한 기분이 되었던 것이다. 마음이 맞지 않는 사람이나 거북한 사람의 언동을 누군가에게

말할 때, 아무래도 험담이 되어버린다. '좋은 사람이지만' '알지만' 등이라고 덧붙이는 일이 많은 것도, 마치 변명 같아서, 오히려 비겁한 느낌이 든다. 험담은 가능한 한 하고 싶지 않다고 생각하면서도 실제로는 누군가가 들어주었으면 좋겠고, 찬동해 주었으면 좋겠다는 것이 솔직한 것이다.

여기저기에서 의견이 난무하고, 나도 지지 않고 발언하여 찬동을 얻고 매우 만족한 식사회였지만, [60]복수의 사람이서 비판한 사실은 후에 서서히 마음 속에 퍼져, ① 뭐라 말할 수 없는 싫은 기분이 되었다. 이날의 사건은, 우연히 원탁이었던 것도 크게 관계했다고 생각한다. 모두가 평등한 위치에서 말을 하고 있으면, 자신의 발언에 책임을 지지 않아도 되는 것 같은 기분이 되는 것은 아닐까. 자신의 의견인 것 같기도 하고, 누군가의 의견인 것 같기도 하고, 전체의 의견인 것 같아진다. 자신의 악의가 균일화되어 평등이라는 형태로 옅어진다. [60]원탁에서 자신의 싫은 행동을 어물어물 넘긴 것 같은 기분이 되었다.

무한히 동등한 공간에서 한 사람 한 사람이 점점이 흩어진 인터넷은, 더욱 ② 이것이 증폭된 형태일 것이다. [61]좋게든 안 좋게든 서열은 없고, 발언의 기회도 평등하지만 때문에 그 목소리가 크면 클수록 자기의 책임은 희박해진다. 더구나 익명이면 발언은 더욱 실체를 가지지 않고, 자신의 발언이든 타인의 모방이든 책임은 애당초 포기하고 있는 것과 같고, 무수한 목소리에 뒤섞여 연기처럼 사라지는 착각을 일으키지만, 자신의 입에서 일단 내뱉어진 것에는 변함이 없다. [62]행위에는 책임이 따르는 것을 항상 가슴에 새겨야만 한다. 돌이켜보면 애초에 험담을 하고 싶지 않다는 마음도 위선인 것은 알고 있지만, [62]적어도 책임의 소재는 자각해두고 싶다. 나에게 있어서 약함과 교활함을 얼버무려버리는 상징이 된 원탁이지만, 먼 옛날의 기사와 같이, 역시 대등하게 당당히 발언할 수 있는 용자의 장인 편이 어울린다.

(주1) 아서왕 전설 : 6세기 초에 유럽에 있었다고 여겨지는 아서왕에 관한 이야기

(주2) 원탁의 기사 : 여기서는, 아서왕을 섬기는 사람들

(주3) 용자 : 용기 있는 사람

어휘 国際会議 こくさいかいぎ 명 국제회의　円卓 えんたく 명 원탁
円形 えんけい 명 원형　円卓会議 えんたくかいぎ 명 원탁회의
古くは ふるくは 옛날에는　アーサー王 アーサーおう 명 아서왕
伝説 でんせつ 명 전설　騎士 きし 명 기사　象徴 しょうちょう 명 상징
上位 じょうい 명 상위　下位 かい 명 하위　順序 じゅんじょ 명 순서
対等だ たいとうだ な형 대등하다　立場 たちば 명 입장
発言 はつげん 명 발언　利点 りてん 명 이점
一般的だ いっぱんてきだ な형 일반적이다　平等 びょうどう 명 평등
明確だ めいかくだ な형 명확하다　印象 いんしょう 명 인상
食事会 しょくじかい 명 식사회, 회식　上司 じょうし 명 상사
不満 ふまん 명 불만　話題 わだい 명 화제
大いに おおいに 부 크게　盛り上がる もりあがる 동 흥이 오르다
満足 まんぞく 명 만족　帰路につく きろにつく 귀가길에 오르다
気が合う きがあう 마음이 맞다　苦手だ にがてだ な형 거북하다
言動 げんどう 명 언동　どうしても 아무래도　悪口 わるぐち 명 험담
付け加える つけくわえる 동 덧붙이다　いかにも 부 마치
弁解 べんかい 명 변명　かえって 부 오히려
卑怯だ ひきょうだ な형 비겁하다　実際 じっさい 명 실제
賛同 さんどう 명 찬동　正直だ しょうじきだ な형 솔직하다
あちこち 명 여기저기　飛び交う とびかう 동 난무하다
得る える 동 얻다　複数人 ふくすうじん 복수의 사람
批判 ひはん 명 비판　事実 じじつ 명 사실　じわじわ 부 서서히
広がる ひろがる 동 퍼지다　出来事 できごと 명 사건
たまたま 부 우연히, 마침　均等だ きんとうだ な형 균등하다
位置 いち 명 위치　責任 せきにん 명 책임　全体 ぜんたい 명 전체
悪意 あくい 명 악의　均一化 きんいつか 명 균일화
薄める うすめる 동 옅어지다　行い おこない 명 행동, 행실
ごまかす 동 어물어물 넘기다　無限だ むげんだ な형 무한하다
等しい ひとしい い형 동등하다　空間 くうかん 명 공간
点々と てんてんと 부 점점이　散らばる ちらばる 동 흩어지다
インターネット 명 인터넷　さらに 부 더욱　増幅 ぞうふく 명 증폭
良くも悪くも 좋게든 안 좋게든　序列 じょれつ 명 서열
故に ゆえに 접 때문에, 그런고로　～ば～ほど ~하면 ~할수록
希薄だ きはくだ な형 희박하다　まして 부 더구나
匿名 とくめい 명 익명　実体 じったい 명 실체　模倣 もほう 명 모방
もとより 부 애당초　放棄 ほうき 명 포기
同然だ どうぜんだ な형 같다　無数 むすう 명 무수
まぎれる 동 뒤섞이다, 헷갈리다　煙 けむり 명 연기
錯覚 さっかく 명 착각　いったん 부 일단
吐き出す はきだす 동 뱉어내다　行為 こうい 명 행위
伴う ともなう 동 따르다, 동반하다　常に つねに 부 항상
胸 むね 명 가슴　刻む きざむ 동 새기다
省みる かえりみる 동 돌이켜보다　そもそも 부 애초에
偽善 ぎぜん 명 위선　せめて 부 적어도　所在 しょざい 명 소재
自覚 じかく 명 자각　狡さ ずるさ 명 교활함　～ごとく ~같이, ~처럼
堂々と どうどうと 부 당당히　勇者 ゆうしゃ 명 용자
ふさわしい い형 어울리다　世紀 せいき 명 세기　ヨーロッパ 명 유럽
物語 ものがたり 명 이야기　仕える つかえる 동 섬기다
禁止 きんし 명 금지　勇気 ゆうき 명 용기

59

필자에 의하면, 원탁회의의 좋은 점은 무엇인가?

1 국제회의에서 사용되기 때문에, 참가자가 평등하다고 느낄 수 있다.
2 발언의 순서가 정해져있지 않고, 대등한 입장에서 발언할 수 있다.
3 회의 참가자의 입장이 평등하여, 대등하게 말할 수 있다.
4 누구나가 평등하고 대등한 것을, 다른 사람들에게 보여줄 수 있다.

해설 질문을 읽고 원탁회의의 좋은 점에 대한 필자의 생각이 무엇인가를 염두에 두며 첫 번째 단락을 읽고 내용을 파악한다. 첫 번째 단락에서 上位や下位という順序がなく対等な立場で発言できるというのが利点で、一般的には平等であり対等であることを明確にしているような良い印象があるである라고 서술하고 있으므로, 3 会議の参加者の立場が平等で、対等に話すことができる(회의 참가자의 입장이 평등하여, 대등하게 말할 수 있다)가 정답이다.

어휘 参加者 さんかしゃ 명 참가자　感じる かんじる 동 느끼다

60

필자가 ① 뭐라 말할 수 없는 싫은 기분이 되었다는 것은 어째서인가?

1 상사로의 불만으로 식사회가 달아오르는 것은, 비겁한 것이라고 생각했기 때문에
2 상사로의 비판을 말하는 것으로, 의견에 관한 책임이 작아진다고 생각했기 때문에
3 상사에 대한 의견이 난무하여, 자신이 다른 사람에게 비판받았다고 생각했기 때문에
4 상사의 험담을 많은 사람이서 말하는 것으로, 좋지 않은 행동을 어물어물 넘긴 것 같다고 생각했기 때문에

해설 질문의 밑줄 친 何とも言えない嫌な気分になった(뭐라 말할 수 없는 싫은 기분이 되었다)가 있는 세 번째 단락을 읽고 밑줄 친 부분을 설명하는 내용을 찾는다. 밑줄의 앞부분에서 **複数人で批判した事実はあとからじわじわと心の中に広がり**라고 하고, 뒷부분에서 **円卓で自分の嫌な行いをごまかしたような気持ちになった**라고 서술하고 있으므로, 4 **上司の悪口を大勢で言うことで、よくない行いをごまかしたように思ったから**(상사의 험담을 많은 사람이서 말하는 것으로, 좋지 않은 행동을 어물어물 넘긴 것 같다고 생각했기 때문에)가 정답이다.

61

② 이것이란 어떤 것인가?

1 많은 사람이서 누군가의 험담을 말하는 것
2 발언에 대한 책임이 옅어지는 것
3 누구나가 균등한 장소에 있는 것
4 한 사람 한 사람의 발언이 평등한 것

해설 질문의 밑줄 친 これ(이것)가 있는 네 번째 단락을 읽고 밑줄 친 부분을 설명하는 내용을 찾는다. 밑줄의 뒷부분에서 **良くも悪くも序列はなく、発言の機会も平等であるが故にその声が多ければ多いほど自己の責任は希薄になる**라고 서술하고 있으므로, 2 **発言に対する責任が薄まること**(발언에 대한 책임이 옅어지는 것)가 정답이다.

어휘 均等だ きんとうだ 【な형】 균등하다

62

필자의 생각에 맞는 것은 어느 것인가?

1 발언이나 행동에는, 그것을 행한 사람에게 책임이 따르는 것을 잊어서는 안 된다.
2 발언이나 행동은, 어떤 싫은 것이라도 책임과 용기를 가지고 해야 한다.
3 원탁회의와 같은 평등한 장소에서의 발언에는, 개인이 아닌 전체가 책임을 가져야 한다.
4 원탁회의는 누구나가 당당히 말할 수 있는 장소이기 때문에, 다른 사람의 험담을 말해서는 안 된다.

해설 필자가 글을 통해 말하고자 하는 내용을 묻고 있으므로, 글의 후반부를 꼼꼼히 읽고 정확히 해석하면서 필자의 생각이나 주장을 파악한다. 네 번째 단락에서 **行為には責任が伴うことを常に胸に刻むべきである**라고 하고, **せめて責任の所在は自覚しておきたい**라고 서술하고 있으므로, 1 **発言や行動には、それを行った人に責任が伴うことを忘れてはいけない**(발언이나 행동에는, 그것을 행한 사람에게 책임이 따르는 것을 잊어서는 안 된다)가 정답이다.

어휘 行動 こうどう 【명】 행동　個人 こじん 【명】 개인

63-64

A

일하는 [63]남성의 육아 휴가의 취득이 좀처럼 나아가지 않는다. 그 원인은 육아 휴가를 취하기 어려운 직장의 분위기에 있다. 육아는 여성이 하는 것이라는 낡은 가치관에 사로잡힌 세대가 있는 한, 직장의 분위기가 바뀌는 것은 기대할 수 없다.

그 한편으로, 젊은 리더가 적극적으로 육아 휴가를 취하는 기업도 서서히 늘어나기 시작하고 있다. 상사가 솔선해서 그 제도를 이용하면, 좋은 흐름이 생겨나는 것이다. [64]남성의 직장에서의 불안이 없어지면, 자연스럽게 육아 휴가의 취득률이 올라갈 것이다. 그 결과, 아내도 남편에게 꺼려 하지 않고, 가사나 육아를 맡길 수 있게 되고, 심리적 부담이 가벼워져 간다. [64]이러한 환경 만들기가 널리 퍼지면, 여성이 활약할 수 있는 사회로 연결되어 갈 것이라고 생각한다.

B

아내는 가정, 남편은 일이라는 것이 당연한 시대가 있었지만, 지금은, 부부는 힘을 합쳐 일하고, 여성도 남성과 같이 활약할 수 있는 것이, 이상의 사회이다.

그럼에도 불구하고, [63]직장의 제도와 분위기가 바뀌지 않고, 남성이 육아 휴가를 취하려고 하면, 상사로부터 비꼼을 듣고, 승진도 포기하지 않으면 안 되는 것이 현실이다. 더욱 나쁘게도, 실제로 육아 휴가를 취득한 남성 중에는, 가사나 육아를 충분히 못하고, 휴가를 취하는 것뿐인 경우도 있다. 가사나 육아의 경험이 없는 남성이 수 주간 쉬어도, 그저 도울 뿐으로 주체적으로 움직일 수 없는 경우가 많다. 단순히 일을 쉬고 있을 뿐이 되어버려, 아내의 부담이 늘어난다는 본말전도의 사태가 될지도 모른다. 결국 게임을 하거나, 낮잠을 자버려, 단순히 일을 쉬고 있을 뿐이 되어 버리는 것 같다. 기업뿐만 아니라, [64]남성의 의식을 바꿔가지 않으면, 남녀 함께 활약할 수 있는 환경을 만들어내는 것은 어려운 것이 아닐까.

(주1) 솔선해서 : 다른 사람보다 먼저
(주2) 본말전도 : 좋다고 생각해서 실행한 것이, 역효과가 되는 것

어휘 育児 いくじ 【명】 육아　休暇 きゅうか 【명】 휴가, 휴직
取得 しゅとく 【명】 취득　職場 しょくば 【명】 직장
雰囲気 ふんいき 【명】 분위기　子育て こそだて 【명】 육아
価値観 かちかん 【명】 가치관　とらわれる 【동】 사로잡히다
世代 せだい 【명】 세대　～限り ～かぎり ~하는 한
期待 きたい 【명】 기대　その一方 そのいっぽう 그 한편
リーダー 【명】 리더　積極的だ せっきょくてきだ 【な형】 적극적이다

企業 きぎょう 명 기업　徐々に じょじょに 부 서서히
増え始める ふえはじめる 늘기 시작하다　上司 じょうし 명 상사
率先 そっせん 명 솔선　制度 せいど 명 제도　流れ ながれ 명 흐름
不安 ふあん 명 불안　自然だ しぜんだ な형 자연스럽다
取得率 しゅとくりつ 명 취득률　結果 けっか 명 결과
家事 かじ 명 가사, 집안일　育児 いくじ 명 육아
任せる まかせる 동 맡기다　心理的 しんりてき 명 심리적
負担 ふたん 명 부담　環境作り かんきょうづくり 환경 만들기
広がる ひろがる 동 널리 퍼지다　活躍 かつやく 명 활약
つながる 동 연결되다　当たり前だ あたりまえだ な형 당연하다
時代 じだい 명 시대　夫婦 ふうふ 명 부부
力を合わせる ちからをあわせる 힘을 합치다　理想 りそう 명 이상
にもかかわらず 그럼에도 불구하고　～ものなら ~라면
皮肉 ひにく 명 비꼼　昇進 しょうしん 명 승진
あきらめる 동 포기하다　～なければならない ~하지 않으면 안 된다
現実 げんじつ 명 현실　さらに 부 더욱　実際 じっさい 명 실제
満足だ まんぞくだ な형 충분하다, 만족하다
数週間 すうしゅうかん 수 주간　ただ 부 단지
主体的だ しゅたいてきだ な형 주체적이다　単に たんに 부 단순히
増す ます 동 늘어나다　本末転倒 ほんまつてんとう 명 본말전도
事態 じたい 명 사태　～かねない ~일지도 모른다
意識 いしき 명 의식　作り出す つくりだす 동 만들어 내다
逆効果 ぎゃくこうか 명 역효과

63

남성의 육아 휴가에 대해, A와 B는 어떻게 서술하고 있는가?

1 A도 B도, 육아 휴가의 취득률은 낮은 채로 앞으로도 바뀌지 않는다고 하고 있다.
2 A도 B도, 휴가를 취하기 어려운 직장의 분위기가, 육아 휴가의 취득률의 상승을 방해하고 있다고 하고 있다.
3 A는 남성의 불안이 없어지면, 육아 휴가가 늘어난다고 하고, B는 남성은 가사가 서툴기 때문에, 늘어나지 않는다고 하고 있다.
4 A는 젊은 리더가 육아 휴가를 취하면, 취득률이 늘어난다고 하고, B는 남성은 가사가 서툴기 때문에, 휴가를 취하고 싶어 하지 않는다고 하고 있다.

해설 질문의 **男性の育児休暇**(남성의 육아 휴가)에 대한 A와 B의 견해를 각 지문에서 찾는다. A는 지문의 초반부에서 **男性の育児休暇の取得がなかなか進まない。その原因は育児休暇を取りにくい職場の雰囲気にある**라고 서술하고 있고, B도 지문의 중반부에서 **職場の制度と雰囲気が変わらず、男性が育児休暇を取ろうものなら、上司から皮肉を言われ、昇進も諦めなければならないのが現実**だ라고 서술하고 있으므로, 2 **AもBも、休暇を取りにくい職場の雰囲気が、育児休暇の取得率の上昇を妨げていると述べている**(A도 B도, 휴가를 취하기 어려운 직장의 분위기가, 육아 휴가의 취득률의 상승을 방해하고 있다고 하고 있다)가 정답이다.

어휘 今後 こんご 명 앞으로　妨げる さまたげる 동 방해하다
苦手だ にがてだ な 서툴다

64

여성의 활약에 대해, A와 B는 어떻게 서술하고 있는가?

1 A는 직장의 분위기가 바뀌면, 여성도 활약할 수 있다고 하고, B는 남성이 승진을 포기하지 않기 때문에, 어렵다고 하고 있다.
2 A는 연배가 있는 리더가 퇴직하면, 여성이 활약할 수 있다고 하고, B는 기업의 제도가 바뀌면, 여성도 활약할 수 있다고 하고 있다.
3 A는 젊은 상사라면, 여성도 활약할 수 있다고 하고, B는 남성이 가사나 육아를 할 수 없기 때문에 어렵다고 하고 있다.
4 A는 남성의 육아 휴가를 취하기 쉬운 환경이 되면, 여성도 활약할 수 있다고 하고, B는 남성의 의식이 바뀌지 않으면, 어렵다고 하고 있다.

해설 질문의 **女性の活躍**(여성의 활약)에 대한 A와 B의 견해를 각 지문에서 찾는다. A는 지문의 중반부에서 **男性の職場での不安が無くなれば、自然に育児休暇の取得率が上がっていくだろう**라고 하고, 후반부에서 **このような環境作りが広がれば、女性が活躍できる社会へとつながっていくと思う**라고 서술하고 있다. B는 지문의 후반부에서 **男性の意識を変えていかなければ、男女共に活躍できる環境を作り出すのは難しいのではないだろうか**라고 서술하고 있으므로, 4 **Aは男性の育児休暇が取りやすい環境になれば、女性も活躍できると述べ、Bは男性の意識が変わらなければ、難しいと述べている**(A는 남성의 육아 휴가를 취하기 쉬운 환경이 되면, 여성도 활약할 수 있다고 하고, B는 남성의 의식이 바뀌지 않으면, 어렵다고 하고 있다)가 정답이다.

어휘 年配 ねんぱい 명 연배가 있음, 연배　退職 たいしょく 명 퇴직

65-68

많은 나라에서 국경 폐쇄에 가까운 상태가 계속되어, 왕래가 극단으로 제한되었다. 국경뿐만 아니라, [65]일본 국내에서도 이동, 외출은 최소한으로 하고 기본적으로 재택을 요청. 타인과의 접촉을 피하도록 일상의 행동이 제한되는 생활이 되었다. 사람에서 사람으로 감염되는 신형 바이러스 감염증이 전 세계에서 맹위를 떨치고, 감염자, 사망자의 증가를 억제하기 위해 더욱 엄격한 외출 금지 조치가 취해져, 사람이 없어져 버린 마을의 영상을 수도 없이 봤다. 미지의 바이러스가 불러일으키는 공포나 공황은 역사나 다양한 픽션에서 보아 알고 있었지만, 일본의 현상도 타국의 뉴스를 봐도 현실의 일로서 바야흐로 지금 여기에 있는 일이었다.

감염을 방지하기 위해서는 손 씻기나 양치 다음으로, 어쨌든 타인과 접촉하지 않는 것, 물리적인 거리를 취하는 것이 중요하다고 맹렬히 일컬어져, '사회적 거리'라는 말도 생겼다. 사람과 만날 때는 장소를 불문하고 2미터 정도 일정의 거리를 유지하는 것이 예의라는 것이다. 그리고 이것이 상식, 일상이 되어가, 재유행이나, 혹은 또 다른 바이러스를 미연에 방지하기 위해 이 일상은 계속되는 것이 아닐까 생각한다. 즉, [66]사람과 접촉하는 것은 매우 귀중한, 드문 체험이 되는 미래가 예상되는데, 과연 어떤 생활이 될까.

다른 사람의 신체가 매개가 되는 바이러스의 무서움은, 인간을 고립으로 재촉하는 것이라고 곰곰이 생각한다. 하지만, [67]사람은 본래 무리로 살아가는 동물이다. 개별로 격리되어, 누구와도 만나지 않고 모두 온라인으로 충분한 생활이라는 것은 가능하기도 하고, 불가능하기도 하다고 생각한다. 기술적, 물리적으로는 가능해 질지도 모른다.

하지만 [68]다른 사람과 만나고 싶다, 물리적으로 접촉하고 싶다고 하는 욕구는 사라지지 않을 것이다. 어쩌면 먼 장래에는 생물로서 환경의 변화에 대응해, 그 욕구조차 옅어져, 잊고 있을지도 모른다. 어디에도 가지 않고, 제한된 공간에서만 생활하고, 사회적 거리는커녕 사람과 만나는 일도 없는 일상을 보내고 있는 인간의 이야기를 상상한다. 거기서는 다른 사람과의 접근이나 물리적인 접촉이 해피엔딩, 또는 전환점이 되는 것은 아닐까. 모든 격리의 선을 넘고 싶다는 욕구를 생각해내는 것은 아닐까.

선을 넘었을 때, 접촉했을 때, 무엇이 일어날지는 모른다. 하지만 나는 거기에 '살아있음'을 느끼는 미래였으면 좋겠다. 아니, 그것은 지금도 옛날도 같은 것이 아닌가 하고 새삼 깨닫는다. 여러 가지 선긋기나 물리적 거리가 추상이 아니라 신체적 구체성을 가지고, 눈앞에 있을 뿐이다.

(주1) 공황 : 공포에 사로잡혀, 당황하는 것, 평정함을 잃는 것
(주2) 양치 : 물이나 약을 입에 머금고, 목이나 입속을 세정하는 것

어휘 国境 こっきょう 명 국경　閉鎖 へいさ 명 폐쇄
往来 おうらい 명 왕래　極端だ きょくたんだ な형 극단이다
制限 せいげん 명 제한　日本 にほん 명 일본　国内 こくない 명 국내
移動 いどう 명 이동　外出 がいしゅつ 명 외출
最小限 さいしょうげん 명 최소한
基本的だ きほんてきだ な형 기본적이다　在宅 ざいたく 명 재택
要請 ようせい 명 요청　他人 たにん 명 타인, 다른 사람
接触 せっしょく 명 접촉　避ける さける 동 피하다
日常 にちじょう 명 일상　行動 こうどう 명 행동
感染 かんせん 명 감염　新型 명 しんがた 신형
ウイルス 명 바이러스　感染症 명 かんせんしょう 감염증
世界中 せかいじゅう 전 세계
猛威をふるう もういをふるう 맹위를 떨치다
感染者 かんせんしゃ 명 감염자　死亡者 しぼうしゃ 명 사망자
増加 ぞうか 명 증가　抑える おさえる 동 억제하다　さらに 부 더욱
外出 がいしゅつ 명 외출　禁止 きんし 명 금지　措置 そち 명 조치
映像 えいぞう 명 영상　幾度となく いくどとなく 셀 수 없이
未知 みち 명 미지　もたらす 동 불러일으키다, 초래하다
恐怖 きょうふ 명 공포　恐慌 きょうこう 명 공황　歴史 れきし 명 역사
様々だ さまざまだ な형 다양하다　フィクション 명 픽션
見知る みしる 동 봐서 알다　現状 げんじょう 명 현상
他国 たこく 명 타국　現実 げんじつ 명 현실　まさに 부 바야흐로
手洗い てあらい 명 손 씻기　うがい 명 양치　とにかく 부 어쨌든
物理的だ ぶつりてきだ な형 물리적이다　距離 きょり 명 거리
重要だ じゅうようだ な형 중요하다　盛んに さかんに 부 맹렬히, 한창
社会的 しゃかいてき 명 사회적　～なる ~라는
～を問わず ～をとわず ~을 불문하고　一定 いってい 명 일정
保つ たもつ 동 유지하다　礼儀 れいぎ 명 예의
常識 じょうしき 명 상식　～つつあり 계속 ~해 가다
再流行 さいりゅうこう 명 재유행　あるいは 부 혹은, 또는
また別の またべつの 또 다른　未然 みぜん 명 미연
貴重だ きちょうだ な형 귀중하다　まれだ な형 드물다
体験 たいけん 명 체험　未来 みらい 명 미래　予想 よそう 명 예상
果たして はたして 부 과연　身体 しんたい 명 신체
媒体 ばいたい 명 매개　恐ろしさ おそろしさ 명 무서움
孤立 こりつ 명 고립　促す うながす 동 재촉하다
つくづく 부 곰곰이　本来 ほんらい 명 본래　群れ むれ 명 무리
個別 こべつ 명 개별　隔離 かくり 명 격리
誰とも だれとも 누구와도　全て すべて 명 전부
オンライン 명 온라인　事足りる ことたりる 동 충분하다
可能だ かのうだ な형 가능하다　技術的 ぎじゅつてき 명 기술적
出会う であう 동 만나다　欲求 よっきゅう 명 욕구
もしかすると 어쩌면　将来 しょうらい 명 장래
生物 せいぶつ 명 생물　環境 かんきょう 명 환경
変化 へんか 명 변화　応じる おうじる 동 대응하다
薄れる うすれる 동 옅어지다, 묽어지다　どこへも 어디도
空間 くうかん 명 공간　物語 ものがたり 명 이야기
想像 そうぞう 명 상상　接近 せっきん 명 접근
ハッピーエンド 명 해피엔딩　または 부 또는
転換点 てんかんてん 명 전환점　あらゆる 모든　線 せん 명 선
越える こえる 동 넘다　起こる おこる 동 일어나다
感じる かんじる 동 느끼다　今更 いまさら 부 새삼
気づく きづく 동 깨닫다　線引き せんびき 명 선 긋기
抽象 ちゅうしょう 명 추상　身体的 しんたいてき 명 신체적
具体性 ぐたいせい 명 구체성　おそわれる 동 사로잡히다
あわてる 동 당황하다　平静さ へいせいさ 명 평정함
失う うしなう 동 잃어버리다　洗浄 せんじょう 명 세정

65

<u>일상의 행동이 제한되는 생활</u>이라고 되어 있는데, 이러한 생활로, 필자가 들고 있는 것은 어느 것인가?

1 외출을 줄인다
2 집에서 일을 한다
3 손 씻기 등을 한다
4 감염을 미연에 방지한다

해설 질문의 밑줄 친 日常の行動を制限される生活(일상의 행동이 제한되는 생활)가 있는 첫 번째 단락을 읽고 밑줄 친 부분을 설명하는 내용을 찾는다. 밑줄의 앞부분에서 日本国内でも移動、外出は最小限とし基本的に在宅を要請라고 서술하고 있으므로, 1 外出を減らす(외출을 줄인다)가 정답이다.

66

필자는, 앞으로의 사회는 어떻게 변한다고 말하고 있는가?

1 손 씻기나 양치를 하는 것이, 사람과 만날 때의 예의가 된다.
2 고립되는 일이 많아지지만, 신기한 체험을 하게 된다.
3 타인과 직접 만난다는 경험이 매우 소중해진다.
4 지금까지 본 적 없는 현실이 항상 나오게 된다.

해설 질문을 읽고 앞으로의 사회 변화에 대한 필자의 생각이 무엇인가를 염두에 두며 두 번째 단락을 읽고 내용을 파악한다. 두 번째 단락에서 **ヒトと接触することは非常に貴重な、まれな体験となる未来が予想されるのだが、果たしてどのような生活になるだろう**라고 서술하고 있으므로, 3 **他人と直接会うという経験が非常に大切になる**(타인과 직접 만난다는 경험이 매우 소중해진다)가 정답이다.

어휘 **直接 ちょくせつ** 명 직접

67

인간의 성질에 대해, 필자는 어떻게 말하고 있는가?

1 여러 가지 욕구를 억제하는 것이 어려운 생물이다.
2 고립되는 일 없이, 집단으로 생활하는 생물이다.
3 누구와도 만나지 않는 생활에도 대응하여, 변화할 수 있는 생물이다.
4 한정된 공간 속에서의 생활이 가능한 생물이다.

해설 질문을 읽고 인간의 성질에 대한 필자의 생각이 무엇인가를 염두에 두며 세 번째 단락을 읽고 내용을 파악한다. 세 번째 단락에서 **ヒトは本来群れで生きる動物である**라고 서술하고 있으므로, 2 **孤立することなく、集団で生活する生き物である**(고립되는 일 없이, 집단으로 생활하는 생물이다)가 정답이다.

어휘 **性質 せいしつ** 명 성질 **抑える おさえる** 동 억제하다
生き物 いきもの 명 생물 **集団 しゅうだん** 명 집단
対応 たいおう 명 대응 **限定 げんてい** 명 한정

68

이 글 속에서 필자가 말하고 있는 것은 어느 것인가?

1 타인과 접촉하는 것은, 지금도 옛날도 변함없이 위험이 동반되어, 무엇이 일어날지 모르는 것이다.
2 타인과 관계되고, 신체적으로도 접촉하고 싶다는 욕구는, 앞으로도 없어지지 않을 것이다.
3 타인과 물리적으로 거리를 취하고, 접촉을 피하는 것은, 앞으로도 사회의 상식으로는 되지 않는다.
4 타인과 떨어져서 고립을 재촉하는 바이러스의 무서움은, 사람의 생활의 가능성을 넓혀주었다.

해설 필자가 글을 통해 말하고자 하는 내용을 묻고 있으므로, 글의 후반부를 꼼꼼히 읽고 정확히 해석하면서 필자의 생각이나 주장을 파악한다. 네 번째 단락에서 **他者と出会いたい、物理的に接触したいという欲求は消えないはずだ**라고 서술하고 있으므로, 2 **他人と関わり、身体的にも接触したいという欲求は、これからもなくならないだろう**(타인과 관계되고, 신체적으로도 접촉하고 싶다는 욕구는, 앞으로도 없어지지 않을 것이다)가 정답이다.

어휘 **変わらず かわらず** 부 변함없이 **伴う ともなう** 동 동반하다
関わる かかわる 동 관계하다 **可能性 かのうせい** 명 가능성
広げる ひろげる 동 넓히다, 퍼지다

69

다나카 씨는 지금, 지속 가능한 에너지를 사용한 사회를 만드는 일에 흥미를 가지고 있다. 사회 전체의 움직임을 파악하면서, 도시 계획을 할 수 있게 되고 싶은데, 어느 학과에 입학하고, 어느 학과의 수업을 부전공으로 하면 좋은가?

1 사회학과에 들어가, 부전공으로 전기전자응용공학과의 수업을 이수한다.
2 정치학과에 들어가, 부전공으로 건축학과의 수업을 이수한다.
3 건축학과에 들어가, 부전공으로 사회학과의 수업을 이수한다.
4 전기전자응용공학과에 들어가, 부전공으로 건축학과의 수업을 이수한다.

해설 다나카 씨가 고를 수 있는 학과를 묻는 문제이다. 질문에서 제시된 조건 (1) **社会全体の動きを読み取りながら**(사회 전체의 움직임을 파악하면서), (2) **都市計画ができる**(도시 계획을 할 수 있게)에 따라,
(1) 사회 전체의 움직임을 파악하면서 : 다각적인 접근으로 현대사회를 파악하는 사회학과
(2) 도시 계획을 할 수 있게 : 도시개발의 스페셜 리스트를 육성하는 건축학과
따라서 3 **建築学科に入り、副専攻として社会学科の授業を履修する**(건축학과에 들어가, 부전공으로 사회학과의 수업을 이수한다)가 정답이다.

어휘 **持続可能なエネルギー じぞくかのうなエネルギー** 지속 가능한 에너지
全体 ぜんたい 명 전체 **動き うごき** 명 움직임
読み取る よみとる 동 파악하다 **都市 とし** 명 도시
学科 がっか 명 학과 **副専攻 ふくせんこう** 명 부전공
社会学科 しゃかいがっか 명 사회학과
電気電子応用工学科 でんきでんしおうようこうがくか 명 전기전자응용공학과 **政治学科 せいじがっか** 명 정치학과
建築学科 けんちくがっか 명 건축학과

70

존 씨는, 일본에서 태어난 외국인으로, 현재, 일본의 고등학교 3학년이다. 대학의 학부 설명회에 친구와 참가할 경우, 예약은 어떻게 해야 하는가?

1 전화로, 2일 전까지 예약한다.
2 전화로, 4일 전까지 예약한다.
3 E메일로, 2일 전까지 예약한다.
4 E메일로, 4일 전까지 예약한다.

해설 존 씨가 해야 할 행동을 묻는 문제이다. 질문에서 제시된 상황 **日本の高校の3年生**(일본의 고등학교 3학년), **友人と参加**(친구와 참가)에 따라, 지문의 **学部説明会**(학부 설명회)의 **申し込み**(신청) 부분에서 **Eメールの場合は4日前までにお願いします。2人以上で**

のお申し込みは、Eメールでお願いします라고 언급하고 있으므로, 4 Eメールで、4日前までに予約する(E메일로, 4일 전까지 예약한다)가 정답이다.

어휘 学部 がくぶ 명 학부　説明会 せつめいかい 명 설명회
参加 さんか 명 참가

69-70 학부 학과 안내

간호쿠 대학

학부 학과 안내

★ 간호쿠 대학에서는, 모든 학부에서, 교원 면허 취득을 위한 과목을 수강할 수 있습니다.

★ 부전공으로, 학부를 초월한 수강도 가능합니다.

학부	과목	학과의 목적	목표로 할 수 있는 일
공학부	전기 전자 응용 공학	전력을 유효 이용하여 사회에 공헌할 수 있는 인재를 육성한다.	반도체 기술자, 정밀 기계 기술자, 기계 기술자, 연구자
	정보 공학	AI나 감성 공학 등 다채로운 IT를 배워, 사회에 공헌할 수 있는 인재를 육성한다.	전기 통신 기술자, 정밀 기계 기술자, 정보 공학 기술자, 연구자
	건축학	글로벌한 시야로 건축과 도시의 미래를 창조하는 [69]'도시 개발'의 스페셜리스트를 육성한다.	건축사, 토목·건축 공학 기술자, 연구자, 점포 디자이너
문학부	국문학 서양 문학	사상, 예술, 문화, 지역, 역사에서 인간 존재의 본질을 풀어낸다.	도서관 사서, 학예원
	언어학과	언어학을 통해, 문화와 인간의 상태나 인간의 존재 의의, 행위의 본질을 연구하여 해명한다.	학예원, 연구자
	사회학과	[69]다각적인 접근에서 현대 사회를 파악하는 전문 지식과 실천력을 기르고, 이상적인 사회를 실현할 수 있는 인재를 육성한다.	선전, 광고, 저널리스트, 기획·조사
교육학부	교육학과	아이를 이해하고 실천력·교육력·인간력을 갖춘 교육자를 양성한다.	중학교 교원, 유치원 교원, 초등학교 교원, 보육사, 특별 지원 학교 교원
법학부	법률학과	일상적인 사건·재판을 통해 법률을 배우고, 사회에 존재하는 과제의 해결책을 찾는다.	검찰관, 재판소 사무관, 변호사, 법무사, 재판관, 국가 공무원
	정치학과	국내외의 정치를 배우고, 보다 나은 사회를 구축하기 위한 방법을 탐구한다.	정치가, 공무원, 저널리스트, 국가 공무원, 국제 연합 직원

[[70]학부 설명회] 8월 1일 (월) ~ 17일 (수)

- 시간은 10:00-12:00, 14:00-16:00 1일 2회입니다.
- 설명회의 [70]신청은, 전화 또는 E메일로 접수할 수 있습니다. 전화의 경우는 설명회 2일 전까지, [70]E메일의 경우는 4일 전까지 부탁드립니다. 2인 이상의 신청은, E메일로 부탁드립니다.
- 해외 거주 분으로의 설명회는, 별도 시행합니다. 일정 등은, E메일로 문의해 주십시오.

어휘 学科 がっか 명 학과　教員 きょういん 명 교원
免許 めんきょ 명 면허　取得 しゅとく 명 취득　科目 かもく 명 과목
受講 じゅこう 명 수강　副専攻 ふくせんこう 명 부전공
超える こえる 동 초월하다, 넘다　可能だ かのうだ な형 가능하다
工学部 こうがくぶ 명 공학부　電力 でんりょく 명 전력
有効 ゆうこう 명 유효　貢献 こうけん 명 공헌
人材 じんざい 명 인재　育成 いくせい 명 육성
半導体 はんどうたい 명 반도체　技術者 ぎじゅつしゃ 명 기술자
精密 せいみつ 명 정밀　研究者 けんきゅうしゃ 명 연구자, 연구원
情報 じょうほう 명 정보　工学 こうがく 명 공학
感性 かんせい 명 감성　多彩だ たさいだ な형 다채롭다
通信 つうしん 명 통신　建築学 けんちくがく 명 건축학
グローバルだ な형 글로벌하다　視野 しや 명 시야　都市 とし 명 도시
創造 そうぞう 명 창조　まちづくり 명 도시 개발, 마을 만들기
スペシャリスト 명 스페셜리스트, 전문가
建築士 けんちくし 명 건축사, 건축가　土木 どぼく 명 토목
店舗 てんぽ 명 점포　デザイナー 명 디자이너
文学部 ぶんがくぶ 명 문학부　国文学 こくぶんがく 명 국문학
思想 しそう 명 사상　芸術 げいじゅつ 명 예술　地域 ちいき 명 지역
存在 そんざい 명 존재　本質 ほんしつ 명 본질
解き明かす ときあかす 동 풀어내다, 해명하다　司書 ししょ 명 사서
学芸員 がくげいいん 명 학예원, 학예사
言語学科 げんごがっか 명 언어학과　ありよう 명 상태, 실정
意義 いぎ 명 의의　営み いとなみ 명 행위, 일
解明 かいめい 명 해명　社会学科 しゃかいがっか 명 사회학과
多角的だ たかくてきだ な형 다각적이다　アプローチ 명 접근
現代 げんだい 명 현대　読み解く よみとく 동 파악하다
知識 ちしき 명 지식　実践力 じっせんりょく 명 실천력
養う やしなう 동 기르다　理想的だ りそうてきだ な형 이상적이다
実現 じつげん 명 실현　宣伝 せんでん 명 선전
広報 こうほう 명 광고　ジャーナリスト 명 저널리스트, 언론인
企画 きかく 명 기획　調査 ちょうさ 명 조사
教育学部 きょういくがくぶ 명 교육학부
教育学科 きょういくがっか 명 교육학과　理解 りかい 명 이해
教育力 きょういくりょく 명 교육력　人間力 にんげんりょく 명 인간력
備える そなえる 동 갖추다　教育者 きょういくしゃ 명 교육자
教諭 きょうゆ 명 교원, 교사　幼稚園 ようちえん 명 유치원
保育士 ほいくし 명 보육사　支援 しえん 명 지원
法学部 ほうがくぶ 명 법학부　法律学科 ほうりつがっか 명 법률학과
身近だ みぢかだ な형 일상적이다　事件 じけん 명 사건
裁判 さいばん 명 재판　課題 かだい 명 과제
解決策 かいけつさく 명 해결책　探る さぐる 동 찾다
検察官 けんさつかん 명 검찰관, 검찰
裁判所 さいばんしょ 명 재판소　事務官 じむかん 명 사무관
弁護士 べんごし 명 변호사
司法書士 しほうしょし 명 법무사, 사법서사

裁判官 さいばんかん 명 재판관　国家 こっか 명 국가
政治学科 せいじがっか 명 정치학과　国内外 こくないがい 명 국내외
よりよい 보다 나은　構築 こうちく 명 구축　探究 たんきゅう 명 탐구
政治家 せいじか 명 정치가　国連 こくれん 명 국제 연합
職員 しょくいん 명 직원　ただし 접 단
受け付く うけつく 동 접수하다　海外 かいがい 명 해외
在住 ざいじゅう 명 거주, 재주　別途 べっと 명 별도
問い合わせる といあわせる 동 문의하다

청해 p.147

무료 MP3 바로듣기

☞ 문제1의 디렉션과 예제를 들려줄 때 1번부터 5번까지의 선택지를 미리 읽고 내용을 재빨리 파악해둡니다. 음성에서 では、始めます(그러면, 시작합니다)가 들리면, 곧바로 문제 풀 준비를 합니다. 음성 디렉션과 예제는 실전모의고사 1의 해설(p.182)에서 확인할 수 있습니다.

1

[음성]

大学で男の学生と女の学生が話しています。男の学生はスピーチコンテストに向けてこの後まず何をしますか。

M：今日は練習に付き合ってくれてありがとう。

F：すごくいい内容だね。話に引き込まれるというか。入賞が狙えるかもって思ったよ。

M：ほんと？それはうれしいなあ。聞いてもらうの初めてなんだけど、何かアドバイスがあったら、教えてくれないかな。

F：そうねえ。時間を計ってたんだけど、7分ちょっとだったよ。規定では6分以内だから、ちょっと短くしないとね。[1]本番は緊張して早口になっちゃうとは思うんだけど。[2]頭のほうの子どもの頃の話、ちょっと削れるんじゃないかな。

M：[2]わかった。そうするよ。

F：あ、それから去年私が出場したときは事前に一度、日本人の友達に聞いてもらったよ。それで発音のわかりにくいところとかを指摘してもらったんだ。

M：それいいね。[3]原稿直してスピーチ暗記したら、クラスの友達にお願いしてみるよ。あー、練習してみたら、急に緊張してきちゃったよ。ねえねえ、去年、緊張してないみたいだったけど、そういうタイプ？

F：ううん、その逆。コンテストに申し込んだことを本当に後悔したよ。でも、やめるってわけにもいかないしね。直前まで人形を並べて何度も練習したわよ。

M：へえ、そうなんだ。[4]僕も後でやってみよう。

男の学生はスピーチコンテストに向けてこの後まず何をしますか。

[문제지]

1 早口にならないように練習する
2 スピーチの内容を減らす
3 日本人の友達に聞いてもらう
4 人形を目の前に置いて練習をする

해석 대학에서 남학생과 여학생이 이야기하고 있습니다. 남학생은 스피치 콘테스트를 목표로 이 다음에 우선 무엇을 합니까?

M : 오늘은 연습에 함께해 줘서 고마워.

F : 아주 좋은 내용이네. 이야기에 빨려든다고 할까. 입상을 노릴 수 있을지도 모른다고 생각했어.

M : 정말? 그건 기쁘네. 들려주는 거 처음인데, 뭔가 조언이 있다면, 알려 주지 않을래?

F : 그렇네. 시간을 재고 있었는데, 7분 조금 넘었어. 규정에서는 6분 이내니까, 조금 짧게 하지 않으면 말이야. [1]정식으로 할 때는 긴장해서 말을 빨리하게 돼버릴 거라고는 생각하지만. [2]처음 쪽의 어렸을 때의 이야기, 조금 줄일 수 있지 않을까.

M : [2]알겠어. 그렇게 할게.

F : 아, 그리고 작년에 내가 출전했을 때는 사전에 한 번, 일본인 친구에게 들려줬어. 그래서 발음이 알기 어려운 곳이라든가를 지적해 줬어.

M : 그거 괜찮네. [3]원고 고치고 스피치 암기하면, 클래스의 친구에게 부탁해 볼게. 아, 연습해 봤더니, 갑자기 긴장되기 시작해버렸어. 있잖아, 작년에, 긴장하지 않은 것 같았는데, 그런 타입이야?

F : 아니, 그 반대. 콘테스트에 신청한 걸 정말 후회했어. 하지만, 그만둘 수도 없고 말이야. 직전까지 인형을 늘어놓고 몇 번이나 연습했어.

M : 오, 그렇구나. [4]나도 나중에 해 볼래.

남학생은 스피치 콘테스트를 맞이하여 이 다음에 우선 무엇을 합니까?

1 말을 빨리하게 되지 않도록 연습한다
2 스피치의 내용을 줄인다
3 일본인 친구에게 들려준다
4 인형을 눈앞에 두고 연습을 한다

해설 1 '말을 빨리하게 되지 않도록 연습하기', 2 '내용 줄이기', 3 '일본인 친구에게 들려주기', 4 '인형을 두고 연습하기' 중 남자가 가장 먼저 해야 할 일을 묻는 문제이다. 대화에서, 여자가 頭のほうの子どもの頃の話、ちょっと削れるんじゃないかな라고 하자, 남자가 わかった。そうするよ라고 했으므로, 2 スピーチの内容を減らす(스피치의 내용을 줄인다)가 정답이다. 1은 할 필요가 없고, 3, 4는 스피치의 내용을 고친 다음에 할 일이므로 오답이다.

어휘 スピーチ 명 스피치　コンテスト 명 콘테스트
付き合う つきあう 동 함께하다, 어울리다　内容 ないよう 명 내용
引き込まれる ひきこまれる 동 빨려들다　入賞 にゅうしょう 명 입상

狙う ねらう [동]노리다　アドバイス [명]조언　計る はかる [동]재다
規定 きてい [명]규정　本番 ほんばん [명]정식으로 할 때, 정식 촬영(방송)
緊張 きんちょう [명]긴장　早口 はやくち [명]말을 빨리함
削る けずる [동]줄이다, 깎다　出場 しゅつじょう [명]출전
事前 じぜん [명]시전　指摘 してき [명]지적　原稿 げんこう [명]원고
暗記 あんき [명]암기　逆 ぎゃく [명]반대
申し込む もうしこむ [동]신청하다　後悔 こうかい [명]후회
直前 ちょくぜん [명]직전　減らす へらす [동]줄이다

2

[음성]

店員と女の客が話しています。女の客は、このあと何をしますか。

M：いらっしゃいませ。
F：すみません。広告に載っていた抽選会って、こちらですか。
M：はい。ご参加いただくにあたって、当店のポイントカードをお持ちかどうか確認させていただいておりますが。
F：あ、そうなんですか。ポイントカード、持っていないんですが。
M：それでしたら、本日ポイントカードをお作りいただくか、[2]先に店内で指定の商品をお買い上げいただいて、そのレシートをお見せいただければご参加いただけます。
F：どんな指定商品があるんですか。
M：はい。[2]本日は国産牛肉2パックか、お米10キロが指定商品となっております。
F：そうですか。ポイントカードはすぐに作れますか。
M：はい。本日身分証をお持ちでしたらすぐお作りできます。
F：身分証か。えーと…。うーん。[1]てっきり身分証はお財布に入ってると思ってたのになあ。[4]帰るのも面倒だし、せっかくだから、[2][3]軽いものでも買おうかな。

女の客は、このあと何をしますか。

[문제지]

1 ポイントカードを作る
2 牛肉を2パック買う
3 お米を買って帰る
4 身分証を取ってくる

해석 점원과 여자 손님이 이야기하고 있습니다. 여자 손님은, 이 다음에 무엇을 합니까?

M : 어서 오세요.
F : 실례합니다. 광고에 실려 있던 추첨회는, 이쪽인가요?
M : 네. 참가하시는 때, 이 가게의 포인트카드를 가지고 계신지 어떤지 확인하고 있습니다만.
F : 아, 그렇습니까. 포인트카드, 가지고 있지 않습니다만.
M : 그러시다면, 오늘 포인트카드를 만드시거나, [2]먼저 점내에서 지정 상품을 구입하시고, 그 영수증을 보여주시면 참가하실 수 있습니다.
F : 어떤 지정 상품이 있나요?
M : 네. [2]오늘은 국산 소고기 2팩이나, 쌀 10kg이 지정 상품으로 되어 있습니다.
F : 그렇습니까. 포인트카드는 바로 만들 수 있나요?
M : 네. 오늘 신분증을 가지고 계시다면 바로 만들 수 있습니다.
F : 신분증인가. 저어…. 음. [1]틀림없이 신분증은 지갑에 들어있다고 생각했는데. [4]돌아가는 것도 귀찮고, 모처럼이니까, [2][3]가벼운 것이라도 살까.

여자 손님은, 이 다음에 무엇을 합니까?

1 포인트카드를 만든다
2 소고기 2팩을 산다
3 쌀을 사서 돌아간다
4 신분증을 가지고 온다

해설 1 '포인트카드 만들기', 2 '소고기 2팩 사기', 3 '쌀 사기', 4 '신분증 가지고 오기' 중 여자가 앞으로 해야 할 일을 묻는 문제이다. 대화에서, 남자가 **先に店内で指定の商品をお買い上げいただいて、そのレシートをお見せいただければご参加いただけます, 本日は国産牛肉2パックか、お米10キロが指定商品となっております**라고 하자, 여자가 **軽いものでも買おうかな**라고 했으므로, 2 **牛肉を2パック買う**(소고기 2팩을 산다)가 정답이다. 1은 신분증이 없고, 3, 4는 하지 않기로 했으므로 오답이다.

어휘 広告 こうこく [명]광고　載る のる [동]실리다
抽選会 ちゅうせんかい [명]추첨회　参加 さんか [명]참가
当店 とうてん [명]이 가게　ポイントカード [명]포인트카드
確認 かくにん [명]확인　本日 ほんじつ [명]오늘
店内 てんない [명]점내, 가게 안　指定 してい [명]지정
商品 しょうひん [명]상품　買い上げ かいあげ [명]구입
レシート [명]영수증　国産 こくさん [명]국산　パック [명]팩
身分証 みぶんしょう [명]신분증　てっきり [부]틀림없이
面倒だ めんどうだ [な형]귀찮다　せっかく [부]모처럼

3

[음성]

病院で医者と男の人が話しています。男の人は、このあとまず何をしますか。

F：以上で診察は終わりです。また、1週間くらいしたら来てください。
M：ありがとうございました。
F：じゃあ、[1]この後は会計ですから、部屋を出たら、受付に行ってこの診察票を係の者にお渡しください。
M：あの、薬はどうやってもらうんですか。
F：今日、お出しした薬はすべて通りの向かいの薬局で扱ってますので、会計の後、そちらで購入してください。

M：あの、今日はどうしても急いでいて、ちょっと薬局に行っている時間がないかもしれないんですが…。

F：そうですか。[2]四日以内なら処方せんを持って行けば、どこの薬局でも買えますよ。[3]診察票を渡すときに、そのことも念のためお話ししといてください。

M：わかりました。

F：ああ、でも、[4]今日も薬を飲んでほしいから、どこでもいいので、薬局ですぐ買ってくださいね。

M：はい。

男の人は、このあとまず何をしますか。

[문제지]

1 **受付に行って診察票を渡す**

2 薬局で急いでいると言う

3 受付で薬局に行くことを話す

4 どこかの薬局で薬を買う

해석 병원에서 의사와 남자가 이야기하고 있습니다. 남자는, 이 다음 우선 무엇을 합니까?

F : 이상으로 진찰은 끝입니다. 또, 1주일 정도 지나고 와주세요.

M : 감사했습니다.

F : 그럼, [1]이 다음은 계산이니까, 방을 나가면, 접수처에 가서 이 진찰표를 담당자에게 건네주세요.

M : 저, 약은 어떻게 받나요?

F : 오늘, 처방한 약은 전부 길 맞은편 약국에서 취급하고 있으니, 계산 후에, 그쪽에서 구입해 주세요.

M : 저, 오늘은 아무래도 서두르고 있어서, 잠깐 약국에 갈 시간이 없을지도 모릅니다만….

F : 그렇습니까. [2]4일 이내라면 처방전을 가지고 가면, 어느 약국에서도 살 수 있어요. [3]진찰표를 건넬 때에, 그 점도 만약을 위해 이야기 해놔주세요.

M : 알겠습니다.

F : 아, 그래도, [4]오늘도 약을 드셨으면 하니까, 어디라도 좋으니, 약국에서 바로 사주세요.

M : 네.

남자는, 이 다음 우선 무엇을 합니까?

1 **접수처에 가서 진찰표를 건넨다**

2 약국에서 서두르고 있다고 말한다

3 접수처에서 약국에 가는 점을 말한다

4 어딘가의 약국에서 약을 산다

해설 1 '접수처에 진찰표 건네기', 2 '약국에서 서두르고 있다고 말하기', 3 '접수처에 약국에 간다고 말하기', 4 '약국에서 약 사기' 중 남자가 가장 먼저 해야 할 일을 묻는 문제이다. 대화에서, 여자가 **この後は会計ですから、部屋を出たら、受付に行ってこの診察票を係の者にお渡しください**라고 했으므로, 1 **受付に行って診察票を渡す**(접수처에 가서 진찰표를 건넨다)가 정답이다. 2, 3은 할 필요가 없고, 4는 계산 후에 할 일이므로 오답이다.

어휘 診察 しんさつ 명 진찰　会計 かいけい 명 계산

診察票 しんさつひょう 명 진찰표　係 かかり 명 담당

向かい むかい 명 맞은편　薬局 やっきょく 명 약국

扱う あつかう 동 취급하다　購入 こうにゅう 명 구입

処方せん しょほうせん 명 처방전　念のため ねんのため 만약을 위해

4

[음성]

レストランの男の店長と飲食店経営の専門家が話しています。男の店長は、今後レストランをどのように改善しますか。

M：開店当初はお客様がたくさんいらっしゃったんですけど、店内のレイアウトを変更した後、お客様が減ってしまって。料理は変えてないんですが。

F：そうですか。[1]レイアウトは特に気になりませんよ。それより、ここ1年の間に近所で何か変化はありましたか。

M：そうですね。駅前の再開発が進んだことでしょうか。でも、駅前にできた店の多くはうちとジャンルが異なるので関係ないと思うんですけど。

F：確かにお店の種類はそうです。しかし、この地域を訪れる客層が変化してきたのではありませんか。

M：そう言われてみれば。以前は年配の方が多かったんですが。

F：若い夫婦や家族連れが増えたんですね。やはり、客層の変化が原因ではないかと思います。

M：じゃ、若い人に合わせてメニューの価格を見直したほうがいいんでしょうか。

F：[2]いえ、一律に下げたら経営が苦しくなるだけですし、今までの店の雰囲気も損ねてしまう恐れがあります。[4]既存のメニューはそのままで、若い客層にも手が届く価格帯のメニューを提供してはいかがでしょうか。

M：メニューを増やすんですか。

F：今のメニューの中で価格を下げられるものがあればそれでもいいと思いますが。

M：うーん。[3]それはちょっと難しそうなので、[4]新しく考えてみようと思います。

男の店長は、今後レストランをどのように改善しますか。

[문제지]

1 店のレイアウトを元に戻す

2 全てのメニューの値段を安くする

3 一部のメニューの価格を変更する

4 **様々な値段のメニューを用意する**

해석 레스토랑의 남자 점장과 음식점 경영 전문가가 이야기하고 있습니다.

남자 점장은, 앞으로 레스토랑을 어떻게 개선합니까?

M : 개점 당초에는 고객이 많이 오셨는데, 점내의 배치를 변경한 후, 손님이 줄어 버려서. 요리는 바꾸지 않았습니다만.

F : 그렇습니까. [1]배치는 특별히 신경 쓰이지 않아요. 그것보다, 최근 1년 사이에 근처에서 뭔가 변화가 있었나요?

M : 그렇네요. 역 앞의 재개발이 진행된 점일까요. 하지만, 역 앞에 생긴 가게의 대부분은 우리와 장르가 다르기 때문에 관계없다고 생각합니다만.

F : 확실히 가게의 종류는 그렇습니다. 하지만, 이 지역을 방문하는 고객층이 변화해 온 것은 아닐까요?

M : 그렇게 듣고 보니. 이전에는 연배가 있으신 분이 많았습니다만.

F : 젊은 부부와 가족 동반이 늘었군요. 역시, 고객층의 변화가 원인이 아닌가 하고 생각합니다.

M : 그럼, 젊은 사람에게 맞춰서 메뉴 가격을 재검토하는 편이 좋을까요?

F : [2]아뇨, 일률적으로 내리면 경영이 힘들어질 뿐이고, 지금까지의 가게 분위기도 해쳐 버릴 우려가 있습니다. [4]기존의 메뉴는 그대로 하고, 젊은 고객층에게도 손이 미치는 가격대의 메뉴를 제공하면 어떨까요?

M : 메뉴를 늘리는 것입니까?

F : 지금의 메뉴 중에서 가격을 내릴 수 있는 것이 있다면 그것도 좋다고 생각합니다만.

M : 음. [3]그건 좀 어려울 것 같기 때문에, [4]새롭게 생각해 보겠습니다.

남자 점장은, 앞으로 레스토랑을 어떻게 개선합니까?

1 가게의 배치를 원래대로 돌린다
2 모든 메뉴의 가격을 싸게 한다
3 일부 메뉴의 가격을 변경한다
4 다양한 가격의 메뉴를 준비한다

해설 1 '배치를 원래대로 하기', 2 '모든 메뉴의 가격을 싸게 하기', 3 '일부 메뉴의 가격 변경하기', 4 '다양한 가격의 메뉴 준비하기' 중 남자가 앞으로 해야 할 일을 묻는 문제이다. 대화에서, 여자가 **既存のメニューはそのままで、若い客層にも手が届く価格帯のメニューを提供してはいかがでしょうか**라고 하자, 남자가 지금 메뉴 중에 가격을 내리는 것은 어려우니 **新しく考えてみようと思います**라고 했으므로, 4 **様々な値段のメニューを用意する**(다양한 가격의 메뉴를 준비한다)가 정답이다. 1, 2는 할 필요가 없고, 3은 어려울 것 같다고 했으므로 오답이다.

어휘 **店長 てんちょう** 명 점장　**飲食店 いんしょくてん** 명 음식점
経営 けいえい 명 경영　**専門家 せんもんか** 명 전문가
今後 こんご 명 앞으로　**改善 かいぜん** 명 개선
開店 かいてん 명 개점　**当初 とうしょ** 명 당초, 최초
店内 てんない 명 점내, 가게 안　**レイアウト** 명 배치
変更 へんこう 명 변경　**減る へる** 동 줄다　**変化 へんか** 명 변화
駅前 えきまえ 명 역 앞　**再開発 さいかいはつ** 명 재개발
ジャンル 명 장르　**異なる ことなる** 동 다르다
種類 しゅるい 명 종류　**地域 ちいき** 명 지역
訪れる おとずれる 동 방문하다　**客層 きゃくそう** 명 고객층
年配 ねんぱい 명 연배가 있는 사람, 중년　**夫婦 ふうふ** 명 부부
メニュー 명 메뉴　**価格 かかく** 명 가격
見直す みなおす 동 재검토하다　**一律だ いちりつだ** な형 일률적이다
苦しい くるしい い형 힘들다　**雰囲気 ふんいき** 명 분위기
損ねる そこねる 동 해치다　**恐れ おそれ** 명 우려
既存 きそん 명 기존　**手が届く てがとどく** 손이 미치다
価格帯 かかくたい 명 가격대　**提供 ていきょう** 명 제공
様々だ さまざまだ な형 다양하다

5

[음성]

大学でテニス部の男の学生と女の学生がテニス部のチラシについて話しています。男の学生はチラシをどのように直しますか。

M：先輩、新入生に配布するチラシ、目を通していただけましたか。

F：ああ、これね。ちょうど今見てたの。[1]活動内容が簡潔にまとまってて、いいと思ったわ。文字数が多いと、読みにくくて結局だれも読まないからね。体験入部の日も目立つところにあるし、活動の曜日、時間、年間のスケジュールもわかりやすくていいと思う。

M：そうですか。もう少し詳しく書こうかなと思ったんですが、書かなくてよかったです。

F：でも、文字しかないから、写真を入れたらどうかな。楽しい雰囲気を伝えたほうが、入部希望者が増えると思うよ。ほら、合宿の写真とか。みんなで撮ったのですごくいいの、あったじゃない。

M：ええ、僕もそう思ったんですけどね。[2]でも、載せてほしくないって部員が何人かいたんですよ。

F：そっか、それなら[3]イラストにしたら？ インターネット上に、無料で使えるのがあるし。

M：[3]そうですね。じゃあ、ここの空いてるスペースに。

F：あ、それから、連絡先が田中君の電話番号だけだけど、メールアドレスも書いておくといいんじゃないかな。電話だとちょっとって思う人もいるみたいだから。

M：あれ？[4]電話番号の下に入れたと思うんですが。

F：あ、ほんとだ。見落としてたわ。

男の学生はチラシをどのように直しますか。

[문제지]

1 文字数を減らす
2 合宿の写真を入れる
3 イラストを入れる
4 メールアドレスを書く

해석 대학에서 테니스부의 남학생과 여학생이 테니스부의 전단지에 대해서 이야기하고 있습니다. 남학생은 전단지를 어떻게 고칩니까?

M : 선배, 신입생에게 배부할 전단지, 훑어봐 주셨나요?

F : 아, 이거 말이지. 마침 지금 보고 있었어. [1]활동 내용이 간결하게 정리되어 있어서, 좋다고 생각했어. 글자 수가 많으면, 읽기 어려워서 결국 아무도 읽지 않으니까 말이야. 체험 입부일도 눈에 띄는 곳에 있고, 활동 요일, 시간, 연간 스케줄도 알기 쉬워서 좋다고 생각해.

M : 그런가요. 조금 더 자세하게 쓸까 하고 생각했었습니다만, 쓰지 않아서 다행이에요.

F : 하지만, 글자밖에 없으니까, 사진을 넣으면 어떨까. 즐거운 분위기를 전달하는 편이, 입부 희망자가 늘어날 거라고 생각해. 자, 합숙 사진이라든가. 다 같이 찍은 거에서 되게 좋은 거, 있었잖아.

M : 네, 저도 그렇게 생각했습니다만. [2]하지만, 실리고 싶지 않다는 부원이 몇 명인가 있었어요.

F : 그런가, 그렇다면 [3]일러스트로 하면? 인터넷 상에, 무료로 쓸 수 있는 것이 있고.

M : [3]그렇군요. 그럼, 여기 비어있는 공간에.

F : 아, 그리고, 연락처가 다나카 군의 전화번호뿐인데, 메일 주소도 써두면 좋지 않을까. 전화는 좀 그렇다고 생각하는 사람도 있는 것 같으니까.

M : 어라? [4]전화번호 아래에 넣었다고 생각하는데요.

F : 아, 정말이다. 못 보고 지나쳤네.

남학생은 전단지를 어떻게 고칩니까?

1 글자 수를 줄인다
2 합숙 사진을 넣는다
3 일러스트를 넣는다
4 메일 주소를 쓴다

해설 1 '글자 수 줄이기', 2 '합숙 사진 넣기', 3 '일러스트 넣기', 4 '메일 주소 쓰기' 중 남자가 앞으로 해야 할 일을 묻는 문제이다. 대화에서, 여자가 **イラストにしたら? インターネット上に、無料で使えるのがあるし**라고 하자, 남자가 **そうですね。じゃあ、ここの空いてるスペースに**라고 했으므로, 3 **イラストを入れる**(일러스트를 넣는다)가 정답이다. 1은 할 필요가 없고, 2는 실리고 싶어하지 않는 부원이 있었으며, 4는 이미 썼으므로 오답이다.

어휘 チラシ 명 전단지　新入生 しんにゅうせい 명 신입생
配布 はいふ 명 배부　目を通す めをとおす 훑어보다
活動 かつどう 명 활동　内容 ないよう 명 내용
簡潔だ かんけつだ な형 간결하다　まとまる 동 정리되다
文字数 もじすう 명 글자 수　結局 けっきょく 명 결국
体験 たいけん 명 체험　入部日 にゅうぶび 명 입부일
目立つ めだつ 동 눈에 띄다　年間 ねんかん 명 연간
スケジュール 명 스케줄　詳しい くわしい い형 자세하다
雰囲気 ふんいき 명 분위기　入部 にゅうぶ 명 입부
希望者 きぼうしゃ 명 희망자　合宿 がっしゅく 명 합숙
部員 ぶいん 명 부원　イラスト 명 일러스트
インターネット 명 인터넷　無料 むりょう 명 무료　スペース 명 공간
連絡先 れんらくさき 명 연락처　メールアドレス 명 메일 주소
見落とす みおとす 동 못 보고 지나치다　減らす へらす 동 줄이다

☞ **문제 2**의 디렉션과 예제를 들려줄 때 1번부터 6번까지의 선택지를 미리 읽고 내용을 재빨리 파악해둡니다. 음성에서 **では、始めます**(그러면, 시작합니다)가 들리면, 곧바로 문제 풀 준비를 합니다.
음성 디렉션과 예제는 실전모의고사 1의 해설(p.187)에서 확인할 수 있습니다.

1

[음성]
講演会で歯科医が話しています。歯科医はどんなことが最も重要だと言っていますか。

F：皆さんは、歯医者さんにどのぐらいの頻度で行かれますか。歯に痛みを感じてから慌てて行く方もいらっしゃるかもしれませんが、歯も他の病気と同じで早期発見早期治療が大切なんです。そのため、当医院では6カ月に一回の定期検診を行い、早い段階で虫歯を見つけ、治療をしていきます。そうすることで歯を抜くというような残念な結果を避けることもでき、年を取っても自分の歯で食事を楽しむことができるのです。また、過去の治療の記録がわかるように、常に同じ歯医者さんに診てもらうのもいいでしょう。それから、一日三回毎食後に磨くのが理想的ですが、難しいときはせめて口をゆすいでおくと虫歯になりにくいですよ。

歯科医はどんなことが最も重要だと言っていますか。

[문제지]
1 歯が痛ければ早く診てもらうこと
2 歯科に定期検診に行くこと
3 いつも同じ歯科医に行くこと
4 食後には必ず歯を磨くこと

해석 강연회에서 치과 의사가 이야기하고 있습니다. 치과 의사는 어떤 것이 가장 중요하다고 말하고 있습니까?

F : 여러분은, 치과에 어느 정도의 빈도로 가시나요? 이에 아픔을 느끼고 나서 서둘러서 가는 분도 있을지도 모르겠습니다만, 이도 다른 병과 같이 조기 발견 조기 치료가 중요합니다. 그 때문에, 이 병원에서는 6개월에 한 번 정기 검진을 행하여, 이른 단계에서 충치를 발견하고, 치료를 해 나갑니다. 그렇게 함으로써 이를 빼는 것 같은 유감스러운 결과를 피하는 것도 가능하고, 나이를 먹어도 자신의 이로 식사를 즐길 수 있는 것입니다. 또, 과거의 치료 기록을 알 수 있도록, 항상 같은 치과에서 진찰받는 것도 좋겠죠. 그리고, 1일 3회 매 식후에 닦는 것이 이상적이지만, 어려울 때는 적어도 입을 헹궈 놓으면 충치가 되기 어렵습니다.

치과 의사는 어떤 것이 가장 중요하다고 말하고 있습니까?

1 이가 아프면 빨리 진찰받는 것
2 치과에 정기 검진하러 가는 것
3 언제나 같은 치과 의사에게 가는 것

4 식후에는 반드시 이를 닦을 것

해설 가장 중요한 것을 묻는 문제이다. 각 선택지의 핵심 내용은 1 '이가 아프면 빨리 진찰받기', 2 '정기 검진하기', 3 '같은 치과 의사에게 가기', 4 '식후에 이 닦기'이다. 여자가 **歯も他の病気と同じで早期発見早期治療が大切なんです。そのため、当医院では6カ月に一回の定期検診を行い、早い段階で虫歯を見つけ、治療をしていきます**라고 했으므로, 2 **歯科に定期検診に行くこと**(치과에 정기 검진하러 가는 것)가 정답이다. 오답 선택지 1은 아프기 전에 조기 발견과 치료가 중요하다고 했고, 3은 가장 중요하다고 언급한 점이 아니며, 4는 이를 닦기 어려울 때 입을 헹궈 놓으라고 했으므로 오답이다.

어휘 **講演会 こうえんかい** [명] 강연회 **歯科医 しかい** [명] 치과 의사
重要だ じゅうようだ [な형] 중요하다 **歯医者さん はいしゃさん** 치과
頻度 ひんど [명] 빈도 **痛み いたみ** [명] 아픔
慌てる あわてる [동] 서두르다, 허둥대다 **早期 そうき** [명] 조기
発見 はっけん [명] 발견 **治療 ちりょう** [명] 치료
当医院 とういいん [명] 이 병원 **定期 ていき** [명] 정기
検診 けんしん [명] 검진 **段階 だんかい** [명] 단계
虫歯 むしば [명] 충치 **抜く ぬく** [동] 빼다 **結果 けっか** [명] 결과
避ける さける [동] 피하다 **年を取る としをとる** 나이를 먹다
過去 かこ [명] 과거 **記録 きろく** [명] 기록 **常に つねに** [부] 항상
診る みる [동] 진찰받다 **食後 しょくご** [명] 식후
理想的だ りそうてきだ [な형] 이상적이다 **せめて** [부] 적어도
ゆすぐ [동] 헹구다

2

[음성]

車のメーカーで男の人と女の人が話しています。この男の人は新しい素材について何が心配だと言っていますか。

M：部長からのメール見た？開発中の新しい素材が完成して、実用化されるって記事。

F：うん、見たよ。植物性の素材を車にも使っていけるってやつでしょ？

M：うん、金属で製造されている部分に使えそうなんだって。うちでも今後実験をやって使用していくんだろうけど、なんだかなあ。

F：開発に時間がかかったぶん、価格が高くなりそうなの？

M：それは問題ないんだよ。むしろ、金属よりちょっと安く作れるって聞いたことあるよ。

F：重量が1割ぐらい軽くなるんでしょ？ 軽量化されるってことは、少ないガソリンで長く走れるようになるんだから、お客様にとってもいいんじゃないの？

M：もちろんそうなんだけど、今までも車体の重量は減らせるだけ減らしてきたからね。これ以上軽量化したら、強風のときに車がぐらつくんじゃないかな。それに、スピードを出しているときも危ないよね。

F：確かに。でも、スピードは出さなければいいだけだし、車が吹き飛ぶような強風もそんなにないから大丈夫だよ。

M：うーん、軽さと安全性のバランスをよくしないといけないんだよね。難しい実験になりそうだよ。

この男の人は新しい素材について何が心配だと言っていますか。

[문제지]

1 金属部分に使用できること
2 製品の価格が上がってしまうこと
3 軽くなるために危険度が増すこと
4 実験をするのが難しいこと

해석 자동차 제조 회사에서 남자와 여자가 이야기하고 있습니다. 이 남자는 새로운 소재에 대해서 무엇이 걱정이라고 말하고 있습니까?

M : 부장님으로부터의 메일 봤어? 개발 중인 새로운 소재가 완성돼서, 실용화된다는 기사.

F : 응, 봤어. 식물성 소재를 차에도 사용해 갈 수 있다는 거 말이지?

M : 응, 금속으로 제조되어 있는 부분에 사용할 수 있을 것 같대. 우리도 앞으로 실험을 해서 사용해 가겠지만, 뭔가 말이야.

F : 개발에 시간이 든 만큼, 가격이 비싸질 것 같아?

M : 그건 문제없어. 오히려, 금속보다 좀 싸게 만들 수 있다고 들은 적 있어.

F : 중량이 1할 정도 가벼워지지? 경량화된다는 것은, 적은 가솔린으로 오래 달릴 수 있게 되는 거니까, 고객에게 있어서도 좋은 거 아니야?

M : 물론 그렇지만, 지금까지도 차체의 중량은 줄일 수 있는 만큼 줄여 왔으니까. 이 이상 경량화하면, 강풍일 때에 차가 흔들리지 않으려나. 게다가, 스피드를 내고 있을 때도 위험하지.

F : 확실히. 하지만, 스피드는 내지 않으면 그만이고, 차가 바람에 날아갈 것 같은 강풍도 그렇게 없으니까 괜찮아.

M : 음, 가벼움과 안전성의 밸런스를 좋게 하지 않으면 안 돼. 어려운 실험이 될 것 같아.

이 남자는 새로운 소재에 대해서 무엇이 걱정이라고 말하고 있습니까?

1 금속 부분에 사용할 수 있는 것
2 제품 가격이 올라가 버리는 것
3 가벼워지기 때문에 위험도가 늘어나는 것
4 실험을 하는 것이 어려운 것

해설 새로운 소재에 대해 걱정하고 있는 것을 묻는 문제이다. 각 선택지의 핵심 내용은 1 '금속 부분에 사용할 수 있는 것', 2 '제품 가격이 올라가는 것', 3 '가벼워져서 위험도가 늘어나는 것', 4 '실험이 어려운 것'이다. 대화에서, 남자가 **これ以上軽量化したら、強風のときに車がぐらつくんじゃないかな。それに、スピードを出しているときも危ないよね**라고 했으므로, 3 **軽くなるために危険度が増すこと**(가벼워지기 때문에 위험도가 늘어나는 것)가 정답이다. 오답 선택지 1, 4는 걱정하고 있는 점이 아니고, 2는 신소재가 금속보다 싸다

고 했으므로 오답이다.

어휘 メーカー 명 제조 회사, 메이커　素材 そざい 명 소재
開発 かいはつ 명 개발　完成 かんせい 명 완성
実用化 じつようか 명 실용화　記事 きじ 명 기사
植物性 しょくぶつせい 명 식물성　金属 きんぞく 명 금속
製造 せいぞう 명 제조　部分 ぶぶん 명 부분
今後 こんご 명 앞으로　実験 じっけん 명 실험　使用 しよう 명 사용
価格 かかく 명 가격　むしろ 부 오히려　重量 じゅうりょう 명 중량
軽量化 けいりょうか 명 경량화　車体 しゃたい 명 차체
減らす へらす 동 줄이다　強風 きょうふう 명 강풍
ぐらつく 동 흔들리다　スピード 명 스피드
吹き飛ぶ ふきとぶ 동 바람에 날아가다　軽さ かるさ 명 가벼움
安全性 あんぜんせい 명 안전성　バランス 명 밸런스
製品 せいひん 명 제품　危険度 きけんど 명 위험도
増す ます 동 늘어나다

3

[음성]
大学で、男の学生と女の学生が話しています。女の学生はどうして採用が決まった会社を辞退すると言っていますか。

M：聞いたよ、おめでとう、就職決まったんだって？
F：ああ、ありがとう。それなんだけどね、実は辞退しようと思ってるんだ。
M：ええ！もったいない。あんなに就職活動頑張ってたのに。
F：うん、やりたい仕事をするために頑張ってたつもりだったんだけど、なんだかやってるうちにどうして頑張ってるのかわからなくなってきちゃって。仕事がしたいのか、会社に入りたいのか。
M：やりたい仕事があるからだろ？
F：そう思ってたんだけどね。でも、何社も何社も受けていると、どんな仕事でもいいから会社に入りたいって思い始めちゃって。それで決まったのがあの会社なんだけどさ。でも、なんだか納得できなくて。
M：ふうん。じゃあ、これからどうするの？
F：そうね、もう一度自分の希望の仕事ができる会社を探してみる。
M：そっか。夢が叶うといいね。

女の学生はどうして採用が決まった会社を辞退すると言っていますか。

[문제지]
1 他に入りたい会社があるから
2 したいと思う仕事ができないから
3 新しい夢が見つかったから
4 どんな仕事がしたいかわからないから

해석 대학에서, 남학생과 여학생이 이야기하고 있습니다. 여학생은 어째서 채용이 결정된 회사를 사퇴한다고 말하고 있습니까?

M : 들었어, 축하해, 취직 정해졌다면서?
F : 아, 고마워. 그거 말인데, 실은 사퇴하려고 생각하고 있어.
M : 뭐라고! 아까워. 그렇게 취직 활동 열심히 했는데.
F : 응, 하고 싶은 일을 하기 위해서 열심히 했었는데, 왠지 하고 있는 사이에 왜 열심히 하고 있는 건지 알 수 없게 되어 버려서. 일을 하고 싶은 것인지, 회사에 들어가고 싶은 것인지.
M : 하고 싶은 일이 있으니까 그런 거잖아?
F : 그렇게 생각하고 있었는데 말이야. 그래도, 수많은 회사의 입사 시험을 보고 있으려니, 어떤 일이라도 좋으니까 회사에 들어가고 싶다고 생각하기 시작해 버려서. 그래서 결정된 것이 그 회사인데 말이야. 하지만, 왠지 납득할 수 없어서.
M : 흐음. 그럼, 이제부터 어떻게 해?
F : 그렇네, 한 번 더 내가 희망하는 일을 할 수 있는 회사를 찾아볼 거야.
M : 그렇구나. 꿈이 이루어지면 좋겠네.

여학생은 어째서 채용이 결정된 회사를 사퇴한다고 말하고 있습니까?

1 따로 들어가고 싶은 회사가 있기 때문에
2 하고 싶다고 생각하는 일이 불가능하기 때문에
3 새로운 꿈을 발견했기 때문에
4 어떤 일이 하고 싶은지 모르기 때문에

해설 채용이 결정된 회사를 사퇴하는 이유를 묻는 문제이다. 각 선택지의 핵심 내용은 1 '들어가고 싶은 회사가 있어서', 2 '하고 싶은 일이 불가능해서', 3 '새로운 꿈을 발견해서', 4 '어떤 일이 하고 싶은지 몰라서'이다. 대화에서, 여자가 **もう一度自分の希望の仕事ができる会社を探してみる**라고 했으므로, 2 **したいと思う仕事ができないから**(하고 싶다고 생각하는 일이 불가능하기 때문에)가 정답이다. 오답 선택지 1, 3은 언급되지 않았고, 4는 어떤 일이라도 좋으니 회사에 들어가고 싶었다고 했을 뿐, 하고 싶은 일을 모른다고는 하지 않았으므로 오답이다.

어휘 採用 さいよう 명 채용　辞退 じたい 명 사퇴
就職 しゅうしょく 명 취직　もったいない い형 아깝다
活動 かつどう 명 활동　納得 なっとく 명 납득　希望 きぼう 명 희망
叶う かなう 동 이루어지다

4

[음성]
テレビで男の人が商品を紹介しています。この商品が従来のものと比べて一番変わった点は何ですか。

M：今日は新しく発売されたカメラをご紹介したいと思います。こちらは従来のものに比べて画質が圧倒的によくなり、様々なシーンでよりきれいな写真を撮ることができるようになりました。さらに、手に収まりやすいように形が作り変えられたのもこのモデルの特徴です。これだけの改良にも関わらずお値段は変わらないのですから、驚きです。そして、何といっても、持っていることを忘れるほどの軽さが従来のモデルにはなかったものです。このように軽量化が実現できたのはメーカーの技術の発達によるところが大きいでしょう。

この商品が従来のものと比べて一番変わった点は何ですか。

[문제지]

1 非常に軽くなったこと

2 低価格に設定したこと

3 美しい写真が撮れること

4 サイズが小さくなったこと

해석 텔레비전에서 남자가 상품을 소개하고 있습니다. 이 상품이 종전의 것과 비교해서 가장 바뀐 점은 무엇입니까?

M : 오늘은 새롭게 발매된 카메라를 소개하고 싶다고 생각합니다. 이쪽은 종전의 것과 비교해서 화질이 압도적으로 좋아져, 다양한 장면에서 보다 깨끗한 사진을 찍는 것이 가능하게 되었습니다. 게다가, 손에 쥐기 쉽게 형태가 바뀌어 만들어진 것도 이 모델의 특징입니다. 이만큼의 개량에도 불구하고 가격은 변하지 않기 때문에, 놀랍습니다. 그리고, 뭐니 뭐니 해도, 들고 있는 것을 잊어버릴 정도의 가벼움이 종전의 모델에는 없었던 것입니다. 이렇게 경량화를 실현할 수 있었던 것은 제조사의 기술 발달에 의한 부분이 크겠지요.

이 상품이 종전의 것과 비교해서 가장 바뀐 점은 무엇입니까?

1 상당히 가벼워진 것

2 저가격으로 설정한 것

3 아름다운 사진을 찍을 수 있는 것

4 사이즈가 작아진 것

해설 종전의 것과 비교해 가장 바뀐 점을 묻는 문제이다. 각 선택지의 핵심 내용은 1 '가벼워진 것', 2 '저가격인 것', 3 '아름다운 사진을 찍을 수 있는 것', 4 '작아진 것'이다. 남자가 **何といっても、持っていることを忘れるほどの軽さが従来のモデルにはなかったものです**라고 했으므로, 1 **非常に軽くなったこと**(상당히 가벼워진 것)가 정답이다. 오답 선택지 2는 바뀐 점이 아니고, 3은 가장 바뀌었다고 언급한 점이 아니며, 4는 손에 쥐기 쉽게 형태가 바뀐 것이지 작아진 것이 아니므로 오답이다.

어휘 商品 しょうひん 명 상품　従来 じゅうらい 명 종전, 종래
発売 はつばい 명 발매　画質 がしつ 명 화질
圧倒的だ あっとうてきだ な형 압도적이다
様々だ さまざまだ な형 다양하다　シーン 명 장면　さらに 부 게다가
収まる おさまる 동 쥐다, 들어가다
作り変える つくりかえる 동 바꿔 만들다　モデル 명 모델
特徴 とくちょう 명 특징　改良 かいりょう 명 개량
値段 ねだん 명 가격　驚き おどろき 명 놀라움
軽さ かるさ 명 가벼움　軽量化 けいりょうか 명 경량화
実現 じつげん 명 실현　発達 はったつ 명 발달
非常に ひじょうに 부 상당히　低価格 ていかかく 명 저가격
設定 せってい 명 설정　サイズ 명 사이즈

5

[음성]

男の人と女の人が話しています。女の人はレストランの何が不満だったと言っていますか。

M：この間の旅行の写真、できたからアルバムにしたよ。

F：わあ、ありがとう、見てもいい？

M：うん。上手に撮れたでしょう？

F：どれも素敵ねえ。そうそうこのレストラン、おいしかったわよね。

M：ああ、メインのお肉が最高だったよ。一度食べたら忘れられない味だよねえ。

F：そうね。もっとこってりした料理かと思ってたけど、意外とさっぱりしてて、絶品だったわね。もうちょっと値段が安ければ言うことないんだけどなあ。

M：まあね、でも雰囲気もサービスも満足できたし、それにお金を払ってると思えばね。

F：そうね、レストランの建物も少し古いかなって思ったけど逆に歴史が感じられてよかったのかもね。

女の人はレストランの何が不満だったと言っていますか。

[문제지]

1 思っていた味と違っていたこと

2 値段が高かったこと

3 サービスの代金を払ったこと

4 建物が古かったこと

해석 남자와 여자가 이야기하고 있습니다. 여자는 레스토랑의 무엇이 불만이었다고 말하고 있습니까?

M : 요전 여행 사진, 다 돼서 앨범으로 했어.

F : 우와, 고마워, 봐도 돼?

M : 응. 잘 찍혔지?

F : 모두 멋지다. 맞아 맞아 이 레스토랑, 맛있었지.

M : 아, 메인 고기가 최고였어. 한 번 먹으면 잊을 수 없는 맛이었지.

F : 맞아. 좀 더 진한 요리인가 하고 생각했는데, 의외로 담백해서, 일품이었어. 조금 더 가격이 싸면 말할 것도 없겠는데.

M : 뭐, 하지만 분위기도 서비스도 만족할 수 있었고, 거기에 돈을 지불했다고 생각하면.

F : 그렇네, 레스토랑 건물도 조금 낡았나 생각했는데 반대로 역사를 느낄 수 있어서 좋았던 걸지도.

여자는 레스토랑의 무엇이 불만이었다고 말하고 있습니까?

1 생각했던 맛과 달랐던 것

2 가격이 비쌌던 것

3 서비스 대금을 지불한 것

4 건물이 낡았던 것

해설 불만이었던 것을 묻는 문제이다. 각 선택지의 핵심 내용은 1 '생각했던 맛이 아닌 것', 2 '가격이 비싼 것', 3 '서비스 대금을 지불한 것', 4

'건물이 낡은 것'이다. 대화에서, 여자가 **もうちょっと値段が安ければ言うことないんだけどなあ**라고 했으므로, 2 **値段が高かったこと**(가격이 비쌌던 것)가 정답이다. 오답 선택지 1, 4는 레스토랑의 좋았던 점이고, 3은 실제로 지불하지 않았으므로 오답이다.

어휘 **不満** ふまん 명 불만　**この間** このあいだ 요전　**アルバム** 명 앨범
素敵だ すてきだ な형 멋지다　**メイン** 명 메인
最高 さいこう 명 최고　**こってり** 부 진한
意外だ いがいだ な형 의외이다　**さっぱり** 부 담백한
絶品 ぜっぴん 명 일품, 절품　**値段** ねだん 명 가격
雰囲気 ふんいき 명 분위기　**サービス** 명 서비스
満足 まんぞく 명 만족　**逆に** ぎゃくに 부 반대로
感じる かんじる 동 느끼다　**代金** だいきん 명 대금

6

[음성]

ラジオで女の人が本について話しています。女の人は紙の本の一番の魅力は何だと言っていますか。

F：近年、スマートフォンやタブレットが普及し、電子機器を用いて読書を楽しむ人が増えています。確かに、電子機器を使うと何冊も重い本を持ち歩く必要もないし、読みたい本がその場で買え、本屋にも行く必要がないので便利なのは分かります。それでも、わたしは、紙の本が好きです。紙の本には質感とにおいがあります。本の独特のにおいをかぎながら、さらさらとしたページをめくること、この２つこそ本の醍醐味と言えるでしょう。また、友人や恋人に自分のお気に入りをプレゼントできることも電子機器の本にはない魅力です。

女の人は紙の本の一番の魅力は何だと言っていますか。

[문제지]

1 重い荷物を持ち歩かなくていいこと
2 インターネットで本が買えること
3 紙の手触りと香りが楽しめること
4 周りの人たちにプレゼントできること

해석 라디오에서 여자가 책에 대해서 이야기하고 있습니다. 여자는 종이 책의 가장 큰 매력은 무엇이라고 말하고 있습니까?

F : 근래, 스마트폰이나 태블릿이 보급되어, 전자 기기를 써서 독서를 즐기는 사람이 늘고 있습니다. 확실히, 전자 기기를 사용하면 몇 권이나 무거운 책을 들고 다닐 필요도 없고, 읽고 싶은 책을 그 자리에서 살 수 있어, 서점에도 갈 필요가 없기 때문에 편리한 것은 압니다. 그래도, 저는, 종이 책이 좋습니다. 종이 책에는 질감과 냄새가 있습니다. 책의 독특한 냄새를 맡으면서, 사각사각한 페이지를 넘기는 것, 이 두 가지야말로 책의 묘미라고 할 수 있겠지요. 또, 친구나 애인에게 자신이 마음에 드는 것을 선물할 수 있는 것도 전자 기기의 책에는 없는 매력입니다.

여자는 종이 책의 가장 큰 매력은 무엇이라고 말하고 있습니까?

1 무거운 짐을 들고 다니지 않아도 되는 것
2 인터넷으로 책을 살 수 있는 것
3 종이의 감촉과 향을 즐길 수 있는 것
4 주변 사람들에게 선물할 수 있는 것

해설 종이 책의 가장 큰 매력을 묻는 문제이다. 각 선택지의 핵심 내용은 1 '들고 다니지 않아도 되는 것', 2 '인터넷에서 살 수 있는 것', 3 '감촉과 향을 즐길 수 있는 것', 4 '선물할 수 있는 것'이다. 여자가 **本の独特のにおいをかぎながら、さらさらとしたページをめくること、この２つこそ本の醍醐味と言えるでしょう**라고 했으므로, 3 **紙の手触りと香りが楽しめること**(종이의 감촉과 향을 즐길 수 있는 것)가 정답이다. 오답 선택지 1, 2는 종이 책의 장점이 아니라 전자 기기를 사용한 독서의 장점이며, 4는 가장 큰 매력이라고 언급한 점이 아니므로 오답이다.

어휘 **魅力** みりょく 명 매력　**近年** きんねん 명 근래, 근년
スマートフォン 명 스마트폰　**タブレット** 명 태블릿
普及 ふきゅう 명 보급　**電子** でんし 명 전자　**機器** きき 명 기기
用いる もちいる 동 쓰다, 사용하다　**読書** どくしょ 명 독서
持ち歩く もちあるく 동 들고 다니다　**本屋** ほんや 명 서점
それでも 접 그래도, 그런데도　**質感** しつかん 명 질감
独特だ どくとくだ な형 독특하다　**かぐ** 동 냄새 맡다
さらさら 부 사각사각　**めくる** 동 넘기다　**醍醐味** だいごみ 명 묘미
友人 ゆうじん 명 친구, 지인　**恋人** こいびと 명 애인
お気に入り おきにいり 명 마음에 드는 것　**インターネット** 명 인터넷
手触り てざわり 명 감촉　**香り** かおり 명 향, 향기

☞ **문제 3**은 문제지에 아무것도 인쇄되어 있지 않습니다. 따라서, 예제를 들려줄 때, 그 내용을 들으면서 개요 이해의 문제 풀이 전략을 떠올려 봅니다. 음성에서 では、始めます(그러면, 시작합니다)가 들리면, 곧바로 문제 풀 준비를 합니다.
음성 디렉션과 예제는 실전모의고사 1의 해설(p.193)에서 확인할 수 있습니다.

1

[음성]

テレビでレポーターが話しています。

F：「コンビニ」と聞いて頭に真っ先に浮かぶのは24時間営業だと思いますが、こちらのコンビニの経営者の方は、半年前に24時間営業をやめようと本社に提案しました。人手不足や光熱費の節約がその理由だそうです。そこで一か月前から、このコンビニでは24時間営業をせず、夜間は閉店するという試みを実験的に行っています。その結果、売り上げは大きく減らなかったとのことですが、新たな問題が出てきたそうです。24時間営業の時は、いつでも納品ができましたが、今は夜間に店が閉まっているので、納品の時に誰かがカギを開けに来なければいけないのです。夜間以外に納品できればいいのですが、多数のコンビニ店がある中、この店舗だけのために時間をずらして配達するのはなかなか難しいとのことです。

このレポーターは何について伝えていますか。
1 本社から営業時間短縮の実験を頼まれた店
2 このコンビニが24時間営業を続ける理由
3 あるコンビニの24時間営業をしない試みと課題
4 コンビニの人件費や光熱費の節約の方法

해석 텔레비전에서 리포터가 이야기하고 있습니다.

F : '편의점'이라고 듣고 머리에 맨 먼저 떠오르는 것은 24시간 영업이라고 생각합니다만, 이곳의 편의점 경영자 분은, 반년 전에 24시간 영업을 그만두자고 본사에 제안했습니다. 인력 부족과 광열비 절약이 그 이유라고 합니다. 그래서 1개월 전부터, 이 편의점에서는 24시간 영업을 하지 않고, 야간은 폐점하는 시도를, 실험적으로 행하고 있습니다. 그 결과, 매상은 크게 줄지 않았다고 합니다만, 새로운 문제가 나왔다고 합니다. 24시간 영업 때는, 언제라도 납품이 가능했지만, 지금은 야간에 가게가 닫혀있기 때문에, 납품 때에 누군가가 열쇠를 열러 오지 않으면 안 되는 것입니다. 야간 이외에 납품할 수 있으면 좋겠지만, 다수의 편의점이 있는 와중, 이 점포만을 위해 시간을 미루어 배달하는 것은 좀처럼 어렵다고 합니다.

이 리포터는 무엇에 대해 전하고 있습니까?

1 본사에서 영업시간 단축 실험을 부탁받은 가게
2 이 편의점이 24시간 영업을 계속하는 이유
3 어느 편의점의 24시간 영업을 하지 않는 시도와 과제
4 편의점 인건비와 광열비 절약 방법

해설 상황 설명에서 리포터가 이야기하고 있다고 했으므로, 리포터의 이야기를 전체적인 흐름을 파악하며 주의 깊게 듣는다. 리포터가 **一か月前から、このコンビニでは24時間営業をせず、夜間は閉店するという試みを実験的に行わっています。その結果、売り上げは大きく減らなかったとのことですが、新たな問題が出てきたそうです**라고 했다. 질문에서 리포터가 무엇에 대해 전하고 있는지 묻고 있으므로, 3 **あるコンビニの24時間営業をしない試みと課題**(어느 편의점의 24시간 영업을 하지 않는 시도와 과제)가 정답이다.

어휘 **コンビニ** 명 편의점 **真っ先 まっさき** 명 맨 먼저
浮かぶ うかぶ 동 떠오르다 **営業 えいぎょう** 명 영업
経営者 けいえいしゃ 명 경영자 **半年 はんとし** 명 반년
本社 ほんしゃ 명 본사 **提案 ていあん** 명 제안
人手不足 ひとでぶそく 명 인력 부족 **光熱費 こうねつひ** 명 광열비
節約 せつやく 명 절약 **夜間 やかん** 명 야간
閉店 へいてん 명 폐점 **実験 じっけん** 명 실험
結果 けっか 명 결과 **売り上げ うりあげ** 명 매상 **減る へる** 동 줄다
新ただ あらただ な형 새롭다 **納品 のうひん** 명 납품
多数 たすう 명 다수 **店舗 てんぽ** 명 점포 **ずらす** 동 미루다
配達 はいたつ 명 배달 **短縮 たんしゅく** 명 단축
課題 かだい 명 과제 **人件費 じんけんひ** 명 인건비

2

[음성]
テレビでレポーターが話しています。

M：今日は、多くの鳥を保護している団体におじゃましています。皆さん、ペットの鳥の平均寿命がどのくらいかご存じですか。大型のオウムやインコですと、犬や猫より長く、50年から60年なんですよ。中には100年以上生きるものもいるんです。意外に長いでしょう？ですから、飼い始めたころは問題がなくても、様々な理由で一緒に暮らせなくなる人もいます。飼い主が入院したり、先に亡くなってしまったりすることもあるでしょう。今日ご紹介するこちらの団体は、どうしても飼えなくなった鳥を一旦保護し、鳥を飼ってもいいと言う新たな飼い主さんに託す活動をしています。ここの運営は、皆さんからの寄付でまかなっているそうです。こちらにいるオウムは現在15歳なんですが、数か月前に保護されてやってきて、無事に次のおうちが見つかり、明日引っ越すそうですよ。

レポーターは何について話していますか。
1 鳥をできるだけ長生きさせる方法
2 この団体から鳥を預かる条件
3 鳥の新しい家族を探す支援団体
4 年老いた鳥を安全に飼育する方法

해석 텔레비전에서 리포터가 이야기하고 있습니다.

M : 오늘은, 많은 새를 보호하고 있는 단체에 방문했습니다. 여러분, 애완동물 새의 평균 수명이 어느 정도인지 알고 계십니까? 대형 앵무새나 잉꼬라면, 개나 고양이보다 길어, 50년에서 60년입니다. 그중에는 100년 이상 사는 것도 있습니다. 의외로 길죠? 그러니, 기르기 시작한 때는 문제가 없어도, 다양한 이유로 함께 살 수 없게 되는 사람도 있습니다. 주인이 입원하거나, 먼저 죽어버리거나 하는 경우도 있겠죠. 오늘 소개할 이 단체는, 어떻게 해도 기를 수 없게 된 새를 일단 보호하고, 새를 길러도 좋다고 하는 새로운 주인에게 맡기는 활동을 하고 있습니다. 이곳의 운영은, 여러분으로부터의 기부로 꾸려 나가고 있다고 합니다. 이쪽에 있는 앵무새는 현재 15살입니다만, 수개월 전에 보호되어, 무사히 다음 집을 찾게 되어, 내일 이사한다고 합니다.

리포터는 무엇에 대해 이야기하고 있습니까?

1 새를 가능한 한 장수 시키는 방법
2 이 단체로부터 새를 맡는 조건
3 새의 새로운 가족을 찾는 지원 단체
4 늙어 버린 새를 안전하게 사육하는 방법

해설 상황 설명에서 리포터가 이야기하고 있다고 했으므로, 리포터의 이야기를 전체적인 흐름을 파악하며 주의 깊게 듣는다. 리포터가 **今日は、多くの鳥を保護している団体におじゃましています, こちらの団体は、どうしても飼えなくなった鳥を一旦保護し、鳥を飼**

ってもいいと言う新たな飼い主さんに託す活動をしていますと言った。질문에서 리포터가 무엇에 대해 이야기하고 있는지 묻고 있으므로, 3 鳥の新しい家族を探す支援団体(새의 새로운 가족을 찾는 지원 단체)가 정답이다.

어휘 保護 ほご 명 보호　団体 だんたい 명 단체　おじゃまする 방문하다
平均 へいきん 명 평균　寿命 じゅみょう 명 수명
大型 おおがた 명 대형　オウム 명 앵무새　インコ 명 잉꼬
意外だ いがいだ な형 의외다　様々だ さまざまだ な형 다양하다
暮らす くらす 동 살다　飼い主 かいぬし 명 주인
一旦 いったん 부 일단　新ただ あらただ な형 새롭다
託す たくす 동 맡기다　活動 かつどう 명 활동
運営 うんえい 명 운영　寄付 きふ 명 기부
まかなう 동 꾸려가다, 조달하다　現在 げんざい 명 현재
数か月 すうかげつ 명 수개월　無事だ ぶじだ な형 무사하다
長生き ながいき 명 장수　預かる あずかる 동 맡다
条件 じょうけん 명 조건　支援 しえん 명 지원
老いる おいる 동 늙다　飼育 しいく 명 사육

3

[음성]

テレビで女の人が話しています。

F：こちらのあさひ市は昔から着物や帯の生産地として有名ですが、20年前に比べると販売数と売り上げがぐんと下がっています。着物を着る人が徐々に減ってきているのが現状です。ある調査によると、着物は着るのが面倒だ、お金がかかる、動きにくいというのがその理由となっていました。そこで、この市では着物を着ている人に様々なサービスを行うことにしました。着物を着ているだけで、バスやタクシーや美術館などで割引などの優待が受けられます。また、着物を持っていない人は、市のセンターに行けば、非常に安いお値段でレンタルできます。ぜひ、着物でおでかけください。着物がゆるんで困ったときは、市内にあるほとんどの着物屋さんで直してもらえます。こちらはなんと無料です。まずは様々な人に着物に触れてもらい、また着たいと思ってもらうのがその狙いだそうです。

女の人は何について話していますか。

1 着物を着る人を増やすための試み
2 着物や帯を生産しなくなった理由
3 手軽に高級な着物を借りられる方法
4 無料でお客さんに着物を着せる活動

해석 텔레비전에서 여자가 이야기하고 있습니다.

F：이곳 아사히 시는 옛날부터 기모노와 허리띠의 생산지로써 유명합니다만, 20년 전과 비교하면 판매 수와 매상이 훨씬 떨어져 있습니다. 기모노를 입는 사람이 서서히 줄어오고 있는 것이 현재의 상태입니다. 어느 조사에 의하면, 기모노는 입는 것이 귀찮다, 돈이 든다, 움직이기 어렵다고 하는 것이 그 이유가 되고 있었습니다. 그래서, 이 시에서는 기모노를 입고 있는 사람에게 다양한 서비스를 행하기로 했습니다. 기모노를 입고 있는 것만으로, 버스나 택시나 미술관 등에서 할인 등의 우대를 받을 수 있습니다. 또, 기모노를 가지고 있지 않은 사람은, 시의 센터에 가면, 상당히 저렴한 가격으로 대여 가능합니다. 꼭, 기모노로 외출해 주세요. 기모노가 느슨해져서 곤란할 때는, 시내에 있는 대부분의 기모노 가게에서 바로잡아 줍니다. 이것은 놀랍게도 무료입니다. 우선은 다양한 사람이 기모노를 접해 주고, 또 입고 싶다고 생각해 주는 것이 그 목적이라고 합니다.

여자는 무엇에 대해 이야기하고 있습니까?

1 기모노를 입는 사람을 늘리기 위한 시도
2 기모노와 허리띠를 생산하지 않게 된 이유
3 손쉽게 고급 기모노를 빌릴 수 있는 방법
4 무료로 손님에게 기모노를 입히는 활동

해설 상황 설명에서 여자가 이야기하고 있다고 했으므로, 여자의 이야기를 전체적인 흐름을 파악하며 주의 깊게 듣는다. 여자가 着物を着る人が徐々に減ってきているのが現状です, そこで、この市では着物を着ている人に様々なサービスを行うことにしました, 様々な人に着物に触れてもらい、また着たいと思ってもらうのがその狙いだそうです라고 했다. 질문에서 여자가 무엇에 대해 이야기하고 있는지 묻고 있으므로, 1 着物を着る人を増やすための試み(기모노를 입는 사람을 늘리기 위한 시도)가 정답이다.

어휘 帯 おび 명 허리띠　生産地 せいさんち 명 생산지
販売数 はんばいすう 명 판매 수　売り上げ うりあげ 명 매상
ぐんと 부 훨씬　徐々に じょじょに 부 서서히　減る へる 동 줄다
現状 げんじょう 명 현재 상태　調査 ちょうさ 명 조사
面倒だ めんどうだ な형 귀찮다　様々だ さまざまだ な형 다양하다
サービス 명 서비스　割引 わりびき 명 할인　優待 ゆうたい 명 우대
センター 명 센터　非常に ひじょうに 부 상당히　レンタル 명 대여
ゆるむ 동 느슨해지다　市内 しない 명 시내
着物屋さん きものやさん 명 기모노 가게　無料 むりょう 명 무료
触れる ふれる 동 접하다　狙い ねらい 명 목적
試み こころみ 명 시도　手軽だ てがるだ な형 손쉽다
高級 こうきゅう 명 고급

4

[음성]

テレビでレポーターが話しています。

M：みなさんは銭湯、つまりお風呂屋さんにはよくいらっしゃいますか。一昔前は住まいに浴室がなく、多くの方が利用していましたが、今では95％のご家庭に浴室があり、銭湯の利用者数は全国的に減少する一方です。こちらの銭湯の利用者も、以前は、昔から通っているお年寄りがほとんどでした。しかし最近、サウナ目当ての若者が増えてきて、今年の利用者は昨年の2倍になったんだそうです。入浴料は470円で、お風呂上りにビールを飲んでも1000円ほど。数時間楽しめて、リフレッシュもできるので人気が出て、カラオケや映画に行くような感覚で友人と通う人も多いそうです。さらに楽しかった様子をインターネットで発信し、それを見て、いいと思った人がまた銭湯にはまっていくんですね。銭湯の経営者の方にお話を伺いましたが、経営が苦しいときも廃業しなくてよかったと笑顔でおっしゃっていました。

レポーターは何について話していますか。

1 銭湯の利用者を増加させる工夫
2 銭湯の利用者が増加した理由
3 できるだけ安く銭湯を利用する方法
4 利用者が多くなった銭湯の条件

해석 텔레비전에서 리포터가 이야기하고 있습니다.

M : 여러분은 대중탕, 즉 목욕탕에는 자주 가십니까? 10년쯤 전에는 집에 욕실이 없어, 많은 분이 이용하고 있었습니다만, 지금에는 95%의 가정에 욕실이 있어, 대중탕의 이용자 수는 전국적으로 감소하기만 합니다. 이 목욕탕의 이용자도, 이전에는, 옛날부터 다니고 있는 어르신이 대부분이었습니다. 하지만 최근, 사우나를 목적으로 하는 젊은이가 늘어 와서, 올해 이용자 수는 작년의 2배가 되었다고 합니다. 입욕비는 470엔으로, 목욕을 마치고 맥주를 마셔도 1000엔 정도. 몇 시간 즐길 수 있고, 리프레시도 가능하기 때문에 인기가 생겨, 노래방이나 영화를 보러 가는 것 같은 감각으로 친구와 다니는 사람도 많다고 합니다. 게다가 즐거웠던 모습을 인터넷에서 발신하고, 그것을 보고, 좋다고 생각한 사람이 또 대중탕에 빠져 가는 것입니다. 대중탕의 경영자분에게 이야기를 여쭸습니다만, 경영이 어려울 때도 폐업하지 않아서 다행이라고 웃는 얼굴로 말씀하셨습니다.

리포터는 무엇에 대해 이야기하고 있습니까?

1 대중탕 이용자를 증가시킬 궁리
2 대중탕 이용자가 증가한 이유
3 가능한 한 싸게 대중탕을 이용하는 방법
4 이용자가 많아진 대중탕의 조건

해설 상황 설명에서 리포터가 이야기하고 있다고 했으므로, 리포터의 이야기를 전체적인 흐름을 파악하며 주의 깊게 듣는다. 리포터가 **最近、サウナ目当ての若者が増えてきて, 入浴料は470円で、お風呂上りにビールを飲んでも1000円, 数時間楽しめて、リフレッシュもできるので人気, 楽しかった様子をインターネットで発信し、それを見て、いいと思った人がまた銭湯にはまっていくんですね**라고 했다. 질문에서 리포터가 무엇에 대해 이야기하고 있는지 묻고 있으므로, 2 **銭湯の利用者が増加した理由**(대중탕 이용자가 증가한 이유)가 정답이다.

어휘 **銭湯** せんとう [명] 대중탕　**お風呂屋さん** おふろやさん 목욕탕
一昔 ひとむかし [명] 10년쯤 전　**住まい** すまい [명] 집
浴室 よくしつ [명] 욕실　**全国** ぜんこく [명] 전국
減少 げんしょう [명] 감소　**利用者** りようしゃ [명] 이용자
年寄り としより [명] 어르신　**ほとんど** [명] 대부분　**サウナ** [명] 사우나
目当て めあて [명] 목적　**若者** わかもの [명] 젊은이
入浴料 にゅうよくりょう [명] 입욕비　**ビール** [명] 맥주
数時間 すうじかん 몇 시간　**リフレッシュ** [명] 리프레시
カラオケ [명] 노래방　**感覚** かんかく [명] 감각　**様子** ようす [명] 모습
インターネット [명] 인터넷　**発信** はっしん [명] 발신　**はまる** [동] 빠지다
経営者 けいえいしゃ [명] 경영자　**廃業** はいぎょう [명] 폐업
笑顔 えがお [명] 웃는 얼굴　**増加** ぞうか [명] 증가
工夫 くふう [명] 궁리　**条件** じょうけん [명] 조건

5

[음성]

ラジオで男の人が話しています。

M：今日は北川保育園におじゃましています。そろそろ保護者がお子さんをお迎えに来る時間です。今、私は門の辺りにいますが、北東京大学のゼミの学生さんがこの保育園の一角を借りて、野菜を販売しています。保育園で野菜を売っているとは、不思議な話ですよね。実は、この学生さんは農家と消費者を直接つなぐ研究をしています。お店以外の場所で、売り場をどこにするか話し合ったとき、仕事と育児で忙しい人がなかなか買い物に行けないのではないか、それに、小さな子どもに新鮮な野菜を食べさせたいという人が多いのではないか、という意見が出たそうです。そこで、保育園に決めたそうですよ。ここで産地直送の収穫したての野菜が購入できるんですよ。保護者の中には毎日必ず購入する人もいて、今後もずっと続けてほしいという声が多く寄せられているそうです。

男の人は何について話していますか。

1 保育園の新しい事業
2 野菜の販売場所の比較
3 新鮮な野菜の購入方法
4 大学生の研究活動

해석 라디오에서 남자가 이야기하고 있습니다.

M : 오늘은 기타가와 보육원에 방문해 있습니다. 슬슬 보호자가 아이를 마중하러 올 시간입니다. 지금, 저는 문 부근에 있습니다만, 기타 도쿄 대학의 세미나 학생이 이 보육원의 한구석을 빌려서, 야채를 판매하고 있습니다. 보육원에서 야채를 팔고 있다니, 이상한 이야기지요. 실은, 이 학생은 농가와 소비자를 직접 연결하는 연구를 하고 있습니다. 가게 이외의 장소에서, 매장을 어디로 할지 의논했을 때, 일과 육아로 바쁜 사람이 좀처럼 장을 보러 갈 수 없는 것이 아닐까, 게다가, 어린 아이에게 신선한 야채를 먹이고 싶다는 사람이 많지 않을까, 라는 의견이 나왔다고 합니다. 그래서, 보육원으로 정했다고 합니다. 여기에서 산지 직송의 막 수확한 야채를 구입할 수 있습니다. 보호자 중에는 매일 반드시 구입하는 사람도 있어서, 앞으로도 쭉 계속하길 바란다는 목소리가

많이 밀려오고 있다고 합니다.

남자는 무엇에 대해 이야기하고 있습니까?

1 보육원의 새로운 사업
2 야채 판매 장소의 비교
3 신선한 야채의 구입 방법
4 대학생의 연구 활동

해설 상황 설명에서 남자가 이야기하고 있다고 했으므로, 남자의 이야기를 전체적인 흐름을 파악하며 주의 깊게 듣는다. 남자가 **北東京大学のゼミの学生さんがこの保育園の一角を借りて、野菜を販売しています, この学生さんは農家と消費者を直接つなぐ研究をしています**라고 했다. 질문에서 남자가 무엇에 대해 이야기하고 있는지 묻고 있으므로, 4 **大学生の研究活動**(대학생의 연구 활동)가 정답이다.

어휘 **保育園** ほいくえん 명 보육원　**おじゃまする** 방문하다
保護者 ほごしゃ 명 보호자　**辺り** あたり 명 부근　**ゼミ** 명 세미나
一角 いっかく 명 한구석　**販売** はんばい 명 판매
不思議だ ふしぎだ な형 이상하다　**農家** のうか 명 농가
消費者 しょうひしゃ 명 소비자　**直接** ちょくせつ 명 직접
つなぐ 동 연결하다　**話し合う** はなしあう 동 의논하다
育児 いくじ 명 육아　**新鮮だ** しんせんだ な형 신선하다
産地 さんち 명 산지　**直送** ちょくそう 명 직송
収穫 しゅうかく 명 수확　**購入** こうにゅう 명 구입
今後 こんご 명 앞으로　**寄せる** よせる 동 밀려오다
事業 じぎょう 명 사업　**比較** ひかく 명 비교　**活動** かつどう 명 활동

> ☞ **문제 4**는 문제지에 아무것도 인쇄되어 있지 않습니다. 따라서, 예제를 들려줄 때, 그 내용을 들으면서 즉시 응답의 문제 풀이 전략을 떠올려 봅니다. 음성에서 **では、始めます**(그러면, 시작합니다)가 들리면, 곧바로 문제 풀 준비를 합니다.
> 음성 디렉션과 예제는 실전모의고사 1의 해설(p.197)에서 확인할 수 있습니다.

1

> **[음성]**
> M : お客さんから、資料がまだ送られてこないって連絡がきたんだけど、どうなってる？
> F : 1 いえ、まだ連絡は来ていませんよ。
> **2 すみません、すぐに送ります。**
> 3 では、そのようにしておきます。

해석 M : 손님으로부터, 자료가 아직 보내지지 않았다고 연락이 왔는데, 어떻게 됐어?
F : 1 아뇨, 아직 연락은 안 왔어요.
2 죄송합니다, 바로 보내겠습니다.
3 그럼, 그렇게 해놓겠습니다.

해설 남자가 손님에게 자료를 보냈는지 묻는 상황이다.
1 (X) 이미 연락이 왔으므로 상황과 맞지 않다.
2 (O) '**すみません、すぐに送ります**(죄송합니다, 바로 보내겠습니다)'는 자료를 보냈냐고 묻는 남자의 말에 해결 방안을 제시하는 적절한 응답이다.
3 (X) **送る**(おくる)와 발음이 비슷한 **おく**를 사용하여 혼동을 준 오답이다.

어휘 **資料** しりょう 명 자료

2

> **[음성]**
> F : どうぞ、あちらにお席をご用意させていただきました。
> M : **1 わざわざありがとうございます。**
> 2 それでは遠慮なくいただきます。
> 3 確かに確認いたしました。

해석 F : 이리 오세요, 저쪽에 자리를 준비해 놓았습니다.
M : **1 일부러 감사합니다.**
2 그럼 사양 않고 받겠습니다.
3 확실히 확인했습니다.

해설 여자가 준비해 놓은 자리로 안내하는 상황이다.
1 (O) '**わざわざありがとうございます**(일부러 감사합니다)'는 자리를 준비해 놓았다는 여자의 말에 감사해하는 적절한 응답이다.
2 (X) **いただく**를 반복 사용하여 혼동을 준 오답이다.
3 (X) 자리를 안내하겠다고 한 상황과 맞지 않다.

어휘 **わざわざ** 부 일부러　**確認** かくにん 명 확인

3

> **[음성]**
> M : 仕事でも趣味でも、教わる人との相性ってやっぱり大事だよね。
> F : **1 そうだね。よくわかるよ。**
> 2 それなら先生に合いそうだよね。
> 3 うん、教えるのって本当に難しいよね。

해석 M : 일도 취미도, 배우는 사람과의 상성은 역시 중요하네.
F : **1 그치. 잘 알아.**
2 그거라면 선생님에게 맞을 것 같네.
3 응, 가르치는 건 정말 어렵지.

해설 남자가 배우는 사람과의 상성이 중요하다고 의견을 말하는 상황이다.
1 (O) '**そうだね。よくわかるよ**(그치. 잘 알아)'는 배우는 사람과의 상성이 중요하다는 남자의 말에 공감하는 적절한 응답이다.
2 (X) **教わる**(배우다)와 관련된 **先生**(선생님)를 사용하여 혼동을 준 오답이다.
3 (X) **教わる**(おそわる)와 발음이 비슷한 **教える**(おしえる)를 사용하여 혼동을 준 오답이다.

어휘 **教わる** おそわる 동 배우다　**相性** あいしょう 명 상성

4

[음성]

M：ごめん、これ借りてた本。すっかり返したものと思ってたよ。

F：1 えっ、いつ返したの？

2 ああ、私も忘れてたよ。

3 えっ、もう返したよ。

해석 M : 미안, 이거 빌렸던 책. 완전히 돌려줬다고 생각했었어.

F : 1 앗, 언제 돌려줬어?

2 아, 나도 잊고 있었어.

3 앗, 벌써 돌려줬어.

해설 남자가 책을 돌려주지 않았음을 사과하는 상황이다.

1 (X) **返した**(かえした)를 반복 사용하여 혼동을 준 오답이다.

2 (O) '**ああ、私も忘れてたよ**(아, 나도 잊고 있었어)'는 책을 돌려주지 않았음을 사과하는 남자의 말에 공감하는 적절한 응답이다.

3 (X) 책을 돌려줘야 하는 것은 남자이므로 주체가 맞지 않다.

5

[음성]

F：さっきの店員さん、なんだかしどろもどろの説明だったよね。

M：1 そうだね。よく聞こえなかったよ。

2 そうだね。ずいぶん慣れている感じだったね。

3 そうだね。ちょっと自信がなさそうだったよね。

해석 F : 아까 점원, 어쩐지 횡설수설한 설명이었지.

M : 1 그렇지. 잘 안 들렸어.

2 그렇지. 꽤 익숙한 느낌이었지.

3 그렇지. 좀 자신이 없어 보였지.

해설 여자가 점원이 횡설수설했다고 의견을 말하는 상황이다.

1 (X) **説明**(설명)와 관련된 **聞こえる**(들리다)를 사용하여 혼동을 준 오답이다.

2 (X) 횡설수설했다고 한 상황과 맞지 않다.

3 (O) '**そうだね。ちょっと自信がなさそうだったよね**(그렇지. 좀 자신이 없어 보였지)'는 점원이 횡설수설했다는 여자의 말에 동의하는 적절한 응답이다.

어휘 **しどろもどろだ** 㖼 횡설수설하다　**感じ かんじ** 명 느낌

自信 じしん 명 자신

6

[음성]

F：あのう、昨日お願いした荷物がまだ届いてないみたいなんですけど。

M：1 はい、届いていますよ。

2 えっ、すぐに調べます。

3 もう届いたんですか？

해석 F : 저, 어제 부탁한 짐이 아직 도착하지 않은 것 같습니다만.

M : 1 네, 도착했어요.

2 앗, 바로 알아보겠습니다.

3 벌써 도착했나요?

해설 여자가 도착했어야 하는 짐이 오지 않아 확인을 요구하는 상황이다.

1 (X) 짐이 도착하지 않았다고 한 상황과 맞지 않다.

2 (O) '**えっ、すぐに調べます**(앗, 바로 알아보겠습니다)'는 짐이 도착하지 않아 확인을 요구하는 여자의 말에 해결 방안을 제시하는 적절한 응답이다.

3 (X) **届く**(とどく)를 반복 사용하여 혼동을 준 오답이다.

어휘 **届く とどく** 동 도착하다

7

[음성]

F：部長の字ってきれいだよね。それにひきかえ私の字は、自分でも悲しくなっちゃうな。

M：1 僕は個性的でいいと思うけど。

2 それは部長に報告したほうがいいね。

3 引き返すなら手伝うよ。

해석 F : 부장님 글씨는 예쁘네. 그와는 반대로 내 글씨는, 스스로도 슬퍼져.

M : **1 나는 개성적이고 좋다고 생각하는데.**

2 그건 부장님에게 보고하는 편이 좋아.

3 돌려준다면 도와줄게.

해설 여자가 자신의 글씨가 마음에 들지 않아 슬퍼하는 상황이다.

1 (O) '**僕は個性的でいいと思うけど**(나는 개성적이고 좋다고 생각하는데)'는 슬퍼하는 여자를 위로하는 적절한 응답이다.

2 (X) **部長**(ぶちょう)를 반복 사용하여 혼동을 준 오답이다.

3 (X) **ひきかえ**와 동음이의어인 **引き返す**(ひきかえす)를 사용하여 혼동을 준 오답이다.

어휘 **ひきかえる** 동 반대로 하다, 돌려주다

個性的だ こせいてきだ 㖼 개성적이다　**報告 ほうこく** 명 보고

引き返す ひきかえす 동 돌려주다

8

[음성]

M：忙しくなることは予想していたけど、ここまでとは思わなかったよ。

F：1 じゃあ、今日はここまでだね。

2 予想しておいてよかったよね。

3 あともう少しだからがんばろう。

해석 M : 바빠지는 것은 예상하고 있었지만, 이 지경까지라고는 생각하지 않았어.

F : 1 그럼, 오늘은 여기까지네.

2 예상해둬서 다행이네.

3 앞으로 조금 남았으니까 힘내자.

해설 남자가 예상보다 바빠서 힘들어하는 상황이다.

1 (X) ここまで를 반복 사용하여 혼동을 준 오답이다.

2 (X) 예상보다 더 바쁘다고 했으므로 상황과 맞지 않다.

3 (O) 'あともう少しだからがんばろう(앞으로 조금 남았으니까 힘내자)'는 힘들어하는 남자를 격려하는 적절한 응답이다.

어휘 予想 よそう 명 예상

9

[음성]

M : 最近、迷惑メールが多くて。もう、うんざりしちゃうよ。

F : **1 忙しい時なんか本当に困るよね。**

2 返信するのも大変だよね。

3 本当、笑っちゃうよね。

해석 M : 최근, 스팸 메일이 많아서. 정말, 질려버려.

F : **1 바쁠 때 같으면 정말 곤란하지.**

2 답장하는 것도 힘들지.

3 정말, 웃어버리지.

해설 남자가 스팸 메일에 진절머리가 난다고 불평하는 상황이다.

1 (O) '忙しい時なんか本当に困るよね(바쁠 때 같으면 정말 곤란하지)'는 남자가 언급한 스팸 메일이 많은 상황에 공감하는 적절한 응답이다.

2 (X) 스팸 메일에는 답장하지 않으므로 상황과 맞지 않다.

3 (X) ちゃうよ를 반복 사용하여 혼동을 준 오답이다.

어휘 迷惑メール めいわくメール 스팸 메일　うんざりする 질리다
返信 へんしん 명 답장

10

[음성]

F : 勉強がんばるのはいいけど、あんまり詰め込みすぎてもかえってすぐ忘れちゃうよ。

M : 1 じゃあ、帰ったらもう一度やってみるよ。

2 そうだね。じゃあ、少し休もう。

3 ありがとう。じゃあ、もっと頑張るよ。

해석 F : 공부 열심히 하는 것은 좋지만, 너무 주입해도 오히려 바로 잊어버려.

M : 1 그럼, 돌아가면 한 번 더 해 볼게.

2 그렇지. 그럼, 조금 쉬자.

3 고마워. 그럼, 더 힘낼게.

해설 여자가 너무 주입하는 공부는 오히려 잊어버린다며 조언하는 상황이다.

1 (X) かえって와 동음이의어인 帰る(かえる)를 사용하여 혼동을 준 오답이다.

2 (O) 'そうだね。じゃ、少し休もう(그렇지. 그럼, 조금 쉬자)'는 너무 주입하는 공부는 오히려 잊어버린다는 여자의 조언을 받아들이는 적절한 응답이다.

3 (X) がんばる를 반복 사용하여 혼동을 준 오답이다.

어휘 あんまり 부　詰め込む つめこむ 동 주입하다　かえって 부 오히려

11

[음성]

M : 昨日はおつかれさま。文句のつけようがないプレゼンだったと思うよ。

F : **1 恐れ入ります。また次回もがんばります。**

2 すみません。次回はがんばります。

3 どのあたりを直した方がいいでしょうか?

해석 M : 어제는 수고했어. 트집을 잡을 수 없는 프레젠테이션이었다고 생각해.

F : **1 감사합니다. 또 다음에도 열심히 하겠습니다.**

2 죄송합니다. 다음에는 열심히 하겠습니다.

3 어느 부분을 고치는 편이 좋을까요?

해설 남자가 여자의 프레젠테이션을 칭찬하는 상황이다.

1 (O) '恐れ入ります。また次回もがんばります(감사합니다. 또 다음에도 열심히 하겠습니다)'는 칭찬하는 말에 겸손하게 답변하는 적절한 응답이다.

2 (X) 칭찬하고 있는 상황과 맞지 않다.

3 (X) 트집을 잡을 수 없다고 한 상황과 맞지 않다.

어휘 文句をつける もんくをつける 트집을 잡다
プレゼン 명 프레젠테이션　恐れ入る おそれいる 동 감사하다
次回 じかい 명 다음　あたり 명 부분

☞ 문제 5는 긴 이야기를 듣습니다. 예제가 없으므로 바로 문제를 풀 준비를 합니다. 문제지에 들리는 내용을 적극적으로 메모하며 문제를 풀어봅시다.
음성 디렉션은 실전모의고사 1의 해설(p.200)에서 확인할 수 있습니다.

1

[음성]

レストランで店長と店員二人が話しています。

M1 : 駅前の居酒屋さんがランチを始めてから、ランチのお客様が減ってきちゃってね。まあ、うちは駅からちょっと離れてて、向こうのほうがオフィス街にも近いから、仕方ないんだけど。こちらにも来てもらえる、いいアイデアないかな。

M2 : そうですねえ。ここの料理、おいしくてリピーターのお客様が多いので、一回来てもらえれば通ってくれると思うんですけど。

M1 : そうだね。でも、その一回がなかなかなんだよね。

F : 駅前でランチの半額券を配布してみるのはどうですか。おいしさに気づいてくれさえすれば、来てくれる人が増えますよ。

M1 : なるほどね。でもそういうの作ったことがないから、上手に作れるかなあ。

F：私でよければ、作ってみますよ。

M2：あと、大変かもしれませんが、もう少し価格を安くしてはどうですか。あちらのお店より200円ほど高いですよね。

M1：そうしたいんだけどね。もともとランチはあまり儲けがないんだよ。これ以上はきついよ。野菜の値段も上がってきてるしね。

F：私、友達とあのお店で食べてきたんですが、デザートもついていましたよ。食後にデザートが出てきたらちょっとうれしいんですよね。デザートをサービスでおつけするのはどうですか。お値段はそのままで。

M1：デザートは確かにうれしいよね。けど、これ以上材料費を使えないよ。

M2：それでしたら、スタンプカードはどうですか。ランチ一回につきスタンプを一つ押して。いくつかたまったら、次回のランチを無料にするとか。

M1：それもいいアイデアだね。

F：でも、そういうの面倒だから、もらわない人もいますよね。私は結構好きなんだけど。

M1：ああ、確かにそうだね。じゃ、やっぱり、ランチにまず一度来てもらえる方法にしよう。

お客様に来てもらうために、何をすることにしましたか。

1 ランチで使える割引券を配る

2 ランチの価格を安くする

3 ランチにデザートをつける

4 ランチ専用スタンプカードを作る

해석 레스토랑에서 점장과 점원 두 명이 이야기하고 있습니다.

M1 : 역 앞의 선술집이 런치를 시작하고 나서, 런치 고객이 줄어버려서. 뭐, 우리는 역에서 조금 떨어졌고, 상대편 쪽이 오피스 거리에도 가까우니까, 어쩔 수 없지만. 이쪽에도 와주실 수 있는, 좋은 아이디어 없을까.

M2 : 그렇군요. 이곳의 요리, 맛있어서 재방문객인 고객이 많으니까, 한 번 와주시면 자주 와 주실 거라고 생각합니다만.

M1 : 그렇지. 하지만, 그 한 번이 좀처럼 말이야.

F : 역 앞에서 런치 반액권을 배부 해 보는 것은 어때요? 맛있음을 알아채 주시기만 하면, 와주는 사람이 늘 거예요.

M1 : 그러네. 하지만 그런 거 만든 적이 없어서, 잘 만들 수 있을까.

F : 저로 괜찮다면, 만들어 볼게요.

M2 : 그리고, 힘들지도 모르지만, 조금 더 가격을 싸게 하면 어떨까요. 그쪽 가게보다 200엔 정도 비싸요.

M1 : 그렇게 하고 싶은데 말이야. 원래 런치는 그다지 이익이 없어. 이 이상은 빠듯해. 야채의 가격도 올라가고 있고.

F : 저, 친구와 그 가게에서 먹고 왔는데요, 디저트도 붙어 있었어요. 식후에 디저트가 나오면 좀 기쁘죠. 디저트를 서비스로 붙이는 것은 어떨까요? 가격은 그대로로.

M1 : 디저트는 확실히 기쁘지. 하지만, 이 이상 재료비를 쓸 수 없어

M2 : 그렇다면, 스탬프 카드는 어떨까요? 런치 1회당 스탬프를 1개 찍어서. 몇 개인가 쌓이면, 다음 런치를 무료로 한다든가.

M1 : 그것도 좋은 아이디어네.

F : 하지만, 그런 건 귀찮으니까, 받지 않는 사람도 있지요. 저는 꽤 좋아하지만.

M1 : 아, 확실히 그렇네. 그럼, 역시, 런치에 먼저 한 번 와 주실 수 있는 방법으로 하자.

손님이 오게 하기 위해서, 무엇을 하기로 했습니까?

1 런치에서 쓸 수 있는 할인권을 나눠준다

2 런치 가격을 싸게 한다

3 런치에 디저트를 붙인다

4 런치 전용 스탬프 카드를 만든다

해설 대화의 후반부에서 세 사람의 최종 결정 사항을 재빨리 메모하며 주의 깊게 듣는다.

[메모] 런치 고객이 오게 하기 위해 어떻게 할지?
- 반액권 배부: 맛있음을 알 수 있음 → 잘 만들 수 있을지, 한 번 와 주실 수 있는 방법
- 가격을 싸게: 200엔 비쌈 → 이익이 없음
- 디저트 붙이기: 디저트 나오면 기쁨 → 이 이상 재료비 쓸 수 없음
- 스탬프 카드 만들기: 몇 개 쌓이면 다음 런치 무료 → 귀찮아서 안받음

질문이 손님이 오게 하기 위해서 어떻게 하기로 했는지 묻고 있고, 런치에 먼저 한 번 와줄 수 있는 방법으로 하자고 했으므로 1 **ランチで使える割引券を配る**(런치에서 쓸 수 있는 할인권을 나눠준다)가 정답이다.

어휘 店長 てんちょう 명 점장　駅前 えきまえ 명 역 앞
居酒屋 いざかや 명 선술집　ランチ 명 런치　減る へる 동 줄다
離れる はなれる 동 떨어지다
オフィス街 オフィスがい 명 오피스 거리　アイデア 명 아이디어
リピーター 명 재방문객　半額券 はんがくけん 명 반액권
配布 はいふ 명 배부　気づく きづく 동 알아채다
価格 かかく 명 가격　もともと 부 원래　儲け もうけ 명 이익
きつい い형 빠듯하다　値段 ねだん 명 가격　デザート 명 디저트
食後 しょくご 명 식후　サービス 명 서비스
材料費 ざいりょうひ 명 재료비　スタンプカード 명 스탬프 카드
たまる 동 쌓이다　次回 じかい 명 다음　無料 むりょう 명 무료
面倒だ めんどうだ な형 귀찮다　割引券 わりびきけん 명 할인권
配る くばる 동 나눠주다　専用 せんよう 명 전용

2

[음성]

バスの中でツアーガイドが話しています。

M1：皆様、もうすぐ山に到着します。これから、4つのコースの説明をさせていただきます。まず、まるごとコースは頂上まで行っていただくコースです。山頂付近に急な坂もありますので、お気を付けください。頂上からは地平線まで見渡せる絶景をお楽しみいただけます。急な坂が苦手だという方にはパノラマコースがおすすめです。山頂までは行きませんが、途中の展望台で海を一望することができます。次は森林コースです。この島固有の植物や鳥を見ながら森の中をぐるっと回って、自然の中でリフレッシュしてください。最後はゆるやかコースです。こちらは車いすの方も楽しんでいただけるよう舗装された道のコースです。高いところには行かないので海は見えませんが、道沿いの花を楽しむことができます。どのコースもガイドがご一緒しますので、質問はどんどんしてくださいね。

M2：海を見たいから、これにしようかな。でも、この前サッカーで足、やっちゃって。まだ完治してないから、坂は避けたいんだよね。どうしよう。無理かなあ。

F：それなら、こっちのコースは？ 頂上までは行かないって。

M2：本当だね。じゃあ、こっちにしようかな。一緒に行かない？

F：うーん、私はこっちにするわ。緑にはストレスを減少させる効果があるって、テレビで聞いたから。最近、リラックスできていないからね。

M2：ここでしか見られない植物も見られるんだよね。

F：うん、ガイドさんと一緒だから説明を聞けて、いいよね。

M2：いいなあ。そっちにしようかな。迷うなあ。でも、海の写真も撮りたいから、こっちにしておくよ。

F：そう。じゃあ、今回は別行動にしよう。

質問1　男の人はどのコースを選びましたか。

質問2　女の人はどのコースを選びましたか。

[문제지]

質問1

1 まるごとコース

2 パノラマコース

3 森林コース

4 ゆるやかコース

質問2

1 まるごとコース

2 パノラマコース

3 森林コース

4 ゆるやかコース

해석 버스 안에서 투어 가이드가 이야기하고 있습니다.

M1 : 여러분, 이제 곧 산에 도착합니다. 이제부터, 4개 코스의 설명을 하겠습니다. 우선, 온새미로 코스는 정상까지 가시는 코스입니다. 정상 부근에 급한 비탈길도 있기 때문에, 주의해 주세요. 정상에서는 지평선까지 둘러볼 수 있는 절경을 즐기실 수 있습니다. 급한 비탈길이 거북하다는 분에게는 파노라마 코스를 추천합니다. 정상까지는 가지 않지만, 도중의 전망대에서 바다를 한눈에 바라볼 수 있습니다. 다음은 삼림 코스입니다. 이 섬 고유의 식물이나 새를 보면서, 산속을 빙 돌고, 자연 속에서 리프레시 해주세요. 마지막은 느긋 코스입니다. 이쪽은 휠체어를 타신 분도 즐기실 수 있도록 포장된 길의 코스입니다. 높은 곳에는 가지 않기 때문에 바다는 보이지 않습니다만, 길가의 꽃을 즐기실 수 있습니다. 어느 코스도 가이드가 함께 하기 때문에, 질문이 있는 분은 속속 해주세요.

M2 : 바다를 보고 싶으니까, 이걸로 할까. 하지만, 요전 축구에서 다리, 다쳐 버려서. 아직 완치되지 않았으니, 비탈길은 피하고 싶어. 어쩌지. 무리려나.

F : 그러면, 이쪽 코스는? 정상까지는 가지 않는대.

M2 : 정말이네. 그럼, 이쪽으로 할까. 함께 가지 않을래?

F : 음, 나는 이쪽으로 할래. 초목에는 스트레스를 감소시키는 효과가 있다고, 텔레비전에서 들었으니까. 최근, 릴랙스할 수 없었으니까 말이야.

M2 : 여기에서 밖에 볼 수 없는 식물도 볼 수 있는 거지.

F : 응, 가이드 씨와 함께니까 설명을 들을 수 있어서, 좋지.

M2 : 좋네. 그쪽으로 할까. 망설여진다. 하지만, 바다 사진도 찍고 싶으니까, 이쪽으로 해둘게.

F : 그래. 그럼, 이번에는 개별 행동으로 하자.

질문1 남자는 어느 코스를 골랐습니까?

질문2 여자는 어느 코스를 골랐습니까?

질문1

1 온새미로 코스

2 파노라마 코스

3 삼림 코스

4 느긋 코스

질문2

1 온새미로 코스

2 파노라마 코스

3 삼림 코스

4 느긋 코스

해설 각 선택지와 관련하여 언급되는 내용을 재빨리 메모하며 주의 깊게 듣고, 두 명의 대화자가 선택하는 것에 유의하며 대화를 듣는다.

[메모] 산의 코스 4개

- 온새미로 코스: 정상까지 감, 비탈길, 지평선까지 볼 수 있음
- 파노라마 코스: 비탈길 없음, 정상까지 가지 않음, 전망대에서 바다 보임
- 삼림 코스: 섬 고유의 식물이나 새, 자연 속에서 리프레시
- 느긋 코스: 포장된 길, 바다 보이지 않음, 길가의 꽃

남자 → 바다를 보고 싶음, 비탈길은 피하고 싶음

여자 → 초목에는 스트레스 감소시키는 효과, 최근 릴랙스할 수 없었음

질문 1은 남자가 선택한 코스를 묻고 있다. 남자는 바다를 보고 싶고, 비탈길은 피하고 싶다고 했으므로, 2 パノラマコース(파노라마 코스)가 정답이다.

질문 2는 여자가 선택한 코스를 묻고 있다. 여자는 초목에 스트레스 감소 효과가 있다고 들었고, 최근 릴랙스할 수 없었다고 했으므로, 3 森林コース(삼림 코스)가 정답이다.

어휘 ツアーガイド 명 투어 가이드　到着 とうちゃく 명 도착
まるごと 부 온새미로, 몽땅　コース 명 코스
頂上 ちょうじょう 명 정상　山頂 さんちょう 명 정상
付近 ふきん 명 부근　気を付ける きをつける 주의하다
地平線 ちへいせん 명 지평선　見渡す みわたす 동 둘러보다
絶景 ぜっけい 명 절경　パノラマ 명 파노라마　おすすめ 명 추천
展望台 てんぼうだい 명 전망대　一望 いちぼう 명 한눈에 바라봄
森林 しんりん 명 삼림　固有 こゆう 명 고유
植物 しょくぶつ 명 식물　ぐるっと 부 빙　リフレッシュ 명 리프레시
ゆるやかだ な형 느긋하다　車いす くるまいす 명 휠체어
舗装 ほそう 명 포장　道沿い みちぞい 명 길가　ガイド 명 가이드
どんどん 부 속속, 잇달아　サッカー 명 축구　完治 かんち 명 완치
避ける さける 동 피하다　ストレス 명 스트레스
減少 げんしょう 명 감소　効果 こうか 명 효과　リラックス 명 릴랙스
迷う まよう 동 망설이다　今回 こんかい 명 이번
別行動 べつこうどう 명 개별 행동

-メモ-

-メモ-